La symphonie des chefs

DU MÊME AUTEUR

La Fabuleuse Histoire de l'athlétisme, ODIL, 1976, La Martinière, 1997, Minerva, avec Alain Billouin, 2003.

La Fabuleuse Histoire des Jeux olympiques, avec Guy Lagorce, ODIL, 1972, La Martinière, 1992, Minerva, 2000 (Grand Prix de Littérature sportive).

André Suarès, l'insurgé, F. Bourin/Julliard, 1990, Robert Laffont, 1999 (Prix Louis Barthou de l'Académie française).

L'Homme qui ne s'arrêtait jamais, récit tel que raconté par Pierre Huth, Robert Laffont, 1999.

André Suarès, le condottière, textes réunis par Claudine Irlès et Robert Parienté, Actes Sud, 1998.

Bonjour Suarès, Autre Temps, 1998.

La Légende de l'athlétisme, Liber, 1998.

Voies d'athlètes, illustrations d'Alain Bar, Parole gravée, 1996.

L'Équipe, Cinquante ans de sport, collectif, L'Équipe/Calmann-Lévy, 1995

L'Honneur des Justes, roman, Julliard, 1994.

Les Années Samaranch, entretiens avec Juan Antonio Samaranch, Éditions du CIO, coll. Entrevues, 1994.

André Hambourg, monographie, La Bibliothèque des Arts, 1991.

Paris en toutes lettres, illustrations d'André Dunoyer de Segonzac et André Hambourg, Éditions de la Ville de Paris, 1986.

Carnet de Venise, illustrations d'André Hambourg, La Bibliothèque des Arts, 1979.

Noblesse du sport, avec Guy Lagorce, illustrations d'André Dunoyer de Segonzac et André Planson, La Bibliothèque des Arts, 1976 (Prix de l'Académie des Sports).

Héros olympiques, avec Gérard Edelstein, La Table Ronde, 1964.

Jazy, quinze cents à la une, La Table Ronde, 1962.

Dictionnaire des sports, avec Édouard Seidler, Seghers, 1962.

Conception graphique : Nicolas Hubert

Connectez-vous sur : www.lamartiniere.fr ; francemusiques.com ; franceinter.com

Robert Parienté

La symphonie des chefs

Entretiens avec 70 grands maestros

Photographies de Louis Monier

Éditions de La Martinière

Sommaire

CETTE GRANDE LUEUR À L'EST

MESDAMES LES MAESTRAS

ÉTOILES DU NORD

PROPHÈTES OU EXILÉS

Pourquoi la « symphonie » des chefs ?
D'abord par référence à l'étymologie de synfonia,
mot grec composé de syn, *« avec », et de* phonia, *« son »,*
d'où le sens premier d'« accord » et, par extension,
celui d'ensemble de sons musicaux, formant la polyphonie.
C'est ensuite le nom donné à des formations du XVII*e* *siècle,*
et qui désignera plus tard l'œuvre écrite pour un grand
ensemble orchestral. Ainsi, au fil des siècles, est-on passé
du « son » à la « partition », ce qui définit bien le rôle
que tient aujourd'hui le chef d'orchestre : il touche
aussi bien à la polyphonie, à la formation qu'il dirige,
qu'à l'ouvrage qu'il interprète avec les instrumentistes.

Pour Henriette,
ma fidèle accompagnatrice

Prélude

par Manuel Rosenthal [1]

Au cours de ma longue carrière, combien de fois ai-je entendu cette question : à quoi sert un chef d'orchestre ? Il est vrai que la manière de diriger un ensemble d'instrumentistes est la moins connue ou la moins comprise des différentes formes d'activité artistique, car elle ne repose sur aucune théorie, ni sur aucun système ; tout juste peut-on évoquer, à son sujet, quelques recettes pratiques.

Pourtant, depuis le début du XIXe siècle, il est couramment admis que les musiciens les plus talentueux et les plus chevronnés ne pourraient pas interpréter les grandes œuvres du répertoire symphonique sans un guide ; c'est encore plus vrai pour le théâtre lyrique dont les représentations exigent une longue et minutieuse préparation.

Parmi les jeunes gens passionnés qui furent mes élèves au Conservatoire et qui connaissaient le rôle incontournable du « maestro », symbole d'une autorité musicale dont on ne saurait se passer, nombreux sont ceux qui

1. Manuel Rosenthal, né en 1904 à Paris, était le doyen des chefs d'orchestre français et mondiaux. Compositeur de nombreuses œuvres orchestrales, lyriques, instrumentales et de musiques de films, il a été l'un des très rares élèves de Maurice Ravel. Il a conduit les plus grands orchestres du monde et a notamment assumé la direction de l'Orchestre National, à la tête duquel il a effectué de fréquentes tournées. Il a maintes fois conduit les Orchestres de l'Opéra de Paris, du Met de New York, le Philharmonique de Radio France et de Monte-Carlo, les Concerts Colonne, Lamoureux, Pasdeloup. Il a également été directeur musical à Seattle et à Liège. Il a enregistré de nombreux disques, dont des intégrales de Debussy et de Ravel, avec l'Orchestre du Théâtre national de l'Opéra, qui ont reçu les plus hautes récompenses. Professeur de direction d'orchestre au Conservatoire national supérieur de Paris, il était commandeur de la Légion d'honneur. Parrain de ce livre, Manuel Rosenthal nous a hélas quittés le 5 juin 2003. Nous ne l'oublierons pas.

ont rêvé de devenir ce personnage mythique en habit noir, faisant face à cent musiciens, dos tourné au public réceptif et silencieux. Ces « aspirants » ont souvent imaginé qu'à la fin d'un concert, une foule en délire les acclamerait et les rappellerait sur la scène. Leur chimère est parfois devenue réalité ; mais que d'obstacles, que de difficultés il leur aura d'abord fallu surmonter !

Comment devient-on chef d'orchestre ? m'a-t-on également demandé. Dans la plupart des cas, le candidat au podium aura étudié le solfège, travaillé sur un instrument, le plus souvent le piano ou le violon, abordé des études d'écriture, d'harmonie, qui est la science des accords, de contrepoint, de fugue et d'orchestration. C'est ensuite seulement que peut se développer l'ardent désir de s'initier à la direction d'orchestre. Plusieurs pistes sont alors possibles : l'école, le conservatoire, mais aussi la filière empirique qui dépend de la bienveillante protection d'un maître. Après mes années d'études musicales, c'est sur cette dernière voie que je me suis engagé. J'ai rapidement compris que l'apprenti devait s'intégrer à la vie de l'orchestre et qu'il lui fallait être à l'entière disposition du chef : arriver avant le maître, veiller avec le régisseur à la mise en place des pupitres, des chaises, des partitions, des rafraîchissements, assister à toutes les répétitions, observer le moindre geste, enregistrer la moindre remarque, copier une partie manquante, remplacer un percussionniste, se rendre chez un éditeur pour vérifier le contenu d'un ouvrage, tel était mon travail : bref, en toutes circonstances, j'étais le factotum corvéable à merci.

Vient enfin le jour où le chef confie à son jeune assistant la tâche de diriger une répétition de détail, avec les cordes. Si cette mission satisfait le « patron », le débutant aura la possibilité de faire répéter l'orchestre au complet. Puis, si la chance est de son côté, il sortira de l'ombre pour diriger un concert auquel le titulaire du poste aura dû renoncer. S'il s'impose, en obtenant l'adhésion des musiciens, il aura alors accompli un grand pas vers le succès.

C'est là l'image de la vie : on se sent isolé jusqu'au moment où une rencontre providentielle vous ouvre la carrière. À 24 ans, si j'avais déjà beaucoup composé, je n'avais encore jamais dirigé, quand Maurice Ravel, mon maître, me mit devant le fait accompli, après avoir demandé aux Concerts Pasdeloup d'inscrire à leur programme certaines œuvres de son « élève » : « Vous dirigerez vous-même, m'avait-il dit. Si vous n'êtes pas encore chef, vous êtes destiné à le devenir. »

Au cours des semaines qui suivirent, je me suis investi dans le rôle inattendu et périlleux qui m'était offert. Le soir du concert, à l'entracte,

Rhené-Baton et Désiré-Émile Inghelbrecht, les deux chefs de Pasdeloup, sont venus me voir dans ma loge : « Depuis combien de temps dirigez-vous ? » me demanda Inghelbrecht. « Depuis une heure », ai-je répondu ingénument. « Eh bien, reprit le chef, il ne vous reste plus qu'à continuer, car vous êtes fait pour ça. »

Quelques années plus tard, Arturo Toscanini, dirigeant l'Orchestre National à Paris, eut besoin d'un assistant. Étant à l'époque celui d'Inghelbrecht, je fus désigné d'office. J'étais très inquiet car le maestro avait une réputation de dictateur. Or il fut d'une rare gentillesse : « Diriger un orchestre, ce n'est pas simplement battre la mesure, m'expliqua-t-il. Pensez d'abord à ne négliger aucun détail ; ne laissez passer aucune erreur, car vous seriez jugé par les musiciens sur une seule négligence. » Il me mit également en garde contre toute forme de familiarité : « N'espérez pas qu'un orchestre vous aime. Les musiciens n'aiment pas les chefs : ils peuvent avoir de l'admiration pour eux, mais ne comptez jamais sur leur amour. Gardez toujours vos distances : il y a les musiciens et il y a le chef. » Je n'ai jamais oublié ce que Toscanini m'avait dit. J'ai mis en pratique certaines de ses recommandations, mais je me suis bien gardé de m'enfermer dans un autoritarisme de mauvais aloi. Avoir de bonnes et humaines relations avec les instrumentistes a toujours été l'une de mes premières préoccupations.

J'ai appris également que la gestique du chef ne pouvait pas être réellement enseignée, tant elle est personnelle. J'ai pu de surcroît vérifier, au fil des ans, qu'il fallait établir une distinction entre la culture musicale, le don inné de l'exécution, les qualités rythmiques et techniques et les capacités intellectuelles permettant de créer une unité spirituelle, une âme collective, au sein de l'orchestre. C'est en suivant de nombreuses répétitions que je l'ai constaté : la vision de ce travail préparatoire permet d'apprécier le talent des plus grands chefs, de détecter leur ascendant sur les musiciens, de savoir comment ils établissent un plan d'exécution et déterminent la sonorité de l'ensemble orchestral. Un vrai maître n'est jamais une machine ; il a sa propre sensibilité, son émotivité, son inspiration, sa volonté de puissance ; il subit les affres du trac comme tous les grands artistes ; mais avant toute chose, il doit être doté d'un profond instinct musical, sorte d'illumination qui lui permet d'intégrer, en son esprit, la conception d'une œuvre sans en trahir la nature profonde.

Les chefs les plus géniaux n'en finissent pas de progresser, même au-delà de 70 ans. Et puis un jour, tout s'arrête, alors qu'ils sont riches d'un savoir accumulé au cours de plusieurs décennies. C'est la leçon (de musique) qu'il faut tirer de l'ouvrage de Robert Parienté, consacré aux maestros du XXe siècle et à ceux qui sont ou seront leurs successeurs. Ce livre donne la parole aux musiciens eux-mêmes ; l'auteur fait revivre le passé, de Gustav Mahler à Leonard Bernstein, en passant par Arturo Toscanini, Bruno Walter, Wilhelm Furtwängler, Charles Munch, Herbert von Karajan et tant d'autres ; ce survol est également annonciateur d'avenir, car s'il montre ce que furent les maîtres de musique qui ont marqué notre mémoire, il met surtout en lumière ceux qui ont pris leur relève pour créer, à leur tour, la magie des sons[1].

1. *Cf.* le chapitre consacré à Manuel Rosenthal dans la septième partie de cet ouvrage, « Prophètes ou exilés ».

Ouverture

« Que serait ma vie sans musique ? sans un partage
de son écoute à tout moment ? comme si elle était privée d'un sixième sens
qui exprime tous les drames et toutes les joies de l'homme,
qui confère sérénité, plaisir et bonheur. »
Hermann Hesse, *Musique*

La musique m'a accompagné toute la vie sans qu'au cours de mon enfance, j'en fusse pleinement conscient. À l'école primaire, je prenais plaisir à m'initier au chant choral qu'une institutrice, férue de folklore, proposait à ses élèves. Quand je revenais de la communale, non loin de l'église Saint-Gervais, à Paris, je faisais parfois une curieuse rencontre qui ne laissait pas de m'impressionner. Je l'entendais venir de loin, ce personnage bizarre et peu rassurant, bardé d'instruments bruyants, la tête surmontée d'un casque à clochettes, les mains vissées sur deux plaques rondes métalliques en cuivre – je sus plus tard qu'il s'agissait de cymbales – qu'il frappait l'une contre l'autre pour produire une violente percussion ; en même temps, il soufflait dans un fifre, fixé sur une tige au-dessus de sa bouche, d'où fusaient des sons stridents ; sur son dos, il portait une grosse caisse qu'il frappait en cadence d'une massue entourée de coton, en l'actionnant du pied. L'homme-orchestre avançait nimbé de mystère, suscitant une curiosité mêlée d'effroi. Ce musicien solitaire, qui jouait pour dix, a disparu depuis longtemps des rues de Paris. Je n'ai pourtant pas oublié ses rythmes agressifs qui attiraient comme un aimant les gamins du quartier, avant de les faire fuir.

Chez mes parents, la radio m'offrait de plus fines harmonies. Certaines émissions étaient présentées de manière pompeuse par un « speaker » à la voix grave, énonçant des phrases qui me paraissaient incompréhensibles :

« Vous allez entendre la *Cinquième Symphonie* de Ludwig van Beethoven, opus 67 en *ut* mineur ; cette œuvre comporte quatre mouvements, *allegro con brio, andante con moto, allegro, allegro presto*. Elle sera interprétée par l'Orchestre National de la Radiodiffusion française sous la direction d'Arturo Toscanini… »

Ces annonces me plongeaient dans un abîme de perplexité, tout en exerçant sur moi une incontrôlable fascination qui allait bientôt m'entraîner irrésistiblement vers des terres inconnues.

Moins vibrantes, mais plus entraînantes, les opérettes que nous allions voir en famille au Théâtre du Châtelet proposaient des couplets et des refrains que je retenais aisément : « L'heure exquise » de *La Veuve joyeuse*, les airs pétillants de *L'Auberge du Cheval blanc*, les mélodies pimpantes de *Véronique*, favorisaient d'ineffables échappées dans un monde merveilleux de spectacles dont le charme ne me semblait pas suranné.

Comme j'avais, paraît-il, l'oreille musicale, mes parents me firent donner des leçons de solfège et de violon. Mais la guerre nous surprit en vacances, aux Sables-d'Olonne, au tout début de mon laborieux apprentissage, trop rapidement abandonné. Trois ans plus tard, en 1942, réfugié avec mes parents en zone dite (encore) libre à Fleurieu-sur-Saône, charmant bourg au nord de Lyon, je n'aurais pas dépassé ces prémices si le hasard ne s'en était mêlé. Au deuxième étage du pavillon où nous vivions – *La Source* d'où allait jaillir un flot de passion –, je découvris, dans les rayons poussiéreux d'une bibliothèque, d'anciennes partitions d'opéras « Chant et paroles » des Éditions Choudens ; je pus en suivre le contenu grâce à un providentiel gramophone et aux disques 78 tours qui, tel un don du ciel, étaient à ma disposition.

Après les cours du lycée Ampère à Lyon, je m'isolais dans cette petite pièce, devenue mon cabinet particulier, pour écouter des extraits de mes premières « représentations » : « Salut, ô mon dernier matin » de *Faust*, « Si les filles d'Arles sont belles » de *Mireille* alternaient avec « La fleur que tu m'avais jetée » de *Carmen*. J'étais en revanche peu attiré par *Le Trouvère* et par *Le Vaisseau fantôme* dont les tumultes me laissaient froid. Cette approche de l'art lyrique était complétée par les retransmissions, le plus souvent diffusées par Radio-Paris (« Radio-Paris ment, Radio-Paris est allemand »). J'étais alors comme au théâtre, avec mon livret sur les genoux, pour suivre une action dont je connaissais déjà tous les détails. Geori Boué – quel drôle de prénom, me disais-je (j'ai su plus tard qu'il s'agissait du diminutif de Georgette) –, Janine Micheau, Georges Thil, Huc Santana, André Pernet, Michel Dens devenaient des héros mythiques, accompagnés par des orchestres dont les chefs, Louis Fourestier, Jean Fournet, François Ruhlmann, Richard Blareau, Eugène Bigot, peuplaient ces spectacles invisibles. Ce fut la seule évasion qui me fut permise pendant cette période tragique.

Beaucoup plus tard, j'ai ressenti des sensations identiques en lisant *Le Discours musical*[1] de Nikolaus Harnoncourt : « Nous sommes comme des enfants qui veulent qu'on leur raconte toujours la même histoire, parce que nous avons gardé en mémoire certaines beautés découvertes lors de la première audition. Si nous n'arrivons pas à retrouver un intérêt pour ce que nous ne connaissons pas encore, si nous n'arrivons pas à redécouvrir la signification de l'effet qu'exerce la musique sur notre esprit, sur notre corps, alors cela n'aura plus aucun sens de continuer. »

Pendant et après la guerre, j'ai poursuivi ma fréquentation des chefs-d'œuvre. J'avais constaté, non sans surprise, que je retenais sans difficulté les airs que j'avais écoutés ; je les chantais ensuite a cappella au grand étonnement de mes parents et de mon frère. Mon oreille, qui me permettait d'attraper au vol et de mémoriser la moindre mélodie, me fut utile au lycée Ampère, où notre professeur de musique nous apprenait des lieder dont la sentimentalité me touchait. Je n'ai pas oublié *Ma maison,* lied de Beethoven, à jamais gravé dans mon esprit :

« *J'ai dû pour ma patrie quitter mon humble toit,*
Sans cesse ma rêverie m'entraîne jusqu'à toi.
Paisibles soirs d'automne, clochettes aux sons si doux,
Mon âme m'abandonne et vole jusqu'à vous.
Ô douce, ô douce maison… »

Ces vers et cette musique reviennent constamment en mon subconscient comme un boomerang ; ils résonnent en mon âme comme le voulait le précepte de l'Ecclésiaste : *Non impedies musicam,* « N'empêchez pas la musique », règle de vie pour l'humanité tout entière. La lecture de *Jean-Christophe* de Romain Rolland alimentait ma fringale musicale : ce roman fleuve me fit comprendre ce qu'était la force d'une passion.

Mes premiers concerts publics, je les ai vécus après la Libération. De retour à Paris, après cinq années d'exil, je m'étais inscrit, avec des camarades du lycée Charlemagne, aux Jeunesses musicales de France. C'est ainsi que j'ai

1. Paris, Gallimard, 1984.

découvert des chefs d'orchestre illustres dont je ne connaissais que le nom. Certains venaient de loin, tels Bruno Walter, Otto Klemperer, Jasha Horenstein, Paul Kletzki, leur gloire ayant été occultée par le pouvoir nazi ; d'autres, tels Carl Schuricht ou Hermann Scherchen, avaient évité de se compromettre. Au Théâtre des Champs-Élysées, j'ai pu applaudir Manuel Rosenthal, lui aussi mis à l'index sous l'occupation ; il avait pris la tête de l'Orchestre National et dirigeait les œuvres longtemps proscrites d'Igor Stravinsky et de Darius Milhaud. Tous les dimanches après-midi, je me rendais au Châtelet pour suivre, du troisième balcon avec « les enfants du paradis », les Concerts Colonne où Paul Paray, Georges Sebastian, Gaston Poulet et, plus tard, Pierre Dervaux défendaient avec panache le répertoire français. Aux Concerts du Conservatoire, à Lamoureux, à Pasdeloup, j'ai vu Charles Munch, André Cluytens, Igor Markevitch, Roger Desormière, Eugène Bigot, Albert Wolff et Roberto Benzi enfant, qui triomphait dans *Prélude à la gloire*. Ce fut une époque brillante marquée, en 1954, par l'ultime apparition à Paris, quelques mois avant sa mort, de Wilhelm Furtwängler, à la tête du Philharmonique de Berlin. Ce concert unique, je ne l'ai pas suivi, faute de moyens : le prix des places était trop élevé. Un CD, récemment publié, restitue ces moments magiques, dont la *Cinquième Symphonie* de Beethoven était la pierre angulaire.

Quelques années auparavant, j'avais eu la plus grande révélation musicale de ma vie à l'écoute d'un disque de la *Première Symphonie* de Gustav Mahler, dirigée par Franz Konwitchny, avec le Gewandhaus de Leipzig. Notre petit clan, qui fréquentait les bancs de la faculté de droit de la place du Panthéon, avait découvert cette rareté, à une époque où les œuvres de ce compositeur, interdit par les nazis, étaient encore accueillies avec réticence par les milieux musicaux français. Plus tard, j'ai profité de mes voyages professionnels en Allemagne et aux États-Unis pour rechercher des enregistrements introuvables en France, telles la *Troisième Symphonie* par Charles Adler, les *Deuxième* et *Cinquième* par Bruno Walter, la *Neuvième* par Jasha Horenstein. L'heure de Mahler n'allait pas tarder à sonner, dans notre pays. En même temps, j'écumais les échoppes de disques d'occasion, trouvant fréquemment des enregistrements historiques tels que la *Cinquième Symphonie* de Beethoven dirigée par Weingartner, *Till l'espiègle* par Richard Strauss, et d'autres trésors gravés avant la guerre par Piero Coppola, Philippe Gaubert, Arturo Toscanini, Leopold Stokowski…

J'ai alors su que la musique était en moi ; elle était un refuge que personne ne pouvait forcer. Je me sentais musicien, bien que je fusse incapable de jouer d'un instrument, si ce n'est pianoter de mémoire. Journaliste à *L'Équipe* à partir de 1954, j'eus l'idée de créer, dans les « pages loisirs » du quotidien sportif, une tribune de critiques de disques partagée avec Marcel Hansenne, qui se chargeait des variétés et du jazz, tandis que je me réservais le classique : une centaine de mes articles[1] parurent en 1964 et 1965. Ainsi, il y a quarante ans, j'incitais mes lecteurs (et il y en avait, si j'en juge par le courrier que nous recevions) à acheter les *Kindertotenlieder* de Mahler, interprétés par Dietrich Fischer-Dieskau et Karl Böhm, avec le Philharmonique de Berlin : « Le génie de Mahler, écrivais-je, qui fut le dernier des compositeurs post-romantiques et le premier des modernes, finira bien par être reconnu en France où on le juge trop hermétique ou trop trivial. Or, les symphonies de ce grand proscrit sont parmi les plus belles et les plus poignantes qui aient jamais été écrites. Cependant, le domaine où il émeut peut-être le plus est celui du lied, comme le prouve ce disque… »

J'ai conservé certaines de ces précieuses gravures qui, pour la plupart, ont été transférées sur CD : Fritz Reiner, qui venait de disparaître, disposait déjà, à Chicago, du Dynagroove, stupéfiante prise de son, tout comme Charles Munch à Boston ; Herbert von Karajan, dans Beethoven, André Cluytens dans César Franck, Lorin Maazel dans Ravel, Ernest Ansermet dans Sibelius, Witold Rowicki dans Prokofiev, Rudolf Barchaï dans Vivaldi et Haydn, Arturo Toscanini, dans la *Neuvième Symphonie* de Schubert, datant de 1941, fabuleux témoignage d'un autre temps, Wilhelm Furtwängler dans Brahms, Paul Kletzki et Samson François dans les deux *Concertos* de Chopin, Serge Baudo et les Lamoureux dans Fauré, Evgeny Mravinski dans Tchaïkovski, Bruno Walter dans Mozart, Pierre Monteux, qui venait de mourir à 89 ans, dans Bach, Georges Prêtre dans Poulenc, furent quelques-uns des prestigieux jalons de mon itinéraire de critique.

Les années ont passé, d'autres responsabilités sont venues ; mais la musique des chefs ne s'est jamais éloignée de mes pensées. J'ai eu le bonheur de suivre, en 1967, les débuts de l'Orchestre de Paris, avec le bouillonnant et génial Charles Munch, d'applaudir, également avec l'O.P., Leonard Bernstein dans la *Troisième Symphonie* de Mahler, de voir et d'entendre Karajan dans la *Huitième* de Bruckner, qualifiée de piège par un prétendu spécialiste qui s'étonnait de la durée de cette œuvre… sans entracte ! La cuistrerie est parfois

1. Retrouvés, après une longue recherche, par mes amis Serge Laget et Jean-Paul Mazot.

sans limite. J'étais également présent aux concerts de l'O.P. au Palais des Congrès, où Daniel Barenboïm s'efforçait vainement de remplir cet immense espace des sonorités de son vaillant orchestre et de son merveilleux chœur mis au point par Arthur Oldham ; sa formation put heureusement élire domicile à la salle Pleyel, d'où elle fut écartée en 2002[1]. Au côté du National, qui ne sut pas pérenniser la présence de Sergiu Celibidache et de Lorin Maazel, j'ai vu grandir le Philharmonique de Radio France, sous la baguette de Marek Janowski, étonnant formateur, auquel a succédé avec bonheur Myung-Whun Chung. J'ai assisté à l'apparition de nouvelles étoiles, à la naissance de jeunes talents, au cours de ma constante fréquentation des salles parisiennes et des auditoriums étrangers – dont la qualité m'a souvent fait regretter la faiblesse acoustique des théâtres parisiens.

Après ma retraite professionnelle, une idée a peu à peu germé en mon esprit. Elle n'était pas sans rappeler le travail que j'avais effectué pendant quatre décennies en interviewant de très nombreux champions de toutes nationalités. Il me fallait accomplir le plus difficile : obtenir des entretiens de ceux que j'ose appeler les champions de l'orchestre. Projet insensé, estimeront certains, inconsidéré, diront d'autres, hors de propos, affirmeront les moins bienveillants, venant d'un homme qui n'est ni musicologue, ni musicien de profession.

Voire ! Je pense aux commentaires de mon rédacteur en chef et guide, Gaston Meyer, s'insurgeant contre l'opinion de ceux qui estimaient que les articles de la presse sportive devaient être réservés aux « cracks » de la haute compétition : « Il n'est pas nécessaire, affirmait-il, d'être un cheval de race pour parler des courses ou des concours hippiques. » Cet aphorisme, je l'ai fait mien, en prenant soin de ne pas dépasser certaines limites. C'est ainsi que j'ai souhaité, d'un point de vue objectif et non pas subjectif, donner la parole à ceux ou celles qui dirigent les plus grandes formations et offrir à des maestros déjà légendaires ou à de jeunes chefs en devenir l'occasion de s'exprimer librement sur leur art, sur leur conception de ce métier exceptionnel. Je ne prétends pas avoir épuisé ce passionnant et vaste sujet : en effet, je n'ai pas voulu concevoir un dictionnaire, qui existait déjà[2] ; mon intention n'a pas été davantage de retracer l'histoire de l'orchestre, sujet qui a fait l'objet de nombreuses études, ni de réaliser un traité d'ordre sociolo-

1. La réouverture de la salle Pleyel rénovée est prévue en 2006.

2. Alain Pâris, *Dictionnaire des interprètes au* XXe *siècle*, Paris, Robert Laffont, « Bouquins », 1995.

gique. En revanche, grâce à ceux et à celles qui ont accepté de me rencontrer, soit une centaine de personnes, j'ai cherché à mettre en valeur le rôle encore mal connu du chef. Ces témoignages, tous enregistrés au cours de deux années d'enquête, proviennent également de grands compositeurs, comme Henri Dutilleux, de solistes, de musicologues, d'historiens, de directeurs de théâtre et de présidents de radio. Cette longue quête a dû passer par les filtres dissuasifs protégeant les célébrités de notre temps ; elle n'a pu éviter certains refus ou reports. Rares sont ceux, cependant, qui n'ont pas eu le temps de s'exprimer personnellement. Leur abstention a été palliée par des amis ou des proches qui les connaissent bien. J'ose donc affirmer que ce livre contient, outre une première partie consacrée aux grands du passé, tout ce que les chefs m'ont confié, à savoir leur amour de la musique, leur passion de la perfection, leur idéal. Je les remercie de la confiance qu'ils m'ont accordée. Dans les chapitres qui suivent, ces maîtres offrent une image qui peut paraître éphémère : mais s'ils passent, c'est aussi, parfois, pour entrer dans l'éternité.

DIVERSITÉ

« *Musiciens, vous qui avez l'esprit d'amour*
et qui tissez le rêve avec les ondes. »
André Suarès, *Musiciens*

Les plus grands chefs ou les compositeurs les plus notoires ont souvent précisé les limites de l'apprentissage de la direction d'orchestre. À la fin du XIXe siècle, Hans von Bülow affirmait : « Il n'y a pas de mauvais orchestres : il n'y a que de mauvais chefs. » Vers 1910, Edward Elgar ajoutait : « On naît chef, on ne le devient pas. » Plus tard, Ernest Ansermet développa, à sa manière, ces affirmations péremptoires : « Ce que le geste du chef communique aux musiciens, ce n'est pas la mu sique, mais son élément intérieur qu'on appelle le tempo, la cadence du mouvement, l'âme en quelque sorte de la partition. Il s'y ajoute la force du regard aussi déterminante que la gestique. Le chef n'est pas qu'un batteur de temps. Ce geste, pas davantage qu'un geste de colère ou d'amour, ne peut réellement être appris. Il ne sera efficace que s'il est organique, c'est-à-dire personnel[1]. »

Mais alors, comment le chef doit-il diriger ? Le musicologue Fred Goldbeck s'est efforcé de répondre à cette question[2] : « Au concert, le chef d'orchestre est le seul musicien à faire de la musique par des moyens exclusivement visuels. Par un œil incapable d'écouter [*sic*], il ne serait qu'un métronome inutile à l'orchestre et désagréable au public [...]. C'est pourquoi, dans l'imaginaire du public, le chef tient souvent du prestidigitateur, sinon du sorcier [...]. Il lit sa partition et l'interprète. En fait, il décide comment l'orchestre doit la jouer. Lire, interpréter, exécuter sont trois phases distinctes. Il faut que le chef sache écouter en lisant ; autrement dit, il lui faut une faculté de représentation, savoir entendre, en imagination, la réalité sonore des notes et autres signes de la silencieuse partition. C'est avant tout une question de don inné, de mémoire, d'attention, d'entraînement et d'expérience. »

À propos du don inné, Goldbeck évoque souvent l'oreille absolue, sans laquelle il ne peut y avoir de bon, voire de grand chef : « L'oreille absolue,

1. Ernest Ansermet, *Les Fondements de la musique*, Paris, Robert Laffont, « Bouquins », 1989.
2. Fred Goldbeck, *Le Parfait Chef d'orchestre*, Paris, Presses Universitaires de France, 1952.

c'est la faculté de reconnaître, sans erreur et en toute occasion, n'importe quel *do*, *ré* ou *la*, produit par la flûte, les timbales, la voix ou un robinet d'eau mal fermé. Certains musiciens ou non-musiciens ont une oreille analytique stupéfiante. Ils décomposent immédiatement, sans jamais se tromper sur les accords et ils sont capables d'entendre d'avance toute espèce imaginable de combinaisons de notes. Les uns entendent "verticalement", c'est-à-dire des accords, les autres plutôt "horizontalement" ; [...] ces derniers entendent chaque ligne d'une partition et ensuite la superposition de toutes, comme l'image vue dans un stéréoscope. Un chef incapable de se représenter clairement accords verticaux et contrepoints horizontaux, en fait toute la partition qu'il va diriger, et qui attend la répétition où il verra comment sonnera tel passage difficile, ne peut être pris au sérieux[1]. »

Partant de cette démonstration, Goldbeck envisage le comportement du chef en répétition, sa manière de communiquer ses intentions par les gestes, la parole et l'action de sa présence. La parole doit être, selon lui, clairement et brièvement exprimée en de courtes phrases, voire par des onomatopées ou des phrases chantées. « Cependant, ajoute Goldbeck, certains chefs n'expliquent jamais rien et font comprendre pourtant des choses extrêmement subtiles. » On parle alors de magnétisme. Il ne suffit donc pas que le chef batte infailliblement la mesure ; il faut aussi qu'il guide les instrumentistes et qu'il leur fasse exprimer toutes les notes et tous leurs timbres. Pour Goldbeck, la battue est à l'expression ce que la lettre typographique est à l'écriture. Le signal de départ peut être donné à l'aide d'une baguette, destinée à prolonger l'action de la main et du bras ; mais on constate que nombre de chefs, et non des moindres, se passent de tout prolongement artificiel et ne se servent que de leurs mains.

La plupart des maestros que nous avons interrogés en conviennent : battre la mesure n'est qu'un des éléments indispensables, dont on ne peut se passer en certaines circonstances, d'une pratique beaucoup plus complexe. Nadine Pierre, premier violoncelle solo de l'Orchestre philharmonique de Radio France, qui possède, en dépit de son jeune âge, une grande expérience, estime même que « le chef n'est pas là pour battre la mesure. Il est là en revanche pour imprimer un sentiment général et faire en sorte que toutes les énergies se regroupent. C'est sous cet angle que l'on reconnaît un grand maestro ».

1. *Ibid.*

Les avis ont divergé à ce sujet, selon les époques et les personnalités. C'est ainsi que Richard Strauss a osé écrire : « La main gauche n'a rien à voir avec la technique de direction. Sa vraie place est dans la poche du maestro, sauf quand on la fait intervenir pour diminuer le volume sonore ou pour donner quelque signal d'importance secondaire. La meilleure façon de diriger, c'est de le faire non du bras, mais de l'oreille, laquelle, lorsqu'elle est bonne, entraîne tout le reste. »

Cette définition semble aujourd'hui trop simpliste pour être prise à la lettre. Des films et des documents vidéo nous montrent en effet des chefs aux multiples facettes, confirmant que l'art de la direction est le plus personnel qui soit. En réalité, la gestique (ou gestuelle) embrasse les attitudes les plus diverses ; tous les mouvements sont possibles pour peu qu'ils soient compris par les musiciens. Cette entente entre un homme posté sur un podium et cent instrumentistes relève d'une alchimie que le grand Carlo Maria Giulini a résumée, au cours de l'entretien qu'il m'a accordé à Milan, d'un mot, d'un seul : « Mystère ! » Comme il est modeste, Giulini n'a pas voulu évoquer le don confinant au génie que certains magiciens de l'orchestre portent en eux et qui leur permet de mettre en place un immense puzzle dont ils assurent l'assemblage sans jamais se tromper d'une note, ni négliger ce qui se cache derrière. C'est pourquoi l'art du chef demeure l'activité la moins comprise et la moins connue du monde artistique. Comme l'explique Manuel Rosenthal dans son « Prélude », tout semble se réduire à quelques vagues recettes pratiques qui ne sont que la partie émergée de l'iceberg.

Se peut-il que d'excellents orchestres soient confrontés à des chefs médiocres, voire « épouvantables », comme les qualifie Nadine Pierre qui n'est pas tendre pour ces pseudo-maestros ? « Nous en avons rencontré. On se comporte souvent mal avec eux. Il faut savoir qu'une collectivité est généralement odieuse dès qu'elle détecte une forme de faiblesse caractérisée ; c'est un phénomène de groupe bien connu. Tout se joue en fait dès les premières minutes : le chef doit s'imposer instantanément, faute de quoi c'est le “bazar”. Certes, on a tendance à juger trop rapidement, notamment nous autres Français ; nous avons encore des progrès à faire à propos du consensus général et de la discipline. Invitée à jouer dans les orchestres allemands, j'ai pu constater que les instrumentistes d'outre-Rhin acceptent mieux que nous les remarques du chef ; nous nous conduisons parfois comme des enfants gâtés. Si tout n'a pas bien fonctionné au cours des répétitions, il nous faut pourtant sauver la face au concert. Or, quand on joue avec un mauvais chef, on est très partagé.

Si, en dépit d'une direction incertaine, on assure une bonne exécution, on tire les marrons du feu au profit d'un personnage inconsistant, qui sera peut-être encensé grâce à nous. Nous avons alors le sentiment de protéger le chef. C'est pourquoi nous nous exprimons le plus clairement possible quand nous sommes consultés au sujet des invités, afin d'éviter de nous retrouver confrontés ultérieurement aux mêmes difficultés. Il ne faut pas oublier non plus l'aspect médiatique : la vente des billets des futurs concerts dépend en partie du bon ou du mauvais souvenir que tel ou tel chef a pu laisser[1]. »

René Koering, directeur de la musique à Radio France, est conscient des difficultés qui pèsent sur certaines invitations. Il les énumère avec réalisme, sans pratiquer la langue de bois : « On remarque un chef à la tête d'une formation étrangère, en se disant : "Comme c'est beau ce qu'il fait !" On le fait venir à Paris : c'est un désastre ! Pourquoi ? Quand j'engage un chef, je ne peux prévoir ce qui va se passer. Je fais un pari sur les possibilités de réussite. Tout se passe comme dans une agence matrimoniale : la première entrevue peut tourner court. Il n'y a donc pas de certitudes de succès. Il existe cependant des maestros à propos desquels on ne peut se tromper, mais ils demeurent l'exception qui confirme la règle. Avec d'autres, qui sont pourtant des musiciens confirmés, on frôle souvent la réussite, mais on ne l'atteint pas. Il y a quelque chose qui cloche, une faiblesse, un programme de concert qui ne convient pas, ou encore l'humeur du jour. Il arrive également que des chefs se trouvent face à des instrumentistes qui ne les supportent pas ; l'inverse peut également se produire : ça ne fonctionne pas et le résultat est détestable.

« Je vois défiler beaucoup de monde à Radio France. Les opinions y sont parfois divergentes : on jugera un chef moyen ou médiocre, alors qu'il jouit d'une grande réputation à Berlin ou à Londres ; il s'agit pourtant du même personnage avec le même répertoire. En fait, je ne crois pas qu'il y ait eu dans l'histoire de l'orchestre un maestro qui ait obtenu l'unanimité des suffrages de ceux qu'il dirigeait. En effet, les plus grands ne sont pas toujours exempts de reproches en raison de leurs exigences. Les tempos d'untel dans Brahms ne plaisent pas au premier violon, alors que le premier basson le trouvera génial et que son voisin, le clarinettiste, dira de lui : "Il est absolument nul !"[2] »

1. Entretien enregistré le 22 octobre 2002.
2. Entretien enregistré à la Maison de Radio France, le 18 mars 2002.

André Suarès, grand écrivain français et musicien lui-même, a longtemps hanté les salles de concerts ; il a écrit de nombreuses chroniques, notamment dans *La Revue musicale* entre 1920 et 1939. Il n'épargnait guère, lui non plus, les pseudo-maestros comme le prouvent ces lignes : « Les chefs d'orchestre sont devenus les plus indiscrets des virtuoses et les plus comédiens ; beaucoup plus comiques d'ailleurs qu'ils ne le croient. Leurs mains bénissent ou envoûtent avec ce petit doigt frénétique tout pareil à celui de Monsieur Jourdain dansant le menuet... Toute cette mimique et tous ces exploits sur le stade du petit tréteau où se donnent ces papillons sont vraiment impayables [...]. Je leur reproche le mauvais goût [...]. Ils ont si peu le sens de la volupté musicale qu'on les croirait liés à la gageure de noyer tout concert dans une grisaille d'ennui[1]. »

Le mythe du maestro s'est développé dans la conscience populaire au fil des décennies, mais il n'a guère plus d'un siècle et demi d'existence, même s'il ne faut pas oublier que François Habeneck, à la tête de la Société des Concerts du Conservatoire qu'il créa en 1828, fut le premier grand interprète de Beethoven. Ce rôle a donné lieu à de multiples définitions. Celle exprimée par Lorin Maazel propose une synthèse acceptable par le plus grand nombre : « Interpréter, c'est sculpter, mouler, doser [...]. Chaque chef possède en lui ses propres images sonores [...]. Chaque interprète est une individualité qui, en vertu de son caractère unique, doit nécessairement considérer la musique selon sa propre perception. Il n'y a pas deux voix humainement semblables, ni deux sons instrumentaux identiques[2]. »

On l'aura compris, la direction d'orchestre est un art majeur qui permet, à l'infini, des expressions musicales différentes, voire divergentes. C'est cette diversité qui ressort des chapitres à venir où s'expriment la voix, la conscience et la passion de ceux et celles qui ont fait ou feront l'histoire de l'orchestre. Ce panorama musical permet de composer un tableau qu'un aphorisme d'André Suarès a préfiguré : « Beau mensonge de l'art, si pourtant tu étais la seule vérité[3]. »

1. André Suarès, dans *La Revue musicale*, Paris, mars 1930.
2. Lorin Maazel, Préface du *Grand Livre de l'Orchestre*, Paris, Bordas, 1981.
3. André Suarès, *Musiciens*, Paris, Louis Jou, 1930.

PRESTIGE DE LA MUSIQUE

« La musique est dans tout. Un hymne sort du monde. »
Victor Hugo, *Les Contemplations*

Les émissions de radio tiennent une place prépondérante dans la diffusion de la musique auprès du public. Jean-Marie Cavada, président de Radio France, constate que sa « maison » est la première entreprise culturelle du pays grâce à ses réseaux d'antenne et à l'activité culturelle qu'elle génère, notamment dans le domaine musical[1] : « Sept cents personnes s'y consacrent, explique-t-il, dans le but d'élaborer, d'organiser, de financer et de conduire une politique artistique.

« Quand j'ai pris mes fonctions, il m'a fallu répondre à trois questions primordiales : à quoi servions-nous ? Avions-nous encore un plan d'action musical à Radio France et comment s'articulait-il ? Nous devions nous prononcer rapidement sur le rôle de France Musique (devenue France Musiques) en tant que station de radio. Sous la direction de Pierre Bouteiller, nous avons élargi le champ de nos émissions en y introduisant un supplément de musique n'appartenant pas au répertoire symphonique, lyrique ou chambriste, en l'occurrence les chansons françaises de qualité. Notre slogan était "Radio France est la plus grande salle de concerts du monde". Encore fallait-il que nos programmes fussent assidûment nourris. Or le résultat est net : nous avons presque doublé notre audience depuis 2001 pour approcher 2 % d'écoute. Mais ce n'est pas suffisant : après avoir rétabli notre primauté, nous devons aller encore plus haut.

« J'ai toujours pensé, ajoute Jean-Marie Cavada, qu'une station de radio devait être maniée par des gens de radio car il s'agit d'une activité spécifique, s'adressant à un public par nature volatil. Nous avons d'abord voulu élever le niveau de nos formations musicales. J'ai donc choisi de placer à la tête de la Direction de la musique, en la personne de René Koering, un homme qui fût à la fois une autorité musicale incontestable (il est compositeur), dotée d'une immense culture et un manager qui avait déjà fait ses preuves au Festival de

1. Entretien enregistré à Radio France, le 7 juin 2002.

Montpellier. En accord avec lui, nous avons procédé à la mise en place de deux nouveaux chefs pertinents et exigeants, auxquels nous laissons le soin de définir leur répertoire, en offrant une part bien réelle aux œuvres contemporaines.

« Marek Janowski était en partance après seize années passées à la tête du Philharmonique, dont il avait fait une formation de très haut niveau. M'inspirant de l'exemple du Philharmonique de Vienne, j'ai demandé à René Koering de me fournir une liste d'une demi-douzaine de maestros, qui fut ensuite soumise aux musiciens. Ces derniers ont choisi à une très forte majorité Myung-Whun Chung, qui a pris son poste de directeur musical en 2000, à la satisfaction générale : ce qu'il a déjà fait est prodigieux, aussi bien au plan artistique qu'éducatif. Par ailleurs, Charles Dutoit, ayant un minimum de temps à consacrer au National, attitude qui créait une situation périlleuse pour cet orchestre, nous avons également recherché un autre chef permanent. Nous avons pu convaincre Kurt Masur de nous rejoindre en juin 2002 ; je puis affirmer qu'il a été remarquablement accueilli par les instrumentistes. C'est un homme de parole : on peut être sûr qu'il accomplira ce qu'il a promis de faire.

« Avec Chung et Masur, dirigeant deux orchestres de haut niveau, un chœur sensiblement renouvelé et une maîtrise de grande qualité, nous avons désormais la possibilité de nous battre efficacement sur le marché de la musique qui est extrêmement concurrentiel. Nous avons amplifié notre production discographique ; les tournées à l'étranger sont de plus en plus nombreuses et couronnées de retentissants succès : nos orchestres sont désormais demandés par maints pays. Nous apportons également notre participation musicale à de prestigieux festivals, sans jamais faire preuve d'impérialisme. Par ailleurs, outre les répétitions ou concerts offerts aux jeunes, nous avons toute une panoplie d'activités, imaginée par René Koering, proposant un service musical gratuit : ainsi en est-il des week-ends “Figures”, qui sont venus s'ajouter au Festival “Présences” consacré à la musique contemporaine.

« Radio France vit un peu des crédits budgétaires, mais la quasi-totalité de ses ressources découle de la redevance. Je considère que la contribution des Français devrait faire vivre la culture musicale, d'où notre effort en faveur des collégiens, des lycéens et du monde universitaire. Nous avons la volonté d'amplifier cette action. En même temps, notre ambition est de renforcer la réputation musicale de la France à travers le monde. Contrairement à ce que certains ont pu dire, deux orchestres à Radio France, ce n'est pas un de trop. Si l'on compare notre situation à celle de la Grande-Bretagne et de l'Allemagne, nous constatons que ces deux pays ont respectivement sept et huit orchestres de radio. Nous devons l'admettre : nous sommes encore une petite nation musicale en terme d'activité. Il nous faut prendre conscience de nos faiblesses : il est évident que nous manquons, à Paris, d'un auditorium moderne, modulable et d'accès facile. Les chefs invités m'en font la remarque ; ils laissent souvent entendre qu'ils risquent de ne plus revenir à Paris en raison de l'insuffisance acoustique de nos salles. Je ne dispose, sur ce délicat problème, que d'une seule voix, la mienne ; c'est la raison pour laquelle tous les responsables devraient être unis pour faire aboutir cet indispensable projet.

« La musique, conclut Jean-Marie Cavada, au motif qu'elle ne recueille pas la même audience que *Star Academy* et autres émissions du même type, crée des contraintes. Les chaînes de télévision publiques ont du mal à réagir face à ce choix du secteur privé, concurrence oblige. D'où le risque de perdre son identité. À mon sens, par rapport à d'autres pays comme l'Allemagne, nous sommes encore des lilliputiens. Si la télévision ne parvient pas à modifier son attitude et, du même coup, ses programmes, nous ne pourrons pas trouver d'issue. La musique n'est certes pas destinée au seul prestige ; mais, en revanche, le prestige peut aider à la vie musicale. »

LES MAÎTRES DU PASSÉ

Arturo Toscanini, dessin de Lily Steiner, 1934.

DE BERLIOZ À NIKISCH

« Arthur Nikisch, Hans Richter, Richard Strauss,
maîtres accomplis en leur art, dirigent les musiciens à la baguette.
Mais qui les dirigent, eux ? Qui dirige le chef d'orchestre ? La partition !
Et qui dirige la partition ? Le compositeur ! »
Francis Huster, *Gustav Malher, la symphonie de Vienne*

Notre survol des grands maestros du siècle commence au tournant des XIXe et XXe siècles. Mais avant d'évoquer le rôle essentiel joué par Gustav Mahler et les chefs de sa génération, il serait injuste de passer sous silence ceux qui furent les pionniers de la direction d'orchestre. Après François Habeneck, reconnu par Richard Wagner comme l'un des meilleurs conducteurs d'orchestre, avant même Meyerbeer, Spohr, Weber et Spontini, Hector Berlioz, souvent plus apprécié à l'étranger qu'en France, fut, en 1830, le détonateur d'une véritable révolution musicale. À Paris, il était en effet contraint d'en appeler à la générosité de certains de ses confrères pour être en mesure d'exécuter ses œuvres, comme ce fut le cas pour la deuxième audition de son *Requiem* à Saint-Eustache. Le 29 avril 1850, il écrivait à Esprit Auber, directeur du Conservatoire : « Veuillez être assez bon pour prêter à notre luthier, M. Mancotet, les instruments, timbales et percussions dont nous avons besoin pour l'exécution de la messe de *Requiem* qui aura lieu à Saint-Eustache vendredi prochain ; vous obligeriez notre société philharmonique en diminuant les frais de ce concert[1]. »

1. Lettre autographe inédite, collection R.P.

Richard Wagner, pour sa part, fut chef dès l'âge de 21 ans, quoiqu'il n'aimât pas cette activité. Dans un essai datant de 1898, André Suarès définissait son rôle éminent : « On n'a rien écrit sur l'art de conduire qui vaille l'opuscule qu'il y a consacré[1]. Le caractère du chef d'orchestre est indélébile et des mieux marqués en Wagner : une attention perpétuelle de tous les détails et un souci profond de la pensée générale du noble ensemble. Le grand chef d'orchestre est toujours un despote de tempérament, et intraitable en ses habitudes [...]. Il ne saurait y avoir de grands chefs sans beaucoup de caractère, beaucoup d'intelligence et une santé robuste. Peu d'emplois mettent davantage la patience, la maîtrise de soi et l'esprit à l'épreuve. Berlioz, tombant en pâmoison à l'issue d'un concert qu'il dirige, ne saurait bien conduire que par hasard. Il convient à l'artiste de garder ses larmes et son rire en soi. Qu'il les déchaîne en autrui, qu'il les cache s'il veut paraître en lui, malgré lui. Beethoven, sans parler de l'oreille dure, était trop rêveur et trop emporté en ses sentiments pour faire un bon chef d'orchestre. Wagner est le premier des grands musiciens qui ait excellé, en ce siècle, dans la direction de l'orchestre. C'est un de ses caractères singuliers : il sied à sa nature, propre à tout dominer [...]. Les terribles colères qu'il en conçut, sa lutte corps à corps avec les musiciens de Dresde, où presque toutes les calomnies dont on le poursuivit plus tard ont eu l'origine, tant de mauvais souvenirs ont pu lui donner ensuite l'horreur de ce métier [...]. Toutefois rien n'a mieux servi Wagner que ce long exercice. Il a été le plus admirable des écrivains pour l'orchestre, sans doute, en partie, parce qu'il en a joué en grand virtuose. Il connaissait le fort et le faible de tous les instruments [...]. Il s'en servait, comme on donne un rôle à des personnages véritables, en chair et en os [...]. Cette misérable vie, menée jusqu'à 40 ans dans les orchestres, et dix années encore disputées à la nécessité, même à la faim, voilà où Wagner a trouvé ses armes, pour réduire le monde, pour se défendre contre lui et pour le vaincre[2]. »

André Suarès a également suivi de près les efforts des chefs français qui défendirent contre vents et marées le créateur de la *Tétralogie.* Après Pasdeloup qu'il avait vu diriger dès 1885, il applaudit aux initiatives de Charles Lamoureux et d'Édouard Colonne en faveur des concerts populaires. Critique musical au journal *La République*, en alternance avec son ami Maurice Pottecher, Suarès a laissé d'étonnantes évocations de ces deux personnages et de

1. Richard Wagner, *Communication à mes amis,* 1851.
2. André Suarès, *Wagner*, Paris, Revue d'art dramatique, 1899.

Camille Chevillard, gendre de Lamoureux. Le 27 octobre 1901, Suarès écrivait à son frère Jean : « J'étais hier soir du petit nombre des élus : j'assistai à la répétition générale de *Tristan* [...]. Tout Paris y est et le gotha des cabotins. Rien ne flatte plus leur orgueil [...]. La soirée a été triomphale pour Lamoureux [...]. L'orchestre n'est pas sur la scène comme il devrait être ; il est par suite dévorant : il couvre, il absorbe tout ; et d'autant plus que Lamoureux n'est presque jamais fin, tendre ou délicat. Mais tout cela admis, il obtient ce que pas un des autres n'a jamais obtenu en France : une précision, un ensemble, une vigueur incomparables. Tant mieux si cet orchestre étouffe les voix : elles sont presque détestables [...]. Du reste la symphonie est d'une puissance effrayante. On se sent en présence d'un artiste si fort, si passionné qu'on adore en lui un héros surhumain, une volonté d'art qui n'eut jamais sa pareille[1]. »

André Suarès n'a pas apprécié de la même manière Arthur Nikisch, pourtant surnommé « le Magicien » par ses instrumentistes et par la critique. Ce musicien, d'origine hongroise, fut l'une des figures dominantes de la direction d'orchestre de 1890 à sa mort, en 1922, principalement avec le Symphonique de Boston, puis avec le Gewandhaus de Leipzig et le Philharmonique de Berlin. Violoniste, il joua, à ses débuts, sous la direction de Wagner, les *Troisième* et *Neuvième Symphonies* de Beethoven à l'occasion de la pose de la première pierre du Théâtre de Bayreuth en 1872. Gustav Mahler fut son assistant à Leipzig ; les deux hommes se supportaient difficilement, ce qui n'empêcha pas Nikisch de diriger en première mondiale le deuxième mouvement de la *Deuxième Symphonie* de son cadet, en 1896 à Berlin, puis de donner avec le même orchestre l'intégralité de la *Cinquième* en 1905. Nikisch était présent à Paris en 1897 pour la première apparition dans la capitale du Philharmonique de Berlin, au cours d'une tournée qui inquiéta beaucoup la Préfecture de police, à la suite de menaces de manifestations anti-allemandes. Pourtant Nikisch fut accueilli avec enthousiasme au Cirque d'hiver comme il le fut encore en 1901, quand Claude Debussy, *alias* Monsieur Croche, le présenta sans ménagement dans *La Revue blanche* : « M. Nikisch a l'attitude et la mèche. Il y joint heureusement de plus sérieuses qualités [...] M. Nikisch est un virtuose incomparable ; il apparaît même que sa virtuosité lui fait oublier ce que l'on doit au bon goût [...] avec des effets sans cause qui étonnent du musicien averti qu'il est [...]. Il avait prouvé la rareté de ses dons dans les

1. André Suarès, Lettre autographe inédite, 27 octobre 1901, collection R.P.

équipées de *Till l'espiègle*, de Richard Strauss. Ce morceau ressemble à “Une heure de musique nouvelle chez les fous”. [...] Si l'on retrouvait M. Nikisch assis sur les genoux d'une ouvreuse, il n'y aurait là rien d'extraordinaire[1]... » On a aussi décrit Nikisch merveilleusement calme et en même temps remarquablement puissant, énergique et maître de lui. Il fut le premier à enregistrer intégralement la *Cinquième Symphonie* de Beethoven en 1913.

Les critiques notaient par ailleurs que ce chef aimable et élégant, adulé des femmes, ne battait pas la mesure, au contraire de ses confrères allemands ou autrichiens, notamment Felix Mottl, Ernst von Schuh, Hermann Levi et Hans von Bülow, l'un de ses prédécesseurs à Berlin, époux malheureux de Cosima, la fille de Franz Liszt, qui le quitta pour devenir la femme de Richard Wagner. Avant son divorce, von Bülow dirigea les premières de *Tristan* et des *Maîtres chanteurs*. Richard Strauss, dans ses *Souvenirs*, a dit de lui : « Celui qui l'a entendu une seule fois jouer Beethoven ou diriger Wagner, qui a assisté à une de ses leçons de piano ou à une répétition d'orchestre, n'a pu que le considérer comme le modèle de l'interprète idéal[2]. »

Hans Richter, créateur de *Siegfried* et du *Crépuscule des dieux*, en 1876 à Bayreuth, puis directeur de l'Opéra de Vienne où Mahler lui succéda en 1898, fut lui aussi l'un des premiers chefs modernes. Claude Debussy a laissé de lui un portrait haut en couleur, quand ce chef dirigeait *L'Or du Rhin* à Covent Garden : « Si Richter ressemble à un prophète, quand il dirige l'orchestre c'est le bon Dieu [...]. Pendant que sa main droite armée d'un petit bâton sans prétention assure la précision des rythmes, sa main gauche se multiplie, indiquant à tout le monde ce qu'il doit faire. Cette main est “ondoyante et diverse”, sa souplesse est invraisemblable. Puis, [...] ses deux bras se lèvent à la fois, l'orchestre bondit à travers la musique [...]. Toute cette pantomime reste discrète, sans jamais accrocher désagréablement l'œil, ni s'interposer entre la musique et le public [...]. C'est un sage qui se dérobe farouchement à l'interview[3]... »

Felix Weingartner fut aussi célèbre que Bülow, Richter et Nikisch. De trois ans plus jeune que Mahler, il naquit en Dalmatie en 1863. Citoyen autrichien et compositeur (il écrivit sept symphonies et plusieurs opéras), comme son aîné, il lui succéda à la tête de l'Opéra de Vienne en 1908. Mahler

1. Claude Debussy, « Chronique de M. Croche », dans *La Revue blanche*, 1er juin 1901.
2. Cité dans Georges Liébert, *Chef d'orchestre*, Paris, Gallimard, « Découvertes », 1990.
3. Claude Debussy, « Lettres de Londres », dans *Gil Blas*, 5 mai 1903.

ne l'aimait guère, lui reprochant d'effectuer des coupures dans le *Ring*. Weingartner eut une très longue et brillante carrière, aussi bien sur scène, où il effectua de brillants débuts à 28 ans à l'Opéra de Berlin, qu'à l'orchestre, où il fut un fervent prosélyte de Beethoven, dont il enregistra l'intégrale des *Symphonies* dans les années vingt. Il se passionna également pour Berlioz, participant activement à l'édition de son œuvre complète et au Festival de Grenoble, célébrant le centenaire de la naissance du compositeur. Il demeura pendant vingt ans à la tête du Philharmonique de Vienne (1908-1928) et se produisit dans toutes les grandes villes des États-Unis et d'Europe, notamment à Paris, il fut souvent invité ; ainsi en 1903 par l'Orchestre Lamoureux, dans un programme Beethoven, suivi non sans ironie par Claude Debussy : « Tout ce que Paris compte d'oreilles fameuses ou attentives était là. [...] Il a d'abord dirigé *La Symphonie pastorale* avec le soin d'un jardinier méticuleux. C'était si proprement échenillé qu'on avait l'illusion d'un paysage verni au pinceau, où la douceur vallonnée des collines était figurée par de la peluche à dix francs le mètre et des arbres frisés au petit fer. [...] M. Weingartner, physiquement, donne à première vue l'impression d'un couteau neuf. Ses gestes ont une élégance quasi rectiligne ; puis, tout à coup, ses bras font des signes implacables qui arrachent des mugissements aux trombones et affolent les cymbales... C'est très impressionnant et tient du thaumaturge ; le public ne sait plus comment manifester son enthousiasme[1]. »

Devenu citoyen helvète dès 1933, Felix Weingartner eut la sagesse, à l'avènement du nazisme, d'abandonner ses fonctions allemandes et autrichiennes avant de se retirer en Suisse, où il mourut en 1942. On lui doit la première mondiale de *La Symphonie en ut* de Georges Bizet, découverte au Conservatoire de Paris en 1932 et que le chef créa le 26 février 1935 à Bâle, avant de la diriger à Paris, l'année suivante.

1. Claude Debussy, « Chronique de M. Croche », dans *Gil Blas*, 16 février 1903.

MAHLER
ÉTAIT UN SAINT

« Il faut être un homme vivant et un artiste posthume. »
Jean Cocteau, *Le Rappel à l'ordre*

Le public français ne réserva pas à Gustav Mahler un accueil aussi enthousiaste qu'à Nikisch. De sa tournée à Paris en 1900, dans le cadre de l'Exposition universelle, à la tête du Philharmonique de Vienne, Mahler garda un très mauvais souvenir. Participant en 1905 à Strasbourg à un festival de musique franco-allemande, en Alsace annexée, le chef-compositeur fut à nouveau malmené, cette fois par Romain Rolland, qui n'apprécia guère sa *Cinquième Symphonie* : « Il a le type légendaire de ces musiciens allemands, à la Schubert, qui tiennent du maître d'école et du pasteur [...]. Il est d'une nervosité excessive ; des caricatures en ombres chinoises ont popularisé en Allemagne sa mimique de chat convulsé [...]. Sa musique est faite de constructions énormes, massives, cyclopéennes, de mélodies mal dégrossies, de qualité médiocre, banale, imposante seulement par l'épaisseur de leurs assises et par la répétition obstinée des dessins rythmiques, maintenus avec la ténacité d'idées fixes. Ces amoncellements de musiques savantes et barbares, avec des harmonies à la fois grossières et raffinées, valent surtout par la masse. L'orchestration est lourde et forte : les cuivres y dominent, ajoutant leurs dorures crues aux couleurs opaques de l'édifice sonore [...]. C'est un bric-à-brac opulent et criard[1]. »

1. Romain Rolland, *Musiciens d'aujourd'hui*, Librairie Hachette, 1908.

Cette opinion dévastatrice devait être longtemps celle des milieux musicaux français. Hormis de rares études positives, dont celles publiées entre les deux guerres par *La Revue musicale*, il fallut attendre les années cinquante pour que quelques voix s'élèvent en faveur de Mahler compositeur. Musicologue de haut rang, professeur à la Schola Cantorum, créateur de nombreuses œuvres lyriques et symphoniques, Paul Le Flem fut l'un des rares critiques de son temps à accorder à Mahler la place qui aurait dû lui revenir depuis longtemps. Il ouvrait ainsi le débat en 1961 dans *Musica* : « Le nom de Gustav Mahler n'apparaît pas souvent sur les programmes de nos festivités symphoniques. Il y a beau temps que dure cette abstention relative à l'égard d'un musicien que les principales sociétés musicales du monde accueillent avec moins de réserve. Cependant, l'hiver dernier, la Société des Concerts du Conservatoire a joué *Le Chant de la Terre* et le public, emporté par le lyrisme de cette musique, lui réserva un chaleureux accueil. Quant aux symphonies, elles sont presque inconnues de nous. Nul ne s'en préoccupe [...]. Mahler mena de front la direction d'orchestre et la composition [...]. Il lui était aussi nécessaire de vivre avec la pensée d'autrui [...] que de se pencher sur ses propres méditations et les arracher à leur pénombre [...]. Mahler reconnaissait à la musique une immatérialité qui lui permettait d'atteindre le fond des choses et des êtres [...]. Mais il savait se détacher de ces hautes contemplations et montrer que la joie simplement humaine n'était pas pour lui un domaine interdit [...]. En notre pays, Mahler n'a pas encore pu échapper à la torpeur de l'opinion qui a longtemps tenu Brahms reclus et distant [...]. On s'est appliqué, avec un zèle inlassable, à découvrir des vedettes plus ou moins authentiques. Appétit de prospection qui peut-être se fixera un jour sur Mahler. Car l'avons-nous seulement découvert[1] ? »

Paul Le Flem ne fut pas le seul à défendre Mahler. Henry-Louis de La Grange avait également été, dès les années quarante, un ardent défenseur de la musique de Mahler. Auteur d'une monumentale biographie qui fait autorité à travers le monde[2], Henry-Louis de La Grange, l'homme qui connaît le mieux le musicien et son œuvre, m'a accordé deux entretiens qui rendent justice, s'il le fallait encore, à un génie trop longtemps méconnu. Dans son bureau tapissé de précieux documents iconographiques de la médiathèque Gustav-Mahler, dont il est le fondateur, Henry-Louis de La Grange a réponse à tout[3]. J'évoque

1. Paul Le Flem, dans *Musica*, mai 1961.
2. Henry-Louis de La Grange, *Malher*, Paris, Fayard, 1979-1984, trois tomes.
3. Entretiens enregistrés le 8 octobre et le 16 décembre 2002.

d'abord le texte d'Arnold Schoenberg[1], écrit en 1912, mais publié en 1948, à propos de Mahler : « Gustav Mahler était un saint. Il a beaucoup souffert des reproches qu'on formulait à propos de ses œuvres : sentimentalité, banalité, vulgarité [...]. Moi-même [Schoenberg], j'étais d'abord Saül, je devins Paul [...]. Le génie a éclairé la voie et nous nous épuisons à le suivre [...]. Nous devons le suivre, car il le faut ! [...] Mahler était sur le point de nous révéler ce que serait l'avenir. Quand il voulut nous en dire plus, il s'en alla [...]. »

Henry-Louis de La Grange connaît ce texte de longue date : « Mahler, en tant que compositeur, a été affreusement maltraité pendant toute sa vie. Mais, c'est au moment où l'on commençait à admettre les trois premières *Symphonies* et qu'il composait les *Cinquième, Sixième* et *Septième*, lesquelles n'ont été comprises que par une infime minorité, qu'il connut les pires tourments. Heureusement, le génie était si fortement ancré en lui qu'il parvint à s'imposer très tôt en tant que chef, bien qu'on l'ait souvent accusé de ne pas respecter la tradition. Il avait acquis une grande célébrité à l'Opéra de Vienne et il fut fréquemment invité à diriger ses symphonies. À partir de 1908, sa vie changea totalement : son influence s'estompait en Europe parce qu'il séjournait à New York. Comme on le jouait moins qu'avant, Mahler souffrait de cette désaffection. C'est à cette époque que Schoenberg trouva les mots justes en écrivant : “Mahler est un saint”. J'en suis moi-même convaincu : je le dépeins d'ailleurs dans mon livre comme un modèle d'honnêteté, de droiture, de passion musicale, de morale artistique, de désintéressement. Il est demeuré fidèle aux causes embrassées dans sa jeunesse, à une époque où il n'avait pas encore les moyens de les servir efficacement. Jusqu'à sa mort, il est resté attaché à son idéal. Certaines personnalités musicales, tel Leonard Bernstein, ont prétendu que Mahler avait éprouvé un complexe de culpabilité à la suite de sa conversion au catholicisme : cette affirmation est risible. Mahler était né en 1860 dans le milieu libéral juif de la Bohême tchèque, où les Lumières avaient pris rapidement une importance qu'elles n'eurent pas ailleurs, grâce à l'action du philosophe Moses Mendelssohn, grand-père de Felix Mendelssohn. Cet environnement eut une influence capitale sur le jeune Mahler : auprès de son père, qui était un homme d'affaires cultivé, il bénéficia d'une forte stimulation intellectuelle. Affirmer que Mahler a pu ensuite avoir des remords parce qu'il s'était éloigné du judaïsme me paraît relever de la pure fiction.

1. Arnold Schoenberg, *Le style et l'idée*, Buchet-Chastel, 2001.

« En ce qui concerne la *Dixième Symphonie*, que Schoenberg ne connaissait pas, on peut estimer qu'elle constituait un nouveau début dans l'œuvre de Mahler, car il était en train de changer de style. Par intuition, sans doute, Schoenberg, grand admirateur de son aîné qui l'avait maintes fois soutenu, eut tendance à adopter une attitude quelque peu romantique. Le traumatisme causé par la mort prématurée de Mahler était récent quand Schoenberg écrivit ces mots d'adieu. Trop souvent, on a prétendu à tort que les dernières œuvres de Mahler étaient celles d'un mourant, ce qui est une autre imbécillité. Je ne cesse de réfuter cette sottise depuis des années. Je suis certain qu'après ma mort, on continuera de la répandre. Or Mahler était encore en pleine forme ; s'il n'avait pas été victime d'une maladie infectieuse qui peut encore être mortelle de nos jours, malgré les antibiotiques, lesquels n'existaient évidemment pas en 1911, il aurait continué à composer. Donc, je ne puis admettre l'idée selon laquelle il serait mort parce qu'il serait allé trop loin dans ses compositions. »

Cependant, on peut se demander jusqu'où il serait allé s'il avait vécu dix ou quinze ans de plus. « Personne ne peut le savoir, affirme Henry-Louis de La Grange. La seule hypothèse que l'on a le droit d'évoquer découle de sa *Dixième Symphonie*, inachevée. À l'Opéra de New York, il remportait des succès très insuffisants eu égard à ce qu'il apportait aux Américains. Quand il prit en main l'Orchestre philharmonique, il dirigea de nombreuses œuvres qu'il n'avait jamais jouées auparavant. Toute la musique européenne figurait à son répertoire. Cette "ouverture" eut une grande influence sur le compositeur. Pendant ce temps, à Vienne, on laissait entendre que Mahler était parti pour le pays du dollar dans le seul but de s'enrichir. Balayons cette thèse absurde : Mahler était ravi d'avoir à sa disposition l'orchestre de ses rêves ; il a travaillé avec cette phalange pendant près de deux ans ; d'une certaine manière, il a été très heureux auprès des musiciens new-yorkais. Il est évident que les programmes qu'il avait choisis accéléraient son évolution vers de nouveaux horizons. Jusqu'où ? Je ne puis le dire. Aurait-ce été dans le sens de Schoenberg, en s'éloignant peu à peu de la tonalité, choix de son cadet, qui l'avait contrarié ? Aurait-il subi l'influence des Impressionnistes français ? En fait, je ne crois pas qu'on puisse en dire beaucoup plus. Toutefois, je pense que Mahler a mieux senti que tous les autres compositeurs de son époque l'évolution de son temps ; il annonçait, en effet, la naissance d'une ère nouvelle ; c'est d'ailleurs l'une des raisons de sa popularité d'aujourd'hui. On a longtemps voulu voir en lui un post-romantique attardé. Or, mes recherches personnelles m'ont permis d'avoir une vision beaucoup plus moderne de Mahler : s'il s'est imposé en tant que compositeur d'essence universelle, c'est qu'il avait une dimension spirituelle, voire métaphysique qu'aucun créateur n'avait eue depuis Beethoven : tout le monde peut trouver dans sa musique quelque chose qui fascine, qui émeut. L'immense force de ce génie est de ne s'être rien refusé. L'ironie et le sarcasme, qui sont deux des traits essentiels de son œuvre, ont été, dans une certaine mesure, cultivés par Chostakovitch, dans une vision historique différente. Ce rappel montre bien que Mahler est beaucoup plus qu'un post-romantique : il est tout simplement éternel. »

Sous l'enveloppe du compositeur, quel chef d'orchestre était-il ? Pour Henry-Louis de La Grange, l'aspect le plus fascinant de Mahler fut l'évolution rapide de sa personnalité : « Dès l'âge de 20 ans, il a composé un premier chef-d'œuvre, *Das Klagende Lied*. Puis, il s'est jeté à corps perdu dans la direction d'orchestre ; il était fasciné par l'opéra. En fait Mahler était un homme de théâtre né. Il s'est pleinement investi non seulement dans les grandes œuvres du répertoire mais aussi, parfois, dans des œuvres relativement médiocres, dont il avait mesuré la faiblesse ; il ne les a plus abordées par la suite ; mais il n'empêche qu'il se donnait à fond dans les répétitions comme s'il s'était agi d'ouvrages majeurs. Il fut d'emblée à la fois totalement interprète, totalement directeur d'opéra, totalement metteur en scène et totalement compositeur : cas unique qui ne se reproduira plus. À ses débuts, dans les petits théâtres de province, il lui était impossible d'obtenir des exécutions simplement convenables. Il arrivait fréquemment qu'on remplaçât des musiciens et des chanteurs au dernier moment, ce qui affaiblissait la qualité des représentations. Mahler n'avait donc pas la possibilité de réaliser les exécutions impeccables qu'il souhaitait ; c'est pourquoi il exigeait un nombre élevé de répétitions : il fallait travailler toujours plus pour obtenir le maximum de capacité musicale. Un jour, alors qu'il occupait son troisième poste, à Olmutz, et dirigeait *Carmen* de Bizet, son premier succès notoire, il fut remarqué par l'un des responsables de l'Opéra de Cassel qui l'engagea immédiatement. À l'époque, on jouait tout le répertoire, dans le désordre, en changeant de programme chaque jour ; les instrumentistes et les chanteurs étaient souvent saturés, voire épuisés, car Mahler était d'une incroyable exigence, ce qui lui permettait d'obtenir des résultats souvent étonnants. Dès lors, il voulut casser ce système pernicieux. Si cette formule surannée, que Mahler ne supportait pas, a disparu de la plupart des scènes, elle existait encore dans maints théâtres. Quand en 1910, on lui demanda de revenir à l'Opéra de Vienne, il répondit : "J'accepterais volontiers de diriger une saison mozartienne." Il n'avait en effet aucune envie d'être à nouveau directeur d'un théâtre où, neuf fois sur dix, les représentations n'atteignaient pas, selon lui, un niveau acceptable. Il estimait qu'une maison lyrique digne de ce nom ne devait présenter qu'une dizaine de productions par saison.

« Mahler avait également des idées très précises concernant le volume musical de l'orchestre : un jour, à Vienne, il vit arriver sa formation au grand complet pour une répétition de *La Flûte enchantée* ; il congédia immédiatement le tiers des effectifs. Il avait lui-même acheté un clavecin pour les représentations mozartiennes ; à New York, il dirigea Bach, dont il avait transcrit une suite d'orchestre, du piano, ce qui ne s'était jamais vu. Il s'agissait d'un instrument préparé qui rappelait le son d'un clavecin. En fait, plus d'un demi-siècle avant la "renaissance" du baroque, Mahler fut un précurseur de la nouvelle musique ancienne. »

A-t-on gardé une idée précise de la gestique de Mahler ? « À ses débuts, explique Henry-Louis de La Grange, il s'agitait beaucoup sur le podium et se dépensait énormément. Le temps et l'expérience atténuèrent certains de ses excès et il devint plus économe de ses gestes. Cependant, on notait toujours une nette différence de comportement entre les répétitions et le concert. Quand il avait imposé sa volonté, son choix musical, et mis au point le moindre détail de l'œuvre qui allait être jouée, il considérait qu'il n'avait plus besoin de gaspiller son énergie en public. Il lui suffisait alors, par une gestique relativement simple, de rappeler à l'orchestre la voie qu'il avait tracée au cours des répétitions. Vers la fin de sa vie, particulièrement à New York, il se faisait remarquer par son calme et les mouvements brefs, limités dans l'espace, de ses bras et de ses mains, ce qui ne l'empêchait pas d'obtenir de prodigieux résultats.

« Au cours de ses dernières années, Mahler avait une vision des œuvres qu'il conduisait souvent très différente de celle de ses débuts. Débarrassé des soucis de directeur d'opéra, il avait eu le temps de repenser certaines partitions. C'est ainsi qu'il dirigea *Tristan*, au Metropolitan, en procédant à quelques coupures qu'il jugeait inévitables. En effet, il savait que, contrairement aux habitudes européennes, on ne pouvait pas obtenir du public américain qu'il vienne au théâtre à cinq ou six heures de l'après-midi pour une représentation wagnérienne. En revanche, Mahler respectait scrupuleusement les indications de Wagner concernant le volume sonore, tout en s'efforçant de faire entendre distinctement les paroles des chanteurs. Cette méthode choqua certains critiques américains qui affirmèrent que Mahler manquait de flamme. Or, à 50 ans, il était encore animé d'une passion intacte. Son tort, aux yeux de ses censeurs, était de se distinguer des autres chefs.

« À New York, Mahler attribua également une place particulière à la percussion. Là encore, la critique l'accabla : on l'accusa de faire entendre de véritables concertos pour timbale. En effet, Mahler accordait au volume sonore une importance primordiale. On a rapporté ce qu'il avait dit face au prodigieux spectacle des chutes du Niagara : "Voilà enfin un *fortissimo* !" Il est évident qu'il aimait les *fortissimi* les plus puissants. En fait, sa manière d'interpréter était infiniment plus contrastée que celle des autres chefs.

« Mahler est demeuré célèbre pour ses exigences. Mais à New York, il rencontra moins de résistance qu'à Vienne de la part des musiciens. En Autriche, les pressions qu'il avait subies en permanence découlaient d'un antisémitisme latent. On reprochait notamment au "juif" Mahler d'avoir un concept trop personnel de l'interprétation et de méconnaître la tradition musicale viennoise. Aujourd'hui, le génie de Mahler en tant que chef est universellement reconnu ; mais à son époque, il fut parfois contraint de payer les orchestres pour faire jouer ses œuvres. Ce fut le cas jusqu'en 1900. Plus tard, il fut encore confronté à ce problème, comme le montre une lettre qu'il adressa en 1909 au chef d'orchestre Oskar Fried, lequel, souhaitant donner sa *Septième Symphonie*, sollicitait une participation financière du compositeur. Dans ce courrier ironique, et néanmoins déchirant, Mahler indiquait, sur le ton de la dérision, que l'écriture de ses symphonies était pour lui, chaque été, une sorte de divertissement ; il savait que ses œuvres ne plaisaient pas à tout le monde, mais il continuait contre vents et marées à se divertir ; justement, il venait de terminer une nouvelle œuvre dont il parlerait bientôt à son correspondant. On comprend mieux le ton de raillerie dont usait Mahler quand on sait qu'il évoquait là sa *Neuvième Symphonie*. »

Gustav Mahler a-t-il subi l'influence d'autres chefs d'orchestre ? « Incontestablement oui, répond Henry-Louis de La Grange. Au cours de ses jeunes années, Mahler a été impressionné par Hans von Bülow, directeur général de la musique de l'Opéra de Hambourg, de 1887 à 1891, juste avant Mahler, et chef permanent du Philharmonique de Berlin, de 1887 à 1893. Mahler a eu aussi une certaine admiration pour Hans Richter, qui avait créé le *Ring* à Bayreuth en 1876 et qui fut chef permanent à Vienne jusqu'en 1898. Mais Mahler n'a jamais été totalement enthousiasmé par ses aînés. Ayant des vues très personnelles sur l'interprétation, il expliquait qu'il avait tout appris en étudiant les partitions et que l'art des autres chefs ne lui avait rien apporté. Il a souvent rappelé qu'il avait découvert la musique en se plongeant dans les textes, faute de pouvoir se payer des billets de concert ; il y avait ainsi décelé des vérités que beaucoup d'autres chefs ignoraient. On a par ailleurs beaucoup glosé sur les relations entre Toscanini et Mahler. En réalité, les deux hommes se sont peu connus. Le maestro italien est arrivé à New York dans les bagages du nouveau directeur, Giulio Gatti-Casazza, auquel il avait demandé d'effectuer ses débuts wagnériens dans *Tristan*. Or, au cours de la saison précédente, en janvier 1908, Mahler, pour sa première apparition au Met, avait mis au point une nouvelle mise en scène de *Tristan* qu'il dirigea jusqu'au mois d'avril. De retour en Europe, il apprit que Toscanini exigeait de conduire le *Tristan*, qu'il avait lui-même produit. Mahler ne supporta pas l'attitude de son jeune confrère : il s'était consacré entièrement à ce qu'il considérait comme son "enfant spirituel" et refusait donc de lui laisser le champ libre. Fou de rage, Toscanini dut se reporter sur *Le Crépuscule des dieux*, qu'il conduisit à partir d'octobre 1908. Quand il reprit son activité à New York, en novembre, Mahler dirigea à nouveau *Tristan* au cours de sa seconde saison. Peu après, le Comité des Dames, qui avait restructuré l'Orchestre philharmonique, lui offrit le poste de chef permanent, qu'il accepta. Mahler quitta alors le Met pour se consacrer à la musique symphonique, tandis que, tout naturellement, Toscanini dirigeait à son tour *Tristan*. Les deux hommes se sont rencontrés quelquefois au cours des galas de bienfaisance auxquels ils participaient. Dans ses lettres, Toscanini a dit le plus grand mal de Mahler, dont manifestement il n'aimait pas la musique. Pourtant, dans une correspondance récemment éditée, Toscanini évoque un télégramme adressé à Bruno Walter qu'il félicite au sujet de l'interprétation d'une œuvre de Mahler entendue soit à la radio, soit en disque. Il est donc permis de penser qu'au cours des années quarante et cinquante, Toscanini avait mieux compris la musique de Mahler qu'il ne joua pourtant jamais. »

Quelles furent les relations de Mahler avec Bruno Walter ? Ce dernier peut-il être considéré comme le disciple de son aîné ? Pour Henry-Louis de La Grange, Walter a été l'ami le plus proche qu'ait eu Mahler : « Tous les témoignages connus le prouvent. Bruno Walter, chef débutant, a écrit à Mahler dès 1894 et l'a rejoint peu après à Hambourg. Il a été non pas le premier en date à jouer les œuvres de son aîné, mais le premier qui ait dirigé à Vienne l'une de ses symphonies, la *Troisième*, en 1909, quand Mahler se trouvait à New York. Il n'a en revanche jamais interprété Mahler en sa présence, mais il se peut que ce dernier ait suivi certaines de ses répétitions. Jusqu'à la mort du compositeur, Walter a été le confident préféré de Mahler, notamment lorsque ce dernier perdit sa fille Putsy et plus tard encore lorsqu'il composa *Le Chant de la Terre* et la *Neuvième Symphonie*. Mahler lui écrivit alors des lettres bouleversantes prouvant que Walter était son seul véritable disciple. Il y eut certes entre eux quelques brouilles, notamment à propos des compositions de Bruno Walter que Mahler n'appréciait guère. Walter en fut profondément affecté ; il souffrit également beaucoup des violentes critiques de la presse dont il fut l'objet après son arrivée à Vienne, estimant, pendant un certain temps, que Mahler ne le défendait pas suffisamment bien. De son côté, Mahler se préoccupa toujours de celui qui fut longtemps son fidèle assistant. C'est ainsi que, lorsque Walter connut une crise psychologique et psychosomatique profonde, qui se manifestait notamment par une crampe au bras droit l'empêchant de diriger, Mahler le mit en contact avec Freud, qui le soigna admirablement bien. Mahler consentit un prêt d'argent à Walter et lui permit de suivre un long traitement, loin des soucis de l'orchestre, tout en lui maintenant intégralement sa rémunération. Je n'ai jamais cessé de répéter ces détails importants, dans un souci de justice.

« Mahler a bien connu également Alexander von Zemlinsky dont il a dirigé la première mondiale à Vienne de son opéra, *Es war einmal* (*Il était une fois*). D'après Alma, son mari n'aurait pas particulièrement aimé la musique de son cadet, estimant qu'elle n'était pas originale. Rappelons que les jugements de Mahler, rapportés par sa femme, ne sont pas toujours sûrs. Il est vrai qu'il n'a pas entendu les œuvres postérieures de Zemlinsky, comme *Le Nain*, ce qui ne l'a pas empêché d'avoir une réelle admiration pour ses qualités d'orchestrateur et de lui demander d'aider le jeune prodige Erich Wolfgang Korngold, quand ce dernier vint le voir. Plus tard, après la guerre de 1914-1918, Zemlinsky donna un cycle Mahler au Théâtre allemand de Prague ; il fut également l'un des premiers à diriger l'adagio de la *Dixième Symphonie*, dont on venait de découvrir la partition, et auquel il apporta quelques retouches. On peut affirmer qu'il existe une filiation évidente entre Mahler et Zemlinsky. »

Wilhelm Furtwängler s'est-il intéressé à Mahler ? « Oui, mais modérément, répond Henry-Louis de La Grange. Furtwängler a dirigé sa *Première Symphonie* à Berlin en 1921, la *Troisième* à Vienne en 1924, la *Quatrième* en 1932 à Berlin, juste avant l'arrivée d'Hitler au pouvoir. Pour ce chef, Mahler était déjà un moderne, alors qu'il était lui-même un post-romantique impénitent. Il composait d'ailleurs une musique romantique inhibée des œuvres du XIXe siècle. Figurant en tant que juif sur la liste noire nazie, Mahler fut joué pour la dernière fois en Allemagne le 13 septembre 1932. Il ne le fut plus jusqu'en 1945. Furtwängler, semble-t-il, avait beaucoup aimé les *Lieder eines fahrenden Gesellen* (*Les Chants d'un compagnon errant*) qu'il interpréta en 1931, puis enregistra après la guerre, avec Dietrich Fischer-Dieskau. »

Quels sont les autres grands chefs qui, selon Henry-Louis de La Grange, ont le mieux compris Mahler ? « Parmi les anciens, outre Bruno Walter, il faut citer Otto Klemperer : Mahler a cru en lui, bien qu'ils ne fussent pas intimes ; il a eu raison, car il fut un grand mahlérien, tout comme Willem Mengelberg qui, au Concertgebouw d'Amsterdam, mit en valeur les symphonies, en présence de Mahler lui-même ; ce faisant, Mengelberg a institué une tradition, hélas interrompue pendant la guerre, mais rétablie, après son exclusion en 1945, par Van Beinum, Haitink et Chailly.

« N'oublions pas Jasha Horenstein, trop mal connu en France, qui défendit Mahler en Europe avant de s'exiler aux États-Unis et de réaliser à Londres quelques grands disques dont une *Troisième* historique avec le London Symphony Orchestra.

« J'aime également beaucoup Dimitri Mitropoulos que l'on a longtemps sous-estimé. Sa *Sixième Symphonie* est celle que je préfère de toute la discographie. Rafael Kubelik est également remarquable, notamment dans sa dernière intégrale avec l'Orchestre de la Radio bavaroise. De John Barbirolli, on doit applaudir la *Neuvième*, réellement magnifique, et qui vient d'être rééditée. La *Sixième* est également belle. Son seul problème réside dans le fait qu'il tire Mahler vers le post-romantisme. En ce qui concerne Georg Solti, je me suis trompé : j'ai aimé sa première intégrale ; j'ai cru alors qu'il serait un vrai mahlérien. Mais ses enregistrements ultérieurs d'une grande sécheresse ont été pour moi une catastrophe.

« Chez les modernes, j'accorde une place de choix à Pierre Boulez qui a eu à cœur de reprendre l'œuvre à partir des partitions originales ; à la manière de Mahler lui-même, il a fait table rase d'une prétendue tradition en décidant que cette musique devait être interprétée d'une manière objective et non pas subjective, en la débarrassant des débordements de sentimentalité qui la dénaturaient. On a eu tort d'affirmer que Boulez n'était pas ému par Mahler et qu'il n'était pas lui-même émouvant dans ses interprétations. Il a donné aux symphonies leur véritable dimension en leur restituant l'audace quasiment contemporaine de Mahler, notamment dans les passages de musiques populaires, tellement grinçants, où même Bruno Walter n'a pas comblé mon attente.

« Claudio Abbado, parfois inégal, est aussi un grand mahlérien : en 1995, à Amsterdam, au cours du Festival Mahler, il a dirigé la *Neuvième* d'une manière que je n'oublierai jamais. J'ai été également touché, naguère, par

Eliahu Inbal qui nous a laissé une belle intégrale. On en parle moins ; il a peut-être donné tout ce qu'il avait en lui.

« Bernard Haitink a lui aussi beaucoup fait pour Mahler ; on s'accorde à dire que ses enregistrements *live* sont supérieurs à ceux réalisés en studio. Kurt Sanderling a gravé de très beaux disques, tout comme Mariss Jansons qui est un très grand mahlérien que j'admire énormément, bien que je lui fasse un reproche : il n'y a presque jamais de *pianissimo* chez lui et je pense que c'est une erreur. Mahler avait en effet un très grand sens de la sonorité ; son orchestration était une véritable création, hors de toute convention. Ce que Mahler écrivait était le contraire de ce qui figurait dans les traités d'orchestration ; il faut ainsi rappeler que le *pianissimo* fait partie de son style et qu'il ne faut pas le confondre avec le *mezzo forte*.

« Michael Tilson Thomas figure aussi, selon moi, parmi les grands tout comme Paavo Järvi (plus convaincant que Neeme, son père) et Christoph Eschenbach que j'ai entendu à la tête de l'Orchestre de Paris dans les *Troisième, Cinquième, Sixième* et *Neuvième* : magnifique !

« Seiji Ozawa est un grand chef au plan de l'engagement physique. Mais dès qu'il s'agit de penser, on ne retrouve plus chez lui la flamme indispensable. Or la musique de Mahler a besoin de cet apport cérébral, souvent absent chez le chef japonais.

« Simon Rattle est parfois discuté aujourd'hui : j'ai admiré certains de ses disques ; mais je trouve qu'il a eu des idées bizarres, notamment dans la *Quatrième Symphonie* où, au début, il effectue un changement de tempo absolument inadmissible. Cette réserve faite, je le considère comme un grand mahlérien. »

Herbert von Karajan ne s'est intéressé à Mahler qu'à partir de 1973 : où le situe donc Henry-Louis de La Grange ? « Je n'aime pas du tout ses interprétations. Son idéal me semble absolument étranger à celui de Mahler. Il diffusait une musique soyeuse aux belles sonorités, en gommant toutes les aspérités, comme s'il les passait au papier de verre de manière à ce que la surface de la musique soit parfaitement polie. Or c'est le contraire de ce que voulait faire Mahler. »

Et Leonard Bernstein ? « Je l'aime beaucoup plus que Maazel et Sinopoli, concède de La Grange. Ce n'est pourtant pas ma tasse de thé. Malgré son inimaginable musicalité instinctive, je l'ai trouvé souvent vulgaire. Je l'ai connu jeune, lorsqu'il fréquentait le salon de Marie-Blanche de Polignac. Avant la première des *Mamelles de Tirésias* de Poulenc, il a admirablement joué cette œuvre au piano en découvrant la partition. Inimaginable ! Dans ses interprétations, il y a toutes sortes d'excès ; mais il ne me fait pas bondir de joie. Je n'oublie pas pourtant qu'il a agi plus que tout autre, grâce à son extraordinaire emprise sur le public, pour populariser les symphonies de Mahler. Il existe quelques enregistrements que j'écoute avec plaisir ; mais d'une manière générale, je n'aime ni les changements de tempo qu'il impose trop souvent, ni les libertés qu'il prend avec les partitions. Je suis persuadé que Mahler n'aurait pas aimé cela non plus. Je reconnais cependant qu'il fut un grand chef, un grand musicien qui a fait connaître Mahler à travers le monde ; je lui en suis très reconnaissant. »

Et la France dans tout ça ? Pourquoi cet engouement tardif pour Mahler ? « Gustav Mahler est venu à Paris en 1900 avec l'Orchestre philharmonique de Vienne, explique Henry-Louis de La Grange, sans interpréter ses propres œuvres. Il fut mécontent de cette tournée, d'autant plus que son nom, "estropié" sur les affiches, était devenu "Malheur", ce qui n'était pas fait pour lui plaire. Ce furent ses seuls concerts en France, hormis ceux donnés à Strasbourg en 1905, alors que l'Alsace était annexée par l'Allemagne. Il revint deux fois à Paris en compagnie d'Alma, en 1909, afin de se soumettre à des séances de pose dans l'atelier de Rodin. Il fut également reçu par le général Picquart, ministre de la Guerre du gouvernement Clemenceau, qui était un grand admirateur des symphonies du compositeur et avait été un très courageux défenseur du capitaine Dreyfus. Mahler était encore présent à Paris en 1910 quand l'Orchestre des Concerts Colonne, avec à sa tête Gabriel Pierné, assistant d'Édouard Colonne, mort deux semaines plus tôt, et avec Pierre Monteux comme chef des chœurs, donna au Théâtre du Châtelet, grâce à la comtesse Greffulhe qui avait mesuré tout le génie de Mahler, la première parisienne de la *Deuxième Symphonie*. L'accueil du public et de la presse fut mitigé ; Mahler eut certes quelques chauds partisans, dont Picquart, les frères Clemenceau et Gustave Bret, président de la Société Bach ; mais il avait contre lui une opposition colossale, dénigrant "ses orgies gigantesques". Les admirables efforts et projets de la comtesse de Greffulhe, qui avait été à la base de la création à Paris de plusieurs opéras de Wagner, dont *Le Crépuscule des dieux*, auraient dû rompre le mur de l'indifférence : elle avait en effet obtenu de Mahler qu'il revienne dans la capitale l'année suivante pour diriger à l'Opéra trois symphonies de Beethoven, dont la *Neuvième*. Hélas, au printemps 1911, Mahler était agonisant. S'il avait pu diriger Beethoven, et peut-être l'une de ses propres œuvres, comme le fit la même année Camille Chevillard à la tête des Concerts Colonne avec la *Cinquième*

Symphonie, cela aurait certainement influé sur l'opinion en France, du moins en ai-je la conviction. La guerre effaça ces prémices favorables à Mahler. Les Années folles ne furent pas de nature à lui rendre justice. Quelques chefs étrangers, tels Mengelberg et Oskar Fried, effectuèrent des incursions mahlériennes, tout au plus une dizaine en vingt ans : pour les mélomanes français, partagés entre le franckisme et le debussysme, Mahler demeurait le *kolossal* compositeur d'outre-Rhin. L'état des lieux ne changea pas jusqu'aux années cinquante-soixante, époque à laquelle le nom de Mahler commença de circuler grâce au disque. Cependant peu de chefs français, ni Munch, ni Monteux, ni Inghelbrecht, ni Paray, ne suivirent le mouvement. Ce ne fut qu'en 1967 que Rafael Kubelik créa la *Neuvième Symphonie*, bientôt imité par Jasha Horenstein et Otto Klemperer. Puis avec la venue de Bernstein, ce fut le commencement du déferlement mahlérien que l'on sait, couronné en 1989 par un cycle complet au Châtelet avec vingt-deux concerts.

« Que de temps perdu, que d'indifférence il aura fallu surmonter ! »

BRUNO WALTER LE DISCIPLE

« Il n'est pas de disciple qui soit au-dessus de celui qui l'instruit, ni de serviteur qui soit au-dessus de son maître. »
Le Nouveau Testament, Évangile selon saint Matthieu

Quand on évoque la personnalité et l'œuvre de Mahler, Bruno Walter n'est jamais loin. Il fut, comme l'a dit Henry-Louis de La Grange, le seul véritable disciple de son aîné de seize ans et son plus fidèle prosélyte.

Né Bruno Schlesinger, à Berlin en 1876, dans une famille juive, comme Mahler, il prit, à l'âge d'homme, le nom de Walter par référence au chevalier Walter von Stolzing, héros des *Maîtres chanteurs de Nuremberg* qu'il adorait. Enfant prodige, capable à 5 ans de jouer de mémoire les sonates de Mozart et de Beethoven, il effectua ses débuts de soliste à 9 ans, accompagné par le Philharmonique de Berlin dans un *Concerto* de Moscheles. Subjugué par l'art de Hans von Bülow, il voulut devenir chef d'orchestre.

« Dès l'enfance, écrit-il dans ses mémoires[1], j'ai eu le sentiment que la musique était mon élément ; j'étais né pour elle, je m'y trouvais à l'aise, c'était ma langue [...]. Je ne soupçonnais pas encore que la tâche essentielle de ma vie serait d'écarter la routine, d'oublier les usages pour pénétrer jusqu'à l'œuvre même, l'exécuter comme si c'était une création et de l'assumer chaque fois comme si elle était la mienne. »

1. Bruno Walter, *Souvenirs et Réflexions*, Lausanne, M. et P. Foetich, 1952.

Bruno Walter fut engagé à l'Opéra de Hambourg comme chef des chœurs à 18 ans, puis il devint l'assistant de Gustav Mahler. Après avoir effectué, sur les conseils de son aîné, ses classes de *Kapellmeister* à Breslau, Presbourg, Riga et Berlin, où il dirigea son premier *Ring* en 1900, il revint auprès de son mentor qui l'avait appelé à Vienne. Après la mort de Mahler, il créa *Le Chant de la Terre* en 1911 à Munich, puis sa *Neuvième Symphonie* en 1912 à Vienne. Déstabilisé par une cabale antisémite, qui ne laissait pas de ressembler à celle qui avait découragé Mahler en 1907, Walter quitta Vienne pour devenir directeur de l'Opéra de Munich. Sa renommée grandit rapidement dans un répertoire allant de Mozart, dont il dirigeait les *Concertos pour piano*, à Mahler en passant par Beethoven, Brahms, Bruckner, Strauss, et en s'aventurant parfois dans Schoenberg. En 1925, il fut directeur de l'Opéra de Berlin, chef invité permanent au Philharmonique puis directeur musical du Gewandhaus de Leipzig où il succéda à Furtwängler.

Reconnu comme un maître aussi bien symphonique que lyrique, il se produisit dans toutes les grandes villes européennes et notamment à Paris, dès 1928, dans un cycle Mozart qu'il reprendra en 1935 avec le Philharmonique de Paris, composé de nombreux instrumentistes de feu l'Orchestre Walther Straram. « Jamais Bruno Walter ne fut plus merveilleux que ce soir-là, écrivait Henry Prunières, directeur de *La Revue musicale*. Cette admirable musique de Mozart, il en a découvert les intentions secrètes, il en rend les nuances les plus fugitives. On se sent heureux de baigner dans cet océan de belles mélodies, d'harmonies somptueuses, de rythmes alertes, émouvants [...]. Et quelle verve, quel humour, quelle force expressive dans le superbe *Divertissement en si bémol K.287* et ces deux *Allemandes* et ces deux superbes *Menuets K.568* que nous n'avions jamais entendus à Paris[1]. »

Manuel Rosenthal, qui assistait aux répétitions de ce concert, m'a confié : « Il était très calme, très pondéré et se gardait de toute agressivité ; il parlait peu aux musiciens. Après la *Symphonie* "*Haffner*", il dit simplement aux exécutants : "C'est très bien !" Les musiciens se rengorgeaient de ce compliment quand il ajouta : "Maintenant, nous allons essayer de faire encore mieux[2]." »

À cette époque, la peste brune s'était déjà répandue en Allemagne : au mois de mars 1933, deux concerts programmés par le maestro à Leipzig et à

1. Henry Prunières, dans *La Revue musicale*, novembre 1935.
2. Entretiens enregistrés les 18 et 25 février 2002.

Berlin furent interdits par les nazis. Mis à l'index en tant que juif, Bruno Walter devint chef itinérant. Il se fixa un temps à Vienne, avant d'en être délogé en 1938 par l'Anschluss. Il se réfugia à Paris où il conseilla Manuel Rosenthal, qui raconte : « C'était un personnage généreux et bon ; je n'oublierai jamais l'aide qu'il m'apporta lorsque je préparais les représentations de *La Chauve-Souris* de Johann Strauss : il me consacra plusieurs heures de son temps et me permit d'insuffler tout l'esprit viennois qui faisait le charme de cette œuvre. » Bruno Walter se vit octroyer la nationalité française, que le gouvernement de Pétain se hâta de lui retirer deux ans plus tard. Il était déjà parti pour les États-Unis où on lui réserva un accueil digne d'un chef d'État. Converti au catholicisme, il priait : « Seigneur, conservez-moi mon désespoir. » Cette invocation lui permettait de trouver une nouvelle raison de vivre.

Il connut alors, lui le déraciné, l'apogée de sa carrière au Philharmonique de Los Angeles, au N.B.C. Symphony, à Minneapolis, au Met et au Philharmonique de New York, dont il devint le conseiller artistique : il y enregistra ses plus beaux disques, dont certains Mahler, lequel, quatre décennies plus tôt, l'avait précédé sur ce même podium. En 1945, Walter revint en Europe et conduisit à nouveau le Philharmonique de Vienne ; il fut salué comme un héros à Paris et à Londres, avant de se retirer à Beverly Hills où il mourut en 1962.

Bernard Gavoty, qui fut l'un de ses proches à la fin de sa vie, nous a laissé de belles pages relatives à son art[1] : « Énergique, entraînant, Bruno Walter sait observer à l'occasion les lois de l'immobilité. Un chef immobile, c'est l'oiseau rare. Ainsi, ai-je vu Bruno Walter un soir qu'il dirigeait, salle Pleyel, l'Orchestre des Concerts Lamoureux, dans la *Septième Symphonie* de Beethoven. Dans l'*andantino* – "le moment, a dit Berlioz, où la patience sourit à la douleur" –, Bruno Walter tint ses bras à demi écartés et les paumes de ses mains entrouvertes à manière de deux miroirs concaves. Quant au maître immobile, il semblait dire "tout va bien ; dans ces conditions, pourquoi intervenir ?". Bruno Walter nous suggérait que le devoir d'un chef, c'est parfois de ne pas commander. Dans le final très vif, la main gauche n'intervenait qu'épisodiquement pour nuancer une phrase ou pour assourdir un éclat. Aucune recherche, sinon celle qui conduit à la vérité. »

De cette méthode naissait une entente permanente entre les musiciens et le chef ; de là s'imposait son rayonnement qui permettait une communion

1. Bernard Gavoty, *Anicroches*, Paris, Buchet-Chastel, 1979.

parfaite avec les interprètes et le public. Ce qui faisait dire à cet homme très simple, très humble, mais souvent exigeant : « La perfection est un but. Il n'est donné à l'homme que de le poursuivre, non de l'atteindre [...]. Le problème essentiel qui se pose au chef est un problème humain. Un homme a beau avoir tout le talent musical, toutes les capacités, toute la science du monde, s'il n'a pas l'autorité de naissance, s'il manque de ce dynamisme essentiel qui ressortit du domaine de la volonté, il ne sera jamais chef[1]. »

1. Bruno Walter, *op. cit.*

OTTO
KLEMPERER
LE SOLITAIRE

« Quelle étrange et puissante vue a fait donner au diamant le nom de solitaire. »
André Suarès, *Variables*

De neuf ans plus jeune que Bruno Walter, Otto Klemperer, né lui aussi dans une famille juive, se situe également dans la mouvance de Mahler. Élève de Hans Pfitzner à Francfort puis à Berlin, il trouva sa voie dans la direction d'orchestre dès l'âge de 18 ans quand le metteur en scène Max Reinhardt lui offrit une chance inespérée en lui confiant la direction d'*Orphée aux enfers* d'Offenbach pour cinquante représentations. L'année suivante, en 1905, sa rencontre avec Mahler fut décisive pour la suite de sa carrière. Oskar Fried donnait au Philharmonique de Berlin la *Deuxième Symphonie* en présence du compositeur. Le jeune Otto, qui conduisait le groupe des cuivres hors scène, s'enhardit à demander à Mahler, venu suivre la répétition, ce qu'il pensait de son interprétation. « Beaucoup trop fort, répondit Mahler, c'était terrible. Le son doit parvenir beaucoup plus atténué des coulisses ; il faut vous situer plus loin[1]. » Dans l'impossibilité de reculer davantage, en raison de l'exiguïté des lieux, Klemperer prit l'initiative de faire jouer *piano* les musiciens. Le concert connut un énorme succès.

1. Donald Mitchell (dir.), *Mahler, The World Listens*, Amsterdam, Mahler Festival, 1995.

« Très bien, dit laconiquement Mahler à l'adresse du jeune chef[1]. » Au cours de la même année, Mahler revint à Berlin pour diriger sa *Troisième Symphonie.* « Ce fut là, a raconté Klemperer, que je le vis répéter pour la première fois ; j'étais assis à côté de Hans Pfitzner, qui était loin d'être un partisan de Mahler ; je l'entendis pourtant dire à haute voix : "C'est un chef colossal !" Je lui donnai raison : très économe de ses efforts, mais pas autant cependant que Richard Strauss, Mahler incarnait pour moi la perfection. Toscanini était, à cette époque, considéré comme le plus grand chef de sa génération ; mais Mahler était cent fois plus grand ! Quand je l'ai revu en 1907 à Vienne et à Prague, je me suis dit : "Si tu n'es pas capable d'en faire autant, il vaut mieux que tu renonces." Tout ce qu'il faisait était naturel, parfaitement compréhensible, rigoureusement juste ; ce ne pouvait être mieux, ni autrement. »

Otto Klemperer put bavarder à deux reprises avec Mahler qui lui demanda s'il composait. Le jeune chef répondit par l'affirmative, ce qui fit dire à Mahler : « Je l'avais deviné. » Le maestro le pria de s'asseoir au piano : de mémoire, Otto joua une réduction du *scherzo* de la *Deuxième Symphonie*, qu'il avait écrite lui-même. Enthousiasmé par le talent de son jeune admirateur, Mahler rédigea, sur une carte de visite, une recommandation destinée au Volksoper de Vienne et au Théâtre allemand de Prague. Muni de ce viatique, Klemperer fut engagé comme chef de chœur à Prague puis il devint chef assistant à Munich et titulaire à Hambourg, où il dirigea Caruso dans *Rigoletto* et *Carmen.* Sa carrière connut alors une accélération foudroyante : invité à Barcelone, Rome, Cologne, Strasbourg, New York et même Moscou où il donna *Carmen* au Bolchoï, il poursuivit son activité en Allemagne et en Autriche.

En 1927, Klemperer fut nommé directeur du Kroll Opéra de Berlin, établissement d'avant-garde qui n'était destiné à concurrencer ni le Staatsoper, dirigé par Erich Kleiber, ni l'Opéra de Charlottenburg, conduit par Bruno Walter. Hors des sentiers battus du répertoire, Klemperer produisit une dizaine de productions nouvelles par an et n'hésita pas à se consacrer à la musique contemporaine, notamment à celle de Stravinsky, Hindemith, Kurt Weill, Korngold, Janacek, Schoenberg, Milhaud, sans oublier Mahler. Ne cachant pas ses idées de gauche, il fut bientôt la cible des anticommunistes et des antisémites, bien qu'il se fût converti au catholicisme, comme l'avaient fait avant lui Mahler et Walter. Les ultras voyaient en son établissement le symbole de la

1. *Ibid.*

perversion juive et de la musique dite « dégénérée ». Après la fermeture du Kroll, Klemperer passa au Staatsoper où il ne put poursuivre ses efforts en faveur des compositeurs contemporains, au moment où Hitler allait accéder au pouvoir. En 1933, il prit la décision de partir pour les États-Unis. Sa notoriété lui permit d'occuper quelques postes importants, notamment celui de directeur musical du Philharmonique de Los Angeles ; il participa également à la création de l'Orchestre de Pittsburgh et, en 1936, il remplaça Toscanini pendant trois mois à la tête du Philharmonique de New York. Les malheurs n'allaient hélas pas tarder à entraver son activité : en 1939, il fut opéré d'une tumeur au cerveau, qui laissa hémiplégique ce géant de près de deux mètres. Après six mois de rééducation, il reprit la baguette en donnant plusieurs concerts à Carnegie Hall. Il obtint peu après la nationalité américaine. Sa guérison semblait presque complète en 1946 quand il revint en Europe, où on l'avait oublié. Il ne trouva qu'un engagement à l'Opéra de Budapest où il s'insurgea contre les contraintes du régime communiste qui ne lui permettait pas de jouer Schoenberg ; il claqua la porte, effectua un court passage à Berlin-Est, puis il repartit pour les États-Unis où le maccarthysme sévissait. On lui retira son passeport et il vécut dans la plus grande pauvreté. Il gagna alors Montréal où il fut victime d'une chute grave à l'aéroport : une fracture de la hanche lui coûta près d'une année d'immobilité. Le producteur Walter Legge se montra alors aussi providentiel qu'il l'avait été pour Karajan : il lui confia à Londres la direction du Philharmonia Orchestra que Klemperer assumera jusqu'à l'âge de 87 ans. Ce fut à ce moment-là que l'Europe découvrit réellement l'immense talent de ce chef, principalement grâce aux disques qu'il enregistra aux célèbres studios de Kingsway Hall : de prodigieux Beethoven, Brahms, Bruckner, Wagner furent ainsi gravés ainsi que d'inoubliables Mahler, les *Deuxième* et *Quatrième Symphonies* et *Le Chant de la Terre*. Il triompha également à Covent Garden et sur les scènes allemandes et françaises.

En 1959, il faillit périr dans un incendie qu'il avait déclenché dans sa chambre d'hôtel à Zurich à cause d'une cigarette mal éteinte. Souffrant de profondes brûlures qui nécessitèrent une greffe et plusieurs mois de repos, il ne renonça pourtant pas : il avait 75 ans quand il revint en force à Londres, plus exigeant que jamais envers lui-même et les musiciens. Victime de fréquentes crises de dépression, irascible, cyclothymique, il semblait transfiguré quand il dirigeait dans une quasi-immobilité hiératique. Intransigeant, indomptable malgré son handicap physique, il était l'antithèse de Bruno Walter, toujours aimable, serein et pondéré.

« Ce qu'il recherchait, a dit de lui Walter Legge[1], c'était purement la musicalité, le rythme, l'intégrité du son, la régularité des *tempi*, le respect de la valeur des notes, la clarté de l'écriture musicale. La tendresse, l'élégance, la grâce et le charme ne semblaient pas avoir leur place dans son univers musical [...]. Il exerçait un grand pouvoir de suggestion et une aptitude pour ainsi dire hypnotique sur les musiciens, alors que sa paralysie partielle le gênait pour s'exprimer à l'aide de ses belles mains. »

Cet homme, sorte de prophète de l'Ancien Testament, qui fut un combattant de tous les jours, qui lutta constamment pour sa survie, qui ressuscita trois fois alors qu'on le croyait perdu, mourut paisiblement dans son lit à 88 ans. « Il fut, a écrit Legge, un pic solitaire dans une génération de géants[2]. »

1. Elisabeth Schwartzkopf, *La Voix de mon maître. Walter Legge*, Paris, Belfond, 1983.
2. *Ibid.*

ARTURO TOSCANINI
LE DIEU DE SON ÉPOQUE

« *Vous créez un frisson nouveau.* »
Victor Hugo, *Lettre à Baudelaire*

Son nom évoque un opéra de Puccini. Pour ceux qui ont joué sous sa direction et qui le jugèrent brutal, coléreux, despotique, il fut pourtant le dieu de son époque : malmenés au cours des répétitions où le maestro manifestait une volonté de puissance parfois intolérable, les musiciens subissaient l'attitude dictatoriale d'un homme qu'ils ne laissaient pas d'admirer pour ses qualités hors du commun. Personnage aux multiples facettes, ce petit homme, d'une élégance vestimentaire recherchée, se montrait plutôt humble au quotidien : timide, voire angoissé, il accueillait les louanges avec une réserve de débutant.

Chef tyrannique qui passa sa vie en public, il avait horreur de se montrer ; il fuyait toute publicité et ne songeait qu'au travail. Dans sa correspondance[1], il a évoqué « cet éternel cauchemar qui me tue chaque fois que je dois me présenter devant l'orchestre [...]. Je n'arrive pas à m'y habituer [...]. Plus j'avance et plus j'empire. »

Cette hantise n'était pas feinte, mais elle n'amoindrissait pas sa passion, ni son prodigieux pouvoir de suggestion, ni sa recherche constante de la perfection. Il fut unanimement reconnu, aussi bien dans le domaine lyrique que symphonique, comme un maître inégalé. Admiré sur tous les continents,

1. Arturo Toscanini, *Lettres intimes*, New York, Alfred Knopf, 1962.

légende vivante, fanatique du beau son, Toscanini fut aussi un citoyen libre et généreux qui sut prendre ses distances avec les puissants ; il osa en effet affronter les dictatures avec une pugnacité digne d'éloges. C'est ainsi que, dès la marche sur Rome en 1922, il se dressa contre le fascisme qu'il abhorrait. Alors que la plupart des musiciens, grands ou petits, se soumettaient au nouveau régime, Toscanini, qui rêvait d'une Italie démocratique, lutta contre l'asservissement des idées : il refusa de jouer l'hymne fasciste à la Scala, avant tout lever de rideau, comme l'exigeaient les Chemises noires du Duce ; il interdit qu'on apposât, sur les murs de son théâtre, les portraits de Mussolini et du roi Victor-Emmanuel III. Ennemi permanent des diktats du parti, il décida de quitter sa patrie en 1930 pour les États-Unis où il avait déjà séjourné à deux reprises. Revenu chez lui, en 1931, pour donner bénévolement, à Bologne, deux concerts à la mémoire de son grand ami le compositeur Giuseppe Martucci, il refusa une nouvelle fois de jouer l'hymne fasciste. Violemment frappé au visage, touché dans sa chair, bouleversé, il quitta précipitamment la ville. Il ne devait plus diriger en Italie du vivant de Mussolini.

Le maestro ne s'en tint pas là : à partir de 1933, il boycotta les orchestres et les théâtres allemands pour protester contre les lois antisémites des nazis, contraignant de grands artistes juifs à l'exil ; il se retira du Festival de Salzbourg après l'Anschluss et refusa de se produire en U.R.S.S. à la suite des purges staliniennes. En 1937, il avait dirigé bénévolement à Jérusalem les premiers concerts de l'Orchestre de Palestine composé de musiciens juifs exilés. Par la suite, il effectua des tournées de propagande culturelle avec l'Orchestre de la N.B.C., créé spécialement pour lui ; en 1941, il orchestra l'hymne américain et mit en vente publique le manuscrit original de sa partition qui rapporta une forte somme reversée au profit de l'effort de guerre américain.

Arturo Toscanini naquit en 1867 à Parme dans une famille modeste. Il obtint au conservatoire de sa ville les diplômes de violoncelliste, pianiste et compositeur avec félicitations du jury. Remarqué par un impresario qui montait une troupe d'opéra, en vue d'une tournée au Brésil, le jeune Arturo signa un contrat en tant que premier violoncelle solo et chef adjoint des chœurs. À Rio, après un premier contact très orageux avec le maestro désigné, Leopoldo Miguez, dont l'incompétence était notoire, ce chef s'effaça, ainsi que son substitut. Les représentations étaient sur le point d'être annulées quand plusieurs musiciens et chanteurs demandèrent à Toscanini de prendre la baguette pour sauver la tournée : tout le monde savait qu'il connaissait *Aïda* par cœur depuis qu'il avait effectué les répétitions au piano, sans partition. Toscanini accepta. De son propre aveu, il conduisit comme dans un rêve, transformant la débâcle locale en un triomphe personnel. Il avait 19 ans et savait désormais qu'il serait chef d'orchestre. De retour en Italie, il chercha du travail comme... violoncelliste ; le directeur de l'Opéra de Gênes, mis au courant de ses prouesses brésiliennes, lui confia la direction de plusieurs œuvres lyriques. Toscanini tenta ensuite sa chance à la Scala de Milan, où il fut engagé comme deuxième violoncelliste pour la saison 1886-1887 au cours de laquelle fut créé *Otello*, Verdi, en personne, dirigeant les chanteurs sur scène, comme c'était alors la coutume. À l'entracte, le compositeur apostropha le jeune musicien : « Vous jouez trop *piano*, jouez plus fort la prochaine fois[1]. » Toscanini n'eut pas le temps de répondre que la partition indiquait *piano* et *pianissimo*. Le spectacle fut un triomphe. Toscanini courut au domicile de ses parents qu'il réveilla en criant : « Verdi est un génie ! À genoux devant lui, à genoux[2] ! »

Pendant une dizaine d'années, l'aspirant maestro fit ses classes comme chef lyrique dans de nombreux théâtres de petites villes, comme il en existe encore tant en Italie. Il récolta maintes louanges en créant *Paillasse* de Leoncavallo à Milan en 1892. Infatigable, il donna à Bologne, Pise, Gênes, soixante représentations en soixante-cinq jours, dont dix fois *Falstaff*. À 28 ans, son long apprentissage prit fin quand il fut engagé comme directeur musical à Turin, au célèbre Regio, l'une des meilleures scènes d'Italie. Il donna la *Tétralogie*, puis *La Bohème* de Puccini, dont il assura la création en 1896 en présence du compositeur. Il effectua ensuite ses débuts de chef symphonique avec des œuvres de Wagner, Schubert (la *Neuvième Symphonie*), Tchaïkovski, Brahms (qui était encore vivant), Haydn, Beethoven, Saint-Saëns... Deux ans plus tard, à 31 ans, il fut désigné premier chef à la Scala où il imposa une sélection rigoureuse des chanteurs, fit venir Caruso et Chaliapine, interdit les coupures dans Wagner, supprima les *bis*, l'éclairage de la salle pendant les représentations ainsi que les ballets parasites de fin de programme et obtint la création d'une fosse d'orchestre.

Lassé des querelles administratives, s'estimant mal payé, il suivit son directeur Gatti-Gasazza à New York, en 1908. Débarrassé de la présence de Mahler, passé au Philharmonique, Toscanini régna en maître absolu au Met, en prenant soin d'écarter tout chef qui aurait pu occulter sa propre gloire.

1. Harvey Sachs, *Toscanini*, Paris, Francis Van de Velde, 1980.
2. *Ibid.*

Dès son arrivée, il imposa sa marque en dirigeant *Le Crépuscule des dieux* : les musiciens avaient eu un choc en le voyant apparaître sans partition, lors des répétitions, pour diriger cette œuvre gigantesque ; leur étonnement fut encore plus grand quand Toscanini décela et corrigea des erreurs d'impression qui avaient échappé à l'attention de ses prédécesseurs. On a souvent prétendu par la suite que le maestro dirigeait par cœur parce qu'il était presbyte et refusait de porter des lunettes. En réalité, sa vue ne devint mauvaise que passés ses 70 ans. S'il conduisait de mémoire et de manière infaillible, c'est parce que, disait-il, en ne suivant pas le texte, il pouvait mieux communiquer avec les musiciens qu'il ne quittait pas des yeux.

En 1915, il donna sa démission afin de rompre une encombrante liaison avec la chanteuse Geraldine Farrar, l'une des nombreuses aventures sentimentales qui jalonnèrent son existence ; il annonça qu'il entendait apporter son soutien à son pays qui venait d'entrer en guerre aux côtés de la France et de l'Angleterre. Sur le front de l'Adige, il dirigea des harmonies militaires, destinées à ranimer le moral des troupes. Le *New York Times* du 3 septembre 1917 relatait ainsi l'activité guerrière du maître : « À la tête de son harmonie, il a accompagné les soldats à la bataille de Monte Santo, lors d'une offensive italienne ; les troupes ont bousculé les lignes ennemies aux accents d'une martiale fanfare dirigée par le chef d'orchestre. » En 1920, Toscanini fut rappelé à la Scala où il resta dix ans, avant de revenir à New York pour occuper le poste de chef permanent au Philharmonique qui venait de se renforcer en fusionnant avec le New York Symphony Society de Walter Damrosch[1].

De nombreuses tournées en Europe permirent à Toscanini de mettre en valeur son orchestre ou de conduire comme chef invité, ce qu'il fit souvent en France. En 1930, Émile Vuillermoz indiquait dans *Excelsior* que le maestro avait « traversé Paris comme une étoile filante. Voici vraiment un maître, pas seulement un chef d'orchestre, mais un maître parmi les chefs [...]. Il a des nuances, une souplesse, des attaques et des *crescendos* d'une qualité unique au monde. Il obtient de son orchestre une précision d'exécution qui, pour nous, tient du mystère et du prodige : c'est la perfection incarnée, indiscutable, irrésistible, absolue. » Au cours des répétitions eut lieu un incident qui fit le tour du Tout-Paris. Le *Boléro* étant au programme, Maurice Ravel, qui était présent, tenait

1. Ce chef américain, d'origine allemande, élève de von Bülow, dirigea longtemps la New York Symphony Society, fondée par son père. Il fut, pendant deux décennies, conseiller musical à la N.B.C. où Toscanini le rejoignit. Il a créé le *Concerto pour piano et orchestre* et *Un Américain à Paris* de Gershwin, en 1925 et 1928.

essentiellement à ce que le tempo fut maintenu de bout en bout, sans la moindre accélération afin, expliquait-il, « de créer une sorte d'envoûtement ». Or Ravel constata que Toscanini accélérait nettement le mouvement. Il s'approcha alors de l'estrade et en fit la remarque au maestro. Très calmement, Toscanini, de son fort accent italien, répliqua : « Vous ne connaissez rien à votre musique ! La seule façon de la faire passer et d'avoir du succès, c'est de la jouer comme je la joue. » On frôlait le scandale. Manuel Rosenthal m'a décrit la scène[1] : « Ravel, piqué au vif, avait répondu : "Je ne compose pas pour avoir du succès, j'écris de la musique parce que j'ai besoin d'écrire ; vous avez donc le devoir de respecter mes indications." » Le lendemain, Ravel écrivait à son amie Hélène Kahn-Casella : « Dommage que vous ne soyez pas venue sur le plateau ; il y avait un petit souffle de drame assez piquant. Les gens étaient consternés de ce que j'eusse l'audace de dire au grand virtuose que c'était deux fois trop vite. Je n'étais venu que pour cela... mais c'est tout de même un virtuose merveilleux, aussi merveilleux que son orchestre[2]. » Toscanini ne revit plus Ravel, mais il ne cessa jamais de mettre ses œuvres à son programme.

Au sommet de sa gloire, le maestro donna encore plusieurs concerts, à partir de 1934, avec l'Orchestre National. André Suarès lui consacra une chronique enflammée dans *La Revue musicale*[3] : « Toscanini a donné *La Mer* et *L'Après-midi d'un faune* de Claude-Achille, la *Rheinfahrt* de la *Götterdämmerung* et le prélude de *Tristan*, comme je ne les ai jamais entendus jusqu'ici ; je lui rends les armes et je l'en loue avec bonheur. Dans Wagner, on ne peut montrer plus de passion ni plus de puissance, dans Debussy plus de couleur instrumentale. Que les chefs d'orchestre viennent s'instruire à cette école où le sentiment s'égale à l'intelligence [...]. Le plus rare triomphe de Toscanini, je le trouve dans son jeu de *La Mer*. Lui seul, peut-être, a fait enfin sentir l'extraordinaire puissance de cette œuvre... [Il] n'a rien laissé perdre d'un si beau poème, unique en notre siècle par l'accord de tous les dons. Il a offert cette œuvre du musicien le plus parfait que la France ait vu naître dans toute la splendeur de ses rayons, et toute l'ardeur plus tendre et plus secrète de ses ombres profondes. »

Toujours aussi dynamique, Toscanini éprouvait pourtant le besoin de réduire son activité : il souffrait de son épaule droite et craignait de ne plus

1. Entretiens enregistrés les 18 et 25 février 2002.
2. René Chalupt, *Ravel au miroir de ses lettres*, Paris, Robert Laffont, 1956.
3. André Suarès, dans *La Revue musicale*, mai 1935, repris dans *Debussy*, Paris, Émile Paul, 1937.

pouvoir diriger avec sa précision habituelle. Après avoir donné quarante concerts avec le Philharmonique de New York en 1936 et effectué plusieurs voyages en Europe, il donna sa démission et proposa comme successeur Furtwängler auquel il souhaitait offrir une chance de pouvoir quitter l'Allemagne nazie. Le chef allemand, dans des chroniques publiées en 1930, avait pourtant égratigné le maestro : « Contrairement à Nikisch, il n'a aucun talent naturel et ce qu'il fait provient d'un labeur acharné [...]. L'amplitude de sa battue dans le simple *forte* est telle qu'elle rend toute différenciation impossible. En conséquence, ses tutti sont toujours les mêmes. » Furtwängler, dans un premier temps, accepta l'offre américaine, puis fut contraint de renoncer. John Barbirolli succéda à Toscanini.

Un prolongement inattendu de sa carrière aux États-Unis fut alors offert au maestro. La société R.C.A., désireuse de créer un orchestre radiophonique sous le label N.B.C. (National Broadcasting Company), proposa un contrat mirifique à Toscanini, qui se laissa tenter. Après cinquante années de direction, ce ne fut pas la période la moins prolifique de sa longue carrière : les concerts à New York, les tournées en Europe et aux États-Unis et les séances d'enregistrement se succédèrent sans interruption. Il se trouvait à Lucerne quand il donna un ultime concert avant la guerre, en accompagnant son gendre, le pianiste Wladimir Horowitz, dans le *Deuxième Concerto* de Brahms. Trois jours plus tard, l'Allemagne envahissait la Pologne. Au printemps 1940, en partance pour l'Amérique du Sud, Toscanini apprit en mer que les troupes de Mussolini avaient attaqué la France : le coup de poignard dans le dos... Il s'enferma dans sa cabine et piqua une colère d'une extrême violence.

Après l'entrée en guerre des États-Unis, Toscanini participa à de nombreuses soirées de bienfaisance ou de propagande. Le 11 mai 1946, il retrouva sa chère Scala regorgeant de monde, tandis que 40 000 personnes, agglutinées sur la place du Dôme, écoutaient la retransmission de son concert consacré exclusivement à la musique italienne : Rossini, Boito, Verdi, Puccini. Le maestro, héros de tout un peuple, reçut une ovation frénétique. Il ne se fit pas prier pour donner d'autres représentations. Carlo Maria Giulini, que Toscanini avait entendu à la radio, fut invité à venir voir le vieux maître. Giulini n'a jamais oublié cette rencontre[1] : « J'ai toujours essayé d'explorer ses idées, sa conversation, son expérience musicale, sans jamais lui demander de faveur.

1. Harvey Sachs, *op. cit.*

Il était d'une extraordinaire amabilité et d'une grande bonté. Bien sûr, il lui arrivait d'être violent et de terroriser les musiciens ; mais il était foncièrement bon, ce que l'on a eu trop tendance à oublier. »

À partir de 1953, Toscanini ressentit ses premiers troubles de mémoire, ce qui l'affecta beaucoup ; il connut également des problèmes visuels. À 87 ans, il dirigea pour la dernière fois un opéra, *Un bal masqué* de Verdi, puis annonça sa démission du N.B.C. Le 4 avril 1954, au cours de la dernière répétition de son ultime apparition, consacrée à Wagner, il piqua une énorme colère[1] : « *Ignoranti tutti ! Vergogna, vergogna* » (« Tous des incapables ! C'est une honte, une honte »). Le lendemain, pendant le concert, il s'interrompit soudain et se voila la face de sa main gauche. Son assistant, Guido Cantelli, fit arrêter la retransmission. Le maestro reprit après une longue pause, mais, avant la fin du prélude des *Maîtres chanteurs*, il lâcha sa baguette, quitta le podium et se dirigea lentement, tête baissée, vers sa loge. Désormais sans projet après l'annulation d'une représentation de *Falstaff* avec Maria Callas à la Scala, le vieux maître donna l'impression que la vie ne valait plus d'être vécue.

L'amitié de Guido Cantelli, considéré en Italie comme l'héritier présomptif du maestro, fut l'une des rares consolations du vieillard : « Heureux Guido, disait-il à ses proches, qui dirige et a toute la vie devant lui. Il a du talent, il est très bon et il mérite tous les succès[2]. » Hélas, Guido Cantelli trouva la mort dans un accident d'avion à Orly, le 24 novembre 1956. À 36 ans, il venait d'être nommé directeur musical de la Scala et un brillant un avenir s'ouvrait devant lui.

On cacha la nouvelle à Toscanini qui s'éteignit le 16 janvier 1957, soixante-dix jours avant son 90e anniversaire.

La célébrité d'Arturo Toscanini a partiellement occulté le rôle important joué, au cours de la première moitié du XXe siècle, par un grand nombre de chefs italiens de talent. Il serait donc injuste de passer sous silence ceux qui ont également fait la gloire des grandes scènes italiennes ou internationales. Citons Vittorio Gui, compositeur, apprécié comme son père, qui fut l'assistant de Toscanini à la Scala dans les années vingt, puis dirigea longtemps au Regio de Turin, à Florence, à Naples, à Salzbourg. Tullio Serafin débuta lui aussi à la Scala, puis se distingua à Rome, au Met, avant de découvrir Maria Callas à

1. *Ibid.*
2. Giuseppe Tarozzi, *Non muore la musica*, SugarCo, Milan, 1978.

Vérone. Victor de Sabata, également compositeur, fut le plus prestigieux de tous ces maîtres ; il succéda à Toscanini, en 1930, à la Scala, dont il fut longtemps l'un des piliers ; il brilla également à Bayreuth. Il a gravé des enregistrements de référence, notamment *Tosca* avec la Callas. Antonio Guarnieri fut lui aussi un des maestros les plus distingués de la Scala. Mario Rossi, patron de la R.A.I. de Turin, se passionna pour la musique contemporaine. Eduardo Mascheroni, qui aida Toscanini à ses débuts au Regio de Turin, Bernardino Molinari, Alberto Erede, Gianandrea Gavazzeni, Fernando Previtali, Luciano Chailly, père de Riccardo, compositeur et directeur de la Scala, Alceo Galliera ne méritent pas de tomber dans l'oubli, pas plus que Guido Cantelli.

DE KOUSSEVITZKY À STOKOWSKI

« Bizarre destinée que celle de l'artiste :
il naît deux fois, il arrive aussi qu'il meure deux fois. »
C. F. Ramuz, *Lettres*

En dépit de son aura et de sa célébrité, Arturo Toscanini ne fut pas la seule « star » de son époque. La principale concurrence lui vint de deux personnages hauts en couleur, Serge Koussevitzky et Leopold Stokowski.

Serge Koussevitzky, né en Russie en 1874, contrebassiste au Bolchoï de Moscou, connut un destin qui épousa, aux sens propre et figuré, la bonne fortune de sa femme, riche héritière d'un empire qui ne fut pas collectivisé. Grâce à son beau-père, il fonda en 1908 un orchestre populaire qui draina des foules importantes à Moscou, à Saint-Pétersbourg et sur les rives de la Volga. Claude Debussy, invité par le chef russe à diriger deux concerts entièrement consacrés à ses œuvres, a évoqué dans la revue *SIM* cette extraordinaire aventure fluviale qui dura plusieurs années[1] : « Pendant l'été, l'Orchestre Koussevitzky remonte la Volga sur un des bateaux à trois étages qu'on peut voir sur les lacs suisses, s'arrêtant là où il est possible de trouver un endroit où l'on peut faire honnêtement de la musique. Koussevitzky nous racontait qu'il n'a pas souvent rencontré de public plus docile et plus ému. Cette émotion est tellement sincère qu'il en oublie d'applaudir. Qu'on ne voie aucune stupidité dans ce fait, mais que l'on sache que ceux qui ne peuvent pas payer leur place

1. Claude Debussy, dans *SIM*, 1er janvier 1914. (*Cf.* le chapitre consacré à Rostropovitch qui utilisa également un bateau au cours d'une tournée en Sibérie.)

s'acquittent par le don de quelques fruits de la terre. On peut trouver que voilà peut-être le plus bel hommage rendu à la musique. »

Directeur de l'Orchestre de Petrograd, nouveau nom de Saint-Pétersbourg, Koussevitzky ne s'éternisa pas dans son pays. La révolution le fit fuir à Paris en 1920 où, grâce à ses « fonds de réserve », il constitua une autre formation, avec les meilleurs musiciens de la capitale, investissant, pendant quatre saisons, l'Opéra de Paris pour de retentissantes séries de concerts. *La Revue musicale* se fit l'écho de la première consacrée à la musique russe, avec des œuvres de Stravinsky, Rachmaninov, Tchaïkovski, Glinka, Scriabine, Moussorgski, Glazounov, Rimski-Korsakov : « M. Koussevitzky, dont c'était à Paris les débuts, a été à la hauteur de la grande réputation qui l'avait précédé. Il dirigeait un orchestre composé d'artistes des Concerts Colonne et Lamoureux, et sut presque toujours obtenir d'eux, même dans les œuvres nouvelles, un jeu d'une précision, d'une finesse tout à fait extraordinaires[1]. » Par la suite la musique française fut souvent mise en valeur avec Berlioz, Roussel, Ravel, Debussy, comme elle le fut à Boston où Koussevitzky fut nommé en 1924 en remplacement de Pierre Monteux. Il y resta jusqu'en 1949, laissant la place à un autre Français, Charles Munch, après avoir fait de cette formation l'une des plus célèbres du monde et la première des États-Unis. Ouvrant résolument le répertoire à la musique moderne, Koussevitzky donna de nombreuses créations, avec des commandes de prestige, comme l'orchestration des *Tableaux d'une exposition* de Moussorgski par Maurice Ravel, les *Troisième* et *Quatrième Symphonies* de Roussel, et des œuvres nouvelles de Honegger, Prokofiev, Bartok, Schoenberg, Copland, Hindemith, Milhaud, Martinu, Ibert, Stravinsky et Bernstein, qui fut son assistant préféré. Parallèlement, dans son domaine de Tanglewood, il créa des *masterclasses* et un festival d'été qui a transformé le panorama musical américain. Tyran de l'orchestre, cauchemar des musiciens, Koussevitzky demandait beaucoup à ses instrumentistes pour un résultat hors du commun. Selon Leonard Bernstein, « personne d'autre n'a fait écouter la musique comme lui ». Il est mort en 1951.

Leopold Stokowski, né à Londres en 1882, d'ascendance polonaise par son père, connut l'une des plus longues carrières qui soit : après avoir été organiste, il commença son activité de chef en 1908 et la poursuivit jusqu'en 1977, année de sa mort. Fixé aux États-Unis, il dirigea, sans baguette, à

1. B. de Schloezer, dans *La Revue musicale*, juin 1921.

Cincinnati, puis il prit la direction du Symphonique de Philadelphie de 1912 à 1938 et en fit une formation de grande classe. Auteur d'arrangements, de transcriptions et d'orchestrations, qui furent souvent critiqués, possédant le don de la surenchère et de la provocation, il attribua une large place, comme Koussevitzky, à la musique post-romantique, créant notamment la *Huitième Symphonie* de Mahler aux États-Unis, en 1916, avec plus de mille exécutants, sans négliger, loin s'en faut, les œuvres contemporaines dont il donna de nombreuses premières, notamment le célèbre *Amériques* d'Edgar Varèse, qui fit scandale en 1926. Il enregistra plus de trois cents disques, dont certains sont révélateurs d'un art qui se veut très spectaculaire, sans être toujours parfaitement fidèle aux partitions. Amant de Greta Garbo, il fut à sa manière une star d'Hollywood, en 1939, en dirigeant la musique de *Fantasia*, dessin animé de Walt Disney, dans lequel il serrait la main de Mickey Mouse, héros de *L'Apprenti sorcier*.

DE FURTWÄNGLER À KARAJAN

« Peu importe le succès. Il s'agit d'être grand et non de le paraître. »
Romain Rolland, *Beethoven*

Cinquante ans après sa mort, survenue en 1954, Wilhelm Furtwängler symbolise encore de nos jours le mythe du chef d'orchestre. Qu'avait-il donc de si particulier, de si personnel, cet homme, pour avoir été capable de surmonter certes l'épreuve du temps, mais surtout ses accomodements avec le régime nazi ?

Souvent invité à Paris, dès la fin des années vingt, Wilhelm Furtwängler a laissé un souvenir impérissable aux critiques de l'époque. Ainsi Henry Prunières exprimait-il, en 1935, son enthousiasme dans *La Revue musicale*[1] à propos de l'interprétation par le chef allemand de *Tristan* et de *La Walkyrie* à l'Opéra : « Il a vraiment tout pour lui : le sens suprême de la construction d'une œuvre, la finesse, la force, la grandeur, l'esprit. » L'année précédente, Prunières avait tenté de définir la gestique très originale du patron du Philharmonique de Berlin[2] : « Ce qui passe aux yeux de beaucoup pour une mimique incantatoire décorative, apparaît comme une technique nécessaire, étroitement liée au style d'un des plus grands interprètes de notre temps. »

1. Henry Prunières, dans *La Revue musicale*, juin 1935.
2. *Ibid.*, juin 1934.

Trois décennies plus tard, Bernard Gavoty, peu de temps après la disparition du chef[1], traçait ce portrait : « Furtwängler, c'était Jupiter. Très grand et très mince, un peu dégingandé, la tête fine, emmanchée d'un long col, couronnée d'un frisson de cheveux blancs. [...] L'œil très bleu, rêveur, mystique. Sur le visage fané, une sorte d'innocence : l'âge n'avait pas complètement effacé l'enfant que ce vieil homme avait été. »

Évoquant la gestique, Bernard Gavoty affirmait qu'elle était malaisément lisible : « Il fallait une grande habitude pour déchiffrer le sens de ses gestes. Au moment de faire partir l'orchestre, contrairement à la tradition, il abaissait ses bras et sa baguette se mettait à frémir. [...] Le petit bâton de peuplier entre dans la danse. Mais, loin d'en diviser l'espace en parts égales, [...] il le festonne, il découpe le halo doré des projecteurs en zones dentelées [...]. Rien de moins souple que cette baguette, et, cependant, rien de plus vivant. Quant au bras gauche, paradoxalement, il semble figé. On dirait que l'épaule a subi un traumatisme qui l'ankylose. Mais la main elle-même indique les nuances, domine la mélodie et modèle les contours [...]. C'est une chose bouleversante de voir ce grand orchestre baisser le ton, frôler l'impalpable et chuchoter, tout bas, tout bas, de ces choses mystérieuses qui sont comme le murmure du destin. »

Les trop rares séquences filmées de Furtwängler qui subsistent confirment les images du critique : sur le podium, on voit le chef redresser le torse ; il semble vaciller avant de donner le signal du départ d'un coup d'épaule, comme s'il voulait soulever une lourde charge. Ce démarrage, cette libération pourrait-on dire, se fait non pas sur un ordre ou sur un signe, mais sur un coup de force qui déclenche d'un bloc un mouvement d'ensemble. Ensuite, Furtwängler néglige de battre la mesure et il se contente de tracer d'étranges sinusoïdes dans une sorte de géométrie musicale. Ce maître à nul autre pareil demeure ainsi, figé dans un calme apparent, dont il ne se dégage que pour instiller une pulsation qui maintient l'orchestre sur la voie ouverte. C'est alors qu'intervenait son fameux *rubato*[2]. Furtwängler n'aimait guère ce terme, lui préférant celui de « liberté rythmique passagère ».

Pour en savoir plus sur Furtwängler, il me fallait approcher l'homme qui connaît le mieux l'œuvre discographique du chef et qui, au-delà de sa prodigieuse collection d'enregistrements historiques, a ses propres idées sur certains

1. Bernard Gavoty, *Anicroches*, Paris, Buchet-Chastel, 1979.

2. De l'italien *tempo rubato*, « temps troublé ». Il s'agit d'une modification de rythme qui accélère ou ralentit le rythme de la musique sans modifier sa structure. Elle est laissée à l'initiative des interprètes.

mystères. Riche de souvenirs, d'impressions, de rencontres qui remontent à l'immédiat après-guerre, Sami Habra est intarissable. Plus d'un demi-siècle de musique nous contemple dans son salon ; au mur une photo retient mon attention : Furtwängler en action face au Philharmonique, au cours d'un de ses derniers concerts avant la chute de Berlin. Je n'ai pas besoin de presser de questions cet homme cultivé et passionné, dépositaire de l'illustration musicale du *Kapellmeister* ; notre dialogue tourne vite au monologue : « On a souvent dit que Furtwängler était un homme du passé. C'est probablement vrai : ses propres compositions, et principalement sa *Deuxième Symphonie*, sont l'aboutissement du romantisme allemand. Mais ces réminiscences brucknériennes ne me gênent pas ; quant à sa musique de chambre, principalement son *Quintette*, c'est une pure merveille. Ce que je ne comprends pas en revanche, c'est l'insistance qu'il a longtemps manifestée pour donner plus d'importance à ses œuvres qu'à son rôle de chef. Cependant, il n'était pas sujet aux émois de la créativité qui faisaient dire à Felix Weingartner qu'un complot international avait été ourdi contre ses compositions afin qu'elles ne passent pas à la postérité. Pour sa part, Furtwängler exprimait discrètement certains regrets. En 1952, s'adressant au grand violoncelliste italien Enrico Mainardi, il affirmait : "Ah ! Si, à 20 ans, j'avais su ce que je sais aujourd'hui, peut-être serais-je devenu un grand chef." Et Mainardi de répliquer : "Alors, maestro, nous ne saurons jamais ce qu'est un grand chef." »

Les interprétations de Furtwängler ont-elles sensiblement évolué au cours de sa carrière ? Sami Habra estime qu'il existe des périodes différentes, très nettement perceptibles à l'écoute de ses disques : « D'abord celle des années vingt et du début des années trente où le chef se distinguait par une sorte d'héroïsme. Puis il y eut les années tragiques de la guerre où il a réalisé d'incroyables enregistrements : il communique le sentiment d'une révolte dramatique qui nous saisit à la gorge. Cependant, dans ses Mozart, on perçoit un certain lyrisme qui pourrait laisser croire que le conflit mondial n'a pas existé pour lui. Après la guerre, Furtwängler connut l'époque de l'espérance : il dirigeait avec un souverain détachement. Il souffrait alors de problèmes auditifs dans les hauts registres. La firme Siemens lui avait fabriqué un appareil spécial qui palliait partiellement cette déficience. Quand il dirigeait ses propres œuvres, il était sujet à des crises de surdité aiguës ; en revanche, quand il jouait Beethoven, tout se passait bien. Il est possible qu'il se soit agi d'un désordre psychosomatique. Toujours est-il qu'en 1951, invité à Hambourg par son ami Hans Schmidt-Isserstedt, il fit hurler les trompettes et cela donna la plus phénoménale *Symphonie* de Brahms qu'on n'ait jamais entendue. Cette œuvre, enregistrée en public, a d'ailleurs valu à Furtwängler le Diapason d'or du siècle. Beethoven et Brahms furent ses références permanentes, mais pas les seules : il considérait que *La Passion selon saint Matthieu* de Bach était le plus grand chef-d'œuvre de l'histoire de la musique. Il adorait également Mozart, avant tout *Don Giovanni* ; il aimait Weber et tout Wagner. Mais d'une manière générale, on peut dire que son œuvre préférée était celle qu'il jouait : à cet instant-là, l'interprétation devenait pour lui une question de vie ou de mort. Quant à ses *tempi*, qu'on a jugés parfois exagérément lents, on peut en discuter : en fait, il avait l'habitude de soutenir un tempo personnel en veillant à ce que la matière du discours ne s'effrite pas. Il respectait toujours la ligne mélodique ; mais quand il estimait qu'il le fallait, il allait vite, et même parfois plus vite que Toscanini. »

Après le chef, nous abordons le citoyen et l'homme public : la gloire posthume de Furtwängler ne serait-elle pas plus grande s'il avait quitté l'Allemagne après l'avènement d'Hitler ? Sans esquiver la réponse, Sami Habra évoque les raisons qui l'ont poussé à rester dans son pays : « Il faut avant tout se replacer dans le contexte de l'époque : parler, prendre ouvertement position contre le régime, c'était signer sa propre condamnation. Furtwängler a donc préféré rester et combattre en utilisant parfois certains arguments des nazis. C'est ainsi que le 11 avril 1933 il adressa à Goebbels, ministre de la Propagande du IIIe Reich, une lettre concernant les quotas de musiciens juifs imposés aux orchestres allemands : “Les quotas ne peuvent être établis en musique comme s'il s'agissait de décider de restrictions de pain ou de pommes de terre. Si l'on réduit la qualité musicale de nos concerts, le public se raréfiera également. Ma conviction est que la musique ne peut se soumettre à une idéologie. Si la lutte contre la juiverie [*sic*] vise principalement des gens sans racines, qui cherchent à impressionner et tirer profit de leur virtuosité stérile et de leurs ordures musicales, alors oui, ce combat peut se justifier. La lutte contre de tels individus et l'esprit qu'ils personnifient – qui a aussi ses partisans chez certains Allemands – doit être vigoureusement entreprise. Mais lorsque ces attaques sont dirigées contre d'authentiques artistes, elles ne respectent pas les intérêts primordiaux de notre culture. Les vrais artistes sont très rares et aucun pays ne peut se résoudre à accepter de se passer de leurs services, sans subir une énorme perte culturelle. Il faut donc éviter que des personnalités telles que Walter, Klemperer, Reinhardt et d'autres risquent à l'avenir d'être dans l'incapacité de poursuivre leur activité en Allemagne. Je le répète, menons le combat contre l'esprit destructeur de certains, mais non pas contre les vrais artistes qui sont toujours des créateurs et qui construisent l'avenir [...]. De ce fait, j'en appelle à vous au nom de l'art allemand, avant que certaines décisions soient prises qui ne seraient nullement justifiées[1]." »

Publiée par le ministère de la Propagande, cette lettre fut accompagnée d'un commentaire de Goebbels, faisant mine de donner raison à Furtwängler et confirmant « le plus ardent soutien aux véritables artistes ».

« Il est vrai, reconnaît Sami Habra, que la lettre de Furtwängler était ambiguë (et même discriminatoire, ajoutai-je, car il ne se préoccupait pas des persécutions frappant ceux qui ne l'intéressaient pas). Après la guerre, le maestro a rappelé, pour sa défense, qu'il avait tenté une manœuvre destinée à agir plus efficacement dans son propre domaine, celui de la musique. Par la suite, il s'employa à sauver des musiciens juifs membres du Philharmonique ou d'autres qu'il ne connaissait pas. Je ne crois pas que Furtwängler ait été antisémite. Il l'a en tout cas affirmé au cours de la parodie de procès qui eut lieu en 1946. Il n'aimait pas Hitler et il ne cachait pas son hostilité. C'est ainsi que, le 1er mai 1935, à Berlin, ayant programmé l'ouverture d'*Egmont*, la *Pastorale* et la *Cinquième Symphonie* de Beethoven, il était dans sa loge, quand le régisseur de l'orchestre vint lui demander de bien vouloir retarder le début du concert que le Führer avait inopinément décidé d'honorer de sa présence. Furieux, le chef s'informa : "Mais qui l'a invité ?" Réponse : "Mais on n'invite pas le Führer, il vient quand il veut. – Il ne comprend rien à la musique, reprit Furtwängler ; c'est un ennemi de l'esprit humain ! Et dire qu'on va encore me reprocher de ne pas vouloir faire le salut nazi..." Le régisseur attendait toujours une réponse. Le garçon d'orchestre, chargé de distribuer les partitions, proposa une solution : "Docteur Furtwängler, vous avez une habitude que le public connaît bien : vous entrez toujours en scène en tenant votre baguette de la main gauche, puis vous la passez dans la main droite, en montant sur le podium. Quand les applaudissements prennent fin, vous attaquez immédiatement le premier morceau. Cette entrée, vous pouvez la faire ce soir en tenant la baguette de la main droite ; de cette manière, vous ne pourrez pas effectuer le salut nazi, car si vous le faisiez, vous donneriez l'impression de vouloir menacer le Führer..." Ce qui fut dit fut fait : le maestro sortit des coulisses, tenant sa baguette de la main droite, salua le public et les musiciens, puis il plongea instantanément dans la musique.

1. Lettre reproduite dans *The Devil's Music Master*, de Sam H. Shirakawa, Oxford University Press, 1992.

Autour du Führer, Goering et Goebbels semblaient attendre des instructions. Allait-on arrêter le concert ? Or, Hitler s'enfonça dans son fauteuil, ferma les yeux et ne dit mot.

« En octobre 1935, poursuit Sami Habra, ce fut une autre histoire : à la fin de l'exécution de la *Neuvième Symphonie* de Beethoven, les instrumentistes et les solistes se levèrent face au public ; certains d'entre eux firent le salut nazi. Hitler, à nouveau présent, se leva de son siège, au premier rang, et tendit la main à Furtwängler. Il était difficile pour ce dernier de refuser cette poignée de main à laquelle il ne s'attendait pas. Fixée par les reporters, cette photo fit le tour du monde. Puis-je me permettre de rappeler que, trois ans plus tard, à Munich, le président du Conseil français, Édouard Daladier, et le Premier ministre anglais, Neville Chamberlain, ainsi que leurs ministres et ambassadeurs, ont serré la main d'Hitler sans avoir les mêmes scrupules que Furtwängler, alors que le traité qui venait d'être signé ouvrait la porte aux annexions nazies ? »

En fait, on peut penser que jusqu'en 1935-1936, Wilhelm Furtwängler s'était fourvoyé en estimant que le régime hitlérien ne demeurerait pas longtemps en place. S'il refusa de s'affilier au parti nazi, il ne prit pas non plus au sérieux cet Autrichien au teint mat et aux yeux bruns, qu'il qualifiait de « camelot chuintant », et qui prétendait rétablir le mythe de l'*Übermensch* aryen. Dans un texte posthume[1] intitulé *Ce que j'ai fait en Allemagne*, Furtwängler a expliqué son attitude : selon lui, pas un seul de ses musiciens ne fut licencié pour des questions raciales ; il affirmait être intervenu, par principe, dans tous les cas où un problème de persécution avait été porté à sa connaissance. En 1934, rappelait-il, il avait pris le risque de diriger de la musique qualifiée de « décadente », telle la suite d'orchestre *Mathis le peintre*, extraite de l'opéra de Paul Hindemith qui avait été retiré de l'affiche. Après ce concert, en proie à une haineuse campagne de presse, il avait décidé de démissionner de tous les postes officiels qu'il occupait : directeur de l'Orchestre philharmonique de Berlin, de l'Opéra, vice-président de la Chambre musicale du Reich, conseiller d'État de Prusse. On lui signifia que ce dernier titre était conféré à vie et qu'on ne pouvait le lui retirer. Venant six mois après la Nuit des longs couteaux, l'attitude de Furtwängler fut jugée comme une offense au IIIe Reich par les dignitaires nazis. Peu après, Goebbels posa des conditions précises et restrictives à la reprise d'activité du

1. Wilhelm Furtwängler, dans *Le Monde de la musique*, 10 février 2001, repris des Éditions Archipel, 2001.

musicien qui ne voulait pas d'autre fonction que celle de chef invité. Furtwängler renonçait du même coup à ses pensions et traitements ; il refusa de se soumettre aux directives musicales de la Reichkunstpolitik et exigea la garantie d'exercer son art en toute indépendance et selon sa conscience. Goebbels feignit d'accepter ; un protocole fut signé, dont le texte publié retranchait les termes d'« indépendance musicale » voulus par le chef.

En 1936, la pression nazie qui pesait sur les épaules de Furtwängler s'accentua : Arturo Toscanini, sur le point de quitter New York, avait proposé qu'on fît appel au chef allemand. Un contrat fut passé, stipulant que Furtwängler prendrait la direction du Philharmonique de New York, à condition de diriger en Allemagne qu'en tant que chef invité et sans occuper d'emploi fixe, ce qui était précisément son cas. Or une information fallacieuse, publiée par la presse allemande, indiqua que le maître avait été officiellement rétabli dans toutes ses fonctions antérieures. Les journaux américains accusèrent alors Furtwängler de duplicité. Excédé, ce dernier décida de dénoncer le contrat le liant à New York. Le jeu pernicieux de la propagande nazie fut conforté par une intervention personnelle de Goebbels qui aurait laissé entendre que, si Furtwängler quittait le Reich, il ne pourrait jamais revenir dans son pays. Prisonnier de ses convictions musicales, le chef demeura à Berlin. Pour le rendre encore plus dépendant du pouvoir, on s'activa à favoriser l'ascension d'un rival en la personne d'Herbert von Karajan, propulsé à la tête de l'Opéra de Berlin et du Staatskapelle de Prusse et invité à diriger le Philharmonique. On a pu voir dans l'enfermement volontaire de Furtwängler la volonté de faire de la musique une sorte de force de rédemption nationale. Probablement, comme de nombreux intellectuels allemands, il ne sut pas de manière précise ce qu'allait être la Shoah, encore qu'il semble inconcevable qu'il ait pu ignorer la « solution finale » imaginée par Himmler. Fut-il aveugle ou ne voulut-il pas savoir ? Furtwängler s'est peu exprimé à ce sujet ; il a cependant laissé entendre qu'il croyait que la musique était un rempart à toute forme d'oppression et qu'elle seule était de nature à préserver un idéal d'humanité.

Alors Furtwängler, victime ? Cette thèse semble être corroborée par les années de guerre : refusant de se rendre dans les pays occupés pour y diriger de la musique allemande – il ne vint pas à Paris de 1940 à 1944, contrairement à Karajan et à d'autres chefs allemands –, n'ayant jamais joué l'hymne nazi, refusant le don d'une maison qu'Hitler voulait lui offrir, s'abstenant de signer tout manifeste en faveur du pouvoir, il fut inscrit sur la liste noire, sous prétexte d'une prétendue complicité dans l'attentat avorté contre Hitler et de son attitude favorable aux juifs. Alerté par l'un de ses grands admirateurs, Albert Speer, ministre de l'Armement du Reich, Furtwängler passa en Suisse à la fin de 1944 pour échapper à une probable arrestation.

Mis à l'index à la fin de la guerre, il dut se présenter à Vienne et à Munich devant les cours de dénazification. Pour sa défense, il affirma n'avoir jamais pactisé avec les nazis, ajoutant : « Croit-on que dans l'Allemagne d'Hitler, on ne devait pas diriger les *Symphonies* de Beethoven ? Ne pouvait-on pas comprendre que jamais notre peuple, qui devait vivre sous Himmler, n'eût précisément autant besoin d'écouter la musique de Beethoven et son message de paix et d'amour[1] ? »

Acquitté, Furtwängler ne put reprendre son activité qu'au printemps 1947. Le 25 mai, il effectua un retour triomphal à Berlin. En 1952, il accepta le poste de directeur musical à vie. Après un ultime concert à l'Opéra de Paris et une représentation de *La Walkyrie* à Vienne, il fut victime d'une pneumonie. Brusquement, il semblait avoir perdu toute volonté de vivre. Il s'éteignit à l'âge de 68 ans, laissant derrière lui des centaines de témoignages enregistrés, dont son génie n'a jamais cessé d'abreuver les sillons.

Cette affaire Furtwängler soulève encore aujourd'hui maintes questions[2] et notamment celle de la culpabilité artistique. Ne doit-on pas s'étonner que d'autres chefs, et non des moindres, qui avaient eux aussi choisi de demeurer en Allemagne ou dans les pays occupés, n'aient pas été inquiétés ? À ce sujet, Sami Habra nous livre ses réflexions : « Tout d'abord, il convient de noter que Furtwängler n'aurait pas dû comparaître devant les commissions de dénazification, lesquelles n'avaient à connaître que les cas de personnalités ayant appartenu au parti nazi. Il faut savoir aussi qu'à Berlin, il était constamment surveillé par le pouvoir. En revanche, Hans Schmidt-Issertedt, qui n'avait pas de sympathie pour la clique hitlérienne, fut plus libre de ses mouvements à Hambourg où il put jouer la *Symphonie italienne* de Mendelssohn, qui, bien que juif converti, figurait sur la liste des compositeurs interdits. Hermann Abenroth fut moins délicat : il prit sa carte du parti pour continuer à exercer au Gewandhaus de Leipzig où il avait succédé à Bruno Walter. En 1938, il dirigea la *Neuvième Symphonie* de Beethoven à Nuremberg, au cours de la cérémonie d'ouverture du congrès nazi. Karl Böhm, pour sa part, se crut obligé de

1. Défense évoquée dans la pièce de théâtre *À torts ou à raisons*, de Ronald Harwood, et dans le film *Taking Sides*, de Istvan Szabo.
2. *Ibid.*

prononcer plusieurs fois un discours, avant certains concerts, où il loua le “régime glorieux”. Il avait auparavant approuvé publiquement l’Anschluss en affirmant que tous ceux qui n’acceptaient pas l’action du Führer ne méritaient pas de conserver la nationalité allemande. Après la guerre, il argua de l’innocence collective des Autrichiens et put reprendre une activité internationale brillante, après un séjour à Buenos Aires.

« Ni Hans Swarowsky, l’un des grands pédagogues de cette période, qui n’eut qu’une faible activité de 1933 à 1945, ni Eugen Jochum, fixé à Hambourg, aux côtés de Schmidt-Issertedt, ne furent enclins à donner des gages au régime. Il n’en fut pas de même pour Richard Strauss qui se montra très zélé quand Bruno Walter fut contraint à l’exil : il accepta sans états d’âme de le remplacer au pied levé. Il se montra souvent disponible et fut à mon sens infiniment plus coupable que ne le fut Furtwängler. »

Cette opinion sévère sur celui qui était le plus grand compositeur allemand vivant est corroborée par l’écrivain allemand Hermann Hesse dans un texte datant de 1946 : « Richard Strauss aurait dû renoncer, lui qui était saturé d’argent et d’honneurs, à accepter avantages et hommages de la part des nazis. Il était assez vieux pour se retirer et se tenir à distance. S’il n’a pu le faire, c’est sans doute à cause de sa vitalité. “Vivre”, cela voulait dire pour lui le succès, les recettes énormes, les banquets, les représentations de gala, etc. Il n’a pas trouvé le moyen de résister au diable. Nous n’avons pas le droit de lui faire de grands reproches, mais nous avons, je crois, celui de garder les distances[1]. »

Pour être tout à fait équitable, rappelons, à la décharge de Richard Strauss, qu’il fut inquiété par les nazis lors de la condamnation officielle de son opéra, *La Femme silencieuse*, dont le livret était de Stefan Zweig, écrivain juif ; par la suite, Strauss renonça à toute fonction officielle.

« Willem Mengelberg, reprend Sami Habra, de nationalité néerlandaise, mais d’origine allemande, n’a jamais caché ses sympathies pro-hitlériennes. Il avait trinqué en public à la santé du Führer en 1940, ce qui, a-t-on dit, lui aurait permis d’obtenir la libération d’une quinzaine de musiciens juifs de son orchestre, le Concertgebouw d’Amsterdam, dont il fut le patron pendant un demi-siècle, de 1895 à 1945. Grand défenseur de Mahler, il dirigea encore en 1941 sa *Première Symphonie*, dont les nazis interdirent l’enregistrement. Il fut radié à vie en 1945 par la reine de Hollande et mourut en exil. Il fallait

1. Hermann Hesse, *Musique*, Paris, José Corti, 1997.

sans doute trouver un bouc émissaire en la personne d'une des plus grandes célébrités du royaume, où quelques hauts dignitaires avaient trahi la cause de la démocratie sans être sanctionnés.

« Hans Knappertsbusch, directeur de l'Opéra de Bavière de 1922 à 1936, semble, pour sa part, s'être tenu à l'écart du régime. Au cours d'une conversation avec l'ambassadeur d'Allemagne en Hollande, il lui demanda : "Êtes-vous un nazi obligé ou un nazi convaincu ?" Interloqué, l'ambassadeur s'enquit de la différence ; Knappertsbusch répondit : "L'un est un *Schweinehund*, et l'autre un *Schwanerei*" (un salaud et une saloperie). Écarté de Munich, ce grand spécialiste de Wagner se replia en Autriche.

« N'oublions pas que de nombreux chefs juifs furent contraints de quitter l'Europe : outre Bruno Walter et Otto Klemperer, il faut citer Jasha Horenstein[1], Alexander von Zemlinsky, Paul Kletzki[2] (d'origine polonaise), Oskar Fried, Josef Krips. D'autres qui n'étaient pas israélites sont également partis, tel Erich Kleiber qui, par solidarité avec Walter, s'exila. Il fut merveilleux dans *Les Noces de Figaro* : en l'écoutant, on avait le sentiment qu'il ne vivait que pour diriger Mozart. Citons également Hermann Scherchen, qui s'éloigna de l'Allemagne en 1934 pour se fixer en Suisse et qui m'a toujours donné l'impression d'un vieil alchimiste devant ses alambics, distillant la musique avec une grande luminosité. Bach était son domaine ; il s'y éleva dans des sphères inaccessibles aux autres. Partis également Fritz Busch, Karl Rankl, et plus tardivement Carl Schuricht[3]. »

Günter Wand, né en 1912, n'eut qu'une carrière relativement modeste comme répétiteur, puis chef à Wuppertal et à l'Opéra de Cologne de 1939 à

1. Né en 1898 à Kiev, il fit carrière jusqu'en 1935 en Allemagne, où il dirigea les plus grands orchestres. Invité à Paris et en Palestine, il se fixa aux États-Unis en 1940, conduisit le New York Philharmonic, avant de revenir en Europe où il se produisit comme chef itinérant notamment à Amsterdam, à Paris et principalement à Londres. Il fut considéré comme l'un des plus grands chefs brucknériens et malhériens de son époque, et comme un grand spécialiste de la deuxième école de Vienne. Il est mort en 1973.

2. Né à Lodz en 1900, il fit ses études à Berlin et composa de nombreuses œuvres. Encouragé par Furtwängler, il effectua ses débuts de chef en 1928 à la tête du Philharmonique. En 1934, il s'enfuit d'Allemagne pour l'Italie, puis la Suisse où il se consacra à l'enseignement. Il reprend la baguette à partir de 1943 et s'impose après la guerre comme chef invité, notamment par Arturo Toscanini à la Scala. À partir de 1946, il participe à Londres au lancement du Philharmonia. Il passe en Israël en 1948, puis aux États-Unis, à Dallas, et revient en Suisse à la tête de la Suisse romande. Il se produit également à Paris. Mort en 1973 il a laissé de nombreux enregistrements de Mozart à Beethoven en passant par Wagner, Schubert, Berlioz, Brahms, Dvorak.

3. Né en 1880 à Dantzig, il fut d'abord compositeur, recevant les conseils de Max Reger. Il conduit également, notamment à Wiesbaden où il crée un festival, puis à Berlin et Leipzig. Il se produit aussi partout en Europe occidentale, par exemple à Paris. Il dirige en 1943 le Philharmonique de Dresde et quitte peu après le Reich pour la Suisse. Il connaîtra ses plus grands succès après la guerre avec le Philharmonique de Vienne et à Paris où il grave, en 1958, la première intégrale de Beethoven avec un orchestre français, la Société des Concerts du Conservatoire. Il meurt en 1967.

1944. Longtemps dans l'ombre des grands *Kapellmeister* allemands, il se fit connaître notamment grâce à ses enregistrements de Beethoven, publiés par la Guilde française du disque dans les années cinquante et soixante. Ce ne fut qu'en 1982, au Symphonique de la N.R.D. de Hambourg, qu'il accomplit sa percée ; il avait déjà 70 ans. Grand spécialiste de Bruckner, il a été longtemps le grand méconnu de la musique en Allemagne. Il est décédé en 2002.

« Reste le cas d'Herbert von Karajan, reprend Sami Habra, que je condamne moralement pour son opportunisme. Il convient d'ailleurs de s'attarder sur son attitude. Tout ce qu'il a fait fut la conséquence de sa dévorante ambition et non pas la résultante de ses idées politiques. Dès sa nomination comme *Generalmusikdirektor* à Aix-la-Chapelle, en 1934, il avait déclaré : "Je suis prêt à tout pour réussir." Jusqu'à diriger, au cours de manifestations officielles, le *Horst Wessel Lied*, hymne nazi dont le texte contenait les paroles suivantes : "Le sang juif coulera sous la lame de nos couteaux." Karajan avait beaucoup de talent et une capacité de travail hallucinante. Mais, à mon sens, il ne possédait pas le génie transcendantal de Furtwängler. Installé à Berlin, il est devenu yogi, il a cru en la réincarnation et n'a plus progressé ; je dirais même qu'il a plutôt régressé. Le *legato* était unique chez Furtwängler ; Karajan en était fasciné ; mais il en a fait autre chose. "On devrait l'appeler Herr Legato", ai-je dit à un critique anglais. "Non, m'a-t-il répondu, ici on l'appelle Herr Legatissimo." Ce *legato*, il eut tort de l'ériger en système. Ce fut son défaut majeur, mais pas le seul. »

Bernard Gavoty n'a pas exprimé, pour sa part, la moindre réserve sur l'art de Karajan[1] : « Un charmeur de serpents jouant de ses longs bras onduleux, de son dos expressif, de tout son corps de caoutchouc. Du mage, il a le geste arrondi, envoûtant et onctueux. Ample et fastueuse, sa gestique très sobre traduit plastiquement la partition. Cet homme a l'air endormi et suprêmement vigilant. Cette statue écoute. Elle guette. Derrière le rempart de ses paupières closes, Karajan revit le songe de l'œuvre qu'il épelle. S'il ouvrait les yeux, que verrait-il ? Un buisson d'archets, un lacis d'actives navettes. Sur l'écran de sa rétine, la partition s'inscrit en clair, les feuillets glissent sans qu'il soit besoin de les tourner ; toute l'œuvre défile, fixée par le travail, mémorisée par les répétitions [...]. Les pieds sont boulonnés sur l'estrade, les yeux aveugles, à l'instar des marbres. Quant aux bras, d'une flexibilité de liane, ils

1. Bernard Gavoty, *Anicroches*, Paris, Buchet-Chastel, 1979.

enveloppent, stimulent, tout cela avec une extrême discrétion [...]. Il est comme absent du jeu qu'il mène, mais il ne voit que lui [...]. Il n'était plus question, comme je l'avais cru naguère, d'une vedette qui cherche le succès par des attitudes de prima donna, mais d'un homme abandonné à sa transe. »

Manuel Rosenthal a bien connu Karajan : « J'ai fait sa connaissance en 1959, quand je fus invité à Salzbourg avec l'Orchestre National. Je dirigeais Debussy, Ravel et Dutilleux. Il est venu à la répétition générale, ce qu'il ne faisait presque jamais ; il s'est assis au premier rang sous les flashes des photographes ; lorsque j'eus terminé, il s'est approché de moi pour me féliciter. J'ai su alors qu'il adorait la musique française : "Je vous suis très reconnaissant, me dit-il, car vous êtes ma bible : quand je dois diriger Debussy ou Ravel, je me demande toujours "que ferait donc ici ou là Rosenthal ? ; alors j'écoute vos disques et je trouve la solution[1]." »

Les instrumentistes de l'Orchestre de Paris, dont il fut brièvement le conseiller de 1969 à 1971, avec à ses côtés Serge Baudo en tant que chef permanent, n'ont pas oublié la méthode rigoureuse, parfois oppressante de Karajan. Ainsi, son premier contact avec cette formation consista à ne faire répéter qu'une seule note : un *ré*, d'abord aux seconds violons, puis en y ajoutant les premiers violons, les altos, les violoncelles, et en demandant une modulation et une variation de volume afin d'obtenir une parfaite homogénéisation du son qu'il voulait entendre, qui n'était pas celui qu'il avait entendu lors d'un concert de l'orchestre. Travaillant sur *La Symphonie fantastique*, il demeura pendant près de deux heures sur la première mesure, cherchant à instiller dans la musique non pas la clarté habituelle du quatuor, mais un phrasé qui lui était personnel[2].

Pédagogue exceptionnel pour les uns, tyran pour les autres, Karajan n'avait guère de temps à consacrer à l'Orchestre de Paris. En fait, après une courte lune de miel, constatant sans doute qu'il lui faudrait des années pour obtenir ce qu'il voulait, il espaça ses apparitions à un point tel que son contrat ne fut pas renouvelé. Du 13 juillet 1969 – date de sa première apparition au Festival d'Aix-en-Provence, avec Christoph Eschenbach au piano, qui devait en l'an 2000 devenir directeur musical de l'O.P. – au 10 juillet 1971, également à Aix, il ne donna en tout et pour tout que neuf programmes différents dont seulement cinq à Paris.

1. Entretiens enregistrés les 18 et 25 février 2002.
2. *Vingt ans de l'Orchestre de Paris*, collectif, 1987.

Il est vrai qu'il avait d'autres chats à fouetter : Berlin, Salzbourg où il imposait ses propres mises en scène d'opéras, de nombreux voyages en tant que chef invité ou ses tournées avec les Philharmoniker. À cette activité débordante s'ajoutaient de nombreuses séances d'enregistrement de disques, de vidéos et de films, notamment avec le grand réalisateur français, Henri-Georges Clouzot.

Le surmenage l'épuisa fréquemment. Il fut, dès 1970, contraint d'observer de longues plages de repos. En 1975, il subit une grave opération des disques vertébraux, suivie jusqu'en 1989, année de sa mort, par plus de dix autres interventions. Ce grave handicap lui infligea d'intolérables souffrances jusqu'à ses derniers jours. Il dirigeait pourtant encore la *Septième Symphonie* de Bruckner, le 23 avril 1989 à Salzbourg, où il avait vu le jour en 1908, moins de trois mois avant son décès, survenu après les répétitions du *Bal masqué* de Verdi, au terme d'un calvaire permanent.

Il ne s'était jamais ménagé : les archives berlinoises nous révèlent en effet que, de 1954 à 1989, il dirigea près de cinq cents fois le Philharmonique, dans des concerts symphoniques ou des productions lyriques. Très souvent admiré, parfois critiqué, mais jamais ouvertement, Karajan, que l'on disait complexé par sa petite taille et sa timidité, régna sans partage, composant une image idéalisée de maestro souvent séducteur et parfois poseur. Le despote se montrait toujours éclairé. Mais comme l'a dit à son sujet René Koering, directeur de la musique à Radio France, « les chefs permanents, *a fortiori* quand ils le sont à vie, pèsent lourdement sur un orchestre. Un célèbre chef allemand [*sic*] a désespéré ses musiciens : leur seul plaisir était d'avoir quelqu'un d'autre sur le podium, en tant que chef invité. Pendant trente-cinq ans, cet orchestre a souffert, d'une souffrance totale, de la présence de cette mégère, sans rien pouvoir dire[1]... »

À la tête d'un empire musical qu'il avait créé de toutes pièces, en prenant pour base ses succès sans précédent dans le domaine du disque, Karajan a incarné, pendant près de quatre décennies, le mythe du chef d'orchestre omniprésent et omniscient. Usant d'un pouvoir absolu, sans scrupules excessifs, le regard constamment fixé sur les objectifs qu'il s'était donnés, il eut l'habileté politique d'un chef d'État qui se serait contenté de gouverner la musique afin d'en retirer d'énormes profits. Zubin Mehta, qui fut pourtant son

1. Entretien enregistré le 18 mars 2002.

invité à Berlin, a eu ces mots cruels : « Le problème avec Karajan est que la musique ne lui a jamais suffi. »

Ce qu'il voulait, c'était la gloire à n'importe quel prix. À n'importe quel prix ? Son attitude sous le pouvoir nazi n'est pas sans reproches. Il n'a jamais reconnu son appartenance au parti. Pourtant, les enquêtes menées à son sujet ont révélé qu'il y avait adhéré à deux reprises : d'abord en Autriche, le 8 avril 1933 à Salzbourg où résidaient ses parents, puis le 1er mai de la même année à Ulm, où il était chef permanent depuis 1929. Or, il ne pouvait ignorer que cet engagement politique coïncidait avec le congédiement de dizaines de milliers de fonctionnaires juifs, dont un grand nombre de musiciens d'orchestres, d'opéras et de conservatoires nationaux et régionaux.

Il n'eut pas à attendre très longtemps pour bénéficier d'une importante promotion : le 8 juin 1934, il fut engagé par l'Opéra d'Aix-la-Chapelle, dont il devint, au printemps 1935, le plus jeune *Generalmusikdirektor* d'Allemagne : il avait 27 ans. Dès lors, sa réputation ne cessa de grandir, tandis que Furtwängler subissait les pressions du pouvoir nazi. Invité au Philharmonique et à l'Opéra, Karajan donna, pour célébrer l'Anschluss, *Fidelio*, *Tristan et Isolde* et *La Flûte enchantée*. La presse le couvrit d'éloges : *Wunder* Karajan était né. Nommé directeur au Staatskapelle, puis à l'Opéra, il devint une sorte d'ambassadeur itinérant de la culture allemande ; puis, pendant la guerre, il effectua des tournées dans les territoires occupés, notamment à Paris où, dès décembre 1940, il se produisit au Palais de Chaillot devant trois mille soldats de la Wehrmacht dans la *Messe en si mineur* de Bach, puis trois jours plus tard devant le public parisien. Il revint à quatre autres reprises dans la capitale : en mai 1941, à l'Opéra, avec sa troupe du Staatsoper dans *Tristan et Isolde* – dont le rôle était tenu par la Française Germaine Lubin, qui fut mise en cause à la Libération –, puis en juin 1943 ; le 19 avril 1944, il dirigea au Théâtre des Champs-Élysées le Grand Orchestre de Radio-Paris, créé par les Allemands, dans *La Mer* de Debussy et la *Cinquième* de Beethoven ; et le 4 mai, le *Boléro* de Ravel, la *Quatrième* de Schumann et *Don Juan* de Strauss.

La débâcle nazie était proche quand Karajan donna son ultime concert de guerre à Berlin, le 18 février 1945, dans la Beethovensaal à la tête du Staatskapelle. Quelques jours plus tard, il quitta précipitamment la capitale du Reich pour la Suisse.

Après la capitulation, il fut interdit de direction par les Alliés qui occupaient Vienne. Il fut tiré de cette impasse par le producteur britannique Walter Legge qui venait de créer à Londres l'Orchestre Philharmonia destiné, dans un premier temps, à enregistrer des disques en studio. De nombreuses gravures de référence, et notamment la première de ses quatre intégrales de Beethoven, datent de cette période d'attente. Après avoir récusé toutes les allégations à son encontre, Karajan fut autorisé à reprendre en public son activité de chef au printemps 1947. Il s'efforça alors de rattraper le temps perdu et devint chef principal du Symphonique de Vienne qu'il dirigea jusqu'en 1953. Il se distingua à Salzbourg et à Bayreuth dans *Tristan*, puis retrouva le Philharmonique de Berlin le 28 septembre 1953, toujours sous la houlette de Furtwängler. Le 30 novembre 1954, ce dernier disparaissait. Les dirigeants de l'Orchestre, lequel devait effectuer une tournée aux États-Unis, cherchèrent alors un remplaçant : les instrumentistes désignèrent Karajan, qui déclara qu'il abandonnerait tout pour cet orchestre, y compris la Scala, où il était engagé pour conduire la *Tétralogie*, mais qu'en retour il le voulait seul et à vie, ce qu'il obtint quelques semaines plus tard. Un règne autocratique de trente-cinq ans commençait.

CHARLES MUNCH
L'ÉMOTION SANS MESURE

« La musique souvent me prend comme une mer !/Vers ma pâle étoile
Sous un plafond de brume ou dans un vaste éther/Je mets à la voile. »
Charles Baudelaire, *La Musique*

La route sinueuse serpente et monte en lacets entre les oliviers, au flanc de la colline inondée de lumière qui surplombe la rade de L.C... La numérotation de cette voie ancienne n'est pas sans rappeler celle des interminables boulevards californiens : elle dépasse largement le numéro 2000 lorsque, à proximité d'un bois de pins, nous atteignons, au sommet de la côte, le mas de Serge Baudo. De retour de la capitale où il vient de diriger, pour la première fois depuis 1982, l'Orchestre de Paris dont il fut le chef titulaire aux côtés de Charles Munch et de Herbert von Karajan, Serge Baudo nous accueille, Louis Monier et moi, sans façon, en tenue de vacancier, au son des cigales qui jouent leur musique sérielle.

Nous nous installons autour de sa table de travail, sur une large terrasse d'où l'on découvre un magnifique paysage. Devant le chef, une partition est ouverte : « La *Première Symphonie* de Dvorak, commente Serge Baudo, est une œuvre assez faible datant de ses débuts, mais où l'on décèle déjà tout le génie du musicien. » Éloigné depuis longtemps des salles parisiennes, dont il fut l'un des animateurs au cours des années soixante et soixante-dix, Serge Baudo ne connaît pourtant pas de trêve dans son travail : le mot « retraite » ne relève pas du vocabulaire de cet homme chaleureux qui ne manifeste ni rancœur ni colère d'avoir été écarté des podiums de la capitale. Il ignore les raisons de cet exil forcé, « triste et troublant, admet-il, car en 1968, on me jugeait trop jeune pour succéder à Charles Munch, mais j'avais déjà 41 ans ». Après avoir dirigé l'Orchestre national de Lyon jusqu'en 1989, devenu chef invité itinérant, il a conduit de nombreuses grandes formations à Londres – B.B.C. Symphony, London Symphony, London Philharmonic, Royal Philharmonic –, à Berlin, en Italie, au Japon, en Tchécoslovaquie… « En République tchèque, où je suis régulièrement convié, je défends la musique française, celle de Berlioz (j'avais créé le Festival de La Côte-Saint-André, sa ville natale), mais aussi celle de Ravel, Debussy, Roussel, Honegger, Milhaud, Dutilleux et je me consacre également à Dvorak et Martinu. »

Je l'interromps : « Ne venez-vous pas de citer quelques-uns des compositeurs préférés de Charles Munch ? – Oui, en quelque sorte, me répond-il. Je lui suis fidèle ; il est toujours près de moi, en dépit des années. »

J'insiste doucement : « Parlez-moi de lui… » Il se lance alors dans un long monologue, comme s'il éprouvait le besoin d'exorciser son chagrin. Cloué sur ma chaise, je l'écoute avec émotion, tandis que tourne le magnétophone. Masque soudain douloureux, Serge Baudo égrène les souvenirs qui le hantent : « La succession de Charles Munch à l'Orchestre de Paris était déjà envisagée avant sa mort par les responsables de l'époque. Le patron l'avait su avant la tournée aux États-Unis – trente-deux concerts en quarante jours, une folie qui devait lui être fatale –, et cela lui fut très pénible. Jean Martinon, chef associé, Jean-Pierre Jacquillat, assistant et moi-même, ainsi que le premier violon solo, Luben Yordanoff, nous nous efforcions de le réconforter et de lui faire oublier ces manœuvres déloyales. Notre périple américain nous avait menés successivement à Québec, Montréal, Ottawa, Utica, New Haven, à New York deux fois, à Philadelphie, Washington, New Brunswick, Raleigh et Richmond. À Carnegie Hall, où il dirigea *La Symphonie fantastique* de Berlioz et *Daphnis et Chloé* de Ravel, Munch connut un triomphe indescriptible. Herbert von Karajan, présent dans la salle, aurait dit à Bernard Gavoty : "C'est un chef magnifique ; j'aimerais bien, un jour, diriger son orchestre." Fatigué par les multiples déplacements, le maître s'était reposé quelques jours à Manhattan avant de nous rejoindre à Richmond où il devait reprendre la baguette. Il nous invita à dîner et se montra très en verve ; il était heureux de savoir que la tournée connaissait un prodigieux succès. Nous avons parlé de l'avenir, mais aussi du passé.

« Mes liens avec Munch remontaient loin dans le temps ; j'aurais pu le suivre à Boston en 1949, comme timbalier, si je n'avais pas donné la préférence à la direction d'orchestre en restant à Paris. Quand André Malraux et Marcel Landowski créèrent l'Orchestre de Paris, qui succédait à celui de la Société des Concerts du Conservatoire, ils réussirent, non sans mal, à convaincre Munch, qui se trouvait trop vieux à 76 ans, de devenir directeur musical. J'étais alors chef permanent à l'Opéra. Georges Tessier, administrateur de la formation en gestation, a parlé de moi au maestro, qui m'a pris comme chef principal. Nous avons vécu une période préparatoire passionnante, ponctuée de quelques déjeuners chez Lasserre où Malraux nous conviait afin de faire le point en sa compagnie. Nous avons ouvert les concours de recrutement et dû, la mort dans l'âme, récuser certains anciens de la vénérable Société. Chaque soir, après de longues séances de travail, Charles Munch m'entraînait chez lui, dans sa propriété de Louveciennes. Il ne supportait pas d'être seul ; il exigeait que je lui tienne compagnie jusqu'à une heure avancée de la nuit. Il était amical, affectueux. J'ai passé avec lui de merveilleux moments, copieusement arrosés de whisky. On a bâti des châteaux en Espagne ; il programmait déjà ses prochaines saisons et retenait des partitions peu jouées ou inédites. Ce furent des semaines sublimes. Munch était l'homme le plus simple du monde, le plus délicieux. Contrairement à certains autres artistes aux dents longues, c'était un gentil. Sous son regard, tout le monde fondait, à commencer par les femmes. Les musiciens l'adoraient ; par la suite, je n'ai plus jamais connu une telle entente entre un chef et ses instrumentistes. Travailler sous sa direction nous procurait un océan de bonheur. On a dit beaucoup de choses injustes et désagréables à son sujet, notamment qu'il était "approximatif" dans sa manière de diriger ; on a hélas eu tendance à relever certaines faiblesses de sa personnalité plutôt que de reconnaître ses magnifiques qualités. Cette attitude négative m'a profondément affligé. Nous savions qu'il n'aimait pas beaucoup répéter ; mais d'autres très grands chefs étaient dans le même cas. Lorsqu'il était en action, c'était un volcan en éruption ; s'il sentait que le public était derrière lui, le feu s'emparait de sa personne. On ne contrôlait pas facilement une telle flamme. Quand on écoutait ses disques, après avoir suivi les mêmes œuvres au concert, on notait d'énormes différences. Il n'aimait pas les studios d'enregistrement ; il disait : "Comment peut-on faire l'amour avec un microphone !" En public, en revanche, il se livrait corps et âme. Il avait un tel ascendant sur les musiciens qu'il obtenait d'eux ce qu'il voulait. Il piquait parfois de grosses colères, mais elles étaient toujours suivies d'un sourire. "Aimez-moi !" hurlait-il à ceux qui ne suivaient pas parfaitement sa cadence infernale. Il n'a jamais proféré de mots blessants ; il tutoyait tous ses musiciens, dont un grand nombre avait travaillé avec lui à la Société des Concerts. Il se permettait parfois de dire à certains : “Tu joues comme un cochon !” Et il s’esclaffait.

« En 1967, quand nous avons donné nos premiers concerts à Pleyel, dans une ambiance électrique, il se sentait déjà fatigué ; je l’avais remarqué : depuis le léger accident cardiaque dont il avait souffert une dizaine d’années auparavant aux États-Unis, il vivait dans l’angoisse de la mort, ayant l’oppressant pressentiment qu’il n’en avait plus pour très longtemps. Pendant son trop court règne, il m’a fréquemment confié la baguette ; je l’ai également suppléé au cours des répétitions. Je savais ce qu’il voulait ; je connaissais bien ses petites manies, ses moindres nuances. Je préparais le terrain comme il le souhaitait afin qu’il se repose un peu. La première saison, nous avons donné quatorze programmes, répétés quatre fois, soit plus de cinquante concerts. L’inauguration eut lieu au Théâtre des Champs-Élysées le 14 novembre 1967 avec *La Symphonie fantastique*, le requiem *Canticles* de Stravinsky en première audition en France et *La Mer* de Debussy. J’ai conduit le deuxième concert, qui comportait notamment la *Deuxième Symphonie* de Dutilleux que le maître avait créée à Boston. En avril 1968, l’O.P. effectua sa première tournée en U.R.S.S. : Leningrad, Moscou, Riga, Minsk… treize concerts en quinze jours. Exténué, Charles Munch avait cédé sa place à un autre glorieux vétéran, Paul Paray, âgé de 82 ans. Le patron n’effectua sa rentrée qu’en avril pour préparer le voyage aux États-Unis. Toujours las, il eût mieux valu qu’il renonçât à ce long déplacement. Mais il était tellement heureux d’être à la tête de sa propre formation, lui qui était célèbre aux États-Unis depuis son long séjour à Boston, que nous n’avons pas osé le dissuader de partir.

« Il nous rejoignit donc à Richmond et s’enquit du programme du lendemain ; il devait conduire la *Fantastique*, une de ses œuvres de prédilection. “Je suis bien avec vous, nous dit-il en nous quittant après le dîner ; je sais que vous êtes de vrais amis.” C’était son angoisse permanente d’être trahi par quelqu’un qu’il aimait. Le lendemain matin, à sept heures, son chauffeur me réveilla : “Le patron est mort.” J’étais atterré, effondré. Dans sa suite, nous avons trouvé, à côté de son corps, sur un oreiller, le planning des concerts à venir. Après l’avoir lu, il s’était endormi à tout jamais. Avertir les musiciens fut une tâche épouvantable ; la consternation était générale ; mais j’avais le devoir, ce soir-là, d’assumer l’héritage. »

Un long silence… Serge Baudo s’est arrêté de parler ; deux larmes coulent le long de ses joues. Il reprend, des sanglots dans la voix : « J’ai vu l'orchestre pleurer ; ils jouèrent divinement la *Fantastique* en pensant au maître. Je leur avais demandé de prévoir un *bis*, l'aria de la *Suite en ré majeur* de Bach. Je les avais prévenus que, du pupitre, je donnerai le signal du départ et que je quitterai le podium : "Vous jouerez seuls pour lui, en vous levant", leur avais-je dit. »

Serge Baudo a du mal à articuler ses mots : « "Vous jouerez sans lui et sans moi..." Le public s'était levé lui aussi. Ces moments-là ne peuvent s'oublier. Quand j'en parle, j'ai toujours mal. Charles Munch était mon père spirituel. Et il y avait ce soir-là cent orphelins dans la peine. Il nous avait quittés, mais je savais qu'il figurait à jamais parmi les grands, et pas seulement pour la musique française ; ses Brahms étaient prodigieux. Je le revois sans cesse aux répétitions : il était parfois capable de partir très vite, de brûler ses vaisseaux ; on ne savait pas quel démon le saisissait, on se disait qu'un plomb avait sauté ; et puis, soudain, il reprenait ses esprits ; il s'adressait alors à un musicien : "Qu'est-ce que tu fais, toi, là-haut ? C'est beau, la vue ?" Il y a quelque temps, j'ai retrouvé la cassette vidéo de la *Suite n°2* de *Bacchus et Ariane* de Roussel qu'il avait donnée avant de partir ; c'était inimaginable de puissance, de grandeur. Quant à la *Fantastique*, qu'il avait dirigée le soir de l'inauguration, elle fut encore plus stupéfiante ; je me cramponnais à mon fauteuil en me demandant : "Mais où va-t-il les emmener ?" Il délaissa la reprise de la *Marche au supplice* pour finir plus vite ; *Le Songe d'une nuit de sabbat* fut un délire musical complètement fou. Charles Munch était comme ça : incontrôlé, incontrôlable ; et quand il se lançait dans un mouvement lent où ça chantait, on était tous subjugués. »

L'ombre de Charles Munch plane toujours sur l'Orchestre de Paris. Né le 26 septembre 1891 à Strasbourg, vingt ans après l'annexion de l'Alsace-Lorraine par la Prusse, le petit Charles grandit dans une famille passionnée de musique, dont le cœur vivait dans la nostalgie de la France. Son père, Ernst, organiste et chef d'orchestre, est l'organisateur du premier festival de musique franco-allemande, qui a lieu en 1905 à Strasbourg avec la participation d'Édouard Colonne, Richard Strauss et Gustav Mahler. Le jeune Charles fréquente l'église Saint-Guillaume, où son père dirige les *Cantates* de Bach ; son frère Fritz, pasteur, lui aussi organiste et chef, devient directeur du conservatoire de sa ville. Sa sœur est l'épouse du docteur Schweitzer qui, tout au long de sa vie, sera un guide pour Charles Munch. Montrant de belles dispositions dès ses jeunes années, Charles opte pour le violon ; il suit alternativement des cours à Paris avec Lucien Capet et avec Carl Flesch à Berlin, où il assiste parfois aux répétitions d'Arthur Nikisch. Enrôlé malgré lui, comme de nombreux Alsaciens, dans l'armée impériale, il est blessé à Verdun en 1916. Recouvrant la nationalité française à la fin de la guerre, il est nommé professeur au Conservatoire de Strasbourg et premier violon de l'orchestre municipal. En 1925, il passe avec succès le concours ouvert par le Gewandhaus de Leipzig et devient *Konzertmeister* de l'un des plus prestigieux orchestres allemands, jouant sous la direction de Furtwängler, de Walter, de Busch, de Kleiber. La montée du nazisme le pousse au départ : sommé de prendre la nationalité allemande, il quitte Leipzig pour Paris en 1932. À 41 ans, il a désormais l'ambition de devenir chef. Après une modeste saison à Biarritz, il investit ses économies dans la location de l'Orchestre Straram, créé en 1925 par Walther Straram (de son vrai nom Marrast). Cette formation, qui eut son heure de gloire avec des premières mondiales, tels le *Boléro* de Ravel et les *Offrandes oubliées* de Messiaen, ne survécut pas à son fondateur, mort en 1934. Munch, quant à lui, obtient un beau succès d'estime. Peu après, il épouse Geneviève Maury, héritière de l'empire Nestlé, qui l'introduit dans la haute société parisienne. C'est ainsi que Gabrielle Chanel et la princesse de Polignac mettent à sa disposition l'Orchestre philharmonique de Paris, créé sur l'initiative d'Alfred Cortot. Pendant trois saisons, Munch s'illustre dans des programmes éclectiques offrant une large place à des œuvres rarement jouées en France : en 1937, il donne le *Requiem allemand* de Brahms, compositeur peu apprécié à l'époque du monde musical parisien. Il dirige également des créations de Markevitch, Walton, Martinu, Malipiero, sans négliger la musique française, avec des premières de Florent Schmitt et Darius Milhaud. Sa notoriété est déjà grande en France comme à l'étranger quand, en 1938, il succède à Philippe Gaubert au poste de directeur de la Société des Concerts du Conservatoire. Lorsque la guerre survient, son premier souci est de préserver l'identité de son orchestre et d'éviter la mainmise des occupants sur ses programmes ; il protège ses musiciens juifs et abandonne ses cachets au profit de la Résistance ; il refuse d'aller diriger en Allemagne et de conduire Wagner à Paris. Il défie même ouvertement l'occupant en donnant, en 1943, la création mondiale du *Psaume 136* de Jean Martinon. Jean-Louis Barrault, récitant, lit un texte qui est une vibrante protestation de l'esprit contre la tyrannie : « Rendez grâce à Yahvé, car il est bon, car éternel est son amour ! Il frappa les rois puissants [...], fit périr des rois redoutables [...], il se souvint de nous dans notre abaissement [...], il nous sauva de la main des oppresseurs, car éternel est son amour[1]. » Le message est clair

1. Philippe Olivier, *Charles Munch*, Paris, Belfond, 1987.

avec sa référence à l'Ancien Testament des Hébreux. L'œuvre, qui avait échappé aux foudres de la censure, est immédiatement interdite.

Après la Libération, Munch se rend en Palestine où il dirige un orchestre composé de rescapés des camps nazis. En 1946, il effectue une tournée de vingt-deux concerts aux États-Unis, à la tête de l'Orchestre national de la Radio ; il est alors approché par les dirigeants de Boston, New York et Chicago, qui cherchent respectivement un successeur à Koussevitzky, Bruno Walter et Rodzinski. En 1949, il signe un contrat de chef permanent à Boston où il reste jusqu'en 1962. Au cours de ces treize années, il déploie une inlassable activité qui lui vaut de retentissants succès. À la tête de cette formation, qui a vu passer de nombreux instrumentistes français depuis l'époque où Pierre Monteux l'a dirigée, Charles Munch élargit son répertoire : il crée des œuvres de Copland, Barber, Piston et Leonard Bernstein ; il demeure en même temps l'apôtre de la musique française, assurant la première mondiale de la *Deuxième Symphonie* de Dutilleux, de la *Cinquième Symphonie* « *Di tre re* » de Honegger, du *Bostonmania* de Jacques Ibert, sans pour autant délaisser Berlioz, Debussy, Ravel, Roussel... En 1956, en pleine guerre froide, il effectue avec Boston une étonnante tournée en U.R.S.S. au cours de laquelle la musique occulte les problèmes politiques. Tout au long de sa période américaine, il grave près de quatre-vingts disques, reportés pour la plupart sur CD, tous dignes de figurer dans une anthologie sonore.

En 1962, à 71 ans, Charles Munch éprouve le besoin de souffler. Salué comme un héros à son retour, il est nommé président de l'École normale de musique. Il a pris le temps d'écrire un livre où il développe ses convictions[1] : « Être chef d'orchestre, ce n'est pas un métier, c'est une vocation, parfois un sacerdoce, [...] souvent une maladie dont on ne guérit qu'en mourant. » Comme il joue le plus souvent possible Berlioz, Debussy et Ravel, il prend soin de justifier ses choix : « Je crois que tout être humain [...] porte en lui une fraction de pouvoir surnaturel. Libérer ce potentiel surhumain, le laisser irradier et envoûter les musiciens, tel est en définitive le rôle suprême du chef. » À propos de la *Fantastique*, il dit à ses musiciens : « Relisez le texte, mes enfants, c'est l'histoire d'un homme qui vient de prendre de la drogue ! Ce que vous allez jouer doit sentir le haschich ! »

1. Charles Munch, *Je suis chef d'orchestre*, Paris, Éditions du Conquistador, 1954.

Généreux, Charles Munch aide en 1965 les Concerts Lamoureux, déjà en difficultés financières, en conduisant cette formation sans rétribution ; il enregistre également avec cet orchestre la *Deuxième Symphonie* et *Métaboles* de Dutilleux, le *Concerto pour violoncelle* de Lalo, avec André Navarra, les *Troisième* et *Quatrième Symphonies* de Roussel, autres disques majeurs de son legs musical.

Comment dirigeait-il ? Il affirme conduire plus par intuition que par technique ; il reconnaît fréquemment qu'il ne sait pas battre la mesure. D'ailleurs pour lui la mesure, c'est l'émotion. Sujet au trac avec intensité, il surmonte son stress dès qu'il accède au podium. « L'expression des yeux, écrit-il, est plus importante que la main et la baguette. » Possédant une mémoire à toute épreuve, il apprend par cœur. Véhément, mais sans méchanceté, il secoue sa crinière blanche au rythme de sa foi, en n'étant jamais le même ni tout à fait un autre. Luben Yordanoff, son premier violon solo, l'a confirmé : « Charles était un génie de l'improvisation. Il nous disait au cours des répétitions : "Je vous préviens, ce que je fais maintenant, je ne suis pas sûr de le faire au concert." Il nous apprit ainsi à rester sur le qui-vive, à être toujours prêts. [...] Pour moi, il était merveilleux dans Debussy et Ravel, mais il était encore supérieur dans le répertoire des romantiques allemands[1]. »

Épicurien, amateur de bons crus, grand collectionneur de peinture ancienne, joueur de golf, épris d'activités qui mettaient ses sens en éveil, il haïssait toute forme de discrimination : c'est ainsi qu'à Boston, il encouragea l'engagement des femmes et des musiciens de couleur. Très croyant, hanté par la *grässlische Todesangst*, l'« épouvantable peur de la mort[2] », il fut un artiste dans toute l'acception du terme. Marcel Landowski fit son éloge[3] : « Munch était un homme inspiré, l'un des plus grands chefs parce qu'il tenait de toute son âme et de tout son corps à la musique, parce qu'il émanait de lui ce quelque chose d'envoûtant qui obligeait les musiciens à donner le meilleur d'eux-mêmes... »

1. *Vingt ans de l'Orchestre de Paris*, collectif, 1987.
2. Philippe Olivier, *op. cit.*
3. *Ibid.*

DE MONTEUX À CLUYTENS

« Nous sommes dans la main de la destinée
comme un oiseau dans la main d'un homme. »
Henri de Montherlant, *La Reine Morte*

D'autres éminents chefs français ont eu l'honneur de diriger une grande formation américaine. Pierre Monteux, né en 1875, fut le premier d'entre eux. De seize ans l'aîné de Munch, il fut l'élève de Benjamin Godard et obtint le premier prix de violon du Conservatoire en 1896, devant un certain Jacques Thibaud. Il connut ses premiers succès en musique de chambre avec le quatuor Geloso, avant d'être engagé comme premier violon solo aux Concerts Colonne, où il fut dirigé, outre par Colonne lui-même, par Nikisch, Mottl, Richard Strauss, Weingartner, et Mengelberg. En 1910, il était chef des chœurs de la même formation, quand Gabriel Pierné joua la *Deuxième Symphonie* de Mahler, en présence du compositeur. Devenu l'assistant de Pierné, Monteux, qui avait préparé avec soin les musiciens participant aux créations des Ballets russes, fut remarqué par Serge de Diaghilev et se vit confier l'orchestre qui abordait un répertoire tout neuf, semé d'embûches. Chef pratiquement sans passé, il donna les premières de *Petrouchka* en 1911, de *Daphnis et Chloé* en 1912 et du *Sacre du printemps* en 1913, sans oublier *Jeux* de Debussy, la même année.

Petit, trapu, l'air débonnaire, arborant une épaisse moustache à la gauloise, il bénéficia ainsi d'une rampe de lancement exceptionnelle, en dépit de l'accueil mitigé réservé à ses ballets modernes, jugés révolutionnaires. Le scandale provoqué par le *Sacre*, au Théâtre des Champs-Élysées, n'émut guère

Pierre Monteux qui s'attendait à une réaction négative du public et de la critique : il avait en effet la conviction que cette œuvre deviendrait un jour une pièce maîtresse du répertoire.

La guerre interrompit pour un temps son ascension. Démobilisé en 1916, il retrouva Diaghilev qui lui renouvela sa confiance en l'emmenant aux États-Unis pour une tournée de propagande. L'année suivante, Monteux effectua ses débuts au Metropolitan de New York, où il se consacra aux opéras français. Mais le théâtre lyrique le passionnait moins que le domaine symphonique ; il quitta New York pour Boston, où un autre Français, Henry Rabaud, l'avait précédé pendant deux ans. De 1919 à 1924, il fit de Boston une formation de première grandeur, engageant de nombreux musiciens européens dont une quinzaine d'instrumentistes français et ouvrant le répertoire aux œuvres non allemandes. Ayant cessé de plaire, il céda la place à Serge Koussevitzky et revint en Europe où, de 1924 à 1934, il fut chef associé à Mengelberg au Concertgebouw d'Amsterdam. Dans le même temps, il participa à la création de l'Orchestre symphonique français, qu'il dirigea à Paris de 1929 à 1938 et avec lequel il effectua le premier enregistrement mondial du *Sacre*. Concurrencé par les autres formations parisiennes, le Symphonique perdit du terrain ; Monteux préféra alors s'éloigner à nouveau de Paris. Il avait été engagé, dès 1935, par l'Orchestre de San Francisco où il fut un remarquable défenseur de la musique française ; il grava de nombreux disques, notamment des œuvres de Berlioz, Chabrier, Chausson, Debussy, Ravel, Ibert, Milhaud. Il fit un nouveau disque du *Sacre* et se consacra également au grand répertoire allemand de Bach à Brahms, en passant par Beethoven, Schumann, Mendelssohn, sans négliger le Mahler des *Kindertotenlieder*.

Quand Munch fut nommé à Boston, Monteux ne fut pas oublié : le « Beau Charles » l'invita à plusieurs reprises. Il fut accueilli avec enthousiasme, car musiciens et spectateurs se rappelaient ses prestations. Naturalisé américain, il évoquait parfois avec tristesse son éloignement de la France, où l'on ne pensait plus à lui. Quand il revint en Europe, ce fut pour signer un contrat renouvelable de vingt-cinq ans avec le London Symphony, incroyable gageure, quand on sait qu'il avait alors 86 ans. Monteux, qui avait un grand sens de l'humour, riait beaucoup de cette bonne farce et de ce coup de pied à la vieillesse. Il renoua avec ses premières amours musicales en interprétant souvent Brahms. Sa maison regorgeait de photos de ce compositeur, ce qui lui faisait dire que, chaque matin, il voyait Johannes avant sa femme. Il travailla beaucoup avec le L.S.O., dans une quasi-immobilité gestuelle, dirigeant l'orchestre à l'aide de petits mouvements mesurés et par son regard que les musiciens trouvaient fort triste.

La mort vint le surprendre à 89 ans, à Hancock, dans le Maine, où une école de direction portant son nom, longtemps dirigée par Charles Bruck, forme de futurs chefs.

Contrairement à Pierre Monteux, Paul Paray – qui vécut encore plus longtemps que son compatriote (il mourut en 1979, à 93 ans) – effectua la majeure partie de sa carrière en France. Musicien très précoce, il fut d'abord organiste et timbalier. Grand Prix de Rome en 1911, prisonnier pendant quatre ans lors de la Grande Guerre, il fut un compositeur estimé qui se consacra en priorité à la direction ; il demeura longtemps à la tête des grandes formations nationales, Lamoureux, Colonne, Opéra, ainsi qu'à Monte-Carlo où il se retira pendant l'occupation. J'ai eu le privilège de le voir, entre 1946 et 1955, à la tête des Concerts Colonne au Châtelet, où il excellait aussi bien dans les œuvres françaises que dans Tchaïkovski ou Wagner. Il créa de nombreuses partitions jusqu'à un âge avancé, notamment le *Requiem* de Duruflé. Il ne détestait pas l'aventure : c'est ainsi qu'en 1949, il accepta de devenir directeur musical de l'Orchestre d'Israël, à la grande déception du jeune Leonard Bernstein qui briguait ce poste. Deux ans plus tard, Paul Paray partit pour les États-Unis où officiait déjà Charles Munch : pendant douze ans, de 1951 à 1962, il occupa le poste de chef principal de Detroit, dont il fit une phalange de tout premier plan. Les nombreux enregistrements qu'il réalisa pour Mercury, disposant d'une prise de son d'avant-garde, constituent des témoignages de grande classe.

De retour en France, Paray se produisit comme chef invité à la tête du National et de l'Orchestre de Paris, avec lequel il donna ses derniers concerts, les 2, 3 et 4 mars 1978, en dirigeant la *Symphonie* de Chausson, le *Concerto pour violoncelle* de Lalo où il accompagnait Paul Tortelier, *Psyché* de César Franck et *L'Apprenti sorcier* de Paul Dukas. À 92 ans, il n'avait rien perdu de son dynamisme. Dominique Serri, actuellement contrebassiste au Philharmonique de Radio France, se souvient de cette ultime sortie du maître : « Il a donné jusqu'à la fin de sa vie des concerts magnifiques. Je garde en mémoire un prodigieux *Apprenti sorcier* et une merveilleuse *Symphonie* de Chausson. Malgré son grand âge, il dirigeait debout au cours des répétitions. Il était extrêmement sympathique, très cordial avec les musiciens, ce qui ne l'empêchait pas d'être exigeant et de faire reprendre certains passages jusqu'à ce qu'il fût satisfait. Sa gestique était d'une précision extrême ; il avait un souci rythmique permanent. Il y a d'ailleurs dans ses disques un son moderne qui n'est nullement dépassé[1]. »

Jean Martinon, né en 1910, premier prix de violon du Conservatoire en 1928, élève de Vincent d'Indy et d'Albert Roussel, de Roger Desormière et de Charles Munch, fut, lui aussi, un compositeur de talent. Prisonnier de guerre, évadé à trois reprises, il lui fallut attendre 1944 pour s'imposer parmi les grands chefs français. Second de Munch à la Société des Concerts du Conservatoire, puis chef associé au Philharmonique de Londres auprès d'Adrian Boult, chef principal à Pasdeloup, président des Concerts Lamoureux, premier chef de l'Orchestre philharmonique d'Israël après Paul Paray, directeur général de la musique à Düsseldorf, il fut très apprécié du National ; il privilégia non seulement le grand répertoire, de Haydn à Mahler, dont il fut l'un des rares interprètes français, mais aussi la musique contemporaine. À la mort de Fritz Reiner, en 1963, il fut appelé à Chicago où il demeura cinq ans, sans parvenir à faire l'unanimité sur son art de la conduite, en raison de ses strictes exigences musicales et surtout de l'attitude contestataire du premier oboïste solo, Ray Still, qui intenta un procès au chef et le gagna pour renvoi abusif. De cette période de cinq ans, émaillée de tensions et de crises avec les musiciens et l'administration, il nous a laissé des disques d'une qualité inouïe, consacrés notamment à Varèse, dont la musique révolutionnaire déplut à un public plus habitué au répertoire assez classique de Reiner. Martinon s'effaça au bénéfice de Georg Solti et revint en France où il conduisit le National jusqu'en 1974, effectuant de surcroît de nombreux passages à l'Orchestre de Paris. Il mourut en 1976, à 66 ans.

André Cluytens fut lui aussi un chef français reconnu internationalement. Né à Anvers, en 1905, dans une famille belge où la musique était une religion – sa mère était une très bonne chanteuse et son père chef au Théâtre royal français –, il suivit la filière classique des conservatoires où il

1. Entretien enregistré le 14 avril 2002.

obtint les premiers prix de piano, d'harmonie, de contrepoint et de fugue. Chef de chant sous la direction de son père, dès l'âge de 17 ans, il entama parallèlement une carrière de soliste. En 1927, il remplaça sans préparation son père, malade, dans *Les Pêcheurs de perles* de Bizet et s'engagea dans la voie de la direction, d'abord dans le domaine lyrique. Il s'établit en France en 1931. Au cours de la saison estivale de Vichy, il suppléa au pied levé Josef Krips dans un programme Beethoven. Dès lors, il partagea son activité entre l'opéra et le symphonique, passant d'abord au Capitole de Toulouse, puis à Bordeaux et à Lyon, où il devint directeur de l'Opéra en 1942. Il fut appelé en 1944 à la Société des Concerts du Conservatoire auprès de Munch, auquel il succéda en 1949, et demeura à ce poste jusqu'à sa mort en 1967. Entre-temps, il avait été nommé en 1947 directeur de la musique à l'Opéra-Comique, où il donna de merveilleux spectacles. Sa renommée était déjà grande quand il fut, en 1955, le premier chef français invité à Bayreuth pour suppléer la défection d'Eugen Jochum dans *Tannhäuser*. Aussi à l'aise dans le répertoire français qu'allemand, il retourna dans le temple wagnérien de 1956 à 1958 pour y donner de retentissantes interprétations de *Lohengrin*, *Parsifal* et des *Maîtres chanteurs*. Fait sans précédent également, le Philharmonique de Berlin lui confia les enregistrements de l'intégrale des *Symphonies* de Beethoven. Là encore, il fut le premier Français – et le seul à ce jour – à avoir accompli cette prouesse à la grande satisfaction des Allemands. J'ai toujours les précieuses gravures parues à la Guilde française du disque de 1958 à 1961, dont ses merveilleuses *Pastorale* et *Huitième*, où sa perfection technique lui permettait de respecter admirablement la tradition. En France, il créa des œuvres de Jolivet, Poulenc, Sauguet, Milhaud, Françaix, Tomasi, et grava également de nombreux enregistrements avec la Société des Concerts et le National : un merveilleux *Faust* de Gounod, mais aussi Debussy, Ravel, Roussel, Stravinsky et même Chostakovitch dans la *Onzième Symphonie*, son chant du cygne. Comme Martinon, André Cluytens est mort trop tôt pour être en mesure d'imposer toute l'ampleur de son indiscutable talent.

Notons également que plusieurs chefs belges se sont distingués à la même époque : citons Désiré Depauw, qui fut directeur du Chicago Symphonie ; Louis de Vocht, grand spécialiste de Milhaud et Honegger ; Franz André, qui se consacra le plus souvent à Stravinsky, Hindemith, Prokofiev, Bartok ; et encore Édouard Van Remoortel, André Vandernoot, puis, plus tard, Pierre Bartholomée, qui fut longtemps directeur du Philarmonic de Liège où il créa *La Dixième Symphonie* de Schubert.

Né en 1880, Désiré-Émile Inghelbrecht est intimement lié à l'œuvre de Debussy dont il fut le plus fidèle officiant. Élève de Gabriel Fauré, il fut, comme Paray et Martinon, compositeur et chef. Ébloui par *Pelléas* en 1902, il créa *La Tragédie de Salomé* de Florent Schmitt en 1908 et devint directeur de la musique au Théâtre des Champs-Élysées, où il participa à la création du *Martyre de saint Sébastien* de Debussy. Après la guerre, il fut à la tête des Ballets suédois puis passa à l'Opéra-Comique. Chef associé à Rhené-Baton aux Concerts Pasdeloup, il créa en 1934 l'Orchestre National de la Radio dont il demeura directeur jusqu'en 1944, date à laquelle Manuel Rosenthal lui succéda. Nommé chef permanent à l'Opéra, il continua de conduire les grandes formations françaises et se dépensa sans compter pour défendre la musique de Debussy. Une intégrale enregistrée en direct de 1957 à 1963, et récemment rééditée, porte témoignage d'une tradition qu'il voulait immuable, en tant qu'interprète autorisé. Il est mort en 1965.

Autres chefs français qui ont compté : Albert Wolff, né en 1884, fut lui aussi un compositeur de talent. Organiste comme Paray, il fut chef de chant à l'Opéra-Comique avant d'être nommé chef titulaire en 1911. Officier aviateur pendant la guerre, il fut invité au Met en 1919, où il assura de nombreuses créations françaises, puis il succéda à André Messager au poste de directeur de l'Opéra-Comique. Il s'orienta ensuite davantage vers le symphonique ; chef associé aux Concerts Pasdeloup, il devint président des Concerts Lamoureux, avant de revenir à Pasdeloup dont il demeura le patron jusqu'en 1970. Exilé en Argentine pendant la guerre, il revint diriger à l'Opéra de Paris. On lui doit de nombreuses créations de Roussel, Milhaud, Poulenc, Ginastera, Landowski. Il est mort en 1970.

Eugène Bigot, né en 1888, eut une carrière parallèle à celle d'Albert Wolff. Chef des Ballets suédois après la guerre, il fut président des Concerts Lamoureux, où il succéda à Wolff, de 1934 à 1951. Il mena également une importante activité lyrique à l'Opéra-Comique et fut en 1945 à l'origine de la création du Philharmonique de la Radio, alors Radio-Symphonique. Il est mort en 1965.

Gaston Poulet, né en 1892, autre figure emblématique de cette époque, fut violon solo de l'Orchestre des Ballets russes sous la direction de Pierre Monteux. Il fonda les Concerts Poulet en 1929 qui se tournaient vers la musique contemporaine. Chef permanent à Colonne, rebaptisé Concerts Pierné pendant la guerre, où il revint après le conflit, il est mort en 1974. Son fils, Gérard Poulet, est un violoniste de renommée internationale.

Louis Fourestier, né en 1892, Grand Prix de Rome en 1925 et compositeur, devint chef de l'Opéra-Comique en 1927, puis à l'Opéra de 1938 à 1945. Il se produisit maintes fois au Met, fut un professeur très respecté au Conservatoire où il forma de nombreux aspirants chefs. Il est mort en 1976.

Roger Desormière, né en 1898, fut un musicien engagé aussi bien artistiquement que politiquement. Directeur musical aux Ballets suédois et aux Ballets russes, il devint assistant au National en 1934 et chef permanent à l'Opéra-Comique. Membre actif d'organisations de résistance pendant la guerre, il fut chef à l'Opéra en 1946, fut appelé au London S.O., puis à la tête du National en 1949. Victime d'un accident qui provoqua une paralysie générale, il mourut en 1963, laissant le souvenir d'un artiste passionné de musique moderne, qui créa des œuvres de Pierre Boulez, Dutilleux, Messiaen, Milhaud, Poulenc, Roussel, Sauguet.

Pierre Dervaux, né en 1917, d'abord timbalier à Pasdeloup, effectua ses débuts de chef à l'Opéra-Comique en 1945. Il fut le pilier des Concerts Colonne de 1958 à 1992, tout en étant chef permanent à l'Opéra de Paris. Il devint ensuite directeur de l'Orchestre national des Pays de la Loire et fut le maître de futurs chefs comme Jean-Claude Casadesus, Sylvain Cambreling, Alain Pâris, Jean-Claude Bernède, Gabriel Chmura. Il est mort en 1992.

Georges Sebastian, d'origine hongroise, tour à tour assistant de Richard Strauss à Munich, de Bruno Walter à Berlin et chef à la Radio de Moscou, fut un chef très apprécié après la guerre à l'Opéra de Paris et aux Concerts Colonne. Rhené-Baton, Jean Fournet, Henri Tomasi, Ernest Bour, Louis de Froment, Louis Frémaux, Richard Blareau, Jean Clergue, Jean Giardino furent, dans des répertoires différents, d'autres chefs notables d'une période très riche de la musique française, illustrée également par Manuel Rosenthal et Serge Baudo dont nous développerons plus loin la carrière.

LEONARD BERNSTEIN
OMBRE ET LUMIÈRE

« L'ombre est aussi de la lumière, et même l'ombre
est la lumière des profondeurs et du courage. »
André Suarès, *Valeurs*

1970. Je suis au Théâtre des Champs-Élysées, un samedi matin, pour le quatrième concert consécutif, en une semaine, de l'Orchestre de Paris dirigé par Leonard Bernstein. Au programme, une seule œuvre, mais de dimension monumentale, la *Troisième Symphonie* de Gustav Mahler, très rarement jouée à Paris, à cette époque.

Cheveux grisonnants, soigneusement lissés sur les tempes et formant un toupet romantique au-dessus du front, visage souriant, décontracté, silhouette juvénile, presque athlétique en dépit de sa petite taille, le maestro déclenche d'un geste félin la prodigieuse orchestration de Mahler. La timbale, lancinante, rythme les premières mesures quand retentissent des bruits sourds. Immergé dans le flot musical qui monte *crescendo*, Bernstein ne réagit pas immédiatement : deux ou trois minutes s'écoulent au cours desquelles on peut nettement identifier des coups de marteau qui s'amplifient. C'en est trop pour Bernstein : dans un mouvement d'exaspération, il lâche plus qu'il ne pose sa baguette sur le pupitre et s'enfuit tête baissée, à grandes enjambées, vers les coulisses.

Des sifflets et des cris montent de la salle : ils ne s'adressent pas au chef, mais au perturbateur inconnu qui gâche la fête. À son tour, Luben Yordanoff, premier violon solo de l'orchestre, quitte son poste pour aller aux nouvelles. Plusieurs minutes s'écoulent avant que cesse l'insupportable tapage. Luben Yordanoff revient alors pour indiquer au public que ce regrettable incident, causé par la mise en place de décors au Studio des Champs-Élysées situé au-dessus du théâtre, est résolu et que le concert va reprendre dès que le chef aura recouvré son calme et sa concentration.

Un quart d'heure s'écoule encore avant que Leonard Bernstein réapparaisse, sous les acclamations des spectateurs. Ses traits graves esquissent un sourire ; il indique qu'il veut parler. Avec son délicieux accent américain, il fait alors preuve de son étonnant talent de *show man* : « Vous connaissez tous, dit-il, la fameuse chanson française, *Le Petit Navire,* qui n'avait ja-ja-jamais navigué. Eh bien, si cette histoire vous inspire, nous allons la-la la recommencer. »

Sous l'ovation, Bernstein s'incline lentement, se redresse, puis se tourne prestement vers l'orchestre qu'il lance, vengeur, dans une reprise intégrale de la *Troisième Symphonie* de Mahler d'où l'angoisse n'est pas absente…

Souvenir inoubliable d'une illumination sans égale ! J'ai relu les critiques de l'époque qui rendent justice au fabuleux talent de Bernstein, notamment celle de Jacques Longchampt (dans *Le Monde* du 6 mars 1970) qui a suivi la représentation de l'avant-veille : « Bernstein est apparu comme un fantastique catalyseur de forces spirituelles, à la manière de Charles Munch […]. Cette danse sacrée qu'il effectue au centre du spectacle révèle les moindres virtualités de la musique. Ses attitudes d'athlète au terme d'une course victorieuse, ce visage baigné d'émotion, cette tension ont fait rendre au centuple l'admirable Orchestre de Paris qui était devenu, ce soir-là, corps et âme, l'Orchestre de Bernstein. »

Cette première expérience avec l'Orchestre de Paris, partiellement gâchée par d'intempestives nuisances, aurait pu à jamais éloigner Bernstein de la capitale. Mais il sut prendre l'incident avec humour. Il se rappella que, contrairement à d'autres pays où, naguère, il avait été fraîchement accueilli, notamment en Allemagne, en Autriche, voire en Grande-Bretagne, il avait gagné à sa cause et à celle de Mahler une grande partie du public parisien. Il est vrai que des liens profonds existent entre le chef et la France depuis les cours qu'il a suivis, à la Curtis School et à Harvard, auprès de compositeurs estimés tels que Walter Piston, Randall Thompson, Edward Hill qui furent eux-mêmes les élèves de Nadia Boulanger dont la réputation de professeur était grande aux États-Unis. Pianiste au talent déjà reconnu, Leonard Bernstein, très proche d'Aaron Copland, est, au début des années quarante, l'assistant de Serge Koussevitzky à l'Orchestre symphonique de Boston. Auprès de ce patron, Bernstein trouve toutes les réponses aux questions qu'il se pose : comment s'exprimer devant l'orchestre, comment communiquer avec les musiciens, comment leur transmettre le message musical d'une partition que le chef devait connaître à fond ?

Tout en bénéficiant des précieux conseils de Koussevitzky, celui que l'on appelle déjà « Lenny » brûle les étapes. Il est repéré par Arthur Rodzinski, directeur musical du New York Philharmonic, qui le prend à son tour comme assistant. Le 14 novembre 1943, à 25 ans, Bernstein va connaître la première grande chance de sa carrière : tôt le matin, le manager de l'orchestre l'appelle pour l'informer que Bruno Walter, qui doit diriger le concert prévu l'après-midi même à Carnegie Hall, est grippé. De son chalet de montagne où il se repose, Rodzinski téléphone à Bernstein pour lui demander de remplacer le vieux maestro, sans répétition préalable. Lenny hésite d'autant moins qu'il a pris soin, comme avant chaque représentation, d'étudier les œuvres inscrites au programme : *Manfred* de Schumann, *Thème, variations et finale* de Miklos Rozsa (célèbre pour ses musiques de film), *Don Quichotte* de Richard Strauss et le prélude des *Maîtres chanteurs* de Wagner. Il va rendre visite au malade. Bien que très fiévreux, Bruno Walter sort de son lit et indique au chef improvisé les principales embûches des partitions. Le concert est retransmis en direct à la radio. Les journaux, prévenus du changement de chef, ont dépêché reporters et photographes à Carnegie Hall, où près de trois mille spectateurs ont pris place. Tout se passe merveilleusement bien pour Lenny. Épuisé, baignant dans une joie intense, il peut lire dans sa loge le télégramme que lui a adressé Koussevitzky : « J'étais à l'écoute. Magnifique[1] ! »

Le lendemain, le *New York Times* consacre au héros du jour une chronique de première page couvrant d'éloges l'extraordinaire révélation d'un jeune musicien promis au plus grand avenir. Célèbre avant d'être connu, Leonard Bernstein va devoir composer, au propre comme au figuré, avec sa gloire naissante. En 1945, le New York City Orchestra lui offre le poste de directeur musical, qu'il occupe pendant trois ans. Il dirige et compose : sa *Première Symphonie*, « *Jeremiah* », étonne ; ses comédies musicales, *Fancy Free* et *On the Town*, obtiennent un franc succès. En 1947, il effectue sa pre-

1. Humphrey Burton, *Leonard Bernstein*, Londres, Faber and Faber, 1994.

mière tournée en Europe : après avoir représenté son pays au Festival de Printemps de Prague, qui n'est pas encore tombé sous le joug communiste, il fait escale à Paris où, sur la recommandation d'Aaron Copland, il rencontre Nadia Boulanger. « Le génie est un cheval emballé qui gagne la course », a écrit Jean Cocteau dans *Poésie Critique*. Chez « la demoiselle », il se met au clavier d'un piano sur lequel ont joué Debussy, Chausson, Ravel, Milhaud et quelques autres célébrités. Il éblouit son hôtesse par ses dons d'improvisation. Après le dîner, il se rend, en sa compagnie, chez la princesse Marie-Blanche de Polignac où il donne, sans partition, un pot-pourri d'œuvres de Verdi, Chabrier et Beethoven. Qualifié par l'auditoire de génie à l'état pur, Lenny promet de revenir à Paris en tant que chef d'orchestre. L'année suivante, il est invité par Georg Solti pour diriger la formation de la Radio bavaroise de Munich, non sans souffrir de certaines réticences de la part des musiciens. Il attendra trente années pour conduire à nouveau un orchestre germanique. Puis, il effectue un pèlerinage au camp de Dachau où, à la tête d'une vingtaine de survivants de la Shoah, il donne deux concerts dans un incroyable état d'exaltation mystique[1]. Il passe ensuite par Vienne, où une sourde opposition des musiciens se transforme en hostilité déclarée. Dans un climat détestable, il renonce à programmer sa symphonie *Jeremiah*, plusieurs répétitions houleuses n'ayant pas permis de surmonter les difficultés techniques auxquelles s'ajoute la défiance des instrumentistes qui ne semblent guère apprécier le message biblique de cette œuvre. Les critiques sont sévères, voire déplorables : « Il conduit comme un boxeur », peut-on lire notamment dans la presse locale. Pendant vingt ans, Bernstein s'abstient de jouer en Autriche. Quelques jours plus tard, son second séjour à Paris, où il dirige en studio l'Orchestre National, lui offre plus de satisfactions : « Cet orchestre est angélique, écrit-il à son ancien professeur de piano, Helen Coates[2] ; les musiciens sont très rapides et très bons : ils ont appris *Jeremiah* en une séance, si bien que j'ai pu annuler la répétition suivante. Je crois qu'ils m'aiment. C'est la première fois que je ressens une telle impression en Europe. » Il rencontre à nouveau Nadia Boulanger qui joue pour lui *Orphée* de Stravinsky, à quatre mains avec Soulima Stravinsky. Son biographe, Humphrey Burton, que nous citons ici, a fréquemment évoqué la vie privée de Bernstein, laissant clairement entendre qu'il consultait « son petit livre noir où étaient répertoriées les boîtes "gay" de Paris ».

1. Humphrey Burton, *op. cit.*
2. *Ibid.*

L'année 1949 voit bondir l'audience de Bernstein. À Boston, Serge Koussevitzky crée sa *Deuxième Symphonie*, « *L'Âge de l'anxiété* ». Lenny donne lui-même la première mondiale de la *Turangalila Symphonie* d'Olivier Messiaen ; ce dernier lui a écrit une lettre très amicale : « J'ai 41 ans et j'ai mis dans cette œuvre toutes mes forces d'amour, d'espoir et de quête musicale. Mais je sais que vous êtes un chef de génie et que vous conduirez cette symphonie selon mes vœux. » *Turangalila* étonne le public, mais ne soulève pas son enthousiasme. À New York, les censeurs sont impitoyables : « Ce fut une étonnante interprétation du plus prétentieux non-sens… »

Après son mariage avec Felicia Montealegre Cohn, actrice d'une grande beauté dont il aura trois enfants, Leonard Bernstein se consacre à la composition ; il écrit des musiques de films, telle celle de *On the Waterfront* (*Sur les quais*), d'Elia Kazan, un opéra et des comédies musicales, comme *Trouble in Tahiti* et *Wonderful Town*.

Ses affinités avec la France s'affirment en 1956 avec un opéra-comique inspiré de Voltaire, *Candide*, dont la première version à New York est un four cruel pour l'auteur. Mais, dès l'année suivante, Lenny emprunte la voie du triomphe absolu avec *West Side Story*, qui en fait une star du show-business. Jouée plus d'un millier de fois, cette œuvre, bénéficiant de l'apport chorégraphique de Jerome Robbins, draine d'énormes foules à Broadway, avant d'être magistralement transposée à l'écran par Robert Wise. Cependant, ceux qui minimisent les qualités musicales de ce drame continuent de classer Lenny parmi les compositeurs d'un art mineur. « Ayez du talent, a écrit Sacha Guitry, on vous reconnaîtra peut-être du génie. Ayez du génie, on ne vous reconnaîtra jamais du talent. »

Cette année 1957 est pourtant celle de sa consécration de chef : il est appelé à partager la direction musicale du Philharmonique de New York avec son grand ami, Dimitri Mitropoulos. Ce chef, d'origine grecque, qui dirige sans baguette et sans partition, fut d'abord compositeur d'opéras ; il s'est fixé aux États-Unis en 1937 et conduit l'Orchestre de Minneapolis de 1937 à 1949 où il succède à Eugene Ormandy, avant d'être appelé au New York Philharmonic, après le départ de Bruno Walter. Victime d'une virulente campagne de presse touchant à sa vie privée, qualifié d'homme solitaire, sans femme, il abandonne le Philharmonique et passe au Metropolitan Opera. Leonard Bernstein devient ainsi le premier et le plus jeune directeur en titre d'une formation prestigieuse dont il garde la responsabilité jusqu'en 1969, date à laquelle il frôle le millier de concerts.

Après une tournée européenne qui le conduit en U.R.S.S., Leonard Bernstein éprouve le besoin de retrouver Paris où, à l'invitation d'Igor Markevitch, il dirige à deux reprises les Concerts Lamoureux. Au cours de la première représentation, il donne *Le Sacre du printemps*, non sans secouer sérieusement les musiciens : « Vous jouez trop français ! Soyez barbares[1] ! » leur lance-t-il dans la langue de Voltaire. À la fin de la répétition générale, les instrumentistes, conquis, l'applaudissent. En présence de Nadia Boulanger et de François Mauriac, le concert connaît un énorme succès, tout comme le suivant qui comporte quatre œuvres pianistiques que Lenny dirige du piano. *France-Soir* s'extasie : « Après Bach (*Cinquième Concerto brandebourgeois)*, un franc succès ; après Mozart (*K.453*), un triomphe ; après Ravel, une explosion ; après Gershwin, un délire sans fin[2]. » Bernard Gavoty, dans *Le Figaro*, n'est pas moins dithyrambique : « Un succès d'une telle qualité va bien au-delà d'une occasion simplement sportive. Je considère en effet Leonard Bernstein comme un musicien prodigieusement doué. »

La semaine suivante, toujours à Paris, Lenny passe au National pour interpréter la *Deuxième Symphonie* de Mahler, qui a été dirigée dans la capitale, quelques mois plus tôt, par Carl Schuricht. Claude Rostand n'a guère apprécié, semble-t-il, l'art d'un chef « qui se contorsionnait en vaines convulsions ». Connaisseur de Victor Hugo, Lenny aurait pu méditer, s'il l'avait connu, cet aphorisme du poète : « Être contesté, c'est être constaté. » Il aurait sans doute également aimé cette pensée d'Hermann Hesse : « Nous autres profanes avons la chance de pouvoir goûter profondément une belle œuvre (même à travers une exécution en partie fautive). Nous nous sentons secoués, épuisés, accusés, purifiés, réconciliés, tandis que le spécialiste discutera du choix du tempo ou verra tout son plaisir gâché par l'imprécision d'une entrée. Mieux vaut en effet, à notre sens, convaincre par l'instinct de l'âme pour toucher les consciences, que par une technique irréprochable[3]. »

Au fil des ans, Leonard Bernstein continue d'être l'inlassable prophète de Mahler. Depuis qu'il a abordé son œuvre, à l'âge de 22 ans, en dirigeant la *Résurrection*, il décrypte jour après jour toutes les symphonies, auxquelles il prête une signification mystique.

1. *Ibid.*
2. *Ibid.*
3. Hermann Hesse, *Musique*, Paris, 1977.

Le centenaire de la naissance de Mahler, en 1960, lui donne l'occasion de programmer l'œuvre intégrale de son idole en conviant à New York de grands chefs, tels que Fritz Reiner, son premier professeur, Leopold Stokowski et Bruno Walter ; ce dernier, âgé de 84 ans, effectue ses adieux au Philharmonique en dirigeant à quatre reprises *Le Chant de la Terre*. Peu après, la mort frappe l'un des mentors et inspirateurs de Lenny : Dimitri Mitropoulos, victime d'un infarctus, s'effondre au cours d'une répétition à la Scala. Comme il l'a déjà fait après la disparition de Koussevitzky, de Toscanini et de Rodzinski, Bernstein honore la mémoire de son ami en conduisant la *Troisième* de Mahler.

Multipliant les voyages, Bernstein entend prouver qu'il est aussi un chef lyrique : il se produit dans *Fidelio, Falstaff, Carmen, Le Chevalier à la rose* et dans *Médée* de Cherubini avec Maria Callas, à la Scala. Il a entre-temps composé sa *Troisième Symphonie*, « *Kaddish* », dédiée à John Fitzgerald Kennedy. La *Résurrection* de Mahler est un autre témoignage d'adieu qu'il diffuse en direct sur la chaîne C.B.S., en l'honneur du président assassiné : près de cinquante millions d'Américains suivent ce concert. Lenny a expliqué les raisons de son choix : « Pourquoi cette œuvre avec son concept visionnaire d'espoir et de triomphe sur les malheurs du monde, plutôt qu'un requiem ou la *Marche funèbre* de l'*Héroïque* ? Pourquoi donc ? Nous avons joué la *Deuxième* de Mahler non seulement en terme de résurrection de l'âme de celui que nous aimons, mais aussi pour la résurrection de l'espoir qui subsiste en chacun de nous. En dépit du choc, de la honte que nous éprouvons à la suite de la disparition de cet homme, nous nous sentions dans l'obligation de redonner force à nos propres inspirations et de lutter ainsi en faveur de l'idéal qu'il chérissait[1]. »

Malgré ses nombreux engagements, notamment à Vienne, où il effectue sa rentrée en 1967 avec le Philharmonique en donnant *Le Chant de la Terre*, premier des cinquante concerts qu'il consacre à Mahler en Autriche, Lenny ne néglige pas Paris : après les quatre auditions de la *Troisième Symphonie* en 1970, il revient dans la capitale en 1971, à nouveau au pupitre de l'Orchestre de Paris, avec le *Concerto en sol* de Ravel et *Roméo et Juliette* de Berlioz, pour un triomphe absolu. En 1975, il joue le *Requiem* à Saint-Louis des Invalides, sur les lieux mêmes où Berlioz a créé son œuvre en 1837, en mobilisant les

1. Humphrey Burton, *op. cit.*

forces du National et du Philharmonique, soit deux cent quarante musiciens auxquels s'ajoutent cent cinquante choristes et le ténor Stewart Burrows, devant le Tout-Paris et le président Giscard d'Estaing. En 1976, il est, à deux reprises, à la tête du National pour accompagner Mstislav Rostropovitch et pour diriger à nouveau Berlioz, *Harold en Italie* et la *Fantastique*, ainsi que l'ouverture du *Carnaval romain*, sous le regard subjugué de Bernard Gavoty : « Il est l'homme frénétique qui accomplit le prodige de faire battre nos cœurs à l'unisson du sien. Mimant tous les épisodes de la partition, frémissant avec les cordes, haletant avec les cuivres, frissonnant avec les bois, [...] twistant les passages langoureux, les bras serpentins à la Plissetskaïa, le jeu de jambes de El Cordobés, piaffant, dansant, sursautant, clouant l'orchestre sur le dernier accord comme un matador, c'est un jeu fou d'où l'on sort exténué, hagard, ravi [...]. Bernstein n'est pas l'homme des coins du feu ; c'est l'homme des coups de génie[1]. »

Il est encore présent dans la capitale en 1977 pour donner *Salomé* de Richard Strauss avec Montserrat Caballé et le National, au bénéfice de la Ligue contre le cancer. Ses proches savent alors quelle peine et quels remords il éprouve : son épouse Felicia, qu'il a quittée pour une liaison sans lendemain, est atteinte d'un cancer. Il revient vers elle pour assister à ses derniers instants. Recru de regrets, traumatisé à jamais, Lenny perd l'une de ses raisons de vivre. Son existence n'est plus désormais qu'une perpétuelle fuite en avant, faite d'aventures en tout genre.

En 1979, il effectue une courte escale à Paris pour se rendre au chevet de Nadia Boulanger, mourante. Il a laissé de cette visite des lignes poignantes : « "Entendez-vous la musique dans la tête ?" Réponse instantanée de Nadia : "Tout le temps, tout le temps – Et qu'est-ce que vous entendez en ce moment-ci ?" Je pensais à ses amours musicales : Monteverdi, Bach, Mozart, Ravel, Stravinsky. Longue pause : "Une musique." Très longue pause : "Ni commencement ni fin..." Elle était encore là, mais déjà de l'autre côté[2]... »

Bernstein se multiplie sur toutes les scènes du monde, avec ou sans orchestre, en faveur des causes les plus diverses : la paix, la lutte contre toute forme de discrimination, le désarmement nucléaire, Amnesty International, la recherche contre le cancer et aussi contre le sida, qui emportera quelques-uns de ses amis. Mahler occupe toujours une place privilégiée dans ses concerts,

1. Bernard Gavoty, *Anicroches*, Paris, Buchet-Chastel, 1979.
2. Humphrey Burton, *op. cit.*

notamment les 13 et 14 mai 1981, avec l'Orchestre de Paris qui joue divinement la *Septième Symphonie* au Palais des Congrès, enfin rempli d'une musique à l'échelle de sa démesure acoustique. En 1986, il est à la tête du Philharmonique d'Israël, qui fête ses cinquante ans d'existence à Pleyel, pour interpréter, outre la *Neuvième* de Dvorak, *Jubilee Games*, œuvre de circonstance du chef qui évoque l'histoire du peuple d'Israël et sa diaspora. Quelques semaines plus tôt, Lenny a été fait commandeur de la Légion d'honneur par François Mitterrand.

En juillet 1987, il assure un autre concert, à Pleyel, avec l'O.P. au profit des écoles d'art américaines de Fontainebleau et à la mémoire de Nadia Boulanger. Philippe Aïche, premier violon solo de l'Orchestre de Paris, se souvient de cette soirée consacrée à Prokofiev, Ravel et Stravinsky : « C'était un génie, un demi-dieu. Ce fut une immense chance d'être dirigé par lui avec l'O.P. J'ai une sincère vénération pour le musicien, le chef et le compositeur. Il avait un charisme exceptionnel. *Le Sacre du printemps* avec lui fut fabuleux. Sur scène, il était en constante représentation. Il dansait en nous dirigeant. Il était totalement investi dans la musique, et notamment dans les œuvres françaises : un de mes plus grands chocs a été son interprétation de *La Valse* de Ravel. Fascinant[1] ! »

Il lui reste trois ans à vivre, le temps de revenir à Paris en 1989 pour participer aux fêtes du bicentenaire de la Révolution et à l'inauguration de l'Opéra Bastille : le 16 juillet, il y donne *Roméo et Juliette* de Berlioz. Ce même soir, avant d'accéder au podium, Leonard Bernstein annonce au public la mort d'Herbert von Karajan. En 1990, il dirige la *Neuvième* de Beethoven à Berlin après la chute du Mur et effectue une ultime tournée au Japon, où il crée le Festival de Sapporo. Le 19 août 1990, à Tanglewood, a lieu sa dernière apparition. Pris d'une violente quinte de toux, au cours du finale de la *Septième* de Beethoven, il ne peut terminer qu'au prix d'un effort surhumain, se contentant de conduire du regard et des épaules. Un cancer du poumon a raison de lui le 14 octobre 1990 à New York. Il avait 72 ans.

Chef d'orchestre incontesté, du moins à partir de 1970, « rarement égalé, jamais dépassé », comme on aurait pu dire de Shakespeare, Leonard Bernstein aurait voulu laisser un héritage comparable à celui de Mahler, auquel il s'identifiait en raison de ses origines juives et de sa double activité de chef et de compositeur. Il n'en eut pas le temps. Il laisse pourtant une quarantaine de

1. Entretien enregistré le 16 février 2002.

partitions, dont un grand nombre d'inspiration religieuse : sa découverte de la musique découle de celle des chants liturgiques entendus dans la synagogue où l'emmenaient ses parents qui avaient fui la Russie pour échapper aux pogroms. L'Ancien Testament déverse dans l'esprit de l'enfant ses litanies chargées de lamentations. Il en fera des transcriptions symphoniques, opposant le bien au mal, en s'inspirant des multiples arborescences de la Bible. Un certain nihilisme à la Nietzsche, en lutte avec l'espoir d'une vie triomphante, parcourt son œuvre qui retrace la tragédie de la Shoah. Bernstein a écrit que la musique est le seul langage humain permettant à l'homme de se retrouver dans la fraternité de ses semblables. Pour justifier ses choix, il prend Mahler à témoin : « C'est seulement aujourd'hui, après deux guerres mondiales, après les actes barbares commis par les nazis et le communisme, après l'Holocauste, la guerre du Vietnam et les massacres des jeunes en Chine, que nous sommes en mesure d'écouter la musique de Mahler d'une manière plus consciente, d'en comprendre la signification et la valeur prophétique[1]. »

Bernstein s'est souvent rebellé contre certains jugements limitatifs : « Je me sens autant compositeur que chef d'orchestre… Doit-il y avoir une différence entre celui qui dirige la *Troisième* de Beethoven et celui qui écrit une comédie musicale pour Broadway ? Je suis compositeur quand j'écris ; je suis chef d'orchestre quand je dirige, je suis pianiste quand je joue le *Concerto* de Ravel… Je vis pour la musique et cela me suffit[2]. »

Cependant, dans un autre domaine, Bernstein a fait l'unanimité : celui de l'éducation musicale par la communication. « Enseigner est peut-être l'essence de ma fonction de chef, a-t-il dit. J'ai pris un jour conscience que ce vieil instrument presque rabbinique, la parole, trouvait un paradis idéal dans le monde électronique. » Devenu star de la télévision, il se montre aussi exemplaire que dans le rôle de maestro. En 1954, dans *Omnibus*, série de conférences télévisées diffusées par C.B.S. – qui draine une moyenne de dix millions de spectateurs –, il invente un concept original, qu'il amplifiera à partir de 1958, et jusqu'en 1972, avec cinquante-trois émissions, attirant parfois vingt millions d'adeptes, toujours sur C.B.S. : ses *Young People's Concerts* ont participé à sa gloire autant que *West Side Story*. Faisant preuve d'un éblouissant charisme, il déploie sur scène un magnétisme étonnant lui permettant de séduire et de charmer enfants et parents par des mots simples. Il excelle à

1. Humphrey Burton, *op. cit.*
2. *Ibid.*

émailler ses présentations, soigneusement écrites par lui et apprises par cœur, de citations musicales à l'orchestre et au piano, ainsi que de savoureuses imitations de Sinatra, d'Armstrong, et d'autres vedettes.

Professeur à Harvard en 1973, il est aussi un maître à penser et à conduire dans les cycles pédagogiques de Tanglewood, où il offre une chance à de nombreux jeunes chefs qui sont à leur tour devenus grands, tels Seiji Ozawa, James Conlon, Alain Lombard, Michael Tilson-Thomas, Paavo Järvi, Yutaka Sado…

Le legs discographique n'est pas moins important. Il constitue à lui seul la base d'une discothèque. Ses enregistrements de Mahler, aussi bien à New York qu'à Vienne, de Haydn, Mozart, Berlioz, Brahms, Sibelius, Ravel, Stravinsky, Chostakovitch et de l'école américaine méritent de figurer dans une anthologie musicale.

Il n'a pas été un enfant prodige, mais il a su durer. Souvent provocateur, parfois complexé, il est l'homme des nuits blanches et des matins blêmes. L'ombre et la lumière planent sur sa personnalité bivalente. Il nous a laissé un ultime message en forme de testament : « Vivre sans musique est impensable ; la musique sans la vie est une fiction. Voilà pourquoi ma relation à la musique est une étreinte complète[1]. »

Un autre Américain, Maurice Abravanel, a enregistré, pratiquement à la même époque que Bernstein, l'intégrale des *Symphonies* de Mahler. J'eus connaissance de sa *Huitième* dans les années soixante ; elle témoignait d'un engagement de bon aloi. Né en 1903 à Salonique, mort en 1993, Abravanel, après ses débuts en Allemagne, quitta le Reich comme tant d'autres, en 1934, pour les États-Unis. Invité au Met, il dirigea ensuite l'Opéra de Chicago, puis devint chef permanent de l'Orchestre de l'Utah qu'il fit connaître à travers le monde grâce à ses nombreux enregistrements. La firme Vanguard vient de publier son intégrale des *Symphonies* de Mahler.

1. Évelyne Resnick, *Leonard Bernstein, un chef inspiré*, Paris, Éditions Josette Lyon, 1996.

VOIX ET VOIES DE GEORG SOLTI

« Les grandes âmes sont comme de hautes cimes. Le vent les bat, les nuages les enveloppent, mais on y respire mieux et plus fort qu'ailleurs. »
Romain Rolland, *Jean-Christophe*

J'ai eu le privilège d'assister au concert donné au Festival de Pâques de Salzbourg, en avril 1994, par Sir Georg Solti. Le maître y dirigeait la *Missa solemnis* de Beethoven, à la tête du Philharmonique de Berlin, de sa manière inimitable, faite de gestes brusques, violents, saccadés, tournoyants, avec une sorte de raideur du buste, donnant à sa direction éruptive une dimension étonnante et une incroyable puissance athlétique pour un homme de plus de 80 ans. Son interprétation prit fin dans un silence absolu, sans applaudissement et sans rappel, comme le veut la coutume le jour de Pâques à Salzbourg. Une ambiance austère d'office religieux conférait au Festspielhaus une allure de cathédrale, comme s'il s'était déjà agi d'un adieu.

Contemporain de Bernstein (il était de six années plus âgé que lui), né György Stern en 1912 dans une famille juive comme Lenny, Georg Solti connut infiniment plus de difficultés que son cadet pour parvenir au sommet musical. Élève en classe de piano et de composition de Ernst von Dohnanyi, Zoltan Kodaly, Bela Bartok et Leo Weiner, à l'Académie Franz-Liszt de Budapest, il fut un enfant prodige qui donna ses premiers récitals au clavier dès l'âge de 11 ans. L'apparition à l'Opéra, en 1928, de Richard Strauss dirigeant *Hélène l'Égyptienne* eut une influence capitale sur l'avenir du jeune musicien :

impressionné par la conduite extrêmement « économique » du compositeur, il opta pour la direction d'orchestre. Dès 1931, diplômé de l'Académie, il obtint le poste de corépétiteur et d'assistant à l'Opéra de Budapest ; l'année suivante, il devint, à 20 ans, le second de Josef Krips à l'Opéra de Karlsruhe. En 1936 et 1937, il eut l'honneur de figurer parmi les assistants de Toscanini au Festival de Salzbourg, où il fut également percussionniste, avant de diriger lui-même en 1938 son premier opéra, *Les Noces de Figaro*, à Budapest, la nuit même de l'Anschluss. Les mesures antisémites édictées par les nazis en Allemagne, en Autriche et en Tchécoslovaquie annexées, le décidèrent à fuir la Hongrie. Pendant cinq ans, il résida en Suisse où il reprit son activité pianistique et remporta en 1942 le premier prix du concours de Genève. Il aurait sans doute poursuivi sa carrière de soliste, si un ami d'origine hongroise, le pianiste Edvard Kilenyi, officier américain, en charge de la musique en Allemagne du Sud, ne l'avait pas introduit auprès des dirigeants munichois. Après l'avoir vu conduire *Fidelio* à Stuttgart, ces derniers lui confièrent la direction de l'Opéra de Bavière en 1946. Il avait alors 34 ans. Sans expérience réelle, mais doté d'une prodigieuse mémoire, Solti prit alors son essor, d'abord comme chef lyrique. Il retrouva Salzbourg en tant que maestro cette fois, dans *Idoménée* de Mozart avec le Philharmonique de Vienne. Nouvelle étape importante en 1952, sa nomination de *Generalmusikdirektor* à l'Opéra de Francfort lui conféra une stature internationale qui attira l'attention des Américains. Il effectua peu après ses débuts aux États-Unis dans *Elektra* et *La Walkyrie* à l'Opéra de San Francisco et fut invité par l'Orchestre symphonique de Chicago, alors dirigé par Fritz Reiner. Les Anglais s'intéressèrent à leur tour à ce chef dont l'ascendant sur les chanteurs était prodigieux : il entra ainsi par la grande porte, en 1959, à Covent Garden, avec *Le Chevalier à la rose*. Nommé directeur musical de ce prestigieux théâtre en 1961, il y resta dix années tout en prenant en charge, à partir de 1969, l'Orchestre symphonique de Chicago, dont il fut le patron absolu jusqu'en 1991.

En 1972, Marcel Landowski l'appela à l'Orchestre de Paris, à la suite du départ prématuré de Herbert von Karajan : Solti ne conserva que trois ans ce poste, non sans marquer de son empreinte autoritaire, voire intimidante (les musiciens anglais l'avaient surnommé *Screaming Skull*, littéralement « Crâne hurlant », en raison de sa calvitie et de sa forte voix), la formation créée par Charles Munch. Passant dix semaines par an avec l'orchestre, il dirigea plus de soixante concerts, effectua plusieurs tournées et ouvrit le répertoire à Bruckner, Mahler, Bartok, Xenakis et privilégia Berlioz, Brahms, Strauss. Parallèlement, Rolf Liebermann lui offrit en 1973 le titre de conseiller musical de l'Opéra de Paris. Georg Solti quitta l'O.P. estimant, avec trop de sévérité, que cet orchestre souffrait d'un mal congénital dû, selon lui, au recrutement : « Quand je suis arrivé, expliqua-t-il, je ne me suis pas rendu compte que cette formation avait besoin de la présence d'un patron d'un bout à l'autre de l'année. Si j'avais su cela, je n'aurais pas accepté de venir[1]. » Il clôtura sa direction le 30 juin 1975 au Palais des Congrès avec la *Symphonie « des Mille »* de Mahler, soirée qui demeure l'un des grands moments de la vie musicale à Paris.

Georg Solti revint souvent par la suite dans la capitale aussi bien à l'Opéra qu'en concerts. Françoise Courcel, choriste à l'Orchestre de Paris, ne l'a pas oublié : « C'était un grand, très grand bonhomme, certes autoritaire, parfois méprisant, mais sachant parfaitement ce qu'il voulait. Il pouvait être cinglant, tout en maniant, de son accent rocailleux, une forme d'humour assez féroce. Il lui arrivait d'apostropher certains instrumentistes : "Vous, monsieur le violoncelle, les vibratos sont marqués sur votre contrat ; vous devez les respecter." Sa femme, Valerie Pitts, une ancienne journaliste anglaise, est venue parfois chanter avec nous. Elle admirait profondément son mari, estimant que sa dureté n'était qu'apparente[2]. »

Georg Solti a souvent fait référence à Toscanini pour justifier sa propre attitude[3] : « "Je vous déteste, avait dit un jour le maestro italien aux musiciens, parce que vous détruisez mes rêves." Toscanini exagérait, mais définissait ainsi parfaitement la condition du chef. »

Luc Héry, premier violon solo de l'Orchestre National, a joué, quand il était à l'O.P. sous la direction de Solti. Il se souvient : « Il pouvait se montrer redoutable, cassant, voire méchant : il ne supportait pas le moindre grain de sable. Il n'a pas fait l'unanimité à l'O.P., où certains le trouvaient trop autoritaire, mais il a laissé de magnifiques souvenirs. Solti était un jouisseur, un épicurien de la vie et de la musique. Dès qu'on lui donnait ce qu'il attendait de nous, il arborait un large sourire. On avait alors l'impression de lui avoir offert un magnifique cadeau. La dernière fois que j'ai fait une série avec lui, avant de revenir à l'Orchestre National, je me rappelle qu'après la première répétition, on aurait pu donner directement le concert : dès les premières minutes,

1. Georg Solti, *Harmonie*, 2 septembre 1974.
2. Entretien enregistré le 30 mai 2002.
3. Paul Robinson, *Solti*, Londres, Macdonald and James, 1979.

il s'était passé quelque chose d'extraordinaire, d'inexprimable. Il avait en effet la faculté de tirer de nous le meilleur de nos possibilités ; la sonorité de l'orchestre changeait immédiatement. Un grand chef comme lui était capable de façonner une formation en une seule série. Il avait un très large répertoire ; j'adorais ses Mozart et ses Haydn. Il savait que le concert était insurpassable, malgré les remarquables disques qu'il nous a laissés. Quand nous avons interprété *Les Saisons*, avec un plateau de rêve, j'étais sur un nuage. Une telle qualité de direction m'a marqué à vie. Ma relation avec lui, en tant que premier violon solo, ne fut pourtant pas des plus facile. Quand nous avons commencé les répétitions de Haydn, j'étais très enrhumé. Nous avons donné la générale en public à Pleyel. Au cours de la première partie, j'étais très concentré, très sûr de moi ; mais, après l'entracte, j'ai eu un comme un coup de massue. J'avais perdu ma concentration. Solti a laissé sortir l'orchestre de la scène et m'a demandé de rester : je me faisais tout petit, car je sentais qu'il avait quelque chose d'important à me dire. Nous étions tous deux face à face, sur l'immense scène vide de Pleyel quand il me dit, de son très fort accent hongrois : “Au début, c'était impeccable. Mais dans la seconde partie, c'était moyen ; je vous ai senti ailleurs.” Puis il ajouta : “Mais ne vous inquiétez pas : si vous êtes fatigué, moi je serai là pour vous aider.” Constatant que j'étais en difficulté, il avait tenu à me rassurer. Je l'ai revu après le concert qui fut très réussi ; il n'aimait pas les longs discours : il m'a simplement remercié. Il savait, en peu de mots, reconnaître le travail bien fait et communiquer franchement son sentiment. Je pense souvent à lui, car il m'a durablement impressionné[1]. »

L'âge ne semblait pas avoir de prise sur Solti, qui avait opté pour la nationalité britannique et été anobli par la reine Elisabeth. Il dirigea les Orchestres philharmonique et symphonique de Londres, célébra le centenaire de Wagner avec la *Tétralogie* à Bayreuth, prit la succession de Karajan à Salzbourg de 1990 à 1993, fut présent à la tête des plus grands orchestres mondiaux, revenant fréquemment à Covent Garden, son port d'attache préféré, assurant de nombreuses créations de Henze, Lutoslawski, Liebermann, Blacher, Tippett, Xenakis, car la musique moderne le passionnait autant que la musique classique.

Au cours de l'été 1997, cet inlassable perfectionniste, qui inspirait crainte et respect, effectua sa dernière sortie à Budapest, sa ville natale,

1. Entretien enregistré le 25 mars 2002.

comme s'il avait voulu boucler la boucle d'une carrière de plus de soixante années.

Son legs discographique est de première grandeur, deux cent cinquante enregistrements, dont de nombreux chefs-d'œuvre lyriques, de Haendel à Schoenberg, en passant par Mozart, Beethoven, Wagner, Verdi, Strauss, qui témoignent de sa fascination pour les voix.

LA DIASPORA HONGROISE

« La liberté, c'est l'exil et je suis condamné à être libre. »
Jean-Paul Sartre, *Le Sursis*

On ne peut pas évoquer la brillante carrière de Georg Solti sans souligner le rôle joué par l'école hongroise au cours de la première moitié du XXe siècle, marquée par une importante diaspora de ses principaux musiciens. Le premier d'une longue liste fut Eugene Ormandy, de son vrai nom Jenö Blau, né en 1899 à Budapest, qui quitta son pays en 1921 après avoir été un jeune prodige du violon. Naturalisé américain, il saisit sa chance en 1931 en remplaçant au pied levé Arturo Toscanini à la tête du Symphonique de Philadelphie, orchestre qui allait lui assurer une gloire durable et dont il fut le patron pendant quarante et un ans, de 1938 à 1979, après en avoir partagé la responsabilité avec Leopold Stokowski. À l'aise dans tous les répertoires, il a beaucoup enregistré avec une formation dont il fit l'une des meilleures des États-Unis ; il a créé de nombreuses œuvres, notamment de Bartok, Britten, Barber, Menotti, Ginastera, Krenek, Rachmaninov, Martinu, ainsi que de la plupart des grands compositeurs américains.

George Szell, né lui aussi à Budapest, en 1897, se fit d'abord connaître comme pianiste dès l'âge de 10 ans, puis comme compositeur. Conseillé par Richard Strauss, il occupa ses premiers postes de chef à l'Opéra de Strasbourg de 1917 à 1919, où il succéda à Klemperer, puis à Prague, Düsseldorf. Nommé premier chef au Staatsoper de Berlin en 1924, il eut une grande activité en tant qu'invité. Bloqué par la guerre à New York, il se vit confier plusieurs opéras au Met, puis la direction du Symphonique de Cleveland où il succéda à Erich Leinsdorf en 1946. Autoritaire, imposant une discipline de fer à ses musiciens, George Szell, devenu citoyen américain, fit de cette phalange un ensemble de tout premier plan, dont la renommée doit beaucoup à son abondante discographie. À partir des années cinquante, il effectua de nombreuses tournées en Europe.

J'eus le bonheur d'assister à Varsovie, en 1957, à un mémorable concert qu'il donna à la tête du Philharmonique de la capitale polonaise. Au programme figuraient la *Quarantième Symphonie* de Mozart, les trois *Nocturnes* et *La Mer* de Debussy. Maître de son art, Szell dirigeait avec une énergie qui marquait sa gestique d'une tension extrême. Dans *La Mer*, il déploya une somptueuse variété de sonorités dans un espace de liberté infini : sur les vagues de la musique flottait un furieux désir d'évasion. Sans surcharge, il dessinait de ses bras et de ses mains un océan de rêve qu'il souleva en tempête. Étaient-ce l'ambiance, les circonstances qui me donnaient l'impression d'entendre une version nouvelle de cette marée sonore ? Deux mille spectateurs l'ovationnèrent debout. Le *bis* qu'il interpréta était riche de symbole : la *Marche hongroise* de *La Damnation de Faust* embrasa le public. Berlioz était porteur d'un message qui touchait au cœur les Polonais : quelques mois auparavant, en octobre 1956, les chars soviétiques avaient réprimé dans le sang le soulèvement de Budapest. Quand la *Marche* prit fin, un souffle de passion tourbillonna dans la salle : l'identification entre deux peuples opprimés fut totale. Je vis des jeunes gens pleurer à chaudes larmes ; d'autres hurlaient de joie. Mes voisins, deux personnes âgées, voulurent me communiquer leur émotion ; ils comprirent que j'étais français et me dirent dans notre langue, des sanglots dans la voix : « Un jour, nous serons libres comme vous… » Qu'est devenu ce vieux couple ? A-t-il connu la chute d'un régime détesté ? Il m'arrive encore de penser à eux, comme je pense aux Tchèques et aux Hongrois qui, à Prague et à Budapest, entonnaient *La Marseillaise* au nom de la liberté. Je sais que la musique fut leur constante consolatrice et qu'elle les a aidés à survivre. George Szell fut un ardent créateur d'œuvres, dont *Métaboles* de Dutilleux. Il est mort en 1970.

Fritz Reiner, né lui aussi à Budapest, en 1888, s'expatria très jeune de Hongrie comme Ormandy. D'abord chef à Cincinnati, il fut professeur au Curtis Institute avant d'occuper son premier grand poste de 1938 à 1948 à Pittsburgh dont il fit un orchestre de tout premier plan, comme en témoignent les disques qu'il nous a laissés. Chef au Met, il connut son apogée au Symphonique de Chicago de 1953 à 1963 : maestro exigeant, despotique, il se faisait remarquer par une gestique très sobre, prenant souvent des attitudes hiératiques qui ne laissaient pas de surprendre. Ses enregistrements de l'époque demeurent des références absolues, notamment dans Richard Strauss, Wagner, Bartok et Mahler. Il est mort en 1963.

Antal Dorati, né également dans la capitale hongroise en 1906, au sein d'une famille de musiciens, fut chef assistant de l'Opéra de Budapest dès l'âge de 18 ans. Élève de Bartok et de Kodaly, il passa en Allemagne puis à Monte-Carlo où il devint chef des Ballets russes. Il émigra à New York en 1941 où il fut nommé directeur musical de l'American Ballet Theatre. Chef invité par toutes les grandes formations, il fut aussi le patron des Orchestres de Dallas, de Minneapolis, de la B.B.C., de Stockholm, de Washington et de Detroit. Son legs discographique est gigantesque ; il fait une large place à Haydn, dont il a gravé l'intégrale des *Symphonies*, et à la musique contemporaine, de Stravinsky à Bartok en passant par Messiaen, Dallapiccola, Hindemith, Nigg, Ives. Dorati, qui fut également un compositeur de talent, est mort en 1988.

Ferenc Fricsay, né à dans la capitale hongroise en 1914, eut une très brève carrière : mort à l'âge de 49 ans, il peut être pourtant considéré comme le plus doué et le plus brillant des maîtres hongrois du xxe siècle. Élève de Kodaly et Bartok (comme Solti), il débuta à Szeged en 1934, puis fut nommé directeur à l'Opéra de Budapest en 1945 et au Deutsche Oper de Berlin en 1949, avant de conduire le R.I.A.S. (formation de la Radio de l'Ouest) où il en enregistra des disques d'une exceptionnelle qualité. Aussi à l'aise dans le symphonique que dans le lyrique, il fut acclamé aux États-Unis et en Europe. Certains de ses enregistrements, notamment de Bartok mais aussi de Mozart et de Beethoven (avec le Philharmonique de Berlin) sont toujours en tête de liste.

Istvan Kertesz, né en 1929, est lui aussi mort très jeune, à 44 ans. Après de brillants débuts à l'Opéra de Budapest, il se fixa en Allemagne en 1957, puis à Rome. Directeur de la musique à Cologne, il dirigea également le London S.O., la Philharmonie de Vienne et celle d'Israël, où il mourut noyé. Il excellait dans Stravinsky, Bartok, Kodaly, Schubert, Brahms, et il a laissé une intégrale de Dvorak de grande classe.

Janos Ferencsik, né en 1907, fit, au contraire des chefs cités ci-dessus, presque toute sa carrière en Hongrie, dirigeant tour à tour l'Orchestre de la Radio, l'Opéra et la Philharmonie de Budapest. Il fut l'un des grands défenseurs de la musique de Kodaly et de Bartok. Il est mort en 1984.

Il faut encore citer Laszlo Somogyi (1907-1988), émigré aux États-Unis en 1956 et Ernst von Dohnanyi (1877-1960), plus connu comme compositeur, mais qui dirigea le Philharmonique de Budapest de 1919 à 1944. L'entretien effectué avec Ivan Fischer, le plus brillant représentant de la nouvelle génération magyare, est présenté plus loin.

IGOR MARKEVITCH
LA PARTITION DANS LA TÊTE

« ...Le dernier regard qu'il jette sur ce monde
est encore celui d'un enfant. »
Alfred de Musset, *Le Poète déchu*

Igor Markevitch, né à Kiev en 1912, la même année que Georg Solti, dans une famille de haute noblesse russe et serbe, aurait pu devenir l'égal des plus grands chefs de son temps s'il avait su se montrer plus déterminé et plus conciliant dans ses choix. Enfant prodige, il jouait Chopin en public dès l'âge de 5 ans. Alfred Cortot l'encouragea et le recommanda à Nadia Boulanger, qui dit de lui : « Il sait déjà tout ce que je lui apprends » et veilla à sa vocation de créateur. Remarqué par Serge de Diaghilev, le jeune Markevitch composa, à 17 ans, pour les Ballets russes, *L'Habit du roi*, puis un *Concerto pour piano et orchestre*, que Roger Desormière créa en 1929 à Londres, avec l'auteur au clavier. Enfant chéri du Tout-Paris, Markevitch entendait se consacrer à l'écriture, tout en s'intéressant à la direction d'orchestre : guidé par Hermann Scherchen, il eut l'occasion, en 1931, d'effectuer des débuts très remarqués au Concertgebouw d'Amsterdam. Devenu l'époux de Kyra, fille du grand danseur Nijinsky, il comptait à son actif, en 1939, une trentaine de partitions dont certaines furent jouées à Paris en 1934 et 1935 ; elles s'écartaient des chapelles avant-gardistes en demeurant résolument tonales. Fixé en Italie pendant la guerre, Markevitch délaissa la composition pour s'orienter vers la direction. Naturalisé italien, sa carrière de chef se développa d'une façon quelque peu anarchique. Pédagogue éminent, il donna des cours de direction et de composition et eut notamment comme élèves Wolfgang Sawallisch et Daniel Barenboïm. On le vit à la tête de l'Orchestre de Stockholm, puis patron des Concerts Lamoureux où il obtint d'étonnants succès de 1957 à 1961 et grava des disques – Beethoven, Berlioz, Lili Boulanger, notamment – qui ont fait date. Il obtint de son comité, présidé par Georges Auric, de présenter à chaque concert une œuvre de musique contemporaine. Il passa outre-Atlantique à La Havane, puis à Montréal, conduisit avec grand succès le Philharmonique de Berlin dans une *Symphonie fantastique* de référence, et le National de France dans une très belle *Première Symphonie* de Mahler dès 1953.

Bernard Gavoty l'a décrit au pupitre : « Cet homme de stature brève possède un nez aigu, flaireur et un regard d'anthracite. Il passe parfois pour un original parce qu'il sait à fond son métier et qu'il observe durant tout concert une stricte élégance. Aucun délire, aucune convulsion, maître de lui, comme de sa troupe. [...] Sa battue est merveilleusement claire et lisible. Jamais une hésitation en scène, ni de rature aux répétitions. Mesure imperturbable. Quant à la main gauche, elle manie, dose, déchaîne les tempêtes et fait naître l'arc-en-ciel[1]. »

Igor Markevitch a beaucoup écrit lui-même, dévoilant sa technique à ses élèves : « Conduisez par cœur, sans partition : c'est indispensable [...]. Aux chefs qui ont la tête dans la partition, je préfère ceux qui ont la partition dans la tête[2]. »

Chef permanent à Madrid, à l'Opéra de Monte-Carlo, à la Santa Cecilia de Rome, il eut en février 1963 le bonheur d'entendre, dirigées par Hermann Scherchen au pupitre du National, trois de ses œuvres, qui n'avaient pas été jouées depuis trente ans. Le poème symphonique *Icare* fit, selon le critique Antoine Goléa, « l'effet d'une bombe, tout comme l'oratorio *Le Paradis perdu,* œuvre vaste, aérée, essentielle dans sa démarche mélodique si complexe et si claire à la fois ». Et Goléa de conclure : « Ces œuvres puissantes, ressuscitées par Scherchen, resteront-elles au répertoire ? Ce serait mille fois justice et nécessité[3]. » Hélas...

Atteint d'une surdité partielle, qui le contraignait à porter un appareil auditif, Markevitch connut un déclin progressif qui l'éloigna des grandes formations. Il mourut presque oublié, dans sa retraite de Saint-Cézaire, dans le Var, laissant à ceux qui l'avaient connu l'image d'un homme passionné qui n'est pas parvenu à se frayer la voie qu'il souhaitait dans la jungle musicale.

1. Bernard Gavoty, *Vingt grands interprètes*, Lausanne, Éditions Rencontre, 1966.
2. Igor Markevitch, *Être ou avoir été*, Gallimard, 1980.
3. Antoine Goléa, dans *Musica*, février 1963.

ERNEST ANSERMET
LA CONSCIENCE DE LA MUSIQUE

« La musique joue des profondeurs de la vie, des extrêmes de la passion, imite les combinaisons de la pensée, agite, apaise. »
Paul Valéry, *Cinquantenaire des Concerts Lamoureux, 1931*

Il était une fois un jeune professeur de mathématiques dont l'esprit de géométrie rêvait de finesse et de musique.

Né à Vevey, sur les bords du lac Leman, au sein d'une famille qui comptait quelques instrumentistes – notamment son arrière-grand-père qui fut chef de l'harmonie militaire de Morges –, Ernest Ansermet cherche longtemps sa voie, étudiant tour à tour la clarinette, le violon, le piano, la trompette, le trombone avant d'entrer à la fanfare des Cadets de Vevey. À 20 ans, il enseigne l'arithmétique aux potaches d'un collège de Lausanne, mais abandonne rapidement son poste pour découvrir Paris. Il s'inscrit à la Sorbonne et suit des cours au Conservatoire, auprès de Gédalge, professeur de contrepoint, l'un des maîtres de Maurice Ravel. Il part à la découverte des orchestres de la capitale : courant de Colonne à Lamoureux, effectuant un détour par les Concerts de Musique nouvelle et le Concert Rouge, où Gustave Charpentier cultive des airs plus populaires, il assiste, en 1905, à la création de *La Mer* par Camille Chevillard, en présence de Claude Debussy. De ce poème musical, il fait, comme l'a dit Paul Budry, sa « mare nostrum »[1].

Sans ressources, il revient au pays et retrouve un emploi au Collège cantonal de Lausanne. Il se marie l'année suivante et a une fille. Guidé par

1. Paul Budry et Romain Godron, *Ernest Ansermet*, Neuchâtel, Delachaux et Niestlé, 1963.

son instinct, il compose des mélodies et des marches militaires ; il fréquente les journalistes de la *Gazette de Lausanne* ; il y décroche une place de pigiste et tient la rubrique des concerts. Des mélomanes, dont le mot d'ordre est « Debussy ou la mort », remarquent ses chroniques. Il devient leur porte-drapeau. En 1909, il effectue un long séjour à Munich et à Berlin, cherchant la bonne parole auprès de quelques grands de l'époque, Arthur Nikisch, Felix Mottl, Richard Strauss, Felix Weingartner ; il assiste à leurs répétitions, apprend les rudiments de la gestique et suit des cours de percussion qui lui permettent d'accéder au modeste Orchestre de Blüthner. En mars 1910, il se retrouve à Paris : il se précipite aux Concerts Durand, où Claude Debussy crée *Rondes de printemps* ; il fait le coup de poing contre les siffleurs et approche le compositeur avec lequel il échange quelques mots, sans pouvoir exprimer pleinement son enthousiasme. Puis, telle la Seine en décrue, il se retire à regret.

Des projets pleins la tête, il sait désormais que sa vocation est de conduire un orchestre et non d'apporter sa part de vérité en composant. À l'approche de la trentaine, il commence à perdre ses cheveux, mais laisse pousser sa barbe. De retour à Lausanne, il obtient, sur concours, la direction de la formation du Casino de Montreux. Avec ses quarante musiciens, il alterne les genres jouant les *Symphonies* de Beethoven, ainsi que Liszt, Saint-Saëns, Chabrier, Rimski-Korsakov. Il mise aussi sur son cher Debussy, joue les *Nocturnes* et *Le Prélude à l'après-midi d'un faune*, sans avoir la certitude de tirer le bon numéro auprès des joueurs qui sortent des salons de roulette et de baccarat. Le succès est indéniable, surtout quand il accompagne de grands solistes, comme Thibaud, Cortot, Vines, Risler. Il se lie d'amitié avec l'écrivain vaudois Ramuz et le compositeur Henri Duparc, presque aveugle, mais si clairvoyant qu'il l'encourage à persévérer, en dépit des périodes de doute que traverse le jeune chef. C'est alors que se noue son destin.

Il y a toujours dans une vie un moment où une porte s'ouvre sur l'avenir : à l'issue d'un concert, il reçoit dans sa loge la visite d'un petit homme à lunettes qui se présente modestement : « Igor Stravinsky ». Après avoir écrit *L'Oiseau de feu* et *Petrouchka* pour les Ballets russes à Paris, la renommée du compositeur russe est déjà grande. « Dès ce jour, nous nous vîmes souvent, a écrit Ansermet[1] ; je fis venir de Russie sa première symphonie que j'inscrivis à

1. Ernest Ansermet, *Les Fondements de la musique et autres écrits*, Paris, Robert Laffont, « Bouquins », 1989.

l'un de mes programmes et je l'invitai à en diriger le scherzo, qui était ravissant, à un concert suivant. Ce fut la première fois qu'il conduisit un orchestre. » Deux mois plus tard, Ernest Ansermet accompagne Stravinsky à Paris : le 29 mai 1913, il assiste au Théâtre des Champs-Élysées à la création du *Sacre du printemps*, sous la direction de Pierre Monteux. Le scandale que provoque cette musique est à la hauteur de l'admiration qu'Ansermet voue à son auteur. Il sait où il va ; l'esprit du musicien a son plan ; il attend son heure et comprend toute l'importance de l'apport de Stravinsky : « Déjà, il avisait aux moyens de prendre congé d'une génération dont Debussy était la figure de proue. Plus tard, je l'ai vu se séparer de Ravel. La musique de Stravinsky est en marge de toutes les autres : on ne peut croire qu'il s'agisse d'un contemporain de Manuel de Falla et Ravel. Sa grande novation a été de donner au rythme la primauté sur l'harmonie. (...) Je puis dire qu'au pupitre, j'ai essuyé les plâtres en initiant les orchestres à cette musique et en me créant à moi-même une technique nouvelle[1]. »

Grâce à Serge de Diaghilev, venu à Clarens, village proche de Lausanne, mettre au point *Khovanchtchina*, Ansermet a la joie d'accueillir, chez lui, à la villa Pervenche, Maurice Ravel, qui travaille à quatre mains avec Stravinsky à l'orchestration du finale de l'œuvre de Moussorgski.

La guerre éclate ; les frontières fermées, Montreux se vide de ses touristes, l'orchestre du Casino est dissous. Mais la chance favorise à nouveau le jeune maestro : la Société des concerts d'abonnement de Genève, dont le chef, Stavenhagen, vient de disparaître, lui propose de diriger ses programmes. Ansermet accepte et connaît un succès foudroyant dans *Petrouchka* et *Les Danses polovtsiennes* de Borodine ; la critique découvre un maître. Mis au courant de ses brillants débuts, Diaghilev fait appel à Ansermet pour une tournée des Ballets russes aux États-Unis, en remplacement de Pierre Monteux, mobilisé. La carrière naissante d'Ernest Ansermet prend alors une dimension nouvelle : en cent cinq jours, de l'Atlantique au Pacifique, il donne près de cent spectacles, dans dix-huit villes différentes. Ce formidable tremplin le fait rebondir en 1917 dans une autre tournée en Italie et en Espagne. Puis, un nouveau séisme se produit à Paris, provoqué par la création de *Parade* d'Erik Satie, sur un argument de Jean Cocteau, dans des décors et costumes de Pablo Picasso. En pleine guerre, cette musique « objective, décorative, fonction-

1. *Ibid.*

nelle », comme la qualifie son auteur, déclenche un début d'émeute ; la Garde républicaine occupe la place du Châtelet, tandis que la salle chavire dans un énorme brouhaha, sans que les perturbateurs puissent interrompre Ansermet, au pupitre.

Quelques jours plus tôt, Ernest Ansermet a revu Claude Debussy, qui, déjà très malade (il mourra l'année suivante) lui aurait confié des corrections relatives à la partition de *La Mer*. Puis, c'est un nouveau départ pour l'Argentine et le Brésil, avec les Ballets russes où Nijinsky effectue sa dernière apparition. De retour à Lausanne, Ansermet fonde l'Orchestre Romand, préfiguration de la formation qui portera plus tard le nom de Suisse romande, sous le label de la radio de Genève, après d'interminables tergiversations ; il le conduira pendant un demi-siècle, jusqu'à sa mort en 1969, et en fera une institution internationale de haut rang. Il crée peu après l'Orchestre national d'Argentine : ainsi, pendant une décennie, il passe ses hivers en Suisse et ses étés en Amérique du Sud. Il poursuit également sa collaboration avec Diaghilev : après avoir présenté à Lausanne *L'Histoire du soldat* de Stravinsky, sur un texte de Ramuz, il est à Londres pour la première de *La Boutique fantasque* de Rossini ainsi que *Le Tricorne* de Manuel de Falla et au Châtelet pour donner *Le Chant du Rossignol* de Stravinsky. Suivent *Pulcinella* du même compositeur, *Astuce* de Cimarosa, orchestré par Respighi, *Renard* de Stravinsky à l'Opéra de Paris, *Chout* de Prokofiev et *Noces* de Stravinsky à la Gaité-Lyrique, avec Georges Auric et Francis Poulenc au piano. Picasso, Matisse, Larionov et Gontcharova réalisent les décors de ces ballets qui sont ensuite montés au Covent Garden de Londres.

Nous sommes en 1923. À 40 ans, Ernest Ansermet éprouve le besoin de souffler et de s'éloigner d'un esthétisme, qui, estime-t-il, atteint ses limites. Il rompt avec Diaghilev pour se consacrer au message musical qu'il entend diffuser en Suisse. Ce choix, Ansermet ne le remettra jamais en question, même quand sa renommée grandissante lui vaudra des propositions très alléchantes. À la tête de son orchestre, prodigieux instrument de culture dont les disques vont porter son message autour du monde, il donnera plus de six cents concerts portant sur mille trois cents partitions. Son immense répertoire s'étend de Bach à Berg en privilégiant les compositeurs suisses, comme Honegger, dont il crée *Rugby, Le Chant de Joie, Christophe Colomb*, Frank Martin, Ernest Bloch, ainsi que Stravinsky, malgré quelques différends qui les éloignent l'un de l'autre, Debussy, Ravel, Martinu, Bartok…

Au cours de ses tournées, il enchaîne triomphe sur triomphe et repousse des offres hautement lucratives, comme il le fera encore en 1948 après avoir dirigé Cleveland, Boston, Philadelphie, Chicago. Arthur Honegger, devenu l'un de ses plus proches amis, exprime son admiration : « J'ai eu bien des grands chefs pour interprètes et pour amis. Certains m'ont ébloui. D'autres m'ont étonné. Mais Ansermet m'est apparu comme seul de son espèce. Non parce qu'il est à la fois mathématicien, compositeur et chef d'orchestre – encore que ce cumul soit assez rare –, mais parce que son contact est fécondant : il vous explique ce qu'on a fait, perçoit ce qu'on aurait voulu faire, et vous dessine au besoin le plan et le caractère d'un ouvrage dont on n'a pas encore écrit une note. Si grande est la perspicacité d'Ansermet, si universelle sa culture, si pressant son désir de voir naître la musique, qu'il en vient à la susciter[1]. »

Pendant plus d'un demi-siècle, l'influence d'Ernest Ansermet s'exerce dans maints domaines, aussi bien dans la musique moderne, en faveur de laquelle il organise des répétitions commentées, que l'art lyrique, les ballets, la peinture, la littérature. On note cependant dans ses avancées un coup d'arrêt important : à la fin de la Seconde Guerre mondiale, il se dérobe à l'avant-garde et se refuse à admettre la légitimité d'un nouveau langage poussant le dodécaphonisme au-delà des limites qu'il estime pouvoir supporter ; il affirme alors que le sérialisme « est le culte du son par le son. Est-ce un progrès, ajoute-t-il, ou un rétrécissement de l'horizon musical ? Je vois bien que, pour eux, l'action créatrice a perdu sa nécessité profonde : alors, ils l'*inventent*, ils se donnent des hypothèses de travail, ils s'appliquent moins à une œuvre qu'à une nouvelle manière de faire. [...] Contrairement à Debussy, qui produisait une technique en faisant de la musique, les compositeurs d'aujourd'hui, dans leur généralité, cherchent à produire de la musique en pratiquant une certaine technique. La même raison qui m'a fait lutter jadis pour la musique nouvelle dicte mon opposition à toute une partie de la production contemporaine. [...] En sorte, conclut-il, je passe pour réactionnaire, après avoir passé pour un pionnier de la musique moderne »[2].

Philosophe à ses heures, Ansermet connaissait bien les principaux ouvrages de Bergson, dont il aurait pu citer cette pensée tirée de *L'Évolution créatrice* : « Nous choisissons sans cesse et nous abandonnons aussi beau-

1. Lettre à Bernard Gavoty, dans *Ernest Ansermet*, de Paul Budry et Romain Godron, *op. cit.*
2. Ernest Ansermet, *Les Fondements de la musique*, *op. cit.*

coup de choses. La route que nous parcourons est jonchée des débris de tout ce que nous commençons d'être, de tout ce que nous aurions pu devenir. »

Armin Jordan, chef suisse de grande renommée internationale, qui fut lui aussi chef permanent à la Suisse romande (de 1985 à 1997), a bien connu Ernest Ansermet ; il a tracé pour nous un émouvant portrait de celui qui fut son dieu[1] : « C'était un personnage extraordinaire, hors du commun. Je l'ai souvent vu travailler au cours de ses répétitions ; il communiquait beaucoup et se montrait très exigeant, sans jamais être oppressant pour ses instrumentistes. Il a fallu qu'un chef comme lui soit capable de s'intéresser à des œuvres nouvelles pour qu'elles puissent survivre. Son objectif permanent était de rendre les partitions les plus claires possibles pour le public. Il l'a fait notamment pour Stravinsky, dont les compositions étaient, il est vrai, plus abordables que l'avant-garde de notre temps. Il a réussi à séduire un public d'abonnés fidèles et il a su, avec son orchestre, porter la bonne parole à travers le monde. Sa discographie, l'une des plus importante qui existe – plus de trois cents disques concernant une soixantaine de compositeurs –, montre parfaitement l'étendue de ses dons. C'était un homme aux multiples aspects. Quand il participait à des émissions pour les enfants, il savait s'exprimer dans un langage simple, figuratif, amusant ; quand il s'adressait à des philosophes, il parlait leur langue. Il avait toujours le mot juste. Très intelligent, il n'était pas seulement un intellectuel : il avait des tripes, il était combatif. C'était aussi un bon vivant, avec un côté sensuel qu'on retrouvait dans ses interprétations. Son crâne dégarni, ses lunettes et sa barbe blanche lui conféraient un aspect très professoral, mais il y avait en lui une profonde sentimentalité. »

Ernest Ansermet savait aussi manier l'humour, même dans des circonstances dramatiques. En 1944, il avait accueilli chez lui Wilhelm Furtwängler, un de ses plus chers amis, qui avait fui l'Allemagne. En dépit de multiples oppositions, il le fit participer, ainsi que Carl Schuricht, à quelques concerts en Suisse, notamment en octobre 1945 : « Avant une répétition, à Zurich, nous a raconté Armin Jordan, Ansermet souhaita la bienvenue à Furtwängler et le présenta à l'orchestre. La chaise du chef d'attaque des deuxièmes violons, qui s'appelait Koering, (Ansermet prononçait volontairement Goering) était vide. De son fort accent allemand, Furtwängler demanda à Ansermet, assis au premier rang de la salle : "Mais où est donc le chef

1. Entretien enregistré à Paris, le 7 juin 2002.

d'attaque ?" Ansermet appela alors à voix haute le garçon de l'orchestre qui se prénommait, ça ne s'invente pas, Adolf ! "Adolf, va donc chercher Goering !" Éclat de rire général dans l'orchestre. Furtwängler n'apprécia pas la plaisanterie. On m'a affirmé qu'Ernest avait demandé au violoniste de demeurer en coulisses jusqu'à ce qu'on lui dise d'entrer sur scène, afin de réserver cette bonne farce à son invité. »

Tout en affirmant son apolitisme, Ansermet condamna les effroyables mesures discriminatoires prises par les Nazis. Bien qu'il eût une admiration profonde pour la culture germanique, il écrivit, en novembre 1939, à Werner Reinhart, un des mécènes de son orchestre : « Je veux, le jour où j'aurai l'occasion d'entrer en France ou en Angleterre, fût-ce après la guerre, pouvoir le faire sans gêne et la conscience nette. [...] Or, il faut choisir. Il est impossible, en tout cas, dans les circonstances actuelles, d'entretenir des rapports d'un côté, sans éveiller de très légitimes suspicions de l'autre. Au surplus, il me serait impossible de me sentir à l'aise en Allemagne, aujourd'hui, car sa conduite me fait une horreur profonde. [...] Ils sont tous avec Hitler, tacitement ou non...[1] »

Tel était Ernest Ansermet, citoyen et musicien du monde.

1. Ernest Ansermet, *Les Fondements de la musique*, *op. cit.*

SERGIU CELIBIDACHE L'INFLEXIBLE

« On est toujours assez doué si l'on a du temps et de l'obstination. Tout homme a du génie autant qu'il veut. »
Montaigne, *Essais*

Bien que les deux hommes ne se soient pas souvent rencontrés, Ernest Ansermet et Sergiu Celibidache pourraient être réunis sur le thème de l'indépendance de l'esprit. Les affinités qui, par-delà la mort, relient ces deux personnalités hors du commun sont en effet multiples : l'un et l'autre suivirent des études de mathématiques et restèrent longtemps partagés entre leur aptitude aux raisonnements scientifiques et leur instinct musical ; tous deux se passionnèrent pour la philosophie ; ils voulurent devenir compositeurs avant de s'orienter, la trentaine passée, vers la direction d'orchestre ; ils furent proches de Wilhelm Furtwängler dont ils reconnurent l'influence ; enfin, ils se révélèrent d'éminents pédagogues.

Pour ma part, j'ai eu la chance de découvrir le talent de Sergiu Celibidache avant qu'il ne soit connu en France : effectuant mon service militaire en Allemagne, je trouvai chez un disquaire de Coblence son enregistrement de la *Cinquième Symphonie* de Tchaïkovski avec le Philharmonique de Londres. Sur le modeste tourne-disque de notre chambrée, avec quelques camarades mélomanes, nous écoutions religieusement cette œuvre d'où surgissaient des forces telluriques insoupçonnées. À mesure que les années passaient, la renommée de Sergiu Celibidache grandissait hors des sentiers battus des grandes formations internationales. J'eus enfin le bonheur de le voir en concert, quelques semaines avant Leonard Bernstein, au Théâtre des Champs-Élysées, le 24 janvier 1970, à la tête de l'Orchestre de Paris, dans un programme à couper le souffle : *Tre Canzone* de Giovanni Gabrielli, où il faisait briller les cuivres de mille feux, *Mathis le Peintre* de Paul Hindemith, flamboyant triptyque symphonique, inspiré du chef-d'œuvre de Grünewald, interdit par les nazis après que Furtwängler l'eut créé en 1934, et les deux suites de *Daphnis et Chloé* de Maurice Ravel. Proche de l'estrade, j'entendais distinctement les ahans de bûcheron et les gémissements incantatoires poussés par ce chef époustouflant, au visage expressif, dont les gestes amples et énergiques s'accompagnaient d'un étonnant mouvement pendulaire du corps, et même parfois d'une esquisse de danse que n'aurait pas désavouée Leonard Bernstein. Les musiciens n'avaient plus été confrontés à une telle frénésie depuis la disparition de Charles Munch. Ce fut la seule apparition de Celibidache à l'Orchestre de Paris, en raison de ses exigences touchant au nombre de répétitions. Je le revis plusieurs fois, entre 1973 et 1975, avec le National de l'O.R.T.F. où, premier chef invité, il fit merveille grâce à son prodigieux ascendant sur les musiciens. Son départ fut regretté par une grande partie des instrumentistes, car son apport avait été jugé stupéfiant. Il le fut encore plus quand il s'attacha, de façon durable, au Philharmonique de Munich, dont il fit, à partir de 1979, une des premières formations allemandes.

Pour percer le mystère qui auréole ce maestro, légendaire malgré lui, je ne pouvais me passer du regard filial posé sur l'homme et le père ; il me fallait donc rencontrer la personne qui l'avait le mieux connu, son fils unique Serge Ioan[1]. L'entretien avec ce jeune cinéaste de talent (il est né en 1968) eut lieu dans un appartement proche de la place Victor-Hugo, où le maître aimait à séjourner avec son épouse, quand il était à Paris.

J'appris ainsi que Sergiu Celibidache, né à Roman, petite ville de Moldavie, proche de Jassy, préfecture régionale, avait connu une jeunesse heureuse au sein d'une famille aisée de la bourgeoisie roumaine qui comptait cinq enfants. Sa mère, musicienne amateur, incita son fils aîné à suivre des cours de piano : « À 4 ans, avant même de savoir en jouer, nous a raconté Serge Ioan, mon père s'amusait à donner de pseudo-concerts dans le grenier sans lumière de sa maison ; simulant une représentation sur scène, telle qu'il l'avait vue au théâtre local, il saluait un public imaginaire ; il s'exprimait d'ailleurs mieux au

1. Entretien enregistré, à Paris, le 22 octobre 2002.

piano que dans les échanges de la vie courante : il avait en effet commencé à parler relativement tard, au point que ses parents crurent qu'il était autiste. Aussi doué à l'école, où il brillait en mathématiques et en sciences, que pour ses études musicales, il supportait difficilement les contraintes de l'éducation rigide que lui imposait son père. Ce dernier, préfet de Jassy, préparait son fils à une carrière administrative de haut niveau, voire à la politique. Il s'indigna à l'idée que son fils voulût faire de la musique sa profession : "Ce métier de saltimbanque ne te mènera à rien", répétait-il avec violence. L'opposition entre ces deux fortes personnalités ne pouvait déboucher que sur une rupture définitive. Son père s'opposa à son inscription au Conservatoire de Bucarest ; papa n'avait pas encore 18 ans quand il décida de quitter Jassy ; il ne revit jamais ses parents. Ce fut une décision terrible et lourde de conséquences pour les siens comme pour lui-même. Il en parlait parfois et reconnaissait qu'il avait causé une grande peine à sa famille ; mais il considérait que cet éloignement avait été la seule issue possible pour qu'il fût en mesure d'assumer son irrésistible vocation. Il s'engagea ainsi dans une voie aventureuse, sans se retourner et sans savoir où il allait. »

Tout se passa comme si une vie neuve, mais pleine d'aléas, lui était offerte : à Bucarest, il gagna tout juste de quoi vivre en jouant du piano dans une petite formation de jazz, puis comme accompagnateur dans un cours de danse. Au Conservatoire, il composa des partitions dont la plupart n'ont encore jamais été jouées[1]. Estimant que sa vie n'avait de valeur qu'en fonction de ce que la musique pouvait lui apporter, il attendait son heure. Elle se présenta en 1936, six ans après son départ de Jassy : « Un soir, raconte Serge Ioan, il entendit à la radio un *Quatuor à cordes* d'un compositeur berlinois, Heinz Thiessen, qui l'enthousiasma. Il lui écrivit en joignant à son courrier deux de ses œuvres. Une semaine plus tard, il reçut un télégramme de Thiessen qui l'invitait à Berlin. Mon père prit le train pour la capitale du Reich, échappa par miracle aux contrôles de la police et erra de nuit dans cette ville inconnue avant de trouver l'immeuble où habitait Thiessen, qui l'accueillit chaleureusement. À la Hochschule für Musik, mon père fut constamment protégé par son professeur qui le présenta à d'autres maîtres, tels Hugo Distler et Martin Steinke ; ce dernier l'initia au zen. J'ai retrouvé une photographie de

1. Notamment quatre *Symphonies*, des *Concertos*, une *Suite roumaine*, un *Requiem* à la mémoire du pianiste Michelangeli, des messes et *Der Taschengarten* (*Le Jardin de poche*) dédié aux enfants du tiers-monde, au profit de l'Unicef, édité en disque en 2002.

l'époque où l'on voit papa maigre à faire peur ; il avait écrit au crayon en marge du cliché "52 kilos". Or, il mesurait 1,81 mètre. En 1938, il soutint une thèse de doctorat en musicologie sur l'œuvre de Josquin des Prés[1]. Horrifié par les persécutions antisémites, il étudiait en secret, avec Thiessen, les partitions d'œuvres interdites, qualifiées de dégénérées par les nazis[2] ; défendu comme un sujet d'exception par ses tuteurs, il parvint à se soustraire à l'embrigadement obligatoire qui frappait les étudiants étrangers. Parfois, il assistait aux répétitions de l'Orchestre philharmonique, dirigé par Furtwängler. Ces concerts de guerre l'ont, sans nul doute, orienté vers la direction. »

Les années 1943-1944 furent dramatiques pour Sergiu Celibidache : démuni de tout, inquiété par la Gestapo, il connut la faim et se cacha chez des résistants juifs, dans le ghetto : « Ce fut, selon Serge Ioan, la période la plus terrible de sa vie. Quand la guerre prit fin, il avait déjà 33 ans et n'avait encore rien fait de tangible, hormis ses propres compositions. Nanti d'un brevet de chef, il avait effectué quelques essais, jugés concluants par Thiessen, à la tête de la formation des étudiants du Conservatoire ; il rongeait son frein quand un incroyable concours de circonstances lui offrit la chance de sa vie. Dans une ville aux trois quarts détruite, découpée en quatre secteurs – U.R.S.S., États-Unis, Grande-Bretagne, France –, la musique demeurait la seule activité culturelle vivante. La plupart des chefs allemands étant sous le coup d'enquêtes de dénazification, la Radio de Berlin-Est, contrôlée par les Soviétiques, cherchait à recruter un chef pour la formation symphonique qu'elle venait de créer. Mon père se présenta au concours ; il passa avec succès les éliminatoires et accéda à la finale qui comportait l'exécution d'un morceau laissé au choix du candidat. Il avait une qualité de mémorisation phénoménale et connaissait par cœur une grande partie du répertoire ; c'est pourquoi il prit le risque insensé de proposer aux examinateurs de choisir eux-mêmes l'ouvrage qu'il devait diriger. Le jury opta pour *L'Oiseau de feu*, suite symphonique interdite par les nazis. Or, pendant la guerre, mon père avait fait de Stravinsky l'un de ses compositeurs de référence. Sans partition, après une courte lecture préalable, il dirigea comme dans un rêve et fut retenu comme titulaire du poste. Les dirigeants de l'Orchestre philharmonique, mis au courant de la réussite d'"un pro-

1. Compositeur franco-flamand (1440-1521) qui fut appelé de son vivant « le Prince de la musique » ; il a laissé de nombreuses messes et fut considéré comme un maître de la mélodie, du contrepoint et de la polyphonie.

2. Il s'agit de l'*entartete Musik*, la « musique dégénérée », selon les nazis, composée principalement par les musiciens juifs.

dige inconnu", contactèrent mon père, lui expliquèrent que Leo Borchard, successeur de Furtwängler, avait été abattu par une sentinelle américaine au cours d'une promenade nocturne et lui offrirent de prendre la baguette vacante pour un concert prévu la semaine suivante. Stimulé par cet énorme enjeu, papa accepta : pour la première fois, en public, il allait diriger un orchestre et pas n'importe lequel ! Ce signe du destin se mua en triomphe. Il faut pouvoir imaginer l'effet que ce jeune chef, aux cheveux noirs bouclés, au teint mat, au profil de médaille, beau comme un dieu, produisit sur les spectateurs berlinois... Toujours est-il que six mois plus tard, en février 1946, il fut désigné chef principal permanent, nomination incroyable pour le débutant qu'il était ! »

À l'époque, Sergiu Celibidache avait une gestique violente, enflammée, qui s'apaisa au fil des décennies jusqu'à se réduire à une attitude de gourou extatique. L'action semblait l'avoir délivré de l'angoisse qu'il portait en lui. Un film, tourné en 1947 dans les décombres de la Philharmonie, le montre parfaitement maître de lui, un rien racoleur, sauvage et élégant, en dirigeant l'ouverture d'*Egmont* de Beethoven qui sonne comme une libération. Portant une redingote sombre, d'où émergent une élégante pochette, le col à coins cassés d'une chemise immaculée et une cravate rayée, il dégage une impression d'implacable sûreté : les yeux parfois clos, il semble ressentir une grande souffrance, dont il se dégage pour conduire l'orchestre de ses gestes puissants, souples et profonds, vers une *coda* triomphale.

Le retour de Furtwängler, blanchi par la commission autrichienne, fut annoncé en mai 1947. Sergiu Celibidache n'en prit nullement ombrage : « Au contraire, confirme Serge Ioan, mon père fut très heureux d'accueillir le proscrit qu'il admirait beaucoup. Il l'avait rencontré au cours de certaines répétitions et revu après la capitulation allemande. Papa dissociait totalement la politique de la musique : c'est pourquoi il voulut aider son aîné, qui semblait paniqué à l'idée d'encourir une condamnation. Il effectua plusieurs démarches en sa faveur et rédigea lui-même le texte que le maître déchu remit pour sa défense aux autorités d'occupation américaines. Personne ne l'a su, car mon père n'évoqua pas publiquement son intervention. Furtwängler recouvra son poste, le 25 mai 1947, selon un partage de responsabilités avec papa ; cela dura jusqu'en 1954. Je dois préciser qu'il ne fut jamais l'assistant de Furtwängler, contrairement à ce qui a été écrit dans certaines notices biographiques. Manipulé par son entourage, le maestro crut que son jeune collègue cherchait à l'évincer ; il eut tendance à se méfier de lui, laissa proliférer les intrigues et critiqua le plan de réforme préparé par mon père en vue de réorganiser un orchestre qu'il jugeait vieillissant, donc peu enclin à aborder les œuvres modernes. Une opposition larvée se développa d'autant plus rapidement que mon père se déclarait hostile à toute politique d'enregistrement et exigeait un nombre de répétitions de plus en plus important ; l'idée de commercialiser son travail lui faisait horreur ; cette position intenable devait à terme lui coûter très cher. La fronde, attisée par les partisans de Furtwängler, poussa papa à réduire peu à peu sa participation sans, cependant, se désengager de l'orchestre. Fidèle à ses convictions, il mit fréquemment à ses programmes des compositions, de Sacher, d'Hindemith, de Berg, tel le *Concerto « À la mémoire d'un ange »* ; mais il savait qu'il ne pourrait retarder longtemps l'échéance de son éviction. Lorsque Furtwängler disparut le 30 novembre 1954, son avenir était déjà scellé. Les musiciens exigèrent en effet que Herbert von Karajan prît la place du défunt pour une tournée aux États-Unis prévue pour le début de l'année 1955. Karajan accepta à condition d'être nommé chef à vie du Philharmonique, ce qui fut lui fut accordé quelques semaines plus tard. Mon père n'aimait pas évoquer sa disgrâce. Cette période de neuf glorieuses années, au cours de laquelle il donna exactement quatre cent quatorze concerts, fut finalement pour lui une aventure peu satisfaisante.

« Justice lui a été heureusement rendue par Simon Rattle, en 2002, peu de temps après que le chef anglais eut succédé à Claudio Abbado à la tête du Philharmonique de Berlin. Rattle, qui appréciait beaucoup mon père, demanda que son nom fût réinscrit au tableau récapitulatif des chefs de l'orchestre : considéré par Karajan comme simple assistant de Furtwängler, ce qui était faux, le patron à vie l'avait tout simplement fait rayer de la liste officielle. Papa y fut instantanément réinstallé. »

Accroché à ses credos comme un fakir hindou à une planche à clous, Sergiu Celibidache savait qu'il venait de perdre un important combat contre un homme ambitieux, prêt à tout pour réussir. Commença alors pour lui une interminable errance : incapable de se fixer longtemps au même endroit, il s'engagea dans une fuite en avant qui le condamnait à la solitude. « Même s'il ne le montrait pas, reprend Serge Ioan, mon père était désemparé. »

Celibidache dirigea parfois en Israël, beaucoup en Italie, avec l'Orchestre de la Scala de Milan, à l'Académie Santa Cecilia de Rome, à la Radio de Milan, Turin, Rome, Bologne, Florence où il connut de vifs succès comme en témoigne la critique d'Antoine Goléa, parue dans *Musica* en décembre 1962 : « [Celibidache] fit de la *Septième Symphonie* de Bruckner une œuvre de musique de chambre d'une parfaite transparence, et sacrifia le moins possible aux cimes de compact *fortissimo* et de solennité quelque peu conventionnelle où se complaisent beaucoup de ses confrères. Il ramena Bruckner de Berlin à Vienne, de Prusse en Autriche, le rendant ainsi à sa patrie et à son véritable climat spirituel. » Il passa ensuite près d'une décennie à Stockholm et à Copenhague, pour la même raison : les maisons de radio étaient les seules en mesure de lui assurer le nombre de répétitions, jusqu'à douze, qu'il jugeait nécessaire. Il fut inflexible sur ce point, comme il le fut dans son refus de graver sur disque ses enregistrements publics ou en studio. « Mon père ne voulait pas écouter ses propres concerts. Je l'ai parfois testé en lui faisant entendre certaines prises pirates que l'on trouvait sur le marché : "Tiens, lui disais-je, j'ai un disque d'un nouveau chef que l'on dit excellent. Qu'en penses-tu ?" Au bout de quelques minutes, il me disait : "Mais c'est horrible, c'est beaucoup trop lent !" En fait, la transposition du son, hors de la salle dans laquelle il avait dirigé, lui était insupportable car, selon lui, elle déformait les *tempi* et dénaturait la musique. Il ne voulait pas céder à la mécanisation de son art ; il n'a accepté que sur le tard de revenir sur ce refus en se laissant filmer, au profit de l'Unicef, dans des vidéos consacrées à Bruckner et Dvorak. Jusqu'à sa fin, il a contesté la vérité du disque : "C'est comme si j'allais me coucher pour faire l'amour avec une photo de Brigitte Bardot, disait-il. On ferme les yeux et on veut se croire au concert." »

Ce rejet de tout compromis, contraire à sa force intérieure, cet entêtement forcené, ne les a-t-il pas regrettés ? « Non, jamais, répond Serge Ioan, car il pensait avoir raison. Je l'ai vu travailler à Munich, au cours des répétitions de *La Mer* : il est resté bloqué sur les vingt premières mesures pendant deux heures. Les musiciens n'en pouvaient plus, mais ils le respectaient. À Paris, mon père aurait aimé prendre la responsabilité du National, dont il fut pendant deux ans le principal chef invité. Mais il se heurta à une certaine routine et aux problèmes syndicaux, alors qu'il souhaitait entreprendre une réforme de fond qu'il jugeait indispensable. Il trouva, en revanche, un accueil conforme à ses vœux à Stuttgart et surtout à Munich. Quand il arriva dans la capitale de la Bavière, où il succédait à Rudolf Kempe, il déclara : "Je veux faire de cet orchestre provincial l'égal du Philharmonique de Berlin." Il imposa son répertoire en abordant aussi bien les classiques, Mozart, Haydn, Beethoven, que les romantiques et les compositeurs de la fin du XIXe siècle, tels que Dvorak, Tchaïkovski, Brahms,

Richard Strauss, ou que les modernes comme Debussy, Ravel, Stravinsky, Prokofiev, Chostakovitch, Hindemith, Dutilleux, Berg. Il accordait également une place prépondérante à Bruckner, son compositeur de prédilection. Il m'a dit un jour : "Le fait que Bruckner ait existé est pour moi le plus beau cadeau de Dieu." Par une étrange coïncidence, papa est mort exactement cent ans après Bruckner. En revanche, il ne jouait pas Mahler (à l'exception des *Kindertotenlieder*), car il ne trouvait pas dans ses œuvres l'unité qui lui paraissait évidente chez Bruckner. Il disait : "Il n'en finit jamais", tout en admettant que certains passages étaient géniaux, mais sans liens réels entre eux. En fait, il ne le comprenait pas et donc ne l'acceptait pas. »

Enfermé dans ses convictions, Sergiu Celibidache a-t-il douté de son génie ? « Je n'en ai pas l'impression, explique Serge Ioan. Il affirmait que tout doute est doute de Dieu. Il affronta pourtant souvent le vide et demeura de longs mois sans engagements, notamment après avoir quitté Paris ; mais il ne s'est jamais découragé. Guidé par son instinct, il a toujours pensé que d'autres portes s'ouvriraient devant lui. Ce qui lui a permis de rebondir, c'est sans doute son approfondissement de la pensée bouddhiste. Elle l'a conduit vers le vécu, vers l'instant présent, sans s'attarder aux aléas de l'existence. La religion lui était d'un grand secours ; il affirmait qu'elle était liée à la musique et qu'elle lui donnait accès à une forme de conscience de même nature que celle qu'il avait avec Dieu. Il avait, par ailleurs, deux obsessions : la recherche constante des intentions du compositeur et la dissociation du tempo de la vitesse : "La richesse est l'apanage de la musique, indiquait-il ; or dans le tempo, il y a la richesse de la lenteur[1]." Il était indifférent à ce qu'on pensait de lui, ne calculait jamais, ni ne cherchait à assurer son propre succès. Il recevait des questionnaires à remplir pour des revues ou des annuaires musicaux et les jetait tous au panier. Maman et moi les récupérions et les remplissions pour lui.

« Avec moi, il se conduisait en père affectueux. Il évita de m'influencer à propos de mes études, comme s'il avait voulu faire le contraire de ce que son père lui avait imposé. En 1995 et 1996, il m'avait permis de le filmer dans son cadre préféré, le jardin de sa propriété, au sud de Paris[2], ainsi que lors des

1. On a souvent reproché à Celibidache ses excès de lenteur. Ainsi son disque du *Requiem allemand* de Brahms dure quatre-vingt-dix minutes, record absolu de durée, contre soixante-treize minutes à Giulini et soixante-dix minutes à Klemperer, qui ne passent pourtant pas pour des chefs rapides.

2. *Le Jardin de Celibidache, Rencontre avec un homme extraordinaire*, film de Serge Ioan Celibidachi, diffusé en cassette vidéo et en DVD.

cours qu'il donnait bénévolement aux aspirants chefs d'orchestre. Il aimait se retrouver seul, en pleine nature, pour de longs moments d'intense méditation. Mon objectif était de démythifier l'image trop sévère que les gens avaient de lui ; en fait, on le connaissait mal, car il n'avait jamais aimé se livrer aux médias. Le jardin était son monde personnel, la métaphore de la vie. On avait toujours représenté mon père, face à l'orchestre, comme un tyran ou un génie. Ce jugement était trop réducteur ; on ne pouvait imaginer que, sorti du contexte musical, l'homme fût très différent. Le sport, notamment le football qu'il avait pratiqué, le cyclisme, le ski et l'athlétisme l'intéressaient : il avait la passion des records, des performances physiques. Il fut un grand marcheur jusqu'à ce qu'il eût de graves problèmes aux jambes. Il mangeait beaucoup, les privations de la guerre l'ayant rendu boulimique et il avait grossi, passée la soixantaine. Bon vivant, il cueillait la vie dans toute son ampleur. Il aimait les bêtes, communiquait avec ses chiens, ses cygnes, ses canards. J'ai voulu fixer ce parallèle entre la nature et son rôle de chef. Il me disait : "Tu me filmes trop, c'est rébarbatif." Il visionna quelques rushes, notamment ceux de la Schola Cantorum avec ses élèves. Mais il ne put voir mon travail terminé : il est mort peu après la fin du tournage. Quelques semaines plus tôt, en juin 1996, il avait donné son ultime concert à Munich. Il était déjà au bord du gouffre. Depuis trois ans, il dirigeait assis, bougeant à peine, mais disposant toujours d'une battue claire et précise. »

Reste à comprendre le paradoxe qui a marqué l'existence de cet étonnant personnage : pourquoi s'est-il retranché dans le refus de graver le moindre disque ? N'a-t-il pas été rattrapé *post mortem* par ce qu'il avait écarté de son vivant ? N'a-t-il pas été trahi, après sa mort, par deux importantes éditions de CD[1], avec les Orchestres de Munich, Stuttgart et Stockholm ? Serge Ioan s'attendait à cette question : « Avant le tournage du film, nous avons souvent évoqué ce problème. Jusqu'au bout, mon père campa sur ses positions : "Les disques, disait-il, ont tout nivelé, ont rendu tout médiocre ; le disque ne peut remplacer la musique, c'est une copie de sa propre tombe. Et qu'enterre-t-on ? la possibilité de vivre le son vrai, irremplaçable, irrésistible." Je rétorquai alors : "Mais quel dommage que tu ne laisses pas de témoignages personnels." Il répondait : "Quel dommage qu'on meure ! que nous disparaissions ! — Et si dans vingt ans, ajoutai-je, je veux écouter une

1. Une quarantaine de disques sont parus en deux éditions, d'abord sous le label E.M.I., puis sous celui de Deutsche Grammophon.

symphonie de Bruckner par Celibidache ? – C'est de Celibidache et non de Bruckner, répliqua-t-il. C'est une photo, une copie infâme d'une réalité qui ne se laisse ni photographier ni saisir."

« Quand mon père est mort, nous avons, avec ma mère, réfléchi à ce problème après avoir été approchés par E.M.I. pour une édition discographique de ses concerts enregistrés à Munich. Nous avons d'abord pensé aux arguments défendus par le défunt : selon lui, un enregistrement ne pouvait remplacer le vécu en direct ; un disque déforme la vérité : le tempo d'une pièce ne dépend pas uniquement des indications métronomiques portées sur la partition ; ce tempo peut être modifié à l'oreille par l'acoustique d'une salle, ainsi que par la complexité de l'œuvre. Aucun disque, aussi parfait soit-il, ne sera jamais en mesure de saisir tous les épiphénomènes qui apparaissent dans un concert. C'est pourquoi le tempo d'un enregistrement paraît souvent trop lent, privant la musique de toute spontanéité et conduisant à une écoute passive. De plus, affirmait-il encore, le disque pousse les étudiants à étudier de moins en moins les partitions ; puisqu'ils les trouvent déjà mâchées, ils n'ont plus qu'à les avaler.

« Deux raisons principales nous ont finalement conduits à accepter ces publications posthumes : la multiplication des enregistrements pirates sur le marché devenait intolérable ; non seulement ils pillaient sans vergogne l'œuvre de mon père, mais la qualité souvent exécrable de ces disques donnait une image abominable des concerts ainsi captés. Le meilleur moyen de lutter contre ce piratage consistait donc à autoriser une édition officielle. Nous avons voulu de surcroît protéger les droits d'auteur découlant du travail accompli par le chef. Comme nous savions que la commercialisation de ses archives aurait heurté ses principes, nous avons choisi, ma mère et moi, de verser toutes les recettes à deux fondations que nous avons créées : l'une, baptisée Fondation Celibidache, s'attache à développer l'œuvre pédagogique de mon père, en aidant les étudiants à améliorer leurs connaissances de la pratique musicale ; elle permettra également de financer des bourses d'études, d'ouvrir un musée et un fonds de documentation disponible pour tous les chercheurs ; la seconde fondation, S.C. Help, s'attache à des projets d'aide humanitaire et de protection de l'environnement. La crise du disque ne nous a pas permis d'atteindre, au-delà des avances reçues, le niveau de financement que nous avions espéré. Nous n'avons pas renouvelé les contrats d'exclusivité qui nous liaient aux firmes éditrices, l'objectif étant désormais de créer, dans le cadre de la fondation, le label Celibidache qui générerait ses propres recettes. Il reste à faire connaître en effet de nombreux trésors inédits. Nous entendons également développer, par le multimédia, le rôle pédagogique de mon père en gardant vivants tous les aspects de la phénoménologie de la musique[1] qu'il a enseignée en tant que professeur à l'université de Mayence, et des cours de direction d'orchestre qu'il a donnés aux États-Unis, en Allemagne, en France, en Italie. Il considérait en effet l'enseignement comme la plus haute activité humaine[2].

« Une première biennale Celibidache a eu lieu à Munich en octobre 2002 avec la participation d'éminents artistes. Nous espérons, en renouvelant l'expérience, que la mémoire d'un grand maître sera préservée et mise en valeur par les générations futures. C'est le vœu que je formule, en me penchant sur le passé d'un homme intègre, désintéressé, dont la vie peut servir d'exemple et dont la mission peut se définir par cette pensée : "Il n'y a pas de miracle en musique, seulement du travail." »

1. Celibidache avait été influencé par les théories du philosophe allemand Edmund Husserl qui avait développé l'idée de la phénoménologie transcendantale : manière de revenir des discours et opinions aux choses mêmes, de décrire et non d'expliquer les actes de pensée par lesquelles nous atteignons les objets logiques, ou de perception, de saisir les significations idéales dans une intuition originaire. (*Robert des noms propres*, Paris, 2001.)

2. Il est étonnant de constater que Leonard Bernstein formule la même pensée.

DE BEECHAM À BARBIROLLI

« Il en est de la musique dans une pièce comme de l'amour dans un cœur : s'il n'y règne pas en despote, si tout ne lui a pas été sacrifié, ce n'est pas de l'amour. »
Stendhal, *Vie de Haydn et Mozart*

À l'avant-garde musicale de l'Europe, au XVIIIe siècle, sous l'impulsion de Haendel et de Haydn, le Royaume-Uni, surtout friand d'opéras et de chant choral, ne s'éveilla réellement au monde symphonique qu'à la fin du XIXe siècle, après qu'un certain Charles Hallé, pianiste prodige venu d'Allemagne, eut fondé en 1858, au sein de la communauté d'origine germanique de Manchester, le premier Orchestre symphonique qui compta en Angleterre[1] et qui allait porter son nom. Charles Hallé fit carrière jusqu'à sa mort en 1895 ; devenu citoyen britannique, il fut anobli par la reine Victoria. Ses tournées à travers le royaume attirèrent outre-Manche des chefs de grand renom, tels que Hans Richter, Felix Mottl et Arthur Nikisch, qui eurent le mérite de susciter de nombreuses vocations parmi les instrumentistes anglais, à commencer par Henry Wood.

Organiste de talent, Sir Henry Wood effectua ses premières armes dans les théâtres lyriques, avant de fonder en 1895 l'institution qui fit sa gloire, les célèbres « Proms », concerts promenades qui connaissent encore de nos jours une fabuleuse popularité à l'Albert Hall de Londres. Il demeura en poste jusqu'à son décès, en 1944, cherchant constamment à initier les mélomanes à la musique moderne, notamment aux grandes masses orches-

1. Le *Dictionnaire des interprètes* d'Alain Pâris (Robert Laffont, « Bouquins », 1995) indique que le Royal Liverpool Philharmonic a été fondé en 1840.

trales de Gustav Mahler, dont il créa plusieurs symphonies à Londres, aux compositeurs anglais comme Elgar et Vaughan Williams, ou français tels que Debussy et Ravel.

Parallèlement, d'autres maîtres ambitieux s'appliquaient à conquérir un public de plus en plus disponible. Le premier d'entre eux fut Thomas Beecham, que l'immense fortune de son grand-père et de son père, fabricants de pilules laxatives, aida à constituer de toutes pièces des formations nouvelles, tel le New Symphony Orchestra. Autodidacte, animé d'un inextinguible feu sacré, Thomas Beecham n'était passé par aucun conservatoire quand, à 20 ans, grâce à l'argent de ses parents, il monta un orchestre d'amateurs et dirigea son premier concert à Manchester en remplaçant Hans Richter qui s'était décommandé. Il mit à profit plusieurs voyages sur le continent pour voir à l'œuvre les plus célèbres maestros du moment et s'inspirer de leur gestique. Plus tard, il dira à ses proches qui s'étonnaient de son irrésistible ascension : « Réunissez les meilleurs musiciens, payez-les bien, et diriger n'est plus alors trop difficile. » Et de fait, il accordait une large confiance aux instrumentistes qu'il avait recrutés à grands frais. Extraverti, pétulant, démonstratif, imprévisible, il adorait se donner en spectacle. Mais, selon les témoins de l'époque, c'était aussi un artiste sérieux qui travaillait énormément ses partitions parsemées de multiples notations personnelles. Il n'avait pas une gestique orthodoxe, négligeait souvent de battre la mesure, mais compensait une certaine irrégularité par un engagement physique et expressif hors du commun. Doté d'un humour féroce, il avait horreur de faire recommencer plusieurs fois le même passage au cours des répétitions, mais il savait motiver ses troupes et ne négligeait pas de lancer une plaisanterie qui détendait tout le monde. Un jour, s'adressant à son premier violon, qui se retournait souvent vers ses collègues des cordes pour expliquer les directives du maître, il dit à haute voix : « Ne vous retournez surtout pas ; cette fois-ci, je crois que nous sommes suivis[1]. »

On lui reprocha souvent d'avoir abondamment puisé dans les caisses de sa famille pour aller au bout de son ambition. Il est vrai qu'il dépensa des sommes considérables pour favoriser le développement et le rayonnement de Covent Garden, dont il fut administrateur et chef, donnant de nombreuses premières en Angleterre, telles celles des *Maîtres chanteurs*, d'*Elektra*, de *Salomé* ;

1. Greeley Stahl, « Grand seigneur, esprit terrible », dans *Musica*, avril 1961.

il accorda également une large place au répertoire français, de *Faust* à *Louise* en passant par *Les Contes d'Hoffmann* et surtout *Carmen*, dont il laissa, à la fin de sa vie, une gravure immortelle à la tête du National de la Radiodiffusion française, avec Victoria de Los Angeles, Nicolaï Gedda, Janine Micheau et Ernest Blanc. Il fut aussi, dès 1911, « l'importateur » des Ballets russes sur le sol britannique. Déclaré en faillite à la suite de la création de sa propre maison d'opéras, il renaquit de ses cendres et se lança dans de nouvelles entreprises, parfois aventureuses. Son plus grand coup d'éclat fut, en 1932, la fondation de l'Orchestre philharmonique de Londres, composé de musiciens d'élite, dont il fit un ensemble de haute qualité se consacrant souvent aux compositeurs britanniques, ainsi qu'aux représentations lyriques de Glyndebourne. La guerre provoqua la mise en liquidation de sa société ; il se refit une santé en tant que chef invité en Australie et aux États-Unis, ce qui lui fut vertement reproché à son retour en 1945. Il n'avait pas encore épuisé toute sa fortune quand, à 68 ans, il revint à la charge, plus fringant que jamais, pour lancer, sous le patronage de la Couronne, le Royal Philharmonic, qu'il dirigea jusqu'à sa mort en 1961.

Une grande fête fut organisée en son honneur pour son 80e anniversaire ; il reçut de nombreux télégrammes de félicitations de compositeurs dont il avait interprété les œuvres. Il fit preuve, une fois encore, de son éternelle malice en demandant à l'un de ses proches[1] : « Et de Mozart, vous n'avez rien reçu ? » Mozart fut pour Sir Thomas Beecham, anobli dès 1911, avant ses premiers déboires, le vrai dieu de son univers musical : *La Flûte enchantée* et *Cosi fan tutte* étaient ses œuvres de référence, avec les dernières symphonies. Il s'enflamma aussi pour Berlioz, dont il fut le premier grand serviteur en Angleterre avant Adrian Boult et Colin Davis ; il avait d'ailleurs une réelle dilection pour la musique française, principalement pour Bizet, Gounod et Massenet. Il défendit également Wagner, même pendant la Grande Guerre, et s'engagea fréquemment en faveur de Richard Strauss et de Sibelius. Il refusa en revanche de jouer Mahler. Au producteur Walter Legge, qui lui avait confié un enregistrement du *Chant de la Terre*, il lança crûment : « Pourquoi m'avoir infligé ce monstrueux placenta, fruit des amours illicites de *Tristan et Isolde*[2] ! » De Bruckner, il disait : « La seule chose qui m'intéresse est de savoir qui, du public ou de moi-même, s'endormira le premier[3]. »

1. *Ibid.*
2. Elisabeth Schwartzkopf, *La Voix de mon maître. Walter Legge*, Paris, Belfond, 1983.
3. *Ibid.*

Au plan national, ses préférences allaient sans conteste à Frederick Delius, qu'il découvrit dès 1907, trouvant d'emblée sa musique « aussi séduisante qu'une femme rebelle qu'on décide d'apprivoiser ».

Adoré du public et de ses musiciens, il a souvent bénéficié de la bienveillance des critiques : « L'expression de son visage, distante avec une pointe d'ironie, sa moustache et sa barbe en pointe étaient d'un effet assez comique, a écrit Greeley Stahl. Mais sa science musicale était très vaste et ses interprétations faisaient preuve d'un réel génie. Phénomène unique, cette personnalité fantasque tenait la gageure d'être à la fois grotesque et élégante, digne et frivole[1]. » Sir Thomas Beecham a laissé en héritage un legs discographique impressionnant, couronnement d'une existence princière qu'il a résumée d'une phrase : « Le nécessaire est mon superflu. Seul le luxe m'est nécessaire[2]. »

Rival déclaré de Beecham, Sir Adrian Boult, autre grande personnalité britannique de la première moitié du XXe siècle, fut un maestro au comportement plus modeste que celui du flamboyant Sir Thomas. De dix ans son cadet, Boult reçut une éducation musicale très poussée à Oxford, puis à Leipzig où il suivit les répétitions de Nikisch. Il effectua ses débuts de chef à Covent Garden en 1919 avant de prendre la direction de l'Orchestre symphonique de la Cité de Birmingham, que Sir Simon Rattle allait diriger un demi-siècle plus tard. Créateur de l'Orchestre symphonique de la B.B.C., en 1930, il demeura à ce poste pendant vingt ans jusqu'en 1950, date à laquelle il fut stupidement contraint de se retirer à l'âge de 60 ans, comme l'imposait le règlement de l'époque. Mais le meilleur restait à venir pour Sir Adrian : il dirigea le Philharmonique de Londres avec lequel il enregistra de nombreux disques d'une qualité exceptionnelle – Schumann, Berlioz, Franck –, créa des œuvres de Holst, Walton, Vaughan Williams, Tippett et Bliss et aborda fréquemment le répertoire contemporain de Stravinsky à Webern, en passant par Bartok, Schoenberg et Berg. Il demeura en activité jusqu'à l'âge de 90 ans, à Londres, Amsterdam, Chicago et Boston. « Parce qu'il ne portait pas son

1. Greeley Stahl, *op. cit.*
2. *Ibid.*

cœur sur ses lèvres, a dit de lui Robert Ponsonby[1], parce qu'il ne faisait pas de spectacle sur le podium, parce qu'il détestait les controverses, qu'il ne faisait pas la cour aux médias, et qu'il était un peu guindé et puritain, on a pu dire que sa manière de diriger était terne et froide. » Ce jugement est contredit par ses admirables enregistrements. Grand musicien, il ne connut pas, loin s'en faut et c'est dommage, la popularité qui fut celle de Beecham, ni celle de Sir Malcolm Sargent. Chef quelque peu discuté, ce dernier fut l'assistant, puis le second de Beecham, avant de succéder à Boult à la B.B.C. Ancien élève de Wood, il fut le grand animateur des « Proms » et un propagandiste inconditionnel des compositeurs anglais.

Sir John Barbirolli fut, pour beaucoup, le plus grand chef britannique de cette époque. Né à Londres en 1899, d'un père italien violoniste et d'une mère française chanteuse, il manifesta très tôt des dons éclatants. Son père et son oncle avaient fait partie de l'Orchestre de la Scala qui créa notamment *Otello* de Verdi ; ils avaient intimement connu Toscanini quand ce dernier était encore violoncelliste. C'est à cet instrument que Barbirolli débuta au Queen's Hall Orchestra, sous la baguette de Sir Henry Wood et que, plus tard, il prit part à la création mondiale du *Concerto* d'Elgar. Rêvant de diriger, il fonda, avec ses propres économies, un orchestre de chambre qui connut des succès d'estime, sous le nom de National Gramophone Society ; à sa tête, il grava en 1927 *Introduction* et *Allegro* d'Elgar. Il aimait aussi Delius et le joua toute sa vie. Invité par Toscanini au Philharmonique de New York, il succéda, en 1936, contre toute attente, au célèbre maestro qui souhaitait faire nommer Furtwängler[2]. Barbirolli créa à New York, en 1941, le *War Requiem* de Britten ; il demeura en place jusqu'en 1943, en dépit de sournoises campagnes de presse qui finirent par le déstabiliser. De retour en Angleterre, il prit la direction du Hallé Orchestra, qui était en perdition, pour en faire l'une des formations de pointe du Royaume-Uni ; il lui demeura fidèle jusqu'à sa mort, au terme d'un règne de vingt-sept ans.

1. Robert Ponsonby, *B.B.C. Magazine*, janvier 1999.
2. *Ibid.*

En 1944, il effectua une grande tournée en Belgique avec sa formation. « Bruxelles et Anvers subissaient le feu des V1 et des V2, a écrit Walter Legge[1]. Barbirolli demanda à être envoyé à proximité des zones d'opération ; chaque jour, avec son orchestre, il joua des morceaux populaires pour distraire les soldats qui allaient monter en première ligne [...]. La nuit, Barbirolli ne se couchait jamais avant de s'être assuré que ses musiciens étaient en sécurité dans leurs quartiers. »

Compositeur à ses heures, grand communicateur, il fut non seulement le champion des compositeurs britanniques, mais aussi des Français et de Gustav Mahler, dont il nous a laissé de prodigieux enregistrements. « C'est lui qui ramena Mahler au Philharmonique de Berlin, a rappelé Daniel Barenboïm[2], en interprétant notamment la *Neuvième Symphonie* qui n'avait plus été jouée depuis l'avènement d'Hitler en 1933. Il avait une manière très personnelle de répéter et de conduire ; il était plus intuitif que rationnel et possédait une grande vivacité d'esprit. [...] Il produisait un son très particulier, très expressif, spécialement aux cordes, le fameux "Barbirolli *sound*". Par l'articulation du phrasé (qui est l'équivalent de la ponctuation dans le langage), il imposait sans brutalité une discipline parfaitement admise par les musiciens qui l'adoraient [...]. »

Sir John Barbirolli s'était penché sur l'œuvre de Mahler dès 1931, en interprétant les *Kindertotenlieder* ; puis il joua l'*adagietto* de la *Cinquième* en 1933 et *Le Chant de la Terre* en 1954 : « Si l'on veut diriger correctement Mahler, écrivit-il, il faut avoir sa musique dans la peau et les os [...]. Dans ses symphonies, il y a de nombreux sommets, mais un seul point culminant véritable qu'il convient de découvrir. Et cela suppose moins une simple étude de la partition qu'une réflexion artistique globale[3]. » Avant de jouer la *Neuvième Symphonie* pour la première fois, Barbirolli lui consacra avec le Hallé Orchestra cinquante heures de répétitions. Tel était ce bâtisseur d'orchestre, ce perfectionniste exigeant, mais toujours affable et compréhensif, qui donna à Mahler une dimension émotionnelle inégalable ; il ne pouvait d'ailleurs pas étouffer sa passion et taire son prodigieux engagement quand il dirigeait en concert : on entendait ses grognements et ses gémissements, très perceptibles également dans ces chefs-d'œuvre du disque en direct que sont ses *Deuxième, Troisième, Sixième* et *Neuvième Symphonies* de Mahler.

1. Walter Legge, *op. cit.*
2. Daniel Barenboïm, *A life in music,* Londres, Weidenfeld et Nicholson, 2002.
3. Texte paru dans *Die Welt,* mars 1963.

Au cours de la première moitié du XXe siècle, un grand nombre d'autres chefs de talent se sont illustrés. Citons notamment Sir Frederic Cowen, qui eut son heure de gloire à Liverpool et à Hallé, Charles Groves qui se distingua à Manchester et Liverpool où il joua Mahler, Hamilton Harty, né en Irlande, compositeur à ses heures, qui fut lui aussi chef à Hallé ainsi qu'au London S.O., Albert Coates, compositeur et chef qui commença sa carrière en Russie et la termina en Afrique du Sud, Sir Eugene Goossens, d'origine belge, assistant de Beecham avant de briller à Covent Garden et aux États-Unis, Sir Reginald Goodall, assistant de Furtwängler à Berlin, avant de s'affirmer au Sadler's Well et à Covent Garden où il fut un spécialiste reconnu de Wagner, Sir Alexander Gibson qui fonda le Scottish Opera, Sir Malcolm Arnold, compositeur renommé qui fut fréquemment chef invité des grandes formations anglaises, Sir John Pritchard, grand chef mozartien, directeur du London Philharmonic, puis du London S.O., Norman Del Mar, assistant de Beecham, chef au B.B.C. Scottish, professeur très respecté et créateur d'œuvres de Benjamin Britten. Ce dernier, tout en écrivant de nombreux chefs-d'œuvre, fut un chef de grande classe : attiré par Mahler dès les années trente, il dirigea, à la tête de l'English Chamber Orchestra, les *Kindertotenlieder*, dont il disait qu'ils avaient rétabli sa foi en l'existence, puis la *Quatrième* avec le London S.O. en 1961 et le cycle du *Wunderhorn* en 1966 et 1972.

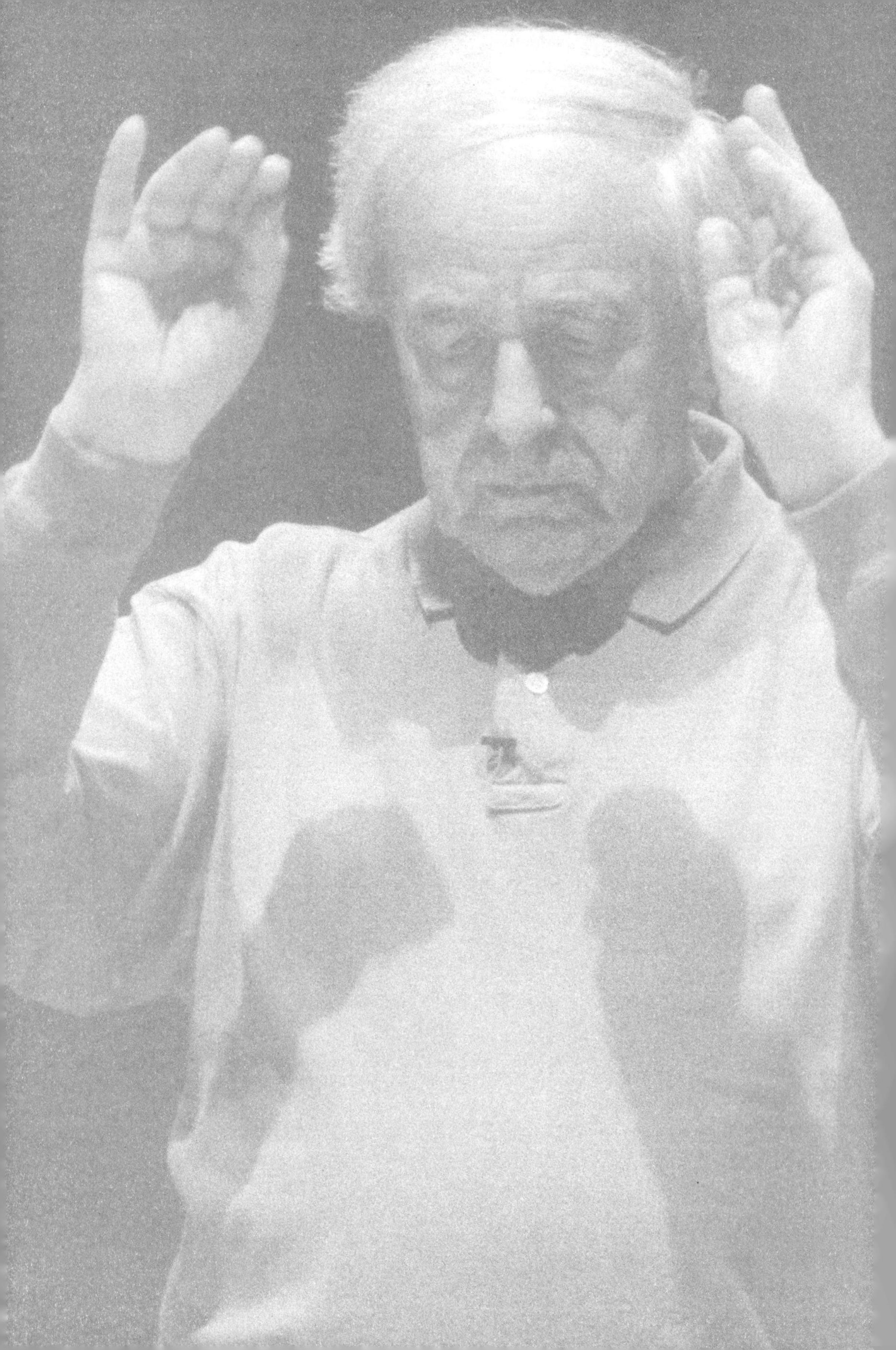

MAESTROS D'AUJOURD'HUI

Pierre Boulez en répétition à la Cité de la musique.

PIERRE BOULEZ
UNE CUIRASSE SANS DÉFAUT

« Dans l'Apocalypse, on voit les cavaliers enveloppés de différentes cuirasses : la cuirasse de fer, d'or et d'hyacinthe. La cuirasse d'hyacinthe, c'est l'imagination, les idées nouvelles, personnelles ; c'est la cuirasse la plus imperméable de toutes, qui ne laisse rien passer de ce qui, de l'extérieur, pourrait paraître le plus pénétrant. »
Paul Claudel, *Mémoires improvisées*

Pierre Boulez fut longtemps considéré, en France, comme un compositeur d'avant-garde n'admettant pas d'autres doctrines que la sienne ou celle de ses contemporains dont il partageait l'engagement. Du jeune insurgé qui, dans les années cinquante, faisait des siennes à la tête du Domaine musical cher à Jean-Louis Barrault et à Madeleine Renaud, certains gardent le souvenir d'un créateur trop audacieux, dogmatique, refusant tout compromis et donc incapable de s'écarter de la voie révolutionnaire dans laquelle il s'était engagé. Il a fallu que l'Allemagne, l'Angleterre et les États-Unis nous renvoient l'image d'un homme de grand talent, porté au pinacle sur les plus grandes scènes du monde, y compris Bayreuth grâce à un *Ring* de célèbre mémoire, pour que l'on consente enfin à reconnaître ses mérites multiformes.

Présidents de radio, directeurs généraux d'orchestre, maestros, solistes, instrumentistes et musicologues que j'ai approchés et interrogés, tous sont unanimes : Pierre Boulez est l'un des plus grands compositeurs, mais il est aussi l'un des plus importants chefs d'orchestre de notre temps, respecté et admiré par ses pairs et par les instrumentistes.

Philippe Aïche[1], premier violon solo de l'Orchestre de Paris, réprouve les préjugés dont Pierre Boulez a souffert en France : « Alors que nous n'avions pas de directeur titulaire, j'ai déclaré, au cours d'une émission de radio, qu'il nous fallait un chef français et que je n'en voyais qu'un seul de stature internationale en la personne de Pierre Boulez. Marcel Landowski, directeur de la musique, qui était en face de moi, a failli avoir une attaque. J'ai eu l'impression que je commettais un énorme sacrilège. Par bonheur, Pierre Boulez a souvent pu nous diriger admirablement dans un répertoire post-romantique et moderne, notamment Mahler, Stravinsky et Bartok. J'ai une grande admiration pour son art : il est très précis, très clair ; il possède une intelligence supérieure. S'il manque parfois un peu d'abandon musical, il se bonifie constamment avec le temps. Travailler avec lui est très enrichissant. » Roland Daugareil, lui aussi premier violon solo, ajoute : « Il possède un registre exceptionnel ; c'est un grand, un très grand. »

Roland Faure, qui l'a invité autrefois au National, partage pleinement ce sentiment[2] : « Ce qui me frappe le plus chez lui, c'est la clarté des idées, de la construction, des couleurs, du son. Et de surcroît, il est très apprécié des musiciens qu'il dirige. »

Françoise Courcel, membre fondateur du chœur de l'O.P., créé par Arthur Oldham, affirme[3] : « Pierre Boulez est le dieu total de la direction d'orchestre ; il possède toutes les qualités qu'on attend d'un chef : la musicalité, la rigueur, la chaleur, la courtoisie et, par-dessus tout, l'intelligence. Il a une oreille absolue sans équivalent. Un jour, il s'est adressé à une harpiste au cours d'une répétition de *Petrouchka*, en lui indiquant qu'elle avait fait un *fa* dièse au lieu d'un *fa* bécarre. C'était époustouflant. Je l'ai suivi à Salzbourg, pendant une semaine de répétitions de *Moïse et Aaron* de Schoenberg, à la tête du Concertgebouw d'Amsterdam. Il s'efforçait constamment d'aider les musiciens : “Prenez le temps de respirer”, disait-il aux trombones. Tout était extrêmement précis, un vrai travail d'orfèvre. En 1976, avec un groupe de jeunes musiciens, j'étais présente à Bayreuth pour la *Tétralogie* du centenaire, que Patrice Chéreau mettait en scène. Nous avions préparé de larges banderoles, portant le slogan “Vive Boulez !”. Il avait besoin d'encouragements, car l'accueil du public était plutôt mitigé. L'année suivante, il obtint non sans mal

1. Entretien enregistré à Paris, le 15 mars 2002.
2. Entretien enregistré à Cannes, le 10 juillet 2002.
3. Entretien enregistré à Paris, le 30 mai 2002.

de Wolfgang Wagner le doublement des heures de répétitions. Il remporta un incontestable succès qui ne fut rien en regard du triomphe réservé en 1980 au *Crépuscule des dieux* : trois quarts d'heure d'ovations. Ce fut magique. » Lydia Harambourg[1], également choriste à l'O.P., se souvient particulièrement du *Mandarin merveilleux* de Bartok et de la *Symphonie de Psaumes* de Stravinsky : « Il savait aller au bout des choses sans nous lasser. Il imprimait des rythmes extraordinaires, des couleurs orchestrales étonnantes, comme s'il alliait musique et peinture. Il était très minutieux et parfois la tension était extrême. Mais ses remarques, toujours justifiées, nous persuadaient de le suivre et de recommencer. »

Ce n'est évidemment pas le simple effet du hasard si Pierre Boulez s'est vu confier, dès les années soixante-dix, le Symphonique de la B.B.C., puis le Philharmonique de New York, ainsi que les plus grandes formations allemandes, alors qu'il avait préféré s'éloigner de son pays pour éviter discordes et controverses. Revenu à Paris, à la demande du président Georges Pompidou, pour créer l'I.R.C.A.M. (Institut de Recherche et de Coordination Acoustique/Musique.) et l'Ensemble intercontemporain, il devint au début des années quatre-vingt-dix l'un des chefs favoris de Deutsche Grammophon, firme pour laquelle il enregistra plus que tout autre grand maestro, sans rien renier de ses convictions : citons pour mémoire Berlioz, Mahler dont l'intégrale est en cours de finition, Bruckner, Wagner, Richard Strauss, Scriabine, Stravinsky, Debussy, Ravel, Bartok, Schoenberg, Berg, Webern, Varèse, Messiaen, Ligeti, avec les Orchestres de Chicago, de Cleveland, le Philharmonique de Vienne, le Philharmonique de Berlin, le Symphonique de Londres et le Concertgebouw d'Amsterdam, sans oublier bien entendu les disques de l'Intercontemporain comprenant le legs de ses propres œuvres, ainsi que celles de Berio, Carter, Birtwistle, Kurtag et d'autres... Qui peut dire mieux en un aussi court laps de temps ?

En préparant cet ouvrage, l'une de mes priorités fut de prendre contact avec Pierre Boulez ; ne pouvant imaginer qu'il fût absent d'un livre consacré à l'art du chef d'orchestre, je lui écrivis pour solliciter un entretien. Au cours de l'hiver 2002, le maître était à Baden-Baden où il composait. Il me répondit : « Quant au livre sur les chefs d'orchestre, si j'en admire le projet, je pense, en ce qui me concerne, que le côté personnel est négligeable, et d'après la seule

1. Entretien enregistré à Paris, le 21 novembre 2002.

description de mon activité, invitations, programmes, on peut très bien écrire sur moi sans avoir besoin de mon témoignage direct. Tout, si je puis dire, témoigne pour moi, et je ne pourrais qu'ajouter des commentaires plus ou moins épisodiques... » En retour, j'expliquai à Pierre Boulez que je n'entendais pas repiquer çà et là, dans la presse, quelques interviews le concernant et que seul comptait pour moi le contact personnel. Le temps passa ; j'avais perdu tout espoir de le rencontrer quand je reçus un second courrier de Baden-Baden daté du 17 mai 2002, qui me remplit de joie : « J'ai mieux compris ce que vous attendiez de moi au sujet de mes relations personnelles avec la direction d'orchestre et son rôle dans la pensée d'un compositeur vis-à-vis des autres compositeurs (passés et présents) et des autres interprètes. Nous pourrions donc en parler à la rentrée. Je suis très peu à Paris cette saison, mais en novembre, une possibilité se présente : le mercredi 6 serait le meilleur jour. Pouvez-vous entrer en contact avec ma secrétaire... »

Près de cinq mois plus tard, Pierre Boulez m'accueille dans son bureau de la Cité de la musique. Cordial, souriant, coopératif, loquace, j'ai en face de moi un homme très différent du portrait au masque impérial, énigmatique, froid, distant, qu'on trace habituellement de lui. Notre dialogue enregistré[1] dure près de deux heures ; les réponses sont si précises, si directes, que j'ai jugé bon de retranscrire intégralement notre entretien, avec l'autorisation du maître, sans changer un mot de ses propos. Je le livre ci-après *in extenso.*

– Après un demi-siècle de combat, êtes-vous parvenu à imposer une nouvelle esthétique musicale ?

– Je ne sais pas si l'on a définitivement réussi ; en tout cas, on a progressé, c'est évident. Je compare le rôle de l'interprète ou du compositeur au mythe de Sisyphe : quand on croit atteindre le sommet de la montagne, le but poursuivi, on a tendance à se relâcher ; comme Sisyphe fléchissant sous le rocher, le poids des responsabilités retombe sur vos épaules. Il faut alors redoubler d'efforts, car les difficultés de l'existence ne sont jamais pleinement aplanies. Certes, d'importants changements sont intervenus au cours d'une évolution qu'on aurait voulue plus rapide : on est en effet toujours impatient d'atteindre les objectifs que l'on s'est fixés. Il est heureux que les mouvements de fond enregistrés n'aient pas connu de reflux : les territoires conquis sont

1. Entretien enregistré à la Cité de la musique à Paris, le 6 novembre 2002.

demeurés dans le patrimoine ainsi constitué ou, pour parler plus simplement, dans le répertoire. Si l'on regarde en arrière, disons la période du dernier demi-siècle, on peut constater que certaines œuvres ont plus ou moins pâli et que d'autres ont pris une réelle valeur qu'on peut qualifier de « marchande », car on les écoute désormais assez souvent.

À force de ténacité, nous avons donc réussi à nous faire entendre. Je compare cette avancée à un phénomène naturel : tant que la pente est forte, un torrent demeure un torrent ; quand il atteint la plaine, il devient fleuve. C'est un peu ce qui s'est passé pour notre action musicale. Au début, alors que notre mouvement était encore marginal, nous avons été remarqués grâce au caractère novateur de notre activité ; puis, au fur et à mesure que nous avons établi une régularité d'expression, dans l'institution – il faut bien appeler les choses par leur nom –, le courant est demeuré suffisamment fort pour nous permettre de rénover la vie musicale. Dès lors, on est entré dans ce que les Anglo-Saxons appellent le *main stream* (le « flot majeur ») et une sorte de contrat de confiance s'est établi entre le public et nous.

– Compositeur déjà reconnu, en quelles circonstances vous êtes-vous lancé dans la direction d'orchestre ?

– Le cours des événements m'a orienté dans cette voie où j'aurais pu m'engager plus tôt. En fait, j'ai abordé la direction d'orchestre, quand je suis devenu directeur de la musique de la Compagnie Jean-Louis Barrault-Madeleine Renaud ; j'ai organisé ensuite, à partir de 1954[1], les concerts du Domaine musical au Petit-Marigny en mettant non seulement en lumière l'école de Vienne – la plupart des œuvres de Webern n'avaient encore jamais été jouées en France –, mais aussi des compositions de Varèse, Nono, Berio, Stockhausen et d'autres. Dès cette époque, j'ai constaté que les chefs capables de se consacrer aux œuvres des contemporains étaient peu nombreux et de surcroît peu disponibles ; en fait, je ne trouvais personne pour conduire et nous ne recevions aucune subvention. Le meilleur moyen était donc de tenter d'approfondir le métier de chef et de l'exercer. J'éprouvais la nécessité de franchir le pas pour échapper aux discussions théoriques et entrer de plain-pied dans la prise en compte des œuvres qui seraient jouées. J'ai voulu obtenir des conditions optimales en présentant des créations réalisées à partir des textes originaux, et non pas de partitions contrefaites, voire falsifiées.

1. Né en 1925 à Montbrison, Pierre Boulez avait alors 29 ans.

La suite est venue sans que je l'aie vraiment voulu. Au cours d'une carrière, il se produit presque toujours un événement inopiné, par exemple remplacer un chef malade. La maladie profite toujours à quelqu'un qui est bien portant et donc disponible : en 1959, Hans Rosbaud, chef titulaire de l'Orchestre du Sudwestfunk de Baden-Baden, étant hospitalisé, je reçus à Paris un appel de Heinrich Strobel, fondateur et directeur de cette formation de la Radio allemande, en charge du Festival de Donaueschingen. Connaissant mon travail, il me demanda de prendre le risque de suppléer l'absence de Rosbaud. Je n'ai pas hésité longtemps : compte tenu de l'urgence, les musiciens, qui avaient déjà répété les œuvres inscrites au programme de Luciano Berio (*Alleluiah 2*) et de Bela Bartok (*Le Mandarin merveilleux*), se sont montrés bien disposés à mon égard ; ils avaient auparavant créé l'une de mes compositions, *Poésie pour pouvoir*. Je me suis donc jeté à l'eau… bouillante, en me disant qu'il fallait que j'en ressorte indemne. C'est à ce moment-là que j'ai découvert en moi cet instinct de la direction qui me permettait de dominer la situation par-delà la plus extrême angoisse. Ce concert, qui fut bien accueilli, a été décisif pour la suite de mon activité. Il aurait certes pu se faire que cette réussite fût sans lendemain. Or j'ai été immédiatement invité à diriger d'autres orchestres de radios allemandes, dont les responsables m'avaient vu et entendu. J'ai donc continué dans cette voie en enseignant également l'analyse musicale, notamment à Darmstadt et à Bâle. J'ai à nouveau remplacé Hans Rosbaud à Amsterdam, si bien que j'ai vu s'ouvrir les portes des institutions les plus établies : plus tard, je suis allé à Harvard, en 1962, pour donner des cours, puis à Cleveland et à New York pour diriger, ainsi qu'à Londres à la B.B.C. Tout s'est enchaîné bien davantage grâce à des demandes extérieures que par ma propre volonté.

Cette ouverture m'a permis d'entrer dans le système et d'y faire non pas tout ce que je voulais, mais plutôt d'y introduire une rénovation du répertoire en présentant des œuvres peu jouées ou nouvelles. On m'engageait pour ça et je n'ai donc pas eu à faire un effort particulier pour imposer mes choix. En 1962, j'ai fait mes débuts à Salzbourg avec le Philharmonique de Vienne ; en 1963, j'ai conduit le National à Paris dans *Le Sacre du printemps*, que j'ai enregistré ; puis à l'Opéra Garnier, j'ai dirigé la première en France de *Wozzeck* d'Alban Berg.

– *Que retenez-vous de votre expérience à la tête du New York Philharmonic de 1971 à 1977 ?*

– Il faut se replacer dans le contexte de l'époque : de grandes maisons musicales cherchaient à se mettre en phase avec les idées nées des mouvements de 1968. Ma nomination à New York a étonné tout le monde : j'avais conduit le Philharmonique pendant trois semaines pour une série de concerts. Cette série s'était bien passée ; mais je suis descendu de mon nuage quand on m'a proposé de succéder à Leonard Bernstein comme directeur musical et à George Szell, qui fut ensuite conseiller. Il existait une liste de favoris où mon nom n'avait jamais été mentionné. Ce fut donc une grande surprise. Plus tard, j'ai souvent rencontré Leonard Bernstein qui eut une attitude très *fair play* à mon égard ; il savait que ma désignation n'était pas destinée à prolonger ou à copier son propre passage, mais à apporter un changement.

– La presse new-yorkaise n'a pas été très aimable, vous qualifiant notamment de « chef de glace ». Qu'avez-vous alors ressenti ?

– La presse est-elle faite pour être flatteuse ? Je ne le pense pas ; un certain nombre de mes collègues ont connu un traitement comparable au mien, avec des qualificatifs différents. À Bernstein, on avait reproché de danser sur l'estrade, de faire du tape-à-l'œil ; on m'a jugé trop austère ; par la suite, on n'a pas épargné non plus Zubin Mehta. Pour ma part, j'avais compris depuis longtemps que les journaux ont moins d'importance qu'on ne le croit. J'avais la volonté de persister dans mes idées et de faire ce que je souhaitais, non pas parce que j'en avais envie, mais parce qu'il convenait de mettre en place une nouvelle ligne artistique ; de ce fait, l'attitude de la presse ne m'a pas beaucoup gêné. J'ai maintenu à l'affiche des œuvres du répertoire qui demeuraient dominantes, notamment Beethoven. Mais j'ai mis aussi plus fréquemment du Berg au programme, en donnant un cycle complet de ce compositeur et j'ai joué assez régulièrement Schoenberg et Webern, ainsi que Varèse et un nombre important de créations. En fin de saison, j'ai proposé des concerts plus aventureux, sortant des sentiers battus, les « Rugs » (littéralement « couvertures »), pour les jeunes, à des prix limités et sans réservation ; ces soirées se passaient dans une ambiance plus décontractée que celles de la saison d'abonnement. J'ai également organisé, hors du Lincoln Center, d'autres concerts à Manhattan pour les milieux intellectuels. Ces initiatives n'ont malheureusement pas été maintenues quand je suis parti. Lors de ma dernière apparition, le manager de l'orchestre avait invité tous les compositeurs américains vivants dont j'avais interprété les œuvres : ils furent une vingtaine à se lever, parmi l'assistance, à l'appel de leur nom.

– En 1976, vous êtes revenu en France, après une absence de près de vingt ans, pour prendre la direction de l'I.R.C.A.M. et la présidence de l'Ensemble intercontemporain. Vous vous êtes alors fréquemment produit à

la tête de l'Orchestre de Paris dont Daniel Barenboïm était devenu le directeur musical en 1975. Vous sentiez-vous proche de lui ?

– Je le connaissais depuis longtemps ; je l'ai dirigé quand il était essentiellement pianiste. Nous avons rapidement sympathisé. Nous avons joué ensemble notamment avec le Philharmonia (les *Premier* et *Troisième Concertos* de Bartok, que nous avons enregistrés), puis à Cleveland, Chicago et Paris (*Cinquième Concerto* de Beethoven). À Paris, nous avons conçu des projets communs réunissant l'Orchestre de Paris et l'Ensemble intercontemporain. J'avais commencé à réfléchir avec lui à propos de l'Opéra Bastille, dont il a été malheureusement évincé.

– Alors que Daniel Barenboïm et de nombreux musiciens ont tracé de vous un portrait très élogieux, n'êtes-vous pas choqué d'avoir été souvent maltraité par ceux qui ne vous connaissent pas ?

– C'est comme ça : des légendes sont nées et ont persisté parce que j'ai fait certaines déclarations à l'emporte-pièce sur la vie musicale ; je ne renie d'ailleurs pas ces propos assez abrupts. On en a déduit que j'étais une espèce de monstre déchaîné, un calculateur, un machinateur ou Dieu sait quoi. J'en ai entendu beaucoup… En réalité, je m'intéresse en priorité aux rapports avec les musiciens en tant que compositeur ou chef d'orchestre. Je leur dis parfois : « Faites la comparaison entre ce que vous lisez et ce que vous voyez ; vous saurez alors où se situe la vérité. »

– Dans son autobiographie, Daniel Barenboïm vous décrit ainsi : « Chaleureux, amical, il excluait toute forme d'amalgame, espérant la même attitude des musiciens […]. Il montrait du courage et de la ténacité contre les idées préconçues. » Qu'en pensez-vous ?

– « Chaleureux et amical » correspond bien à la réalité. Si c'était faux, je n'aurais pas fait la carrière que j'ai choisie. Ça ne s'est pas toujours très bien passé, en particulier la première année où je suis allé à Bayreuth pour le *Ring*. J'y ai trouvé beaucoup de résistance ; mais la situation s'est complètement inversée l'année suivante.

– Comment définissez-vous votre technique de chef ?

– Ma façon de diriger découle de ma vision de compositeur. Peu de compositeurs dirigent. Ce fut le cas, très représentatif, de Gustav Mahler et de Richard Strauss au début du siècle. En France, Claude Debussy et Maurice Ravel ont parfois conduit leurs œuvres, mais ils n'étaient pas vraiment des chefs. Plus tard, il y eut Leonard Bernstein. En tant que créateur, j'ai tendance à regarder la partition du point de vue de la composition, ainsi que de l'émotion et de la spontanéité qui s'en dégagent. Mieux on connaît la partition – et c'est le cas de l'auteur –, plus on est spontané ; dans le cas contraire, on demeure artificiel.

– On dit que vous avez une oreille infaillible. Est-ce vrai ?

– C'est un don personnel. Plus on avance en âge, mieux on entend ce que l'on dirige. Au début, on est tellement préoccupé de soi-même qu'on reçoit peu, quand bien même on donne beaucoup. Puis, le privilège de l'expérience aidant, on est de plus en plus à l'aise, ce qui permet de déceler les petites erreurs.

– Vous avez dit : « Quand je compose, je cuisine à l'eau ; quand je dirige, je cuisine au feu. » Pouvez-vous commenter cet aphorisme ?

– Composer, c'est avoir des idées et canaliser l'excitation qu'elles suscitent. Mais c'est d'abord de l'artisanat, qui ne peut qu'être conçu que dans le calme, car il faut tout calculer. Une fois que le calcul est fait, pour diriger, il faut le brûler. C'est l'interprétation qui le permet.

– Annotez-vous les partitions que vous dirigez ?

– Non. Je n'en ai pas besoin, car je sais ce qui s'y passe. Quand vous allez dans une ville qui vous est familière, vous n'avez pas besoin d'avoir des flèches sur tous les pavés. Si vous lisez une partition que vous connaissez bien, il n'est pas utile de l'avoir préalablement annotée. Ce qui ne veut pas dire que je me passe de partition en concert : elle demeure sur le pupitre, comme un aide-mémoire ou un garde-fou. J'y jette un coup d'œil de temps en temps, mais je dirige d'abord les musiciens.

– Vous dirigez sans baguette, épurant votre gestique de tout ce qui participe du spectacle. Pourquoi ?

– Dans la direction d'orchestre, il existe des gestes totalement inutiles, qui n'impressionnent pas les instrumentistes ; plus on bouge, moins les musiciens vous regardent. Tandis que si vous faites peu de gestes et que vous les ciblez bien, les musiciens demeurent attentifs, surtout quand il s'agit d'œuvres contemporaines : la géométrie des gestes est alors capitale. Les musiciens suivent en priorité leur partie, mais quand ils regardent le chef, il faut que celui-ci soit extrêmement précis, surtout dans les battues irrégulières. Dans les symphonies de Beethoven ou de Brahms, la gestique est d'expression. La battue, les mesures, tout le monde les connaît. Il existe un acquis chez les instrumentistes qu'on n'a pas besoin de renforcer. En revanche, pour une partition contemporaine peu connue, ou *a fortiori* inconnue, la gestique demeure très importante au plan de sa signification géométrique. C'est bien entendu une gestique expressive, mais elle a besoin d'être consolidée par sa place dans l'espace.

Les deux mains du chef peuvent être complètement indépendantes et même battre des rythmes différents. Je me sers très souvent de cette méthode quand le texte musical réclame une gestique spécifique. La battue de la mesure de la main droite ne me paraît pas indispensable pour les œuvres baroques : il n'est d'ailleurs pas nécessaire d'avoir un chef pour jouer notamment les *Concertos brandebourgeois.* Au-delà du baroque, on peut également rappeler que Daniel Barenboïm joue et dirige du piano tous les concertos de Mozart et de Beethoven.

Pour les compositions contemporaines, les miennes par exemple, le chef, en revanche, a une influence primordiale. Il lui faut se servir de la main droite pour battre la mesure ; mais ce mouvement dépend des passages où parfois l'on est en suspension, où l'on ne bat rien du tout, où l'on donne seulement des signaux : si l'orchestre a l'habitude de ces compositions, on peut répéter rapidement. C'est le cas de l'Ensemble intercontemporain qui sait ce qu'il doit faire ; on peut alors se passer d'explications.

– *Vous avez affirmé que le passé est indissociable du présent et de l'avenir. Qu'entendez-vous par là ?*

– La musique est une, mais l'excès de spécialisation m'est insupportable : c'est comme si on se trouvait dans un grand magasin avec un rayon pour les bas de femme, un autre pour les effets masculins et que ces rayons ne communiquent pas entre eux. La spécialisation empêche l'unité de la culture musicale et en fait un produit limité. Cela m'irrite profondément.

– *Que vouliez-vous dire en écrivant : « Schoenberg est mort » ?*

– Ce titre d'article, publié peu après la disparition du compositeur, n'était pas dirigé contre Schoenberg ; il a été mal interprété. Je voulais simplement dire qu'il fallait continuer après lui. Certains thuriféraires de Schoenberg ont pensé que sa disparition marquait la fin d'un monde et qu'il n'y avait plus d'issue pour la musique contemporaine : selon eux, il fallait toujours ressasser ce que Schoenberg avait fait. J'avais personnellement un œil critique sur ses œuvres et j'expliquais qu'il avait eu une période très inventive, puis qu'il avait eu moins d'invention et qu'il fallait établir une différence entre ce qui était important chez lui et ce qui l'était moins. Tous les compositeurs, même Mozart, même Beethoven, ont écrit des œuvres moins accomplies que d'autres. Ne pas admettre cette évidence serait nier la réalité. La *Neuvième*

Symphonie ou le *Quatorzième Quatuor* de Beethoven sont infiniment plus décisifs que la *Bataille de Vittoria.*

– Vous êtes demeuré longtemps éloigné de Gustav Mahler. Puis vous vous en êtes rapproché. Pourquoi ?

– J'ai vraiment découvert Mahler au cours de mes premiers séjours en Allemagne en 1959. En France, on ne le jouait pratiquement pas. J'y ai cependant entendu la *Quatrième* par Paul Kletzki au National et *Le Chant de la Terre* par Bruno Walter. Je me situais alors entre surprise et agacement. Je me souviens du dernier lied du *Chant de la Terre* avec un petit *gruppetto* de hautbois qui m'énervait profondément. J'étais à ce moment-là dans une période rigide et rigoureuse. Puis grâce à Hans Rosbaud, j'ai écouté l'enregistrement qu'il avait fait de la *Neuvième.* Tout à coup, j'ai réalisé l'importance de cette musique et de son contenu. J'ai alors voulu étudier toutes les symphonies de Mahler et j'ai acheté tous les disques disponibles, notamment ceux de Walter. Je me suis également procuré les partitions. Par la suite, j'ai dirigé la *Cinquième,* puis la *Quatrième,* et aussi *Das Klagende Lied,* qui marquait le point de départ de ses compositions et que j'ai enregistré dès 1970 avec le Symphonique de Londres tout comme l'adagio de la *Dixième Symphonie.*

Au cours des années soixante et soixante-dix, j'ai voulu approfondir mon analyse. Richard Strauss était très connu en France, Mahler ne l'était pas encore. La modernité, dans notre pays, était représentée surtout par Debussy. Or ces trois musiciens étaient pratiquement contemporains : Mahler était né en 1860, Debussy en 1862, Strauss en 1864. Tout récemment encore, j'ai dirigé *Prélude à l'après-midi d'un faune* et constaté qu'il se dégageait de cette œuvre, datant de 1894, une plus grande modernité que dans celles de Mahler et de Strauss. Chez Mahler subsiste en effet toute une part de la tradition austro-germanique. Mais en même temps, il était porteur d'une part de novation qui s'appuyait beaucoup sur le passé. Telle est la différence que j'établis entre Debussy et Mahler. Ce que je n'aurais pas admis quand j'étais jeune, je l'acceptai comme deux phénomènes qui se seraient croisés sans être sur la même longueur d'ondes.

Mahler était au terme d'une évolution quand Schoenberg a repris le flambeau pour l'amener plus loin dans la modernité. Si l'on compare la *Neuvième Symphonie* et *Erwartung,* on constate qu'une importante mutation s'est produite. Mahler aurait pu la connaître, voire la partager, s'il n'était pas mort à 51 ans. Je suppose qu'il n'aurait pas été insensible à cette évolution, qui conduisait à une rupture. Mahler aurait sans doute pu aller plus loin. Il y avait en lui une certaine ambiguïté, en ce sens qu'on a voulu trouver dans sa musique une part de sentimentalité ; or, à mon sens, il y a, notamment dans la *Cinquième*, davantage d'ironie, voire de sarcasme que de sentimentalité. Dans l'adagio, il prend la précaution d'annoter : « *nicht sentimental* ». Ce reproche visant son prétendu sentimentalisme l'aurait profondément irrité, car il avait un regard assez distancié à propos de certains éléments musicaux qu'il formulait ; chez Berg, on trouve d'ailleurs la même tendance : dans *Woyzeck*, cette sentimentalité est sous la surveillance de l'ironie.

On peut penser que Mahler a forgé un langage bien à lui qui a été imité par la suite : *Woyzeck* de Berg, les *Pièces de l'opus 6* sont très imprégnés de Mahler ; il en va de même pour le Webern du début et pour certains Schoenberg. Il est évident que Mahler a une descendance très nette : il est le maillon, qui n'est pas manquant, car il existe bien, à l'aube de l'école de Vienne.

Une influence de ce type n'est pas d'ordre stylistique ; c'est une influence de pensée, dirigée dans le sens de l'instant inséré dans une globalité, aboutissant à ce qu'on appelle la « grande forme ». Wagner et Mahler m'ont renforcé dans cette idée. La tradition en France a été longtemps de composer des pièces courtes, très ramassées, tout comme Webern, pourtant héritier de la

tradition purement autrichienne. On ne trouve pas beaucoup en France le *Durchführung* (le « développement ») dans la durée. Je le trouve en revanche à l'état pur dans les symphonies de Mahler et chez Wagner à l'état théâtral, grâce à la continuité qu'il parvient à imposer : ce n'est pas seulement la mélodie infinie, c'est la forme infinie.

– Debussy est-il, lui aussi, un maillon essentiel ?

– *Pelléas* est une exception qui demeurera comme telle. Les amateurs d'opéras, notamment les amateurs de vocalises – je parle pour eux –, n'ont d'abord pas trouvé grand-chose dans ce drame lyrique. En effet, la voix n'est utilisée par Debussy ni en virtuosité ni en expression. Il s'agit de « *parlando* ». Le seul moment de chant vrai, c'est la petite romance de la tour, ainsi que la scène d'amour du IVe acte, encore très mélodique. Mais la plupart des scènes sont un intermédiaire entre ce qui est parlé et chanté. On peut trouver dans cette œuvre l'influence de *Parsifal* plus que celle de Moussorgski, comme on a bien voulu l'affirmer.

– Et Olivier Messiaen : quelle influence a-t-il eue sur vous ?

– Je me serais peut-être débrouillé si je ne l'avais pas eu comme professeur au Conservatoire. Mais cette supposition ne doit pas me faire oublier qu'il m'a communiqué un déclic me permettant d'avancer plus rapidement dans mes études. J'avais suivi des cours d'harmonie avec des professeurs – il faut bien que je le dise – très médiocres. Quand je suis entré dans la classe d'Olivier Messiaen, j'ai immédiatement compris ce qu'était l'écriture musicale. Il m'a fait démarrer. C'est pour cela que je dis souvent que je n'ai pas foi en la pédagogie qui n'est qu'un déclic. Si ce signal ne se produit pas dès le départ, comme une sorte de bombe – il y a l'explosif, mais il faut le détonateur pour qu'elle explose –, l'enseignement ne donnera rien. Dans ce cas-là, mieux vaut renoncer tout de suite. Rien ne se produira si vous ne rencontrez pas quelqu'un sur votre chemin qui sera l'indispensable détonateur. Olivier Messiaen le fut.

– Et Dutilleux ?

– J'aurais pu diriger sa musique ; je lui avais commandé une œuvre, il y a au moins quinze ans. Il voulait composer un concerto pour contrebasse. Mais il n'a pas donné suite faute de temps.

– Quel est selon vous l'avenir de l'art lyrique ?

– Le théâtre lyrique a été remis sur pied non par ses chanteurs, non par les chefs d'orchestre, mais par certains metteurs en scène. Jusqu'à une époque récente, les régisseurs étaient tout-puissants ; ils faisaient ce qu'ils voulaient et pas toujours dans le bon sens ; mais s'ils n'avaient pas été là, la rénovation de l'opéra ne se serait jamais produite. C'est par leur radicalisme qu'ils ont modifié la vision que l'on avait de l'art lyrique. Deux d'entre eux, avec lesquels j'ai travaillé, selon des méthodes d'ailleurs différentes, viennent à mon esprit : Patrice Chéreau et Peter Stein. Ce fut un plaisir de collaborer avec eux. Le théâtre ne doit pas pour moi se limiter à une démonstration orchestrale et vocale. Quand en 1963 j'ai monté *Woyzeck* à Paris, j'avais pris un metteur en scène de théâtre, Jean-Louis Barrault, qui apportait un sang neuf. Ces novations ont conduit certains compositeurs à réfléchir à l'art lyrique qui n'est pas si mort que certains veulent bien le dire. Quand nous avons donné *Lulu* avec Chéreau, les dix représentations ont fait le plein à Garnier : c'est la confirmation que l'on peut attirer en même temps les gens qui aiment la musique et ceux qui aiment le théâtre.

– Que pensez-vous du retour au baroque ?

– Il s'agit d'un concept qui est un leurre total. On se base sur des textes qui ne sont pas sûrs ; on joue sur des instruments que l'on dit anciens, mais qui ne sont que des copies. Les musiciens travaillent sur des documents qu'il faut interpréter avec des divergences sur les *tempi* et sur l'équilibre entre les instruments. Ce qui me gêne le plus dans le baroque, c'est qu'on l'explore comme si l'on visitait des pays exotiques. On essaie de trouver une prétendue vérité historique ; on encadre un paysage alors que le panorama a depuis longtemps disparu. Il y a quelque chose de fantasmagorique là-dedans. Quand on lit les textes de l'époque, en particulier ceux qu'écrivaient Diderot et Rameau, on constate qu'il y avait beaucoup plus de liberté et beaucoup moins de dogmatisme que les réminiscences actuelles ne supposent.

On vient écouter et voir religieusement un opéra de Haendel ; on suit tous les airs qui s'enchaînent, les uns après des autres, alors qu'au XVIIIe siècle, les spectateurs bougeaient, sortaient, revenaient. J'ai vu dans le nô, avec des acteurs de tradition, les Japonais se mouvoir pendant la représentation, sortir pour manger et revenir pour boire le thé. On croit avoir une vision authentique de l'opéra baroque ; mais, en fait, elle est fausse. On ne peut écouter la musique baroque en oubliant ce qui se passait il y a trois siècles. L'artifice qui consiste à dire « je reconstitue l'époque » est comparable à l'attitude de personnes qui porteraient des perruques à la Louis XIV pour assister à un concert aux chandelles.

Quant à l'interprétation des symphonies de Beethoven sur des instruments d'époque, cela devient une sorte de document. Il ne faut pas

confondre la littéralité d'un texte avec sa puissance. Une partition permet d'envisager plusieurs interprétations et pas seulement celles qui consisteraient à revenir à la case départ. Je me souviens d'un mot de Beethoven à propos d'un violoniste qui se plaignait de ne pouvoir jouer certains passages aussi bien qu'il l'aurait voulu : « Croyez-vous que, quand je compose, quand l'Esprit souffle dans ma tête, que je m'intéresse à votre violon[1] ? » Le compositeur s'exprime clairement dans cette anecdote : c'est lui qui imagine et qui crée pour son temps et pour les temps à venir. Vouloir tout ramener à une période, c'est ne pas tenir compte de l'évolution de la société. Ainsi, au XIXe siècle, la notion prédominante était celle du progrès. Même les musiciens les plus éloignés de la doctrine marxiste étaient marqués par la recherche du progrès. Ainsi, Berlioz et Wagner préconisaient l'utilisation des instruments les plus récents. Quand Wagner ne trouvait pas ce qui lui convenait, il forgeait un nouvel outil. Revenir en arrière, c'est être en contradiction avec les compositeurs du XIXe.

– Quels sont les chefs d'orchestre qui ont le plus compté pour vous ?

1. Il s'agit du violoniste Schuppanzigh auquel Beethoven écrivait : « Croyez-vous que je pense à un sacré violon quand l'Esprit me parle et que j'écris ce qu'il me dicte ? »

– À mes débuts, j'allais à certains concerts non pour la direction d'orchestre, mais pour les œuvres. Roger Desormière est celui qui m'a été le plus proche : il a créé de nombreuses compositions contemporaines et a joué mes premières partitions, notamment *Le Soleil des eaux,* en 1950. Il a eu une grande influence sur mon évolution musicale. Il a hélas été victime en 1952 d'une hémiplégie qui a mis fin prématurément à une brillante carrière : il n'avait que 54 ans. Puis est venu Hans Rosbaud, ardent défenseur lui aussi de la musique contemporaine ; je l'ai rencontré à l'époque où je me suis établi à Baden-Baden ; il m'a beaucoup impressionné par sa technique d'une très grande précision et par son art des répétitions par groupe d'instruments, dont je me suis inspiré. Il m'a encouragé et aidé ; je lui dois ainsi d'avoir créé en Allemagne six de mes œuvres, *Polyphonie X* en 1951, *Le Marteau sans maître* en 1955, *Improvisation I sur Mallarmé* en 1957, *Improvisation II* en 1958 et *Improvisation III* en 1959 (qui porteront ensuite le titre de *Pli selon pli*), ainsi que *Poésie pour pouvoir* en 1958. J'ai eu également le bonheur de voir diriger Otto Klemperer, Bruno Walter, Paul Kletzki, Charles Munch, Ernest Ansermet. Mais j'écoutais beaucoup plus intensément les œuvres que je ne jugeais les chefs. En réalité, la technique de direction ne m'intéressait pas.

Par la suite, je me suis enseigné une forme de technique qui m'était propre. Si je suivais une œuvre que je connaissais bien, je me disais « je ne prendrais pas ça comme ça, je jouerais plus vite, plus lentement ». Il m'est arrivé, plus tard, d'être influencé par certains chefs ; Daniel Barenboïm est de ceux-là ; je l'ai souvent observé à l'Orchestre de Paris : son habileté m'intéressait beaucoup. Bernstein m'est apparu lui aussi extraordinairement habile. Je me suis imprégné de certains de leurs gestes, j'ai cherché à savoir comment ils résolvaient certains problèmes de direction.

J'ai bien connu Simon Rattle à ses tous débuts. Il devait avoir 18 ans quand il était timbalier au National Youth Orchestra de Grande-Bretagne. Je l'ai dirigé dans la *Musique pour cordes, percussion et célesta* de Bartok, ce qu'il m'a d'ailleurs lui-même rappelé ; il a été mon assistant pour plusieurs concerts. Je l'ai revu par la suite ; il a interprété certaines de mes pièces à Birmingham. Je l'aime beaucoup : c'est quelqu'un de très vivant qui porte en lui une véritable conception artistique. Il ne sépare pas la musique d'hier ou d'avant-hier de celle d'aujourd'hui. Il possède un esprit très ouvert et très entreprenant. La façon dont il a façonné l'Orchestre symphonique de Birmingham est un admirable exemple de ses capacités. Je lui souhaite d'avoir la même réussite avec le Philharmonique de Berlin ; cela a l'air bien parti.

Esa-Pekka Salonen m'intéresse également : je l'avais invité il y a vingt-cinq ans à diriger l'Ensemble intercontemporain qui en était à ses débuts ; personne ne le connaissait à cette époque. J'apprécie aussi le talent de Riccardo Chailly : jouer du contemporain au Concertgebouw d'Amsterdam, dont il a secoué la torpeur, ce n'était pas gagné d'avance, surtout venant après Bernard Haitink, très bon chef certes, mais pas assez aventureux à mon goût. J'ai également un très bon contact avec Myung-Whun Chung ; je l'avais également convié à l'Intercontemporain, il y a vingt ans. Il fait partie des chefs, âgés de 40 à 50 ans, auxquels j'ai offert une chance, tels David Robertson et Kent Nagano. Je suis toujours heureux de découvrir un talent peu connu et de me dire : « Tiens, celui-là va devenir quelqu'un. »

La relève semble plus difficile à réaliser actuellement. Les éléments nécessaires à la direction ne se transmettent pas automatiquement. Si c'était le cas, les très bons interprètes auraient toujours de merveilleux élèves. Ce n'est pas toujours possible, alors qu'on rencontre souvent des jeunes qui ont étudié avec des gens obscurs et qui se sont développés harmonieusement.

– *Vous avez dirigé fréquemment l'Orchestre de Paris. Comment le situez-vous par rapport aux grandes formations internationales ?*

– Cet orchestre possède un énorme potentiel : quand on le prend en mains, on l'apprécie immédiatement et on obtient de ses musiciens de merveilleux résultats. Il est cependant très dommageable que l'Orchestre de Paris ne puisse disposer en permanence d'un auditorium digne de sa qualité[1].

– *Les poètes semblent avoir joué un rôle important dans votre évolution artistique. Vous avez écrit à propos de Mallarmé : « Le poète dépasse son époque. » N'est-ce pas votre cas ?*

– J'ai toujours souhaité ne pas être daté, et en même temps faire date, ce qui est l'essentiel dans tout art. Ainsi, chez Mallarmé, on trouve un ensemble de thèmes qui sont typiques du XIXe siècle. Mais il les transfigure pour en faire des textes qui vont bien au-delà de son époque. Pour ma part, j'ai un langage qui est né de certaines confrontations avec des compositeurs qui m'ont précédé ou qui étaient de ma génération ou de la suivante. Mais

1. Rappelons que Pleyel rouvrira ses portes en 2006.

il m'a fallu constamment réagir en profondeur afin d'éviter de subir des influences passagères dont je devais bien mesurer la portée.

Les poètes, les écrivains en général et les peintres m'ont constamment inspiré. Kandinsky a été plus important pour moi que Picasso. J'aime beaucoup le Picasso cubiste et celui de *Guernica*. Mais l'artiste d'après 1945 m'a moins convaincu : si le geste était encore extraordinairement doué, le contenu n'était plus le même.

La peinture abstraite et la musique contemporaine suivent une évolution parallèle. La peinture est mieux comprise que la musique car elle est plus facile à assimiler. Vous pouvez, dans un musée, passer d'un tableau à un autre, puis déterminer vos préférences. En musique, vous ne pouvez reconstituer une œuvre que si vous avez tout écouté, voire étudié la partition. C'est donc beaucoup plus difficile au plan éducatif. Autour des arts plastiques, il existe une sorte d'entropie, composée d'affiches, de graphisme, de livres illustrés, qui aide à les faire vivre et à les diffuser. En musique, cette amplification n'existe pas. Il faut avoir recours à l'éducation qui, malheureusement, n'est pas à la hauteur de ce qu'elle pourrait être dans le primaire et le secondaire. Tout devrait même commencer dans les classes maternelles. Nous en sommes loin, hélas.

– Imaginez que vous partiez pour une île déserte. Quelles partitions emporteriez-vous ?

– Aucune. Je composerais.

NIKOLAUS HARNONCOURT
LE PASSÉ RECOMPOSÉ

« Effacer le passé, on le peut toujours : c'est une affaire de respect, de désaveu, d'oubli. Mais on n'évite pas l'avenir. »
Oscar Wilde, *Le Portrait de Dorian Gray*

Nous avons pris place, mon épouse et moi, sur les gradins habituellement réservés au chœur car, ce soir, les voix ne sont pas au programme : dans la prestigieuse salle du Concertgebouw d'Amsterdam, qui a tous les attraits d'un site historique sans en avoir les inconvénients, nous bénéficions de l'immense privilège d'être derrière l'orchestre, face à Nikolaus Harnoncourt qui dirige la *Neuvième Symphonie* de Schubert[1]. Mains jointes, sans baguette, comme pour esquisser une prière, après quelques secondes de recueillement, il déclenche le signal de départ. Des doigts et des mains, il dessine des arabesques qui sont autant de messages précis, saisis au vol par les musiciens. Bouche entrouverte, on a l'impression qu'il va parler aux instrumentistes, comme ce fut le cas lors des répétitions. En réalité, il avale longuement de l'air comme s'il voulait faire respirer l'orchestre avec lui. Corps penché en avant, bras allongés devant le torse ou sur les côtés, il fait penser à un escrimeur portant une botte secrète. Sa gestique, élégante, déliée, communique de brèves impulsions sous forme d'élan permanent. Je remarque qu'il ne bat pas souvent la mesure : ses deux mains

1. Concert du 2 décembre 2002.

volettent comme des papillons. De brusques mouvements, qui sont plus des invitations que des ordres, modifient le rythme de la musique. Par moments, il demeure immobile pendant quelques secondes, avant de relancer la cadence. Les mains ouvertes, il semble projeter le son du podium à l'estrade. Et toujours cette profonde respiration qu'on entend de loin : Nikolaus Harnoncourt a du souffle ; ne serait-ce pas là l'inspiration du génie ?

Au fur et à mesure qu'il avance dans la symphonie, nous remarquons que son regard devient incisif, de plus en plus perçant et même presque menaçant. C'est un message très fort qu'il adresse aux instrumentistes. Son visage est illuminé par l'éclat de ses yeux bleus qui rayonnent d'une flamme inextinguible. Il met le feu à l'orchestre, avant d'esquisser un sourire à l'adresse des violonistes. La *Neuvième Symphonie* de Schubert est vraiment « *Grande* » sous sa direction.

La veille, à proximité de la salle de concert, dans un charmant hôtel aux escaliers escarpés, qui a vu passer toutes les célébrités musicales invitées à Amsterdam, Nikolaus Harnoncourt et Alice, son épouse, nous reçoivent dans l'appartement réservé au couple à chacune de ses visites[1]. Discrète, Alice n'assiste à l'entretien que lorsque le maître a besoin de lui faire préciser un détail. Portant la traditionnelle veste autrichienne, détendu, disert, sensible, doté d'une distinction naturelle, sa propre noblesse de souche, sachant manier l'humour, Nikolaus Harnoncourt nous parle, dans un excellent anglais, de Schubert dont il a gravé l'intégrale des *Symphonies* avant même de s'attaquer à celle de Beethoven : « C'est là ma musique, affirme-t-il d'entrée. Schubert use d'un dialecte musical particulier, celui d'une ville, Vienne. À travers chaque note, je peux entendre ce langage que j'aime et qui n'est pleinement compris que par ceux qui sont du cru. On peut certes l'apprécier sans être autrichien, mais il faut pour cela que Schubert soit parfaitement interprété par les instrumentistes, comme le font ceux du Concertgebouw. L'âme viennoise irradie les œuvres de Schubert. On la retrouve également dans celles de Johann Strauss, père et fils, ainsi que dans celle – peut-être vous surprendrai-je – d'Alban Berg. Ces compositeurs ont des liens réels ; ils ont écrit une musique qui peut être perçue et comprise par les Viennois parce qu'elle évoque la danse et lui confère ainsi un sentiment populaire. Quand le chef et les

1. Entretien enregistré à Amsterdam, le 1er décembre 2002.

musiciens ressentent davantage le côté italien qu'autrichien, j'entends presque du Rossini dans Schubert. Or ce n'est pas ce qui convient : il faut le jouer comme il l'a senti ; on décèle toujours une certaine tristesse, et souvent l'idée de la mort chez Schubert, en dépit de la joie qu'il semble dégager. Il en va de même pour Johann Strauss. La nostalgie les accompagne sous des aspects de fête, même le premier jour de l'an, date qui nous rapproche un peu plus de la mort. J'aime les longueurs de Schubert mais dans mon intégrale, j'ai fait le choix de ne pas conserver la reprise du finale de la *Neuvième Symphonie*. C'est trop long et trop exigeant pour les musiciens. Je l'ai faite complète une fois avec le Sudwestfunk de Stuttgart : les violonistes étaient exténués à la fin. »

Homme de grande culture, doté d'une prodigieuse mémoire, Autrichien certes et d'ancienne lignée, Nikolaus Harnoncourt n'oublie pas ses racines françaises : le nom qu'il porte – et qui se libelle en Johann Nicolaus, comte de La Fontaine et d'Harnoncourt-Unversagt – est celui d'un de ses ancêtres, le chevalier d'Harnoncourt, qui, en 1744, quitta son pays pour accompagner le duc François III de Lorraine qui allait épouser à Vienne l'impératrice Marie-Thérèse d'Autriche, avant d'être lui-même élu empereur l'année suivante. Pour la petite histoire, les deux souverains furent les parents de Marie-Antoinette, qui connut un tragique destin dans le pays de son père : « Nous venons de Lorraine, m'explique le maestro. Harnoncourt est un lieu-dit, proche de la frontière belge actuelle : on y trouve encore les murs d'un antique château et quelques vestiges du passé. Mon grand-père paternel a pu établir un arbre généalogique dont les racines plongent jusqu'au Moyen Âge et peut-être même avant. Le rameau familial des Harnoncourt est le seul qui ait perduré jusqu'à nos jours, en Autriche, mais pas en France, du moins à ma connaissance. L'autre partie de la famille a également une ascendance lointaine : au XVIe siècle, un certain de La Fontaine épousa la dernière fille d'une grande famille luxembourgeoise, du nom d'Unversagt (“indomptable” ou “inébranlable” en français). Ce double nom fut ensuite accolé à celui d'Harnoncourt, selon le vœu de l'ultime descendante de la lignée de La Fontaine, afin que ce patronyme ne disparaisse pas. Mes ancêtres portaient le titre de Graf (comte) : nous n'avons pu le garder, car tous les signes distinctifs de noblesse ont été abolis en Autriche en 1918 à la chute de l'Empire austro-hongrois. »

Porteurs d'une tradition ancestrale, les Harnoncourt ont toujours eu la passion de la musique : « Du plus loin qu'il m'en souvienne, il y a constamment eu de la musique autour de moi. Mon père voulait être compositeur, mais ses parents s'y sont opposés : il n'y avait chez nous que des diplomates, des officiers, des médecins et des… évêques. Il était exclu que l'on pût opter pour une carrière artistique professionnelle. Mon père choisit donc la marine, car il y en avait une en… Vénétie. Il espérait trouver sur les grands navires un orchestre avec un piano, instrument dont il jouait fort bien. Il n'avait pas passé deux mois à bord du navire où il avait été engagé quand la Grande Guerre éclata. Il fut alors versé dans les sous-marins, sans piano ! La paix revenue, il continua de se consacrer à la musique et à composer des sonates et des opérettes. Jeune marié, il lui fallut travailler, car il était sans fortune : il devint juriste. Mais l'amour de la musique ne le quittait pas : à Graz où nous habitions, quand il revenait d'un concert ou de l'opéra, il jouait au piano, sans partition, les œuvres qu'il venait d'entendre. Ma sœur aînée apprit elle aussi à jouer du piano et mon frère suivit des études de violon, instrument pour lequel il était très doué. Quant à moi, le cadet, on me mit à 5 ans devant un clavier, mais ça ne me plaisait pas. Un jour, mon père m'a dit : "Pour constituer un trio familial, nous avons besoin d'un violoncelliste" ; je le devins quand j'eus 7 ans. À l'époque, je n'avais pas l'intention de devenir musicien, bien que j'eusse d'excellents professeurs. Je me consacrais plus volontiers au théâtre de marionnettes, que j'adorais, ou à la sculpture sur bois, que je n'ai jamais abandonnée. Et puis, je suis tombé malade. Comme je ne pouvais plus faire de musique, j'ai écouté la radio. Un jour, j'ai entendu la *Septième Symphonie* de Beethoven dirigée par Furtwängler. L'*allegretto* m'a dit clairement : "Tu dois devenir musicien !" J'avais 17 ans quand j'ai décidé de poursuivre mes études de violoncelle.

« Après l'annexion de l'Autriche par le IIIe Reich, notre famille a connu des années très difficiles. Une de mes tantes fut dénoncée et déportée au début de la guerre pour avoir écouté la radio anglaise. Cette période tragique m'a profondément marqué ; je me souviens très bien des dernières allocutions du chancelier d'Autriche, Schuschnigg, avant l'Anschluss, en 1938, ainsi que les discours d'Hitler, Goebbels et Goering. Mon père était un farouche opposant au régime nazi ; mais il ne parlait jamais de politique : son unique souci était de protéger sa famille. Vers 1942-43, je m'étais pris de passion pour un historien, célèbre dans notre pays, Egon Friedell, auteur d'une *Histoire culturelle de notre temps*. Mon père me demanda d'être discret à propos de cette lecture : "Attention, ce livre est dangereux, car Friedell est juif." J'ai su plus tard que, sur le point d'être arrêté par la Gestapo, l'écrivain s'était suicidé.

« Comme tous les adolescents, j'avais l'obligation de me présenter deux fois par semaine aux Hitler Jugend. J'ai cherché à échapper à cet embrigadement en fondant un groupe théâtral. Comme j'étais né le 6 décembre 1929 – jour de la Saint-Nicolas –, je n'ai pas été enrôlé dans les Waffen S.S., ce qui fut, au contraire, le sort malheureux de tous ceux qui étaient du premier semestre de cette année-là. J'avais tellement peur que j'ai écrit une lettre aux autorités militaires pour leur dire que je voulais devenir officier de marine. Il était question qu'on m'envoie à l'École navale de Hambourg quand les Américains sont arrivés en avril 1945. J'ai terminé mes études secondaires et passé mon bac ; en même temps, je prenais des leçons de violoncelle à Graz avec Paul Grümmer, membre du célèbre Quatuor Busch et ancien solo du Philharmonique et du Staatsoper de Vienne, devenu un éminent professeur. Comme Grümmer partait pour la Suisse en 1946, je me suis inscrit à l'Académie de musique de Vienne où j'ai suivi les cours de Emmanuel Brabec. En 1952, j'ai postulé à l'Orchestre symphonique de Vienne dont Herbert von Karajan était le chef permanent : parmi les trois cents candidats soumis au choix du maestro, il y avait quarante violoncellistes, dont moi. Ma future femme, Alice, était au piano. En observant et en écoutant Karajan, j'ai su presque tout de suite que je serais retenu ; il m'avait demandé de jouer des morceaux difficiles, dont un fragment du *Concerto pour violoncelle* de Dvorak, qui passait du très fort *fortissimo* au plus faible *pianissimo*. Karajan ne m'a rien dit, mais il s'est adressé à son intendant : "Ce musicien m'intéresse ; je le veux pour l'orchestre." Telle fut ma première rencontre avec cet homme distant, qui ne s'adressait pas aux instrumentistes et se murait dans un étrange isolement. Il m'attirait plus par sa science de l'orchestre que par sa sensibilité musicale. Il estimait que les musiciens devaient avoir une connaissance parfaite des œuvres qu'ils allaient jouer. Nous savions tous ce qui s'était passé pour lui après la guerre. Il s'était servi sous le IIIe Reich de tous ceux qui pouvaient lui être utiles, au contraire de Furtwängler qui était au sommet de la célébrité : ce dernier n'avait besoin de personne, mais, trop naïf, il pensait qu'un musicien était invulnérable et il n'imaginait pas que la musique pût favoriser la politique du régime ; pour ma part, je ne peux pas imaginer que Furtwängler ait pu avoir des sentiments pro-nazis ; cependant, on peut regretter que son image ait été utilisée par la propagande de Goebbels. »

Nikolaus Harnoncourt demeure au Symphonique de Berlin de 1952 à 1969, où il joue sous la direction des plus grands chefs de l'époque. Quel souvenir garde-t-il de cette période ? « Furtwängler était un très, très grand chef. Mais Karajan, lui aussi, était fabuleux dans Beethoven, Brahms, Sibelius. Bruno Walter impressionnait par la réputation qui le précédait, mais je ne garde pas un souvenir inoubliable de son passage. En revanche, Erich Kleiber m'a subjugué. Charles Munch était également un remarquable conducteur. Ferenc Fricsay s'est révélé à cette époque, mais il n'a pas connu la gloire qu'il aurait méritée, car il est mort trop jeune. Sergiu Celibidache était alors très différent de ce qu'il fut plus tard : il était comme une flamme vivante. Il se mettait souvent en colère et se montrait parfois violent. Un jour, il s'est penché vers les violoncellistes avec une telle hargne que mon archet m'a échappé de la main et s'est envolé dans le public ! J'ai revu Celibidache vingt ans plus tard, à Munich ; ce n'était plus le même homme : assis sur une chaise, on aurait dit Bouddha.

« Pendant les dix-sept années où je suis resté à l'Orchestre symphonique de Vienne, chaque semaine nous étions dirigés par un ou deux chefs différents. Je ne les prenais pas au sérieux quand ils ne conduisaient pas comme je pensais qu'ils auraient dû le faire ; je souffrais beaucoup pour… la musique. Je m'insurgeais aussi contre le côté dictatorial de certains invités : je n'admettais pas leurs exigences consistant à faire répéter un instrumentiste seul, au milieu de l'orchestre ; je trouvais cette habitude gênante. Il est heureux que cette pratique ait à peu près disparu. J'ai peu à peu perdu patience, car je voulais faire de la musique comme je l'entendais, au sens propre du terme. »

C'est ainsi que Nikolaus Harnoncourt s'engage dans la voie la plus étroite : « La musique de chambre de la Renaissance et du baroque me passionnait. Tout en continuant à jouer à l'Orchestre symphonique de Vienne, j'ai créé en 1953 une petite formation qu'on allait baptiser plus tard du nom de Concentus Musicus de Vienne. Notre objectif était de nous replacer nous-mêmes dans le passé et non pas de rapporter la musique historique au présent. Notre label était ambitieux : “Pour restituer la musique ancienne, avec tout ce qu'elle exprime, et faire redécouvrir l'intelligence de cette musique à partir de ses propres lois.” Nous passions tout notre temps libre, avec Alice, à effectuer inlassablement des répétitions ; nous allions dans les bibliothèques pour recopier les partitions originales, de Josquin des Prés à Corelli, en passant par Purcell. Nous n'avons donné notre premier concert public qu'en 1957, car nous voulions être sûrs de pouvoir faire de la bonne musique. Notre formation comprenait au début cinq ou six musiciens, dont Alice, premier violon, puis nous sommes passés à dix puis douze ; des amis venaient nous écouter qui nous encourageaient à franchir le pas. Ce fut chose faite quand nous avons loué une salle du Palais Schwarzenberg à Vienne pour présenter deux programmes différents : des musiques du XVIe siècle écrites sous le règne de l'empereur Maximilien, puis des œuvres de Joseph Haydn. Nous faisions tout : la vente des billets, les affiches, les contacts avec la presse. Toutes les places furent occupées au cours de cette semaine inaugurale ; ce succès dépassait largement nos espérances. Le Concentus a rapidement progressé et nous avons grandi avec lui, car d'autres excellents musiciens nous ont rejoints ; la plupart d'entre eux venaient de l'O.S. de Vienne ou de quatuors ; nous les sélectionnions avec soin ; notre qualité s'est imposée même auprès des compagnies de disques ; nous avons enregistré chez Amadeo, D.G.G., Telefunken, notamment les *Concertos brandebourgeois* qui ont été très favorablement accueillis par le public, mais vertement critiqués par la presse viennoise. Notre fidélité à l'authenticité du baroque, avec des cordes anciennes, changeait trop les habitudes. Ce fut pourtant une nouvelle étape décisive qui nous a apporté des ressources nouvelles et la possibilité de continuer de plus belle sans nous rendre compte que nous provoquions une sorte de révolution des esprits et, du même coup, de l'industrie du disque.

« Un jour, afin de me libérer de toute contrainte, j'ai décidé de quitter l'Orchestre symphonique de Vienne et de devenir indépendant tout en ayant la crainte de l'être. Au début, nous n'étions pas une formation à temps complet, car nous ne disposions pas des moyens financiers nécessaires. Ce n'était d'ailleurs pas notre objectif : les musiciens préféraient alterner le symphonique et la musique ancienne. Quand j'ai fait mes adieux à l'O.S. de Vienne, ce fut comme si j'y laissais une partie de moi-même. Mais le Concentus avait pris son envol et mes regrets se sont estompés : les engagements sont venus de toutes parts, Amsterdam, Milan, Salzbourg où j'étais professeur. Mon carnet d'invitations était plein ; nous n'arrêtions plus.

« Pendant cette période, j'ai rencontré des artistes passionnants parmi lesquels Gustav Leonhardt tient une place à part. Je l'ai connu à l'Académie de Vienne où il enseignait ; nos premières discussions ont porté sur *L'Art de la fugue* de Bach. Nous sommes devenus de grands amis et nous avons très souvent joué ensemble, lui au clavecin, Alice au violon et moi au violoncelle ; puis nous avons enregistré, au cours de deux décennies, toutes les *Cantates* de Bach. Nous avons évolué au fil des années en nous fixant de nouveaux objectifs ; nous avons voulu ainsi redonner à Telemann la place qu'il avait occupée au XVIIe siècle : le duo qu'il formait avec Jean-Sébastien Bach n'est pas sans rappeler celui formé plus tard par Haydn et Mozart, ce dernier ayant partiellement éclipsé son aîné. Or, certains opéras de Haydn –

j'en ai dirigé trois – sont aussi beaux que ceux de Mozart. Mais ils sont presque toujours négligés. Quand vous évoquez aujourd'hui le nom de Haydn, les directeurs de théâtre répondent invariablement : "Nous préférons *Cosi fan tutte.*" Hélas, on pense toujours plus aux spectateurs potentiels qu'à la musique. Haydn est encore sous-estimé : pourtant il est le compositeur qui, à son époque, possédait le plus d'humour ; satirique, cynique même, il savait aussi bien être sérieux que gai. Quand on entend un de ses menuets, on ne peut pas danser sur sa musique : au bout de trois pas, vous tomberiez à coup sûr ; il est impossible de le suivre, ou alors il faudrait avoir trois jambes. Il a écrit mille menuets, cent quatre symphonies, cent soixante trios, des opéras, des cantates, des messes, des sonates, des concertos ; son activité était fabuleuse. On ne lui rend pas encore pleinement justice. J'ai tenté de le faire en enregistrant avec le Concertgebouw ses *Symphonies londoniennes.*

« J'aime également beaucoup Rameau ; sa musique est d'une grande originalité : il apportait une dimension nouvelle grâce à une instrumentation élargie et de très belles mélodies. Il est pour moi l'un des plus grands compositeurs de tous les temps. Quant à Mozart, même dans ses œuvres de jeunesse, il est fabuleux. Et ses dernières compositions sont toutes géniales. J'ai toujours pensé que tout ce qu'il écrivait était dramatique et que, de ce fait, on aurait pu jouer toute sa musique au théâtre. Quand j'ai assisté, pour la première fois, à ses opéras, j'ai dit à mon père : "Tout est opéra chez Mozart !" J'avais noté en effet que, dans ses œuvres, les instruments sont comme des personnes vivantes ; ils se parlent et il y a toujours une fin intéressante, triste ou joyeuse.

« À mon sens, la fin du baroque se situe au milieu du XVIIIe siècle. Le jeune Haydn – il est né en 1732 – se situe à sa limite. Le Telemann de la maturité prend déjà place dans le classique. Le Haendel tardif sort du baroque. Quant à Rameau, il était baroque à ses débuts, mais il ne l'était plus réellement quand, déjà très âgé, il a écrit ses opéras. Cependant, il faut savoir que les Français n'appréciaient guère le baroque italien. Ainsi, Bernin n'a jamais pu travailler à Paris comme il l'a fait à Rome. Je pense que chaque peuple, même en musique, génère son propre style. »

Toujours à propos du baroque, peut-on craindre que la prolifération des formations utilisant des instruments d'époque banalise la musique ancienne ? « Ce qui compte avant tout, répond Harnoncourt, c'est la qualité de la musique produite et comment est exprimé son contenu ; il faut qu'elle soit porteuse d'un message, car il ne suffit pas qu'elle soit jolie. Il existe tout un groupe d'ensembles anciens ou des formations plus modernes qui se contentent d'être des suiveurs. Techniquement, ils sont, pour la plupart, très bons, mais on sent trop chez eux la recherche de la virtuosité : on n'y trouve pas assez d'âme, donc pas de message. Le nombre de musiciens ne fait rien à l'affaire : c'est ainsi qu'avec les orchestres symphoniques, le risque est parfois grand de ne trouver que le vide, car le son souvent trop froid, trop technique, n'atteint pas à la profondeur de la musique. »

Comment Nikolaus Harnoncourt explique-t-il son évolution, de la musique ancienne vers le classique, le romantisme et même le contemporain ? Le passé avait-il cessé de l'intéresser ou bien lui avait-il révélé l'avenir ? « Quand j'ai commencé à conduire, j'avais déjà 40 ans. Il me paraissait évident que je déborderais tôt ou tard du cadre baroque pour aller plus avant vers Haydn, Mozart, Beethoven, Schubert, Brahms, avec le Concertgebouw, puis avec l'Orchestre de chambre d'Europe et plus loin encore, Bruckner et le XXe siècle, avec notamment Alban Berg, parce qu'il est le "frère" de Schubert. La seule question que je me posais était : "Quand franchirai-je le pas ?" Je le fis quand j'eus 55 ans. Aujourd'hui, si je reviens toujours à Bach, je ne peux plus vivre sans Schubert, Bruckner, Dvorak, Bartok... Au moment où j'ai commencé à explorer le répertoire du XIXe siècle, il n'y avait pas le choix : aucun baroqueux ne jouait sur instruments classiques. Moi-même, je n'utilisais que des instruments anciens. Mais j'ai su rapidement qu'on pouvait obtenir des sonorités très proches avec des instruments modernes. En revanche, pour le XIXe, je me suis refusé à utiliser des instruments anciens. Il faut en effet pour le faire disposer d'instrumentistes qualifiés. Or à l'Orchestre de chambre d'Europe, comme à Berlin ou à Vienne, j'avais à ma disposition des musiciens de notre temps. Il faut savoir que les grandes formations internationales, qui ont un répertoire très étendu, possèdent un son qui découle de leur passé, de leur tradition : c'est pour moi l'élément le plus important. Quand je joue des compositions baroques sur instruments anciens, cette musique est si loin de nous que nous devons toujours nous efforcer de retrouver la meilleure couleur de son possible, le meilleur équilibre ; ensuite, nous devons nous demander ce qui est valable pour notre époque. Cela, je peux mieux le faire avec les instruments anciens qu'avec les modernes. Mais pourtant, il m'arrive de donner du Bach avec un ensemble contemporain. »

Peut-on apprendre l'art de conduire ? « Tout d'abord, précise Nikolaus Harnoncourt, je ne connais pas deux chefs qui dirigent de la même manière. Mon vieil ami Sanderling disait toujours : "Vous pouvez apprendre la gestique en deux heures de temps et si vous avez la bonne méthode, une heure suffit."

Tout le monde peut apprendre à conduire au plan technique, mis à part certaines œuvres modernes comme celles de Bartok ou Stravinsky qui nécessitent un travail approfondi. Mais, et c'est bien connu, apprendre à diriger est beaucoup plus facile que d'apprendre à jouer du violon. Mais comprendre le contenu de la musique et communiquer cette compréhension à cent musiciens, c'est tout à fait autre chose. Diriger, c'est d'abord savoir se faire suivre, donc avoir en tête le concept de l'œuvre et transmettre son message aux musiciens. C'est la base. Si vous n'en êtes pas capable, c'est que vous n'êtes pas un chef. J'ajoute qu'il faut aussi pour diriger faire preuve de psychologie. Et puis, il y a aussi le don inné : certains jeunes très doués s'imposent très tôt, mais il faut attendre pour savoir ce qu'ils peuvent faire avec les très grandes œuvres. »

Nikolaus Harnoncourt, comme quelques autres très grands chefs, a choisi de diriger sans baguette. Pourquoi ? « Je n'ai jamais ressenti la nécessité de conduire avec une baguette : quand je serai plus vieux, il se pourrait que mes mains soient moins habiles et que je sois contraint d'utiliser le "bâton". À l'opéra, quand les chanteurs me disent qu'ils se sentent plus à l'aise en suivant la baguette, je n'ai aucune difficulté à le faire. Mais en concert, je n'ai que mes mains. Le nom allemand de baguette – ou plutôt bâton – est *Stock*. Depuis ma jeunesse, j'ai toujours considéré que le bâton était destiné à frapper les gens, d'autant que le mouvement du bâton est *schlagen* qui veut dire "frapper". Je n'aime pas cette sémantique, trop rude à mon goût. D'où mon choix. »

Un chef doit-il battre la mesure en permanence ? « Cette théorie selon laquelle la main droite bat la mesure et la gauche indique les nuances, les couleurs, est bonne pour les manuels. Je conduis souvent le Concertgebouw, le Wiener et le Berliner Philharmoniker et je puis vous assurer que leurs musiciens n'ont nullement besoin que je batte le temps ; ils sont trop compétents pour cela. La mesure, c'est bon pour une fanfare militaire, mais pas nécessaire pour un grand orchestre symphonique. C'est pourquoi j'utilise les deux mains pour donner le maximum d'indications, sous forme de nuances, de déclenchement. Mais si je sens que la mesure échappe aux instrumentistes, j'y reviens pour un court instant. La seule règle en définitive est le résultat qu'on veut obtenir. »

Le plus grand succès que Nikolaus Harnoncourt ait obtenu en disque est indiscutablement l'intégrale des *Symphonies* de Beethoven, avec plus d'un million d'exemplaires vendus. Comment a-t-il procédé ? « J'ai d'abord enregistré Schubert, puis je suis passé au projet Beethoven auquel je tenais d'autant plus que l'Orchestre de chambre d'Europe allait les interpréter pour la première fois, à partir de 1990. Ce fut une chance unique : il n'existait pas un orchestre digne de ce nom qui ait jamais joué les *Symphonies* de Beethoven. Cette formation que je conduis régulièrement est composée de musiciens confirmés venant de nombreux pays européens. Il s'ensuit un sentiment très fort d'internationalisme qui est justement la marque des œuvres de Beethoven ; n'oublions pas non plus qu'elles ont été des premières mondiales à leur époque. J'avais choisi une méthode qui se situait à l'opposé des tentatives effectuées par Hogwood, Bruggen, Norrington, et plus tard par Gardiner, qui avaient tous opté pour les instruments anciens. J'ai voulu, pour ma part, qu'on utilise des instruments modernes, à l'exception des trompettes naturelles et des timbales d'époque que je trouvais plus mordantes. J'ai introduit dans mes interprétations mes propres découvertes sur partitions, notamment des ruptures de tempo, d'attaques, de dynamique, en y mêlant à la fois plus de violence et plus de douceur. »

Nikolaus Harnoncourt voue également une grande admiration à Mendelssohn, alors que ce compositeur est souvent négligé de nos jours : « Pour moi, Mendelssohn fait partie des plus grands musiciens du XIXe siècle. On dit souvent que sa musique est superficielle. Certes, on peut la jouer en douceur, mais cela n'efface pas sa gravité. Il suffit de lire ses partitions pour s'en convaincre : d'ailleurs, quand je prépare un concert de ses œuvres, j'y passe plus de temps que sur celles d'autres compositeurs. *Le Songe d'une nuit d'été* est une composition qui va au fond du cœur de l'homme, avec légèreté. C'est comme un peintre qui déciderait d'utiliser l'aquarelle, technique qui permet aussi de réaliser des chefs-d'œuvre. »

Et Wagner, pourquoi cet éloignement, cette méfiance, hormis peut-être pour *Tristan* ? « Quand vous n'avez pas d'affinités avec un compositeur, il ne faut pas insister, car c'est inexplicable et sans issue. Chez Wagner, je ne trouve pas sa propre substance, donc je ne peux pas communiquer avec elle. C'est peut-être ma faute. Il en va de même avec Berlioz et Mahler : je ne suis pas capable d'apprécier leur musique, parce qu'à travers elle, ils parlent constamment de leur propre vie ; leurs œuvres sont tellement autobiographiques, leur intimité si constamment dévoilée que je ne peux les jouer. Cela n'a pas d'importance puisqu'ils sont interprétés par presque tous les chefs. Je ne joue pas non plus Richard Strauss : son génie me gêne. En ce qui concerne Wagner, j'y trouve beaucoup de textes artificiels qui ne me retiennent pas. Seul *Tristan* est une œuvre qui me captive : composée au milieu du XIXe siècle, à l'époque où Mendelssohn et Schumann venaient de disparaître, c'était une nouveauté étonnante : l'ingénuité de l'harmonie a permis à Wagner d'exprimer l'amour, la mort, la morale d'une manière magistrale. Parfois, *Les Maîtres chanteurs* m'attirent ; j'ouvre la partition, et puis je renonce : si j'avais dix ans de moins, après un stage de direction, je pourrais peut-être en faire une bonne opérette ! En revanche, j'aime diriger Verdi ; avec lui, je me sens méditerranéen. »

Quelle vision Nikolaus Harnoncourt a-t-il de la musique contemporaine ? « J'admire Debussy et Ravel qui ont écrit des œuvres merveilleuses. Je ne les ai jamais interprétées parce que je ne sais pas si j'ai le passeport qui me permettrait de les jouer. J'ai le plus grand respect pour eux, mais je suis à l'arrêt devant leurs écrits. Au sujet de Debussy, j'ai un problème à résoudre, notamment avec *Pelléas* : j'aimerais tellement le faire, c'est magnifique, mais en ai-je le droit ? Je n'en suis pas sûr à cause de la langue, de la poésie qui s'en dégage. Peut-être qu'un jour je m'y risquerai... Il en va de même pour Ravel. Tous deux m'évoquent les *Nymphéas* de Monet. Leur musique leur ressemble. J'ai également un faible pour Alban Berg, qui n'est pas un dodécaphoniste intégral : il a usé parfois de ce style, mais il est souvent dans la tonalité. Il possédait tous les dons pour écrire de la grande musique ; le *Concerto "À la mémoire d'un ange"*, que j'ai enregistré avec Gidon Kremer, est un pur chef-d'œuvre. Je me suis également beaucoup intéressé à Schoenberg dans sa période pré-dodécaphonique. Pour des raisons familiales – nous chantions *Le Livre des sept sceaux*, avec mes parents –, je me suis aussi passionné pour l'œuvre monumentale de Franz Schmidt, disciple de Bruckner et inconditionnel de Mahler.

« Aborder sérieusement les compositeurs contemporains, c'est aussi une question de temps ; je suis très lent ; je ne peux apprendre une œuvre rapidement ; j'ai besoin de plusieurs mois, voire d'une année pour approfondir une partition. Comme j'ai le plus grand respect pour les œuvres consacrées, je n'ai plus le loisir de me pencher sérieusement sur celles dont je ne peux me contenter d'étudier les notes. Pour le public, la musique contemporaine demeure aussi un problème : elle a cent ans, mais elle n'est pas encore bien reçue par la majorité des amateurs de musique. Sans doute n'a-t-on pas su la préparer à être plus perceptive.

« L'opéra, que j'aime beaucoup, représente une part importante de ma vie. Mon premier enregistrement, *Orfeo* de Monteverdi, date de 1968. J'ai beaucoup travaillé avec Ponnelle à Zurich, notamment pour des mises en scène nouvelles de Mozart. Maintenant, je ne donne qu'une ou deux productions par an, car il faut au moins un mois pour les préparer. En 2003, je me suis consacré à Offenbach, avec *La Grande Duchesse de Gerolstein* et *Les Contes d'Hoffmann.* J'ai réduit par ailleurs le nombre de mes invitations : outre l'Orchestre de chambre d'Europe, je dirige le Concertgebouw, le Wiener et le Berliner Philharmoniker, le Concentus et l'Opéra de Zurich. Je ne vais jamais aux États-Unis ; je n'aime pas trop les longs voyages. »

Que fait Nikolaus Harnoncourt, qui a enregistré environ deux cent cinquante disques, hors la musique ? « Je dispose de peu de temps pour les loisirs : je pratique de temps en temps la sculpture sur bois ; j'adore également réparer les vieux meubles, selon les méthodes anciennes, dans ma maison proche de Salzbourg. Je lis aussi souvent que je le peux : actuellement, c'est Balzac qui me retient. » Il appelle sa femme : « Alice, quel est le titre français du roman que je lis en ce moment ? Ah oui, *La Peau de chagrin.* Il ne me reste à lire que trois volumes de *La Comédie humaine.* Balzac est un prodigieux écrivain. Je m'intéresse aussi à Hoffmann, Buchner et à Friedell, que je vous ai déjà cité. Quand nous étions plus jeunes, nous faisions de l'escalade avec Alice. Maintenant, nous nous contentons de marcher dans les Alpes ; nous montons jusqu'à 1 200 mètres et nous redescendons en téléphérique. »

La question de l'île déserte nous vaut d'abord un long silence : « Ai-je droit à une ou deux partitions ? Si c'est deux, je choisirais Bach et Mozart, mais avec les copies manuscrites, pas les imprimés. »

BERNARD HAITINK SCULPTEUR DE SONS

« J'ai traversé la tradition comme un bon nageur la rivière. »
Paul Morand, *Picasso*

Directeur musical de l'Orchestre du Concertgebouw d'Amsterdam pendant vingt-sept ans, Bernard Haitink est un artiste modeste, réservé, qui fuit les contraintes médiatiques et répugne généralement aux interviews. Cette discrétion ne l'empêche pas d'être l'un des chefs les plus respectés de notre époque aussi bien dans le lyrique, qu'il a abordé relativement tard, que dans le symphonique, où son répertoire couvre une très large période qui s'étend de Bach à Schoenberg, Berg, Webern ; au long d'un fleuve qui n'est pas aussi tranquille qu'on a souvent voulu le dire, les méandres de sa carrière épousent au passage les rives des grands classiques, romantiques et post-romantiques ; mais au-delà de ses intégrales de Beethoven, Brahms, Bruckner, Mahler, Chostakovitch, de nombreux compositeurs contemporains – Ravel, Britten, Stravinsky, Prokofiev, Bartok, Ligeti, Takemitsu, Messiaen, Henze, Lutoslawski, et j'en passe – jalonnent son itinéraire.

Claude Debussy n'est pas oublié, loin s'en faut, comme le prouve le magistral *Pelléas et Mélisande*, enregistré en direct en 2000 avec l'Orchestre National de France. Didier Benetti[1], premier timbalier solo, se souvient :

1. Entretien enregistré à Radio France, le 22 mars 2002.

« *Pelléas* est une partition que l'orchestre connaît bien ; mais on ne la joue pas chaque saison. Avec Bernard Haitink, nous avons eu de merveilleuses journées de travail : il est arrivé, placide, souriant, pour procéder à une première lecture ; ce fut incroyable : on avait l'impression qu'on avait déjà répété et que le son et les nuances étaient mis en place. Face à un chef de cette envergure, les musiciens sont parfaitement en confiance et totalement concentrés : avec lui, le National est au summum de ses possibilités et nous sommes infiniment plus réceptifs qu'à l'ordinaire, car il a l'art de nous insuffler l'envie de nous surpasser. »

Bernard Haitink est revenu, l'année suivante[1], au Théâtre des Champs-Élysées diriger le National dans la *Sixième Symphonie* de Mahler, à laquelle il a conféré une dimension, une violence et un souffle rarement atteints, en dépit des tousseurs, rebelles à toute discrétion, auxquels le maestro fut contraint de donner une leçon de politesse. « Comme pour *Pelléas*, ajoute Didier Benetti, Bernard Haitink fut un prodigieux rassembleur, obtenant d'emblée une osmose globale. On l'avait ressenti dès le début des répétitions. Mais ce qui est encore plus merveilleux, c'est qu'il dépasse largement au concert l'intensité des phases préparatoires : avec certains chefs, les répétitions peuvent être excellentes, mais il ne se passe rien de plus à la représentation. Avec Haitink, en revanche, une certaine griserie s'empare de nous ; il y a de l'électricité dans l'air ; on se lâche et on dépasse toute limite. »

Roland Faure, ancien P.D.G. de Radio France[2], toujours très proche des orchestres dont il est demeuré un fidèle supporter, a lui aussi ressenti la magie de Bernard Haitink : « Il est capable, en peu de mots, d'énoncer un plan musical. Dans *Pelléas*, il a levé la main et ça a tout de suite merveilleusement fonctionné ; il a laissé, au-delà des concerts, des disques de référence où éclatent son charisme et sa parfaite maîtrise. »

Bernard Haitink aime la France et Paris ; s'il formule certains reproches, auxquels nous avons le devoir de ne pas rester sourds, c'est pour stigmatiser une situation intolérable. S'il a jugé très favorablement l'Orchestre de Paris, qu'il n'avait pas dirigé depuis 1984 (« J'ai trouvé l'orchestre très bon », nous a-t-il dit au cours de l'entretien exclusif, prévu de longue date, qu'il m'a accordé dans son appartement de l'hôtel Georges-V[3]), il a en revanche attribué un

1. Les 24 et 27 octobre 2001.
2. Entretien enregistré à Cannes, le 7 juillet 2002.
3. Entretien enregistré à Paris, hôtel Georges-V, le 7 février 2003.

carton rouge au cadre dans lequel il jouait : « Hélas, le Théâtre Mogador est loin d'être le lieu idéal pour mettre en valeur une formation de haut niveau. L'Orchestre de Paris a suivi un chemin sinueux depuis qu'André Malraux et Marcel Landowski l'ont fondé en 1967 dans le but de donner une image musicale prestigieuse de la France. Or ce que les musiciens doivent endurer à Mogador est un scandale ; je ne comprends pas qu'on puisse tolérer une telle situation : c'est mauvais pour le développement culturel et pour la diffusion de la musique dans une grande ville comme Paris. Vous avez la chance d'avoir un public enthousiaste, réceptif, et de remarquables musiciens. Mais ces atouts sont gaspillés en raison de l'absence d'un véritable auditorium. Le Théâtre des Champs-Élysées n'est pas non plus à l'abri de tout reproche, mais il a au moins pour lui un certain décor et une tradition historique. »

Bernard Haitink se dit sincèrement navré d'avoir à exprimer de telles remarques. On le comprend d'autant mieux que l'une des répétitions à laquelle j'ai assisté a été troublée par d'insupportables bruits provoqués par des travaux extérieurs. Et que dire des perturbations intempestives qui gâchent fréquemment l'audition des concerts, du côté de l'entrée des artistes où l'on dirait que l'on vide des conteneurs à ordures[1] ?

On est certes loin de l'ambiance du Concertgebouw d'Amsterdam ; mais ces défauts majeurs n'empêchent pas le maestro de porter les instrumentistes parisiens au plus haut de leurs possibilités. Au cours des répétitions, à gestes lents, précis, il déclenche leur envol dans *L'Oiseau de feu*. Debout, il donne, de ses mains, de la tête et de son regard, des indications d'une clarté exemplaire. Constamment aux aguets, il est comme un sémaphore qui scrute et éclaire l'horizon. De temps en temps, il corne une page de sa partition sur laquelle il reviendra plus tard ; tout est déjà merveilleusement mis en place quand il fait monter la température de l'orchestre dans un saisissant final. Les musiciens l'applaudissent avant qu'il ne prenne la parole : « Excellent ! Merci. » Il énonce calmement quelques remarques en reprenant certains passages : « Respectez le *pianissimo* dans le *crescendo* », « violoncelles, un peu plus fort, s'il vous plaît », « trompettes, un peu plus rythmées ». Il ponctue ses propos de quelques onomatopées, puis ajoute « le solo de harpe, un peu plus saccadé ». Tout se passe dans une ambiance extrêmement courtoise. La bonhomie du chef, que l'on a dit à tort bougon, enchante l'orchestre. À Stravinsky

1. La répétition dont il est question s'est déroulée le 5 février 2003.

succèdent les *Variations sur un thème de Haydn* de Brahms. Malgré le bruit lancinant d'une perceuse, Bernard Haitink continue, imperturbable, à faire sonner l'orchestre haut et clair. « C'était bien », dit-il, ajoutant simplement « contrebasses, attention au déséquilibre rythmique entre percussion et cordes. » Avant d'attaquer la *Quatre-vingt-seizième Symphonie* de Haydn, le chef, un peu las, s'est assis sur une chaise à côté du podium en attendant qu'une formation réduite à une cinquantaine de musiciens se mette en place. Hélas, le merveilleux solo de hautbois de Michel Bénet, dans le troisième mouvement, se heurte à des coups de marteau incongrus. Le concert, magnifique, vaudra heureusement à Bernard Haitink une ovation debout et les applaudissements enthousiastes des musiciens.

Fréquemment invité par les plus grands ensembles mondiaux, le maestro hollandais n'oublie pas le Concertgebouw qui, aime-t-il à rappeler, fait partie de sa famille. Il y donne, chaque année, une ou deux séries de concerts. « J'ai des souvenirs magnifiques avec cet orchestre ; certains remontent à une époque où je n'étais pas encore un vrai violoniste. La première fois où je l'ai vu et entendu, c'était en 1938 ou 1939 ; j'avais 9 ou 10 ans. Mengelberg conduisait *La Passion selon saint Matthieu* de Bach ; je n'ai pas oublié ce moment magique qui fut pour moi une sorte de signal. Peu après, je suis revenu pour écouter *La Symphonie pathétique* de Tchaïkovski, dirigée également par Mengelberg, qui me sidérait par ses gestes quelque peu excentriques. Je suis retourné souvent au Concertgebouw pendant la guerre, malgré les menaces des persécutions nazies qui pesaient sur notre famille : ma mère, qui était une bonne pianiste, avaient deux grands-parents juifs et nous étions perpétuellement sur nos gardes. Mon père fut même arrêté : détenu comme otage, il fut emprisonné pendant un mois. Dans ce climat de permanente insécurité, je trouvais refuge dans la musique. Ma vocation s'est précisée en écoutant à la radio de Londres les concerts de la B.B.C. ; les noms de Henry Wood et d'Adrian Boult m'étaient familiers. Après la libération de notre pays, j'ai pu applaudir de nombreux chefs : le premier de la liste fut justement Boult puis ce fut au tour de Bruno Walter, de Jochum, de Sabata, de Fricsay, de Dorati, de Munch et de Van Beinum auquel j'allais un jour succéder. »

Tout ce qui touche à la France et à sa culture fascine Bernard Haitink : « Ma mère, d'origine belge, travaillait à l'Alliance française d'Amsterdam ; elle était parfaitement bilingue. Je regrette aujourd'hui de ne pas avoir approfondi, avec son aide, ma connaissance de la langue française ; en revanche votre musique m'a toujours accompagné. »

Le jeune musicien poursuit sa route en suivant au Conservatoire d'Amsterdam des cours de violon et de direction avec Felix Hupka. Il trouve, en la personne du chef allemand Ferdinand Leitner, souvent invité à Amsterdam, un conseiller efficace, qui le fait entrer comme violoniste à l'Orchestre philharmonique de la Radio hollandaise. Leitner, qui a compris que son jeune protégé est fait pour devenir chef, le prend comme assistant et lui fait conduire ses premiers concerts comme second chef. Il impressionne vivement dirigeants et instrumentistes, si bien qu'en 1956, après la mort du chef principal, Paul Van Kempen, il lui succède. Il a alors 27 ans. Il n'est pas au bout de ses surprises : quelques semaines plus tard, on lui demande de remplacer au pied levé Carlo Maria Giulini, indisponible, à la tête du Concertgebouw : au programme figurent *Les Saisons* de Vivaldi et le *Requiem* de Cherubini qu'il vient précisément de jouer avec le Philharmonique de la Radio. À nouveau, il s'acquitte parfaitement de sa tâche. En 1961, Eduard Van Beinum meurt brutalement. La direction du Concertgebouw, qui a depuis longtemps les yeux braqués sur le jeune chef, le nomme directeur musical conjointement avec Eugen Jochum : « J'avais 32 ans, raconte Bernard Haitink ; j'étais encore très inexpérimenté ; je vivais une sorte de rêve, sans mesurer pleinement l'importance de la responsabilité qui m'incombait. Je savais que les musiciens s'interrogeaient à mon sujet et qu'ils discutaient de mon travail en petit comité. Des propos qui n'étaient pas toujours négatifs parvenaient à mes oreilles : "Le *boy* ne sait pas grand-chose, mais c'est un chef !" J'en déduisais qu'il me fallait faire mes preuves, m'imposer. Pendant trois ans, je fus soumis à une période d'observation, aux côtés d'Eugen Jochum. Quand ce dernier s'éloigna en 1964, on me fit confiance ; je n'étais plus le "gamin" : j'avais déjà 35 ans. Les musiciens se sont rapprochés de moi ; nous avons progressivement élargi notre répertoire et nous avons bien travaillé ensemble. Pour mon 70e anniversaire, l'orchestre m'a offert un coffret de quatorze enregistrements de concerts retransmis à la radio, inédits en disque. J'y ai retrouvé de nombreuses interprétations que j'avais oubliées, notamment les œuvres de compositeurs hollandais, comme Diepenbrock, Keuris, Flothuis, du Stravinsky, mais aussi du Henze, du Ligeti.

« Lorsque j'ai pris mes fonctions au Concertgebouw, les programmes étaient principalement consacrés à la musique classique et romantique. Tout ce qui était antérieur à Beethoven et postérieur à Brahms était le plus souvent négligé. Nous avons remis Bach à l'honneur, tout comme Haendel, Haydn et Mozart ; nous avons en même temps abordé Berlioz, Debussy, Ravel,

Stravinsky, Chostakovitch, Schoenberg, Bartok. Quant à Bruckner, Mahler et Richard Strauss, ils appartenaient déjà à la tradition mise en place par Mengelberg. »

Bernard Haitink a de profondes affinités avec Mahler, dont il entendit, pour la première fois, à 17 ans, la *Deuxième Symphonie* sous la direction de Eduard Van Beinum : « J'étais étudiant et je trouvais Mahler problématique. Peu à peu, cependant, j'ai commencé à pénétrer son univers étrange. Van Beinum, continuateur de Mengelberg à partir de 1945, m'y a beaucoup aidé : il n'a d'ailleurs pas manqué d'audace en mettant à l'affiche les colossales *Sixième* et *Septième Symphonies* qui étaient encore inconnues du public ; puis Erich Kleiber et Rafael Kubelik sont venus diriger la *Troisième* et la *Neuvième*. Pour ma part, j'ai commencé à conduire Mahler au Philharmonique de la Radio à partir de 1958. C'est Otto Klemperer qui m'a fait comprendre que cette musique n'était pas kitsch : "C'est un homme, m'a-t-il expliqué, qui se souvient avec nostalgie du passé et il faut que cela s'entende." J'ai étudié les partitions en m'armant de patience. Au début des années soixante, les compagnies de disque commençaient à s'intéresser à ce compositeur qui attirait de plus en plus de monde : Philips m'a fait signer un contrat exclusif ; après Beethoven et Brahms, on m'a demandé d'enregistrer en studio les cycles complets de Mahler et Bruckner ; ce projet s'est étalé sur onze années, de 1961 à 1972. De telles entreprises étaient rares à l'époque : Walter n'avait gravé que quelques *Symphonies* de Mahler ; Bernstein fut le premier, aux États-Unis, à tenter l'aventure, pratiquement en même temps que moi ; il y eut aussi Abravanel et Kubelik. Mahler m'était devenu familier, bien que sa prédilection pour la souffrance m'ait parfois déstabilisé. »

Quelle aurait été la trajectoire du compositeur autrichien s'il avait vécu plus longtemps ? Bernard Haitink formule une réponse qui n'est pas très différente de celles émises par Simon Rattle et Riccardo Chailly : « Quand on écoute attentivement le premier mouvement de la *Neuvième Symphonie*, on constate que cette musique anticipe déjà sur ce qu'allait écrire Schoenberg avant sa période atonale. S'il n'était pas mort à 51 ans, il est fort probable que Mahler aurait lui-même évolué. Qu'un tel génie ait disparu en pleine période créatrice est tragique. La *Dixième*, qui a retenu l'attention de Rattle et de Chailly, me pose problème : seul l'adagio initial était terminé et orchestré par son auteur. La suite n'était pas complètement écrite et pas du tout orchestrée. C'est la raison pour laquelle je n'ai enregistré que l'adagio : le reste n'était qu'une esquisse. Dans le doute, j'ai préféré m'abstenir. Mahler était si précis et si méticuleux dans ses indications que j'ai pensé qu'il serait sacrilège de jouer toute l'œuvre qui n'était pas intégralement de sa main. Mahler n'a d'ailleurs pas eu besoin de la *Dixième* pour qu'on lui accorde la place qui lui fut longtemps refusée. Maintenant, j'aime Mahler sans réserve, mais le *baby-boom* Mahler ne me satisfait pas. Tous les orchestres le jouent et font salle comble. Son temps est venu comme il l'avait lui-même prévu, mais je ne suis pas certain qu'il apprécierait la vulgarisation de ses œuvres, car cette surabondance ne garantit pas toujours une qualité d'interprétation suffisante. Il est en effet aventureux et même dangereux d'interpréter Mahler quand on n'a pas une connaissance parfaite de son écriture et qu'on ne possède pas un haut niveau technique. Ce n'est pas là en tout cas la meilleure manière d'être fidèle à sa mémoire. On trouve en effet dans ses *Symphonies* un style parfois rhapsodique qui n'est qu'un tissu superficiel. Si l'on s'en tient à ce seul aspect, on s'éloigne de l'esprit de l'œuvre, on méconnaît les intentions qu'il a voulu exprimer, on passe à côté de ce qui est caché derrière les notes. Telle est mon appréciation de ce géant : il ne faut pas l'approcher à la légère, car c'est un monument. Je suis heureux, en tout cas, d'avoir pu lui rendre hommage au cours du Festival organisé en 1995 à Amsterdam où j'ai joué la *Deuxième Symphonie* avec le Concertgebouw, la *Troisième* avec Vienne, la *Sixième* avec Berlin, *Le Chant de la Terre* et l'adagio de la *Dixième* avec l'Orchestre des Jeunes de Mahler. Il est évident que ce génie tient une large place dans mon univers musical, tout comme Bruckner, qui se situe à l'opposé de la "folie" de Mahler : sa musique est en effet la pure expression de la foi et de la dévotion.

« Mais parlons aussi des autres créateurs : je n'ai jamais voulu me focaliser sur une période. Ainsi la musique française me captive : j'admire Debussy et Ravel ; j'ai souvent joué et enregistré Berlioz, Bizet, Roussel, Honegger. Mais il reste encore un grand nombre d'œuvres que je n'ai fait qu'approcher, notamment celle de Poulenc, qui représente, à mon sens, l'esprit français. »

Après son départ d'Amsterdam en 1988, Bernard Haitink donne priorité à l'art lyrique qu'il avait abordé dès 1972 au Festival de Glyndebourne : « Ce fut la fin d'une partie de ma vie, explique-t-il. Une porte s'ouvrait sur un nouvel avenir. Comme je ne joue pas aux échecs, je ne suis pas capable de planifier à l'avance plusieurs projets. À ce moment-là, je conduisais aussi, en tant que premier chef, le Philharmonique de

Londres qui participait aux programmes de Glyndebourne. On a fini par me persuader d'y conduire des opéras, ce que je n'avais jamais fait avant 1972 : j'ai débuté dans *La Flûte enchantée.* On m'a fait confiance et j'ai donné *Rake's Progress* de Stravinsky. Un enthousiasme, longtemps indistinct, s'est développé en moi ; je suis devenu directeur musical après le départ de John Pritchard ; nous avons monté avec succès d'autres Mozart. C'est alors que Covent Garden est venu me chercher, au moment où j'étais sur le point de quitter le Concertgebouw. J'avais acquis une certaine expérience et j'ai pu assurer un répertoire très varié, notamment des opéras de Mozart, Verdi, Moussorgski, Strauss, Janacek et d'autres. Mais je dois reconnaître que j'étais surtout venu à Londres pour concrétiser un vœu déjà ancien : monter le *Ring* de Wagner. Je suis resté à Covent Garden jusqu'en 2002, non sans connaître des périodes difficiles au plan administratif. J'ai éprouvé ensuite le besoin de revenir au symphonique, notamment à Boston et à Berlin. Je n'ai plus dirigé d'opéra, sauf en version de concert : je ne voulais plus être mobilisé cinq ou six semaines au même endroit par une nouvelle production. C'est alors que le Staatskapelle de Dresde, privé de chef après le décès brutal de Sinopoli, m'a contacté. J'ai accepté d'aider ce grand orchestre, qui possède des cordes magnifiques, en limitant ma présence à quatre semaines, plus les tournées. Dresde peut tout jouer grâce à son étonnante flexibilité.

« Quant aux invitations, je les limite à une ou deux séries à Amsterdam, Berlin et Vienne, à trois à Boston où je passe un peu plus de temps. Je reviendrai plusieurs fois à Paris, auprès du National, en 2004, pour diriger la *Quarante et unième Symphonie* de Mozart et *L'Enfant et les sortilèges* de Ravel, puis les *Kindertotenlieder* et la *Cinquième Symphonie* de Mahler, compositeur que dont je dirigerai également la *Neuvième* avec les Wiener Philharmoniker. Je veux éviter le surmenage ; c'est pourquoi je m'accorde généralement deux semaines de vacances après deux semaines de travail ; quand je n'ai pas de concert, j'étudie les partitions que je vais jouer. À mon âge, il faut savoir composer avec le temps. »

On a souvent dit qu'il y avait un style Haitink, reconnaissable entre tous. En quoi consiste-t-il et comment juge-t-il sa gestique ? « Je ne crois pas incarner un style particulier. Je n'ai pas de code personnel : il faut avant tout s'efforcer de communiquer clairement aux musiciens ce que l'on porte en soi. Il ne s'agit pas de battre la mesure en permanence ; ça ne suffit d'ailleurs pas. Il faut exprimer un plan musical et le rendre crédible auprès des instrumentistes, sans trop parler. Vous avez pu remarquer, au cours de ma répétition avec l'O.P., que j'avais dirigé d'un trait *L'Oiseau de feu* afin de ne pas déconcentrer les musiciens ; ce n'est qu'après cette lecture que j'ai formulé mes remarques. Je n'aime pas parler ; ce n'est pas nécessaire avec de grands professionnels, comme c'est le cas des musiciens du National et de l'Orchestre de Paris. Je compare le rôle du chef à celui d'un sculpteur : le son doit être sculpté ; peu à peu, on le crée en creusant comme dans du marbre ou de la terre cuite. C'est cela diriger. Quant au battement, il peut être utile avec un orchestre que vous découvrez. Mais, généralement, il faut savoir deviner, ouvrir la voie et faire confiance aux instrumentistes. »

Même s'il ne s'éloigne jamais très longtemps de la musique, Bernard Haitink, qui nous lègue un immense héritage discographique – plus de trois cents enregistrements – prend le temps de se ressourcer dans la nature : « Ma résidence principale se situe sur les hauts de Lucerne ; j'y vais aussi souvent que je le peux ; je ne peux plus souffrir la vie en ville ; Londres m'était devenu insupportable. C'est en France que je passe mes vacances : nous avons une maison entre Moissac et Agen. Ma femme et moi aimons beaucoup cette région ; nous y passons une partie de l'été ; le paysage est reposant, les gens très aimables. Mes enfants – j'en ai cinq – viennent à tour de rôle chez nous. »

L'Agenais est une sorte d'île déserte, un refuge pour le maestro. Mais s'il devait vraiment « s'exiler », quelles partitions emporterait-il ? « Je vais être très limitatif en éliminant des noms illustres. Mahler et Bruckner m'ont longtemps fait escorte ; ils ne m'accompagneraient pas, car trop de personnes s'y attendraient. Je choisirais Bach : il est le commencement de tout. »

MARISS JANSONS
BATTEMENTS DE CŒUR

« Comme un nageur venant du profond de son plonge,
Tous sortent de la mort comme l'on sort d'un songe. »
Agrippa d'Aubigné, *Stance*

Berlin, 20 décembre 2002, auditorium de l'Orchestre philharmonique : à la veille de l'entretien que m'accorde Mariss Jansons[1], j'ai la chance insigne, comme à Amsterdam quelques semaines plus tôt, d'occuper une place de choix, sur les gradins du chœur, face au chef d'orchestre. Quand il accède, souriant, au podium, je suis frappé par la jeunesse des traits de cet homme de 60 ans qui en paraît dix de moins. Sans partition, il donne le signal de départ de la *Cinquième Symphonie* de Chostakovitch, vaste monument aux proportions mahlériennes, son œuvre de référence, sinon de préférence. Sans baguette, ses mains et ses bras enveloppent la musique de gestes souples et déliés ; il se meut comme un acteur muet qui utiliserait toutes les ressources de son corps ; je pense au mime Marceau dont il adopte, sans les connaître, certaines des attitudes. Ses intentions sont lumineuses tant elles paraissent simples. Ses doigts, tels des nénuphars, flottent sur les notes. Sa cadence musclée d'athlète aux épaules puissantes déploie une énergie rayonnante, harmonieuse, belle à voir. Tour à tour bûcheron, modeleur, sculpteur, peintre, dessinateur, il recrée la pensée de Chostakovitch, il vit sa tragédie,

1. Entretien enregistré à l'hôtel Intercontinental de Berlin, le 21 décembre 2002.

il s'en imprègne comme l'homme blessé que fut le compositeur. Subjugué, l'orchestre atteint dans la *coda* un paroxysme hallucinant. Nous sommes à bout de souffle, quand éclate une interminable ovation qui nous libère. Les musiciens disparaissent dans les coulisses, mais les applaudissements se prolongent : comme le veut la tradition au Philharmonique, devant l'immense estrade, le maestro revient seul, auréolé par l'ombre d'un génie.

Après cette soirée rare, je pense à ce que représente l'image de Mariss Jansons auprès du public occidental. Il est heureux qu'après avoir dirigé les formations de Leningrad, redevenu Saint-Pétersbourg, Oslo et Pittsburgh, son talent ait été reconnu à sa juste valeur par le Concertgebouw d'Amsterdam où il succédera à la fin de 2004 à Riccardo Chailly en partance pour Leipzig. Auparavant, le maître a pris en main les commandes du Symphonique de la Radio bavaroise à Munich, où il a remplacé Lorin Maazel, comme il l'avait déjà fait en 1997 à Pittsburgh, poste auquel il vient de renoncer.

Il aura fallu que Mariss Jansons s'arme de patience et bénéficie d'un heureux concours de circonstances, épousant les contours de la géopolitique du Vieux Continent, pour parvenir au sommet. Sa vie est un roman qui commence en pleine guerre, en Lettonie, république naguère indépendante, annexée par l'U.R.S.S. en 1940, comme la Lituanie et l'Estonie, puis occupée par les nazis. Venu au monde à Riga en 1943, le jeune Mariss a su plus tard ce que ses parents avaient enduré pendant la guerre : « Ma mère était juive ; son père et son frère furent déportés et ne revinrent jamais des camps de la mort. Mon père, Arvid[1], premier violon solo de l'Opéra de Riga, se cacha avec ma mère pour échapper aux Allemands. L'armée soviétique nous libéra à la fin de 1944. C'est alors que la carrière de mon père prit son essor : nommé chef à l'Opéra, il remporta le deuxième prix du concours national des chefs d'orchestre d'U.R.S.S., ce qui lui valut, peu après, de diriger l'Orchestre de Leningrad. En même temps, le petit enfant que j'étais découvrait la musique, dans les basques de ses parents ; ma mère, qui était chanteuse, travaillait avec mon père. Ils n'avaient personne pour assurer ma garde, si bien qu'à deux ans, je fis mon entrée au théâtre. Je passais mes journées et mes soirées dans les coulisses. J'ai rapidement connu par cœur tous les ballets du répertoire et de nombreux airs d'opéra. Je dansais et mimais les scènes que j'avais vues. Ma vie était constamment rythmée de sonorités musicales. À la maison, j'ai voulu,

1. Arvid Jansons, né en 1914, longtemps le second de Mravinski, fut aussi premier chef invité de l'Orchestre Hallé et professeur au Conservatoire de Leningrad.

moi aussi, jouer le rôle de chef d'orchestre. Je posais un livre sur un pupitre, je prenais un bâton et j'imitais papa ; je n'avais pas encore 4 ans. J'ai su, dès ce moment-là, que je choisirai ce métier. Personne ne me l'a imposé ni conseillé ; mes parents n'ont pas cherché à m'influencer ; mon irrésistible vocation a grandi au fil des saisons. Un jour, mon père, qui venait d'être appelé à Leningrad pour devenir chef adjoint auprès d'Evgeny Mravinski et de Kurt Sanderling, m'a dit : "Si tu veux faire ce métier, il faut songer aux études." Je me rappelle avoir vu, à cette époque, c'était en 1953, un merveilleux film, *Prélude à la gloire,* dont la vedette était Roberto Benzi. J'avais 10 ou 11 ans, précisément l'âge de ce jeune chef. J'ai pleuré de joie et de bonheur en le voyant diriger les *Préludes* de Liszt. Plus tard, je l'ai rencontré à Leningrad, puis je n'ai plus entendu parler de lui. Sa carrière a peut-être commencé trop tôt. Pour ma part, j'ai été contraint d'endurer le temps d'apprendre, au-delà de ce que l'on pouvait imaginer dans d'autres pays : ma vie musicale s'est développée lentement, car j'ai dû étudier pendant vingt ans ! Après avoir rejoint papa en 1956, on m'a inscrit au Conservatoire de Leningrad dans les classes de violon, d'alto, de piano, puis de direction d'orchestre. Comme je ne parlais que le letton, on m'a donné trois heures de cours de russe par jour. Le temps a passé. À 26 ans, j'ai obtenu mon diplôme de chef, après deux décennies de travail intensif ; c'était là le cycle habituel des études musicales en U.R.S.S. »

Vient ensuite le temps des concours : après avoir bénéficié des cours de perfectionnement du grand pédagogue qu'était Hans Swarowsky, Mariss Jansons figure en 1970 parmi les lauréats de Besançon ; puis il remporte, en 1971, le deuxième prix du concours Guido-Cantelli et du concours Herbert-von-Karajan, à trois reprises derrière l'Israélien Gabriel Chmura[1] : « Ce fut le tournant de ma carrière, explique Mariss Jansons. Karajan m'avait remarqué, trois ans plus tôt, en effectuant une tournée en U.R.S.S. avec le Philharmonique de Berlin. Il se souvint de moi et me proposa de venir le rejoindre pour une série de *masterclasses.* Il était hélas très difficile de sortir d'U.R.S.S. J'étais désespéré à l'idée d'être contraint de renoncer à une telle opportunité quand, sur une intervention de mon père et de Mravinski, le ministère de la Culture ajouta mon nom sur une liste d'étudiants admis à participer à un échange avec de jeunes artistes autrichiens. Je ne connaissais personne à Vienne et je m'y

1. Gabriel Chmura, né à Wroclaw en 1946, fut l'élève de Pierre Dervaux à Paris et de Hans Swarowsky à Vienne. Il dirigea plusieurs orchestres et opéras en Allemagne, avant de prendre la direction de l'Orchestre d'Ottawa.

sentais perdu quand j'eus l'idée d'appeler Karajan à Berlin. "Vous êtes dans un pays libre, me dit-il au téléphone ; soyez sans inquiétude : nous nous verrons à Salzbourg." Mon deuxième prix me donnait en effet la possibilité d'être son assistant pendant le Festival. Or les autorités soviétiques opposèrent une nouvelle fois leur refus. Très en colère, Karajan écrivit une lettre de protestation auprès du ministre concerné, rappelant qu'on ne respectait pas le règlement d'un concours qui portait son nom. Quelques semaines plus tard, je reçus l'autorisation de me rendre à Berlin. On savait à Moscou que j'allais pouvoir y diriger quelques concerts et que je serais payé en devises, versées automatiquement sur les comptes de la Culture soviétique, comme c'était le cas pour tous les artistes qui se produisaient à l'étranger. Il fallait choisir : ou s'expatrier définitivement, ou se soumettre. J'aurais peut-être franchi le pas si je n'avais été, en 1973, coopté comme assistant par Mravinski. J'avais déjà 30 ans quand il m'a offert cette chance inestimable, comme il l'avait fait pour mon père vingt ans auparavant. Mravinski avait une personnalité hors du commun ; il était très strict, très sévère. Mais tous les musiciens respectaient son exceptionnel talent. Mon père a travaillé pendant trente-deux ans avec lui ; ils s'estimaient beaucoup. Quand papa est mort en 1984, Mravinski m'a nommé second chef.

J'ai souvent rencontré Chostakovitch avant son décès, survenu en 1975. C'était un homme discret, perpétuellement inquiet, d'une nervosité à fleur de peau. La loi du silence lui interdisait toute expression publique ; la peur régnait. On plaisantait entre amis, en cercle restreint, en craignant d'être à tout moment dénoncé comme esprit subversif. En 1948, le Politburo avait demandé à Mravinski de prendre parti contre le plus grand compositeur vivant ; il ne le fit pas, mais il ne put rien contre le boycottage de ses œuvres. J'ai la conviction que, si au lieu d'écrire de la musique, Chostakovitch avait écrit des livres, il aurait été jeté en prison et assassiné. Sa musique était en effet abstraite ; on ne pouvait pas démontrer qu'elle constituait une condamnation du régime, mais on pouvait exercer une pression sur sa personne, ce que le pouvoir ne manqua pas de faire. La *coda* de la *Cinquième Symphonie* que vous avez entendue au concert[1] n'est pas la célébration d'une victoire retentissante du communisme : c'est l'écho du combat mené par Chostakovitch contre la tyrannie. Mais comment le prouver ? Le maître avait été contraint d'adhérer au parti

1. *Cf.* plus haut, le concert du 20 décembre 2002.

pour survivre, ce que ni Mravinski, ni mon père, ni Kurt Sanderling, ni moi-même n'avons fait. Chostakovitch a été une victime du pouvoir, mais son esprit n'a jamais cédé.

J'ai eu également le bonheur de connaître Rostropovitch : Slava est un génie absolu ; il a fait preuve d'un grand courage en intervenant en faveur de Soljenitsyne. Lui seul pouvait oser faire ce qu'il a fait, en se sacrifiant et en se condamnant du même coup à l'exil. Je l'adore comme artiste, mais aussi comme homme. »

Mariss Jansons aurait pu lui aussi quitter définitivement l'U.R.S.S. en 1979 quand la Norvège lui offrit la direction de l'Orchestre philharmonique d'Oslo, fondé par le roi. Une nouvelle fois, le ministère de la Culture d'U.R.S.S. mit son veto : « J'ai protesté ; on m'a répondu : "Vous êtes trop jeune pour partir – j'avais tout de même 36 ans –, vous avez le temps et puis vous avez du travail à faire à Leningrad." » À cette époque, de nombreux musiciens soviétiques avaient déjà émigré. Seul Rojdestvenski avait reçu une autorisation de sortie pour diriger le Symphonique de la B.B.C. à Londres. L'ambassade de Norvège à Moscou a plaidé ma cause et l'on m'a entrouvert la porte : je pouvais partir pour Oslo en tant qu'artiste, sans pouvoir signer un contrat de directeur musical. Il m'a fallu attendre l'émergence de la perestroïka, sous Gorbatchev, pour avoir le droit de porter officiellement ce titre. J'avais eu de surcroît, jusqu'en 1989, l'obligation de respecter un règlement stupide, limitant mon absence d'U.R.S.S. à quatre-vingt-dix jours par an ; il me fallait aussi rétrocéder 90 % de mes gains acquis en Norvège. Je ne veux pas passer pour un idéaliste, mais j'aimais trop la musique pour refuser une telle ponction. Je me suis incliné et j'ai survécu. L'argent n'était pas ma motivation première ; je jouais avec des instrumentistes qui m'avaient chaleureusement accueilli, et cela seul comptait. J'avais de plus le privilège de créer et de faire progresser un orchestre. Dès lors, peu importait la bureaucratie contre laquelle je continuais de me heurter. J'ai pu élargir mon répertoire russe. Les instrumentistes étaient jeunes, passionnés, ambitieux ; ils défendaient une cause nationale. Un tel état d'esprit ne se rencontre pas souvent. Au début, notre formation n'avait aucune notoriété ; nous n'avions aucune cote. Nous avons alors décidé d'enregistrer des disques sans rémunération. Notre premier CD, consacré à la *Cinquième Symphonie* de Tchaïkovski, fut un triomphe. La firme Chandos nous proposa un intéressant contrat, qui fut ensuite relayé par E.M.I. Je suis resté plus de vingt ans à Oslo, où André Previn m'a succédé en 2002. J'étais tellement attaché à "mon" orchestre que je ne me suis pas préoccupé de savoir qui allait occuper la place devenue vacante de Mravinski, décédé en 1988, à la tête du Philharmonique de Leningrad. Je n'avais pas l'intention de me réinstaller en U.R.S.S. De ce fait, la nomination de Youri Temirkanov, avec lequel j'avais souvent travaillé, ne m'a pas contrarié. J'avais connu la contrainte ; je ne pouvais plus me passer de la liberté. »

Mariss Jansons a 53 ans quand il est contacté par l'Orchestre de Pittsburgh, que Lorin Maazel a dirigé de 1984 à 1996. « J'avais la volonté de faire la synthèse de mes différentes expériences et aussi le plus grand respect pour le chef auquel je succédais ; par une extraordinaire coïncidence, j'allais prendre sa suite, quelques années plus tard, à la tête d'une autre prestigieuse formation, celle de la Radio bavaroise. »

Ce retour en Europe, Mariss Jansons y pense depuis longtemps : il connaît en effet des problèmes d'adaptation au décalage horaire quand il revient des États-Unis et éprouve une grande fatigue due au manque de sommeil. Il dirige *La Bohème* en version de concert à Oslo quand il est foudroyé en scène par une crise cardiaque : « J'ai vu la mort en face, mais grâce à Dieu – il touche le bois du fauteuil sur lequel il est assis – je suis sorti de ce trou noir. Tout s'était bien passé jusqu'au dernier acte, celui de la mort de Mimi, quand, à dix-sept minutes de la fin m'a-t-on dit, j'ai ressenti une violente douleur à la poitrine, dans la région du cœur, ainsi qu'au bras gauche. J'ai tout de suite compris que c'était très sérieux. J'ai voulu continuer à diriger ; mais tout à coup, je me suis effondré. Les musiciens se sont précipités vers moi ; ma main droite continuait à battre la mesure. Transporté dans ma loge, j'ai repris connaissance : le médecin qui m'a soigné m'a avoué plus tard que j'avais été pendant plusieurs minutes en danger de mort. À l'hôpital où j'ai été admis, je fus victime d'un second infarctus. Cette nouvelle attaque fut si sérieuse que j'ai longtemps craint de ne plus jamais pouvoir diriger et je me suis dit qu'il valait mieux que je meure. J'ai reçu de nombreuses lettres, dont celle d'un ami qui me disait : "Mariss, sais-tu que c'était Mimi qui devait s'évanouir dans *La Bohème* ?" »

Pendant sa longue convalescence, Mariss Jansons a souvent pensé à son père, mort en scène le 21 novembre 1984 à Manchester, à la tête de l'Orchestre Hallé. Ce soir-là, Mariss doit conduire le Philharmonique d'Oslo à Middlesbrough. Refusant d'annuler le concert pour ne pas mettre en péril la tournée de son orchestre, il assure la représentation avant d'aller se recueillir dans la chambre mortuaire de son père.

« À l'hôpital, puis en maison de repos, j'ai peu à peu repris espoir. Les chirurgiens m'ont expliqué que je devais désormais m'efforcer d'éviter le stress lié à l'impatience, à la nervosité, à toute contrariété : c'est ce qu'ils appellent la mauvaise émotion. En revanche, la bonne émotion, celle qui naît de la musique que l'on joue, est positive. Pendant mes six mois d'inactivité, j'ai eu l'opportunité de penser à la vie, au bonheur. Quand on affronte une telle épreuve, que l'existence n'est plus qu'une question de vie ou de mort, on devient un autre homme. Avec l'accord de mon cardiologue, j'ai voulu effectuer un premier essai de reprise : j'ai choisi un lieu relativement modeste, Cardiff, où j'avais donné autrefois l'un de mes premiers concerts à l'étranger. Ce fut pour moi comme un second acte de naissance. Je fus d'abord très prudent. Mais à la pause de la première répétition, j'ai dit à ma femme : "Maintenant, je peux y aller !" J'estimais en effet que si je n'étais plus capable de me donner à fond, je serais contraint de renoncer définitivement à mon métier. Le concert s'est déroulé normalement et j'ai pu ensuite me rendre à Pittsburgh où l'on m'a posé un pacemaker qui bat la mesure de mon cœur. Depuis, je dose mes efforts comme un sportif : le métier de chef, avec parfois six heures de répétition dans la même journée, c'est aussi du sport. Mon rêve est de revenir un jour à l'art lyrique. J'ai fait beaucoup de symphonique et j'ai envie d'aborder sérieusement l'opéra : je voudrais conduire Mozart, Richard Strauss, Verdi, Puccini… »

Travailleur acharné, constamment à la recherche de la perfection, sorte de bénédictin en quête d'idéal et d'écritures saintes, Mariss Jansons précise sa fonction : « Les notes sont comme des lettres. Avec elles, on fait des mots, et des mots on fait des phrases. Les notes s'assemblent elles aussi ; derrière le son qu'elles propagent, il y a la pensée du compositeur. Il faut donc toujours se demander ce qu'il a voulu créer. L'esprit de l'auteur est inséparable de sa musique. C'est pourquoi j'étudie les partitions même quand je les connais parfaitement : c'est le cas de la *Cinquième Symphonie* de Chostakovitch. Même après cent exécutions, j'ai encore besoin de m'immerger dans une œuvre que je reprends. Je n'utilise pas de baguette, non pour une raison technique, mais parce que j'ai eu un problème au pouce de ma main droite. On peut d'ailleurs s'exprimer parfaitement avec les deux mains. Il faut battre la mesure quand on aborde un passage délicat ; mais ce n'est pas nécessaire en permanence ; les orchestres ont atteint un tel niveau qu'ils connaissent à fond toutes les œuvres du répertoire. »

Mariss Jansons a le plus grand respect pour les musiciens : « Je déteste toute forme d'arrogance ; les instrumentistes sont mes partenaires. Quand le courant musical et humain passe, nous partageons pleinement le même plaisir avec le même langage. Je parle peu à l'orchestre ; la parole est d'argent et le travail est d'or. Il se peut, quand je suis invité, que je prenne un peu de temps pour exposer mon point de vue sur telle ou telle œuvre. Si les musiciens savent qu'un chef connaît parfaitement l'œuvre qu'il dirige, le contact s'établit sans difficulté. »

Après quarante années de travail intensif, Mariss Jansons navigue allégrement dans un immense répertoire qui embrasse tous les genres, toutes les périodes, de Bach à Schoenberg, en passant par Haydn qu'il vénère, Mozart qu'il adore, Beethoven, Schubert, Mendelssohn, Berlioz, Brahms, Dvorak, Tchaïkovski, sans oublier Mahler qui occupe, avec Chostakovitch, une place privilégiée dans ses concerts. La musique du XXe siècle est loin d'être absente de sa palette : Debussy, Ravel, Roussel, Sibelius, Stravinsky, Honegger, Messiaen, Bernstein, Dutilleux, Boulez l'accompagnent aussi. Formulant une préférence, il donne une réponse qui ressemble à celle que Simon Rattle formule dans son entretien : « Haydn est l'un de mes favoris. Il est regrettable que les grands orchestres ne le jouent pas plus souvent, alors que les formations baroques le programment fréquemment. J'ai pour ma part dirigé plusieurs fois le cycle intégral de ses *Symphonies londoniennes* ; je les reprendrai à Munich et à Amsterdam. J'ai gravé l'intégrale des *Symphonies* de Tchaïkovski, ainsi que les *Première, Troisième, Sixième, Septième* et *Neuvième* de Mahler. Et bien sûr, il y a aussi Chostakovitch : je ne pourrais pas vivre sans sa musique. »

Le maestro s'éloigne-t-il souvent des génies qu'il fréquente ? : « Avec Irina, mon épouse, qui a été pianiste et médecin, nous prenons le temps de vivre. Nous avons une maison à Locarno où nous allons aussi souvent que nous pouvons. J'ai réduit le nombre d'invitations : je demeure fidèle à Berlin, Vienne, Salzbourg, New York et j'entends pouvoir me consacrer pleinement à la Radio bavaroise et au Concertgebouw (douze semaines par an pour chacun de ces deux orchestres), en évitant fatigue et routine. »

La question de l'île déserte suscite une longue réflexion du maître : « Je ne peux me contenter d'une seule partition : il m'en faudrait au moins dix pour retrouver des sensations anciennes : la musique étant un éternel recommencement, j'emporterais la *Cinquième* de Chostakovitch, la *Première* de Brahms, la *Troisième* de Mahler, une des *Symphonies londoniennes* de Haydn, *Une vie de héros* de Richard Strauss, les *Troisième, Cinquième, Septième* de Beethoven, la *Septième* de Bruckner et au moins un opéra, de préférence de Puccini, pourquoi pas *La Bohème*, malgré l'incident de parcours qui y est lié. »

SEIJI OZAWA LE MAGICIEN

« Il excellait à créer en quelques mots ces rapports de familiarité bienveillante, d'intime aisance, d'insouciance heureuse. »
Henri Troyat, *Faux Jour*

Il est des concerts qui demeurent gravés dans la mémoire comme un disque qui ne cesserait jamais de tourner dans notre esprit. En cette soirée du 21 mars 1998, Seiji Ozawa pénètre à pas pressés sur le plateau du Théâtre des Champs-Élysées ; il accède à l'estrade, salue brièvement le public et les musiciens du Boston Symphony Orchestra, puis lance son orchestre dans une succession d'images fugitives aux cordes, puissamment ponctuées par les cuivres et la percussion. *The Shadows of the Time* (*Les Ombres du Temps*), partition commandée à Henri Dutilleux, est jouée pour la première fois en France, en présence du compositeur. Cette œuvre, relativement brève (vingt-deux minutes), dédiée à tous les enfants du monde et plus particulièrement à Anne Franck, symbolise l'idée de la fuite inexorable du temps.

Après de multiples rappels, Henri Dutilleux rejoint le maestro auprès du podium pour lui remettre les insignes de chevalier de la Légion d'honneur. Les discours sont brefs, l'émotion intense et durable. Elle monte encore d'un ton avec la *Sixième Symphonie* de Mahler qui succède.

Roland Faure, qui suit toujours avec passion l'actualité musicale, me confie[1] : « Chaque fois que Seiji Ozawa franchit la porte qui donne sur la scène, il se produit une étincelle de joie qu'il communique à tous. Seiji est un chef qui dépose du bonheur sur les lieux où il se produit. Ceux qui le connaissent bien savent qu'il est un phénomène musical : cet homme a une capacité de synthèse, de mémorisation infinie. Sa maîtrise technique est absolue, sa fougue incomparable ; il a un sens incroyable du jeu, du tempo, de la couleur. Il est le symbole idiomatique du Japon. »

Dans son studio de l'île Saint-Louis, où il me reçoit, Henri Dutilleux[2] détaille les étapes de la conception de *The Shadows of the Time* : « Seiji Ozawa m'avait passé commande d'une œuvre orchestrale en 1994. Je ne suis jamais très exact dans l'achèvement et la livraison de mes compositions. Je n'avais écrit qu'une partie de mon *score*, comme on dit en anglais, quand je suis tombé malade. J'ai été opéré d'un cancer et j'ai dû suivre une chimiothérapie. J'ai pensé que ça ne servirait à rien ; je me trompais : quelques mois plus tard, je demeurais fragilisé, mais j'étais guéri. Seiji Ozawa est venu me rendre visite ; j'ai pu le rassurer en lui promettant que mon travail serait achevé avant la date de la première mondiale, prévue à Boston en octobre 1997. Je me suis alors investi dans l'écriture de ma pièce qui demeurait abstraite. Or j'aime partir du concret, bien qu'on dise souvent, comme Stravinsky, que le rêve serait de se détacher de tout concept. Pour aller de l'avant, il me manquait quelque chose. J'avais une masse orchestrale orientée vers les cuivres, avec très peu de cordes ; je cherchais un autre élément, une autre couleur de sons, de timbres. Au moment où j'avais commencé à composer, en mai 1995, on célébrait le cinquantième anniversaire de la fin de la guerre. Quand j'ouvrais les fenêtres de mon appartement, j'entendais les voix des enfants qui jouaient dans la cour de récréation de l'école voisine. Ce jour-là, ils chantaient. J'avais trouvé la couleur qui me manquait, d'où les voix d'enfants qui apparaissent au milieu de ma partition.

« Je suis allé à Boston suivre les répétitions. Très vite, tout s'est mis en place. C'est là le moment le plus émouvant pour le compositeur. À la deuxième répétition, l'orchestre avançait déjà dans la continuité et Ozawa regardait peu la partition. À la troisième, il ne tournait plus les pages. J'avais vécu des moments semblables avec Lorin Maazel, lors de la création de mon

1. Entretien enregistré à Cannes, le 7 juillet 2002.
2. Entretien enregistré à Paris, le 14 mai 2002.

Concerto pour violon, au National, par Isaac Stern ; mais avec Ozawa, ce fut encore plus étonnant. Je savais qu'il avait le don de la mémorisation quasi immédiate ; je lui ai demandé si la partition était déjà photographiée dans son esprit. Il m'a dit : “Ce n'est pas exactement cela, car je me pose des questions jusqu'aux dernières secondes qui précèdent le concert.” Je constatai que sur son imprimé personnel, il n'y avait aucune notation de sa main ; lors de la première, il ne l'ouvrit même pas. »

Éternel voyageur, défricheur de voies nouvelles, en compagnie de son grand ami Rostropovitch, Seiji Ozawa a, en 2002, quitté l'Orchestre de Boston qu'il dirigeait depuis vingt-neuf ans, pour se fixer à Vienne où, un siècle après Gustav Mahler, il a pris en charge le Staatsoper. L'emploi du temps chef est tel qu'il faut s'armer de patience pour obtenir un rendez-vous : l'entretien a lieu au cours d'une escale entre deux vols à l'aéroport de Genève[1]. Tout au bout de la longue galerie qui mène à la zone internationale, je le vois arriver, tirant une énorme valise sur roulettes. Nous nous installons dans le salon V.I.P. mis à notre disposition. Seiji Ozawa est détendu, serein. Sa légendaire crinière semble encore plus épaisse qu'à l'accoutumée ; elle recouvre non seulement les oreilles, mais envahit aussi une partie du visage, un peu à la manière des perruques du Grand Siècle. « Je suis resté près de trente ans à Boston, m'explique-t-il ; c'est une ville ouverte à toutes les cultures, mais c'est aussi une cité très traditionnelle, donc conservatrice, car elle est chargée d'une part importante de l'histoire des États-Unis. J'y ai vécu une période très positive de ma vie. En fait, j'ai passé la plus grande partie de mon existence en Amérique du Nord : d'abord de 1965 à 1969 à Toronto, puis de 1970 à 1976 à San Francisco et de 1974 à 2002 à Boston. Auparavant, j'avais été l'assistant de Leonard Bernstein en 1960 à New York, puis directeur musical du Festival de Ravinia, près de Chicago jusqu'en 1968. Au total, cela fait quarante-deux ans de présence sur le sol du Canada et des États-Unis. Je suis probablement le seul chef non américain dans ce cas.

« Je garde d'inoubliables souvenirs de ces quatre décennies. San Francisco fut une magnifique expérience, car j'y ai accueilli un grand nombre de solistes d'exception que j'ai accompagnés au concert. »

Je ne résiste pas au plaisir de lui rapporter une anecdote le concernant, que Jean-Philippe Collard vient justement de me raconter[2] : « Après avoir

1. Entretien enregistré à l'aéroport de Genève, le 18 décembre 2002.
2. Entretien enregistré à Paris, le 5 avril 2002.

obtenu mon premier prix de Conservatoire, je n'ai rien vu venir, pas le moindre engagement… Régis Pasquier m'a conseillé de consulter Robert Casadesus : le célèbre pianiste m'a reçu chez lui avec ma mère. J'ai joué du Chopin, du Fauré, du Liszt. J'étais terriblement impressionné. Il m'a d'abord écouté attentivement, puis il s'est impatienté et m'a interrompu au cours du troisième morceau. Il s'est alors adressé à ma mère : "Votre fils ne me semble pas être fait pour ce métier ; je ne suis pas enthousiasmé par sa manière de jouer. Vous savez, madame, la carrière d'un soliste est difficile, semée d'embûches ; il faudrait plutôt chercher autre chose…" J'étais choqué, mais bien déterminé à continuer mon travail. Je me répétais : "Ce n'est pas possible, il ne m'a pas jugé à ma juste valeur." J'ai voulu oublier cette épreuve car les premiers engagements sont arrivés. J'ai commencé à me faire un nom. Quelques années plus tard, je devais avoir 24 ans, j'étais chez moi en fin de soirée quand la sonnerie du téléphone a résonné : "Allô, monsieur Collard ? Ici Seiji Ozawa." Étonné, je l'ai fait répéter : "*Yes, yes*, Seiji Ozawa. Écoutez-moi, je vous appelle de San Francisco où je dirige l'Orchestre symphonique. J'ai programmé pour un prochain concert les deux *Concertos* de Ravel. Or, le pianiste qui devait jouer avec moi est malade et indisponible pour une longue période. Vous connaissez bien ces œuvres, n'est-ce pas ? Accepteriez-vous de les interpréter avec moi ?" Avant de donner mon accord, j'ai voulu connaître le nom de l'artiste que je devais remplacer : "Pouvez-vous me dire qui est le pianiste défaillant ? – Oui, bien sûr : il s'agit de Robert Casadesus." Le sol se dérobait sous mes pieds, mais j'étais aux anges ; j'ai dit oui immédiatement. Quelle revanche était la mienne ! Le concert a très bien marché, les critiques ont été dithyrambiques. Quand on doit remplacer un musicien très connu, cela produit toujours son effet si l'on se montre à la hauteur. Seiji Ozawa m'a invité à nouveau à San Francisco et à Boston… »

Le maestro rit de bon cœur en m'écoutant. Cette collaboration avec Jean-Philippe Collard fait partie de son parcours, comme de nombreuses autres circonstances favorables qui ont jalonné sa carrière : « Une existence n'est rien sans rencontres providentielles. Je suis né en 1935 dans une famille bouddhiste du côté de mon père, chrétienne du côté de ma mère : avec mes trois frères, nous chantions à l'église dans le chœur d'enfants. C'est ainsi que j'ai découvert la musique occidentale, sans pour autant négliger les airs traditionnels du Japon. Nous avons quitté la Mandchourie où j'avais vu le jour, juste avant la guerre en 1941. Nous nous sommes installés à Tokyo où j'ai commencé mes études de piano. Nous étions très pauvres : comme mon père ne pouvait payer les cours que je devais suivre, celui qui allait devenir mon maître bien-aimé, Hideo Saito, me proposa de travailler pour lui dans sa grande maison : je nettoyais et arrosais son jardin, je faisais des raccords de peinture, je classais ses archives. C'était merveilleux car le reste du temps je pouvais faire de la musique avec Saito, qui avait été un grand violoncelliste avant de se consacrer à la direction d'orchestre et au professorat.

« Je me destinais au piano, quand un accident me contraignit à changer d'orientation : je jouais au rugby, sport qui commençait à se développer au Japon dans les années cinquante ; malgré mon gabarit très moyen, je portais le numéro huit de troisième ligne centre ; au cours d'un match, j'ai été plaqué à retardement sans le ballon. J'ai eu deux doigts fracturés ; c'en était fini du rugby, mais aussi du piano. Maître Saito m'a fait alors entrer à Toho Gakuen, école qu'il avait fondée ; il m'y a donné des cours de direction. Ma voie était désormais tracée. Après un long apprentissage et un passage à Tanglewood, où j'ai suivi les *masterclasses* de Leonard Bernstein, j'ai tenté ma chance à l'Orchestre de la Radio de Tokyo qui recrutait de jeunes chefs assistants. Ils n'ont pas voulu de moi : ils me trouvaient trop américanisé. Ce fut ma grande chance, car ce refus m'incita à me présenter en 1959 au concours des jeunes chefs d'orchestre de Besançon. C'était mon premier voyage en Europe. Je ne parlais pas un mot de français ; j'ai conduit l'ouverture de *Ruy Blas* de Mendelssohn, *Prélude à l'après-midi d'un faune* de Debussy, *Dolly* de Fauré et la *Deuxième Symphonie* de Beethoven, après avoir passé avec succès l'épreuve éliminatoire qui consistait à diriger une œuvre inédite du président du jury, Eugène Bigot, dont on avait remis la partition aux candidats une demi-heure avant d'accéder au podium. Tout s'est bien passé et j'ai remporté le premier prix. Au cours de la réception qui a suivi, j'ai pu approcher Charles Munch, qui était lui aussi membre du jury ; je lui ai demandé dans un anglais très hésitant s'il accepterait de me donner des cours. Il a été très aimable et m'a invité à Tanglewood où je suis resté pendant sept semaines auprès du chef brésilien Eleazar de Carvalho, qui était l'adjoint de Munch à Boston ; après avoir remporté le prix Koussevitzky, j'ai rencontré Leonard Bernstein que je devais retrouver peu après à Berlin, où j'ai reçu les conseils de Karajan. Bernstein, pour sa part, m'a fait passer une sorte d'examen, en compagnie de quelques musiciens du Philharmonique. Imaginez mon étonnement : cet entretien inopiné avait lieu dans un bar qui s'appelait Le Rififi. Tout un programme ! Lenny m'a demandé de devenir son assistant ; j'étais ébahi ; c'était tellement inattendu que je suis resté sans voix. J'ai accepté non sans en avoir parlé au préalable à Karajan qui m'a dit : "Assistant de Bernstein ? Allez-y sans tarder !" »

« En septembre 1960, je suis parti pour New York où j'ai travaillé pendant un an au côté de Lenny. Il ne se comportait pas comme un professeur : il me traitait en jeune collègue, avec familiarité. Il m'a confié la baguette à plusieurs reprises : j'ouvrais généralement le programme et il prenait ensuite le relais. Un jour, il devait jouer un *bis* en fin de concert ; il s'est alors adressé au public : "Vous allez maintenant écouter avec attention un jeune chef, Seiji Ozawa, dans une nouvelle œuvre de Samuel Barber." Bien entendu, il savait que j'avais appris cette composition. Je fus acclamé.

« Bernstein m'a rappelé à New York en 1964 et 1965 pour me faire participer à ses émissions télévisées, *Young People's Concerts*. Je préparais l'orchestre et répétais les morceaux qui allaient être joués, tandis que le maestro rédigeait lui-même ses textes qu'il apprenait par cœur. Ce fut une période d'intense travail ; comme je ne devais pas quitter Lenny d'une semelle, il me demandait souvent de conduire pendant les répétitions ; il allait alors s'asseoir au milieu de la grande salle du Carnegie Hall : "Je veux entendre comment ça sonne", me disait-il. Sa recherche constante de la perfection me poussait à apprendre également par cœur toutes les partitions. »

Tout se passe ensuite très vite pour Seiji Ozawa : à 29 ans, il prend en main le Festival de Ravinia, près de Chicago, puis après deux passages très concluants à Toronto et San Francisco, il est appelé en 1973 à Boston où il succède à William Steinberg : « Cet orchestre était magnifique. Il comportait des instrumentistes de grand talent, dont beaucoup avaient bénéficié de l'influence de Pierre Monteux et de Charles Munch. Ils excellaient dans Berlioz, Debussy, Ravel, Roussel, mais aussi dans Brahms, où Munch était également très à son aise. J'ai souhaité élargir le répertoire en l'ouvrant à Bruckner et Mahler qui avaient été négligés et en incorporant aux programmes des œuvres contemporaines, notamment de Henze, Krenek, Ligeti, Milhaud, Xenakis, Messiaen, Schoenberg, sans oublier mon compatriote Takemitsu. J'ai longtemps hésité avant de quitter cet orchestre qui était devenu ma seconde famille. Nous n'étions pas mariés : un mariage peut se terminer par la mort d'un des deux époux ; nous avions connu une liaison qui devait avoir une fin heureuse. Les musiciens avaient probablement besoin d'un nouveau chef pour repartir de l'avant. Ils ont attendu deux ans l'arrivée de James Levine. »

Privé d'Opéra pendant une longue période, Seiji Ozawa a opté pour le Staatsoper de Vienne où une vacance du pouvoir se prolongeait depuis 1991 : « J'aurais aimé faire du lyrique à Boston ; mais je n'ai pu y diriger que des opéras en concert. Au début des années quatre-vingt, j'ai été appelé à l'Opéra de Paris par Rolf Liebermann pour y créer *Saint François d'Assise* de Messiaen. J'avais rencontré le compositeur au Japon, quand je donnais *Turangalila Symphonie*, qu'il avait écrite pour Boston en 1949. La première de *Saint François* fut retardée à plusieurs reprises, car Messiaen apportait constamment de nouvelles retouches à son œuvre ; sa vue était devenue mauvaise et il ne pouvait pas travailler très longtemps sur sa partition. Finalement, la création eut lieu en 1983 ; cet opéra très difficile à réaliser reçut un excellent accueil. »

Un siècle après Mahler, Seiji Ozawa a pris place dans le fauteuil occupé jusqu'en 1907 par le chef autrichien, dont il est l'admirateur inconditionnel. Que pense-t-il de ce rapprochement ? « Je ne sais pas si j'aurai autant d'influence que lui ; je ferai de mon mieux, également avec le Philharmonique dont il fut aussi le chef. Je passe environ cinq mois par an à Vienne, sans compter les tournées. C'est une lourde charge. Je donnerai une ou deux nouvelles productions chaque année. J'ai commencé par *Johnny spielt auf* de Ernst Krenek, compositeur autrichien trop négligé, qui épousa la fille de Mahler et se réfugia aux États-Unis en 1938. Cet opéra est une combinaison très étrange de musique traditionnelle, de dodécaphonisme et de jazz. Le public a beaucoup aimé. J'ai dirigé également des opéras consacrés, comme *Cosi fan tutte, La Flûte enchantée, Tosca, Salomé, Jenufa* de Janacek… »

Le Japon tient toujours une place importante dans l'incessante activité de Seiji Ozawa : en 1984, il fonde l'Orchestre Saito Kinnen (littéralement : « En hommage à Saito ») pour le 10e anniversaire de la mort de son maître, dont il donne le nom au Festival de Matsumoto que le chef disparu avait créé : « Le Saito Kinnen progresse d'année en année ; il peut désormais soutenir la comparaison avec les meilleures formations européennes et américaines. Nous effectuons au moins une tournée par an et sommes déjà venus à Paris. Malgré la crise du disque, je termine avec cette formation un cycle complet des *Symphonies* de Beethoven, des *Symphonies* de Brahms et je continue d'enregistrer tout Mahler, qui demeure l'un de mes compositeurs de prédilection. J'ai joué deux de ses symphonies dans la basilique de Saint-Denis, la *Deuxième* et la *Huitième.* C'est un lieu grandiose et magique. Une fois qu'on a maîtrisé le problème de réverbération, on obtient de prodigieux résultats. Ce fut le cas avec le National de France. »

Selon Ozawa, le niveau musical s'élève rapidement au Japon : « Il faudrait que nous, Japonais, soyons convaincus que nous pouvons atteindre le meilleur niveau mondial et ne plus imaginer que la bonne musique doit être impérativement importée d'Occident. Nous avons d'excellents musiciens dont la plupart se produisent en Europe ou aux États-Unis. Nous avons la chance d'avoir des auditoriums modernes, disposant d'une excellente acoustique, que nous avons eu heureusement le temps de construire avant que ne survienne la crise économique. »

Agile, ondulant, bondissant, parcouru de la tête aux pieds par le courant musical, Seiji Ozawa déploie au pupitre une grâce légère. Que pense-t-il de sa gestique ? « Elle découle de celle de Saito. Je lui dois tout : c'était un analyste prodigieux, capable d'expliquer le moindre détail. Il a écrit des livres qui font autorité. Depuis longtemps, j'ai acquis la conviction qu'il n'est pas indispensable de battre la mesure avec les grands orchestres. J'utilise avec eux le plus souvent possible les deux mains pour imprimer le rythme et créer la couleur. Chaque chef a sa propre personnalité : mais deux éléments essentiels sont partagés par tous ceux qui ont su s'imposer : l'oreille et le message adressé aux instrumentistes. »

La famille compte beaucoup pour maître Seiji : « Ma femme, qui était décoratrice, m'accompagne le plus souvent dans mes déplacements. Ma fille est assistante de direction au Met de New York ; elle travaille également à Tanglewood et elle écrit des livres qui ont du succès. Mon fils, Yushioki, est acteur ; il est plus célèbre que moi au Japon, grâce à des séries télévisées. Je n'ai pas beaucoup de temps libre pour songer aux loisirs : j'aime faire du ski et j'essaie de me maintenir en bonne condition physique. »

Élu à l'Académie des Beaux-Arts comme membre associé, Seiji Ozawa est très attaché à la France ; il n'oublie pas qu'il a remporté son premier succès international à Besançon. On ne compte plus les œuvres que ce champion indéfectible de la musique française a jouées et souvent enregistrées avec le National de France, de Berlioz à Dutilleux, en passant par Bizet, Fauré, Debussy, Ravel, Roussel, Milhaud, Honegger, Messiaen. Mais c'est Francis Poulenc qu'il situe au plus haut : « *Dialogue des carmélites* est un des opéras contemporains qui me touchent le plus : il exprime en effet la volonté de sacrifier sa vie pour sauvegarder sa foi. C'est là un message qui me concerne et me va droit au cœur. »

SIR COLIN DAVIS
UNE VIE POUR MOZART ET BERLIOZ

« La musique de Mozart englobe tous les registres de l'âme.
Derrière elle, nous devinons un homme ayant des espoirs,
des besoins, des enthousiasmes, des souffrances, des désillusions,
un homme qu'habite une solitude incompréhensible. »
Hermann Hesse, *Musique*

Cheveux blancs, regard perçant, allure de *gentleman farmer* dans sa veste de tweed beige, Sir Colin Davis nous accueille avec ce brin d'affectation typiquement *british* dont il se départira, en cours d'entretien, par un trait d'humour ou une anecdote[1]. Le grand salon de sa maison de style géorgien est son musée personnel : deux bustes d'Hector Berlioz y voisinent, l'un en bronze, l'autre en plâtre ; aux murs sont accrochés une grande peinture représentant une très jolie femme, madame Davis, et des lettres autographes encadrées de compositeurs. Sir Colin s'installe dans un fauteuil de cuir, entre un lutrin supportant une bible ancienne et un squelette, tel qu'on peut en voir dans les classes d'anatomie. Je comprendrai mieux, le lendemain, la question qui me sera posée par un violoncelliste du London Symphony Orchestra, au cours de la répétition du concert célébrant les 75 ans du maître : « Vous a-t-il parlé de la mort ? Cela fait vingt ans qu'il ne cesse d'y penser. »

Oui, Sir Colin évoquera une fois la mort, si présente à ses côtés. Mais il nous entretiendra d'abord d'un grand vivant, né il y a deux siècles, auquel

1. Entretien enregistré à Highbury, au domicile du maître, le 19 septembre 2002.

il a insufflé une vie nouvelle : « J'avais 21 ans quand j'ai découvert l'importance de l'œuvre de Hector Berlioz ; je suivais à Londres les *masterclasses* données par le chef français Roger Desormière qui commentait et dirigeait la seconde partie de *L'Enfance du Christ*. Ce fut pour moi une révélation fulgurante : la musique de Berlioz sonnait d'une manière très différente de celle de Beethoven, Schumann ou Mendelssohn que j'avais l'habitude d'entendre. Après ces cours, je n'ai eu de cesse d'explorer la carrière de cet artiste, d'étudier ses partitions ; j'ai recherché les disques, assez peu nombreux à l'époque, qui lui étaient consacrés. Je poursuis d'ailleurs cette quête, car j'estime qu'il y a toujours quelque chose à apprendre d'un aussi grand compositeur. Quelques années plus tard, à Covent Garden, j'ai pu à nouveau mesurer le caractère novateur de Berlioz en écoutant *Les Troyens*, que dirigeait Rafael Kubelik. J'étais réellement intoxiqué par ce créateur que j'ai eu, par la suite, l'honneur de défendre en France où, disons-le, en dehors d'Igor Markevitch et de Charles Munch, il n'avait pas beaucoup de partisans. Aussi n'ai-je jamais oublié l'accueil qui me fut réservé au Théâtre des Champs-Élysées, lorsque j'ai dirigé le National dans *La Damnation de Faust*, avec Jessye Norman. »

Je pense alors à ce que m'a raconté Françoise Courcel, choriste à l'Orchestre de Paris : « Au cours d'une pause de la répétition du *Te Deum* et de *Roméo et Juliette*, au Zénith, le maître était sagement assis en train de tricoter un pull. » Je souris en moi-même à cette évocation, tout en continuant d'écouter Sir Colin qui, maille après maille, mène le dialogue à la baguette : « En Angleterre, il m'aura fallu beaucoup de temps et d'efforts pour convaincre le public, la critique et les éditeurs de disques du bien-fondé de la campagne que j'entreprenais. Avant moi, on avait certes joué Berlioz, mais cette approche ne concernait que quelques chefs, Thomas Beecham, Hamilton Harty, Adrian Boult, John Barbirolli et quelques œuvres, les ouvertures et *La Symphonie fantastique*. "Où est l'avenir de Berlioz ?" s'interrogeait Beecham. Il faisait sans doute allusion à la réputation qu'on avait faite au musicien de son vivant ; il n'y avait pas de livre, pas d'étude où on ne le jugeât ennuyeux. J'ai tenté de démontrer que ces idées reçues étaient fausses. Les critiques étaient partagés entre scepticisme et admiration. Ils le sont encore. Pourtant, peu à peu, l'horizon s'est dégagé et l'on a reconnu que Berlioz était l'une des plus importantes personnalités de son temps, en tout cas la plus grande figure de la musique française du XIXe siècle. Il a en effet bouleversé le système symphonique : après lui, l'orchestration n'a plus été la même ; il a fait preuve d'un étonnant modernisme qui tranchait avec les compositions que l'on écoutait entre 1825 et 1850. Ses constructions monumentales s'éloignaient des structures classiques de la forme sonate. J'ai un faible pour *Roméo et Juliette* : en écoutant attentivement cette œuvre, on comprend que Berlioz a provoqué une révolution au cœur de la société de son temps. C'est une partition d'une qualité exceptionnelle dont l'accès n'est pas aisé ; il est en effet beaucoup plus facile d'obtenir un triomphe ave la *Cinquième Symphonie* de Mahler qu'avec ce grand poème musical. Il s'agit pourtant d'un ouvrage génial, d'une richesse d'inspiration inouïe, que l'on peut qualifier sans réserve de chef-d'œuvre. Je lui voue une dévotion sans limite. Un opéra comme *Benvenuto Cellini*, dont on n'a longtemps joué que l'ouverture, fut très mal accueilli lors de sa création. Or cette composition d'une prodigieuse beauté recèle dans son écriture une incroyable quantité de novations sublimes. J'ai rapidement constaté qu'on avait occulté un grand nombre des compositions de Berlioz, sous prétexte qu'elles n'avaient pas rencontré le succès à leur création. Le musicologue David Cairns, dans la nouvelle édition de sa biographie consacrée à Berlioz, a bien cerné les conséquences de ces préjugés qui ont coûté si cher au musicien et mis en lumière les entraves qui ont paralysé son action. Cependant, au fil des ans, la résistance opposée à Berlioz en France a faibli au fur et à mesure que sa notoriété grandissait en Grande-Bretagne. Ses adversaires combattaient avec des mots ; pour ma part, je combattais avec sa musique. »

L'enthousiasme de Sir Colin en faveur de Berlioz n'a pas diminué depuis le début des années soixante. En 2001, avec le London Symphony Orchestra, il a mis à son programme toutes les œuvres majeures du maître et les a exportées auprès du Philharmonique de New York, dont il est le premier chef invité. Pour célébrer le bicentenaire de la naissance du compositeur, *Roméo et Juliette*, *La Damnation de Faust* et *Harold en Italie* ont été quelques-unes des pièces interprétées par Sir Colin : « J'admire de plus en plus sa musique parce que je la connais de mieux en mieux. Même pour des mélomanes avertis, plusieurs écoutes au concert ou au disque sont nécessaires pour se familiariser avec certaines de ses inventions. J'ai acquis la conviction que je peux encore améliorer la qualité de mes interprétations en découvrant certains secrets bien cachés de cette musique si originale. »

Sir Colin Davis s'est lancé avec pugnacité dans une entreprise aux enjeux multiples en créant, en pleine crise du disque, la collection « L.S.O.

live » qui met sur le marché, à un prix modique, les enregistrements publics de ce merveilleux orchestre, dont l'œuvre complète de Berlioz, de la *Fantastique* aux *Troyens* : « Nous nous voulons propagandistes de la musique auprès des jeunes auxquels nous souhaitions donner l'habitude de venir au concert. Nous en accueillons d'ailleurs quinze mille chaque saison aux répétitions ou aux générales publiques. *Les Troyens* ont été une grande réussite : il fallait un orchestre virtuose pour interpréter à la perfection une partition extrêmement complexe, ainsi que les meilleurs chanteurs du moment ; nous les avons eus, avec notamment Michelle DeYoung, Ben Heppner, Petra Lang, Orlin Anastassov… Le succès a dépassé nos espérances. Il en a été de même pour *Béatrice et Bénédict*, ultime composition de Berlioz dont le charme discret est d'une irradiante beauté. On y sent la présence de Shakespeare qui fut son dieu. C'est sans doute cette affinité profonde avec notre immense auteur qui a pu conférer au musicien la popularité dont il jouit dans notre pays. Cet amour d'un Français pour Shakespeare nous va en effet droit au cœur ; c'est aussi pour nous, l'occasion de revisiter et de mieux comprendre notre héritage littéraire. »

Quand on évoque Berlioz, Richard Wagner n'est pas loin. Sir Colin Davis sait ce que l'auteur de la *Tétralogie* doit au Français : « Lorsque Wagner a entendu *Roméo et Juliette* pour la première fois, il a été fasciné. On retrouve d'ailleurs dans *Tristan* des réminiscences, peut-être involontaires, de *Roméo*. Il faut rappeler que Berlioz a écrit ses plus grandes œuvres entre 1829 et 1846 : la *Fantastique* fut terminée en 1830, *Lélio* en 1831, *Harold en Italie* en 1834, le *Requiem* en 1837, *Cellini* en 1838, *Roméo et Juliette* en 1839, *La Damnation de Faust* en 1846 ! Or Wagner n'a commencé à écrire des partitions s'écartant de l'opéra traditionnel qu'à partir de 1843 : *Tannhäuser* est de 1845, *Lohengrin* de 1850, *Tristan* de 1865… C'est au cours de son premier séjour à Paris, entre 1839 et 1842, que Wagner a découvert l'existence de la musique si inventive de Berlioz et qu'il s'en est imprégné sans jamais le reconnaître ouvertement. »

À la boutonnière de la veste du maître, une rosette fleurit qui ne passe pas inaperçue : « Cette Légion d'honneur fut pour moi une grande surprise ; je ne m'attendais pas à recevoir cette distinction du gouvernement français. Ce geste m'a touché et j'en suis très fier. Je vois dans cette décoration une victoire pour la musique en général et pour la musique française car, outre Berlioz, j'aime également Saint-Saëns, Massenet, trop mésestimés chez vous, et aussi Debussy et Ravel. »

Si Berlioz est la grande aventure de Sir Colin Davis, Mozart est son grand amour : « Mon compagnon pour la vie, mon dieu musical : son génie est infiniment plus diversifié que celui de Bach ; à son apogée, il est l'égal de Shakespeare par sa profonde compréhension de l'âme humaine. En très peu de temps, au cours d'une vie si brève et si intense, Mozart a su trouver une expression parfaite de la musique. Sa liberté d'écriture a fait sauter maints verrous ; il avait pris une large avance sur son temps, en cherchant, sans toujours y parvenir, à se protéger du cynisme de son entourage et de son époque. Je suis intarissable sur Mozart car, depuis des lustres, il est mon compagnon. En 1959, on m'a confié la responsabilité de remplacer Otto Klemperer, tombé malade, pour diriger *Don Giovanni* : cet événement a changé le cours de mon existence. Comme je connaissais parfaitement cet opéra, j'ai pu prouver que j'étais aussi à l'aise dans ce chef-d'œuvre que d'autres chefs plus célèbres que moi. Ce succès m'a valu d'être engagé au Sadler's Wells Theater, comme directeur musical ; j'y suis resté six années, tout en prenant d'autres responsabilités à la B.B.C. Une nouvelle opportunité lyrique s'est ensuite présentée quand j'ai succédé à Georg Solti à Covent Garden en 1971. J'y ai passé quinze ans. Mozart m'a soutenu lorsque se sont présentées certaines difficultés administratives inhérentes à la fonction que j'occupais. J'ai eu également le bonheur d'être le premier chef anglais invité à Bayreuth. Puis, en 1986, je suis parti pour d'autres cieux : je suis devenu directeur musical de l'Orchestre de la Radio bavaroise à Munich, l'une des meilleures formations que je connaisse ; j'ai également travaillé avec le prestigieux Staatskapelle de Dresde. J'étais heureux de me remettre en question et d'aborder un répertoire sensiblement différent. Il m'a fallu étudier et apprendre des partitions que je n'avais encore jamais jouées, dont celles de Bruckner et de Mahler ; je dois avouer que je n'ai pas eu de réelles affinités avec les *Symphonies* de ce dernier ; je préfère les compositeurs qui expriment, en un court laps de temps, ce qu'ils ont à dire, comme c'est le cas de Sibelius. Mahler, c'est trop long pour moi.

« Puis je suis revenu en Angleterre. J'ai accepté la direction musicale du London Symphony Orchestra en 1995, mais sans avoir à me mêler des problèmes administratifs. Je n'aspire plus au pouvoir ; j'ai toujours été gêné par les contraintes qu'il génère. J'ai besoin de la liberté dont j'ai été trop longtemps privé et de la sérénité qui en découle. Je suis à l'aise avec le L.S.O. : ses musiciens ont une connaissance approfondie du répertoire ; je peux affirmer que cet orchestre est vraiment à la pointe de l'excellence. Nous avons au

Barbican Center un public fidèle et enthousiaste ; mais les recettes des concerts ne suffisent pas, car les coûts augmentent plus rapidement que les ressources ; il nous faut l'apport des sponsors, l'aide de l'État demeurant en deçà de nos besoins. La musique est de plus en plus confrontée à la loi du profit. Cette situation ne me convient guère : je ne me suis jamais senti proche d'un système où les comptes d'exploitation prennent le pas sur l'établissement des programmes. »

Sir Colin Davis reconnaît volontiers qu'il lui arrive de penser à un passé définitivement révolu. Qu'en a-t-il retenu ? : « J'ai d'abord étudié la clarinette au Royal College de musique à Londres ; adolescent, j'écoutais souvent les concerts qu'Adrian Boult donnait à la B.B.C. ; je l'ai rencontré après l'horrible guerre : c'était un excellent homme qui avait l'art d'expliquer les choses ; il était un modèle de simplicité et d'efficacité. Il m'a donné de précieux conseils que j'ai suivis fidèlement. Il n'a pas voulu encombrer mon esprit d'éléments techniques peu utiles. N'importe qui peut apprendre la battue de base. Si vous détenez les rudiments indispensables, il vous reste à relever le défi musical qui est infiniment plus complexe que battre la mesure : apprendre notamment à vous exprimer clairement et à communiquer par le geste, la voix et le regard. Boult m'a ouvert la voie à suivre ; j'ai pu ainsi défendre de mon mieux les compositeurs britanniques, Elgar, Britten bien sûr, mais aussi Vaughan Williams, Tippett, P. Maxwell Davis, dont j'ai créé quelques œuvres. Quant à la musique contemporaine, je n'y suis pas étranger : j'ai fréquemment dirigé Bartok et Stravinsky ; j'ai joué Messiaen ; mais je ne vais pas jusqu'à la musique sérielle. Depuis Schoenberg, toutes sortes de tentatives ont créé des édifices artificiels dont, je le crois, il ne reste pas grand-chose. Les constructions mathématiques en musique ne sont pas ma tasse de thé. Certains adversaires peuvent me considérer comme un homme démodé ; peu importe car je m'exprime ici à la manière de quelqu'un qui, pour eux, serait déjà mort. Je repousse également l'idée d'utiliser les instruments anciens pour interpréter les œuvres des XVIIIe et XIXe siècles. Il s'agit là, à mon avis, d'un pur non-sens ; j'aime le baroque, mais pas de la manière dont il est traité. Cette mode découle d'une approche purement intellectuelle qui tend à s'inspirer d'un temps révolu, sans garantie d'authenticité. Sait-on comment sonnait la musique de Bach à son époque ? Rien en revanche ne nous empêche de la jouer sur des instruments modernes. De nombreux chefs consacrés l'ont fait ou le font encore. »

Qu'attend donc encore de la musique un maestro anobli par la reine en 1980, et dont le 75e anniversaire a été célébré avec un certain faste le surlendemain du jour où nous le rencontrions chez lui ? « La musique m'a toujours accompagné depuis mon enfance. Je me suis marié jeune ; j'ai eu cinq enfants ; ils font tous de la musique et jouent du violon, de l'alto et du violoncelle. Avec ma clarinette, nous pourrions former un excellent sextuor. Ils n'étaient pas particulièrement passionnés ; aussi, je soupçonne mon épouse d'avoir organisé une sorte de conspiration d'affection destinée à me retenir plus souvent à la maison. Au fil des années, mes goûts, mes aspirations ont évolué : la musique est une vieille amie qui m'est très proche ; je la rencontre souvent, mais je ne suis plus le même ; elle non plus. Nous changeons et la musique avec nous… »

À la question classique : « Quelle partition emporteriez-vous avec vous sur une île déserte ? », Sir Colin Davis se dérobe : « Je n'en prendrais aucune ; en revanche, je prendrais tout Shakespeare parce que je ne le connais pas encore assez bien. »

SIR JOHN ELIOT GARDINER
CULTIVONS NOTRE JARDIN

« Sa physionomie annonçait son âme. Il avait le jugement assez droit, avec l'esprit le plus simple ; c'est je crois pour cette raison qu'on le nommait Candide. »
Voltaire, *Candide ou l'Optimisme*

« Rénovateur du baroque, passionné de recherches et de découvertes touchant à la musique ancienne et aux compositions contemporaines, romantique, lyrique, créateur d'orchestres, à qui ai-je l'honneur... ? » Cette question, qui n'était pas innocente, venant quelques semaines après l'entretien que j'avais eu à Londres avec Sir Colin Davis, fermement opposé à l'utilisation des instruments anciens, je l'ai posée à John Eliot Gardiner, qui se situe aux antipodes de l'opinion de son compatriote. Entre deux représentations, à l'Opéra de Zurich, de *Benvenuto Cellini* (voici tout de même, grâce à Berlioz, un point commun entre les deux chefs anglais), John Eliot Gardiner, souriant, décontracté, attentif, a répondu, dans un excellent français, sans polémiquer à ma question[1] : « Je suis un musicien qui s'appelle Gardiner, auquel l'idée d'être spécialisé dans certaines œuvres semble dommageable. Nadia Boulanger, qui fut mon professeur à Paris, m'a fait comprendre la nécessité d'acquérir une base de connaissances couvrant l'ensemble du répertoire. Le fait de se cantonner dans certains registres, de se limiter, par exemple, à l'opéra, peut

1. Entretien enregistré le 28 novembre 2002, à Zurich, Hôtel du Lac.

devenir une véritable entrave, ce qui ne veut pas dire qu'un chef doit être capable de tout diriger d'une manière parfaitement convaincante ; ce n'est d'ailleurs pas mon cas : j'ai des trous dans mon propre savoir. C'est sans doute pourquoi, malgré mes nombreux enregistrements, je suis considéré comme un handicapé par quelques maestros qui sont eux-mêmes... handicapés. »

Son goût pour la diversification, sa volonté d'échapper à la monoculture musicale, d'où lui viennent-ils ? « Très jeune, j'ai été imprégné de musique. Chanteuse en amateur, ma mère, qui était contralto, avait le niveau d'une bonne professionnelle. Pour mes parents, c'était un plaisir permanent de faire, sans prétention, de la musique en abordant les chants folkloriques et polyphoniques. Grâce à leur passion pour le Moyen Âge et la Renaissance, j'ai pu suivre l'évolution de la musique à travers les œuvres de Josquin des Prés, de Palestrina, de l'école anglaise, Tallis, Byrd, Purcell, sans oublier Gibbons que j'adore. Mon père, ingénieur forestier et agriculteur, et son oncle, compositeur, qui, ne croyant à son propre talent, avait brûlé la plupart de ses partitions, ont planté trois millions et demi d'arbres dans le Dorset, région où je suis né en 1943. Avec Liz, ma femme, violoniste et petite-fille du grand maestro italien Victor de Sabata, et mes trois enfants, nous vivons au cœur de ce domaine, sans avoir autant de temps que je le voudrais pour m'en occuper ; cependant l'agriculture et la sylviculture demeurent des activités indispensables et complémentaires à mon équilibre musical. Cette manière de se ressourcer en pleine nature m'est essentielle : pour être capable de supporter les contraintes de mon métier de chef, il me faut disposer, quand je suis chez moi, d'éléments solides qui s'inscrivent dans le sol. Mes parents m'avaient, si j'ose dire, préparé le terrain, en considérant que la musique était une activité liée aux saisons. Quand j'étais écolier, ma mère montait chaque année à Noël une pièce sur la Nativité avec les gosses du bourg ; j'y figurais comme page ou comme berger ; je chantais dans le chœur d'enfants que j'ai eu plus tard le bonheur de diriger au cours des fêtes de Pâques dans l'église du village. C'était un engagement humble, mais pourtant très enrichissant. Très tôt, j'ai pu aborder les chefs-d'œuvre de la littérature du pré-baroque : dès l'âge de 12 ans, je connaissais les motets de Bach, Monteverdi, Schütz, les chansons de la Renaissance de Claude Le Jeune et de Clément Janequin.

« Plus tard, quand j'ai voulu me consacrer entièrement à la musique, mon père s'y est opposé ; mais nous nous sommes réconciliés quand il a compris que ma vocation était réelle. Le 5 novembre 2001, nous avons célébré, dans notre maison, le centenaire de sa naissance. Son exemple n'a jamais cessé de m'inspirer ; il m'a transmis le sens de la pureté de la nature et m'a alerté sur les dangers d'une musique qui serait coupée de ses racines. Cette leçon de choses explique mon constant retour aux sources. J'ai su très tôt déchiffrer les partitions, comme on lirait un journal ; j'étais médiocre pianiste et je n'ai donc pas connu la contrainte de lire du clavier ; j'ai pu au contraire travailler directement sur les partitions. »

Vint le jour où il fallut choisir, se décider. John Eliot Gardiner n'a rien oublié de ce tournant pour son avenir : « Le 5 mai 1964, j'ai dirigé mon premier concert important au King's College de Cambridge avec les *Vêpres de la Vierge* de Monteverdi. Ce fut le moment clé de ma vie ; si mon interprétation avait tourné à la catastrophe, j'aurais abandonné tout espoir de devenir chef. J'ai cherché à obtenir les couleurs chaudes de la musique italienne avec des chanteurs qui interprétaient habituellement des œuvres anglaises et qui avaient une façon de chanter comme on caresse un chat ; j'ai exigé plus d'engagement, plus de passion. Tout n'a pas été parfait, mais le succès obtenu fut encourageant. La création du Monteverdi Choir date de cette époque. Avant cela, j'avais songé à devenir professeur d'histoire de la musique ; j'avais également étudié la manière dont la pensée grecque avait été transmise par l'intermédiaire de la culture orientale ; j'ai donc appris l'arabe pour mieux comprendre l'importance de cette civilisation en Occident, son influence sur la Chrétienté et les causes des malentendus entre les mondes musulman et occidental. Ce sujet est plus que jamais d'actualité. Mais finalement, la pulsion musicale a été la plus forte ; j'ai pris une année sabbatique afin de tester mes possibilités ; j'ai fait du violon ; puis je suis passé ensuite à l'alto parce que j'avais les bras assez longs pour cet instrument ; j'ai cachetonné comme chanteur à Londres. Mon professeur, Thurston Dart, qui était un grand claveciniste, m'a dit un jour : "Tu devrais poursuivre tes études à l'étranger."

« J'ai choisi Paris, malgré ma méconnaissance du français, pour retrouver Nadia Boulanger que j'avais rencontrée quand j'avais 6 ou 7 ans. Elle était venue dans notre région participer à une Summer School ; Stravinsky et Hindemith étaient là eux aussi. Par la suite, en famille, nous avons écouté les disques de Nadia consacrés aux *Madrigaux* de Monteverdi, à des œuvres de Rameau, de Marc Antoine Charpentier, ainsi qu'aux valses de Brahms qu'elle avait enregistrées avec Dinu Lipatti. À 16 ans, j'ai suivi les conférences qu'elle donnait au Music College de Londres. C'était une dame extraordinaire, d'une dignité exemplaire, imprégnée de religion, mais d'un esprit très ouvert ; dogmatique, moralisatrice, elle était sévère, même avec elle-même. Elle ne manquait pas de me rappeler que j'avais commencé mes études trop tardivement : "Mon cher, me disait-elle sans ménagement, vous effectuez à 24 ans des exercices que je jouais quand j'en avais 5." Elle avait une prodigieuse connaissance de la musique qui n'a jamais été égalée par la suite. Au piano, elle naviguait avec une facilité incroyable de Josquin des Prés à Brahms en passant par Bach, Buxtehude, Mozart ; sa fabuleuse mémoire captait tout. Elle liait constamment la musique à la littérature, à la philosophie, à la peinture. Elle était l'amie d'André Gide et de Paul Valéry. Elle me parlait souvent de sa sœur, Lili, morte très jeune, compositeur précoce dont j'ai gravé certaines œuvres qui voisinent sur mon disque avec la *Symphonie de Psaumes* de Stravinsky : ce rapprochement ne fut pas fortuit car la mère de Lili et de Nadia était d'origine russe. À Paris, j'assistais chaque année à l'office d'anniversaire de la mort de Lili ; avec Olivier Messiaen à l'orgue, nous chantions le *Pie Jesus* ou des extraits du *Requiem* de Fauré. Vers la fin de sa vie (elle est morte en 1979 à 92 ans), Nadia "télescopait" parfois les périodes cruciales de sa carrière : elle annonçait ainsi tout de go que Rimski-Korsakov était passé la voir la veille. Cependant, la plupart du temps, son esprit demeurait clair. C'est en 1968 qu'elle a commencé à me donner des leçons ; j'arrivais vers vingt-deux heures, étant son dernier élève : au terme d'une interminable journée qu'elle avait commencée le matin, dès sept heures trente, il lui arrivait, à plus de 80 ans, de s'assoupir en m'écoutant ; cette situation délicate m'obligeait parfois à la réveiller. Je lui parlais des événements de Mai 68, des heures passées à la Sorbonne avec les étudiants ou en compagnie d'ouvriers de chez Renault et de Citroën ; elle m'écoutait sans rien dire. Un soir, elle m'a annoncé d'un ton péremptoire : "Demain, vous m'accompagnerez à la Sorbonne." Son chauffeur nous déposa rue des Écoles et nous montâmes côte à côte l'escalier conduisant au grand amphithéâtre. Dans la salle, elle se tenait droite, appuyée au dossier en bois de son banc, immobile, silencieuse, le regard impénétrable, écoutant attentivement les discours. Au bout d'une heure, elle s'est levée et nous sommes sortis ensemble. Le lendemain, elle a invité tous ses élèves pour leur faire un compte rendu de la situation politique à Paris. Bien que d'extrême droite, ses opinions étaient singulièrement adoucies par la sympathie qu'elle portait aux étudiants. Elle se montrait hostile à tout désordre, mais acceptait cependant le dialogue. Je ne l'ai jamais oubliée. Elle ne m'a pas appris des choses nouvelles, mais elle m'a confirmé ce que je pensais savoir en m'ouvrant largement des portes qui n'étaient qu'entrebâillées. Je dis cela non sans hésitation, car je ne voudrais pas donner l'impression que je savais déjà tout. Elle m'a injecté une transmission directe de la musique, sans intermédiaire, quelque chose d'indicible que l'élève avait ressenti, sans l'identifier.

« Pendant mon séjour à Paris, il m'est arrivé de jouer comme alto aux Concerts Colonne ou aux Concerts Lamoureux. J'ai appris *Daphnis et Chloé* de Ravel, *Le Martyre de saint Sébastien* de Debussy, les *Symphonies* de Dutilleux et beaucoup d'autres œuvres françaises. Nadia Boulanger ne souhaitait pas que je parte. Mais je sentais que je commençais à me piétiner : j'étais comme neutralisé par elle. Je devais donc m'en aller. »

De retour à Londres, John Eliot Gardiner, grâce à Charles Mackerras, ancien chef permanent de la B.B.C., passé au Sadler's Wells de Londres, effectue ses débuts sur la scène de cet Opéra en dirigeant *La Flûte enchantée* : « Je courais un gros risque, car je n'avais encore jamais conduit un ouvrage lyrique. Pour la première fois, je me suis retrouvé dans une fosse d'orchestre, sans la moindre répétition préalable, car il ne s'agissait pas d'une nouvelle production. J'ai un peu nagé au début, mais je n'ai pas été submergé. Je suis sorti de l'eau et j'ai pu respirer. Mackerras a jugé cet essai concluant. Après quoi, j'ai fait *L'Enlèvement au sérail*, également sans répétition, puis je suis parti en tournée. J'ai continué à travailler avec le Monteverdi Choir et l'Orchestre des English Baroque Soloists que j'ai créé en 1978. Il m'a fallu faire preuve d'obstination ; nous avons en effet vécu du mécénat, des disques, des recettes découlant des tournées et de rigueur administrative, car nous ne recevions pas de subventions. J'ai dû attendre plusieurs années avant d'être en mesure de boucler le budget dont j'avais besoin pour réaliser un très ambitieux projet : jouer en une année les deux cents *Cantates* de Jean-Sébastien Bach. Bach est le cœur et le cerveau de toute la musique ; c'est le père éternel, et le plus universel musicien de tous les temps. D'où ma volonté d'aller au bout d'une belle aventure, commencée à Noël 1999, en l'église Herder de Weimar où Bach fut organiste ; elle découlait directement des idées que m'avaient inculquées mes parents : chaque dimanche dans une église, avec trois petites formations différentes du Monteverdi Choir et de l'English Baroque, qui répétaient et jouaient à tour de rôle, nous exécutions et gravions en direct, pour Deutsche Grammophon, les cantates destinées à l'office dominical, selon le calendrier liturgique. Ainsi, le cours des saisons coïncidait avec le survol de l'œuvre de Bach. Cette entreprise difficile fut également rendue possible par le legs testamentaire que me fit Nadia Boulanger d'un grand nombre de transcriptions de

Bach. J'ai la conviction que, si elle avait été encore de ce monde, elle m'aurait encouragé, tout en me traitant de fou.

« En 1989, j'avais fondé l'Orchestre révolutionnaire et romantique afin d'aborder un répertoire plus tardif que celui que je jouais avec l'ensemble des English Baroque Soloists et d'effectuer un retour aux sources, en me rapprochant des compositeurs qui avaient vécu au cours des périodes de la Révolution française ou du romantisme. J'ai tenu à interpréter sur des instruments d'époque la pâte sonore, telle qu'ils l'avaient imaginée, en jouant notamment les *Symphonies* de Beethoven et *La Symphonie fantastique* de Berlioz. Je me sentais frustré par l'homogénéisation de la plupart des interprétations, même celles des plus grands chefs, quand il s'agissait du XIXe. Ce recul était, selon moi, lié la disparition de grands maîtres français, comme Pierre Monteux et Charles Munch. En 1967, j'avais eu le bonheur d'assister à la naissance de l'Orchestre de Paris : il existait alors un style français qu'on ne pouvait pas confondre avec celui des grands orchestres allemands, américains ou de l'Europe de l'Est. On décelait, en l'écoutant, ainsi que le National, une sonorité parfois un peu acide et des couleurs parfaitement adaptées à la musique française, qui ont hélas peu à peu disparu. Loin de moi l'idée de formuler une critique concernant l'Orchestre de Paris que je n'ai encore jamais eu la chance de diriger ; mais je voudrais rappeler que les successeurs de Munch ont été Karajan, Solti, Barenboïm, Bychkov et Eschenbach : pas un seul chef français dans cette lignée. J'ai entendu cet orchestre pour la dernière fois sous la baguette de Daniel Barenboïm et j'ai eu l'impression que le son était très standardisé. C'est ce timbre originel que j'ai cherché à faire renaître quand j'ai été nommé à la tête de l'Orchestre de l'Opéra de Lyon en 1983. Le but poursuivi était de conférer à cette formation une souplesse suffisante pour passer du style classique de Gluck ou de Haydn, au romantisme allemand de Beethoven, Weber, Schumann et au style français de Berlioz à Debussy et Ravel, sans oublier Massenet, Chabrier, Messager pour ne citer qu'eux. Je voulais aussi que les musiciens prennent conscience des différences afin de rendre pleinement justice aux compositeurs qu'ils interprétaient. J'ai obtenu de beaux succès avec cette formation, mais cette réussite n'a pas été pleinement satisfaisante. Mon plaisir fut en effet entaché par le cauchemar des difficultés politiques, par les longues séances d'audition du recrutement, par les promesses non tenues, les faux espoirs, la méfiance. Cette aventure, initiée et soutenue par Jean-Pierre Brossmann, (co-directeur avec Louis Erlo), que j'ai retrouvé au Châtelet par la suite, a donné lieu à d'intéressantes tournées et à la publication d'excellents disques ; j'aurais pu rester plus longtemps, si je m'étais montré plus habile dans la gestion de certains problèmes relationnels ou administratifs. »

C'est après avoir quitté Lyon en 1988 que John Eliot Gardiner fonde l'Orchestre révolutionnaire et romantique et concrétise certaines de ses initiatives antérieures. La première symphonie qu'il enregistre avec cette formation est la *Fantastique* de Berlioz, sur les lieux mêmes où elle fut créée, dans la salle du Conservatoire de musique de Paris : « Lors de la première, en 1830, nous a-t-il raconté, la cloche de l'église Saint-Sulpice, qui devait être utilisée dans le final, était en réparation ; Berlioz la fit transporter au Conservatoire à bord d'un chariot tiré par des bœufs ; mais elle était trop large pour passer par la porte de la salle : on joua donc la partie de cloche à l'extérieur. Pour ma part, en 1990, j'ai voulu, moi aussi, utiliser le bourdon de Saint-Sulpice, mais on me l'a refusé. J'ai trouvé en Belgique une cloche qui avait les mêmes tonalités : ce qu'on entend dans mon disque, c'est la transposition sur ordinateur de cette cloche belge. J'ai souhaité également respecter l'utilisation par Berlioz de l'ophicléide, sorte d'ancêtre du tuba ; quand j'ai dirigé la *Fantastique* à Berlin, les musiciens ont été ébahis par cet engin qu'ils n'avaient jamais vu. Ce soir-là, j'ai également étonné Claudio Abbado quand j'ai exigé que les six harpes voulues par Berlioz soient placées, trois par trois, devant l'orchestre.

« Quand on écoute certains disques anciens de grands orchestres français, notamment le National sous la baguette d'Inghelbrecht ou de Munch, on discerne bien ce côté doux-amer, à la fois acide, âpre et onctueux, qui caractérise la musique française. C'est ce que j'ai voulu reproduire avec des instruments d'époque dans Berlioz. Toute sa musique est intimement liée à l'œuvre de Shakespeare, même celle des *Troyens*. Ses amours sont également shakespeariennes : n'a-t-il pas épousé, pour le meilleur et pour le pire, Harriett Smithson qui jouait Shakespeare à Paris ? Mon engouement pour le compositeur m'a poussé à visiter La Côte Saint-André, où il est né, le Vercors, la Grande Chartreuse et j'ai pu constater qu'il avait su "encapsuler" les paysages dans ses œuvres. J'ai eu également le bonheur de créer la *Messe solennelle* – dont la partition fut découverte il y a une dizaine d'années en Belgique –, qui marque réellement le début de sa carrière. On y entend déjà les thèmes qu'il reprendra plus tard dans les ouvertures des *Francs-Juges* ou du *Carnaval romain*. »

Pour quelle raison Berlioz est-il plus populaire en Grande-Bretagne qu'en France ? John Eliot Gardiner avance une hypothèse : « À ses débuts, Berlioz fut assez rapidement reconnu comme un créateur important. Mais comme, en même temps, il était critique musical, ses prises de position ont offensé le milieu ; de surcroît, ses œuvres étaient tellement innovantes, tellement révolutionnaires qu'elles faisaient paraître démodées les partitions de Meyerbeer, Halévy, Auber, Spontini, Cherubini, jouées à la même époque. Après *La Symphonie fantastique*, il s'est tourné vers le lyrique et a donné *Benvenuto Cellini*, qui est un ouvrage totalement original, nullement influencé par l'opéra italien. La modernité de *Cellini* a hélas conduit Berlioz à la catastrophe quand il dirigea ce drame à l'Opéra de Paris : le plus gros défaut de *Cellini* était de ne ressembler ni à un opéra seria ni à un opéra-comique : il se situait entre les deux. Pour les mélomanes et les musiciens de l'époque, ce fut jugé provocateur et dérangeant. Par la suite, ça ne s'est pas arrangé : Gounod, Saint-Saëns – qui était presque l'élève de Berlioz –, et même Debussy et Ravel ont écrit sur lui des choses abominables ; il n'y a guère que Chabrier qui l'ait défendu. Pour quelqu'un comme moi, totalement fou de Berlioz, qui a constamment envie de communiquer son enthousiasme à travers sa musique, ce fut un vrai bonheur de voir *Cellini* accueilli par des acclamations délirantes à l'Opéra de Zurich. »

En octobre 2003, John Eliot Gardiner a dirigé *Les Troyens* au Châtelet dans la version originale qui n'a jamais été donnée intégralement du vivant de Berlioz : moins novatrice que *Cellini*, selon le maestro, cette œuvre monumentale a constitué un énorme challenge pour le chef, qui étudiait sa partition depuis vingt ans, comme il l'avait fait auparavant pour les *Symphonies* de Beethoven. À la tête de son magnifique Orchestre révolutionnaire et romantique, Sir John Eliot a parfaitement tenu son pari : imposer au public, subjugué par la beauté des voix de Anna Caterina Antonacci (Cassandre) et Susan Graham (Didon), cette œuvre grandiose mise en scène par Yannis Kokkos. Pour la première fois, les chaînes nationales, France 2 et France 3, ont retransmis en direct à une heure de grande écoute un opéra, apportant ainsi à Berlioz une consécration d'autant plus applaudie que le chef avait été hospitalisé d'urgence à l'Hôtel-Dieu, à la suite d'un grave problème oculaire. La malédiction qui poursuivait *Les Troyens* depuis un siècle et demi avait failli interdire cette offrande musicale d'une grande envergure au plus large public dont ait jamais bénéficié le compositeur.

Bien avant cette résurrection, John Eliot Gardiner avait apporté tous ses soins à la préparation de l'enregistrement des *Symphonies* de Beethoven. En 1990, il avait affirmé : « *My old favorite is Beethoven.* » Est-ce toujours vrai aujourd'hui ? « Non, plus tout à fait car, chaque jour qui passe, j'ai un compositeur favori. Mon plaisir est de diversifier mes choix. Quand j'ai dit ça, j'étais totalement imprégné de Beethoven, pas seulement de ses symphonies, mais aussi de *Fidelio* et de la *Missa solemnis* ; j'étais passionné par les problèmes d'interprétation que posaient ces œuvres. Je peux aisément justifier cette préférence que je ne renie pas : Beethoven avait lancé un défi au monde en affirmant que sa musique lui permettait d'exprimer, rien qu'avec des instruments, toutes les passions de la condition humaine, ses craintes, ses amours, ses enthousiasmes, ses dépressions. L'écriture de Beethoven, dans la plupart de ses œuvres, demeure abstraite ; elle dépasse les possibilités de la parole ; elle est à la fois plus éloquente et plus précise que la littérature. J'ai lu, en français dans le texte, tout ce que Romain Rolland a écrit sur Beethoven. Quand j'ai préparé l'enregistrement des *Symphonies* et de *Fidelio*, je me suis souvent référé à ses livres ; il a raison de dire que cette musique symbolise l'angoisse de l'époque face à l'oppression et qu'elle est un appel à la liberté, "un formidable *crescendo* qui s'élève de la souffrance à la joie, de l'abîme au ciel." On ne peut pas comprendre *Léonore*[1], sans voir en toile de fond la Révolution française et ses enjeux. Sans penser non plus à Grétry, à Méhul ou à Cherubini.

« Dans les symphonies de Beethoven, on trouve d'indiscutables réminiscences des hymnes révolutionnaires, principalement celles de *La Marseillaise* de Rouget de Lisle dans la *Cinquième*. Si Beethoven n'a pas ajouté des voix à sa partition, comme il le fera dans la *Neuvième*, c'est parce qu'en 1806, Vienne était une ville ultra conservatrice et qu'il était impossible de chanter des paroles révolutionnaires, jugées séditieuses. Ironie du sort, le public de la première de *Léonore* comportait de nombreux officiers et soldats français qui n'ont rien compris à cet opéra alors que l'œuvre devait tout à la pensée de leur pays. J'ai opté pour les instruments d'époque dans mes enregistrements de Beethoven afin de permettre aux musiciens de mieux articuler ; comme ils avaient déjà les notes en tête, ils ont pu reproduire plus aisément les idées qu'elles suggéraient. Les *Symphonies* de Beethoven sont un discours, comme les *Madrigaux* de Monteverdi, comme les œuvres de Berlioz ou de Schumann. Ce sont des entretiens parfois politiques. Là encore, j'ai voulu lutter contre la standardisation imposée par certains chefs : les choix de Karajan sont emblématiques à cet égard. Pour lui, l'essentiel reposait dans les

1. *Léonore* est le premier titre donné par Beethoven à son opéra *Fidelio*.

caresses de la musique : il en faisait des pièces dépourvues d'angles et d'aspérités car il avait de Beethoven une vision ronde, sensuelle, mais sans relief. Pour certains répertoires, ce peut être parfaitement adapté, mais la manière adoptée par Karajan dans Beethoven me gêne énormément. C'est la raison pour laquelle j'ai voulu faire tout autre chose. »

Et Gustav Mahler et Richard Wagner, John Eliot Gardiner s'est-il intéressé à leurs œuvres ? « J'ai dirigé en concert les *Symphonies n° 1, 3* et *5* de Mahler. Comme il y a trop de disques, je n'ai pas jugé bon de les enregistrer. Pourtant j'adore ce compositeur et j'ai des choses à exprimer à son sujet. J'ai également joué et gravé les *Kindertotenlieder* avec Anne Sofie von Otter, couplé avec Zemlinsky, et aussi *Le Chant de la Terre*, également avec Anne Sofie. Il serait illogique de ma part de ne pas admirer Mahler qui a été tellement influencé par Berlioz dans son instrumentation. Quant à Wagner, je ne me sens ni en phase ni en sympathie avec sa personnalité. En 1861, Berlioz terminait *Les Troyens*, il tenta vainement d'obtenir de Napoléon III et de son entourage la possibilité de faire jouer son œuvre à l'Opéra de Paris. Humilié, Berlioz rencontra Wagner, revenu dans la capitale, qui lui dédicaça une copie de sa partition de *Tannhäuser*. Mais, peu après, Berlioz apprit que Wagner avait obtenu que son ouvrage fût présenté à l'Opéra ; profondément blessé, Berlioz n'écrivit pourtant aucun article de nature à alimenter la cabale menée contre le compositeur allemand ; or Wagner accusa Berlioz de mauvaise foi, lui attribuant une part de responsabilité dans son échec. Berlioz confia sa peine dans quelques lettres intimes, expliquant qu'il n'avait ni admis ni compris l'utilisation des dissonances de Wagner, principalement dans le prélude de *Tristan*, que Nadia Boulanger m'avait fait étudier. Paradoxalement, Berlioz fut jusqu'à sa mort plus apprécié que Wagner en Allemagne.

« Mais je n'en ai pas fini avec Wagner : en 1986, j'ai monté *Pelléas et Mélisande* à l'Opéra de Lyon. Les répétitions eurent lieu dans la salle Berthelot, ancien quartier général de la Gestapo pendant la guerre. Quand j'ai pénétré dans cette ancienne école militaire, où Klaus Barbie et ses séides avaient pratiqué les plus immondes tortures sur les résistants, j'ai ressenti un profond malaise. Avec les musiciens, nous nous sommes efforcés d'exorciser les fantômes du passé. Nous avons effectué une première lecture de *Pelléas* le 1er janvier. Le lendemain, quand nous sommes arrivés pour la deuxième répétition, les contrebasses et les instruments de percussion avaient disparu ; nous avions été victimes d'un cambriolage. De Paris, j'ai fait venir d'autres instruments. La veille de la répétition générale, à l'Opéra, j'ai trouvé dans mon bureau une feuille de papier signée Wotan, soi-disant président de la Société wagnérienne de Lyon. Le message était ainsi rédigé : "Monsieur, si vous n'abandonnez pas immédiatement la préparation de cette œuvre ignoble de Debussy et que vous ne la remplacez pas par un opéra de Richard Wagner, nous empêcherons la représentation d'avoir lieu." Alertée, la police ouvrit une enquête ; un inspecteur m'interrogea ; pour m'intimider, sans doute, il déposa son pistolet sur mon bureau : "Dites-moi, qui est ce type qui signe Wotan et qui est ce Richard Wagner ?" Rigoureusement authentique ! Deux jours plus tard, les instruments nous furent restitués et, malgré les menaces de certains extrémistes ayant partie liée avec la doctrine nazie, nous avons joué *Pelléas*. Cet incident, demeuré gravé dans ma mémoire, explique en grande partie mon refus de diriger Wagner. »

Invité par les plus grands orchestres et les plus prestigieux opéras, John Eliot Gardiner n'est pas souvent présent dans son domaine du Dorset. N'est-il pas las de ses multiples déplacements ? N'envisage-t-il pas de se fixer quelque part à la tête d'une formation de premier plan ? « Nous sommes des Bédouins nomades, répond-il. J'ai eu l'occasion d'être chef permanent à Lyon et à Hambourg. Je dirige à Vienne, Berlin, à Londres, à Paris. Je demeure lié aux English Baroque Soloists, au Monteverdi Choir et à l'Orchestre révolutionnaire et romantique ; je consacre beaucoup de temps à ces formations. Je ne veux pas d'autres responsabilités. Que sera mon avenir ? Je ne le sais pas. Je préfère pour le moment diriger comme chef invité ou travailler avec des musiciens que j'ai choisis moi-même, avec lesquels j'éprouve un sentiment de complicité. C'est pourquoi je m'engage projet après projet ; j'ai des idées pour les cinq ou six années à venir, fondées sur une très grande diversité, de Bach à Janacek en passant par Berlioz et les compositeurs anglais... Cette perspective me permet de préserver ma liberté. »

S'il partait pour une île déserte, quelle partition emporterait-il ? « Je m'en tiendrais principalement à des œuvres que je connais par cœur, donc je partirais sans documents : je peux citer les *Motets* de Monteverdi, les *Cantates* de Bach, un opéra de Rameau, qui est l'un des plus grands musiciens français. Je ne prendrais avec moi que quelques *full scores*, comme on dit en anglais, de compositeurs contemporains que je n'ai pas encore pu étudier, tels Thomas Adès qui me fascine, Gyorgy Kurtag et Henri Dutilleux. »

SIR SIMON RATTLE
HORIZON SANS LIMITE

« Être grand, c'est ne guerroyer point sans grande cause,
mais c'est trouver grande cause dans un fétu
dès que ce qui est en jeu c'est l'honneur. »
Shakespeare, *Hamlet*

Le comportement des artistes est souvent le reflet des idées qu'ils ont admirées. C'est parce qu'il est conscient de ce qu'il doit à ses aînés que Simon Rattle sait se pencher sur le passé. Ses affinités avec la musique baroque sur instruments anciens, aurait-il pu les identifier s'il n'avait apprécié à leur juste valeur les expériences d'autres chefs anglais, tels John Eliot Gardiner, Christopher Hogwood, Roger Norrington, Raymond Leppard, Trevor Pinnock, David Munrow, James Tyler, David Atherton ? Passionné d'œuvres contemporaines, Simon Rattle n'ignore pas en effet que les formations de type ancien ont permis la redécouverte de la sonorité spécifique des orchestres actuels, après des décennies d'uniformisation de la musique sous l'influence de Karajan, comme l'a rappelé Gardiner.

C'est entre deux répétitions de *Fidelio*, au Festival de Pâques 2003 à Salzbourg, que Sir Simon m'a fixé rendez-vous[1]. Il est là, devant moi, tel que je l'ai vu pour la première fois en 1995, au cours du Festival Mahler d'Amsterdam. Son épaisse crinière blanche, naguère tignasse blonde, n'a pas terni

1. Entretien enregistré le 26 mars 2003, à Salzbourg.

les traits juvéniles de son visage d'où jaillit toujours une expression lumineuse de gosse étonné.

Les promesses de l'aube d'une carrière sagement menée à Birmingham ont été tenues ; sous le jeune chef perçait déjà le maître plébiscité par les musiciens berlinois. Sans ferrailler, sans guerroyer (traduction française de son patronyme), Simon Rattle s'était imposé à la tête d'un orchestre régional dont il avait fait l'une des meilleures formations de Grande-Bretagne : « J'ai passé dix mille heures de répétitions et dirigé près de mille concerts avec des instrumentistes entièrement dédiés à la musique. Grâce à eux, en dépit de la poussière de mes cheveux, j'ai pu garder une âme d'enfant ; nous nous comprenions à demi-mot comme les couples les mieux assortis. Mais les meilleures choses ont une fin : un jour, j'ai décidé de mettre un terme à cette collaboration commencée en 1980 et de quitter ma seconde famille sans savoir ce que je ferai par la suite. Je n'avais en effet aucune proposition extérieure, avant que les Berlinois votent en ma faveur, après que Claudio Abbado eut annoncé son départ. »

Les débuts officiels à Berlin de Simon Rattle ont eu lieu le 7 septembre 2002 : au programme une partition contemporaine, *Asyla* (*Asile*) de Thomas Adès, musicien britannique de 30 ans (« le plus doué de notre temps, il a tous les dons, j'ai rencontré un génie vivant », affirme le maestro) et la *Cinquième Symphonie* de Mahler. Des millions de téléspectateurs ont pu suivre cette « cérémonie d'ouverture » sur leur petit écran et découvrir l'art d'un chef extraordinaire. Sept ans auparavant, je l'avais vu au Concertgebouw d'Amsterdam, dans la *Septième* du même compositeur. Sur le podium, Sir Simon est un spectacle à lui tout seul : Houdini de la direction, il change constamment d'expression, au fil d'une musique qui elle-même se transforme. Il y a du magicien chez cet homme attentif, incitatif, tendre, incisif, enjoué, du comédien, du mime aussi. Tout bouge, tout est mobile, tout indique un sentiment, un ordre ; le visage rayonne, les mains papillonnent, le corps danse. En l'observant, on remarque qu'il ne bat pas la mesure. « On me le dit souvent, reconnaît-il, je crois que c'est vrai. Quand j'étais jeune, j'ai commencé à diriger d'une manière très stricte, très conventionnelle ; puis je me suis écarté de cette méthode trop limitative : maintenant, je m'efforce de définir et de tracer le caractère et la signification de l'œuvre, non seulement dans ce qu'elle dit, mais aussi dans ce qu'elle contient. Les grands orchestres n'ont pas besoin qu'on batte la mesure ; cependant, je le fais quand il s'agit d'interpréter des œuvres contemporaines. Pour les opéras, le problème est différent ; le meilleur signal pour les chanteurs est la respiration ; il faut attraper le son au vol. En concert, on est comme installé sur un trapèze, en l'air ; à l'opéra, on doit demeurer bien agrippé au sol. »

Pourquoi avoir choisi une symphonie de Mahler pour sa première à Berlin en tant que directeur ? « Parce qu'il est le musicien qui m'a propulsé vers la direction d'orchestre. J'avais 11 ans quand à Liverpool, ma ville natale, mes parents m'ont emmené à un Concert du Philharmonique pour écouter sa *Deuxième Symphonie "Résurrection"*, dirigée par George Hurst. Cette œuvre me bouleversa à tel point que je me souviens encore aujourd'hui des moindres détails de cette soirée. Deux ou trois jours plus tard, à l'école, je pensais à la couleur des fleurs disposées le long de la scène. J'avais l'impression de naître une seconde fois. Mes copains se demandaient ce qui m'arrivait : je planais. Dès ce moment-là, j'ai su que je ne pourrai jamais me passer de cette musique ; elle était attachée à ma vie quotidienne par des liens étranges que je n'étais pas encore capable de définir. »

Pour l'enfant qui avait rêvé de conduire un autobus et pouvait reconnaître la marque d'une voiture à ses enjoliveurs, la voie semblait tracée. Tout était bouleversé par la *Résurrection* ; la musique était devenue un besoin obsessionnel : « À 15 ans, pour la première fois, j'ai conduit un orchestre. Ce qui est dramatique, quand on débute, c'est qu'il faut tenter d'accomplir ce que l'on n'a encore jamais fait. Plus tard, je me suis dit que j'avais été stupide de choisir ce métier : je n'ai jamais été à l'aise sur scène ; quand je vois mon image sur un écran de télévision, j'ai envie de m'enfuir. Je ne suis pas sûr de moi. Heureusement, la passion est toujours la plus forte ; elle finit par tout emporter. »

Après des études de piano, Simon Rattle choisit la percussion, qui lui permet de jouer toutes les formes de musique et de se familiariser avec les œuvres contemporaines : « En 1973, rappelle-t-il, quand j'étais au National Youth Orchestra, j'ai eu le bonheur d'être dirigé par Pierre Boulez, qui était alors le patron du Symphonique de la B.B.C. : aux "Proms" de Londres, j'étais au piano dans la *Musique pour cordes, percussion et célesta* de Bartok ; ensuite, à Édimbourg, j'ai tenu la partie de cymbales de *La Mer* de Debussy. Ce fut merveilleux de travailler avec ce maître ; il était avec nous d'une extrême gentillesse ; nous pouvions lui poser de multiples questions ; il avait réponse à tout et n'était jamais superficiel ; il aimait commenter les partitions, expliquer leur signification, nous apporter des solutions. Avec lui, nous aurions été capables d'interpréter les œuvres les plus difficiles, même l'*opus 6* de Webern, tant il était convaincant. Il nous poussait constamment vers le haut de la colline, vers les sommets de la musique. Vingt ans plus tard, j'ai eu la joie de conduire, à Paris, l'Ensemble intercontemporain, son orchestre. Quelle expérience passionnante ! J'ai dirigé *Couleurs de la Cité céleste* dont Messiaen a dit que cette musique "était hors du temps, de tout lieu, dans une lumière sans lumière, dans une nuit sans nuit". Puis, j'ai conduit la *Quatorzième Symphonie* de Chostakovitch, dédiée à Benjamin Britten, sur des poèmes d'Apollinaire, Garcia Lorca, Rilke, Brentano : cette composition, avec xylophone, célesta, castagnettes, tam-tam et vibraphone, était particulièrement passionnante pour l'ancien percussionniste que j'étais. J'ai gardé d'excellents contacts avec Pierre Boulez et j'ai eu le grand plaisir de le faire revenir à Berlin comme chef invité après une trop longue absence. »

Vient ensuite le tour d'un homme sans la présence duquel Simon Rattle ne serait pas devenu ce qu'il est aujourd'hui : ancien chef du B.B.C. National of Wales de Cardiff, professeur à l'Académie royale de musique, John Carewe a été le révélateur du talent du musicien. Sir Simon raconte : « Tout débutant n'a pas la chance de rencontrer un mentor ; or, cette bonne fortune, je l'ai connue avec John : il m'a évité des années d'erreurs et je luis dois à peu près tout ce que je sais. Nombre de jeunes très doués ne réaliseront jamais ce dont ils se sentent capables, faute d'une rencontre décisive éveillant leur conscience et leur indiquant la direction à suivre. En 1974, j'ai voulu, par curiosité, me présenter au concours Player, ouvert aux chefs confirmés jusqu'à l'âge de 35 ans. Je n'imaginais pas que j'allais aller jusqu'au bout et l'emporter en finale, en interprétant *Don Juan* de Richard Strauss, devant des candidats chevronnés, tel Richard Hickox. À 19 ans, j'étais encore un gamin et je me retrouvai chef, ce qui n'empêcha pas John Carewe de me critiquer vertement. »

Quelques mois auparavant, Simon Rattle dirige avec succès son œuvre fétiche, la *Deuxième Symphonie* de Mahler, à la tête de l'Orchestre des étudiants de la Royal Academy. À titre de comparaison, John Carewe lui fait entendre le disque de la *Résurrection* d'Otto Klemperer ; l'aspirant maestro est abasourdi par les remarques de celui qui va devenir son professeur. Ainsi commence une collaboration qui durera sept ans[1]. John Carewe lui explique qu'un chef doit d'abord être capable de veiller à l'équilibre de la musique, de

1. Nicholas Kenyon, *Simon Rattle*, Londres, Faber and Faber, 2001.

maintenir le tempo, de lancer et d'interrompre l'orchestre. « Ces éléments constituent une base, disait-il, mais ça ne suffit pas. Il faut y ajouter les couleurs, le caractère, le phrasé de la musique. [...] Comprendre la partition est la pierre angulaire de la direction d'orchestre. Conduire ne relève qu'en partie d'un acte physique ; c'est avant tout une action intellectuelle et spirituelle. [...] Ce qui compte le plus, c'est d'avoir en tête la notion précise de la pièce que l'on joue. Quand on a intégré ces notions, on peut communiquer aux musiciens ce que l'on a retenu. La difficulté principale tient au fait que la plupart des débutants n'ont pas d'idée. Ils pensent qu'il suffit de jouer la musique telle qu'elle est écrite. [...] Or il faut d'abord comprendre la partition afin de savoir ce qu'a voulu exprimer le compositeur, ce qui nécessite une longue préparation. »

Au contact de ce maître intransigeant, Simon Rattle progresse rapidement. Tout en poursuivant son apprentissage, il se voit proposer ses premiers engagements importants : débuts à 22 ans, à Glyndebourne en 1977, puis au Royal Liverpool Symphony Orchestra, au B.B.C. Scottish, au Rotterdam Philharmonique, et en 1979 au Philharmonique de Los Angeles. En 1980, succédant au Français Louis Frémaux, il est promu directeur artistique du City of Birmingham Symphony Orchestra.

Vingt-quatre années ont passé au cours desquelles, devenu Sir, Simon Rattle a changé le visage de la musique en Grande-Bretagne. Dans *The Future of Classical Music*, édité par Gramophone, Sir Charles Mackerras, autre chef éminent, a tracé de son ami cet intéressant portrait : « À Birmingham, il a su mobiliser un public pour la musique contemporaine, faisant salle comble avec des œuvres modernes d'une grande difficulté [...]. Ce genre de courageuse programmation conduit à jouer devant de nombreux fauteuils vides, ce qui n'est pas le cas avec Simon. Son répertoire, d'une diversité incroyable, s'étend du baroque aux compositions les plus modernes. Je me suis toujours demandé comment il trouvait le temps d'étudier toutes ces œuvres [...]. Un grand nombre de gens ont des projets en tête, mais n'ont pas l'ambition de les réaliser ; Simon, au contraire, n'abandonne jamais une idée. C'est là tout le secret de sa réussite. »

Sir Simon n'a rien perdu de son enthousiasme, ni de sa joie communicative quand il s'installe à Berlin. Il n'est pas étonnant que, pour célébrer une double union, celle de la révélation d'une musique qui lui est chère et celle de ses débuts officiels à la tête du Philharmonique, il choisisse Mahler et sa *Cinquième Symphonie*, porteuse, selon lui, d'un message à propos duquel on a pu se tromper : « Le célèbre *adagietto*, affirme-t-il, n'est pas le reflet d'un drame, comme l'a écrit Leonard Bernstein : ce n'est pas *La Mort à Venise*. Le film de Visconti était merveilleux ; il faisait passer une pièce symphonique pure dans l'imaginaire populaire, mais il opérait en même temps un détournement du contenu de cette musique. Lenny fut un très grand chef ; je lui suis infiniment reconnaissant d'avoir su diffuser l'œuvre de Mahler à travers le monde et notamment auprès des Viennois qui ont pu, grâce à lui, redécouvrir un musicien qu'ils avaient cessé de jouer depuis longtemps. Mais, là, dans la *Cinquième*, il s'est trompé : l'*adagietto* était un chant d'amour pour Alma, une merveilleuse histoire passionnelle qui, dans l'étonnant massif du final, nous fait passer de l'obscurité à la lumière. On découvre dans cet *adagietto* des similitudes avec celui de *L'Arlésienne* de Georges Bizet que Mahler a souvent joué. On a tendance à oublier certains noms quand on dresse la liste des grands musiciens : ainsi, on ne pense pas assez à Bizet, ni à Gabriel Fauré d'ailleurs, qui ont écrit des chefs-d'œuvre. L'*adagietto* de Bizet est plus mélancolique que celui de Mahler, mais c'est aussi un chant d'amour. Il y a cependant chez l'Autrichien une passion plus forte qui vous prend à la gorge et vous empêche de respirer[1]. »

Je rappelle à Sir Simon que, dans son approche si fervente de la musique française, il a joué très souvent Debussy et Ravel à Birmingham, ainsi que Berlioz. Je n'oublierai jamais le fabuleux feu d'artifice révolutionnaire qu'il déclencha dans *La Symphonie fantastique*, au Théâtre des Champs-Élysées, le 21 avril 1997, avec le Philharmonique de Vienne. Or il n'a jamais enregistré cette œuvre. Pourquoi ? « Tout simplement parce que ma maison de disques, E.M.I., a considéré qu'il y avait déjà, sur le marché, trop de CD de cette symphonie qui, par une étonnante coïncidence, figura au programme du premier concert parisien de Mahler en 1900 ! Si je dois un jour graver la *Fantastique*, ce que j'espère, je le ferai avec l'Orchestre de l'Âge des Lumières, donc avec des instruments anciens, comme Gardiner l'a fait avec son orchestre et comme nous l'avons joué nous-mêmes en tournée : cette œuvre sonne alors d'une tout autre manière et confère à cette musique un relief très particulier, tel que l'a voulu Berlioz. Il en va de même pour *Roméo et Juliette* que j'ai présenté à Berlin, dans le cadre du bicentenaire de la naissance du compositeur. Cette œuvre difficile, mais admirable, a subjugué les musiciens et le public qui la connaissaient mal. Au-delà de Berlioz, j'ai la volonté de réserver une large

1. Sur ce sujet, voir les chapitres consacrés à Riccardo Chailly et à Michel Plasson, qui évoquent également l'*adagietto* de Bizet.

place à la musique française au Philharmonique : en 2003, pour sa première apparition à Berlin, William Christie a donné, sur instruments modernes, *"Les Sauvages"* des *Indes galantes* de Rameau. Après le concert, de nombreux instrumentistes m'ont dit : "Invitez à nouveau Christie !" Bien entendu, je le ferai. Marc Minkowski est venu ensuite nous présenter un magnifique programme comprenant les *Éléments* de Rebel, la *Symphonie en ut* de Bizet et le *Requiem* de Fauré. Nous avons également mis à l'affiche une première mondiale de Dutilleux, que j'admire beaucoup. »

Au Philharmonique de Berlin, Sir Simon poursuit également sa prospection en faveur de la musique contemporaine, comme il l'a fait à Birmingham : Thomas Adès a été le premier à essuyer les feux de la rampe. D'autres suivront que le maestro a déjà souvent joués en Angleterre, comme le prouve son impressionnant legs discographique, horizon sans limite, qui, outre Adès, englobe notamment Adams, Bartok, Berg, Bernstein, Britten, Chostakovitch, Debussy, Elgar, Henze, Janacek, Maxwell Davis, Messiaen, Ravel, Schoenberg, Stravinsky, Szymanowski, Turnage, Webern, sans oublier certains concerts consacrés à Boulez, Stockhausen, Takemitsu, Varèse, Xenakis, et j'en passe.

Tout en prenant ses marques dans la capitale allemande, Sir Simon a pris le temps de concrétiser une proposition du Philharmonique de Vienne en réalisant une nouvelle intégrale, en direct, des *Symphonies* de Beethoven : « Quand j'étais enfant, raconte Sir Simon, je suivais les retransmissions télévisées du Philharmonia, dirigé par Otto Klemperer, dont les interprétations de Beethoven sont, pour moi, inoubliables ; j'ai gardé aussi le souvenir de magnifiques enregistrements de Toscanini et de Furtwängler. J'ai toujours pensé qu'il y avait plusieurs manières d'interpréter Beethoven, comme c'est d'ailleurs le cas des pièces de Shakespeare. Il convient donc de trouver et d'exprimer sa propre vérité. Je demeure sensible aux œuvres du passé jouées sur instruments anciens, en imaginant comment cette musique sonnait quand par exemple Beethoven dirigeait ses *Symphonies.* Ce fut le choix de Gardiner. Ce qui m'a intéressé dans le projet viennois sur instruments modernes, selon l'option d'Harnoncourt, c'était la possibilité d'établir une sorte de synthèse de tout ce que nous avions pu entendre des grands chefs qui nous ont précédés, à partir de sources manuscrites différentes. Il faut en effet se demander ce qui a été écrit par Beethoven lui-même : de nombreux ajouts figurant sur les partitions ne sont pas de sa main ; à son époque, il n'y avait pas d'écriture sainte, on ajoutait fréquemment des inscriptions apocryphes. Quant à la dimension de l'orchestre, elle dépend essentiellement de l'importance des pupitres de cordes. Les compositeurs des XVIIIe et XIXe siècles étaient pragmatiques : ainsi, Haydn a donné *La Création* avec de grandes forces orchestrales. C'est pourquoi, avant d'entreprendre le voyage à travers les *Symphonies* de Beethoven, j'ai d'abord cherché à déterminer la meilleure façon d'exprimer sa musique. J'ai préféré demeurer dans le cadre le plus dépouillé sans doubler les instruments, davantage par goût personnel que par souci de vérité. Mais quand je me suis trouvé face à l'énorme monument de la *Neuvième*, il m'a fallu utiliser une formation élargie, seul moyen pour que cette symphonie puisse pleinement parler au public. Contrairement à *Fidelio*, il ne s'agit pas d'une œuvre dont on peut dégager une signification politique : elle se rattache, selon moi, aux grandes *Cantates* de Bach, que j'adore, et contient une vraie réflexion philosophique. C'est la raison pour laquelle, à la demande des musiciens du Philharmonique de Vienne, je l'ai dirigée, pour marquer le passage du XXe au XXIe siècle, au camp de Mauthausen[1], devant vingt mille spectateurs, épaule contre épaule, tenant à la main une bougie allumée, communiant tous ensemble, face à un passé tragique, pour affirmer qu'on ne pourrait plus tolérer une telle infamie.

« Pour l'ensemble de l'enregistrement des *Symphonies*, mon souci principal ne fut pas tant de définir la dimension orchestrale que de tenir compte de l'ombre et de la lumière qui baignent ces œuvres. Je ne peux supporter un phrasé incertain qui ne respecterait pas le génie du compositeur, ce qui ne m'empêche pas d'aborder ces œuvres avec une certaine flexibilité, notamment dans les *tempi*. J'ai en tout cas la conviction d'avoir suivi la plus sûre édition qui soit, celle de Bärenreiter ; établie avec un soin extrême, en s'en tenant aux sources les plus fiables, elle est aussi la plus complète ; je n'ai rien vu de semblable de toute ma carrière. »

Nanti des pleins pouvoirs à la tête du Philharmonique, Sir Simon entend demeurer fidèle à sa manière qui s'inscrit dans la durée, comme ce fut déjà le cas à Birmingham : « Je suis à Berlin pour tenter un nouveau pari : je me donne dix ans pour réussir et, qui sait, pour aller encore plus loin. Je n'ai aucun regret d'avoir quitté mon pays. J'y suis retourné notamment pour conduire *Le Choix de Sophie* à Covent Garden ; mais j'ai la conviction d'être au bon endroit. Il y a de magnifiques orchestres à Londres ; aucun n'approche le niveau du Philharmonique. Tous les chefs qui sont invités ici vous le confirmeront : la qualité berlinoise est inégalable. Ainsi, il n'est pas chez nous un

1. Camp d'extermination, situé en Haute-Autriche, l'un des tout premiers créés en 1938.

seul violoncelliste qui joue moins bien que le premier solo des meilleures formations anglaises ou d'autres pays. J'éprouve également une joie intense de pouvoir travailler en un lieu où est né le grand répertoire classique et qui a vu croître ensuite la seconde école de Vienne. Ici plus que partout ailleurs, la musique fait partie de la conscience des gens. De surcroît, j'ai pu obtenir des conditions de travail qui nous confèrent une certaine indépendance : nous le devons à la mise en place d'une Fondation nous évitant d'être astreints à un budget annuel risquant d'être remis en question par l'administration municipale ; nous pouvons également établir des contrats de parrainage et mettre au point des plans en faveur de l'éducation musicale des jeunes. »

Sir Simon est intarissable sur ce sujet : « N'importe qui peut faire de la musique, affirme-t-il. Quand vous voulez faire pratiquer un sport à des enfants, vous les faites jouer au football ou au tennis ; vous ne leur demandez pas simplement de regarder un match. Or, j'ai souvent constaté que lorsqu'on veut intéresser les jeunes à la musique, on exige d'eux qu'ils s'assoient dans un fauteuil et qu'ils écoutent. Ce n'est certainement pas la meilleure manière d'éveiller un sentiment musical. » D'où l'initiative du maestro d'offrir au plus grand nombre d'enfants possible l'occasion de faire de la musique avec le

Philharmonique, de travailler avec les musiciens de l'orchestre afin de susciter chez un eux un engagement personnel, allant jusqu'à créer des projets musicaux dans leurs propres établissements, et de participer à des stages d'initiation.

« Il y a tant d'énergie dans cette ville, ajoute Sir Simon, que je suis optimiste pour l'avenir, bien que je craigne que de profonds bouleversements se produisent d'ici à 2020. Que deviendra notamment l'industrie du disque ? Je ne serais pas étonné de voir disparaître tout le système actuel. Nous aurons peut-être bientôt à notre disposition quelque machine nous faisant apparaître sur notre écran personnel l'œuvre que nous voulons voir et entendre, avec l'interprète de notre choix. Internet préfigure cette évolution. En fait, nous ne savons pas encore ce qui peut se produire. Les disques sont des objets merveilleux, mais ce ne sont que des notes. Croyez-vous que vos enfants demeureront à terme les adorables petits bambins qu'ils ont été ? Ils changent à mesure qu'ils grandissent. C'est la vie de tous les jours, comme c'est la vie de la musique.

« Il reste cependant à préserver notre propre existence. Je n'ai hélas guère de temps à consacrer à ma famille. Elle demeure pourtant au centre de mes préoccupations, bien que mes deux fils soient étudiants en Californie et que Candace, mon épouse, qui est journaliste, vive à Londres où nous avons gardé notre maison. Notre temps libre est amputé par notre engagement professionnel : ma part quotidienne de musique demande à être constamment nourrie ; si elle ne l'est pas, je suis en manque. »

L'isolement n'existe pas dans l'univers de Sir Simon ; mais s'il devait partir pour une île déserte, quelle partition emporterait-il ? « J'ai un grand nombre de noms en tête. Mais j'en ai un qui revient sans cesse : je vais peut-être vous étonner, si je vous dis qu'il s'agit de Joseph Haydn, avec lequel j'ai de très anciennes affinités. Ce musicien incarne la générosité ; il a constamment ressenti le besoin et la nécessité de se conduire en honnête homme sur la terre. Une amitié profonde avec Mozart ou Beethoven a certainement été enrichissante pour ceux qui les ont connus, mais elle a sans doute été difficile à supporter. Chez Haydn, je décèle quelque chose en plus, ce qu'on appelle *Menschlichkeit* en allemand, une humanité qui le situe au-dessus des autres. Ce sentiment est particulièrement sensible dans son œuvre ultime, *Les Saisons*, lourde de signification à notre époque. Il y dépeint les plaisirs de la campagne, les orages de l'été, la chasse, la neige, les vents d'hiver. Haydn y parle de la paix, de l'art de vivre, de la mort : "Survivrai-je alors que je ne suis que poussière, qu'un rêve dont il ne restera rien ?" Il a construit ce testament musical pour les gens en quête de salut comme un immense escalier qui monte au ciel et permet d'accéder au paradis. J'aime les *black sheeps*, comme on dit en anglais, les brebis noires, qui se distinguent du troupeau. Quand on me demande qui est le plus grand compositeur, j'ai tendance à oublier Haydn et je le regrette. »

L'intense vie musicale britannique est soutenue par de nombreux orchestres de qualité et par une cohorte de chefs de grande classe. Parmi ceux-ci, il en est un qui compte particulièrement pour Sir Simon Rattle : il est en quelque sorte son disciple, comme Rattle fut celui de John Carewe : il s'agit de Daniel Harding. À 28 ans, ce jeune homme d'aspect fragile a fait preuve, très tôt, d'étonnantes dispositions que Sir Simon admire sans réserve : « Daniel va devenir l'un des plus grands chefs de ces prochaines années. Je le connais depuis ses débuts : j'avais entendu parler de lui quand il avait 16 ans. Il m'avait été recommandé par un de ses professeurs qui m'adressa un enregistrement d'une répétition du *Pierrot lunaire* de Schoenberg, dirigée par son élève. Je fus stupéfié par la qualité de son interprétation. J'ai invité Daniel à venir écouter à son tour une de mes répétitions de la même œuvre et lui ai tendu à plusieurs reprises la baguette. J'ai pu constater d'emblée qu'il possédait un talent inné. Nous avons travaillé ensemble pendant deux ans ; au cours de cette période, il a été mon assistant principal pendant douze mois. Puis il est parti pour Berlin où il a été l'un des assistants de Claudio Abbado. Chaque fois que je le rencontre, disons tous les six mois, il paraît toujours aussi jeune physiquement, mais il a dix ans de plus en maturité et en expérience. Je ne lui ai pas consacré autant de temps que m'en a donné John Carewe, parce que sa carrière a été beaucoup plus rapide que la mienne. Je l'ai aidé aussi longtemps que j'ai pu et qu'il l'a voulu ; il considère que je lui ai apporté beaucoup de choses ; je crois que j'ai su lui éviter les erreurs auxquelles j'avais moi-même échappé grâce à John Carewe. Nous demeurons en contact : quand il a un problème, il m'appelle. Mais, sincèrement, après les succès qu'il a obtenus en 2002 et 2003, notamment dans *Eugène Onéguine* au Festival d'Aix-en-Provence, il n'a plus besoin de moi ; il nous reste notre amitié, qui est grande. »

Daniel Harding, d'abord trompettiste, n'a fait que de courtes apparitions dans les conservatoires. À 15 ans, à Manchester, il forme un orchestre de chambre, puis vole très vite de ses propres ailes. Il est le plus jeune chef de l'histoire des « Proms » ; puis il remplace au pied levé Simon Rattle au Châtelet dans un programme difficile comprenant le *Concerto pour piano* de Schoenberg et *Le Chant de la Terre* de Mahler. Il confirme ses dons à Aix-en-Provence, en 1998, dans *Don Giovanni*, où Claudio Abbado lui passe le relais, comme il l'a déjà fait au Philharmonique de Berlin. Directeur musical du Deutsche Kammerphilharmonie de Brême jusqu'en 2003 puis, promotion importante, du Mahler Chamber Orchestra, Daniel Harding a brûlé les étapes et les planches en se montrant aussi performant dans le symphonique que dans le lyrique.

Le talent de Sir Simon Rattle et celui de Daniel Harding ne sauraient occulter les mérites de nombreux autres maestros britanniques. Richard Hickox, né en 1948, organiste de formation, passionné de musique chorale, assistant de Colin Davis, fonde, en 1980, son propre orchestre, le Sinfonia City of London ; premier chef du London Symphony Orchestra et de la B.B.C., à partir de 1985, il ne néglige pas le baroque et crée le Collegium Musicum de Londres. Grand spécialiste de la musique anglaise, Vaughan Williams, Walton, Delius, Elgar, Tippett, Alwyn, ainsi que de l'Australien Percy Grainger, il a été nommé en 2003 directeur à Sydney. Il a enregistré plus de deux cents disques.

Andrew Davis, né en 1944, organiste lui aussi, est longtemps directeur musical à Toronto et dirige à Boston, New York, Los Angeles, Cleveland, Chicago. Mais c'est à la tête des « Proms », de l'Orchestre symphonique de la B.B.C. et à Glyndebourne qu'il acquiert une grande notoriété au Royaume-Uni. Spécialiste des compositeurs anglais, comme Hickox, il a une prédilection pour Elgar, mais conduit aussi Mahler.

Mark Elder, né en 1947, est un chef lyrique confirmé qui s'est illustré, notamment, à l'Opéra de Paris, à l'English National Opera, dont il est longtemps le directeur musical, puis à Covent Garden. Chef à Rochester (États-Unis), il prend ensuite en charge le Philharmonia, puis le Hallé auquel il donne un nouvel élan.

Jan Latham-Koenig, né en 1953, est un remarquable pianiste soliste ; avant de s'imposer comme chef en Italie, puis à Strasbourg, il a longtemps assumé la responsabilité musicale du Philharmonique et de l'Opéra national de cette ville ; il a donné en 2002 une première audition très remarquée en Alsace de la *Huitième Symphonie* de Mahler.

Sir Charles Mackerras, né en 1925, de nationalité australienne, a fait une grande partie de sa carrière en Grande-Bretagne, où il fut directeur du Sadler's Wells. Grand chef lyrique, il s'est produit régulièrement à Covent Garden, à l'Opéra de Paris, notamment dans des productions mozartiennes ; il s'est souvent tourné vers le symphonique, donnant de remarquables disques de Dvorak, Martinu et Janacek, ainsi que les *Symphonies* de Brahms. C'est aussi un musicologue universellement respecté.

Sir Roger Norrington, né en 1934, a d'abord été violoniste et chanteur, avant de devenir chef de chœur. Pionnier et chercheur, passionné de musique ancienne, il a créé plusieurs orchestres baroques, dont le London Classical Players, et a fait sensation en étant l'un des premiers à enregistrer les *Symphonies* de Beethoven sur instruments anciens. Il ne néglige pas pour autant les œuvres post-romantiques, notamment celles de Bruckner et de Mahler, qu'il a eu la volonté de dépoussiérer ; il est devenu premier chef de l'Orchestre de la Radio de Stuttgart et n'a pas hésité à y jouer et enregistrer à nouveau Beethoven, cette fois avec une grande formation, et sur instruments modernes.

Mark Wigglesworth s'est révélé en remportant le prix Kondrachine de Saint-Pétersbourg en 1989. Il a confirmé ses dons en 1995 à Amsterdam où il a participé au Festival Mahler. Invité à Berlin, à Chicago, il conduit régulièrement à la B.B.C. ainsi que d'autres orchestres britanniques.

Jeffrey Tate, né en 1943, a été chanteur avant d'être chef de chœur à Covent Garden auprès de Solti, puis à Salzbourg auprès de Karajan et à Bayreuth auprès de Boulez. Devenu chef lyrique, il s'illustre dans les plus grands théâtres, tout en dirigeant l'English Chamber Orchestra avec lequel il enregistre l'intégralité des *Symphonies* de Mozart. Il a été longtemps premier chef invité du National de France.

Raymond Leppard, né en 1927, pianiste soliste, s'est spécialisé dans le baroque et le classique, aussi bien en lyrique qu'en symphonique. Il a évolué ensuite vers le romantisme en devenant chef principal des Orchestres d'Indianapolis et de Saint Louis. Il a conduit également le Philharmonique de New York, les Symphoniques de Chicago, Philadelphie, Los Angeles, Boston, tout en restant fidèle à l'English Chamber Orchestra.

Sir Neville Marriner (né en 1924), d'abord violoniste, eut pour maître Pierre Monteux. C'est en 1959 qu'il fonde la formation à laquelle son nom demeure attaché, The Academy of St. Martin in the Fields, du nom d'une église proche de Trafalgar Square, à Londres. Il détient le record du nombre d'enregistrements avec plus de trois cent cinquante disques réalisés en près d'un demi-siècle d'une brillante carrière.

Antonio Papano, né à Londres en 1959, de nationalité américaine, est d'abord pianiste ; il est considéré comme l'un des plus grands chefs lyriques de notre temps. Assistant de Barenboïm pour le *Ring* à Bayreuth en 1986, il a été pendant onze ans directeur musical de la Monnaie de Bruxelles, effectuant en même temps une percée internationale dans la plupart des grands opéras. Il a été nommé directeur musical de Covent Garden en 2002.

GUSTAV MAHLER, à l'âge de 32 ans.

▲ Arthur Nikisch ▼ Willem Mengelberg

RUNO WALTER

► WILHELM FURTWÄNGLER, à la tête de l'Orchestre philharmonique de Berlin, au cours d'un concert Beethoven, en juin 1943, six mois avant la destruction de la vieille salle de la Philharmonie par les bombardements.

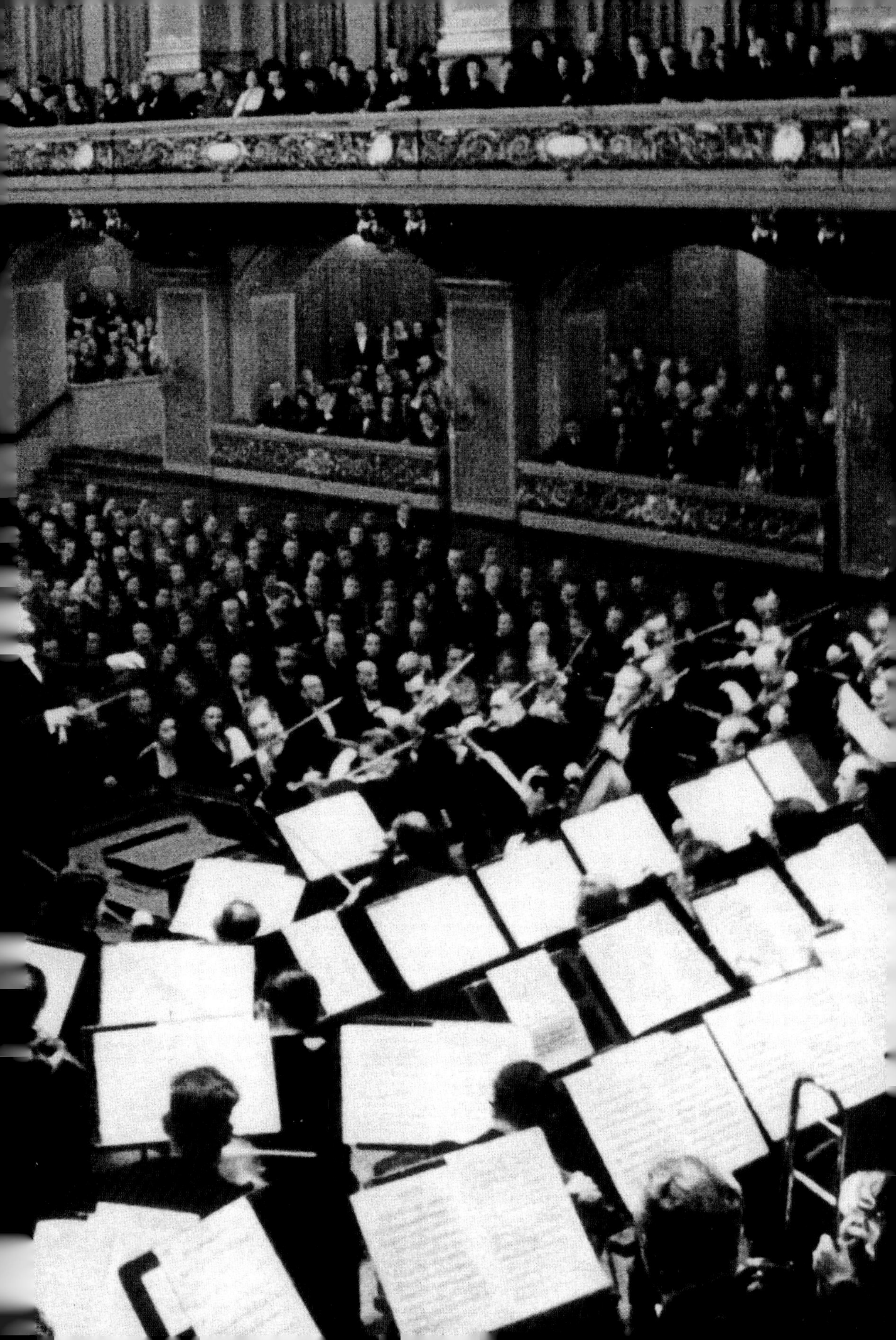

▲ Otto Klemperer, dirigeant assis le Philharmonia de Londres, au début des années soixante.

▼ Fritz Reiner, l'inflexible maestro de l'Orchestre symphonic de Chicago.

CHARLES MUNCH, dans six attitudes caractéristiques, peu de temps avant sa prise de fonction à l'Orchestre de Paris.

▲ Pierre Monteux

▲ André Cluytens ▼ Paul Paray

Sergiu Celibidache au Philharmonique de Berlin en 1947.

▼ Herbert von Karajan

Georges Szell

▲ Sir Georg Solti

▼ Leonard Bernstein

Sir Thomas Beecham ▼ Ernest Ansermet ▲ Igor Markevitch

▲ Pierre Boulez, dans son bureau-studio de la Cité de la musique.

Sir Simon Rattle, après une répétition de *Fidelio* à Salzbourg, en mars 2003.

▲ Seiji Ozawa

▼ Bernard Haitink

► Nikolaus Harnoncou

▲ Henri Dutilleux, dans son studio de l'Île Saint-Louis.

CARLO MARIA GIULINI LE GRAND MYSTÈRE

« L'amour et un noble cœur ne font qu'un, et quand l'un ose aller sans l'autre, c'est comme quand l'âme abandonne la raison. »
Dante, *La Vita nuova*

Sir Simon Rattle témoigne : « Carlo Maria Giulini est mon héros. Pour ce gentleman, la musique est un acte d'amour. Si, en 1979, j'ai accepté le poste de second chef au Philharmonique de Los Angeles, ce fut uniquement parce que je savais que Giulini y était le premier. Je suis fier d'avoir travaillé avec cet homme de bien qui s'est refusé à toute compromission, aussi bien dans la vie de tous les jours que dans la conception de la musique. Il demeure, pour moi, un exemple hors du commun. »

De tous les chefs évoqués dans ce livre, le maestro italien Carlo Maria Giulini est l'un des rares qui soit unanimement loué par les musiciens, comme le prouvent les opinions recueillies à son sujet. Ainsi, Claudio Abbado partage le sentiment de Sir Simon Rattle : « Carlo Maria Giulini est un grand musicien qui m'a beaucoup apporté. Il est l'image idéale de l'humaniste. C'est un seigneur foncièrement honnête. Je l'aime autant comme homme que comme chef. »

Myung-Whun Chung, qui fut comme Simon Rattle l'assistant du maître italien à Los Angeles, se souvient : « Giulini m'a ouvert la voie ; en peu de mots, il m'a tout expliqué : aimer et respecter le compositeur et les musiciens, tel est son credo. Son humilité et son engagement total dans la musique le rendent exemplaire ; en ce sens, il est encore plus grand comme homme que comme musicien, ce qui est rare dans notre monde où l'on rencontre des personnages de génie qui, humainement, ne sont pas au niveau. »

Paavo Järvi n'est pas moins admiratif : « Je voudrais un jour atteindre sa perfection. La plupart de ses enregistrements, notamment la *Troisième Symphonie* de Schumann font partie de mon patrimoine musical. »

Roland Daugareil, premier violon solo de l'Orchestre de Paris où Giulini s'est souvent produit, affirme : « C'est un magicien, l'un des plus grands chefs que j'aie rencontrés. » Philippe Aïche[1], lui aussi premier violon solo de l'O.P., ajoute : « C'est une personnalité rare, qui porte en lui une grande générosité, un maître véritable, l'un de ceux dont on peut dire, quand on l'a en face de soi : "N'oublie jamais cet instant... inoubliable !" »

Françoise Courcel et Edwige Chibaudel, choristes de l'O.P.[2], ont elles aussi une admiration sans borne pour le maestro : « C'était notre idole. Il est venu nous diriger pour la première fois en 1979 dans le *Stabat Mater* de Rossini. Notre cher Arthur Oldham nous avait bien préparés. Giulini a tenu à le remercier avant de commencer. Il ne nous a pas interrompus. Quand nous eûmes terminé, il nous a dit simplement, sans arrogance : "Je pense que vous pouvez mieux faire." Nous nous sommes efforcés de le satisfaire ; il nous demandait toujours plus et on le lui donnait. Il sortait de nous le meilleur de ce que nous avions. Il est revenu pour diriger les *Quatre Pièces sacrées* de Verdi et la *Messe en si* de Bach. Il traversait alors une période douloureuse ; nous savions que sa femme était très malade. Il ne dormait plus et semblait épuisé, mais il a pourtant su nous inspirer, comme ce fut encore le cas, par deux fois, dans le *Requiem* de Verdi, la *Messe en si bémol* de Schubert et le *Requiem* de Fauré. »

Françoise Courcel se souvient encore du choc qu'elle a ressenti quand elle vit ce que Giulini faisait avec ses mains : « Il portait la musique comme une offrande. Sans brusquerie, il déclenchait, avec noblesse, d'extraordinaires *crescendos.* Il était le contraire de ces chefs qui donnent des coups de massue pour assassiner la musique [...]. Je l'ai suivi partout, j'étais sa fidèle groupie à Rome, Florence, Milan, Munich, Madrid et à Londres. J'ai couvert les pages d'un album avec ses photos et les billets de ses concerts. Sans lui, je n'aurais peut-être pas continué à chanter : nous

1. Entretiens enregistrés à Paris, le 24 mai 2002 (Roland Daugareil) et le 15 mars 2002 (Philippe Aïche).
2. Entretien enregistré à Paris, le 30 mars 2002.

étions des bénévoles, auxquelles il a offert un bénéfice musical et affectif sans équivalent. »

Lydia Harambourg, elle aussi ancienne choriste à l'O.P.[1], le décrit ainsi : « C'était un homme qui ne s'extériorisait pas ; il ne faisait pas de gestes inutiles. Humain, chaleureux, mystique, grand seigneur, il avait un immense respect pour les musiciens. Il nous remerciait après chaque répétition, venait nous voir dans les coulisses pour nous faire part de sa satisfaction. Quand nous avons répété les *Quatre Pièces sacrées*, nous sentant parfois en difficulté, il nous a dit : "Ça se passera bien, soyez confiants." Il savait que cette œuvre était difficile pour nous et qu'il fallait que nous maîtrisions notre émotion. Il nous y aidait constamment. Il venait chercher nos voix. Ça partait de son regard, de son corps, de ses mains. J'appelle cela la grâce. »

C'est Françoise Courcel qui m'a donné l'occasion d'entrer en contact avec le maestro ; elle lui a téléphoné pour lui expliquer mon projet. Bien que connaissant les réticences du maître pour toute forme d'interview, je l'appelai à mon tour. Il me répondit qu'il ne me serait d'aucune utilité, s'étant retiré du monde musical depuis 1999. J'insistai en évoquant ses merveilleux concerts parisiens[2]. Il finit par me dire : « Eh bien ! Vous pouvez venir à condition que nous ne parlions pas du passé. » Je ne formulai pas d'objection. Quelques jours plus tard, j'étais à Milan.

Derrière la Scala en réfection, on passe du tumulte de la ville à la tranquillité d'un village : au fond d'une rue étroite où les voitures s'aventurent rarement, le domicile du maître donne sur un jardin d'aspect monacal. Grand, mince, élégant, Carlo Maria Giulini nous accueille Henriette, mon épouse, Louis Monier et moi, dans son bureau de travail. Au-dessus du fauteuil où il s'est assis, je remarque une grande toile : « Un tableau de mon fils, me dit-il. Il a peint ma femme, sa mère, qui n'est plus de ce monde. » Je risque mes premières questions en anglais et lui propose de répondre en italien. « Nous ne parlerons pas du passé », m'avait-il dit au téléphone. Pour éviter cet écueil, je fais d'abord appel au questionnaire de Proust...

– *Quel est votre état d'esprit du moment ?*

– La sérénité, répond-il d'une voix un peu sourde.

1. Entretien enregistré à Paris, le 21 novembre 2002.

2. Giulini a cessé son activité de chef en 1999. Il avait alors 85 ans. Son dernier concert à Paris a eu lieu en février 1998, avec l'Orchestre de Paris dans le *Requiem* de Verdi, avec Julia Varady.

– La qualité que vous préférez chez un homme ?

– L'intelligence, la spiritualité.

– Chez une femme ?

Il hésite.

– Difficile à dire ; je ne sais pas. (Puis il reprend.) La modestie.

– Votre occupation préférée ?

– La lecture : Manzoni, Tolstoï et, parmi les poètes, Dante.

– Votre rêve de bonheur ?

Il demeure silencieux pendant quelques secondes ; tout à coup, son regard exprime une profonde tristesse. Je regrette de lui avoir posé cette question indiscrète. Mais il renoue le dialogue :

– J'ai eu la bonne fortune de connaître un grand amour avec ma femme. J'ai aimé mes parents et mes frères ; j'adore mes enfants. Cela suffit pour une vie. C'est le rêve de bonheur que j'aurais pu faire quand j'étais jeune. Rien ne peut remplacer un grand amour.

– Le pays où vous aimeriez vivre ?

– L'Italie.

– Vos musiciens préférés ?

– Tous ceux que j'ai aimé jouer.

– Vos personnages préférés dans la vie réelle ?

– Toute ma famille.

– Ce que vous détestez le plus ?

– Ceux qui font le mal.

– La date historique la plus importante ?

– La fin de la guerre 1939-1945.

– Le souhait que vous formulez ?

– Continuer à vivre en paix et à accompagner mes enfants en les aidant le mieux possible.

– La faute pour laquelle vous avez le plus d'indulgence ?

– J'ai tendance à pardonner facilement les offenses personnelles.

– Votre devise ?

– Que la justice et le bien règnent en ce monde.

Je renonce aux autres questions de Proust et revient à celle touchant aux compositeurs : le maestro ne formule plus d'objections à l'idée de se pencher sur son passé. « Mozart m'a toujours accompagné. Comment une vie aussi brève a-t-elle pu générer autant de chefs-d'œuvre ? Comment a-t-il eu le temps de concevoir tout ce qu'il a écrit ? Pour moi c'est un étonnement sans cesse recommencé. Un grand mystère. *Misterio*... J'ai des copies de quelques-uns de ses manuscrits. » Il se lève et m'invite à le suivre dans une pièce contiguë où sont rangées, dans les rayons d'une bibliothèque, les nombreuses partitions qu'il a interprétées au cours de sa longue carrière. Il sort un dossier et m'explique : « Les originaux de Mozart sont extraordinaires ; ils ne comportent presque pas de ratures. Il écrivait avec une aisance incroyable, sans hésiter. *Misterioso*... »

Je risque une autre question : Quelle est l'œuvre de Mozart que vous préférez ? Il sourit : « Je les aime toutes. C'est un tel génie qu'il n'y a rien chez lui qui puisse nous laisser indifférents, que ce soit ses quatre dernières *Symphonies*, que j'ai enregistrées, ses *Concertos pour piano* dans lesquels j'ai eu la joie d'accompagner Arturo Benedetti Michelangeli, son *Requiem*, ses opéras, *Don Giovanni, Les Noces de Figaro, Cosi fan tutte* et bien d'autres... »

Et Verdi et Puccini ? « Je n'étais pas attiré par Puccini. Je ne sais pourquoi. *Misterioso*... Je n'ai pas eu d'affinités avec ses personnages. C'est pour moi un monde à part. En revanche, Verdi m'a passionné. J'ai presque tout joué, sauf *Aïda*. Ma première expérience fut *La Traviata*, en 1955, à la Scala, avec La Callas et Luchino Visconti comme metteur en scène ; j'ai enregistré cette œuvre à deux reprises avec elle. J'ai eu la chance de travailler avec d'immenses chanteurs et des régisseurs de grand talent. La Callas n'était pas seulement une voix exceptionnelle ; c'était aussi une grande actrice, *comediante, tragediante*, dont la personnalité s'entourait de mystère. La Tebaldi était elle aussi une fabuleuse chanteuse ; mais elle n'était pas aussi bonne actrice que La Callas. De Verdi, j'ai également souvent joué le *Requiem* et les *Quatre Pièces sacrées*, mais je dois avouer que les *Cantates* et les *Messes* de Bach, ainsi que le *Requiem* de Mozart et le *Requiem allemand* de Brahms passent avant Verdi dans mes préférences. Vivre, souffrir, espérer : telle est la loi du genre humain. Brahms a bien exprimé ces étapes de l'existence dans son *Requiem*, où l'on peut penser que l'espoir subsiste. J'ai également adoré ses *Symphonies*, dont j'ai enregistré l'intégrale avec le Philharmonique de Vienne. Bruckner, lui aussi, m'a souvent captivé : son côté mystique, parfois brutal et agressif, me convenait mieux que l'expression nostalgique et extravertie de Mahler dont j'ai beaucoup aimé cependant *Le Chant de la Terre* et la *Neuvième Symphonie*, où tout espoir est aboli. »

Et Berlioz ? risquai-je. « Je ne l'ai jamais joué. Il ne me touche pas, je ne sais pourquoi. C'est un autre mystère de la musique. Il ne m'était pas familier, peut-être parce qu'il n'est pas mystique. »

Au fil du dialogue, le passé devient simple ; il remonte à la surface. À la fin de la Grande Guerre, Carlo Maria Giulini vivait avec sa mère et ses frères en Vénétie (le père était au front) dans un petit village où, pour la première fois, il entendit le son d'un violon : un vieil homme cheminait sur la route, tirant derrière lui un petit chien, tout en jouant de son instrument ; il ramassait quelques lires, à la manière de Zampano, personnage mythique de *La Strada* de Fellini. « Plus tard, raconte-t-il, à Bolzano, où ma famille s'était fixée, j'ai étudié le violon ; à 16 ans, je suis entré au Conservatoire de musique de la Santa Cecilia de Rome où j'ai opté pour l'alto ; j'ai suivi des cours de conduite avec Eduardo Molinari et j'ai joué de la musique de chambre. J'ai fait ensuite partie de l'Orchestre de l'Augusteo de Rome où j'ai eu le privilège d'être dirigé par d'immenses chefs et compositeurs, Bruno Walter, Willem Mengelberg, Wilhelm Furtwängler, Erich Kleiber, Victor de Sabata, Antonio Guarnieri, Richard Strauss, Paul Hindemith, Igor Stravinsky… Quand la guerre a éclaté, j'avais 26 ans. Je me suis dérobé à l'embrigadement fasciste ; élevé dans une famille profondément chrétienne, je ne supportais pas l'idée de me soumettre à la dictature mussolinienne. En 1944, sortant de la clandestinité, j'ai eu la chance, à mon tour, de diriger l'Augusteo pour célébrer la Libération. Tout s'est ensuite enchaîné. En 1946, je suis devenu assistant, puis chef à la R.A.I. de Rome. Je suis passé ensuite à Milan où j'ai fondé un autre Orchestre de la Radio. J'ai rencontré Arturo Toscanini, qui est venu me voir répéter, Sabata également ; ils m'ont encouragé à étendre mon activité au lyrique. En 1951, je suis entré à la Scala en tant que second chef, associé à Sabata auquel j'ai succédé en 1954. C'était un homme silencieux ; je n'ai jamais pu percer le mystère de sa personnalité bien que je sois demeuré à ses côtés pendant trois ans. Pendant plus d'une décennie, le théâtre a pris presque tout mon temps, de Gluck à de Falla, en passant par Haydn, Mozart, Rossini et surtout Verdi. »

Au cours des années soixante, la notoriété grandissante du maestro l'entraîne loin de ses bases habituelles ; il se produit au Japon, aux États-Unis, à Londres : « À Covent Garden, j'ai eu le bonheur de travailler avec Zefirelli, dans *Falstaff* et avec Luchino Visconti dans *Don Carlos*. Visconti avait un incroyable talent, qui dépassait de beaucoup le cadre de la musique. Il avait une vision très personnelle de l'opéra dont il transcendait le contenu dans ses productions. Il comprenait l'art lyrique aussi bien que les spécialistes. Il a suivi toutes mes répétitions d'orchestre afin de s'imprégner de la musique et de la mettre au service de ses idées, qu'il savait adapter au sens théâtral. Le respect absolu des œuvres a toujours été mon souci principal. Pour diriger, il faut d'abord avoir une connaissance approfondie du texte, une approche que je qualifie de presque immatérielle. J'ai annoté personnellement les nombreuses partitions que vous avez pu voir, afin que les musiciens soient en mesure de suivre mes indications. J'ai toujours travaillé de cette manière, même avec les plus grands orchestres du monde, notamment le Symphonique de Chicago que j'ai conduit, en tant qu'invité, pendant une vingtaine d'années et celui de Los Angeles dont j'ai été le directeur musical de 1978 à 1984. Par la suite, j'ai refusé toute responsabilité et je me suis consacré au symphonique.

« Depuis longtemps, j'ai acquis la certitude que la direction d'orchestre ne repose pas seulement sur la qualité technique ; il faut aussi comprendre l'âme et le cœur de ceux qui ont écrit tant de chefs-d'œuvre. Interpréter, c'est un acte d'amour. Au-delà du travail purement matériel, il s'agit de reproduire la spiritualité de l'œuvre et prendre possession de ce qui a été conçu par le compositeur. On m'a souvent demandé comment on donnait vie à l'abstraction des notes. Étudier une symphonie de Brahms ou de Bruckner est un travail aussi vaste et ardu que l'analyse d'une peinture de Raphaël ou de Léonard de Vinci. C'est encore un autre mystère de la musique que je me suis efforcé de percer sans toujours y parvenir. Le chef est le seul musicien qui fasse jouer de la musique sans contact avec un instrument. Or, chaque maestro a sa propre manière de diriger, alors que la volonté de tous les chefs doit être identique, c'est-à-dire rechercher constamment la perfection. Derrière cet unisson se cache le mystère insondable du don, du talent de chacun. Quant à la gestique, elle ne doit pas consister à effectuer des mouvements parfois désordonnés : elle doit d'abord s'appliquer à transmettre ses sentiments, sa passion. Un chef doit être capable de s'identifier aux vues du compositeur en affrontant un mystère insondable qui échappe à toute analyse. Avec peu de notes, un génie est en effet capable de produire un chef-d'œuvre : la simplicité est parfois plus riche que la complexité. N'oublions jamais que les grands compositeurs nous ont légué des œuvres qui appartiennent au patrimoine de l'humanité. On ne peut les aborder sans faire preuve du respect qui leur est dû. La musique est un acte quasi religieux ; elle s'inscrit dans notre vie spirituelle ; elle est comme je l'ai déjà dit un acte d'amour. »

Et la musique contemporaine, qu'en pense le maître ? « Quand j'étais jeune, j'ai créé des œuvres de Ghedini et de Darius Milhaud ; j'ai joué aussi le *War Requiem* de Britten. Mais je n'avais pas une attirance suffisante pour me consacrer à d'autres compositions qui ne suscitaient pas en moi l'émotion nécessaire. Je ne sais pas si cette musique aura un avenir comparable à celle des génies que j'ai défendus. Monteverdi avait tout dit en peu de notes. Si l'on s'éloigne de cette notion originelle, on tombe dans le procédé et l'on méconnaît l'essentiel de la musique. »

Je risque une ultime question, celle de l'île déserte : « Quelles partitions emporterais-je ? Je crois que j'opterais pour des *Symphonies* de Haydn, Brahms et Bruckner[1]. »

Il est temps de prendre congé du maestro. Avec une exquise politesse, il nous raccompagne à pas lents jusqu'au portail de l'immeuble. Nous nous éloignons à regret. En nous retournant, nous constatons qu'il demeure figé à la même place, attendant pour se retirer que nous ayons disparu de son champ de vision. L'image de ce vieil homme, si distingué, si digne, si émouvant, me poursuit encore aujourd'hui : elle représente en effet toute la grandeur d'un art que le chef a su défendre avec passion et humilité car, comme l'a dit Pablo Casals, « le grand interprète, c'est celui qui aime davantage ».

1. Entretien enregistré au domicile du maestro, à Milan, le 20 juin 2002.

CLAUDIO ABBADO L'ÂME EN PASSION

« La musique est peut-être l'exemple unique de ce qu'aurait pu être, – s'il n'y avait pas eu l'invention du langage, la formation des mots, l'analyse des idées – la communication des âmes. »
Marcel Proust, *La Fugitive*

Je n'avais pas revu Claudio Abbado depuis le Festival Mahler donné au Concertgebouw d'Amsterdam en mai 1995. Dans ce temple de la musique symphonique, à l'inégalable acoustique, le maestro avait dirigé, à la tête de l'Orchestre philharmonique de Berlin, les *Cinquième* et *Neuvième Symphonies* du compositeur autrichien. Quand retentirent les dernières mesures de la *Neuvième*, un long point d'orgue investit la salle. D'interminables secondes s'écoulèrent avant que les spectateurs ne rompent ce recueillement par une longue ovation. Ce soir-là, le chef, en état de grâce, était parvenu à la perfection, but constamment poursuivi, mais rarement atteint.

Sept ans plus tard, à la Cité de la musique de Paris, j'ai vu une ombre surgir des coulisses : silhouette filiforme et fragile, cheveux grisonnants, blanchis aux tempes, visage diaphane, Claudio Abbado, en bras de chemise, un pull-over négligemment jeté sur les épaules, s'est installé sur la haute chaise de répétition. Rétabli d'une très grave opération subie en juillet 2000, le maestro retrouvait Paris avec l'Orchestre de chambre d'Europe, au terme d'une lutte sans merci contre la maladie, pour deux concerts consacrés à Schubert.

En cet après-midi de mai 2002, je retrouve le chef tel que je l'ai vu à Salzbourg, Lausanne, Amsterdam, Paris : la gestique claire, la main droite battant majestueusement la mesure, la gauche, véritable instrument détaillant l'interprétation, paume tendue à plat ou à la verticale pour accentuer ou calmer l'élan des musiciens, il avance en terrain familier dans la *Neuvième Symphonie* de Schubert, la « *Grande* ». De temps en temps, il a le mot pour rire : à un alto qui traîne un peu, il lance avec humour : « Rattrapez-nous ! » S'adressant en anglais aux instrumentistes, il les interroge : « Ce mouvement un peu plus lent, êtes-vous d'accord ? » Aux violons : « Pouvez-vous attendre un peu plus longtemps sur l'archet ? » ; aux contrebasses : « Moins appuyé » ; aux trombones : « Plus légèrement, s'il vous plaît. » Aux violons, derechef : « Modulez un peu mieux ce passage *allegro* » ; aux violoncelles : « Jouez *fortissimo* ! » Le tronc penché en avant, il exprime une prière, qui n'est qu'un ordre déguisé. Parlant tout en dirigeant, pour ne pas interrompre les musiciens, il se montre laconique, mais toujours courtois. Parfois, il se dresse, la bouche ouverte, comme pour crier une indication et rejette la tête en arrière pour mieux dominer la musique.

Ses exhortations rythment le tutti de la fin du premier mouvement : « Absolu *crescendo* », ordonne-t-il vivement. Un puissant magnétisme fuse de ses gestes et de son regard.

Pour expliquer ce qu'il attend de l'adagio, il énonce plus longuement ses vues : « Beaucoup de finesse, notamment dans les bois ; il faut aussi des attaques franches, découpées au scalpel. » Il attaque le final en précisant : « Contrairement au *scherzo*, nous le jouerons sans reprise, pour respecter la proportion musicale. »

« Good, very good », conclut-il à l'intention des instrumentistes qui accueillent le compliment en trépignant.

Convenu pour le surlendemain, mon entretien[1] avec le chef a lieu avant la répétition générale de son second concert, consacré aux *Lieder* de Schubert, orchestrés par Brahms, Reger et Webern et à *La Symphonie inachevée.*

En préambule, j'évoque sa manière très courtoise de communiquer avec les musiciens : « J'ai toujours estimé, m'explique-t-il, que des relations humaines devaient s'établir avec les instrumentistes. Quand j'ai été désigné par les musiciens du Philharmonique de Berlin pour succéder à Karajan, j'ai

1. Entretien enregistré le 27 mai 2002 à Paris, Cité de la musique.

fait comprendre à mes nouveaux partenaires que ma conception du travail collectif reposait sur un concept d'accord tacite. Si l'on partage la même passion, il suffit de peu de mots pour se comprendre. Tout doit se passer comme si nous faisions de la musique de chambre, dans un cercle restreint au cœur duquel les participants trouveraient l'équilibre parfait des sonorités, sans hésiter sur les détails. Cet idéal de travail artistique se traduit en allemand par le verbe *zusammenmuzizieren*, « faire de la musique ensemble » : les instrumentistes peuvent ainsi s'écouter mutuellement et jouer au même niveau de connaissance et de sensibilité. Cet unisson suppose que le chef et l'orchestre doivent préparer une œuvre par un dialogue constant, pas nécessairement verbal, la condition essentielle étant l'étude approfondie de la partition. Nous avons vécu pendant douze ans, selon cette conception librement partagée, au rythme des changements intervenus au sein de l'orchestre, à la suite des départs à la retraite des plus anciens. Nous devions en effet opérer une relève partielle, sans nuire à la qualité de base de la formation et maîtriser cette évolution nécessaire avec soixante-dix nouveaux musiciens. »

La courtoisie qu'il prodigue aux instrumentistes, Claudio Abbado ne l'a pas toujours rencontrée chez certains autres chefs qu'il a pourtant admirés sans réserve : « J'avais 12 ans quand j'ai eu la chance d'assister, à la Scala, à la répétition d'un concert, sous la baguette d'Arturo Toscanini : la façon très autoritaire, voire brutale qu'il avait de traiter les musiciens m'a troublé et déplu. Dès mes débuts, je me suis refusé à imiter sa méthode ; j'estimais en effet qu'on ne devait pas humilier les musiciens quoi qu'on veuille obtenir d'eux ; faire de la musique ensemble n'induit pas qu'il faille imposer une sorte de dictature. Cependant, pour ne parler que de musique, je me fais un devoir de rappeler que Toscanini demeure l'un des plus grands chefs de tous les temps, non seulement dans Rossini et Verdi, mais aussi dans tout le répertoire, de Beethoven à Richard Strauss, en passant par Brahms et Wagner. Quelques années plus tard, je devais avoir 19 ans, je fus reçu à son domicile par le maestro ; j'ai interprété le *Concerto en ré mineur* de Bach, avec l'orchestre de chambre paternel. Quand j'eus terminé, Toscanini a dit à mon père : “Le jeu de votre fils va comme un gant à Bach.” »

Référence permanente pour Abbado, Toscanini n'a pourtant pas été le chef qui lui a ouvert la voie de l'orchestre : « J'avais 7 ans ; nous étions à la veille de la guerre quand j'ai assisté, grâce à mon frère, au premier concert de ma vie : il était donné à la Scala par un grand artiste, Antonio Guarnieri, qui dirigeait les trois *Nocturnes* de Claude Debussy. Quand, dans *Fêtes*, le deuxième mouvement, j'ai entendu sonner les trompettes et les bois, j'ai ressenti un choc magique, inoubliable. Avec ma naïveté d'enfant, je me suis dit : "Un jour, toi aussi, tu seras capable de créer ces fabuleuses harmonies." Cette révélation devait se transformer en une irrésistible vocation. Aujourd'hui encore, je voue à Debussy une admiration sans limite : je ne serais peut-être pas devenu ce que je suis sans *Fêtes.* »

Né à Milan en 1933 au sein d'une famille, qui compte quatre enfants, marquée du sceau de la musique – père violoniste, professeur au conservatoire de la ville, mère pianiste (et auteur de livres pour enfants), frère aîné également pianiste, compositeur et directeur du Conservatoire de Milan, sœur violoniste – Claudio Abbado grandit dans une ambiance de chapelle sonore. Pendant la guerre, ses parents, foncièrement antifascistes, font acte de résistance ; sa mère est emprisonnée pour avoir aidé une famille juive à échapper à la déportation. Le conflit terminé, Claudio Abbado entre au Conservatoire de Milan pour y suivre, jusqu'en 1955, des études de piano, de composition et de direction. Il joue parfois dans l'Orchestre des étudiants du Conservatoire, sous la direction de Carlo Maria Giulini et demeure hanté par *Fêtes* et par son rêve d'enfant.

En 1955, Claudio Abbado quitte Milan pour Vienne où il suit les cours de piano de Friedrich Gulda et de direction d'orchestre du grand pédagogue qu'est Hans Swarowsky. Observateur attentif des répétitions, en compagnie de Zubin Mehta avec lequel il se lie d'amitié, il est émerveillé par la personnalité de Bruno Walter, sous la baguette duquel il fait l'expérience du chant choral. Auparavant, à Milan, Wilhelm Furtwängler l'avait profondément impressionné : « Furtwängler est le plus grand de tous. De nos jours, on peut écouter ses disques dans de bonnes conditions techniques, grâce aux reports de ses enregistrements et on ne laisse pas d'être frappé par l'ampleur et la profondeur de ses interprétations ; certes, on peut parfois contester ses choix, ses options, mais l'enthousiasme prévaut presque toujours, notamment dans Beethoven. Il est le musicien qui a eu la plus grande influence sur mon éducation artistique. »

Vient le temps des concours : « Comme la langue d'Esope, c'est la meilleure et la pire des choses. Si vous ne réussissez pas au plus haut niveau, les concours peuvent avoir une influence destructrice ; mais si vous gagnez, ils ne garantissent pas votre avenir. » Au Festival de Tanglewood, en 1958, Abbado remporte le très envié prix Koussevitzky devant Zubin Mehta :

« J'avais craint d'être éliminé rapidement ; face au jury, j'étais très contracté ; je ne me suis libéré qu'en conduisant devant le public. Au cours de ce premier séjour aux États-Unis j'ai pu, à Boston, voir Pierre Monteux et Charles Munch, dont l'art très personnel m'a influencé : ils interprétaient si bien les œuvres de Claude Debussy ! »

Malgré de brillants débuts à la Scala, en 1960, pour le tricentenaire de Scarlatti, la carrière de Claudio Abbado n'a pas encore vraiment « décollé » quand, en 1962, à 29 ans, il tente une nouvelle fois sa chance en postulant, à New York, au prix Mitropoulos. Il triomphe encore ; cette fois, les propositions affluent. Leonard Bernstein en fait l'un de ses assistants au Philharmonique de New York : « Je suis resté un an auprès de lui avec des allers et retours en Europe pour diriger plusieurs concerts en Italie et à Londres. Ce séjour fut passionnant et décisif non seulement grâce à Leonard Bernstein, mais aussi en raison des contacts que j'ai eus avec George Szell qui dirigeait l'Orchestre de Cleveland : à la tête de cette phalange, il obtenait des sonorités étonnantes, au prix d'une stricte discipline librement acceptée par les instrumentistes. Bernstein était d'une autre nature : il jouait merveilleusement du piano ; il composait magnifiquement : *West Side Story* est une œuvre géniale dont la création constitue une date importante de l'histoire de la musique. Il a été également un prodigieux pédagogue : ses concerts télévisés pour les enfants ont communiqué à plusieurs générations l'amour de la musique. Il en faisait parfois trop et avait tendance à se disperser ; mais son incroyable voracité intellectuelle et sa fabuleuse ouverture d'esprit faisaient oublier ses excès. Il m'avait demandé de revenir à New York pour une plus longue période ; je ne l'ai pas voulu. J'étais, et je suis encore, trop imprégné de culture européenne pour m'éloigner longtemps du Vieux Continent. »

Peu avant son retour à Milan, Claudio Abbado reçoit une invitation d'Herbert von Karajan pour se produire au Festival de Salzbourg : « J'allais diriger, pour la première fois, l'un des plus prestigieux orchestres du monde, le Philharmonique de Vienne, qu'avaient conduit tant de grands maîtres. J'avais choisi la *Deuxième Symphonie* de Mahler. À l'époque, en 1965, je ne connaissais pas encore toute son œuvre, mais je savais déjà que Mahler serait pour moi une référence permanente. »

On a dit parfois qu'étant italien, Claudio Abbado n'avait pas la fibre mahlérienne. Introduisant au cœur du tissu orchestral le plus complexe du répertoire post-romantique un raffinement intemporel, il allait maintes fois prouver le contraire. Les *Symphonies* de Mahler demeurent pour le maestro un foyer incandescent qui ne cesse d'éclairer sa voie : « Ne me demandez pas quelle est celle que je préfère : c'est généralement la dernière que je viens de diriger. J'ai cependant une prédilection pour la plus désespérée, la *Neuvième.* Mais j'aime aussi beaucoup la *Septième*, moins souvent jouée que les autres, peut-être parce qu'elle est très difficile à diriger. J'ai d'ailleurs voulu l'enregistrer une nouvelle fois en public à la tête du Philharmonique de Berlin ainsi que la *Troisième* et la *Neuvième.* On change beaucoup au cours d'une vie : ce que j'ai réalisé de 1999 à 2001 est différent de ce que j'avais fait il y a vingt ou vingt-cinq ans. On apprend toujours quelque chose, on découvre des éléments importants qu'il faut alors incorporer à une nouvelle conception de l'œuvre. Mort trop jeune, Mahler avait certainement en tête des idées novatrices que nous ne connaîtrons jamais. Au point de rupture de deux siècles, il annonçait une ère nouvelle. »

À Salzbourg, Claudio Abbado risque gros : les répétitions de la *Deuxième Symphonie* sont marquées par de nombreuses interruptions ; les instrumentistes viennois, peu accoutumés à une œuvre rarement jouée par eux, lisent une partition ancienne comportant des erreurs qu'Abbado doit rectifier. Parfois, une voix s'élève de l'orchestre pour affirmer que le tempo du jeune chef est trop rapide. Mais, quand Abbado écoute l'enregistrement, il constate que sa durée se situe dans les normes indiquées par Mahler lui-même, c'est-à-dire quatre-vingts minutes. Au concert, Abbado obtient un triomphe. Les engagements affluent, notamment de l'Orchestre Hallé, en Angleterre ; peu après, il effectue ses débuts à Covent Garden, puis à la Scala avec *Mort atomique* de Manzoni et *Capulets et Montaigus* de Bellini. Il n'a que 35 ans quand il devient chef principal du célèbre Opéra de sa ville natale, avant d'être nommé directeur musical en 1971.

Jusqu'en 1986, son pouvoir, mot qu'il déteste, n'y sera guère contesté. Il modifie profondément l'organisation et les programmes de la Scala : « J'ai voulu élargir le répertoire et offrir de la musique au plus grand nombre, et pas seulement à une élite. À Milan, comme ailleurs, il y a toujours eu des controverses au sujet de la politique culturelle ; mais j'ai pu convaincre mes interlocuteurs d'allonger la durée de la saison, en diminuant le prix des places, en ouvrant le théâtre pendant les six semaines de fermeture annuelle pour présenter gratuitement des opéras filmés aux ouvriers, aux étudiants, aux enfants des écoles qui découvraient l'opéra. Avec l'orchestre, nous avons également offert des concerts dans les usines, les universités, les lycées, aussi bien à Milan que dans d'autres villes, notamment à Reggio Emilia. »

Grand spécialiste du lyrique, Claudio Abbado ne se contente pas de jouer les classiques, dont le succès ne se dément pas, grâce aux productions de Giorgio Strehler, rénovant *Simon Boccanegra* et *Macbeth* de Verdi et de Jean-Pierre Ponnelle, auteur d'une renaissance rossinienne. Le maître prend des risques, que certains de ses adversaires jugent insensés, en présentant des œuvres contemporaines difficiles qui alternent avec Mozart ou Wagner ; *Lohengrin* et *Tristan*, également mis en scène par Strehler, nécessitent, en 1981, plusieurs mois de répétitions. Mais que dire des difficultés des « premières » affrontant les feux de la rampe à la Scala, de Luigi Nono, son grand ami (*Au grand soleil d'amour chargé*, d'après Rimbaud) à Schoenberg (*Erwartung, Moïse et Aaron*) en passant par Berio (*Vera Storia*), Berg (*Lulu, Woyzeck*), Stockhausen (*Licht*), sans oublier Hindemith ! Il introduit également la version originale de *Boris Godounov* de Moussorgski, préférée à l'orchestration de Rimski-Korsakov, après la création qu'il a dirigée au Royal Opera House de Londres, en 1983, avec une mise en scène du grand cinéaste russe Andrej Tarkovski. « J'ai toujours eu la conviction qu'un nouveau type de public serait apte à comprendre de plus en plus aisément la musique nouvelle. N'oublions pas qu'en 1910 Schoenberg finissait d'écrire *Pierrot lunaire*, composition complexe, difficile d'accès et point de passage obligé pour apprécier les œuvres à venir de l'école de Vienne ; la même année, Puccini triomphait dans *La Fiancée du Far West* : peut-on imaginer deux musiques plus différentes ? »

La célébrité couronne l'engagement de Claudio Abbado. Sensible, patient, d'un calme inébranlable, réservé, volontiers laconique, il ne tire nulle vanité de ses promotions successives. De 1979 à 1989, il est chef permanent, puis directeur musical de l'Orchestre symphonique de Londres où il succède à André Previn. Dans la capitale britannique, il présente des programmes d'accès difficile, notamment des œuvres de Webern pour le centenaire du compositeur ; il institue également une thématique avec un cycle Mahler qui fait monter la cote du London Symphony Orchestra au détriment du Philharmonia, puis un cycle Beethoven, au cours duquel Maurizio Pollini, l'un de ses plus proches et fidèles amis, interprète les *Concertos pour piano*. Quand en 1986, excédé par certains démêlés administratifs, il quitte la Scala, c'est pour devenir directeur musical de l'Opéra de Vienne et chef principal de l'Orchestre philharmonique, postes occupés près d'un siècle plus tôt par Gustav Mahler : « Mon accession à un théâtre et un orchestre mythiques, que je fréquentais depuis longtemps, fut pour moi une prodigieuse expérience. » Comme à

Milan et à Londres, Claudio Abbado innove et impose à un public conservateur des programmes le plus souvent inédits en Autriche : il crée un festival de musique contemporaine, qui existe toujours, et présente notamment *La Maison des morts* de Janacek, *Pelléas et Mélisande* de son cher Debussy, *Woyzeck* de Berg. Il fait reconnaître, dans son propre pays, le talent lyrique de Schubert en donnant un opéra longtemps méconnu, *Fierrabras*.

Quand les critiques s'élèvent, comme à l'époque de Mahler, Abbado, le novateur, résiste aux pressions des conformistes, contrairement à son grand aîné. Le public continuera d'avoir sa part de Puccini, de Verdi, de Wagner, mais le maître s'efforcera toujours de réserver une large place aux modernes.

Il se serait peut-être lassé de cette ambiance si, peu de temps après la mort de Karajan, il n'avait été désigné directeur musical par les musiciens de l'Orchestre philharmonique de Berlin sans avoir, contrairement à certains de ses confrères, fait acte de candidature et sans que les médias aient cité son nom. Il devient ainsi en 1989 le premier chef non allemand de cette institution après Bülow, Nikisch, Furtwängler et Karajan – mis à part l'interrègne de Celibidache. Dès lors, sa carrière prend une nouvelle dimension, avec de prestigieuses échappées à Chicago et Vienne, où il reste en poste jusqu'en 1991 avant de se voir confier la responsabilité du Festival de Salzbourg en 1994.

À Berlin, il présente, comme à Londres et Vienne, des cycles thématiques : *Prométhée, Hölderlin, Faust, Shakespeare, Amour et mort* font salles pleines, tout comme les *Symphonies* de Beethoven, qu'il enregistre une nouvelle fois ; cette intégrale est diversement commentée, mais elle ne laisse personne indifférent : « J'avais abordé Beethoven un quart de siècle plus tôt, avec un orchestre étoffé à la manière des grandes phalanges germaniques. Karajan avait adopté cette méthode extensive. Avec lui, Beethoven avait une sonorité trop monumentale à mon goût ; il n'y avait pas assez de clarté dans la masse instrumentale. La *Cinquième* avec douze contrebasses, huit cors, quatre trompettes et des cordes à l'avenant, c'est très spectaculaire certes, mais est-ce bien dans l'esprit de l'œuvre ? Je me suis posé cette question à la fin des années quatre-vingt-dix et j'ai voulu inverser cette tendance : j'ai donc allégé l'effectif, selon l'édition critique de Jonathan Del Mar. Au temps de Beethoven, les orchestres ne comptaient guère plus de quarante à cinquante instrumentistes ; il est vrai qu'ils jouaient dans de petites salles. Beethoven, qui pensait à l'avenir, a indiqué les évolutions qu'il jugeait possibles : selon lui, on pouvait doubler les cordes et les vents pour les *Cinquième, Septième* et *Neuvième Symphonies*. Pour ma part, je considère que le plus important est de trouver la relation qui convient entre les différents *tempi* ; il faut traduire la musique de Beethoven comme il l'a écrite, mais pas d'une manière métronomique. C'est ainsi qu'il voulait que le quatrième mouvement de la *Huitième Symphonie* soit très rapide. Certains musiciens estiment qu'il est impossible de le jouer de cette manière. Or j'affirme que c'est possible : les Berlinois l'ont prouvé. Je procède de la même manière quand je dirige Schubert avec l'Orchestre de chambre d'Europe : nous respectons les données du compositeur pour demeurer proches de la conception du XIXe siècle. L'orchestration de la *Neuvième* pose cependant certains problèmes : les trombones, ainsi que les autres cuivres, doivent jouer *moderato*, car on utilise de nos jours des instruments beaucoup plus puissants qu'à l'époque de Schubert. Or il ne faut pas jouer Schubert comme Berlioz ou Wagner : sa musique ne doit pas avoir la même sonorité. C'est la raison pour laquelle j'expérimente constamment pour trouver la voie qui me paraît la plus juste. »

Au cours de ses douze années berlinoises, accompagné des plus grands solistes – Pollini, Serkin, Brendel, Argerich, Perahia, Pires, Vengerov – Claudio Abbado a tout joué ou presque, y compris la musique française, notamment celle de Debussy et Ravel ; il a également aidé et inspiré d'autres chefs qui ont pris leur essor comme Riccardo Chailly, son assistant symphoniste à la Scala, comme Daniel Harding, lequel lui a succédé à la tête du Mahler Chamber Orchestra. Auparavant, il a créé et perfectionné des formations de jeunes dont il demeure le mentor inspiré. Depuis 1981, il fait jaillir une source de jouvence de l'Orchestre de chambre d'Europe, de l'Orchestre des Jeunes de la Communauté, bientôt élargi aux musiciens des pays non membres des Quinze et du Mahler Jugend Orchestra, fondé en 1986. Cette motivation esthétique l'inspire : « J'aime diriger ces jeunes et j'éprouve un infini plaisir à les guider. Ils possèdent tous une technique exceptionnelle ; ils font preuve d'un engagement, d'une fraîcheur qui m'enchantent. Ils ne sont pas encore marqués par certaines inerties, certaines habitudes, parfois difficiles à contourner. Je peux apprendre beaucoup d'eux. »

En avril 2002, Claudio Abbado a donné son dernier concert à Berlin en tant que directeur, avant d'effectuer une ultime tournée en Italie et à Vienne, en compagnie des Berlinois, et de transmettre le relais à Simon Rattle, qu'il avait soutenu auprès des musiciens : « Je suis très heureux que Simon ait été désigné. C'est un musicien extrêmement compétent qui couvre un répertoire très large, du baroque au XXe siècle. Il a des idées neuves et de multiples projets. Je suis convaincu qu'il va connaître une grande réussite. »

Quelques coups discrets frappés à la porte de la loge interrompent notre entretien : l'heure de la répétition a sonné ; le maestro me propose de le suivre dans la grande salle de la Cité de la musique. Sur le plateau, les musiciens et le baryton-basse allemand Thomas Quasthoff attendent le chef. Perché sur une chaise haute, le chanteur fait oublier sa taille minuscule en interprétant des *Lieder* de Schubert, orchestrés par Brahms, Reger et Webern. La voix splendide, ample, nuancée, et la chaleur humaine de ce grand petit homme nous emportent dans un ineffable tourbillon harmonique. Thomas Quasthoff exprime la douleur, la joie, la consolation ; ses prodigieux accents viennent des profondeurs de l'âme. On ne voit que son visage où passent des sentiments contrastés : humour, dérision, gravité, tristesse. Parfois, il s'amuse et adresse un signe de tête, voire une grimace interrogative à un jeune garçon, fils de son imprésario, assis au premier rang ; il semble lui dire : « Comment as-tu trouvé ça ? C'était bien envoyé, n'est-ce pas ? » Je songe aux vers écrits et mis en musique par Mahler : « *Je suis mort pour le tumulte du monde. Je vis seul dans mon paradis, dans mon amour, dans mon chant.* » Je crois deviner les pensées de Claudio Abbado : sourire aux lèvres, dans une sorte de jubilation céleste, il semble touché par la grâce. Il est aux anges.

« L'extrême intelligence, a écrit André Suarès, rend l'homme maître des choses plus que de soi. » Le chef est pleinement le maître de l'instant. Les musiciens le lui font comprendre qui trépignent à nouveau en signe d'approbation.

Claudio Abbado a quitté Paris pour d'autres succès, à Florence, Ferrare, Lucerne, Salzbourg, Londres. Parfois, il éprouve le besoin de s'isoler dans son chalet de montagne, à Sils-Maria, en Haute-Engadine, où Nietzsche effectua de longs séjours. C'est là son île déserte, son lieu de recueillement où il lit Dostoïevski, Gogol, Kafka, Thomas Mann, Baudelaire, Proust. S'il ne devait emporter avec lui qu'une seule partition, laquelle choisirait-il ? Claudio Abbado élude la réponse : « Si je voulais m'imprégner d'une œuvre complète, ce serait celle de Shakespeare ; mais je ne peux voyager avec toute une bibliothèque. » Il admet cependant que certains documents demeurent toujours à portée de sa main, car il lui faut sans cesse remettre l'ouvrage sur le métier : la *Dixième Symphonie*, *Das Klagende Lied*, *Le Chant de la Terre* de Mahler, sont les d'œuvres qu'il entend étudier à fond, tout comme le *Requiem* de Berlioz, avant de les enregistrer.

À Lucerne, où un nouveau Palais de la Culture bénéficiant d'une admirable acoustique a été édifié par l'architecte Jean Nouvel, Claudio Abbado s'est livré à l'une de ses actions favorites : à l'image d'Arturo Toscanini qui, avant la guerre, avait réuni des musiciens d'élite pour le temps du Festival, il a fondé un orchestre, composé en grande partie d'anciens Berlinois et de solistes célèbres, tels les frères Capuçon et la violoncelliste Natalia Gutman ; pour la première, en août 2003, il a choisi l'œuvre qu'il avait interprétée pour ses débuts à Vienne, la *Résurrection*, monumentale *Deuxième Symphonie* de Mahler.

Claudio Abbado aime toujours s'investir dans de nouvelles entreprises. On l'a dit mystérieux parce qu'il s'est souvent refusé aux interviews : « Laissez la musique parler pour moi », aime-t-il à dire, préférant se confier à quelques rares intimes, dont il n'a pas à se méfier. Il poursuit sa route, en toute simplicité, sans artifice, l'âme en passion sur le fleuve de la musique : pour ce ressuscité, comprendre c'est aimer, et mieux on comprend, plus on aime.

RICCARDO MUTI LA FORCE DU DESTIN

« Après coup, on peut donner aux faits le tour qu'on veut et dire que tout chemin suivi prolonge nécessairement un autre ; mais moi, je vois bien que je ne suis pas maître de ma danse, je suis conduit… »
Paul Morand, *Fin de siècle*

Successeur de Claudio Abbado[1] au poste de directeur musical du Théâtre de la Scala, Riccardo Muti est l'une des références les plus brillantes de l'art lyrique. Cependant, la soixantaine épanouie – il est né à Naples en 1941 –, le maestro italien ne se contente pas de cueillir les lauriers d'une maison à laquelle il a conféré une nouvelle jeunesse : il se veut aussi chef symphonique, ce qu'il fut souvent depuis plus de trois décennies, aussi bien à Milan, Florence, Londres, Philadelphie ou en tant que chef invité à Berlin, Vienne, Salzbourg, à Tokyo, ainsi qu'à Paris, avec l'Orchestre National de France auquel il semble très attaché.

Au cours des dernières saisons, je n'ai manqué aucune de ses répétitions ni aucun de ses concerts au Théâtre des Champs-Élysées. Ainsi, en avril 2002, j'ai suivi le passionnant travail du maître dans un programme intégralement italien. Silhouette juvénile, profil aquilin, il aborde d'abord deux œuvres de Giuseppe Martucci, l'un des compositeurs préférés de Toscanini. Je remarque qu'il dirige sans partition *La Canzona dei ricordi* (*La Mélodie des souvenirs*),

1. Riccardo Muti a succédé à Claudio Abbado à la Scala en 1986.

avec la belle Barbara Fritolli, diva de la Scala et d'ailleurs. Ses bras tournent, roulent dans l'espace, ses mains esquissent les modulations de la musique. Il s'anime, formule quelques brèves indications en anglais ou en italien, puis accentue son mouvement vers le *crescendo* final d'une œuvre qui n'est pas sans évoquer les lieder de Mahler. L'orchestre, conquis, applaudit. Mais le maestro n'est pas pleinement satisfait de cette première lecture. Il reprend au début. Je note l'extrême précision de ses gestes et de ses signaux très brefs de la tête à l'adresse de la chanteuse. À un certain moment, il lève les mains vers le ciel, dans une sorte de prière, geste comparable à celui qu'on peut voir dans les tableaux de Léonard de Vinci ou de Raphaël. Il chante, fort bien, pour accompagner la mélodie. De temps en temps, quand le son ne correspond pas à son attente, il s'adresse brièvement aux instrumentistes ; tout en conduisant, il leur indique : « Plus vous jouez *piano*, plus vous oubliez le reste. Tenez toujours le *vibrato* » ; « Soyez naturels, faites comme si je ne dirigeais pas, comme si vous étiez libres. » Pour détendre une ambiance un peu tendue, il plaisante : « Ce n'est pas la peine de se déchaîner pour conduire ; les gestes superflus sont pour le public, principalement pour les jeunes filles. Je ne tiens pas à être théâtral. »

Quelques mois plus tard à Milan[1], Riccardo Muti m'explique ce qu'est pour lui l'art du chef. Constamment à la recherche du son idéal, il fonde sa conduite sur trois principes : la tradition comme règle, la discrétion comme impératif, le plus haut niveau comme système. « Un bon chef doit travailler en osmose et en respect mutuel avec les instrumentistes. J'ai rapidement conscience de la façon dont un orchestre me suit, quand je suis invité ; il faut montrer que l'on est porteur d'une idée musicale, d'un plan, et que l'on connaît parfaitement l'œuvre que l'on interprète. Je ne joue d'ailleurs, en général, que les partitions que je sais par cœur. Les musiciens s'adaptent d'autant plus facilement, même dans des morceaux qu'ils découvrent, si l'on est en mesure de leur communiquer des éléments qu'ils n'ont pas encore pleinement intégrés. Il arrive qu'ils soient fascinés par une œuvre qu'ils ne connaissaient pas et qui soudain les touche. Cette adhésion est encore plus palpable quand le chef traite les instrumentistes comme des musiciens à part entière et non pas comme de simples exécutants. Si le chef demeure sur la bonne voie, il peut se permettre de se montrer exigeant ; mais il est exclu qu'il puisse se comporter comme un dictateur ; les musiciens n'acceptent les directives d'un maestro

1. Entretien enregistré à Milan, au Théâtre degli Archimboldi, le 15 juillet 2002.

que s'ils comprennent ce qu'il attend d'eux. Il ne faut pas trop parler pendant les répétitions : le podium n'est pas une tribune politique ; le chef doit aller droit au but sans périphrase ; il est bon également d'être capable de chanter la musique que l'on interprète, ce que, vous l'avez constaté, je fais souvent. Chanter est la meilleure manière d'obtenir ce que vous souhaitez. Les propos, en revanche, doivent être courts, précis, placés sur les notes où l'on se trouve. Les musiciens sont là pour jouer ; si on les interrompt trop souvent, ils perdent leur concentration et toute l'unité espérée s'évanouit. »

Didier Benetti, premier timbalier solo du National, confirme, avec quelques nuances, l'opinion du maestro : « L'aspect humain tient un rôle primordial dans la manière de diriger : certains chefs établissent leur autorité en prenant une attitude de retrait ou en établissant une barrière excluant toute familiarité, d'où parfois la sensation, pour les instrumentistes, d'une certaine froideur. Riccardo Muti commence à bien nous connaître ; mais il n'a pas envie de perdre son temps ; s'il entend un son qui lui déplaît, il peut vous fusiller du regard ; s'il se montre parfois pointilleux, il sait aussi libérer les musiciens et les laisser jouer quand il se sent bien compris[1]. »

Les deux concerts parisiens d'avril 2002, qui comportaient également la suite tirée de *Turandot* de Busoni et *Les Pins de Rome* de Respighi, connurent un grand succès, tout comme les suivants, notamment celui du 26 avril 2003, au cours duquel *La Symphonie pathétique* de Tchaïkovski, emportant le National dans un ouragan de douleur, provoqua l'enthousiasme délirant des *tifosi*, qui déployèrent à la gloire du maestro des banderoles portant en grosses lettres le slogan « Viva Riccardo, viva Muti ! ». Du jamais vu au Théâtre des Champs-Élysées et peut-être même en Italie, depuis Toscanini.

Quand je retrouve le maître à Milan, ce n'est pas à la Scala, fermée pour travaux, qu'a lieu notre entretien mais dans son nouveau fief flambant neuf, le Théâtre degli Archimboldi[2]. Riccardo Muti évoque d'abord quelques souvenirs personnels en désignant trois photos accrochées au mur : « Les personnes qui figurent sur ces documents sont très symboliques pour moi : le premier représente Sviatoslav Richter quand il est venu à la Scala me voir diriger *La Walkyrie* : au cours de l'entracte, il a joué de mémoire, sur le piano de ma loge, un pot-pourri d'airs d'opéras ; il connaissait mieux le *Ring* que certains chefs qui se prétendent grands wagnériens. La deuxième photo est celle d'Antonino Votto, qui

1. Entretien enregistré à Radio France, le 22 avril 2002.
2. Suite de l'entretien enregistré à Milan.

fut l'assistant de Toscanini à la Scala dans les années vingt, avant de devenir lui-même un chef très réputé et un pédagogue de premier plan au Conservatoire de Milan où j'ai été son élève, comme le fut également, avant moi, Claudio Abbado. La troisième photo est celle de Carlos Kleiber, mon plus grand ami parmi les chefs : il n'est pas seulement un fabuleux musicien, c'est aussi un homme exceptionnel. Ces trois photos, vous l'aurez sans doute deviné, sont très importantes pour moi : elles résument en effet toute ma carrière.

« Revenons à Richter : en 1967, je venais de recevoir le prix Guido-Cantelli[1], qui me valut mes premiers engagements en tant que chef, d'abord à Catane, puis à Florence. Je n'étais encore sûr de rien quand les dirigeants du Mai florentin invitèrent Richter et lui demandèrent de jouer avec le jeune chef inconnu que j'étais. “Si c'est un bon musicien, je veux bien, répondit le célèbre pianiste, mais à une condition : je souhaite vérifier moi-même ses capacités.” Au cours d'une pluvieuse après-midi d'automne, j'ai rencontré Richter à l'Académie de musique de Sienne où l'on avait disposé, dans la grande salle, deux Steinway. Il ne fut nullement question d'un entretien ; ce fut au contraire un examen musical. Richter s'est installé devant l'un des deux pianos et m'a demandé si je me sentais capable de jouer la partie d'accompagnement du *Vingt-deuxième Concerto* de Mozart, œuvre particulièrement difficile, lui-même se chargeant de la partie soliste. J'acquiesçais, sans trop de crainte, connaissant bien cette partition. À la fin du morceau, Richter, tout sourire, s'est levé de son siège et m'a dit : “Si vous dirigez comme vous jouez, vous êtes un bon chef. J'accepte de faire ce concert avec vous.” Nous étions en novembre ; le concert était prévu en mai 1968. J'eus largement le temps de m'y préparer ; ce fut un grand succès. J'avais compris que Richter souhaitait aider le jeune musicien de 26 ans que j'étais ; après la représentation, il demanda à l'intendant de l'orchestre de confirmer son engagement, avec moi, pour le mois d'octobre suivant. Je suis donc revenu à Florence et c'est à ce moment-là que les musiciens m'ont demandé de devenir leur directeur musical. J'ai accepté et je suis demeuré à leur tête jusqu'en 1982. »

Le maestro est lancé. Se penchant complaisamment sur son passé, il me conte sa découverte de la musique : « Mon père, qui était médecin, avait une magnifique voix de ténor ; il a chanté notamment le *Stabat Mater* de Rossini et le *Requiem* de Verdi ; il adorait la musique et souhaitait que

1. *Cf.* le chapitre consacré à Toscanini, à propos de ce grand chef mort accidentellement à 36 ans.

ses cinq enfants l'aiment aussi. Quand j'eus 7 ans, il m'offrit un violon ; je ne sus d'abord qu'en faire ; j'ai pris des leçons et, après une année d'étude, j'ai donné mon premier récital à l'école. Puis j'ai découvert les joies du piano. Mes parents m'ont alors inscrit au Conservatoire de Bari : le directeur de l'établissement était Nino Rota, le fameux compositeur de musique de films, inséparable ami de Federico Fellini. Nino Rota portait en lui la générosité, l'innocence et l'étourderie. Il était très oublieux : quand il avait besoin d'un taxi, il appelait quatre fois le standard et, lorsqu'il sortait de son bureau, quatre voitures l'attendaient devant la porte. C'était un poète candide qui savait aider les jeunes : il m'a recommandé à son ami Vincenzo Vitale, professeur au Conservatoire San Pietro a Majella de Naples, qui est devenu mon professeur. Grand spécialiste de l'école napolitaine, il m'a initié aux œuvres du XVIIIe siècle, l'une de mes grandes passions. Un jour, le directeur de l'école m'a demandé de remplacer un des étudiants de la classe de direction d'orchestre, qui était malade, pour conduire l'Orchestre des Jeunes du Conservatoire au cours de la fête de fin d'année. "Vincenzo Vitale m'a dit que vous jouez bien du piano, m'expliqua-t-il, mais que vous n'êtes pas fait pour devenir un virtuose. En revanche, il pense que vous pourriez être un bon chef d'orchestre." J'ai accepté ; le lendemain, après quelques heures de préparation préalable avec mon maître, j'ai su, en dirigeant deux *Concertos* de Bach, que j'avais trouvé ma voie. Je me sentais en effet parfaitement à l'aise, baguette en main. Je fus applaudi et j'entendis le directeur dire à haute voix qu'un chef était né. Je suis resté un an de plus à Naples, avec un autre professeur, Bruno Bettinelli, qui a également formé Claudio Abbado et Maurizio Pollini, et qui a parfait mon éducation musicale. Prêt à relever tous les défis, je suis parti pour Milan où j'ai travaillé avec Antonino Votto, dont je vous ai montré la photo. Diplômé en 1966, j'ai remporté ensuite le prix Guido-Cantelli. La boucle était bouclée, comme si le destin avait frappé cinq fois à ma porte pour me permettre de rencontrer des hommes aussi providentiels que Rota, Vitale, Bettinelli, Votto et Richter. »

Dès lors tout va en s'accélérant pour Riccardo Muti : accrédité au Mai florentin, il y présente des œuvres classiques, sans négliger les modernes, Britten, Chostakovitch, Dallapiccola, Hindemith, Ligeti, il est convié au Philharmonique de Berlin, puis à Salzbourg, par Karajan en personne, où il dirige *Cosi fan tutte* et *Don Pasquale*. Il est repéré par le producteur

Walter Legge qui voit en lui « le plus grand talent lyrique depuis Sabata et Serafin[1] ».

« Quelques semaines plus tard, raconte Riccardo Muti, je fus invité par l'Orchestre Philharmonia, que l'on disait au bord du gouffre. Je suis parti pour Londres, après avoir refusé l'offre qui m'était faite par Wieland Wagner de diriger *Le Vaisseau fantôme* à Bayreuth. Après le premier concert que j'ai donné – ouverture d'*Egmont* de Beethoven, *Deuxième Concerto pour piano et orchestre* de Brahms avec Rafaël Orozco et *Tableaux d'une exposition* de Moussorgski, orchestré par Ravel – les délégués de l'orchestre m'ont proposé de devenir leur chef permanent. Je ne me sentais pas prêt à succéder à Otto Klemperer dans une ville, à l'époque capitale musicale du monde, où Georg Solti, Colin Davis, Rudolf Kempe, Bernard Haitink, André Previn, Pierre Boulez, entre autres, régnaient en maîtres. Je n'avais aucune expérience du répertoire symphonique. J'ai souhaité réfléchir et j'ai demandé un délai de trois mois au terme duquel j'ai accepté de devenir directeur musical du Philharmonia, baptisé New Philharmonia ; j'y suis resté dix saisons. Au cours de cette période – de 1973 à 1982 – je crois avoir redonné à cette formation sa splendeur passée ; j'ai engagé de nombreux jeunes musiciens, assaini les finances, retrouvé un public et enregistré de nombreux disques. »

Cette nouvelle étape s'avère décisive pour Riccardo Muti : la renommée grandissante de ce chef de 31 ans ne laisse insensible ni les imprésarios ni les administrateurs d'orchestre. Ayant apprécié les qualités du jeune maestro à Florence, Eugene Ormandy, directeur du Symphonique de Philadelphie, l'invite chaque année pour une série de concerts. En 1979, Riccardo Muti devient le premier directeur musical non américain de cette institution, dont Ormandy, âgé de 80 ans à l'époque, a été le patron absolu pendant quarante ans. « L'orchestre était fantastique, affirme Riccardo Muti ; il avait toujours le son très particulier qu'avait forgé autrefois Leopold Stokowski. J'y ai beaucoup joué Mozart, Haydn, Beethoven, Schubert, Schumann, Mendelssohn, Brahms, Tchaïkovski, Rachmaninov, pour satisfaire les goûts du public et j'ai présenté des œuvres nouvelles, américaines ou européennes. Ainsi, jusqu'en 1982, je fus à la fois responsable à Florence, Londres et Philadelphie. C'était beaucoup trop pour un seul homme. J'ai donc décidé de ne conserver qu'un seul poste, celui de Philadelphie. Plus tard, les musiciens

1. Elisabeth Schwarzkopf, *La Voix de mon maître*, Paris, Belfond, 1983.

de la Scala m'ont approché : sachant que Claudio Abbado allait quitter ce théâtre, ils m'ont demandé de lui succéder, ce que j'ai accepté en 1986. »

Riccardo Muti estime alors qu'il est de son devoir d'accorder le plus de temps possible à la Scala : il quitte Philadelphie en 1992, refuse de nombreuses invitations et se contente de conduire les orchestres qu'il aime. Ses plus importantes participations sont celles qui le lient au Philharmonique de Vienne et au Festival de Salzbourg. Mais la Scala demeure au premier rang de ses préoccupations : « L'opéra a fait partie très tôt de mon univers musical, reconnaît Riccardo Muti. En 2002, les spectacles de la Scala ont été provisoirement transférés au Théâtre degli Archimboldi, construit en un peu plus de deux ans. Avec ses 2 500 places, il s'ouvre à un public plus populaire et moins accoutumé à l'opéra que celui de l'ancienne salle, en cours de rénovation. Pour la réouverture officielle, prévue le 7 décembre 2004, je présenterai *L'Europa riconosciuta*, (*L'Europe reconnue)*, opéra écrit pour la Scala par Antonio Salieri en 1778. Cet important compositeur a été maltraité par les historiens et par le cinéma : on a fait croire qu'il avait tué Mozart. Or on sait bien qu'*Amadeus*, remarquable film au demeurant, est une pure fiction. Plus connu à cette époque que ne l'était Mozart, Salieri a composé une trentaine d'opéras dont certains, comme *Les Danaïdes*, mériteraient d'être à nouveau produits. J'entends également remettre en valeur les opéras de l'école napolitaine, période charnière qui m'est chère, notamment les œuvres de Scarlatti, Pergolèse, Jommelli, Cimarosa, Paisiello, Piccini, qui ont écrit des chefs-d'œuvre qu'on ne joue plus. À l'avenir, j'ai la conviction qu'on ne pourra pas se contenter de présenter une quarantaine d'ouvrages célèbres et, de ce fait, incontournables ; nous aurons besoin d'un répertoire beaucoup plus large. Or, le XVIIIe siècle est d'une richesse insoupçonnée : la bibliothèque du Conservatoire de Naples contient des milliers de manuscrits ; ces partitions qui dorment là depuis plus de deux siècles, nous avons le devoir de les ressusciter. La Scala modernisée ne pourra pas recommencer comme avant, car nous devrons également proposer de nouvelles productions modernes, comme nous l'avons déjà fait avec *Dialogue des carmélites* de Poulenc, tout en maintenant le répertoire traditionnel de Gluck à Wagner, en passant par Mozart, Cherubini, Rossini, Spontini, Bellini, Donizetti, Verdi. Nous devrons également veiller à retenir les meilleurs chanteurs. Il y a en effet de très grandes voix, que je ne nommerai pas, qui ne savent pas lire la musique ! »

Malgré ses engagements lyriques, Riccardo Muti a la volonté de demeurer le chef symphonique qu'il n'a jamais cessé d'être, en effectuant de nombreuses tournées avec le Philharmonique de la Scala, ou en tant que chef invité à Vienne, Salzbourg, à New York, Munich, à Ravenne, sa ville de résidence, au Japon, à Paris, à Amsterdam, où il participe en 1995 au Festival Mahler : « Mahler, je l'aime beaucoup, précise-t-il, bien que je ne me considère pas comme un grand mahlérien. J'ai enregistré les *Première* et *Quatrième Symphonies*, les *Kindertotenlieder*, les *Lieder eines fahrenden Gesellen*. Quand Mahler utilise les voix, il va très haut et très loin. Mais au plan orchestral, je me sens plus proche de Bruckner que de Mahler. Je ne m'engage pas cependant dans la voie empruntée par Celibidache qui n'a jamais voulu diriger Mahler ; je ne comprends pas cette exclusion d'un compositeur de génie qui, de surcroît, a été un très grand chef visionnaire de l'opéra et de la mise en scène à Vienne, notamment pour les œuvres italiennes. Je m'efforce d'équilibrer mon activité entre la scène et les concerts. Naguère, j'ai joué jusqu'à huit productions nouvelles par an à la Scala, soit pratiquement huit mois dédiés au lyrique ; maintenant, j'ai réduit ma participation à trois ou quatre productions ; le reste du temps est consacré au symphonique. Ce qui me permet, entre autres déplacements, de venir chaque année à Paris depuis 1995. »

Comment le maestro voit-il son avenir ? Restera-t-il encore longtemps à la Scala ? « Il m'est impossible de savoir ce que sera mon destin : il dépend de *La Forza del Destino*, par référence à Verdi. Les voies d'une vie de musicien sont entourées de mystère[1]. Pour le moment, je n'ai nullement l'intention de quitter la Scala ; j'aime infiniment ce théâtre qui fait partie de notre patrimoine national. J'y resterai jusqu'à ce que je sente que l'air fraîchit autour de moi. Quand j'éprouverai une telle sensation, je saurai qu'il est temps de partir. »

Le maestro a-t-il le temps de penser à autre chose qu'à la musique ? « Quelle que soit la nature de mon travail, ma famille demeure au premier plan de mes préoccupations. Ma femme, Cristina, fut une très bonne chanteuse ; elle est mon constant soutien et mon plus clairvoyant conseiller. J'ai trois enfants : Francesco est architecte, Clara est actrice de théâtre et musicienne – elle connaît par cœur de nombreux opéras de Mozart, y compris les récitatifs – et Domenico est étudiant en droit. Je leur réserve tout le temps libre dont je dispose. Je fais du sport – bicyclette, marche – et surtout du bateau en été. Je lis les grands classiques et relis toujours avec la même ferveur la *Divine Comédie* de Dante, qui couvre le spectre complet de l'âme humaine. »

Quelles partitions emporterait-il sur une île déserte ? Le chef n'hésite pas : « *Cosi fan tutte* et *Falstaff*. »

1. Giulini m'a dit pratiquement la même chose.

RICCARDO CHAILLY
PORTEUR D'AVENIR

« Le passé nous est caché comme l'avenir ; nous vivons entre deux nuées épaisses,
dans l'oubli de ce qui fut et l'incertitude de ce qui sera. »
Anatole France, *Sur la pierre blanche*

La carrière de Riccardo Chailly s'inscrit en droite ligne de celle de ses aînés italiens, Carlo Maria Giulini, Claudio Abbado et Riccardo Muti : elle passe en effet par la Scala où, pendant trois ans, le jeune Chailly, né à Milan en 1953, est l'assistant de Claudio Abbado dans le répertoire symphonique. Riccardo a de qui tenir : son père, Luciano, compositeur fameux, occupe de 1968 à 1971, au moment où son fils y fait ses premières armes, le poste de directeur artistique du célèbre théâtre ; il prendra ensuite les mêmes fonctions au Regio de Turin, à l'Angelicum de Milan, au Carlo Felice de Gênes et au Communale de Bologne, où Riccardo est nommé concomitamment – est-ce un hasard ? – chef permanent en 1986.

Quand je rencontre Riccardo Chailly au Concertgebouw d'Amsterdam[1], son père est encore de ce monde[2]. Au cours de cet entretien, je mesure l'influence qu'il a eu sur son fils : « Mon père m'a offert la possibilité de vivre dans l'inestimable ambiance de la musique. Le plus ancien souvenir que j'ai en mémoire est le son de son piano quand il composait. J'écoutais également

1. Entretien enregistré le 29 octobre 2002, au Concertgebouw d'Amsterdam.
2. Le père de Riccardo Chailly est mort en 2003.

les chanteurs et les chanteuses qui venaient répéter ses œuvres. Ces rencontres impressionnaient l'enfant que j'étais : du studio voisin, les vibrations de ce fantastique instrument qu'est la voix parvenaient distinctement à mes oreilles. Mon père a composé de nombreux opéras : le travail qu'il effectuait chez nous m'a permis d'avoir une approche naturelle de la musique avant même de commencer à l'étudier. J'étais un gamin assez nerveux, exubérant, qui voulait tout essayer, tout imiter. Captivé par les œuvres que mon père me faisait écouter sur son gramophone, je me suis imprégné très tôt des grands airs d'opéras célèbres. Avec ma sœur Floriana, nous apprenions le piano, quand un événement imprévu bouleversa ma vie. Mon père travaillait à la direction musicale de la radio de Rome ; j'avais 9 ans quand, un matin, il me déposa à la salle de concert du Foro Italico, proche de son bureau, et me demanda de l'y attendre sagement. Sur la scène, de nombreux musiciens étaient rassemblés ; ils se levèrent tous quand apparut un homme tenant une baguette à la main. Soudain, je fus ébranlé par le formidable impact d'une musique inconnue de moi. À son retour, mon père m'expliqua qu'il s'agissait d'une répétition de la *Première Symphonie* de Gustav Mahler : elle était dirigée par Zubin Mehta, jeune chef indien inconnu, qui effectuait ses débuts en Italie. J'ai décrit à papa la frayeur que j'avais eue lorsque l'orchestre avait "explosé" : je n'avais pas d'autre mot à ma disposition pour qualifier le coup de tonnerre du dernier mouvement. Cette approche si abrupte, si fulgurante de Mahler est demeurée longtemps enfouie dans mon esprit comme si j'avais voulu oublier l'angoisse née de la déflagration du final. *Exit* Mahler pour vingt ans !

« Après mes études au Conservatoire Giuseppe-Verdi de Milan, j'ai commencé à donner des concerts de musique de chambre, puis à diriger les Orchestres de la R.A.I. de Milan et de la Santa Cecilia de Rome. En même temps, je me suis orienté vers l'art lyrique, guidé sans doute par une sorte d'instinct familial. À 19 ans, j'ai conduit *Werther* de Massenet au Teatro Nuovo. C'est à ce moment-là que Claudio Abbado m'a demandé de devenir son assistant au Philharmonique de la Scala. Dépourvu de toute expérience symphonique, j'ai participé aux répétitions, puis le maestro m'a confié la baguette. Je n'oublierai jamais ma première apparition au pupitre : j'ai dirigé la *Quatrième Symphonie* de Brahms sous l'œil du maître. J'avais 19 ans et je pensais à la chance inouïe qui m'était offerte. Deux ans plus tard, je fus invité à l'Opéra de Chicago par le directeur musical, Bruno Bartoletti, une relation de mon père, pour y diriger *Madame Butterfly*, *Rigoletto*, *Cavalleria rusticana*, *Paillasse*. Ce fut une aventure à haut risque ; mais j'ai su saisir ma chance et je fus à nouveau invité les saisons suivantes en Californie. Peu après, j'ai effectué mes débuts lyriques à la Scala dans *I Masnadieri* de Verdi, puis je suis allé à Covent Garden jouer *Don Pasquale* de Donizetti. J'étais sur la bonne voie quand, en 1982, Peter Ruzicka[1], compositeur et chef de grand talent, qui était l'intendant de l'Orchestre Radio-symphonique de Berlin-Ouest, me proposa le poste de chef permanent de cette formation, rendue célèbre par Ferenc Fricsay et Lorin Maazel. Dès mon arrivée à Berlin, Ruzicka voulut me faire jouer du Mahler ! Vingt années s'étaient écoulées depuis mon "séisme" intérieur provoqué par la *Première Symphonie.* "Vous êtes un romantique, me dit Ruzicka, je sais que vous êtes jeune, mais vous êtes fait pour le style de Mahler ; il vous faut l'aborder le plus tôt possible." Mahler m'effrayait ; je ne me sentais pas prêt à l'affronter. "Vous allez commencer par la fin", a-t-il ajouté. Il a fini par me convaincre de diriger la *Dixième Symphonie* inachevée, orchestrée par Deryick Cooke. Nous avons travaillé ensemble sur cette partition pendant plusieurs semaines. "Vous me contraignez à faire quelque chose qui me déplaît, répétai-je à Ruzicka. Vous serez responsable d'une grave erreur d'aiguillage." Mes objections ne changèrent rien à sa détermination. Peu à peu, je suis entré dans son jeu et j'ai découvert les trésors cachés de ce chef-d'œuvre dont l'achèvement fut interrompu par la mort de Mahler. J'obtins un très beau succès. J'ai enregistré cet ouvrage et j'ai joué tout le cycle des *Symphonies*, à l'exception de la *Huitième* que j'ai dirigée en 1995 au Festival Mahler d'Amsterdam, dont j'étais le coordinateur.

« Dès lors, Mahler ne m'a plus quitté. À Amsterdam, où j'ai succédé en 1988 à Bernard Haitink en tant que directeur musical du Concertgebouw, j'ai pu lire les partitions de Mahler, annotées par Willem Mengelberg, base d'une interprétation respectant les plus infimes détails voulus par le compositeur et son interprète. Ces précieux documents m'ont permis de mieux comprendre et donc de mieux jouer Mahler. Il m'a fallu des années de travail pour intégrer tous ces éléments à ma propre conception de chef. Ainsi, j'ai pu déterminer que la *Cinquième symphonie* avait été longtemps approchée d'une manière erronée : on avait eu tendance à y opposer violence et sentimentalité. Or c'est avant tout la musique de la condition humaine, exprimée par une âme tourmentée en proie à la déchirure d'un couple. L'orage et la passion y sont

1. En 2002, Riccardo Chailly a joué au Concertgebouw d'Amsterdam en première mondiale une œuvre de Ruzicka *In Memoriam GS*, pour honorer la mémoire de Giuseppe Sinopoli, décédé un an auparavant.

inscrits ; mais il ne convient pas de les jouer avec trop de force. En tenant compte des indications écrites, j'ai, dans le *scherzo*, maintenu le placement des cors au premier rang des pupitres : ces instruments jouent une sorte de symphonie concertante. Sur sa partition, Mahler avait marqué : "Cors obligés". Le son dans l'espace et son volume doivent être respectés comme l'a voulu le compositeur. Quant à l'*adagietto*, rendu célèbre par le film de Lucchino Visconti, *Mort à Venise*, il a fait couler beaucoup d'encre : Mahler voulait que ce morceau fût interprété avec sentiment, mais sans tomber dans la sentimentalité, voire dans un sentimentalisme trop affecté. Il mettait en scène l'amour de Mahler pour Alma. Cette mélodie, aux accents parfois pathétiques, jouée par les premiers violons, dépeint la tendresse. Et c'est là qu'il y a souvent méprise : il faut en effet éviter à tout prix de glisser dans cette musique ces gouttes de miel que je déteste.

« Quant au modernisme de Mahler, il éclate dans ses symphonies plus tardives, telle la *Septième* qui annonce Berg et Webern. J'y reconnais en effet l'identité de l'orchestration dont usa Webern dans sa *Symphonie opus 21*[1]. La seconde école de Vienne a en effet été très influencée par Mahler. Des différences sensibles existent certes entre les deux générations de compositeurs, mais en terme de transparence et de simplicité, voire de tendresse, on sent que ces œuvres ont des liens avec celles de Mahler. Je ne crois pas que Schoenberg, Berg et Webern auraient pu concevoir leur musique sans avoir étudié celle de leur aîné. La *Dixième* est encore plus révélatrice de l'évolution ultime de Mahler : s'il avait vécu dix ans de plus, il serait allé de lui-même vers un nouveau système d'écriture ; dans l'adagio qu'il a eu le temps de terminer, on trouve des séquences de neuf sons verticaux ; il n'en manque que trois pour aboutir au dodécaphonisme. Mahler avait pressenti la révolution qui allait se produire sous l'impulsion de Schoenberg. Il ne serait pas resté dans la tonalité pure ; il ne l'aurait pas pu. Il allait s'en échapper pour rechercher une harmonie nouvelle. » Cette opinion, il faut le souligner, n'est pas partagée par la plupart des spécialistes de Mahler.

En 1988, Riccardo Chailly succède à Bernard Haitink au poste de directeur musical du Concertgebouw d'Amsterdam. Le maestro dira plus tard à propos de cette formation d'élite : « Sa caractéristique est la virtuosité. Ses musiciens ne supportent pas la moindre erreur. C'est l'orchestre le plus critique

1. Cette œuvre marque le début de la période purement sérielle de Webern.

que j'ai eu à diriger. Au début, l'atmosphère était parfois irrespirable ; mais peu à peu les relations se sont normalisées ; j'ai relevé le défi et nous avons bien travaillé ensemble, notamment en abordant des œuvres que les instrumentistes n'avaient jamais jouées. »

De sa période berlinoise, qui s'est prolongée jusqu'en 1989, Chailly a gardé un réel engouement pour la musique contemporaine, comme l'a montré la répétition à laquelle j'ai assisté au cours de la matinée précédant notre entretien. Le programme est consacré à Takemitsu, Ligeti et Berio, de quoi faire hurler les tenants d'un pur classicisme. Dans la grande salle du Concertgebouw, coupée en deux par un rideau rouge destiné à maintenir l'acoustique à son niveau habituel, en l'absence du public, Riccardo Chailly accède au podium à dix heures précises : chevelu, barbu, athlétique quoiqu'un peu enrobé, une serviette éponge rouge autour du cou, il donne le signal de départ du *Requiem pour orchestre à cordes* de Takemitsu, dont les modulations font penser à la *Dixième Symphonie* de Mahler. Le chef donne ses indications en italien ou en anglais. Il chante en dirigeant, tape du pied pour mieux marquer la mesure, l'index tendu vers les violoncelles. Parfois, il grimace. Ses bras ondulent : « *Doloroso, much possible* ! *This pianissimo must be absolutely radical.* » Il interrompt les musiciens pour les faire travailler par pupitre : violons seuls, puis violons et altos, ensuite violoncelles et contrebasses, enfin tous ensemble : « *Da capo tutti* ! » Il lance quelques onomatopées, « ta, ta, te… », comme pour dire « cadencez mieux ». Il se montre tour à tour sérieux, attentif, malicieux, violent, exubérant, possédé par la musique qui colle à sa peau d'artiste.

Avec un orchestre renforcé, il aborde ensuite *Lontano* de Ligeti. Grande envolée d'un immense *crescendo* aux cordes, c'est comme une longue plainte qui s'élève. Les gestes du maestro sont plus fébriles, presque frénétiques. Puis il apaise la musique dans un lent *pianissimo*, comme une lumière qui s'éteint.

Il termine cette première lecture avec *Sequenza* de Berio. « *Molto pianissimo, gentlemen*, commande-t-il. Comme s'il s'agissait de Mendelssohn… *piano till the explosion.* » Le maître tient sa baguette comme une épée ; il fend l'air en direction des différents groupes d'instrumentistes. Il fait recommencer plusieurs fois certains passages. Pour identifier les mesures, il utilise les noms de ville figurant dans la partition : « *Torino, Bologna, Verona, Palermo…* » Toute l'Italie défile, mais il ne parvient pas à trouver l'accompagnement idéal de la flûte entre les deux dernières mesures. L'orchestre recommence cinq fois. Puis il libère tout son monde. Ça ira mieux demain…

Quand je retrouve le maestro, dans sa loge, l'après-midi, j'évoque d'abord les difficultés que semblent avoir les musiciens pour aborder ces œuvres contemporaines. Riccardo Chailly me confirme qu'il lui a fallu beaucoup de temps pour changer des habitudes ancrées de longue date au cœur de l'orchestre : « Quand je suis arrivé en 1988, j'ai voulu établir un équilibre entre le répertoire traditionnel et la musique moderne. L'accueil fut mitigé, pour ne pas dire plus. Je me suis dis : "Tu dois persister dans cette voie, tu ne peux pas te résigner au conservatisme." J'avais le devoir de maintenir le cap de la rénovation. Je savais que je n'aurai pas le demi-siècle de pouvoir absolu dont disposa Mengelberg, quand il fit admettre par l'orchestre quelques compositeurs illustres du XXe siècle, tels Debussy, Ravel ou Stravinsky. Quand je partirai fin 2004, j'aurai passé seize années avec cette magnifique formation que j'ai la fierté d'avoir fait sensiblement évoluer. Lorsque nous avons préparé l'intégrale des œuvres de Varèse, j'ai connu des moments très délicats. J'ai dû expliquer que ce compositeur méritait une place très importante parce qu'il était l'inventeur d'une esthétique nouvelle. J'ai montré comment il s'était écarté de Schoenberg, de Berg et de Webern pour suivre une voie singulière dans laquelle personne ne s'était encore engagé. Nono, Maderna, Berio et toute l'école italienne contemporaine s'en sont inspirés, Boulez également. Varèse était un destructeur de dogmes, un iconoclaste ; n'acceptant aucune contrainte, il a bravé les lois musicales. Ce faisant, il a été le plus terrible opposant au sérialisme. Dans *Amériques*, dont j'ai enregistré la version originale utilisée par Leopold Stokowski lors de la création de l'œuvre en 1926 à Philadelphie et qui provoqua un énorme scandale, Varèse affirmait sa propre identité ; il voulait être reconnu comme le grand compositeur de son époque, en dépit des quolibets, des sarcasmes et des injures dont il était l'objet. Il est dommage qu'il ait détruit ses premières partitions. J'ai effectué des recherches pour tenter de retrouver *Bourgogne*, sans résultat. On a dit qu'il en avait communiqué une copie à Bartok mais, à ce moment-là, ce dernier quittait Budapest pour New York. Toute trace de l'œuvre a donc disparu. C'est très regrettable, car cet ouvrage de jeunesse nous aurait permis non seulement de préciser l'évolution suivie par Varèse et d'évaluer l'influence qu'avaient exercé sur lui Richard Strauss et Debussy, mais aussi de savoir ce qu'il avait montré à Mahler quand il l'avait rencontré à Vienne en 1909. La seule pièce qui nous reste des débuts de ce novateur est un chant de cinq minutes, *Un grand sommeil noir*, orchestré par Antony Beaumont : on y retrouve le climat du *Martyre de saint*

Sébastien de Debussy et des dernières compositions de Mahler. À l'écoute de cette brève pièce, on peut imaginer ce que doit être *Bourgogne.* Je ne cherche plus, j'attends un miracle.

« Dans tout ce qui a suivi Varèse, ajoute Riccardo Chailly, je ne vois que banalité, stérilité, médiocrité, très rarement originalité. J'aime la musique contemporaine et l'excitation qu'elle me procure, mais quand je lis les partitions d'avant-garde, je n'y trouve le plus souvent que des éléments sans réelle valeur. Soyons cependant indulgents : elles peuvent être jouées une fois, ensuite n'en parlons plus. Mais revenons à Pierre Boulez sur lequel je suis passé trop vite : j'admire le musicien et le chef, homme de grande culture, véritable philosophe de la musique. J'ai souvent mis certaines de ses œuvres à mes programmes, notamment *Notations.* Je voudrais également jouer et enregistrer *Répons* et *Rituel.* Je le respecte infiniment, même si je n'apprécie pas pleinement son ultime évolution. J'aime également beaucoup Olivier Messiaen : j'ai conduit et enregistré *Turangalila Symphonie.* C'est une pièce maîtresse de notre époque. J'ai encore beaucoup à apprendre de ce maître. »

En même temps qu'il pénétrait plus avant dans l'univers mahlérien et approfondissait son approche de la musique contemporaine, Riccardo Chailly explorait l'œuvre de Chostakovitch : « Je suis fasciné par ce génie qui pouvait écrire des symphonies au contenu tragique, des opéras, des ballets, des opérettes, du jazz, et de la musique dite légère d'une incroyable qualité, quand il composait pour survivre. Aujourd'hui, sans savoir qu'elle a été écrite par Chostakovitch, tout le monde connaît la fameuse *Valse* dont l'enregistrement, que j'ai réalisé avec l'Orchestre de Philadelphie, a servi de support à des spots publicitaires télévisés. Elle était totalement oubliée quand, un jour, je l'ai retrouvée dans l'énorme liasse de quatre à cinq mille pages de l'édition complète de ses œuvres que j'avais reçue de Moscou : elle faisait partie de la deuxième suite de *Jazz music*[1] que Rafael Kubelik avait jouée au cours des années soixante-dix. L'atmosphère nostalgique de cette valse lancinante n'est pas sans rappeler, malgré une structure sonore différente, celle de *La Chauve-Souris* de Johann Strauss qu'admirait beaucoup Chostakovitch. Celle pièce devait, à l'origine, être insérée dans un film évoquant la séparation d'un couple, d'où la mélancolie qui s'en dégage. Je suis heureux d'avoir sauvé ce

1. Les suites *Jazz 1 et 2* ont été écrites par Chostakovitch en 1938. Elles furent créées par l'Orchestre d'État d'U.R.S.S. pour le jazz dirigé par Viktor Knuchevitzky.

morceau de l'oubli ; elle confère à Chostakovitch une célébrité que ses symphonies ne lui ont pas encore apportée[1]. »

Riccardo Chailly a souvent répété qu'il était opposé à toute spécialisation. Son très large répertoire, qui s'étend de Bach à Varèse, le prouve abondamment ; il n'exclut pas cependant certaines préférences : « L'opéra demeure pour moi un domaine de prédilection : Rossini, Verdi, Puccini sont mes trois références italiennes, avec un plus pour Verdi, dont je dirige, depuis un quart de siècle, le *Requiem* comme si c'était la première fois. J'aime aussi conduire Wagner ; mes affinités avec le créateur du *Ring* sont grandes et en devenir. À partir de Bach, je suis incapable d'exclure qui que ce soit : Haydn, Mozart, Beethoven, Schubert, Mendelssohn, Schumann, Brahms m'accompagnent ; Bruckner, au même titre que Mahler, fait partie de mon univers musical. Debussy, Ravel, Stravinsky, Hindemith, Schnittke m'intéressent également au plus haut point. Vous savez déjà ce que je pense de la musique contemporaine, principalement de celle de Varèse. Mon souci est de tout connaître, de ne rien rejeter *a priori*. C'est ainsi que j'ai eu la possibilité de détecter la qualité des œuvres de Zemlinsky, Korngold, Krenek, Schrecker, qui durent fuir le nazisme. »

Chef instinctif, engagé, Riccardo Chailly ne semble pas obnubilé par la technique : « Franco Caracciolo, qui fut mon professeur de direction au Conservatoire de Milan et qui était lui-même un remarquable chef, me disait : "Votre mission est de conduire ; la parole n'est qu'un auxiliaire ; un orchestre doit jouer ; c'est cela votre langage." De son côté, Franco Ferrara, que j'ai rencontré à Sienne, tenait à ce que l'on aborde tous les sujets, à l'exception de la technique : il ne parlait que d'interprétation, de présence, de charisme, de tout ce que je pouvais communiquer avec mon corps, mes mains, mon visage, mes yeux. J'ai fait la synthèse de ces deux enseignements pour aboutir à ma propre méthode. »

Faut-il battre la mesure ? « Au cours de la répétition, vous avez entendu des œuvres qui exigent le battement. Le *Requiem* de Takemitsu était inconnu de l'orchestre qui avait donc besoin d'indications précises de ma part. En revanche, quand il s'agit de musique classique ou romantique, il n'est pas nécessaire de battre la mesure, car les instrumentistes connaissent à fond les partitions ; dans ce cas, il faut veiller à transmettre l'émotion et la

1. Il faut noter que Riccardo Chailly a enregistré la célèbre *Valse* avec le Concertgebouw d'Amsterdam en avril-mai 1991 et qu'il a été « imité » par la suite, notamment par André Rieu, en 1997.

spiritualité qui sont en vous : dépassant alors de beaucoup le battement, la direction doit favoriser un sentiment de liberté auprès des instrumentistes. Cette manière de diriger s'impose avec l'âge. À 50 ans, je n'ai plus besoin d'exposer ma technicité ; je peux me payer le luxe de jouer et de laisser jouer les musiciens. C'est ce que j'ai fait avec l'admirable Concertgebouw et c'est ce que je me propose de faire à Leipzig, à partir de 2005. J'y exercerai la responsabilité de *Generalmusikdirektor* de la ville, couvrant à la fois le célèbre et vénérable Orchestre du Gewandhaus et l'Opéra. J'aurai en charge aussi bien la direction musicale et artistique que l'organisation et la planification des programmes. Bien entendu, mon intention est d'apporter à Leipzig ce que j'ai pu faire à Amsterdam, pour rénover le répertoire de cette institution.

« Parallèlement, je continuerai à superviser l'Orchestre Giuseppe Verdi de Milan, créé en 1993. J'y donne chaque année une série de concerts consacrés notamment à Bruckner et Mahler et aux compositeurs italiens. J'ai eu, pendant trois ans à mes côtés, Yutaka Sado, d'abord comme assistant, puis comme principal chef invité ; je lui prédis un bel avenir, tout comme à Vladimir Jurovski qui exerce les fonctions de chef principal. Un nouvel auditorium, construit grâce à l'apport de fonds privés, a été récemment inauguré et j'ai veillé au recrutement de jeunes musiciens de talent ; des tournées en Espagne et en France ont déjà eu lieu ; d'autres sont prévues au Japon et en Amérique du Sud. Donnant priorité à Leipzig et Milan, je réduirai sensiblement mes activités de chef invité : Bologne et Spolète seront mes autres pôles d'intérêt en Italie, Berlin, Londres, New York les principaux lieux où je continuerai à me rendre comme chef invité. »

De plus en plus demandé, Riccardo Chailly s'efforce d'éviter la saturation qui guette de nombreux maestros : « Gabriella, ma femme, n'est pas seulement belle : elle me communique une rayonnante énergie ; architecte, décoratrice d'intérieur, elle a su créer pour notre maison un environnement très particulier qui me convient parfaitement. Nous prenons le temps de nous échapper, aussi souvent que nous le pouvons, avec notre chien, un beau labrador. Nous avons en effet besoin de couper le courant de la musique : mon activité est tellement intense, sa charge émotionnelle tellement lourde, qu'il faut parfois savoir prendre ses distances. J'ai besoin de cet éloignement, de cette solitude à deux. Mes deux enfants, Alessandro, qui est ingénieur, et Loana, qui vient de terminer sa licence de lettres, sont indépendants ; mais ils nous rejoignent souvent. Quand je suis en vacances près de Gênes, où nous avons une villa, je fais du sport : du scooter des mers et du parachutisme ascensionnel ; cette dernière activité me procure l'immense plaisir qui naît du silence absolu de l'air. Je fais aussi du footing pour le souffle : j'en ai besoin face à l'orchestre. »

La question de l'île déserte ne prend pas le maestro au dépourvu : « Plus j'avance en âge, plus je me rends compte qu'il faut connaître à fond le passé pour affronter l'avenir. Deux compositeurs symbolisent pour moi la nature de la musique et annoncent son évolution : Bach et Mozart défient le temps ; ils ont tout inventé, même la notion des douze tons ; tout ce qui a suivi n'est qu'une continuation : c'est pourquoi, j'emporterais avec moi *La Passion selon saint Matthieu* et *Don Giovanni.* Ces deux œuvres sont mon pain quotidien ; elles devraient suffire à mon bonheur. »

Italie, terre de chefs

L'Italie, terre de musique, a donné naissance à d'autres grands chefs. L'un d'entre eux, Giuseppe Sinopoli, avait acquis une réelle notoriété, quand il fut terrassé en avril 2001 par un infarctus, en pleine représentation d'*Aïda*, sur la scène du Deutsche Oper de Berlin. Il avait 54 ans. Né à Venise en 1946, il suivit des études musicales et médicales à l'université de Padoue. Nanti d'une thèse en anthropologie criminelle et en psychiatrie, il se voua peu après à la musique contemporaine, auprès de Karlheinz Stockhausen et de Bruno Maderna à Darmstadt, puis avec Franco Donatoni à Sienne. D'abord compositeur sérialiste, il se passionna pour la direction d'orchestre et suivit les conseils de Hans Swarowsky. Il fonda peu après l'Ensemble Maderna qui se consacra aux œuvres modernes. Il connut une rapide ascension : invité par les grands théâtres lyriques, Scala, Met, Fenice, Vienne, il fut nommé en 1983 chef permanent de l'Académie Santa Cecilia de Rome, puis en 1984 au Philharmonia de Londres. En 1990, il prit pour peu de temps la responsabilité du Deutsche Oper de Berlin, avant d'occuper, à partir de 1992, le poste de directeur musical de la Staatskapelle de Dresde. Abordant tous les genres, il s'engagea à fond dans l'Opéra où il dirigea *Tannhäuser* de Wagner, *Nabucco* de Verdi, *Tosca* de Puccini, *La Femme sans ombre* de Richard Strauss et même *Carmen* de Bizet. À Dresde, il donna de nombreux concerts consacrés aux œuvres romantiques et post-romantiques, notamment celles de Strauss et Mahler et grava une soixantaine de disques. La carrière de Sinopoli devait connaître de nouveaux sommets, notamment à Bayreuth, quand la mort l'a frappé.

Après des études de piano et de violon au Conservatoire Giuseppe Verdi de Milan, Daniele Gatti a d'abord suivi une trajectoire lyrique, en effectuant, à 27 ans, de brillants débuts à la Scala dans *L'occasion fait le larron* et *Tancrède* de Rossini. En vedette à la Fenice, puis à l'Opéra de Chicago, il opta souvent au début des années quatre-vingt-dix pour la voie symphonique. Il se produisit à San Francisco, Chicago, Los Angeles, Philadelphie, au London Symphony Orchestra, Berlin, Munich et fit sensation à la tête du Philharmonique de New York, où il est invité permanent, en dirigeant la *Sixième Symphonie* de Mahler. Ce fut pourtant l'Europe qu'il choisit, se fixant d'abord à Rome à l'Académie de la Santa Cecilia, puis à Londres où lui fut offert en 1996 le poste de directeur musical du Royal Philharmonic, où il succéda à Vladimir Ashkenazy, tout en dirigeant le Teatro communal de Bologne. Alternant au disque les grandes réussites dans Mahler et Respighi et des expériences moins probantes, Daniele Gatti n'a pas pleinement confirmé jusqu'à présent ses prometteurs débuts, salués par les Américains.

La position de Gianandrea Noseda, à la tête du Philharmonique de la B.B.C. à Manchester, où il a pris le relais du Français Yan-Pascal Tortelier, semble mieux assurée que celle de Gatti, grâce à la solidité de son orchestre qui n'a pas de soucis financiers, ce qui n'est pas le cas du Royal Philharmonique de Londres. Né à Milan en 1965, assistant de Valery Gergiev au Théâtre Mariinsky de Saint-Pétersbourg, Noseda a pris souvent la baguette que lui confiait le maître russe pour diriger opéras, ballets et concerts. Il a également fréquemment dirigé l'Orchestre Giuseppe Verdi de Milan et on l'a vu en 2003 à la tête du National de France. Son répertoire s'étend de Bach à Berio, en passant par Mahler, dont il a joué la *Huitième Symphonie* à Londres. Il est considéré comme l'un des grands maestros italiens de demain.

CAMPANELLA ET BENINI MAESTROS D'OPÉRA

« Jamais la voix ne trompe. L'oreille musicienne juge des hommes à la voix. Il faut savoir entendre. »
André Suarès, *Remarques*

Après Giulini, Abbado, Muti, Chailly, grands maîtres omniprésents au concert et au lyrique, je ne pouvais passer sous silence le rôle important joué par des musiciens talentueux, peu connus du grand public, dont presque toute la carrière se déroule dans la fosse des Opéras.

Ma rencontre avec Bruno Campanella[1] m'a permis de mieux comprendre le rôle que jouent ces maestros itinérants, soumis à la loi de la demande et souvent cantonnés, malgré eux, aux maisons d'opéra. Né en 1943 à Bari, Bruno Campanella a eu des maîtres célèbres en la personne de Hans Swarowsky, Nino Rota, Luigi Dallapiccola et Thomas Schippers. Passionné de philosophie bouddhiste et de langues orientales, il soutient une thèse sur le sanscrit, ce qui explique ses débuts tardifs à la scène après avoir été un brillant pianiste. Il effectue ses premières armes à Spolète en 1971, puis fait une entrée très réussie à la Scala, avec *Le Mariage secret* de Cimarosa, sous l'œil critique de Claudio Abbado. À partir de cette date il s'affirme comme un chef incontesté du bel canto et dirige dans les plus grands Opéras, notamment à Paris à partir de 1986. Intarissable sur un sujet qui lui est cher, Bruno Campanella, entre deux éclats de rire et une anecdote savoureuse, sait aussi être sérieux :

1. Entretien enregistré à l'Opéra Bastille, le 12 mars 2002.

« La voix, explique-t-il, est le premier des instruments : la musique est née de l'homme et de la femme. Après des millénaires de tâtonnements, on s'est aperçu que la polyphonie pouvait offrir une dimension et un courant nouveaux à la musique. C'est de cette révélation que surgit l'opéra, dont la popularité demeure vivace dans la plupart des pays où je suis invité, particulièrement à New York, Londres, Vienne et Paris : le public est plus jeune, car plus amoureux des émotions dramatiques. En tant que chef, qui a aussi dirigé de la musique symphonique, la scène m'apporte d'irremplaçables satisfactions : on n'y connaît jamais la solitude, on vit avec une équipe, avec des chanteurs, on est à l'écoute de leurs soucis quotidiens. Notre activité suppose une part plus grande d'humilité que sur un podium de concert, mais cette part dissimulée de notre rôle n'amoindrit pas notre action. Nous savons aussi être directifs, sans être esclaves des voix. Je connais par cœur une quarantaine d'ouvrages lyriques, soit cent vingt heures de musique, à propos desquels je peux me passer de partitions ; on sait d'ailleurs que l'on peut compter sur moi dans un certain répertoire. C'est une spécialisation qui peut paraître pesante, mais qui me laisse une certaine liberté et m'apporte des joies rares quand je suis appelé à diriger dans l'un des cinq plus grands théâtres du monde, Metropolitan de New York, l'Opéra de Paris, Covent Garden de Londres, l'Opéra de Vienne et bien entendu la Scala de Milan. »

Quels sont les musiciens préférés du maestro Campanella ? « J'adore le bel canto, ce qui ne vous étonnera sans doute pas. Papa Rossini, mon oncle Donizetti, mon frère Bellini, je les fréquente constamment pour mon plus grand plaisir. Verdi et Puccini sont aussi des compagnons de choix. Je me rappelle l'attitude de Gian Carlo Menotti, lors du Festival de Spolète au début des années soixante-dix : le compositeur cherchait un remplaçant au chef qui s'était défilé pour ne pas avoir à diriger un opéra inconnu de Donizetti (il en a composé soixante-dix !), *Il Furioso*. J'étais là comme répétiteur. Menotti m'a dit sans ambages : « Nous ne pouvons ni attendre, ni annuler : tu vas diriger, bien que je sache que tu seras nul dans ce rôle. » Vexé, j'ai relevé le défi qui m'était lancé et le spectacle s'est bien passé. Alors, j'ai demandé à Menotti pourquoi il m'avait humilié. Il m'a répondu : « Si au lieu de t'offenser, je t'avais poliment prié de me faire plaisir, tu n'aurais sûrement pas eu la même attitude. Tu avais besoin d'être mis au pied du mur pour réussir. » Rossini, Donizetti, Bellini font partie de mon patrimoine, mais si je devais choisir un nom, un seul, celui de Mozart me viendrait immédiatement à l'esprit : il n'a pas tout inventé, Bach a existé avant lui, mais son génie était tel qu'il dépassait de loin, au plan de la création, tout ce qui s'était fait jusqu'à son époque. Je crois en la réincarnation : il y a quelque chose de surnaturel chez Mozart ; il a été musicien dans une vie antérieure, car il savait déjà tout en venant au monde !

« D'ailleurs est-il bien mort en 1791 à 36 ans ? ajoute Campanella en riant. Rien n'est moins sûr, si l'on en croit le récit de Gino Negri : Mozart est couvert de dettes ; il a fui l'Autriche et s'est réfugié en Italie ; il rencontre plus tard, à Bologne, un certain Gioacchino Rossini, qui commence à composer des opéras ; excellent cuisinier qui aime beaucoup le tournedos, *il signor* Rossini propose un marché à l'exilé : "Je vous assure une pension complète jusqu'à votre mort, si vous pouvez écrire pour moi, chaque année, un opéra." Et de fait, jusqu'à ce qu'il eut 36 ans, l'âge de la "disparition" de Mozart, Rossini donne bon an mal an un nouvel opéra, le dernier en date étant *Guillaume Tell* en 1829. C'est alors que Mozart meurt à 75 ans. Or, à partir de cette date, Rossini ne compose plus d'opéra. » Et dans un grand éclat de rire, le maestro Campanella ajoute : « *Si non è vero, è bene trovato.* »

On ne s'étonnera pas que le chef qui, depuis 1998, a dirigé quatre fois Rossini à Paris – *L'Italienne à Alger, La Cenerentola*, *Le Barbier de Séville* et *Guillaume Tell,* avant d'aborder, en 2004, Bellini dans *Capulets et Montaigus* – choisisse Mozart comme accompagnateur sur l'île déserte : « J'emporterai sans hésiter *Don Giovanni*, chef-d'œuvre immortel, représentant tout à la fois le passé, le présent et le futur. Je partage la vision de George Bernard Shaw qui estime, contrairement aux metteurs en scène, que Don Giovanni ne part pas constamment à la conquête des femmes ; il est à la recherche du savoir, de la connaissance, de la beauté. Mozart est sublime dans son expression, car il dépeint un personnage qui rend minables tous les autres hommes en acceptant de connaître l'enfer. Je n'ai jamais joué cet opéra, parce que j'aurais sans doute été contraint de renoncer à trop de choses. »

Natif de Bologne, d'abord assistant de Molinari-Pradelli, Maurizio Benini, qui est aussi compositeur, mène une carrière assez parallèle à celle de son compatriote Bruno Campanella, développant d'abord une activité de chef symphonique pendant sept ans à la Philharmonique du Teatro communale de Bologne. Par la suite, il n'arrête pas de bourlinguer sur toutes les scènes du monde. Modeste, il affirme[1] : « Je ne me considère pas comme un

1. Entretien enregistré à l'Opéra Bastille, le 30 mai 2002.

grand chef. Mais comme je suis italien, on sait que je connais un grand nombre d'opéras ; je suis donc "catalogué" comme mon ami Campanella. » Son programme, bouclé d'ici à 2007, est consacré en priorité au répertoire italien, avec parfois des échappées françaises, comme *Faust* de Gounod, qu'il aborde avec succès pour la première fois à Paris en 2001. S'il est abonné au Met, chaque année il revient avec joie dans la capitale française où il rêve de s'établir un jour. Rossini, Bellini, Donizetti, Verdi sont ses références permanentes, mais c'est sans doute Puccini qui l'attire le plus, avec *Madame Butterfly* et *Tosca* qu'il a donnés à Paris en 2000 et 2002. « J'ai découvert, à l'Opéra Bastille, la grande qualité vocale de Sylvie Valayre, nous a-t-il confié ; elle m'a étonné dans le rôle très difficile de Tosca. Malade au cours des répétitions, elle ne fit son apparition que la veille de la générale et se montra à la hauteur de son rôle ; je crois qu'elle peut y rivaliser avec les meilleures divas d'Italie. » Pour Maurizio Benini, *Tosca* constitue le chef-d'œuvre absolu de l'art lyrique : « La musique de Puccini est d'une grande modernité ; sa dramaturgie est parfaitement conçue ; tout est noté, tout est prévu, même l'émotion. Il est permis de regretter que la mise en scène, souvent cause de problèmes sans solution dans tous les opéras du monde, ait conféré à cette œuvre un caractère germanique trop abstrait, trop rigide, qui ne respecte pas suffisamment la sensibilité de la partition. »

Quels sont les chefs qui ont le plus marqué Maurizio Benini ? « J'ai bénéficié des conseils d'un grand chef lyrique Molinari-Pradelli ainsi que de ceux de Giuseppe Patane, mort jeune en 1989, d'une crise cardiaque, comme Sinopoli, au cours d'une représentation du *Barbier de Séville* à Rome. Je garde également un souvenir ému de Georg Solti, grand maître de l'opéra, dont je fus l'assistant à Bologne dans le *Requiem* de Verdi. Avant son arrivée, j'avais effectué une semaine de répétitions et il fut très étonné de la qualité de l'orchestre qui se surpassa sous sa baguette. Je n'oublierai jamais les longues séances qu'il passait au piano, dépensant une énergie digne d'un jeune homme. Riccardo Muti m'a également beaucoup appris. C'est un grand musicien, grand connaisseur de la voix, mais aussi un caractère parfois dur et autoritaire. J'avais été appelé, en 1992, à la Scala pour remplacer un chef défaillant qui devait prendre le relais de Muti, pour les dernières représentations d'un ouvrage très peu joué de Rossini, *La Donna del lago*. Le maestro m'annonça d'emblée la couleur : « Si vous dirigez bien la répétition, vous pourrez continuer. Sinon, au revoir. » Le soir, il m'a téléphoné pour me dire que je dirigerai les deux derniers spectacles. J'ai travaillé à cinq autres reprises avec Riccardo Muti dans *Don Carlo, Don Pasquale, Rigoletto, La Somnambule* et *Paillasse.* »

Et les chanteurs ? Quels sont ceux que Maurizio Benini préfère ? « J'aurais aimé rencontrer Beniamino Gigli et Mario Del Monaco. J'ai une grande admiration pour Placido Domingo. Quant à Luciano Pavarotti, c'est un véritable phénomène : il ne connaît pas la musique ; c'est bien connu dans le métier : il ne sait pas lire une partition. J'ai travaillé naguère avec lui à Pesaro : j'étais au piano pour le faire répéter ; je jouais et je chantais, il écoutait. Au bout d'un quart d'heure, il est allé prendre une collation ; quand nous avons recommencé, il s'était muni d'un petit carnet sur lequel il notait mes indications. Puis il a eu encore faim et il est allé manger. Ensuite, il a voulu marcher et m'a demandé de chanter encore. Le lendemain, il connaissait par cœur l'œuvre qu'il devait interpréter : il restituait parfaitement de mémoire ce que j'avais joué et chanté la veille ; son oreille était fabuleuse, il lui suffisait d'apprendre les paroles, la musique, il l'avait dans la tête. Pavarotti est un cas unique, miraculeux. »

Dans le domaine lyrique, il faut encore citer Marcello Viotto, qui fut directeur de l'Opéra de Lucerne, invité permanent à Vienne et présent sur de

nombreuses scènes internationales. Marco Guidarini fut l'assistant de Gardiner à l'Opéra de Lyon ; invité au Met, à Naples, à Barcelone, il est devenu directeur musical à l'Opéra de Nice. On l'a vu à la télévision diriger *Carmen* au Stade de France.

Jusqu'au moment de composer ce livre, j'ai espéré qu'il me serait possible d'y présenter un entretien avec Zubin Mehta, seul chef indien qui, à ce jour, ait compté au plan mondial. J'avais rencontré le maestro en 2000 à New York, dans le cadre rococo de Tavern on the green, où il déjeunait en famille avant de diriger, au Lincoln Center, *La Deuxième Symphonie* de Mahler, à la tête de l'Orchestre philharmonique de New York. Affable et souriant, Zubin Mehta m'avait alors proposé de le rencontrer à l'Opéra de Munich dont il était le directeur. Hélas, l'emploi du temps du maître l'a contraint à repousser sans cesse la date de l'interview, si bien que j'ai dû renoncer à le rencontrer. Né en 1936 à Bombay, fils de Melhi Mehta, fondateur de l'Orchestre symphonique de la grande métropole indienne, Zubin Mehta se perfectionna en Europe, notamment à Vienne, Sienne, Londres, puis aux États-Unis. À 24 ans, il fut nommé chef associé du Philharmonique de Los Angeles, puis directeur artistique ; il demeura à ce poste jusqu'en 1978, date à laquelle il succéda à Pierre Boulez à la tête du Philharmonique de New

York, où il demeura jusqu'en 1991. Il s'attacha également au Philharmonique d'Israël, dont il devint en quelque sorte le parrain et le tuteur. Admiré par le public, Zubin Mehta, chef éclectique, aussi à l'aise dans le lyrique que dans le symphonique, poursuit son chemin sans se soucier des fréquentes critiques dont il est l'objet.

LE CHEMIN DE FRANCE

Kurt Masur répétant *La troisième symphonie* de Beethoven
au Théâtre des Champs-Élysées.

MAREK JANOWSKI
LA LONGUE MARCHE

« Nous vivons des myriades de secondes et, pourtant, il n'y en a jamais qu'une, une seule, qui met en ébullition tout notre monde intérieur : la seconde où la fleur interne déjà abreuvée de tous les sucs, réalise comme un éclair sa cristallisation. »
Stefan Zweig, *La Confusion des sentiments*

Jean-Christophe, roman-fleuve de Romain Rolland, fut longtemps mon livre de chevet. Si j'y fais référence, c'est qu'il m'a permis d'imaginer la part d'impondérables qui gouverne le destin d'un artiste : « Certains êtres, écrit Romain Rolland, restent comme d'admirables violons, éternellement enfermés dans leur boîte, faute de quelqu'un qui sût en jouer. Et ceux qui étaient faits pour en jouer, étaient, toute leur vie, obligés de se contenter de misérables crincrins. »

La plupart des chefs d'orchestre que j'ai eu le bonheur de rencontrer ont non seulement dû bénéficier de ce don inné qu'on appelle le talent, mais aussi de circonstances exceptionnelles pour le cristalliser. Le milieu familial ne suffit pas, même s'il éclaire souvent la voie dans laquelle on s'engage. Il faut aussi que la Providence veille pour permettre au rêve de devenir réalité.

Les maestros qui figurent dans ce chapitre et dans les suivants ne sont pas Français, mais ils ont tous exercé en France, plus ou moins longtemps. Certains ont eu une mission de longue ou de courte durée auprès d'un grand orchestre français, d'autres sont venus fréquemment, en tant qu'invités. Ils ont ainsi emprunté ce que j'appelle « le chemin de France », avec des fortunes diverses. Ce faisant, ils ont activement participé à la vie musicale du pays.

Rien ne prédisposait Marek Janowski à devenir l'un des directeurs d'orchestre les plus respectés de notre époque, rien sinon ce que Rainer Maria Rilke qualifie, dans ses *Lettres milanaises*, de naissance provisoire : « C'est peu à peu que nous composons en nous le lieu de notre origine, pour y naître après coup, et chaque jour, plus définitivement. »

L'homme que j'ai en face de moi, attablé dans une brasserie de la place du Trocadéro[1], bruissante des échos télévisuels de la Coupe du monde de football et de l'élimination de l'équipe de France, ne fait pas mystère des obstacles qu'il a surmontés pour aller au bout de la longue marche qui le conduisit à la notoriété. Marek Janowski n'aime guère parler de lui ; mais il est de ceux qui, parfois, éprouvent le besoin d'en dire plus qu'ils n'y sont accoutumés : « Je suis né à Varsovie en 1939, quelques mois avant la déclaration de guerre. Mon père était polonais, ma mère allemande. Installé dans la capitale de la Pologne, le ménage de mes parents ne fonctionnait déjà plus normalement. Ma mère s'était difficilement remise de son accouchement au cours de l'hiver 1939 ; un jour, elle décida de quitter Varsovie pour rejoindre ses parents à Wuppertal, près de Cologne, avec, sur les bras, le bébé de six mois que j'étais. Le conflit éclata peu après et l'invasion de la Pologne priva ma mère de tout contact avec mon père. J'ai grandi sans savoir qui il était, où il était. À l'école, les autres enfants se moquaient de moi parce que j'étais le seul à ne pas avoir de papa. Bien après la capitulation du IIIe Reich, ma mère apprit que mon père était toujours vivant et qu'il s'était remarié à deux reprises. Je ne l'ai jamais rencontré.

« Mes jeunes années furent très protégées par mes grands-parents ; je n'ai pas connu d'autre langue que l'allemand. Quant à la musique, je l'ai découverte grâce à la tradition familiale qui favorisait l'apprentissage d'un instrument, comme c'était alors l'habitude dans de nombreux foyers : on estimait à juste titre que c'était excellent pour la formation intellectuelle d'un enfant.

« J'avais 7 ans quand j'ai commencé à prendre des leçons de violon avec un professeur amateur ; ce maître improvisé eut la sagesse de dire à ma mère que j'étais suffisamment doué pour suivre des études musicales plus sérieuses, ce que j'ai fait auprès d'un des deux violons solos de l'Orchestre de Wuppertal. Quand j'eus 10 ans, mes grands-parents m'offrirent un piano d'occasion ; j'en ai appris moi-même les rudiments de base, tout en continuant à progresser au

1. Entretien enregistré à Paris, le 6 juin 2002.

violon. Cependant, je ne savais pas si je devais persévérer. Après avoir passé mon bac, comme j'étais assez fort en mathématiques, j'ai opté pour un compromis en m'inscrivant à l'université de Cologne et à la Musikhochschule. Mais ma famille n'avait pas les moyens de payer le loyer d'une chambre ; il ne pouvait donc pas être question que je vive à Cologne. Comme il m'aurait fallu trente heures par jour pour assumer le double objectif que je m'étais assigné, j'ai finalement choisi la musique, et je me suis orienté vers la direction d'orchestre. Au Conservatoire, j'ai suivi les cours de Wolfgang Sawallisch ; je dois avouer, sans la moindre prétention, qu'il ne m'a pas appris des choses essentielles. Pour l'aspirant chef que j'étais, le seul vrai professeur ne pouvait être que la fosse d'orchestre. Sawallisch me l'a d'ailleurs fait comprendre : "Ne suivez pas de trop longues études ; cherchez plutôt une place de chef de chant dans le théâtre d'une petite ville et vous monterez peu à peu les échelons qui vous mèneront à de plus grandes formations." Comme je n'avais pas eu de prix à la Musikhochschule, j'ai obtenu un emploi de répétiteur à l'Opéra d'Aix-la-Chapelle. C'est là qu'a commencé mon apprentissage de chef. Après une saison à Aix, j'ai passé deux ans à Cologne. Puis, on m'a confié mon premier poste de *Kapellmeister* à l'Opéra du Rhin de Düsseldorf, avant de revenir à Cologne, pour tenir le même rôle. Je montais modestement dans la hiérarchie. Je suis resté ensuite pendant quatre ans à l'Opéra de Hambourg, dont Rolf Liebermann était le patron, avant qu'il ne vienne à Paris. Puis, j'ai occupé la fonction de directeur musical à Fribourg-en-Brisgau. J'avais alors 33 ans et j'étais enfin responsable d'une maison d'opéra. J'y suis demeuré pendant deux ans, avant d'être nommé à Dortmund, théâtre lyrique plus important ; j'y ai conduit pendant quatre saisons avant de revenir à Cologne où, curieusement, j'avais débuté près de vingt ans plus tôt. Mais, cette fois, c'était au Gurzenich, orchestre symphonique très réputé.

« Le hasard fait parfois bien les choses : quand j'étais en poste à Fribourg, j'ai été invité par Jean Fontaine, à l'émission de France Inter *Prestige de la musique*. Fontaine aimait dénicher de jeunes chefs qu'il faisait venir à l'Orchestre National ; c'est ainsi que j'ai débuté à Paris en 1973. Je n'ai pas été satisfait de ce passage dans la capitale : je parlais très mal le français et j'ai sauvé les meubles comme j'ai pu en conduisant du Richard Strauss et du Wagner. J'ai connu une seconde grande chance, en 1974, quand Josef Krips, qui devait diriger *Cosi fan tutte* à Hambourg, est tombé gravement malade. Liebermann s'est souvenu de moi : il m'a appelé pour le remplacer. En 1976, Jean Fontaine m'a réinvité, cette fois au Nouveau Philharmonique, pour pallier l'absence d'un chef défaillant. Plus tard, je suis revenu à Paris diriger le National, beaucoup mieux que la première fois.

« En 1981, toujours avec le National, au cours d'une belle préparation de *Parsifal* en concert, trois délégués du Philharmonique sont venus m'expliquer que leur orchestre était dans une situation difficile. Ils cherchaient un chef invité permanent. J'ai tout de suite dit oui. Deux ans plus tard, je suis devenu chef titulaire avant d'être nommé directeur musical ; mais j'ai beaucoup hésité avant de poursuivre cette mission à laquelle j'ai failli renoncer plusieurs fois. J'avais en effet de sérieux doutes à propos de la qualité de cette formation ; mais je me suis dit qu'avec un peu de patience, je pourrais peut-être mettre en route quelque chose de valable. Je crois que j'y suis parvenu. Pourtant, la base de l'orchestre était relativement faible et la relance paraissait problématique : il fallait reconstituer une véritable cohésion ; cette tâche m'a longtemps mobilisé. J'ai dû imposer, avec détermination, une ligne conduite stricte. L'orchestre était assez hétérogène avec une minorité de musiciens désireux de bien faire et une proportion importante qui semblait indifférente à l'avenir d'une phalange jugée secondaire et démotivée ; l'attitude de certains de ses membres était négative, voire agressive. Pour bien relancer l'orchestre et vaincre les réticences, il m'a fallu plus de six ans. Au cours des cinq ou six dernières années de mon mandat, notre groupe avait trouvé une réelle cohésion avec un style et une sonorité particulière. J'entends dire que, depuis mon départ, ma succession est bien assurée grâce à l'action de Myung-Whun Chung et de ses musiciens. Après les difficultés que nous avons surmontées, j'en suis très heureux pour l'orchestre et pour lui. Je pense souvent à la question qui était publiquement posée : Radio France a-t-elle vraiment besoin de deux orchestres ? Elle est encore revenue récemment sur le tapis, mais heureusement sans conséquence.

« Entre 1984 et 2000, la situation assez instable du National nous a favorisés : cette formation paraissait stagner quand nous-mêmes avons “décollé”. Humainement et artistiquement, nous l'avons ressenti. Si, au sein d'un orchestre, aussi bon soit-il, on ne respecte pas le patron, la position du responsable devient délicate, pour ne pas dire intenable. Je n'irai pas jusqu'à affirmer que nous avions dépassé le National quand je suis parti ; c'est aux autres de juger, pas à moi. En revanche, j'ai pu apprécier la fidélité du public et l'engagement total des musiciens, alors qu'au début des années quatre-vingt on ne parlait guère de cet ensemble qui ne remplissait pas les salles. Nous étions en fait partis de zéro pour atteindre un niveau plus que respectable.

Les mérites du Philharmonique ont fini par être reconnus, y compris par la critique, ce qui n'est pas rien.

« À propos des programmes, nous n'avons pas voulu engager de compétition et nous avons laissé le plus souvent la priorité du choix au National. Certains directeurs de la musique, tel Claude Samuel, auraient voulu que nous nous spécialisions dans la musique contemporaine, ce qui aurait nui à la qualité globale et à l'avenir du Philharmonique. Nous avons enregistré de nombreux disques à partir de 1990, montrant ainsi que nous avions atteint un palier intéressant. En définitive, nous avons apporté la preuve que deux grands orchestres pouvaient cohabiter et jouer un rôle important dans l'activité musicale.

« Roland Faure, ancien P.D.G. de Radio France, qui fut responsable de ma nomination au poste de directeur musical, a souvent indiqué que la principale justification du maintien de deux orchestres à la Radio n'était pas la programmation, mais plutôt la volonté de progresser afin d'être les meilleurs possible. Cela peut paraître simpliste, mais c'est pourtant la réalité. »

Les musiciens du Philharmonique, que nous avons rencontrés, ont tous gardé un souvenir très positif du passage de Marek Janowski à la tête de leur orchestre. Élisabeth Balmas[1], premier violon solo, a retenu en priorité le sérieux dans le travail : « Il était capable d'organiser les répétitions de telle sorte que nous ne perdions jamais la moindre parcelle de temps. Il avait une conception globale des œuvres qu'il allait diriger et aussi un sens inouï de l'équilibre. De ce fait, il n'avait pas besoin de s'arrêter en chemin pour mettre au point chaque détail ; il déployait son action, du début à la fin, sur une ligne exceptionnelle de direction. Il était exigeant ; il ne parlait pas beaucoup et s'exprimait plus volontiers par la force du geste, qui était clair, que par la parole. Il n'expliquait pas, préalablement, sa conception ; elle apparaissait et prenait forme à mesure que nous avancions dans l'œuvre répétée. Nous nous étions rapidement habitués à lui : dès qu'un chef travaille régulièrement avec un orchestre, il n'a plus besoin de parler longuement. Ce sont les gestes, le regard, l'attitude générale qui importent le plus. »

Nadine Pierre, premier violoncelle solo, exprime une opinion tout aussi enthousiaste que celle d'Élisabeth Balmas[2] : « Avant d'entrer au Philharmonique, j'avais d'abord été deuxième solo au National pendant cinq ans. Je suis

1. Entretien enregistré à la Maison de Radio France, le 11 avril 2002.
2. Entretien enregistré à Paris, le 22 octobre 2002.

arrivée assez bien armée devant le jury dont Marek Janowski était membre. Être second, c'est très particulier ; il ne faut surtout pas empiéter sur le travail du premier ; on est, si l'on peut dire, sur la corde raide. Je préfère de beaucoup tenir les rênes, ce que j'ai pu faire au Philharmonique dont j'ai suivi l'évolution avec bonheur. Quand je suis arrivée, l'orchestre était déjà en très bonne forme ; j'ai été ravie d'y trouver un chef qui dirigeait humainement ses instrumentistes ; il ne nous considérait pas comme des ouvriers spécialisés, mais comme de véritables musiciens. Il a su créer une ambiance de travail, un enthousiasme et une recherche de direction commune. Nombreux sont les orchestres qui meurent de petites tensions. Janowski a su tout gérer de main de maître et gommer les dissensions pour imprimer un élan général. Rares sont les chefs, du moins ceux qui m'ont dirigée, qui s'intéressent à notre vie : Janowski était de ceux-là ; il connaissait chacun de nous et il a gardé des liens affectifs avec un certain nombre de musiciens car il avait un sincère attachement pour les membres de son orchestre. »

Roland Daugareil[1], avant de devenir premier violon solo du Philharmonique de Bordeaux, puis de l'Orchestre de Paris, avait tenu le même poste au Philharmonique sous la baguette de Marek Janowski : « Il possède une qualité très développée : il sait parfaitement gérer le temps imparti aux répétitions ; il a une connaissance approfondie des partitions qu'il dirige ; il est sans faille et se montre capable de signaler toutes les embûches, tous les passages délicats. Il n'improvise jamais car il sait toujours où il va. »

Réservé, d'aspect un peu froid, voire rigide, Marek Janowski est en fait un homme très sensible. Il sait ce que l'on pense de lui au Philharmonique et trouve dans ces opinions une justification de son action. Rester en place pendant seize ans, cela ne s'était encore jamais vu à Radio France. Dans la vie d'un chef, c'est une très longue période : « J'ai voulu mener une expérience humaine et sociale ; j'espère y être parvenu. C'est pourquoi, en quittant Paris, j'ai décidé de ne jamais revenir diriger le Philharmonique pour des raisons psychologiques relevant de la simple sagesse : une fois que c'est fini, c'est fini. Je suis parti sans réels regrets, conscient d'avoir travaillé correctement. Désormais, le Philharmonique appartient à mon passé ; j'ai tourné la page. Mais j'apprécie beaucoup les messages que m'adressent de temps en temps mes anciens musiciens ; je ne suis pourtant pas enclin au copinage et mon attitude

1. Entretien enregistré à Paris, le 24 mai 2002.

a parfois suscité certaines frustrations ; j'ai toujours tendance à garder mes distances vis-à-vis des autres. Il n'est pas facile de se dire mon ami, car je suis assez méfiant à l'égard du genre humain. Cependant, il m'est arrivé de fendre ma cuirasse : c'est ainsi que j'ai dirigé pendant six ans l'Orchestre français des Jeunes, tâche qui réduisait pourtant largement mes vacances. Je suis heureux de constater que la plupart des membres de cette formation ont fait leur chemin. Certains me contactent encore et cela me procure un réel plaisir.

« Mais le temps passe, les sentiments s'atténuent, se distendent ; je vois se dissiper le souvenir de ce passé avec mélancolie et réalisme. C'est la vie. »

De Paris, Marek Janowski est passé, en 2000, à Monaco : « J'avais déjà dirigé, il y a une vingtaine d'années, l'Orchestre philharmonique de Monte-Carlo, à l'époque où Lawrence Foster en était le directeur. J'ai été engagé pour restructurer cet ensemble à la suite du départ de James DePreist et lui donner un nouvel essor. Cette fois encore, j'ai beaucoup hésité avant de donner mon accord : c'est une lettre de la princesse Caroline, présidente du conseil d'administration de l'orchestre, qui m'a convaincu ; elle m'invitait à venir visiter le chantier du Forum Grimaldi, en cours de finition. J'ai pensé qu'avec cette salle moderne de deux mille places et la rénovation de l'auditorium Rainier III, l'aventure valait la peine d'être tentée, à condition d'avoir de larges responsabilités, c'est-à-dire être à la fois directeur artistique et musical et obtenir un certain nombre d'engagements officiels afin de disposer d'un effectif permanent de l'ordre de cent musiciens, en mettant au point une nouvelle convention collective. J'ai également souhaité que l'on crée, comme c'est souvent le cas en Allemagne, une sorte d'académie ouverte à de jeunes instrumentistes stagiaires qui, pendant une ou deux saisons, viennent terminer leurs études auprès de nous. Toutes mes demandes acceptées, j'ai pu m'atteler avec passion à cette nouvelle mission. À mon arrivée, l'ambiance était tendue. La protection sociale n'étant pas de même nature qu'en France, on craignait sans doute que je procède à de nombreux licenciements ou au non-renouvellement de certains contrats. Mais peu à peu, mon action a été bien perçue ; les nouveaux ont été rapidement incorporés ; le climat est devenu plus serein. Je suis certes un peu plus isolé qu'à Paris, car je ne connais pas encore parfaitement tous les arcanes de l'administration monégasque, mais j'ai le sentiment que les moyens accordés nous ont permis de progresser rapidement. Nous avons conclu des contrats de retransmission à la radio, notamment pour notre intégrale Brahms de 2002. La grande nouveauté concerne la programmation d'un plus grand nombre d'œuvres contemporaines que par le passé, en évitant toutefois d'agresser un public plus accoutumé au classique et au romantique qu'au moderne. Il faut en effet du temps pour s'habituer à une autre forme de musique : il s'agit d'un sujet très délicat. En optant d'abord pour des œuvres de deux grands compositeurs français, Olivier Messiaen et Henri Dutilleux, je pense que nous avons convaincu une majorité d'amateurs ; cette musique s'inscrit désormais dans la conscience des gens qui sont capables de s'intéresser à l'évolution du répertoire. Mais il faut une certaine accoutumance. À Monaco, nous avons heureusement le Printemps des Arts où l'orchestre peut se brancher, comme pour les expositions d'art plastique, sur le modernisme. En 2001, nous avons donné *Des canyons aux étoiles* et *Turangalila Symphonie* de Messiaen et nous avons joué en 2002 trois *Symphonies* de Henze.

« Afin de me consacrer le plus activement possible au Philharmonique de la Principauté, au Rundfunk Symphonie Orchestra de Berlin et au Dresdner Philharmoniker, dont j'ai pris également la direction, j'ai décidé de réduire considérablement mon activité de chef invité. Par ailleurs, un projet commun Berlin-Monaco a été mis en place[1]. »

Grand spécialiste unanimement reconnu d'Anton Bruckner, Marek Janowski a le plus souvent ignoré Gustav Mahler. Pour quelle raison ? : « Je ne suis pas un mahlérien. Il m'est arrivé de diriger de temps à autre les *Troisième* et *Septième Symphonies.* Mais mon travail avec le Philharmonique de Radio France m'a conditionné : l'intégrale Bruckner que nous avons donnée m'a mobilisé très longtemps. Je me suis dit : "Tu vas mettre Mahler de côté et tu essaieras de l'aborder à nouveau dans dix ans". Muti est lui aussi très sélectif ; Sawallisch également ; quant à Celibidache, il n'a jamais joué Mahler. En vérité, je me sens assez mal à l'aise dans cette musique. Je ne suis pas certain que j'y aie grand-chose à dire contrairement à ce que je suis capable de faire dans Brahms, Bruckner, Strauss, Wagner. J'ai donc pris une certaine distance avec ce compositeur, sans doute parce que je le comprenais mal. En revanche, j'ai de réelles affinités avec certaines œuvres de Berg et de Webern : j'aime beaucoup le *Concerto "À la mémoire d'un ange"* et les *Six Pièces pour orchestre.* Ni Berg, ni Webern ne dépendent uniquement du sérialisme ; ils échappent même à ce système. C'est en soi de la grande musique qui peut être cérébrale et c'est l'essentiel : ce qui compte en effet, c'est de toucher le cœur de l'auditeur. »

1. La première réalisation commune des deux Orchestres a été l'interprétation, en 2003, du *Requiem* de Berlioz.

Et la musique française ? « Un grand nombre de ses chefs-d'œuvre appartiennent au patrimoine mondial : *Boléro*, la *Valse*, *Daphnis et Chloé*, les deux *Concertos pour piano*, *L'Enfant et les sortilèges* de Ravel, *L'Après-midi d'un faune*, *La Mer*, les trois *Nocturnes*, *Pelléas* de Debussy font partie de mon anthologie personnelle. Debussy et Ravel ont donné de nouvelles couleurs à la musique orchestrale. Roussel, qui était plus connu que Ravel, à son époque, est aussi un très grand compositeur dont j'ai enregistré avec le Philharmonique de Radio France les quatre *Symphonies*, dont la *Deuxième* en première mondiale. À Berlin, j'ai effectué une audacieuse tentative en combinant en première partie le *Martyre de saint Sébastien* de Debussy, avec un récitant français, et la *Troisième* de Roussel en seconde partie ; le succès a été étonnant : pour le public allemand, Roussel fut une grande découverte. »

La notoriété, voire la célébrité sont-elles des conquêtes que souhaite accomplir Marek Janowski ? « On se pose toujours des questions, on se remet constamment en cause. Je ne possède pas, dans ma complexion, ma nature, les moyens de me comporter comme une vedette. Je dois donc vivre avec mes propres faiblesses. La célébrité est quelque chose de très ambigu ; je sais que je suis connu dans le milieu musical ; si je ne l'étais pas, cela me peinerait infiniment, car le côté "ego" resurgirait. Mais quant à la célébrité, elle est, depuis longtemps, très loin de mon champ de vision. Le *star system* s'identifie, selon moi, à tout ce qui est superficiel. J'ai gardé le souvenir de l'Allemagne des années cinquante-soixante où la situation était plus nette qu'aujourd'hui ; ceci est valable aussi pour toute l'Europe de l'Ouest : il fallait reconstruire, recommencer, repartir presque de zéro. Depuis plus d'un demi-siècle, sauf en Yougoslavie, l'Europe n'a plus connu la guerre ; deux nouvelles générations n'ont eu que la paix, ce qui est infiniment plus heureux. Or j'observe l'Allemagne d'aujourd'hui avec pessimisme ; chez ceux qui font l'information à la télévision, rien n'est approfondi, tout est basé sur le sensationnel : plus superficiels, plus démagogiques sont les médias, plus leurs messages ont les meilleures chances de passer sur l'antenne et d'être pris en compte par le public. Ces champions du monde de la désinformation sont suivis par une nouvelle génération, qui ne connaît que leur point de vue et se moquent des intellectuels, des philosophes, voire des musiciens. »

Pour un peu, Marek Janowski, dont la franchise est souvent décapante, irait volontiers s'isoler sur une île déserte. Quelles partitions emporterait-il ? « En priorité, celles des derniers *Quatuors* de Beethoven : je voudrais étudier à fond tout ce qui s'y trouve par rapport à ses œuvres symphoniques. Ce sont pour moi les plaques tournantes de l'esprit du début du XIXe siècle. Bach représentait la fin d'une époque, Brahms la fin d'une évolution classique. Et c'est ainsi que s'impose Beethoven : il est comme un guide qui part de Bach pour aboutir au XXe siècle. J'aime infiniment Monteverdi, Bach, Mozart, Wagner, Brahms mais, pour moi, depuis mes débuts, Beethoven est le plus grand de tous. »

MYUNG-WHUN CHUNG
LA PURETÉ D'UN MYSTIQUE

« Quand je songe au bienfait de la musique, à la richesse qu'elle apporte, à la noblesse qu'elle confère, à l'accent qu'elle met sur toutes nos pensées, sur nos sentiments et nos émotions, je m'étonne que son enseignement ne soit pas absolument obligatoire et poussé fort loin, partout sans défaillance. »
Georges Duhamel, *Inventaire de l'abîme*

Rien n'est plus beau ni plus émouvant, au terme d'un concert réussi, que la ferveur du public et l'enthousiasme des musiciens. Au Théâtre des Champs-Élysées, pour son dernier programme de la saison 2003[1], la quatrième depuis sa nomination en tant que directeur musical à la tête de l'Orchestre philharmonique de Radio France, Myung-Whun Chung a ressenti une joie immense, qu'il n'a pas cherché à dissimuler : les acclamations interminables, ponctuant les ultimes mesures d'une *Symphonie fantastique* échevelée comme nous ne l'avions plus entendue depuis les fabuleuses interprétations de Charles Munch, confirmaient pleinement la réussite d'un chef qui a su faire de la formation qu'il dirige un ensemble de très haut niveau, sur la lancée de Marek Janowski, son valeureux prédécesseur.

Alors que depuis plus d'une semaine nous étions soumis à un insupportable déferlement publicitaire et à un insoutenable matraquage médiatique destiné à monter en épingle un événement insignifiant – le 60e anniversaire de Johnny ! – je me disais que si la musique classique pouvait bénéficier seulement d'un dixième de cette gigantesque promotion, elle toucherait utilement

1. Concert du Philharmonique de Radio France du 14 juin 2003.

des centaines de milliers d'enfants. Hélas ! L'éducation musicale en France est toujours réduite à la portion congrue. Restent les courageux efforts de la Radio nationale, des grands orchestres et de leurs chefs.

Je me revois deux ans auparavant, assis au huitième rang de parterre de l'immense salle Pleyel, avant qu'elle ne soit réduite au silence. De ma place d'angle, j'ai une vision parfaite de la scène : personne devant moi qui puisse en masquer une partie, personne derrière, pas de trublions ni de quintes de toux qui se mêleraient fâcheusement aux quintes mélodiques des instruments. Le Philharmonique de Radio France est déployé sur la large estrade en formation renforcée pour la générale de la *Cinquième Symphonie* de Beethoven[1] : trente-deux violons, quatorze altos, douze violoncelles, dix contrebasses, trois flûtes, un piccolo, quatre hautbois, quatre clarinettes, quatre bassons, un contrebasson, deux cors, deux trompettes, trois trombones, timbales ! Plus de quatre-vingt-dix musiciens : de quoi faire hurler les tenants d'un chambrisme conservateur ! Mais on ne lésine pas avec la passion que Myung-Whun Chung entend communiquer aux écoliers qui ont pris place en grand nombre aux côtés des musiciens et dans la salle.

Quatre notes initiales – « pom ! pom ! pom ! pom ! » – conduisent jusqu'au triomphe final : j'ai la conviction qu'à cet instant, les enfants n'oublieront jamais ces trente minutes jubilatoires. Tel Leonard Bernstein déployant autrefois sa gestique dansante face aux caméras de télévision, au cours des *Young People's Concerts*, Myung-Whun Chung, dont l'image apparaît agrandie sur un immense écran vidéo, se transforme en maître de musique, sans la moindre prétention didactique, pour transmettre aux jeunes, avec la simplicité des humbles, la croyance en un idéal à découvrir.

Le chef du Philharmonique a expliqué dans la notice de l'enregistrement de la *Cinquième Symphonie*, réalisé par Deutsche Grammophon, l'importance d'une telle opération : « Mon fils Min n'écoutait pas de musique classique. À l'âge de 10 ans, il entend pour la première fois la *Cinquième* de Beethoven. Il est totalement envoûté et marqué à jamais. Je dédie cet enregistrement à tous les enfants, convaincu qu'ils éprouveront le même bonheur, la même émotion, celle qui donne accès au monde merveilleux de la musique classique. Quatre coups ! C'est le destin qui frappe quatre fois ! La porte s'ouvre… Sol ! sol ! sol ! mi… ! Place à la magie ! »

1. Répétition générale du concert réservé aux jeunes, le 5 avril 2002, suivi de cinq concerts publics jusqu'au 12 avril.

Et la magie opère, comme avec Bernstein. Car c'est un maître qui est à l'œuvre : le flot d'harmonie déferlant de l'orchestre engloutit la médiocrité du monde contemporain. Les enfants surfent sur la vague sonore qui les fait passer du drame à l'allégresse ; la plupart d'entre eux ne connaissent pas cette œuvre qui les emporte dans un courant de plénitude et de bonheur. Nous flottons tous dans une prodigieuse résonance que nous n'avions encore jamais perçue à Pleyel. Le « Grand Sourd » lui-même aurait ressenti ces vibrations tellement fortes qu'elles touchent jusqu'à l'âme. Du même coup, la *Cinquième Symphonie* semble plus jeune, plus moderne.

Nadine Pierre, premier violoncelle solo du Philharmonique, elle-même mère de famille, est bien placée pour juger de l'impact de cette entreprise : « Ces concerts pour les jeunes, Chung les dirige avec tout son cœur ; il s'y donne à fond, avec une sincérité profonde, car il aime jouer pour les enfants : il en a lui-même trois. Il sait ce qu'il faut leur transmettre. C'est vraiment touchant[1]. »

Nadine Pierre a vécu la belle aventure du Philharmonique, d'abord sous la baguette de Marek Janowski, puis avec Chung : « Après les seize années de présence de Janowski, l'orchestre avait sans doute besoin d'un autre style et d'un répertoire agrandi. Chung nous a apporté une conception diamétralement opposée à celle de son prédécesseur dans le domaine du tempo et du grain du son. Il nous demande quelque chose qui est à la fois extrêmement large et compact. Alors que Janowski insistait plutôt sur l'allégement et la rapidité, contrairement à ce qu'on aurait pu attendre d'un chef allemand, Chung aime le grandiose, élargit Beethoven et Brahms, fait une démonstration de masse orchestrale avec des temps très amples, souvent extatiques. Avec lui, nous avons continué de progresser. Dans Bruckner, j'apprécie vraiment ce qu'il nous propose. Il nous donne également beaucoup avec Messiaen : la dimension spirituelle de son œuvre le passionne et la foi confère à son interprétation une exceptionnelle profondeur.

« Myung-Whun Chung ne se livre pas facilement ; il est discret sans être distant. Toujours courtois au cours des répétitions, il prend soin de ne blesser personne. Il est également très présent dans nos concerts de musique de chambre : j'ai moi-même joué *La Truite* avec lui, sans grand échange verbal, mais quand il est au piano, on peut se passer de paroles. Par son calme, sa sérénité, il crée en nous un réel sentiment de confiance.

1. Entretien enregistré à Paris, le 22 octobre 2002.

« À l'orchestre, on sent que les répétitions ne sont qu'une préparation au dépassement final du concert : c'est là qu'il se livre vraiment à fond, sachant qu'on ne peut pas le faire, si on a trop donné auparavant. Chung est parfaitement adapté à un orchestre qui fonctionne déjà bien, car il veut laisser une part de liberté aux musiciens : il est là pour imprimer une grande ligne musicale et donner aux instrumentistes la possibilité de se prendre en charge. Il sait qu'au concert, il choisira peut-être une option qu'il n'aura pas envisagée au cours des répétitions. Cela nous offre l'occasion de nous exprimer plus librement. »

Dominique Serri[1], contrebassiste au Philharmonique, est lui aussi très favorablement impressionné par Myung-Whun Chung : « J'ai beaucoup aimé le cycle Brahms qu'il a donné au Châtelet ; grâce à un effectif renforcé, il a obtenu une rondeur exceptionnelle de la sonorité : plus on ajoute de cordes, mieux on obtient des *pianissimos* que l'on ne peut avoir avec une formation de type classique. Il recherche constamment l'intériorité : “Vous ne devez pas aller vers le public, vous devez l'amener vers vous”, nous disait-il à ses débuts. Chez Chung, il y a réellement une puissance interne qui ne demande qu'à s'extérioriser ; cela nous permet de tirer une sonorité profonde de nos instruments : “Allez-y, cherchez les entrailles de la terre”, nous a-t-il demandé. Pour ce faire, il nous a fallu changer notre manière d'attaquer, ce qui nous a coûté de nombreux efforts mais, grâce à lui, nous avons trouvé l'endroit où ça sonne le mieux ! Bien qu'il soit relativement réservé, Chung sait mieux manifester sa satisfaction que ne le faisait Janowski. Il peut ainsi nous dire : “Hier, c'était formidable” ou “c'est de mieux en mieux”. Janowski, en revanche, nous adressait peu de compliments : quand il affirmait “c'était pas mal”, on savait que c'était très bien.

« Les tournées ont été très positives[2] : même si les voyages sont fatigants, on a du plaisir à faire de la musique ensemble ; on a le temps de vérifier l'acoustique des salles où l'on va jouer. Au cours de notre tournée en Corée et au Japon, nous avons donné quatorze concerts en vingt jours, en programmant notamment le *Quatrième Concerto* de Beethoven avec Hélène Grimaud, le *Concerto en sol* de Ravel avec Tiberghien, *La Mer* de Debussy et la *Quatrième Symphonie* de Bruckner. Ces voyages, comme les suivants, nous ont

1. Entretien enregistré à Paris, le 5 avril 2002.
2. Citons notamment la tournée qui a eu lieu en Europe centrale en avril 2003 et qui s'est terminée par trois concerts magnifiquement accueillis à Vienne.

permis de gommer certains préjugés et de créer une ambiance presque familiale. Le chef était souvent présent avec sa femme à nos repas et il nous a invités deux fois pour nous faire connaître le folklore et la cuisine de son pays. En Corée, il a été accueilli comme un héros national[1]. On a donné des *bis*, au Japon aussi ; le public ne voulait pas nous laisser partir ; il nous faisait revenir sur scène : les spectateurs nous tendaient les mains pour nous remercier et nous féliciter.

« Chung n'est pas homme à taper dans le dos des musiciens ; mais il se sent heureux en notre compagnie et nous l'apprécions beaucoup. Je fais ce métier depuis 1970 et, grâce au travail que nous effectuons avec lui, j'ai rarement été aussi enthousiaste. »

Élisabeth Balmas[2], premier violon solo du Philharmonique, est elle aussi très consciente des progrès réalisés depuis l'arrivée de Chung : « Alors que Janowski s'était beaucoup occupé des cuivres, Chung s'est attaché à faire travailler les premiers violons. C'est plus difficile que pour les seconds : leur tessiture sonne facilement d'une manière aigrelette ; il nous fait sortir des trésors de rondeur pour améliorer notre sonorité. Chung représente une certaine forme de modernité : il est très attaché à la couleur orchestrale et au son, qualités très complémentaires. »

Quant à Roland Faure, qui fut le responsable de l'engagement au National de Lorin Maazel et au Philharmonique de Marek Janowski, il a pleinement approuvé le choix de l'actuel président de Radio France, Jean-Marie Cavada[3] : « Chung est un musicien fabuleux ; il semble parfois intransigeant, mais il sait également être très généreux. Ce qui me plaît le plus en lui, c'est qu'il a un plan musical et un objectif précis. Il ira au bout de ses idées. »

Plébiscité par les musiciens pour succéder à Marek Janowski, Chung reconnaît que les instrumentistes ont fait beaucoup d'efforts : « La volonté et la passion qu'ils manifestent permettent d'envisager l'avenir avec optimisme. Quant aux critiques, je ne les lis plus. Quand j'étais à l'Opéra de la Bastille, j'ai donné tellement d'interviews, dont je n'ai pu contrôler le contenu, que je ne cherche plus à savoir ce qui se dit sur moi. Si les critiques sont bonnes, c'est un peu embarrassant ; si elles sont mauvaises, c'est très désagréable. Je sais que

1. Maître Chung a reçu en 1996 le plus haut mérite culturel de Corée ; il est depuis 1992 ambassadeur auprès des Nations Unies pour le programme de lutte contre la drogue ; il est également chevalier de la Légion d'honneur.

2. Entretien enregistré à Paris, le 11 avril 2002.

3. Entretien enregistré à Cannes, le 7 juillet 2002.

certains spécialistes se sont étonnés de me voir conduire les *Symphonies* de Brahms avec une formation très renforcée : or, disposant de cent quarante musiciens, j'ai le devoir de faire jouer le plus grand nombre possible d'instrumentistes. En ce qui concerne Brahms, il n'y a rien d'anormal à faire intervenir douze violoncelles, dix contrebasses et à doubler les bois. Les plus grands orchestres américains et européens agissent de cette manière. À Munich, Celibidache allait encore plus loin avec les basses. En fait, ce qui compte le plus, c'est de jouer de manière libérée, sans avoir constamment les yeux braqués sur le chef. Quand on a fait le nécessaire, l'osmose s'établit naturellement. »

J'ai fréquemment suivi le travail préparatoire accompli par Chung et par le Philharmonique. Je garde notamment le souvenir d'une fascinante répétition de *Roméo et Juliette* de Prokofiev[1]. Quand le chef se met en action, j'ai la sensation qu'il tient la musique à bout de bras. Il parle en conduisant afin de ne pas interrompre les instrumentistes : « C'est bien, mais ce n'est pas l'idéal ; le rythme n'y est pas tout à fait. » L'intensité monte *crescendo* : « C'est un ballet, ne l'oubliez pas ; il faut constamment du mouvement. » Il mime la danse : « Bougez presque physiquement, mais sans exagérer. » Il descend de sa chaise haute : « C'est mieux ! Mettez des temps de respiration. Plus d'énergie et une meilleure continuité. » Mouvements brusques, mais en même temps coulés. Il fait reprendre plusieurs mesures : « C'est très bien. Malheureusement, je ne peux pas vous accorder une grande liberté. Il faut en effet établir un maximum de contrastes entre deux éléments, hommes et femmes. Opposez la légèreté à la violence. » Il analyse, décompose le son et le rythme de chaque groupe d'instruments : « Gardez toujours le contrôle de l'élégance sans être dur [...]. Le message principal de cette musique, c'est l'amour [...]. Tempo magique. Ça va tout seul, aucune perturbation. Veillez à la continuité des notes. Ce n'est pas seulement dramatique, c'est du sentiment. » Il annonce la scène du duel : « Ça va bouger ! » Ses bras esquissent des gestes de félin ; le corps et la tête vibrent comme un diapason. Il contrôle la musique sans en réduire la violence ; il fait recommencer cinq fois la mesure 64, estimant qu'il y a trop de différence entre les contrebassons et la timbale. Il s'établit une grande complicité entre le chef et l'orchestre qui comprend parfaitement les nuances souhaitées : « Avec la vitesse sonore, vous créez l'atmosphère ; allez len-

1. Cette répétition de *Roméo et Juliette* a eu lieu le 29 janvier 2001.

tement en donnant l'impression d'aller vite. Sonorité plus riche. Attaquez et tenez. Il ne faut pas qu'il y ait du vide ! »

Myung-Whun Chung ne tarit pas d'éloges sur son orchestre, mais il laisse aux autres le soin de juger des résultats[1] : « L'état d'esprit des musiciens est tellement positif, tellement volontariste, avec une humilité qu'on ne rencontre pas souvent ! Cette combinaison de qualités est rare. Le plus souvent, les chefs doivent pousser les instrumentistes. Ici, c'est le contraire : j'obtiens tout ce que je leur demande. La recherche de la perfection, le développement du jeu de l'orchestre naissent plus d'eux que de moi. Il me revient de donner l'impulsion ou de suggérer des idées. Cet état d'esprit est exactement ce que j'espérais trouver en Europe. J'ai souvent constaté qu'il y a plus d'orchestres de qualité que de chefs de haut niveau. D'où la nécessité d'établir une direction permanente comme c'est le cas à Radio France. Je resterai au Philharmonique aussi longtemps que l'ambiance et les relations personnelles demeureront ce qu'elles sont. Si elles changent, il ne sera pas nécessaire de me demander de partir.

« Je n'aime pas travailler avec des musiciens que je ne connais pas. C'est la raison pour laquelle je n'accepte que peu d'invitations : Philadelphie, Vienne, où j'enregistre parfois, l'Allemagne, l'Italie. Il y a vingt ans, j'ai décidé de lier mon destin à l'Europe, principalement à la France et à l'Italie[2]. Cette situation me satisfait. En revanche, j'ai connu quelques difficultés à Londres : on y répète trop rapidement ; les professionnels sont trop durs, trop crispés. On exige toujours des solutions rapides ; cela ne me convient pas, car j'ai besoin de respirer, même quand je joue des œuvres que je connais parfaitement. »

Bruckner et Mahler tiennent une large place dans le répertoire de Chung. Un cycle Mahler figure d'ailleurs dans la saison 2004 : « C'est un compositeur très difficile à diriger : sa musique est tellement intense qu'on doit en vivre chaque seconde comme si c'était la dernière. Ses *Symphonies*, extrêmement tourmentées, demandent un énorme engagement au concert. Elles occupent une place centrale entre le romantisme et le modernisme. Les cinq dernières sont très différentes des cinq premières. Mais s'il avait vécu plus longtemps, Mahler n'aurait tout de même pas suivi la voie de Schoenberg : sa

1. Entretiens enregistrés à la Maison de Radio France, les 14 janvier et 30 octobre 2002.

2. Directeur musical de la Santa Cecilia de Rome depuis 1997, Chung conduira cet orchestre jusqu'en 2005.

pensée n'était pas celle de son cadet ; il exprimait tout ce qui lui venait à l'esprit ; il ne se livrait pas à des expériences techniques. Ce qui comptait pour lui, c'était l'expression émotionnelle. Après, ce fut différent : il y eut de nouvelles tentatives de langage musical et il a fallu d'autres géants.

« Personnellement j'ai commencé par Mozart et je suis demeuré assez traditionaliste, même si j'ai beaucoup joué Messiaen et Dutilleux. Beethoven, Berlioz, Bizet, Brahms, Dvorak, Bruckner, Saint-Saëns, Mahler, Fauré, Debussy, Ravel étaient et sont toujours au premier plan de mes préoccupations. En ce qui concerne ceux qui sont moins joués ou même oubliés, il faut avoir le temps d'apprendre les partitions. J'ai besoin de journées entières pour explorer une œuvre que je découvre. Mais cependant, nous avons, nous autres chefs, la responsabilité de faire connaître la musique contemporaine qui n'est pas souvent jouée ou qui est ignorée, sans risquer de heurter le public : j'ai fréquemment abordé la seconde école de Vienne, ainsi que Boulez et Berio… »

Comme c'est le cas de nombreux musiciens que j'ai rencontrés, la carrière de Myung-Whun Chung s'est développée en famille, puis à la faveur de rencontres décisives : « Je suis né en Corée, à Séoul, en 1953, alors que la guerre faisait encore rage entre le Sud et le Nord. J'ai eu l'immense chance d'avoir des parents qui aimaient passionnément la musique. Mes cinq frères et sœurs ont tous joué d'un instrument ; j'étais le sixième enfant ; j'avais donc leur exemple sous les yeux et dans les oreilles. Ma mère était pianiste ; j'ai fait mes premières gammes sur son clavier à 4 ans. À 7 ans, j'ai donné mes premiers récitals publics. Quand j'eus 9 ans, mes parents décidèrent de s'installer aux États-Unis, à Seattle, sur la côte Ouest, afin que nous puissions bénéficier d'une éducation plus complète. Je n'étais pas obsédé par la musique ; je jouais du piano, j'étudiais le violon, la percussion ; mais je ne songeais absolument pas à devenir chef. À 13 ans, avec le violoncelliste Gregor Piatigorsky, j'ai accompagné mes sœurs dans le *Double Concerto* de Brahms. Piatigorsky m'a demandé : « As-tu pensé à la direction d'orchestre ? » Le grand pianiste Rudolf Serkin, pour qui j'ai auditionné au piano, se montra plutôt réticent : « À 13 ans, il est déjà un peu trop tard », me confia-t-il sans ménagement. Je me le tins pour dit. Deux ans plus tard, j'ai vu et entendu Daniel Barenboïm diriger la *Cinquième* de Beethoven : ce fut un choc inoubliable. J'ai ensuite poursuivi mes études à la Mannes School de New York et j'ai obtenu le second prix au concours de piano Tchaïkovski à Moscou. C'est à ce moment-là que j'ai commencé à penser sérieusement à la direction d'orchestre.

« Un jour, c'était en 1978, alors que je suivais les cours de la Juilliard School, j'ai appris, en lisant un journal musical, que le Los Angeles Philharmonic cherchait à recruter sur concours un assistant. Je me suis présenté et j'ai été retenu. Ce fut une étape décisive : sans Carlo Maria Giulini, avec qui j'eus l'immense chance de travailler pendant quatre ans, je ne serais pas devenu ce que je suis aujourd'hui. Il m'a ouvert l'unique voie à suivre : aimer la musique et les musiciens. Il ne connaissait que ces deux sentiments : amour et respect. Je l'ai vu à l'œuvre : l'aspect purement technique de la direction d'orchestre était secondaire pour lui. Tout dépendait de ce que l'on avait dans l'oreille et de la manière dont on communiquait le son aux musiciens. Il me donnait une image tellement positive de son action que je n'ai plus hésité : puisqu'il était mené par l'oreille et inspiré par le cœur, je le serai aussi. Il me rappelait souvent que "la seule règle, même si on fait toujours la même chose, est d'essayer de toujours faire mieux". Il parlait peu et demeurait souvent silencieux. Il aimait à répéter qu'il fallait beaucoup de temps pour comprendre une œuvre, que la musique était un grand mystère. Il m'a confié la baguette de l'orchestre après une année de probation et m'a encouragé en me disant un soir, après un concert : "Vous êtes un chef ; continuez !" C'est à partir de ce moment-là que j'ai décidé de ne plus jouer du piano en soliste. Il a quitté Los Angeles lorsque sa femme est tombée malade. En me quittant, il m'a dit : "Mon épouse a longtemps sacrifié sa vie à ma carrière ; maintenant, c'est à mon tour de faire la même chose pour elle." Carlo Maria Giulini me donnait ainsi l'exemple d'un homme encore plus grand que le musicien. »

Une autre rencontre primordiale, celle d'Olivier Messiaen, a marqué la destinée de Myung-Whun Chung : « J'étais à Sarrebruck où je dirigeais l'Orchestre de la Radio depuis 1984 ; nous jouions fréquemment des œuvres contemporaines. En 1986, j'ai programmé *Turangalila Symphonie* avec Yvonne Loriod, épouse du compositeur, comme soliste. Ce fut ma première rencontre avec le maître ; puis, nous nous sommes revus à Paris ; c'est à ce moment-là que j'ai enregistré les premiers disques de ses œuvres, avec l'Orchestre de l'Opéra. Je voulais comprendre son langage ; il m'a constamment aidé en indiquant clairement ce qu'il ressentait. C'était un homme chaleureux, généreux : mais ces deux qualificatifs ne sont pas assez forts pour expliquer ce qu'il était vraiment. Il possédait d'exceptionnelles qualités de cœur qui donnaient un sens à sa vie et à celle de ceux qui l'approchaient. Il incarnait l'innocence que l'on recherche souvent chez les êtres humains. J'ai l'impression que, même avec l'âge, il n'avait jamais perdu cette simplicité et cette pureté qui étaient ses principales caractéristiques. Il avait des étonnements merveilleux : il était toujours surpris qu'on pût admirer sa musique, ce qui ne l'empêchait pas d'encourager ceux qui lui demandaient des conseils : à ces instants-là, il était fier comme un enfant à qui l'on aurait donné un prix. C'était une grande figure, humble et modeste ; il ressemblait d'ailleurs par bien des points à Giulini, en tant qu'être humain.

« Messiaen est unique ; il ne s'inscrit dans aucun courant, dans aucune tendance ; je ne connais pas un autre compositeur qui puisse lui être comparé. Il est porteur d'un message qui touche l'humanité tout entière. Chaque note écrite est comme une pensée, qui n'est pas seulement musicale. Sa musique est au service de son esprit alors que, très souvent, c'est la foi qui aide le musicien. Il a échappé à tous les systèmes ; il a créé sa propre technique, il a creusé son sillon, sans se soucier de l'évolution générale. On peut dire qu'il est né avec son langage musical. Ce qu'il a écrit à ses débuts, il y a plus de soixante-dix ans, était déjà très engagé. J'ai été frappé par le fait qu'il n'ait jamais connu le doute. Qui peut dire ça au cours de toute une vie ? Moi je ne le peux pas. Ce qui m'étonnait le plus, c'était sa façon d'imaginer des rythmes qui ne sont qu'à lui. Comme tous les grands créateurs, il était capable de concevoir une œuvre apparemment compliquée, mais qui en réalité était extrêmement simple.

« J'ai rapidement su ce qu'il voulait. Sa fréquentation m'a permis de lever les doutes qui pouvaient subsister en moi après avoir étudié ses œuvres. Si l'on pouvait faire la même chose avec tous les compositeurs vivants, l'interprétation serait plus simple et plus juste. Cette compréhension permet une certaine liberté et évite une sorte de mécanisation : j'ai eu la chance, en sa compagnie, de résoudre des difficultés techniques qui étaient indépendantes les unes des autres. Ses partitions sont généralement bien écrites, clairement notées. Ce qui est le plus difficile pour moi, c'est la “musique des oiseaux” ; il avait sa manière bien à lui d'entendre leur chant : il reproduisait chaque note exactement comme il l'entendait, d'où la difficulté d'interpréter ce qu'il avait conçu, et de le réaliser au plan rythmique.

« J'avais souhaité qu'il écrive une œuvre importante pour l'Opéra de la Bastille ; mais il n'en eut pas le temps. Peu après sa mort[1], Yvonne Loriod, sa veuve, m'a appelé pour me dire qu'elle avait trouvé une partition inédite,

1. Olivier Messiaen est décédé en 1993.

Concert à quatre. Elle me l'a confiée et je l'ai immédiatement jouée avec beaucoup d'émotion, puis enregistrée avec l'Orchestre de l'Opéra en 1994.

« Bien entendu, Messiaen, comme Dutilleux d'ailleurs, appartient à notre époque. Nous avons encore beaucoup à apprendre, non seulement de la musique d'aujourd'hui, mais aussi de celle des quatre ou cinq siècles qui ont précédé le nôtre. Il faut choisir : comme pianiste, une grande partie de mon répertoire est dédiée aux compositeurs d'hier, car il m'est impossible d'ignorer ou de négliger les géants qui ont défié le temps. Mais aujourd'hui, les musiciens ont souvent envie de jouer autre chose ; or, il est difficile de trouver des œuvres qui soient aussi fortes, aussi géniales que celles d'autrefois. La musique contemporaine ne doit cependant pas être jugée trop sévèrement. Il faut du temps, comme il en a fallu pour apprécier la musique d'autres compositeurs, notamment celle de Messiaen, dont on a réussi à faire passer le message auprès d'un large public. »

Chef de grand talent unanimement reconnu, Myung-Whun Chung juge son parcours avec modestie. À quoi tient donc la réussite ? « Il ne faut jamais penser à la musique en terme de carrière. Au cours de mon existence, j'ai toujours eu le sentiment d'être aidé par des personnes que j'ai eu la chance de rencontrer. J'ai la sensation d'avoir été guidé par un fil conducteur et j'ai rarement pris une décision sur un coup de tête. Ce qui me préoccupe en permanence, c'est d'être encore en mesure de progresser en tant que musicien. Comme chef, je garde l'espoir de parvenir au plus haut niveau. En ce moment, je me situe dans une phase intermédiaire. Il y a en effet trois périodes essentielles pour un chef : d'abord, celle où l'étudiant assistant apprend son métier ; je l'ai fait auprès de Giulini. Puis il y a la phase du pratiquant qui dispose déjà d'une certaine expérience, mais qui a encore besoin d'améliorer ses connaissances musicales ; enfin, le très haut niveau. On peut alors s'intituler chef d'orchestre : on a beaucoup étudié, on a beaucoup travaillé ; on a lu et appris de nombreuses partitions ; on a fait le tour de la recherche, sans avoir perdu son énergie ni sa passion. Mais l'étude ne suffit pas : il faut aussi interpréter. Et c'est pourquoi je me situe à la moitié du chemin. »

Quels sont les maestros qui ont le plus marqué Myung-Whun Chung ? « Giulini est réellement le seul qui ait eu une grande influence sur moi. Le chef est un musicien à part, le seul à ne pas jouer d'un instrument avec l'orchestre. Il lui faut donc trouver son propre langage, s'habituer à un certain isolement. Je suis timide de nature, j'ai peu d'amis ; mais la solitude ne me gêne pas : j'étudie seul. Ce qui me manque aujourd'hui, ce sont les relations que j'ai eues autrefois avec des professeurs, des artistes qui étaient beaucoup plus âgés que moi. Je ne sais pourquoi : peut-être parce que j'ai trouvé auprès d'eux une certaine liberté d'esprit qui n'était pas superficielle. Leonard Bernstein fait partie de ces musiciens d'exception. Je l'ai rencontré à la fin de sa vie, quand je suis devenu directeur musical de l'Opéra de la Bastille en 1989. Je souhaitais inviter à Paris quelques très grands chefs. À la suite des controverses qui avaient suivi le départ de Daniel Barenboïm, j'ai noté plus de réticences que d'acceptations. J'ai revu Bernstein peu avant sa mort. Je lui ai parlé de ce que je souhaitais faire ; il m'a écouté avec attention et il m'a dit : "Tout le monde me demande de diriger ; je suis submergé d'invitations ; je les refuse presque toutes. Mais comme j'aime aider les personnes qui me semblent dignes de foi, je vais écrire un opéra pour vous." Je fus sincèrement touché par cette si généreuse intention ; je l'ai chaleureusement remercié. Il s'est mis à l'ouvrage après avoir annulé une série de concerts. Son idée était d'écrire une suite de tableaux bibliques. En me quittant, il a tenu à me souhaiter bonne chance en plaisantant à propos des difficultés qui, selon lui, allaient accompagner mon parcours à l'Opéra : "N'oubliez jamais que ce sont les Français qui ont inventé le mot de sabotage. Un jeune chef comme vous va se trouver en butte à des complications de toutes sortes." Il imaginait les déboires que je n'allais pas tarder à connaître. Je ne l'ai pas revu ; il est mort en 1990, sans avoir pu terminer l'opéra qu'il m'avait promis d'écrire. Mais je n'ai jamais oublié sa mise en garde. J'ai en effet tout connu à la Bastille : la joie de diriger un magnifique orchestre qui progressait constamment, les difficultés administratives et syndicales, les interventions politiques, les médisances. J'avais tout en charge. Cela aurait pu être une période passionnante. Me livrerai-je à nouveau, un jour, à une telle expérience ? Non, jamais plus !

« À Radio France, je ne suis responsable que de la musique que je joue ; je suis bien entouré et l'équipe administrative d'Eric Montalbetti est très performante. Je me contente de faire passer les idées auxquelles je tiens en préparant et en dirigeant le Philharmonique. »

Si l'intellect gouverne l'activité musicale d'un chef, quelle place tient la forme physique ? « Le seul secret, c'est la jeunesse. Je suis encore assez jeune pour effectuer correctement le travail que je dois accomplir. Mais, peu à peu, avec l'âge, il convient de trouver le moyen de se maintenir en condition physique afin de prémunir son énergie de la fatigue corporelle, tout en recherchant constamment la simplicité de l'action. Cela peut paraître facile, mais ça ne l'est pas. Il faut être capable d'exprimer une richesse intérieure qui fait vivre l'émotion. Si on ne se livre pas à cette introspection, plus rien ne fonctionne. Tout ce qui touche à l'expression est en effet infiniment délicat ; la perfection n'existant pas, il faut s'efforcer de l'approcher. Entré dans la cinquantaine, je commence à sentir que mon équilibre physique se modifie peu à peu. J'imagine que cela ne s'améliorera pas avec le temps et il faut y songer. »

Discret, Myung-Whun Chung ne semble pas préoccupé par son image de marque : « C'est une nécessité professionnelle d'affronter le public, contrairement au compositeur qui peut rester dans l'ombre. Ce serait tellement plus facile de faire de la musique en travaillant exclusivement pour elle, en se passant de publicité. J'ai déjà éliminé toute responsabilité administrative, après mon départ de l'Opéra de la Bastille. Plus le temps passe, plus j'ai besoin de concentration. J'accepte certaines obligations médiatiques car, ce faisant, je sers la cause de mon orchestre, dont je suis, en quelque sorte, le porte-parole. Mais si ça ne dépendait que de ma personne, je ne donnerais aucune interview et je ne parlerais jamais de moi. J'accepte donc les contraintes de l'homme public que je suis, car c'est une réalité et une obligation professionnelles, tout en ayant la conviction que tout ce qui est professionnel – hors la musique – est dangereux pour un musicien. Le musicien, dans son cœur, dans son âme, doit demeurer un amateur, au double sens du terme. La notion de professionnalisme sous-entend le gain, et cette notion a quelque chose de pernicieux. Certes, je ne fais pas uniquement de la musique pour mon plaisir ; mais je refuse de nombreuses propositions : il est important de pouvoir choisir et de ne pas se disperser. Quel privilège ! Je n'aime pas dire non aux gens sympathiques et sincères. Quand je le fais, ce n'est pas sans regret. Je n'aime pas être photographié ou filmé ; je ne peux supporter qu'on fête publiquement mon anniversaire. Ce qui ne m'empêche pas d'espérer, dans la dernière partie de ma vie de musicien, de faire mieux que je n'ai fait jusqu'ici. Je pense que je serai un bon chef quand j'aurai 60 ans. »

La solitude que revendique souvent Myung-Whun Chung, que serait-elle sur une île déserte ? Quelle partition emporterait-il ? « Oh, oh, oh… C'est très difficile de choisir. Je prendrais une œuvre que l'on peut jouer tous les jours, à tout moment, qui constituerait un retour aux sources, du Bach bien sûr. Si j'en avais la possibilité, j'emporterais aussi un piano afin de jouer, sans partition, tout ce que j'aime… »

LORIN MAAZEL « MAJESTIC »

« Le passé, l'avenir, ces deux moitiés de la vie
Dont l'une dit jamais et l'autre dit toujours. »
Alphonse de Lamartine, *Poèmes du cours familier*

Le plus parisien des chefs d'orchestre de ces cinquante dernières années ne serait-il pas Lorin Maazel ? Son lieu de naissance, Neuilly-sur-Seine, simple passage, ne suffit pas à expliquer ses attaches et ses affinités avec la capitale de la France qui l'a tour à tour adoré et rejeté, sans reconnaître à sa juste valeur un talent d'exception qui n'admettait ni les demi-mesures ni la moindre rebuffade.

Lorin Maazel avait connu aux États-Unis une célébrité d'enfant prodige partageant, à 9 ans, le podium avec Leopold Stokowski puis, à 11, recueillant la baguette des mains d'Arturo Toscanini pour diriger le célèbre Orchestre de la N.B.C. Son impact sur le public était tel qu'on lui confia, un an plus tard, en 1942, une partie des programmes d'été du Philharmonique de New York, avant même que Arthur Rodzinski, maître des lieux, ait songé à inviter Leonard Bernstein de douze ans l'aîné du jeune maestro. Cleveland, Chicago, Los Angeles, Philadelphie, San Francisco, lui firent les yeux doux ; Lorin semblait parti pour d'interminables tournées de petit singe savant, proposées par des promoteurs de « show-business », quand son grand-père, ancien premier violon du Metropolitan Opera, et son père, également violoniste et de surcroît acteur, mirent provisoirement un terme à cette débauche musicale sans réelle issue, le faisant sortir de cette cage dorée où toute évolution sérieuse semblait interdite. Lorin Maazel devint alors un étudiant comme les autres à l'université de Pittsburgh où il suivit des cours de mathématiques, de philosophie et de langues ; tout en poursuivant ses études musicales en harmonie, composition et contrepoint, il se passionna pour la métaphysique et pour Schopenhauer. Cet engagement spirituel lui permit, selon son propre aveu, d'envisager une nouvelle forme d'expression et de vie. Lorin Maazel avait depuis longtemps compris que sa facilité, ses dons multiples, son oreille absolue et sa fabuleuse mémoire étaient autant de pièges pour un artiste qui voulait aller loin, beaucoup plus loin que le commun des musiciens. Tout en faisant partie du pupitre des violons de l'Orchestre symphonique de Pittsburgh, dirigé par Fritz Reiner, puis par William Steinberg, il créa son propre ensemble de musique de chambre, le Fine Arts Quartett. Serge Koussevitzky le remarqua, l'invita à Tanglewood et lui fit obtenir une bourse de la Fondation Fulbright, lui permettant de poursuivre son apprentissage en Europe, d'abord en Italie : la musique baroque l'attira pendant un certain temps, avant de conduire la plupart des meilleures formations de la péninsule, notamment à Catane où il remplaça au pied levé le chef français Pierre Dervaux. En 1952, il rencontra Victor de Sabata, le très grand chef italien que la célébrité de Toscanini a partiellement occulté. Lorin Maazel, qui se jugeait insignifiant dans un monde de géants, n'a jamais oublié les encouragements du maestro, après l'exécution de la *Première Symphonie* de Chostakovitch : « Vous êtes fait pour devenir un grand chef ; continuez à apprendre », lui conseilla de Sabata ; quelques années plus tard, il l'invita à la Scala.

Mais la réputation de Maazel avait déjà franchi les frontières : il dirige à Vienne, puis à Berlin. Paris l'attire irrésistiblement et il vient y conduire l'Orchestre National de l'O.R.T.F., dépourvu à cette époque de chef titulaire. Il s'y fait remarquer de si belle façon que, dès 1957, on lui demande de revenir le plus souvent possible. L'oiseau rare, qui parle couramment le français, ne se fait pas prier. Sa cote d'amour est supérieure à celle de tous les autres jeunes chefs en exercice. Le critique musical Antoine Goléa, plus connu pour ses jugements à l'emporte-pièce que par ses éloges, le couvre de fleurs dès 1962 : « C'était la quatrième année que Lorin Maazel dirigeait à Besançon, toujours accueilli par le même fracassant succès… Il est jeune, et d'un aspect physique étrange et envoûtant, mais aussi parce que c'est un virtuose de la baguette, d'une grande précision et qui semble habité par la musique, comme on pourrait l'être par l'électricité ou par quelque autre phénomène rayonnant et fulgurant. Malgré sa rigueur technique et sa loyauté intellectuelle devant le style de chaque œuvre, Maazel est un chef essentiellement personnel et qui, conformément à la tradition de quelques-uns de ses grands devanciers “fait quelque chose” de chaque œuvre qu'il dirige [...]. Surprise suprême à la fin, *Daphnis et Chloé* d'une extraordinaire intensité lyrique, telle que Ravel l'avait manifestement voulue[1]... »

Si les responsables de l'O.R.T.F. de l'époque avaient fait preuve d'un peu d'audace, ils auraient peut-être réussi à s'attacher pour une longue période les services de ce maître que les instrumentistes du National accueillaient avec faveur. Il aurait fallu agir rapidement car, très demandé, le jeune homme était ambitieux. Dès 1960, à 30 ans, il est le premier chef américain à diriger Wagner à Bayreuth ; la même année, il devient chef titulaire du Deutsche Oper de Berlin, puis patron de l'Orchestre de la Radio de Berlin-Ouest (R.I.A.S.). Peu après, il est chef associé à Otto Klemperer au Philharmonia de Londres. Les États-Unis comprennent qu'ils ont négligé une perle : bientôt, Lorin Maazel est appelé à succéder à George Szell à l'Orchestre symphonique de Cleveland, l'un des cinq « majeurs » des États-Unis. Il y reste dix ans. Entre-temps, l'Opéra de Vienne lui tend les bras ; mais il y connaît les mêmes déboires que Gustav Mahler : incompréhension et préjugés mêlés d'antisémitisme l'éloignent de la capitale autrichienne et l'incitent à prendre en main l'Orchestre de Pittsburgh que quitte André Previn.

L'homme a mûri. La cinquantaine le rend plus distant, plus exigeant. Le talent est plus aiguisé qu'il ne l'était quand il figurait parmi les plus prometteurs des benjamins de son temps. Minutieux, animé d'une passion inextinguible, obstiné, doté d'une puissance de travail phénoménale, il est toujours à la recherche d'un objectif insaisissable qui semble pourtant à la mesure de ses capacités, mais qui recule sans cesse, telle une ligne d'horizon qui se dérobe au fur et à mesure qu'on s'en approche.

Depuis longtemps, Lorin Maazel a mis ses dons de compositeur en jachère pour atteindre le but suprême qu'il s'est fixé. Mais les musiciens du Philharmonique de Berlin le dédaignent en votant, contre toute attente, en 1990, après la mort de Karajan, en faveur de Claudio Abbado. C'est la plus grande déception de sa carrière : à 60 ans, après avoir bourlingué sur toutes les scènes du monde, conduit cent cinquante orchestres et donné plus de cinq

1. Dans *Musica*, décembre 1962.

mille concerts, il se voit barrer la seule route qu'il aurait voulu prendre. Il est alors, joli lot de consolation, engagé par l'Orchestre symphonique de la Radio bavaroise à Munich, où il prend le relais, en 1992, de Sir Colin Davis. Dix ans plus tard, à 72 ans, il obtient enfin une consécration qu'il juge digne de lui : Kurt Masur quitte New York et lui laisse le champ libre au Philharmonique. Cette fois les musiciens le prient d'accepter une proposition qui le touche au plus profond de son être.

J'aurais aimé pouvoir évoquer avec l'intéressé cette longue diaspora musicale, parcours un peu chaotique, sorte de course à étapes où les embûches furent multiples. Les promesses d'un entretien, ménagé par notre ami commun, Roland Faure, n'ont pu être tenues ; il aurait fallu retarder le bouclage de cet ouvrage, ce qui posait problème. Faute de pouvoir compter sur un témoignage direct, il me restait la possibilité d'interroger quelques prestigieux musiciens français qui m'ont permis de tracer un portrait sans modèle d'un chef qui aurait dû jouer un rôle infiniment plus important que celui qu'il a tenu au National à partir de 1957, et de recueillir le témoignage de Roland Faure.

Pourquoi Lorin Maazel, premier chef invité du National dès 1977, en devient-il le directeur musical en 1988 avant de le quitter définitivement en 1990 ? Roland Faure, responsable de sa nomination, m'apporte la réponse[1] : « Trois mois après ma prise de fonction comme P.D.G. de Radio France, s'est posée la question de la direction musicale du National, sans véritable responsable depuis de nombreuses années. Les musiciens plébiscitèrent Maazel qui avait marqué de nombreux points en tournée, en Belgique, à Luxembourg, puis aux États-Unis où le succès fut considérable, notamment à Carnegie Hall, avec *La Valse* et *La Mer*. Maazel se montra flatté : "J'accepte, me dit-il, un contrat de trois ans, à condition de pouvoir traiter de tous les problèmes avec vous, sans intermédiaires. Après, nous verrons. Tout dépendra si vous êtes encore en poste."

« Une nouvelle tournée, en Amérique du Sud cette fois, marqua les débuts officiels de Maazel : un concert, longtemps menacé par la pluie, eut lieu sur la Grand Place de Buenos Aires devant quarante mille spectateurs. Ce fut un triomphe absolu, comme devaient être les représentations suivantes au Théâtre Colon. Tout se passait bien entre les musiciens et le chef dont l'aura

1. Entretien enregistré à Cannes, le 7 juillet 2002.

incitait d'autres maestros et de grands solistes à venir jouer au National. Ce fut notamment le cas de Seiji Ozawa en 1989. C'est alors que tout se gâta : j'ai dû quitter la présidence de Radio France pour occuper le poste de président du Conseil supérieur de l'audiovisuel (C.S.A.) ; les relations entre la direction de la musique et le chef se détériorèrent rapidement. Malgré les efforts de conciliation d'André Jouve, des incidents éclatèrent avec certains musiciens. Au cours d'une tournée en Amérique du Nord, Maazel, ne supportant plus les réactions négatives de personnes de son entourage, donna sa démission après le concert qu'il avait dirigé à Ottawa. Maazel avait eu la loyauté de me prévenir : il avait été sollicité par Pittsburgh et Munich, et sa décision semblait irrévocable. J'en fus consterné : c'était en effet un vrai don du ciel que de l'avoir convaincu d'être le patron du National qu'il avait commencé de métamorphoser. Quand il revint à Paris pour quelques semaines, il fut victime d'une véritable cabale : copieusement sifflé au cours d'une représentation lyrique, ce qui ne lui était encore jamais arrivé, meurtri et découragé, il m'annonça qu'il ne dirigerait plus jamais un Orchestre de Radio France. Depuis 1990, il a tenu parole. On l'a revu dans la capitale, mais à la tête de l'Orchestre de Pittsburgh ou du Philharmonique de Vienne. Il a par ailleurs célébré avec éclat ses 70 ans en conduisant l'Orchestre de Paris où il a joué ses propres œuvres de violon. Mes regrets demeurent toujours aussi vifs, car je persiste à penser que Maazel, quelles que fussent ses exigences, était l'homme qu'il fallait au National. Sans médire de Charles Dutoit, nous avons perdu beaucoup de temps jusqu'à l'arrivée de Kurt Masur. »

Ainsi, près d'un quart de siècle de collaboration du chef américain avec un orchestre auquel il semblait profondément attaché fut ruiné par des problèmes relationnels. Restent les très nombreux concerts de qualité qu'il a donnés à Paris, en France et à l'étranger, ainsi que les disques qu'il a gravés avec le National. Je me souviens avec quel enthousiasme j'avais rendu compte, dans mes critiques de *L'Équipe*, il y a quarante ans, de certains de ses 33 tours, notamment *L'Enfant et les sortilèges*, les *Concertos pour piano* de Ravel, sans oublier ses fabuleux enregistrements avec le Philharmonique de Vienne des *Symphonies* de Sibelius qui bénéficiaient de la prodigieuse prise de son Decca.

« Lorin Maazel avait souvent la dent dure, ajoute Roland Faure ; il usait d'un humour parfois grinçant aux dépens des autres. Il avait tendance à être impitoyable avec ceux qui ne lui plaisaient pas ; mais sa sûreté de jugement et de direction, lui permettant de déceler la moindre petite faute, la moindre négligence, était telle qu'elle enlevait l'adhésion de la majorité des musiciens. Il avait vraiment tous les dons, notamment celui de la composition à laquelle il entend désormais se consacrer plus longtemps. Sa nomination à New York, où Mahler a terminé sa carrière en 1910 et où a dirigé Bernstein, a été pour lui une sorte de couronnement. »

Mais justement, cette nomination n'est-elle pas venue un peu tard ? Roland Faure reconnaît qu'à 73 ans passés, Lorin Maazel n'a plus son avenir devant lui : « Il s'est trop souvent dispersé ; cela lui a nui ; à Vienne et à Salzbourg, il a été victime de menaces antisémites de l'extrême droite ; il n'est revenu en Autriche que beaucoup plus tard. En 1990, à Berlin, il fut éliminé non pas par manque de talent, mais plutôt à cause de sa réputation d'autoritarisme, de son attitude impériale, de son côté "show-bizz", de son prétendu penchant à la facilité, qui ne plaisaient pas à tout le monde. J'estime que les Berlinois ont eu tort de le rejeter, car il avait tout envisagé, notamment de grands projets promotionnels et musicaux, mais certainement pas cet échec qui l'a longtemps déstabilisé. »

Souvent malmené à Paris, Lorin Maazel était pourtant très apprécié par de nombreux musiciens du National. Luc Héry, premier violon solo, était de ceux-là[1] : « Je situe Maazel parmi les plus grands. C'est la plus belle baguette que je connaisse ; cette opinion est partagée par la plupart des spécialistes. Musicalement, il est permis de discuter certains de ses choix ; sa précision le faisait parfois surnommer du terme de "cocher", ce qui, dans notre jargon, n'est nullement péjoratif. S'il était difficile de l'approcher en raison de son caractère distant, il avait cependant une manière de communiquer, quoi qu'on en ait dit, qui lui permettait de reconnaître publiquement le travail fourni. Il est regrettable que ses dernières semaines de présence parmi nous aient été troublées par les sifflets. Je me souviens de la représentation de *Fidelio*, qu'il dirigeait au Châtelet. On peut en la circonstance évoquer le rôle pernicieux joué par certains médias. Maazel n'était pas quelqu'un qui cherchait à gérer son image. A-t-il pris certaines personnes à rebrousse-poil ? Je ne sais. Toujours est-il qu'il a été traité assez salement. Ainsi, il fut sifflé avant même d'avoir donné le signal de départ de la première note. Il fut ensuite systématiquement descendu en flammes. Cela faisait mal à lire et à entendre ; ce fait est d'autant plus navrant qu'on sait comment on monte en épingle des chefs

1. Entretien enregistré à la Maison de Radio France, le 25 mars 2002.

qui ne valent pas un clou, qui n'ont pas leur place à la tête d'un grand orchestre et comment on démolit d'immenses personnalités. »

Didier Benetti, premier timbalier solo du National, et chef d'orchestre lui-même, est tout aussi élogieux[1] : « Sa baguette est magique ; c'est la plus belle du monde, la plus expressive. La musique coule de source à travers ses gestes. Avec lui, il est impossible de ne pas jouer ensemble. On a certes connu des moments difficiles : il était très exigeant, comme c'est le cas de la plupart des grands ; mais il avait un tel mental, hors du commun, une telle faculté d'apprendre et de transmettre qu'il ne se rendait pas toujours compte que tous les musiciens n'étaient pas à son niveau. Il n'admettait pas que les instrumentistes ne réagissent pas comme il le voulait. Il avait horreur de perdre du temps au cours des répétitions ; une fois qu'il avait dit quelque chose, il se mettait en colère si l'on oubliait ce qu'il avait demandé. Il nous est arrivé de jouer avec lui la même symphonie à deux années d'intervalle : il fut excédé de constater qu'il devait repartir de zéro. Ça l'agaçait prodigieusement de recommencer avec nous ce que lui n'avait pas oublié. Hors du commun au plan du talent, il avait aussi des réactions hors nature. En dépit de ces remarques, je dois reconnaître que c'est lui qui m'a communiqué le virus de la direction. En observant

sa gestique, j'ai eu l'impression qu'il jouait de l'orchestre comme on joue d'un instrument, comme s'il disposait, avec les musiciens, d'un immense clavier. À travers ses gestes, j'ai senti qu'il ne dirigeait pas seulement, mais qu'il jouait aussi de la musique. Ce fut magique et passionnant. »

Nadine Pierre, qui fut d'abord deuxième violoncelle solo du National avant de passer premier solo au Philharmonique, ne porte pas à Maazel la même estime. Elle voit plutôt en lui une sorte de Dr. Jekyll et Mr. Hyde[2] : « J'ai à la fois une énorme admiration pour son talent et du ressentiment pour sa personne. Il m'a fait énormément de mal quand je suis arrivée au National. J'ai eu la conviction qu'il n'aimait pas les musiciens, mais qu'il savait s'en servir pour sa propre cause. À 22 ans, j'entrais dans un grand orchestre. J'étais parfois amenée à remplacer le premier solo, alors que je n'avais pas encore une grande expérience musicale. Or je ne correspondais pas du tout à ce qu'il attendait de moi. Il espérait avoir à sa disposition de vieux routiers rompus à toutes ses exigences, prêts à se mettre en mouvement au moment où il levait sa baguette. Tout ce qui relevait d'un travail préparatoire ne l'intéressait pas.

1. Entretien enregistré à la Maison de Radio France, le 22 mars 2002.
2. Entretien enregistré à Paris, le 22 octobre 2002.

Les concerts seuls le préoccupaient qui devenaient son propre “show”. Tout était réglé à la perfection, sa baguette d'une précision absolue, et pourtant, il ne m'a jamais communiqué le grand frisson. Il m'a impressionné, mais pas émue. L'arrogance dont il faisait parfois preuve était peut-être la conséquence de son passé d'enfant prodige. Il manifestait parfois un mépris total des êtres humains qu'il avait en face de lui. Il a été odieux avec certains musiciens. Habitué aux orchestres allemands ou américains, huilés comme des machines, il créait un contexte où nous partions battus d'avance. Ce n'était pas avec de telles méthodes qu'il pouvait espérer obtenir le meilleur de nous-mêmes. »

Lorin Maazel n'a donc tenu que trois ans au National. Il s'est tourné par la suite vers l'Orchestre de Paris. Philippe Aïche, premier violon solo, exprime quelques réserves[1] : « C'est le Paganini de la baguette ; mais malheureusement avec lui, on reste parfois sur sa faim, musicalement parlant. Dans le travail, il se montre prodigieusement efficace ; mais c'est un personnage énigmatique, toujours en retrait et quelquefois même caractériel. Au concert, il n'y a plus qu'à se laisser porter par sa battue et à jouer. Il donne le moindre départ avec une précision phénoménale. C'est une horloge suisse, impressionnante ! Le public marche à fond, mais, pour nous, l'émotion n'est pas toujours au rendez-vous. Ce fut le cas pour la *Huitième* de Bruckner quand il remplaça Giulini, malade. Il y aurait eu beaucoup plus de sentiment avec le maestro italien. »

Roland Daugareil, lui aussi premier violon solo de l'O.P., est pour sa part tout acquis à Maazel[2] : « C'est peut-être le plus grand bras droit de l'Histoire ; chez de nombreux chefs, la gestique n'est pas extrêmement claire ; or c'est dans ce domaine qu'il est insurpassable. C'est un grand musicien, un grand maître et grand violoniste. Nul ne peut contester cela. »

Souvent admiré, parfois contesté, Lorin Maazel est aussi un accompagnateur hors pair comme le souligne Jean-Philippe Collard[3] : « Maazel est de tous les grands celui que j'admire le plus. Quand j'ai travaillé pour la première fois avec lui, en 1979, je n'en menais pas large. Nous enregistrions les deux *Concertos* de Ravel en studio. L'admiration avait fait place à la peur. Il avait une finesse exceptionnelle, une intelligence étincelante. Il a su trouver les mots qu'il fallait pour me donner confiance. J'ai eu les yeux de Chimène pour

1. Entretien enregistré à Paris, le 15 mars 2002.
2. Entretien enregistré à Paris, le 24 mai 2002.
3. Entretien enregistré à Paris, le 5 avril 2002

sa baguette. Avec deux répétitions, il avait réalisé une parfaite mise au point. Il avait une mémoire fabuleuse : partition fermée sur le pupitre, il voyait tout, entendait tout. C'était impressionnant. Il montait parfois à la cabine d'enregistrement : sans recourir au texte, il distinguait instantanément, avec une précision phénoménale, ce qu'il fallait reprendre. Il redescendait et s'adressait à l'orchestre : "Mesure 92, hautbois, reprenez… mesure 95, trombone attention, reprenez… Premier violon, attention au coup d'archet." Il nous communiquait une impression de sûreté surnaturelle. Ce disque a très bien marché. »

Les décennies ont passé sans ternir la réputation d'un homme aux multiples visages, ironique, sans doute pour masquer une forme de timidité qui fut la marque de sa jeunesse de *wonder boy*, mais également dominateur, sensible mais hautain, instinctif mais pragmatique, intuitif mais fougueux, il est tout cela à la fois. Il est aussi l'homme des paris insolites et gigantesques, comme celui qui consista à diriger, en 1988, dans la même journée, les neuf *Symphonies* de Beethoven, à la tête du London Symphony Orchestra, du Philharmonia et du Philharmonique de Londres ! Ces nombreuses cordes d'un caractère complexe aux sonorités de harpe lui ont valu autant d'admirateurs que de détracteurs. Capable de tout diriger de Bach à Webern, en passant par

Mozart, Beethoven, Schubert, Brahms, Wagner, Bruckner, Strauss, Mahler, dont on vient de ressortir une intégrale en CD (admirée aujourd'hui alors qu'elle avait été vouée aux gémonies il y a vingt ans) et encore Sibelius, Debussy, Ravel, Bartok, Stravinsky, Berg, Dutilleux, dont il a créé *L'Arbre des songes* avec Isaac Stern, Schoenberg, sans oublier Puccini, bien qu'il ait partiellement délaissé l'art lyrique afin d'éviter de se prêter aux diktats des metteurs en scène qu'il n'a jamais pu supporter.

Sans doute s'est-il voulu compositeur-chef d'orchestre à la manière de Mahler. Le manque de temps ou le décalage entre ses sources d'inspiration et les modes affichées par le monde musical contemporain ont pu créer chez lui une forme de frustration. On a souvent évoqué à son sujet l'appât du gain ; mais s'il était recru de propositions mirifiques, de contrats records, on oubliait qu'il était loin d'être le seul dans ce cas et on méconnaissait sa générosité qui n'est pas la moindre de ses qualités ; c'est ainsi qu'il a multiplié les concerts bénévoles, au bénéfice des Nations unies, de l'Unesco, du Wildlife Fund, de l'Unicef, manifestations qui ont rapporté à ces organismes quelque trente millions de dollars en une décennie.

Pour juger de l'impact d'une carrière qui est encore loin d'être à son terme, on aurait tort de se limiter à la qualification de chef « jet-set ». Car si

Maazel gagne beaucoup d'argent, comme la plupart de ses confrères, son activité se situe dans le cadre de la loi du marché où règne la surenchère : les grands chefs sont plus rares que les grands orchestres. Maazel n'a qu'une réplique quand certains reporters évoquent ce sujet : depuis l'âge de 16 ans, il n'a jamais cessé de travailler d'arrache-pied, de se remettre constamment en question, tout en choisissant le mode d'expression qui lui convenait le mieux, celui de paraître, car son ego est grand, plutôt que d'être, dans ses propres œuvres, accompagné ou joué par d'autres que lui.

CHARLES DUTOIT QUI VEUT VOYAGER LOIN…

« Aucun individu en ce monde ne peut trouver plus redoutable ennemi que lui-même. »
Alain, *Propos sur le bonheur*

Il arrive que les réputations les mieux établies ne résistent pas à l'usure du temps. Musicien accompli, violoniste, altiste, percussionniste, Charles Dutoit semblait né sous la bonne étoile des plus grands. Nanti d'un diplôme de direction au Conservatoire de Genève, il bénéficie à Sienne des conseils du chef italien Alceo Galliera. Perfectionniste, il évite de brûler les étapes et fait ses classes d'instrumentiste en tant qu'altiste dans plusieurs orchestres, notamment à Lucerne, sous la direction de Karajan. Encouragé par Ernest Ansermet, il effectue ses débuts de chef en 1959, à la tête de l'Orchestre de la Suisse romande. Il n'a alors que 23 ans mais possède déjà un métier très sûr qui lui permet d'accéder à l'Opéra de Zurich, puis au Staatsoper de Vienne où il se spécialise dans les spectacles de ballet, avant de succéder à Paul Kletzki à l'Orchestre de Berne en 1966. Il est appelé à la Scala par Claudio Abbado, puis au Philharmonique de Berlin par Karajan. Après de courts séjours à Mexico et à Göteborg, il est accueilli en sauveur par l'Orchestre symphonique de Montréal, que ni Igor Markevitch, ni Zubin Mehta, ni Rafaël Fruhbeck de Burgos n'ont réussi à dynamiser.

À 40 ans, Charles Dutoit s'investit pleinement dans la tâche qui lui est confiée. En quelques années, il fait d'une modeste phalange une formation de niveau international. Dès lors, son aura passe les frontières du Canada, non pas parce qu'il est devenu l'époux de la grande pianiste argentine, Martha Argerich, mais parce qu'il est réellement au sommet de son art.

Il dirige fréquemment au Met à New York, à Boston, à Philadelphie, puis à Covent Garden. Fait exceptionnel, qui donne un relief important à sa carrière, il signe avec Decca un contrat exclusif qui lui permet de graver avec son orchestre une importante discographie, dont de nombreux enregistrements consacrés à la musique française, notamment une quasi-intégrale de Berlioz, avec une version de référence des *Troyens*, *Pelléas et Mélisande* de Debussy, presque tout Ravel, sans oublier Bizet, Chabrier, Saint-Saëns, Fauré, Honegger, Ibert, Lalo, Offenbach, Poulenc, à tel point que le Symphonique de Montréal est bientôt considéré comme la meilleure formation francophone du moment, ce qui n'est guère gratifiant pour les grands ensembles de l'Hexagone.

Peu connu en France, malgré quelques intéressantes apparitions à l'Orchestre de Paris, Charles Dutoit attire pourtant l'attention des dirigeants de Radio France en quête d'un successeur à Lorin Maazel. Auréolé de sa réussite canadienne, il semble être l'homme de la situation pour relever le moral des instrumentistes du National, sans patron depuis la démission de l'étoile filante américaine. Francophone, fin connaisseur de la musique française, sans pour autant négliger le répertoire dit commercial, et notamment Tchaïkovski, Rachmaninov, Liszt, mais aussi les monstres sacrés que sont Bartok, Prokofiev, Chostakovitch et Stravinsky, porteur d'un nouveau projet d'édition avec Decca, qui pourrait relancer l'image du National, Dutoit se voit offrir un contrat très avantageux – que d'aucuns qualifieront de mirifique – portant sur douze semaines de présence effective par an. L'affaire est conclue pour ses débuts fixés au 1er janvier 1991. Directeur musical investi des pouvoirs correspondant à sa charge – programmation, auditions, engagements, communication avec la presse, etc. – le chef suisse annonce la couleur avec un enthousiasme de bon aloi et une volonté non dissimulée de séduire des musiciens peu enclins au sentimentalisme. Il affirme publiquement que le National a besoin d'un directeur stable et d'une politique artistique clairement définie pour se hisser au niveau des meilleurs. Et d'ajouter qu'il est un chef de formation violonistique, qui a joué dans le rang, ce qui lui permet de contrôler 60 % des instrumentistes sans risque de se tromper et d'être ainsi capable de trouver rapidement la clé du succès.

Au cours de plusieurs interviews ou conférences de presse, Charles Dutoit commet l'erreur de se donner le beau rôle : le National n'a pas vraiment de tradition, ce qui est faux, il lui a manqué un chef qui puisse durer, ce qui est vrai ; il touche également à ce qu'il ne vaut mieux pas aborder : les musiciens français semblent vivre dans un confort total : horaires, sécurité de l'emploi. Ils ont donc moins de raison de chercher à se dépasser ; la routine les guette[1]... Maladroit, le maestro connaît de surcroît des difficultés pour convaincre les musiciens de ses louables intentions, non par manque de talent, mais par manque de temps, en raison de ses fréquentes navettes entre Paris et Montréal.

Le National bénéficie cependant d'embellies, notamment en 1997, au cours d'une tournée aux États-Unis, saluée avec enthousiasme par la presse américaine : Ravel, Poulenc, Stravinsky et Beethoven sont au programme ; l'orchestre enregistre de beaux disques d'œuvres de Saint-Saëns, Respighi et Dutilleux ; mais Decca ne maintient pas cet effort, qu'il poursuit au seul profit du Symphonique de Montréal.

Depuis plusieurs saisons, le ver est dans le fruit ; l'autorité de Dutoit est prise en défaut ; de surcroît, il commet l'imprudence de céder aux sirènes

japonaises qui lui offrent sur un plateau doré le poste de chef principal de la N.H.K. de Tokyo, dont il est déjà l'invité permanent depuis quelques années. Trois orchestres, c'est au moins un de trop. Tel est le sentiment qui se développe de plus en plus au sein du National et qui prévaut jusqu'à la fin du mandat de Dutoit, indûment prolongé d'ailleurs en 1998. Dix années se seront écoulées entre sa nomination et son départ en janvier 2000, dix années qui auraient pu compter pour le National, mais qui laissent finalement un goût d'amertume, comme l'expliquent les témoignages que nous avons recueillis[2].

Roland Faure, à qui rien de ce qui concerne la musique à Radio France n'est étranger, n'y va pas par quatre chemins[3] : « L'Orchestre National de France a perdu beaucoup de temps avec Charles Dutoit. Ce fut une grande déception pour l'orchestre qui attendait de lui une plus grande disponibilité. Mais il était trop occupé par d'autres tâches : l'Orchestre de Montréal, qu'il avait porté très haut, le préoccupait plus que toute autre formation ; pour

1. Notamment dans *Télérama* du 19 septembre 1990, sous la signature de Xavier Lacavalerie.

2. Faute de pouvoir rencontrer Charles Dutoit, j'ai sollicité et obtenu auprès de son agent à Montréal une interview téléphonique qui devait avoir lieu en mai ou juin 2003. Je n'ai hélas jamais eu confirmation de cet entretien qui m'aurait permis de donner la parole au maestro et lui offrir l'occasion de s'expliquer.

3. Entretien enregistré à Cannes, le 7 juillet 2002.

ajouter à l'ambiguïté de la situation, il a accepté de devenir chef principal de la N.H.K. Trois orchestres, sans compter les invitations, c'était beaucoup pour un seul homme. Il était peu présent à Paris. Or, curieusement, son contrat fut renouvelé à la veille d'un changement de président de Radio France, sans l'aval du nouveau. La situation a donc perduré longtemps, beaucoup trop longtemps. »

Luc Héry, premier violon solo du National, pourtant toujours mesuré dans ses jugements, se montre lui aussi très sévère[1] : « Charles Dutoit est sans conteste un musicien de talent ; mais il a eu, dès ses débuts à l'O.N.F., un problème d'ordre relationnel qui ne dépendait pas de nous. Radio France, on le sait, est une maison lourde à gérer, avec notamment deux orchestres symphoniques dont il faut coordonner les programmes. Or les choix exprimés par Dutoit ne furent pas toujours judicieux ; il nous a même souvent fait faire un travail inintéressant. Il est dommage d'avoir à cracher dans la soupe ; avec la durée et le recul, le jugement que nous portons sur les chefs qui nous ont dirigés se radicalisent quelque peu ; nous n'y pouvons rien en ce qui concerne Dutoit : il ne s'est pas investi à Paris comme il aurait pu ou dû le faire ou comme cela aurait été souhaitable pour l'orchestre. Quand on est à la fois directeur musical à Montréal et Paris et chef principal à Tokyo, il est évident qu'on est contraint de passer sa vie en avion. C'est un problème que les responsables administratifs auraient dû envisager et résoudre avant de proposer un contrat très avantageux au chef désigné. Il est heureux qu'avec Kurt Masur, qui partage l'essentiel de son activité entre Paris et Londres, nous échappions enfin au système jet-set. »

Didier Benetti, premier timbalier solo, partage pleinement l'opinion de Luc Héry[2] : « Nous avons perdu beaucoup de temps au cours des dix années passées avec Charles Dutoit. Il est arrivé à Paris en tant que chef consacré, sans se préoccuper suffisamment de tous les problèmes à résoudre. À Montréal, il s'était beaucoup agité pour obtenir un budget digne de ses ambitions. À Paris, il n'avait pas à se battre pour recevoir des subventions qui répondaient aux besoins annuels. Ses directives ne sont pas clairement apparues. Il n'a pas agi comme l'ont fait Marek Janowski, puis Myung-Whun Chung avec le Philharmonique dont les progrès ont été constants d'année en année. Un directeur musical ne doit pas se contenter de venir répéter et diriger

1. Entretien enregistré à la Maison de Radio France, le 25 mars 2002.
2. Entretien enregistré à la Maison de Radio France, le 22 mars 2002.

l'orchestre dont il a la charge. Il doit faire acte de présence en d'autres circonstances, s'intéresser à la vie des musiciens, se préoccuper de ce qui se passe à la radio et pas seulement participer à l'élaboration de la programmation. Il faut être disponible. Or, avec ses deux autres orchestres et ses nombreux engagements en tant que chef invité, avait-il la volonté de le faire ? Certes, on peut se déplacer rapidement d'un continent à un autre ; mais comment suivre l'évolution d'un orchestre quand on le quitte instantanément à la fin d'une série pour se rendre à dix mille kilomètres de là ? Pourtant, les contrats proposés aux chefs sont suffisamment élevés pour justifier un minimum de participation intellectuelle. Charles Dutoit n'avait pas besoin de courir le cachet. Certes, les musiciens ressentent la nécessité de souffler, de travailler avec des chefs de passage ; mais il n'empêche que la nécessité d'un chef permanent s'impose à l'évidence, sans que ce mariage, qui n'est pas toujours d'amour, entre le chef et l'orchestre, tourne mal et laisse apparaître d'insurmontables lacunes : dans ce cas, on constate que ça se passe mal et quand ça dure, on est rapidement blasés. C'est exactement ce qui s'est produit avec Charles Dutoit. »

Dominique Meyer, directeur général du Théâtre des Champs-Élysées, a eu souvent l'occasion de suivre les répétitions et les concerts de l'O.N.F., sous le règne de Charles Dutoit. Lui aussi s'élève contre ce qu'il qualifie de comédie des abus[1] : « Charles Dutoit avait fait ses preuves à Montréal ; mais les conditions dans lesquelles a été négocié son contrat avec l'O.N.F. sont pour moi inadmissibles. Un directeur musical doit avoir une certaine présence, même hors répétitions et concerts. C'est la raison pour laquelle un chef ne devrait pas pouvoir cumuler trois responsabilités musicales sur trois continents différents comme Dutoit a pu le faire. Les orchestres symphoniques coûtent très cher ; or il s'agit, en l'occurrence, de l'argent du contribuable qui couvre le budget. Le devoir d'un patron est de donner le temps qu'il faut à l'institution dont il a la charge. Or Dutoit a essentiellement donné des concerts ; il n'a pas suffisamment participé, que je sache, à la préparation, au recrutement ; il n'a pas effectué le travail de fond nécessaire. Il n'est pas permis à un directeur de prendre la musique par-dessus la jambe. Les belles aventures d'orchestre se font avec des chefs qui jettent toute leur énergie, toute leur force, tout leur talent dans la balance. L'O.N.F. avait le plus urgent

1. Entretien enregistré au Théâtre des Champs-Élysées, le 21 mars 2002.

besoin d'une nouvelle orientation. Avec Kurt Masur, les choses ont changé. Ce qui manquait en effet au National, c'était la régularité. Cette constatation m'incline à dire que je n'ai pas toujours admiré la manière dont l'orchestre a été géré, et ce n'est pas à cause des musiciens. Il n'y a pas eu de réelle continuité dans le management ; les périodes de politique artistique suivie ont même été rares. D'où la nécessité d'avoir des chefs qui s'investissent personnellement en tant qu'administrateur musical : Marek Janowski, qui n'était pas une vedette internationale mais qui était un homme sérieux, apte à accomplir un travail de fond, a beaucoup apporté au Philharmonique de la Radio. Daniel Barenboïm, qui est demeuré pendant quatorze ans à la tête de l'Orchestre de Paris, a lui aussi été un grand directeur musical, occupant intégralement la place ; il a su, de surcroît, faire venir de prestigieux chefs invités comme Bernstein, Solti, Kubelik, Sawallisch, Boulez, Giulini et il a mis au point des saisons extraordinaires qu'on a injustement traitées avec dédain.

« N'oublions jamais, poursuit Dominique Meyer, que la qualité de base d'un orchestre ne peut se construire que sur le long terme. Les musiciens attendent d'un chef qu'il les dynamise. L'O.N.F. a maintes fois apporté la preuve qu'il était capable de s'élever à un très haut niveau quand il était bien conduit. La nouvelle génération d'instrumentistes s'investit d'ailleurs à fond ; elle demande des places pour assister à d'autres concerts ; elle souhaite rencontrer des chefs qu'elle ne connaît pas encore. Ce n'était pas souvent le cas naguère. J'en déduis un intérêt musical très fort et très profond. »

Un malheur n'arrive jamais seul : quelques mois après avoir dirigé son dernier concert avec le National, Charles Dutoit dut faire face à une levée de boucliers des musiciens du Symphonique de Montréal : ces derniers lui reprochaient véhémentement de « se conduire en tyran », de « procéder à un harcèlement psychologique, d'exclure sans raison des instrumentistes ». Dos au mur, Charles Dutoit préféra donner sa démission en avril 2002, après un quart de siècle de bons services, laissant en plan une saison de concerts au cours de laquelle il aurait dû se produire à trente-cinq reprises, total qu'il fut bien loin d'atteindre à Paris. Un peu plus tard, pour des raisons demeurées mystérieuses, la N.H.K. de Tokyo annonça la renonciation de Charles Dutoit et la nomination de Vladimir Ashkenazy, tandis qu'à Montréal, Jacques Lacombe devenait premier chef invité permanent en attendant la nomination d'un nouveau directeur musical.

Charles Dutoit ne demeurera pas sans emploi ; il est en effet submergé d'invitations ; cette liberté recouvrée lui convient sans doute. On l'a vu ainsi en Europe en 2003, notamment à la tête du Philharmonia. On peut cependant regretter qu'un artiste de cette envergure n'ait pas su ou voulu trouver le juste équilibre qui lui aurait permis d'éviter tout excès d'honneur et toute indignité.

LES TROIS VIES DE KURT MASUR

« Si j'avais à revivre, je revivrais comme j'ai vécu ; ni je ne plains le passé, ni je crains l'avenir. »
Montaigne, *Essais*

Il y a trois âges dans l'étonnante vie de Kurt Masur. Sa trajectoire emprunte d'abord les voies traditionnelles suivies par les *Kapellmeister* allemands. Né en 1927 à Brieg, ville de Silésie, dans une famille d'origine polonaise, l'enfant, que l'on dit très timide, grandit dans l'idée de devenir organiste : l'imposant instrument qui résonne sous les voûtes de l'église locale l'impressionne tellement qu'il en parle à ses parents. Sa vocation naissante s'impose bientôt malgré les réticences de son père qui voudrait le voir suivre la filière d'un métier sûr, comme celui d'électricien. Mais le jeune Kurt tient bon et obtient gain de cause : il fréquente d'abord le Conservatoire de Breslau ; mais à 16 ans, il est contraint de renoncer aux joies du piano, à la suite d'une déformation d'un doigt de sa main droite ; il assiste alors à son premier concert symphonique et décide de devenir chef d'orchestre. Il est déjà celui qui rêve l'impossible décrit par Goethe. Après avoir été enrôlé de force dans la Wehrmacht, pendant l'hiver 1944-1945, à 17 ans, il reprend ses études, la paix revenue, à la très réputée Musikhochschule de Leipzig où il suit les cours de composition et de direction.

Obstinément, patiemment, il fait ses classes, dirige l'orchestre de son école et devient, à partir de 1948, répétiteur, puis assistant au Théâtre de Halle, puis à l'Opéra d'Erfurt et de Leipzig ; en 1955, il est chef adjoint au

Philharmonique de Dresde, dans une Allemagne de l'Est qui fourmille de théâtres lyriques et d'orchestres de qualité. En 1958, il obtient son premier poste de responsable en tant que *Generaldirektor* de la musique à l'Opéra du Mecklembourg de Schwerin. Âgé de 31 ans, il a désormais le vent en poupe : en 1960, il est nommé directeur musical de l'Opéra-Comique de Berlin ; puis il revient au Philharmonique de Dresde, cette fois en tant que chef principal, avant d'accéder à la plus haute institution de la R.D.A., le vénérable Gewandhaus de Leipzig, où Mendelssohn, Nikisch, Furtwängler et Walter sont montés au pupitre ; il y reste pendant vingt-six ans, de 1970 à 1996, donnant, au cours de ce long règne quasi exclusif, près de deux mille concerts. Il obtient de l'État la construction d'une nouvelle salle, comparable à celle du Concertgebouw d'Amsterdam, démultiplie l'activité de ses deux cents instrumentistes et crée une section baroque honorant la mémoire de Bach.

Après la chute du mur, le *Kapellmeister* classique, sorti du rang, qui n'a jamais cherché à faire une carrière de star (il ne l'aurait d'ailleurs pas pu en Allemagne de l'Est), connaît son deuxième âge et devient une vedette internationale : à la suite du départ de Zubin Mehta, il est nommé directeur musical du Philharmonique de New York, auquel il insuffle un nouvel élan : il hérite en effet d'une formation de prestige que le public semble bouder, dont les concerts ne sont plus retransmis sur les ondes, qui n'enregistre plus de disques et dont les musiciens paraissent démotivés. Une transfiguration s'opère sous l'impulsion de celui qui se dit « un vrai New-Yorkais » : étape par étape, sans choquer le public, sans provoquer de refus de sa part, il introduit de la musique contemporaine dans ses programmes en prenant l'habitude de présenter les œuvres nouvelles. Une décennie lui permet de faire ses preuves et d'effectuer une grande première en 1998 en conduisant le Philharmonique en Chine populaire.

En 2000, il devient chef principal du Philharmonique de Londres et s'apprête à vivre son troisième âge en prenant en charge l'Orchestre National de France, qu'il a déjà jaugé plusieurs fois, notamment en 1974 dans la *Quatrième Symphonie* de Brahms, puis plus tard, à Saint-Denis, dans la *Passion selon saint Matthieu* de Bach. Cette nomination intervient au moment où Kurt Masur connaît de graves ennuis de santé ; cette information provoque une polémique de mauvais aloi. Opéré d'un rein en décembre 2001, le maestro renaît bientôt à la musique : parfaitement rétabli, il s'engage dans une nouvelle aventure.

La vie de Kurt Masur recommence ainsi, à 75 ans, après plus d'un demi-siècle d'activité en tant que chef : pour sa première saison à Paris, il propose un cycle complet des *Symphonies* de Beethoven. Posté au premier rang de corbeille, à l'extrême gauche de la scène, pour mieux suivre la gestique du chef et pouvoir l'entendre, je suis présent au Théâtre des Champs-Élysées, tout au long des répétitions générales[1]. Quand Kurt Masur entre en scène, c'est comme si un géant prenait possession de l'orchestre. Très grand, massif, mais encore athlétique en dépit du poids des ans (il a fait beaucoup de sport dans sa jeunesse), il incarne cette force tranquille que détiennent les grands maestros. Cheveux rares, barbe blanche soigneusement taillée, l'air à la fois débonnaire et sérieux, sans baguette ni partition ouverte, il regarde longuement l'orchestre avant de s'installer, debout, sur le podium, et toise quelques retardataires de son incisif regard bleu acier : « Bonjour, mesdames, messieurs. Nous avons déjà un public », dit-il en se retournant et en désignant les quelque cinq cents écoliers invités par Radio France. Bras à l'horizontale, concentré, tendu, le maître empoigne la *Première Symphonie* de Beethoven, en ponctuant cette entrée en matière d'encouragements et d'interjections, dans un anglais parsemé de mots français : « *Come on*, plus actif ! » Tout son corps bouge ; il tape du pied et s'adresse aux violons : « Plus sec ! » Il est comme un chasseur (de sons) à l'affût. Parfois, il esquisse un geste d'impatience : « Jouez avec esprit », commande-t-il. « Ici, c'est comme un soupir ; c'est ce qu'a voulu Beethoven. Mettez-y plus de sentiment... Ce n'est pas du Mozart que vous jouez. » Mécontent, il arrête l'orchestre : « Mozart... Mozart... Attaquez plus nettement, plus franchement... Bravo, merci. »

Le troisième mouvement fait l'objet d'un court commentaire : « Ici, on entre dans Beethoven ; on s'est définitivement éloigné de Mozart. C'est son premier *scherzo*, sa première révolution historique. » Le quatrième mouvement est jugé trop pesant : « Vous avez des bottes. Encore, s'il vous plaît avec *vibrato*. Pas assez *crescendo*, final à refaire. C'est parfois chargé de drame ; à marche forcée, c'est la révolution. » Au timbalier : « Plus rapide, plus fort ! Merci. »

La *Deuxième Symphonie* semble plus difficile à mettre en place : « Mettez-y de l'âme ; je fais de mon mieux pour vous inspirer. Je ne veux pas vous brusquer. » Pourtant, il hausse le ton, mais semble aussitôt le regretter : « Vous ne

1. Les 7, 8, 14 et 15 novembre 2002.

comprenez pas ce que je veux : *espressivo*, intonation s'il vous plaît. *Go to heaven* (« Allez au paradis ») ! Ne laissez pas le maestro imposer seul une harmonie. » Le temps passe, il n'interrompt plus l'orchestre, même quand il grimace. Dans l'*Eroica*, le deuxième mouvement le montre à nouveau agacé : « Je n'entends pas la sonorité qui doit venir des violoncelles, du ventre ! » Il mime, puis fait recommencer quatre fois la marche funèbre : « Il n'y a pas d'autre horizon que la mort. » Au début du quatrième mouvement, il regarde sa montre : il est treize heures et cinq minutes. Un corniste lui dit : « On a le temps. » Les autres musiciens opinent. Masur sourit : il poursuivra son travail pendant vingt minutes supplémentaires.

Le lendemain, la suite est de même nature : le premier mouvement de la *Quatrième Symphonie* donne lieu, pour quatorze minutes de musique, à cinquante minutes de répétitions. Le chef, en fin de service, passe un bon quart d'heure à régler l'intensité du son de la trompette solo de l'ouverture de *Léonore II*. Ne la voulant pas en coulisses, il la fait jouer au troisième balcon et se déplace lui-même à larges et rapides enjambées pour situer l'emplacement ! Au cours de la *Neuvième Symphonie*, je relève encore de belles expressions, à l'adresse des violons : « Mordez la vie », puis au chœur : « C'est tout ce que vous me donnez ? Pour Beethoven avec passion ! » Et il se met à chanter avec les solistes.

Est-il besoin de souligner que les concerts furent de fabuleux succès ? Quant aux musiciens de l'orchestre que nous avons interrogés, ils ne laissent pas d'être aussi enthousiastes que la critique ou le public, tel Luc Héry[1], premier violon solo : « Au terme d'une première saison très positive, je peux affirmer que Kurt Masur a transfiguré le son du National, principalement au niveau des cordes. Ce sentiment est unanimement partagé ; cette amélioration notoire nous confère un potentiel de très haut niveau. Sans parler de certains grands chefs invités, nous n'avions plus connu cette sensation depuis l'époque de Lorin Maazel. Au cours du cycle Beethoven, le chef, tout en suivant la grande tradition germanique, a constamment jeté un regard neuf sur les œuvres qu'il dirigeait. Son interprétation m'a beaucoup plu par sa verdeur, sa jeunesse, son impact rythmique. Quand on a bien joué Beethoven, on peut aborder avec confiance d'autres partitions : le cycle Mendelssohn en a donné la preuve ; il y a apporté beaucoup de brillance.

1. Entretien enregistré à Paris, le 18 juin 2003.

« Au plan du travail musical, Kurt Masur ne laisse rien passer ; il a pris son rôle très au sérieux et l'étend même au plan de la promotion et de la communication, à la manière d'un manager. Il a su ainsi mettre en lumière notre activité et notre répertoire, en affirmant très haut et très fort son ambition à la tête du National. Kurt Masur est un homme exigeant, mais je ne connais pas de grands chefs qui ne le soient pas ; il est très direct, très franc avec nous ; il ne s'embarrasse pas de périphrases ; il va droit au but. On sent qu'il a souvent des idées précises, très arrêtées : il a aussi une haute conception de son métier ; on l'écoute ; jusqu'à présent, il s'exprimait en anglais, mais il prend des leçons de français et progresse rapidement dans notre langue.

« Hors musique, je le trouve plutôt jovial ; il aime rire ; il parle souvent de musique. Avec lui, j'ai des rapports cordiaux qui cependant ne s'écartent jamais du cadre professionnel : Kurt Masur ne se prête pas à la familiarité. Les tournées que nous avons effectuées avec lui ont été de gros succès, notamment celle de mai-juin 2003 en Europe centrale. L'accueil qui nous a été réservé à Berlin, Prague et Vienne, notamment pour *Psyché* et la *Symphonie* de César Franck que nous n'avions pas jouée depuis plusieurs années, a été magnifique et l'impact sur le public très fort. Cela faisait longtemps que nous n'avions pas connu une telle ambiance. Kurt Masur sait où il va : en 2004, il nous conduira dans Brahms et Bruckner sans négliger la musique française et les œuvres contemporaines étrangères. »

Didier Benetti[1], premier timbalier solo, fait (presque) chorus avec son collègue : « Kurt Masur est en quelque sorte l'antithèse de Charles Dutoit. Compte tenu de son âge, il ne passe pas son temps dans les avions : s'il a pris la responsabilité du National, c'est parce qu'il a envie de nous apporter quelque chose. Dès les premières répétitions, nous avons noté qu'il peut être dur, implacable ; au cours du cycle Beethoven, il a fait très fort ; on a même pris des risques, car on a eu relativement peu de temps pour répéter. L'ambiance a parfois été tendue, car il n'a pas toujours la manière pour nous dire ce qu'il veut. Mais, peu à peu, la situation s'est clarifiée : les cycles Beethoven et Mendelssohn ont été de grandes réussites et il a su nous associer au succès. Il a, c'est évident, la volonté de dominer l'orchestre ; parfois, on plie sous une sorte de chape de plomb ; on aimerait que cette pesanteur soit allégée : on dirait qu'il est à l'affût de la moindre erreur. Comme il ne fait pas

1. Entretien enregistré à Paris, le 22 février 2003.

preuve d'une battue exemplaire, on risque de temps en temps l'incompréhension. Il a parfois des exigences qu'on comprend mal ; question de langage probablement. Mais on ne peut lui donner tort de se montrer sévère : il veut que nous progressions. La qualité est là, incontestable. Grâce à lui, nous avons l'impression d'exister à nouveau ; nous retrouvons une motivation qui nous avait fuie sous l'ère Dutoit. Le maestro n'est pas très liant, mais il faut bien admettre qu'il n'est pas là pour nous "cirer les pompes". »

Au cours du cycle Beethoven, entre deux concerts, Kurt Masur m'a accordé un long entretien dans le grand salon d'un hôtel proche des Champs-Élysées[1]. Face à lui, je pense au grand acteur allemand Emil Jennings, interprétant le rôle du professeur Rath qui tombe amoureux de *L'Ange bleu*, incarné par Marlene Dietrich, et lui sacrifie sa carrière. Direct, spontané, il aborde le présent et l'avenir sans occulter le passé.

Se sent-il déjà parisien ? « Je suis convaincu que j'ai bien choisi le lieu où je souhaitais diriger un nouvel orchestre. Mais pour être un vrai Parisien, il me faudrait mieux connaître le français, ce qui risque de prendre un certain temps. Cependant, je suis sensible à la beauté de cette ville merveilleuse où il y a toujours quelque chose à découvrir : c'est pourquoi, se sentir Parisien relève aussi d'un état d'esprit. Ici, je suis presque comme chez moi. Je vis actuellement dans cet hôtel merveilleux proche du Théâtre des Champs-Élysées ; tout le monde est aux petits soins pour nous ; ma femme y est très heureuse. Nous avons déjà deux maisons, l'une à Leipzig, l'autre à New York ; leur entretien pose parfois des problèmes ; c'est pourquoi nous remettons à plus tard notre éventuelle installation dans un appartement. Quant à la vie artistique qui anime Paris, elle est unique dans presque tous les domaines. J'apprécie énormément la place occupée par les arts dans votre ville, l'exceptionnelle qualité de vos peintres, de vos poètes, de vos écrivains ; je suis impressionné par le nombre incroyable de musées, de monuments, de théâtres, tous chargés d'histoire. Hélas, dans le domaine de la musique, Paris continue d'ignorer ce qui devrait être le minimum nécessaire ; mon enthousiasme, qui est sincère, est très atténué par le fait que votre capitale ne possède pas une salle de concert digne de ce nom ; or il me paraît urgent de pallier cette lacune inimaginable pour une aussi prestigieuse cité : c'est une des raisons qui m'empêchent de me sentir d'emblée un vrai Parisien. Récemment, j'ai visité le

1. Entretien enregistré le 11 novembre 2002.

Musée d'Orsay ; en y pénétrant, j'ai pensé que ce bâtiment aurait pu devenir un prodigieux auditorium. Mais tout se passe ici, me semble-t-il, comme si les décisions prises en haut lieu l'étaient sans qu'on ait mesuré les besoins réels de votre capitale. La musique n'y est pas traitée comme une priorité et cela me choque.

« Certes, l'ambiance du Théâtre des Champs-Élysées est agréable ; mais ce n'est pas un lieu, aussi élégant soit-il, conçu uniquement pour la seule musique. Nous savons tous que les salles modernes spécialisées, construites à travers le monde, ont été réalisées selon des normes de sonorité très soigneusement étudiées ; elles ne sont d'ailleurs pas utilisées comme scènes lyriques. Au Théâtre des Champs-Élysées, l'acoustique ne nous aide pas ; elle n'inspire pas les interprètes ; il faut user de prudence pour savoir comment il convient d'y jouer ; il faut aussi tenir compte de l'exiguïté du plateau qui rend délicate l'exécution de certaines œuvres nécessitant de gros effectifs. Ainsi ai-je eu certaines difficultés à convaincre le grand trompettiste Wynton Marsalis de venir à Paris pour la création en France de *All rise* : il ne se sentait pas à l'aise au Théâtre des Champs-Élysées, car il avait besoin de beaucoup de place pour déployer le Morgan State Choir de Baltimore, le Lincoln Center Jazz et une importante masse symphonique. Cependant, nous avons un toit et nous devons nous en contenter, sans oublier de noter que toute l'équipe du T.C.E. nous assure une coopération et un état d'esprit exemplaires. »

Quel jugement le maestro porte-t-il sur le National ? « Dès les premiers instants, j'ai apprécié le magnifique état d'esprit et l'enthousiasme dont font preuve ses musiciens ; leur attitude dépasse même mes espérances. Si j'étais un organisateur de spectacles, je dirais sans doute que je suis satisfait par le contact qui s'est établi entre les instrumentistes et moi. Mais ce serait insuffisant : satisfaisant est un mot que je n'apprécie guère quand il s'agit de musique ; en fait, j'ai été très favorablement impressionné par la qualité de l'orchestre, bien que j'aie eu la conviction, dès le début, que nous pouvions viser un niveau très élevé, car je sentais que les musiciens le souhaitaient aussi : cet orchestre est désireux de s'investir à fond pour recouvrer sa réputation d'autrefois ; j'ajoute que je n'ai pas quitté New York pour conduire une phalange qui ne serait pas capable de partager mes objectifs. Je suis tout à fait sûr que, d'ici peu de temps, l'Orchestre National pourra être comparé valablement aux meilleurs ensembles mondiaux.

« J'ai eu la possibilité de commencer la saison 2002-2003 en septembre avec des répétitions qui n'étaient pas immédiatement suivies de concerts :

elles étaient destinées à préparer notre programme et notamment le cycle des *Symphonies* de Beethoven. Les musiciens ont rapidement compris que je ne voulais pas imposer à l'orchestre une discipline contraignante, mais plutôt un état d'esprit ; je ne suis pas venu à Paris comme un soldat allemand voulant conquérir un orchestre français : je suis là pour tenter de l'inspirer ; il me semble que c'est en passe de se réaliser. Ce travail préparatoire sur Beethoven nous a permis d'éviter des répétitions supplémentaires : l'orchestre est très professionnel et composé de musiciens extrêmement talentueux. Je ne voulais pas saturer les instrumentistes ni les fatiguer par de multiples répétitions qui auraient porté atteinte à leur fraîcheur. Le but doit toujours être de pouvoir accomplir la meilleure exécution possible afin de crédibiliser l'ensemble : à chaque concert, une nouvelle aventure commence. Il convient d'éviter de lasser le public. Mais il faut aussi savoir que je ne présenterais jamais un programme sans une préparation que j'aurais jugée suffisante : si des raisons réglementaires ou syndicales m'y contraignaient, alors je dirais : "Nous ne jouons pas cette musique, car nous ne sommes pas prêts."

« Au cours de la générale de l'*Eroica*, alors que nous avions dépassé le temps imparti, les musiciens ont voulu continuer. Ce fut pour moi un moment important : j'ai beaucoup apprécié leur réaction. À New York, il fallait demander, au préalable, l'autorisation de répéter quinze minutes supplémentaires, car c'est interdit par les règles syndicales, valables pour tout le territoire des États-Unis. En revanche, j'ai toujours laissé partir les musiciens plus tôt que prévu, quand je constatais que tout se passait bien et que la mise au point du concert était bonne. J'agirai de la même manière à Paris : je ne trahirai jamais la confiance des musiciens. »

Au lendemain du premier Concert Beethoven, Kurt Masur s'est montré très élogieux pour le National. Qu'a-t-il exactement dit aux membres de l'orchestre ? « J'ai dit ceci : "Hier soir, j'ai dirigé un des meilleurs orchestres du monde." Je n'ai pas dit : "Vous êtes l'un des meilleurs orchestres du monde." Et j'ai ajouté : "Nous devons continuer." J'ai trouvé les musiciens extrêmement inspirés ce soir-là et j'ai été très heureux de ce qu'ils avaient fait. Le deuxième concert a été du même niveau. Certes, il se peut qu'à l'avenir nous n'atteignions pas toujours ces sommets. Mais j'ai la conviction qu'ils savent, tous et toutes, jusqu'où ils peuvent aller et ce qu'ils sont capables de faire. Je ne leur dis pas dès maintenant qu'ils forment l'un des meilleurs orchestres du monde et que nous n'avons plus besoin d'autant de répétitions. Je leur indique que nous devons au contraire poursuivre dans la même voie. »

Certains musiciens semblent avoir été étonnés de constater que Kurt Masur n'utilise pas de baguette : « Autrefois, je conduisais avec une baguette, nous explique-t-il. Mais, en 1972, un grave accident de voiture, au cours duquel j'ai perdu ma deuxième épouse, m'a considérablement handicapé ; j'étais moralement désespéré par ce deuil et, de surcroît, pendant deux mois, j'ai été presque totalement immobilisé ; dès que j'ai pu me mouvoir, j'ai voulu à nouveau faire de la musique. L'Orchestre du Gewandhaus de Leipzig fut plein d'attention pour moi. Les musiciens m'ont sans cesse encouragé, me montrant qu'ils devinaient ce que j'attendais d'eux, comme s'ils avaient lu dans mes pensées. J'ai repris mon activité sans "bâton" [*sic*] et j'ai senti peu à peu que je m'exprimais mieux à main libre. Mon état d'esprit s'accommodait de cette technique ; je constatais aussi que les musiciens pouvaient jouer avec la même précision qu'auparavant. J'ai eu la même impression auprès du National. »

Est-il nécessaire, selon le chef, de battre constamment la mesure ? « Cela dépend de votre imagination et de la conception de l'œuvre que l'on dirige. Pour ma part, je pense qu'il n'est pas indispensable de battre la mesure ; mes deux mains peuvent servir à autre chose. Il faut simplement savoir à quel moment une reprise du battement peut être utile ; les instrumentistes de grands orchestres savent très bien ce qu'ils doivent faire. Mais, il y a parfois des passages où il est utile de reprendre les rênes pour éviter tout dérapage. D'autre part, des œuvres contemporaines moins connues nécessitent une direction très nette et très claire ; il faut alors battre la mesure. En général, il convient de le faire au moment où c'est indispensable et en évitant que les musiciens soient esclaves du battement. Ils ont en effet besoin de se sentir libres : quand un violoniste solo joue, il lui arrive de fermer les yeux et donc de ne pas me regarder ; dans ce cas-là, je peux moi-même suivre avec plus de souplesse. L'idéal est de maintenir l'orchestre dans l'esprit qu'il ressent lui-même ; il lui faut respirer en même temps que moi ; je ne veux pas contraindre les instrumentistes à faire quelque chose qu'ils ne ressentent pas. Le National m'a suivi sans difficulté, incroyablement bien, je dois le reconnaître, dès la première répétition : les musiciens ont su s'adapter sans perdre leur propre nature et ils ont sans doute été étonnés de constater que je leur laissais une grande part de liberté. Ils n'en étaient pas si sûrs quand je leur ai dit : "Ouvrez vos oreilles et vous jouerez tous ensemble." Il n'est pas interdit de suivre sa propre fantaisie (et les Français n'en manquent pas pour faire de la musique) ; ce n'est pas faire preuve d'indiscipline ; c'est avoir de l'imagination. Cet orchestre a une telle personnalité, un tel ensemble de qualités individuelles, que l'on a pu s'entendre rapidement au propre comme au figuré. »

Opéré à la fin 2001, Kurt Masur est apparu en pleine forme quand il est arrivé à Paris. A-t-il un secret de jouvence ? « Quand j'étais jeune, nous répond-il, j'ai fait beaucoup de sport ; j'ai été notamment gardien de but de football, dans ma ville natale de Brieg. J'ai toujours voulu par la suite me maintenir en bonne condition physique. Conduire un orchestre m'y a d'ailleurs aidé, car c'est une sorte de sport professionnel. Après la transplantation rénale que j'ai subie en décembre 2001, il a bien fallu que je me remette physiquement à niveau ; je dois beaucoup à mon neveu qui m'a donné l'organe qui m'a permis de survivre, ainsi qu'au chirurgien qui m'a opéré. Je me sens à nouveau au "top", comme on dit en sport. Je marche beaucoup, parfois pendant trois heures, notamment quand je suis à Paris. »

Je me permets un retour en arrière qui ne surprend pas le maestro : a-t-il toujours pu préserver sa liberté artistique en R.D.A. ? A-t-il pensé parfois au célèbre précepte de Nietzsche, dans le *Gai savoir*, « Que dit ta conscience ? Tu dois devenir l'homme que tu es. » « J'ai toujours lutté pour préserver ma propre identité. Ce ne fut pas facile. Au début des années soixante, j'avais été invité à

diriger l'Orchestre de Brême, en R.F.A. J'avais demandé l'autorisation nécessaire à mon ministère de tutelle. Je ne souhaitais pas quitter la R.D.A. ; mon vœu était simplement de faire de la musique là où on me le demandait. On m'a alors boycotté : non seulement je n'avais plus le droit de me rendre en Europe de l'Ouest, et même dans les pays de l'Est, alors que j'étais régulièrement invité à Moscou, mais de surcroît le ministère donna une fausse raison pour justifier sa décision : j'étais trop occupé pour sortir du pays. En fait, on cherchait à me mettre en colère. Pendant trois ans, j'ai dû vivre dans l'attente de jours meilleurs, alors que j'avais une femme et des enfants à nourrir. Un seul chef, Kurt Sanderling, m'a aidé au cours de cette période difficile : il m'a fait diriger l'Orchestre symphonique de Berlin-Est dont il était le chef principal. J'ai pu également enregistrer quelques disques avec l'Orchestre de Radio Berlin. En 1967, après quarante mois de mise à l'écart, j'ai été invité au Festival de Leipzig, puis au Staatsoper de Berlin où j'ai conduit une nouvelle production d'*Otello* de Verdi, et ensuite à la Fenice à Venise où j'ai dirigé *Lohengrin* de Wagner. Pour ce dernier voyage, il m'a fallu à nouveau demander l'autorisation de sortie au ministère ; mais j'avais pris soin d'indiquer que j'avais déjà donné mon accord à la Fenice et que quoi qu'il arrivât, je me rendrais à Venise, même sans passeport si on me refusait de sortir de R.D.A. Au ministère, ils ont eu peur du scandale et ils m'ont laissé partir. Par la suite, on ne m'a plus jamais interdit les déplacements à l'étranger. Je ne pouvais pas me passer de cette forme de liberté, même surveillée, pour être en mesure de continuer à faire de la musique.

« Ces trois années de disette m'ont rendu plus fort que jamais et m'ont convaincu de ne jamais céder au pouvoir. Depuis cette date, je n'ai plus jamais craint quoi que ce soit, ni qui que ce soit. Le gouvernement redoutait sans doute que je quitte le pays en rendant public mon départ. J'avais décidé d'ignorer toute interdiction : je voulais faire de la musique là où on m'accueillait. Mon attitude n'était pas politique : elle consistait uniquement, et avant tout, à maintenir un lien avec les musiciens, les compositeurs, les chefs, les instrumentistes à travers le monde. À Leipzig, la réputation de l'Orchestre du Gewandhaus n'était plus à faire ; grâce à un travail permanent, nous avions progressé d'année en année et nous avions obtenu la construction d'une nouvelle salle qui a permis à notre formation de prendre une dimension encore plus grande ; ce faisant, nous avons occupé une place de choix dans la culture du pays. »

En 1989, avant la chute du Mur, les médias ont attribué un rôle important à Kurt Masur, qualifié d'homme plus libre que Dieu, à la manière du Siegfried de Wagner. Quelle est la version du chef ? « J'ai expliqué cela longuement dans ma biographie parue en Allemagne ; auparavant, la manière dont cette histoire avait été racontée est typique des habitudes de la presse : le récit fut à moitié vrai et à moitié inventé. En vérité, j'ai soutenu ceux qui souhaitaient modifier l'attitude du gouvernement de la D.D.R. Nous voulions rétablir la liberté de conscience ; je me suis engagé clairement dans cette voie avec ceux qui militaient pour une réforme profonde. En 1989, j'avais reçu une lettre concernant trois musiciens de Leipzig qui venaient de jouer en Suède sans autorisation de sortie ; à leur retour, ils avaient été arrêtés et incarcérés. On m'a demandé de les aider ; je suis donc allé voir un responsable du parti : "Pourquoi, lui ai-je demandé, avez-vous interdit à ces hommes d'aller jouer de la musique ?" J'ai usé de toute ma force de persuasion pour lui montrer que sa décision était contre nature. N'ayant pas obtenu de réponse immédiate, j'ai décidé d'organiser une réunion au Gewandhaus où nous avons accueilli plus d'un millier de personnes, parmi lesquelles figuraient la plupart des musiciens, environ six cents, travaillant à Leipzig ; j'avais également invité des délégués des syndicats et de la police. C'était pour nous l'occasion de montrer que nos intentions étaient claires. Nous avons eu des discussions vives, animées, parfois pathétiques, au cours desquelles nous exposions les principes de notre avenir. J'étais très motivé par ce débat. Plus tard, après que des dizaines de milliers de personnes eurent échappé à la police en fuyant pour la Hongrie ou la R.F.A., éclata, à la suite de la visite de Gorbatchev à Berlin-Est, le 6 octobre 1989, une sorte de révolution larvée. Des manifestants de plus en plus nombreux exprimaient pacifiquement leur volonté de changer les choses en exigeant la reconnaissance des libertés individuelles et l'ouverture des frontières. J'ai logiquement apporté mon soutien à ce "happening" de grande ampleur. On m'a de nouveau fait confiance, car on savait que j'étais du côté des insurgés. C'est alors que nous avons décidé, avec les membres du conseil municipal de Leipzig, dont trois représentants du parti, d'user de notre influence pour officialiser le débat concernant l'avenir de notre pays. C'est à ce moment-là que la presse a imaginé que j'avais ouvert les portes du Gewandhaus à la foule. En fait, nous les avons ouvertes pour instaurer un dialogue, pas pour manifester. Nous avons, pendant près de trente heures, échangé des idées et finalement décidé de transmettre au gouvernement un rapport développant nos revendications de réforme. Puis ce fut la journée du 9 octobre : 70 000 personnes étaient dans la rue. Nous avons alors affirmé que nous ne voulions pas d'une révolution sanglante, qu'on ne se tuerait pas les uns les autres, que nous cherchions simplement à nous exprimer et à négocier. Bien entendu, Honecker[1] et son gouvernement étaient tenus au courant de nos requêtes qui les contraignaient à écouter les manifestants. Sans faire preuve de trop de modestie, c'est le seul moment où j'ai mérité d'être considéré comme un intervenant utile. Honecker me connaissait ; il était venu à Leipzig pour inaugurer le nouveau Gewandhaus dont il avait décidé la construction ; je l'avais rencontré plusieurs fois par la suite, mais il ne s'agissait pas de relations personnelles ; simplement, il me respectait et j'agissais de même. Il allait être le grand perdant de cette affaire, car il ne put rien contre cette révolte pacifique, après que Gorbatchev eut placé la perestroïka sur ses rails. Honecker et ses principaux ministres estimèrent que Moscou était dans l'erreur et que la R.D.A. devait repousser toute réforme. Ce fut leur perte : le 18 octobre, ils abandonnèrent leurs fonctions. Gorbatchev fut ainsi l'homme qui nous a permis de connaître les changements que nous avons vécus à l'Est. Quant à mon action, j'ai simplement voulu, en pensant à l'avenir, qu'elle fût spirituelle et humaniste.

« Quand le président François Mitterrand est venu à Leipzig, le 20 décembre 1989, il a tenu à me parler du rôle que j'avais joué : il redoutait

1. Président de la République démocratique allemande (R.D.A.).

la réunification de l'Allemagne et s'inquiétait de ses conséquences politiques et économiques pour la France et les Français. Je fus très choqué par ses remarques : je ne pouvais en effet admettre que les Français pussent à nouveau haïr les Allemands. Cette réunification, il fallait bien qu'elle ait lieu un jour ; elle était inévitable dès lors que nous avions recouvré notre liberté de pensée et d'expression. Les générations nouvelles voulaient une Allemagne différente ; mais encore fallait-il qu'elle fût construite avec générosité et justice pour tous. Les Allemands de l'Ouest ont eu du mal à se faire à cette idée, car un grand nombre d'entre eux ont considéré les Allemands de l'Est comme des citoyens de seconde zone ; il y eut une part d'arrogance chez certains de mes concitoyens. Mais, finalement, le temps a permis de surmonter la plupart des difficultés. Cependant, au plan artistique, l'Est connaît beaucoup plus de difficultés qu'à l'époque de la R.D.A. ; nous avons dû sacrifier certains orchestres ; le nombre des musiciens, même au Gewandhaus, a été réduit ; il a fallu revoir les budgets de façon draconienne. Nous avons gagné notre liberté, mais la situation du Gewandhaus de Leipzig, du Staatskapelle de Dresde et de certaines formations berlinoises est devenue plus fragile ; de surcroît, un nombre important de théâtres de province a dû fermer leurs portes ; la sécurité de l'emploi, qui appartenait au passé de l'Allemagne de l'Est, n'existe plus ; les possibilités des jeunes musiciens de talent ont été limitées ; nombreux sont ceux qui ont perdu leur emploi. Ce n'est pas là un progrès pour l'Allemagne. Il faut désormais que les jeunes attendent des jours meilleurs. »

Est-il vrai que certaines personnalités de l'ancienne R.D.A. ont encouragé Kurt Masur à se présenter à la présidence de la République ? « Oui, cela s'est passé après les événements de 1989. Des musiciens, des prêtres, des députés sont venus me voir en affirmant que je devais jouer un rôle public ; ils ont tenté de me convaincre, mais ils n'y sont pas parvenus. Mon seul but était de continuer à faire de la musique. J'ai donc répondu en plaisantant : "Suis-je un si mauvais chef pour que vous me demandiez de devenir un politicien ?" Plus que jamais, j'entendais dédier toute ma vie à la musique qui m'avait déjà valu tant de joies. »

Le maestro, qui ne se sentait pas fait pour résoudre les problèmes du monde, mais qui croyait que l'histoire peut passer du cauchemar au rêve, ne se dérobe pas à ma dernière question : quelle partition emporterait-il sur l'île déserte ? La réponse de celui qui régna plus d'un quart de siècle à Leipzig fuse instantanément, sans commentaire : « La *Passion de saint Matthieu* de Jean-Sébastien Bach. »

DANIEL BARENBOÏM DANS UN MONDE APAISÉ

« Vivant pareil aux dieux, cet enfant les verra,
Ces dieux et ces héros qui le verront lui-même,
Lui souverain d'un monde apaisé par son père. »
Virgile, *Églogue IV*

Berlin, 20 décembre 2002. Je suis pour trois jours dans la capitale allemande où je dois rencontrer Kurt Sanderling et Mariss Jansons. Invité par l'assistante de Daniel Barenboïm, Fraülein Antje Weltmeister (tout un programme, car ce patronyme signifie « champion du monde ») à suivre une répétition du Staatskapelle sous la direction du maestro, avec l'espoir d'obtenir une interview, je passe de la Philharmonie, Karajanstrassse, dans la partie ouest de la ville, au Staatsoper, de l'autre côté de la porte de Brandebourg pour me retrouver dans l'ancien secteur de Berlin-Est, avec ses monuments historiques, ses rues, naguère désertes et lugubres, devenues des centres commerciaux très fréquentés. Une bise glaciale souffle sur Unterdenlinden quand je découvre l'entrée de la salle de répétitions. Il me faut passer par les coulisses de l'Opéra, puis par un souterrain pour atteindre l'ancien Conservatoire ; je pénètre alors dans une salle triste, sans le moindre décorum : l'orchestre que Daniel Barenboïm dirige depuis 1992, est déjà déployé dans cet auditorium de fortune qui évoque les sites austères de l'ancienne R.D.A. Je suis étonné par l'ampleur de la formation qui va répéter la *Première Symphonie* de Schumann : habituellement, une soixantaine d'instrumentistes suffisent : or, j'en dénombre au moins quatre-vingt, dont dix contrebasses, huit cors, cinq trompettes. Un intendant m'explique que le maître a mobilisé la quasi-intégralité de ses effectifs afin de mieux préparer une prochaine tournée en Espagne.

Il est neuf heures trente précises quand Barenboïm pénètre dans la salle. Je ne l'ai pas revu depuis ses dernières apparitions à la tête de l'Orchestre de Paris en 1989 : il s'est arrondi et ses cheveux devenus blancs sont clairsemés. Assis sur une chaise haute, il me fait penser à un poussah, au buste court et replet. Non sans difficulté, il impose le silence. La réputation d'indiscipline, désormais peu justifiée, des orchestres français semble s'appliquer à cette phalange, pourtant recrue d'expérience et de tradition : sa création remonte en effet à 1570.

Barenboïm bat la mesure en déployant largement son bras droit, tandis que le gauche demeure parfois immobile ; les mains minuscules de ce prodigieux pianiste jouent de l'orchestre comme d'un instrument. Il chante à haute voix en reprenant les passages qui ne lui conviennent pas. De temps en temps, il rejette sa tête en arrière, comme s'il était à la recherche d'un son céleste. Lors d'un court arrêt, l'orchestre bruisse comme une volière. Excédé, il crie : « *Bitte Ruhe* ! » (S'il vous plaît, du calme) ; visiblement énervé, il s'insurge contre une fausse note sortie des vents. Les musiciens semblent étonnés. « Trop de bruit, silence ! » Cet ordre revient comme un leitmotiv. « Vous jouez sans *vibrato* ; encore ! » Il demande aux cors de reprendre la mesure pour obtenir la couleur qu'il souhaite. Le final du premier mouvement ne lui plaît pas : « Trop vite ; recommençons. » Les deuxième et troisième mouvements sont détaillés à l'extrême, par groupes d'instruments, notamment violoncelles et bassons. Tout à coup retentit la sonnerie d'un téléphone portable. Le chef se met à rire quand il voit l'un des premiers violons se précipiter vers son sac pour couper court à cette nuisance. Non loin de moi, aux pupitres des cors et des trombones, les instrumentistes, quand ils ne jouent pas, feuillettent des illustrés. Barenboïm semble parler dans le vide ; il multiplie les indications, fait recommencer six ou sept fois certains passages, notamment aux cornistes qui, brusquement, plongent leur nez dans leur partition. Le chef mime le geste d'un violoniste pour demander aux cordes plus de force, plus de violence. À chaque arrêt, on entend discuter à haute voix ; Barenboïm s'énerve ; sa main laisse échapper sa baguette qui s'envole au-dessus de la tête des altos. Éclat de rire discret. Puis le miracle s'accomplit : après cette première lecture quelque peu hachée, il fait reprendre le quatrième mouvement de la symphonie qui sonne haut et clair.

Il est près de midi ; j'espère approcher le chef, après qu'il a fait passer une audition à un basson. Mais il s'esquive en me disant : « Je n'ai pas le temps ; je dois préparer ma tournée en Espagne. Je vous envoie mon assistant. » Ce dernier n'a rien de plus à me dire, en dépit des promesses qui m'ont été faites. Il faudrait revenir une autre fois à Berlin, ce que je ne ferai pas. Peu importe. Quelques mois plus tôt, à Paris, le regretté Arthur Oldham[1] m'a accordé deux heures d'entretien qui me permettent d'évoquer la personnalité de Barenboïm. Arthur Oldham raconte : « Avant de venir à Paris, j'avais travaillé avec Daniel au Festival d'Édimbourg, où il avait été très impressionné par l'ensemble vocal que je dirigeais. Il souhaitait s'inspirer de mon expérience pour implanter à l'O.P. un chœur non professionnel, semblable au mien. La tradition de la chorale en amateur avait presque disparu en France. Nous avons alors mis en place une énorme campagne de publicité dans le métro, dans les gares, sur les bus, sur les murs, à la radio, à la télé. Le prédécesseur de Daniel, Georg Solti, avait été, à son époque, pressenti pour former un chœur ; il avait répondu : “Ce n'est pas la peine, il n'y a pas de voix en France.” J'ai voulu prouver le contraire : nous avons reçu mille six cents demandes, puis j'ai procédé aux auditions : nous avons retenu deux cent quarante choristes, car nous jouions à ce moment-là au Palais des Congrès, salle très vaste de 3 800 places, à l'acoustique détestable. Quand nous sommes passés à Pleyel, nous avons réduit l'effectif à cent quatre-vingts titulaires. Après dix-huit mois de préparation, notre premier concert officiel a été consacré au *Te Deum* de Berlioz à Saint-Eustache en septembre 1976. Le succès fut prodigieux : nous étions désormais prêts à relever tous les défis.

« Malgré quelques anicroches, Daniel s'est toujours bien entendu avec moi. Ce n'était pas le cas avec tout le monde, car il était très dirigiste ; il avait même un caractère dictatorial prononcé. Rien ne pouvait être envisagé sans son accord préalable. Il décidait de tout, sans tenir compte de l'avis des administrateurs. Sous sa direction, l'orchestre a progressé rapidement, bien qu'il n'ait pas toujours pris soin de respecter les règles syndicales. C'est ainsi qu'il refusa de titulariser un musicien qui avait plus de dix mois de présence. Après une heure et demie de discussion, il finit par revenir sur sa décision et le concert prévu au Théâtre des Champs-Élysées put avoir lieu. Ce fâcheux épisode a marqué les esprits.

1. Entretien enregistré à la salle Pleyel, le 7 mai 2002.

« Il y eut d'autres problèmes, purement personnels : ainsi quand fut programmée la *Missa solemnis*, Daniel m'avoua qu'il n'avait jamais dirigé cette œuvre. Il venait de rencontrer la veuve de Furtwängler qui lui avait dit que son mari avait connu les pires difficultés pour maîtriser cette partition et qu'il ne la dirigerait plus jamais. Daniel en avait conclu qu'il risquait un cinglant échec. Il était loin d'être aussi sûr de lui qu'on l'imaginait. Tous les artistes portent en eux une énorme anxiété ; c'était son cas : très grand pianiste, il manquait encore d'expérience comme chef. Un soir où je faisais répéter le chœur, Daniel m'a appelé dans sa loge : "Je ne peux pas diriger cette œuvre, me dit-il ; je vais téléphoner à Giulini pour lui demander s'il est libre. J'ai tout fait jusqu'à présent : symphonie, concertos, musique de chambre, piano ; mais la *Missa solemnis*, je ne peux vraiment pas : c'est une œuvre impossible. – Daniel, calme-toi, lui ai-je répondu. Je veux la jouer avec toi et pour toi." Il a finalement surmonté ses doutes et il a obtenu un grand succès à Bercy et à Pleyel. Il ne m'a jamais dit merci car il ignorait ce mot. Cette attitude reflétait une certaine forme de timidité. J'ai souvent dit à ceux qui voulaient savoir qui était Barenboïm : "Écoutez un mouvement lent d'un concerto de Mozart : son interprétation dit tout, c'est son âme et sa sensibilité."

« Je l'ai vu souvent abattu, principalement au cours de la longue maladie de Jacqueline du Pré, la grande violoncelliste qui était devenue son épouse en 1967 et dont la carrière fut interrompue très tôt par une sclérose en plaques qui se déclara en 1972. Ce fut une épreuve terrible pour elle, mais aussi pour lui. Il lui est resté attaché jusqu'à sa fin survenue en 1987. Chaque week-end, il partait pour Londres et passait deux jours avec elle ; je le voyais revenir bouleversé ; il savait qu'elle était condamnée et ne trouvait de motivation que dans son travail.

« Il a beaucoup apporté à l'O.P., notamment en créant un Festival Mozart et en élargissant le répertoire de l'orchestre. Quant au chœur, il y consacrait une grande attention ; nous donnions en moyenne vingt-cinq concerts par saison ; en 2002, nous étions hélas tombés à dix représentations. Daniel avait un registre phénoménal et pas seulement en tant que pianiste : il était capable de tout diriger. J'ai connu deux génies musicaux au cours de ma carrière : Benjamin Britten, qui fut mon professeur, et Daniel Barenboïm. Britten, lui aussi, était un merveilleux pianiste : il fut l'un des premiers à diriger les *Concertos* de Mozart du clavier, bien avant Barenboïm. Je regrette qu'on ait mis beaucoup de temps à découvrir et à valoriser sa musique : nous avons donné à l'O.P. le *War Requiem*, mais nous n'avons jamais présenté sa *Spring Symphony* ni sa *Symphonie académique.* Il a fallu attendre que son opéra *Peter Grimes* triomphe sur toutes les scènes du monde pour qu'on le donne à l'Opéra Bastille. Quant à Daniel, je suis incapable de dire s'il était classique, romantique ou moderne : il maîtrisait toutes les formes musicales. Il avait un intellect à plusieurs vitesses : un soir, avant de diriger la *Neuvième* de Beethoven, nous discutions des programmes à venir, notamment à propos du *Requiem* de Berlioz. Je l'ai accompagné jusqu'à l'entrée de la scène ; à la fin du concert, il m'a fait venir sur le plateau pour saluer le public ; puis il m'a demandé de le suivre dans sa loge, où il a repris la conversation à l'endroit exact où nous l'avions interrompue, une heure et demie auparavant. "Tu sais, me dit-il, si nous faisons le *Requiem* tard dans la saison, nous n'aurons peut-être pas tous les musiciens que nous voulons." Il avait su se concentrer sur Beethoven, tout en pensant déjà au Berlioz de l'année suivante : tout s'était passé comme si le concert n'avait pas eu lieu. Il n'était disponible que pour faire de la musique. »

Arthur Oldham avait pour Barenboïm les yeux de Chimène ; ce n'est pas le cas de tous les instrumentistes de l'orchestre qui ont accompagné la trajectoire du maestro. Ainsi, Philippe Aïche[1], premier violon solo de l'O.P., tout en reconnaissant son talent et ses mérites, ne le ménage pas : « Il a laissé une profonde empreinte à l'O.P. ; il a été parfois critiqué à tort car, s'il avait les pleins pouvoirs, il savait aussi mettre les mains dans le cambouis. Il a beaucoup donné à l'orchestre ; il a réussi à nous faire quitter le Palais des Congrès pour passer à Pleyel ; ses relations personnelles lui ont permis d'inviter les plus grands solistes. Mais il a aussi profité de la notoriété grandissante de notre formation. Quand il est arrivé en 1975, j'étais deuxième soliste. Il n'avait que 33 ans et ne pouvait tolérer qu'on ne pût pas travailler aussi vite que lui : il voulait jouer de l'orchestre comme il jouait du piano. Jeune chef débutant, il n'était pas encore un grand maestro ; mais il a su bénéficier de notre acquis, de notre expérience. Sa fin de parcours n'a pas été glorieuse. Il a rodé avec nous des programmes qu'il allait diriger ensuite à l'étranger : ainsi, comme il devait donner la *Tétralogie*, il a tout simplement fait venir le plateau prévu à Bayreuth, ce qui a coûté extrêmement cher, pour quelques concerts : cette opération à sens unique a mis l'O.P. dans une situation financière difficile. Par

1. Entretien enregistré à Paris, le 15 mars 2002.

ailleurs, il n'a pas fait grand-chose pour assurer sa succession : personne n'était au courant qu'il avait été nommé à Chicago ; on ne l'a su qu'en août 1989. »

Lydia Harambourg[1] était membre du chœur qui fit sa première apparition publique à l'église Saint-Eustache dans le *Te Deum* de Berlioz ; elle jette sur Barenboïm un regard sensiblement différent de celui de Philippe Aïche : « Nous étions magnifiquement rodés par le travail préparatoire d'Arthur Oldham. Mais, au concert, Daniel Barenboïm nous imposait un tempo personnel tel que nous ne savions plus ce qui allait se passer. Il était pourtant venu aux répétitions et avait fait confiance à Oldham. J'ai gardé les partitions que j'annotais sur les indications d'Arthur. Mais nous nous doutions que le chef n'en tiendrait pas compte. Il ne changeait rien au fond, mais il apportait sa patte personnelle. J'ai cependant une admiration sans borne pour le musicien ; il nous a fait travailler en formation réduite Brahms, Schubert, Schumann. C'était très beau. Dans ces cas-là, il était lui-même ; il se montrait primesautier, il se révélait, s'épanouissait. Nous connaissions alors un véritable état de grâce, nous étions en lévitation. Face à l'orchestre, en revanche, Barenboïm semblait parfois gêné ; il avait une certaine retenue, une pudeur qui l'empêchait de se livrer. On sentait chez lui une sorte de froideur ; en fait il se sentait vulnérable, mais ne le montrait pas. Il avait deux visages : autant il pouvait être rude en grande formation, autant en petit groupe il savait rire et manifester sa joie. Nous savions tous quelle tragédie il vivait avec sa femme. Quand il revenait de Londres, il avait parfois des blancs, des absences ; il semblait planer dans un autre monde, aussi bien en répétitions qu'au concert ; on ne perdait pas pied, mais on avait l'impression que le navire tanguait. En général, sa gestique était assez irrégulière ; parfois nerveuse, presque frénétique, et puis on notait un passage à vide, après des envolées spectaculaires. C'était très différent de ce que faisaient Boulez ou Giulini qui ne connaissaient aucune saute d'humeur.

« Nous avons effectué avec Barenboïm de magnifiques tournées, notamment aux États-Unis et en Israël. Au fil des années, il s'était soudé à l'orchestre ; les musiciens l'aimaient, pour la plupart. Nous les femmes lui trouvions un beau sourire, une manière de s'exprimer parfois émouvante. Je garde de lui l'image d'un homme qui avait tout dans la tête et le cœur et qui

1. D'un entretien enregistré à Paris, le 21 novembre 2002.

possédait une exceptionnelle capacité de travail et une prodigieuse mémoire. C'est quelqu'un de bien ; son aura s'est embellie depuis son départ. »

Françoise Courcel, autre membre du chœur de l'O.P., fait également preuve d'une admiration sans retenue pour le maestro[1] : « Ce fut une grande période et une belle aventure aux difficultés parfois hallucinantes. Il nous a permis d'obtenir de fabuleux triomphes, notamment à la Philharmonie de Berlin, à Londres, à Washington et surtout à New York, pour l'Année romantique avec la participation de la Comédie-Française. Après un concert à Carnegie Hall, le *Washington Post* avait titré : "Ce chœur est un chant." Barenboïm adorait les opéras de Mozart ; nous avons fait avec lui la trilogie Da Ponte, *Les Noces, Don Giovanni, Cosi fan tutte* : nous n'avions jamais porté de costumes d'époque ni eu de maquillage de scène. Jean-Pierre Ponnelle réalisait la mise en scène au Théâtre des Champs-Élysées ; il nous a appris à bouger, à marcher. Ça a très bien marché, avec la magnifique Julia Varady ; Barenboïm a déjoué tous les obstacles : on ne pouvait répéter au cours de la journée, car nous avions tous un travail à l'extérieur ; il a donc organisé des soirées au cours desquelles il arrivait muni d'une cafetière. Il avait l'ambition de nous amener au sommet et ne se fixait aucune limite ; il était très exigeant et nous secouait souvent. Il connaissait tout par cœur : en dix minutes, il était capable d'apprendre sans faille une partition de trois pages ! »

Élisabeth Balmas, premier violon à l'O.P. avant de devenir premier violon solo du National, se montre beaucoup plus critique[2] : « Nous étions noyés dans l'immense salle du Palais des Congrès et nous ne comprenions pas toujours d'emblée ce qu'il voulait faire ; il donnait parfois l'impression de s'ennuyer en conduisant : mon opinion est toute personnelle, mais je trouve que sa vision musicale ne passait pas toujours très bien et qu'il était souvent quelque peu ennuyeux. Ses *Concertos* de Mozart étaient parfaitement exécutés ; mais dans un autre répertoire, sa direction laissait à désirer : ça n'arrachait pas… »

Peu enclin aux confidences, Daniel Barenboïm n'a jamais exprimé de remarques à propos des jugements que l'on portait sur son art. Homme sensible, enfermé dans une prison musicale dont il repoussait sans cesse les murs, il aurait pu demeurer encore plusieurs années à l'O.P. s'il n'avait été saisi par l'ambition de franchir de nouveaux paliers. L'occasion se présenta

1. Entretien enregistré à Paris, le 30 mai 2002.
2. Entretien enregistré à la Maison de Radio France, le 11 avril 2002.

quand fut décidée la construction de l'Opéra de la Bastille : grâce à l'influence de Pierre Boulez, qui avait une sincère admiration pour lui, Barenboïm rencontra François Léotard, ministre de la Culture du cabinet Chirac ; peu après, lui fut proposé le poste de directeur musical et artistique pour une durée de cinq ans. Séduit par la qualité novatrice du projet et la technologie mise en place, il accepta les conditions offertes, tout en continuant à diriger l'O.P. jusqu'au terme de son contrat, en 1989. Comme il l'a expliqué dans son autobiographie[1], Barenboïm, de plus en plus passionné par le lyrique, s'investit à fond dans sa mission. Il obtint la participation de prestigieux metteurs en scène, tels que Patrice Chéreau, Jean-Pierre Ponnelle, Carlos Saura, Peter Stein, et de chefs de premier plan, rompus aux difficultés de la scène, comme Pierre Boulez, Georg Solti, Christoph von Dohnanyi, Zubin Mehta, sans s'oublier lui-même qui se réservait *Tosca* et *Tristan et Isolde* pour la saison inaugurale. Il mit également en place un programme symphonique avec les Philharmonique de Berlin et de Munich. Habitué à tout régenter, il commit la maladresse de toucher à l'orchestre en mettant à la retraite un certain nombre d'instrumentistes ; cette initiative provoqua la colère des syndicats qui brandirent la menace d'une grève totale le jour de l'inauguration. Barenboïm fit machine arrière, mais le ver était dans le fruit. Les élections, qui maintinrent François Mitterrand à la présidence avec un nouveau gouvernement dirigé par Michel Rocard, chamboulèrent le contexte de travail du maestro. La nomination de Pierre Bergé, confident de Mitterrand, au poste de président des Opéras de Paris avec les pleins pouvoirs, empiétait sur les prérogatives de Barenboïm ; c'est ainsi que la programmation de ce dernier fut jugée trop élitiste : « J'avais accepté un poste des mains d'un ministre de Chirac et j'étais classé comme le chef d'orchestre de droite face à un gouvernement de gauche », a-t-il expliqué dans son livre. Devenu l'homme à abattre, Barenboïm était en terrain miné. On révéla avec force détails le montant de ses rémunérations ; on posa ouvertement la question : « Oui ou non, faut-il Barenboïm à la Bastille ? » Le coup décisif fut porté par Pierre Bergé qui annonça aux médias que le poste de directeur musical était vacant, en arguant d'une absence de paraphe officiel au contrat. Malgré la solidarité manifestée par de nombreux artistes, dont Herbert von Karajan, Daniel Barenboïm préféra s'effacer. Meurtri, déstabilisé, sans fonction

1. *A life in music*, Londres, Weidenfeld et Nicholson, 2002.

jusqu'en 1991 (date de ses débuts officiels à Chicago), il effectua quelques tournées et dirigea le *Ring* à Bayreuth.

Depuis 1989, Daniel Barenboïm n'a plus conduit d'orchestre parisien ; il est cependant fréquemment revenu dans la capitale en tant que soliste ou comme chef du Staatskapelle de Berlin. La trajectoire de ce musicien, grand amateur de cigares, féru de cuisine, s'est engagée dans de nouvelles voies ; il a refait sa vie avec Elena Bachkirova, pianiste russe, qui lui a donné deux fils. L'enfant prodige qu'il fut pouvait mesurer le chemin parcouru depuis l'époque où il avait eu son père pour seul professeur et où il accompagnait le cantor de la synagogue de Buenos Aires, avant de donner ses premiers récitals publics à 7 ans. Né en 1942, dans la capitale argentine, il appartenait à la troisième génération d'une famille d'émigrés russes qui avaient fui les pogroms avant la Grande Guerre. En 1951, le jeune Daniel suivit ses parents en Israël. Encouragé par Arthur Rubinstein, Nadia Boulanger, Edwin Fischer, Wilhelm Furtwängler, son idole, et Igor Markevitch, le premier à déceler ses dons pour la direction, il brûla les étapes : il débuta, à 13 ans, à Londres où il deviendra plus tard le chef de l'English Chamber Orchestra ; avec cette formation, il enregistra une mémorable intégrale des *Concertos* de Mozart qui demeure une

référence absolue. Chef en Israël dès 1959, il élargit constamment son répertoire en créant des œuvres contemporaines de Pierre Boulez, Takemitsu, Henze, Lutoslawski, tout en se consacrant souvent à l'art lyrique, notamment aux opéras de Mozart et à la *Tétralogie* de Wagner.

Un autre aspect de Barenboïm est apparu au cours des décennies suivantes : se voulant d'abord un musicien de l'univers, il estima qu'aucune exclusion d'ordre politique ne devait entacher l'art auquel il avait voué sa vie. C'est ainsi qu'au terme d'un concert donné au Festival d'Israël, le 7 juillet 2001, où il avait accepté de remplacer le premier acte de *La Walkyrie* de Wagner, compositeur qu'on ne jouait jamais en Israël, par la *Quatrième Symphonie* de Schumann et *Le Sacre du printemps* de Stravinsky, il proposa un *bis* de… Wagner, *Prélude* et *Mort d'Isolde*, qui provoqua un énorme tollé. Les opposants, relativement peu nombreux, quittèrent la salle en protestant, et Barenboïm put diriger les dix-sept minutes de musique wagnérienne. L'interdiction purement formelle qui frappait Wagner reposait sur le contenu de certains de ses écrits, considérés, à juste titre, comme antisémites et sur le fait que sa musique avait été utilisée pour glorifier la propagande nazie ; ses œuvres constituaient donc pour de nombreux intellectuels israéliens une offense aux survivants de la Shoah qui avaient entendu cette musique dans les camps d'extermination.

Barenboïm répliqua en expliquant que les opéras de Wagner n'étaient pas antisémites et que « son langage musical n'était pas porteur d'une idéologie antijuive ». Menacé, injurié, le maestro répondit d'un mot terrible : « Ne pas jouer Wagner en Israël, c'est accorder aux nazis l'ultime victoire. »

Cette attitude courageuse, réprouvant toute forme de discrimination, constituait une prolongation à la généreuse innovation que Barenboïm avait intégrée, quatre ans plus tôt, à Weimar, non loin du camp d'extermination de Buchenwald, à ses *masterclasses*, en réunissant dans la même formation de jeunes musiciens israéliens, égyptiens, syriens, palestiniens et tunisiens venus faire de la musique, en excluant toute attitude politique et en oubliant leurs origines. L'idée originelle de Barenboïm avait été de fonder une structure et de trouver un lieu où les jeunes de tout le Moyen-Orient pourraient jouer ensemble. Dès la première année, en 1998, deux cents candidats se présentèrent et le niveau atteint fut excellent. Cet orchestre donna son premier concert en 1999 à l'université de Birzeit en Palestine puis se produisit dans de nombreuses villes d'Europe et d'Orient. Plaidant pour un monde sans racisme et sans haine, animé d'une inspiration messianique, Daniel Barenboïm indiquait dans le World Socialist Website en août 2001 : « Je suis né en Argentine, mes grands-parents étaient des juifs russes, j'ai grandi en Israël et j'ai passé une grande partie de ma vie d'adulte en Europe. Je pense dans tous les langages que j'ai appris à parler. Je me sens allemand quand je conduis Beethoven, italien quand je joue Verdi. Ces variations ne me donnent pas le sentiment de ne pas être en règle avec moi-même, au contraire. L'expérience que j'ai vécue depuis plus de cinquante ans, en jouant tous les styles de musique, est comme l'illumination d'une vie. »

Que ce message d'un véritable humaniste puisse être compris et adopté par tous ceux qui cultivent préjugés et violence est hélas une autre affaire. Encore fallait-il oser prôner ouvertement cette paix musicale, qui aurait pu être un prélude à la paix des braves.

CHRISTOPH ESCHENBACH
CRÉATEUR D'INDICIBLE

« L'esprit oublie toutes les souffrances quand le chagrin a des compagnons et que l'amitié le console. »
William Shakespeare, *Le Roi Lear*

Bien avant d'être nommé directeur musical de l'Orchestre de Paris, Christoph Eschenbach était devenu un familier de cette formation. C'est au Théâtre des Champs-Élysées, très exactement le 22 novembre 1969, au cours d'un concert du samedi matin, comme c'était alors la coutume, que j'ai découvert un jeune pianiste chevelu, frêle comme un adolescent, timide comme un débutant, qu'il n'était plus pourtant, dans le *Cinquième Concerto* de Beethoven, interprété avec un entrain, une vitalité et une sonorité prodigieuses. Accompagné, à la tête de l'Orchestre de Paris, par la baguette experte de Kyril Kondrachine, grand chef russe qui songeait déjà à fuir l'Union soviétique, et qui donna en seconde partie une *Première Symphonie* de Mahler à couper le souffle, Christoph Eschenbach confirmait les dons éblouissants qu'il avait déjà mis en évidence quelques semaines plus tôt au Festival d'Aix-en-Provence, en jouant avec Georg Demus et Herbert von Karajan, dirigeant l'Orchestre de Paris de son clavier, le *Concerto pour trois pianos* de Mozart.

Par une étonnante coïncidence, le hasard a voulu que je vois Christoph Eschenbach, pour la première fois, en tant que chef invité à l'O.P., en 1997, dans la *Symphonie « Titan »*, que Kondrachine avait donnée, vingt-huit ans plus tôt au Théâtre des Champs-Élysées, avec le même orchestre. Ce soir-là, à

Pleyel, toujours aussi svelte, aussi anguleux, mais déjà chauve, Eschenbach n'était pas sans évoquer la silhouette d'Erich von Stroheim, bien qu'il ne jouât pas la « grande illusion » de la musique. Tout me donne à penser que la manière dont il dirigea Mahler lui valut l'estime, voire l'admiration des musiciens de l'O.P. qui savaient déjà que le contrat de Semyon Bychkov ne serait pas renouvelé. Ainsi, onze ans après le départ de Daniel Barenboïm, la formation parisienne allait accueillir comme patron un autre virtuose du clavier, qui avait eu le temps de faire ses classes et ses preuves de maestro en Allemagne et aux États-Unis, après avoir opté pour la direction d'orchestre dès 1972.

Dans sa petite loge monacale de la salle Pleyel où il me reçoit à deux reprises après des répétitions, Christoph Eschenbach m'a révélé, dans un excellent français, les raisons de sa mutation, inscrite dans son esprit depuis son enfance[1] : « Né à Breslau (ville devenue polonaise sous le nom de Wroclaw) le 20 février 1940, six mois avant que la Pologne ne soit envahie par le IIIe Reich, je suis un enfant de la guerre. Mes parents avaient des origines hongroises, autrichiennes, bohémiennes, polonaises, d'où mon attachement aux thèmes rustiques et folkloriques de Gustav Mahler, qui a grandi lui-même dans cette partie d'Europe si souvent déchirée par les conflits et les invasions. Mon père, historien et musicologue – il s'appelait Heinrich Ringmann –, était un opposant au régime nazi. J'étais encore un bébé quand il fut arrêté, déporté et assassiné. Ma mère est morte peu après ma naissance et presque toute ma famille a disparu. Je me trouvais dans un camp de personnes déplacées avec ma grand-mère maternelle quand une de mes tantes, qui avait survécu par miracle, me recueillit en 1945. Elle était bonne musicienne : c'est grâce à elle que j'ai appris le solfège et commencé à jouer du piano. Traumatisé par le souvenir des événements tragiques que j'avais vécus – bombardements, vision des fosses communes où l'on jetait les cadavres à la pelle, privations… – j'ai été longtemps incapable de parler. Seul le piano m'offrait le moyen de m'exprimer. Adopté par la famille Eschenbach, dont je porte le nom, j'ai joué de cet instrument avant d'être capable de formuler la moindre phrase. Ma mère adoptive me donnait des leçons tandis que, peu à peu, je recouvrais l'usage de la parole. Plein d'impatience, j'ai voulu devenir pianiste, bien qu'on ait voulu faire comprendre à mon entourage que j'avais commencé trop tardivement pour envisager une carrière de soliste. Mais j'avais un tel

1. Entretiens enregistré salle Pleyel, les 25 février et 8 avril 2002.

acharnement au travail que j'ai fait de rapides progrès. La musique était devenue une obsession de tous les instants, ce qu'elle est encore aujourd'hui. J'ai rattrapé le temps perdu et, à 10 ans, j'ai remporté le premier prix du concours Steinway à Hambourg. Quelques mois plus tard, j'ai accompagné mes parents à un Concert du Philharmonique de Berlin, dirigé par Wilhelm Furtwängler : le chef conduisait Beethoven avec une telle passion, une telle flamme que j'en fus bouleversé. J'ai dit à ma mère que je voulais devenir chef d'orchestre. Elle m'a répondu que c'était beaucoup trop tôt ; elle tenait en effet à ce que je poursuive mes études de piano. Mais le clavier ne me suffisait plus. J'ai voulu avoir un violon et j'ai travaillé avec les deux instruments. J'ai fait de la musique de chambre avec ma nouvelle famille ; ma mère adoptive était chanteuse et professeur de piano ; elle m'a beaucoup appris. J'ai poursuivi mon éducation musicale à la Musikhochschule de Cologne, puis à celle de Hambourg, où j'ai abordé l'étude de la direction d'orchestre : j'ai suivi les cours de Wilhelm Brückner-Rüggeberg, tout en me perfectionnant au piano. En 1961, j'ai donné mes premiers récitals ; en 1965, j'ai remporté le concours Clara-Haskil à Lucerne. Ce fut le véritable point de départ de ma carrière ; j'avais alors le désir de m'orienter vers le lyrique ; c'est la raison pour laquelle j'ai envisagé de devenir répétiteur à Hambourg. Mais grâce aux nombreuses tournées que j'effectuais à travers le monde – notamment à Salzbourg, Paris, Aix, Spolète, Berlin, Tanglewood – j'ai rencontré de très grands chefs qui m'ont encouragé à tenter ma chance au pupitre. Ce fut le cas de Karajan et surtout de George Szell, qui m'a pris auprès de lui comme une sorte d'assistant à Londres et à Salzbourg ; il m'a fait confiance et m'a tout appris de l'analyse musicale. J'ai commencé à croire en mes possibilités. J'avais, en tant que pianiste, un répertoire très étendu, de Bach à Bartok en passant par Mozart, Beethoven, Chopin. Je m'intéressais beaucoup à la musique contemporaine, notamment celle de Henze, dont j'ai joué le *Deuxième Concerto*. C'est alors qu'en 1972, j'ai décidé de franchir le pas : j'avais 32 ans quand, à Hambourg, après six mois de préparation et d'angoisse, j'ai dirigé la *Troisième Symphonie* de Bruckner. Par la suite, Leonard Bernstein m'a prodigué de précieux conseils ; j'ai continué à diriger parfois du piano, à jouer à deux pianos avec Justus Frantz, à accompagner Dietrich Fischer-Dieskau, à faire de la musique de chambre, mais j'avais mis un terme à mon activité de soliste. »

Les étapes suivantes mènent Christoph Eschenbach à Darmstadt, en 1978, où il effectue ses débuts lyriques avec la *Traviata*, puis, en 1979, il devient *Generalmusikdirektor* à la Philharmonie du Palatinat, de Ludwigshafen, avant de passer au Tonhalle de Zurich en 1982. Il s'impose aux États-Unis où, tout en se produisant à New York et Chicago, il est nommé directeur musical du Symphonique de Houston en 1988 ; il en fait une formation d'excellent niveau qu'il quitte en 2000 pour devenir le patron de l'Orchestre de Paris, tout en gardant la responsabilité de la N.R.D. de Hambourg jusqu'en 2003. Dès 2002, le chef affirme[1] : « L'O.P. est déjà au niveau des grands orchestres internationaux ; il n'a pratiquement plus de fragilités ; en revanche, je peux révéler que j'ai parfois ressenti certaines faiblesses au Philharmonique de New York ou au Symphonique de Chicago. Mais l'O.P. est tellement bon techniquement qu'il demeure toujours égal à lui-même ; sans flagornerie, j'affirme qu'il est capable de jouer remarquablement toute forme de musique de Beethoven à Boulez : il n'a pas de limites. Notre tournée aux États-Unis en 2002 l'a confirmé ; on avait eu tendance à oublier les orchestres français là-bas, depuis le fulgurant passage de Charles Munch en 1968. Or, nous avons reçu un accueil délirant qui nous a fait chaud au cœur. Nous avions pourtant eu l'audace de présenter, outre Ravel, Messiaen et Dutilleux, une œuvre en première mondiale, *Color*, de notre compositeur en résidence, Marc-André Dalbavie, dont le succès fut retentissant. »

Que pensent les instrumentistes de l'O.P. de l'évolution de leur orchestre ? Nous avons posé la question aux deux premiers violons solos, Philippe Aïche et Roland Daugareil. Sans se « concerter », ils sont tombés d'accord sur la qualité du travail accompli par Christoph Eschenbach, depuis son arrivée. « Après trois ans de vide, nous a dit Philippe Aïche[2], la nomination d'Eschenbach a été artistiquement providentielle. On savait qu'il était excellent, qu'il était un magnifique pianiste, mais on connaissait assez mal ses qualités de chef. Nous l'avions eu plusieurs fois en tant qu'invité ; il nous avait paru, parfois, manquer de souplesse : comme on dit dans notre jargon, "il n'avait pas un drap" ; dans certaines phrases, il paraissait un peu gauche, il n'avait pas l'aisance d'un Maazel ou d'un Mehta qui sont des Paganini de la battue. En fait, en matière de gestique, on observe deux niveaux : le niveau purement technique qui communique des indications très claires par une battue précise ; mais il faut aussi le niveau musical qui doit aller dans le sens d'une conception. Ces deux éléments réunis, le charisme du chef doit lui permettre de faire adhérer l'orchestre. Ou la mayonnaise prend ou elle ne prend pas.

1. Entretien enregistré le 25 février 2002.
2. Entretien enregistré à Paris, le 15 mars 2002.

Or le contact s'est rapidement établi avec Eschenbach. Quand on arrive à la première répétition et qu'il lève sa baguette, on sait déjà ce qui va se passer, on perçoit ce qu'il veut. C'est comme en amour, on parle d'abord avec la personne que l'on va aimer ; il peut y avoir des atomes crochus, mais pas forcément le coup de foudre : c'est un phénomène de chimie qui se produit entre deux êtres. Il nous a fallu un peu de temps avec Eschenbach qui est d'énigmatique ; il a un côté Pierrot lunaire assez curieux. Peu de personnes à l'orchestre ont compris quel était le fond de sa personnalité. Il porte en lui sa différence et possède une grande sensibilité qui lui est spécifique ; il ne m'appartient pas de la commenter. Nous avons pour lui le plus grand respect ; il dirige comme s'il jouait du piano, ce qui n'est pas un défaut. Aux répétitions, il explique tout en conduisant ; la communication passe bien entre nous. À partir du moment où le chef dégage une vraie conception de l'œuvre, il n'y a plus de problèmes pour les musiciens.

« Il a une grande ambition pour l'orchestre. C'est important pour nous, car nous savons qu'il y a de moins en moins de vrais chefs. Nous en connaissons certains qui dirigent médiocrement : s'ils jouaient d'un instrument comme ils dirigent, ils ne seraient même pas admis dans un orchestre : il faut le dire ! Ils seraient alors réduits à cachetonner dans des formations de troisième catégorie. On peut juger de la qualité d'un chef au cours d'une tournée : celle que nous avons faite avec Eschenbach en 2002 fut magnifique. Auparavant, nous nous étions déjà produits aux États-Unis avec Barenboïm, puis Bychkov, mais nous n'avions jamais ressenti une telle impression de plénitude ; de ce fait, l'orchestre a eu la volonté de se surpasser et il y est parvenu.

« Notre formation a beaucoup changé : elle a été rajeunie ; les anciens avaient beaucoup apporté ; eux partis, il s'est produit une évolution progressive de la mentalité. Les jeunes paraissent plus motivés que leurs prédécesseurs ; on sent une progression qui touche l'ensemble. En 1983, quand je suis entré à l'O.P., on savait que les grands orchestres “assuraient” presque toujours, quel que soit le chef, sans tomber dans le gouffre de la médiocrité. Avec Eschenbach, nous avons acquis une sécurité permanente ; il ne contrôle pas tout comme le faisait Barenboïm ; il expose ses idées et les impose parfois, mais il ne gère pas. Eschenbach est un boulimique de musique ; il peut diriger une répétition pendant trois heures et dire : “On reprend au début.” Nous ne sommes pas à la minute près, mais il faut qu'un chef sache gérer son temps. Ce n'est pas réellement le cas du maestro qui arrive systématiquement en retard aux répétitions : le temps ne compte pas pour lui. »

Roland Daugareil partage pleinement l'opinion de Philippe Aïche[1] : « Eschenbach a un profond respect pour les musiciens. Il lui arrive fréquemment de nous demander ce que l'on pense de tel ou tel passage, de quelle manière il doit être modulé ; avec lui, le dialogue est toujours positif ; d'ailleurs, la plupart des chefs évoluent en ce sens : l'autoritarisme n'est plus de mise à notre époque. Eschenbach est incontestablement un grand musicien : sous sa baguette, il se passe toujours quelque chose d'important au concert. Son arrivée nous a redonné confiance ; la qualité du renouvellement a été également importante : il a apporté un nouveau souffle à l'orchestre, qui a gommé les aspérités des dernières années Bychkov. Tout à coup, on a vu s'épanouir des instrumentistes qui ont eu envie d'aller de l'avant. »

Avant que l'O.P. ne s'installe dans sa nouvelle résidence du Théâtre Mogador, j'ai pu suivre à Pleyel plusieurs répétitions passionnantes avec Eschenbach, notamment celle du 20 février 2002, jour anniversaire des 62 ans du maestro. Après le traditionnel *Happy birthday*, le chef lance ses musiciens dans la *Neuvième Symphonie* de Mahler. De sa gestique ample et souple, il déclenche dans l'*andante* du premier mouvement un raz de marée des cordes et des cuivres, avant qu'une sorte de convoi funèbre se mette très lentement en marche : « *Wie ein schwerer Kunduckt*[2] », a précisé Mahler. Dans la salle, des enfants de musiciens lisent des bandes dessinées. Eschenbach conclut le premier mouvement sur un souffle de musique, comme une lumière qui s'éteint, comme une âme qui s'envole. Du bout des doigts, il dessine le flux de la vie qui fuit jusqu'à ce qu'un nouveau tutti, courte rémission, ranime provisoirement la fin dans une discordance. Le chef ouvre sa partition, donne quelques indications d'une voix calme ; il n'est pas pleinement satisfait des ruptures de tempo : « Insistez sur le ralentissement. » Aux harpes : « Laissez vibrer. » Il reprend les premières mesures, insiste sur la marche funèbre pour imprimer une pulsation. Aux trombones : « Plus fort ! » ; aux cors : « Un peu plus d'attaque ! » Le ländler du deuxième mouvement ne semble pas poser de problème ; quand il obtient l'effet recherché, le chef exprime sa satisfaction par une curieuse mimique de la bouche et des yeux. Le tempo est rapide qui mène à une fête lugubre, comme si un danger se profilait à l'horizon.

1. Entretien enregistré à Paris, le 24 mai 2002.
2. « Comme un lourd convoi funèbre ».

Pendant la pause, Philippe Aïche me confie : « C'est la quatrième répétition avant la générale ; cette musique est difficile à mettre au point ; nous sommes tous un peu fatigués ; nous serons meilleurs au concert. »

Christoph Eschenbach fait plusieurs fois recommencer le début du *Rondo burlesque* du troisième mouvement : « Plus cadencé, plus vite, plus violent. » Quand l'ironie de Mahler prend le dessus, le chef esquisse un mouvement de danse sur le podium. La mélodie est au cœur du cyclone ; le drame se précise par une rupture de tonalité. Le chef ne prononce qu'un mot : « Bien. » L'adagio du quatrième mouvement nous enfonce dans la douleur ; elle est là, palpable avec le tuba menaçant et grinçant face aux fragiles violons. Le solo de Philippe Aïche fait penser à Verlaine : « Les sanglots longs des violons… » Un choral monte lentement qui conduit au précipice. Les étoiles du ciel s'éteignent une à une ; la vie s'éloigne, avec un dernier regard sur la plaine ou comme un bateau quitte la côte, dans la brume, pour ne plus revenir. Je pense alors au célèbre tableau de Turner où l'on ne voit plus d'un navire qu'une fine fumée dans la vapeur bleutée du crépuscule. Dernier sursaut du tuba, dernières vibrations des cymbales ; un solo de violoncelle, puis d'alto symbolisent l'existence qui se retire, emportée par une vague. Tout à coup, le chef se fait plus grand, plus proche du ciel. Il dit : « Je veux entendre quelque chose de spécial. » Les altos et les violoncelles exaucent son vœu. La matière sonore s'évanouit dans le silence. Eschenbach vient de créer l'indicible. Il semble bouleversé, mais, en même temps, satisfait de son orchestre : « J'ai longtemps été imperméable à la musique de Mahler, m'explique-t-il dans sa loge. Je ne parvenais pas à le comprendre. J'étais devant une porte que je ne pouvais pas ouvrir. Puis, un jour, je devais avoir 22 ans, je suis parvenu à la pousser et à franchir le seuil : je venais d'entendre la *Cinquième Symphonie*. Depuis cette découverte, je suis lié à Mahler ; je m'identifie à sa pensée, à son expression qui recèle un aspect psychanalytique fascinant. Toutes ses symphonies sont complexes et difficiles à diriger ; il faut les explorer en permanence pour s'en pénétrer ; on plonge dans un monde visionnaire qui dépasse l'expressionnisme, notamment dans la *Neuvième*. Le premier mouvement comporte déjà une série dodécaphonique, avec onze sons, le douzième venant s'ajouter juste après avec le solo du violon. Cette musique, comme celle de Mozart, Beethoven et Schubert, offre un aperçu de l'Au-delà ; je pense à la *Grande Fugue* de Beethoven dont le développement thématique s'éloigne de toute voie traditionnelle. Mahler a repris et amplifié cette idée ; il dit tout ce qu'il peut dire avec la tonalité dont il cherche désespérément à s'éloigner ; il verse tout ce qui pouvait être imaginé dans le réceptacle de son époque. J'y vois une transition naturelle entre le post-romantisme et la théorie des douze sons de Schoenberg. »

Quand il évoque Schoenberg, Christoph Eschenbach s'anime à la pensée de pouvoir jouer toute la musique contemporaine : « J'ai encore beaucoup à découvrir, même dans Schoenberg, compositeur qui me touche énormément. On dit souvent que le dodécaphonisme est une impasse ; en fait, c'est tout ce qui précédait cette novation qui aboutissait à un butoir ; on ne pouvait aller plus loin sans faire exploser le système tonal. Outre la seconde école de Vienne, j'admire l'œuvre d'Henri Dutilleux ; son *Concerto pour violoncelle* est fabuleux ; il ne ressemble à rien de ce qui a été fait avant lui dans le domaine de cet instrument : il y réunit lyrisme et sobriété. »

Wagner est également au premier plan des préoccupations du maestro qui dirigera un cycle complet du *Ring* au Châtelet en 2006, date à laquelle, après avoir renouvelé son contrat avec l'O.P. en 2003, il devra choisir : ou quitter Paris, ou rester. Tout dépendra sans doute de la salle dont pourra disposer son orchestre ; il faut rappeler en effet que l'O.P. a dû abandonner le Théâtre Mogador pendant plus d'un mois en hiver et répéter dans d'autres salles. De plus, l'acoustique de ce théâtre, en dépit de quelques apports électroniques parfois gênants, ne permet pas de jouer convenablement tout le répertoire moderne. Selon Christoph Eschenbach, cette situation devrait responsabiliser les autorités nationales et régionales : « Paris est dépourvu d'un véritable auditorium ; c'est là un quasi-abandon artistique. J'aime et je connais la capitale depuis près de quarante ans et je ne peux penser que l'on ne trouvera pas une solution musicalement satisfaisante[1]. »

Christoph Eschenbach est également très attaché au message qu'il entend propager auprès des jeunes : « L'avenir de la musique dépend d'un renouvellement du public. Nous demeurons trop souvent enfermés dans une tour d'ivoire ; il faut ouvrir les portes aux écoliers, à leurs parents et même aller vers eux pour leur expliquer combien la musique est excitante, créatrice de passion et de bonheur. En Allemagne, nous sommes victimes du même phénomène : l'enseignement musical régresse ; les jeunes n'écoutent que de la techno, du rock, car ces musiques sont sur toutes les antennes où elles sont mises constamment en valeur. La musique classique ne peut être écoutée que

1. Depuis que cet entretien a eu lieu, l'Orchestre de Paris sait qu'il pourra disposer à nouveau de la salle Pleyel rénovée à partir de la saison 2006.

dans des salles où les jeunes n'accèdent pas facilement ; quand ils y viennent, ils plongent dans une ambiance cérémonielle qui les rebute. Les Anglais ont partiellement résolu ce problème, depuis des décennies, avec les "Proms" : ils disposent d'une énorme salle, l'Albert Hall, qui permet de drainer des foules considérables. »

On a parfois laissé entendre que Christoph Eschenbach en faisait trop, qu'il était un boulimique du beau son : « C'est vrai que je ne m'éloigne jamais de la musique, reconnaît-il ; j'ai toujours quelque chose à apprendre ou à étudier. Mon travail me laisse peu de temps libre. À partir de l'automne 2003, je prends la direction musicale du Symphonique de Philadelphie ; mais je me suis libéré de ma responsabilité à l'Orchestre de la Radio de Hambourg, ainsi que du Festival du Schleswig-Holstein. J'ai également limité le nombre d'invitations : je veux me concentrer sur Paris et Philadelphie ; j'effectuerai quelques allers et retours en avion ; j'en avais l'habitude avec Houston. »

Une intéressante collaboration existe entre les deux orchestres que dirige le maestro. Du 14 au 23 novembre 2003, l'O.P. a effectué une tournée aux États-Unis, au cours de laquelle il a donné au Kimmel Center de Philadelphie un concert de musique de chambre, comportant une création – *Tartus* – de Marc-André Dalbavie, avant de se produire au Carnegie Hall dans Berlioz. Le 13 mars 2004, l'O.P. accueille à son tour l'Orchestre de Philadelphie, dirigé par Eschenbach, avec au programme *Les Offrandes oubliées* de Messiaen et la *Septième Symphonie* de Bruckner.

À 64 ans, Christoph Eschenbach possède une silhouette de jeune homme. Comment entretient-il sa forme physique ? « Quand je répète, je fais six heures de sport ; c'est extrêmement physique et ça me suffit comme exercices corporels. Je ne suis pas de régime, mais je mange peu. Le matin, je prends un yoghourt ; le jour du concert, je mange du poisson ou de la viande ; je dîne rarement après le spectacle, c'est trop long. »

Et l'île déserte, que lui inspire-t-elle ? « Difficile question : j'ai tant d'amours en musique. Je voudrais d'abord trouver un lieu pour l'étude fondamentale jusqu'à mon dernier souffle. Le jour où je me retirerai, j'emporterai des partitions de Bach : toute mon existence a été conditionnée par lui ; je ne peux imaginer de vivre sans sa musique. La première œuvre que j'ai jouée au piano fut la *Sarabande* de la *Suite française*. J'avais 11 ans. Aujourd'hui encore quand, pour mon plaisir ou pour mes amis, je suis au clavier, je ne peux commencer que par du Bach. Les *Varia-*

tions Goldberg demeurent mon exercice préféré. Mais il est une œuvre que je n'ai jamais dirigée et qui m'attire irrésistiblement : c'est la *Passion selon saint Matthieu*. J'ai un tel respect pour ce monument que je ne me sens pas encore le droit de m'en approcher. Cette musique est d'amour céleste, *himmlische*... »

WOLFGANG SAWALLISCH
LE PARFAIT KAPELLMEISTER

« La musique est une révélation plus haute que toute sagesse et toute philosophie. »
Ludwig van Beethoven, *Lettres à Bettina*

De tous les grands *Kappelmeister* allemands du XXe siècle, Wolfgang Sawallisch fut longtemps, tout comme Günter Wand, son aîné de onze ans, le moins connu du public. Pourtant, il possédait tous les dons nécessaires pour s'affirmer au plus haut niveau mondial, ce qu'il réalisa finalement à 70 ans en devenant directeur musical d'une des plus célèbres institutions américaines, le Symphonique de Philadelphie où il succéda à Riccardo Muti. Il avait déjà derrière lui une longue carrière entièrement dédiée à des formations européennes qui ne figuraient pas toutes parmi les majeures du Vieux Continent.

On le vit rarement à Paris jusqu'à la fin des années quatre-vingt-dix : il y avait pourtant fait sa première apparition en 1962 à la tête du Symphonique de Vienne qu'il dirigea pendant dix ans. Antoine Goléa, le célèbre critique de l'époque, évoquait ainsi sa présence[1] : « Sawallisch n'est pas de ces chefs qui se laissent griser par le succès. Il reste dans une modestie incroyable, si l'on songe qu'il cumule les postes de chef de l'Orchestre symphonique de Vienne, du Philharmonique de Hambourg et de l'Opéra de Cologne, et qu'il est invité

1. Antoine Goléa, dans *Musica*, juin 1962.

régulièrement à Bayreuth et Salzbourg. Mais malgré cela, Sawallisch était mort de trac en montant sur l'estrade. Tout le monde a beau dire du mal (artistiquement, bien sûr) de notre capitale[1], son public reste redouté, ô combien ! Et, en face de lui, l'infortuné Sawallisch qui était arrivé fatigué, le matin même de la représentation, avec des musiciens tout aussi angoissés que lui, allait donner un magnifique concert… qui demeure l'un des plus beaux souvenirs de la saison. »

Wolfgang Sawallisch fut plusieurs fois l'invité du National, notamment à Besançon, en 1965, et à Saint-Denis en 1985, dans la *Missa solemnis* ; mais il fallut attendre la saison 1994 pour assister à sa première apparition à l'Orchestre de Paris, dans un cycle Beethoven malheureusement étalé sur quatre années ! Philippe Aïche a gardé un souvenir très positif de cette intégrale[2] : « Sawallisch incarne la rigueur germanique, avec une grande honnêteté vis-à-vis de la partition : il est sincère et direct. Certes, il dispose d'un répertoire plus restreint que ceux de Dohnanyi et Giulini, mais on sent qu'il s'appuie sur une grande tradition et une connaissance absolue des œuvres qu'il dirige. Il fut important pour nous de pouvoir travailler avec un chef de ce niveau. »

Le chœur d'Arthur Oldham se montra également très enthousiaste. Comme la plupart des chanteurs et chanteuses, Françoise Courcel[3] l'a trouvé « magique dans la *Neuvième Symphonie* et la *Missa solemnis* » : « Ce furent des moments inouïs ; nous aurions tant aimé le garder, mais il n'a pas pu ou pas voulu… »

La lourde charge de l'Orchestre symphonique de Philadelphie, ses fréquents séjours au Japon, les nombreuses invitations qui lui sont faites n'ont pas permis à cet homme discret de postuler à la succession de Semyon Bychkov en 1999. L'administration de l'orchestre avait songé à lui confier un poste de co-directeur ou de conseiller avec Christoph von Dohnanyi et Frans Brüggen, mais ce projet ne put aboutir. Curieusement, Christoph Eschenbach, qui lui a succédé à Philadelphie en septembre 2003, a pris à Paris le poste qui semblait destiné à son compatriote.

L'âge a sans doute pesé sur la décision de Wolfgang Sawallisch : il avait 77 ans quand il fut pressenti. La maladie y fut aussi pour quelque chose, comme ce fut le cas en décembre 2002, quand il dut renoncer à une série de

1. Cela n'a pas changé…
2. Entretien enregistré à Paris, le 15 mars 2002.
3. Entretien enregistré à Paris, le 30 mai 2002.

concerts à la tête de l'O.P. Rendez-vous était pris avec le maestro quand son agent, Germinal Hilbert, m'annonça qu'il était contraint d'observer une longue période de repos.

Wolfgang Sawallisch aura eu la sagesse de ne pas risquer de ternir sa réputation en refusant une responsabilité qu'il n'avait peut-être pas la force d'assumer. Il ne s'était guère ménagé au cours de ses cinquante années de carrière. Né à Munich en 1923, il appartient à cette catégorie de chefs allemands qui ont fait leurs classes sur de nombreuses scènes avant de voir leur talent reconnu. En 1947, il est répétiteur, puis chef à l'Opéra d'Augsbourg. En 1952, il est l'assistant de Markevitch à Salzbourg ; puis il devient *Generalmusikdirektor* à Aix-la-Chapelle, en 1953. Il occupe ensuite le même poste à Wiesbaden et à Cologne, après avoir effectué en 1957 de retentissants débuts à Bayreuth dans *Tristan*. En 1960, il hérite la baguette de Karajan au Symphonique de Vienne où il reste dix ans. Il passe ensuite à Hambourg, où il demeure onze saisons, donnant près de mille trois cents représentations, tout en étant conseiller musical au Deutsche Oper de Berlin. Frôlant la boulimie, il prend en charge le Philharmonique de Munich et la direction de l'Opéra de la ville, après avoir succédé à Paul Kletzki en 1970 à la tête de l'Orchestre de la Suisse romande pendant une décennie, sans compter ses apparitions à la Scala de Milan, à Berlin, Vienne, Dresde, Leipzig et Tokyo.

Grand spécialiste de la musique allemande, Wolfgang Sawallisch nous lègue un fonds discographique très représentatif de son art, avec notamment des intégrales de Beethoven, Schubert, Schumann, Mendelssohn, Brahms, des enregistrements marquants de Mozart, Haydn, un *Ring* complet de Wagner, dont il a joué tous les opéras, Bruckner, Richard Strauss, Hindemith ; en revanche, il délaissa complètement Gustav Mahler, tout comme la seconde école de Vienne et Stravinsky.

Également allemand, Klaus Tennstedt quitte la R.D.A. en 1972 pour effectuer une carrière internationale, notamment à Londres, Hambourg, Minneapolis. Grand spécialiste de Malher, la maladie l'a écarté trop tôt des podiums.

Klaus Thielemann et Ingo Metzmacher sont considérés comme les plus sûrs espoirs de la nouvelle génération des *Kapellmeister* d'Outre-Rhin.

JOHN NELSON
COMME UN MISSIONNAIRE

« La foi est la réalité de ce que l'on espère,
la preuve de ce que l'on ne voit pas. »
Saint Paul de Tarse, *Épître aux Hébreux*

John Nelson est né au Costa Rica en 1941 où ses parents, citoyens américains, étaient missionnaires. C'est dans ce pays qu'il a commencé à jouer du piano, mais c'est aux États-Unis qu'il a effectué toutes ses études musicales, d'abord au Wheaton College, puis à la Juilliard School of Music à New York, où il eut pour professeur de direction d'orchestre le chef français Jean Morel, avant d'obtenir en 1968 le prix Irving-Berlin, ouvert aux jeunes chefs.

Dans l'intimité du salon de son élégant duplex de l'île de la Cité, avec vue imprenable sur la Seine, John Nelson et son épouse vivent, depuis six ans, une existence de vrais Parisiens ; je prends cependant la liberté de leur faire découvrir, à propos de leur rue, anciennement des Marmousets, l'étrange histoire relatée par André Suarès dans *Cité, Nef de Paris* : au XIVe siècle, un coiffeur et un charcutier tenaient boutique dans deux échoppes mitoyennes de cette voie non loin de Notre-Dame. Ils avaient creusé un tunnel entre leurs deux maisons pour se livrer à d'horribles pratiques : le coiffeur n'utilisait pas seulement son rasoir pour raser ; il égorgeait certains de ses clients, qu'il faisait ensuite basculer dans sa cave où le charcutier s'emparait du cadavre pour en faire pâtés et saucisses. Un jour, un chien, attiré par l'odeur de chair humaine, aboya à perdre haleine attirant l'attention du guet qui mit un terme à cette cuisine du diable : les deux coupables furent roués non loin de là en place de Grève.

John Nelson rit de bon cœur à cette évocation qui ne laisse pas de lui rappeler certains souvenirs funestes d'Amérique centrale où les assassinats étaient fréquents[1] : « Les *gringos* étaient mal vus par les autochtones ; j'ai découvert très tôt le rejet dont nous étions l'objet. Par la suite, mon point de vue d'Américain a été influencé par les critiques que l'on nous adressait de toutes parts. C'est ainsi que je suis opposé de longue date à une mondialisation poussée à l'extrême. Certains États, dont le mien, veulent imposer à d'autres leur propre système économique, financier, artistique : je comprends dès lors que les mentalités européennes puissent se rebiffer. Ainsi, quand je suis arrivé en France au début des années quatre-vingt, je me suis efforcé d'agir avec souplesse et diplomatie. Avant de m'exprimer, j'ai d'abord écouté et j'ai constaté qu'il était plus facile de faire de la musique en France qu'aux États-Unis. C'est la raison pour laquelle j'ai renoncé à mon poste de directeur musical de l'Opéra de Saint Louis, en 1991, en raison des complications budgétaires qui entravaient mon travail. Comme il n'y a pas d'aide étatique aux États-Unis, il faut trouver des sources de financement extérieures pour survivre ; or, je n'avais pas envie de me plier à ces contingences. »

Est-ce à dire, demandai-je, que la France est un pays qui favorise le développement de la musique ? « C'est là un autre problème, répond John Nelson. La plupart des salles où je dirige, principalement celles de Paris, sont médiocres : elles sont désastreuses pour le son. Il n'y en a aucune de pleinement satisfaisante dans la capitale, contrairement à certaines villes de province, comme Montpellier, Metz, Dijon. La Cité de la musique est une bonne salle, mais trop petite. Le Théâtre des Champs-Élysées, lieu de résidence de mon orchestre, l'Ensemble orchestral de Paris, est mieux adapté au volume sonore de notre formation (environ cinquante musiciens) ; mais l'acoustique, un peu sèche, nous contraint à mettre beaucoup de vigueur dans nos interprétations ; il faut jouer parfaitement bien, ce que nous nous efforçons de faire, pour qu'on ne décèle pas la moindre faute. C'est un beau théâtre, chargé d'histoire, conçu pour des spectacles scéniques ; ce n'est pas un auditorium. Ma frustration est grande de subir de telles contraintes, d'autant plus que le public parisien aime la musique, ce qui n'est pas si fréquent dans d'autres

1. Entretien enregistré à Paris, le 29 mai 2002.

grandes villes où, le plus souvent, les gens ont plutôt des yeux que des oreilles. Les Français sont d'excellents auditeurs. Mais ce que vous pouvez écouter dans un auditorium bien conçu n'est pas ce que vous entendez dans un théâtre pour un ballet ou un opéra. Nous devons nous battre pour que cela change : nos musiciens sont d'une exceptionnelle qualité ; ils manifestent de surcroît un état d'esprit remarquable, qui m'impressionne beaucoup ; je ne trouve pas souvent l'équivalent hors de vos frontières ; les chefs invités, qui viennent diriger l'Ensemble orchestral de Paris, partagent d'ailleurs mon sentiment. Qu'attend-on pour remédier aux insuffisances de la vie musicale à Paris[1] ? »

En dépit de ces réserves, John Nelson aime sincèrement la France ; il se sent bien dans le pays qui l'a musicalement adopté depuis 1981, quand Serge Baudo, qui fut chef permanent à l'Orchestre de Paris auprès de Charles Munch, l'invita au Festival Berlioz de la Côte Saint-André : « J'étais un parfait inconnu en France à cette époque ; Serge Baudo, qui dirigeait parfois le Met à New York, a su que j'avais donné en 1972 l'intégrale des *Troyens* de Berlioz. Il m'a offert une chance exceptionnelle en me confiant *Béatrice et Bénédict*, la dernière œuvre du grand Hector, pour ce festival. Par la suite, grâce à cette première apparition, j'ai pu diriger la plupart des meilleurs orchestres français avec joie et bonheur. J'ai également rencontré des personnalités exceptionnelles qui ont eu une influence déterminante sur le développement de la musique. Je pense d'abord à Marcel Landowski, initiateur des orchestres nationaux de région, comme celui de Lyon que j'ai souvent conduit à partir de 1982. En 1998, on m'a proposé de m'occuper de l'Ensemble orchestral de Paris dont j'avais été plusieurs fois l'invité. J'ai d'abord dit non parce que je voulais demeurer libre ; j'ai refusé à trois reprises ; puis, j'ai obtenu des réponses positives aux questions que je posais et j'ai finalement accepté le poste de directeur musical. »

L'Ensemble orchestral de Paris a-t-il changé depuis l'arrivée de John Nelson, qui a succédé à Jean-Jacques Kantorow ? « Quand j'ai pris cet orchestre, il n'était pas en très bon état et ne fonctionnait pas bien. Je n'ai pas voulu aller trop vite : j'ai expliqué aux musiciens ce que j'attendais d'eux, d'abord qu'ils jouent à leur meilleur niveau et qu'ils se concentrent sur le travail que je leur

1. Le 18 novembre 2002, l'Ensemble orchestral de Paris a célébré son 25e anniversaire : George Schneider, son directeur, s'était assuré de la présence de prestigieux invités, tels que Dame Felicity Lott, Youri Bashmet, Victor Tretiakov, Michel Dalberto, et celle d'un invité surprise, François-René Duchâble, sorti de sa récente retraite au nom de l'amitié.

proposais. Je voulais donner un sens à leur Ensemble, en confirmant le vœu de Landowski qui souhaitait pérenniser la notion musicale d'orchestre de chambre. Nous avons progressé régulièrement. L'image de notre formation s'est imposée en France et même à l'étranger grâce à notre programmation et à nos enregistrements. Une des conditions que j'avais posées portait sur un élargissement de l'orchestre. J'ai obtenu satisfaction en expliquant qu'avec un effectif trop réduit et un répertoire limité, il serait difficile d'obtenir le soutien nécessaire d'un large public. Ma volonté était de pouvoir jouer non seulement les œuvres des XVIIe et XVIIIe siècles, mais aussi les *Symphonies* de Beethoven, Schubert, Mendelssohn, Schumann, et donc d'avoir la dimension adéquate, en instituant régulièrement des cycles symphoniques – comme nous l'avons fait justement avec Schubert et Schumann. Ce répertoire dit classique n'est pas toujours abordé comme il convient par de nombreux grands orchestres, disposant de quatre-vingts, voire cent musiciens. On n'est pas là dans la configuration voulue par les compositeurs. Bien entendu, nous avons pu engager des personnes supplémentaires pour jouer Bizet, Brahms, voire Berlioz et Bartok et nous adapter ainsi aux styles de toutes les époques, y compris celui de notre siècle grâce à des commandes de compositions contemporaines. Tout en gardant une certaine flexibilité, mon souci constant a été de respecter l'esprit des œuvres que nous interprétions. Quand on joue Bach avec un orchestre à la Brahms, on s'éloigne de ce qu'a voulu le créateur. Cette attitude n'exclut pas, bien entendu, que je conduise l'E.O.P. en y introduisant des instruments d'époque, rappelant l'esprit d'origine des œuvres du XVIIIe, voire du XIXe siècle. »

C'est ce que John Nelson a fait à plusieurs reprises, en 2002 et 2003, quand il a dirigé *L'Enfance du Christ* et la *Passion selon saint Matthieu*, avec la maîtrise de Notre-Dame, sous les voûtes de la cathédrale, en mettant en valeur quelques instruments anciens, mêlés aux modernes, telle la viole de gambe de Christophe Coin, les flûtes en bois et le continuo.

Comment ne pas évoquer la découverte d'Hector Berlioz par un jeune chef inexpérimenté de 30 ans ? « C'est une histoire absolument folle, nous raconte-t-il. Un ami, qui était agent musical, me suggéra de tenter un coup d'éclat pour me faire connaître : il me passa l'enregistrement des *Troyens* réalisé par Colin Davis. Cet opéra, dont je n'avais jamais entendu parler, m'était inconnu. Je fus à la fois abasourdi et séduit par tout ce que sa musique représentait : sa couleur, sa puissance, sa diversité, son invention m'ont bouleversé et j'ai pensé que je serais capable de la jouer. Je suis allé voir Colin Davis qui

dirigeait une série de concerts à Boston : "J'ai été ébloui, lui ai-je dit, par vos disques qui m'ont révélé *Les Troyens* ; j'ai l'intention de monter cette œuvre à New York." Il m'a regardé de ses yeux perçants et m'a répondu assez sèchement : "Comment ? mais vous êtes fou, mon jeune ami. Personne ne peut prétendre accomplir une telle gageure, et un jeune chef comme vous encore moins que d'autres." Je suis rentré très découragé de Boston. Après tout, Davis avait sans doute raison. Mais l'œuvre était déjà programmée en version de concert pour la saison 1972 de Carnegie Hall ; j'avais avec moi la merveilleuse soprano Evelyn Lear et une éblouissante distribution. L'orchestre était une formation constituée spécialement pour la circonstance ; il me fallait aller jusqu'au bout. Il m'arrive encore de rencontrer certains des instrumentistes qui participèrent à cette aventure et qui me rappellent cet événement : "Ah, *Les Troyens*, quelle belle soirée nous avons vécue !" Ce fut effectivement une nuit prodigieuse. *Les Troyens* furent retransmis en direct à la radio et ce fut là le début de mon long compagnonnage avec Berlioz. Les critiques ont été fantastiques : personne ne connaissant la pièce, sa découverte fut d'autant plus appréciée. On considéra *Les Troyens* comme une éblouissante nouveauté. J'ai donc continué, d'abord au Met, une nouvelle fois avec *Les Troyens* en version scénique ; puis ce furent *La Captive* et *Les Nuits d'été*. J'étais pris au piège. Ce
n'était pas simplement un choix personnel qui m'orientait : les circonstances me l'imposaient, en quelque sorte. On m'avait mis au défi de conduire Berlioz ; je ne pouvais pas renoncer à cette passionnante expérience, que j'ai souvent poursuivie en tant que chef permanent à Indianapolis et Louisville et comme invité à Boston, Los Angeles, Chicago, Berlin, Leipzig. J'ai finalement joué tout Berlioz : le *Requiem* avec Nicolaï Gedda, *La Damnation de Faust*, *Benvenuto Cellini*, partition démente : si le livret est assez ridicule, la musique, elle, est admirable. J'ai donné cet opéra pour le bicentenaire de Berlioz avec le National ; j'ai dirigé aussi *Béatrice et Bénédict*, ainsi que les œuvres symphoniques et même la *Messe* et le *Te Deum* à la tête de l'Orchestre de Paris, œuvre enregistrée avec le soutien de l'association américaine Soli Deo Gratia, sans oublier *Roméo et Juliette* avec Susan Graham et Vinson Cole et *L'Enfance du Christ* à Notre-Dame. »

John Nelson, qui conduit sans baguette, a une vision assez personnelle du baroque et du classique : « Nous vivons une période de culture artistique où nous apportons le passé au public du présent ; nous ne devons pas pour autant faire de la musique comme si nous visitions un musée : elle est vivante, elle appartient tout entière à notre siècle. J'estime donc que l'on ne doit pas jouer toutes les œuvres baroques uniquement sur instruments anciens. Comme les notes peuvent être jouées sur instruments modernes, faisons-le en respectant le sens des œuvres et leur style. Le problème ne se pose que si l'on ne comprend pas le style. »

Faut-il être pessimiste à propos de l'avenir de la musique ? « Je ne le suis pas en dépit des problèmes qui existent, notamment celui de la crise du disque. Je ne peux pas croire que la musique cessera un jour de s'adresser à un large public ; nous avons certes le droit de respirer un air renouvelé par des œuvres inédites. Mais avec le classique, nous bénéficions d'une pureté, qui est toujours à notre disposition. Aussi longtemps que l'intelligence artistique prévaudra, cette musique perdurera. Mais il faudra songer à élargir notre audience. »

Quels sont les chefs qui ont le plus marqué ou influencé John Nelson ? « Le premier nom qui me vient à l'esprit est Carlo Maria Giulini : c'est le plus honnête, le plus sincère des grands maestros ; je ne l'ai rencontré qu'une seule fois, à Chicago. J'étais trop jeune et je n'ai pas su lui parler. J'avais été présenté par un impresario qui m'avait conduit jusqu'à sa loge : Giulini m'a dit quelques mots à propos de la beauté de la musique ; il semblait vouloir m'indiquer que j'étais jeune et que je devais en profiter. Je n'ai jamais oublié ces quelques minutes passées en sa compagnie. J'ai également une grande admiration pour Simon Rattle : à son âge, hériter du Philharmonique de Berlin, c'est un don du ciel ; j'ai assisté à l'un de ses concerts où il dirigeait la *Soixante et onzième Symphonie* de Haydn ; c'était éblouissant d'intelligence. J'ai aussi le plus réel respect pour John Eliot Gardiner, chaud partisan des instruments anciens : il a d'ailleurs fait un énorme travail en faveur du baroque et du classique ; par sa volonté et sa clairvoyance, il demeure une sorte de leader dans ce domaine. J'ai rencontré une fois Leonard Bernstein quand je débutais à New York. On m'avait laissé entendre que c'était un *show man*, trop américain, trop sûr de lui. Maintenant je sais que ces allégations étaient infondées : il donnait en permanence le maximum de lui-même, au-delà des limites humaines ; il avait trop d'énergie, trop d'idées, trop de projets. Mais les enregistrements qu'il a réalisés sont pour la plupart fabuleux ; il est pour l'éternité l'homme de Mahler ; c'est lui qui l'a fait renaître dans le monde entier. »

L'île déserte est une notion qui ne déplaît pas à l'habitant de l'île de la Cité, musicien mystique dont la foi permet d'approfondir le sens et la force de la vie, de réfléchir sur sa propre destinée, de mieux exprimer ce qu'il a en lui : « La croyance n'est évidemment pas étrangère au choix de la musique que j'aime jouer. Ainsi, une œuvre m'accompagne depuis le commencement de mon apprentissage musical : la *Passion selon saint Matthieu* de Bach ; il n'y a rien de comparable à ce pur chef-d'œuvre, prodigieux au plan de la structure, du contenu, de l'émotion qui s'en dégage. Nous l'avons jouée à Notre-Dame où nous poursuivrons le cycle des *Cantates* notamment avec *Saint Jean.* »

YUTAKA SADO SOLEIL LEVANT

« L'espérance fait naître les raisons d'espérer et le bon présage fait arriver la chose. »
Alain, *Propos sur le bonheur*

Depuis près de vingt ans, une vague de chefs d'orchestre japonais déferle sur l'Europe et sur les États-Unis. La réussite de Seiji Ozawa, lauréat du concours international de Besançon en 1959, n'a pourtant pas immédiatement porté ses fruits ; il a fallu en effet attendre plusieurs décennies avant qu'une nouvelle génération de jeunes maîtres nippons s'efforce de prendre le relais de leur glorieux aîné. C'est ainsi que Yutaka Sado a conquis ses galons de vedette en France, à Besançon en 1989, sur les lieux mêmes où Seiji Ozawa s'était révélé trente ans auparavant.

Yutaka Sado[1] se souvient : « J'avais 28 ans et j'étais paralysé par le trac ; timide, gauche, complexé, je ne croyais pas en mes chances. De surcroît, je ne connaissais pas un mot de français et je comprenais très mal l'anglais. Au premier tour éliminatoire, j'ai commencé par la *Musique pour cordes, percussion et célesta* de Bela Bartok ; j'ai passé cet obstacle initial sans trop d'illusions ; puis j'ai dirigé la *Première Symphonie* de Beethoven qui m'a permis de participer au troisième tour dans *La Symphonie pathétique* de Tchaïkovski ; à ma grande

1. Entretiens enregistrés salle Wagram à Paris en juin 2001, et en 2002 au cours des répétitions salle Berthier.

surprise, le jury a continué à me faire confiance. Le quatrième tour s'annonçait très périlleux avec les *Valses nobles et sentimentales* de Maurice Ravel ; je m'en suis bien sorti et j'ai pu accéder à la finale des six premiers, où je me suis libéré dans *Till l'espiègle* de Richard Strauss et dans le *Concerto pour harpe* de Ginastera. Ces cinq étapes, véritables concerts en eux-mêmes, m'avaient épuisé nerveusement ; je ne savais plus où j'en étais quand eut lieu l'annonce du palmarès... en français. Je n'y ai rien compris ; je n'ai même pas su que mon nom avait été prononcé. Un radio-reporter a voulu m'interviewer ; mais quand il a compris que je ne pouvais pas répondre à ses questions, il a tourné les talons. Ces marques d'intérêt me permettaient de penser que j'avais obtenu une mention, peut-être, me disais-je, la troisième ou la quatrième place. Je suis demeuré dans l'incertitude jusqu'à minuit. C'est alors que j'ai rencontré, parmi la foule des invités, un candidat, qui était de Besançon et qui avait été éliminé au premier tour : il voulut me donner le résultat en français ; en désespoir de cause, il leva son pouce pour m'indiquer que j'avais gagné la compétition[1]. Je ne pouvais y croire ; j'ai appelé mes parents à Kyoto : ils savaient déjà tout de ma réussite grâce à la radio et la télévision ! »

Le lendemain, après une nuit de repos, Yutaka Sado se réveille dans la peau du personnage qu'il est devenu en égalant Seiji Ozawa, maître qui lui a offert sa première chance : diplômé de la Kyoto Horikawa High School, puis de la Kyoto City University of Arts comme flûtiste, Yutaka Sado bénéficie en 1987 d'une bourse pour le Festival de Tanglewood, où Ozawa le prend parmi ses assistants. Quelques mois plus tard, il effectue ses débuts de chef à la tête du New Japan philharmonique de Tokyo dans un cycle Haydn. Il n'a rien oublié de cette période euphorique d'apprentissage au cours de laquelle Ozawa lui inculque la technique du geste et la précision métronomique de la direction d'orchestre ; il approche d'autres baguettes célèbres comme le Suisse Charles Dutoit et le Russe Guennadi Rojdestvensky dont il suit les répétitions. « Un jour, rappelle-t-il, j'ai dit à Seiji Ozawa que j'avais écrit à Leonard Bernstein ; le maestro américain donnait alors des *masterclasses* à Tokyo pour lesquelles je venais de recevoir une convocation de son secrétariat. Seiji a réagi très positivement : "Tu dois y aller tout de suite..." Le jour même, je me suis rendu à l'hôtel où séjournait Bernstein ; une dizaine de candidats attendaient leur tour dans un salon. Une heure plus tard, je suis entré dans le

1. En fait le premier prix fut attribué *ex aequo* cette année-là à Yutaka Sado et à Christopher Gayford.

bureau du maître qui m'accueillit cordialement. Il ne savait pas grand-chose de moi, ce qui ne l'a pas empêché de me dire : "Yutaka, je vous aime beaucoup, mais j'ai trop de candidats pour être en mesure de vous prendre avec moi. Il faut d'abord que vous passiez une audition." Quelques semaines plus tard, je débarquai au Festival du Schleswig-Holstein, dans le nord de l'Allemagne, à l'issue duquel Lenny m'annonça qu'il me retenait parmi ses assistants. Au cours de l'été 1988, je l'ai accompagné dans sa tournée européenne. Nous sommes allés notamment à Londres, puis à Vienne. Lenny était très occupé par de longues séances d'enregistrement ; je ne perdais rien de ses faits et gestes ; il était stupéfiant de lucidité, d'aisance, bien qu'il connût déjà des périodes d'intense fatigue et qu'il terminât parfois épuisé. Je savais qu'il luttait contre le cancer qui devait l'emporter deux ans plus tard, ce qui ne l'empêchait pas de fumer énormément et de boire sans modération. Bien que ne faisant pas partie du premier cercle de ses amis, je l'accompagnais souvent dans ses sorties. Il était toujours imprévisible, souvent provocateur. Un soir, après une répétition avec le Philharmonique de Vienne, il me dit : "Nous avons le temps d'aller manger un hamburger." Il avait à sa disposition une limousine et un chauffeur. Avec son imprésario et son secrétaire particulier, il se fit déposer au Macdonald's le plus proche. Il était malade et se plaignait de l'estomac. Quand il pénétra dans le restaurant, il fut reconnu par plusieurs consommateurs qui l'applaudirent. Je constatai alors qu'il prenait instantanément une contenance digne de lui : il souriait, saluait les gens, car rien ne lui faisait plus plaisir que les moindres effets de sa célébrité. Il commanda un cheeseburger et une bière. Au fond de la salle, se trouvait un espace réservé à des enfants qui fêtaient leur anniversaire avec leurs parents. Ils en étaient aux pâtisseries. "Qu'à cela ne tienne, dit Lenny au serveur, qu'on leur apporte des cheeseburgers." Et de loin, il leur souhaita "*happy birthday*". Extraverti, contre toute convention, en constante représentation, il nous étonnait et nous gênait parfois ; mais ses gamineries faisaient partie de sa personnalité et nous l'acceptions tel qu'il était.

« Il est revenu au Japon en 1990 pour ce qui devait être son ultime tournée. En juin et juillet, il a été contraint d'annuler plusieurs concerts qu'il n'avait plus la force de diriger ; je l'ai remplacé dans la *Quatrième Symphonie* de Tchaïkovski. Il parut satisfait de mon interprétation. À l'aéroport, au moment de partir, il m'a embrassé et m'a dit simplement : "Yutaka, je ne souhaite pas vous dire adieu." J'ai compris alors que je ne le reverrai plus. Il est mort, deux mois plus tard, le 15 octobre 1990. J'ai eu le triste privilège de prendre part au concert d'hommage qui lui a été rendu en la cathédrale Saint-John-the-Divine, à New York, bien qu'il fût israélite. Tout le monde musical était présent à cette cérémonie. Lenny nous a quittés pour toujours, mais je ne l'oublierai jamais. »

Le maître disparu a recommandé à Sado de suivre son propre chemin, sans s'encombrer du passé ; tourné vers l'avenir, il s'efforce de respecter le précepte de Lenny, tout en lui demeurant fidèle. C'est ainsi qu'il participe chaque année au Pacific Music Festival de Sapporo, fondé par Leonard Bernstein, et désormais placé sous la direction de Christoph Eschenbach et Michaël Tilson-Thomas. La grande figure du maestro, qui lui a appris la spontanéité et, comme l'a si bien dit le grand musicologue que fut Bernard Gavoty, « l'art de savoir attraper dans l'air l'énergie qui flotte », est toujours près de lui, tel un ectoplasme planant au-dessus de sa tête : « J'aurais aimé le connaître mieux ; il avait tant à donner à ses élèves. Je lui dois beaucoup, aussi bien dans sa manière de diriger que dans sa façon si personnelle d'initier les jeunes à toutes les formes de musique. J'ai voulu suivre son exemple au Japon où je donne des concerts pour les enfants. Lenny était mon étoile, mon idole. Au cours de ses fréquents séjours au Japon, il a voulu apprendre notre langue, tout connaître de notre culture, notamment notre théâtre, le nô et le kabuki. Ses *masterclasses* sont demeurés des modèles du genre. Un jour, alors que je dirigeais devant lui la *Quatrième Symphonie* de Tchaïkovski, il m'interrompit au milieu d'un mouvement : “Yutaka, dites-moi ce que cette œuvre contient de drame.” Je ne parlais pas encore bien l'anglais à cette époque et je demeurai coi. Devinant mon embarras, il se lança dans une éblouissante démonstration, mi-japonaise, mi-américaine, pour expliquer la signification profonde de cette musique, placée sous le signe du *fatum*. À la fin, il me demanda de m'approcher lentement de lui et de tendre ma main vers la sienne jusqu'à la frôler. Quand j'ai effleuré ses doigts, j'ai ressenti comme une décharge électrique. S'adressant alors aux autres étudiants, il leur indiqua : “En bougeant de quelques centimètres seulement, nous améliorons notre concentration et nous nous communiquons mutuellement l'émotion que nous ressentons. C'est cela la musique, une onde qui vous envahit sans que vous puissiez l'endiguer.” Et il ajouta à mon propos : “Vous pouvez devenir un bon chef japonais ; mais pour dépasser cette limite, il vous faut comprendre les autres : allez donc à leur rencontre et exprimez librement ce que vous ressentez.” Lenny était aussi un très grand compositeur ; sa musique est moderne, mais elle ne néglige ni les accords ni les mélodies. C'est ainsi qu'avec *Kaddish*, il a dépassé tous les genres et qu'avec *Candide* et *West Side Story*, il a touché tous les publics. »

En Europe, Yutaka Sado choisit d'abord la France : son premier prix acquis à Besançon a en effet attiré l'attention d'un grand chef français, Alain Lombard, qui le prend auprès de lui, à l'Orchestre philharmonique de Bordeaux, en tant qu'assistant. Il y passe une saison entière. Mais Paris l'attire irrésistiblement : il s'installe dans la capitale où il dit se sentir perdu. À la suite du décès de leur président-chef, Jean-Claude Bernède, puis de leur chef principal, Valentin Kojin, les dirigeants des Concerts Lamoureux cherchent un jeune maître capable de relancer une formation en perdition. Association de droit privé comme Colonne et Pasdeloup, fonctionnant en autogestion, Lamoureux est l'une des plus glorieuses formations françaises. Fondés en 1881, les Concerts Lamoureux acquièrent dès la fin du XIXe siècle une renommée internationale, marquée par de nombreuses créations. Les plus fines baguettes françaises se succédèrent à la tête du Lamoureux : Paul Paray, Albert Wolff, Eugène Bigot deviennent ses chefs permanents ; après la guerre, c'est au tour de Charles Munch, de Jean Martinon et d'Igor Markevitch d'occuper le podium pour donner de prestigieux programmes. En 1993, l'association des Concerts Lamoureux est dépourvue de chef et de projet musical ; sans soutiens financiers, elle paraît à bout de souffle. Frédéric Aladjem, trésorier et premier violon, qui est avec Jean-Luc Caradec, délégué général, celui qui connaît le mieux Yutaka Sado, n'a pas oublié cette période décisive : « Nous cherchions un jeune chef. Didier Costarini, notre hautbois solo, cita le nom de Yutaka Sado qu'il avait apprécié au Philharmonique de Bordeaux. Nous avons invité Yutaka et, dès la première répétition, ce fut le coup de foudre ; il avait tellement enthousiasmé les instrumentistes qu'on lui a proposé de devenir chef principal. Nous avions immédiatement compris qu'il serait un très grand maestro. »

Colosse aux larges épaules et à la haute taille, Yutaka Sado relève le défi : donner un nouvel élan à un orchestre qui fit longtemps la gloire de la musique française : « Je n'avais encore jamais dirigé à Paris, raconte-t-il ; j'avais 32 ans et je ne parlais pas le français ; je ne connaissais l'orchestre que par les disques d'Igor Markevitch, que j'avais découverts quand j'avais 13 ou 14 ans. Je me suis lancé dans l'aventure avec une certaine inconscience. À ce moment-là, l'orchestre n'était pas très bon ; il comportait des musiciens qui avaient largement dépassé la limite d'âge car, faute de moyens, le recrutement avait été négligé. Cependant, le contact avec les instrumentistes fut excellent, dès le début. Cela m'a touché ; je me suis pris d'amitié pour ces femmes et ces hommes que je découvrais et j'ai voulu poursuivre ma route avec eux. Nous avons beaucoup travaillé avec ceux et celles qui formaient la base de l'orchestre ; certains venaient du Philharmonique de la Radio, du National, des Orchestres de Paris et de la Garde républicaine ; nous avons organisé des concours, testé et accueilli des jeunes, issus des conservatoires, qui ont rapidement progressé ; nous sommes passés de trois répétitions à quatre (avec la générale), voire parfois à cinq, quand il le fallait ; nous avons dû également abolir les remplacements tournants et instituer une présence permanente pour une série complète. Le public est revenu et s'est montré de plus en plus enthousiaste ; la critique a cru en nous et nous a soutenus. »

Frédéric Aladjem, témoin attentif de cette renaissance, rappelle les difficultés qu'il a fallu surmonter pour crédibiliser l'orchestre : « Nous voulions célébrer le 110e anniversaire de Lamoureux et nous avons alerté les médias. Un chroniqueur, dont je tairai le nom, évoqua notre réveil et conclut : “Après quoi, l'orchestre pourra se rendormir pour cent dix nouvelles années.” Nous ne nous sommes pas découragés pour autant. Jean-Luc Caradec, chargé de la communication, a frappé à toutes les portes et forcé les barrages ; Yutaka est passé à la télé ; on a engrangé un capital de sympathie ; nos innovations ont été saluées avec enthousiasme. Le talent du chef a fait le reste. Nous avons élargi notre répertoire ; nous en avions assez de ressasser les mêmes œuvres et nous avons mis Mahler à notre programme. Il fallait sortir de la routine, prendre des risques, nous aguerrir. »

Yutaka Sado se souvient : « En 2001, nous avons joué la *Cinquième* de Mahler, œuvre très complexe qui nécessite une mise au point minutieuse. Avec des musiciens qui n'avaient jamais joué cette symphonie, nous avons eu quatre répétitions et la générale ; il nous aurait fallu encore plus de temps ; j'étais très anxieux avant le concert, même si je sentais que nous allions dans le bon sens. Mais je suis trop perfectionniste pour me contenter du minimum. »

Gustav Mahler n'a jamais cessé d'escorter Yutaka Sado : à 11 ans, le premier disque qu'il s'est offert était justement celui de la *Cinquième* ; sa jaquette comportait une photo de Leonard Bernstein : « Je suis devenu totalement dépendant de cette musique qui faisait galoper mon imagination. Cette rencontre préfigurait celle qui devait avoir lieu dix-sept ans plus tard. Quand, en 1988, j'ai accompagné Lenny à Vienne, j'ai eu la chance insigne d'entendre toutes les symphonies ; dans mon souvenir, rien ne peut égaler ce que Lenny a donné dans la *Sixième*. Je n'ai pu retenir mes larmes quand, à la fin, il s'est incliné longuement devant les instrumentistes du Philharmonique.

Pour moi, Mahler incarne la vie même, avec ses beautés et ses laideurs, sa grandeur et sa trivialité, ses bonheurs et ses tristesses : l'existence, ça va, ça vient avec ses convulsions ; c'est comme l'amour : on aime ou on déteste, tour à tour. J'ai eu des problèmes avec ma première épouse dont je me suis séparé ; puis, après une longue période de dépression, je me suis remarié avec une femme merveilleuse et j'ai retrouvé le chemin de la joie. C'est comme avec Mahler : le beau fixe n'existe pas ; sa musique nous confronte à tous les sentiments humains ; elle est souvent déroutante, puis elle nous remet dans la bonne voie quand on ne s'y attend plus. La *Troisième Symphonie* est ma préférée : elle est l'émanation de la nature. Je l'ai jouée à Bordeaux avec Nathalie Stutzmann. Quant à la *Sixième*, elle porte bien son nom de tragique. À tout moment, la partition met en question la condition humaine et conduit inéluctablement à la mort. La *Neuvième*, dans laquelle il est allé au bout de lui-même, présente des accords qui mènent au paradis ; c'est grâce à la confiance que m'a témoignée Alain Lombard, que j'ai pu la diriger deux fois lors de mes débuts en France. »

À Paris, Yutaka Sado connaît de merveilleux succès à la tête des Concerts Lamoureux, à Pleyel, puis au Théâtre des Champs-Élysées : « Les

orchestres me font penser à des bouquets de fleurs : certains ne dégagent aucune odeur, d'autres, au contraire, répandent un parfum pénétrant. Lamoureux appartient à cette seconde catégorie. Au début, j'avais dit aux musiciens qu'ils me faisaient penser à du champagne : ils avaient de belles bulles, mais elles éclataient de toutes parts ; chaque instrumentiste avait les siennes ; j'ai donc voulu les réunir et former avec eux un ensemble cohérent qui fasse sauter le bouchon. Nous y sommes parfois parvenus grâce à leur enthousiasme ; point n'est besoin de longs discours entre nous ; ils savent que j'adore les conduire. »

La renaissance de Lamoureux a été marquée par la réalisation d'excellents enregistrements, tout d'abord celui consacré à Jacques Ibert, dont *Escales*, pièce maîtresse créée soixante-dix ans plus tôt par le Lamoureux. Ont suivi un Chabrier-Ravel trépidant, un Satie jubilatoire et un Bernstein fascinant, en hommage au maître bien aimé. Cependant, l'existence de l'association demeure fragile, pour ne pas dire aléatoire. Jean-Luc Caradec et Frédéric Aladjem ne méconnaissent pas les difficultés qu'il leur faut encore surmonter pour convaincre durablement les autorités de tutelle ; après avoir failli mettre la clé sous la porte en 1999-2000, ils sont remontés avec pugnacité aux créneaux de la Ville de Paris, du ministère de la Culture et des mécènes musicaux. La survie a pu être provisoirement assurée, mais à quel prix ! Cinq ou six concerts seulement en une saison, car chaque spectacle supplémentaire est déficitaire, même quand le Théâtre des Champs-Élysées est plein. Les musiciens doivent se contenter de cachets modiques : en 2001, cent euros pour quatre répétitions et un concert ; en 2002, on est passé à cent-cinquante euros pour quinze heures de musique, à la suite de quelques rallonges budgétaires. L'avenir est loin d'être assuré. De surcroît, Yutaka Sado continuera-t-il à se dévouer pour des cachets limités, alors qu'il est sollicité de toutes parts ? Au Japon, il jouit d'une extraordinaire popularité, grâce aux concerts, aux conférences qu'il donne dans des stades ou des salles combles et à ses apparitions à la télévision dans des spots publicitaires de grande écoute.

Pourtant, sa fidélité demeure intacte. Jean-Luc Caradec, affirme : « Yutaka a le désir de continuer avec nous. Grand professionnel, il a une âme d'amateur : il est mû par l'amour des autres et il est porteur d'une vision humaniste de la musique ; il est proche des instrumentistes et les traite avec infiniment d'égards. On peut dire qu'il partage l'intimité de l'orchestre, comme on le ferait avec une femme. S'il n'entend pas nous abandonner, c'est qu'il a trouvé auprès de nous une raison d'être, une culture qui lui plaît, une corde sensible ; en un mot, il est de la famille. Son goût pour toutes les formes de musique est évident : il est fou de joie à l'idée de jouer du jazz, des variétés ou d'interpréter Bernstein. Il sait dédramatiser, voire simplifier les codes du classique. Il ne veut pas qu'on l'appelle maître et il aime tutoyer ceux qu'il approche. »

Cependant, Yutaka Sado se pose des questions : après dix années passées avec Lamoureux et auprès d'autres orchestres français, comme ceux de Bordeaux, où il a renoué avec l'opéra – Mozart, Verdi, Puccini, Wagner notamment – Lille, Toulouse, Strasbourg, Montpellier, sans oublier de fréquentes invitations au National, au Philharmonique de Radio France et à l'Orchestre de Paris, il éprouve le besoin de souffler et d'observer une pause : « Je veux m'octroyer six mois de repos et de réflexion en 2004, pour y voir plus clair. J'ai un intense besoin de prendre du recul ; je souhaite acquérir une expression linguistique internationale indispensable à ma propre crédibilité ; j'ai envie d'étudier des œuvres lyriques que je n'ai pas encore jouées. J'ai aussi un grand projet qui a pris corps au Japon : il s'agit de la création d'un nouvel orchestre que je dirigerai à Kobe ; cette formation disposera d'au moins cent musiciens permanents, dont plus de la moitié seront des solistes confirmés. Cet ensemble jouera dans un auditorium de 2 000 places, au cœur d'un complexe qui comportera également deux autres halles de 800 et 400 places, le tout étant construit selon les méthodes antisismiques les plus sophistiquées. Cette phalange, dont le premier concert est prévu en 2005 pour célébrer le 10e anniversaire de la catastrophe de Kobe, portera le nom d'Orchestre du Soleil levant, symbole du Japon. Je dirigerai également l'Opéra de la ville. Mon engagement personnel me fera reconsidérer mon calendrier général. Pour le moment, j'ai toujours soif de liberté ; je ne suis nullement préoccupé par les problèmes d'argent ; mon unique ambition est de servir la musique. Je sais que j'en ai fait trop ces dernières années : cent vingt concerts par an, sans compter le lyrique, c'est beaucoup. »

Depuis ses débuts à Paris, j'ai suivi de près l'ascension de Yutaka Sado. Ainsi étais-je présent au Théâtre des Champs-Élysées, le 30 septembre 2001, pour le 120e anniversaire des Concerts Lamoureux, qui avait convié à cette fête Didier Lockwood, Michel Fugain, Bernard Lavilliers et William Sheller. Le programme s'achevait par le *Boléro* de Maurice Ravel. « Et maintenant, annonça Yutaka Sado, nous allons interpréter le *Rolebo* (*sic*). » Un instant, nous avons cru à un lapsus du chef qui nous détrompa en commençant le *Boléro* par la fin, avec le tutti des dernières mesures ; puis il revint en arrière, en invitant chaque groupe d'instrumentistes à quitter la scène après avoir joué leur partie. Il se retrouva ainsi seul avec la caisse claire, déposa sa baguette sur le pupitre et disparut dans les coulisses sous les acclamations des abonnés. Sacrilège, ont dit certains. Voire ! J'ai pensé en effet au récit que m'a fait Manuel Rosenthal : « Les Delage, amis très proches de Ravel, l'avaient invité la veille de son entrée en clinique pour l'opération désespérée qui devait lui être fatale. Ce soir-là, la radio retransmettait plusieurs œuvres de Ravel dont le *Boléro*. Ravel, qui ne parlait guère et demeurait le plus souvent immobile, s'était tout à coup dressé quand il entendit les applaudissements ponctuant la dernière note : "Ah, je les ai eus, je les ai bien eus !" s'exclama-t-il, indiquant ainsi que son plus grand triomphe n'était pour lui qu'une supercherie musicale. »

J'étais aussi à la salle Pleyel, le 6 mars 2002, quand Yutaka Sado dirigea l'Orchestre de Paris ; après la répétition générale de *La Symphonie fantastique* de Berlioz, j'ai su, par certains des instrumentistes, que Yutaka avait étonné, voire subjugué les musiciens les plus blasés : quand il accéda au podium, ce fut comme si Lenny ressuscitait. Emporté par la fougue et la gestique de l'athlétique maestro, l'orchestre se donna à fond et fut entraîné vers les sommets. Très physique, et non pas sec et brutal comme certains l'ont affirmé, Sado donna une interprétation très moderne de la musique de Berlioz : par une sorte d'illumination instinctive, une incantation de tous les instants, il conduisit cette œuvre de référence, s'il en est, sur un rythme tout en ondulations, déchaînant des flots d'harmonie virevoltants, mais pourtant parfaitement ordonnés. Les mains ouvertes, comme agrippées aux sons, il conféra à la *Fantastique*, composée en 1830, trois ans après la mort de Beethoven, un caractère visionnaire, sans jamais oublier la leçon de Bernstein : « La gestique n'est rien si vous n'êtes pas capable de saisir la signification de la musique et de la transfigurer. »

J'étais encore à Pleyel, le 6 juin 2002 où, à la tête de l'Orchestre philharmonique de Radio France, Yutaka dirigea *Les Planètes* de Holst et, première en France, *The Warriors* (*Les Guerriers*) de l'Australien Grainger, œuvre éminemment spectaculaire, pour trois pianos, neuf percussionnistes, cuivres et bois doublés ! Bondissant en tous sens, Yutaka Sado maîtrisa cette musique complexe et frénétique en lui donnant une densité, une force tellurique sans pareilles. Le public ne s'y trompa point, qui lui réserva une ovation sans fin.

Ce fut également le cas, le 29 septembre 2002, pour la rentrée de Lamoureux au Théâtre des Champs-Élysées : après avoir distillé avec finesse *Jeux* de Debussy, chef-d'œuvre encore trop méconnu, et accompagné avec respect le grand maître Paul Badura-Skoda dans le *Vingt-quatrième Concerto pour piano et orchestre* de Mozart, il survolta ses musiciens dans la *Suite n° 2* de *L'Oiseau de feu* de Stravinsky, parvenant à hisser l'orchestre à un niveau digne des grandes formations subventionnées et des interprétations passées de Markevitch.

Frédéric Aladjem est convaincu que le monde musical commettrait une énorme erreur s'il ne permettait pas à Yutaka Sado d'accéder aux tout premiers rangs : « Très timide à ses débuts, il avait besoin de notre confiance. Il a su rapidement que nous lui étions entièrement acquis, qu'il était chez lui, qu'on le comprenait parfaitement, qu'on s'abandonnait à son autorité. On était en quête de quelqu'un de fabuleux : il est arrivé, nous apportant cet immense bonheur. Sa gestique est une ouverture permanente sur l'échange. Chez lui, tout est impulsion, mais aucun de ses gestes n'est inutile : le mouvement des genoux qui fléchissent, les bras qui se tendent, les jambes qui se détendent, sa danse, son visage, ses yeux, son regard nous guident. Pas un seul muscle de son corps qui n'aille au contact de la musique. C'est comme s'il nous parlait en permanence par gestes. On sent ce qu'il fait ; il met la barre très haut et l'on sait qu'il est capable de sublimer notre jeu, de nous faire aller au-delà de nous-mêmes. C'est un chef affectif, un bâtisseur d'orchestre, une force irrésistible. »

Tout est allé très vite pour Yutaka Sado depuis son arrivée en France. Lorsqu'il se penche sur son passé, il pense d'abord à son enfance, quand sa mère, chanteuse d'opéra, lui faisait découvrir le piano, à l'âge de 5 ans : « Je préférais le sport ; je voulais devenir joueur de base-ball ; plus tard, je me suis passionné pour le golf. Mes parents, constatant que le piano ne me plaisait pas, m'ont proposé la flûte ; je n'étais pas un élève studieux ; les exercices imposés m'exaspéraient ; mais j'ai fini par m'y plier. J'ai progressé et obtenu de beaux succès à l'université avec le *Divertimento* de Jacques Ibert, compositeur que je devais retrouver avec Lamoureux. Puis, je me suis consacré à l'orchestre grâce à mes deux rencontres fétiches avec Seiji et Lenny. Aujourd'hui encore, après chaque concert, le petit Yutaka que j'étais est toujours là, auprès de moi ; je lui demande : "Est-ce que ça t'a plu ? Ai-je bien dirigé ?" Quand, il me répond oui, je me sens libéré… »

Au cœur de la forêt magique des sons, Yutaka Sado est un homme heureux : les timbres des instruments lui renvoient le génie des compositeurs, dont il interprète les œuvres avec une inépuisable passion. Au contact d'Ozawa et de Bernstein, Yutaka a peut-être réussi à s'emparer du secret des plus grands chefs : ne serait-ce pas, sur l'autel de l'orchestre, la célébration d'un office religieux qui nous arrache aux faiblesses humaines pour nous transporter dans un monde de délivrance ?

Nombreux sont les chefs japonais qui, à l'instar de Seji Ozawa et de Yutaka Sado, ont percé hors de leur pays, à l'exception d'un ancien, Hiroyuki Iwaki (né en 1932), chef à vie de la N.H.K. de Tokyo. Kazuchi Ono est, avec Sado, l'un des plus prometteurs : après avoir été chef permanent au Philharmonique de Tokyo, il a été nommé directeur musical du Théâtre de la Monnaie de Bruxelles.

La dernière découverte en date est celle de Seikyo Kim, que l'on a vu diriger brillamment l'Orchestre des Concerts Lamoureux à Paris en 2003. Musicien précoce, il joue du piano dès l'âge de 3 ans, puis il étudie le violon. Licencié en philosophie à l'université de Boston, il obtient peu après son diplôme de direction au Conservatoire de Nouvelle-Angleterre. Il bénéficie des conseils de Seiji Ozawa à Tanglewood, puis il s'établit pour un temps à

Vienne où il suit les cours de Leopold Hager à la Musikhochschule. En 1996, il remporte le premier prix du concours des jeunes conducteurs de Lisbonne. La même année, il effectue ses débuts au Japon à la tête du Symphonique d'Osaka. En 1998, il obtient une nouvelle récompense, le prix Nikolaï-Malko, décerné à Copenhague. Il est ensuite l'assistant de Mstislav Rostropovitch au Festival d'été de Tokyo, puis il participe au Festival de Sapporo, comme assistant de Michaël Tilson-Thomas et Christoph Eschenbach. En 2000, il revient en Europe pour conduire le Radio-Symphonique du Danemark et il est engagé pour une série de représentations au Théâtre national de Corée à Séoul. Entretemps, il a dirigé la plupart des meilleurs orchestres japonais et a été nommé chef permanent au Century d'Osaka et de l'Ensemble Kanazawa ave lequel il a enregistré l'intégrale des *Symphonies* de Beethoven.

JAMES CONLON
L'HARMONIE DES ÉTOILES

« Notre amour de la musique est un amour de l'amour.
La musique est l'esprit conquis. »
André Suarès, *Variables*

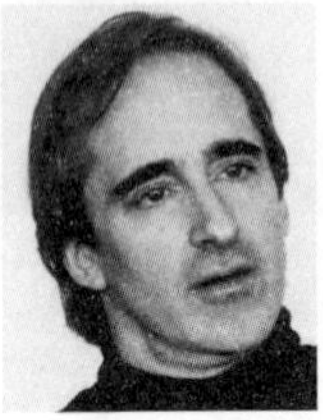

Au sixième étage de l'Opéra de la Bastille, les fenêtres du grand bureau de James Conlon ouvrent sur un magnifique panorama du Vieux-Paris. La ville n'a plus de secret pour ce musicien devenu le plus français, voire le plus européen des artistes américains, depuis qu'il l'a découverte il y a plus d'un quart de siècle. Chef permanent de l'Orchestre national de l'Opéra et conseiller musical depuis 1995, le maître scrute l'horizon qui s'étale sous ses yeux, des ponts de la Seine au Louvre, comme s'il voulait en graver les contours dans sa mémoire.

Quatrième maestro des États-Unis après Leonard Bernstein, Lorin Maazel et William Christie (ce dernier a été naturalisé Français par la suite) qui ait reçu les insignes de la Légion d'honneur, James Conlon ne tire aucune vanité de cette distinction symbolisant sa fidélité au pays auquel l'ont lié sa passion et sa réussite. Une sérénité de bon aloi guide les pas de cet homme chaleureux, à la silhouette sportive, possédant un réel sens de l'humour, qui avoue volontiers son âge, sans doute parce qu'il paraît dix ans de moins que sa cinquantaine.

Son regard se détourne des toits de Paris ; il s'assied derrière son bureau et me confirme qu'en juillet 2004, il quittera l'Opéra : « Ce sera le terme de mon second mandat, qui coïncidera d'ailleurs avec un changement de la haute administration du théâtre. Quand je suis entré dans cette prestigieuse maison, je n'avais pas imaginé que j'y resterai aussi longtemps. Les problèmes qui avaient précédé ma venue[1] me donnaient plutôt à penser que je n'y durerais que deux ou trois ans. Or, quand je partirai, en même temps que Hugues Gall, le directeur général qui m'a nommé, j'aurai assumé pendant neuf ans la responsabilité qui m'était confiée. Je m'en irai d'abord pour des raisons familiales : nous sommes préoccupés ma femme[2] et moi par l'éducation de nos deux filles Luisa et Emma : en 2004, l'aînée, Luisa, aura 15 ans, âge auquel il faut songer à préparer son entrée à l'université. De surcroît, ma carrière s'est toujours déroulée prioritairement en Europe : au moment où je vous parle, cela fait vingt et un ans que je suis à la tête de formations ou de théâtres du Vieux Continent : le Philharmonique de Rotterdam où j'ai passé huit ans ; Cologne, que je quitte en cet été 2002, après avoir occupé pendant treize ans le poste de directeur général de la musique ; et Paris où je serai resté neuf ans quand je plierai bagages. J'aurai 54 ans quand je m'éloignerai, mais pour rien au monde je n'échangerais cette période contre une autre. J'ai appris à aimer l'Allemagne, mais j'adore la France. J'ai effectué mes débuts à l'Orchestre de Paris en 1980, avec l'illustre Slava Rostropovitch ; j'ai fait mon entrée à l'Opéra Garnier en 1981 et j'ai été invité au National dès 1983 : je suis donc un vieux Parisien. Quand je m'envolerai pour New York, je serai toujours dans le même état d'admiration à l'égard de la France. »

Quel sera le destin de ce chef aux multiples facettes ? James Conlon se plaît à entretenir un certain suspense : « L'unique certitude est mon retour aux États-Unis avec ma famille. Je tiens à retrouver mes racines ; nous avons un appartement à Manhattan, près du Lincoln Center ; nous allons pouvoir nous y ressourcer. »

Continuera-t-il à partager son activité entre le lyrique et le symphonique ? : « J'ai toujours réussi à concilier ces deux formes musicales ; je ne dis pas que tous les chefs devraient suivre mon exemple ; mais je sais de longue date que l'étude et la connaissance de tout le répertoire sont des aspects essentiels de l'expérience que j'ai menée depuis plus de vingt ans. J'aime d'ailleurs trop l'opéra pour m'en éloigner. Ce qu'on y apprend sur scène et

1. James Conlon fait ici allusion aux licenciements qui ont éloigné successivement Daniel Barenboïm et Myung-Whun Chung.

2. Jennifer Ringo, l'épouse de James Conlon, est une soprano qui a effectué une belle carrière internationale.

dans la fosse s'avère utile pour les concerts symphoniques. Inversement, ce que l'on reçoit de l'orchestre symphonique peut servir à un chef lyrique : les deux activités sont complémentaires. Je n'oublie pas que, dans mon repli américain, je bénéficierai d'un troisième élément qui est la musique chorale. Depuis 1979, j'ai en effet la mission de diriger le Festival de musique chorale de Cincinnati, semaines d'irremplaçable bonheur, dans la plus grande salle de concert des États-Unis et même du monde. Je me sens citoyen à part entière de cette ville. »

Naguère, James Conlon s'est également illustré à Paris dans la musique chorale avec laquelle il a des affinités particulières ; selon lui, les musiciens qui se sont consacrés à cette forme de composition ont mis le plus profond d'eux-mêmes dans leurs œuvres d'où émergent les images de la mort, de la consolation, de la peur, du doute et du repos éternel, « champ magnétique de la délivrance », comme l'a écrit André Suarès : « J'ai dirigé à la basilique de Saint-Denis dès 1983 ; j'y ai fait notamment le *Requiem allemand* de Brahms avec le National, le *Requiem* de Verdi avec Rotterdam, puis le *Requiem* de Dvorak et celui de Fauré, quelques semaines avant mon entrée à l'Opéra. Auparavant, j'avais conduit aux Invalides le *War Requiem* de Benjamin Britten avec le Gurzenich de Cologne pour le 50e anniversaire de la fin de la guerre. »

Garnier ou Bastille, entre ces deux scènes, son cœur balance-t-il ? : « J'aime ces deux salles : Garnier principalement pour des raisons esthétiques ; Bastille pour des motifs plus techniques ; certes, ce théâtre n'est pas aussi beau que Garnier, mais j'y ai trouvé des possibilités scéniques exceptionnelles. La fosse est excellente ; par ailleurs, Hugues Gall a fait effectuer d'importants travaux, que j'avais jugés nécessaires pour améliorer l'acoustique. En définitive, je trouve Bastille très pratique pour le lyrique ; il y a bien une quinzaine de théâtres où j'ai travaillé (et que je ne nommerai pas) qui ne sont pas à son niveau. »

Familier du Metropolitan Opera de New York et de nombreuses autres salles internationales, James Conlon connaît les spécificités des différentes scènes où il s'est produit, à commencer par Paris, où il a dirigé près de deux cents œuvres dont une trentaine de créations. Parmi ses plus grands succès figurent *Boris Godounov*, *Pelléas et Mélisande*, *La Traviata*, *Tristan et Isolde*, *Le Nain* (de Zemlinsky), *Turandot*, *Falstaff*, *Nabucco*, *Billy Budd* (de Britten), Mozart avec la trilogie de Da Ponte, *Le Chevalier à la rose* et récemment la première à Paris de *Russalka* de Dvorak : « La fonction de l'interprète est toujours la même où que l'on soit. Mais on décèle des particularités dans chaque pays, dans chaque salle et au sein de chaque orchestre. On ne fait pas de la musique différemment selon les endroits ; on trouve des moyens qui ne sont pas les mêmes pour atteindre des objectifs similaires. On touche là à mon credo personnel : interpréter, c'est d'abord une attitude morale. Mon premier contrat est avec l'œuvre et le compositeur. J'ai toujours voulu tendre au respect intégral des partitions que j'interprète. Au cours de mes années d'études à la Juilliard School of Music, à la fin des années soixante, la grande discussion portait sur la subjectivité et l'objectivité. Il fallait trouver sa propre voie. Je demandais aux professeurs : "Qu'est-ce que ça signifie ?" Ils me répondaient : "Il faut savoir ce que vous ressentez à l'écoute de telle ou telle musique." J'étais très irrité ; je ne comprenais pas ce qu'ils voulaient dire ; je ne saisissais pas l'intérêt de cette quête, qui provoquait en moi une sorte d'allergie. Obstiné, j'ai trouvé une solution paradoxale : plus l'on va à l'Autre au sens théologique du terme, défini par Martin Buber[1], plus il faut respecter le créateur qui vous enrichit et passer par lui pour rendre compte à l'auditeur, puisque l'on est prisonnier de son propre ego. J'en ai conclu que plus on cherche à être objectif, moins on l'est. Nous sommes tous objectifs, mais, paradoxalement, dans cette attitude, le subjectif réapparaît. C'est pourquoi j'ai toujours eu une attitude modeste face à une œuvre, en demeurant constamment ouvert à la culture du pays où je me trouve. Tout le cœur, tout l'intellect, toutes les émotions doivent se soumettre à l'immensité de la musique. Je suis comme la tortue : je voyage dans ce monde avec "un appareil" encombrant, fait de choix artistiques. Rien ne change, que je sois au Japon, à New York, à Berlin ou à Milan : mon activité est la même tous les jours, même si je ne dirige pas. Être artiste, c'est un mode de vie, *a way of life*, et l'extension de cette vocation est le spectacle. »

Que pense James Conlon des metteurs en scène ? A-t-il toujours été libre de ses choix ou a-t-il subi les leurs ? « C'est un problème très particulier et très complexe, lié au lyrique ; parfois, c'est une souffrance quand on ne partage pas les options des metteurs en scène ; de ce fait, il convient d'abord de situer la fonction de chacun. Le théâtre a besoin d'innovations cycliques. Dans un pays où l'on chante un opéra dans la langue de sa création et dans son pays d'origine (exemples : *Faust* ou *Carmen* en France, *La Traviata* en Italie, *Tristan* en Allemagne), le livret peut dater et l'expression poser problème, alors

1. Philosophe israélien, d'origine autrichienne, apôtre du dialogue entre juifs, chrétiens et musulmans.

que la musique, qui n'est pas démodée, survit pleinement. Quand j'ai fait *Pelléas et Mélisande,* pour la première fois à Paris, j'ai pensé que ce drame musical était l'un des chefs-d'œuvre les plus sublimes du répertoire. Mais je savais aussi que l'adaptation de l'œuvre littéraire de Maeterlinck avait eu, en son temps, un succès indépendant de celui qui allait saluer la partition de Debussy. Aujourd'hui, nombreux sont ceux qui affirment que le texte est désuet. Certes, la langue française a beaucoup changé en un siècle ; on accepte difficilement certaines tournures du langage d'autrefois ; mais la musique, elle, reste immuable ; elle garde toute sa fraîcheur, toute sa jeunesse, alors que les paroles sont d'un autre âge ; il convient donc de tenir compte de ce décalage. Mais si l'on joue à New York, le problème du texte de *Pelléas* ne se pose pas ; on y entend une langue étrangère et on n'a pas les mêmes références linguistiques qu'à Paris. Cette disparité offre donc un défi aux metteurs en scène : que faire avec un dialogue chanté qui n'est plus de notre temps ? J'admets, dans ce cas, que l'on puisse innover et procéder à une adaptation. Il convient en effet d'être ouvert à l'interconnexion musique-théâtre. Parfois, cependant, je suis étonné et déçu par les résultats ; je suis également farouchement opposé aux productions qui déforment les œuvres, sans respect pour la musique. Mais quand je ne suis pas d'accord totalement, je n'ai pas le droit de refuser de diriger ; je dois me comporter en père de famille : quand je suis fâché contre mes filles, je ne leur dis pas : "Je m'en vais." J'assume. Il en est ainsi au théâtre : j'use de ma force de persuasion sans oublier mes responsabilités. Quand je serai libre, je pourrai dire : "Non, ça ne m'intéresse pas, je pars." Mais ici, à l'Opéra, il faut avoir une certaine largeur de vue. Cependant, je n'accepterai jamais qu'un interprète (le metteur en scène en est un) dénature une œuvre au plan artistique pour imposer ses propres idées : je serai toujours du côté de ceux qui sont fidèles à la conception du compositeur. Par ailleurs, j'ai constamment veillé à ce qu'il n'y ait pas d'uniformité de production d'une scène à l'autre : chacun de ceux qui sont venus à l'Opéra de Paris, tels Peter Sellars, Robert Carsen ou plus récemment Coline Serreau pour *Le Barbier de Séville*, possédaient leur style propre et leur spécificité. »

Doté d'un instinct qui ne le trompe jamais, James Conlon s'est intégré à son orchestre comme un simple musicien. Il n'a jamais usé de la manière forte, chère à certains maestros ; il a simplement veillé à secouer les inerties et les habitudes, qui prenaient parfois la forme d'une sorte de résistance psychique : « En passant en moyenne six mois par an à Paris, je me suis d'abord préoccupé du recrutement : nous avons pu ainsi accueillir, sur concours, environ soixante nouveaux musiciens, jeunes et talentueux (soit un renouvellement d'un tiers de l'effectif global), pour obtenir une symbiose entre la maturité et l'expérience des anciens et l'ambition des nouveaux, sans négliger le niveau remarquable atteint par le chœur dirigé par David Levi ; nous avons pu ainsi constituer deux formations. Paris possède désormais un Opéra qui fonctionne du début du mois de septembre au 15 juillet ; nous disposons de surcroît de deux théâtres, avec des chiffres d'affluence qui ont battu tous les records ; c'est bien la preuve que nous avions besoin de Garnier et de Bastille, offrant un plus grand nombre de productions et de créations. Pour en arriver là – c'est-à-dire environ quatre cents représentations par an – nous avons travaillé intensément et augmenté la productivité de la maison dans tous les domaines, en respectant le répertoire de base, français notamment, élargi à des œuvres que les instrumentistes abordaient pour la première fois, tel *Le Nain* de Zemlinsky ou les *Symphonies* de Mahler.

« J'aime beaucoup mon orchestre ; j'en suis membre à part entière ; on peut connaître quelques tensions, comme dans toute famille. Je n'ai jamais cherché à imposer la manière forte : le pouvoir est une illusion ; je n'en veux pas et n'ai pas besoin d'un contrôle absolu. Les musiciens ont atteint un très haut niveau et ils sont capables de s'y maintenir en permanence. J'ai pourtant un regret : celui de n'avoir pu effectuer plusieurs enregistrements avec une telle phalange ; la direction le voulait, les musiciens et moi aussi, mais il manquait un élément, l'argent. Et puis la crise du disque a compliqué la situation : je n'ai fait qu'un disque à Paris contre vingt-cinq à Cologne. En Allemagne nous avons bénéficié d'une unité d'action entre l'orchestre, la ville, la maison de disques et les sponsors. Nous avons pu ensemencer un terrain vierge pour réaliser un cycle Zemlinsky, grand compositeur méconnu, proche de Mahler, que j'avais découvert il y a une vingtaine d'années et pour lequel je me suis pris de passion. »

Son prochain retour à New York va retremper James Conlon dans l'ambiance de sa jeunesse, sur les lieux mêmes où il eut la révélation de la magie de la musique : « C'est en acceptant l'invitation d'un camarade, le fils de la meilleure amie de ma mère, que j'ai découvert l'opéra. Nous habitions le Queen's ; notre voisine regrettait qu'il faille se rendre à Manhattan pour écouter un concert ; elle était d'origine allemande et nous rappelait que, dans son pays natal, chaque petite ville avait son propre théâtre lyrique, voire son orchestre. Elle a voulu transposer la réalité allemande à New York en créant de toutes pièces, dans notre quartier, une petite compagnie qui a tenu cinq années. Cette innovation fut décisive pour moi : à 11 ans, j'ai assisté à mon premier spectacle chanté ; j'avais une vague idée ancrée en moi qui me permettait de croire que j'aimais la musique ; mais ma curiosité ne s'était pas encore cristallisée. C'est alors que vint *La Traviata* qui m'a ébloui, puis *Le Barbier de Séville* qui m'a transporté de joie : j'éprouve encore aujourd'hui une indicible émotion quand je revois cette œuvre de Rossini, comme ce fut le cas, au printemps 2002, sous la baguette du maestro Bruno Campanella, lors de la reprise de cet opéra dans une production nouvelle de Coline Serreau.

« Quand j'eus 15 ans, mes parents m'ont emmené au Metropolitan Opera ; nous sommes arrivés en retard et nous avons entendu l'ouverture du *Barbier* dans le noir ; c'était mystérieux, envoûtant. Quelques mois plus tard, j'ai découvert la musique de Benjamin Britten : Colin Davis dirigeait Peter Grimes ; j'y suis retourné cinq fois ; depuis cette date, Britten est un phare qui brille intensément dans mon univers lyrique. New York m'a tout offert : des concerts pour 75 cents, des opéras fabuleux, des bibliothèques merveilleuses, des musées gratuits ; je n'avais pas un dollar en poche et pourtant j'ai pu me cultiver tout à loisir. Je suis entré à la High School of Music and Arts, remarquable école où j'ai rencontré de nombreux jeunes qui, comme moi, adoraient la musique ; mais je ne savais pas encore que nous ne représentions qu'une infime minorité : j'en eus la preuve quand mes copains de jeu, qui ne connaissaient et n'appréciaient que le rock, se sont moqués de moi et m'ont traité de fou quand je leur ai dit que j'aimais l'opéra. Mes parents m'ont ensuite inscrit à la Juilliard School of Music ; le niveau des études y était très élevé ; j'y ai eu notamment pour maître Jean Morel, très bon chef et magnifique pédagogue. Malgré le stress qui me torturait, j'ai vécu des jours heureux dans une ambiance de compétition ; j'ai ainsi bénéficié d'une formation irremplaçable. Je ne le rappellerai jamais assez : je dois tout à New York ; ma ville me manque et j'ai une dette envers elle. »

Loin de chez lui, en 1971, James Conlon se fait remarquer en effectuant ses débuts européens au Festival de Spolète avec *Boris Godounov* : « Ma réussite a rassuré mes parents. Je suis né dans une famille modeste qui comptait cinq enfants, au sein de laquelle les droits civils et l'égalité sociale étaient une notion prioritaire. Mon père a consacré sa vie à cette double cause ; il a constamment milité en faveur de l'intégration des Noirs ; il était membre d'une importante association, l'American Catholic Trade Union, où l'on ne transigeait pas avec les idéaux humanitaires ; catholique fervent, il admettait certaines idées marxistes, mais il s'opposait fermement à leurs solutions. Directeur du travail à New York, il est intervenu personnellement dans les conflits syndicaux ; c'était un juste qui aidait les démunis et les victimes de la ségrégation raciale. Il a eu une grande influence sur ses enfants et bien entendu sur moi. Il n'y avait pas de musiciens dans notre famille, hormis quelque vague grand-père de ma mère que je n'ai pas connu ; mais mon père m'a insufflé l'idée que la musique pouvait aider au salut de l'humanité. D'où ma propre vision mystique de cet art. Cette force spirituelle m'a permis de mieux connaître les autres ainsi que moi-même : la musique fut très tôt pour moi comme une foi religieuse. »

Autre étape importante, dans le parcours du jeune chef : sa rencontre avec Pierre Boulez, devenu directeur musical du Philharmonique de New York en 1971 : « J'étais encore étudiant à la Juilliard School quand j'ai dirigé *La Bohème* à Carnegie Hall ; ce soir-là, Boulez a demandé à me voir ; j'étais très impressionné à l'idée de le rencontrer ; je le fus encore plus quand il me proposa de devenir l'un de ses assistants ; il m'a confié la direction du *Chant du rossignol* de Stravinsky et m'a autorisé à suivre ses répétitions. Je me trouvais trop jeune pour m'engager plus avant ; il fut d'accord pour que j'attende quelque temps avant de diriger à nouveau ; il s'est montré très compréhensif et toujours disponible pour répondre à mes questions. J'ai conservé dans mes archives une copie de partition annotée de sa main où il précisait la place de la harpe dans une symphonie de Mahler. Il m'a invité à nouveau en 1974 à diriger le Philharmonique, au Lincoln Center ; cette fois-là, j'ai accepté. Je n'ai jamais cessé d'admirer ce maître, bien que, je l'avoue, j'aie éprouvé de réelles difficultés à comprendre ses œuvres. Il m'arrive parfois de l'appeler au sujet d'une partition ; il me répond, en me disant : “Venez, venez me voir”, comme ce fut le cas pour un cycle Berg que je présentais à Cologne. Quand j'ai repris *Pelléas* à Paris, je lui ai demandé de vérifier les corrections ; il l'a fait instantanément. C'est un homme très généreux.

« J'admire également d'autres compositeurs français contemporains, tels Henri Dutilleux et Oliver Messiaen. Au Festival d'Aspen, j'ai dirigé *Turangalila Symphonie* de Messiaen devant un public jeune et enthousiaste ; j'ai jugé bon de proposer une courte présentation ; j'ai joué quelques thèmes et je leur ai recommandé de rester jusqu'au bout en précisant que la fin était fabuleuse. Ils sont tous demeurés à leur place ; ils étaient ravis. Poulenc me passionne également ; j'ai joué *Le Dialogue des carmélites* à la Bastille dans la même production que j'avais vue autrefois dirigée par Manuel Rosenthal. »

James Conlon a côtoyé de nombreux chefs aux États-Unis ; Leonard Bernstein et James Levine sont de ceux-là : « Bernstein était une personnalité mythique, doté d'un prodigieux charisme. Pourtant, je n'étais pas capable de l'apprécier à sa juste valeur quand j'avais 20 ans. Maintenant je sais à quel niveau il se situait : esprit universel, il pouvait tout faire et se passionnait pour tout ce qui touchait au genre humain. Je l'ai rencontré plusieurs fois, sans appartenir au premier cercle de ses intimes ; il a été pour moi un guide, sans qu'il l'ait su. Au début, j'étais gêné par sa tendance à l'exhibitionnisme ; j'ai mieux accepté ses excès par la suite ; j'adore tout ce qu'il a fait, notamment les concerts télévisés pour les jeunes dont je possède toutes les vidéos. Sa gestique, sa personnalité, son apparence formaient un tout indissociable. Longtemps, je me suis demandé : "Les résultats sont prodigieux, mais pourquoi fait-il tout ça ?" Il était en fait le contraire de Boulez, calme, posé, méthodique, froid.

« James Levine était lui aussi très différent de Bernstein : j'avais 19 ans quand je l'ai rencontré ; j'ai suivi son travail au Met où j'effectuais mes premiers pas. Il se comportait comme s'il avait été mon frère aîné ; il m'a appris beaucoup de choses, notamment le pouvoir découlant d'une simple attitude mentale : "N'oubliez jamais, me disait-il, qu'on fait mieux de la musique dans le calme que dans le stress : le stress touche tout le monde ; il est stressant de jouer d'un instrument ; il est stressant de se hâter pour ne pas rater le métro. Restez donc maître de vos nerfs en toutes circonstances." J'ai d'abord pensé que sa démonstration était trop simpliste ; mais j'ai compris ce qu'il expliquait en assistant aux merveilles qu'il accomplissait au Met. Ce fut un grand jour pour moi quand, en 1979, je lui ai succédé au Festival de musique chorale de Cincinnati. En 2002, nous avons voulu innover : au cours de l'hiver, des heurts avaient éclaté entre la communauté noire et la police. J'ai donc décidé de présenter un programme prônant l'intégration, sur le thème de la fraternité, avec la *Neuvième* de Beethoven, la *Symphonie « Kaddish »* de Bernstein et des œuvres de compositeurs afro-américains, William Grant Still et Adolphus Hailstork sur des paroles de Martin Luther King, chantées par un chœur de jeunes noirs. J'avais ainsi constitué une trilogie symbolique qui a connu un réel succès. Le choix portant sur Bernstein était très personnel dans ce contexte : j'avais invité sa fille Jeannie pour réciter le *Kaddish* ; elle avait établi une nouvelle version où elle apportait une touche inédite à l'œuvre de son père ; elle m'expliqua que, dans le Talmud, les anciens commentaient les écritures, puis qu'après chaque génération, leurs successeurs ajoutaient un commentaire supplémentaire ; et ainsi de suite au fil des années, pour maintenir la tradition. “Je vais peut-être trop loin”, m’a dit Jeannie. Je lui ai répondu : “Je n’ai pas le droit de réécrire ce que ton père a fait ; mais toi, tu le peux, et personne d’autre que toi…” »

Quand on évoque Leonard Bernstein, Gustav Mahler n’est jamais loin ; James Conlon non plus : « Certains compositeurs sont pour moi comme des amis fidèles, que je comprends et que j’aime, tels Mozart, Wagner, Verdi. Mahler est aussi de ceux-là qui m’ont communiqué très tôt l’énorme angoisse de notre temps ; dans son univers, ses univers devrais-je dire, j’ai retrouvé tout ce que je ressentais moi-même. Sa musique diffuse une réflexion d’ordre universel. Je ne dis pas que je m’identifie à Mahler, mais tout ce qu’il a composé me touche au cœur. Mahler, c’est comme les Cathares, qu’on appelait les “parfaits” : en l’écoutant, vous souffrez pendant plus d’une heure, mais vous sortez de ses *Symphonies* nourri d’une indicible exaltation ou d’un irrépressible désespoir. Mahler exprime constamment ses sentiments ; j’ai tissé des liens personnels avec ses œuvres ; j’ai toujours besoin de savoir qu’il est là, près de moi, de sentir sa présence, de faire appel à lui. J’ai enregistré un cycle Mahler complet à Rotterdam, puis à Cologne. À Paris, j’ai dirigé à Bastille les *Première*, *Deuxième*, *Troisième* et *Sixième Symphonies*. Depuis mes débuts, quand je suis chef invité, je pose toujours la même question : Mahler figure-t-il à votre programme ? On me répond presque toujours : “Oui, bien entendu, mais c’est le maestro titulaire qui le dirige.” C’est la preuve que ce grand musicien, qui affirmait peu de temps avant de mourir “mon temps viendra”, occupe désormais une place prépondérante, car son temps est venu.

« Qu’aurait-il fait s’il n’était pas mort à 51 ans ? Se serait-il éloigné de la tonalité ? C’est une hypothèse plausible. Mais Mahler garde son mystère que je tente d’élucider, notamment à travers les compositions de Zemlinsky. Si l’Europe n’avait pas été dévastée par deux guerres successives, si sa jeunesse n’avait pas été décimée, nous aurions sans doute eu une musique sensiblement différente de celle que nous avons connue au cours du XXe siècle. Les survivants ont en effet écrit l’histoire, parce qu’ils ont survécu. Mahler, disparu en 1911, trois ans avant le premier conflit mondial, pose donc une énigme. Mais il n’est pas le seul dans ce cas : Mozart est mort à 36 ans, Schubert à 31 ; l’un et l’autre ont écrit plus de cinq cents œuvres en peu de temps. Qu’auraient-ils produit s’ils avaient vécu plus longtemps ? Une réponse d’ordre mystique consiste à dire que s’ils sont morts, c’est qu’ils avaient tout dit. Je n’ai pas la solution, mais ils avaient en eux une énorme puissance créatrice pour produire autant d'œuvres que Haydn (cent quatre symphonies) ou autant d'opéras que Verdi. Cependant, l'inverse s'est également produit : un génie précoce comme Rossini n'a plus rien donné à la scène après 37 ans. »

James Conlon est-il préoccupé par la célébrité ? : « Non, car à mon âge, on ne pense plus autant à l'avenir qu'à 20 ou 30 ans, même si l'on sait que les chefs peuvent durer longtemps. La seule question que je me pose est de savoir ce que je laisserai de valable derrière moi. J'ai subi de douloureuses épreuves ; une génération s'en est allée ; j'ai perdu de fidèles amis, dont un de mes proches musiciens avec lequel j'ai effectué des cycles Mozart et Beethoven. Le temps est plus court qu'on ne le croit ; l'horizon se rétrécit peu à peu et on laisse de nombreux projets en chemin. Ce que je regrette le plus est de n'avoir pu consacrer assez de temps à ma famille et aux amis irremplaçables. Je garde en mémoire l'image de mon père mourant : il n'était pas musicien, mais il aimait la musique ; il avait lu tout Shakespeare ; il était féru d'histoire, plus particulièrement celles de la France et de l'Europe ; quand j'étais enfant, il me parlait souvent de Napoléon ; il évoquait aussi la Grande Guerre. Il m'a ouvert au monde de la lecture. Il avait toujours une pile de livres sur sa table de nuit. Le jour de sa mort, j'ai vu qu'un volume était resté ouvert ; il n'avait pas eu le temps de finir de le lire ; ça m'a frappé pour toujours : la vie s'était envolée avant le terme du récit.

« Mon retour à New York va me permettre de prendre un nouveau départ. Comme la plupart des Américains, j'ai été frappé au cœur par la tragédie du 11 Septembre : je suis né à un kilomètre des deux tours et j'ai gardé de cette blessure une cicatrice qui ne disparaîtra jamais. »

New York est un havre pour James Conlon. Mais s'il devait partir pour une île déserte quelle partition emporterait-il dans ses bagages ? Le chef réfléchit quelques instants avant de répondre : « Mozart ! Tout est beau chez lui ; il est le plus complet des compositeurs : en tant que chef d'orchestre, je suis sans cesse émerveillé par la perfection de son art et l'humanité qui s'en dégage, malgré la simplicité des moyens dont il disposait. Quand j'écoute ou je joue Mozart, j'ai l'impression de le connaître depuis toujours. C'est comme une médecine : je me sens mieux après l'une de ses symphonies ou l'un de ses concertos. Il offre le salut de l'âme. Quelle grâce ! Il dépasse les limites de lieu et de temps et pourtant il est le plus humain des artistes. Ses héros d'opéra sont profondément vrais ; il leur confère une harmonie sans pareille dans la détresse, l'angoisse comme dans la joie. À l'approche de la mort, il les campe avec une étonnante sérénité. Quand la Comtesse pardonne au Comte Almaviva, on sait que ce dernier continuera de se conduire comme avant ; elle pardonne pourtant tous les maux du monde, comme le fait le créateur. Chez Mozart, le bonheur cohabite avec la souffrance, dans l'harmonie des étoiles. C'est pourquoi je ne peux pas imaginer de vivre sans lui. »

Notre entretien dure depuis plus de deux heures. Il est temps de prendre congé. En quittant le maître, je pense à la fameuse réplique d'un film français, *Un revenant* de Christian-Jaque, dans lequel Henri Jeanson fait dire à Louis Jouvet : « Mieux vaut se quitter sur du Mozart que sur du Meyerbeer. » Je crois que James Conlon aurait aimé cette repartie[1].

Citoyen américain, né au Liban, résident en France comme James Conlon, George Pehlivanian, après avoir remporté le concours de Besançon en 1991, à 27 ans, semble promis à un bel avenir. Très demandé, il se produit fréquemment en Italie, aux États-Unis, en Israël, en Allemagne, en Espagne et en France (où il a conduit avec succès l'Orchestre national d'Île-de-France).

1. Entretien enregistré au Théâtre national de l'Opéra Bastille, le 18 juin 2002.

CHRISTOPH VON DOHNANYI
TRADITION ET MODERNITÉ

« La modernité, c'est le transitoire, le fugitif, le contingent,
la moitié de l'art, dont l'autre moitié est l'éternel immuable. »
Alphonse de Lamartine, *Poèmes du cours familier*

Quand George Szell, bloqué outre-Atlantique par la déclaration de guerre, s'installa à New York pour devenir l'un des maestros les plus remarqués du Metropolitan Opera, nul n'imaginait qu'en passant aux commandes de l'Orchestre de Cleveland, après Erich Leinsdorf, il allait transformer cette formation d'élite, qui avait déjà acquis, de 1933 à 1943, une solide réputation sous la baguette autoritaire du Polono-Américain Arthur Rodzinski, en une incomparable compagnie. Issu comme Fritz Reiner, Antal Dorati, Eugene Ormandy ou Georg Solti de la très riche école hongroise, George Szell régna pendant près d'un quart de siècle (1946-1970) sur un empire que nul ne songeait à lui contester.

Lorin Maazel lui succéda ; il maintint Cleveland sur sa lancée, puis il s'esquiva, cédant sa place à un quasi-inconnu du public américain, Christoph von Dohnanyi, type même du *Kapellmeister*, qui a fait lentement, mais sûrement, ses classes auprès des orchestres symphoniques ou lyriques de petites villes d'Allemagne, avant d'atteindre les sommets de la hiérarchie nationale.

Christoph von Dohnanyi effectue de fréquents séjours à Paris, se calfeutrant dans une retraite paisible, à proximité de la Bastille. Si l'on connaît le code de son domicile bien caché, on peut pousser la porte d'un immeuble ancien qui ouvre sur un havre de grâce : au bout d'une longue allée dallée sur laquelle, au siècle dernier, les cochers faisaient résonner les sabots de leurs chevaux, la maison où le maître nous accueille est un chef- d'œuvre de simplicité et de bon goût ; les murs de l'immense séjour, surplombés par une élégante mezzanine, sont recouverts par les rayons d'une imposante bibliothèque où voisinent les livres d'art, les partitions et les manuscrits.

C'est entre deux représentations d'*Arabella* de Richard Strauss au Théâtre du Châtelet[1] que le maître, généralement très discret au point d'être jugé peu médiatique, nous reçoit[2]. Calme, détendu, il s'exprime en anglais, bien qu'il parle convenablement le français. Je constate qu'il ne manie pas la langue de bois et qu'il a son franc-parler, n'épargnant, au passage, ni les institutions ni les célébrités : « J'ai pris en charge en 1982 un orchestre qui possédait déjà une longue tradition ; compte tenu de la responsabilité qui m'était dévolue, il me fallait maintenir cet ensemble au niveau qu'il avait atteint. Szell, que je n'ai jamais rencontré, avait éduqué l'orchestre à sa manière, qu'on a dit rude, avec une précision d'horloger, suivant strictement ce qui était écrit sur les partitions. Il avait, m'a-t-on dit, tendance à une certaine rigidité, ce qui n'entachait ni sa parfaite connaissance de la musique ni n'excluait une certaine sensibilité. C'est justement cette dernière qualité que j'ai décelée d'emblée au sein d'un groupe de musiciens possédant une oreille admirable et déployant une sonorité exceptionnelle. Au cours des vingt années que j'ai passées à Cleveland, j'ai connu de grandes joies, de grands bonheurs. J'ai eu également la chance d'assister à la rénovation du Severance Hall, notre résidence, inaugurée en 1931, dont le cadre Art déco et l'acoustique justifiaient d'importants travaux de modernisation et d'agrandissement. Ce fut l'occasion pour notre équipe d'élargir son audience et d'étendre sa programmation à des œuvres nouvelles. On m'a fait souvent remarquer que l'Orchestre de Cleveland n'a pas la réputation d'autres ensembles américains, mieux connus en Europe. Cette disparité n'est pas justifiée : elle est la conséquence de la faible renommée de cette cité. Combien de fois n'ai-je pas entendu dire, au cours de nos tournées : "Cleveland, ça ressemble à quoi ? Où est-ce ? Est-ce une ville intéressante ?" À mon sens, le caractère relativement modeste de cette cité constitue un atout important : les musiciens sont constamment disponibles, faute de tentations professionnelles ; on n'y trouve ni théâtre lyrique ni orchestre de radio, donc aucune concurrence qui conduirait à vouloir cachetonner, comme

1. *Arabella* a été donnée au Châtelet du 10 au 28 avril 2002.
2. Entretien enregistré au domicile du maître, le 12 avril 2002.

c'est souvent le cas ailleurs. Les musiciens travaillent dans le cadre d'une agglomération aux dimensions humaines, où la circulation est généralement fluide : on se peut se rendre de son domicile à la salle de concert en dix minutes. De surcroît, les salaires proposés aux instrumentistes sont sensiblement supérieurs à ceux perçus par leurs confrères. Comme les prix sont plus bas qu'à New York et Chicago, le niveau de vie y est plus élevé. Le budget de l'orchestre permet d'entretenir cent soixante musiciens, de pouvoir effectuer, si cela est nécessaire, notamment pour les créations, des répétitions supplémentaires et d'être capable de tout jouer dans un engagement total. Ajoutons à ce tableau que les instrumentistes bénéficient d'une politique bien conduite d'enregistrements[1], et vous comprendrez pourquoi ils n'ont envie que d'une chose : continuer à faire de la belle et bonne musique. »

Quand j'évoque certaines critiques parues dans la presse anglaise, où on l'a parfois qualifié de « chef démodé » bien qu'il se soit illustré au Royaume-Uni à la tête du Philharmonia et du Philharmonique de Londres, Christoph von Dohnanyi s'insurge contre ce qu'il tient pour de fausses notes : « Musicalement, le sensationnel ne peut durer longtemps. La qualité ne rime pas avec l'esbroufe. Le public ne peut juger, le plus souvent, les œuvres pro-

posées ou imposées que par leurs excès et non leur essence. Je suis peut-être démodé, mais je suis aussi de ceux qui estiment qu'on ne peut diriger convenablement les symphonies de Mozart si l'on n'a pas d'abord conduit *La Flûte enchantée* et qu'on ne peut jouer le répertoire post-romantique si l'on n'a pas abordé le lyrique avec Wagner. Il faut savoir prendre son temps pour être crédible ; c'est ce que j'ai fait. »

Sûr de lui, mais nullement dominateur, le maître se fie aux témoignages qui ont afflué pendant les deux décennies passées à Cleveland. Après la sophistication forgée par Szell, il a ouvert de nouveaux horizons à un public volontiers conservateur, bien que son prédécesseur ait tenté quelques incursions dans la musique contemporaine, notamment avec Dutilleux, Martinu, Hindemith. Depuis 1982, Dohnanyi a présenté vingt-quatre créations mondiales et sept américaines ; il a enregistré plus de cent œuvres, bilan qui place Cleveland en tête des publications de disques aux États-Unis. Il est demeuré dans la voie du sérieux, sans forcer la nature de ses instrumentistes et sans renoncer à ses projets musicaux. Christoph von Dohnanyi a tenté des chal-

1. Cleveland est l'un des trois orchestres américains, avec New York et Boston, à publier des disques extraits de ses archives, toutes enregistrées par la radio locale W.C.L.V.

lenges difficiles avec des œuvres de Schoenberg, telles que *L'Échelle de Jacob*, *Un survivant de Varsovie*, les *Variations pour orchestre, opus 31* ; Berg, Schnittke, Bartok, Lutoslawski, Glass ont également alterné avec le répertoire classique ou romantique : « J'ai été totalement libre de mes choix, bien que le système américain de sponsoring, très différent de ce qui existe en Europe, implique certaines contraintes, tendant à suivre une ligne traditionnelle afin de capter le plus large public possible. Pourtant, à Cleveland, jamais personne n'est intervenu pour me dire : "Vous devez jouer ceci plutôt que cela." Nous avons reçu des sommes très importantes provenant de parrainages inattendus. Des amateurs de musique, qui admiraient l'orchestre, ont procédé à des donations d'un montant parfois fabuleux. Un jour, alors que nous étions à New York pour trois concerts, une personne que je ne connaissais pas m'a proposé de patronner des compositions inédites. Une semaine plus tard, le président de l'Orchestre recevait de cet inconnu un chèque de dix millions de dollars ! »

Tourné vers l'avenir, Christoph von Dohnanyi n'en a pas pour autant ignoré le passé, qui lui a permis de mieux assurer la cohésion de ses musiciens, la puissance et la finesse de l'orchestre, dont la renommée tient autant à sa virtuosité collective qu'au talent de ses solistes. Il n'a pas oublié l'attitude des dirigeants quand, en 1982, il joua la *Cinquième Symphonie* de Beethoven : « Lorsque vous dirigez une telle phalange, qui connaît par cœur un incalculable nombre d'œuvres, vous n'êtes nullement étonné que l'on vous accorde quarante-cinq minutes de répétitions pour une symphonie que les instrumentistes possèdent sur le bout des doigts. À ce propos, j'ai tendance à croire que Beethoven aurait adoré les interprétations modernes. Un marché s'est ouvert aux petites formations jouant sur instruments anciens. Il y a deux siècles, Mozart, Haydn, Beethoven, Schubert disposaient de salles aux dimensions réduites et d'une quarantaine de musiciens. Si l'on voulait revenir à l'époque où une femme laissant voir sa cheville était un sujet de scandale, on ne s'y prendrait pas autrement. Le son d'un grand orchestre actuel est certainement différent de celui produit au début du XIXe siècle ; mais je suis convaincu que cette amplification est justifiée. Nombreux sont les chefs qui ont su transcender des œuvres de Jean-Sébastien Bach avec un orchestre renforcé, sans pour autant dénaturer ses compositions. Prenons également le dernier mouvement de la *Neuvième Symphonie* de Beethoven, quand la basse chantante fait son entrée : à son époque, le son devait être rugueux ; aujourd'hui, notre devoir est en priorité de respecter les intentions du compositeur et de tenir compte de ce qu'il souhaitait communiquer aux auditeurs.

Beethoven n'a jamais regardé en arrière ; novateur, il pensait constamment à l'avenir ; il n'a d'ailleurs pas suivi les voies tracées par Haydn et Mozart : au fur et à mesure que grandissait son génie, il imposait ses propres vues et s'éloignait de ses aînés. Sa musique était neuve ; il n'avait aucune raison de se pencher sur une époque, selon lui révolue, alors qu'il entendait créer de nouvelles formes, aussi bien à l'orchestre qu'en musique de chambre, comme en témoignent ses derniers *Quatuors*.

« Je remarque, au passage, que certains chefs qui prônaient les instruments anciens et les effectifs réduits sont revenus pour Beethoven aux normes de notre époque. D'autres maestros ont considéré que Bruckner et Mahler s'étaient engagés dans un gigantisme qu'ils réprouvaient et ont longtemps refusé de s'intéresser à ces deux compositeurs. Ils ont eux aussi changé d'attitude pour suivre la loi du marché et le choix du public. »

En dirigeant l'Orchestre de Cleveland, au Châtelet, lors de sa tournée d'adieu, le 6 juin 2002, Christoph von Dohnanyi a choisi une disposition instrumentale qui lui est chère pour interpréter la *Huitième Symphonie* de Bruckner, avec les contrebasses au fond, les violoncelles au centre, à côté des premiers violons, les seconds violons à droite, près des altos, propageant ainsi un son plus velouté et plus puissant des cordes et laissant entendre des *pianissimo*[1] habituellement peu audibles. Cette disposition est également utilisée par des orchestres germaniques et russes. Elle était aussi la marque du grand-père de Christoph, Ernö von Dohnanyi, grand pianiste, qui avait notamment à son répertoire les *Concertos* de Mozart et les *Sonates* de Beethoven, et qui fut un compositeur renommé, un chef d'orchestre talentueux et un ardent défenseur de la jeune école hongroise. Son petit-fils l'a connu, mais pas autant qu'il l'aurait souhaité : « Notre première rencontre date de 1937 à Berlin ; j'avais 8 ans. Je fus très impressionné par sa virtuosité au piano. Je ne devais le revoir que quatorze ans plus tard, aux États-Unis, où il s'était réfugié pour fuir les persécutions nazies, après l'invasion de la Hongrie en 1944. En fait, je ne l'ai vraiment découvert qu'en le retrouvant en Floride : c'était un remarquable compositeur dont les œuvres se situent à la croisée des chemins des XIXe et XXe siècles, un magnifique pédagogue qui fut notamment le professeur de Kodaly, de Bartok, de Solti. Dans sa prime jeunesse, il avait approché Liszt et Brahms et subi leur influence. Comme il vivait aux États-Unis, ma vocation de

1. Orthographe retenue par le Littré (édition de 1959) pour le pluriel de *pianissimo*.

chef d'orchestre n'est pas de son fait. J'ai d'abord été étudiant en droit, ne songeant nullement à une carrière de musicien professionnel.

« Les événements dramatiques que connut ma famille sous le régime nazi m'avaient d'ailleurs écarté de toute tentation artistique. La paix revenue, j'ai senti que le piano, que j'avais pratiqué de 13 à 17 ans, me manquait infiniment. J'étais à la faculté de droit de Munich quand la venue de Georg Solti me fit changer de cap. Excellent pianiste, Solti avait bien connu mon grand-père dont il avait été l'élève à Budapest. Quand j'ai su qu'il avait été nommé premier chef, avant de devenir directeur, à l'Opéra de Munich, j'ai décidé de suivre son enseignement pour la direction d'orchestre, l'harmonie et le piano ; peu après, j'ai abandonné le droit ; ainsi, il fut mon guide et mon inspirateur. Plus tard, alors que la carrière de Solti prenait toute son ampleur à Francfort, Salzbourg, puis à Covent Garden, j'eus la chance de recevoir les précieux conseils d'un autre chef hongrois, Ferenc Fricsay, hélas trop tôt disparu. Je venais d'avoir 20 ans et j'aurais aimé devenir compositeur. Mais finalement, j'ai décidé de me consacrer à la direction où j'avais encore tout à apprendre. Deux ans plus tard, après un séjour en Floride auprès de mon grand-père, j'avais déjà franchi un grand pas en obtenant le prix Richard-Strauss.

« C'est alors que je fis la connaissance de Leonard Bernstein. Je fus subjugué par cet homme exceptionnel, plein de vie, brillant, dont le talent multiforme éclatait aussi bien dans ses compositions que dans ses concerts. J'ai suivi ses *masterclasses* à Tanglewood en 1952 : il nous faisait étudier les symphonies de Haydn et ne se montrait jamais trop directif avec les étudiants ; il aimait en effet que s'affiche la personnalité de chacun : “Conduisez comme vous le sentez”, disait-il. J'ai compris plus tard qu'il avait raison, alors que trop de chefs estiment qu'il n'y a qu'une seule façon de diriger : la leur ! En réalité, le monde des chefs est un kaléidoscope : on rencontre d'incontestables maestros qui possèdent l'imagination, la psychologie, la volonté de puissance, l'intelligence, qui sont des artistes, mais pas de grands musiciens. Les plus complets sont les meilleurs qui conjuguent toutes ces qualités avec une connaissance approfondie de l'art musical. Bernstein était de ceux-là : il remplaçait souvent, dans ses cours, Serge Koussevitzky, lequel, malgré sa réputation, n'était pas aussi fin pédagogue que son assistant. Le métier de chef est une profession très étrange faite de multiples contradictions : c'est en effet une activité où la vérité voisine avec son contraire. »

Après son séjour en Floride et à Tanglewood, Christoph von Dohnanyi revient en Europe. Georg Solti, qui ne l'a pas oublié, l'engage à l'Opéra de

Francfort, d'abord comme chef de chœur, puis comme chef d'orchestre. En 1957, il devient directeur musical à Lubeck, puis en 1963 à Cassel, où Mahler a fait ses preuves, comme lui, à l'Opéra de la ville ; en 1964, il dirige l'Orchestre de la Westrundfunk à Cologne, avant d'avoir l'honneur, en 1968, de succéder à Solti à Francfort. En 1975, il est nommé directeur musical et intendant de l'Opéra de Hambourg suivant ainsi, une nouvelle fois, les traces de Mahler qui s'y illustra près d'un siècle auparavant, Mahler qui n'a jamais cessé d'éveiller chez le maître un profond sentiment d'admiration : « Je vais sans doute vous étonner en vous disant que Mahler est un compositeur encore largement sous-estimé : c'est sans doute parce qu'il est avant tout musicien autrichien, fortement ancré à son terroir, ce qui ne l'empêche pas d'avoir une influence extrême dans l'évolution de la musique : il est annonciateur d'avenir. Les œuvres de Ligeti et de Nono, par exemple, auraient été inconcevables sans lui. Son intensité, ses sonorités, ses *crescendo*[1] sur vingt, voire vingt-cinq mesures, n'ont été pleinement compris que depuis peu. Mahler me touche aussi parce qu'il a été, outre ses prodigieuses qualités de chef, un des premiers compositeurs populaires : il plaît au plus grand nombre. Cependant, il est difficile d'apprécier d'emblée ses symphonies et ses lieder si l'on ne cherche pas à comprendre ce qu'il a voulu faire : il est d'une précision inouïe dans ses partitions ; il savait parfaitement où il allait et ce qu'il voulait obtenir ; ses indications, qui parsèment ses manuscrits, sont d'une grande clarté ; il nous guide constamment et, si on le suit fidèlement, on ne peut s'égarer : il suffit en effet de respecter scrupuleusement ses annotations, car il a tout prévu. Cependant, j'estime que, sous ses aspects modernes, Mahler était encore un homme du XIXe siècle ; il demeurait en effet dans l'harmonie de la tonalité, au contraire de ceux qui, comme Schoenberg, allaient sortir de la gamme des huit sons. Selon Bernstein, Mahler n'incarnait pas un renouveau de la musique ; il symbolisait au contraire la fin d'une époque qui meurt avec lui. Je le place très haut. »

Comme Gustav Mahler, Dohnanyi a d'abord été un chef d'opéra : sa montée progressive suit les méandres d'une carrière de *Kapellmeister* à l'allemande qui ne connaîtra la consécration que passée la cinquantaine : « Le théâtre lyrique a été pour moi une merveilleuse école ; j'ai acquis peu à peu une connaissance approfondie du répertoire ; si je suis encore demandé aujourd'hui, c'est parce que j'ai eu le temps de développer ma culture artis-

1. *Ibid.* (*Cf.* note 4, pour le pluriel de *crescendo*.)

tique d'une manière humaine, sans brûler les étapes. J'ai dirigé de nombreux opéras ; je me suis même offert le luxe de mettre en scène, avec une certaine réussite, plusieurs chefs-d'œuvre de Mozart, dont *La Flûte enchantée* en 1984. Mais il s'agit là d'un autre métier qui nécessite une présence de tous les instants, une participation permanente à la préparation de l'ouvrage, sans adhérer, les yeux fermés, à tout ce que propose le metteur en scène. Certains chefs arrivent au dernier moment et ne parviennent pas à s'adapter aux orientations prises hors de leur présence. Il faut pourtant prendre ses responsabilités et empêcher qu'on aille à l'encontre de l'esprit de l'œuvre que l'on va jouer. Ainsi, je n'accepte que les réalisations qui ne sont pas de nature à contredire le contenu de la partition. J'ai connu, je l'admets, quelques déconvenues : ainsi au Châtelet, dans *Arabella* de Richard Strauss, c'était bien, mais j'aurais préféré qu'on ne prît pas certaines libertés avec les costumes.

« Dans le domaine du lyrique, Richard Strauss est mon compositeur de référence : il est devenu un maître absolu du théâtre, après de fulgurants succès symphoniques. Les dernières années de sa vie marquent, notamment dans *Capriccio*, un certain retour au néo-classicisme ; mais il ne faut pas pour autant oublier ce qu'il a produit auparavant, avec *Elektra*, *Le Chevalier à la rose*, *La Femme sans ombre*, *Ariane à Naxos*... Quant aux opéras en version de concert, si j'y ai été longtemps opposé, je les aime de plus en plus. Compte tenu du coût très élevé des productions lyriques et de la durée des répétitions, il est passionnant de pouvoir présenter des œuvres dont le contenu est suffisamment fort pour se passer de décors, de costumes et de mise en scène. Il est cependant possible de mettre en place une disposition scénique permettant de situer les chanteurs, au milieu ou autour de l'orchestre. J'ai expérimenté ce genre de spectacle dans *L'Or du Rhin* et *La Walkyrie*. »

Christoph von Dohnanyi est venu trois fois à Paris en 2002, preuve, s'il en fallait une, qu'il ne peut se passer longtemps de cette ville : avant de diriger *Arabella* et la *Huitième Symphonie* de Bruckner, il est monté sur l'estrade de l'Orchestre de Paris, dont il fut pendant une courte période, conseiller musical. C'est au cours des répétitions qu'apparaissent clairement la maîtrise absolue du chef, son style, dépouillé de tout effet inutile, à la fois puissant et subtil. Par sa stature, athlétique en dépit des ans, son agilité et sa précision, il en impose instantanément. On peut le juger froid et distant, avec sa silhouette seigneuriale, son visage sévère, surmontée d'une abondante chevelure blanche dans laquelle il passe souvent la main afin de replacer une mèche rebelle, et son regard d'acier, qui sait pourtant se faire malicieux ; il est le contraire d'un autocrate : il distille l'autorité à mots brefs, avec une étonnante économie de gestes ; souvent, il chante ; une main gauche frémissante et expressive, un sourcil qui se lève, un simple coup d'œil animent l'orchestre tout entier ; des arabesques de ses bras, il domine la musique, la courtise, la fait sienne. Parfois, il s'adresse aux instrumentistes sans les interrompre ; il accentue le son des cordes, libère les bois ; il joint les mains pour un tutti, donne quelques indications : « Pas trop vite..., modulez mieux..., attention au *pizzicato*... » De temps en temps, sa baguette change de main, la droite prenant le relais. Puis il pose sa main gauche sur sa hanche à la manière d'un danseur. À la fin, il se détend, lance un « bravo » aux instrumentistes et adresse un significatif signe de tête à Philippe Aïche, premier violon solo. Il semble heureux.

L'occasion est belle pour lui demander ce qu'il a pensé de l'Orchestre de Paris, dans ce concert dédié à Beethoven – *Premier concerto pour piano et orchestre* avec l'un des plus grands solistes de notre temps, Alfred Brendel – et à Brahms avec sa *Deuxième Symphonie* : « L'Orchestre de Paris a fait de réels progrès ces derniers temps. Cependant, on ne peut pas encore attendre une constance absolue de cette formation. C'est là que se situe la différence avec les grandes phalanges germaniques dont la régularité et l'inspiration sont extrêmes ; il leur arrive pourtant de connaître des périodes préjudiciables de laisser-aller quand elles n'aiment pas une œuvre ou n'apprécient pas un chef. Les musiciens parisiens ont très bien joué Brahms et Beethoven. L'arrivée, en 2000, de Christoph Eschenbach a été bénéfique ; je suis convaincu que son orchestre va encore s'améliorer avec le temps. Je pense également que l'O.P. possède un son spécifique qui tient à son origine. D'ailleurs, je ne crois pas à ce que l'on appelle couramment l'uniformité internationale de la musique. Chaque pays produit en effet des artistes qui possèdent leur fibre nationale. Schubert aimait à dire qu'il fallait bien connaître l'Autriche pour apprécier pleinement la musique de son pays. »

On reverra Christoph von Dohnanyi à Paris, peut-être même à l'Opéra : « Jusqu'à présent, je n'ai pu aller à la découverte de la ville, comme je le voulais ; les vingt années passées à Cleveland ne m'ont pas permis de sacrifier au tourisme. Désormais, je veux passer plus de temps dans mon pays et me ressourcer chez moi à Hambourg où je dirige le N.D.R. Je voyagerai moins ; les grandes tournées, c'est terminé ; je choisirai des opéras qui me permettent de me poser quelque part, notamment à Paris ; je ne donnerai que deux ou trois productions par an et je partagerai mes engagements entre l'Allemagne, la Grande-Bretagne, – je suis premier chef invité du Philharmonique de Londres

– et les États-Unis, mais pas à Cleveland, au moins pendant deux ans, afin de ne pas gêner Franz Welser-Möst, qui m'a succédé.

Le chef ne se dérobe pas à la traditionnelle question de l'île déserte, mais il refuse toute sélection : « Je n'emporterais aucune partition : toutes celles que j'aime, et elles sont très nombreuses, je les ai dans la tête et je les connais par cœur, ce qui m'évite d'avoir à choisir. »

Parole de *Kapellmeister* !

ARMIN JORDAN L'ANTICONFORMISTE

« En matière d'art, j'avoue que je ne hais pas l'outrance ; la modération ne m'a jamais semblé le signe d'une nature artistique vigoureuse. J'aime ces excès de santé, ces débordements de volonté qui s'inscrivent dans les œuvres comme le bitume enflammé dans le sol des volcans. »

Charles Baudelaire, *Curiosités esthétiques*

Armin Jordan n'est pas un chef comme les autres : après plus d'un demi-siècle d'activité tous azimuts, il n'est toujours pas en paix avec lui-même : « Je suis un anticonformiste qui ne cesse de se critiquer soi-même », m'a-t-il expliqué dans la petite salle à manger d'un charmant hôtel parisien, proche des Grands Boulevards[1]. « Si l'on se contente d'accepter les compliments, a-t-il ajouté, on ne peut pas accomplir de progrès. Je n'ai jamais pensé à faire carrière ; ce n'était pas mon objectif. Je voulais d'abord avoir du plaisir. Dans la vie, ce qui compte le plus, ce n'est pas tellement le bonheur, c'est de ne pas s'ennuyer [il utilise un autre vocable, beaucoup plus évocateur]. Si l'on s'ennuie, on ne peut pas être heureux. J'ai eu la chance insigne de travailler avec des orchestres de premier ordre et d'être redemandé par leurs musiciens. J'ai un immense respect pour les œuvres que j'interprète et aussi pour les instrumentistes qui m'accompagnent. Quand je les sens en phase avec moi, j'éprouve une joie intense. Je ne pourrais jamais travailler avec un orchestre où je discernerais une quelconque opposition. »

1. Entretien enregistré à Paris, le 7 juin 2002.

Grillant cigarette sur cigarette, tour à tour calme, rêveur ou véhément, Armin Jordan vide son sac. Il exprime sans ménagement une vision acerbe du monde musical. Je l'observe avec curiosité : sous ses abondants cheveux blancs, son visage a quelque chose de tragique, de tourmenté, qui rappelle les traits de certains personnages que l'on voit attablés dans les auberges enfumées des tableaux de Breughel. Il sourit ou grimace, conférant à notre dialogue une tournure insolite. Il y a de l'aventurier chez ce chef qui n'a cessé de défricher les sentiers ardus de la musique contemporaine, sans pour autant se détacher du passé qu'il révère sous toutes ses formes. L'extraordinaire parcours qu'il a accompli depuis ses débuts et le nombre impressionnant d'enregistrements qu'il a réalisés ne l'ont pas détaché de la vieille Europe, au point de paraître casanier.

Sa réponse est explicite : « Je suis né à Lucerne en 1932. Ma mère était romande, mon père, que j'ai perdu à 11 ans, d'origine alémanique. Après mes études au Conservatoire et à l'université de Fribourg, où j'ai reçu une éducation musicale très poussée, tout en suivant des cours de lettres et de théologie, j'ai suivi le trajet normal emprunté par de nombreux jeunes musiciens suisses, en commençant par le lyrique comme répétiteur-pianiste au petit Théâtre de Bienne. J'ai ensuite été nommé premier chef à l'Opéra de Zurich où je suis resté six ans. J'y ai travaillé avec Carlos Kleiber qui est devenu l'un de mes amis les plus proches. Après un court passage à Saint-Gall, j'ai pris la direction de l'Opéra de Bâle où je suis demeuré de 1973 à 1989. Dans le même temps, j'ai dirigé l'Orchestre de chambre de Lausanne et j'ai fréquemment été invité aux Opéras de Vienne, de Hambourg, de Munich et de Bruxelles. La notoriété internationale est venue grâce aux disques, chez Erato. J'enregistrais un très large répertoire, de Bach aux contemporains, de la musique de chambre, du symphonique, du lyrique. J'ai gravé (quelquefois en première mondiale) de nombreux opéras, dont *Le Roi d'Ys* de Lalo, *Le Roi Arthus* de Chausson, *Ariane et Barbe-Bleue* de Dukas, ainsi que *L'Heure espagnole* et *L'Enfant et les sortilèges* de Ravel, Mozart et Wagner, sans oublier *La Femme sans ombre* de Strauss et *Woyzeck* de Berg. J'ai joué cent dix opéras différents ; j'en connais un grand nombre par cœur, comme *La Flûte enchantée* et la plupart des oeuvres de Mozart, qui ont imprégné toute ma vie d'une manière indélébile. Si l'on me demande de reprendre un ouvrage que je n'ai pas fait depuis deux ou trois ans, il me faut une bonne semaine pour m'y sentir parfaitement à l'aise. C'est un peu plus long quand j'aborde une œuvre de Zemlinsky ou *Pelléas*. Comme c'est encore le cas dans certains théâtres, on changeait de spectacle chaque soir, à Bâle, la plupart du temps sans répétition. Maintenant, dans les grands opéras, les chefs ne jouent que les œuvres qui sont leur spécialité : les Italiens dans Rossini, Verdi, Puccini, les Allemands et les Autrichiens dans Mozart, Beethoven, Wagner. Je ne me suis jamais inscrit dans cette ligne : ma double culture, franco-germanique, me permet d'être aussi à l'aise dans la musique française qu'allemande. À plus de 70 ans, je fais encore des découvertes : j'ai récemment donné *Le Nez* de Chostakovitch et *Les Stigmatisés* de Schrecker[1]. Ma curiosité est ma constante personnelle. »

Selon Armin Jordan, la renommée ne peut se développer que dans la durée : « Quand je dirigeais l'Orchestre de chambre de Lausanne (de 1973 à 1985), j'ai reçu de nombreux engagements et fait des disques pour les institutions qui m'invitaient ; j'ai eu les mêmes possibilités avec des formations dont j'étais le titulaire, comme l'Ensemble orchestral de Paris, où je suis resté sept ans. »

L'Orchestre de la Suisse romande a été une très importante étape pour le maestro. Que représente pour lui cet orchestre, fondé par Ernest Ansermet ? « Je me suis inscrit dans la tradition établie par Ansermet que j'ai bien connu. Mais je sais que j'ai un tout autre son que le sien. En revanche, j'ai remis à l'affiche le répertoire français qui avait été négligé par Wolfgang Sawallisch et Horst Stein, au profit d'une majorité d'œuvres germaniques. L'arrivée de Sawallisch fut assez bénéfique pour l'évolution de la Suisse romande, bien que ce chef ne se soit pas beaucoup intéressé à son développement : il dirigeait en même temps l'Opéra de Munich et le Philharmonique de Londres, sans oublier ses nombreuses apparitions de chef invité. Pour ma part, les douze années que j'ai passées à Genève demeurent un excellent souvenir : je restais environ six mois avec l'orchestre, période à laquelle s'ajoutaient de fréquentes tournées, notamment au Japon et aux États-Unis. J'avais besoin de tout ce temps pour redonner une identité à cette belle formation, en travaillant de manière affective, afin que le courant passe constamment entre les musiciens et le chef. J'aurais pu continuer plus longtemps avec eux, mais j'ai estimé que les instrumentistes risquaient de se scléroser si j'étais resté auprès d'eux. Je n'aurais pas pu suivre l'exemple d'Ansermet qui demeura cinquante ans à la tête de sa magnifique phalange. Je me suis toujours posé des questions sur le rôle que je jouais : si le chef a le droit d'avoir ses idées personnelles et de

1. Armin Jordan devait diriger *Les Stigmatisés* au Théâtre des Champs-Élysées en 2003, mais dut renoncer pour cause de maladie.

les mettre en pratique, il ne doit jamais oublier l'origine de son métier, qui est tout simplement de faire de la musique avec les musiciens, qui jouent les notes : ils ont eux aussi leurs idées, leurs sentiments. Pour moi, diriger, ce n'est pas seulement battre la mesure, donner le ton, mais c'est aussi recevoir.

« Je n'ai jamais rompu avec la Suisse romande, qui ne m'a pas oublié. Après moi, il y a eu Luisi et Steinberg, et le niveau semble avoir sensiblement progressé. Je l'ai ressenti en dirigeant à Genève *Le Crépuscule des dieux*. Les musiciens ne cessent de s'améliorer et le nombre de candidats de qualité augmente régulièrement. Cependant, il faut veiller à maintenir un recrutement très sélectif : que donnera trente ans plus tard un hautboïste, engagé à 28 ans ? Physiquement, il est impossible qu'il puisse demeurer aussi longtemps au même niveau : les lèvres s'abîment, le souffle s'affaiblit. Un orchestre ne peut survivre que si on le rajeunit constamment, par petites touches. »

Chef international, mais d'abord suisse, Armin Jordan aurait pu « s'exporter » davantage, s'il l'avait voulu. Mais son éthique d'artisan se défiant du vedettariat a limité ses choix : « Si l'on fait ce métier comme je l'entends, exclusivement pour la musique, et qu'on dirige un orchestre, on doit s'en occuper à fond ; je n'aurais jamais pu conduire trois ensembles comme l'a fait Sawallisch. Après avoir quitté la Suisse romande, je n'ai pas voulu accepter d'autres responsabilités ; j'avais assez donné ; j'ai pourtant reçu beaucoup de propositions ; mais je voulais que la formation d'Ansermet soit mon dernier orchestre. J'estimais qu'à 65 ans, j'avais atteint l'âge de la retraite et que je devais cesser d'occuper une fonction permanente. Je savais aussi que je serais sollicité et que je pourrais choisir ce qui me plairait, lyrique ou symphonique. Ainsi, en 2002, j'ai eu une énorme activité ; j'en ai fait trop, beaucoup plus que lorsque j'occupais un poste fixe. Mon carnet d'invitations est rempli jusqu'à 2006 ! Je peux aller partout, mais je refuse de me rendre aux États-Unis ; j'en fais une question personnelle : je ne supporte pas la façon dont ce pays se comporte vis-à-vis du monde extérieur. »

Dans quels pays, hormis la Suisse, Armin Jordan se sent-il le plus à l'aise ? « J'aime beaucoup venir en France où je suis très bien accueilli. Pourtant, à mes débuts, j'avais une certaine prévention contre les orchestres de votre pays : je pensais que les Français étaient les plus indisciplinés des musiciens, les moins passionnés par la musique, faute d'une éducation musicale rationnelle. Ne disait-on pas dans les conservatoires : "travaille ton instrument et ne va jamais dans un orchestre" ? On admettait trop aisément les remplacements, même à l'Opéra de Paris, où l'on se retrouvait souvent avec des instrumentistes que l'on n'avait pas vus aux répétitions. Or, aujourd'hui, l'Orchestre de l'Opéra est la formation la plus sérieuse, la plus constante que je connaisse ; les musiciens, qui sortent du troisième cycle supérieur, sont remarquablement préparés ; ils possèdent la passion de leur métier et une grande culture musicale. En douze ans de direction à la Suisse romande, j'ai engagé environ quarante musiciens, dont trente Français : je n'ai eu qu'à me louer de leur attitude et de leur mentalité. Il m'est arrivé, au cours d'une répétition commençant à neuf heures trente, de constater que les deux hautbois étaient déjà là, travaillant leurs accords. Je suis bien placé pour affirmer que cette prétendue indiscipline française appartient au passé. J'ai joué *La Veuve joyeuse* à dix reprises à la Bastille : avant chaque spectacle, des musiciens venaient me voir et me disaient : "On se réjouit pour ce soir, on est content de jouer avec vous." C'était d'autant plus formidable que l'œuvre de Lehar, ce n'est tout de même pas *Parsifal* ! »

Puisqu'il est question de la « discipline française », je m'enquiers auprès d'Armin Jordan du niveau des grands orchestres français : sont-ils comparables aux formations étrangères ? « Ils ont tous beaucoup progressé et supportent parfaitement la comparaison. À une certaine époque, en région, le niveau était assez provincial. Mais la décentralisation a donné d'excellents résultats, après quelques années de rodage : Bordeaux, Montpellier, Toulouse, Lyon que je connais bien sont excellents ; il en est de même à Paris : l'Orchestre de la Bastille est un des meilleurs orchestres d'opéras d'Europe. Comme il ne se cantonne pas dans un répertoire, comme à Vienne ou en Allemagne, où l'on néglige le plus souvent les répétitions, il se maintient à un très haut niveau. J'exprime cependant un regret à propos de la disparition des troupes : c'était tellement magnifique d'avoir en permanence Elisabeth Schwartzkopf à Vienne, dans *Les Noces de Figaro* ou *La Chauve-Souris*. Aujourd'hui on est constamment à la recherche de voix dites spécialisées, notamment dans Verdi et Puccini. À mes débuts, on savait aussi, quand on était répétiteur, qu'après cinq ou six représentations, le chef s'absenterait et qu'on pourrait diriger à sa place ; ce fut pour moi le cas à Zurich et à Bâle. Aujourd'hui, ce n'est plus possible : les répétiteurs ne dirigent plus. »

Homme de théâtre, amoureux des voix, Armin Jordan rencontre souvent des obstacles humains quand il se trouve face à des metteurs en scène dont il ne partage pas les idées : « C'est toujours un problème ! On peut tomber d'accord avec un régisseur, mais sur scène, il arrive qu'on trouve autre chose que ce que l'on attendait. Il y a très peu d'excellents metteurs en scène : la plupart ne respectent pas les œuvres ; ils ne pensent qu'à se mettre eux-mêmes en évidence et, très souvent, ils ne connaissent pas la musique. Si l'on n'est pas d'accord, il est difficile de quitter le spectacle en préparation ; on s'incline donc pour les chanteurs et les musiciens, mais on ne renouvelle pas l'expérience avec ce genre de personnage. J'ai connu des metteurs en scène de classe, beaucoup sont morts hélas. Besson, qui a 80 ans, est toujours parmi nous ; j'apprécie aussi Coline Serreau. »

Armin Jordan a tout joué, de Bach à la musique contemporaine. Il a bien entendu ses préférences, mais ses affinités ont évolué au fil des années : « Certains compositeurs demeurent aux premiers rangs : c'est le cas de Bach, Mozart, Haydn. Ce sont des immuables. À une certaine époque, je ne jurais que par la musique française ; aujourd'hui, Debussy et Ravel sont toujours hors concours. Il y a quarante ans, Chostakovitch ne m'intéressait pas : je le trouvais grotesque dans son expression. J'ai changé d'opinion et je le dirige avec grand plaisir. J'adore Henri Dutilleux. Comme Ravel, c'est un créateur parcimonieux, car son œuvre est longue à mûrir. J'aime beaucoup l'homme, que j'ai rencontré chez lui, dans l'île Saint-Louis, où j'allais préparer son *Concerto pour violon*. J'ai bien connu également Olivier Messiaen : j'aimerais jouer un jour *Turangalila Symphonie* que j'apprécie infiniment. Quant à Pierre Boulez, si je respecte le musicien et si j'ai beaucoup d'estime pour le chef, je ne parviens pas à m'intéresser à sa musique, contrairement à mon fils Philippe.

« Je ne me sens pas non plus à l'aise dans Bruckner : c'est un très grand, mais je ne le dirige pas ; je ne me sens pas capable de manier correctement cette masse orchestrale : c'est comme une cathédrale, trop austère, qui s'inscrit dans une sorte d'immense architecture. Mahler m'attire davantage, même si je ne considère pas ses œuvres comme de la très grande musique : elle peut être tour à tour triviale ou profonde. Cela me gêne. J'ai pourtant dirigé les quatre premières *Symphonies* et *Le Chant de la Terre* ainsi que les lieder. Ses œuvres me semblent être typiquement juives, comme celles de Wagner. Ça vous étonne ? Je suis certain que Wagner était juif lui aussi ; je sens ça depuis longtemps dans ses opéras. J'estime qu'on le joue très mal en Allemagne : ce n'est pas du tout le compositeur germanique que l'on croit ; la preuve en est qu'il a passé la majeure partie de sa vie hors d'Allemagne, car il a eu constamment la nostalgie du Sud. On joue trop lourdement ses compositions dans son pays ; je les dirige pour ma part de manière plus aérée, au lieu de les rendre sombres et pesantes, en noyant les voix sous une épaisse masse sonore, alors qu'elles devraient être lumineuses, transparentes, presque légères. Furtwängler a enregistré la *Tétralogie* avec la Santa Cecilia de Rome : ces disques sonnent très différemment de ce qu'il a fait à Berlin. Bien avant Debussy, c'est presque de l'impressionnisme. *Parsifal* et *L'Enchantement du Vendredi saint* n'ont rien à voir avec la musique allemande qui tend à l'expressionnisme. »

Quels sont les grands chefs qui ont compté pour Armin Jordan ou l'ont influencé ? « Furtwängler bien sûr, Ansermet et puis Monteux, pas seulement dans la musique française : j'ai des disques des *Symphonies* de Brahms qu'il a interprétées d'une manière merveilleuse. J'admire Karajan, mais essentiellement dans le lyrique, notamment Mozart et Richard Strauss ; j'aime aussi Bernstein : il pouvait tout faire ; Carl Schuricht, bien oublié aujourd'hui, fut un très grand chef. Parmi les vivants, celui que j'apprécie le plus est Bernard Haitink : c'est un artiste qui a du cœur dans toute l'acception du terme. Dans ses intégrales de Chostakovitch, de Bruckner, de Mahler, de Ravel, tout est au plus haut niveau. »

Armin Jordan croit-il, comme l'affirmait Manuel Rosenthal, qu'une carrière peut rebondir à 70 ans et plus ? « Ah, Rosenthal, je l'adore ! J'aimerais pouvoir faire certaines œuvres que je n'ai pas encore jouées : les *Gurrelieder* de Schoenberg et *Les Maîtres chanteurs* sont prévus pour 2006 à Genève ; j'ose à peine vous le dire, car je serai mort avant… »

Parfois, Armin Jordan semble aller au-delà de sa fatigue. Ainsi l'ai-je vu exténué au cours d'un concert qu'il dirigeait dans la cour du Palais princier de Monaco, à la tête de la Philharmonie de la Principauté[1] : grimaçant, à la recherche de son souffle, souvent assis, se levant de temps en temps pour dynamiser les musiciens, il avait brillamment accompagné François-René Duchâble, Renaud et Gauthier Capuçon dans le *Triple Concerto* de Beethoven, puis il avait dirigé avec une sorte de frénésie désespérée la *Sixième Symphonie* de Dvorak. Épuise, il quitta le podium sous les acclamations des spectateurs et les applaudissements des instrumentistes ; je le vis alors s'asseoir sur un banc, à l'écart de la scène. Recru de musique et de lassitude, il n'avait pas la force d'aller jusqu'à sa loge. Il était là, sans ressort, faisant peine à voir. Puis, soudain, il se leva et revint saluer la foule qui l'attendait. On vit alors le vieux chef se redresser et sourire à la vie.

Et l'île déserte, qu'en pense Armin Jordan qui n'imagine pas devoir un jour se retirer avant de disparaître ? Un long silence précède sa réponse qu'on croit d'abord négative : « Il y en a trop. » Puis il ajoute dans un soupir : « *Le Quintette à cordes en sol* de Mozart et l'*Offrande musicale* de Bach. »

1. Ce concert a eu lieu le 14 août 2002.

Philippe Jordan, au nom du Père

Au cours de notre entretien, Armin Jordan m'a parlé plusieurs fois de son fils Philippe, pour lequel il nourrit de grandes espérances : « Philippe est né en 1974 à Zurich où nous habitons avec ma femme. Il a reçu ses premières leçons de piano à l'âge de 6 ans, puis il a été admis au sein du chœur d'enfants du Zürcher Sängerknaben avec lequel il a chanté à l'Opéra *La Flûte enchantée.* Il a ensuite fait toutes ses études au conservatoire de sa ville, mais il était plus souvent au théâtre qu'à ses cours. Je ne l'ai jamais poussé à choisir le métier de chef : je n'étais pas souvent à la maison. Plus tard, je lui ai donné des conseils et il est venu me rejoindre chaque année au Festival d'Aix-en-Provence comme pianiste-répétiteur. Il avait 20 ans quand, au Châtelet, il devint l'assistant de Jeffrey Tate, pour préparer le *Ring.* Comme moi, il a su saisir sa chance : il a eu son premier poste en tant que répétiteur au petit Opéra d'Ulm, où Karajan effectua ses débuts, en ayant la possibilité de diriger fréquemment ; au Châtelet, en 2000, il a remplacé un chef défaillant dans *Hänsel et Gretel* d'Humperdinck. Peu de temps après, il fut nommé, à 27 ans, *Generalmusikdirektor* à Graz ! Il me téléphone souvent, moins pour me demander comment je vais que pour savoir comment je dirige tel ou tel passage d'opéra ou de symphonie : il sait que j'ai tout joué. »

L'ascension de Philippe Jordan a été réellement fulgurante : en 1998, il est chef-assistant auprès de Daniel Barenboïm au Staatsoper de Berlin : pour débuter dans ses nouvelles fonctions, il conduit *Christophe Colomb* de Darius Milhaud et *La Bohème* de Puccini. Il se produit bientôt à Vienne dans *La Veuve joyeuse*, à Genève dans *Cosi fan tutte*, à Toulouse, à Lyon, à Rome, à Bruxelles, à Dresde, aux Festivals de Glyndebourne et d'Aix, à Houston, Salzbourg, Liège, Toronto, et au Philharmonique de Radio France. À Graz, où il est en poste jusqu'à 2004, il se consacre à un très large répertoire, comportant notamment *Eugène Onéguine*, *Le Tour d'écrou*, *Peter Grimes*, *Don Carlo*, *Ariane à Naxos.* Sa renommée galope sur tous les continents : submergé d'invitations, il se rend, en 2003, au Met de New York pour *La Chauve-Souris*, à Covent Garden pour *La Flûte enchantée.* En 2004, il sera à l'Opéra Bastille pour conduire *Le Chevalier à la rose*, à Vienne pour diriger *Werther* et *L'Enlèvement au sérail.*

Considéré comme l'un des plus prometteurs chefs du lyrique, Philippe Jordan ne néglige pas pour autant le symphonique. On devrait le voir bientôt à la tête d'une grande formation.

Mario Venzago, après avoir dirigé l'Opéra de Graz, a vu sa cote monter rapidement. Il se produit à Leipzig, Londres, Los Angeles, Philadelphie.

Son compatriote Thierry Fischer est chef à l'Ulster Orchester, après s'être distingué à l'Opéra de Zurich auprès de Harnoncourt à l'Orchestre de chambre d'Europe.

LA TRANSFIGURATION DE KENT NAGANO

« Oiseaux, mes frères, vous devez beaucoup louer et aimer votre créateur. Il vous a donné des plumes pour voler... Il a fait de vous ses plus nobles créatures. »
Saint François d'Assise, *Du sermon aux oiseaux*

Il est souvent hasardeux d'imaginer l'avenir d'un artiste. Tant de promesses enregistrées, tant de talent démontré, tant de capacités à maîtriser les mystères de la direction d'orchestre n'aboutissent pas toujours au couronnement attendu. Cependant, des éléments d'appréciation permettent d'envisager certains destins de chef.

Avant de rencontrer Kent Nagano, né en 1951 dans une famille de fermiers californiens spécialisés dans la culture des artichauts, près de San Francisco, et dont les grands-parents furent, un siècle plus tôt, parmi les premiers immigrants venus du Japon, j'ai lu avec attention les nombreuses critiques qui ont accompagné son ascension vers les sommets et j'ai été frappé par les jugements favorables qui ont ponctué ses réalisations, aussi bien dans son pays natal qu'en Europe, particulièrement en France. C'est en effet dans notre pays que Kent Nagano a occupé pour la première fois d'importantes responsabilités.

Pour mieux comprendre l'évolution d'une carrière qui n'a jamais épousé les méandres de la facilité, je suis allé à la rencontre de ce chef. Familier des scènes parisiennes, c'est dans la loge du Théâtre du Châtelet, avant une représentation du *Coq d'or* de Rimski-Korsakov, qu'il m'a accordé un entretien[1]. Respectueux des convenances, il utilisera souvent le vocable de « maître » ou de « maestro » pour parler de ceux qu'il admire. Cheveux noirs, parsemés de quelques fils blancs, visage lisse, détendu, souriant, d'un calme olympien, concentré sur son sujet, s'exprimant avec une extrême précision aussi bien en anglais qu'en français, il évoque d'abord ses débuts et rend hommage à ceux qui lui ont offert les grandes chances de sa vie : « J'ai découvert la musique grâce à ma mère qui m'a donné des leçons de piano, d'alto et de clarinette ; ensuite, j'ai fait mes études à l'université de Californie de Santa Cruz, puis à celle de San Francisco. Je n'ai définitivement opté pour une activité musicale professionnelle qu'à l'âge de 21 ans, après avoir renoncé à une carrière juridique : en 1977, je suis devenu répétiteur, puis assistant de Laszlo Varga à l'Opéra de San Francisco, avant d'occuper un poste équivalent à celui de Boston, sous la direction de Sarah Caldwell. Je passais beaucoup de temps à la bibliothèque publique de cette ville où je consultais toutes les partitions du XVIe siècle à nos jours, m'efforçant de déchiffrer certaines œuvres modernes qui me paraissaient très ardues. Un jour, mon attention fut attirée par deux titres : *Catalogue des oiseaux* et *Sept Haï kaï* d'Olivier Messiaen. Poussé par la curiosité et captivé par le caractère énigmatique de ces œuvres, j'ai étudié le *Catalogue* qui m'a passionné ; j'ai voulu en savoir davantage sur le maître Messiaen. J'ai plongé dans ses œuvres orchestrales et, en 1979-1980, j'ai joué un cycle presque complet de ses compositions avec le Berkeley Promenade Orchestra dont j'étais directeur musical. Le succès dépassa mes espérances.

« J'eus alors l'idée d'écrire au maître en lui joignant la bande d'enregistrement d'un des concerts qui lui étaient consacrés. Il me répondit très cordialement, me félicitant pour mon travail et me prodiguant de précieux conseils. Nous sommes demeurés en contact épistolaire ; peu à peu, il est devenu un guide spirituel qui m'a permis de découvrir tout un pan de la culture européenne que j'ignorais.

« Les années passèrent. En 1982, il m'annonça qu'il venait de composer un opéra, *Saint François d'Assise*, que le maestro Seiji Ozawa devait créer à l'Opéra Garnier, à l'automne 1983. En même temps, il m'invitait cordialement à venir le rejoindre, m'indiquant qu'il avait obtenu de la direction de l'Opéra de Paris la nomination d'un assistant pour pallier les absences éventuelles d'Ozawa qui ne pouvait suivre en permanence la

1. Entretien enregistré au Théâtre du Châtelet, le 23 décembre 2002.

minutieuse préparation de cette œuvre monumentale. J'ai accepté avec enthousiasme : avant de rejoindre Paris, j'ai dirigé à Boston la première aux États-Unis de *La Transfiguration*, de Messiaen, que j'ai donnée ensuite au Festival de Hollande à Amsterdam, puis à Gand. Pour un jeune chef comme moi, sans réelle expérience internationale, mon premier séjour à Paris fut une aventure passionnante. Pendant six mois, j'ai partagé avec Olivier Messiaen et son épouse, la grande pianiste Yvonne Loriod, tous les soucis du compositeur, en participant à la mise au point de *Saint François*, constamment retardé par les hésitations de l'auteur et les incessantes retouches qu'il apportait à son œuvre. Très occupé à Boston, Seiji Ozawa était souvent absent ; je le remplaçais aux répétitions ; il me fallait de surcroît être constamment disponible auprès du maître afin de suivre de près le développement musical de l'œuvre. La famille Messiaen m'offrait gracieusement l'hospitalité ; une grande amitié, très respectueuse de ma part, et une intimité morale de tous les instants se sont établies entre nous. Je poursuivais en même temps mes recherches sur le répertoire à la bibliothèque de l'Opéra Garnier en suivant ses pertinents conseils. Olivier Messiaen m'initia également aux grands musées ; ensemble, nous y avons passé de nombreuses heures. Entre les visites, nous effectuions de longues promenades ; nous nous arrêtions dans les jardins de Paris, discutant, assis sur un banc, de ses compositions et de celles des autres musiciens contemporains. Nous avancions, peu à peu, dans la préparation de son opéra, imposant, complexe, d'une durée de cinq heures, exigeant des effectifs impressionnants. Il y avait introduit de nouveaux éléments de composition qu'il allait expérimenter pour la première fois ; ainsi, il me fit écouter les chants des oiseaux qu'il avait enregistrés en Nouvelle-Calédonie ; Yvonne Loriod les jouait au piano, après que je les ai déchiffrés, afin de m'indiquer avec précision ce qu'il fallait faire : "Vif, moins vif, moins long, animé..." Nous avons approfondi les plus infimes détails et nous les avons mis en place au fil des répétitions, au cours desquelles j'ai été très cordialement accueilli par les instrumentistes. Ce fut là le grand tournant de ma carrière. Grâce au maître Messiaen, j'ai pu connaître Pierre Boulez et d'autres compositeurs, comme Henri Dutilleux avec lequel je suis demeuré très lié. Un monde nouveau se présentait à moi. À Garnier, Seiji Ozawa dirigea la première représentation et les suivantes, sauf la dernière dont il me confia la responsabilité, car il était pris par ses engagements extérieurs ; il me passa également le relais pour les tournées qui eurent lieu ensuite en Allemagne, en Hollande et en Espagne ;

j'eus aussi l'honneur de graver le premier enregistrement mondial de *Saint-François d'Assise*. Puis, j'ai reçu d'autres invitations à Garnier où j'ai dirigé *Woyzeck*, *Salomé*, *Elektra*... »

Comme l'a écrit Baudelaire, « la musique creuse le ciel ». Grâce à Messiaen, Kent Nagano gagnait son paradis.

Une deuxième grande chance se présente à lui quelques mois après la création de *Saint François*. Devenu l'assistant de Seiji Ozawa à Boston, le jeune chef ne s'attend pas, un soir de l'année 1984, à pallier l'absence du maestro nippon, tombé brusquement malade : « La *Neuvième Symphonie* de Mahler était au programme. Quand une telle opportunité se présente, on est partagé entre l'angoisse d'échouer et la volonté de réussir. Il fallait aussi que l'orchestre m'accepte sans réticence. Le Boston Symphony Orchestra est un merveilleux ensemble, l'un des meilleurs des États-Unis, sinon le numéro un ; ses instrumentistes possèdent une science musicale exceptionnelle : ils m'ont suivi comme si j'avais toujours été à leur tête. Le public me réserva une ovation debout et la presse exprima de grands éloges. Ainsi, la *Neuvième Symphonie* de Mahler m'a donné la certitude que je n'étais pas condamné à végéter dans l'ombre d'un grand chef. Cette réussite me valut de recevoir, peu après, le Seaver Conducting Award, consistant en une bourse substantielle, qui me permettait d'envisager l'avenir avec plus de confiance et de financer plusieurs déplacements et stages musicaux. »

Peu après, Kent Nagano franchit une nouvelle étape : il est à nouveau appelé à Paris, cette fois par Pierre Boulez. Nommé chef principal invité à l'Ensemble intercontemporain, il s'y distingue à maintes reprises de 1986 à 1989, tout en suivant les *mastersclasses* de son patron, de Bernstein et d'Ozawa à Tanglewood. Remarqué par Louis Erlo et Jean-Pierre Brossmann, directeurs de l'Opéra de Lyon, Kent Nagano succède à John Eliot Gardiner au poste de directeur musical : « Ce fut ma troisième expérience française ; elle demeure très chère à mon cœur. J'ai effectué à Lyon un travail difficile, mais très enrichissant. J'étais fier et heureux d'appartenir à cette belle équipe qui m'a constamment soutenu. J'ai découvert un magnifique orchestre, très jeune, très enthousiaste. Les ambitions de ses dirigeants étaient grandes : j'ai pu constater rapidement qu'un petit nombre de personnes compétentes pouvait conjuguer leurs efforts dans le but d'accomplir des choses admirables. Ce fut pour moi la démonstration d'un amour absolu de la musique. L'objectif était d'atteindre au plus vite le niveau international avec un répertoire élargi. Nous avons présenté des œuvres lyriques nouvelles, sans négliger le symphonique.

Nous avons également enregistré de nombreux disques et participé à d'importants programmes télévisés ; des tournées ont confirmé notre savoir-faire. Pour l'inauguration tant attendue du nouvel Opéra, Brossmann et Erlo voulaient frapper les esprits : nous avons programmé *Phaëton* de Lully et, en création mondiale, *Rodolphe et Chimène*, opéra inédit et inachevé de Debussy. Après beaucoup d'hésitations autour d'une partition qui n'avait pas été orchestrée par l'auteur, j'ai pris tous les risques : je n'avais jamais voulu jouer la *Dixième Symphonie* de Mahler dont seul le premier mouvement avait été terminé par le compositeur ; j'aurais pu avoir la même attitude pour *Rodolphe et Chimène*. Je me suis alors demandé ce qu'avait été l'évolution musicale de Debussy entre 1889 et 1892, période au cours de laquelle il avait écrit cette œuvre, peu avant le *Prélude à l'après-midi d'un faune*, et pourquoi il l'avait abandonnée pour se consacrer à *Pelléas*. Que se passa-t-il dans l'esprit de Debussy à cette époque ? Une part de mystère subsiste, encore que l'on sache que le compositeur vivait une importante mutation de ses convictions musicales. J'ai passé outre à mes réticences et je me suis plongé dans le manuscrit où j'ai trouvé d'admirables passages qui annonçaient déjà *Pelléas*. Nous savions tous que nous allions être critiqués pour avoir osé monter cette pièce. Jean-Pierre Brossmann m'a dit alors : "Nous allons le faire dans l'esprit de Lyon." Nous avons été accueillis assez fraîchement par la critique, non pour la musique, mais plutôt pour le livret conventionnel et sans inspiration de Catulle Mendès. »

La publication de l'enregistrement d'Erato a rendu pleinement justice à l'Opéra de Lyon et à son chef : les jugements favorables ont fusé de toutes parts, notamment d'Angleterre où Kent Nagano était principal chef invité du London Symphony Orchestra depuis 1990. À partir de 1995, il devient le rénovateur de la plus ancienne phalange britannique, l'Orchestre Hallé, façonné autrefois par John Barbirolli. Il se consacre principalement au symphonique, donne des cycles Beethoven, Schubert et Mahler ainsi que tout le répertoire anglais, dont de nombreuses œuvres de Benjamin Britten, sans oublier Messiaen en effectuant un second enregistrement de *Saint François* avec José Van Dam et Dawn Upshaw. De plus en plus convoité par l'Europe et les États-Unis, Kent Nagano reste à Lyon jusqu'en 1998, laissant derrière lui un legs discographique de haut niveau, dont *Le Bœuf sur le toit*, *La Création du monde* de Milhaud, le ballet de *Coppélia* de Delibes, *Turandot*, *Doktor Faust* et *Arlecchino* de Busoni, *Les Contes d'Hoffmann* d'Offenbach, *La Mort de Klinghoffer* d'Adams, *L'Amour des trois oranges* de Prokofiev, *Le Dialogue des carmélites* de Poulenc, *Salomé*, en français, de Richard Strauss, *The Rake's Progress* de Stravinsky, les *Chants d'Auvergne* de Canteloube avec l'admirable Dawn Upshaw, l'intégrale de Varèse faisant l'objet d'un coffret avec le National de France.

Kent Nagano n'a laissé que des regrets à Lyon ; sa fidélité envers Jean-Pierre Brossmann, directeur du Châtelet, demeure intacte. Les représentations du *Coq d'or* qu'il a dirigées dans ce théâtre avec l'Orchestre de Paris l'ont pleinement satisfait : « L'O.P. est une formation d'une très grande qualité. À mon sens, aucun autre orchestre n'est capable de jouer avec une telle sensibilité, un tel raffinement. Ce fut pour moi une magnifique expérience. J'aimerais revenir pour diriger des œuvres symphoniques avec l'O.P. Paris est une ville que j'admire ; elle est porteuse d'une grande tradition culturelle et je ressens profondément cette atmosphère si riche. »

Après avoir quitté le Hallé, Kent Nagano a pris en charge en 2001 le Deutsche Radio-Symphonique de Berlin (anciennement R.I.A.S.) ; il est également chef permanent de l'Opéra de Los Angeles, dont le directeur général est Placido Domingo. En 2006, le chef américain succédera à Zubin Mehta à l'Opéra de Munich. Il lui faudra alors choisir : « Je passe actuellement quatre ou cinq mois à Los Angeles. Je n'ai jamais été un fanatique des vols transatlantiques ; ces déplacements ne permettent pas toujours de faire de la bonne musique. Je dois veiller à maintenir mon orchestre berlinois au meilleur niveau possible, car la concurrence est impitoyable dans la capitale allemande ; les problèmes financiers sont constants, la compétition délirante. Il n'y a jamais trop de musique mais je pense qu'actuellement, il y a trop-plein. Heureusement, j'ai la chance d'avoir un public fidèle qui a toujours apprécié la qualité de ses musiciens, et de très grands chefs m'ayant précédé, son créateur Ferenc Fricsay, Maazel, Chailly… Quand Placido Domingo m'a demandé de devenir son partenaire à Los Angeles, j'ai refusé le poste de directeur musical préférant être chef permanent, ce qui permet une certaine flexibilité et m'évite tout travail d'ordre administratif. J'ai de grands projets, principalement la préparation du *Ring* qui n'a jamais été présenté intégralement à Los Angeles. Dans ce *melting-pot* démesuré, à la population mobile et vibrante, notre ambition avec Placido est de maintenir une grande tradition lyrique en jouant des œuvres inédites : ainsi nous avons déjà fait *Lohengrin*, *Le Château de Barbe-Bleue*, *L'Or du Rhin*, *Moïse et Aaron*, *Turandot* de Puccini. Pour le *Ring*, nous avons la volonté d'innover, mais sans tomber dans le travers d'une sorte de *Star War* hollywoodienne qu'on nous a proposée. Cela aurait peut-être été grandiose, mais horrible pour la musique. Nous avons préféré imaginer ce que Wagner aurait pu réaliser avec une technologie moderne, entièrement maîtrisée, comment il aurait magnifié la magie théâtrale. Nous avons programmé la *Tétralogie* pour 2006 dans une mise en scène de Peter Mussbach. Cela peut paraître loin, mais c'est un délai assez court pour atteindre nos objectifs. »

Au cœur d'une activité dévorante, qui le mène aussi à Salzbourg, au Staatsoper de Berlin, et auprès d'orchestres de très haut rang, reste-t-il à Kent Nagano un minimum de temps libre ? : « Il me faut absolument le trouver et le préserver pour mon propre équilibre et celui de ma famille. C'est très difficile quand on exerce un métier aussi prenant qui ne vous laisse pas souvent de répit. Mon épouse, Mari Kodama, est pianiste ; elle s'efforce de me suivre le plus souvent possible ; ma fille s'intéresse beaucoup à ce que je fais ; nous nous réunissons à San Francisco où nous avons une maison. »

Calme en surface, Kent Nagano use d'une métaphore pour définir son caractère : « C'est comme regarder la mer : à proximité elle ne bouge pas beaucoup, mais au loin les vagues apparaissent. » Contrairement à ce qu'on pourrait croire en l'écoutant, ce chef à l'impressionnant équilibre est un angoissé : « Chaque fois que j'entre en scène, le trac est présent. Il me permet de me surpasser et de faire comprendre au public, qui est si sensible, que la musique est défendue sincèrement. Ainsi, je peux être tendu, très nerveux avant une représentation, même si ça ne se voit pas. Mais j'ai besoin de cette excitation intérieure pour être moi-même. Le jour où je ne la ressentirai plus, il sera temps pour moi de m'effacer. »

L'île déserte pourrait alors l'accueillir. Qu'emporterait-il ? « Bach et Mozart, mystères du monde où nous vivons, mystères du paradis ; mais je ne serais pas capable de choisir une partition parmi leurs œuvres, car elles sont toutes magnifiques. »

ELIAHU INBAL
EN QUÊTE D'ÉTERNEL

« Il est bon d'attendre en silence le secours de l'Eternel.
Il est bon pour l'homme de porter le joug de sa jeunesse. »
Jérémie, Ancien Testament

Il est des musiciens qui révèlent inopinément un talent longtemps ignoré. Eliahu Inbal est de ces chefs d'orchestre, venus d'ailleurs, qui finissent par forcer les portes de la notoriété. Bien qu'il se soit produit en France dès 1970, avec l'Orchestre de Paris et le violoncelliste Pierre Fournier dans Mozart, Schumann et Beethoven, je n'ai réellement découvert son talent qu'en écoutant, disque après disque, ses enregistrements de Gustav Mahler. Les critiques dithyrambiques accompagnant ces parutions, au cours des années quatre-vingt, ajoutaient à mon impatience de connaître la suite, comme s'il s'était agi d'un feuilleton musical. À la tête d'un orchestre de modeste renom, celui de la Radio de Francfort, Eliahu Inbal avait su creuser son sillon : on l'a vu régulièrement en France avec le National, le Philharmonique, l'Orchestre de Paris dans des programmes où son engagement et son enthousiasme ne laissaient pas d'impressionner. Quand je l'ai rencontré au cours de l'hiver 2002[1], il revenait d'une longue tournée au Japon, à la tête de son nouvel orchestre, le Symphonique de Berlin, ancien joyau de la R.D.A., où s'illustra Kurt Sanderling. À Tokyo et dans les autres grandes villes nippones, les symphonies de Mahler

1. Entretien enregistré à Paris, le 18 janvier 2002.

qu'il dirigeait furent acclamées, comme elles l'avaient rarement été auparavant, par le public de l'Empire du Soleil levant. Eliahu Inbal en était encore tout ému, lui qui avait remis en lumière cette musique trop longtemps décriée.

Le temps a passé et les opinions relatives à son intégrale se sont infléchies. Or Eliahu Inbal ne cache pas qu'il ne joue plus Mahler aujourd'hui comme il le faisait il y a vingt ans : « La musique qu'on porte en soi évolue constamment ; on ne se répète jamais, on change chaque jour et on n'est plus le même. Si je devais refaire une intégrale, j'y apporterais d'importantes modifications dues à ma plus grande connaissance de l'œuvre et à mon expérience. Deux décennies, c'est long dans une vie de musicien : la technique a beaucoup évolué ; on restitue désormais plus fidèlement l'ambiance d'une grande salle, très difficile à reproduire chez soi, surtout dans cette musique, en raison des séquences tour à tour basses et hautes et des changements de fréquences délicats à restituer. Je suis heureux de constater que l'influence de Mahler s'est étendue, notamment auprès de compositeurs contemporains qui, tels Berio, Maderna, voire Boulez, semblaient peu passionnés par ses œuvres. En fait, Mahler a écrit une musique de plus en plus complexe, rythmiquement et tonalement. On a dit qu'il avait envisagé de jouer du Schoenberg au Philharmonique de New York, quand il a quitté les États-Unis. On sait qu'il s'est beaucoup intéressé à son cadet et qu'il a suivi plusieurs de ses répétitions et concerts ; s'il a également laissé entendre qu'il ne comprenait pas toutes ses intentions, il sentait bien que quelque chose d'important était sur le point de naître. Il avait trouvé sa propre voie, mais ses dernières symphonies révèlent une importante évolution : le premier *scherzo* de la *Neuvième* contient des complexités rythmiques qu'il n'avait encore jamais utilisées ; dans l'adagio de la *Dixième*, certains accords sont déjà de douze sons ; le dodécaphonisme n'existait pas encore officiellement et la tonalité était toujours très présente chez Mahler ; mais elle semblait comme affectée dans sa structure harmonique. N'oublions pas cependant que les douze sons se trouvaient déjà chez Beethoven, notamment dans la *Grande Fugue* et dans les dernières *Sonates pour piano* ; c'est un élément qui naît de la modulation et, à certains moments, on décèle des oppositions flagrantes entre différentes tendances. Sans trop chercher, on trouverait des oppositions du même genre chez Bach.

« Je me suis souvent demandé pourquoi Mahler m'avait à ce point "accroché" : je le jouais déjà quand j'étais jeune violoniste dans divers orchestres israéliens ; sa musique est bien le reflet de son âme juive. Pour moi, c'est une bible de la vie humaine, comme un roman-fleuve dont chaque symphonie est un chapitre : il est tour à tour méditatif, religieux, tragique, désespéré, anxieux, mais il ne perd jamais courage et cultive toujours l'espoir, sauf à la fin de la *Neuvième.* »

Eliahu Inbal pourrait prendre à son compte le célèbre vers de Baudelaire dans « Spleen » : « J'ai plus de souvenirs que si j'avais mille ans. » « Toutes les minorités, m'explique-t-il, qui ont vécu au centre de l'Europe et qui ont été soumises aux guerres, aux pogroms, aux discriminations raciales et religieuses, défendaient farouchement leur identité et leur foi. Dès l'époque des Grecs et des Romains, leur différence les rendait déjà suspectes. Un seul Dieu ! Pourquoi ? Quand la Chrétienté a pris le chemin du monothéisme, on a voulu faire oublier que Jésus était juif ; ce symbole d'une religion nouvelle a créé d'importants décalages, bien que les fêtes chrétiennes aient été calquées sur celles du judaïsme. Mais la séparation est devenue rupture quand fut répandu le dogme du “peuple du diable” qu'il fallait éliminer. Cette idée est hélas encore dans le lait que boit l'enfant et, toujours, dans le sang des hommes… »

Eliahu Inbal s'est passionné pour la musique de Mahler grâce au prosélytisme de Leonard Bernstein : « J'effectuais mon service militaire de trois ans comme violon solo dans l'Orchestre de l'Armée, avant de devenir chef assistant de l'Orchestre des Jeunes qui en était l'émanation. Un musicien a parlé de moi à Bernstein, présent à Tel-Aviv, qui souhaitait pouvoir aider de jeunes musiciens israéliens. J'ai eu la bonne fortune d'être appelé par l'Orchestre philharmonique pour diriger devant le maître. Ce jour-là, j'ai failli renoncer car j'avais une forte grippe ; mais j'ai surmonté ma fatigue et suis allé à la salle de concert où plusieurs chefs confirmés étaient présents. Après une longue attente, j'ai joué la *Quatrième Symphonie* de Beethoven. À l'issue de l'audition, Bernstein est venu vers moi et m'a dit : “C'est vous qui avez le plus grand total de points, parmi ceux que j'ai entendus ; vous avez toutes les qualités requises pour devenir un grand chef.” Peu après, il m'a remis une lettre de recommandation qui m'a permis d'obtenir une bourse de la Fondation Amérique-Israël pour suivre, au Conservatoire de Paris pendant trois ans, les cours de Louis Fourestier et de Manuel Rosenthal. J'ai également bénéficié des *masterclasses* de Sergiu Celibidache à Sienne, avant de remporter en 1963 le prix Guido-Cantelli : ce fut là le vrai point de départ de ma carrière. Je n'ai jamais oublié ce que Bernstein a fait pour moi ; il m'a en effet offert ma première grande chance : aller à Paris, c'était pour moi comme aller sur la Lune, un rêve impossible. À l'époque où je l'ai connu, Bernstein traversait une période de réflexion et de méditation ; il avait voulu prendre du recul pour mieux définir la voie mystique dans laquelle il s'engageait. Bien qu'il fût emporté dans un tourbillon d'activités, j'ai pu suivre l'évolution de ce personnage extraverti qui devenait un véritable poète de la musique ; il affinait sa gestique et dominait son sujet. Quand a éclaté la guerre des Six Jours, il a dirigé le Philharmonique d'Israël dans la *Deuxième Symphonie* de Mahler et m'a communiqué, grâce à cette œuvre bouleversante, un immense sentiment de bonheur. Avec lui, la *Résurrection* prenait un relief saisissant, car il savait, mieux que quiconque, exprimer l'âme juive du compositeur.

« Celibidache était aux antipodes de Bernstein : c'était un scientifique, un analyste qui décide de tout ; rien n'était instinctif chez lui. Il avait des idées très arrêtées : ainsi, il n'a jamais voulu diriger les *Symphonies* de Mahler ; il disait ne pas comprendre sa musique. En revanche, Bruckner lui a pris beaucoup de temps et il l'a joué tardivement. Il réagissait comme un architecte concevant un monument. N'ayant pas cru pendant une longue période en ses propres capacités, il a souvent attaqué par la suite ceux qui étaient des chefs naturels. Finalement, il est parvenu à transmettre une partie de son savoir de manière vivante ; ce n'est pas sa moindre réussite. Franco Ferrara, qui fut aussi mon maître, était au contraire très spontané : il n'avait pas de certitudes, mais il était capable de déceler le potentiel que ses élèves portaient en eux. »

Loin de l'ombre tutélaire de Bernstein, Eliahu Inbal, musicien juif qui n'a jamais renié ses origines, a choisi l'Allemagne comme pays d'accueil depuis les années soixante-dix. Faut-il voir dans ce choix un simple paradoxe ou la volonté d'exorciser certains démons du passé ? « Je suis né à Jérusalem en 1936 ; j'appartiens à une famille de tradition juive orientale : mon père, qui venait du Yémen, s'est fixé en Palestine au début du XXe siècle ; ma mère était de Damas ; elle parlait l'espagnol, ou plutôt le dialecte latino, hérité de ses ancêtres chassés d'Espagne au XVe siècle par l'Inquisition. Mes parents ont vécu intensément les années qui ont précédé l'indépendance d'Israël ; ils étaient profondément religieux et suivaient fidèlement tous les rites de la religion hébraïque ; je me souviens que, le jour du shabbat, nous avons prié à la synagogue à la mémoire de ceux qui étaient morts pour qu'Israël vive. J'avais 12 ans quand l'O.N.U. vota notre indépendance. La guerre n'avait jamais cessé au cours des années qui avaient précédé cette décision : avant 1948, le groupe Stern entretenait une lutte incessante contre les Anglais ; après 1948, j'ai vécu le siège de Jérusalem pendant de longs mois. L'armée jordanienne était bien équipée ; nous nous réfugions dans les caves pour nous protéger des bombes.

Nous n'avions droit qu'à un morceau de pain par jour et à deux verres d'eau. Restait la musique : mes parents me laissaient sortir de notre tanière pour aller, non sans risque, prendre des leçons de violon au conservatoire. J'ai su très tôt que j'étais destiné à devenir musicien. La liturgie hébraïque m'était familière, depuis mes débuts de soliste, à 4 ans, grâce au chœur du temple. Mes oncles étaient rabbins, voire grands rabbins ; ils officiaient à la synagogue comme cantors. Cette expérience musicale est demeurée gravée dans ma mémoire ; elle comportait également de longues séances de méditations menées par mon grand-père maternel, spécialiste du culte de la Kabbale, partie mystique de la religion hébraïque. Les prières duraient parfois cinq heures. Chaque mot prononcé donnait lieu à une longue réflexion. L'adolescent que j'étais trouvait ces séances interminables.

« Juif, je l'étais, mais je n'avais pas choisi de l'être. Quand j'ai effectué mes premiers séjours hors d'Israël, j'ai commencé à comprendre que nous ne pouvions pas vivre coupés du monde. Au cours d'un stage avec Franco Ferrara à la Radio d'Hilversum, en Hollande, j'ai côtoyé un étudiant qui s'appelait Schwartz. Il était allemand et je ne lui adressais jamais la parole, car je voyais alors dans l'Allemagne le reflet innommable de la Shoah ; l'idée d'approcher un Allemand m'était insupportable. Schwartz semblait peiné par mon attitude ; il ne l'a jamais comprise, car je n'ai pas été capable de lui adresser la parole. Après Hilversum, je me suis fixé à Paris. J'habitais à la Cité universitaire où je rencontrais de nombreux étudiants allemands. Je leur ai parlé, car j'avais admis que je ne pouvais pas moi-même pratiquer un racisme à rebours ; j'avais chassé de mon esprit toute forme de discrimination et je m'en trouvais mieux. Les jeunes de mon âge n'avaient d'ailleurs rien à voir avec le nazisme.

« Au cours de ma dernière année de Conservatoire, en me rendant au restaurant universitaire, j'ai remarqué une jeune fille que je revis le lendemain au cours d'un récital d'un quatuor israélien, qui interprétait des œuvres de Beethoven et de Bartok. "Non seulement, me suis-je dit, elle me plaît, mais en plus elle aime la musique." Bien qu'elle fût constamment entourée d'un groupe de camarades, j'ai eu ce courage inouï de l'aborder. À l'époque j'étais timide, introverti et très complexé, et pourtant je lui ai parlé. C'est là toute mon histoire et l'explication du tour qu'a pris ma vie : Helga était allemande et chrétienne. Nous nous sommes mariés ; quarante ans plus tard, nous sommes toujours ensemble, à la tête d'une belle famille. Helga terminait ses études à la Sorbonne, avant de les reprendre à Munich, ville dont elle était originaire. Je l'y ai suivie. Grâce au prix Cantelli, certains agents se sont intéressés à moi et m'ont offert mes premiers engagements. J'ai joué à Salzbourg, à Berlin, à la Scala ; en 1974, les dirigeants du Radio-Symphonique de Francfort m'ont approché : leur chef, l'Américain Dean Dixon, venait de les quitter ; un Juif allait donc succéder à un Noir dans une ville allemande ! Avant d'accepter, j'ai posé une seule condition : disposer d'un nombre supérieur de répétitions à celui qui était fixé. Ma demande fut agréée ; ma nomination portait sur une présence de quinze semaines, sans compter les tournées. En fait, j'ai passé cinq mois par an à Francfort pendant dix-sept ans et j'y ai dirigé les œuvres les plus diverses, de Telemann, Mozart, Haydn, Stamitz, Beethoven à Schoenberg en passant par Berlioz, Mahler, Debussy, Ravel et Messiaen. J'ai effectué près de deux cents enregistrements, dont plusieurs intégrales : la première fut consacrée à Berlioz, le plus grand révolutionnaire de la musique du XIXe siècle, dont le *Traité d'orchestration* avait été longtemps mon livre de chevet, puis les suivantes à Scriabine, à Mahler ; j'ai également gravé Schumann, Bruckner, Saint-Saëns, sans oublier les œuvres orchestrales de Ravel que j'ai faites avec le National de France et celles de Chostakovitch avec le Wiener Symphoniker. J'ai également créé de nombreuses partitions dont les lieder d'Hindemith et *La Chute de la Maison Usher* de Debussy.

« Je m'étais principalement attaché à diffuser des œuvres porteuses de messages : Berlioz, Bruckner, Mahler, Chostakovitch m'ont constamment accompagné. La durée m'a permis de donner un véritable élan à mon orchestre, dont on a bien voulu reconnaître la qualité. Outre Francfort, j'ai conduit à la Fenice, à la R.A.I. de Milan, au Symphonique de Berlin et j'ai passé plusieurs saisons à la tête du Philharmonique d'Israël. »

Dès les années soixante-dix, Eliahu Inbal est devenu un familier des grandes formations françaises. Comment juge-t-il ses expériences parisiennes ? « Cela dépend de ce qu'un orchestre peut donner au concert, par rapport aux répétitions : quand la différence est grande, je suis heureux. S'il ne peut aller plus haut, je suis déçu. Les orchestres anglais et américains sont immédiatement à un très haut niveau ; mais, parfois, je suis contraint d'être désagréable et de leur dire : “Mesdames, messieurs, vous faites les notes, mais je n'entends rien de plus. On va donc commencer à travailler.” Ils me regardent alors avec une certaine curiosité ; c'est le côté sportif de leur jeu. Les orchestres parisiens sont en revanche des formations où l'on peut développer quelque chose ; c'est justement ce qui m'intéresse. Les Allemands, de leur côté, ont tout de suite une sonorité un peu plus profonde, même parfois un peu trop grave. Les Français sont brillants ; comme ils sont souvent virtuoses, ils savent se montrer créatifs. C'est ainsi qu'avec le Philharmonique de Radio France nous avons donné une *Turangalila* très réussie après seulement quatre répétitions. Je me sens à l'aise dans cette musique, parce qu'elle contient un message identifiable. Messiaen est le compositeur du xxe siècle que je joue le plus souvent. La plupart des choses que je veux réaliser, je les obtiens au concert ; personne ne sait, même pas moi, ce qui va s'y passer ; c'est à ce moment-là que j'apporte le plus. Les répétitions servent à placer la musique dans un certain cadre comme un peintre esquisse un tableau. Au concert, l'interprétation s'exprime en tous sens, tempo, phrasé, rythme, effervescence, en évitant l'automatisme qui naîtrait d'un trop grand nombre de répétitions. Il faut éviter que le concert devienne décoratif et que le chef conduise les yeux fermés. Quand j'étais l'élève de Celibidache, les plus grandes émotions naissaient au cours de la dernière séance avant la générale. En fait, il aurait dû s'arrêter deux répétitions plus tôt. Ses concerts étaient bons, mais il y manquait une part de l'émotion qu'il avait dégagée auparavant. L'excitation qui naît de la création était gommée. Mais le public ne s'en rendait pas compte. »

Après s'être souvent consacré à l'opéra, à partir de 1969, dans *Don Carlos* à Vérone et *Elektra* à Bologne, puis dans Mozart, Puccini, Wagner, dans *Ariane et Barbe-Bleue* de Dukas, *Les Contes d'Hoffmann* d'Offenbach, *L'Échelle de Jacob* de Schoenberg, *Aïda* à Orange en 2001, Eliahu Inbal s'est investi principalement au Symphonique de Berlin. Il ne cachait pas son ambition : être capable de concurrencer sérieusement le Philharmonique : « Pour y parvenir, il me faudrait obtenir les moyens que je réclame : les musiciens du Philharmonique sont mieux payés que ceux de mon orchestre et donc les meilleurs instrumentistes vont au plus offrant. Si on parvenait à supprimer cet écart, je me donnerai cinq ans pour être au niveau du Philharmonique : je dispose d'une très belle salle, à l'excellente acoustique, un peu réverbérante toutefois. Nous avons 17 000 abonnés, presque autant que le Philharmonique ; nous pouvons donc jouer quatre ou cinq fois le même programme. C'est là une différente importante avec la vie musicale parisienne : quand je suis à la tête du Philharmonique, je ne joue qu'une fois. Et de surcroît, vous n'avez pas de véritable auditorium ! À Tokyo, il y en a quatre qui sont splendides. »

Hélas, ce beau rêve n'a aucune chance de se réaliser. En novembre 2003, la municipalité de Berlin a en effet annoncé qu'elle cessait de subventionner l'Orchestre symphonique de la capitale. Qu'adviendra-t-il de cette prestigieuse phalange qui fait partie de la légende musicale du Grand Berlin ? Nul ne le sait encore.

Eliahu Inbal, qui y passait quatre ou cinq mois par an, va-t-il être soumis à la vie errante des chefs invités ? « Je suis un nomade, m'avait-il indiqué ; je n'aime pas faire mes valises, mais j'adore voyager. Ma femme m'accompagne dans tous mes déplacements. J'ai trois enfants de 29, 22 et 20 ans. L'aîné, Daniel, est lui aussi chef d'orchestre ; il dirige à Vienne et à Berlin ; le plus jeune est violoniste ; quant à ma fille, elle fait des études littéraires. J'aimerais les voir plus souvent et bénéficier de plus longues périodes de repos ; mais je n'y parviens pas. Je travaille beaucoup et je ne cesse jamais d'apprendre. À 70 ans, on peut encore être un débutant dans certains registres. En 2002, je suis allé à Venise, à Paris, à Madrid, à Tel-Aviv, au Japon, aux États-Unis. Je choisis les orchestres que je veux diriger, ce qui exclut la moitié des pays du monde. »

Comment un chef, qui se dit très exigeant avec les autres, juge-t-il sa propre gestique ? « Elle découle de l'expression du moment ; si l'orchestre me donne ce que j'attends de lui, il me suffit de peu de gestes. Je connais des chefs qui travaillent devant un miroir et qui s'efforcent de rendre leurs mouvements plus spectaculaires. Je ne les critique pas, mais je n'ai pas envie de les imiter. Par le passé, de grands maestros bougeaient peu : c'était le cas de Pierre Monteux, de George Szell, d'Otto Klemperer, de Bruno Walter, de Fritz Reiner et même de Toscanini. Karajan, lui aussi, était très sobre au concert. »

Se qualifiant de nomade, Eliahu Inbal imagine-t-il son exil sur une île déserte ? : « Si je devais choisir un disque, révèle-t-il, ce serait le *Concerto pour violon et orchestre* de Beethoven, par Szigeti et Bruno Walter. C'est là un choix émotionnel : quand j'étais dans l'armée, j'avais mon violon avec moi, sous la tente, et quelques partitions de Haydn, de Mozart, de Beethoven et de Chostakovitch. Dans les moments difficiles, et ils furent fréquents, je sortais quelques pages de mon sac et je m'immergeais dans la musique. J'étais seul, comme sur une île déserte. »

Un autre chef d'origine russe et israélienne, Gary Bertini, né en 1927, a effectué la plus grande partie de sa carrière en Europe, particulièrement à Paris ; il a fait ses débuts à l'Opéra Garnier en 1975 et s'est illustré à l'Opéra Bastille en dirigeant *Guerre et Paix* de Prokofiev. Grand spécialiste de Malher, comme Inbal, Gary Bertini, qui est aussi compositeur, a fait carrière aux États-

Unis (Detroit) et en Allemagne (W.D.R. de Cologne, Opéra de Francfort) avant de créer le nouvel Opéra de Tel-Aviv.

Daniel Oren, autre chef israélien, remporta en 1975 le très convoité prix Karajan, avant d'accomplir une brillante carrière en Italie, principalement dans le répertoire lyrique. En 1968, à 13 ans, il fut choisi par Leonard Bernstein pour chanter la partie solo des *Chichester Psalms*..

MICHAËL GIELEN
UN HOMME LIBRE

« Mon attitude envers la musique est moins régie par la conscience et les chemins de l'intelligence que par les instincts de l'âme. »
Hermann Hesse, *Notes sur la musique (d'un profane)*

Deux concerts à Paris, en quatre ans, à la tête de l'Orchestre de Paris, l'un à Pleyel dans Berlioz – *Lélio* – l'autre à Mogador dans Haydn, Beethoven et Varèse, nous ont rappelé quelle place devrait tenir Michaël Gielen : l'une des toutes premières ! On trouve ainsi en musique, comme en littérature et dans les arts plastiques, des zones d'ombre voilant le talent de certains chefs qui n'appartiennent pas à la *jet society* et ne font rien pour céder aux mirages de la médiatisation.

À plus de 76 ans, Michaël Gielen ne ressent pourtant aucune frustration à propos de l'éloignement dans lequel l'ont longtemps maintenu les grandes compagnies de disques. Une part de justice lui a été rendue par un petit label allemand, la firme Hänssler, à l'occasion de son 75ᵉ anniversaire ; un peu plus tôt, son intégrale Beethoven (enregistrée de 1986 à 1994 !) et celle de Mahler avaient permis de lever le voile qui masquait ses réalisations. Après plus d'un demi-siècle d'excellente conduite, on ne laisse pas d'être intrigué, voire courroucé par une aussi longue période de désaffection, qui aboutit finalement à une reconnaissance tardive, comparable à celle qu'on a accordée à Günter Wand et Kurt Sanderling.

Pourtant, depuis plus de quatre décennies, Michaël Gielen est loin d'être un inconnu pour le public français : ainsi, j'ai retrouvé dans *Musica*[1] une chronique d'Antoine Goléa évoquant sa présence au Festival d'Aix-en-Provence en 1960 : « Sur le plan de la direction musicale, depuis que Hans Rosbaud ne dirige plus à Aix, empêché qu'il est pour d'impérieuses raisons de santé, on est en droit de manifester une certaine inquiétude. Carlo Maria Giulini, autre chef parfait, n'a pas reparu à Aix cette année ; pour *Don Giovanni*, la direction assez molle et superficielle d'Alberto Erede[2] n'a satisfait personne. *Les Noces* ont été menées par Michaël Gielen quelque peu tambour battant ; il y a néanmoins chez ce chef allemand, encore jeune, l'étoffe d'un authentique *Kapellmeister.* »

Calé dans un fauteuil de sa petite loge du Théâtre Mogador, où il m'accorde cet entretien[3] après la dernière répétition de son concert du lendemain, Michaël Gielen rit de bon cœur à cette évocation : « Je me souviens très bien de cette représentation. J'avais alors 33 ans. Quand Rosbaud est tombé malade, Teresa Stich-Randall, grande mozartienne qui m'avait vu diriger à Vienne, a parlé de moi à Gabriel Dussurget, directeur du Festival ; ce dernier m'a convoqué et m'a engagé : j'ai donc dirigé le merveilleux Orchestre des Concerts du Conservatoire avec les deux grandes Teresa, car outre Stich-Randall, Berganza figurait aussi à l'affiche. Le cadre de l'Archevêché où nous avons joué était magnifique ; malgré la chaleur accablante qui régnait cet été-là en Provence, l'ambiance fut exquise et chaque soirée un succès total. J'ai été invité à deux autres reprises à Aix. Et ce fut tout. Auparavant, j'avais effectué mes débuts à Paris à l'Orchestre National, en 1958, au Théâtre des Champs-Élysées, dans un monodrame de Schoenberg, *Die glückliche Hand* (*La Main heureuse)*, datant de 1912. J'ai donné ensuite quatre autres concerts d'œuvres contemporaines, avec le même orchestre. »

L'absence de Michaël Gielen des scènes françaises se prolongea pendant près de quarante ans ; elle a de quoi surprendre : « J'avais beaucoup de travail ; j'ai eu des postes à responsabilité, notamment à l'Opéra de Francfort pendant dix ans, en même temps qu'à l'Orchestre symphonique de Cincinnati. Mais ce ne fut pas l'unique raison de mon éloignement : après quelques expériences, qui ne furent pas aussi réussies que je l'avais espéré, je n'ai plus

1. Antoine Goléa, dans *Musica*, septembre 1960.

2. Alberto Erede, chef italien qui fut directeur de l'Opéra de Salzbourg, puis chef permanent au Met et directeur de l'Opéra du Rhin à Düsseldorf et chef associé à la Scala.

3. Entretien enregistré au Théâtre Mogador, le 23 octobre 2002.

Claudio Abbado ▼ Carlo Maria Giulini

▲ MARISS JANSONS, apprenti-chef à 4 ans.

▲ Leçon de violon avec son père, Arvid Jansons.

▼ Avec Herbert von Karajan, à Salzbourg en 1969.

MARISS JANSONS, à l'issue d'un concert à la tête du Philharmonique de Berlin, en décembre 2002.

▲ Sir Colin Davis ▼ Sir John Eliot Gardiner

▲ Riccardo Muti ▼ Riccardo Chailly

▲ Lorin Maazel, en répétition à Paris en 1962, à la tête de l'Orchestre National

▼ Myung-Whun Chung, en répétition avec l'Orchestre Philharmonique de Radio France.

▲ CHRISTOPH ESCHENBACH

▼ MAREK JANOWSKI (à gauche), au cours de son entretien avec Robert Parienté.

CHRISTOPH VON DOHNANYI

▲ John Nelson

▼ James Conlon

YUTAKA SADO

◄ Kurt Sanderling ▲ Stefan Sanderling

▲ Michaël Gielen

▼ Ivan Fischer

Eliahu Inbal ▼ Lawrence Foster ▼ Jesus Lopez-Cobos

▲ Kent Nagano, au Théâtre du Châtelet, en décembre 2002.

eu envie de venir à Paris, à cause de l'indiscipline qui, à l'époque, régnait dans certains orchestres français. Je ne peux m'intéresser qu'à une musique parfaitement jouée ; j'ai la réputation d'être très strict, trop peut-être : je veux simplement qu'on respecte ce que je fais. Le temps a passé ; l'Orchestre de Paris m'a invité et j'ai trouvé que l'attitude des musiciens était positive ; ils se sont même montrés extrêmement disponibles pendant les répétitions d'*Amériques* de Varèse, qu'ils jouaient pourtant pour la première fois. Les instrumentistes français, grâce à leurs longues études de solfège, lisent rapidement n'importe quelle partition ; c'est un atout très appréciable pour un chef invité. Dès la première répétition, l'œuvre de Varèse était déjà bien en place, malgré les difficultés qu'elle comporte. »

La notoriété et encore moins la popularité importent peu à Michaël Gielen : « Je ne danse pas sur le podium ; je ne m'y livre à aucune fantaisie. Et cela fait plus de cinquante ans que ça dure ; je n'ai aucune raison de changer à mon âge. J'ai fait tout ce que je souhaitais faire, partageant mon activité entre le classique, le romantique et le contemporain. J'ai toujours pensé, en tant que compositeur moi-même, que j'avais le droit et le devoir de défendre les œuvres modernes. D'ailleurs, cette attitude est commune à toutes les époques : Mozart n'a jamais joué en son temps une autre musique que la sienne ; lorsque Beethoven composait, il ne s'intéressait guère à ce qui se passait avant Haydn. Or actuellement, presque toute la vie culturelle semble axée sur le passé, au détriment de notre époque. Rien n'empêche pourtant le public d'être conscient de ce qui se fait de nos jours, si ce n'est qu'on ne lui explique pas suffisamment. »

Le parcours suivi par Michaël Gielen, né en 1927 à Dresde, dans une famille d'artistes – son père était directeur de scène à l'Opéra, sa mère actrice et son oncle, Edward Steuermann, élève de Schoenberg et de Busoni, fut pianiste, compositeur et professeur à la Juilliard School of Music de New York et le maître d'Alfred Brendel, de Lili Krauss et de Moura Limpany – emprunte les voies de la diaspora : « Ma mère était juive ; mon père antinazi notoire, installé à Vienne après l'Anschluss, obtint en 1938 un contrat pour le Théâtre Colon de Buenos Aires, ainsi qu'une carte d'immigration pour sa famille. Nous l'avons rejoint en Argentine en 1940, à bord d'un bateau italien ; quelques mois plus tard, nous n'aurions pu partir car l'Italie était entrée en guerre au côté de l'Allemagne. Après les difficultés que nous avions connues, l'Argentine fut pour nous un paradis. J'ai rapidement appris l'espagnol et étudié le piano avec des professeurs qui, eux aussi, avaient quitté l'Allemagne et l'Autriche.

En même temps, j'ai pu connaître une autre culture et apprécier le pays qui nous accueillait. J'ai commencé professionnellement ma carrière en 1947 au Théâtre Colon, comme chef de chant. J'ai fait répéter pendant quatre semaines de jeunes chanteurs presque inconnus à l'époque, qui s'appelaient la Callas et Del Monaco, dans *Norma* de Bellini, dirigé par Tullio Serafin. Auparavant, j'avais donné une série de récitals consacrés aux œuvres pianistiques de Schoenberg que je connaissais par cœur grâce à mon oncle Steuermann. Il a été pour moi un guide qui m'a fait aimer la musique contemporaine dès l'âge de 10 ans : à Vienne, avant la guerre, je m'efforçais déjà de déchiffrer Schoenberg sur mon clavier ; mais je voulais avant tout devenir compositeur en m'inspirant de sa musique. Aujourd'hui encore, l'œuvre de Schoenberg demeure la pierre angulaire de mon approche de la musique contemporaine.

« Ce fut à Buenos Aires que j'ai senti naître en moi la vocation de chef ; j'avais 13 ans quand j'ai vu Erich Kleiber diriger les *Symphonies* de Beethoven et *Les Noces de Figaro* de Mozart. Il a été l'idole de ma jeunesse. Sur ses conseils, j'ai pris la décision de revenir en Europe et je me suis établi à Vienne en 1951. J'ai travaillé avec plusieurs grands chefs, dont Dimitri Mitropoulos, personnage très impressionnant, modèle de rigueur et de pureté ; très généreux, il distribuait tout ce qu'il gagnait aux jeunes musiciens. J'ai bien connu également Wilhelm Furtwängler dont j'ai été l'assistant quand il vint à Buenos Aires, peu de temps avant mon départ : il dirigeait la *Passion selon saint Matthieu* ; je suis demeuré à ses côtés pendant tout son séjour pour préparer le chœur ; j'étais au continuo… sur un piano pendant les répétitions et le concert, car nous n'avions pas de clavecin ! Je me suis rapidement rendu compte que j'avais des idées diamétralement opposées aux siennes. Je déplorais en effet sa manière de diriger qui me faisait penser à l'ascension d'un Himalaya musical. Cependant, il avait en lui une force incroyable. Dans la *Passion*, œuvre immense, il ne se relâcha jamais. Je l'admire mais je ne l'approuve pas. Quant à son attitude sous les nazis, elle m'attriste : il n'a pas voulu quitter l'Allemagne, mais il a pris parti en faveur d'Hindemith, il a aidé des musiciens juifs et il a renoncé à tous ses postes officiels. Il a été plus courageux que la plupart de ses confrères ; mais il est dommage qu'il soit resté et qu'il ne se soit pas éloigné de ce régime d'oppression. Il a pensé qu'il était de sa responsabilité de continuer à faire de la musique dans son pays, croyant sans doute, comme beaucoup de ses compatriotes, que le nazisme s'effondrerait rapidement. »

Quels sont les chefs qui ont le plus marqué Michaël Gielen ? « Carlos Kleiber est à mon sens le seul génie de sa génération. Je suis son ami, très proche, mais je ne sais comment expliquer son renoncement. Lui non plus d'ailleurs. J'ai connu Karl Böhm à Vienne, où j'étais assistant en 1954. Cela va sans doute vous étonner : je suis venu pour la première fois à Paris la même année, avec lui et le Staatsoper de Vienne pour *Woyzeck* de Berg. J'ai également suivi les cours de direction d'Igor Markevitch : il a dirigé à Vienne *Le Sacre du printemps*, qu'on n'avait plus joué depuis l'Anschluss. À un de ses élèves qui s'étonnait de la complexité de la partition, il avait répondu : "Mais c'est tellement simple ! Les seules difficultés consistent en deux accords de septièmes diminués !" J'ai admiré ce que Leonard Bernstein a fait pour Mahler, sans être d'accord, le plus souvent, sur sa manière de l'interpréter, sauf le final de la *Septième Symphonie* qui est prodigieux. Simon Rattle ? J'ai vu à la télévision son interprétation berlinoise de la *Cinquième* de Mahler. La manière qu'il a de communiquer avec les instrumentistes est incomparable ; cependant, pour mon goût personnel, c'est un peu exagéré, trop extraverti. Mais c'est certainement un grand chef. »

Considéré comme l'un des meilleurs connaisseurs de la musique contemporaine, Michaël Gielen s'est beaucoup investi dans des œuvres qu'on jouait peu souvent, par conviction personnelle, mais aussi par passion. Estime-t-il que le public s'habitue peu à peu au dodécaphonisme et au sérialisme ? : « Il n'y a pas qu'un seul public ; il est fait de plusieurs strates ; on peut l'éduquer à condition d'avoir le temps. Seul un chef permanent, comme je l'ai été pendant une quinzaine d'années à la Sudwestfunk de Baden-Baden, où j'ai succédé à Hans Rosbaud et à Ernest Bour, est capable d'y parvenir. Il y a une majorité de personnes qui ne veulent rien entendre. Il ne faut pas s'en préoccuper : ils ne viennent que pour la "vieille" musique. Ici, avec l'Orchestre de Paris, beaucoup viendront pour Haydn et Beethoven et partiront à l'entracte. D'autres seront là pour Varèse, probablement les plus jeunes. »

Varèse est un sujet de prédilection pour Michaël Gielen : « Il est aux antipodes de la musique rationnelle, dont les jalons sont Beethoven, Brahms et même Schoenberg. Il a composé comme pour un film : après deux ou trois mesures, il effectue une coupure et procède à un montage d'idées musicales avec parfois une ou deux répétitions ; il n'y a pas de lien d'une idée à l'autre, car il écrit toujours par contraste. Il n'a pas eu réellement d'héritier. À mon sens, les différences entre Schoenberg et Varèse sont plus importantes qu'entre Varèse et Stravinsky. »

Je rappelle alors au chef que lui aussi a procédé à des expériences de collage dans Beethoven et Schoenberg. Qu'a-t-il voulu prouver ? « J'ai associé en effet *Un survivant de Varsovie* et le final de la *Neuvième Symphonie* qui est l'aboutissement d'une évolution : au fil des ans, Beethoven s'est éloigné de la Révolution française pour s'intérioriser après la *Septième Symphonie.* Quand il a voulu écrire un chef-d'œuvre symphonique et choral universel, il est allé beaucoup plus loin qu'il ne l'avait jamais fait auparavant. Il a voulu en même temps donner sonate, fugue et variations en ajoutant les voix avec l'ode de Schiller qui est dédiée à la liberté, mais qu'il transforme en ode à la joie. Le dernier mouvement de la *Neuvième* commence par une fanfare, comportant une forte discordance qui provoqua un terrible choc en 1825. Mais cette musique, pour nouvelle qu'elle fût alors, ne dérange plus nos oreilles aujourd'hui, nous qui avons vécu le nazisme. C'est pourquoi j'ai voulu effectuer un collage entre l'adagio et le final en incluant *Le Survivant de Varsovie*, œuvre qui décrit l'horreur nazie absolue au moment de la destruction du ghetto. L'auditeur, sensibilisé par ce morceau, entend ensuite la fanfare de la *Neuvième* dans un tout autre état d'esprit, dans une tout autre perspective : il se produit une prise de conscience ; grâce à la pièce de Schoenberg, le final semble plus tendu, plus dramatique : exaspération et joie sont alors proches. J'ai voulu ainsi montrer que le nazisme est d'une certaine manière la conséquence de l'idéal du nationalisme allemand qui a pris naissance avec les œuvres de Schiller. La première fois que j'ai présenté ce montage, je l'ai donné en deux parties : l'adagio d'abord, puis le *Survivant*, enfin l'entrée de la basse qui chante "*O Freude, nicht diese Töne*". Après un bref arrêt, j'ai joué ensuite la *Neuvième* sans interruption. Le public n'a pas pleinement compris la signification de cette expérience ; quant à la critique, elle a été assez positive. Quelques voix juives se sont élevées pour regretter la prétendue ambiguïté de mes intentions : on a pensé qu'on pourrait assimiler ce que la basse dit : "*Nicht diese Töne…* (Ne chantez pas)" à la prière juive qui se situe à la fin du *Survivant.* C'est dommage : ce que je voulais faire me semblait tellement évident…

« J'ai procédé, par la suite, à d'autres montages : j'ai estimé qu'on pouvait établir des liens réels entre Schubert et Webern ; j'ai associé une pièce souvent jouée de Schubert, *Rosamonde*, à l'*opus 6* de Webern, dont les dissonances ne sont pas trop choquantes pour une oreille peu exercée. J'ai pensé que le public pourrait suivre plus facilement le discours de ce dernier. Si on avait joué seulement Schubert, on aurait dit : "C'est joli." En y ajoutant Webern, cela devenait très beau. »

Ses affinités viennoises, Michaël Gielen les assume pleinement : Haydn, Mozart, Beethoven, Schubert s'inscrivent dans son patrimoine musical, tout comme Schoenberg, Berg et Webern, sans oublier Mahler : « Je suis demi-juif et je me sens proche de Mahler. Il annonce le contenu de la musique du XXe siècle, dans un langage moderne, presque expressionniste, que Schoenberg a exacerbé. C'est là que se situe toute l'importance de Mahler, bien qu'il y ait de multiples manières de le jouer. Prenons par exemple la *Sixième Symphonie* dont le premier mouvement est l'expression de la marche allemande. Selon les indications du compositeur, le métronome affiche 108. Or presque tous les chefs la jouent trop rapidement, ce qui obère toute la suite. Schoenberg a beaucoup admiré Mahler. Après avoir écouté la *Septième*, il était devenu une sorte de disciple de son aîné, posté entre tradition et innovation, qui n'a pu suivre le développement ultérieur de l'école de Vienne vers l'atonalité. Quant à Bruckner, il est assez isolé ; il ne constitue pas un anneau de la chaîne qui mène à la modernité, sauf peut-être dans ses ländler et ses *scherzi*. Bruckner n'a jamais appris à écrire une transition : quand il a une idée grandiose, elle s'arrête brusquement et une nouvelle idée apparaît. Mon oncle Steuermann disait : "Quel dommage que Mahler n'ait pas eu les idées de Bruckner et Bruckner la technique de Mahler. Quels compositeurs ils auraient fait !" »

Michaël Gielen s'est également intéressé de très près à Schrecker, compositeur autrichien aujourd'hui délaissé : « C'est un musicien très intéressant qui échappe à tout système musical ; il s'éloigne aussi bien de Mahler que de Schoenberg. L'œuvre *Les Stigmatisés*, que j'ai dirigée à l'Opéra de Francfort, n'a pas suffi à le faire revenir à la surface. Sa musique demeure tonale ; elle est également sensuelle : il avance comme dans un songe onirique. Il détestait autant ses deux aînés. C'est pourtant lui qui a dirigé en 1912 la première des *Gurrelieder* de Schoenberg. J'ai également donné de lui *Der ferne Klang* qui est une grande œuvre. Il a eu une réelle influence en Allemagne jusqu'à l'avènement du nazisme. »

Michaël Gielen n'est pas insensible aux recherches de Pierre Boulez, dont il est l'ami : « Nous nous connaissons depuis longtemps : quand je dirigeais *Oiseaux exotiques* de Messiaen en 1960 à Darmstadt, il était présent. Pour ma part, je l'ai souvent suivi en concert. Quand j'étais chef à Baden-Baden, nous étions voisins et nous nous sommes vus assez souvent. J'aime beaucoup ce qu'il fait : il a provoqué une véritable rupture dans le monde musical du XXe siècle. En revanche, le minimalisme répétitif m'ennuie. La vie elle-même est déjà répétitive à l'extrême : c'est une réalité sociale qu'on veut inscrire dans cette musique. Mais s'il n'y a pas d'aventure, la vie devient triste. »

Dans quel registre se situent les œuvres que compose Michaël Gielen ? « On peut les qualifier de post-sérielles. Je ne suis pas un véritable avant-gardiste. Steuermann, qui écrivait lui aussi, m'a dit un jour à Salzbourg, dans un jardin où nous nous promenions : "Nous savons tous les deux que nous ne sommes pas des Beethoven ; mais nous savons aussi que composer est l'activité la plus importante d'un musicien." Je n'ai jamais oublié son propos. Il me reste encore un peu de temps pour composer. En 2001, j'ai travaillé pendant deux mois, hors de tout festival, et j'ai écrit une pièce de trente minutes. En 2002, en revanche, je n'ai rien créé car je préparais mon autobiographie. »

Le disque a pris tardivement une réelle importance dans la carrière de Michaël Gielen. C'est d'ailleurs par ses enregistrements que sa renommée a largement débordé du cadre national, notamment avec une intégrale Beethoven qui sort des sentiers battus et qui a été très bien accueillie par la critique : « La tradition veut qu'on joue Beethoven trop lentement. Or, les vitesses qu'il a indiquées sont claires et essentielles. Le meilleur exemple est l'adagio de la *Neuvième Symphonie* : le métronome indique 60. Si on le joue comme Furtwängler, on l'interprète presque deux fois plus lentement ; après deux mesures, on ressent déjà une réelle lassitude et ce tempo ne se lie pas à la suite. En fait, Furtwängler a voulu donner à Beethoven une teinte wagnérienne. C'est tout le contraire de Toscanini, d'Erich Kleiber, de Leibowitz et de moi-même. Wagner se moquait toujours de Mendelssohn qu'il accusait de jouer Beethoven trop rapidement. Or j'ai la conviction que Mendelssohn avait raison. »

Le répertoire de Michaël Gielen est l'un des plus vastes que l'on connaisse actuellement : la musique française – Debussy, Ravel, Chausson, Dukas – figure souvent à ses programmes. Messiaen appartient également à son univers : « *Saint François d'Assise*, c'est très long, mais c'est aussi très beau, aussi beau que *Parsifal*. Dutilleux, je l'ai découvert récemment ; j'ai joué notamment sa *Deuxième Symphonie*. Je l'aime beaucoup. »

Créateur d'œuvres résolument modernes, notamment de Busoni, Henze, Gorecki, Stockhausen, Rihm, Zimmermann, Michaël Gielen n'abolit cependant pas le passé, toujours présent en son esprit. Ainsi à la traditionnelle question de l'île déserte, il n'hésite pas une seconde : si la modernité prend place dans notre société, elle n'efface pas ce qui est immuable, voire éternel. Le retour aux sources domine : « J'emporterais *Le Clavecin bien tempéré* de Bach, révèle-t-il, en commençant par le deuxième volume. »

IVAN FISCHER L'INSURGÉ

« Ce n'est pas la révolte en elle-même qui est noble,
mais ce qu'elle exige. »
Albert Camus, *L'Homme révolté*

Dans le petit bureau panoramique, situé au plus haut niveau de l'Opéra de Lyon, d'où l'on domine la place des Terreaux, la coulée du Rhône et les toits de la ville, l'homme qui me reçoit, visage crispé, regard sévère sous son crâne chauve, n'est pas un personnage ordinaire. J'ai le sentiment de me trouver en présence d'un être timide et révolté qui s'inscrit en faux contre la société dans laquelle il est contraint d'évoluer. Ivan Fischer a succédé à Serge Baudo, John Eliot Gardiner, Kent Nagano et Louis Langrée au poste de directeur musical d'un théâtre lyrique dont la renommée n'a cessé de grandir depuis trente ans ; il rue dans les brancards, comme s'il cherchait à se dégager des rênes qui semblent entraver son action.

Né en 1951 à Budapest, il a la réputation d'un grand musicien dont l'anticonformisme paralyse parfois la crédibilité. Manifestement, il n'est pas enclin aux confidences : il me faut répéter les questions (en anglais), les préciser, orienter la conversation, avant que l'entretien puisse réellement démarrer[1]. Je sens chez lui une réticence, voire une défiance dont il se

1. Entretien enregistré à l'Opéra de Lyon, le 5 novembre 2002.

départira peu à peu au cours de notre dialogue : « J'ai grandi dans une famille musicienne ; mes parents jouaient de plusieurs instruments et mon frère aîné, Adam[1], étudiait le piano, la composition et la direction d'orchestre au Conservatoire Bela-Bartok de Budapest. Pour ma part, j'ai appris le piano, le violon et le violoncelle. Contrairement à mon frère, je n'avais pas l'intention de devenir chef d'orchestre ; ce métier problématique me rebutait ; j'étais attiré par la philosophie, le théâtre et la psychologie. Cependant, curieux de nature, j'ai voulu rejoindre Adam à l'Académie de musique de Vienne pour y suivre l'enseignement de Hans Swarowsky ; je ne voulais pas conduire ; je souhaitais simplement connaître ce professeur dont la réputation était grande ; il me semblait qu'il faisait partie de cette catégorie de pédagogues, peu nombreux, qui ont des choses importantes à exprimer. À Vienne, puis à Salzbourg, j'ai également approché Nikolaus Harnoncourt dont c'était alors la grande période baroque. Il a voulu m'apprendre tout autre chose que ce que Swarowsky m'avait expliqué. Harnoncourt affirmait qu'on ne devait jouer que les notes, sans chercher à savoir ce qu'il y avait derrière. Swarowsky disait tout le contraire. Harnoncourt fut le plus convaincant des deux puisque je me suis orienté vers la musique ancienne, avant de remporter, en 1974, le premier prix du concours de chefs d'orchestre de Florence puis, à Londres, en 1976, le concours de la Fondation Rupert. Harnoncourt pensait pourtant que je n'étais pas fait pour devenir chef. Il m'avait engagé comme claveciniste, puis comme assistant à l'Opéra de Zurich. Cette nomination me contraignit à renoncer aux concerts que mes prix m'avaient donné la possibilité de diriger. J'ai longtemps hésité ; je me disais : “Il faut que tu prennes une décision. Que veux-tu devenir ? Instrumentiste ou chef ?” À l'époque, Harnoncourt détestait la direction conventionnelle des grands orchestres. J'étais moi-même très critique à l'égard des maestros qui étaient à leur tête. Je me suis donc immergé dans le baroque, car j'avais le plus grand respect pour le maître qui me guidait : j'étais obnubilé par les conseils de ce grand penseur, philosophe de la musique. Cependant, j'ai ressenti très vite une certaine lassitude : la spécialisation à laquelle je m'étais soumis m'empêchait d'embrasser toutes les époques du répertoire. Les Anglais sont alors revenus à la charge et m'ont confié l'Orchestre de Newcastle ; j'ai accepté pour une période de deux ans. J'étais toujours en proie à

1. Adam Fischer est né en 1949. Il a remporté le premier prix au concours Cantelli en 1973. Il a dirigé fréquemment à l'Opéra de Vienne, de Hambourg, à Covent Garden, à la Scala et a effectué ses débuts à l'Opéra de Paris en 1984 dans *Le Chevalier à la rose*. Il a récemment enregistré les cent quatre *Symphonies* de Haydn.

mes contradictions personnelles quand, en 1980, j'ai remplacé, au pied levé, Claudio Abbado au cours d'une tournée du London Symphony Orchestra dont il était le directeur. On m'y offrit la possibilité d'une collaboration permanente. Cette situation ne me convenait pas ; elle m'était même insupportable car je voulais faire de la bonne musique ; or j'estimais que je n'y parviendrais pas avec des formations ancrées dans leurs habitudes. J'ai pris alors la décision de retourner en Hongrie, avec une seule idée en tête : fonder mon propre orchestre. »

Quand on est dans un pays communiste, où tout est régi par l'État, comment peut-on créer une formation qui ne s'inscrit pas dans le cadre du système au pouvoir ? Ivan Fischer se cabre ; l'insurgé reprend le dessus : « C'est une question trop précise : en effet, tout ce que j'ai entrepris à partir de 1983 est la conséquence d'un enchaînement de faits totalement improvisés. Il me fallait d'abord faire partager mes convictions avec tous les musiciens que je rencontrais. Je n'avais aucun appui financier. À tous ceux qui semblaient adhérer à mon projet, j'ai proposé une collaboration franche et sans arrière-pensée : ils devaient être quasiment bénévoles, au moins pendant un certain temps, et animés de la même passion désintéressée de la musique, voire du même fanatisme que moi. Des instrumentistes des orchestres officiels, des spécialistes de musique de chambre, des étudiants du conservatoire se sont portés volontaires ; je les connaissais tous ; je savais ce dont ils étaient capables. La sélection fut stricte, car je voulais bâtir un ensemble d'une qualité exceptionnelle. J'ai travaillé en partenariat avec le grand pianiste Zoltan Kocsis ; nous avons, hélas, connu rapidement d'importants différends : c'est ainsi que, pour le premier concert de notre formation, baptisé Orchestre du Festival de Budapest, en référence au caractère festif que devrait toujours avoir la musique, Kocsis m'a imposé le *Troisième Concerto* de Rachmaninov ; il ne voulait jouer que cette œuvre qu'il avait mise au point au cours des semaines précédentes. J'estimais pour ma part que cette pièce n'était pas de nature à mettre l'orchestre en valeur. Non sans réticence, je me suis incliné. Pour commencer, j'avais programmé l'ouverture de *Russlan et Ludmilla* de Glinka, afin de tester la technique de mes violonistes ; nous avons poursuivi avec la *Quarantième Symphonie* de Mozart et conclu, après Rachmaninov, avec l'*adagietto* de la *Cinquième Symphonie* de Mahler. Par la suite, nous n'avons pas eu une véritable saison de concerts, car je tenais d'abord à insuffler une nouvelle mentalité aux musiciens. Nous avons donc joué au jour le jour, sans songer à l'avenir car, faute de moyens, nous n'étions pas sûrs du lendemain.

Tous ceux qui m'avaient suivi se sont pliés de bonne grâce à cette recherche d'un absolu musical. Or le succès est venu plus rapidement que nous ne l'avions espéré. Le public a apprécié notre style et notre répertoire, en rupture totale avec les habitudes assez provinciales des orchestres d'État. Nous avons été ainsi la première formation hongroise autogérée. À partir de 1990, après l'effondrement du mur de Berlin et des républiques populaires, nous avons effectué nos premières tournées et enregistré nos premiers disques. Mais le combat n'était pas pour autant définitivement gagné. »

L'homme révolté refait surface quand je lui rappelle les propos très durs, diffusés sur son site Internet, contre le gouvernement magyar et les Hongrois : « Tout ce que j'ai écrit est vrai ; je ne me suis pas soucié des risques que j'encourais : il n'y a qu'un seul grand orchestre à Budapest et c'est le mien. J'ai voulu dénoncer l'attitude des politiciens qui ne se sont jamais intéressés à mon entreprise ; ils avaient d'autres soucis que la musique. Oui, je le répète : notre pays vit dans le mensonge et la corruption. Il existe de surcroît en Hongrie une très ancienne tradition d'antisémitisme. Plus grave encore, contrairement à ce qui s'est passé en Allemagne après la guerre où les gens ont reconnu les atrocités commises par les nazis et les ont regrettées, les

Hongrois n'ont pas su regarder la vérité en face ; ils ont enfoui leur tête dans le sable et n'ont rien voulu savoir. L'antisémitisme est encore très virulent chez nous ; la discrimination touchant les Gitans, qui sont nombreux dans notre pays, sévit également. Ma famille était juive ; avant et pendant la guerre, elle a souffert dans sa chair de la politique raciste du gouvernement hongrois de l'époque et de l'occupation nazie. Mes grands-parents sont morts à Auschwitz ; mes parents se sont cachés et ont survécu par miracle. Je suis un enfant de la paix, mais ce passé douloureux me concerne directement. Quant à la corruption, elle sévit partout, chacun recherchant son profit personnel sans se soucier des lois. Je ne suis pas capable de travestir la vérité : ce sont des faits que j'ai évoqués et personne ne m'a contredit. Mais comme mon orchestre a du succès et que le public l'aime, je continue à faire de la musique dans mon pays. »

« Et à l'extérieur », ajoutai-je, en évoquant les deux magnifiques concerts que le chef a dirigés avec sa formation du Festival au Théâtre des Champs-Élysées en 2001 dans un double programme Mahler. Quelles sont ses affinités avec ce compositeur qui révéla son talent à Budapest de 1888 à 1891 ? « Il y a du génie chez Mahler. Ses œuvres ne sont pas organisées à la manière de celles de Bach ou de Brahms ; sa musique est rhapsodique et chaque note doit être jouée selon ses nombreuses indications personnelles. Il tient une place d'autant plus grande dans mon cœur qu'il n'a pas été pleinement compris de son vivant. Qu'aurait-il fait s'il avait vécu dix ou quinze ans de plus ? Je ne crois pas qu'il aurait suivi l'évolution de Schoenberg : la tonalité ne disparaît jamais chez Mahler, même dans ses œuvres ultimes ; il avait une attitude très intuitive, instinctive même, qui n'était pas révolutionnaire. Il écrivait ce qu'il avait dans la tête et ne suivait aucun diktat, de qui que ce fût. Il a ouvert des portes et a été une sorte de prophète que de nombreux musiciens ont imité. »

Son attrait pour Mahler, Ivan Fischer l'a confirmé en créant la Hungarian Mahler Society : « Il a en effet joué un rôle important en Hongrie ; sa musique a emprunté des thèmes à tous les folklores d'Europe centrale et notamment au nôtre. Ses œuvres parlent à l'âme magyare. J'ai donc voulu pérenniser cette affinité entre Mahler et mon pays en fondant une association dont la marraine est la petite-fille du compositeur, Marina Mahler, qui vit en Italie ; c'est une charmante vieille dame à la sensibilité à fleur de peau comme son illustre grand-père ; elle a eu pour parents Anna, la fille aînée de Mahler, qui fut un sculpteur renommé, et le compositeur autrichien Krenek. Nous avons peu d'adhérents, mais notre petit groupe initial grandit d'année en année. »

Et Bartok, où le chef le situe-t-il dans la musique contemporaine ? « C'était une personnalité très complexe, qui cherchait une voie originale. Il était d'une timidité maladive ; sa passion lui a permis de la surmonter… parfois : en dépit des difficultés qui ont jalonné sa vie, il est l'un des grands compositeurs du XXe siècle. Il n'a de surcroît jamais accepté la dictature ; bien qu'il ne fût pas juif, il a préféré s'exiler plutôt que de se soumettre au joug nazi. Il n'y avait pas d'autre issue pour lui que celle qui menait à la liberté. Il a vécu très pauvrement à New York, mais comme Schoenberg et Stravinsky, il a creusé son sillon dans la culture américaine, qui a fini par reconnaître trop tardivement, hélas, son immense talent. Bartok, je l'adore, surtout pour ses trois œuvres vocales que je dirige souvent, *Le Château de Barbe-Bleue*, *Le Mandarin merveilleux* et *Le Prince de bois*. »

La musique française tient-elle une place importante dans l'univers musical d'Ivan Fischer ? « La culture musicale de la France est une des plus importantes d'Europe. Je suis passionné par le XVIIIe siècle français, principalement par Rameau, dont certains opéras sont d'une beauté lyrique exceptionnelle. Il a réalisé à son époque une très originale combinaison des voix et des instruments. *Castor et Pollux* contient un aria qui est ce qu'il y a de plus beau dans le répertoire de l'opéra. Plus près de nous, Debussy a tissé des liens étroits avec Kodaly et il a eu une grande influence sur Bartok. »

Alors qu'il venait de prendre en charge les destinées de l'Opéra de Lyon, Ivan Fischer a connu, en avril 2002, une de ses plus cuisantes déconvenues en assumant la mise en scène et en dirigeant *Idoménée* de Mozart au Palais Garnier. Victime d'un rejet, soumis au feu de la critique qui stigmatisa « le record de la mise en scène la plus kitsch », le chef hongrois n'a pas réagi publiquement : « J'ai toujours cherché des solutions personnelles pour les opéras, m'explique-t-il. J'estime qu'un metteur en scène doit être également un musicien, ce que la plupart des régisseurs ne sont pas. Les innovations visuelles cadrent souvent mal avec les partitions et même avec les chanteurs. Le résultat est souvent schizophrénique [*sic*]. Visuellement, vous voyez quelque chose sur scène qui est à l'opposé de ce que vous entendez. J'ai voulu trouver une réponse à cette contradiction ; la nature du théâtre est de faire du nouveau, mais la musique, elle, est immuable. Ainsi, dans *Idoménée*, j'ai cherché à établir un nouvel équilibre entre les arias statiques et les turbulences des scènes d'action ; je n'ai hélas pas pu faire tout ce que je voulais. Les médias m'ont attaqué comme Orphée le fut par les Furies. C'est normal ; je voulais prouver quelque chose que les gens ont détesté. Ils ont ri à mon idée d'une mise en scène renouvelée, associée à une musique ancienne. Auparavant, dans *Les Noces de Figaro* et *La Flûte enchantée*, on m'avait encensé, mais la mise en scène n'était pas de moi. Si l'on ne veut plus de ma personne à l'Opéra de Paris, peu importe ; j'irai ailleurs. Je ne suis pas carriériste. »

Tout en poursuivant son activité à Budapest et en tournées, Ivan Fischer s'est établi à Lyon, « ville merveilleuse, disait-il en 2001, où j'ai trouvé une compagnie de haut niveau ». Mais le contestataire y a refait surface : le 14 mars 2000, cinq mois avant sa prise de fonction, pour son premier contact avec la presse, il jette le trouble en affirmant que la fosse de l'orchestre est trop petite et qu'on ne peut pas y jouer le grand répertoire de Verdi, Strauss et Wagner, d'où sa proposition insolite de faire construire un nouvel Opéra, plus grand que l'ancien, pourtant rénové à grands frais, huit ans auparavant. Les débuts d'Ivan Fischer sont cependant bien accueillis. Il en a consigné lui-même les détails sur son site Internet. Le 9 décembre 2000, il y écrit à propos de *La Traviata* : « Excellente attitude. Les chanteurs de la troupe permanente sont très bien préparés. Bien entendu, nous avons besoin d'avoir des chanteurs invités, mais une troupe est le seul moyen de maintenir un état d'esprit et une confiance qui assurent le plus haut niveau de la compagnie. C'est peut-être un rêve irréaliste, mais j'y crois. »

La lune de miel ne dure pas longtemps. Le départ du directeur du théâtre, Alain Durel, auquel a succédé en 2003 le Belge Serge Dorny, provoque les premières dissensions. Pourtant, *Boris Godounov* de Moussorgski, donné en décembre 2002, obtient un grand succès. En revanche, en février et mars 2003, *Otello* de Verdi est fraîchement accueilli. Les choses ne vont pas tarder à se gâter, avant d'aboutir à la rupture, le 2 juillet 2003. Deux communiqués sont alors rendus publics : celui du directeur général relève « le manque de présence du chef – douze représentations au lieu des dix-huit prévues au cours de la saison 2002-2003 – ce qui constitue un manquement incompatible à sa mission de directeur musical, et regrette que ses relations particulières avec la mise en scène constituent un obstacle par rapport à l'esprit d'équipe et à la cohésion indispensables à un théâtre d'opéra ». De son côté, Ivan Fischer réplique en affirmant qu'il n'a pas été consulté pour le programme d'après 2004, ni sur le choix des chefs invités ; il déplore la disparition de la troupe de chanteurs[1] ainsi que le maintien de la mise en scène de *Fidelio*, par Nikolaus Lehnoff, écartant les dialogues parlés, « ce qui me paraît absurde » conclut le chef. Le contrat d'Ivan Fischer, qui expire le 31 août 2003, n'est pas renouvelé. Il ne nous appartient pas de chercher d'autres raisons à cette séparation qui intervient après seulement trois saisons d'exercice. Notons pourtant que l'activité d'Ivan Fischer l'a entraîné dans de nombreux déplacements : c'est ainsi que de janvier à octobre 2003, il a effectué deux tournées avec son Orchestre du Festival aux États-Unis, qu'il s'est rendu une troisième fois aux États-Unis pour diriger le Los Angeles Philharmonic et le Boston Symphony, qu'une autre tournée l'a amené en Turquie, en Allemagne, en Autriche, en Belgique, en Angleterre, toujours avec le Festival. Après quelques semaines de repos mérité, les voyages ont repris en Belgique, en Suisse, en Argentine, en Uruguay, au Brésil. À ces multiples concerts se sont ajoutés ceux donnés à Budapest et les représentations de Lyon. On remarque au passage l'étonnant éclectisme du chef qui a mis à ses programmes des œuvres aussi diverses que celles de Mozart, Haydn, Beethoven, Schubert, Reinecke, Brahms, Liszt, Dvorak,

1. Argument réfuté par Serge Dorny : selon ce dernier, la troupe ne comportait depuis deux ans que de jeunes chanteurs recrutés pour des rôles secondaires.

Mahler, Tchaïkovski, Richard Strauss, von Dohnanyi, Stravinsky, Prokofiev, Milhaud, Bartok, Rachmaninov, Britten, Chedrine…

Une certitude nous vient à l'esprit, en consultant ce bilan : compte tenu des liens qu'il a tissés avec les plus grands orchestres mondiaux et de l'activité de sa propre formation, Ivan Fischer ne risque pas de demeurer sans emploi. Après tout, quand on a en charge une formation comme celle du Festival de Budapest, on peut très bien vivre d'invitations, quitte à s'éloigner, parfois, d'une éthique exigeante.

JESUS
LOPEZ-COBOS
LE REGAIN

« On réussit rarement par hasard. Les raisons existent, mais on ne les connaît pas. »
Alain, *Propos sur le bonheur*

Pays de musiques, l'Espagne a pourtant vécu longtemps en marge des grands courants symphoniques ou lyriques. La disparition dramatique, en 1958, du maestro Ataulfo Argenta, à l'âge de 45 ans, priva le pays du seul chef d'envergure qui pouvait rivaliser avec les vedettes de l'époque. Au cours de sa trop brève carrière, qui se déroula en majeure partie à l'étranger, Argenta avait remis en lumière les grandes œuvres des compositeurs ibériques, tout en abordant la musique contemporaine. Ernest Ansermet voyait en lui son successeur à l'Orchestre de la Suisse romande, quand Argenta mourut, accidentellement, asphyxié dans un garage. Créateur, dès 1944, de l'Orchestre de chambre de Madrid et en 1947 de la formation de la Radio nationale, il anima, à partir de 1958, le National d'Espagne, une des cinq phalanges d'envergure que comptait alors la péninsule. Devenu le symbole de la musique de sa patrie, Ataulfo Argenta se produisit sur les plus grandes scènes mondiales et fut reconnu comme l'un des maîtres de sa génération. Son décès brutal allait causer un vide que personne n'a pu combler pendant plusieurs décennies.

Jesus Lopez-Cobos, l'un des rares chefs espagnols à s'être imposés au plus haut niveau au cours de ces vingt dernières années, a bien connu cette période de disette musicale[1] : « Je suis né en 1940 et j'ai passé toute ma jeunesse en Andalousie. Ma famille n'était pas musicienne, bien que mes parents aient, par tradition, aimé le répertoire allemand. Ni les œuvres françaises ni les opéras de Verdi ou de Puccini n'existaient pour eux. Seuls comptaient Bach, Beethoven, voire Wagner. Nous vivions à Malaga. Il n'y avait pas d'orchestre symphonique dans cette grande ville ; cette situation s'est d'ailleurs prolongée jusque dans les années soixante. Je suis parti pour Grenade afin d'y poursuivre mes études d'histoire de l'art et de philosophie. Comme j'avais une assez jolie voix, je chantais dans le chœur des étudiants de l'université, dont le répertoire, essentiellement liturgique, reposait notamment sur les œuvres de Palestrina. De cette fréquentation des chorales naquit ma passion tardive pour la musique. Comme je savais qu'il n'y avait pas de débouchés professionnels dans le domaine artistique, j'ai passé une licence, puis un doctorat de philosophie à Madrid où je m'étais fixé. C'est dans la capitale espagnole que ma vision de la musique s'est cristallisée, grâce aux concerts que j'ai pu y suivre, de 1959 à 1961 : j'ai admiré de grands chefs, tels que Charles Munch et Carl Schuricht, qui m'ont fortement impressionné ; j'ai pu approcher Claudio Abbado, qui effectuait ses premières apparitions en Espagne. Nous avons bavardé ; je lui ai fait part de mes hésitations : je voulais devenir enseignant, mais j'aimais trop la musique pour l'abandonner sans recours. "Vous devriez tenter votre chance à Vienne, m'a-t-il dit. Vous y rencontrerez mon ancien professeur, Hans Swarowsky ; il saura vous indiquer si vous êtes suffisamment doué pour être chef." J'avais déjà 26 ans et j'ignorais encore tout de la conduite de l'orchestre. Je l'ai écouté et je suis parti pour l'Autriche ; j'y ai suivi les cours de composition et de direction de Swarowsky, grand pédagogue qui avait déjà formé tant d'artistes. Au terme d'un lent processus, j'avais acquis la conviction de pouvoir concrétiser mon ambition. Après avoir fait mes débuts à Prague, je me suis présenté au concours international des jeunes chefs de Besançon en 1968 où j'ai obtenu une première mention ; puis j'ai été admis à la Juilliard School of Music à New York. J'ai voulu alors tenter à nouveau ma chance, cette fois au concours Mitropoulos, auquel j'ai renoncé par manque de confiance en moi ; je n'en avais pas encore fini avec mes doutes, d'autant qu'en Espagne, la vie musicale demeurait d'une extrême pauvreté. Il y avait pourtant beaucoup à faire ; j'étais conscient d'un vide qui ne serait pas comblé de sitôt. C'est ainsi que l'Orchestre d'Andalousie n'a joué pour

1. Entretien enregistré à l'Opéra Bastille, le 14 mai 2002.

la première fois la *Première Symphonie* de Mahler sur le sol espagnol qu'en 1970. Toujours à la recherche d'une solution, j'ai passé un été à Sienne, puis un hiver à Vienne auprès de Franco Ferrara ; ce merveilleux professeur avait de nombreux élèves, mais peu d'élus. C'est alors qu'un incroyable concours de circonstances m'a permis de franchir une étape décisive. Franco Ferrara devait diriger un concert à Vienne, quand il est tombé malade ; il céda la baguette au chef suisse Peter Maag[1], dont j'étais l'assistant. De retour de Buenos Aires, Maag devait ensuite diriger *La Flûte enchantée* à la Fenice de Venise. Victime d'une forte grippe, sans substitut désigné, il proposa au directeur du théâtre de me confier la baguette ; il lui expliqua que j'étais parfaitement capable de conduire. Le jour de la représentation, à midi, on me demanda si j'acceptais de suppléer l'absence de Maag. Je n'étais encore jamais descendu dans une fosse d'orchestre et je n'avais jamais conduit d'opéra. J'ai pourtant dit oui, instantanément et j'ai joué Mozart, sans répétition préalable. Ce fut le véritable point de départ de ma carrière de chef : une porte s'était ouverte, je m'y suis engouffré pour saisir la chance qui m'était offerte. Depuis cette soirée mémorable, je sais que ni les capacités ni le talent ne suffisent pour réussir. Tout s'est ensuite enchaîné : je suis resté trois ans à la Fenice comme chef permanent. »

À 32 ans, le destin de Jesus Lopez-Cobos s'est enfin dessiné : il a définitivement surmonté ses hésitations ; ayant renoncé à l'idée de rentrer en Espagne, il poursuit son activité lyrique où il s'est déjà fait remarquer. En 1972, il reçoit une proposition du Deutsche Oper de Berlin (Ouest) pour devenir chef principal : « Je connaissais bien le répertoire italien et allemand que j'avais étudié à fond pendant mon séjour à Vienne. J'étais à l'aise dans Verdi, mais plus encore dans Mozart, Beethoven, Wagner, Strauss. Après le départ de Lorin Maazel, nous étions trois chefs à nous partager les représentations : Albrecht[2], Segerstam[3] et moi. En 1981, j'ai été nommé directeur musical du théâtre et suis demeuré à ce poste jusqu'en 1990, soit au total dix-huit années de présence à Berlin-Ouest. Au fil des années, la responsabilité qui m'était confiée devenait très pesante : nous jouions tout le répertoire, avec des changements de programme quotidiens et d'incessantes modifications de distribution. Au début de

1. Peter Maag, né en 1919, élève d'Ernest Ansermet et d'Alfred Cortot, eut une activité essentiellement lyrique, en Allemagne, en Autriche et en Suisse. Il fut également un professeur estimé. Il est mort en 2001.

2. Gerd Albrecht, chef d'orchestre allemand, né en 1935, premier prix du concours de Besançon en 1957, fut essentiellement un spécialiste du lyrique (Allemagne, Suisse). Il fut également directeur musical de l'Orchestre philharmonique de Prague.

3. Leif Segerstam, chef finlandais né en 1944.

mon mandat, nous disposions d'une troupe permanente qui s'est peu à peu délitée ; c'est ainsi que j'ai dû conduire *La Bohème* avec trois castings différents. C'était absurde. Nous donnions certes de belles choses, mais j'avais parfois l'impression de régler la circulation sur la scène plutôt que de diriger un opéra. Épuisé nerveusement et physiquement, j'ai préféré renoncer après avoir dirigé sept cents représentations de cinquante-trois opéras différents, à la cadence de quarante à cinquante spectacles par an, dont les nouvelles productions. Vous comprenez pourquoi j'ai eu envie de changer d'air. »

Pendant cette période, Jesus Lopez-Cobos renoue avec l'Espagne où la situation évolue favorablement : « En 1981, je suis revenu à Madrid diriger l'Orchestre national d'Espagne, dont je suis devenu le directeur musical en 1984. L'État, les régions et les grandes villes commençaient à prendre conscience de l'importance de la musique. J'ai eu pendant quelques mois l'impression que nous allions pouvoir progresser rapidement. Mais nous n'avons pas obtenu les moyens que l'on nous avait promis. Cette expérience madrilène était vouée à l'échec ; j'ai donc préféré démissionner en 1988 : nous nous produisions dans une nouvelle salle de concerts que j'avais eu le bonheur d'inaugurer ; mais l'instabilité de l'administration, les discussions interminables avec

les pouvoirs publics et locaux m'ont décidé à partir. »

Cette fois, Jesus Lopez-Cobos change de continent : il est appelé à Cincinnati pour succéder au chef allemand Michaël Gielen : « J'ai trouvé dans cette ville américaine, noyau, depuis plus d'un siècle, d'une importante communauté d'origine germanique, une ambiance de travail infiniment plus favorable. L'orchestre était excellent et n'avait aucune concurrence ; je disposais de larges prérogatives, sans contraintes administratives. En quinze années de présence, j'ai dû rencontrer le maire tout au plus pendant quinze minutes. Nous jouions dans la plus grande des salles américaines tout le répertoire allemand que j'ai voulu élargir en y incluant des œuvres françaises du XIXe et XXe siècles et contemporaines. Les dirigeants auraient souhaité que je reste encore plus longtemps ; mais j'ai préféré partir, car je souhaitais connaître d'autres horizons. »

Tout en assurant la saison à Cincinnati, Jesus Lopez-Cobos se tourne vers une autre formation : l'Orchestre de chambre de Lausanne le contacte pour succéder à Armin Jordan et Lawrence Foster : « À la tête de cet ensemble de grande qualité, j'ai retrouvé toute ma sérénité. Je me suis plongé avec délices dans la musique pure, en priorité dans Mozart. Ce fut une cure de jouvence qui succédait à des feux d'artifice. Je suis resté près de dix ans à

Lausanne : ce fut l'une des plus belles périodes de ma vie. Je m'étais en même temps éloigné du lyrique, car la saturation me guettait. Il faut savoir que sur dix représentations, une seule peut vous donner pleinement satisfaction. À tout moment, vous risquez d'être en désaccord avec les metteurs en scène, vous ne disposez pas des chanteurs que vous avez souhaité avoir. L'opéra idéal est celui où tous les éléments s'équilibrent, musique, chanteurs, mise en scène, décors [...] Or, il est très difficile d'obtenir cet ensemble parfait. Si cela ne se produit pas, on n'est pas libre de renoncer et il faut aller, bon gré mal gré, jusqu'au bout. En revanche, quand tout fonctionne bien, quand il n'y a pas d'incident de parcours, une soirée lyrique peut être vraiment fantastique. »

Toujours amoureux du théâtre, Jesus Lopez-Cobos y revient régulièrement, en dépit des exigences de la scène. Choisissant la voie plus confortable de chef invité, qui lui permet de se produire au Philharmonique de Berlin, au Concertgebouw d'Amsterdam, au Philharmonique de Londres, au Philharmonique de Vienne, ainsi qu'en Israël, à Los Angeles, Philadelphie, Cleveland, Chicago, Boston, il peut faire la part des choses : « J'ai choisi ce que j'avais envie de faire, et notamment du lyrique, dont j'étais réellement privé depuis plusieurs années. J'ai pu diriger avec un plaisir renouvelé : j'ai le temps désormais d'étudier à fond les partitions, d'approfondir leur contenu et de découvrir des détails qui m'avaient échappé. Cette nouvelle approche m'a permis d'accepter les propositions que j'ai reçues en 2002 d'occuper le poste de directeur musical du Théâtre royal de Madrid. Cela peut être pour moi l'occasion de rebondir à un âge où, si l'on a encore la santé, on commence seulement à bien posséder son métier, grâce à la sérénité et l'autorité acquises au cours d'un long parcours. J'aimerais pouvoir jouer en Espagne le rôle que je n'ai pu y tenir, il y a un quart de siècle. La dernière décennie a été décisive pour mon pays : les orchestres professionnels sont actuellement au nombre de vingt-neuf ; à mes débuts on n'en comptait que cinq. On a construit de belles salles ; mais comme il y a encore beaucoup à faire, je serais heureux d'apporter mon expérience à cette noble cause. Tout en demeurant fidèle au symphonique de tradition, je suis très désireux d'explorer des œuvres nouvelles, ce que j'ai d'ailleurs fait souvent à Cincinnati. Il faut en effet aller à la découverte des jeunes compositeurs et leur donner la possibilité d'être joués. Mozart et Beethoven ont été longtemps mon univers. Puis, j'ai été subjugué par Mahler, en écoutant les disques de Bruno Walter. À Cincinnati, j'ai enregistré plusieurs *Symphonies* de ce grand compositeur. Quand, dans ma vie, j'ai connu un drame familial [le décès de sa première femme, à la suite d'une longue maladie], je me suis senti très proche de cette musique comme ce fut également le cas avec celle de Chostakovitch. Mahler est une étape nécessaire dans la carrière d'un chef : ses œuvres expriment en effet tous les sentiments, la joie, la tristesse, l'ironie, le tragique de l'existence. Mahler voulait aller ailleurs, vers autre chose… Il n'en a pas eu le temps.

« J'ai également dirigé Dutilleux, musicien français par excellence ; j'ai joué aussi Messiaen, Stockhausen, mais pas encore Boulez. Il faut demeurer disponible, car un grand handicap, la standardisation, pèse sur la musique. »

Les débuts de Jesus Lopez-Cobos en France remontent à 1976, date à laquelle il dirige *Don Giovanni* au Festival d'Aix-en-Provence ; deux ans plus tard, il conduit *Cendrillon* de Rossini à l'Opéra de Paris où il a effectué un intéressant retour à partir de 2001 dans *Manon* de Massenet, avec Renée Fleming, puis dans *Carmen*. Bonne occasion de savoir ce qu'un musicien espagnol pense de cette œuvre : « *Carmen* est un opéra cent pour cent français. L'ambiance espagnole n'est qu'une sorte de décor, une esquisse, avec quelques rythmes qui évoquent la musique de mon pays, comme la séguedille ou la habanera. Je ne dirige donc pas cette œuvre en tant que chef espagnol : je la joue comme le ferait un chef français. Je ne

l'ai jamais conduite en Espagne. On a toujours considéré, là-bas, cette œuvre comme quelque chose d'assez artificiel, qui frôle parfois l'espagnolade ; le torero qui vient en scène, et qu'on appelle toréador, ça ne sonne pas juste chez nous. Le public apprécie pourtant la musique de Bizet, mais en Espagne, il faudrait que *Carmen* bénéficie d'une mise en scène très particulière. Je suis généralement très sensible à la musique française, celle de Bizet, mais aussi celle de Debussy et de Ravel. Manuel de Falla n'a-t-il pas dit : "La meilleure musique espagnole c'est celle de Debussy." La France tient une large place dans mon gotha personnel : *Pelléas et Mélisande* est l'opéra que je préfère. »

Pendant trois ans, de 1998 à 2001, Jesus Lopez-Cobos a su également porter la bonne parole aux musiciens de l'Orchestre français des Jeunes qu'il a dirigé avec beaucoup de sensibilité et de passion, notamment dans un répertoire qui lui est cher, celui de Manuel de Falla avec *Le Tricorne*, et de Ravel avec *La Rhapsodie espagnole*, avant de passer la baguette à Emmanuel Krivine : « J'ai eu beaucoup de plaisir à communiquer avec ces jeunes, extrêmement disponibles et talentueux. Ce fut l'occasion pour moi de montrer qu'un chef n'est pas un autocrate, mais qu'il doit être au contraire constamment à l'écoute de ceux qu'il dirige. »

Quant à l'île déserte, Jesus Lopez-Cobos ne se dérobe pas ; sa réponse est spontanée : « *La Flûte enchantée.* »

Outre Ataulfo Argenta, cité en tête de ce chapitre, et Jesus Lopez-Cobos, la direction d'orchestre espagnole a valu par la présence de quelques chefs de talent, dont certains s'imposent au plan international : Rafael Frühbeck de Burgos, né en 1933, d'origine allemande, occupe de 1962 à 1978 la direction de l'Orchestre national d'Espagne. Mais c'est en Allemagne que se développe le plus son activité, notamment au Deutsche Oper de Berlin, à la suite de Lopez-Cobos, et à l'Orchestre du Radio-Symphonique de Berlin. Josep Pons, qu'on a remarqué récemment pour son bel enregistrement de *L'Arlésienne* de Bizet, dirige depuis 1994 l'Orchestre de Grenade. Son répertoire, très vaste, s'étend du baroque au contemporain, avec une attention particulière pour Falla et Rodrigo. Le rôle de Pablo Casals et de Jordi Savall est évoqué dans la partie de ce livre consacrée au baroque.

Le Portugais Pedro de Freitas Branco (1896-1963) a bénéficié d'une réputation flatteuse bien au-delà de ses frontières. Il fut le fondateur, en 1927, de l'Opéra et des Concerts symphoniques de Lisbonne, avant de venir diriger un festival consacré aux œuvres de Ravel, à Paris, où il créa en 1931 le *Concerto en sol.* En 1935, il assure à Bruxelles la première de *Perséphone* de Stravinsky, puis brille de mille feux à Lisbonne dans *Le Sacre du printemps.* Il triomphe également à Madrid dans *Tristan et Isolde.* En 1950, il effectue des débuts très remarqués aux États-Unis, puis l'année suivante il entame une collaboration très appréciée avec le National de l'O.R.T.F., enregistrant des disques qui lui valent deux grands prix.

Le Mexicain Eduardo Mata (1943-1995) serait sans doute devenu une grande vedette internationale s'il n'avait trouvé la mort à 52 ans dans un accident d'avion près de Cuernavaca. Élève d'Erich Leinsdorf, il s'imposa aux États-Unis où il fit connaître maintes œuvres de compositeurs mexicains. Il fut également un fervent adepte de la musique espagnole, notamment de celle de Manuel de Falla, dont il a laissé un *Amour sorcier* d'anthologie.

LAWRENCE FOSTER LE GLOBE-TROTTER

« Les voyages donnent une très grande étendue à l'esprit : on sort du cercle des préjugés de son pays, et l'on n'est guère propre à se charger de ceux des étrangers. »
Charles de Montesquieu, *Sur les esprits et les caractères*

Voyager n'est pas toujours partir à l'aventure. Lawrence Foster sait que ses nombreuses étapes sont la conséquence d'une recherche de découvertes musicales et d'une nécessité personnelle qui dépend des séductions d'un art que sa propre patrie n'a pas toujours pu lui procurer. Né en 1941 à Los Angeles, dans une famille d'émigrés venus de Roumanie, Lawrence Foster découvre très jeune que le cosmopolitisme de la mégapole californienne évite maints préjugés et confère une dimension particulière à l'esprit[1] : « J'ai appris la musique auprès de grands artistes qui avaient fui l'Allemagne nazie, tel l'ancien premier violoncelle solo du Philharmonique de Berlin, Nicolas Graudan. J'ai compris très tôt, en tant que juif moi-même, ce que représentait pour tout être humain la discrimination raciale. Graudan m'a souvent parlé de cette époque tragique en soulignant le rôle positif qu'avait joué Wilhelm Furtwängler, sans lequel mon professeur n'aurait pas pu quitter l'Allemagne, pas plus que d'autres instrumentistes de grand talent, comme le premier violon solo Szymon Goldberg. C'est à Los Angeles, fabuleux foyer musical, où s'étaient réfugiés de magnifiques musiciens, que j'ai

1. Entretien enregistré à Paris, Hôtel Intercontinental, le 25 mai 2002.

effectué mes débuts professionnels en créant un orchestre de chambre formé d'étudiants avant de conduire l'Orchestre des Ballets de San Francisco.

« Grâce à cette activité naissante, encouragée par le grand administrateur du Philharmonique de Los Angeles que fut Ernest Fleischmann, j'ai pu approcher quelques-uns des maîtres qui vivaient alors dans ma ville natale, à commencer par Bruno Walter : j'ai travaillé en sa compagnie sur de nombreuses partitions ; pour le jeune musicien que j'étais, ce fut une expérience passionnante ; je savais que cette collaboration m'offrait une chance incroyable ; j'ai assisté aux répétitions du maestro et à ses dernières séances d'enregistrement. Bruno Walter, qui était la gentillesse personnifiée, m'a recommandé auprès de Karl Böhm ; j'ai pu ainsi me rendre à Vienne et à Bayreuth où j'ai suivi les cours du chef allemand et participé à la préparation de ses concerts. À cette époque, j'étais peu au courant de son comportement sous le régime nazi, avant et pendant la guerre. Il était assez bien accepté par la communauté juive américaine, sans raison valable d'ailleurs, car on a pu vérifier par la suite que son passé était pire que ce que l'on avait d'abord supposé. Je dois reconnaître qu'il fut très gentil avec moi ; certes, on a souvent dit que chaque Allemand ou chaque Autrichien avait son "bon" juif... Mais je ne veux pas me montrer ingrat à l'égard de Böhm car il a m'a beaucoup aidé ; il m'a également légué une partie de sa bibliothèque personnelle, ce qui m'a profondément ému. »

Lawrence Foster connaît une nouvelle chance en rentrant d'Autriche, quand il rencontre Zubin Mehta, chef principal du Philharmonique de Los Angeles : « J'avais 25 ans et Zubin n'était guère plus vieux que moi puisqu'il est né en 1936. Il m'a choisi comme assistant et m'a constamment soutenu au cours des trois années que j'ai passées auprès de lui, de 1965 à 1968. En 1966, il m'a poussé à me présenter, à Tanglewood, au concours Koussevitzky, que j'ai remporté. Ce succès m'a instantanément ouvert des portes : j'ai reçu des invitations d'Europe, notamment du Philharmonique de Londres, ce qui n'était pas rien, d'autant qu'il était dirigé par Bernard Haitink. Cependant, je souhaitais m'imposer dans mon propre pays : j'ai cru que ce rêve se réaliserait quand, en 1971 – je n'avais que 30 ans – on m'a proposé le titre de directeur musical de l'Orchestre symphonique de Houston, poste qu'avaient occupé Thomas Beecham, Leopold Stokowski, John Barbirolli et André Previn. J'y ai passé sept ans, de 1971 à 1978 ; mais, au lieu de vivre une période bénie de mon existence, ce fut un long tunnel plein de désagréments et de déceptions. On m'avait confié une charge importante : reconstruire un orchestre qui n'avait pas eu de patron depuis deux ans. Je ne possédais sans doute pas le charisme indispensable pour m'imposer à la fois aux musiciens et aux administrateurs ; je suis plutôt du genre discret : quand je voyais Leonard Bernstein diriger, je me disais que je n'avais pas ses dons exubérants. J'avais plutôt comme modèle George Szell, très autoritaire certes, mais qui conduisait sobrement, avec peu de gestes.

« Prendre un orchestre comme celui de Houston, doté d'une grande tradition musicale, était une tâche dangereuse, car cette formation manquait alors de cohésion. Barbirolli, qui avait conduit l'orchestre de 1961 à 1967, était un homme inspiré, mais pas suffisamment directif. Je me souviens que les responsables m'avaient demandé ce que je voulais faire de cette phalange. J'avais répondu : "La prendre telle qu'elle est, sans nuire à sa qualité et améliorer sa précision." Cela a bien marché pendant quelques années ; mais un grave conflit a éclaté à la suite d'un différend entre les musiciens et le Comité. Les instrumentistes remettaient tout en cause : les conditions de travail, les salaires, le refus de négociation de la part d'une direction composée de Texans, très imbus de leurs prérogatives. Je n'ai pas admis la façon d'agir de ces derniers ni leur manière de gérer la musique ; ils ne souciaient guère du sort des musiciens, aux côtés desquels je me suis rangé sans hésiter. Cette mentalité ultra-conservatrice, je ne l'ai jamais comprise, pas plus d'ailleurs que celle de notre actuel Président. J'ai donc préféré partir après que l'administrateur général m'eut annoncé avec hargne ce qui m'attendait : "Les portes vous seront fermées pendant dix ans sur tout le territoire des États-Unis !" Devenu *persona non grata* dans mon propre pays, j'ai quitté les États-Unis. »

À son corps défendant, Lawrence Foster entame alors une longue diaspora qui le conduit d'abord à Monaco où il prend en charge le Philharmonique de la Principauté de 1979 à 1989, avant d'y revenir de 1992 à 1994 : « Ce sont les musiciens qui m'ont désigné et cela m'a soulagé. Avec un orchestre très enthousiaste, nous avons réalisé de belles choses, notamment un disque marquant, *Œdipe* de Georges Enesco, compositeur dont je continue de défendre les œuvres avec passion. Je suis heureux de constater qu'après quelques années d'hésitation, cet ensemble est reparti du bon pied, sous la direction de Marek Janowski qui effectue un travail remarquable, d'une rare efficacité. Peu d'orchestres ont pu progresser aussi rapidement : c'est même miraculeux. Comme je séjourne souvent à Monaco, avec ma femme et ma fille, j'ai pu constater que Janowski a obtenu les moyens nécessaires pour réaliser ce que je n'avais pu faire, faute sans doute d'avoir le poids politique indispensable. En 2001, à Paris, salle Pleyel, j'avais déjà vu à quel point le rôle pédagogique de Janowski avait été important auprès du Philharmonique de Radio France : j'ai dirigé cette formation au cours du concours Marguerite-Long, en jouant vingt-deux fois le *Premier Concerto* de Tchaïkovski ; or, la concentration des musiciens n'a jamais faibli ; ils se sont de surcroît montrés extrêmement gentils avec les jeunes solistes en respectant une stricte discipline. »

Fixé à Monaco, où il se produit encore aujourd'hui en tant que chef invité, Lawrence Foster s'oriente vers une musique plus intimiste : « Sans pour autant négliger le lyrique, à Covent Garden, à Hambourg, au Met et à Los Angeles, j'ai eu la joie de prendre en charge en 1985 l'excellent Orchestre de chambre de Lausanne où j'ai succédé à Armin Jordan. J'y ai connu six années merveilleuses, malgré quelques difficultés d'ordre administratif. Je sais qu'après mon départ, cet ensemble a remarquablement fonctionné avec Jesus Lopez-Cobos, puis Christian Zacharias. C'est avec cette formation que j'ai donné, à la demande de Juan Antonio Samaranch et du Comité international olympique, le concert d'ouverture de la session des Jeux de Séoul en 1988. À Lausanne, nous jouions avec moins de quarante musiciens dans une salle assez grande et quelque peu réverbérante. Le répertoire portait principalement sur les grands classiques, de Bach à Beethoven ; comme les orchestres s'aventuraient de moins en moins dans le domaine du baroque, nous avons occupé le terrain avec Haendel et d'autres compositeurs du XVIIIe siècle, mais en utilisant des instruments modernes. J'ai eu aussi, au cours de ces dix dernières années, la joie de venir à Paris conduire un autre orchestre de chambre de grande classe, l'Ensemble orchestral de Paris, avec lequel j'ai donné dix représentations de *Carmen* à l'Opéra-Comique et, plus récemment, un concert au Théâtre des Champs-Élysées d'œuvres espagnoles de Granados, Montsalvatge et Albeniz. John Nelson effectue un remarquable travail à l'E.O.P., avec l'appui constant du directeur général George Schneider, dont la compétence musicale est unanimement reconnue. »

Lawrence Foster a également établi des rapports privilégiés avec Israël : il a pris, pour peu de temps, la direction de l'Orchestre symphonique de Jérusalem, dont il est devenu conseiller musical : « J'ai préféré laisser le champ libre à un remarquable chef, David Shallon, hélas trop tôt disparu. Comme vous le savez, la situation est très difficile en Israël. Les musiciens font des efforts gigantesques pour se maintenir à un bon niveau. J'ai effectué avec eux plusieurs tournées, notamment en Turquie et aux États-Unis. Malheureusement, le fondamentalisme, et pas seulement du côté palestinien, pèse lourdement sur la culture et constitue une entrave au développement de la musique. Je regrette infiniment qu'Israël, au cours des trente dernières années, n'ait pas su éviter une série d'erreurs diplomatiques et humaines. Je ne sais pas s'il est encore temps de trouver une solution acceptable par les deux parties. De nombreux Israéliens comprennent pourtant le problème et souhaitent le résoudre. Daniel Barenboïm aurait dû être nommé Premier ministre. Il est le seul qui ait osé démontrer que la vie en commun des musulmans et des juifs demeurait possible. Ce qu'il a réalisé, depuis quatre ans, avec un orchestre accueillant les uns et les autres, même ceux venant des Territoires occupés, tient du prodige. Il organise également des séminaires où la politique est évoquée d'une manière émotionnelle, mais sans agressivité de part et d'autre. »

Lawrence Foster a du mal à masquer son émotion ; des larmes coulent sur ses joues. Il se reprend pour ajouter : « Il est possible de vivre ensemble, devant Dieu, en défendant les beautés que la musique nous propose. À propos de l'affaire Wagner, je suis plus réservé ; il faut dire que je ne suis pas un fanatique du compositeur du *Ring*. Daniel Barenboïm a voulu dénoncer l'hypocrisie qui régnait en Israël : on entend des fragments de l'ouverture de *Tannhäuser* dans les ascenseurs des grands hôtels de Jérusalem et de Tel-Aviv ; les sonneries des portables sont souvent des extraits de la *Chevauchée des Walkyries*. En fait, ce qui a déplu à une partie de l'opinion, c'est le fait que Barenboïm ait donné un *bis* wagnérien avec un orchestre allemand, le Staatskapelle de Berlin. On a considéré ce coup d'audace comme une provocation, alors qu'on aurait dû être reconnaissant au chef d'avoir voulu défier l'opinion d'une minorité. »

Toujours en quête de liberté artistique, Lawrence Foster a poursuivi ses voyages. Il a cru trouver son havre de grâce en Espagne, mais il a dû déchanter après quelques années de fructueuse collaboration avec l'Orchestre symphonique de Barcelone : « De 1997 à 2002, nous avons effectué de magnifiques saisons et des tournées qui ont été de grands succès, notamment aux États-Unis. Mais les autorités locales ont décidé de mettre un terme à ma mission pour nommer à ma place un chef espagnol. Les musiciens se sont prononcés en majorité contre ce changement ; je n'ai pas voulu être la cause d'un conflit ; j'ai donc accepté de m'effacer en demeurant chef invité. Je regrette cependant que la xénophobie ou le nationalisme, ce qui revient au même, tienne une telle place en musique. »

D'autres projets ont fleuri, que Lawrence Foster a accueillis avec son éternel sourire et son constant optimisme : « Je suis devenu en 2002 directeur de l'Orchestre de la Fondation Gulbenkian de Lisbonne, institution privée avec laquelle je peux travailler efficacement. Nous disposons d'une salle de rêve ; j'ai auprès de moi Michel Corboz, merveilleux chef de chœur, que j'avais déjà beaucoup apprécié quand j'étais à Lausanne. En 2004, je serai à Lyon pour diriger l'Orchestre national de la ville au cours d'une semaine consacrée à l'un de mes compositeurs fétiches, George Enesco. »

Malgré la grande diversité de son répertoire, Lawrence Foster se refuse à jouer certaines œuvres : « J'ai des problèmes avec Bruckner, reconnaît-il. Armand Panigel, qui animait autrefois la *Tribune des critiques de disques* à l'O.R.T.F., m'a dit un jour à propos de *Symphonies* du compositeur autrichien : "C'est une architecture d'église construite dans un bureau de tabac..." Je ne dirige pas non plus les *Symphonies* de Rachmaninov que je n'aime pas, ni les opéras de Rossini : il y a tant de chefs qui sont faits pour ça. En revanche, je commence à aimer Bellini et à découvrir Sibelius. Debussy, Ravel, mais aussi Roussel, Fauré, que j'adore, et Dutilleux, qui m'intéresse beaucoup, je les fréquente depuis longtemps avec bonheur. Quant à Mahler, j'ai joué toutes ses *Symphonies*, sauf la *Huitième*, quand j'étais directeur du Festival d'Aspen. »

Quelle pourrait être l'ultime escale de ce globe-trotter impénitent et qu'emporterait-il sur une île déserte ? « Il est difficile de choisir. Dites-moi ce que les autres chefs ont répondu... » Il rit et reprend : « Cela pourrait être une série, mais il faudrait que mon séjour soit assez long : j'opte pour la trilogie de Da Ponte et pour *La Flûte enchantée* que je viens de diriger à Los Angeles. »

CETTE GRANDE LUEUR À L'EST

Evgeny Svetlanov lors d'une répétition, avant son dernier concert à Paris avec l'Orchestre National.

EVGENY MRAVINSKI POUVOIR ABSOLU

« La tradition est un témoin qui se transmet de génération en génération. Il revient à l'interprète de la séparer en deux éléments : la patine qui est belle et la poussière qui est terrible. »
Nikolaus Harnoncourt, *Le Discours musical*

Bien qu'il soit mort en 1988, à l'âge de 85 ans, Evgeny Mravinski appartient encore à notre époque : s'il figure dans la galerie des grands maîtres contemporains, il le doit certes à son talent, mais surtout à son legs discographique, demeuré inégalé.

Mariss Jansons, qui fut son assistant, puis chef associé à l'Orchestre philharmonique de Leningrad, est l'un des musiciens qui ont le mieux connu le tsar de l'empire musical soviétique. Son témoignage constitue un précieux document : « Evgeny Mravinski était un homme de grande taille ; sa maigreur ajoutait à son aspect austère. Quand il pénétrait dans une salle, il hypnotisait les gens qu'il rencontrait. À plus de 80 ans, il faisait encore preuve d'une incroyable énergie. Les plus grands solistes éprouvaient un infini respect envers lui. Il parlait peu et avait parfois un comportement étrange : au cours d'une conversation, il lui arrivait d'aller s'asseoir à l'écart, sur une chaise, et de demeurer immobile, silencieux, perdu dans ses pensées, pendant de longues minutes. Nous demeurions auprès de lui, n'osant ni bouger ni parler. Il était là, tel un sphinx, dans son coin ; nous attendions qu'il bouge et nous parle à nouveau. Il avait un caractère difficile, ombrageux, introverti, pudique. Quand il dirigeait, il faisait preuve d'une extrême concentration ; exigeant avec les autres comme avec lui-même, il avait un cœur, mais ne le montrait pas.

« Au cours des répétitions, il pouvait être souvent cassant et autoritaire. Il conduisait assis, souvent sans baguette ; ses gestes étaient brefs et nerveux. Ses mains voletaient comme des papillons ou, quand il les réunissait, semblaient puiser des sons à la source de la musique. Les mimiques de son visage sévère et les mouvements de ses bras interminables exprimaient une sorte de prière. Son attitude était à la fois souple et rigide. Il battait parfois la mesure pour imposer la plus extrême précision. Il interrompait les instrumentistes et leur parlait sans agressivité : “Ce n'est pas tout à fait ça, mes amis”, ou bien : “On patauge, ne vous enlisez pas. Il faut que vous soyez plus inspirés.”

« Les répétitions étaient incroyablement longues et nombreuses, même quand l'orchestre connaissait parfaitement les partitions : la *Cinquième Symphonie* de Tchaïkovski, qu'il avait jouée quelque deux cents fois, pouvait occuper huit ou dix séances de mise au point. Rarement satisfait, il trouvait toujours un détail à rectifier ou à instiller. Quand il s'agissait d'une composition nouvelle que les musiciens découvraient, la préparation, pupitre par pupitre, puis avec tout l'ensemble, pouvait prendre jusqu'à un mois. Au concert, sachant qu'il serait suivi aveuglément, il se montrait plus spontané, plus libre de ses mouvements et de sa pensée. J'ai beaucoup appris de lui, bien qu'il fût inimitable. Quand il me demandait de le remplacer pour une série de répétitions, son ombre planait au-dessus du podium : sans être là, il était pourtant parmi nous. Ses interprétations étaient très belles, mais je ne pouvais m'empêcher de penser qu'il ne laissait aucune liberté à l'orchestre et qu'il exerçait une dictature sans faille. Telle était la vie de tous les jours des citoyens soviétiques, telle était la soumission des instrumentistes sous le joug de son autorité absolue. »

Youri Temirkanov, qui succéda à Mravinski en 1988 à la tête du Philharmonique, partage l'opinion de Mariss Jansons, tout en se montrant moins indulgent : « Tout ce qu'il faisait frôlait la perfection au plan technique, car il ignorait toute limite de temps ; il se conduisait en monarque ; les musiciens le haïssaient, mais s'inclinaient devant ses exigences car ils n'avaient pas d'autre choix. Les vingt-six musiciens juifs, qui furent autorisés à quitter l'orchestre pour émigrer en Israël, sont partis à cause de lui : ils ne pouvaient plus supporter son étouffante autorité. Quand il annonçait qu'il allait procéder à une série d'auditions afin de recruter de nouveaux instrumentistes, il recevait des centaines de candidatures ; on savait en effet que les salaires dispensés à Leningrad étaient beaucoup plus élevés qu'ailleurs. Être titularisé au Philharmonique était un privilège qui permettait d'échapper à la médiocrité ambiante. Pour Mravinski, obtenir les meilleurs résultats avec sa formation était une tâche relativement facile : le pouvoir ne lui refusait rien. Quand je l'écoutais au concert, c'était comme si j'écoutais un disque : trop de perfection formelle tue la sensibilité, gomme les nuances ; il lui manquait la part d'émotion, de légèreté, de respiration que je juge indispensable. »

Valery Gergiev est plus nuancé : « Mravinski ne savait ni s'arrêter ni se reposer ; il était toujours en mouvement et ne pensait qu'à la musique. Perfectionniste acharné, Mravinski n'était pas sans défaut quoi qu'on en ait dit : il avait un répertoire assez limité, car il ne jouait que les œuvres qu'il connaissait parfaitement. Il était à la fois chef et pédagogue. Quand il avait quelque chose à exprimer, il emmenait les musiciens là où il le voulait ; or cette aptitude ne découlait pas uniquement de sa technique : il vivait intensément la musique et savait aiguillonner les instrumentistes. »

Né en 1903 à Saint-Pétersbourg, Evgeny Mravinski découvre la musique au Théâtre Mariinski, en assistant à *La Belle au bois dormant* de Tchaïkovski. Il suit des études de piano, puis est engagé comme répétiteur à l'école de ballet. En 1923, il intègre au Conservatoire la classe de composition de Tcherbakov et de direction d'Alexandre Gaouk et Nikolaï Malko. Ce n'est qu'en 1929 qu'il peut donner ses premiers concerts publics avant d'être nommé second chef du Mariinski, rebaptisé Kirov. Invité au Bolchoï à Moscou, il y dirige des ballets, avant de se voir confier le Philharmonique de Leningrad où il crée, en première mondiale, la *Cinquième Symphonie* de Chostakovitch. L'année suivante, à 35 ans, âge limite pour participer à la compétition, il remporte le premier prix du concours des chefs d'orchestre de l'U.R.S.S. Ce succès lui vaut d'être nommé à la tête du Philharmonique, où il succède à l'Autrichien Fritz Stiedry, qui s'était réfugié en U.R.S.S. pour fuir les persécutions nazies. Il conservera ce poste jusqu'à sa mort, pendant un demi-siècle, sans jamais revenir à l'art lyrique. Évacué pendant la guerre avec son orchestre à Novossibirsk, en Sibérie, il partage ses responsabilités avec Kurt Sanderling et crée de nombreuses œuvres de Chostakovitch, de Prokofiev et de Khatchaturian. Après le conflit mondial, on le voit rarement en Europe occidentale : il n'effectue que deux tournées en Allemagne de l'Ouest et de l'Est, en Autriche et en Suisse, et une autre en Grande-Bretagne et en France. Son ultime concert a lieu le 6 mars 1987 à Leningrad avec, au programme, la *Symphonie inachevée* de Schubert et la *Quatrième* de Brahms. Fait unique, il n'a jamais dirigé un orchestre étranger.

Evgeny Mravinski, d'extraction noble, n'a jamais adhéré au parti communiste. Certains de ses proches affirment qu'il eut une attitude très ferme vis-à-vis du pouvoir : il aurait notamment refusé de signer une lettre condamnant Soljenitsyne et fut, de ce fait, longtemps interdit de déplacement hors des frontières de l'Union soviétique. Adepte de la nature, d'esprit religieux, vivant modestement, il a laissé de nombreux enregistrements, non seulement des grands Russes, tels Tchaïkovski et Chostakovitch, mais aussi de Mozart, Beethoven, Liszt, Brahms, Bruckner, Wagner, Strauss. Il fut pour les uns un autocrate insupportable et pour les autres un chef d'une envergure exceptionnelle, en quelque sorte l'égal de Toscanini, pour son caractère difficile et pour son talent.

LA DYNASTIE SANDERLING

« Vouloir nous brûle et pouvoir nous détruit ; mais savoir laisse notre faible organisation dans un perpétuel état de cœur. »
Honoré de Balzac, *La Peau de chagrin*

Kurt Sanderling, qui a partagé avec Evgeny Mravinski, pendant vingt ans, la direction du Philharmonique de Leningrad, nous livrera-t-il la clé d'un mystère que ni Mariss Jansons, ni Youri Temirkanov, ni Valery Gergiev et encore moins Evgeny Svetlanov ne sont parvenus à élucider ? Pour le savoir, mais aussi pour mieux connaître la personnalité d'un homme dont l'aura est grande auprès de ses pairs, j'ai rencontré le chef qui a su sagement se retirer dans sa 90e année, bien qu'il fût encore en pleine possession de ses moyens. Son fils Stefan, directeur de l'Orchestre de Bretagne depuis 1996 et sur le point de devenir le patron de l'Orchestre de Floride, m'avait ouvert la voie en persuadant son père de me recevoir chez lui, dans une banlieue lointaine de Berlin, située dans l'ancienne R.D.A.

La rue, bordée de pavillons et de jardinets, où me dépose le taxi, succède aux longues et monotones avenues où s'élèvent les hauts immeubles d'aspect morne et sévère datant de l'époque de l'ancienne République dite démocratique.

Kurt Sanderling vit avec son épouse dans une modeste mais agréable maison, depuis son retour d'U.R.S.S. en 1960. Dans le salon, où le couple nous accueille, Henriette, Louis Monier et moi, des violons et violoncelles, accrochés aux murs, voisinent avec une contrebasse et un piano. Le vieux maître évoque avec sérénité un passé douloureux et ses propos prennent une exceptionnelle dimension humaine[1]. Je pose mes questions en anglais ; il me répond lentement en allemand, tout en caressant affectueusement son chien, allongé à ses pieds.

Né en 1912, à Arys, gros bourg de Prusse orientale, dans une famille juive d'origine polonaise, sans affinités particulières avec la musique, le jeune Kurt prend ses premières leçons de piano à l'âge de 6 ans. D'abord admis au Conservatoire de Königsberg, il part ensuite pour Berlin : à 19 ans, il est engagé comme répétiteur à l'Opéra d'État. Deux ans plus tard, Hitler édicte les premières lois antisémites du IIIe Reich : comme tous les musiciens juifs exclus des établissements publics, Kurt Sanderling est chassé du théâtre. Il trouve un emploi équivalent au Judischen Kulturbund, tandis que les persécutions prennent de plus en plus d'ampleur. Sans l'ombre d'un ressentiment, Kurt Sanderling raconte sa tragique aventure : « Mes parents n'ayant acquis la nationalité allemande qu'après la Grande Guerre, nous avons perdu tous nos droits civiques, qui furent également retirés, peu après, aux juifs nés allemands. J'effectuais un séjour en

Italie, au cours de l'été 1935, quand j'appris que j'étais devenu apatride. De retour à Berlin, je fus pris au piège : mon passeport n'était plus valable. Mon père était déjà parti pour la Tchécoslovaquie, qui n'allait pas tarder à tomber sous le joug nazi. Ma mère s'était cachée chez des amis ; plus tard, elle put s'enfuir pour Londres. Quant à moi, refusant de porter l'étoile jaune obligatoire, je n'avais d'autre issue que de quitter l'Allemagne[2]. Mais pour aller où ? En Europe de l'Ouest ? Je n'y connaissais personne. C'est alors qu'un oncle m'indiqua une filière pour Moscou. J'ai attendu plus d'un mois le visa qu'on voulut bien m'accorder. En 1935, on n'arrêtait pas encore les juifs ; on les laissait partir en les contraignant à abandonner tous leurs biens.

« De nombreux juifs d'Europe centrale avaient trouvé refuge à Moscou ; je savais que Georges Sebastian[3], chef d'orchestre hongrois émigré, était à la tête du Symphonique de la Radio de Moscou. Or j'avais travaillé avec lui à Berlin quand j'étais répétiteur à l'Opéra où il fut chef per-

1. Entretien enregistré à Berlin, le 20 décembre 2002.

2. Otto Klemperer, Alexander von Zemlinsky et Bruno Walter ont également quitté l'Allemagne à cette date.

3. Georges Sebastian fut, après la guerre, chef permanent à l'Opéra de Paris et aux Concerts Colonne.

manent jusqu'en 1932. Il se souvint de moi et m'offrit une chance inespérée : il souhaitait faire enregistrer un cycle des dernières *Symphonies* de Mozart ; comme je lui avais indiqué que je les connaissais bien, il m'en a confié l'interprétation. La plupart des chefs étrangers qui s'étaient réfugiés en U.R.S.S. se fixèrent bientôt en Suède, en Angleterre ou aux États-Unis : ils n'auraient pu, en effet, demeurer en Union soviétique qu'à la condition d'opter pour la nationalité soviétique. J'ai momentanément évité cette contrainte grâce à la protection de Sebastian qui, lui-même, allait quitter Moscou pour New York. Je suis donc resté sur place. En 1940, on m'a accordé d'office la nationalité soviétique comme ce fut le cas pour Oskar Fried, remarquable chef allemand qui avait réalisé en 1927 le premier enregistrement intégral de la *Deuxième Symphonie* de Mahler, tenant sur onze disques 78 tours. Il devait assez tristement finir sa carrière comme chef de l'Opéra de Tbilissi où il mourut en 1941. Auparavant, en 1938, on m'avait confié la responsabilité de l'Orchestre de Kharkov : je devais passer deux semaines par mois dans cette ville ; le reste du temps, je continuais de diriger à la Radio. Quand la guerre a éclaté, l'Orchestre de Kharkov a été dissous. On m'a alors appelé à Leningrad où l'on m'a proposé de passer un concours pour occuper un des deux postes de chef permanent du Philharmonique, qui avait perdu l'un de ses responsables, en la personne de Fritz Stiedry[1], parti pour les États-Unis. L'autre chef était Evgeny Mravinski, qui avait été nommé en 1938. Le lendemain de mon arrivée, on me fit répéter, dès neuf heures du matin, les ouvertures de *Léonore III* de Beethoven et de *L'Enlèvement au sérail* de Mozart, le *Concerto pour flûte* de Mozart et la *Cinquième Symphonie* de Schubert. Mis à part *L'Enlèvement*, je ne connaissais aucune de ces œuvres ; je les ai étudiées la nuit précédant mon audition, qui fut jugée satisfaisante ; on me demanda alors de diriger un concert public dont le programme comportait la *Troisième Symphonie* de Schumann, *Ainsi parla Zarathoustra* de Strauss et la *Neuvième Symphonie* de Schubert ; à l'issue de ce test, j'ai été engagé au côté de Mravinski. Nous étions les deux seuls chefs permanents et dirigions à tour de rôle. Très souvent à l'Ouest, on a écrit que j'étais l'assistant de Mravinski. En réalité, j'étais au même niveau que lui, et disons que lui, c'était lui, et que moi, c'était moi. Nos relations étaient

1. Chef allemand (1883-1968) qui fut directeur du Volksoper de Vienne, du Staatsoper de Berlin, directeur artistique du Philharmonique de Leningrad de 1933 à 1937, avant de se fixer aux États-Unis comme chef à l'Opéra de Chicago et au Met.

cordiales, mais sans être réellement amicales. Il était très jaloux de ses prérogatives ; comme il n'aimait pas diriger souvent, il me confiait fréquemment la baguette, en se réservant les symphonies de Chostakovitch. Nous avons travaillé ensemble, en jouant un répertoire sensiblement différent, en fonction de nos affinités personnelles, lui plutôt les œuvres russes, moi les autrichiennes et les allemandes. Contrairement à ce que l'on pourrait penser, nous n'avons jamais cessé, pendant la guerre, d'interpréter Mozart, Beethoven, Schubert et Mahler interdit par les nazis depuis 1933 ; en revanche, nous avons dû écarter Richard Strauss, dont l'attitude était jugée pro-nazie par les autorités soviétiques. »

Discret et pudique, Kurt Sanderling n'en dit pas plus au sujet de Mravinski. On peut déduire de son silence que les deux hommes se sont mutuellement respectés et que, pour cohabiter, ils ont utilisé le seul langage commun à tous les hommes, la musique.

En 1942, Leningrad étant assiégé, le Philharmonique est transféré, avec l'ensemble de son personnel, à Novossibirsk, en Sibérie, où il demeure en résidence jusqu'à la fin de la guerre. C'est dans cette ville, située à plus de 3 000 kilomètres à l'est de Moscou, où s'étaient réfugiés de nombreux artistes, que Sanderling rencontre pour la première fois Chostakovitch ; tout comme Mravinski, le jeune chef de 30 ans va devenir le champion de l'œuvre du compositeur maltraité par le pouvoir : « En haut lieu, on a reproché à Chostakovitch d'écrire une musique contraire à l'esprit et aux normes du réalisme socialiste. En fait, son cas est plus complexe que cela : aucune autre musique ne peut être comparée à la sienne ; c'est une œuvre du temps imprégnée de la tragédie que vivait l'humanité. Il a été une victime du pouvoir avant et après la guerre. Mais, comme il avait acquis une grande notoriété, on a voulu l'utiliser comme porte-drapeau du régime ; on lui a fait faire en quelque sorte de la publicité, de la propagande. Il n'en était pas dupe. Les dirigeants de l'époque le craignaient, car ils ne comprenaient pas sa musique ; ils devinaient qu'elle avait un contenu critique, mais ils ne pouvaient déterminer sa réelle signification. Les symphonies de Chostakovitch, souvent grandioses et véhémentes, pouvaient paraître ambiguës. En réalité, elles dénonçaient la répression qui sévissait en Union soviétique contre ceux qui étaient soupçonnés d'être des opposants à Staline. La plupart des gens n'ont pas réellement compris le contenu de son message musical. Pourtant, quand on créait ses œuvres – j'ai assisté aux premières des *Huitième*, *Neuvième* et *Dixième Symphonies* à Leningrad –, c'était aussi un événement politique. En musique, il est plus facile qu'en littérature de faire passer un message en masquant sa signification. Soljenitsyne a été exclu de la communauté soviétique parce qu'il n'y avait pas le moindre doute sur son attitude d'intellectuel insurgé : sa mise au pas et son expulsion montrent d'ailleurs à quel point les citoyens soviétiques ont pu être moralement écrasés par le système. On trouve ce même refus de l'oppression dans les compositions de Chostakovitch. Ses censeurs lui ont souvent demandé : "Qu'avez-vous voulu dire ? Quels mots mettriez-vous sur vos partitions ?" Il répondait toujours d'une manière évasive, sans dévoiler le fond de sa pensée. Sa *Huitième Symphonie* est pour moi la plus claire de ses œuvres : elle exprime l'idée que, dans le monde concret, il n'y a plus d'échappatoire, que la vie n'a plus de signification, car elle n'a pas d'avenir. S'il avait mis ce concept en paroles, il aurait signé sa condamnation à mort. C'est la raison pour laquelle il indiqua que cette symphonie dépeignait les horreurs de la guerre. Mais ce n'était pas vrai. En fait, il laissait libre cours à l'imagination de chacun. »

Evgeny Svetlanov, que j'ai rencontré quelques semaines avant sa mort, ne partageait pas l'opinion de Kurt Sanderling ; il affirmait en effet que Chostakovitch n'avait jamais été persécuté par le pouvoir soviétique. Kurt Sanderling n'entend pas accabler Svetlanov, qui n'est plus là pour défendre sa thèse, mais il rectifie : « Evgeny était trop jeune, à l'époque, pour connaître la gravité des persécutions subies par Chostakovitch ; il appartenait en effet à la génération qui émergea après les années cinquante-cinq/soixante. Or, à partir de cette période, après la déstalinisation, l'œuvre de Chostakovitch fut acceptée sans trop de problèmes ; il n'a plus subi de brimades politiques, comme ce fut le cas entre 1936 et 1939, après la première audition de sa *Cinquième Symphonie*, à propos de laquelle il m'a dit lui-même qu'il y avait dénoncé discrimination et antisémitisme. J'ai joué cette œuvre plus de cent fois et j'ai toujours eu la sensation qu'elle racontait un épisode de ma propre vie. Plus grave encore : en 1948, il fut boycotté sur ordre d'Andreï Jdanov[1] ; Chostakovitch était dès lors un proscrit de l'intérieur, sur lequel la presse déversait les plus violentes imprécations. Il est heureux, pour de nombreux artistes, que Jdanov, suppôt du stalinisme, soit mort peu après. Svetlanov n'a sans doute pas saisi la gravité des tourments infligés à Chostakovitch, car il n'avait pas encore 20 ans. En revanche, il aurait pu se rappeler ce qui s'est

1. Andreï Jdanov, défenseur de l'orthodoxie stalinienne, inspirateur du Kominform et responsable de la culture.

produit en 1962, au cours de la première audition de la *Treizième Symphonie "Babi Yar"*, dénonçant les massacres des juifs soviétiques par les nazis à Babi Yar. Quelques heures avant le concert, on ne savait pas encore si le ministère de la Culture accorderait l'autorisation de la jouer. Ce ne fut qu'à midi qu'elle parvint aux responsables de l'orchestre : après de multiples interventions au plus haut niveau, la situation avait pu être débloquée *in extremis.* Svetlanov a passé sous silence cet incident pourtant bien connu : les milieux politiques chargés de contrôler les arts manifestaient une grande hostilité envers l'œuvre de Chostakovitch, non seulement par rapport au contenu de sa musique, mais aussi à cause du texte du poète Evtouchenko, qui se faisait l'interprète de tous les opprimés, y compris ceux du régime communiste. Je confirme, pour ma part, que Chostakovitch a beaucoup souffert en tant qu'artiste. Je me sens toujours très proche de lui. Il avait l'ambition d'être un guide pour son pays et pas seulement d'être un poète musicien. »

Les années ont passé : à Leningrad, à Moscou, en tournées, principalement dans les pays de l'Est, Kurt Sanderling acquiert une réputation que personne ne conteste. Son premier fils, Thomas, né à Novossibirsk en 1942, deviendra lui aussi un chef estimé, tout comme son frère, Stefan, venu au monde un quart de siècle plus tard à Berlin : « Mon départ de Leningrad a été difficile à négocier, raconte Kurt Sanderling. Il a fallu m'armer de patience ; mon parcours avait été tellement atypique que j'ai souhaité éviter toute controverse : l'Union soviétique m'avait dignement accueilli en 1935, alors que je n'étais qu'un petit répétiteur sans passé ; je n'avais jamais dirigé d'orchestre ; or, cinq ans plus tard, on m'a confié la plus grande formation du pays et l'une des meilleures du monde. Comment aurais-je pu imaginer un tel destin et m'éloigner sans préavis d'un milieu qui m'avait permis d'occuper de telles responsabilités en aussi peu de temps ? Je ne pouvais pas dire simplement "je m'en vais". Certes, j'avais mal supporté un antisémitisme latent qui n'avait pas totalement disparu, la paix revenue ; j'avais connu quelques désagréments dans l'exercice de mon métier, parce que je n'étais pas russe d'origine. Mais je n'oubliais pas que l'U.R.S.S. m'avait sauvé de la Shoah ; si j'y ai vécu des événements que j'aurais préféré ne pas connaître, l'attitude des Soviétiques m'a permis d'effectuer une carrière exceptionnelle. Il n'empêche que, ne me sentant pas pleinement intégré à la nation russe, j'avais envie, à près de 50 ans, de retrouver mon sol natal, en dépit des sinistres souvenirs qui y étaient attachés, et de me lancer dans une nouvelle aventure musicale. À l'Ouest, personne ne s'est intéressé à moi ; l'Allemagne fédérale m'a ignoré, sans doute parce que j'avais été naturalisé soviétique ; les autres pays européens n'ont pas fait non plus le moindre geste.

« Seule la République démocratique allemande, qui avait reçu l'accord des autorités de Moscou, m'a annoncé qu'elle était prête à me confier l'un des grands orchestres du pays, à Dresde, à Leipzig ou à Berlin. J'ai précisé que je n'avais pas l'intention de prendre la place d'un chef en exercice, mais qu'en revanche, je serais heureux de travailler avec de jeunes musiciens que je pourrais former grâce à mon expérience. On m'a alors proposé, en 1960, un an avant la construction du Mur, de prendre la responsabilité de l'Orchestre symphonique de Berlin, créé en 1952. Le but non avoué du pouvoir était de concurrencer la primauté du Philharmonique, situé en zone Ouest. Mais le Symphonique, je dois l'avouer, n'était pas le meilleur ensemble que j'aie eu entre les mains, surtout après les vingt années passées avec le merveilleux Philharmonique de Leningrad. Quand je suis arrivé à Berlin-Est, cet orchestre n'était en quelque sorte que la cinquième roue de la charrette musicale de la ville. Mais la tâche qui m'était dévolue me parut noble. J'ai pu obtenir les moyens nécessaires pour atteindre rapidement un haut niveau de qualité et jouer dans une salle digne de ses ambitions.

« L'une de mes priorités fut d'ouvrir le répertoire, de Bach à Bartok, sans oublier Chostakovitch qui n'était pas joué à ce moment-là en R.D.A., où l'on n'avait pas encore éliminé toutes les retombées de la doctrine stalinienne. J'ai pu librement déterminer mes programmes, hormis le fait qu'on me demandait de valoriser certaines œuvres de compositeurs contemporains est-allemands. J'ai été à la tête du Symphonique pendant dix-sept ans. Trois ans avant le terme de mon contrat, j'ai informé la direction que je souhaitais faire valoir mes droits à la retraite à 65 ans, ce qu'ils ont accepté. J'étais, je dois le reconnaître, un chef à l'ancienne, attaché à une seule formation. Je demeurais à Berlin, par esprit d'abnégation, même quand je ne dirigeais pas, sauf pendant trois ans où j'ai conduit en même temps le Staatskapelle de Dresde. Je veillais à tout par conscience professionnelle. Comme je n'étais pas assoiffé d'ambition et qu'on me reconnaissait certains mérites, je suis resté en place jusqu'en 1977, date à laquelle fut désigné mon successeur, Günther Herbig. »

Tout en donnant encore de fréquents concerts comme chef honoraire au Symphonique de Berlin, Kurt Sanderling peut désormais voyager sans trop de contraintes : New York, Los Angeles, Londres, Munich, Paris, Milan,

Tokyo l'accueillent avec enthousiasme et découvrent l'immensité de son talent. On le reconnaît enfin à sa juste valeur ; il enregistre beaucoup, comme il l'a déjà fait à Leningrad et à Berlin. Il est dommage qu'un grand nombre de ses disques soient très mal diffusés en Occident : « Je le regrette, confesse-t-il, car certains d'entre eux sont de qualité, notamment la *Deuxième Symphonie* de Rachmaninov et la *Quatrième* de Tchaïkovski, qui ont reçu les plus hautes récompenses. J'ai beaucoup aimé Rachmaninov qu'on a tendance à sous-estimer, en dehors de la Russie : ses dernières compositions, le *Quatrième Concerto pour piano et orchestre* et la *Troisième Symphonie*, sont à mon sens ses œuvres capitales. Mais le musicien de ma vie, c'est Schubert. J'ai dû jouer sa *Neuvième Symphonie*, la "*Grande*", cent trente fois : à la centième, je la dirigeais encore comme si ç'avait été la première. C'est un chef-d'œuvre où l'on découvre toujours quelque chose de nouveau. J'ai également interprété très souvent l'*Inachevée*, qui n'a rien de simple ni d'inaccompli : elle est simplement merveilleuse. J'ai été également très fidèle à Mozart et à Beethoven, dont j'ai enregistré l'intégrale des *Symphonies* avec le Philharmonia. »

Un jeune homme aux cheveux bouclés assiste à Londres à toutes les

répétitions. Il s'agit d'un chef encore peu connu qui vient d'être nommé à l'Orchestre de Birmingham. Il vient là pour apprendre ; plein d'admiration, il dit à son entourage : « Qui d'autre serait capable de faire ce que fait Sanderling ? » Ce maestro en herbe n'était autre que Simon Rattle.

Kurt Sanderling sourit à cette évocation et poursuit son énumération : « J'ai aussi, maintes fois, gravé Brahms, Sibelius, Bruckner et Mahler, principalement ses ultimes compositions que je trouve déchirantes. J'ai surtout joué ce que j'aimais ; j'ai abordé le dodécaphonisme à travers la période sérielle de Hindemith, mais je n'ai guère exploré la seconde école de Vienne, à l'exception du *Concerto "À la mémoire d'un ange"* de Berg et de l'*opus 6* de Webern. Mahler fut mon grand amour de jeunesse ; ma dernière apparition à Berlin, au Judische Kulturbund, en 1935, lui fut entièrement consacrée : j'ai accompagné, au piano, les chanteurs, qui interprétaient les *Kindertotenlieder* et les *Lieder eines fahrenden Gesellen*. Ce fut la dernière fois que l'on joua Mahler en Allemagne jusqu'en 1945, alors qu'il était interdit depuis 1933. Je ne me suis jamais éloigné de ce musicien exceptionnel, dont j'ai dirigé la *Première Symphonie* en 1943 à Novossibirsk. J'ai dû renoncer à conduire les *Deuxième* et *Troisième*, faute d'un espace suffisant sur la scène du théâtre où nous nous produisions. »

La famille Sanderling, véritable tribu musicale, se réunit-elle souvent ? « Nous nous voyons parfois, mais rarement tous ensemble. Thomas dirige à Osaka, à Tokyo et à Londres ; Stefan s'installe en Floride où il a pris la direction d'un bel orchestre, après avoir fait du bon travail à Rennes : il a épousé, ici à Berlin, une violoncelliste de l'Orchestre de Bretagne, Isabelle Besançon. Mon plus jeune fils, Michael, est un remarquable violoncelliste avec lequel j'ai joué plusieurs fois le *Deuxième Concerto* de Chostakovitch. Quant à ma femme, elle a été longtemps contrebassiste solo dans mon orchestre. Barbara, c'est ma dernière histoire d'amour : quand je suis revenu à Berlin, j'ai fait passer des auditions pour étoffer l'effectif des cordes. De nombreux musiciens ont tenté leur chance ; parmi eux se trouvait une instrumentiste de Leipzig, que j'ai jugée excellente. Mais il a fallu convaincre la direction et prouver qu'une jeune fille pouvait très bien jouer d'un instrument aussi encombrant que la contrebasse. Je ne l'ai plus quittée ; cela fait plus de quarante ans que ça dure. »

Le 19 mai 2002, Kurt Sanderling a donné son concert d'adieu à la tête du Symphonique de Berlin[1], en programmant le *Concerto pour piano en ré mineur* de Mozart avec Mitsuko Ushida, la *Quatrième Symphonie* de Schumann et les *Variations sur un thème de Haydn* de Brahms. Invité, pour son 90e anniversaire, par Simon Rattle à partager le podium avec lui au Philharmonique, Kurt Sanderling a refusé : « J'ai déjà fait mes adieux, lui a-t-il dit, je ne veux pas d'un concert de trop. »

Kurt Sanderling sort peu de chez lui ; il lit, il écoute de la musique. Il est en quelque sorte sur son île déserte. S'il devait réellement partir, quelles œuvres emporterait-il avec lui ? « Les dix doigts des deux mains n'y suffiraient pas : je prendrais au moins la *Quatrième* de Brahms, l'*Inachevée* de Schubert et *Le Chant de la Terre* de Mahler. Schubert, Brahms, Mahler, telle est ma trinité. Il n'y a rien de plus beau au XIXe et au XXe siècle. »

1. On a appris en octobre 2003 que l'orchestre qu'anima longtemps Kurt Sanderling était menacé de disparition.

Thomas et Stefan, de père en fils

Le nom de Sanderling n'est pas près de disparaître des programmes de concerts : violoniste de formation, Thomas, fils aîné de Kurt, effectue en effet un très beau parcours, que ce soit en Europe, en Asie ou aux États-Unis. Il a connu une ascension fulgurante qui l'a mené sur les plus grandes scènes mondiales, aussi bien dans le domaine symphonique que lyrique. Contrairement à son père, il s'est souvent consacré à l'opéra, notamment à Vienne, à la Fenice de Venise, à Munich, à Hambourg et au Staatsoper de Berlin dont il a été le chef permanent. Après avoir longtemps dirigé en R.D.A., il s'est fixé en Allemagne fédérale en 1983, puis à Londres en 1987, s'imposant comme un grand interprète de Mozart. Nommé directeur musical de l'Orchestre symphonique d'Osaka en 1992, il a été très souvent à la tête du Philharmonique de Leningrad, où s'était illustré son père, et a commencé à enregistrer une intégrale de Mahler : sa *Sixième*, une pure merveille, montre qu'il est digne de celui qui lui a ouvert la voie. Liszt, Richard Strauss, Chostakovitch figurent également à son répertoire qu'il défend avec talent au London Symphony Orchestra, au Staatskapelle de Dresde, au Gewandhaus de Leipzig, au Philharmonique de Vienne. Il ne dédaigne pas non plus les incursions insolites : ainsi a-t-il gravé avec l'Orchestre de Malmö les *Symphonies* de Magnard, disques qui lui ont valu les éloges de la presse spécialisée.

Né à Berlin (Est) en 1966, Stefan, deuxième fils de Kurt, a effectué ses études musicales dans sa ville natale, puis à Halle et à Leipzig où il fut, pendant un court laps de temps, l'élève de Kurt Masur. Très tôt, il a voulu voler de ses propres ailes[1] : « Je ne pouvais supporter un régime autoritaire, où tout était régi sans le consentement des individus. En R.D.A., la vie culturelle était peut-être plus développée qu'en R.F.A., mais tout était contrôlé et dirigé par l'État : or l'art et la dictature ne peuvent aller ensemble. J'ai donc décidé de quitter l'Allemagne de l'Est, son existence grise, carrée, sans liberté, où tout était programmé d'avance. J'ai vécu deux ans à l'université de Californie du Sud à Los Angeles, en passant plus de temps sur la plage de Malibu que dans les salles de cours. Pourtant, j'ai réussi à passer un concours m'ouvrant les portes des *masterclasses* de Tanglewood. J'y ai approché Leonard Bernstein, Seiji Ozawa, Leonard Slatkin et Youri Temirkanov. Je demeurais attentif aux événements européens et je me sentais libre. Je voyais parfois mon père aux États-Unis, car il pouvait voyager sans trop de difficultés. Mais mon "horrible" pays commençait à me manquer. La chute du Mur m'a soulagé ; j'ai attendu que la réunification de l'Allemagne soit accomplie avant de regagner Berlin, en 1990. L'ancienne R.D.A. traversait alors une période chaotique : j'ai eu la chance de bénéficier du vide provoqué par le départ de la plupart des chefs d'orchestre en exercice. Comme je n'étais ni de R.D.A. ni de R.F.A. j'ai été recruté assez rapidement par l'Opéra de Potsdam : j'y suis devenu, à 25 ans, le plus jeune *Musikgeneraldirektor* d'Allemagne, alors que je n'avais encore jamais dirigé un ouvrage lyrique de ma vie ! J'ai fait mes débuts dans *Hänsel et Gretel* d'Humperdinck ; ce n'était pas une musique trop compliquée et je m'en suis sorti honorablement ; ensuite, j'ai dirigé une œuvre inconnue en Allemagne, *Russalka* de Dvorak, et ça a de nouveau bien marché. Rétrospectivement, je tremble encore à l'idée que j'aurais pu être "cassé" d'entrée si j'avais eu à conduire du Mozart. Je suis ensuite passé à l'Opéra et au Philharmonique de Mayence, où le niveau était sensiblement supérieur. J'ai bénéficié de nombreuses invitations à Los Angeles, New York, Saint Louis, Baltimore, Detroit, Houston, Indianapolis, à Londres, au Japon, à Jérusalem, à Salzbourg ; j'ai, je le crois, rapidement progressé.

« Les dirigeants de l'Orchestre de Bretagne m'ont approché et je suis devenu leur directeur musical en 1996. Il m'a fallu m'adapter aux conditions assez limitées d'un orchestre de qualité, mais aux dimensions restreintes. J'y ai souvent joué des œuvres des XVIIIe et XIXe siècles, en abordant des compositeurs injustement délaissés, comme Gossec, Grétry, Farrenc et Méhul, ainsi

1. Entretien enregistré à Rennes, le 28 octobre 2002.

que des musiciens bretons comme Ladmirault, Ropartz dont nous avons enregistré les œuvres, sans oublier notre musicien en résidence, Tanguy. En 2002, j'ai été approché par l'Orchestre de Floride, à Tampa, en pleine réorganisation ; j'y serai directeur à partir de 2004. J'y connaîtrai le même problème qu'eut à résoudre Riccardo Chailly à Amsterdam : le répertoire de cette formation est classique. On y joue plus volontiers du Tchaïkovski que du Ligeti. Je n'ai l'intention ni de blesser ni de décourager le public ; je continuerai donc à diriger Mozart, Haydn, Beethoven, compositeurs qui font partie de ce que j'appelle l'hygiène de l'orchestre. Mais j'irai plus loin, même au-delà de Mahler que j'aime infiniment, tout comme Chostakovitch. Pour moi, ces deux hommes sont intimement liés. Il y a entre eux une réelle fraternité : ils ont été persécutés par la société de leur temps. Je les admire. »

Stefan Sanderling admire aussi Leonard Bernstein, « si génial qu'on ne pouvait se hisser à sa hauteur », Celibidache, « célèbre grâce aux disques dont il n'avait pas voulu ». Rattle l'impressionne tellement qu'il « ne conna[ît] personne qui puisse approcher son talent ». Paavo Järvi représente également, pour lui, l'avenir, tout comme Daniel Harding.

L'idée de l'île déserte n'étonne pas le jeune maestro : « J'ai failli vous répondre que je suis incapable de dire quelles sont les œuvres que je préfère. Mais, à la réflexion, c'est Schubert qui me vient à l'esprit : quand il rit, il a toujours une petite larme à l'œil, et, quand il pleure, il a toujours un sourire sur les lèvres. Il se situe aux deux extrêmes de la vie : c'est exactement ce qui me conviendrait sur une île déserte pour rompre ma solitude. »

EVGENY SVETLANOV
DÉMON ET MERVEILLES

« Rien n'est plus triste et plus décourageant qu'un bonheur venu trop tard. Il ne peut plus nous procurer de plaisir et de plus, il nous prive du droit si précieux de condamner son prochain et de maudire son destin. »
Ivan Tourgueniev, *Roudine*

À chacun sa vérité, disais-je, en ouvrant le chapitre consacré à Kurt Sanderling. Evgeny Svetlanov, que j'ai eu le privilège et aussi la tristesse de rencontrer quelques semaines avant sa mort, avait également la sienne qui contredit celle d'autres personnalités du monde musical russe.

Élève de Mravinski, après avoir eu pour maître Alexandre Gaouk, Svetlanov, comme le rappelle Kurt Sanderling, n'a sans doute pas pleinement mesuré les conséquences de la terrible répression imposée sur les intellectuels par Jdanov. Il a en effet 20 ans en 1948 quand les œuvres de Chostakovitch sont boycottées. Or la carrière professionnelle de Svetlanov commence réellement en 1953 à la Radio de Moscou, d'où le décalage qui ressort de ses déclarations que je cite mot pour mot[1] : « Il est faux d'affirmer que Chostakovitch aurait été boycotté par le pouvoir. Il s'agit d'une légende bâtie de toutes pièces par des journalistes irresponsables qui ont tenté d'accréditer une fausse réalité autour de la vie du compositeur : contrairement à ce qu'ils ont écrit, il fut un citoyen à part entière de son pays. Nous étions de grands amis et je connaissais très bien le fond de sa pensée. »

1. Entretien enregistré à la Maison de Radio France à Paris, le 3 mars 2002.

Si l'on compare cette opinion avec celle de Youri Temirkanov, de dix ans le cadet de Svetlanov, on note de profondes divergences : « Chostakovitch a souffert de pressions politiques exercées sur sa personne pendant la période stalinienne, affirme Temirkanov ; c'est indiscutable ; tout le monde a souffert d'ailleurs, et moi-même, j'ai dû lutter pour surmonter les entraves du pouvoir politique. Pour tous les artistes, la souffrance morale fut une insupportable réalité. Chostakovitch a vécu ainsi toute sa vie, en marge de la société de son temps ; il avait trop de choses à dire et ne pouvait se résoudre à se soumettre ; seule la musique lui permettait d'émettre un message personnel. Quand il était jeune, avant la guerre, certains de ses amis les plus chers furent exécutés ; il a craint pour sa vie et cette peur l'a marqué d'une manière indélébile. »

Valery Gergiev, que j'ai rencontré à deux reprises, au cours de la Saison russe 2002 à Paris, n'a pas souhaité aborder le problème politique. Il s'est contenté de critiquer l'attitude de Svetlanov au plan artistique : « Son drame et sa faute sont d'avoir quasiment abandonné son orchestre, le Symphonique de la Fédération russe, et d'avoir limité sa présence à peu de chose, à Moscou. Il se peut qu'il n'ait pas été encouragé à rester parmi nous ; il n'était pas bien payé et il a préféré choisir des voies plus lucratives ; il n'a pas

été le seul dans ce cas. Ce fut une tragédie pour lui et pour la musique de notre pays. Lors de son inhumation, à Moscou, entre les tombes de Tchekhov et de Chostakovitch, qui étaient ses dieux, j'ai prononcé quelques mots d'adieu en rappelant qu'il fut un très grand chef et un représentant talentueux de la tradition russe. Il nous a laissé un fabuleux héritage d'enregistrements constituant une anthologie de référence, qui déborde largement les limites nationales, avec notamment une intégrale Mahler. Mais, si j'ai le plus grand respect pour le chef, j'estime aussi qu'il a commis l'erreur de trop se disperser : il a en effet effectué de nombreux voyages lucratifs qui l'ont appauvri artistiquement, ainsi que son orchestre. Je désapprouve une telle attitude. Ce n'est pas servir la musique que d'accepter tout ce que l'on vous propose. Je ne dis pas que je dirige mieux que Svetlanov ; j'indique simplement que j'ai conduit beaucoup plus souvent mon orchestre du Mariinski que lui le sien, en passant plus de la moitié de mon temps à Saint-Pétersbourg et en donnant sur place soixante-dix concerts par an sans compter les productions d'opéra, soit trente fois plus que lui. »

On pourrait voir dans ces prises de position, auxquelles Svetlanov, hélas, ne répondra pas, une sorte de règlement de comptes dont le chef disparu ne s'est lui-même d'ailleurs pas privé quand je l'ai rencontré.

Venu diriger le National de France à Paris, dans *Christus*, oratorio de Liszt, il est apparu très diminué physiquement. Son regard morne, d'où jaillit parfois un éclair bleuté, et ses traits, marqués par la lassitude, trahissent une profonde fatigue. Il se déplace très lentement, en s'appuyant sur une canne. Au cours des répétitions qui se déroulent, comme le concert, dans la salle Olivier-Messiaen de la Maison de Radio France, il dirige assis, sans baguette, une serviette posée sur sa jambe gauche, les pieds calés sur deux sièges placés devant lui. Il parle peu aux musiciens et se montre économe de ses efforts. De temps en temps, il pousse un grognement bougon et donne quelques brèves indications en russe, traduites par une interprète : « Premiers violons, vous avez manqué l'entrée. – Mais, répond le premier violon solo, Luc Héry, il n'y a pas d'indication sur la partition. »

Figé sur sa chaise, il continue de creuser son sillon avec lenteur, comme un paysan d'autrefois labourait son champ. Il s'anime quand les chanteurs entrent en action ; il reprend quelques passages avec le chœur, sous l'œil de son chef Tchernouchenko. Il chantonne ; ses joues flasques rebondissent autour de ses lèvres. Il n'est pas satisfait et demande davantage d'émotion. Il exige un vrai *fortissimo* : « Je ne l'ai pas quand je le veux » ; « Jouez bien chaque note, il faut qu'on puisse tout entendre dans le tutti. » Il libère le chœur : « *Spassiba* », et reprend avec l'orchestre. La statue du Commandeur se met en mouvement ; Booz endormi sort de son sommeil ; il crie, il exhorte : « Plus fort, les cors… Cela doit être joué comme une marche de contrebandiers… Merci… » Il applaudit des deux mains, puis il s'essuie le visage avec sa serviette, se lève et se dirige à pas comptés vers les coulisses où je le rejoins. Son agent me précise que le chef me recevra dans sa loge trente minutes plus tard, après qu'il se sera reposé. J'en profite pour bavarder avec Luc Héry. D'habitude très pondéré, le premier violon solo du National semble excédé : « Le travail est très long et très difficile avec Svetlanov. Il n'était pas obligé de conduire une telle œuvre qui dure plus de deux heures. Il pouvait choisir une autre partition qui n'aurait pas terni sa réputation. Il a été un très grand chef, mais il n'est plus que l'ombre de lui-même ; la direction d'orchestre doit être un calvaire pour lui, tant il semble usé ; il ne cherche même plus à imposer son autorité. Quand on est invité régulièrement, comme c'est son cas, et qu'on accable les musiciens de reproches, il faut savoir prendre ses responsabilités. Si l'on n'aime pas l'orchestre avec lequel on joue, on ne doit pas revenir. Je me méfie des chefs qui se contentent de courir le cachet… »

La porte de la loge s'ouvre enfin ; le chef s'est changé et a pris une légère collation. Accompagné de son agent qui traduit ses réponses, il évoque d'abord la situation de la musique en Russie qu'il juge catastrophique : « Nos orchestres vivent terriblement mal ; l'État ne fournit que des crédits très insuffisants ; les salaires sont misérables ; l'avenir demeure sombre même pour les meilleures formations. » Il reconnaît qu'il passe peu de temps à Moscou, tout au plus un ou deux mois par an : « J'aime venir en France, je me sens bien à Paris où je suis toujours bien accueilli. » En dépit du plaisir qu'il manifeste, son esprit chagrin n'évite pas les diatribes : « Pour ce concert, je ne dispose pas d'un nombre suffisant de répétitions pour interpréter comme je le voudrais une œuvre aussi grandiose que *Christus*. En fait, j'ai la fâcheuse impression que personne n'exprime le besoin de disposer de plus de temps pour travailler. Cela fait quarante ans que je dirige des orchestres français : je n'avais encore jamais rencontré un tel manque d'intérêt parmi les musiciens. Ainsi, plutôt que de suivre la partition, en attendant de jouer son solo, la harpiste lisait un journal. Et de plus, elle n'a pas été contente que je lui en fasse la remarque ; elle paraissait même étonnée que je la sorte de sa lecture. J'estime que, quand il n'y a pas de véritable direction à sa tête[1], un orchestre court à sa perte. J'ai dirigé *Christus* à Moscou, il y a deux ans ; il s'agissait de la première audition en Russie ; nous avons répété beaucoup plus souvent qu'à Paris et le résultat fut excellent. »

J'évoque le rôle des grands chefs russes du passé et d'aujourd'hui. J'enregistre moins d'éloges que de critiques : « J'ai découvert très tôt la musique. Mes parents étaient chanteurs au Bolchoï ; j'y ai fait mon entrée à 4 ans, dans le chœur d'enfants du Théâtre, puis j'ai été figurant pendant la guerre. J'ai suivi également des études de piano au fameux Institut Gnessine qui n'est plus aujourd'hui qu'un vague souvenir. J'y ai eu des maîtres admirables, dont Gnessine lui-même, merveilleux compositeur aujourd'hui oublié. Au Conservatoire, j'ai été l'élève de Youri Chaporine et d'Heinrich Neuhaus pour le piano. Sous la supervision de ce dernier, j'ai enregistré plusieurs récitals consacrés à Chopin, Scriabine, Rachmaninov, Debussy et Ravel. Par la suite, j'ai dû beaucoup à Alexandre Gaouk ; on ne peut rêver d'un plus grand directeur de direction. Je le considère comme le véritable créateur de l'école

1. Au moment où j'enregistrais cet entretien, Kurt Masur n'avait pas encore été nommé officiellement directeur musical du National, après que le contrat de Charles Dutoit, en poste depuis dix ans, n'eut pas été renouvelé.

de direction de notre pays. Il m'a fait comprendre qu'il ne fallait pas diriger Tchaïkovski d'une manière sentimentale, efféminée, mais qu'au contraire il fallait jouer sa musique avec force, passion, vaillance et héroïsme ; il m'a fait également aimer Chostakovitch, Prokofiev et Miaskovski, trop négligé de nos jours. »

Evgeny Svetlanov ne cite pas Mravinski, dont il a pourtant suivi les cours de perfectionnement à Leningrad. En revanche, allez savoir pourquoi, il déverse un torrent de bile – car il ignore la langue de bois – sur Kurt Sanderling : « C'est un homme sans talent, qui ne sait que balancer les bras. Wagner disait de cette sorte de chefs qu'ils sont des machines à balayer l'air. C'est aussi mon opinion. »

Valery Gergiev, pourtant si mesuré pour son aîné, n'est pas davantage épargné : « Il a à sa disposition une armée qui travaille pour établir une réputation totalement usurpée. Il a lui-même mis en œuvre une organisation gigantesque, à laquelle certains milieux [il utilise un terme excessif que je préfère supprimer] ne me semblent pas étrangers. Comme chef, il est inintéressant ; rien ne restera de lui dans l'histoire de l'orchestre. Il n'est que l'administrateur de sa propre activité ; c'est tout. »

À chacun sa vérité. Celle de Svetlanov fait mal. Paix à son âme. Il cite ensuite brièvement les noms de Rojdestvenski et Temirkanov, les deux seuls Russes contemporains qui trouvent grâce à ses yeux. Silence pour les autres.

En revanche, il voue à Leonard Bernstein une admiration sans bornes : « C'était un musicien de génie, pianiste, compositeur, propagandiste de la musique, pédagogue et bien entendu grand chef. Quand je pense à lui, le nom de Mahler vient immédiatement à mon esprit. Savez-vous que je suis le seul chef russe qui ait enregistré l'intégrale de ses *Symphonies* ? Il n'y a pas eu d'autre symphoniste de sa grandeur au cours des cent dernières années. Mais je m'élève en faux contre l'idée trop souvent répandue selon laquelle il aurait exercé une grande influence sur Chostakovitch : ce dernier admirait Mahler, mais sa propre musique a été conçue dans un langage totalement original. »

Svetlanov est lui aussi compositeur : il a écrit des symphonies, des poèmes symphoniques, des rhapsodies, des sonates, des mélodies dans un style post-romantique : « Certaines de mes œuvres passent parfois en concert, nous indique-t-il ; je n'ai pas trop à me plaindre. J'en ai dirigé quelques-unes au cours de mes tournées, notamment en France avec le Philharmonique. Tout ce que j'ai écrit a été enregistré ; mais je n'écris plus depuis longtemps et je ne le ferai plus jamais. »

Le maestro observe une pause, soupire et ajoute sans émotion apparente : « Il me reste peu de temps à vivre ; je me contente de diriger la musique que j'aime. » Sans que je me permette d'aborder ce sujet délicat, Evgeny Svetlanov me parle, avec détachement, de ses problèmes de santé : « J'ai subi onze opérations sous anesthésie générale. Je dois faire très attention à mon régime alimentaire, ce qui n'est pas facile quand je suis en France, car j'adore votre cuisine. La nourriture n'est plus pour moi que le moyen de préserver mes forces. Je me déplace de plus en plus difficilement et je dirige assis les répétitions, comme vous l'avez constaté ; mais au concert, je suis encore debout. Je suis en paix avec moi-même et je m'efforce d'être calme ; malheureusement, mon caractère me pousse parfois à l'énervement ; on dit souvent que je suis désagréable ; j'en conviens : cela tient au fait que les gens n'aiment pas qu'on leur dise la vérité. Mais que puis-je faire ? Je ne sais pas mentir. Donc il vaut mieux, quand je le peux, que je sois silencieux. »

Le maître a regardé sa montre à plusieurs reprises ; je le sens fatigué, tendu ; il exprime le souhait de se reposer pendant quelques minutes avant de reprendre la répétition de l'après-midi. J'ai encore le temps de lui poser la question de l'île déserte : « J'emporterais avec moi les *Danses symphoniques* de Rachmaninov et tous mes disques de Mahler. »

Evgeny Svetlanov s'en est allé le 3 mai 2002 à Moscou ; il avait 73 ans. Musicien au long cours, il a été pendant dix ans premier chef du Bolchoï, où il fut un merveilleux interprète des ballets du répertoire, principalement de Tchaïkovski et de Prokofiev, puis pendant quarante ans il fut le responsable de l'Orchestre symphonique d'État de l'U.R.S.S., devenu le Symphonique de Russie fédérative. Il nous laisse une fabuleuse anthologie musicale dont on a eu tardivement connaissance en Occident. Son *Intégrale de la musique russe* est un monument unique qui couvre plus d'un siècle de compositions, de Glinka aux vingt-sept *Symphonies* de ce grand méconnu qu'est Miaskovski, en passant par Tchaïkovski, Moussorgski, Rimski-Korsakov, Glazounov, Rachmaninov, Balakirev, Liadov, Scriabine (avec un fulgurant *Poème de l'extase*), sans oublier certaines *Symphonies* de Chostakovitch et de Prokofiev et l'intégrale de Mahler. Si je devais choisir, parmi son abondante production, j'opterais sans hésiter pour les *Symphonies* de Tchaïkovski, enregistrées en public à Tokyo en 1990 : ces gravures confèrent aux œuvres du compositeur une sonorité, une ampleur, une fulgurance inégalées. N'oublions pas non plus les fréquentes incursions de Svetlanov dans la musique française qu'il admirait. Il nous a légué notamment de beaux reflets de *La Mer* de Debussy, dans une prise en concert du National de France ; il a créé sur le sol russe *Turangalila Symphonie* d'Olivier Messiaen et a souvent joué Saint-Saëns, Ravel, Roussel, Chausson et Dukas.

René Koering, directeur de la musique à Radio France, a bien connu Evgeny Svetlanov ; dans la notice de l'ultime disque du chef russe, consacré à Debussy et Scriabine, édité par Naïve, il salue avec émotion la mémoire de cet homme qui défia longtemps la mort : « Mes derniers souvenirs [du chef] sont *Christus* avec le National de France à Paris et le *Butterfly* à l'Opéra national de Montpellier. Le premier était une surprise, car je ne pensais pas que Svetlanov allait diriger ce chef-d'œuvre comme pour lui ouvrir l'éternité. [...] Je crois qu'il a pris le temps de souffrir, de chercher où était la vérité dans cette immense glorification du Christ ; je crois aussi qu'il a vu, dès l'entrée, où cette musique allait le mener, c'est-à-dire beaucoup plus loin qu'il ne l'avait pensé d'abord, si loin qu'il n'en est pas revenu. [...] Quant à *Butterfly*, il a voulu le diriger une dernière fois, et pour la dernière fois, il voulait ainsi rappeler sa mère. [...] Il avait tant de fois joué le petit garçon de *Butterfly*, rôle que chantait sa maman, qu'il a voulu la rejoindre sur cette musique qui l'avait vu naître... »

YOURI TEMIRKANOV
L'HÉRITIER

« Il se fait comme ça, entre le rêve et la réalité, des échanges mal définis, une sorte d'osmose qui traverse l'esprit et les muscles, qui affaiblit ou renforce la détermination. »
Louis Aragon, *Les Beaux Quartiers*

Comme il est difficile d'assumer la sauvegarde d'un patrimoine artistique ! De grands chefs y ont ruiné leur réputation. Par deux fois dans la même ville, Leningrad, qui a repris le nom de Saint-Pétersbourg en 1991, Youri Temirkanov a pris le risque de se charger de cette redoutable responsabilité. Certains affirment qu'il n'a pas démérité au Théâtre Kirov (redevenu le Mariinski), ni au Philharmonique, où Evgeny Mravinski régna pendant un demi-siècle. D'autres estiment qu'il a dilapidé le capital musical du Kirov – institution à laquelle Valery Gergiev aurait redonné tout son lustre –, et que l'orchestre où s'illustrèrent également Sanderling et Jansons peinerait à retrouver sa splendeur passée.

Où se situe donc la vérité ? Pour tenter de l'établir, j'ai rencontré Youri Temirkanov à Monaco, où il était l'invité de la Philharmonie de la Principauté, en plein renouveau sous l'impulsion de Marek Janowski[1].

Aspirant en permanence cigarette après cigarette qui ne font jamais long feu, le maître ne s'embarrasse pas de faux-fuyants : « Le pouvoir politique a exercé sur tous les artistes de mon pays une pression à laquelle ils ne pou-

1. Entretien réalisé à l'hôtel Hermitage de Monaco, le 27 juillet 2002.

vaient échapper qu'en se démettant ou en quittant l'Union soviétique. Cependant, il serait injuste d'oublier que, dans le domaine de l'éducation, le régime soviétique a beaucoup fait pour les jeunes : toutes les républiques d'Europe et d'Asie ont eu accès à la culture ; elle n'était plus réservée comme au temps des tsars à une infime minorité. De nombreux conservatoires et écoles ont été créés sur tout le territoire ; on a résorbé l'énorme retard qui existait dans les régions les plus reculées ; on a détecté des talents nouveaux ; on a offert une multitude de bourses d'études, de perfectionnement, dans les instituts les plus célèbres. De nombreux jeunes musiciens se sont imposés et sont devenus de grands solistes ou de grands chefs. Mais si je m'en tenais à ce seul constat, je ne tiendrais compte que d'une partie de la réalité. Pouvait-on en effet respirer librement en U.R.S.S. ? Pouvait-on y développer sans contrainte, sans surveillance, son talent ? Je réponds par la négative. Nous vivions dans le cadre d'une organisation standardisée ; de merveilleux instrumentistes, pianistes, violonistes, danseurs et chanteurs ne pouvaient exprimer que ce que l'on voulait leur accorder. On ne peut pas imaginer à quel point on a gâché nombre de carrières prometteuses, entravées ou même parfois ruinées par la pesanteur communiste.

« Rostropovitch n'aurait jamais quitté l'U.R.S.S. s'il n'en avait pas été chassé. Ce fut encore plus grave pour les générations de musiciens ou d'intellectuels qui l'ont précédé ; ceux-là n'ont même pas pu s'exprimer, et encore moins témoigner. Ils n'ont rien pu faire, car ils auraient risqué d'être exécutés s'ils avaient pris ouvertement position contre un régime de terreur. Des génies comme Oïstrakh, Guilels, Richter auraient pu faire beaucoup plus pour l'art russe s'ils n'avaient dû attendre les dernières années de leur vie pour bénéficier d'un peu de liberté. Beaucoup d'autres sont partis, sans espoir de retour, comme Kondrachine, Barchaï, Ahronovitch. Mais la plupart sont restés qui n'ont jamais pu exprimer leur talent à l'Ouest et sont demeurés inconnus. On ne peut pas se rendre compte, si l'on n'a pas vécu cette période, combien la musique dans notre pays a été handicapée par la désespérante situation morale et matérielle dans laquelle étaient maintenus tous les artistes.

« À Leningrad, avant même l'instauration de la perestroïka, l'émigration des musiciens juifs vers Israël avait considérablement affaibli la qualité de nos orchestres et de nos opéras. Cela explique en partie la régression que nous avons connue et que l'explosion de l'U.R.S.S. n'a pas ralentie. Depuis quelque temps, la situation semble s'améliorer, au moins pour certains orchestres et quelques conservatoires. Le président Poutine s'efforce de résoudre ce grave problème. Nous avons bon espoir que le gouvernement puisse trouver des solutions efficaces afin de remédier à une situation qui fut longtemps catastrophique. »

Youri Temirkanov n'a pas été un enfant prodige, comme certains autres chefs que nous avons rencontrés. Sa découverte de la musique relève du hasard : « Je suis né en 1938, près de Naltchik, au centre du Caucase. Mon père était ministre de la Culture de la République autonome de Kabardino-Balkarie, non loin de la Tchétchénie. Notre famille avait souffert des purges staliniennes et mon grand-père avait échappé par miracle au goulag. À Naltchik, j'allais souvent me promener avec mes parents dans le parc de la ville où l'harmonie municipale donnait des concerts. Jusqu'à l'âge de 7 ans, je n'ai pas eu la moindre sensibilité musicale. L'écoute de cette fanfare éveilla en moi un sentiment inconnu ; j'ai senti qu'elle exprimait par le son quelque chose d'important, d'inhabituel. Je me suis interrogé sur le rôle du chef qui agitait ses bras devant l'orchestre. J'ai voulu faire comme lui. Par chance, à côté de notre domicile, vivait un professeur de musique qui, pour arrondir ses fins de mois, donnait des leçons à quelques élèves. Un jour, il est venu frapper à notre porte ; je lui ai ouvert et il m'a demandé : "Veux-tu apprendre à jouer du violon ?" Comme j'étais timide, je n'ai pas osé lui dire oui ; mais mes parents l'ont fait, et avec mon frère, nous sommes allés régulièrement chez ce professeur. J'ai pris des cours de solfège, j'ai joué du violon ; par la suite, quand je suis entré au Conservatoire, l'alto est devenu mon instrument de prédilection. Quand j'eus 12 ans, on me proposa de devenir pensionnaire dans une école de musique de Leningrad. Je suis donc parti pour le nord en 1950. Trois ans plus tard, je suis entré au grand Conservatoire où j'ai suivi les cours d'alto et de direction d'Ilya Musine et de Nicolas Rabinovitch. J'ai obtenu mon diplôme d'altiste en 1962, à 24 ans, et celui de chef d'orchestre, en 1965, après quinze années d'études. L'année suivante, j'ai remporté le premier prix du concours des chefs d'orchestre d'U.R.S.S. La compétition était d'un niveau très élevé, car ouverte aussi bien aux débutants qu'aux chefs confirmés. Ce fut le grand tournant de ma carrière : cette distinction m'a d'abord valu d'effectuer une tournée aux États-Unis en compagnie du grand chef Kondrachine qui dirigeait le Philharmonique de Moscou. C'est alors que Mravinski m'a pris comme assistant avant de me nommer second chef de l'Orchestre symphonique de Leningrad, qui était en quelque sorte la réserve du Philharmonique. En même temps, j'ai été engagé par le Théâtre Maly[1] où j'ai dirigé notamment *La Traviata* et *Porgy and Bess.*

« En 1976, je suis passé au Kirov, dont je suis devenu directeur artistique, fonction que j'ai conservée jusqu'en 1988, à la suite d'un vote secret des musiciens : j'ai été ainsi l'unique chef investi par la seule confiance des instrumentistes, alors que les communistes ne voulaient pas de moi. En 1988, après la mort de Mravinski, on m'a proposé de lui succéder, ce que j'ai accepté. »

Youri Temirkanov sait qu'on l'a parfois accusé d'avoir été un privilégié du régime et même un militant communiste. Avec sérénité, le maître a tenu à mettre les choses au point : « Je me considère comme un honnête homme. J'ai souffert sous le pouvoir communiste, car j'ai refusé de m'engager politiquement ; j'aurais pu vendre mon âme, faire taire ma conscience et servir le système. J'ai préféré prendre mes distances avec la politique. Je n'ai pas honte de ce que j'ai fait au Kirov où j'ai tenté de sauver tout ce qui pouvait l'être avec les moyens dont je disposais. On a propagé dans certains pays, notamment en Grande-Bretagne, la fausse information selon laquelle j'aurais été une sorte de suppôt du régime, en prenant la carte du parti. Je m'inscris en faux contre ces allégations malveillantes, provenant de personnes qui ne me connaissent pas et qui n'ont jamais cherché à m'approcher. Quand j'ai pris la responsabilité du Philharmonique, ma volonté était de rompre avec l'esprit trop directif, trop dictatorial que Mravinski avait imprimé à son orchestre. Les musiciens n'auraient pas supporté un nouveau chef autocrate ; j'ai donc modifié les méthodes de travail et allégé les répétitions. Après 1990 et l'éclatement de l'U.R.S.S., mon souci constant a été de maintenir l'orchestre à un très bon niveau et d'obtenir les moyens financiers nécessaires pour le faire vivre. Nous avons effectué de nombreuses tournées, qui nous ont amenés dans les plus grandes villes du monde, notamment à Paris où nous avons célébré au Théâtre des Champs-Élysées le centenaire de la mort de Tchaïkovski en 1993. À Saint-Pétersbourg, nous nous sommes efforcés de fidéliser un public qui avait eu tendance à se raréfier ; nous y sommes parvenus sans déroger à ma ligne de conduite, en jouant aussi bien des œuvres étrangères que la musique russe. J'ai ainsi privilégié les symphonies de Chostakovitch que j'ai bien connu. Je n'étais pas l'un de ses familiers ; nous n'appartenions pas à la même génération, mais, dès mes débuts, il a été pour moi une figure de légende. Il

1. Maly désigne le Petit Théâtre lyrique de Leningrad-Saint-Pétersbourg.

avait toujours une attitude très humaine aussi bien pour les jeunes que pour les anciens ; je me rappelle la lettre très émouvante qu'il m'avait adressée, accompagnant l'une de ses partitions qu'il souhaitait me voir diriger, après m'avoir entendu conduire l'une de ses symphonies. Il est le plus incontestable génie que j'aie rencontré au cours de plus de quarante ans d'activité. Très modeste, il n'aimait pas qu'on évoque en sa présence ses qualités de créateur. Il était trop gentil, trop soumis même ; mais il brûlait d'un intense feu intérieur qui lui a permis de surmonter ses crises de désespoir. »

S'il a toujours joué les œuvres de Chostakovitch, Youri Temirkanov a également souvent défendu celles de Tchaïkovski : « J'ai de grandes affinités avec lui, aussi bien pour ses symphonies que pour ses opéras. Pour moi, Tchaïkovski est avant tout un tragique qu'on a eu tendance à romantiser au lieu de le dramatiser. Il lui est arrivé de composer des morceaux frivoles, sans réelle profondeur ; je ne pense pas aux ballets qui étaient destinés au grand public et qui sont des contes de fées. Dans ses symphonies, au contraire, et notamment dans le final de la *Quatrième*, le drame est présent : Tchaïkovski y lutte contre le destin. J'aime également beaucoup Prokofiev que j'ai eu le bonheur de connaître quand j'étais enfant, peu après la guerre. Mon père l'avait recueilli dans notre maison de Naltchik et avait commissionné un de ses quatuors. C'est l'un des plus grands compositeurs du XXe siècle et l'un des plus étonnants pour la diversité de son œuvre. L'humour et l'ironie, deux expressions difficiles à exprimer en musique, traversent ses compositions. Son grand chef-d'œuvre est son ballet de *Roméo et Juliette.* »

Youri Temirkanov conduit avec ses mains et parle peu aux musiciens : « À mes débuts, j'utilisais la baguette ; j'y ai renoncé quand j'ai compris qu'elle n'était pas indispensable et n'ajoutait rien à mes intentions. J'ai effectué mes débuts à l'Ouest en 1977 comme chef invité du Royal Philharmonique à Londres. Je ne connaissais que le russe, ce qui a limité les propos que je pouvais tenir. Maintenant, je m'exprime convenablement en anglais, mais cela ne change rien à mes habitudes : je m'adresse très peu souvent aux instrumentistes, n'étant pas plus bavard qu'auparavant.

« Si vous n'exprimez pas par votre visage, vos yeux, vos mains, un langage visuel que tous les musiciens peuvent comprendre, c'est que vous avez choisi un métier pour lequel vous n'étiez pas fait. »

Youri Temirkanov a été le premier chef russe à se produire aux États-Unis après la guerre d'Afghanistan : « À New York, j'ai reçu un accueil merveilleux. La musique nous a tous réunis en dépit des clivages politiques. Depuis l'année 2000, je passe douze semaines par an à Baltimore comme directeur musical d'un orchestre que je m'efforce de faire progresser ; mais je ne suis pas un magicien. Je suis par ailleurs invité à Londres, Berlin, Vienne, Amsterdam, Rome, Chicago, Philadelphie, Cleveland, San Francisco et en France. Mais je demeure toujours très attaché à mon orchestre : je considère qu'il est de mon devoir de continuer à le diriger, car je pense qu'il a encore besoin de moi ; cela peut paraître immodeste, mais je crois sincèrement que je suis toujours en mesure de l'aider à exister. Nous avons des amis qui nous appuient ; la personne qui m'accompagne à Monte-Carlo – il désigne un homme qui se tient discrètement à l'écart – est le patron d'une société pétrolière qui nous aide beaucoup en prenant à sa charge une partie des salaires des musiciens. »

Youri Temirkanov avoue ressentir parfois une certaine lassitude due aux nombreux voyages qu'il effectue ; il n'est pas prêt à partir pour une île déserte, mais il y pense parfois : « Lorsque j'étais enfant, je n'aimais pas jouer Bach. Quand j'ai grandi, j'ai compris qu'il était le plus grand compositeur de l'Histoire. Il me tient constamment compagnie. Je l'emmènerais donc avec moi : pour choisir parmi ses œuvres, je n'aurais que l'embarras du choix. »

LES NUITS BLANCHES DE VALERY GERGIEV

« Les démons fuient, folles cohortes, / À d'immensurables hauteurs,
Sifflante et gémissante escorte / Qui va me déchirant le cœur. »
Alexandre Pouchkine, *Les Démons*

Valery Gergiev est sur la scène du Châtelet. La plupart des abonnés du théâtre découvrent la silhouette du chef au cours d'un concert symphonique qui ne manque pas de panache[1] : jusqu'à présent, ils n'ont vu de lui, dépassant de la fosse, que sa tête et ses bras, quand il a dirigé les ballets de Diaghilev[2], puis *Le Démon* et *Eugène Onéguine.*

Flanqué de son ami Youri Bashmet, altiste de génie, le maestro, en redingote noire, dirige une première mondiale, *Chemin*, d'Alexander Raskatov, œuvre d'une complexité telle qu'elle a nécessité, selon le maître, de nombreuses heures de répétitions. En le voyant face à son orchestre surdimensionné du Mariinski, je ne peux m'empêcher de penser au célèbre film de Charles Chaplin, *La Ruée vers l'or*, et à ce curieux personnage, hirsute, barbu, affamé, qui voulait à tout prix manger… n'importe quoi. Gergiev, lui aussi, est pris d'une fringale inextinguible ; pendant plus de deux heures, il dévore la musique. Sans baguette, ses longues mains fines tressaillent, flottent dans l'air ; de ses doigts, il pétrit les notes comme un prestidigitateur effectue des tours de

1. Il s'agit du concert symphonique donné au Châtelet le 31 janvier 2003.
2. Il s'agit de la soirée Diaghilev-Fokine, en ouverture de la Saison russe au Châtelet, le 16 octobre 2002.

passe-passe. Le *Concerto pour violon* de Sibelius, interprété par le prodigieux soliste qu'est Nikolaï Znaider, fait monter d'un cran l'émotion. Valery Gergiev dissèque la partition, l'accommode, donne du grain à moudre aux instrumentistes pour en faire une superbe litanie de la nature nordique. Après l'entracte, la *Quatrième Symphonie* de Chostakovitch souffle le froid et le chaud de la contestation qui a fait du compositeur une victime du régime stalinien : une heure de secousses sismiques terrifiantes que Gergiev, cheveux en bataille, mène à la baguette et domine avec une sorte de frénésie maîtrisée. C'est une œuvre qui décoiffe, à tel point que le chef, dans un geste instinctif, refoule à maintes reprises ses mèches rebelles à l'arrière de son crâne dénudé. Mains à plat comme pour puiser le flot harmonique, il va, avec une force inouïe, jusqu'au bout de cette dénonciation terrifiante du système totalitaire. Cloués sur leurs sièges, deux mille spectateurs se lèvent spontanément pour acclamer le maître épuisé, qui a tout juste la force de sourire.

J'ai la bonne fortune de rencontrer à deux reprises Valery Gergiev[1], dont l'emploi du temps est celui d'un chef d'État. Le lendemain de ce mémorable concert, après un ultime raccord pour *Eugène Onéguine*, il évoque d'abord la signification profonde de la *Quatrième Symphonie* de Chostakovitch : « Cette partition était dangereuse pour le pouvoir, car elle annonçait la période la plus terrible de la répression, au moment où Staline et ses sbires allaient déporter des centaines de milliers d'hommes et de femmes dans les goulags. C'est pour moi l'œuvre la plus importante de Chostakovitch, car il en a fait surgir une protestation d'une prodigieuse puissance. On a dit que la structure de cette symphonie était étrange. Mais les symphonies de Mahler s'éloignaient également du moule habituel. On trouve d'ailleurs certaines réminiscences du compositeur autrichien dans cette tragédie musicale, qui traduit l'angoisse d'un monde entre deux guerres, comme Mahler l'avait fait quarante ans auparavant, avant le premier conflit mondial. »

Né en 1953, l'année de la mort de Staline, Valery Gergiev n'a pas vécu les sévices de la dictature. Originaire du Caucase, sa famille est implantée de longue date à Vladikavkaz, l'ancienne Ordjonikidze, capitale chargée d'histoire de l'Ossétie du Nord, petite république autonome depuis 1918, proche de la Géorgie : « Mes parents, sans être des professionnels, aimaient et pratiquaient la musique ; dans notre maison résonnaient constamment les

1. Entretiens enregistrés au Châtelet, les 1er et 3 février 2003.

échos de notre folklore ossète, auquel je demeure très attaché. J'ai commencé à jouer du piano à 8 ans ; mon premier professeur, Mme Lauraieva, m'a persuadé de continuer ; j'ai ensuite bénéficié des conseils d'un excellent professeur de direction, M. Bryzgine. J'ai grandi dans un environnement naturel dans lequel notre passé était fortement enraciné : j'y ai puisé une force irrésistible. À la fin des années soixante, j'ai quitté mon sol natal pour le Conservatoire de Leningrad où j'ai eu pour professeur Ilya Musine, qui a formé de nombreux musiciens de talent. Ma première grande chance me fut offerte en 1975, quand j'ai remporté le premier prix du concours des chefs d'orchestre de l'U.R.S.S. Je n'avais que 22 ans et j'étais encore étudiant. J'étais le plus jeune des engagés et je savais que j'affrontais des chefs confirmés, l'âge limite d'inscription étant fixé à 35 ans. J'ai dirigé en premier lieu le prélude de *Tristan et Isolde* : je connaissais mal cette œuvre et je ne m'y suis pas senti à l'aise ; mais j'y ai mis tout mon cœur et toute ma passion, en conduisant tout en nuances et en variations, à la manière du pianiste que j'étais. Je fus beaucoup plus à mon affaire dans la *Cinquième Symphonie* de Chostakovitch : c'est grâce à mon interprétation du mouvement lent que je me suis imposé. Un an plus tard, le prix Karajan m'a ouvert les portes du

Philharmonique de Berlin. J'y ai fait la connaissance du maestro lui-même, ainsi que de ses principaux solistes, le *Konzertmeister* Thomas Brandeis, le hautboïste Lothar Koch, le clarinettiste Karl Leister, le corniste Gert Seifert ; je n'oublierai jamais l'émotion musicale qu'ils m'ont procurée. L'orchestre que j'avais en face de moi était celui de la décennie soixante-dix, le meilleur de toute son histoire.

« De retour à Leningrad, les responsables du Conservatoire ont estimé que je n'avais rien à apprendre de Karajan ; ils ne m'ont pas autorisé à retourner à Berlin où j'étais invité par le maestro. Je me sentais profondément frustré par cette interdiction dont je ne comprenais pas les raisons. J'en ai pleuré. Le directeur musical du ministère de la Culture m'a reçu et m'a dit : “Tu es jeune ; tu as tout l'avenir devant toi.” J'ai répondu : “Peut-être, mais au Kirov il y a Temirkanov qui n'est pas vieux.” Mon interlocuteur a répliqué : “Un jour, Temirkanov ira au Philharmonique et tu prendras sa place.” Cette prédiction s'est réalisée beaucoup plus tard, exactement douze ans après mon succès berlinois. Je ne tiens pas à polémiquer à propos de cette décision du pouvoir. Je préfère reconnaître la qualité de l'éducation musicale de très haut niveau que j'ai reçue, auprès de grands professeurs et de grands chefs, tel Evgeny Mravinski.

« J'espérais m'établir dans un théâtre quand je suis devenu l'assistant de Temirkanov au Kirov[1]. À l'époque, cette scène n'était plus l'institution de pointe qu'elle avait été, sauf pour les ballets. L'opéra y était très négligé et ne comportait qu'un répertoire très restreint, en priorité des œuvres russes. Temirkanov était un curieux personnage ; il ne se pressait jamais ; il aimait prendre son temps et voyageait beaucoup : il ne donnait pas plus de deux productions nouvelles par an, alors que j'en fais actuellement en moyenne une dizaine. Je ne dis pas qu'il était un mauvais chef ; je tiens simplement à rappeler que nos comportements étaient très différents. La grande tragédie de la musique en U.R.S.S. tient au fait que de nombreux chefs se sont désintéressés de leur orchestre ou de leur théâtre pour diriger à l'étranger. Les musiciens ne voyaient presque jamais Temirkanov au Kirov ; ils n'en voulaient plus. Il a fallu que Mravinski meure pour que la situation change. Temirkanov passa au Philharmonique en 1988 et l'on m'appela au Kirov.

« Je me suis investi pleinement dans la rénovation de cette institution : j'ai toujours pensé que mon devoir était de travailler en Russie, en dépit des offres alléchantes qui me parvenaient de l'extérieur. Pour être efficace, ma responsabilité au Kirov devait être totale : j'ai remodelé nos structures, redonné confiance aux musiciens, tout en tenant compte des faiblesses d'un budget limité. J'ai recherché et obtenu des parrainages importants, tandis que la municipalité continuait à couvrir les salaires de la compagnie. J'ai fait de nombreux enregistrements qui ont confirmé le renouveau du théâtre et de l'orchestre ; nous avons effectué des tournées souvent très réussies ; le travail a été permanent et stressant, mais le succès nous accompagnait. Mon ambition avait été de faire d'emblée de notre orchestre l'un des meilleurs de notre temps. Pour atteindre cet objectif, il fallait qu'il soit capable de jouer la musique russe, mais aussi Mozart, Berlioz, Bruckner, Wagner, Mahler, et d'aborder alternativement le lyrique et le symphonique, dans des styles très différents, en passant de *La Mer* de Debussy au *Ring* : cette double mission constituait le pari le plus risqué que j'aie eu à tenir. Nous y sommes parvenus grâce aux deux cents instrumentistes de l'orchestre, renforcé par l'arrivée de nombreux jeunes de talent, et à une équipe technique très dévouée. On m'a proposé de multiples contrats personnels aux États-Unis, en Europe : “Pourquoi restez-vous au Mariinski ?” me demandait-on. Je répondais invariablement :

1. Le nom de Kirov a été celui porté par le Théâtre Mariinski jusqu'en 1992.

"Pourquoi pas ?" Je ne pouvais imaginer que deux cent vingt années d'histoire[1] puissent être interrompues par l'attrait du gain immédiat. Notre théâtre a assuré la moitié des créations de musique russe depuis un siècle. Si j'avais accepté tout ce que me l'on me proposait, j'aurais failli à ma mission : je me suis contenté de quelques engagements au Met et à Vienne et j'ai continué de conduire régulièrement le Philharmonique de Rotterdam. Le reste du temps, soit deux cent cinquante jours par an, je le passe au Mariinski ou en tournée avec ma troupe, sans jamais prendre de vacances hormis quelques jours de repos avec ma femme et mes deux enfants. Je suis très fier d'avoir assumé ce choix et atteint le niveau qui est le nôtre aujourd'hui. Mais ce n'est pas parce que les musiciens sont mieux payés que naguère qu'ils sont meilleurs : c'est parce qu'ils sont animés d'une grande passion. Je n'ai pas sauvé le Mariinski : tout le monde y a participé ; c'est un résultat d'équipe.

« J'ai la chance d'avoir avec moi plusieurs assistants prometteurs qui sortent du Conservatoire ; certains d'entre eux devenus de très bons chefs, comme c'est déjà le cas de l'Italien Gianandrea Noseda, qui a passé plusieurs années à mes côtés ; il représentait le plus grand investissement humain auquel j'ai consenti. Il a conduit plusieurs fois *Boris Godounov*, *Le Prince Igor*, *Guerre et Paix* à la perfection : il était très à l'aise dans le répertoire russe. Mais il est parti pour Manchester où il a été nommé directeur musical du Philharmonique de la B.B.C. »

Bien que constamment tourné vers l'avenir, Valery Gergiev sait aussi se pencher sur le passé : « Je ne cherche pas à copier qui que ce soit ; j'admire cependant les musiciens qui vont de l'avant, qui favorisent le progrès. Furtwängler, que je n'ai vu qu'en vidéo, était ainsi. Les instrumentistes jouaient avec lui d'une manière qu'ils n'auraient pu connaître avec d'autres chefs : phrasé, rythme, tempo, son, tout était personnel dans ses interprétations. J'ai souvent vu diriger Mravinski : il a été un des grands chocs de ma vie. Quand j'entends dire que je suis bon, que je conduis bien, j'ai la volonté d'être encore meilleur pour approcher son niveau. En concert, sa concentration était fascinante. On a souvent critiqué Karajan qui était incontestablement un très grand chef ; il a subi les attaques de gens beaucoup plus petits que lui. Il ne faut pas écouter ces moustiques. Un lion ne parle pas beaucoup ; les moustiques font beaucoup de bruit. À nous de choisir nos héros.

1. Le Théâtre Mariinski a été fondé en 1783.

« Je conduis souvent sans baguette ; les mains, seules, permettent en effet des nuances plus fines. Mais je sais aussi que l'orchestre voit probablement mieux ce qu'il faut faire grâce à la baguette. Au cours du concert que vous avez suivi ici au Châtelet, le programme “géant”, précédé de longues répétitions, fut très fatigant : je voulais que la création de l'œuvre de Raskatov ait un son plus arrondi ; pour l'obtenir, je n'ai utilisé que mes mains. Ma gestique n'est pas exemplaire, car elle est très personnelle. Si l'on me copiait, on s'exposerait à de mauvaises surprises : je ne recommanderais pas ma technique à qui que ce soit. Je ne pense jamais à la façon dont je vais conduire une œuvre ; j'obéis à une sorte d'instinct, avec ou sans baguette. En fait, je ne sais pas comment je conduis parce que je le fais sous l'emprise de pulsions personnelles. Il y a les mains bien sûr, mais il y a aussi le cerveau et le regard. Les yeux expriment ce que ressent le cerveau, c'est-à-dire votre émotion. Vous ne pouvez ouvrir votre cœur, mais vous pouvez ouvrir vos yeux qui sont le reflet de votre esprit. Si vous fermez les yeux en conduisant, comme le faisait Karajan, et si vous vous servez de vos mains, il ne se passera pas tout ce que vous souhaitez exprimer. Ne négligeons pas non plus la part de psychologie dont un chef doit faire preuve : le grand professionnel conduit les musiciens là où il entend les mener, et ce n'est pas un problème technique.

« On peut apprendre une partie de ce métier. Tout dépend de ce que l'on veut acquérir. Qu'est-ce que conduire ? Lire une partition et battre la mesure ? C'est très insuffisant. On compte dix mille chefs à travers le monde, mais il n'y en a pas dix qui soient capables de modifier profondément le son de l'orchestre : ils font quelque chose qui ne s'explique pas, car ils sont fondamentalement différents des autres. Il y a vingt ou cinquante ans, c'était déjà la même chose : Mravinski était l'un de ces dix de l'époque. »

Valery Gergiev est intarissable sur son art ; on ne voit pas passer le temps. Cependant quelques coups résonnent à la porte de sa loge : il est dix-neuf heures vingt ; *Eugène Onéguine* commence dans dix minutes et le chef n'est pas encore en tenue… « Pas de panique, me dit-il, j'ai l'habitude. » Le calme du maestro est impressionnant. Rendez-vous est pris pour le surlendemain afin de poursuivre le dialogue.

Je le retrouve dans la fosse du Châtelet où il termine un raccord pour *Le Démon* d'Anton Rubinstein, qu'il va diriger pour la dernière fois à Paris. Nous retournons dans sa loge où il me parle de ses compositeurs préférés : « La liste est longue aussi bien en lyrique qu'en symphonique. J'évolue au fil des années, mais j'ai toujours autant de plaisir à diriger les grands classiques russes : je place Moussorgski au premier rang ; c'est un génie absolu qui m'est très proche, tout comme Tchaïkovski avec ses magnifiques *Dame de Pique* et *Onéguine* qui correspondent parfaitement à mon instinct dramatique. Borodine a donné lui aussi des chefs-d'œuvre sans oublier Rimski-Korsakov dont l'orchestration est très brillante, ce qui permet de travailler la partition en détail ; j'aime beaucoup l'un de ses opéras les moins connus, *Kiteje,* dont la production est très coûteuse. Nous la présenterons peut-être un jour en concert. Le *Ring* fait également partie de mon univers musical. Qui ne l'a pas dirigé passe à côté d'un grand monument. Berlioz est lui aussi un des musiciens de référence. Pour le 200e anniversaire de sa naissance, j'avais prévu de donner le *Requiem* à Salzbourg, *La Symphonie fantastique* avec la Philharmonie de Vienne, *Harold en Italie* avec Bashmet, *La Damnation de Faust* au Philharmonique de Saint-Pétersbourg, sans oublier *Roméo et Juliette.* J'ai déjà fait également *Benvenuto Cellini,* très long et très difficile à monter. Berlioz était en avance sur son temps ; c'est un moderne que je vais bientôt enregistrer. Gustav Mahler me passionne également ; j'ai joué toutes ses symphonies, à l'exception de la *Huitième,* qui nécessite des effectifs monstrueux ; j'espère pouvoir faire une intégrale au disque. Chostakovitch et Prokofiev sont des hommes que j'aime profondément ; les opéras de Prokofiev sont des œuvres magnifiques insuffisamment programmées parce qu'elles nécessitent une grande mise en scène. Et je n'oublie pas *Pelléas* et *Mélisande* de Debussy. »

La lecture, pour Valery Gergiev, est principalement d'ordre musical : « Les *Mémoires* de Berlioz est l'un de mes livres de chevet : c'est un des ouvrages les plus excitants que je connaisse. En le lisant, j'ai le sentiment que je conduis mieux. J'aime aussi les critiques de Debussy : ce qu'il a écrit sur Moussorgski et sur d'autres musiciens est non seulement brillant, mais aussi admirable. Monsieur Croche me permet de mieux comprendre la musique de Debussy. »

J'évoque le nom de Proust et son questionnaire, et risque quelques questions. Valery Gergiev joue le jeu en développant largement ses réponses.

Quelle est la qualité que vous appréciez le plus ? « L'honnêteté combinée avec le courage. Le monde a besoin de leaders, de guides sincères qui savent où ils veulent aller. Hélas, l'orientation imposée au public est trop commerciale ; elle ne reflète pas le besoin réel des gens. Combattre la pauvreté qui empêche de manger à sa faim ne suffit pas ; il faut aussi combattre la pauvreté intellectuelle qui est géante. Pour ma part, je ne me considère pas comme un leader russe, mais je souhaite ouvrir de nouvelles perspectives.

Dans mon théâtre, je m'efforce de jouer un rôle utile en dotant le Mariinski de structures solides, tout en affrontant les réalités de la Russie d'aujourd'hui où la bureaucratie est toujours agissante, parfois paralysante ; quant à la corruption, elle fait encore des ravages. La culture n'a pas la place qu'elle devrait avoir. Nous ne pouvons plus accepter de nous heurter au cynisme de certains responsables. Nous avons un théâtre magnifique, des orchestres prodigieux, des voix fantastiques, des instrumentistes de grande qualité, et certains cyniques nous disent : "Et alors ?" Rien ne les impressionne, surtout pas la qualité ; ils ne pensent qu'à leur propre carrière ! Loyauté et fidélité sont des mots qui ne font pas partie de leur vocabulaire. »

Quel est votre rêve de bonheur ? « Il m'est difficile d'être heureux sans musique. Mon rêve est de continuer de faire ce que j'ai commencé, atteindre mes objectifs musicaux au Mariinski, en réunissant tous les éléments nécessaires afin de présenter les meilleurs spectacles possibles, comme je l'ai fait au Châtelet, en ouverture de la Saison russe, dans la chorégraphie, les mises en scène, les décors et avec les costumes d'origine, les grands ballets de Diaghilev, *Petrouchka, Le Spectre de la rose, Shéhérazade, Les Danses polovtsiennes* et *L'Oiseau de feu*. Quelle soirée épuisante, mais tellement magnifique ! Je crois que le public a aimé cette débauche de danse. J'ai d'ailleurs constaté qu'à chaque représentation (j'étais présent tous les soirs), les Parisiens réagissaient avec beaucoup de spontanéité et d'enthousiasme.

« Je serais heureux de devenir un grand chef d'orchestre, ce que je ne suis pas encore. Je pense à Furtwängler, au-dessus de tous. Je suis content de savoir que ma réputation grandit dans certains pays. Dans d'autres, je ne suis pas connu… Cela viendra peut-être… »

Le pays où vous aimeriez vivre ? « Le Caucase me manque beaucoup ; je n'y vais pas assez souvent. Je me sens également à l'aise en Finlande où j'ai fondé un festival musical à Mikkini ; les gens ne parlent pas beaucoup ; or j'apprécie ceux qui s'expriment laconiquement. Paris me plaît infiniment. J'adore la bonne chère, les vins fins ; j'aime bavarder avec les gens, dans les bars, un verre à la main. Je suis un passionné de football, supporter inconditionnel de l'Olympique de Marseille. Il m'arrive d'aller à Marseille pour suivre un match. J'ai moi-même longtemps joué quand j'étais lycéen, à Vladikavkaz. Je n'étais pas Maradona, mais je suis plus heureux sur un stade qu'à Carnegie Hall ou au Festival de Salzbourg ! »

Vos peintres préférés ? « Je vais souvent dans les musées, sans être un grand connaisseur de peinture. Je suis fasciné par Renoir, pas seulement parce qu'il a si bien peint le corps des femmes, mais aussi parce que, comme Debussy dans sa musique, il avait une incroyable habileté pour transcrire ses pulsions sur une toile. En Russie, nous avons eu de grands décorateurs de théâtre, qui furent aussi des peintres de talent comme Gontcharova, Larionov et Golovine ; ils ont été des créateurs importants du XXe siècle. Je ne suis pas collectionneur, mais je suis passionné de "design" théâtral : à la scène, la musique se doit d'être visuelle. »

La porte de la loge s'entrouvre : l'assistant du chef passe sa tête pour indiquer qu'il est dix-neuf heures vingt-cinq. J'ai tout juste le temps de poser mon habituelle question de l'île déserte : « Je vais sans doute vous étonner, me répond-il sans marquer le moindre signe d'impatience, je prendrais des œuvres de deux Français, Berlioz et Debussy, et des compositions de Prokofiev, Moussorgski, Tchaïkovski, sans oublier Mozart. »

Cinq minutes plus tard, le maestro entre dans la fosse du Châtelet : transfiguré par la musique, ce bon génie de la scène est entré dans la peau du *Démon* de Rubinstein.

MSTISLAV ROSTROPOVITCH
RETOUR À LA VIE

« Il n'y a rien de plus grand au monde que la douleur.
Les êtres heureux ne savent pas grand-chose de la vie.
La douleur est la grande éducatrice des hommes. »
Anatole France, *Pierre Nozière*

« On me demande souvent : "Mais où est donc ta maison ?" Cette question m'amuse : comme j'ai un appartement à Paris, à Londres, à Lausanne, à Saint-Pétersbourg et à Moscou, l'on s'attend à ce que je nomme une de ces villes. J'en étonne plus d'un quand je réponds : "Ma maison, ce sont les avions !" Je ne reste en effet jamais très longtemps au même endroit. C'est sans doute pourquoi je me sens si jeune à plus de 75 ans. Oui, j'adore les avions. Quand je monte à bord, c'est la fête, ce sont les vacances. Je voyage toujours seul ; je bois un peu de vin rouge, je dors et, quand je me réveille, loin de mon point de départ, je songe déjà à ma prochaine destination. »

Mstislav Rostropovitch rit de bon cœur. Il vient d'effectuer un long périple qui l'a mené successivement, en deux semaines, à Madrid, Luxembourg, Bologne, Varsovie, Munich, Cologne, Hambourg, Londres où il a répété et dirigé six concerts ; il effectue une courte escale de deux jours à Paris, le temps de se rendre à l'Élysée, où il est invité pour le 70e anniversaire du président Chirac, et d'y jouer un court intermède à sa façon, main gauche sur le clavier du piano, main droite sur les cordes de son violoncelle, tout en chantant « *Happy birthday, Jacques !* ». Le lendemain, il accueille chez lui des amis, puis il collationne soigneusement les bouteilles du meilleur cru espagnol, marquées de son nom, que lui a fait parvenir le couple royal d'Espagne, belle manière de respecter l'étiquette. Et le voici déjà sur le départ pour Vilnius où il doit retrouver Maxim Vengerov et réaliser un enregistrement.

En ce dimanche matin pluvieux de décembre, je bénéficie d'un créneau de deux heures[1] auprès du maître (il déteste qu'on utilise ce terme : « Appelez-moi Slava ! »), occupé à classer des bouteilles de grands vins, français cette fois, qu'il collectionne avec un soin particulier : « Je n'ouvre et ne bois que celles qui ne correspondent pas à une date importante de ma vie ; les autres millésimes demeurent dans ma cave : 1926, année de naissance de Galina, mon épouse, 1927 la mienne, 1955, date de mon mariage, 1956, naissance d'Olga, ma première fille, 1958, naissance d'Helena, mon second enfant, 1974, année de mon exil, 1978, date de la perte de ma nationalité soviétique, 1983, 1986 1990, 1992, 1994, dates de naissance de mes six petits-enfants. Ce sont les symboles de notre parcours familial, de ma disgrâce, de mon retour à la vie. »

Slava me fait entrer dans un salon de style second Empire où je découvre des tableaux de la Grande Catherine, de Nicolas II et de la tsarine, des icônes des XVe et XVIe siècles (y a-t-il un Roublev parmi ces trésors ?), des bronzes, des vases en porcelaine, des émaux, des œufs de Fabergé, des tables en malachite, importés de Russie après la chute du régime soviétique.

Cette reconstitution d'un musée imaginaire est sa manière à lui de conserver l'empreinte de sa patrie, de se pencher sur son passé et sur ses multiples pérégrinations : « Avec mon violoncelle, je suis allé dans des endroits où aucun musicien n'était encore passé. Un jour de 1960, avec un trompettiste, un chanteur et un récitant, je suis parti à l'aventure pour la Sibérie. En plein hiver, nous allions en traîneau de village en village ; nous étions accueillis à bras ouverts dans des isbas mal chauffées ; la musique n'interrompait pas les bavardages de nos hôtes ; si nous haussions le ton, ils parlaient encore plus fort. J'ai eu alors l'idée de jouer en sourdine : tout le monde s'est tu. C'est ainsi que j'ai su ce qu'était la beauté d'un vrai *pianissimo*.

« Cinq ans plus tard, toujours à quatre, nous avons effectué une autre expédition mémorable : un avion de ligne nous a débarqués à Krasnoïarsk, à 3 500 kilomètres à l'est de Moscou, au cœur de l'immense plaine sibérienne ; nous avons suivi en bateau le cours du Ienisseï, vers le nord. À l'embouchure du fleuve, nous avons atteint Karaoul, petite cité historique fondée par Pierre

1. Entretien enregistré au domicile de Mstislav Rostropovitch, à Paris, le 1er décembre 2002.

le Grand ; notre sérénade eut lieu dans un local vide : des paysans et des pêcheurs sont arrivés, munis de chaises, pour nous écouter. Ils voulaient nous retenir, mais nous étions attendus ailleurs. Nous sommes repartis par la même voie ; notre passage était annoncé tout au long de notre navigation. En pleine nuit, on nous a hélés d'un bourg de pêcheurs : "Arrêtez-vous, arrêtez-vous !" Nous avons répondu à ces appels et avons donné un concert à deux heures du matin, en pleine nuit blanche.

« Un troisième périple sibérien m'a conduit, avec un pianiste, à la pointe extrême du Kamchatka. Le gouvernement m'interdisait alors toute activité musicale parce que j'avais hébergé Soljenitsyne dans ma datcha, près de Moscou. J'avais le plus urgent besoin d'oublier les persécutions politiques dont j'étais l'objet. Avec mon partenaire, qui ne disposait que de pianos désaccordés, nous tentions d'interpréter du Schubert et du Schumann : sans vouloir être désobligeant pour votre compatriote, on aurait dit du Boulez ! J'étais de bonne humeur ; un soir au bord de la mer, j'ai dit à mon accompagnateur : "Si tu joues plus fort, on nous entendra peut-être en Alaska…"

« Plus tard, j'ai participé à plusieurs expéditions en Asie, dont trois au Japon avec mon grand ami Seiji Ozawa. Notre troupe était plus étoffée qu'en Sibérie ; nous donnions cinq concerts par jour. En 2002, notre caravane nous a conduits en Corée et en Chine avec trente-quatre musiciens ; nous avons joué du Haydn, du Saint-Saëns, du Tchaïkovski en faisant halte dans les écoles et les hôpitaux. Nous apportions ainsi un peu de joie aux enfants et aux malades. Nous nous quittions toujours en pleurant. »

Ces déplacements incessants qui font passer Rostropovitch d'un continent à un autre, ne serait-ce pas l'image d'une perpétuelle fuite en avant, d'une quête sans fin du bonheur, de la liberté, d'un idéal bafoué, d'une volonté exacerbée de tourner le dos à un passé chargé d'angoisse et de tristesse, sur lequel il n'hésite pourtant pas à revenir ?

Le père de Slava voit le jour en 1892 dans une famille de très ancienne noblesse polonaise[1]. Extraordinairement doué pour le violoncelle, Leopold Rostropovitch obtient en 1910 la médaille d'or du Conservatoire de Saint-Pétersbourg ; il se produit en récital et passe par Paris où il reçoit les conseils de Pablo Casals. Compositeur de talent, la révolution le laisse sans le sou. Marié à

1. Certaines informations familiales figurant dans ce texte ont pour source l'album réalisé par sa fille Helena pour le 70e anniversaire de son père.

Sofia, excellente pianiste, il se fixe à Bakou dans les années vingt où il devint professeur de musique. C'est dans cette ville qu'en 1927 naît Slava : « Quand j'étais bébé, mon père me couchait dans la boîte de son violoncelle en guise de berceau ; je l'entendais répéter, si bien que le son de son instrument me fut rapidement familier. Il m'arrivait de tendre la main pour toucher les cordes : ce furent mes premiers *pizzicati*. Plus le temps passe, plus je pense que papa jouait mieux que moi ; il aurait dû faire une grande carrière ; mais il avait un caractère étrange : il estimait en effet que, si l'on avait besoin de lui, on viendrait le chercher ; il avait horreur de solliciter les gens ; hélas, personne ne se souciait de lui. À l'âge de 4 ans, j'ai commencé à jouer du piano avec ma mère et j'ai même composé une polka. »

Au début des années trente, Leopold Rostropovitch décide de quitter Bakou pour Moscou : il veut que son fils puisse bénéficier d'une éducation musicale de haut niveau : « Quand j'eus 8 ans, mon père m'a offert un violoncelle et m'a inscrit aux cours de composition du professeur Messner ; en même temps, j'allais au collège d'enseignement général et papa me donnait des leçons de violoncelle. J'ai fait de rapides progrès, si bien qu'à 13 ans, j'ai joué en public, avec orchestre, le *Concerto* de Saint-Saëns. Lorsque la guerre a éclaté en 1941, nous avons été évacués à Orenbourg, au centre de l'Oural. Le Théâtre Maly de Leningrad[1] s'était également replié dans cette ville ; je suivais toutes les répétitions de l'orchestre avec lequel j'ai interprété les *Variations rococo* de Tchaïkovski. »

Au cours des heures sombres de l'invasion nazie, une autre tragédie frappe la famille Rostropovitch : victime d'une crise cardiaque, Leopold meurt en 1942, à 50 ans : « Je devenais le chef de famille ; je donnais des récitals et des leçons à des élèves à peine moins âgés que moi. Nous étions très pauvres et nous ne mangions pas souvent à notre faim, ma mère, ma sœur et moi. Les gens d'Orenbourg ont été pour nous d'une rare sollicitude ; je ne les ai jamais oubliés. Je retourne chaque année dans cette ville pour donner des concerts caritatifs. L'isba que nous occupions a été transformée en musée ; pour le 60ᵉ anniversaire du décès de mon père, le 31 juillet 2002, j'ai passé la nuit dans son lit de mort. »

La menace nazie écartée, les familles déplacées à Orenbourg sont rapatriées en 1943 à Moscou : « Grâce au frère de ma mère qui était un excellent

1. Il s'agit du Petit Théâtre de Leningrad-Saint-Pétersbourg.

musicien, j'ai pu entrer au Conservatoire dans trois classes : violoncelle avec le professeur Kozoloupov, composition avec le professeur Chebaline et piano avec le professeur Kouvchinnikov. J'avais composé deux concertos de piano, le premier inspiré de Tchaïkovski et de Rachmaninov, le second, plus moderne, évoquait l'écriture de Prokofiev. Je brûlais d'envie de présenter cette dernière œuvre au grand Chostakovitch qui dirigeait les cours d'orchestration ; mais il n'y avait pas de place disponible dans sa classe. M. Kozoloupov a réussi à obtenir pour moi un rendez-vous avec le maître auquel j'ai montré ma partition ; il l'a parcourue et m'a demandé : "Pouvez-vous jouer ça au piano ? Très intimidé, j'ai interprété les trois mouvements deux fois plus rapidement que je ne l'avais jamais fait. J'étais rouge de confusion ; j'avais honte de faire perdre du temps à cet homme de génie. Quand j'eus terminé, il m'a dit : "C'est très beau. Ce serait un honneur pour moi de vous accueillir dans ma classe." J'étais aux anges. »

Encouragé par Chostakovitch, Slava progresse à pas de géant en brûlant les étapes : alors qu'il faut six ans pour accomplir le cycle d'études supérieures, il passe directement de la première à la troisième année, puis de la troisième à la cinquième, les examinateurs lui attribuant chaque fois la note maximale, 5 plus 1 : « En 1945, j'ai participé au concours des musiciens de l'U.R.S.S. : comme la limite d'âge était fixée à 31 ans, il y avait un très grand nombre de candidats. Sviatoslav Richter, qui avait 30 ans, figurait parmi eux ; il obtint le premier prix de piano et moi, j'ai remporté le premier prix de violoncelle, ce qui m'a permis d'entrer de plain-pied dans la carrière. L'année suivante, j'avais en poche mon diplôme de fin d'études et une médaille d'or ; j'ai effectué plusieurs tournées en Union soviétique et obtenu d'autres prix à Prague et à Budapest. À 21 ans, on m'a nommé professeur au Conservatoire ! J'appris alors que Chostakovitch était accusé par Jdanov de formalisme et de soumission à la morale bourgeoise ; il fut chassé du Conservatoire et son œuvre passée fut interdite. Je suis demeuré très proche de Dimitri Dimitrievitch [Chostakovitch] que je voyais souvent. Il rentra partiellement en grâce après la mort de Jdanov, mais cette condamnation retira de mon esprit toute crédibilité au régime communiste. »

Depuis longtemps, Slava songe à la direction d'orchestre : « Mon père m'avait dit : "Si tu apprends à bien jouer du violoncelle en soliste, tu écouteras l'orchestre de façon différente, et si tu veux encore devenir chef, tu pourras l'être." J'ai dû attendre l'année 1961 pour diriger mon premier concert, à Nijni-Novgorod ; j'avais déjà 34 ans : au programme figuraient la *Troisième Suite* de

Tchaïkovski et la *Cinquième Symphonie* de Prokofiev, avec qui j'avais travaillé pendant deux ans, avant sa mort survenue en 1953. »

Tout en poursuivant une brillante carrière de violoncelliste en U.R.S.S. et à l'étranger – où il n'a le droit de séjourner que pendant six semaines par an –, Slava étudie de nombreuses partitions d'opéra. Il a l'ambition d'accompagner Galina Vichnevskaïa[1], la diva du Bolchoï, qu'il a épousée en 1955. En 1967, Slava fait son entrée dans la fosse du grand théâtre pour conduire *Eugène Onéguine* où Galina tient le premier rôle féminin. D'autres triomphes suivront jusqu'en 1970, date à laquelle *Guerre et Paix* de Prokofiev marque la fin de la présence de Slava et de Galina au Bolchoï. De nouveaux orages politiques se sont levés frappant le couple de plein fouet. Depuis qu'il a lu *Une journée d'Ivan Denissovitch*, nouvelle révélant l'enfer des camps de concentration soviétiques, Slava souhaite rencontrer l'auteur de ce récit. En 1967, après un concert à Riazan, il rend visite à Soljenitsyne qui s'est retiré dans cette ville après sa libération du goulag. L'écrivain y vit dans des conditions tellement misérables que Slava lui offre l'hospitalité dans sa datcha. En 1970, Soljenitsyne reçoit le prix Nobel ; cette nomination provoque d'infâmes réactions dans la presse soviétique. Slava ose protester à haute voix : le 31 octobre 1970, il adresse à quatre grands journaux de Moscou, dont la *Pravda* et les *Isvetzia*, une lettre où il dénonce les persécutions dont l'écrivain est victime ; il rappelle également celles dont Chostakovitch et Prokofiev ont été l'objet en 1948. Son courrier ayant été publié à son insu par la presse occidentale, Slava est convoqué au ministère de la Culture : on exige de lui qu'il cesse d'héberger Soljenitsyne : « J'ai répondu que je le ferais à condition qu'on lui procure un autre toit où il pourrait être logé dignement. Cette demande me fut refusée. Nous fûmes alors, Galina et moi, expulsés du Bolchoï ; mes voyages à l'étranger furent interdits et tous mes engagements en U.R.S.S. supprimés. Il nous était désormais impossible de travailler dans notre propre pays. Il n'y eut qu'une exception à cet oukase : en tournée avec l'Orchestre de San Francisco, mon grand ami Seiji Ozawa menaça d'annuler son concert à Moscou si l'on ne m'autorisait pas à jouer avec lui le *Concerto* de Dvorak prévu au programme. La peur du scandale fit céder les autorités. Ce fut là ma dernière apparition publique en U.R.S.S. En 1974, Galina, très offensive, m'incita à écrire une lettre de protestation à Brejnev : c'est grâce à elle que j'ai pu continuer à me battre,

1. Soprano russe qui fut pendant vingt ans la diva du Bolchoï ; elle se produisit également sur les plus grandes scènes occidentales.

à lutter contre l'iniquité, alors que je songeais à un dénouement tragique. Quelques jours plus tard, nous avons reçu l'autorisation de quitter l'Union soviétique, sans espoir de retour. Le 24 mai 1974, je suis allé dire adieu à Chostakovitch qui était gravement malade. Nous savions que nous ne nous reverrions plus. Deux jours plus tard, je prenais l'avion pour Londres avec mon gros chien, un terre-neuve qui pesait au moins quatre-vingts kilos, soit dix de plus que moi. À Heathrow, on l'a mis en quarantaine ; je suis revenu le voir un peu plus tard : il m'a regardé d'un air d'une telle tristesse que j'ai eu honte d'avoir songé à l'abandonner. Je l'ai repris, et, comme on ne l'acceptait pas en Angleterre, je suis parti pour Paris ; nous avons passé nos premières nuits sans problème au Royal Monceau. Deux mois plus tard, Galina et nos deux filles nous ont rejoints dans la capitale. »

Sans engagement, sans ressources, les Rostropovitch s'installent à Lausanne dans un institut catholique. Mais bientôt, les invitations commencent à affluer et les tournées reprennent : toute la famille est à Tanglewood en 1975 quand Slava apprend la mort de Chostakovitch : le soir, il dirige, à la tête du Symphonique de Boston, la *Cinquième Symphonie* de son maître et ami ; accablé de chagrin, il laisse le soin à Seiji Ozawa d'annoncer le décès du compositeur.

Paris demeure le port d'attache européen de Slava et Galina. C'est là qu'un soir de 1978, ils entendent en regardant le journal télévisé la triste nouvelle : on leur a retiré la nationalité soviétique « pour conduite indigne à l'étranger » : « J'avais de nombreux amis aux États-Unis où j'ai retrouvé Soljenitsyne. Je supportais très mal d'avoir été déchu de ma nationalité. On me proposa la direction musicale de l'Orchestre national de Washington qu'Antal Dorati venait de quitter. L'accueil des musiciens et du public fut magnifique. Je suis resté à Washington jusqu'en 1988.

« Évian fut aussi une source de joie : la magnifique salle en bois qu'y fit construire Antoine Riboud a permis la création d'un festival annuel de haut niveau ; on y entendait de la très belle musique et aussi le chant des oiseaux. Antoine n'est plus là ; je sais qu'il m'attend, là-bas sous les arbres. En Angleterre, j'avais déjà perdu un autre grand ami particulièrement cher : Benjamin Britten m'avait invité à participer chaque saison au Festival d'Aldeburgh qu'il avait fondé. Au cours de l'été 1976, j'y ai dirigé la *Quatorzième Symphonie pour soprano et basse* de Chostakovitch, dédiée à mon ami Ben ; l'idée obsessionnelle de la mort rôdait dans les poèmes de Garcia Lorca, Apollinaire et Rilke. Deux mois plus tard, Britten disparaissait, un an après Chostakovitch.

« D'autres amis sont également partis : j'avais rencontré en France les quatre plus grands violoncellistes de notre temps, Maurice Maréchal, Paul Tortelier, Maurice Gendron et Pierre Fournier ; ils sont tous dans mon cœur ; nous nous reverrons bientôt. La création du prix international qui porte mon nom pérennise cette grande tradition française qu'un autre ami, Frédéric Lodéon, a brillamment représentée.

« Henri Dutilleux est lui aussi un incomparable génie : son *Concerto pour violoncelle "Tout un monde lointain"* est la plus belle composition contemporaine de ces quarante dernières années. »

Henri Dutilleux a rencontré Slava pour la première fois en 1961 à Paris[1] : « Igor Markevitch, qui dirigeait les Concerts Lamoureux, avait donné ma *Première Symphonie* à Moscou, en présence de Rostropovitch ; ce dernier, qui avait aimé cette œuvre, me demanda d'écrire pour lui un concerto. La première n'eut lieu qu'en 1970 au Festival d'Aix-en-Provence. *Tout un monde lointain*, titre inspiré des *Fleurs du mal* de Baudelaire, fut dirigé par Serge Baudo à la tête de l'Orchestre de Paris et fut bissé : quinze jours plus tôt, Rostropovitch ne connaissait pas la partition ; quand nous nous sommes revus aux répétitions, il la savait par cœur. J'avais composé une musique qui utilisait le registre le plus aigu du violoncelle, pour favoriser la merveilleuse sonorité de Rostropovitch. Quelques années plus tard, après qu'il eut été contraint de quitter l'U.R.S.S., il me passa une nouvelle commande, pour l'Orchestre de Washington cette fois. J'ai écrit, à son intention, ainsi qu'à la mémoire de Charles Munch, à qui je dois tant, *Timbres, Espace, Mouvement*, partition inspirée par la vision de la célèbre toile de Van Gogh, *La Nuit étoilée,* que je ne connaissais qu'en reproduction et que j'eus la joie de découvrir à New York avant la première. Rostropovitch fut excellent dans son rôle de chef. On a parfois exprimé des réserves sur son art. Il n'avait peut-être pas le don sublime de Munch, mais il savait magnifiquement s'adapter aux œuvres contemporaines. »

Au cours des années quatre-vingt, Slava a fréquemment dirigé le National de France et l'Orchestre de Paris. En 1983, à la tête de l'O.P., à Pleyel, il donne la cantate *Alexandre Nevsky* de Prokofiev. Lydia Harambourg, membre du chœur dirigé par le grand Arthur Oldham, se souvient[2] : « Nous étions magnifiquement préparés par Arthur. Rostropovitch n'était peut-être pas du niveau de Giulini, mais il était tellement musicien, il avait un tel enthousiasme,

1. Entretien enregistré au domicile du compositeur à Paris, le 14 mai 2002.
2. Entretien enregistré à Paris, le 22 novembre 2002.

qu'il pouvait tout obtenir de nous. Au cours des répétitions, il fit le clown ; ses mimiques étaient irrésistibles ; il était drôle sans être irrévérencieux. Il baragouinait un peu le français et avait toujours le mot pour rire pour détendre l'atmosphère. »

« Paris et la France m'ont beaucoup apporté, reconnaît Slava ; mon élection à l'Institut m'a rempli de fierté. Je garde aussi un souvenir ému de mes rencontres avec Charles Munch : il est le chef que j'ai le plus admiré. Je l'ai vu pour la première fois quand il est venu à Moscou avec l'Orchestre de Boston, en 1961 : son interprétation de *Daphnis et Chloé* est demeurée à jamais gravée dans ma mémoire. J'étais également à Montréal, en 1968, quand il donna avec l'O.P., un mois avant sa mort, trois œuvres que j'adore, *La Mer* de Debussy, *Métaboles* de Dutilleux et *La Symphonie fantastique* de Berlioz : ce fut une soirée fabuleuse. J'ai également beaucoup aimé Leonard Bernstein. Quand j'ai dû quitter l'U.R.S.S., il a mobilisé l'opinion américaine afin que je puisse poursuivre dignement ma carrière aux États-Unis. Il avait un talent spontané inouï. Il a hélas brûlé la chandelle par les trois bouts, même si cela paraît impossible.

« Pendant seize ans, j'ai été indésirable dans mon propre pays. J'ai cru à mon retour quand je suis allé au pied du mur de Berlin rendre grâce à Dieu pour les événements qui étaient en train de se produire. J'ai prié et joué pour tous ceux qui avaient été privés de liberté. Une autre vie allait commencer pour moi ; j'avais 63 ans et les deux pans de mon existence allaient enfin pouvoir se rejoindre quand je devins (ou plutôt redevins) citoyen russe.

« Aujourd'hui, je pense toujours à ceux qui ont été opprimés, à ceux qui sont morts, aux enfants abandonnés, mal soignés. C'est la raison pour laquelle, avec Galina, nous avons créé une fondation à Moscou destinée à venir en aide aux enfants malades ou handicapés ; nous avons financé aussi une maternité à Nijni-Novgorod et nous fournissons du matériel hospitalier de haut niveau à Saint-Pétersbourg et Orenbourg ; je donne également chaque année une trentaine de concerts de bienfaisance en Russie. À plus de 75 ans, je vis plus que jamais dans la musique. J'ai acquis la certitude que l'on peut entendre la profondeur de la souffrance dans les sons qu'elle propage : je la perçois distinctement dans celle de Chostakovitch et de Prokofiev, qui ne m'ont jamais quitté. »

Et l'île déserte ? Slava connaît la question ; il fait un signe de dénégation et conclut en riant : « Avant de pouvoir choisir, je me serai suicidé. »

SEMYON BYCHKOV PARIS NON TENUS

« Le temps, qui seul fait la réputation des hommes, rend à la fin leurs défauts respectables. »
Voltaire, *Lettres philosophiques*

De nombreux autres grands chefs ont marqué la musique russe de leur empreinte. La plupart d'entre eux avaient été, comme Rostropovitch, contraints à l'exil.

Semyon Bychkov, né en 1952, fut projeté en pleine lumière en 1988 quand il succéda à Daniel Barenboïm au poste de directeur musical de l'Orchestre de Paris. Il n'avait que 36 ans. Arthur Oldham[1], chef des chœurs, a vécu une décennie aux côtés d'un chef souvent contesté : « Wozlinski, directeur général de l'orchestre à l'époque, l'avait imposé, parce qu'il avait été impressionné par un très beau *Chevalier à la rose* que le jeune chef avait donné au Festival d'Aix-en-Provence, sans savoir s'il possédait un répertoire suffisant pour une telle responsabilité. Dès le début, tout s'est mal passé : Bychkov n'était pas sûr de lui, mais il donnait l'impression de maîtriser la situation ; son engagement fut prématuré. J'avais dit à Wozlinski : "Semyon va trop loin avec les musiciens ; il crée des conflits qui pourraient être évités." Wozlinski m'a répondu : "Il faut qu'il y ait des conflits ; il n'y en a pas assez..." Semyon manquait souvent de tact : au cours des répétitions d'*Alexandre Nevsky*, il a critiqué

1. Entretien enregistré à Paris, le 7 mai 2002.

le chœur sans me demander mon avis. Les choristes étaient furieux, moi aussi. J'ai été contraint de lui expliquer qu'ils ne chantaient pas seulement pour l'orchestre, mais aussi pour moi. Il me répondit qu'il recevait de nombreuses lettres de soutien. Je l'ai mis en garde en lui indiquant que, s'il continuait ainsi, il perdrait tout contrôle sur l'orchestre. Cela s'est un peu arrangé par la suite, mais d'autres incidents se sont produits. Le dommage survenu au départ ne fut jamais effacé. Avec les musiciens, il a été trop souvent malhabile : quand il avait fini une répétition avant l'heure prévue, il continuait inutilement jusqu'au bout au lieu de les libérer. Nous avons pourtant donné de très beaux concerts avec lui, notamment la *Deuxième Symphonie* de Mahler qui fut retransmise à la télévision. Semyon Bychkov était un excellent musicien ; il travaillait beaucoup ses partitions : un jour, je suis allé chez lui dans le Marais, où il vivait avec la pianiste Marielle Labèque ; je suis arrivé à neuf heures du matin et je suis reparti à minuit : il avait tenu à réviser avec moi ses nombreuses corrections et annotations sur le *Requiem* de Verdi. Il avait souvent des idées originales ; il ne prenait pas les choses à la légère. Mais il se laissait emporter par son caractère trop impulsif. »

Originaire de Leningrad, Semyon Bychkov avait quitté l'Union soviétique dès 1977. Il dirigea avec succès aux États-Unis et en Allemagne. En 1985, il remplaça Eugen Jochum au pied levé à la tête du Philharmonique de Berlin. Herbert von Karajan le remarqua et se porta garant de son talent auprès de ceux qui courtisaient le jeune chef. Après quelques années passées à Buffalo, Bychkov fut appelé à Paris où les problèmes surgirent. Philippe Aïche[1], premier violon solo, se souvient : « Considéré comme un prodige, Bychkov a été déstabilisé par sa propre réputation. Son séjour parmi nous fut marqué par une série d'incompréhensions techniques, artistiques et relationnelles. Il n'a pas fait réellement de mal à l'orchestre, mais les conflits qui se sont multipliés sont le résultat d'une mauvaise gestion, de sa part, de la direction générale de l'époque et peut-être aussi de la nôtre. » Françoise Courcel, membre du chœur, est encore plus incisive[2] : « Il ne nous apportait rien ; figé sur son podium, il insistait sur des points insignifiants, sans introduire de nuances personnelles. Au cours des tournées, il ne tenait pas compte de la fatigue des musiciens ; un grave incident a éclaté à Yokohama : il avait eu la maladresse

1. Entretien enregistré à Paris, le 15 mars 2002.
2. Entretien enregistré à Paris, le 30 mai 2002.

d'imposer une répétition supplémentaire après celle de *La Damnation de Faust* ; l'orchestre tout entier avait quitté la salle… »

Pourtant, le talent de Bychkov était réel ; il a souvent enthousiasmé le public et moi-même, j'ai été très sensible à ses interprétations mahlériennes ; il a élargi le répertoire de l'orchestre en jouant Strauss, Chostakovitch, Janacek, Berio ; il a gravé de très beaux disques, notamment *Eugène Onéguine*. Mais le ressort était cassé. Il ne pouvait que partir. Nommé premier chef à l'Opéra d'État de Saxe, puis directeur musical de l'Orchestre de la Westdeutsche Rundfunk de Cologne, il semble enfin s'être imposé et a repris, à 52 ans, sa marche en avant.

Yakov Kreisberg, né en 1954, est le beau-frère de Bychkov ; comme ce dernier, il a émigré aux États-Unis en 1977 où il a eu pour maîtres Bernstein et Ozawa, avant de devenir l'assistant de Michael Tilson-Thomas à San Francisco. Il a dirigé la plupart des grandes formations mondiales et s'est fait remarquer à la tête de l'O.P. en donnant une remarquable *Première Symphonie* de Mahler. Il est depuis 1995 directeur général de l'Opéra-Comique de Berlin.

LE CAPITAL RUSSE

« Le monde entier se trouvait devant eux, où choisir Le lieu de repos, et la Providence fut leur guide : à travers l'Éden, ils cheminèrent seuls. »
John Milton, *Le Paradis perdu*

Kyril Kondrachine (1914-1981), dont on a réédité d'admirables enregistrements, notamment une prodigieuse *Septième Symphonie* de Mahler, gravée en public avec le Concertgebouw d'Amsterdam, a lui aussi choisi la liberté. Il fut l'un des plus brillants maestros de l'après-guerre, pour beaucoup l'égal de Mravinski et de Svetlanov. Premier chef du Théâtre Maly de Leningrad, dès 1938, il fut chef permanent au Bolchoï de 1943 à 1956, avant de se consacrer au symphonique. Directeur artistique du Philharmonique de Moscou à partir de 1960, il se fit connaître en Occident au cours de mémorables tournées, notamment à Paris dans une fabuleuse interprétation de la *Première Symphonie* de Mahler. En 1979, au cours d'une série de concerts à Amsterdam, il obtint l'asile politique et ne retourna plus en U.R.S.S. Associé à Bernard Haitink, il donna de nombreux concerts au Concertgebouw, et fut un ardent défenseur de l'œuvre de Chostakovitch dont il avait créé, avant son exil, les *Quatrième*, *Douzième* et *Treizième Symphonies*. Il nous a laissé sur disques de magnifiques intégrales des *Symphonies* de Brahms, de Chostakovitch, les *Première*, *Troisième*, *Quatrième*, *Cinquième* et *Neuvième* de Mahler, sans oublier la *Septième* déjà citée. En 1981, un infarctus fatal a hélas écourté sa carrière qui aurait pu être plus brillante encore à l'Ouest.

Guennadi Rojdestvenski (né en 1931), fils du chef d'orchestre Nikolaï Anosov (1900-1962), fut l'un des rares artistes soviétiques à être autorisé à se produire régulièrement en dehors des frontières de l'U.R.S.S., après avoir dirigé au Bolchoï et à la Radio de Moscou. Il se fit remarquer à Stockholm, puis au Symphonique de la B.B.C. à Londres et au Symphonique de Vienne, tout en poursuivant sa carrière en Union soviétique. Invité par les plus grandes formations mondiales, il a donné de magnifiques concerts de musique russe à Paris. Connu pour son esprit frondeur, il refusa d'adhérer au parti communiste et démissionna de l'Orchestre de la Radio de Moscou quand on lui demanda de licencier les instrumentistes juifs de son orchestre. Rappelé en Russie en 2001, il a été nommé directeur général du Bolchoï, responsabilité à laquelle il a rapidement renoncé. D'un très large répertoire qui s'étend de Bach à Schnittke, on peut extraire de nombreux disques (près de quatre cents titres), consacrés aux intégrales des *Symphonies* de Tchaïkovski, de Glazunov, de Chostakovitch et à la musique française.

Vladimir Ashkenazy (né en 1937) fut d'abord un pianiste prodige qui obtint les plus hautes récompenses. En 1963, un an après avoir remporté le prix Tchaïkovski, il quitta l'Union soviétique à la suite des entraves dont il était l'objet pour s'installer à Londres avec sa femme Sofia, une pianiste islandaise, et ses enfants. Il se fixa ensuite à Reykjavik et s'orienta peu à peu vers la direction d'orchestre. De 1987 à 1994, il fut directeur musical du Royal Philharmonique de Londres et principal chef invité à Cleveland et au Philharmonia ; il dirigea également le Deutsche Symphonie Orchester de Berlin jusqu'en 1999, puis le Philharmonique tchèque qu'il quitta en 2003. Il se produit aussi au Japon, où il est chef principal de l'Orchestre de la N.H.K., sans pour autant renoncer à ses récitals de piano.

Djansug Kakhidze (1936-2002), d'origine géorgienne, effectua une grande partie de sa carrière à Tbilissi. Son activité internationale commença en 1977 à Amsterdam. La perestroïka lui permit ensuite de se produire régulièrement aux États-Unis, à Londres et à Paris où il fut l'invité de l'O.P., à la tête duquel il fit sensation en 1990 en remplaçant, au pied levé, Semyon Bychkov dans *La Damnation de Faust*.

Françoise Courcel, membre du chœur de l'O.P., ne l'a pas oublié[1] : « Kakhidze ne connaissait pas la partition de Berlioz. Il ne lui a pas fallu plus

1. Entretien enregistré à Paris, le 30 mai 2002

d'une journée pour comprendre cette musique et en saisir toutes les subtilités. Il nous a dirigés comme s'il avait été un familier de cette œuvre, en y apportant des contrastes magiques. Ce fut l'une des plus belles réussites de l'O.P. grâce à un très grand musicien. » Invité par les plus grands orchestres, Kakhidze, qui fut un spécialiste de la musique contemporaine, est demeuré fidèle jusqu'au bout à sa Géorgie natale. Son talent exceptionnel aurait pu lui valoir une renommée universelle s'il n'était pas mort à 66 ans.

Youri Ahronovitch (1932-2002) fut d'abord un violoniste prodige, avant d'être l'élève de Kurt Sanderling et de se diriger vers la direction. Chef permanent de la Radio de Moscou de 1964 à 1972, il émigra en Israël ; chef principal du Gurzenich de Cologne de 1975 à 1986, il fut également un maestro lyrique renommé, qui se produisit au Covent Garden, à Chicago, en Italie, en Allemagne. Un mois avant sa mort, il dirigea l'O.P. à Paris, les 3 et 4 octobre 2002, en donnant à la *Troisième Symphonie* de Scriabine, « *Le Divin Poème* », une prodigieuse ampleur. Je garde en mémoire cette soirée pas comme les autres, au terme de laquelle ce petit chef rondelet embrassa un grand nombre de musiciens de l'orchestre ; il monta jusqu'aux percussionnistes, au plus haut de l'estrade. Revenu sur le podium, je l'ai vu tituber de fatigue, mais je n'imaginais pas qu'il venait de nous adresser un message d'adieu.

Rudolf Barchaï (né en 1924), remarquable altiste, fut l'un des quatre virtuoses du Quatuor Philharmonique de Moscou, devenu ensuite le Quatuor Borodine. Partenaire fréquent de Richter, Oïstrakh, Guilels, Kogan, Rostropovitch, il étudia l'orchestration avec Chostakovitch et la direction avec Ilya Musine, et fonda en 1955 l'Orchestre de chambre de Moscou qui, sous sa baguette, devint une formation majeure, donnant notamment au baroque une place qu'il n'avait jamais eu en Russie puis en U.R.S.S. Il ne négligeait pas pour autant la musique symphonique ; il créa notamment la *Quatorzième Symphonie* de Chostakovitch. En 1977, ne supportant plus les pressions discriminatoires du pouvoir, il émigra en Israël et entama une magnifique carrière internationale qui le mena sur tous les podiums du monde en Europe comme aux États-Unis. Chef permanent à Bournemouth, puis à Vancouver, il a donné en 2000 sa version personnelle de la *Dixième Symphonie* de Mahler avec le Philharmonique de Saint-Pétersbourg. Parmi les nombreux disques qu'il a enregistrés, il faut placer au premier rang son intégrale des *Symphonies* de Chostakovitch à la tête du Westdeutscher Rundfunk de Cologne, magnifique monument qui rappelle combien ce chef est grand et très mésestimé.

Mark Ermler (1932-2002), contrairement à certains de ses compatriotes, n'a pas cherché à quitter son pays, mis à part quelques incursions en Grande-Bretagne, avant l'année 2000, pour devenir directeur musical de l'Orchestre de Séoul. C'est sur le podium de cette formation, au cours d'une répétition, qu'il fut victime d'une crise cardiaque fatale. Presque toute sa carrière se déroula au Bolchoï, où il entra dès 1957. Il a enregistré plus de vingt opéras russes et tous les ballets de Tchaïkovski ainsi que *Roméo et Juliette* de Prokofiev.

Vladimir Fedosseiev (né en 1932), élève de Mravinski, a été nommé en 1974 chef permanent de l'Orchestre symphonique Tchaïkovski de la Radio de Moscou. Il commença à diriger à l'étranger après 1988 et devint chef permanent du Symphonique de Vienne en 1997.

Mikhaïl Pletnev (né en 1957) a d'abord été un grand pianiste remportant en 1978 le premier prix du concours Tchaïkovski. Il alterna récitals, concertos et direction d'orchestre. En 1991, il fonda l'Orchestre national de Russie, première institution privée du genre en ce pays.

Vladimir Spivakov (né en 1944) fut d'abord un violoniste virtuose internationalement reconnu. Il fit ses débuts de chef en 1979 à Chicago et fonda l'Orchestre des Virtuoses de Moscou, qui fixa sa résidence en Espagne en 1990.

Vassili Sinaïsky (né en 1947), assistant de Kyril Kondrachine, remporta en 1973 le premier prix du concours Karajan à Berlin. Peu après, il fut nommé à la tête du Philharmonique de Lettonie qu'il dirigea jusqu'en 1989. Après avoir été au Bolchoï puis au Philharmonique de Moscou, il fut invité par les plus grands orchestres mondiaux et consacra une part importante de ses activités à l'art lyrique.

Vladimir Jurovski (né en 1970) est devenu très rapidement l'un des jeunes chefs russes les plus prometteurs, aussi bien dans le domaine du lyrique que dans le symphonique. Il a dirigé avec succès de nombreux orchestres occidentaux.

ENFANTS DE BOHÊME

« Il y a de la musique en toutes choses, si les hommes pouvaient l'entendre. »
Byron, *Don Juan*

Jiri Belohlavek, que l'on a vu à Paris, en 2002, diriger l'Orchestre National de France, est, avec Libor Pesek, l'un des derniers héritiers de la très riche tradition tchèque de direction d'orchestre.

Né à Prague, en 1946, ce musicien, contrairement à la majorité de ses compatriotes, a fait presque toute sa carrière dans son propre pays. Nul n'est mieux placé que lui, aujourd'hui, pour évoquer la situation actuelle de la musique en République tchèque[1] : « J'ai la certitude, précise-t-il d'entrée, que la musique perd de plus en plus de son influence dans notre société. Certes, ce déclin n'est pas spécifique à notre nation : je constate en effet que les problèmes que nous connaissons se posent partout dans le monde. Trop de pesanteurs économiques, financières, voire techniques, occultent le rôle culturel que devrait perpétuer notre art. Les médias jouent un rôle très souvent négatif ; ils sont essentiellement préoccupés de "consommation" et, du même coup, ils accélèrent l'évolution négative que nous constatons. Dans ce contexte, la musique n'occupe plus qu'une place limitée, à un point tel que l'éducation des enfants est constamment négligée. Cette glissade me fait penser à un raz de marée qu'aucun barrage ne pourrait arrêter : il se développe

1. Entretien enregistré à Paris, le 24 mai 2002.

avec une telle force que les jeunes générations se saisissent au passage de tout ce qui leur semble nouveau ; du même coup, elles s'écartent des valeurs de notre ancien patrimoine ; d'où une superficialité qui efface toute forme d'apport artistique. Est-il trop tard pour réagir et pour tenter de ralentir ce mouvement pernicieux, en offrant à la jeunesse une qualité de vie qui ne laisserait pas de côté tout ce qui est valorisant pour l'esprit ? Je le crains hélas.

« Ce qui m'inquiète le plus, en effet, est le refus des jeunes de se pencher sur ce que le passé nous a légué. Or, si l'on méconnaît l'histoire, on ne peut bâtir l'avenir. Nous avions chez nous une merveilleuse tradition de chants populaires : le folklore était une source intarissable de spectacles irremplaçables. Les mères élevaient leurs enfants dans le cadre d'une ambiance musicale nationale. Elle n'existe plus aujourd'hui. Les parents ont perdu le lien qui les unissait à cette grande tradition. On n'écoute plus que de la musique "commerciale" déversée à longueur de journées sur les ondes. Nous sommes ouverts aux influences les plus envahissantes. Nous savons bien que lorsqu'on vient de l'étranger à Prague, c'est moins par curiosité artistique que par volonté de conquérir de nouveaux marchés.

« À la tête de l'Orchestre Philharmonia de Prague, je m'efforce d'ouvrir nos portes à la jeunesse : les scolaires, avec leur famille, sont invités à nos répétitions, ainsi que les étudiants. C'est hélas une goutte d'eau dans l'océan. Quant aux subventions de l'État, elles se réduisent d'année en année, sous le fallacieux prétexte que la nation a d'autres priorités. Je suis très heureux que mon pays ait recouvré sa liberté en 1990, après une si longue attente. Mais, hélas, le statut des musiciens n'a pas été pris en compte. Sous le régime communiste, le plein-emploi était assuré, mais aucune sortie, sauf rares exceptions, n'était autorisée à l'extérieur de nos frontières. Actuellement, il faut savoir que des solistes du Philharmonique de Prague perçoivent un salaire trois fois plus faible qu'un informaticien d'une banque privée. C'est pour moi un non-sens absolu. Dans d'autres pays de l'ancien bloc soviétique, la situation est encore plus grave. Chez nous, en effet, contrairement à ce qui s'est passé en Russie, les meilleurs musiciens n'ont pas quitté notre sol, du moins pas encore. C'est la raison pour laquelle j'ai pu créer le Philharmonia, qui se situe entre la grande formation symphonique et l'ensemble de chambre. Nous disposons d'une cinquantaine de permanents. C'est mon enfant ; c'est aussi ma grande joie de pouvoir jouer aussi bien Haydn, Mozart, Beethoven que des créations contemporaines. J'avais remarqué que nous souffrions d'un manque dans ce domaine. J'ai pu auditionner les étudiants de nos conservatoires et engager les meilleurs d'entre eux : ils ont tous la volonté de s'engager à fond avec moi. J'ai obtenu, en même temps, l'appui de quelques sponsors. Je dispose ainsi de l'instrument dont je rêvais. Nous donnons de soixante-dix à quatre-vingts concerts par an à Prague et en tournées, notamment en France. Nous effectuons également des enregistrements et j'ai établi d'excellents contacts avec des chefs invités de grande classe. J'ai de surcroît des projets dans un domaine qui me passionne : le lyrique.

« Mon activité principale se situe à Prague, mais j'ai un second port d'attache, Londres, où je suis l'invité permanent du Symphonique de la B.B.C. Comme on me sollicite de toutes parts, je voyage beaucoup et je mène une vie assez fatigante : mon programme pour l'année 2003[1] me conduira de Prague à Londres, en Norvège, avant d'effectuer un véritable tour de France avec mon orchestre ; je donnerai ensuite une série de concerts, chez moi, à la tête du Philharmonia, puis j'aurai des séances d'enregistrement d'œuvres de Martinu. Je dois ensuite me rendre à San Francisco et dans plusieurs villes européennes… »

Jiri Belohlavek a eu pour maître Sergiu Celibidache. Il garde de lui un souvenir ému : « J'avais d'abord travaillé le violoncelle à l'Académie des beaux-arts. Puis je me suis orienté vers la direction. Celibidache m'a remarqué et m'a invité à ses *masterclasses*. J'ai pu y aller, bien qu'à cette époque il fût très difficile de sortir de Tchécoslovaquie. Le maestro était merveilleux avec les jeunes musiciens : comme il savait que les gens de l'Est ne gagnaient pas beaucoup d'argent, il payait tout de sa poche. Son enseignement fut essentiel pour moi. J'ai compris que ce que j'avais fait, avant de le rencontrer, ne comptait pas et qu'il me fallait repartir de zéro. Je n'étais encore qu'un étudiant paresseux, quand il me prouva que seul le travail permettait d'envisager la réussite. Il était parfois rude, voire violent. Il ne laissait rien passer de ce qui lui déplaisait. Tout à tour sévère ou amical, il m'a donné de belles leçons de vie artistique. »

Dans quel répertoire Jiri Belohlavek évolue-t-il ? « Je n'aime pas me montrer sélectif, car exprimer un choix est souvent injuste. Au cours de ma carrière, j'ai connu différentes périodes, au cours desquelles j'ai sans cesse évolué. Je me suis longtemps intéressé à Debussy et Ravel, puis à Mahler, Prokofiev, Chostakovitch. En même temps, je me consacrais à la musique

1. Cet entretien est, rappelons-le, antérieur à la saison 2003 qu'évoque le chef.

tchèque, Smetana et Dvorak, bien sûr, mais aussi Martinu et Janacek, dont j'ai enregistré de nombreuses œuvres, sans oublier Suk. À Paris, quand j'ai dirigé le National, j'ai appris que ses musiciens allaient jouer pour la première fois la *Sixième Symphonie* de Dvorak. Il est vrai qu'on se contente souvent de la *Neuvième* : certes, la *Symphonie du Nouveau Monde* est magnifique, mais elle ne doit pas être l'arbre qui cache la forêt ; d'autres compositions de Dvorak méritent d'être prises en considération, notamment ses poèmes symphoniques et ses sérénades. »

Faut-il avoir l'« âme tchèque » pour diriger Dvorak ou Janacek ? « Je ne le crois pas. Si je répondais par l'affirmative, cela pourrait signifier que je ne suis pas capable de conduire du Mozart parce que je n'ai pas l'âme germanique, ou du Debussy parce que je ne suis pas français. Il se peut cependant qu'un Tchèque puisse posséder un certain avantage quand il interprète Dvorak. C'est d'abord une question de tempérament. C'est encore plus vrai pour les œuvres orchestrales de Janacek. Cependant, l'aspect national ne doit pas empêcher la compréhension musicale. Chez Ravel, on rencontre souvent des moments d'exubérance assez comparables à ceux de Janacek.

« J'aime d'ailleurs écouter les disques de chefs étrangers, afin de savoir comment notre musique est perçue et rendue en dehors de notre pays : nous pouvons cueillir au vol, de part et d'autre et sans exclusive, une part de sensibilité qui s'impose à tous. »

Jiri Belohlavek a beaucoup enregistré au cours de sa carrière : outre les grands compositeurs nationaux, Smetana, Dvorak, Janacek, Martinu (il a gravé une intégrale de ce dernier), il a donné *La Nuit transfigurée* de Schoenberg, les *Lieder* de Mahler, des *Symphonies* et des airs d'opéra de Mozart, du Tchaïkovski, sans oublier Schnittke et Berio.

Avec quelle partition Jiri Belohlavek souhaiterait-il aborder l'île déserte ? « Au moment où je vous parle, je prendrais *Le Chant de la Terre* de Mahler. Mais je ne sais pas ce que pourrait être mon choix… demain. »

Au cours de cet entretien, Jiri Belohlavek a également évoqué l'héritage laissé par les grands chefs disparus. Il ne les a certes pas tous connus personnellement, mais il possède leurs disques essentiels. Le seul dont il ait été proche est Vaclav Neumann : « Neumann m'a offert ma première collaboration à l'Opéra de Berlin. Par la suite, il a été longtemps mon patron au Philharmonique de Prague ; j'étais son assistant, mais il me donnait souvent l'occasion de conduire à sa place. J'ai eu l'honneur de lui succéder en 1993. C'était un homme charmant, très accessible. Grand chef, dans un large répertoire, il pouvait donner parfois l'impression qu'il était superficiel, ce qui était faux. En réalité, il voulait qu'on soit attentif, mais il n'aimait pas se montrer exigeant au cours des répétitions ; il espérait en effet que les problèmes demeurés en suspens seraient résolus au concert. Il possédait un don exceptionnel du rythme et son sens de l'architecture musicale était remarquable. »

Ajoutons à ce témoignage que Vaclav Neumann (1920-1995) fut le créateur du Quatuor Smetana, avant d'être l'assistant de Kubelik à la Philharmonie tchèque. Autorisé à se rendre dans les autres démocraties populaires, il fut *Generalmusikdirektor* du Gewandhaus et de l'Opéra de Leipzig, ainsi que de l'Opéra de Berlin-Est, sans pour autant négliger les formations de son propre pays : il succéda en effet à Karel Ancerl à la Philharmonie tchèque. Son legs discographique est important : il comprend, notamment, deux interprétations de *Ma patrie* de Smetana, deux intégrales de Dvorak, l'intégrale des *Symphonies* de Martinu, des opéras de Janacek, ainsi que les dix *Symphonies* de Mahler, sans oublier Mozart et Beethoven.

Libor Pesek, né en 1933, eut pour maître Vaclav Neumann. Il dirigea d'abord des formations régionales, telles que celle de la Bohême du Nord et de l'Est, avant de conduire régulièrement la Philharmonie tchèque. Chef permanent du Philharmonique royal de Liverpool, à partir de 1987, il a enregistré avec cet orchestre une remarquable intégrale des *Symphonies* de Dvorak.

En remontant dans le passé, on constate que Belohlavek comme Neumann s'inscrivent en droite ligne de l'héritage laissé par Vaclav Talich (1883-1961), premier grand maître tchécoslovaque (il était en fait d'origine morave). Violon solo à la Philharmonie de Berlin, Talich fut l'élève de Nikisch avant de revenir dans son pays qui faisait encore partie de l'Empire austro-hongrois. Dans une Tchécoslovaquie enfin indépendante, il devint en 1919 directeur musical de la Philharmonie tchèque dont il fit l'une des meilleures formations européennes. Il a laissé un nombre imposant de disques majeurs, dont *Ma patrie* de Smetana. Il fut aussi un professeur de direction très estimé.

Karel Ancerl (1908-1973), dont la firme Supraphon a restitué la fabuleuse discographie, symbolise la résistance à l'oppression nazie et l'opposition à la dictature communiste. Élève de Vaclav Talich et d'Hermann Scherchen, il fut l'assistant de ce dernier à Berlin et à Munich. De retour dans son pays, il prit en 1933 la direction du Symphonique de la Radio de Prague.

Arrêté par la Gestapo, après l'invasion de la Tchécoslovaquie par le IIIe Reich, il fut déporté et échappa miraculeusement à la mort. Très affaibli, il reprit son activité à la tête de l'Opéra de Prague et à la Radio. Nommé directeur musical de la Philharmonie tchèque en 1950, il demeura à ce poste jusqu'en 1968, portant son orchestre au plus haut niveau international. Membre influent des mouvements qui aboutirent au Printemps de Prague en 1968, il fut contraint à l'exil. Il se fixa au Canada où il dirigea l'Orchestre de Toronto jusqu'à sa mort, survenue en 1973.

L'art de Karel Ancerl nous est fidèlement restitué par les nombreux disques, remis fort judicieusement sur le marché et qui couvrent sa meilleure période avec la Philharmonie de Prague. Consacré en grande partie au répertoire tchèque – Smetana, Dvorak, Janacek, Martinu –, son legs inclut également de nombreux autres compositeurs : citons de prodigieux enregistrements des *Première* et *Neuvième Symphonies* de Mahler, d'étonnantes *Symphonies* de Chostakovitch, et aussi du Brahms, du Moussorgski, du Tchaïkovski, du Stravinsky, du Prokofiev, du Hindemith, du Bartok, sans oublier de remarquables Mozart.

Karel Sejna (1896-1982) n'a que très rarement quitté son pays. Il a dirigé

la Philharmonie tchèque dès 1935 et devint après la guerre le second chef de cette formation, auprès de Karel Ancerl.

Vaclav Smetacek (1906-1986), lui aussi, se consacra presque exclusivement à la musique et aux orchestres tchèques. Hautboïste de formation, il dirigea le Symphonique de la Radio de Prague, puis après la guerre le Symphonique de Prague. Il a enregistré de nombreux disques de Smetana, Dvorak, Janacek.

Zdenek Chalabala (1899-1962), d'origine morave et slovaque, s'illustra dans le répertoire lyrique, principalement à Prague et Bratislava, et donna presque tous les opéras de Smetana, Dvorak et Janacek. Une étonnante relique discographique, datant de 1960, nous montre, dans les *Poèmes Symphoniques* de Dvorak, à quel niveau de perfection atteignait cet artiste très méconnu dans les pays occidentaux.

Plus que tout autre artiste, Rafael Kubelik (1914-1996) incarne l'âme musicale tchèque. Préférant l'exil volontaire à l'exercice de sa mission sous l'éteignoir totalitaire, il ne retourna pas à Prague quand, à Glyndebourne où il donnait *Don Giovanni*, il eut la certitude que le coup d'État communiste, renversant, en février 1948, le régime démocratique installé après la libération de la Tchécoslovaquie, était irréversible. Il lui fallut attendre quarante-deux ans pour revenir en héros dans son pays, après qu'il se fut retiré du circuit lyrique et symphonique en 1985, à la suite d'une grave maladie : à 76 ans, il accéda à nouveau au podium de la Philharmonie, qu'il avait dirigée de 1936 à 1948, conduisant, en guise d'adieu définitif, *Ma patrie* de Smetana.

Fils de Jan Kubelik, violoniste célèbre et compositeur de talent, Rafael, après avoir étudié le piano, le violon et la composition au Conservatoire de Prague, accompagna d'abord les récitals de son père. Le monde musical tchèque, convaincu de son talent, n'allait pas tarder à lui confier d'importantes responsabilités : à 23 ans, assistant de Talich, il prit le relais du maître à Londres et dirigea pour la première fois la Philharmonie tchèque, dont il devint chef permanent deux ans plus tard, puis directeur artistique en 1942. Réfugié aux États-Unis en 1948, il ne tarda pas à être récupéré par l'Orchestre symphonique de Chicago où il ne passa que trois saisons, ses exigences quant au répertoire contemporain étant incompatibles avec les œuvres qu'on entendait lui imposer. Son séjour à Covent Garden ne fut pas plus long : lassé par les intrigues, il claqua à nouveau la porte. Il avait déjà 47 ans quand l'Orchestre de la Radio bavaroise jeta son dévolu sur cet homme intransigeant, en quête d'absolu. Enfin stabilisé, il demeura fidèle à cette formation de 1961 à 1979, réalisant une éblouissante discographie (parfois avec le Philharmonia de Londres ou le Philharmonique de Berlin), consacrée notamment à Brahms, Bruckner, Smetana, Dvorak, Janacek, Martinu, Suk, Hindemith, Bartok et Mahler, en qui il reconnaissait un frère dont il se voulut l'apôtre : ne sont-ils pas tous deux Bohémiens ? Son intégrale de ses *Symphonies* est à peine postérieure à celle de Leonard Bernstein ; elle mérite d'être encore écoutée aujourd'hui, comme elle le fut dans les années soixante-dix.

Le symphonique n'est pas, loin s'en faut, tout l'univers de Kubelik : on le considère encore aujourd'hui comme l'un des maestros les plus éblouissants du XXe siècle dans le domaine du lyrique, où il a donné des interprétations d'anthologie, comme celles de *Rigoletto* de Verdi, de *Jenufa* et *De la maison des morts* de Janacek, de *L'Échelle de Jacob* de Schoenberg (première mondiale en 1961), de *Pelléas*. Il fut également l'un des rares à se risquer avec bonheur dans *Les Troyens* de Berlioz.

Il reste encore beaucoup à découvrir de ce grand musicien sans concession, qui fut aussi un compositeur prolifique, dont on aimerait pouvoir découvrir les œuvres.

Ce chapitre ne serait pas complet s'il ne faisait pas place à quelques autres chefs, d'origine polonaise et roumaine, qui ont eu une réelle influence sur l'évolution de la musique au cours du xxe siècle et pas seulement dans leur pays.

Witold Rowicki (1914-1989) peut être considéré comme le plus grand chef polonais, avec Arthur Rodzinski. Il redonna vie au Symphonique de la Radio en 1945, avant de diriger pendant un quart de siècle le Philharmonique de Varsovie. Il a pu également mener une brillante carrière internationale, au cours de laquelle il fut directeur musical de l'Orchestre de Bamberg. On l'a vu également à la tête de l'Orchestre de Paris et des principales formations britanniques et américaines.

Stanislaw Skrowaczewski (né en 1923), élève de Nadia Boulanger, dirigea les principales phalanges polonaises, avant de s'exiler en 1960 ; il succéda alors à Antal Dorati à l'Orchestre de Minneapolis où il demeura jusqu'en 1979. Naturalisé américain, il conduisit le Hallé de Manchester et poursuivit une activité de chef invité, tout en se consacrant à la composition.

Jerzy Semkow (né en 1928) fut l'assistant de Mravinski à Leningrad de 1954 à 1956 ; puis il travailla avec Erich Kleiber et Bruno Walter avant d'être chef au Bolchoï. Son activité se développa ensuite en Europe occidentale, avant de prendre la direction de l'Orchestre de Saint Louis, puis de la R.A.I. de Rome. On l'a souvent vu sur le podium de l'Orchestre de Paris.

Jerzy Maksymiuk (né en 1936) exerça longtemps à la Radio, puis à l'Opéra de Varsovie, avant de devenir directeur musical du Philharmonique de Cracovie en 1992. Il avait, entre-temps, dirigé le Scottish Symphony de Glasgow pendant neuf ans.

Antoni Wit (né en 1944), directeur du Grand Orchestre de la Radio-Télé de Katowice depuis 1983, est le plus connu des chefs polonais contemporains, grâce aux nombreux enregistrements qu'il a gravés pour la firme Naxos, notamment ceux des *Symphonies* de Mahler et de *Turangalila Symphonie* de Messiaen.

Georges Enesco (1881-1955), gloire musicale de la Roumanie, élève de Massenet et de Fauré, se distingua d'abord comme un prodige du violon et aussi comme un remarquable pianiste ; il fut également un compositeur prolifique et un chef d'orchestre très estimé, qui dirigea très souvent l'orchestre qui portait son nom.

Constantin Silvestri (1913-1969), également compositeur, chef de l'Opéra de Bucarest de 1939 à 1944, puis du Philharmonique de Bucarest de 1947 à 1951, s'installa à Paris à partir de 1959 et mena une carrière de chef invité, avant de devenir responsable de l'Orchestre de Bournemouth.

MESDAMES LES MAESTRAS

Emmanuelle Haïm.

NADIA BOULANGER
L'ANNONCIATRICE

« Ce qui compte n'est pas ce qu'on a été dans le monde,
ni le succès des entreprises ; ni la gloire même :
mais ce qu'on a fait de soi. »
André Suarès, *Valeurs*

Le monde de la musique n'accorde pas encore aux femmes la place qu'elles mériteraient d'occuper dans le domaine, très masculin, de la direction d'orchestre. Jusqu'à une période récente, les instrumentistes n'étaient même pas admises dans certaines formations de classe internationale. C'est ainsi qu'il fallut toute la force de persuasion d'Herbert von Karajan pour que la clarinettiste Sabine Meyer pût accéder au pupitre du Philharmonique de Berlin, sans que pour autant, par la suite, le nombre des heureuses élues dépassât la dizaine. Au Philharmonique de Vienne, ce fut pis : ce n'est qu'en 1997 que l'exclusivité masculine fut remise en cause par une harpiste. Six ans plus tard, l'orchestre autrichien ne comptait que deux femmes quand il se produisit au Théâtre des Champs-Élysées à Paris. Quant à la parité, elle n'est jamais évoquée dans de nombreux pays, alors que la plupart des formations occidentales – Grande-Bretagne, Pays-Bas, France notamment – recrutent de nombreuses musiciennes.

Au Royaume-Uni, de grands maestros intervinrent personnellement afin que les femmes pénètrent dans le cercle enchanté de l'orchestre. En 1953, le Philharmonique de Londres accueillit la première instrumentiste de son histoire : à la fin d'une session d'enregistrement de la *Sixième Symphonie* de

Vaughan Williams, Adrian Boult, au pupitre, annonça « l'événement » – car c'en fut un – en ces termes : « Je vous remercie sincèrement, *gentlemen*, et quand je dis *gentlemen*, j'inclus dans ce contexte madame la harpiste. »

Au cours des deux dernières décennies, la situation a très nettement évolué outre-Manche où la proportion des femmes est aujourd'hui de l'ordre de 30 à 40 %. Ainsi, le Philharmonique de Londres comptait en 2002 vingt-trois femmes dans ses rangs et le London Symphony vingt-deux, contre une seule en 1980 ! Au Hallé et au Bournemouth Symphonic, ce dernier orchestre étant d'ailleurs dirigé par une femme, Marin Alsop, les dames sont sinon en majorité, du moins à égalité avec les messieurs.

Sir Simon Rattle a joué un rôle important dans ce changement : aux « Proms » de Londres, en 2002, à la tête du National Youth Orchestra of Great Britain, il dirigea la *Huitième Symphonie* de Mahler avec un effectif de quatre-vingt-seize femmes, sur cent soixante-huit instrumentistes. À l'Orchestre de l'Âge des Lumières, qu'il conduit fréquemment, les 50 % sont également dépassés. Au sein des orchestres américains, le changement est également sensible depuis que le recrutement est effectué à l'aveugle, derrière un rideau, sans chaussures afin d'éviter toute identification que révéleraient des bruits de talons. En 2000, l'effectif des cinq grands orchestres (New York, Boston, Chicago, Los Angeles, Cleveland) comprenait environ 25 % de femmes.

En France, la parité est parfois atteinte dans certains pupitres, principalement les violons, et même dépassée dans les associations parisiennes. Nul ne semble s'en plaindre, bien au contraire. Les femmes sont de plus en plus nombreuses dans les conservatoires et les écoles de musique ; elles s'imposent dans toutes les formations orchestrales, et plus encore dans les ensembles de musique de chambre.

Il en va, en revanche, tout autrement de la direction d'orchestre. Les musiciennes accédant au podium sont encore rares, aussi bien en Europe qu'aux États-Unis, où les premiers orchestres féminins apparurent au XIXe siècle. Mais ce fut en France que se révélèrent les pionnières qui donnèrent leurs premières lettres de noblesse à la direction féminine.

L'annonciatrice de cet événement fut Nadia Boulanger. Grande organiste, élève de Louis Vierne, Charles-Marie Widor, Gabriel Fauré, magnifique pianiste, compositeur de talent, comme sa sœur Lili (Grand Prix de Rome, morte fort jeune), elle fut une pédagogue dont la qualité était unanimement reconnue, aussi bien sur le Vieux Continent qu'outre-Atlantique. Nadia Boulanger fut le « maître » ou la proche conseillère de John Eliot Gardiner, de

Daniel Barenboïm, de Leonard Bernstein, Copland, Carter, Harris... Elle se distingua également au pupitre de chef dans plusieurs registres : elle s'appliqua, avec dévotion, à défendre la mémoire de sa cadette en dirigeant ses œuvres chorales, comme en témoigne l'émouvante lettre qu'elle adressa à André Suarès, écrivain dont elle avait aimé le livre sur Debussy[1] : « Je suis une inconnue pour vous et sans doute cette lettre peut vous paraître étrange ; il me semble pourtant que vous l'entendrez, car elle vous porte un message qui ne peut vous laisser indifférent. J'avais une sœur, peut-être avez-vous entendu prononcer son nom [...]. Lili Boulanger est morte à 24 ans, après avoir souffert plus terriblement qu'on ne peut le savoir. En elle, était vraiment toute la beauté de la vie, et toute la force et toute la faiblesse. J'aimerais que vous connussiez sa musique. [...] J'ai le sentiment d'avoir une mission à remplir : il faut que l'âme abandonnée par le corps vive – et si je suis seule, je ne puis parvenir au but. On n'a pas connu ma sœur, qui a été une enfant en laquelle on ne pouvait, sans vivre près d'elle, pressentir quelle flamme brûlait et puis pendant quelques années, une malade si malade qu'elle ne pouvait plus avoir d'inutiles contacts avec les gens. [...] Je serais heureuse de vous envoyer des œuvres de ma sœur, soit de vous en faire entendre, à votre gré. » Cette missive ne demeura pas lettre morte : André Suarès connaissait déjà le talent de Lili ; il répondit à Nadia Boulanger avec beaucoup de sensibilité.

Dès cette époque, au début des années vingt, Nadia Boulanger conduisit des orchestres à cordes ; puis elle fonda sa propre phalange, l'Ensemble Boulanger, avec lequel elle créa plusieurs œuvres, dont la *Sérénade* de Jean Françaix ; en 1923, elle accéda au podium des grandes formations françaises et européennes. Elle fut ainsi la première femme à monter sur l'estrade du New York Philharmonic, puis du Boston Symphony. Celle qu'on appelait « Mademoiselle », en France comme aux États-Unis, jouissait d'une extraordinaire aura : connaissant par cœur un grand nombre de partitions, elle n'éprouvait aucune difficulté à les interpréter. Au cours de ses premiers déplacements en Amérique du Nord, elle n'eut qu'une seule véritable concurrente en la personne d'Antonia Brico, créatrice, en 1937, du New York Women Symphony Orchestra.

Le répertoire de Mademoiselle était très large. Elle fut notamment à l'origine de la résurrection de l'œuvre de Monteverdi ; de même, elle fit revivre la

1. Lettre inédite de Nadia Boulanger à André Suarès, du 31 octobre 1923, collection Maurice Noël.

musique de Rameau, de Marc-Antoine Charpentier et de Schütz, ainsi que maintes cantates de Bach. Elle mit également à l'honneur le *Requiem* de Fauré, s'intéressa à George Gershwin et défendit avec ardeur les compositions de Stravinsky, avec lequel elle entretint une longue et fructueuse collaboration, créant en 1938, à Washington, le *Concerto « Dumbarton Oaks »*.

Dotée d'une prodigieuse culture, elle était capable de nourrir ses cours sur Guillaume de Machaut ou Xenakis, de citations de Platon, de Racine, d'évoquer les eaux-fortes de Rembrandt ou le cubisme de Picasso. Pendant la guerre, elle se fixa aux États-Unis : elle enseigna notamment à la célèbre Juilliard School of Music et donna un grand nombre de conférences. De retour en Europe, en 1945, elle devint directrice du Conservatoire américain de Fontainebleau et fut professeur à l'École normale supérieure de musique ; elle effectua ensuite plusieurs tournées aux États-Unis et fut fêtée à New York, à l'occasion de son 75e anniversaire, en 1962, par tous ceux qui avaient bénéficié de son lumineux enseignement. À la tête du New York Philharmonic, accueillie par Leonard Bernstein qui jusqu'à la disparition de Mademoiselle demeura son ami sincère, dévoué et respectueux, elle apparut au pupitre de Carnegie Hall, saluée par un tonnerre d'applaudissements, pour donner les *Trois Psaumes* de sa sœur Lili.

Il nous reste de Nadia Boulanger quelques émouvants souvenirs discographiques, dont les *Madrigaux* de Monteverdi, le *Requiem* de Fauré, qu'elle enregistra trois fois, les *Valses* de Brahms, à quatre mains, avec Dinu Lipatti, ainsi que des gravures historiques du Philharmonique de New York.

Une autre Française, Jane Évrard, contemporaine de Nadia Boulanger (elle naquit en 1893), bénéficia également d'une grande renommée internationale comme chef d'orchestre. Épouse du violoniste et maestro Gaston Poulet, elle participa en tant que violoniste à la création, en 1913, du *Sacre du printemps*, sous la direction de Pierre Monteux. En 1930, elle fonda l'Orchestre féminin de Paris, composé de vingt-cinq cordes, qui se produisit avec succès dans de nombreux pays. Henry Prunières, en 1932, la décrivait ainsi dans *La Revue musicale* : « Cet ensemble orchestral apparaît toujours en progrès [...]. La charmante Jane Évrard, qui a des dons étonnants de chef, fait régner avec grâce la plus stricte discipline et obtient de son orchestre tout ce qu'elle veut. J'ai été charmé de la belle exécution de la *Fantaisie en ré mineur* de Purcell et surtout de la curieuse *Fantaisie n° 10* sur une seule note indéfiniment maintenue au milieu du mouvement des parties instrumentales. Le *Concerto grosso en ut mineur* de Haendel et l'admirable *Concerto pour quatre violons et cordes* de Vivaldi furent fort bien exécutés. On entendit aussi en première audition une charmante suite pour archets d'Armande de Polignac, *Le Voyage*, d'un tour d'esprit très ravélien, et le vigoureux triptyque de Tansman, révélé par les Concerts Coolidge… »

Après la guerre, Jane Évrard reprit son activité et donna de nombreux concerts, principalement à l'O.R.T.F. De grands compositeurs ont écrit pour son orchestre, notamment Arthur Honegger, Jean Yves Daniel-Lesur, Maurice Jaubert, André Jolivet, Jean Rivier, Albert Roussel et Florent Schmitt.

EMMANUELLE HAÏM
UNE PURE HARMONIE

« Tout héros est un être en lutte. L'artiste lui-même est lutteur par excellence, se tenant dressé contre l'éphémère pour la cause de l'éternel. »
André Suarès, *Portraits sans modèles*

« Elle sera bientôt la meilleure de toutes. Je lui donne deux ou trois ans pour atteindre au plus haut niveau. C'est une très grande musicienne dont je connais, depuis longtemps, le talent ; j'ai dirigé l'Orchestre de l'Âge des Lumières, avec elle au continuo ; elle est également venue au C.S.O. de Birmingham et, en 2001, elle a dirigé un opéra de Haendel, *Rodelinda*, à Glyndebourne, où elle a obtenu un immense succès. Elle peut jouer et diriger un large répertoire qui s'étend, actuellement, de Monteverdi à Haydn. Rien ne s'oppose, bien entendu, à ce qu'elle conduise des formations utilisant des instruments modernes. Vous avez beaucoup de chance, en France, d'avoir une telle artiste qui illumine la musique de sa jeunesse et de son talent. »

Sir Simon Rattle suit de près l'évolution d'Emmanuelle Haïm ; le jugement qu'il porte sur cette séduisante jeune femme montre en quelle estime il la tient et quelle importance il lui accorde dans le monde de la musique[1].

En quelques années, Emmanuelle Haïm a brûlé les étapes en France. Mais on peut encore mieux mesurer sa progression à la lumière des commentaires dithyrambiques qui accompagnent ses fréquentes apparitions

1. Entretien enregistré à Salzbourg, le 26 mars 2003.

au Royaume-Uni, où l'on n'est pas toujours tendre avec ceux et celles qui viennent de l'autre côté du Channel. Qu'on en juge par ces quelques extraits de la presse britannique : *The Guardian*, novembre 2001 : « Emmanuelle Haïm est jeune, convaincante et, mieux encore, furieusement talentueuse. » *The Financial Times*, octobre 2001 : « Ce chef français est élégante et pleine d'esprit musical. Elle ne le montre pas, mais elle possède un immense savoir et sait s'en servir. » *The Independant of Sunday*, octobre 2002 : « Elle a démontré, en tant que chef, qu'elle n'avait pas de véritable rival dans les œuvres de Haendel. Ce qu'elle fait représente l'avenir de la musique classique, et je m'en réjouis. » *Opera*, juin 2002 : « Son interprétation de *Rodelinda* de Haendel fut magnifique ; elle la place parmi les plus brillants musiciens de l'art actuel. » *Gramophone*, avril 2003, à propos de l'enregistrement d'*Orfeo* de Monteverdi – après deux représentations au Barbican Center de Londres –, avec Ian Bostridge et le Concert d'Astrée, à Notre-Dame du Liban à Paris : « Sa manière de diriger est unique et sa connaissance de cet opéra est inouïe ; elle est en effet capable de chanter toute l'œuvre de mémoire [...]. Elle humanise un héros légendaire. » *Classic F.M.*, décembre 2002, à propos des *Duos arcadiens* de Haendel, avec Natalie Dessay, Véronique Gens et Patricia Petibon : « Emmanuelle Haïm est une des rares femmes chefs d'orchestre à avoir pu pénétrer dans un domaine habituellement dominé par les hommes. Elle démontre qu'il n'est pas nécessaire d'être un septuagénaire chenu pour s'imposer à l'orchestre. »

Le célèbre ténor Ian Bostridge formule également un jugement de référence : « En tant que chef, elle fait preuve des mêmes qualités qu'au clavecin et, mieux encore, elle est capable d'inspirer les chanteurs et de s'inspirer de leur prestation, en créant une fabuleuse ambiance de plaisir et de découverte au cours des répétitions, avant de diriger avec une rare énergie et une grande précision [...]. Son autorité va de pair avec la générosité de son esprit. Je ne connais pas un musicien qui, ayant travaillé avec elle, n'affirmerait pas qu'il se passe quelque chose de spécial quand on joue sous sa direction[1]. »

Ces envois de fleurs, ce concert de louanges, sans la moindre fausse note, sont souvent partagés par les revues françaises spécialisées : *Diapason*, *Le Monde de la musique*, *Répertoire*, *Classica* ont très tôt décelé les étonnantes capacités de cette musicienne, qui s'est résolument engagée dans la voie tracée

1. Ian Bostridge, *The Future of Classical Music*, Londres, Gramophone, 2002.

par quelques-uns de ses devanciers, tels que William Christie, Jean-Claude Malgoire, Christophe Rousset, Marc Minkowski.

Alerté par tant de dons, j'ai rencontré Emmanuelle Haïm avant d'aborder la plupart des célébrités qui figurent dans cet ouvrage. C'est dans un salon du Train bleu, gare de Lyon à Paris, symbolisant les nombreux voyages qui l'entraînent vers les horizons les plus divers, qu'est fixé notre rendez-vous[1]. Avec ses longs cheveux bruns, légèrement bouclés, et ses yeux vert clair, l'expression de son visage oscille entre détermination, douceur, réserve et enthousiasme. Elle évoque d'abord son choix instrumental, puis définit les raisons du succès remporté par le baroque : « Le piano est un instrument très physique qui demande un effort musculaire intense ; j'ai compris, vers 17 ou 18 ans, qu'il ne correspondait pas à mes propres aptitudes et j'ai opté pour le clavecin. Mon changement d'orientation fut donc dicté par un problème d'adéquation personnelle. De plus, il y a une part d'improvisation dans le clavecin, qui me plaît beaucoup, car il laisse une grande liberté de jeu à l'interprète. Mon approche du continuo fut de surcroît favorisée par le répertoire auquel cet instrument est lié.

« Quant au succès de la musique baroque, il découle d'un renouveau du répertoire. Le fait d'être cantonné dans un ensemble d'œuvres très connues était trop limitatif pour le public. Les gens étaient curieux de découvrir un éclairage différent de la musique. L'aspect interprétatif sonore, sensiblement différent du classique, a également favorisé le succès du baroque auprès des amateurs, en ouvrant les portes sur un univers peu connu. Pour ma part, à mes débuts, j'ai abordé aussi bien le XVIIIe siècle que le romantisme ; en revanche, le XVIIe n'était pas obligatoirement inclus dans mes études. Ce ne fut qu'après ma sortie du Conservatoire, où l'on donnait un enseignement généraliste, que j'ai découvert la période musicale qui me convenait le mieux. »

Les années de Conservatoire sont riches de succès pour Emmanuelle Haïm : elle y obtient cinq premiers prix, ce qui n'est pas fréquent, mais n'en tire aucune gloire : « J'ai suivi, indique-t-elle avec modestie, le parcours habituel des étudiants qui veulent bénéficier d'un enseignement complet. Adolescente, j'ai d'abord été en classe de solfège spécialisée. Mon professeur, Sabine Coret, dirigeait ce cours au nom rébarbatif, mais dont le contenu était

1. Entretien enregistré à Paris, le 28 mars 2002.

profondément musical. J'ai obtenu ensuite un prix d'harmonie avec Jean-Claude Raynaud, organiste de grand talent et excellent pianiste, qui fut longtemps chef de chant à l'Opéra de Paris ; il faisait preuve d'une étonnante ouverture d'esprit dans cette classe d'écriture qui est assez unique, du moins en France. J'ai eu également un prix de contrepoint, un prix de fugue et un prix de basse continue, ce dernier avec Laurence Boulay. J'étais aussi inscrite en classe de clavecin. En même temps que je me perfectionnais, je donnais des cours. Les exigences de la vie m'ont, en quelque sorte, empêchée de viser d'autres objectifs qui auraient pu m'intéresser. On peut être un étudiant au long cours en France... »

Le cheminement d'Emmanuelle Haïm est ponctué de rencontres décisives, sans lesquelles une vocation tarde toujours à se cristalliser : « Tout a commencé à la maison, où l'on jouait continuellement de la musique. Ma mère était très bonne pianiste ; sa sœur aussi, qui donnait de fréquents récitals. Je venais de perdre mon père, quand ma tante me mit au clavier ; j'avais 4 ans. Puis vint Yvonne Lefébure qui fut mon professeur de piano ; elle avait une très forte personnalité, mais elle savait se montrer patiente avec sa petite élève ; elle m'a fait travailler Bach, Couperin, Rameau. Plus tard, à 18 ans, j'ai bénéficié des leçons du claveciniste canadien Kenneth Gilbert ; j'avais trouvé mon instrument. Le grand organiste André Isoir a été, lui aussi, déterminant : il m'a permis de découvrir l'orgue et d'y travailler de manière efficace. C'était une tradition de famille, car mon grand-père maternel, d'origine bretonne, avait été lui aussi organiste et facteur d'orgue. Puis j'ai connu William Christie ; je l'avais rencontré une première fois au Conservatoire où il donnait des cours de chant. Son attitude, hors de toute convention, fut importante pour ma propre évolution ; il m'a révélé des pans entiers de musique que je ne connaissais pas et m'a constamment inspirée. Christophe Rousset a marqué mes débuts au clavecin : il en jouait tellement bien que je lui ai demandé de travailler avec lui. Il n'avait pas encore fondé son propre orchestre, les Talens lyriques ; à partir de 1992, il m'a engagée au continuo dans son ensemble. Son attitude de chercheur me plaisait infiniment ; elle me permettait d'élargir mon répertoire et d'éclairer notamment l'œuvre de Mozart par l'étude des préclassiques. Sa passion fut pour moi un réel enrichissement.

« Puis il y eut Philippe Herreweghe, Claudio Abbado, Daniel Harding, et surtout Simon Rattle, dont l'apport fut fondamental. William Christie m'avait conseillé de le contacter à propos des *Boréades* de Rameau. Il a d'emblée estimé qu'il lui fallait quelqu'un d'expérimenté au continuo dans ce répertoire pour l'aider à imposer le grand opéra français du XVIIIe siècle à Salzbourg. Ce fut ma chance. Enthousiaste, toujours disponible, il s'est consacré à ce projet dès que je suis allée le voir à Londres. Chez Simon Rattle, tout est exceptionnel, son approche de la musique, sa volonté passionnée de tout comprendre, de tout approfondir, de créer. Son parcours et la manière dont il aborde toutes les époques, le baroque, le classique, le romantique, le contemporain, et même le jazz, avec Duke Ellington, m'ont donné une force de conviction sans pareille. Il pousse les gens vers la musique ; il est capable de révéler le meilleur de chacun de ceux avec lesquels il travaille ; grâce à son énergie, il est le leader qui entraîne, sans jamais se montrer trop directif ou négatif. Il n'a que les bons côtés de l'autorité. Il fait preuve d'une immense rigueur, tout en laissant à ses interprètes une grande part de liberté. Je lui ai peut-être apporté quelque chose, mais, lui, m'a beaucoup apporté, par son inlassable curiosité et son constant souci d'approfondir tous les sujets qu'il aborde : grâce à lui, j'ai pu avancer dans le bon sens. Nous avons notamment discuté de l'"inégalité" que l'on décèle dans la musique française du XVIIIe siècle : les notes n'y sont pas écrites métriquement avec régularité. En réalité, cela ne se joue pas comme les notes sont écrites. C'est très subtil, un peu comme si Art Tatum était au piano : la notation rythmique ne correspond pas à la notation de la partition, et on n'y trouve pas les indications qui pourraient déterminer la manière d'interpréter. Il en va de même pour Chopin où l'on ne rencontre pas d'éléments concernant la façon de jouer le *rubato.* Cette liberté rythmique, il faut parfois des années pour l'acquérir. Chez Simon Rattle, elle est instantanée : sa capacité d'assimilation est fantastique. »

Au printemps 2002, après l'enregistrement de cet entretien, Simon Rattle confie à Emmanuelle Haïm la direction de l'Orchestre de l'Âge des Lumières dans un programme Rameau, nécessitant de gros effectifs : « Ce sont des œuvres fastueuses, m'a-t-elle expliqué, coûteuses à préparer et à mettre au point. C'est la raison pour laquelle j'ai opté pour des *Suites de danses* et certains airs fondamentaux de ses opéras, avec un chanteur de premier plan, Paul Agnew. »

Avant même d'avoir rencontré Simon Rattle, le temps est venu pour Emmanuelle Haïm de prendre une décision, capitale pour son avenir, la création de son propre orchestre, le Concert d'Astrée, label inspiré de la mythologie grecque : Astrée, fille de Zeus et de Thémis, renonce aux délices de l'amour terrestre et monte au ciel pour créer la constellation de la Vierge. Astrée fait également référence au célèbre roman d'Honoré d'Urfé qui dépeint toutes les manifestations de l'amour. L'objectif de la musicienne est de faire entendre la voix sous toutes les formes développées par le baroque : récitals de solistes, madrigaux, opéras, oratorios. « Je savais que mon projet était aventureux, voire à hauts risques, reconnaît-elle. Tous les ensembles baroques connaissent des difficultés financières. Les subventions allouées sont très inférieures à celles consenties aux orchestres symphoniques : en effet, les crédits additionnés de tous les ensembles baroques (sauf quelques rares formations) sont plus faibles que ceux du plus petit des orchestres modernes ! Les conseils régionaux sont de plus en plus conscients de cette inégalité car, si en terme de rayonnement nous sommes très bien placés, les écarts de ressources demeurent vertigineux en notre défaveur. Le baroque est arrivé tardivement ; on ne l'a pas vu d'un bon œil : les opéras anciens étant l'apanage des théâtres lyriques, il n'y avait pas de raisons objectives d'aider les formations baroques. Il nous fallait cependant tenter d'entrer dans le système ; nous n'y sommes pas encore pleinement parvenus. Mais cela avance. L'Opéra de Paris produit la plupart des grands Rameau et des grands Haendel. Il est heureux qu'en la circonstance, on fasse appel à des formations anciennes, comme cela a été le cas avec les Musiciens du Louvre de Marc Minkowski.

« Notre première représentation du Concert d'Astrée eut lieu en juin 2001 à Auvers-sur-Oise avec des instrumentistes de grande qualité. Je n'avais pas résolu, loin s'en faut, tous les problèmes. Heureusement, la Fondation France Télécom m'a proposé une aide quasi immédiate qui m'a permis de mettre en place une mini-organisation administrative. Seule, je n'aurais rien pu faire. La solidarité musicale a également joué : Marc Minkowski m'a aidée avec ses instrumentistes ; la bibliothèque des Arts florissants, fondée par William Christie, me fut également ouverte. Il a fallu beaucoup d'enthousiasme partagé pour tenir le coup. Nous avons été soutenus par le Théâtre des Champs-Élysées, par Janine Roze, par Toulouse, qui ont présenté nos concerts. Peu à peu, notre programmation s'est étoffée. L'effectif de l'orchestre comporte un noyau de base d'une dizaine de musiciens, dont l'esthétique et les désirs musicaux sont proches, auxquels s'ajoutent, selon les œuvres, des instrumentistes venus du Conservatoire, mais aussi d'autres pays, comme l'Angleterre ou l'Italie. Nous avons besoin de nombreuses répétitions et de concerts pour souder l'ensemble et maintenir la qualité de notre son. »

En trois années, le Concert d'Astrée a fait son chemin. Cependant, l'exemple de Marc Minkowski, qui déborde largement du XVIIIe siècle, ne serait-il pas de nature à modifier l'évolution d'Emmanuelle Haïm ? « J'ai déjà dirigé de grands orchestres, notamment Birmingham, avant le départ de Simon Rattle ; j'ai conduit également au Festival de Glyndebourne ; j'ai été invitée au Canada, à Chicago, Salzbourg, Tokyo, New York, Londres. Resterai-je fidèle au baroque ? Je n'en sais rien encore. Quand j'avais 14 ou 15 ans, je pensais que j'étais faite pour la direction d'orchestre. Mais je savais qu'il me faudrait franchir certains obstacles dont je ne mesurais pas l'importance. Aujourd'hui, avec l'expérience acquise, je sens que je pourrais m'investir davantage ; mais il me reste beaucoup à faire dans mon domaine. Je considère que le baroque s'arrête à la fin du XVIIIe siècle ; Rameau, bien entendu, en fait partie et a été largement exploré ces dernières années par Christie, Rousset et Gardiner. Mais on ne l'écoute pas encore comme Brahms ou Stravinsky. Or je me sens toujours engagée dans cette voie "vivante" ; de surcroît, je persiste à penser que j'ai des compétences particulières dans ce répertoire, en compagnie des musiciens qui sont à mes côtés. J'aime aussi les voix et j'ai de grandes affinités pour la musique vocale. J'adore l'opéra et les chanteurs ; le lyrique baroque me passionne : il n'y a rien de plus théâtral. J'ai de nombreux projets dont certains sont en cours de réalisation, notamment à l'Opéra de Lille, où l'on m'a offert une résidence pour les Concerts d'Astrée à partir de 2004. C'est une ville où Jean-Claude Malgoire a beaucoup travaillé et ensemencé. J'ai besoin d'un environnement spécifique – histoire, recherche, musicologie, mise en scène – pour améliorer sans cesse mes connaissances. Déborder de mon répertoire actuel me paraît difficile dans l'immédiat : j'apprécie l'intimité qui me lie aux instrumentistes et aux chanteurs. Notre manière de travailler me paraît très différente de ce que l'on fait au symphonique où l'on voit débarquer un chef qui devient l'homme de la situation après seulement trois répétitions. Cela ressemble à une sorte de prise de pouvoir. Les musiciens du baroque n'ont pas la même attitude : ils savent que je connais bien la musique que je dirige et que j'ai un message à leur transmettre. Je les sens d'emblée très réceptifs. Mon plaisir est d'ailleurs de travailler avec des personnes que je connais et que j'apprécie. »

En 2004, Emmanuelle Haïm ne dérogera pas à cette règle : elle dirigera certes, outre Astrée, l'Orchestre de Birmingham et celui de l'Âge des Lumières, à cinq reprises (Bruxelles, Londres, New York, Paris et Salzbourg), mais en demeurant fidèle à Bach, Monteverdi, Charpentier, Haendel, Rameau.

Existe-t-il, dans les grands orchestres, une sorte de défiance à l'égard des chefs femmes ? « À l'évidence, nous sommes différentes des hommes et j'entends cultiver cette différence ; je ne veux pas changer ma nature. Je dirige souvent du clavier. Si je dois conduire un effectif important, je monte sur le podium. Je ne ressens pas du tout de problèmes relationnels. Quant à mon avenir, je n'en ai pas encore dessiné les contours. Mon seul objectif est de faire de la musique. Je reconnais cependant que je me pose des questions à propos de la direction d'orchestre ; je n'ai aucun doute sur mes capacités, ni sur ma conviction qui est forte. Mais je ne veux pas brûler les étapes : la responsabilité d'une grande formation, c'est quelque chose que je voudrais peu à peu apprivoiser avec l'aide de mes amis chefs, à commencer par Simon Rattle, mais aussi avec Louis Langrée avec lequel j'ai également travaillé, et Stéphane Denève. J'espère trouver les solutions qui me conviennent ; d'un concert à l'autre, on change, on évolue. Il y a quelque chose de mystérieux dans le rôle du chef, une attirance innée qu'il ne faut pas combattre. Je ne veux pas m'autocensurer. »

Y a-t-il encore des compositeurs du passé dont on n'aurait pas révélé l'intégralité des œuvres ? Quels sont les musiciens qu'Emmanuelle Haïm aimerait mettre en évidence ? « Certains sont délaissés. Même Rameau est loin d'être pleinement exploré. On peut découvrir des trésors dans l'école italienne, comme dans la musique française : ainsi de Lully, on ne joue que quelques œuvres et c'est injuste. Mais Bach lui-même ne figure pas très souvent dans les programmes, en France. Je voudrais diriger les *Passions*. Ce sont des monuments qu'on doit aborder avec respect et qui m'ont marquée dès mes jeunes années : je chantais la *Passion selon saint Matthieu* dans le chœur des Arts florissants, sous la direction de William Christie, quand j'étais étudiante ; j'étais alors totalement immergée dans la musique de Bach. Quand, enfant, je suivais les leçons d'Yvonne Lefébure, j'étudiais les *Préludes et Fugues*, les uns après les autres ; par la suite, j'ai appris par cœur tous ses chorals. Je voudrais faire également *Le Messie* de Haendel, mais son œuvre est de plus en plus fréquentée. Ce que j'aime le plus chez lui, ce sont ses opéras de jeunesse, principalement *Acis et Galatée*, que j'ai enregistré avec Sandrine Piau et Laurent Naouri. »

Emmanuelle Haïm est loin d'être indifférente à la musique contemporaine. Elle en parle avec enthousiasme : « Ma mère, qui était médecin, adorait l'opéra. Elle emmenait souvent ses quatre enfants au Palais Garnier. Ainsi, j'ai pu voir *Lulu* dans la mise en scène de Patrice Chéreau, avec Pierre Boulez dans la fosse. J'ai été fascinée par cette pièce, bien qu'elle m'ait d'abord paru rébarbative : il est vrai que je n'avais que 8 ans ! Peu après, j'ai assisté à une représentation d'*Einstein on the Beach*, de Philip Glass. Mon beau-père y tenait un rôle. Cela m'a beaucoup plu. J'étais passionnée par cette forme de théâtre. J'aime également Bartok, Kurtag, Ligeti, que le pianiste Zoltan Kocsis, ami de mon beau-père qui était hongrois, m'a fait découvrir. Il peut sembler paradoxal de s'intéresser à des œuvres contemporaines et d'être musicienne baroque. Or, j'estime qu'il existe des liens entre ces deux époques, notamment entre Rameau d'une part et Debussy et Ravel de l'autre. »

Et l'île déserte, avec quelle partition y accosterait-elle ? « Je pense que j'emmènerais *L'Art de la fugue* de Bach. Si je devais également choisir un disque, ce serait *L'Enfant et les sortilèges* de Ravel, dirigé par Lorin Maazel, à la tête de l'Orchestre National, que j'écoutais sans cesse quand j'étais enfant. »

LAURENCE EQUILBEY
À CHŒUR OUVERT

« C'est cette voix du cœur, qui seule au cœur arrive,
Que nul autre après toi ne nous rendra jamais. »
Alfred de Musset, *Poésies nouvelles*

Chef du chœur Accentus, responsable du Jeune Chœur de Paris, directrice du Centre de formation pour jeunes chanteurs, leader du chœur Leonard de Vinci, conseillère musicale du chœur de l'Orchestre de Paris, chef lyrique, qui est donc Laurence Equilbey ?

Dans l'ambiance bruyante de la brasserie qui jouxte la Cité de la musique, où elle doit diriger une répétition, l'entretien qu'elle m'accorde s'ouvre sur le ton de la sérénité et de l'engagement. Laurence Equilbey, sous un aspect réservé, est un être de passion, qui ne répugne pas à s'exprimer ouvertement[1] : « Je suis investie dans plusieurs voies qui, parfois, se rejoignent. J'ai d'abord fondé Accentus[2] en novembre 1992, avec de jeunes choristes professionnels. Au cours de la dernière décennie, ce fut de très loin mon activité principale. Comme on veut bien reconnaître que nous avons atteint le niveau international, toute notre action consiste désormais à maintenir notre structure à la place que nous avons conquise, d'être toujours

1. Entretien enregistré à la Cité de la musique, le 16 mai 2002.
2. Selon Laurence Equilbey, « *accentus* est un terme de prosodie latine qui signifie que l'on devait, en chant grégorien, faire monter la mélodie lors d'un accent tonique ».

inventifs, créatifs, et de faire en sorte qu'Accentus demeure un collectif fort. Même si elle a pu nous paraître âpre et incertaine, la première phase était la plus facile, car nous nous étions fixé un but. Maintenant que c'est fait, il nous faut constamment veiller à continuer d'aller de l'avant. Parallèlement à Accentus, il y a quelques années, j'ai voulu monter un ensemble réunissant de jeunes chanteurs amateurs : les maîtrises s'étaient considérablement développées en France, mais ceux qui en faisaient partie se retrouvaient sans emploi, à un certain moment de leur vie, quand la voix a besoin d'être entretenue. J'ai donc eu le souci de mettre en place une structure qui permette de continuer de chanter. Ce fut le Jeune Chœur de Paris, dont les progrès sont constants. Cette réussite nous a conduits à concrétiser un important projet : la création d'un centre de formation pour chanteurs, en établissant une sorte d'osmose avec Accentus. Parallèlement, j'ai eu pour mission de relancer, depuis 1999, le chœur lyrique de l'Opéra de Rouen. Ce travail, avec un groupe de chanteurs de la région, cimenté par mes propres musiciens, porte peu à peu ses fruits. Par ailleurs, en 2002, j'ai accepté le poste de conseiller des activités vocales de l'Orchestre de Paris, à la suite du départ d'Arthur Oldham. Le Théâtre Mogador étant plus petit que la salle Pleyel, nous avons dû réduire le nombre de choristes. Cet ensemble (bénévole, rappelons-le) avait de surcroît besoin d'être restructuré ; au fil des années, il avait quelque peu vieilli, faute d'un renouvellement suffisant. Mon objectif est de redonner à ce qui fut un grand chœur son niveau de naguère. Nous avons mis en place une pédagogie vocale et organisé des *masterclasses* ; je ne m'occupe pas de la direction vocale, car je manque de temps ; elle est confiée à Didier Bouture et Geoffroy Jourdain.

« J'ai également une activité de chef lyrique : je m'efforce de présenter une nouvelle production chaque année, à Rouen, ainsi qu'à Aix-en-Provence, où j'ai donné du Mozart, du Puccini et plus récemment du de Falla, avec *Les Tréteaux de Maître Pierre*. De plus, je m'efforce d'être disponible pour monter un ou deux ouvrages baroques : pour ce faire, je collabore avec le Concerto Köln. J'ai travaillé également avec l'orchestre polonais Sinfonia Varsovia, en dirigeant un ou deux concerts par an. C'est hélas tout ce que je peux faire, compte tenu de mes responsabilités. »

Laurence Equilbey a découvert la musique assez tardivement : « J'avais 11 ans et j'étais en pension. J'ai fait de la flûte traversière et du piano, ainsi que du chant dans la maîtrise de l'école. Cet apprentissage marqua la naissance d'une irrésistible passion, que l'étude de l'écriture du langage musical a fini par cristalliser. Je me suis décidée beaucoup plus tard à me lancer dans une carrière professionnelle. J'étais à la Sorbonne pour préparer l'agrégation de musicologie avec Jacques Grimbert, dont j'ai été l'assistante ; en même temps, je suis entrée au Conservatoire national dans la classe d'analyse de Betsy Jolas et de direction avec Jean-Sébastien Béreau. En 1986, à 24 ans, j'ai pris la décision de partir pour Vienne, où mon mari, le pianiste Édouard Garcin, étudiait lui aussi la direction d'orchestre. Dans cette ville, je suis entrée à l'Arnold Schoenberg Chor que dirigeait parfois Nikolaus Harnoncourt ; j'ai ressenti un grand choc en écoutant l'*opus 50* de Schoenberg, puis en chantant la *Messe en sol* et le *De profundis* de Poulenc, que je n'avais jamais entendus à Paris. J'ai également suivi les cours d'histoire de la musique que donnait Nikolaus Harnoncourt ; c'est lui qui m'a initiée au baroque. Sa science de l'équilibre, entre l'orchestre et les voix, son imagination, son sens de la transparence sont exceptionnels. Il n'était pas autoritaire, mais il déployait une rare énergie pour convaincre son auditoire. Il ne se souvient probablement pas de moi : quand je l'ai connu, je n'étais que chanteuse. On s'est revus à Paris où il était venu donner un concert ; on s'est salués. Et ce fut tout. »

De retour à Paris, deux ans plus tard, Laurence Equilbey connaît la grande chance de sa vie en croisant le chemin d'Eric Ericson, fondateur en 1945 du Chœur de chambre de Stockholm, devenu, trente ans plus tard, le Chœur Eric Ericson. Invité dans le monde entier, ce grand musicien suédois, l'un des plus célèbres spécialistes du chant choral, devient l'inspirateur de Laurence Equilbey : « Il est mon grand maître. Il m'a tout appris, la gestique, l'art de façonner la palette sonore d'un groupe, la manière d'obtenir un son personnel. Je l'ai suivi à Stockholm où il m'a constamment guidée dans mes choix esthétiques. Son influence fut déterminante. Nous continuons de travailler ensemble ; il vient régulièrement diriger Accentus ; nous venons d'enregistrer ensemble un disque en Hollande. »

Sans Ericson, Laurence Equilbey ne se serait dans doute pas lancée dans l'entreprise aventureuse que fut la fondation d'Accentus : « Ma traversée du désert fut interminable, reconnaît-elle ; je serais incapable de la refaire. Il a fallu s'accrocher, ne jamais lâcher prise, ne pas céder au découragement, prendre constamment des risques artistiques. J'ai constaté combien l'existence d'un chœur a cappella était précaire. Nous avons en France une certaine culture des groupes vocaux amateurs. En revanche, nous avons un grand retard dans l'a cappella, qui est très développé en Suède, en

Allemagne, en Autriche et en Grande-Bretagne. Mais comme j'aime l'adversité, trait dominant de mon caractère, j'ai poursuivi ma route en croyant toujours au succès. »

Douze ans après sa création, l'avenir d'Accentus, qui a obtenu de nombreux prix et récompenses, dont une Victoire de la musique, est-il définitivement assuré ? « Tout n'est pas résolu, loin s'en faut. Bien que nous couvrions nos dépenses à plus de 50 % grâce à nos recettes de concerts et à nos disques qui, pour la plupart, ont bien marché, nous cherchons des parrainages, venant après celui de France Télécom, qui se consacre actuellement au centre de formation. Un chœur professionnel coûte cher. Le ministère de la Culture a fait un geste en 2002, mais ce fut peu par rapport aux sommes allouées aux orchestres. Nous sommes également aidés par la Ville de Paris, la Région de Haute-Normandie, nous recevons le soutien de la Sacem ; mais je crains toujours que certaines promesses demeurent lettre morte ; je ne sais pas si j'aurai longtemps l'énergie nécessaire pour maintenir à bout de bras la structure que nous avons mise en place. C'est très fatigant, voire déprimant. La gestion, partagée avec mes proches collaborateurs, est un souci permanent. Nous ne pouvons pas programmer nos concerts longtemps à l'avance, car

nous n'avons pas le financement indispensable. Nous sommes relativement chers sur le marché musical, car nous ne voulons pas brader notre activité. En 2002, nous avons pourtant mis à notre calendrier une soixantaine de concerts en France, sans compter les tournées en Europe et aux États-Unis. »

Le répertoire d'Accentus a sensiblement évolué depuis sa création. Laurence Equilbey va constamment de l'avant. Quels sont ses choix prioritaires ? « Nous jouons relativement peu de compositions des XVIIIe et XIXe siècles, en raison de la progression du baroque. Je dois veiller à ne pas "casser" mon groupe de trente-deux chanteurs, en retenant des voix spéciales qui s'adaptent à nos projets. Je m'efforce de faire du Bach, que j'adore. Mais je retiens très peu d'autres musiciens de son époque, car je ne veux pas m'enfermer dans une seule période. D'ailleurs, j'ai de longue date noté combien en France nous manquions de formation de base dans le répertoire contemporain. Comme les œuvres classiques ne sont pas inépuisables, nous traversons toutes les périodes, romantisme, post-romantisme, pour aboutir au sérialisme et même à la musique spectrale. Malheureusement, la tradition d'écriture de la seconde moitié du XIXe et de tout le XXe siècle est assez mince pour un ensemble comme le nôtre. Nous sommes encore en phase d'expérimentation. Le sériel m'intéresse beaucoup, mais il est très ardu pour les chanteurs et aride pour les auditeurs. Nous avons déjà fait les cantates de Webern, avec l'Intercontemporain de Pierre Boulez ; je joue régulièrement l'*opus 50* de Schoenberg, qui m'a tellement marquée pendant mon séjour à Vienne ; nous devions également aborder l'*opus 27*, de la période sérielle du même compositeur, mais nous y avons renoncé en raison de sa complexité. L'*opus 50* est en revanche sublime : Schoenberg s'éloigne de la sécheresse du début du sérialisme pour effectuer un retour à l'expressionnisme. Il faut du temps pour que le public s'habitue à cette musique. Quant au baroque, il nous reste à découvrir un grand nombre de partitions. En France, nous commençons seulement à travailler à Versailles sur les XVIIe et XVIIIe siècles.

« J'ai également de grandes affinités avec Gustav Mahler. Malheureusement, son répertoire n'est pas adapté au nôtre. Il nous a donc fallu utiliser de belles transcriptions de Clytus Gottwald pour les *Lieder* et l'*adagietto* de la *Cinquième Symphonie*. Ce mouvement, nous l'avions enregistré en 2001 ; mais les bandes furent longtemps bloquées chez Warner, avant que nous ne puissions publier le disque prévu chez Naïve en 2003. »

Dans la notice de ce CD d'exception, Gottwald justifie ses transpositions en rappelant que la seconde école de Vienne « perpétua une très ancienne tradition dont l'exemple le plus remarquable est l'arrangement par Webern du *Ricercar à six voix* de Bach ». Gottwald ajoute qu'au XXe siècle, la musique vocale n'a pu suivre l'évolution foudroyante du symphonique, « le chœur fonctionnant comme simple appendice de la partie instrumentale, tandis que l'a cappella reprenait des modèles historiques ». D'où la volonté du transcripteur, à la demande de certains ensembles, de transposer, outre l'*adagietto* cité plus haut, *Soupir* de Ravel, extrait des trois poèmes de Stéphane Mallarmé, de *Nachtigall* de Berg, d'un *Lied* de Mahler sur un poème de Rückert, les *Angélus* de Debussy, le *Largo* de la *Sonate opus 58* de Chopin, l'*Adagio* de Barber, et deux *Lieder* de Wolff. D'où une réalisation qui nous transporte vers les cimes et qui demeurera comme une sorte de mythe de l'a cappella, qui représente près des trois quarts de l'activité d'Accentus.

« Certains compositeurs, ajoute Laurence Equilbey, n'ont pas écrit pour les voix et c'est dommage. Je pense à Henri Dutilleux et à Pierre Boulez qui n'ont rien fait dans ce domaine[1] ; nous ne pouvons donc pas jouer d'œuvres

1. Henri Dutilleux a composé en 2003 une partition intitulée *Correspondances*, dédiée à la chanteuse Dawn Upshaw et au Philharmonique de Berlin, dirigé par Simon Rattle ; cette œuvre a été créée dans la capitale allemande le 5 septembre 2003.

des deux plus grands compositeurs français contemporains ; ils nous manquent beaucoup. »

Quels sont les créateurs préférés de Laurence Equilbey ? En guise de réponse, le chef fait référence à Pablo Casals qui disait : « "La *Suite* de Bach que je préfère est celle que je travaille." C'est également mon cas, ajoute-t-elle. J'ai une prédilection particulière pour les Allemands et les Autrichiens, Bach, bien sûr, Cornelius, Brahms, Richard Strauss et Schoenberg. J'ai également joué de nombreuses pages de Reger, qui me touchent infiniment ; son langage harmonique me convient. Le post-romantisme allemand m'a toujours attirée, à travers ses mouvements littéraires, sa poésie, notamment celle de Rilke. D'autres musiques me fascinent également, mais pas en permanence, plutôt à titre expérimental : ainsi les *Motets pour un temps de pénitence* de Poulenc est une œuvre qui compte beaucoup pour moi. J'ai également donné avec mon groupe *Noces* de Stravinsky, ainsi que le *Requiem allemand* de Brahms, en utilisant la version pour deux pianos et chœur qui, avec quarante chanteurs, crée un effet de spatialisation très classique, moins pesant, plus irradiant que la version pour orchestre. »

Bien qu'elle n'ait pas encore, loin s'en faut, épuisé toutes les ressources de l'a cappella, Laurence Equilbey envisage-t-elle un glissement progressif vers d'autres voies musicales ? A-t-elle l'ambition d'aller plus avant vers l'orchestre et d'y connaître la notoriété ? « Vers le lyrique, très certainement, concède-t-elle. J'ai déjà fait beaucoup de baroque ; c'est une sorte de chemin de traverse qui ne m'éloigne pas trop d'Accentus. Quant au lyrique, il nécessite un engagement long et soutenu ; j'aimerais m'y investir davantage, mais il est difficile de concilier cette orientation avec la préparation d'œuvres nouvelles à créer par mon chœur. Que sera l'avenir ? Nous verrons bien jusqu'où l'opéra peut me porter. Je n'ai pas créé Accentus avec l'espoir de devenir un jour chef d'orchestre ; je continue l'a cappella et j'attends de voir ce que l'on me proposera. Il n'y a pas de véritable frontière entre la direction d'un chœur et celle d'un orchestre. Mais comme je m'étais promis de consacrer deux tiers de mon temps à Accentus, réduire cette proportion constituerait un risque de déperdition de qualité. Je peux, il est vrai, ouvrir Accentus à des chefs invités afin de mettre en place une organisation plus sereine ; mais le chœur demeure encore au centre de mes préoccupations.

« La musique instrumentale possède, à tous les niveaux, d'excellents chefs ; en musique vocale, en revanche, nous sommes plus démunis. Or, c'est encore mon domaine. Cela ne veut pourtant pas dire : "Fontaine, je ne boirai pas de ton eau." Ainsi, j'ai conduit récemment à Rouen un opéra contemporain de Pascal Dusapin, *Medeamaterial.* De plus, je reconnais que le parcours de certains jeunes chefs est assez tentant. Je me suis parfois posé la question de savoir, si j'avais été un homme, ce que serait ma carrière, à ce stade de ma vie. Je n'ai pas trouvé de réponse valable à cette interrogation personnelle. Au cours d'un colloque évoquant la présence des chefs femmes, à l'I.R.C.A.M., j'ai rencontré Claire Gibault. Elle m'a rappelé qu'elle avait été l'assistante de Karajan à Berlin, mais qu'elle n'avait jamais pu accéder au podium, les instrumentistes s'y étant opposés. C'est un exemple qui donne à réfléchir. Quand je dirige à l'Opéra de Rouen, ça se passe très bien, avec le Sinfonia Varsovia également. Au début, j'avais pourtant ressenti certaines réticences : les rapports d'autorité ne sont pas les mêmes qu'avec un homme. Je n'aime pas m'imposer par la force ; je ne veux pas que le rôle du chef revête un caractère douloureux pour les musiciens ; j'ai envie qu'ils se prennent en charge, sans avoir à peser sur leur manière de jouer. Avec un orchestre, il y a davantage de problèmes qu'avec des chanteurs : l'effectif est plus important et il y a plus d'énergie à déployer. Néanmoins, je suis tentée de poursuivre l'expérience que j'ai commencée ; elle m'intéresse dans la mesure où elle pourrait m'offrir d'intéressantes perspectives. »

Et l'île déserte, qu'inspire-t-elle à Laurence Equilbey ? « Je choisirais une partition d'un compositeur allemand que j'adore, mais qui est peu connu en France : il s'agit de Peter Cornelius, qui vécut de 1824 à 1874 ; il a écrit des opéras, des œuvres chorales et des mélodies, parmi lesquelles j'opterais pour *La Nuit de la guerre.* »

MARIN ALSOP
COUPS DE MAÎTRE

« Qui peut trouver une femme forte ?
Son prix l'emporte de loin sur celui des perles. [...]
La force et la dignité sont sa parure et elle se rit de l'avenir. »
Ancien Testament, Proverbes

Le 7 octobre 1998, le public se pressait à la salle Pleyel pour l'unique concert donné par l'Américaine Marin Alsop, à la tête de l'Orchestre de Paris. À la curiosité d'assister aux débuts dans la capitale d'un chef femme s'ajoutait l'attrait d'un programme digne de retenir l'attention de nombreux mélomanes : *Un Américain à Paris* de Gershwin, le *Concerto pour percussion* de Joseph Schwants, en création française avec la grande dame de la percussion solo, la Britannique Evelyn Glennie, les *Danses symphoniques* de Bernstein, extraites de *West Side Story,* et la *Première Symphonie* de Samuel Barber.

Cinq ans plus tard, Marin Alsop, avec qui j'évoque au téléphone[1] cette unique apparition parisienne, n'a rien oublié de son fulgurant passage : « J'ai adoré l'Orchestre de Paris ; il est tellement musical ! J'ai d'emblée senti un grand engagement de la part des instrumentistes ; leur enthousiasme, leur gentillesse m'ont touchée. Je crois qu'ils auraient aimé pouvoir communiquer avec moi, me parler. Mais la langue est un obstacle que nous n'avons pas pu franchir. Je les ai trouvés naturels, dignes de respect et désireux de faire de la bonne musique. J'aimerais revenir à Paris. Christoph Eschenbach, qui dirige

1. Entretien enregistré au téléphone (Marin Alsop étant à Denver), le 7 mars 2003.

également le Symphonique de Philadelphie où je suis invitée, connaît mon travail ; j'espère qu'il pensera à moi. »

Née en 1956 à Manhattan de parents musiciens professionnels, Ruth, violoncelliste au New York City Ballet, et LaMar, premier violon solo au même orchestre, Marin Alsop commence à jouer du piano dès l'âge de 2 ans. À 5 ans, elle prend des leçons de violon ; à 7, elle entre au collège préparatoire de la Juilliard School of Music ; elle obtiendra en 1975 dans cette prestigieuse école les plus hauts diplômes. Commence alors une carrière d'instrumentiste au New York Philharmonic, au New York City Ballet, au Mostly Mozart, au New York Chamber Orchestra. Elle se produit également dans différentes formations théâtrales de Broadway, notamment dans le célèbre *Show Boat*. Bientôt le violon ne lui suffit plus. Depuis qu'elle a vu, à l'âge de 10 ans, Leonard Bernstein aux *Young People's Concerts*, elle n'a cessé de rêver de devenir chef d'orchestre. Elle décide alors de faire des études de direction avec Karl Bamberger et fonde un petit ensemble, composé d'une dizaine de membres, qu'elle baptise String Fever (la Fièvre des cordes). Trois ans plus tard, elle crée le Concordia Orchestra, destiné à explorer toutes les formes musicales, y compris le jazz et le gospel.

Ses progrès ne la satisfaisant pas, elle change de professeur et travaille avec Harold Faberman. En 1988, à 32 ans, elle touche au but en remportant le prix Leopold-Stokowski. Invitée à Tanglewood, elle y obtient le premier prix de direction institué par le maître qu'elle vénère : elle devient l'élève de Leonard Bernstein. Nommée peu après chef associé du Richmond Symphonic, elle est conviée à Londres où elle effectue ses débuts à la tête du London Symphony. La consécration est proche. Elle obtient en 1989 le prestigieux prix Koussevitzky, attribué pour la première fois à une femme. Ce succès lui vaut de devenir directeur musical du Eugene Symphonic en Oregon et du Long Island Philharmonic. Honneur suprême pour la musicienne : elle accompagne Leonard Bernstein au Japon, où le maestro crée le Pacific Music Festival de Sapporo : « Ce fut la période la plus passionnante de ma vie, affirme-t-elle. La possibilité m'était offerte d'être accréditée en permanence à Tanglewood : de nombreux spécialistes de l'industrie musicale y viennent chaque année en quête de jeunes artistes ; certains d'entre eux m'ont offert la possibilité de m'exprimer au plus haut niveau, à Philadelphie et Los Angeles, ce que je n'aurais pas pu obtenir si je n'avais eu la chance insigne de travailler avec "Lenny". Le fait d'avoir été associée à cette légende de la musique m'a beaucoup aidée. Lenny m'a appris le respect de la partition, le dynamisme, l'enthousiasme. Il m'a expliqué que la gestique du chef n'avait rien à voir avec ce qu'il appelait la “circulation automobile”. Il m'a montré que l'art de conduire est la manière de transmettre sa propre essence musicale et de communiquer un message aux instrumentistes. Il fut pour tous ceux qui l'ont approché, et bien entendu pour moi, un prodigieux inspirateur. Je suis allée au Japon avec lui en 1990 ; ce fut son dernier voyage. Comme je ne l'avais connu que l'année précédente, j'ignorais la nature de ses relations privées avec son entourage. Je ne l'ai vu qu'en tant que chef et pédagogue. Il était, je le reconnais, tout à fait inhabituel pour lui d'avoir une femme comme assistant, alors qu'il était entouré d'une cour de jeunes hommes. De plus, il appartenait à une génération antérieure à la mienne ; de ce fait, ses réactions me paraissaient souvent inattendues ou inexplicables. Je ne crois pas qu'il ait pensé qu'une femme pût diriger un orchestre de très haut niveau. Pourtant, il m'a dit un jour : “Quand je ferme les yeux et que vous jouez, je ne peux pas affirmer que vous êtes une femme.” Je lui ai répondu : “Alors, vous devriez toujours fermer les yeux quand je suis sur le podium.” »

Quand on parle de Bernstein, Mahler est tout proche : « La fréquentation de Lenny m'a permis d'approfondir la musique de Mahler. Je travaille actuellement sur la partition de la *Troisième Symphonie*[1] : je suis sidérée par la quantité d'idées nouvelles que l'on découvre dans ses œuvres. J'ai conduit récemment sa *Sixième Symphonie* ; j'ai pu lire quelques bonnes critiques qui m'ont encouragée. Chaque symphonie de Mahler est un monde en soi ; ainsi, la *Sixième* est en rupture avec la *Cinquième*. Il est comme un explorateur qui débarquerait sur une terre inconnue et partirait à sa découverte. C'est d'autant plus passionnant qu'il était à la fois un homme du XIXe et du XXe siècle. On peut déceler, à travers cette bivalence, ce qu'aurait été son évolution s'il avait vécu plus longtemps. »

L'après-Bernstein conduit Marin Alsop vers de nouveaux rivages. En 1993, elle est nommée directeur musical du Colorado Symphonic à Denver, où elle est encore en poste en tant que directeur honoraire. En 1999, elle devient la principale chef invitée du Royal Scottish National Orchestra à Glasgow et du City of London Symphonic. En 2002, elle accède au poste de chef principal du Bournemouth Symphonic, l'une des plus anciennes formations du Royaume-Uni ; succédant à Yakov Kreisberg, elle devient la première femme responsable

1. Marin Alsop a dirigé la *Troisième Symphonie* de Mahler en mai 2003, après notre entretien.

d'un orchestre en Grande-Bretagne : « Je suis heureuse de m'investir pleinement dans le travail qui m'a été confié pour quatre ans, période éventuellement renouvelable. J'y passe douze semaines par saison de concerts, sans compter les tournées et les enregistrements. »

Après avoir dirigé quelques-unes des plus grandes formations américaines (New York, Los Angeles, déjà cités, San Francisco, Washington, Houston, Cincinnati, Indianapolis, Saint Louis) et de nombreux orchestres européens (London Philharmonic, London Symphony, Birmingham, B.B.C. Symphony, Bavarian Radio Symphony, Francfort, Hambourg, Stuttgart, Berlin Radio Symphonic, sans oublier l'Orchestre de Paris), Marin Alsop espère concrétiser ses aspirations en démontrant qu'une femme peut atteindre les sommets réservés jusqu'à présent aux hommes : « Chaque chose en son temps, indique-t-elle. Je dois mettre au point les programmes des prochaines années à Bournemouth et préparer plusieurs tournées importantes aux États-Unis, en Europe et en Extrême-Orient. J'ai de grands espoirs pour cet orchestre, avec lequel j'ai la volonté d'établir un plan de travail de longue durée. »

Je rappelle à Marin Alsop que Simon Rattle a enregistré son premier disque, la *Dixième Symphonie* de Mahler, en 1980, précisément à Bournemouth. Ne serait-ce pas là un bon présage ? « J'y vois un signe encourageant, me dit-elle. Bournemouth est le plus ancien orchestre professionnel de Grande-Bretagne ; il possède une longue histoire et une tradition de grande qualité. Je suis passionnée par la mission qui m'incombe. »

Marin Alsop a-t-elle l'impression d'avoir franchi tous les obstacles qui créent une sorte de discrimination larvée contre les femmes chefs d'orchestre ? N'est-on pas plus tolérant avec les hommes ? « Question délicate, répond-elle. Il est difficile de réussir à la tête d'un orchestre, quel qu'il soit. J'estime, en tout cas, que la situation est actuellement plus favorable aux femmes qu'elle ne l'était quand je suis entrée dans la carrière. Il y a vingt ans, nous n'étions pas souvent admises dans le monde musical. Ce n'était pas par défiance ou préjugé, mais plutôt par manque d'habitude : on ne songeait pas à faire appel à nous. En ce qui me concerne, je n'ai jamais pensé qu'un refus ou un échec aient pu être la conséquence de mon état de femme. Aujourd'hui, les musiciens ne prêtent pas attention à notre sexe. J'ai très rarement ressenti une agressivité marquée. On nous observe, on nous jauge, c'est évident. Mais tous savent que j'ai été moi-même instrumentiste et que j'ai joué longtemps dans de grands orchestres. J'ai la même mentalité qu'eux ; c'est pourquoi j'ai l'impression que, dans l'ensemble, ils me font confiance. Cependant, il est évident que nous avons un énorme retard à rattraper et qu'une ou deux générations ne suffiront pas pour approcher la parité.

« Il m'est arrivé à mes débuts de connaître un certain découragement, mais il découlait plus de la difficulté de diriger que d'une quelconque opposition. Le problème est complexe : pour acquérir une véritable expérience, il faut conduire un orchestre ; vous ne pouvez pas, comme le font les instrumentistes, vous entraîner à la maison. C'est pourquoi quand on commence, le challenge est si délicat. »

Les femmes gagneront-elles la bataille engagée contre les institutions musicales ? « Le match est loin d'être terminé, estime Marin Alsop. Je ne sais pas si nous allons gagner ; pour ma part, je m'y emploie de toutes mes forces ; je veux élargir mon répertoire ; j'entends être appréciée non seulement comme chef, mais aussi pour ma vision des œuvres que j'interprète. »

La musique contemporaine et l'art lyrique sont-ils des priorités pour Marin Alsop ? « Je suis très engagée dans les œuvres modernes, notamment celles de compositeurs américains tels Adams et Corigliano. Le public suit, mais il faut être prudent et s'efforcer de développer une véritable relation avec les mélomanes. Dans ce but, j'ai créé un festival en Californie réservé à la musique de notre temps : les gens semblent passionnés par nos programmes. Quant au lyrique, j'ai de nombreux projets, notamment celui de monter *Nixon in China* de John Adams et des œuvres nouvelles de compositeurs américains ; pour le moment, je donne des opéras en concert, notamment *La Flûte enchantée*, mais peu de grosses productions, car cela prend trop de temps. »

Marin Alsop ne néglige jamais sa condition physique : il lui arrive de couvrir fréquemment une dizaine de kilomètres sur route, sans être essoufflée. Un détour par « l'île déserte », ne serait-ce que pour reprendre haleine après une intense période d'activité, lui plairait-il ? Et avec quelles partitions ? « J'emporterais probablement la *Neuvième Symphonie* de Mahler que je souhaite interpréter, le *Concerto pour orchestre* de Bartok et les *Symphonies* de Brahms. »

DANS L'OMBRE DES GRANDS

« Le silence donne aux femmes de la considération. »
Sophocle, *Antigone*

Les portraits de femmes que nous avons tracés dans les chapitres précédents illustrent partiellement la lutte menée, de longue date, par de grandes musiciennes pour accéder au podium des orchestres de haut niveau. La liste est longue de celles qui sont demeurées dans l'ombre, faute d'avoir pu convaincre les institutions musicales de leur offrir une chance sérieuse de s'imposer.

Cependant, on ne peut pas ignorer celles qui ont tout fait pour rompre la chape de silence sous laquelle on voulait les enfermer, sans pleinement parvenir à leurs fins. C'est notamment le cas de l'Américaine Eve Queler, née en 1936, qui débuta comme répétitrice, puis assistante du New York City Opera ; elle se produisit ensuite au Met et fut nommée à l'Opéra du Maryland. En 1967, elle avait fondé le Concert Opera Orchestra de New York, composé d'étudiants et de professeurs de musique, avec lequel elle donna un grand nombre d'œuvres lyriques en version de concert.

Sarah Caldwell, américaine elle aussi, née en 1924, acquit une réputation flatteuse en créant le Boston Opera Group, avec lequel elle présenta de flamboyantes représentations, notamment *Les Troyens* de Berlioz et *Moïse et Aaron* de Schoenberg. Elle dirigea également à maintes reprises le Met, mais s'effaça bientôt pour raisons de santé. Sa compatriote Judith Somogyi, née en 1937, semblait elle aussi promise à une belle carrière. Elle fut invitée en Europe, notamment à l'Opéra de Francfort, dans les années quatre-vingt. Elle fut hélas terrassée par un cancer à l'âge de 49 ans. Catherine Comet s'est fait également remarquer avec l'American Symphony Orchestra de New York, qui avait été mis en place par Leopold Stokowski. Elle en devint chef permanent en 1990.

La montée progressive des chefs féminins aux États-Unis aboutit à un constat irréfutable : on comptait en 2003 une cinquantaine de femmes dirigeant un orchestre.

En Grande-Bretagne, plusieurs femmes se sont mises en évidence au cours des dernières décennies. En tête de liste, il convient de citer Sian Edwards, née en 1959. Élève de Charles Groves, Norman Del Mar et Neeme Järvi, elle effectua un long séjour au Conservatoire de Leningrad, sous la tutelle de Ilya Musine. Elle revint en Angleterre, où elle s'affirma au Scottish National Opera, à partir de 1986, puis au Festival de Glyndebourne. En 1988, elle effectua de retentissants débuts à Covent Garden, dans une œuvre de Tippett, *The Knot Garden*, mais n'eut pas pour autant

les faveurs d'une direction qui doutait de ses dons. Découragée, elle travailla pendant un certain temps aux États-Unis, avant de prendre la direction musicale de l'English National Opera en 1993.

Iona Brown, anglaise également, née en 1941, violoniste de grande classe, eut d'abord une activité de soliste. Elle fut ensuite engagée par Neville Marriner à l'Academy Saint-Martin-in-the-Fields de Londres comme responsable de la formation de cordes. Simon Rattle la remarqua en 1982 et en fit le premier violon solo du City of Birmingham Symphony Orchestra. Elle fut ensuite chef permanent de l'Orchestre de chambre de Los Angeles à partir de 1987.

Jane Glover, elle aussi sujet britannique, connut son heure de gloire quand elle prit en 1984 la succession d'Harry Blech à la tête des London Mozart Players où elle demeura jusqu'en 1991, date à laquelle elle fut remplacée par Matthias Bamert.

Clio Gould, autre musicienne britannique, effectua de brillants débuts au Scottish Ensemble et au London Sinfonietta, avant de devenir, en 2003, le premier chef féminin invité par un grand orchestre anglais, en l'occurrence le Royal Philharmonic de Londres.

En Union soviétique, où l'on prônait l'égalité des chances, une seule femme semble avoir émergé, en la personne de Veronika Dudarova. Elle fut chef permanent de l'Orchestre symphonique d'U.R.S.S. de 1960 à 1989, avant de rentrer dans le rang.

L'Australienne Simone Young fut considérée comme la femme la plus célèbre de son pays, quand elle monta au pupitre de l'Orchestre symphonique de Sydney pour diriger la musique de la cérémonie d'ouverture des Jeux olympiques de l'an 2000. Directeur musical de l'Opéra de Sydney, jusqu'en 2003, elle a quitté l'Australie pour prendre un poste équivalent au Staatsoper de Hambourg, devenant ainsi la première femme occupant une telle fonction en Allemagne.

Venue d'Uruguay, Gisèle Ben-Dor a connu la consécration en devenant l'assistante de Kurt Masur au Philharmonique de New York ; elle est également chef permanent de l'Orchestre symphonique de Santa Barbara et est souvent invitée au Théâtre de Genève. Avant tout chef lyrique, Gisèle Ben-Dor s'est souvent consacrée à faire redécouvrir des œuvres oubliées, comme l'opéra *Beatrix Cenci* de Ginastera.

La Suissesse Graziella Contratto, née en 1966, a d'abord été pianiste, puis professeur au Conservatoire de Lucerne. Repérée par Claudio Abbado, familier des lieux, elle est devenue l'assistante du maestro, en 1998, au Philharmonique de Berlin, qui l'a très favorablement accueillie. Ayant quitté ce poste en même temps que son mentor, elle a été assistante pendant deux ans à l'Orchestre national de Lyon et invitée par de nombreux orchestres européens, dont le Giuseppe Verdi de Milan, ou américains comme le Philharmonique de New York, avant d'être nommée en 2003 directrice musicale de l'Orchestre des Pays de Savoie, succédant ainsi à Mark Foster.

Enfin, il faut mettre en exergue les grandes qualités de la Française Claire Gibault, née en 1945 ; on a pu croire qu'elle effectuerait une percée spectaculaire dans le cénacle masculin de la direction d'orchestre, quand, après de brillantes études de violon, de contrepoint et d'harmonie au Conservatoire du Mans, elle opta pour une activité de chef. En 1966, elle obtint une mention au concours de Besançon, avant de passer dans la classe de Manuel Rosenthal au Conservatoire national de Paris, d'où elle sortit avec un premier prix de direction, en 1969, année au cours de laquelle elle se vit attribuer le prix de la Vocation. Assistante de Karajan à Berlin pendant quelques mois, elle ne put y conduire en raison de l'opposition des musiciens. Peu après, elle effectua ses débuts au Philharmonique de l'O.R.T.F., avant d'être nommée assistante de Théodore Guschlbauer à l'Opéra de Lyon, où elle occupa de 1974 à 1979 le poste de chef permanent. Responsable de l'Orchestre de Savoie de 1980 à 1983, elle revint en 1983 à l'Opéra de Lyon en tant que chef associé, où elle se distingua particulièrement dans Mozart. Directrice de l'Atelier lyrique de Lyon à partir de 1990, invitée à l'Opéra-Comique de Paris, son parcours a paru connaître une embellie au Covent Garden de Londres et en Italie, où elle est souvent présente en tant que chef invité à la Scala et à l'Opéra de Rome. Elle a su prendre, avec l'aide de Claudio Abbado, une belle revanche sur l'adversité en devenant, en 1997, la première femme qui ait conduit le Philharmonique de Berlin. Une récente émission télévisée sur Mezzo a mis en lumière ses dons incontestables de « maestra ». Mais que de temps perdu pour reconnaître le talent de cette femme remarquable à bien des égards et lui faire enfin confiance !

ÉTOILES DU NORD

Esa-Pekka Salonen.

PAAVO JÄRVI
LE RÊVE DU HÉROS

« Le rêve du héros, / C'est d'être grand partout et petit chez son père. »
Victor Hugo, *La Légende des siècles, « Le Satyre »*

De retour à Paris, un an après avoir donné une mémorable *Neuvième Symphonie* de Mahler à la tête du Philharmonique de Radio France[1], Paavo Järvi me reçoit dans sa loge de la Maison de Radio France, à l'issue de la dernière répétition de la *Troisième Symphonie* du même compositeur, qu'il donne le lendemain au Théâtre des Champs-Élysées, puis le surlendemain à la basilique de Saint-Denis, cette fois avec le National de France[2].

Les liens du chef estonien avec Mahler remontent à son enfance : « J'ai grandi dans une famille où la musique tenait un rôle primordial. Mon père, Neeme, était (et est toujours) chef d'orchestre. Semaine après semaine, de nouveaux héros surgissaient dans notre petit cercle familial – Reger, Glazounov, Tchaïkovski, Rimski-Korsakov, Stravinsky, Prokofiev –, selon les compositions qu'allait interpréter papa. Mais ce furent les symphonies de Mahler qui imprégnèrent mon esprit et m'ont d'emblée passionné.

« Quand on aborde ce géant, on sait immédiatement qu'il exprime ses sentiments les plus intimes ; c'est un être qui se confie, qui touche votre âme.

1. Concert du 25 mai 2001 au Théâtre des Champs-Élysées.
2. Entretien enregistré à la Maison de Radio France, le 28 mai 2002.

Aujourd'hui, quand je le joue, même au cours des répétitions, j'éprouve certaines difficultés à commencer et à finir : il me faut en effet du temps pour pénétrer l'œuvre et j'ai une peine infinie à la quitter. Mahler ne parle que de la condition humaine : pourquoi l'homme souffre-t-il ? Qu'est-ce que l'amour ? Où allons-nous, vers quel destin ? Il hésite, il s'interroge, sans cesser d'avancer. Il écoute ce que disent les animaux de la forêt, les anges, ce que l'homme dit, enfin ce que l'amour nous dit. C'est tout un monde dans une seule symphonie, la *Troisième*, qu'il aborde et détaille sans jamais se perdre dans la futilité ou l'inutile. J'adore conduire de telles pièces qui contiennent un message d'une immense personnalité. Quant à la *Neuvième*, il y avait atteint un seuil, mais sans rompre avec la tonalité dont il avait épuisé toutes les ressources avant d'entrer dans la nuit : elle est un adieu à la tradition, mais surtout à la vie. Il avait abouti à l'ultime limite, sans couper le cordon ombilical.

« J'ai également grandi au son de la musique de Richard Strauss que mon père appréciait beaucoup. Pour ma part, j'ai toujours eu des problèmes avec Strauss : c'est de la grande musique, écrite par un petit homme ; entendez par là ses petitesses. Il a conçu de fantastiques orchestrations, mais, à mon oreille, elles demeurent artificielles, constituant en effet une galerie d'illustrations musicales : *Till l'espiègle*, *Don Quichotte*, *Don Juan*, *Une vie de héros*, la *Symphonie domestique*, sont arrogants et tout en extérieurs. Mon jugement peut paraître sévère ; mais, je ne peux adhérer pleinement à une composition que lorsque je sens qu'elle contient un dessein à portée humaine. »

Paavo Järvi connaît déjà l'univers de Mahler quand il rencontre Leonard Bernstein. Quelle influence le chef américain a-t-il eue sur le jeune chef ? « J'avais 24 ans quand je l'ai approché. J'étais encore trop "vert" pour mesurer ce qu'il représentait. J'ai compris par la suite qu'il avait changé ma vie, bien que je ne l'aie côtoyé que pendant une dizaine de jours, au cours d'une *masterclass* au Philharmonique de Los Angeles. Bernstein aspirait constamment au bonheur. En 1988, il était déjà malade ; il buvait beaucoup et fumait énormément. Sur le podium, il avait des attitudes d'enfant ; il retrouvait sa jeunesse, il sautait, il riait et pleurait tout à la fois. Quand il descendait de l'estrade, il redevenait brusquement le vieil homme qu'il était avant de commencer à diriger. C'était assez pénible de le voir ainsi, hors caméras, hors médias, à huis clos. Loin des paillettes d'Hollywood, il ne faisait plus de cinéma. Il n'était plus qu'un homme vulnérable, fatigué, qui n'avait de joie que dans la musique. Quand il dirigeait Mahler, je le trouvais prodigieux. Ce n'était ni la modulation ni le rythme qui lui importaient, mais, au contraire, une sorte de code secret lui permettant de définir la signification du morceau qu'il jouait. Nous lui avons fait écouter un enregistrement de la *Quatrième Symphonie* de Brahms, sans lui révéler le nom du chef. Il nous a dit : "Je sens venir la guerre, comme si tout allait s'effondrer, comme si tout le monde allait mourir…" Ainsi, il avait décelé l'angoisse qui jaillissait de l'interprétation de ce CD : il s'agissait d'un disque des années quarante de Furtwängler ; il n'avait pas évoqué la qualité des instrumentistes, mais il avait discerné l'atmosphère de tragédie dans laquelle se déployait cette musique. Il s'était senti mal à l'aise. Quelle leçon ce fut pour nous tous ! Quand je suis rentré chez moi, je me suis dit : "Tu ne sais rien. Si tu veux devenir un chef qui compte, tu dois oublier tout ce que tu as appris et repartir de zéro." »

L'Orchestre National de France fut à son meilleur niveau, sous la direction de Paavo Järvi, dans la *Troisième Symphonie* de Mahler. Luc Héry[1], premier violon solo, témoigne : « Dix ans après avoir joué cette œuvre sous la direction de Seiji Ozawa, j'ai eu un réel plaisir à le faire à nouveau avec un chef que je ne connaissais que de réputation. J'ai découvert en lui un musicien d'une rare sobriété, d'une grande efficacité, en fait le contraire de ces batteurs d'estrade que nous subissons parfois. Il est rare à ce niveau-là et à son âge – il n'a pas 40 ans – de noter une telle maîtrise. Il ne dirige pas dans la facilité ; il a déjà un style très mature. Il nous aurait peut-être fallu une ou deux répétitions de plus ; mais ce qu'il nous a fait faire était remarquable, notamment dans l'équilibre des masses sonores. Très précis, il possède une main extrêmement active. Sa gestique est incitative ; il semble dire aux musiciens : "Suivez-moi, ralliez-vous à moi !" Il pèse de tout son corps, de toute sa force sur l'orchestre, sans jamais l'étouffer. Le final fut prodigieux : on aurait dit du Furtwängler ; la tension montait sans cesse, comme une corde qu'on aurait tendue au-dessus d'un précipice. Je lui vois un avenir brillant. »

Nadine Pierre, premier violoncelle solo du Philharmonique de Radio France, qui a joué la *Neuvième Symphonie* de Mahler sous sa direction, partage pleinement le sentiment de Luc Héry[2] : « Je l'adore ; je connaissais son père, Neeme, qui est un grand chef. Quant à son fils, il est déjà réellement un maître à part entière ; je suis convaincue qu'il connaîtra une grande carrière. Il possède toutes les qualités requises pour y parvenir : sonorité, sensibilité, autorité, enthousiasme… C'est l'idéal pour moi. La langue n'est pas un

1. Entretien enregistré à la Maison de Radio France, le 25 mars 2002.
2. Entretien enregistré à Paris, le 22 octobre 2002.

obstacle : il parle peu, et seulement en anglais. Mais un chef se fait toujours comprendre quand il a du talent. Dès qu'il monte sur le podium, il impose sa présence ; les paroles sont accessoires. J'aime les chefs qui fonctionnent à travers la musique, qui ne décodent pas les partitions, qui n'expliquent pas tout, mais qui savent nous faire comprendre ce qu'ils veulent. »

Paavo Järvi a, de son côté, jugé très favorablement les deux Orchestres de Radio France ; il a trouvé le National excellent : « Il possède une réelle personnalité. Les musiciens ne sont jamais superficiels. Leur ensemble est comme un organisme humain : il change au fil des jours. J'ai du mal à communiquer en français ; je parle donc peu. Mais est-ce un désavantage ? Je ne le crois pas. Souvent, dans les pays dont on connaît la langue, on dépense trop d'énergie pour expliquer le contenu de l'œuvre. Avec le National, nous n'avons pas perdu de temps en vains discours et nous avons pu trouver une concentration immédiate. »

À 40 ans, son crâne est déjà dénudé, mais son visage est étonnamment jeune et sa silhouette athlétique. Paavo Järvi dégage une impression de puissance, de sûreté. L'avenir lui appartient ; sans doute le sait-il lui-même. Mais cet optimisme raisonnable n'abolit pas le passé : « J'ai d'abord été percussionniste, comme mon père. Je me suis souvent demandé pourquoi je m'étais engagé dans cette voie : tout ce que j'entreprenais était accompli par mimétisme. Plus tard, j'ai compris que ce poste permettait d'avoir une vision d'ensemble de l'orchestre et de son chef. Au violon, au hautbois, il faut une longue période d'études et de préparation avant de faire partie d'un orchestre. À la percussion, cela peut être plus rapide. Dès l'âge de 11 ans, je faisais partie d'harmonies locales, à Tallinn, en Estonie. Parfois, j'étais au triangle et j'attendais pendant de longues minutes le moment de jouer une note. Cette inaction ne m'empêchait pas d'observer les gestes du chef et les réactions des musiciens. Ce fut pour moi, quand je me suis spécialisé à la timbale, la façon d'acquérir un rythme et de le développer, d'en faire une véritable pulsation musicale. »

Paavo Järvi n'a pu terminer ses classes musicales à Tallinn. Ce n'est donc pas en Union soviétique – l'Estonie, comme les autres pays baltes, n'étant qu'une république annexée par le pouvoir communiste – que la vocation du jeune musicien se concrétise. Vient en effet le jour où la famille Järvi, en quête de liberté, quitte la capitale estonienne : « Mon père ne supportait plus les pesanteurs politiques qui l'empêchaient de jouer les œuvres de son choix. Nous vivions sur un territoire qui n'avait connu qu'une brève indépendance de 1918 à 1939 et qui était tombé sous le joug de la dictature de l'U.R.S.S., avant d'être occupé par les nazis pendant la guerre. Mon père a voulu partir. Nul ne pouvait imaginer, en 1980, que le régime soviétique allait s'effondrer dix ans plus tard et que l'indépendance serait possible. La période des Jeux olympiques de Moscou (et de Tallinn, pour la voile) nous fut favorable : les autorités voulaient à tout prix éviter un scandale que les médias occidentaux n'auraient pas manqué de révéler si l'on avait interdit la sortie du territoire estonien à ceux qui avaient des liens avec l'Occident. Le monde avait les yeux fixés sur l'U.R.S.S. depuis l'invasion de l'Afghanistan et il avait même été question d'annuler les Jeux, que de nombreux pays, à commencer par les États-Unis, allaient boycotter.

« Pour mon père, la goutte d'eau qui fit déborder le vase fut la difficulté qu'il eut à diriger une œuvre du compositeur estonien Arvo Pärt, *Credo*, avec chœur, sur un texte biblique. Le pouvoir cria au scandale en raison du caractère religieux de la partition. Quelques semaines plus tard, nous quittions Tallinn, mes parents, mon frère Kristyan, âgé de 7 ans, et ma sœur Maarika, 16 ans, avec une valise par personne, ne comprenant que des effets personnels et cent dollars en poche. Nous avons été accueillis à New York par des amis estoniens émigrés ; mon père, dont la renommée était déjà grande aux États-Unis, fut invité à diriger plusieurs grands orchestres américains. Quant à moi, je me sentais horriblement seul. J'avais 17 ans et je ne connaissais pas un mot d'anglais. J'ai suivi des cours accélérés et j'ai pu intégrer une high school, puis le Curtis Institute. En 1984, à 21 ans, j'ai eu une chance inouïe : un de mes professeurs était directeur musical de l'Orchestre de Trondheim. Il est tombé malade et m'a demandé de le remplacer en Norvège. J'ai accepté sans réfléchir. Je devais diriger la *Première Symphonie* de Pärt et la *Première* de Sibelius. Le concert fut un réel succès ; je fus donc à nouveau invité. Ce fut le début de mon grand amour pour le compositeur finlandais. J'éprouve avec lui les mêmes sentiments qu'avec Mahler : il nous dit quelque chose qui vient de l'intérieur, de son âme, de son cœur et qui distille une émotion.

« Sibelius a suivi une voie très différente de celle de Mahler : leurs œuvres empruntent deux chemins parallèles qui ne se rejoignent jamais. La musique du compositeur finlandais est très profonde. Elle vient d'un tout autre univers que celui des grands Allemands et Autrichiens. On ne devrait d'ailleurs pas utiliser le terme de symphonies à propos de ses partitions : elles échappent en effet aux constructions habituelles ; ce sont des planètes qui n'appartiennent pas au même système que celles des autres musiciens de son époque. Sibelius est plus mystique que Mahler, il est tout d'un bloc, incapable de transiger. À ses débuts, Mahler a écrit des musiques relativement faciles à comprendre, car il souhaitait capter un certain public en demeurant dans le cadre classique. Sibelius n'a jamais regardé en arrière, ni autour de lui. Quand on écoute ses dernières symphonies, on constate qu'elles sont de moins en moins folkloriques, de plus en plus abstraites, sans le moindre espoir d'hypothétiques succès. Il n'a jamais courtisé qui que ce soit ; il n'était concerné que par lui-même. Mahler, au contraire, était un homme de communication ; en tant que chef, il s'adressait au genre humain : "Venez et vous entendrez ce que j'ai à vous dire." Introverti, Sibelius était ancré dans sa solitude. »

Aux États-Unis et en Europe, Paavo Järvi fait rapidement son chemin. L'Orchestre de Malmö voit bientôt en lui une nouvelle étoile du Nord. Mais le jeune chef veut prendre son temps ; il n'entend pas se fourvoyer ni céder à une ambition carriériste : « Seule la passion musicale m'animait. Je savais que j'avais abordé un métier difficile ; j'avançais comme dans une sorte de jungle. J'espérais pouvoir donner dix ou quinze concerts par an dans de petites villes : je tenais en effet à continuer d'étudier les partitions qui m'intéressaient. Or les portes se sont ouvertes plus rapidement que je ne l'avais imaginé.

Cependant, ce succès, pour aussi rapide qu'il ait été, ne m'a jamais grisé : chaque nouveau concert fut un cadeau du ciel. Il y a quelques années, je n'aurais jamais pensé que je conduirais Mahler à Paris et que j'aurais la chance de diriger les plus grands orchestres du monde. Mais jouer ne me suffit pas ; ce qui m'importe, c'est de faire passer un message humain ; c'est mon but, que je sois à la tête du Philharmonique de Berlin, ou à Helsinki, ou à Tallinn. On n'est pas un bon chef parce qu'on a la chance de conduire un orchestre prestigieux. Avec une formation secondaire, il peut se produire une réaction chimique qui donne un résultat plus brillant qu'avec un ensemble de haut niveau. Il suffit que le sentiment musical des instrumentistes soit fort pour connaître avec eux un infini bonheur.

« Je n'ai jamais postulé à des emplois ronflants. Jusqu'en 2001, je ne songeais même pas à occuper un poste de responsabilité aux États-Unis ; c'est alors qu'on m'a proposé la direction de l'Orchestre de Cincinnati… »

Cincinnati marque une étape importante dans la carrière de Paavo Järvi qui, jusque-là, a surtout été un chef itinérant : « Avant moi, Jesus Lopez-Cobos y avait fait un magnifique travail. Aujourd'hui, l'orchestre est, à mon sens, sur la même ligne que les plus grandes formations américaines. Si nous savons persévérer, nous possédons une grande chance de pouvoir nous imposer définitivement au plus haut niveau. C'est la raison pour laquelle ma mission s'y prolongera jusqu'en 2009. Je suis persuadé que, pour obtenir un résultat tangible, il faut travailler sans relâche sur la durée. Je passe quatorze semaines par saison auprès de mes musiciens, sans compter les tournées, soit une moyenne annuelle de quatre ou cinq mois. Mis à part quelques concerts, en tant qu'invité, à Chicago, Los Angeles et New York, je ne conduis nulle part ailleurs aux États-Unis. Il faut en effet être souvent présent auprès de cette communauté repliée sur elle-même. Les habitants de Cincinnati se soucient peu de ce qui se passe ailleurs ; aux États-Unis, on a toujours l'impression d'être dans des pays différents quand on passe d'un État à un autre. Actuellement, seules les grandes formations, telles que New York, Chicago, Boston, reçoivent de nombreuses invitations de l'étranger et sont de ce fait reconnues au plan international. C'est pourquoi il faut absolument que la renommée de Cincinnati dépasse le cadre de l'État de l'Ohio. Nous sommes dans la situation que connaissait l'Orchestre de Cleveland avant l'arrivée de George Szell ; ce chef a su sortir sa phalange de l'anonymat artistique en lui donnant une âme, sur une longue période, avant que Lorin Maazel et Christoph von Dohnanyi ne lui succèdent et n'agissent dans le même sens.

« Cincinnati possède cependant une grande tradition : fondé en 1895, l'orchestre est un des plus anciens des États-Unis. De grands noms l'ont dirigé, Fritz Reiner, Leopold Stokowski, Thomas Schippers, Michaël Gielen, Max Rudolf… J'ai une affection particulière pour ce dernier qui fut mon professeur de direction au Curtis Institute. Il avait 85 ans quand je l'ai connu ; il avait dirigé à Cincinnati de 1958 à 1970. Lorsqu'on lui parlait de "son" orchestre, il avait les larmes aux yeux.

« Nous avons de sérieux atouts, à commencer par les nombreux abonnés qui assistent régulièrement aux concerts ; certains y viennent depuis cinquante ou soixante ans ; il est probable que leurs parents étaient déjà abonnés eux aussi. »

Le répertoire de l'Orchestre de Cincinnati est très vaste ; il déborde largement du cadre du romantisme allemand. Paavo Järvi espère aller encore plus loin : « Je ne veux pas être catalogué comme l'interprète de tel ou tel compositeur. Si vous êtes russe, on pense que vous pouvez mieux jouer Tchaïkovski qu'un Occidental ; comme je suis un Nordique, on estime que je suis meilleur dans Sibelius que d'autres chefs. Or j'affirme que les interprétations les plus réussies ne dépendent pas de la nationalité. Le spécialiste numéro un de Sibelius fut longtemps le Britannique John Barbirolli ; son compatriote Colin Davis a imposé l'œuvre de Berlioz comme aucun Français ne l'avait fait avant lui. Moi-même, je me suis intéressé à la musique française : mon premier enregistrement à Cincinnati fut d'ailleurs consacré à *La Symphonie fantastique.*

« Je suis passionné de musique contemporaine : je suis attaché à Debussy, Ravel, Roussel, Poulenc, Jolivet ; je dirige aussi Messiaen, Dutilleux, Boulez. J'aime particulièrement *L'Ascension* de Messiaen. Par ailleurs, je conduis fréquemment Martinu, Janacek, Honegger, Bartok, Stravinsky ; j'ai de grandes affinités avec Hindemith, Prokofiev et Chostakovitch. J'aimerais faire connaître l'œuvre du Danois Nielsen et du Suédois Stenhammar, encore trop mésestimés, tout comme les compositeurs estoniens, tels Pärt, Turbin, Tüür, Sumera. Leur musique mériterait d'être jouée plus souvent en Occident. »

Bien qu'il ait quitté l'Estonie à 17 ans et qu'il soit devenu citoyen américain en 1985, Paavo Järvi n'a jamais renié ses origines : « En dépit de l'internationalisation de notre famille, indique-t-il, il n'existe pas d'autre lieu au monde où je me sente plus chez moi que dans mon pays natal, au contact de gens qui parlent ma langue maternelle. L'Estonie est si petite qu'il est de mon devoir de maintenir un contact très fort avec sa culture. Pour les Occidentaux,

c'est une terre inconnue. Or nous sommes à deux heures d'avion de Paris et nous faisons désormais partie de l'Europe ; en réalité, nous sommes beaucoup moins exotiques que la Grèce. Nous voudrions que l'Estonie soit considérée comme une nation d'art et de musique. C'est la raison pour laquelle j'ai accepté d'être nommé directeur de l'Orchestre national d'Estonie à Tallinn. »

Quel sera l'avenir de Paavo Järvi, qui a dirigé les plus prestigieuses formations mondiales, aussi bien en Europe qu'aux États-Unis et au Japon ? Deviendra-t-il, à l'image du grand champion finlandais Nurmi, dont il porte le prénom, l'un des plus grands chefs du XXIe siècle ? Le maestro sourit à cette évocation : « Mon prénom est aussi celui d'un grand maître finlandais, l'un des plus proches amis de mon père, Paavo Berglund, qui est mon parrain. Mon avenir ? J'y pense bien sûr, mais sans faire de mon ambition une obsession. Le métier de chef est très exigeant ; il faut accumuler lentement, mais sûrement, les expériences qui ont plus d'importance que dans tout autre domaine artistique. J'ai probablement des limites, mais je ne les connais pas encore. Je suis certain que je les découvrirai un jour, quand j'aurai 50 ans ou plus. Actuellement, je continue de travailler sur les fondamentaux de la musique, j'apprends toujours et j'assimile. J'étudie à fond au moins vingt partitions par an. Mais cela ne suffit pas à montrer l'étendue de mes possibilités ; il faut aussi approfondir ce que l'on croit déjà savoir et aborder des œuvres qu'on ne connaît pas encore. Le temps viendra peut-être où j'aurai accompli tout ce que je voulais faire. J'ai environ trois cents œuvres à mon répertoire, ce qui n'est pas mal pour un musicien de mon âge. Reste l'opéra que je n'ai pas encore réellement approché ; on verra cela plus tard. Je le répète, ma carrière n'est pas mon but essentiel. Ce qui compte pour moi, c'est de faire de la musique au plus haut niveau. »

Paavo Järvi n'apprécie guère la solitude ; il aime faire la fête avec des amis, le bon vin, les voitures rapides ; il n'est guère enclin à partir pour une île déserte : « Si je devais m'isoler, je n'emporterais pas de partition. Je prendrais des livres ; la partition n'a pas de valeur intrinsèque quand je n'ai pas un contact direct avec les musiciens. En revanche, je choisirais quelques disques, en priorité les *Variations Goldberg* de Bach, interprétées par Glenn Gould. »

Neeme et Paavo : un profond mimétisme

Entre Neeme Järvi, le père, et Paavo, le fils, existe un profond mimétisme. À 11 ans, Neeme est déjà percussionniste. Conseillé par son frère aîné, Nallo, chef à l'Opéra de Tartu, il suit les cours de l'école de musique de Tallinn ; en 1955, à 18 ans, il part pour Leningrad où il étudie la direction d'orchestre avec Mravinski. De retour à Tallinn, il devient le percussionniste solo de l'Orchestre de la Radio avant d'être nommé directeur en 1963 et d'être également premier chef à l'Opéra de la capitale estonienne pendant seize ans.

Paavo assiste à toutes les répétitions de Neeme : « Je savais que je serais chef ; je n'ai jamais pensé à un autre métier. J'aimais la musique que j'entendais chaque jour à la maison ou au théâtre, mais avant tout, je voulais imiter papa, simplement parce que je l'admirais. Nous écoutions souvent la radio ou des disques : mon père possédait la plus grande collection de 78 et 33 tours, non seulement d'Estonie, mais aussi d'U.R.S.S. De retour de voyage, dans les pays de l'Est, il revenait toujours avec une valise pleine d'enregistrements et de partitions. Plusieurs pièces de notre maison étaient réservées à son incroyable passion. Dès son adolescence, il recherchait des vinyles inconnus. Au début des années cinquante, il découvrit, dans un magasin de Tallinn, la *Quatrième Symphonie* de Mahler, dirigée par le Tchèque Karel Sejna. Il s'agissait de l'unique enregistrement de cette œuvre effectué à l'Est. Par la suite, il eut jusqu'à vingt-cinq versions de cette symphonie. Je me rappelle que nous les écoutions ensemble pour établir notre propre classement. C'était un jeu passionnant.

« Quand on jouait Haydn ou Beethoven à la radio, papa me disait : "Conduis maintenant !" Plus tard, j'ai su que ces premières leçons m'avaient beaucoup apporté, aussi bien dans la connaissance des œuvres que dans leur interprétation. Ma gestique repose sur des principes simples qui s'inspirent de ceux de mon père. Il m'a appris que mon corps était mon propre instrument. »

Selon Paavo, aucun autre chef ne possède un répertoire aussi étendu que Neeme Järvi : « Il a tout joué ou presque, explique son fils ; sa passion de la découverte est une sorte de folie, une obsession dont j'ai hérité. Il a interprété non seulement les grandes œuvres les plus connues des XIXe et XXe siècles, mais il a également mis en valeur de nombreux compositeurs nordiques, tels que Grieg, dont il a gravé la première intégrale de *Peer Gynt* ; il a également enregistré tout Sibelius, il a gravé Gade, Langaard, Stenhammar, Tobias, Alfven et beaucoup d'autres qui étaient rarement joués. »

Après son départ d'U.R.S.S., en 1980, la carrière de Neeme Järvi se développe tous azimuts, mais d'abord aux États-Unis : grand spécialiste de l'opéra, il dirige fréquemment au Met et au New York Philharmonic ; en 1982, il devient directeur musical de l'Orchestre de Göteborg, puis du Scottish National de Glasgow. En 1990, il est nommé directeur de l'Orchestre symphonique de Detroit où il restera jusqu'en 2003. Ainsi, pour la première fois dans l'histoire musicale des États-Unis, un père et un fils ont occupé les mêmes fonctions, en même temps, à la tête de deux orchestres américains de premier plan.

« Notre famille est dispersée, semble regretter Paavo Järvi, mais nous nous réunissons au moins une fois par an, le 30 décembre, à Londres, à l'occasion de mon anniversaire. Mon frère Kristyan, de dix ans plus jeune que moi, est chef lui aussi : il a été d'abord assistant au Philharmonique de Los Angeles ; actuellement, il est directeur de l'Orchestre et de l'Opéra du Norrland, à Umea, en Suède, et de l'Orchestre de chambre de Tallinn. Il a également créé Absolute Ensemble, un groupe de musique moderne, et conduit de nombreuses formations, notamment le Philharmonique de la B.B.C., le Symphonique de Dresde, le Berliner Rundfunk, le Philharmonique du Japon. Ma sœur, Maarika, est flûtiste à Genève ; elle a enregistré plusieurs disques.

« Quant à mon père, son activité ne se ralentit pas. Je discute beaucoup avec lui des œuvres que je vais diriger. Nous demeurons très proches l'un de l'autre ; il est ma constante référence musicale, grâce à ses conseils portant sur de petits détails qu'il est le seul à connaître. »

MIKKO FRANCK
PATHÉTIQUE OBSESSION

« Nécessairement, le hasard a beaucoup de pouvoir sur nous, puisque c'est par hasard que nous vivons. »
Sénèque, *Lettre à Lucilius*

« Le hasard est le plus grand romancier du monde : pour être fécond, il n'y a qu'à l'étudier. » Cet aphorisme de Balzac[1] me revient en mémoire en écoutant le jeune homme assis en face de moi, dans un salon de l'hôtel Royal Windsor, au cœur du Vieux-Bruxelles[2]. Sous les cheveux blonds, lissés en arrière du crâne, son regard bleu d'acier éclaire, tour à tour avec douceur ou gravité, un visage aux joues rebondies, qu'allège une courte barbe soigneusement taillée.

Mikko Franck est le benjamin des chefs finlandais qui se sont imposés hors de leur pays, parmi les plus intéressants maestros de notre temps. Il a fait sensation dès son premier concert en France, en mai 2002, à la tête de l'Orchestre National de France, sous les voûtes de la basilique de Saint-Denis. À 23 ans, ce maître en herbe, à la stature brève, massive et fragile, s'exprime dans un anglais parfait et manifeste une étonnante confiance en un destin que le hasard ou la providence semblent avoir guidé dès son plus jeune âge : « Je suis né à Helsinki, en 1979, dans une famille qui n'était pas

1. Dans l'« Avant-propos » de *La Comédie humaine.*
2. Entretien enregistré à Bruxelles, le 23 novembre 2002.

musicienne. Cependant, de temps en temps, mes parents écoutaient distraitement quelques morceaux classiques à la radio. J'étais le plus jeune de leurs cinq enfants et le seul à être captivé par les airs que je percevais comme une sorte de message. Le son du violon me fascinait. Un jour, en ouvrant notre poste de télévision, je vis un violoniste : cette image fut une illumination. J'avais 5 ans. J'ai dit à mon père que je voulais jouer de cet instrument. Il a d'abord cru à un caprice, comme il m'arrivait d'en avoir : un jour, je voulais être pompier, une autre fois policier. J'ai insisté et j'ai reçu le magnifique cadeau tant désiré. J'ai pris des leçons de solfège et je me suis englouti dans un flot de musique. Comme j'ai rapidement su lire les partitions, j'ai eu l'autorisation d'acheter celle de la *Sixième Symphonie* de Tchaïkovski, œuvre que je ne connaissais pas. Pourquoi l'ai-je voulue ? Je ne peux expliquer ce choix, découlant peut-être de l'appellation de “pathétique” qui m'intriguait. »

Ne serait-ce pas ce fameux coup de dés, cher à Stéphane Mallarmé, qui n'abolit pas le hasard ? Toujours est-il que Mikko Franck a trouvé sa voie : il sera chef et jouera la *Pathétique* de Tchaïkovski. À 6 ans, victime de violentes crises d'asthme, il est hospitalisé, mais la *Sixième Symphonie* ne le quitte pas : « J'avais la conviction, se rappelle-t-il, que cette œuvre était écrite pour moi : je l'écoutais sans cesse sur mon baladeur de CD. J'ai suivi plusieurs traitements de longue durée, accompagné par cette musique que j'assimilais à ma propre destinée. »

Marcel Proust, qui était atteint de la même maladie que le jeune musicien, a écrit que « la meilleure part de notre mémoire est hors de nous [...] dans l'odeur de renfermé d'une chambre[1] ». C'est exactement ce que Mikko Franck ressent au cours de ses interminables séjours en clinique. Quand il en sort, il reprend ses études de violon à la section des jeunes du Conservatoire Sibelius d'Helsinki ; il rattrape le temps perdu et progresse rapidement : « Grâce à une bourse, j'ai eu la possibilité d'effectuer plusieurs stages de violon à New York et en Israël, où j'ai suivi les cours de Mihail Taube, que j'avais approché lors des *masterclasses* qu'il donnait au Conservatoire. Comme j'étais trop jeune – je n'avais que 12 ans –, je ne pouvais être qu'auditeur. Mais M. Taube m'a remarqué au cours d'un rassemblement de violonistes et m'a proposé de travailler avec lui dans son pays. Dès 1991, j'étais à ses côtés

1. Marcel Proust, *À l'ombre des jeunes filles en fleurs.*

à Jérusalem, et j'y suis retourné les années suivantes, pendant plusieurs semaines. Je me plaisais beaucoup en Israël, bien que je ne fusse pas juif. »

La maladie n'accorde cependant que de courts répits à l'adolescent. Au cours de l'été 1995, à 16 ans, il est de nouveau hospitalisé. Ses jours sont en danger : « La partition de la *Pathétique* était toujours avec moi ; elle ne me quittait pas. Aujourd'hui encore, quand j'en tourne les pages, l'odeur de l'hôpital m'envahit. Entre la vie et la mort, j'ai peut-être survécu grâce à Tchaïkovski. »

Guéri, Mikko Franck est admis dans la classe de direction des jeunes de l'Académie Sibelius ; il participe à la fête marquant le 110e anniversaire de l'école : « Jorma Panula, le plus célèbre des professeurs finlandais, qui avait été directeur de l'Opéra d'Helsinki, offrait à quelques-uns de ses élèves l'occasion de conduire l'Orchestre de l'Académie. Pour la première fois, je suis monté sur le podium pour interpréter la *Huitième Symphonie* de Beethoven. M. Panula m'a dit quelques mots encourageants et m'a proposé de devenir son élève particulier. Avant son arrivée, les étudiants n'avaient pas d'orchestre à leur disposition ; ils ne pouvaient conduire qu'un… piano. J'ai suivi ses cours pendant une année, puis je suis entré en 1996 dans la classe supérieure. Je savais que tous les grands chefs finlandais du moment – Esa-Pekka Salonen, Jukka-Pekka Saraste, Osmo Vänskä, Sakari Oramo notamment – étaient passés entre les mains de mon maître. À 18 ans, j'ai obtenu mon diplôme de chef. Jorma Panula m'a beaucoup appris : pour lui, la technique ne constituait qu'une infime partie de l'art de conduire. En revanche, l'aspect psychologique était l'élément le plus important. Il m'a expliqué qu'il ne fallait pas beaucoup parler aux musiciens, qu'il fallait être aussi clair avec les gestes des mains qu'avec les yeux. C'est pourquoi ma gestique est aussi simple que possible. De nombreux chefs m'inspirent un grand respect ; mais je ne les imite pas. Si je devais désigner mon idole – il rit –, cela pourrait être moi quand j'aurai 50 ans. Il faut beaucoup de temps pour devenir un bon chef. On peut penser que j'ai une attitude arrogante. Peu importe, puisque j'ai trouvé ma place au soleil : en sortant de l'Académie, j'ai pris la décision d'entrer de plain-pied dans l'école de la vie. »

Vient alors le temps des premiers engagements, des premiers concerts. Mikko Franck effectue ses débuts en janvier 1997 à Helsinki, sa ville natale. Les critiques sont très favorables. On le compare à Salonen. Il devient responsable du Vivo Youth Orchestra ; son ami Taube le convie à Jérusalem ; puis il est invité à conduire les deux plus prestigieux orchestres suédois, le Royal

Philharmonique et le Radio Symphonie, à Stockholm. Il n'a que 18 ans. Le succès est phénoménal ; les journaux suédois lui consacrent des pages entières : « Je ne comprenais pas très bien ce que les articles voulaient prouver. Les comparaisons, pour aussi flatteuses qu'elles fussent, ne m'apportaient aucune satisfaction ; j'aurais préféré qu'on parlât de moi et non pas de l'image que je représentais. Je n'étais pas intéressé par les références constantes aux autres chefs que je ne connaissais pas personnellement. On m'a offert un poste de chef permanent. J'ai refusé car j'estimais qu'il était trop tôt pour moi de m'établir pour une longue durée. J'ai rencontré M. Harrison Parrott, directeur d'une agence musicale de Londres : il m'a vu diriger, à Vasa, le Vivo Youth Orchestra et m'a proposé de devenir mon agent ; j'ai accepté et j'ai signé un contrat qui m'a permis de jouer dans de nombreux pays. Grâce à M. Parrott, je suis allé en 1998 au Festival d'Aspen, puis au Japon. Tout allait très vite ; les engagements se multipliaient ; je n'étais même pas étonné par cet afflux de courrier. Comme j'aimais beaucoup le chant, je me suis lancé dans l'opéra. J'ai dirigé *La Flûte enchantée* à l'Opéra d'Helsinki, puis *Don Giovanni* et *La Bohème* à Oslo, *La Traviata* et *Carmen* à Stockholm. Je n'ai pas eu le moindre problème car, à l'Institut, j'avais mené de front l'étude du lyrique et du symphonique. »

Au cours des années 1998 et 1999, Mikko Franck voyage sans cesse : il est l'hôte du National de Washington, de Toronto, du Super World Orchestra à Tokyo, du Philharmonique d'Israël, du Staatskapelle de Berlin ; il se produit également en Norvège, en Islande, à Munich, à Rotterdam, à Saint-Pétersbourg, à Londres ; il dirige le Mahler Chamber Orchestra à Berlin. Il est déjà sur l'orbite de la renommée quand sort son premier disque, consacré à Sibelius, comportant deux œuvres peu souvent jouées, la *Légende de Lemminkaïnen* et *En Saga*, qui lui vaut les plus hautes récompenses : « Cet enregistrement m'a pleinement satisfait, indique-t-il : il sonne bien ; j'en suis d'autant plus heureux qu'il a été réalisé par la Radio suédoise, sans le moindre trucage, le plus honnêtement du monde. »

Les propositions sont de plus en plus nombreuses ; il faut faire un choix. Harrison Parrott s'y emploie. Mikko Franck fait sensation à Berlin en dirigeant, à la tête du Mahler Chamber, l'*Héroïque* de Beethoven ; on juge son interprétation grandiose, digne des plus grands chefs. En février 2002, il est, à la demande personnelle de Simon Rattle, au pupitre du Philharmonique de Berlin : « Ce fut une grande chance pour moi. Je voulais à toute force être digne de la confiance que m'avait prodiguée Sir Simon ; j'ai joué le *Concerto en sol* de Ravel, avec Jean-Yves Thibaudet, et la *Septième Symphonie* de Chostakovitch. »

Un mois plus tard, il est sur le podium du London Symphony et déclenche une tempête d'acclamations au Barbican Center. La critique, unanime, qualifie de monumentale son interprétation de la *Cinquième Symphonie* de Mahler, malgré un tempo assez lent : « Je lis rarement les articles qui me sont consacrés ; des amis m'ont fait savoir que j'avais donné la meilleure *Cinquième* jamais jouée à Londres. Je n'en ai rien cru. De plus, j'ai été étonné qu'on me trouve lent : la vie est si stressante que la musique ne doit pas s'emballer ; j'aime prendre mon temps. Quand une musique comme celle de Mahler nécessite une certaine respiration, je lui donne de l'air. J'aime beaucoup Mahler. J'ai dirigé sa *Cinquième* à plusieurs reprises ; j'apprends symphonie par symphonie ; un jour, je donnerai un cycle complet, mais pas avant de connaître par cœur les dix symphonies. »

Outre Beethoven, Tchaïkovski, Sibelius, Mahler, quels sont les compositeurs préférés de Mikko Franck ? « J'admire beaucoup Rautavaara, compositeur finlandais dont la réputation a largement dépassé les frontières de notre pays. Sa musique n'échappe pas à l'influence de Sibelius.

Les œuvres de ce dernier sont liées à la nature finlandaise ; elle appartient à notre patrimoine national ; j'adore sa simplicité. Quand je le joue, je ne manque jamais de dire aux instrumentistes finlandais : “Laissez-vous aller ; jouez simplement ; nous sommes nous-mêmes des gens simples ; ne compliquez pas inutilement les choses.” Quant à Rautavaara, j'estime qu'il est le plus grand compositeur finlandais vivant. J'ai de nombreux projets avec lui, notamment la production de *La Maison du Soleil*[1], et un nouvel opéra, *Raspoutine*, que je dois créer en 2003[2] au Théâtre national d'Helsinki. Sa musique commence à devenir populaire chez nous ; elle survivra à celle de nombreux autres compositeurs contemporains, notamment aux tenants du sérialisme : pour moi, l'art ne peut découler des mathématiques ; l'art est du sentiment. »

En mai 2002, Mikko Franck est à Saint-Denis : le National de France découvre ce petit bonhomme rondouillard de 1,56 mètre, avec un étonnement mêlé d'admiration : « J'ai été très content de ce concert au cours

1. Mikko Franck a enregistré cette œuvre en 2003, à la tête de l'Orchestre d'Oulu.

2. L'entretien avec Mikko Franck a eu lieu, rappelons-le, en novembre 2002, bien avant la création de *Raspoutine*, le 19 septembre 2003, à l'Opéra national finlandais d'Helsinki, sous la direction de Mikko Franck, pour les 75 ans du compositeur.

duquel j'ai dirigé *Les Chants de la mort* de Moussorgski et la *Pathétique* de Tchaïkovski, si chère à mon cœur. Le contact avec les musiciens a été excellent. Je me réjouis à l'idée de revenir à Paris[1]. »

La *Sixième* de Tchaïkovski ne quitte décidément jamais Mikko Franck. Avant de la jouer à Saint-Denis, il l'a enregistrée pour la firme Ondine avec la Radio de Stockholm : « On dénombre plusieurs centaines d'interprétations de cette œuvre, indique-t-il ; j'estime pourtant qu'il y avait place pour la mienne, car elle fait partie de ma vie. La durée de ce disque peut surprendre : la *Pathétique* s'étend sur cinquante-cinq minutes, contre quarante-cinq habituellement. J'avais besoin de m'exorciser ; cet enregistrement constituait une sorte de thérapie, destinée à effacer des souvenirs douloureux. »

En septembre 2002, Mikko Franck, prenant ses fonctions de directeur musical de l'Orchestre national de Belgique, donne ses premiers concerts à Bruxelles avec, successivement, la *Cinquième* et la *Sixième* de Tchaïkovski : « Je veux que cette formation, qui eut à sa tête quelques grands chefs, comme Erich Kleiber et André Cluytens, prenne un nouveau départ. Nous avons des objectifs ambitieux. J'ai un contrat de trois ans renouvelable ; selon ce qui se passera en 2003 et 2004, je déciderai de rester ou de partir. Le potentiel existe ; mais il nous faut encore beaucoup travailler ; nous n'en sommes qu'au commencement. »

Très souvent éloigné de son pays, Mikko Franck n'oublie pas la Finlande. Il est conscient de l'engouement qui s'y développe en faveur de la musique : « Une grande émulation nationale permet à de nombreux jeunes musiciens de s'affirmer, qu'ils soient d'un petit village ou d'une ville importante. Tous ceux qui veulent suivre des études ont leur chance. On compte de nombreux orchestres professionnels, même dans des agglomérations de moins de dix mille habitants ; les grandes formations invitent souvent des débutants et leur offrent des bourses. Ce fut d'ailleurs mon cas, quand j'ai dirigé à Vasa. »

Immergé dans la musique, Mikko Frank a-t-il du temps libre pour d'autres activités ? « Très peu, indique-t-il ; j'adore dormir ; c'est mon *hobby*

1. Le 15 novembre 2003, Mikko Franck était à la tête du Philharmonique de Radio France, salle Olivier-Messiaen, pour donner un remarquable programme, comportant une création mondiale de Richard Dubugnon, *Six nouveaux arcanes symphoniques*, une création française, le *Concerto pour clarinette* de Magnus Lindberg, avec un prodigieux soliste finlandais, Kari Kriiku, puis en seconde partie, deux œuvres de Sibelius, le poème symphonique *En Saga* et la *Septième Symphonie*. Est-il besoin d'ajouter que Mikko Franck, qui dirigeait assis, fut très apprécié par les instrumentistes ?

préféré quand je ne travaille pas. Chaque jour, je fais la sieste pendant trois heures. Il m'arrive d'étudier à fond de nouvelles partitions ; mais je ne suis pas fanatique d'une exégèse profonde. J'ai la chance d'avoir une excellente mémoire ; je retiens facilement tout ce que je lis. Mais, même quand je connais une œuvre par cœur, la partition est sur le pupitre ; c'est une sécurité, bien que je ne l'ouvre jamais. La plus mauvaise chose qui puisse arriver à un chef est de vouloir faire son show. La règle d'or est pour moi la suivante : avoir la partition dans la tête et non la tête dans la partition[1].

« Je ne crains pas la solitude ; je suis en effet habitué à vivre seul, avec moi-même. C'est un pari personnel d'être aussi isolé que je le suis. Quand je me penche sur mon passé, je me demande parfois : "Mais qui est donc ce personnage que je vois dans un miroir ?" Je reviens rapidement à la réalité ; je peux appeler d'excellents amis quand je le veux ; je sais qu'ils répondront à mon appel. Je ne me plains pas, car je n'existe qu'à travers la musique ; sans elle, je ne serais rien. Ma plus grande souffrance serait d'être sourd. »

Homme seul, Mikko Franck imagine volontiers de demeurer un certain temps sur une île déserte : « À la condition d'avoir à portée de la main une œuvre de Rautavaara, *Angels and Visitation*, une très grande pièce, et bien entendu mon inséparable *Pathétique.* »

1. Igor Markevitch a dit exactement la même chose il y a un demi-siècle.

OSMO VÄNSKÄ SIBELIUS EN TÊTE

« De la partie inférieure des œufs (d'aigle) se forme la terre, mère de tous les êtres ; de leur partie supérieure, le ciel sublime ; de leurs parties jaunes, le soleil radieux ; de leurs parties blanches, la lune écarlate ; leurs débris tachetés deviennent les étoiles. »
Le Kalevala, Épopée finlandaise

Des grands chefs finlandais contemporains, Osmo Vänskä est probablement le moins connu du public occidental, mais non pas le moins talentueux. Lauréat, en 1982, du concours des jeunes chefs d'orchestre de Besançon, il est demeuré longtemps dans l'ombre de ses cadets, Esa-Pekka Salonen et Jukka-Pekka Saraste, avec lesquels il suivit le même cursus musical à l'Institut Sibelius d'Helsinki. Dans la petite loge de la Maison de Radio France, où il me reçoit après une répétition avec l'Orchestre National[1], Osmo Vänskä, dont le regard pétille derrière les verres de ses lunettes, ne semble plus troublé par l'évocation de ces années d'attente au cours desquelles il faillit céder au découragement : « J'étais effectivement dans la même classe que Salonen et Saraste, bien que je fusse leur aîné de quatre ou cinq ans. Alors que tous deux prenaient rapidement leur envol, j'attendais vainement un signe du destin. Malgré mon succès à Besançon, les portes ne s'ouvraient pas devant moi. Ce fut une grande période d'inquiétude et de tristesse. J'ai accepté sans hésiter mes premiers

1. Entretien enregistré à la Maison de Radio France, le 25 septembre 2002. Au programme du concert de l'O.N.F. du 25 septembre figuraient *Cantus articus* de Rautavaara, *Serial* de Gruber, le *Concerto pour piano et trompette* de Chostakovitch et la *Deuxième Suite* de *L'Oiseau de feu* de Stravinsky.

engagements, quel que fût le niveau des orchestres. Je peux, aujourd'hui, évoquer ce mauvais passage avec sérénité, mais il y a vingt ans, j'étais tellement déprimé que j'aurais été incapable d'aborder ce sujet. Je me posais constamment des questions : que se passait-il ? Allais-je échouer après tant d'années d'études ? Est-ce que j'avais atteint un niveau suffisant ou devais-je me résigner à un rôle de second plan ? Peu à peu, cependant, j'ai pu me frayer un chemin vers le podium de quelques formations importantes, comme celles du Philharmonique de Stockholm ou de la Radio danoise. Puis les responsables de l'Orchestre de Lahti m'ont contacté et m'ont proposé d'en prendre la direction musicale. Avec le recul, je pense que, si j'avais eu une trajectoire comparable à celle de Salonen, ç'aurait été préjudiciable pour ma carrière. Je n'étais pas prêt à aborder des formations de très haut niveau. Contraint et forcé, j'ai dû prendre mon temps et je ne regrette rien. »

Ville renommée pour ses remarquables sites de sports d'hiver, principalement le saut et ski de fond, Lahti est une agglomération de cent mille habitants, située à 130 kilomètres au nord-ouest d'Helsinki ; elle est également connue pour ses industries du bois : « J'y suis arrivé en 1985[1] et je demeure toujours fidèle au poste qui m'a été confié. J'aime cette cité et ses paysages grandioses. J'y ai trouvé une ambiance qui me convenait parfaitement ; ma mission, donner une âme à une formation en devenir, était de celles dont j'aurais pu rêver. Le succès a été immédiat, bien que, pendant plus d'une décennie, il ait fallu batailler pour obtenir une salle digne des ambitions de la municipalité et des musiciens : l'auditorium, entièrement en bois, baptisé Sibelius Hall, d'une capacité de 1 250 places, fut inaugurée en 2000, à la satisfaction générale. Conçue selon les méthodes de construction les plus modernes, cette salle bénéficie d'une merveilleuse acoustique, mise au point par les ingénieurs qui ont créé la salle de Birmingham, chère à Simon Rattle. Le coût de cette construction est un autre petit miracle : le montant total s'est élevé à 25 millions d'euros, dont 40 % ont été pris en charge par l'État. Depuis peu, la ville a son université : les études musicales y ont une part importante. Notre orchestre a incontestablement permis une amélioration du niveau culturel de la région : tous les habitants savent ce que représente notre ensemble et la majorité d'entre eux s'intéressent à notre activité. Il y a quelques années, la plupart des gens ignoraient ce qu'était un concert symphonique. »

1. L'Orchestre symphonique de Lahti a été fondé en 1935.

Bien que la crise du disque ait quelque peu ralenti l'édition des enregistrements de l'orchestre, la firme Bis a toujours été consciente de la valeur du répertoire de l'Orchestre de Lahti, en offrant, cela va de soi en Finlande, la meilleure part à Sibelius. Osmo Vänskä a tout joué et tout enregistré de ce grand maître : « Nous lui devons beaucoup, explique-t-il. Comme nous sommes les citoyens d'un très petit pays, il est important pour nous d'être reconnus, au plan musical, par d'autres nations. Notre langue n'est parlée que par les Finlandais. Nous avons longtemps manqué de confiance en nous-mêmes, car nous demeurions confinés sur notre territoire. La musique fut l'un des principaux moyens d'expression dont nous avons pu disposer et l'un de nos meilleurs produits d'exportation, à l'image de ce que furent nos grands champions d'athlétisme et de ski nordique.

« Sibelius a été le premier artiste finlandais à acquérir une stature internationale, avant même que notre pays n'obtienne son indépendance en 1917 : il en fut, en quelque sorte, le porte-drapeau, d'où l'importance de son œuvre, que j'ai explorée dans toute son étendue. J'ai voulu notamment mettre en valeur les versions originales de ses symphonies, à commencer par la *Cinquième*. Karajan a donné une interprétation brillante de cette composition, mais elle ne respectait pas les intentions de son auteur. J'ai retrouvé le manuscrit original à l'Institut Sibelius et je l'ai utilisé pour l'enregistrement que j'ai réalisé ; j'ai procédé de la même manière pour les *Sixième* et *Septième Symphonies*, en tenant compte de toutes les indications manuscrites du compositeur. Certaines découvertes m'ont permis de rétablir la vérité. La musique de Sibelius est celle de la nature : le vent dans les arbres, le ciel et ses nuages, les lacs, les forêts y sont constamment présents. Il y a exprimé son idéal face à la réalité du monde où il vivait. La *Sixième* jette un regard sur le passé : les jours anciens se sont enfuis et le maître admire le panorama qu'il laisse derrière lui. Il s'agit d'une confession dans laquelle il laisse entendre qu'il n'a pas réalisé tout ce qu'il avait souhaité. »

On s'est souvent demandé pourquoi Sibelius avait cessé de composer, à 55 ans, pour se murer pendant trente ans, jusqu'à sa mort, dans le silence et la solitude. Osmo Vänskä émet une hypothèse sur les causes de ce mystérieux retrait : « Il travaillait beaucoup. Le Philharmonique d'Helsinki lui avait passé commande d'une huitième symphonie. On a retrouvé le troisième mouvement écrit par un copiste ; le reste a disparu. Sa femme a raconté qu'au cours d'une nuit de l'année 1930, son mari avait brûlé un grand nombre de partitions, dont probablement les pages demeurées inconnues de la huitième.

C'était un anxieux, un angoissé, qui se montrait très critique envers lui-même. De surcroît, il lui était devenu difficile d'écrire, en raison d'un fort tremblement des mains. Il ne s'agissait pas de la maladie de Parkinson. C'était autre chose ; il souffrait beaucoup, moralement, de cette incapacité ; il travaillait très lentement et n'était jamais satisfait de ce qu'il avait accompli. Or on attendait encore beaucoup de lui ; les journaux annonçaient fréquemment la création prochaine de la huitième symphonie ; ces informations prématurées le stressaient ; il craignait en effet de décevoir les critiques et son public. Comment aurait-il pu aller plus haut que la *Septième* et *Tapiola* ? Il redoutait son propre déclin ; il a donc préféré s'arrêter quand il était au sommet de son art. »

Sibelius occupe une place prépondérante en Finlande ; mais il n'occulte pas pour autant d'autres compositeurs qui ont su s'affirmer au cours des dernières décennies. Osmo Vänskä, passionné de musique contemporaine, sait également les mettre en valeur : « Bien entendu, nous demeurons fidèles au passé, mais, à Lahti, nous avons également abordé un grand nombre d'autres musiciens, à commencer par Crusell, mon professeur de clarinette, puis Robert Kajanus, contemporain de Sibelius, dont il était l'ami, qui fut également un chef renommé ; nous jouons aussi Kekkonen,

qui fut un grand pédagogue, Marttinen, Palmgren, Klami, Kaija Saariaho. Kalevi Aho et Einojuhani Rautavaara sont les deux grands maîtres de notre époque. Ils sont, tous deux, fréquemment à notre répertoire : il est en effet de notre devoir d'interpréter leurs œuvres, faute de quoi elles demeureraient inconnues du public ; il faut aussi pouvoir les enregistrer, ce qui n'est pas évident, à la suite de la crise du disque. Il est enfin nécessaire de les exporter, ce qui est également difficile. Mes expériences de ces dernières années me donnent cependant le droit d'espérer : leur musique est belle et perceptible par la majorité des mélomanes. C'est aussi le cas du Danois Carl Nielsen, qui vécut à la même époque que Sibelius, dont j'ai joué et enregistré les œuvres, notamment ses admirables *Symphonies*. Pour ma part, j'ai été très influencé par mon compatriote Paavo Berglund, éminent propagateur de Sibelius, notamment en Grande-Bretagne, et qui demeure un pionnier de la musique nordique. Je voue également une grande admiration au chef suédois Herbert Blomstedt, qui a tenu un rôle comparable à Berglund en Allemagne, à la Staatskapelle de Dresde, et aux États-Unis, au Symphonique de San Francisco.

« J'ai eu à résoudre les mêmes problèmes, quand je dirigeais le Scottish National à Glasgow, pour faire connaître les compositeurs britanniques contemporains : tout le monde appréciait Elgar et Britten, mais ce n'était pas le cas pour Bax, Walton, Tippett, McMillan, Vaughan Williams. Nous les avons mis à nos programmes aussi souvent que possible. Le public aime généralement écouter des morceaux qu'il connaît déjà. Nous devons donc agir habilement en présentant, dans le même concert, du classique et du contemporain. »

À propos de Lahti, Osmo Vänskä exprime un regret : l'effectif relativement limité de son orchestre (soixante-seize musiciens titulaires) ne lui a pas permis, jusqu'à présent, de jouer certaines œuvres, notamment les symphonies de Mahler.

À l'approche de la cinquantaine, comment Osmo Vänskä voit-il son avenir ? S'il demeure proche de son pays, il a cependant accepté le poste de directeur musical de l'Orchestre du Minnesota, où il a succédé au Japonais Eiji Oue : « Mon contrat avec Minneapolis spécifie que j'ai le droit de continuer de diriger à Lahti et d'y faire des disques. Actuellement, j'y passe en moyenne quatorze ou quinze semaines par an. On me demande d'être présent au Minnesota pendant seize semaines. Les deux calendriers sont compatibles ; en revanche, j'ai quitté l'Écosse en juillet 2002. Il était impossible d'avoir trois responsabilités à la fois. Minneapolis manifeste de grandes ambitions : les dirigeants et les musiciens ont toujours en mémoire la grande époque de Mitropoulos et de Dorati ; ils ont la volonté de retrouver leur position d'autrefois ; les instrumentistes sont de haut niveau et leur enthousiasme est à la mesure de leur talent. »

Hors la musique, quelle est la part réservée aux loisirs par Osmo Vänskä ? « Quand j'étais jeune et encore clarinettiste, j'étais passionné de sport ; je regardais les matchs de football à la télévision, tout en jouant de mon instrument. Maintenant, je veille à ma condition physique : je fais du jogging, du vélo. Je lis relativement peu, faute de temps ; quand je suis à la maison, je m'adonne aux tâches domestiques aux côtés de ma femme. Elle est journaliste : c'est une excellente critique théâtrale ; elle n'écrit pas sur la musique, mais elle sait me conseiller utilement. Nous allons souvent en Laponie : nous effectuons des marches de deux ou trois heures en empruntant des chemins de montagne. Nous renouons ainsi avec la nature sauvage, heureusement bien préservée en Finlande. Nous avons trois enfants : l'aînée a 26 ans ; elle est actrice et danseuse ; mon premier fils joue du violon en amateur et suit des études commerciales. Le second est également étudiant. »

Et l'île déserte ? À quelle sorte de musique s'y adonnerait-il ? Osmo Vänskä hésite longuement avant de répondre : « Je préférerais emporter des livres traitant de musique. Mais, puisqu'il faut choisir, je prendrais le *Concerto pour clarinette* de Mozart que j'ai dû jouer une quarantaine de fois et que je connais par cœur. Sans doute, la clarinette me suffirait-elle : j'ai été premier solo au Philharmonique de Turku de 1971 à 1976, puis au Philharmonique d'Helsinki de 1977 à 1982… »

DE BERGLUND À SALONEN FINLANDAIS PARTOUT

Pays de cinq millions d'habitants, la Finlande occupe, depuis peu, une place de premier plan dans le monde de la musique. Au cours des trois dernières décennies, on a pu assister à une prolifération de talents en tout genre, principalement dans le domaine de la direction d'orchestre.

Paavo Berglund (né en 1929) fut le premier maestro finnois à s'imposer sur la scène internationale à partir des années soixante-dix. Il a fortement inspiré de jeunes musiciens qui, ayant bénéficié, à l'Institut Sibelius d'Helsinki, d'un enseignement de qualité et d'un apprentissage soigneusement dosé, ont pu rapidement exercer le métier en vue duquel ils s'étaient préparés. Cette émulation découle d'un travail élitiste, développé dans des classes ne comportant qu'une dizaine d'élèves : ces étudiants ont la possibilité de diriger régulièrement un orchestre, composé de membres du Conservatoire. Cette méthode, qui n'est pas sans rappeler celle qui fut en usage en Union soviétique, a donné naissance à une pépinière de chefs, dont le dernier exemple le plus intéressant est celui de Mikko Franck.

Aujourd'hui, les Finlandais sont partout, en Suède, en Norvège, au Danemark et bien entendu dans leur pays, mais ils dirigent également des formations occidentales ou américaines de premier plan, comme nous avons pu déjà le constater avec Mikko Franck et Osmo Vänskä.

Le cas de Jukka-Pekka Saraste (né en 1956) constitue un bel exemple d'une double évolution, qui a pour point de départ, à l'instar de la plupart de ses compatriotes, l'Académie Sibelius et des orchestres finlandais. Dès 1987, à 31 ans, il est chef principal de l'Orchestre de la Radio nationale d'Helsinki ; il s'y illustre en gravant une remarquable intégrale de Sibelius. Invité de toutes parts, il se produit fréquemment à Paris, où il s'en faut de peu qu'il hérite du Philharmonique de Radio France. Nadine Pierre, premier violoncelle solo, ne l'a pas oublié : « C'est un personnage étrange, touchant, doté d'une sensibilité à fleur de peau. Sa manière de diriger n'a pas toujours bien fonctionné avec les orchestres français : notre côté latin est en effet souvent en décalage avec le tempérament nordique. Saraste est très réservé, certains regrettent même sa froideur. Pour ma part, ayant eu la possibilité de prendre connaissance de la mentalité nordique au cours de plusieurs *masterclasses*, j'ai senti que l'on entrait, au contact des Finlandais, dans un mode de pensée très différent du nôtre. Saraste est un être attachant, qui peut parfois irriter par sa brusquerie ou sa raideur, d'où certains heurts avec les instrumentistes. Mais il ne faut pas se braquer sur ce genre de détails car, au plan musical, il est excellent et j'apprécie ce qu'il fait, bien que sa gestique puisse parfois dérouter : il effectue en effet son premier temps en l'air, contrairement à la plupart des autres chefs. Il faut quelques jours pour s'habituer à cette particularité. Passé ce délai, on constate qu'il possède une ligne musicale précise, sans battre souvent la mesure ; il estime en effet que les musiciens doivent garder une certaine initiative et une part de responsabilité. »

Jukka-Pekka Saraste a fait son chemin : il a longtemps dirigé l'Orchestre de Toronto ; il a également conduit les plus grandes formations américaines, dont Cleveland et Boston ; il demeure une valeur sûre.

Okko Kamu (né en 1946) s'est révélé en 1969 en remportant le très envié concours Karajan, ce qui lui permit de recevoir de nombreuses invitations des États-Unis, du Japon et d'Europe occidentale. Par la suite, il semble avoir marqué le pas en préférant se consacrer à des postes nordiques, en Finlande, en Norvège et au Danemark.

Leif Segerstam (né en 1944), dont le physique rappelle étrangement, avec sa barbe fleurie et son embonpoint, celui de Johannes Brahms, a déjà une longue carrière derrière lui. Elle l'a mené vers de multiples podiums internationaux, dont l'Opéra de Berlin, dès 1972, le Met, la Scala, Covent Garden, la Radio autrichienne, l'Orchestre du Palatinat de Ludwigshafen, la Radio danoise, l'Orchestre de Paris, sans oublier les principales formations finlandaises. On connaît moins le compositeur prolifique qui a écrit soixante-deux symphonies, un record du genre[1]. Se consacrant à l'écriture, dans un splendide isolement, en Finlande, pendant les mois d'été, il lui arrive de temps en temps de diriger certaines de ses œuvres, comme ce fut le cas pour la *Quarante-quatrième* à Prague, la *Trente-neuvième* à Bonn ou la *Cinquante-troisième* à Llubljana. En 2002, il a pu ainsi créer onze de ses symphonies, dont quelques-unes sont encore inédites.

Sakari Oramo (né en 1965), ancien violon solo des formations finlandaises, a choisi, pour sa part, une voie diamétralement opposée, en s'expatriant à 35 ans pour prendre, en 2000, le relais de Simon Rattle à l'Orchestre symphonique de Birmingham, où il s'est rapidement imposé. Un récent concert au Théâtre Mogador, à la tête de l'Orchestre de Paris, a été très bien accueilli par le public et par la critique, comme le prouve cet extrait d'une chronique de Jacques Doucelin, dans *Le Figaro* du 14 mars 2003 : « Oramo parvient à conjuguer passion et raison. Sa direction est prodigieuse de clarté et d'efficacité sans jamais sacrifier au spectaculaire [...]. C'est dans le poème symphonique *Manfred* de Tchaïkovski, qu'on prend la mesure de sa maîtrise. Car c'est déjà un maître [...]. »

La célébrité guette ce jeune chef, dont le répertoire, sans être aussi large que celui de son illustre prédécesseur à Birmingham, couvre une grande part de l'évolution de la musique. Oramo marche en effet sur les traces de celui qui est considéré comme l'étoile finlandaise de première grandeur, Esa-Pekka Salonen, qu'on pourrait pourtant classer parmi les chefs d'orchestre occasionnels. Essentiellement connu pour la prodigieuse ascension qui le mène, à 34 ans, au pupitre du Philharmonique de Los Angeles, Salonen s'est longtemps considéré comme un chef compositeur. Aujourd'hui, il se dit simplement musicien, bon à tout faire. Après des études de cor, de direction et de composition à l'Institut Sibelius, il fonde un groupe d'avant-garde, « L'Oreille ouverte », avec ses amis compositeurs Magnus Lindberg et Kaija Saariaho. En 1979, il effectue ses débuts à la tête du Radio Symphonique d'Helsinki. Puis il est nommé directeur musical du Symphonique de la Radio suédoise, responsabilité qu'il conserve pendant dix ans. En 1983, on lui demande *ex abrupto* d'Angleterre de

1. Aprrès les cent quatre symphonies de Haydn.

remplacer Michael Tilson-Thomas, malade, dans la *Troisième Symphonie* de Mahler. Il accepte, obtient un triomphe à Londres et du même coup devient principal chef invité du Philharmonia, avant d'être engagé en 1992 au Philharmonique de Los Angeles, dont il est toujours le patron. Nanti d'une réputation flatteuse, entretenue par de nombreuses incursions en Europe, aussi bien dans le répertoire classique et romantique que dans les œuvres contemporaines, il a, dès sa première saison en Californie, dirigé en tournée, au Festival de Salzbourg, quatre représentations de l'opéra d'Olivier Messiaen, *Saint François d'Assise*. Son abondante discographie, où figurent Haydn, Liszt, Grieg, Berwald, Bruckner, Mahler, Nielsen, Elgar, Sibelius, Richard Strauss, témoigne principalement de ses goûts pour la musique moderne : on y trouve de nombreux enregistrements de Bartok, Debussy, Prokofiev, Hindemith, Dallapiccola, Stravinsky, Chostakovitch, Jolivet, Tomasi, Takemitsu, Ligeti, Lindberg, Lutoslawski, Messiaen, Schoenberg, Webern, Revueltas, Adams, Saariaho, sans oublier Marsalis et son célèbre *All Rise*, ainsi que Bernard Herrmann ; les partitions des films d'Alfred Hitchcock, dont l'étonnante musique de *Psychose*, lui ont donné l'occasion de réaliser un remarquable CD, critiqué par les intellectuels, qui n'y ont vu, à tort, qu'un misérable *crossover*.

590 Dans cette prolifération de compositions en tout genre, Salonen ne s'est pas oublié. Ses œuvres, encore peu connues en Europe, bénéficient ainsi d'une projection qui est, cependant, encore loin de correspondre à ses ambitions. Car ce chef malgré lui ne cache pas qu'il a commencé à diriger très jeune par nécessité, pour gagner sa vie, afin de pouvoir s'adonner à la composition, quand il en avait le temps. Cette attitude, qui n'a guère varié au fil des décennies, n'est pas sans rappeler celle de Gustav Mahler, l'un des plus célèbres maestros de son époque, qui ne pouvait écrire qu'au cours de l'été, entre deux saisons musicales. Pour sa part, Salonen se défend d'avoir voulu faire carrière ; son vœu souvent formulé serait d'être considéré comme un compositeur qui dirige parfois ses propres œuvres, mais aussi celles de ses amis, tels Kaija Saariaho et Magnus Lindberg. Mais il se sait désormais cerné par ses responsabilités, ses invitations, ses multiples voyages, ses obligations discographiques, programmées plusieurs années à l'avance. Il avoue être toujours à la recherche de son propre équilibre, même dans son évolution de compositeur, qui semble s'être lassé de l'avant-garde européenne : il paraît en effet plus proche désormais de Messiaen que du sérialisme, sans chercher à préciser ce qu'à l'avenir sera sa musique. Cet homme pressé ne serait-il pas prêt à prendre enfin son temps ?

MICHAEL SCHÖNWANDT PRINCE DU DANEMARK

« Une génération peut apprendre beaucoup d'une autre génération, mais ce qui est proprement humain, aucune ne l'apprend de celle qui l'a précédée [...]. *Ce que j'appelle proprement humain, c'est la passion, dans laquelle chaque génération comprend entièrement l'autre et se comprend elle-même. »*
Sören Kierkegaard, *Crainte et Tremblement*

Ce qui frappe au premier coup d'œil, quand Michael Schönwandt accède au podium, c'est son allure athlétique. Avec son 1,95 mètre, il est incontestablement le plus grand des maestros par la taille ; on l'imagine volontiers sur un terrain de basket-ball, menant ses équipiers à la baguette. Pour l'heure, le musicien m'importe plus que le sportif ; il m'apprendra, au terme de sa répétition à la tête de l'Orchestre National, qu'il a longtemps joué au badminton et que ses longs bras lui permettent d'avoir des gestes plus amples et donc plus convaincants.

Invité par René Koering, directeur de la musique à Radio France, à conduire une œuvre insolite, pratiquement inconnue du grand public – *Ivan IV*, opéra de jeunesse inachevé de Georges Bizet qui fut joué précédemment à Montpellier –, Michael Schönwandt a quitté Copenhague et son Danemark natal afin de mettre en place cette partition, au Studio 104 de Radio France, avec des musiciens qui la déchiffrent pour la première fois. J'assiste à la deuxième répétition et je suis frappé par la rapidité avec laquelle les instrumentistes du National s'adaptent à cette œuvre, souvent spectaculaire, dont quelques thèmes font déjà penser aux sonorités de *L'Arlésienne*. Des fanfares éclatent, accompagnées par une impressionnante percussion, avec timbales, grosse caisse, cymbales, triangle. On pense à une musique de film. Michael Schönwandt maîtrise la situation avec calme et autorité : « Certains passages sont assez pompiers, indique-t-il aux instrumentistes ; on ne les joue pas… »

Je retrouve le chef dans le hall de la Maison de la Radio ; notre entretien a lieu en français, langue que parle parfaitement mon interlocuteur[1] : « Les journées de déchiffrage sont l'horreur absolue pour moi, confesse-t-il ; mais nous avons passé ce cap sans encombre. Tout est déjà clair pour l'orchestre. Pourquoi ai-je accepté de conduire cet opéra en concert ? Tout simplement parce que je suis curieux de nature ; j'ai donc été tenté par l'expérience assez périlleuse que me proposait René Koering ; il faut savoir éviter la routine et ne pas se contenter de jouer les dix ouvrages les plus connus du répertoire. J'aime travailler avec l'O.N.F. ; ce n'est pas un orchestre d'opéra et il faut expliquer certains détails ; mais cela ne m'a pas pris beaucoup de temps. » Cette association a permis, en tout cas, la réalisation d'un remarquable enregistrement, diffusé par Naïve, première intégrale portée au disque, selon la version du musicologue britannique Howard Williams, avec une prestigieuse distribution, comportant notamment le baryton Ludovic Tézier dans le rôle titre et la soprano albanaise Inva Mula. Cette réussite n'a pas pleinement consolé René

Koering[2] : « Le public a réagi très favorablement ; mais personne n'a parlé de la résurrection d'un œuvre inconnue de Bizet, hormis un critique de la presse quotidienne. C'est désolant ! »

Directeur musical de l'Opéra royal de Copenhague, Michael Schönwandt refuse toute étiquette : « J'alterne théâtre et symphonique ; notre saison lyrique est très longue : elle dure du 1er août au 31 mai ; s'y ajoutent les tournées à l'étranger, en Allemagne en 2002, à Vienne en 2003, en attendant New York et le Met en 2004. Nous sommes trois chefs à Copenhague à nous partager les programmes ; j'ai donc la possibilité de conduire à l'orchestre les œuvres qui m'intéressent le plus. En lyrique, ma gamme s'étend de Mozart à nos jours, en passant par Wagner, Verdi, et en y incluant chaque année une production danoise. En symphonique, j'ai enregistré de nombreux disques de compositeurs danois, notamment Niels Gade et Carl Nielsen, mais, bien que de nombreux autres musiciens de mon pays méritent d'être joués, j'évite de tomber dans le chauvinisme ; c'est ainsi que j'ai gravé également avec le Symphonique de la Radio danoise *Salomé* de Richard Strauss, le *Concerto pour*

1. Entretien enregistré à la Maison de Radio France, le 22 mars 2002.
2. Entretien enregistré à la Maison de Radio France, le 11 avril 2002.

violon n°3 de Henze, en première mondiale et avec le Philharmonique de Nice *Pelléas et Mélisande* de Sibelius et de Schoenberg. »

Michael Schönwandt, né en 1953, a ressenti très jeune l'irrésistible appel de la musique : « J'appartenais à une famille bourgeoise très aisée. Mon père souhaitait me voir lui succéder à la tête de l'usine de textiles dont il était propriétaire. Mais les liens que j'avais tissés avec la musique étaient infiniment plus forts que ceux qui me reliaient à l'entreprise paternelle. Ma grand-mère, qui avait été une brillante pianiste, ne fut sans doute pas étrangère à mon irrésistible vocation. À l'âge de 6 ans, j'ai moi aussi voulu apprendre le piano, puis je me suis consacré au cor, à l'alto, à la contrebasse. J'ai commencé à me rendre seul à l'Opéra de Copenhague à partir de 8 ans, grâce aux billets que m'offraient mes parents. J'observais le chef et je me disais que je serais capable de faire la même chose que lui. Quand j'ai annoncé à mon père que l'unique issue pour moi était de faire de la musique, j'ai compris que je lui causais une grande peine, mais il ne s'est pas opposé à mon projet ; il m'a laissé poursuivre mes études ; une bourse m'a permis de travailler la direction à l'Academy of Music de Londres et de revenir diplômé à Copenhague, à 22 ans. »

Dès 1979, à 26 ans, Michael Schönwandt est nommé chef permanent de l'Opéra royal danois à Copenhague : « Sans être un prodige musical, j'ai été considéré assez rapidement comme une jeune étoile. J'ai conduit les orchestres les plus illustres et j'ai travaillé dans de nombreux opéras de premier plan. J'ai tout essayé ! J'étais pressé de rencontrer de nouveaux musiciens, de jouer dans des salles prestigieuses, de diriger des voix célèbres, de connaître toutes sortes de publics. Je suis allé ainsi, avant même d'avoir 30 ans, à Covent Garden, à Vienne, à Bruxelles, Madrid, Stuttgart, Cologne, Bonn, Tel-Aviv, à Paris également où j'ai eu le bonheur de jouer, au Palais Garnier, *Alceste*, *Salomé*, avant de conduire, plus tard, *Elektra* à l'Opéra Bastille. Puis, au fil des années, ayant pris des responsabilités plus importantes – directeur de l'Opéra royal de Copenhague et de l'Orchestre royal du Danemark –, j'ai renoncé aux nouvelles productions à l'extérieur de mon pays, car cela me prenait trop de temps. J'ai également allégé mon programme d'invitations quand j'ai été nommé directeur musical du Symphonique de Berlin, après la chute du Mur. J'y suis resté jusqu'en 1998 et j'y ai joué la plupart de mes compositeurs de prédilection, Mozart, Haydn, Beethoven, Strauss, Mahler, Stravinsky. »

Michael Schönwandt a suivi un parcours sinueux, où la plus large place a cependant été réservée au Danemark, dont il est en quelque sorte le prince musical. Sa carrière peut-elle rebondir vers d'autres horizons ? « Je me sens très heureux chez moi, pour le moment. La seule chose qui m'intéresse est de faire de la musique ; si je recevais des propositions intéressantes, je les étudierais attentivement. À mes débuts, j'ai côtoyé la jet-set ; mais je ne me suis pas senti capable d'imiter les chefs qui sillonnaient le monde, bondissant de Vienne à New York, pour revenir à Bayreuth et s'envoler pour Tokyo. Je n'aurais pas pu tenir la distance, car ce n'était pas une vie faite pour moi. C'est pourquoi la seconde partie de mon existence a été beaucoup plus calme. J'ai voulu y inclure des périodes de réflexion, de repos, de loisirs. Ma famille était très sportive : ma mère fut la première femme qui ait, en 1963, participé au rallye de Monte-Carlo. Elle m'a permis de connaître de nombreux champions, dont Stirling Moss. Mon père a été membre de l'équipe nationale de basket-ball. Quant à moi, après avoir longtemps pratiqué le badminton, je fais du vélo pour me maintenir en condition physique, notamment quand nous prenons nos vacances, avec ma femme, dans le Lubéron ; nous y avons acheté un mas en pleine nature et je me prends pour un paysan, tandis que mon épouse, Amalia Malling, qui est considérée comme la meilleure pianiste soliste du Danemark, prépare ses prochains récitals. J'ai enregistré avec elle le *Quatrième Concerto pour piano et orchestre* de Beethoven. »

Bonnieux, petit bourg de Provence, où il vient régulièrement se ressourcer, est l'île déserte de cet homme du Nord, constamment attiré, comme tant d'autres, par le Sud. Quelles partitions y emporterait-il ? Long silence… « Difficile de répondre à cette question. Il me faudrait plusieurs valises : la plupart des opéras de Mozart et ses dernières symphonies, *Falstaff* de Verdi, les symphonies de Mahler et j'en oublie… »

PROPHÈTES OU EXILÉS

Jean-Claude Casadesus en répétition avec l'Orchestre national de Lille.

MANUEL ROSENTHAL
LOIN DES SENTIERS OBLIQUES

« Cet homme marchait pur loin des sentiers obliques
Vêtu de probité candide et de lin blanc. »
Victor Hugo, *Booz endormi*

« Un vieil homme qui meurt, c'est une bibliothèque qui brûle. » Cette pensée d'Anatole France m'est revenue en mémoire à l'annonce de la disparition de Manuel Rosenthal, deux semaines avant la date de son 99e anniversaire[1]. J'avais rencontré le maître, pour la première fois, dix-huit mois auparavant à la faveur d'une recommandation de Thérèse Cochet, pianiste de renom, épouse du grand violoniste et professeur René Doukan, qu'elle a rejoint au royaume des ombres.

Manuel Rosenthal me reçut à trois reprises[2] dans sa délicieuse maison de la rue du Moulin-des-Prés, dans le XIVe arrondissement de Paris, où il vivait paisiblement au milieu des nombreux souvenirs accumulés au long d'une carrière s'étendant sur trois quarts de siècle. J'ai ainsi bénéficié, auprès de lui et de son épouse, Claudine, qui fut une remarquable chanteuse, d'une dizaine d'heures de passionnants entretiens. Il avait de surcroît d'emblée accepté, avec enthousiasme, de préfacer mon livre par un « Prélude » promptement réalisé[3].

1. Manuel Rosenthal est mort le 6 juin 2003. Il était né à Paris le 18 juin 1904.
2. Entretiens enregistrés au domicile du chef, à Paris, les 18, 25 février et 16 mars 2002.
3. *Cf.* le texte du « Prélude » au début de l'ouvrage.

J'avais revu le chef le 24 janvier 2003 au musée d'Histoire juive, qui lui rendait un émouvant hommage auquel était associée Madeleine Milhaud, veuve du compositeur. Il avait écouté avec la plus extrême attention l'interprétation de quelques-unes de ses œuvres de musique de chambre, avant de prendre la parole à la fin du concert : d'une voix forte et bien timbrée, il avait rappelé tout ce que la musique lui avait apporté et ce qu'elle représentait pour lui. Six mois plus tard, Manuel Rosenthal, qui savait si bien être vieux en restant jeune d'esprit, s'en est allé en silence, à la façon de ce que Montaigne imaginait être le grand départ : « Les ans m'entraînent s'ils veulent, mais à reculons. »

En abordant ce chapitre, mon embarras est grand. Après avoir transcrit les bandes audio des interviews, je constatai qu'elles représentaient une cinquantaine de pages manuscrites d'un grand cahier. À contrecœur, il m'a donc fallu sélectionner, voire raccourcir ce qui avait été presque un monologue, ponctué de passionnantes anecdotes : en effet, il ne me fut pas nécessaire de poser de nombreuses questions pour recueillir les propos de cet étonnant conteur : grand artiste, compositeur et chef, il était la mémoire vivante d'un siècle de culture musicale. L'annonce de sa disparition n'a pas bouleversé l'actualité. Certains quotidiens ou revues ont fait correctement leur travail ; d'autres, en revanche, ont attendu trois jours avant de publier une nécrologie minimaliste. Ainsi va la musique en France, où l'anniversaire d'un chanteur de rock sur le retour fait la une de presque tous les journaux et nous vaut de nombreuses interviews à la télévision. Audience oblige ! Manuel Rosenthal, qui ne s'est jamais préoccupé de sa propre notoriété, m'avait dit en guise de conclusion à nos rencontres : « La musique, sous toutes ses formes, est devenue une affaire commerciale. L'argent coule à flots au détriment de ce qui est beau et grand ; tous les arts sont touchés par cette décadence culturelle… »

« Ce n'est rien d'être ; pour exister, il faut que l'être soit mis en mouvement. » La jeunesse de Manuel, ou plutôt d'Emmanuel, prénom biblique qui signifie « Dieu est avec nous », rappelle les prémices de Jean-Christophe, héros de roman imaginé par Romain Rolland : « Je n'ai pas connu mon père biologique, m'a révélé le maître ; il avait délaissé ma mère quand il a su qu'elle allait avoir un enfant. Russe et juive, maman avait quitté son pays pour fuir les pogroms qui y sévissaient, à la fin du XIXe siècle, sous le régime tsariste. Après un voyage dramatique, effectué dans d'épouvantables conditions, elle se fixa à Paris, où je vis le jour en 1904. Peu après, elle épousa Bernard Rosenthal, pharmacien de profession, qui m'a adopté et dont je porte le nom. J'avais 14 ans quand il est mort. Ma mère m'a dit alors, en présence de ma sœur de quatre ans ma cadette : “Maintenant, tu es le chef de famille.” J'étais chétif et souvent malade, mais plein de bonnes résolutions. J'avais pris des cours de solfège et de violon, sur les conseils de maman : elle n'était pas musicienne, mais elle entretenait en son âme russe une vraie flamme mélodique.

« Je jouais du violon dans les rues et aux terrasses des cafés. Je ramassais ainsi un peu argent. Comme nous étions très pauvres, cet apport commençait à compter dans notre modeste budget. Peu à peu, j'ai progressé ; je me suis rendu compte qu'il était temps que je cultive sérieusement le don que la “fée Musique” m'avait fait. Élève médiocre, j'avais quitté l'école très tôt ; mais une mystérieuse force intérieure me poussait à lire tout ce qui me tombait sous la main. Par curiosité intellectuelle, je dévorais de nombreux ouvrages dont ceux de Jean Cocteau et de Marcel Proust. Je sentais qu'ils constituaient une ouverture unique sur le monde ; il me fallait y pénétrer.

« En 1919 – j'avais 15 ans –, un ami m'a donné l'occasion de passer une audition auprès de M. Nadaud, professeur au Conservatoire. À ma mère qui m'accompagnait, il affirma sans ménagement : « Il ne faut pas faire faire de la musique à ce garçon ; l'agriculture manque de bras, qu'il aille donc travailler aux champs ! » Heureusement, maman ne l'a pas écouté. Vraie mère russe, elle était sûre de moi ; elle réussit à convaincre un autre professeur, Jules Boucherit, de me recevoir. J'ai joué devant lui quelques morceaux classiques de base ; après m'avoir écouté, il nous a expliqué que j'avais tout à apprendre, mais qu'il y avait quelque chose d'intéressant en moi. J'ai passé avec succès l'examen d'entrée, en jouant le *Concerto russe pour violon* de Lalo, et Boucherit m'a pris dans sa classe de violon.

« Un copain, avec lequel j'étais très lié, m'a demandé un jour : “Que fais-tu le soir après les cours ? – Je lis beaucoup, lui ai-je répondu, et j'essaie de composer. Ce n'est pas difficile : tu prends une feuille de papier à musique et tu écris des notes sur les portées...” À la fin de chaque année scolaire, Jules Boucherit avait institué un examen, calqué sur celui de fin d'études. Nous devions jouer un morceau imposé, puis déchiffrer une partition musicale. Sans me le dire, mon ami confia à notre professeur un manuscrit musical que j'avais écrit : il s'agissait d'une sonatine pour deux violons et piano. Toute la classe a déchiffré ma pièce, sans que j'attache d'importance à ce modeste succès. Quelques semaines plus tard, je reçus une lettre de la Société musicale indépendante, dont le comité comportait des noms célèbres, tels que Ravel,

Stravinsky, Bartok… “Nous avons le plaisir, m'indiquait-on, de vous annoncer que votre sonatine sera jouée en public, lors de notre soirée annuelle.” J'ai cru à une blague. Mais c'était très sérieux : Jules Boucherit avait trouvé mon morceau de bonne qualité et l'avait adressé à la S.M.I, qui l'avait retenu. Je venais d'avoir 16 ans quand on interpréta ma sonatine en public ; quelques mois plus tard, elle fut éditée. J'étais aux anges. Estimant que je bénéficiais d'une sorte de protection divine, j'ai voulu connaître l'opinion de quelques grands compositeurs : j'ai écrit à Albert Roussel, à Arthur Honegger, à Darius Milhaud, à Maurice Ravel, en leur joignant mon “œuvre”. Ils m'ont tous répondu cordialement, sauf Ravel… Quatre ans plus tard, après avoir effectué mon service militaire, une amie pianiste, qui m'avait invité à dîner, me dit : “J'étais cet après-midi à Montfort-L'Amaury, chez Maurice Ravel. J'ai parlé de toi. Or, quand j'ai cité ton nom, Ravel s'est souvenu du courrier que tu lui avais adressé ; mais il avait perdu ton adresse et m'a chargée de te présenter ses excuses. Dites-lui, a-t-il ajouté, que j'ai trouvé sa composition intéressante et que je pourrais, s'il le souhaite, le faire travailler.”

« C'est ainsi que Maurice Ravel est devenu mon maître. Je lui dois tout. Il a été mon second père. Il m'a accueilli à Montfort et m'a conseillé de prendre des cours de composition avec un de ses amis, Jean Huré, professeur au Conservatoire, tout en m'accordant une leçon par semaine. Je suis devenu un familier des lieux. Maurice Ravel se montrait parfois très sévère : un jour, je lui ai apporté une fugue, que j'avais préalablement montrée à Jean Huré. Selon ce dernier, c'était une pièce très musicale qui comportait quelques imperfections. Ravel lut mon manuscrit et piqua une froide colère : “Vous devez vous en tenir à des devoirs d'école et respecter les règles de composition. Votre fugue s'en écarte, elle ne vaut rien.” Il déchira ma partition et en jeta les morceaux dans la cheminée. J'étais profondément ulcéré ; je suis parti sans le saluer. Pour rejoindre la gare, il fallait se rendre à la place principale de Montfort et prendre une sorte de diligence, tirée par deux chevaux ; il pleuvait à seaux ; je suis monté dans la voiture ; j'étais désemparé. Je me disais que je ne reviendrais plus jamais à Montfort, quand j'entendis frapper à la porte du véhicule : je l'ouvris et je vis Ravel, dégoulinant de pluie, sans chapeau ni parapluie : “Alors, me lança-t-il, on s'en va sans dire au revoir à son maître ?” Nous sommes repartis ensemble vers sa villa. Et j'ai continué à venir régulièrement au Belvédère.

« Un jour, c'était en 1927, il est arrivé en retard : “J'ai passé un long moment, me dit-il, avec les membres du comité des Concerts Pasdeloup. Je leur ai parlé de vous et, sur ma proposition, ils ont accepté de consacrer la première partie d'un concert à vos œuvres." J'étais stupéfait : j'estimais que j'avais écrit trop peu de chose pour mériter un tel honneur. Mais Ravel insista ; d'un ton péremptoire, il me mit devant le fait accompli : "Et, de surcroît, vous dirigerez vous-même ! – Mais, objectai-je, je n'ai jamais conduit un orchestre… – Raison de plus, reprit Ravel, pour essayer." J'étais terrifié à l'idée d'avoir à affronter quatre-vingts musiciens ; je me demandais ce que j'allais faire dans cette galère. Quelques mois plus tard, je me suis présenté au Théâtre des Champs-Élysées pour effectuer la première répétition de ma vie. Plus mort que vif, souffrant de violents maux de ventre, je suis monté sur l'estrade ; j'ai salué les musiciens et tout s'est miraculeusement bien passé. J'ai dirigé mon ballet *Un baiser pour rien* et d'autres compositions que j'ai détruites par la suite. À la pause, les deux chefs de Pasdeloup sont venus me voir : Rhené-Baton m'a dit quelques mots gentils à propos de ma musique ; quant à Inghelbrecht, il m'a demandé : "Depuis combien de temps dirigez-vous ? – Maître, ai-je répondu, depuis une heure. – Alors dans ce cas, vous êtes fait pour ce métier."

« J'avais 24 ans quand Inghelbrecht m'a confié quelques travaux secondaires ainsi que la direction d'une chorale. Il n'avait pas de budget pour payer un assistant et c'est pourquoi il m'a nommé quatrième percussionniste. C'était un poste fictif, mais, de temps en temps, je faisais des remplacements et j'apprenais le métier de chef. Pour gagner ma vie, j'étais entré au Moulin-Rouge comme premier violon de l'orchestre. J'ai fait la connaissance de grandes vedettes, comme Mistinguett, qui était accompagnée de ses *boys* Jean Gabin et Henri Garat ; tout le monde était très gentil avec moi ; on m'appelait "le petit". Très vite, on a su que j'étais l'élève de Ravel et on m'a fait orchestrer des morceaux de musique. J'ai joué également au Casino de Paris. J'ai rencontré Piero Coppola, remarquable chef, pionnier de l'enregistrement discographique, qui m'a engagé pour graver certaines œuvres de son large répertoire, notamment les *Nocturnes* et *Prélude à l'après-midi d'un faune* de Debussy. Les années ont passé. Au début du cinéma parlant, j'ai composé plusieurs partitions pour des films depuis longtemps oubliés ; en même temps, j'ai fait mon entrée à l'Opéra-Comique, avec *Rayon de soieries*, l'une de mes compositions. En 1934, Inghelbrecht, qui avait quitté Pasdeloup pour créer l'Orchestre National de la Radiodiffusion française, s'est souvenu de moi : il m'a engagé comme assistant. C'était un excellent musicien, dévoué corps et âme à Debussy ; grand chef, il l'était, mais il se montrait souvent tyrannique. Je suis pourtant resté au National jusqu'à la guerre, comme second chef permanent.

« Je continuais à voir régulièrement Ravel, qui suivait attentivement ma carrière. Il me parlait abondamment de ses préférences musicales. Il adorait Mozart. Se référant à Rossini, il disait : “Le plus grand musicien est Beethoven ; mais Mozart, il n'y a que lui et il est seul.” Il avait également une grande admiration pour Debussy et Stravinsky. Il lui arrivait parfois de diriger ses propres œuvres ; je l'ai vu conduire le *Boléro* ; il acceptait ce rôle pour lequel il n'était pas fait, afin de drainer un plus nombreux public vers les salles de concert. Hélas, la maladie est venue, qui a mis prématurément un terme à sa carrière de compositeur. Il m'avait confié à propos de *L'Enfant et les sortilèges* : « Je n'ai jamais pu entendre ma partition sans qu'elle soit sifflée. Jouez-la ; je sais que vous la défendrez mieux que quiconque. » Un tragique hasard a voulu que je programme cette œuvre au National le 28 décembre 1937 : quelques heures avant la représentation, j'avais appris que Ravel était mort à la suite de l'opération du cerveau qu'il avait subie la veille. Ma tristesse fut infinie, tout comme celle de Stravinsky, que j'ai vu pleurer dans la salle. »

Viennent alors d'autres années noires pour Manuel Rosenthal. Mobilisé en 1939, il est fait prisonnier en juin 40 ; libéré l'année suivante, il séjourne d'abord en zone libre, à Marseille, avant de revenir à Paris où il se cache, non sans éviter d'être arrêté et emprisonné pendant plusieurs mois. Sa qualité de musicien et de chef lui vaut d'échapper miraculeusement à la déportation, avant d'entrer en résistance ; en 1940, il avait achevé un grand oratorio, *Saint François d'Assise* ; cette action de grâce le conduira au catholicisme après la guerre. Privé de musique pendant plus de quatre ans, l'ancien adjoint d'Inghelbrecht succède, à la tête du National, à son aîné qui a pu poursuivre son activité pendant l'Occupation. Le 26 septembre 1944, Manuel Rosenthal dirige le Concert des Nations, comportant notamment la *Symphonie classique* de Prokofiev et une œuvre d'Albéric Magnard. Jean Guignebert, qui l'a nommé, rappelle alors aux musiciens certaines vérités trop vite oubliées : « Pendant près de cinq ans, cet homme a été privé de musique ; il n'avait même plus le droit de vivre. Et qu'a-t-on fait pour lui en France ? Rien ! »

« Je n'ai jamais revu Inghelbrecht, se rappelle le maître. J'ai su qu'il avait été très contrarié par ma nomination. Mon premier soin fut de remettre au répertoire des œuvres interdites par les nazis pendant la guerre. J'ai donné ainsi sept concerts consécutifs consacrés à Stravinsky, puis j'ai conduit plusieurs de ses œuvres lyriques à l'Opéra-Comique. Il m'a écrit pour me dire qu'aucun autre chef n'avait autant fait pour lui. J'ai programmé également

Hindemith, Bartok, Milhaud, Prokofiev... Trois ans plus tard, en 1947, j'ai quitté le National car je ne pouvais plus y faire musicalement ce que je souhaitais. On m'avait demandé de réserver une plus grande partie des programmes à des œuvres que je n'aimais pas. Or je n'avais nulle envie de flatter les goûts du public ; Tchaïkovski, ce n'était pas pour moi. J'ai donc démissionné, mais j'ai eu souvent, par la suite, l'occasion d'être invité à diriger, avec les Orchestres de la Radio, des compositions de mon choix.

« En 1947, j'ai reçu une intéressante proposition de Seattle, sur la côte Ouest des États-Unis, où l'orchestre local était à reconstruire. J'y ai passé cinq belles années. J'ai ensuite failli succéder à Pierre Monteux au Symphonique de San Francisco, mais certains événements liés au maccarthysme m'en ont empêché. »

De retour en Europe, Manuel Rosenthal se consacre à la composition et refuse tout poste de responsabilité, hormis un passage au Symphonique de Liège. Il dirige les plus grandes formations internationales et françaises, en tant que chef invité, notamment dans *Turangalila Symphonie* pour célébrer le 50e anniversaire d'Olivier Messiaen. En 1959, il conduit le National au Festival de Salzbourg où il joue la *Première Symphonie* de Dutilleux et *Daphnis et Chloé* de Ravel : « Karajan assista à la répétition générale, ce qu'il faisait rarement. La firme Adès venait de publier mes enregistrements de Debussy et Ravel avec l'Orchestre de l'Opéra de Paris. Karajan les avait reçus. Il m'a dit : "Vous êtes ma bible pour tout ce qui touche à la musique française. Quand je veux diriger Debussy ou Ravel, j'écoute d'abord vos disques." Il faut dire que ces 33 tours[1] ont été réalisés très vite, sans répétition préalable ; de surcroît, je ne suis jamais allé dans la cabine. Or je crois sincèrement qu'ils n'ont pas vieilli. »

Manuel Rosenthal se rend également au Met de New York, où la presse titre « *Fly back soon* » (« Revenez-nous vite »). Plus tard, il est à Moscou où il donne la première représentation russe de *Pelléas et Mélisande* : « J'ai eu également le plaisir de rencontrer les jeunes musiciens du Conservatoire. Nous devions interpréter des symphonies de Mozart. Or, au cours de la première répétition, j'ai eu la surprise de voir débouler sur le plateau une centaine d'instrumentistes au lieu de la cinquantaine dont j'avais besoin. Le directeur m'a supplié de ne pas les renvoyer : ils voulaient tous jouer sous la baguette d'un chef français. J'ai exaucé leur vœu. »

1. Reportés sur CD, ces remarquables enregistrements ont été repris dans un coffret de six disques édités par Accord, avec des œuvres de Moussorgski, Borodine, Rimski-Korsakov, de Falla, Albéniz et Dukas.

À 82 ans, infatigable, le chef se lance dans une aventure pleine de risques : « On m'a demandé de revenir à Seattle, près de quarante ans après mon premier passage, pour remplacer dans le *Ring* Armin Jordan, malade. J'ai longtemps hésité en expliquant à mes interlocuteurs qu'il y avait un grand nombre de chefs allemands qui faisaient cela mieux que moi. Mais ils ont insisté. Je me suis alors plongé dans certains écrits de Wagner et j'y ai trouvé quelques "perles", comme celle-ci : "Ces cochons de Français sont ceux qui jouent le mieux ma musique." Cela m'a décidé à accepter. J'y ai joué trois fois le cycle complet de la *Tétralogie*. À la fin du premier, je n'étais même pas fatigué ; je me suis retourné vers le public et j'ai crié : "*I did it !*" ("Je l'ai fait !"). Ce fut un beau succès que les musiciens ont souligné en m'adressant un émouvant message : "Nous vous remercions pour cette leçon de jeunesse et de musique." »

Manuel Rosenthal a connu et côtoyé les plus grands chefs du XXe siècle. Parmi ceux-ci, Paul Paray tient une place particulièrement chère à son cœur : « C'était un musicien exceptionnel, qui aimait aider les jeunes : ainsi, à l'Opéra, il a joué mon ballet, *Un baiser pour rien,* et aux Concerts Colonne, ma *Cantate pour le temps de la Nativité*. Plus tard, quand j'ai posé ma candidature

pour devenir professeur au Conservatoire national, il a, en tant que membre du jury, convaincu les opposants ou les hésitants en leur déclarant : "Je n'ai pas de temps à perdre : vous devez nommer Rosenthal ; sinon je m'en vais et je dirai pourquoi."

« J'ai été très proche de Roger Desormière. C'est grâce à lui que j'ai réalisé l'orchestration de *La Gaîté parisienne*. Léonide Massine lui avait demandé de concevoir une musique de ballet sur des thèmes d'Offenbach ; mais comme il devait partir en tournée, Desormière m'a demandé de le remplacer. Je n'étais guère attiré par Offenbach ; à contrecœur, j'ai orchestré à un certain nombre de morceaux. Mais Massine n'a pas aimé ce que j'avais fait. J'ai demandé l'arbitrage de Stravinsky, dont je venais de diriger le *Sacre* : "Enfin, avait-il dit aux critiques, un jeune chef qui est fidèle à ma partition !" Il est allé voir Massine et lui a déclaré : "Si tu refuses cette partition, tu passes à côté du plus grand succès de ta carrière !" Massine s'est laissé convaincre. C'était en 1938. Le succès fut fabuleux. Par la suite, une trentaine d'enregistrements furent édités : Karajan, qui était fou de cette musique, l'a gravée deux fois ; Ozawa en a fait également un beau disque. Quant à moi, j'avais 92 ans quand j'ai dirigé le Philharmonique de Monte-Carlo pour en faire mon ultime CD chez Naxos.

« J'ai bien connu Pierre Boulez. Il n'a pas oublié que, vingt ans avant lui, j'avais dirigé *Lulu* de Berg et qu'avec le National, j'avais défendu, dès 1948, la seconde école de Vienne, en donnant des œuvres de Schoenberg et Webern, qui étaient très rarement jouées à l'époque. De Boulez, j'ai joué la première audition d'une cantate, *Le Soleil des eaux*, qu'il a, par la suite, supprimée de son catalogue.

« J'ai été très lié à Darius Milhaud dont j'ai souvent dirigé les œuvres lyriques ou symphoniques ; j'ai enregistré son opéra *Christophe Colomb*, dans lequel, Claudine, mon épouse, tenait un rôle important.

« J'ai eu des élèves qui ont fait leur chemin, notamment Emmanuel Krivine, que j'ai fait débuter comme soliste avec le National dans le *Concerto pour violon* de Bartok, Eliahu Inbal, Jacques Mercier, Jean-Jacques Kantorow, Jérôme Kaltenbach, Cyril Diederich, le premier violon solo du Philharmonique Élisabeth Balmas ; j'ai également fait débuter le grand chanteur Jacques Jansen, ainsi que José Van Dam.

« On a dit que je suis le chef français qui a créé le plus grand nombre d'œuvres. Hélas, parmi celles-ci, figurent de nombreuses partitions de musique française qui ne sont plus jamais jouées, notamment celles de Jean Rivier, Jean Martinon, Jean Françaix, Charles Chaynes, Maurice Jaubert, André Jolivet, Jean Langlais, et j'en passe. Je peux affirmer que tout le monde musical est passé par mes mains après la guerre. Paris a été, à un certain moment, la capitale de la musique ; tous les artistes voulaient y venir jouer ou chanter. Paris n'est plus, c'est bien dommage, le centre du monde ; la mode a passé, faute d'une dynamique suffisante et de salles modernes. »

Manuel Rosenthal s'en est allé, aussi modestement qu'il était apparu sur le podium des Concerts Pasdeloup, soixante-quinze ans plus tôt. Comme compositeur, il fut l'unique élève et l'ultime héritier de Maurice Ravel ; il fut aussi le père spirituel de plusieurs générations de musiciens, chefs, solistes, chanteurs, dont il parraina l'activité. Humaniste et pédagogue, il ne rechercha jamais la célébrité, mais il mit tout son génie à faire connaître les œuvres des créateurs qu'il aimait. Mieux que quiconque, il incarna le service public face à la quête de l'audimat. Il laisse derrière lui un sillon lumineux, qui éclaire une voie qu'on répugne à suivre aujourd'hui.

Le 18 juin 2003, une émouvante cérémonie religieuse lui fut consacrée en l'église Saint-Roch. Jean-Luc Tingaud, fidèle parmi les fidèles, à la tête d'une petite formation de l'Orchestre National, fit passer un long frisson dans l'assistance en interprétant notamment du compositeur disparu *Deux*

Prières pour les temps malheureux, écrites en 1942, sur des textes bibliques. Puis l'aumônier des artistes prononça une homélie où la célèbre parabole des talents[1] symbolisait l'action menée par cet homme qui, étant parti de rien, sut faire fructifier son talent au profit de la communauté tout entière.

1. L'Évangile selon saint Matthieu, 25.

JEAN FOURNET
MÉMOIRE CONTRE L'OUBLI

« L'oubli est la condition obligatoire de la mémoire. »
Alfred Jarry, *Journal*

Depuis la disparition de Manuel Rosenthal, en juin 2003, Jean Fournet est le doyen des chefs d'orchestre français. Dans sa 91e année, cet homme élégant, resté svelte en dépit de l'âge, observe le panorama musical avec un détachement frôlant l'indifférence. S'agit-il d'une attitude feinte ou d'un sentiment de dédain qui lui permettraient de supporter l'éloignement dont il a été victime depuis plusieurs décennies ? Ou bien a-t-il décidé de se tenir au-dessus de la mêlée et de tourner définitivement la page sur une carrière française qui ne fut pas à la hauteur de ses ambitions ?

Dans son appartement panoramique d'une rue tranquille du XVIe arrondissement de Paris, où il nous reçoit[1], Jean Fournet, souriant, heureux, semble-t-il, d'être sollicité pour un entretien, n'exprime aucun regret : « C'est vrai, reconnaît-il, on m'a oublié depuis pas mal de temps dans mon propre pays, mais je ne suis pas le seul dans ce cas : je m'étonne, sans manifester la moindre amertume, que pas un seul des grands orchestres parisiens, y compris les associations symphoniques et même l'Opéra, n'ait à sa tête un

1. Entretien enregistré au domicile de Jean Fournet, à Paris, le 26 mars 2002.

chef français[1]. En fait, cette étrange situation m'importe peu ; je ne lèverai pas le petit doigt pour la critiquer. Cependant, sans porter de jugement de valeur, je ne partage pas l'opinion, assez répandue, selon laquelle il n'y aurait pas beaucoup de bons chefs en France. »

Peut-on se défendre contre l'oubli ? Cette question ne prend pas Jean Fournet au dépourvu : il sait que nul n'est prophète en son pays ; il tient à rappeler qu'il est régulièrement invité aux Pays-Bas et au Japon où il dirige, depuis près de quarante ans, les meilleures formations, comme ce fut également le cas en Tchécoslovaquie. La destinée d'un artiste est imprévisible : il arrive en effet qu'elle l'amène sur des chemins de traverse avant d'aboutir à une voie royale. Ainsi en est-il de Jean Fournet, qui a reçu les plus hautes distinctions honorifiques de Hollande et de l'empire du Soleil levant, alors qu'on ne faisait plus appel à lui, ou si peu, dans l'Hexagone.

Que s'est-il donc passé pour que son parcours initial, pavé de belles promesses, conduise à de tels choix ? « Mon père, flûtiste à l'Orchestre de Rouen, nous explique le chef, était d'une santé fragile : n'étant pas mobilisé en 1914, il a pu s'occuper de mon éducation. Il m'a appris le solfège et la flûte ; puis il m'a présenté à d'excellents professeurs du Conservatoire national de Paris où j'ai suivi les cours de Philippe Gaubert pour la composition et de Marcel Moyse pour la flûte. Dès ma deuxième année, j'ai obtenu le premier prix avec mon instrument de prédilection. Puis, dans la classe de Gaubert, j'ai eu le premier prix de direction, qui m'a permis d'être nommé deuxième chef à Rouen, après avoir été flûtiste dans cette formation, où j'ai joué tout le répertoire, des opérettes telles que *Les Mousquetaires au couvent*, à *Parsifal*. C'est comme cela que j'ai appris mon métier. Quand la guerre a éclaté, j'avais 26 ans et toutes mes illusions. Mais le Théâtre de Rouen a dû fermer ses portes et je suis parti pour Marseille où j'ai conduit des œuvres lyriques à l'Opéra pendant une saison. Rapidement, je me suis retrouvé sans emploi et j'ai décidé de me fixer à Paris en 1941 dans l'espoir de pouvoir y travailler. De nombreux musiciens étaient, comme moi, sans engagement, quand nous avons appris que Radio-Paris allait créer un orchestre. On nous a fait passer des auditions ; les solistes les plus renommés, tels Maurice Gendron et Paul Tortelier, qui ne pouvaient plus sortir de France, se sont présentés et ont été retenus ; on a réuni quatre-vingt-dix instrumentistes qui étaient au chômage, et on m'a pro-

1. Situation qui perdurait à la fin de l'année 2003.

posé de prendre la direction de cette nouvelle formation. Notre premier concert eut lieu le 15 octobre 1941 au Théâtre des Champs-Élysées. Les responsables administratifs de l'orchestre étaient allemands, mais tous musiciens. Notre orchestre avait atteint un excellent niveau, et on nous a laissé, la plupart du temps, la possibilité de choisir notre répertoire ; nous avons donc pu privilégier les œuvres françaises, en y incluant des partitions inédites. »

De temps en temps, les autorités d'occupation invitaient des chefs allemands, notamment Herbert von Karajan, Fritz Lehmann, ou le Hollandais Willem Mengelberg. Ce dernier donna un cycle Beethoven du 20 mai au 10 juin 1943. La vie musicale était très active à cette époque. Charles Munch dirigeait les Concerts du Conservatoire. Le nom des Concerts Colonne (dont le fondateur était juif) avait été intégré sous celui de Pierné aux Concerts Lamoureux, où se succédaient les plus fines baguettes françaises.

« Chaque dimanche, reprend Jean Fournet, l'Orchestre de Radio-Paris entrait en scène à 15 heures ; à 17 heures 45, c'était au tour des Concerts du Conservatoire et des Associations, auxquelles pouvaient se joindre les musiciens de notre orchestre pour améliorer leurs fins de mois. En 1943, la direction de Radio-Paris décida que ses instrumentistes n'avaient plus le droit d'effectuer des vacations extérieures. Je n'ai pas accepté ce diktat qui démembrait les plus anciennes formations parisiennes ; j'ai donné ma démission et quitté Radio-Paris. »

Quelques semaines plus tôt, Jean Fournet, toujours fidèle à la musique française, avait donné à Saint-Eustache le *Requiem* de Berlioz avec le ténor Georges Jouatte. Cette œuvre et *La Damnation de Faust*, enregistrée en 1942, ont fait l'objet d'une édition discographique après la guerre. Reportées sur CD, elles témoignent de la haute qualité d'interprétation du chef, saluée en 1999 par la critique comme un coffret-événement au résultat stupéfiant[1].

« À la Libération, explique encore Jean Fournet, comme de nombreux musiciens, j'ai dû me présenter devant le Comité d'épuration. J'étais défendu par d'authentiques résistants, tel Jean Guignebert. Comme on n'avait rien à me reprocher, sinon ma participation à un orchestre contrôlé par les Allemands, j'ai été relaxé. J'ai alors été nommé professeur à l'École normale de musique pour fonder une classe de direction et j'y suis resté jusqu'en 1962. »

1. *Le Monde de la musique*, février 1999.

Cinquante années ont passé ; les plaies provoquées par cette époque maudite sont cicatrisées. En réalité, l'attitude des chefs français qui ont continué à travailler pendant l'Occupation, sous la botte nazie, n'est pas sans ressembler à celle des maestros allemands et italiens qui n'ont pas songé à se retirer. Pour de nombreux musiciens, les concerts de Radio-Paris étaient l'unique moyen de pouvoir vivre de leur art, tout en défendant le patrimoine national. Cependant, il faut rappeler que les programmes musicaux étaient intégrés dans une grille générale d'informations allemandes dirigée par un nazi notoire, Alfred Bofinger. L'objectif de la *Propagandastaffel* était de « mettre en place un appareil de répression idéologique, dans tous les domaines de la pensée et de la culture ». Pourtant, le Comité d'épuration s'est efforcé de se montrer clément pour les musiciens qui n'avaient jamais pris une part active, hormis les retransmissions musicales, à l'antenne de Radio-Paris, où sévissaient des chroniqueurs français pronazis, tels Jean-Hérold Paqui et Philippe Henriot. En dépit de ce contexte, le Comité estima que la musique jouée et dirigée par les Français n'avait pas eu de connotation politique[1].

Après la Libération, la carrière de chef de Jean Fournet connaît quelques mois d'interruption ; son activité reprend à Colonne (recouvrant son nom d'origine), à Lamoureux et Pasdeloup ; il devient ensuite chef permanent à l'Opéra-Comique où, en 1953, il succède à André Cluytens au poste de directeur musical, puis à l'Opéra de Paris où il dirige de nombreuses œuvres françaises. Entre-temps, son activité internationale prend son essor, dès 1950, aux Pays-Bas. Jean Fournet se souvient : « L'Orchestre du Concertgebouw devait donner l'intégralité de l'œuvre de Maurice Ravel pendant deux semaines ; son chef, Eduard Van Beinum, étant tombé malade, on m'a demandé de le remplacer. J'ai accepté et mes concerts ont été magnifiquement bien accueillis. Par la suite, ma carrière hollandaise s'est développée au Philharmonique de la Radio d'Hilversum, dont j'ai été le chef permanent de 1961 à 1973, et au Philharmonique de Rotterdam, dont je fus le directeur musical de 1968 à 1973, et où je suis toujours invité chaque année. À Amsterdam, j'ai donné, un soir, *Turangalila Symphonie* d'Olivier Messiaen ; ce concert m'a valu une très belle lettre du compositeur. Je me permets de vous la lire, car elle compte beaucoup pour moi : "J'ai entendu *Turangalila* dans les plus grandes villes du

1. *Cf.* l'article de Cécile Méadal, in Myriam Chimènes (dir.), *La Vie musicale sous Vichy*, Bruxelles, Complexe, 2001.

monde ; au total au moins soixante exécutions. Il y en avait quelques-unes de très belles, plus belles que d'autres. Celle du 22 avril 1967, à Amsterdam, fait partie des plus belles, plus que belles. Merci au magnifique Orchestre philharmonique, au grand maître Jean Fournet, de m'avoir donné cette joie. Merci au chef pour la précision, la technique imbattable, sa profonde musicalité, la tendresse et la passion, toute mon admiration et ma reconnaissance."

« J'ai été invité au Japon, à partir de 1958. Là encore, j'ai dû suppléer le chef désigné, en l'occurrence Inghelbrecht, défaillant, qui devait conduire la première à Tokyo de *Pelléas et Mélisande*. Il avait entendu auparavant, sur Radio Monte-Carlo, mon interprétation de cette œuvre et m'avait écrit une lettre très élogieuse : "Je pensais que j'allais encore souffrir ! Mais je vous ai écouté et vous m'avez satisfait, ravi, et je voulais vous le dire." De la part d'Inghelbrecht, grand spécialiste de Debussy, c'était très flatteur. Je suis donc parti pour le Japon avec Jacques Jansen, né comme moi en 1913, et qui est mort en 2002 : il chantait *Pelléas* et assurait aussi la mise en scène. Je me rappelle que Seiji Ozawa, qui n'avait guère plus de 20 ans, était répétiteur au piano. Le succès fut fabuleux : nous avons donné six représentations plus un concert consacré à Duparc et à Fauré. Peu après, on m'a engagé à l'Orchestre de la N.H.K. [la radio nationale de Tokyo] où j'ai assuré des saisons de plusieurs mois ; puis j'ai dirigé le Tokyo Metropolitan, orchestre officiel de la capitale, fondé en 1964 pour les Jeux olympiques de Tokyo, dont je suis toujours, quarante ans après, l'invité permanent, sans oublier le Tokyo Symphony, dont je suis le chef honoraire depuis 1990. Je conduis également le Saito Kinen fondé par Ozawa et je me produis aussi à Osaka et à Kyoto. Ces formations me demandent de jouer des œuvres françaises, mais aussi Beethoven et les grands classiques. En moyenne, je donne une vingtaine de concerts annuels, au cours de plusieurs séjours.

« J'ai assuré également de nombreuses représentations au Théâtre Colon de Buenos Aires, pendant plusieurs années ; j'ai dirigé à Chicago, New York, San Francisco, Houston, Toronto, Montréal, Londres, Madrid, Lisbonne, Prague, en défendant, la plupart du temps, les œuvres de notre patrimoine. Quant à la France, j'ai pu effectuer quelques apparitions à l'Orchestre de Paris, au National, à Colonne et Lamoureux. En 1974, Marcel Landowski m'a demandé de prendre en charge l'Orchestre national d'Île-de-France où je suis resté jusqu'en 1982. Ce n'est certes pas ce que j'ai fait de mieux dans ma vie, en raison d'un recrutement insuffisant et d'une administration hésitante. »

Jean Fournet continue de voyager sans éprouver de lassitude. De magnifiques enregistrements, que l'on trouve hélas difficilement sur le marché français, jalonnent son étonnant parcours étranger, notamment un disque consacré aux trois œuvres majeures de Paul Dukas – *L'Apprenti sorcier*, *La Péri* et la *Symphonie* – avec le Philharmonique de la Radio hollandaise, et un fabuleux Debussy – *La Mer*, *Nocturnes*, *Iberia* – avec la Philharmonie tchèque.

Loué, adulé à Amsterdam et à Tokyo, où il est toujours reçu comme un prince, Jean Fournet n'a jamais eu un accueil comparable en France.

Le grand âge est venu pour ce chef qui aurait mérité un meilleur sort dans son pays. L'approche de l'inévitable retraite traverse parfois son esprit. Il en fera sans doute son île déserte, en choisissant quelques œuvres maîtresses : « Debussy, avec *Pelléas*, et Ravel sont au premier rang, suivis de près par la *Symphonie* de Franck. »

GEORGES PRÊTRE UN FEU SACRÉ

« Revenu à Paris après une longue absence, c'est le premier chef de théâtre dont la France peut s'enorgueillir. Il tire un feu sacré d'un merveilleux orchestre. »
Antoine Goléa, *Musica,* mars 1968 (pour la reprise de *Turandot* au Palais Garnier).

J'ai le privilège de connaître Georges Prêtre depuis quarante ans. À l'époque où j'écrivais, dans les « pages loisirs » de *L'Équipe*, des chroniques consacrées à l'actualité des disques classiques, j'avais été enthousiasmé par l'exceptionnelle qualité de certains enregistrements du maestro qui, en dépit de son jeune âge, connaissait déjà une gloire internationale. Je me souviens notamment du *Concerto pour cordes, orgue et timbale* de Francis Poulenc, compositeur auquel le talent d'interprète de Georges Prêtre demeure indissolublement lié. Dans ce 33 tours d'exception, le raffinement technique et la sensibilité du chef conféraient à l'œuvre une puissance inouïe ; il y dépassait le stade de la souffrance pour obtenir une sorte de victoire sur la mort, laquelle allait bientôt frapper Poulenc.

J'appelai Georges Prêtre au téléphone afin de lui consacrer un article. Il me parla de musique, certes, mais aussi de sport, notamment d'équitation et de judo, disciplines qu'il avait pratiquées. Depuis ce premier entretien, je n'ai pas cessé de suivre la trajectoire de ce maître, jalonnée de disques lyriques ou symphoniques le situant tout en haut de l'affiche. Cependant, au fil des ans, sa carrière ne se développait pas en France à l'échelle espérée, alors qu'elle se déployait largement hors de nos frontières. Au cours de la décennie soixante-dix, hormis une présence fréquente à la tête de l'Orchestre de Paris, son image s'estompa en raison de son éloignement volontaire. Il revint régulièrement à l'O.P. à partir de 1992, effectuant avec cette formation de triomphales tournées, comme ce fut déjà le cas vingt ans auparavant, notamment au Japon.

Pour connaître les causes de ce parcours sinueux, fait de périodes d'ombre et de lumière, il me fallait rencontrer le chef. Ce fut dans son beau château du Tarn, proche de Castres, que Georges Prêtre m'accueillit, avec mon épouse, pour un long entretien qui eut lieu, après que Gina – Mme Prêtre – nous eut concocté un fastueux déjeuner[1].

Épris de liberté, rebelle à toute contrainte, Georges Prêtre a d'abord évoqué sa découverte de la musique : « J'écoutais parfois, sur le poste à galène de mes parents, les concerts donnés par Radio-Lille. Nous avions un piano à la maison ; ma mère s'installait souvent devant son clavier ; elle fut à l'origine de ma vocation. À 7 ans, j'ai dit à mon père que je voulais devenir musicien. Au lieu de me faire entrer dans l'harmonie municipale de Waziers où nous habitions, il m'a inscrit au Conservatoire de Douai, ville proche de notre domicile. Je me suis alors soumis à la stricte discipline de cette école, en suivant trois fois par semaine les cours de solfège. L'année suivante, je suis passé dans la classe de piano, puis j'ai commencé des études d'harmonie, sans abandonner le solfège, ni le piano, dont les cours commençaient à six heures trente du matin, afin de permettre aux enfants, qui avaient 12 ou 13 ans, de se rendre ensuite à l'usine. J'allais à Douai à bicyclette, par tous les temps, qu'il pleuve ou qu'il vente. Si on avait le malheur d'arriver en retard, la porte du Conservatoire demeurait fermée et si on cumulait trois retards, on était renvoyé. Il fallait donc s'accrocher ! Quand j'eus 12 ans, le directeur réunit les meilleurs élèves, dont j'étais : "J'ai beaucoup de pianistes et de violonistes, nous dit-il, mais je manque de cors, de hautbois et de trompettes pour notre orchestre… À vous de choisir." Le directeur reçut mes parents pour leur indiquer que j'étais suffisamment doué si je souhaitais continuer. Mon professeur de piano, qui enseignait également le hautbois, me conseilla d'opter pour ce dernier instrument. Mais un hautbois coûtait très cher à l'époque – nous étions en 1936 –, plus de 3 000 francs. En tournant les pages du catalogue que me montrait le luthier de Douai, je vis qu'une trompette valait 1 700 francs. "C'est

1. Entretien réalisé au domicile de Georges Prêtre, le 6 septembre 2002.

bon, dis-je à mon père, je choisis la trompette." À 15 ans, en 1939, je suis parti pour le Conservatoire de Paris quand la guerre a éclaté. L'année suivante, je suis entré en classe d'harmonie, de fugue et de contrepoint ; conseillé par Maurice Duruflé et Henri Challan, j'ai obtenu en 1944 le premier prix de trompette. J'ai eu aussi la possibilité de conduire l'Orchestre du Conservatoire, grâce à une bourse de la Fondation Straram, consacrée à la recherche de jeunes talents : j'ai eu la chance de jouer toutes les symphonies de Beethoven, sous le regard d'Olivier Messiaen et d'André Cluytens, qui m'ont vivement encouragé. Une sorte de feu sacré brûlait en moi ; mais il me fallait songer à gagner ma vie : mon père était prisonnier et ma mère ne pouvait plus payer mes études. Je me suis alors produit dans les music-halls parisiens où j'ai accompagné les plus grandes vedettes, dont Édith Piaf et Charles Trenet. Engagé volontaire à la Libération, j'ai été le premier en France à jouer, à la trompette, *In the Mood* de Glenn Miller. J'avais 20 ans. Après la guerre, je me suis de plus en plus souvent consacré à l'orchestre, tout en composant, sous le pseudonyme de Georges Dhérain, des opérettes qui ont été montées à Toulon, Lille, Lyon, Nancy... Mon premier orchestre professionnel, c'est à Marseille que je l'ai conduit : deux chefs se disputaient la faveur de diriger *Samson et Dalila* de Saint-Saëns. Un chanteur a dit alors au directeur de l'Opéra, Jean Marny, mon futur beau-père : "Un jeune chef vous attend dans les coulisses ; il connaît parfaitement la partition ; offrez-lui une chance." Jean Marny m'a interrogé : "Te sens-tu capable de jouer *Samson* ? – Oui, répondis-je sans hésiter. – Alors, ajouta-t-il, tu auras l'orchestre la semaine prochaine." J'ai effectué les premières répétitions au piano, sans avoir été présenté à qui que ce fût. Autour de moi, on se demandait ce que ce jeunot venait faire là. À la fin de la célèbre bacchanale, très difficile à diriger, le maître de ballet m'a dit d'un ton agressif : "Ce n'est pas comme ça qu'il faut la jouer." Sans me démonter, je lui ai répondu du tac au tac : "Si vous ne savez pas ce qu'est une bacchanale, vous n'avez qu'à l'apprendre." Et j'ai ajouté en m'adressant aux musiciens : "On continue !" Jean Marny, ancien ténor de l'Opéra-Comique, qui avait été le partenaire de la célèbre Fanny Heldy, approuva ma réaction ; le lendemain eut lieu la première représentation, sans répétition préalable avec l'orchestre. Les musiciens ne savaient pas qui j'étais quand j'ai traversé la fosse pour accéder au pupitre : mon nom n'était même pas mentionné sur le programme ! Je tremblais tellement de trac que j'ai dû poser ma baguette sur le pupitre pour diriger à mains nues. Le spectacle obtint un tel succès que le lendemain Jean Marny me nomma premier chef. »

Rompu aux exigences de l'art lyrique, qui le contraignaient à diriger parfois l'après-midi *La Walkyrie* et le soir *Tosca*, Georges Prêtre quitte Marseille en 1948 et dirige à Lille, Casablanca, Lyon, Toulouse, avant d'entrer à l'Opéra-Comique en 1956, puis d'effectuer ses débuts au Palais Garnier. C'est alors que commence sa carrière internationale : « J'ai conduit de nombreux orchestres étrangers, notamment aux États-Unis : j'ai assuré des saisons de trois mois au Met de New York, en jouant des ouvrages français, italiens, allemands. Il fallait être constamment disponible car, pendant les quatre jours de repos légal des chanteurs que je venais de diriger dans *Parsifal* ou *Tristan* – ah ! la sublime Birgit Nilsson –, mon manager de la Columbia m'envoyait à Chicago pour deux répétitions et un concert. Je revenais à New York pour donner à nouveau *Parsifal*, puis on m'expédiait à Philadelphie. Je reprenais Wagner au Met, avant de me rendre à Boston. J'ai eu ainsi l'occasion d'être à la tête des plus célèbres formations américaines. Mon autre grande chance fut d'être convié à la Scala où, pendant dix-sept ans, j'ai dirigé deux opéras par saison. »

À la même époque, Georges Prêtre honore ses premières invitations en Allemagne. Une chronique d'Antoine Goléa dans *Musica*[1] relate l'apparition d'un jeune chef français de 39 ans au pupitre du Philharmonique de Berlin : « Être appelé à diriger cet orchestre illustre est un grand honneur. Prêtre sut s'en montrer digne, et le succès qu'il récolta fut immense et mérité. Après les *Variations sur un thème de Paganini* de Boris Blacher et le *Concerto en mi mineur* de Chopin, avec Hélène Czerny-Stefanska, Prêtre offrit son morceau de résistance : les *Tableaux d'une exposition* de Moussorgski, dans l'orchestration de Ravel. Il en fit un véritable opéra, tellement chaque morceau de la suite fit l'effet d'une scène vivante, dont on aurait pu voir les acteurs [...]. En mêlant mes applaudissements aux acclamations du public berlinois, je songeais, avec mélancolie, au fait qu'on a et qu'on aura de moins en moins l'occasion d'applaudir Prêtre à Paris. En suivant la voie de ses grands aînés, Prêtre s'exile carrément. Pourquoi ? Parce que, à Paris, on ne paie pas les chefs : ils partent dès qu'ils portent un nom... »

Georges Prêtre revient pourtant en France : il accepte en effet le poste de directeur musical de l'Opéra assorti de responsabilités comparables à celles d'un *Generalmusikdirektor* allemand. « Cette mission me passionnait, recon-

1. Antoine Goléa, dans *Musica*, mars 1963.

naît-il, au point de consentir à de gros sacrifices personnels, car je renonçais à d'importants contrats extérieurs. Faute d'avoir pu obtenir le budget de fonctionnement que je jugeais nécessaire, j'ai préféré donner ma démission un an plus tard. J'aimais beaucoup Garnier ; je voulais y réussir pour l'amour du chant ; il y avait tout ce qu'il fallait pour ça, une troupe exceptionnelle de chanteuses et de chanteurs et un très bon orchestre. Découragé, j'ai préféré renoncer. »

Georges Prêtre a 47 ans quand, en 1971, il quitte l'Opéra de Paris, à la recherche de nouvelles sensations musicales. Ce départ, il ne le regrette nullement : « Non, au contraire. J'avais un parcours à faire et acquis la conviction que ça ne pouvait pas être en France. Il est évident que ce n'est que dans la durée que l'on peut améliorer le niveau d'un orchestre ; mais ce n'était ni dans les habitudes, ni dans le tempérament français. Je savais qu'on se lasserait de moi ; je n'ai donc pas voulu devenir une sorte de fonctionnaire de la musique. Pour moi, un orchestre est une grande famille : j'ai connu cette ambiance à la Scala, où artistes, instrumentistes et chef étaient unis pour une même cause : la recherche de la perfection. Je n'ai pas eu un tel plaisir dans mon pays, sauf peut-être à l'Opéra-Comique où régnait une réelle solidarité qui s'est, hélas, dégradée par la suite.

« J'ai été invité au Staatsoper de Vienne par Karajan ; un soir, j'y ai remplacé au pied levé le grand Otto Klemperer dans un concert Beethoven. Plus tard, j'ai dirigé très souvent non seulement au Staatsoper, mais aussi au Philharmonique et au Symphonique de Vienne. »

Georges Prêtre demeure longtemps fidèle à l'Allemagne et à l'Autriche. Le Symphoniker de Vienne lui propose le poste de directeur : « J'ai refusé, explique le maestro, pour me contenter du titre de premier chef invité qui me convenait mieux. J'ai été ainsi, de 1986 à 1991, le responsable de cette formation, sans avoir à supporter les inconvénients d'une lourde charge, en optant pour l'union libre. Je crois y avoir fait du bon travail. Après cinq années passées à Vienne, j'ai pensé qu'il était temps d'aller voir ailleurs. On m'a nommé directeur honoraire et je suis parti pour l'Allemagne, au Radio Symphonique de Stuttgart, orchestre qui avait été dirigé de main de maître, jusqu'en 1983, par Celibidache. Je suis devenu son invité d'honneur. Là encore, j'ai voulu fuir les tracasseries administratives. Je suis un cavalier et j'aime les chevaux ; or, pour moi, un orchestre est un pur-sang ; on a un parcours à faire avec lui. C'est donc le devoir et le don du chef de lui faire passer les obstacles sans encombre. J'entends souvent dire : “J'aime bien les orchestres allemands pour le son allemand." C'est une imbécillité : les musiciens sont en effet des artistes de haut niveau qui peuvent modifier le son de leur instrument en fonction des chefs qui les dirigent et des œuvres qu'ils interprètent. On ne respire pas dans Bruckner comme dans Ravel et le phrasé n'y est pas le même. D'ailleurs, on n'explique pas la musique à des instrumentistes de talent. Les orchestres possèdent une culture musicale : c'est donc aux chefs de la mettre en valeur. Il convient d'avoir un certain don pour communiquer des ondes musicales. La baguette joue un rôle secondaire. On en a besoin pour affiner la précision ; mais souvent, elle ne sert à rien. En revanche, je crois beaucoup aux ondes : vous respirez et votre message passe, accompagné d'un regard. La musique vient du corps et de l'esprit. Tout est mêlé dans une partition, comme dans une peinture ou une sculpture : en effet, le chef joue au peintre ou au sculpteur de sons. Une partition n'est qu'une nature morte : il faut donc la faire vivre, en distillant aussi une bonne dose de psychologie. »

Une grande carrière de musicien est souvent faite de rencontres importantes. Celle qui mit Georges Prêtre en présence de Francis Poulenc fut décisive : « Je connaissais bien certaines œuvres de Poulenc, notamment son *Dialogue des carmélites*, d'après Bernanos, que j'ai joué par la suite. J'étais chef permanent à l'Opéra-Comique quand Georges Hirsch, administrateur général du Théâtre national, m'a confié la création de *La Voix humaine*, sur un texte de Jean Cocteau. J'ai fait alors la connaissance du compositeur avec lequel s'est rapidement établi un climat d'estime et de confiance réciproques. J'ai travaillé avec Denise Duval, admirable chanteuse, qui a donné les premières représentations. Puis nous avons réalisé un merveilleux disque. Par la suite, j'ai enregistré l'intégralité des œuvres symphoniques de Poulenc, avec le Philharmonia de Londres, les Concerts du Conservatoire, l'Orchestre de Paris et le Nouveau Philharmonique de l'O.R.T.F. On doit toujours quelque chose à quelqu'un à certains moments de sa vie : je suis infiniment reconnaissant à Poulenc d'avoir cru en moi. Un jour, c'était en 1959, il m'a dit : "Vous êtes le chef que j'attendais depuis des années." Sa musique tient aujourd'hui une place non négligeable qui prendra de plus en plus d'ampleur dans le répertoire. D'une sensibilité à fleur de peau, il était, tout à la fois, un personnage religieux, mystique, austère, sensuel, sans jamais tomber dans la vulgarité et encore moins l'obscénité. D'une grande pudeur, il évoquait, par certains côtés, un autre musicien qu'on a tardé à reconnaître en France, je veux parler d'Anton Bruckner.

« Pour diriger la musique de Poulenc, il fallait certes l'aimer, mais aussi la comprendre, en tenant compte de ses contrastes. Un jour, à la salle Wagram, nous enregistrions son *Gloria*, avec la Société des Concerts du Conservatoire. Je suis monté à la cabine pour écouter ce que nous avions fait : je n'étais pas satisfait d'un passage joué trop rapidement. Poulenc s'enquit de ce qui se passait : "Je ne sens pas ce passage comme ça", lui ai-je indiqué. "Faites donc comme vous le pensez", me répondit-il. Nous avons recommencé huit minutes d'enregistrement en ralentissant légèrement le mouvement, ce qui, du même coup, changeait l'atmosphère de l'œuvre. Je remontais à la cabine au moment où Poulenc s'en allait ; les bords de son célèbre chapeau étaient relevés, ce qui, pour ceux qui le connaissaient bien, signifiait qu'il était heureux. "Vous partez déjà ?" lui demandai-je. Il me prit dans ses bras et lança à la cantonade : "Je vous laisse travailler tranquilles, les enfants !" Les jours suivants, il ne revint qu'à l'heure de l'apéritif, nous laissant ainsi carte blanche. Où était la vérité ? Je m'étais permis de faire ce que je ressentais à propos d'une œuvre que j'aimais. Avais-je eu raison ? Plus tard, me demandai-je, que feront d'autres chefs ? S'inspireront-ils de mon disque ou seront-ils plus fidèles que moi à la partition ? Que diront les critiques ? Pour quelle version opteront-ils ? Ils ignoreront peut-être mon choix, ma référence, mon sillon (sans jeu de mots). Or, rien ne compte plus à mes yeux que le chemin que l'on creuse soi-même. »

À la même époque, les chemins de Georges Prêtre et de Maria Callas se croisent également. Le maître se souvient : « La Callas avait envie d'enregistrer à Paris, ce qui ne plaisait guère aux Anglais, qui entendaient préserver leur exclusivité. Nous nous sommes compris dès le premier regard, comme ce fut le cas avec Denise Duval et Francis Poulenc ; nous avons fait de beaux disques, notamment *Carmen*, avec Nicolaï Gedda et l'Orchestre de l'Opéra, et *Tosca* avec Tito Gobbi et les Concerts du Conservatoire. J'étais ébloui par l'artiste, mais aussi par la femme ; elle était exceptionnelle par sa simplicité et sa spontanéité et ne ressemblait pas à la diva capricieuse qu'on a souvent décrite. Elle avait certes connu des problèmes sentimentaux et souffert de difficultés vocales, largement amplifiés par les médias. On a souvent commenté ses attitudes, ses réactions épidermiques, sans bien la connaître et en l'affublant d'une réputation qu'elle ne méritait pas. Pour moi, elle demeure la plus grande artiste du siècle. Je n'aime pas habituellement user d'un tel superlatif ; si je le fais à son sujet, c'est parce qu'elle était au-dessus de toutes les autres chanteuses : elle était la plus complète. On a pu, à la fin de sa carrière, critiquer sa voix et relever certaines faiblesses passagères ; mais c'est sur l'ensemble de ses prestations qu'il convient de la juger.

« Elle était très myope : ce handicap faisait partie de son personnage. Un jour au Palais Garnier, où je la dirigeais dans *Norma* de Bellini, elle était, à vingt mètres de mon pupitre, totalement dans le flou, mais elle entendait le moindre souffle. Je préparais une phrase et je respirais profondément : au moment où je le faisais, elle savait qu'elle pouvait commencer à chanter ; elle avait perçu l'instant exact où il le fallait. Cela n'était pas gênant : on ne se regardait pas ; elle entendait l'orchestre et ma respiration. Certains chanteurs affirment qu'ils aiment les chefs qui les suivent. C'est absurde ! Un chef ne suit jamais un chanteur ou une chanteuse, pas plus que ceux-ci ne suivent le chef. Dans le feu de la phrase musicale, le chef laisse l'artiste s'exprimer. Je ne peux exiger qu'une artiste chante *Tosca* ou *Carmen* comme je le veux vraiment. Dans les grandes lignes, à la rigueur, oui ; mais dans le détail, je dois laisser libre cours à la personnalité de la cantatrice, à la condition qu'elle n'exagère pas. Quand j'en éprouve le besoin, je la ramène à moi. Avec Maria, je n'ai jamais eu ce problème. Avec Mirella Freni, Tito Gobbi, Nicolaï Gedda et d'autres grands et grandes, non plus d'ailleurs.

« Je regrette parfois mon éloignement de la scène : j'aime toujours autant l'opéra et les voix. Mais je me dis que, dans une symphonie, je suis mon propre metteur en scène ; je ne suis pas trahi par des régisseurs qui ne connaissent pas toujours la musique : un hautbois qui chante l'amour, c'est aussi une belle voix, tout comme un basson, un cor, un violoncelle. Mais cependant, l'opéra me manque. Si je n'y dirige plus, c'est pour préserver ma vie privée : avec les voyages, les longues répétitions, j'ai trop souvent sacrifié ma famille. Pour une production nouvelle, il faut rester en place pendant six ou sept semaines ; c'est très contraignant. Cela ne me convient plus. Je veux profiter de ma maison. Sans prendre ma retraite, j'ai le droit, à mon âge, de me retrouver dans mes murs, de cultiver mon jardin. Ce qui ne m'empêche pas de jouer des opéras en concert. Si je trouve les artistes qu'il me faut, je referai *Carmen* en Italie, sans décor, avec une simili mise en scène, afin que le public puisse y croire. Dans ce cas-là, les voix ont encore plus d'importance qu'au théâtre. J'aimerais également donner, dans les mêmes conditions, *Pelléas* et certains opéras de Richard Strauss. »

Que pense Georges Prêtre de l'humilité du chef lyrique, qu'on voit à peine et qui s'efface derrière les chanteurs et la musique ? « On s'y habitue sans problème. D'ailleurs, quand on est sur le podium, en concert, il existe aussi une forme d'humilité devant l'œuvre. Pas plus que dans la fosse, nous ne devons nous préoccuper du public, même si on lui offre tout ce que l'on a en nous. Dans les deux cas, nous sommes responsables. Il est d'ailleurs faux d'imaginer qu'il est plus difficile de diriger des chanteurs qu'un orchestre. Ce sont des musiciens comme les autres : la voix est un instrument, même un super-instrument. J'évoque là les plus grands et les plus grandes, pas ceux ou celles qui n'ont que le don de la voix, ce qui est insuffisant. »

Après plus d'un demi-siècle d'incessante activité, Georges Prêtre n'éprouve-t-il pas une certaine frustration de ne diriger que très rarement en France ? Il sourit et hoche la tête : « Je suis un ancien jeune *Kapellmeister*, qui est allé où on l'appelait, en montant les échelons les uns après les autres. J'étais heureux en France jusqu'à une certaine époque, même quand les musiciens me trouvaient trop exigeant. Les choses ont changé, et c'est l'organisation musicale de notre pays que je mets en cause. Je suis content de ce que j'ai pu faire : ainsi, j'ai dirigé l'Orchestre de la Santa Cecilia de Rome pour trois papes successifs. Lors de l'année sainte, on m'a confié, dans une salle de huit mille places à l'acoustique incertaine, trois orchestres et les chœurs de la R.A.I., pour interpréter le *Te Deum* de Berlioz. Ce concert était retransmis en mondiovision, mais la télévision française n'a pas jugé bon de prendre le relais. Sans commentaire. » On avait en revanche pensé à lui, les 13 et 14 juillet 1989, pour lui confier l'Orchestre et les chœurs de l'Opéra au cours de l'inauguration de l'Opéra Bastille.

Présent dans toutes les salles du monde, Georges Prêtre a connu les plus grands maestros du siècle. Que retient-il de ses rencontres ? « Je ne peux pas dire que j'ai été influencé par certains chefs ; si je l'avais été, je ne serais pas moi-même. Cependant, les grands vous apportent souvent quelque chose, un détail, un beau phrasé, une couleur qui convient. J'ai souvent écouté de Sabata au disque : c'était un grand maître lyrique. J'aurais aimé connaître Toscanini, Walter, Furtwängler. J'ai peu vu Monteux, Munch, Paray, qui dirigeaient aux États-Unis, mais je connais la plupart de leurs enregistrements. J'ai été plusieurs fois l'hôte de Karajan à Vienne et à Berlin. Il savait que je ne voulais plus diriger d'opéras, mais il a cherché à me convaincre de venir à Salzbourg pour que je fasse *Tosca* au Festival d'été, œuvre qu'il présentait en avril, dans une nouvelle production, pour son 81e anniversaire. Je n'ai pas pu refuser son offre. Je suis venu le voir à Pâques : je croyais que nous allions évoquer sa propre mise en scène ; or, comme l'auraient fait deux enfants à propos de leurs jouets préférés, nous avons parlé de bateaux, d'avions, lui de son jet, moi du petit zinc à hélice que je pilotais. Devant reprendre la répétition du *Requiem* de Verdi, il m'a dit en me quittant : "Nous poursuivrons cette conversation quand vous reviendrez." Hélas, lorsque je suis arrivé à Salzbourg, le 17 juillet 1989, ce fut pour apprendre que Karajan était mort la veille. »

Contemplatif à ses heures, Georges Prêtre passe de longs moments à ne rien faire : « Mon loisir préféré est de rêver près d'une rivière qui coule dans notre domaine ; je m'installe sous un saule pleureur et j'observe les couleurs des feuilles, leur frémissement sous la brise ; la lumière change constamment ; je me laisse aller, je suis content. » C'est là son « île déserte ». Mais le maestro y accoste sans partition : « Je n'en ai pas besoin, car Dieu me fait entendre sa musique, le chant des oiseaux. Il me permet d'imaginer que je ne suis pas sur une île déserte. »

Contemporain de Georges Prêtre, Maurice Le Roux, élève de Messiaen, compositeur de talent, dirigea l'Orchestre National de 1960 à 1968. Il fut un grand spécialiste de la musique contemporaine, et réalisa le premier enregistrement de *Turangalila Symphonie*.

MSTISLAV ROSTROPOVITCH, à son domicile parisien, en décembre 2002.

▲ Valery Gergiev

▼ Youri Temirkanov

▲ Rafael Kubelik

Belohlavek

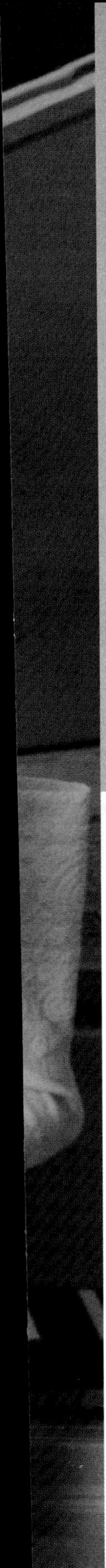

◄ EMMANUELLE HAÏM ▲ LAURENCE EQUILBEY

▲ Marin Alsop

▲ Paavo Järvi ▼ Mikko Franck ▲ Michael Schönwandt

▲ Manuel Rosenthal

▲ GEORGES PRÊTRE ▼ SERGE BAUDO

▲ Michel Plasson ▼ Jean Fournet

Emmanuel Krivine, en répétition avec l'Orchestre français des Jeunes.

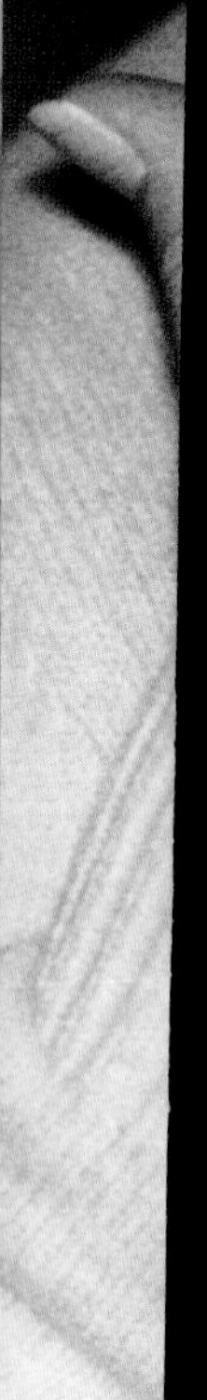

▲ ROBERTO BENZI, à 11 ans, dans le film de Georges Lacombe, *Prélude à la gloire.*

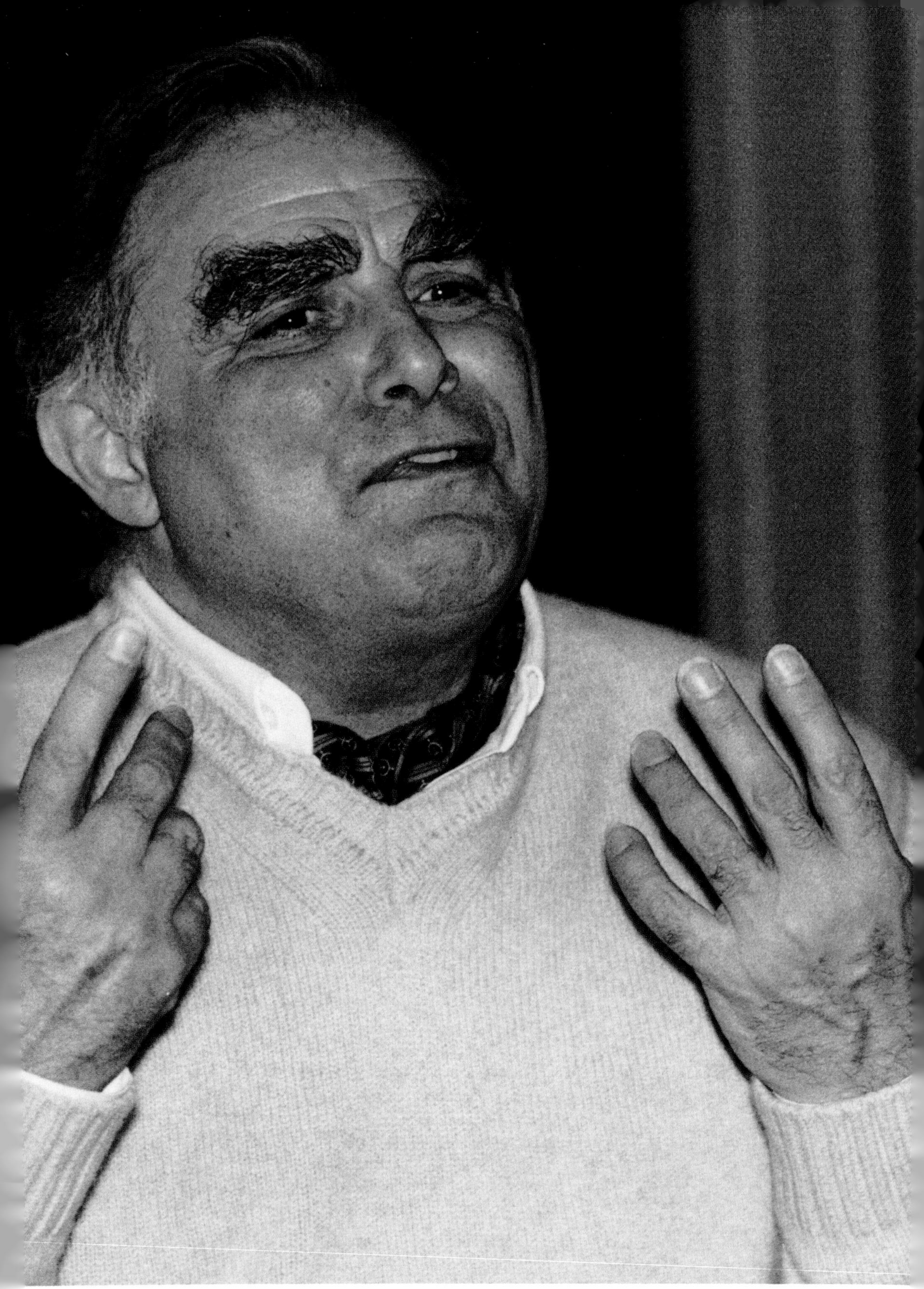

Roberto Benzi, chez lui, à Neuilly-sur-Seine, en 2002.

▲ Yan-Pascal Tortelier, en répétition avec l'Ensemble orchestral de Paris.

▲ Jacques Mercier ▼ Christophe Rousset

▲ Stéphane Denève ▼ Jean-Claude Malgoire

▲ William Christie

SERGE BAUDO
CHEF SANS MENOTTES

« Quand on croit, on agit, sans se soucier du résultat. Victoire ou défaite, qu'importe ! Fais ce que dois. »
Romain Rolland, *Jean-Christophe*

Le lecteur a déjà rencontré Serge Baudo dans le chapitre consacré à Charles Munch. Pourtant, il aurait été injuste de ne pas évoquer plus largement la carrière de ce grand chef méconnu qui sait si bien parler des autres, notamment de son ancien « patron ».

Né à Marseille en 1927, Serge Baudo ne mérite pas d'être tombé dans l'oubli que son propre pays lui inflige. Sa carrière, si brillamment entamée à la fin des années cinquante, connaît encore aujourd'hui d'intéressants prolongements, notamment en République tchèque où il se produit chaque année. Quant à la France, hormis une apparition à la tête de l'Orchestre de Paris en 2002 pour un hommage à Marcel Landowski, vingt ans après avoir donné son dernier concert dans la capitale[1], elle est aux abonnés absents. Que pense le chef de cet exil involontaire ? « Je dévoile trop facilement le fond de ma pensée, reconnaît-il ; je ne pratique pas la langue de bois et l'on m'a souvent reproché mon excès de franchise. Or j'ai besoin de dire la vérité à haute voix : je l'avoue, c'est triste et troublant d'être ignoré de son propre pays. Quand j'ai commencé mon activité de chef, après avoir été pendant dix ans pianiste et

1. Il s'agit du concert des 16 et 17 octobre 1981, pour le concours Rostropovitch.

percussionniste, je rencontrais des musiciens qui avaient souffert d'être éloignés de leur terre natale. J'ai craint, moi aussi, de subir un jour le même sort. Après six années de présence à l'Opéra de Paris, comme chef permanent, j'ai donné ma démission, car ce prestigieux théâtre était devenu une pétaudière ; il n'y avait pas de véritable politique de programmation ; on changeait d'ouvrage quotidiennement, sans répétition. Seules les productions nouvelles faisaient l'objet d'une préparation. Georges Auric, directeur du Théâtre national, m'avait nommé en affirmant qu'il me donnait carte blanche. Naïvement, j'avais pris sa promesse à la lettre ; j'ai bientôt formulé de sévères critiques à propos de certains chanteurs, mais j'ai compris que cela ne changerait rien et j'ai préféré partir.

« À l'Orchestre de Paris, après la disparition de Charles Munch, je me suis demandé ce que je faisais dans l'ombre de Karajan, qui avait été désigné pour lui succéder. Au prix d'une longue attente, je l'ai rencontré pendant quelques minutes : il n'a formulé aucun encouragement à mon égard. J'ai appris trop tard qu'au cours d'une interview télévisée, il avait déclaré qu'il était très heureux que je sois chef permanent à l'O.P. Je n'en avais rien su et j'avais déjà présenté ma démission qui prenait effet au 1er mars 1971, après que j'eus assuré l'intérim de Charles Munch. Je serais peut-être resté si j'avais pu penser que Karajan appréciait mon travail. J'ai quitté les lieux sans regret. J'ai accepté les invitations qu'on m'a fait parvenir par la suite et je suis revenu avec plaisir en 2002 ; les musiciens, parmi lesquels j'ai retrouvé quelques anciens, m'ont réservé un merveilleux accueil ; ça m'a touché.

« Je suis comme ça : je prends ce qui se présente ; si l'on doit tenir compte des mesquineries de la vie, l'existence devient insupportable. »

Après Paris, une longue aventure commence pour Serge Baudo : « Marcel Landowski, qui avait accepté ma démission, m'a convoqué pour me dire qu'il allait créer le premier orchestre régional décentralisé à Lyon. Il avait failli le faire à Marseille, mais Gaston Defferre avait refusé. C'était un pari important : jusque-là, les orchestres régionaux étaient les parents pauvres de la musique. J'ai accepté cette responsabilité. Sur place, j'ai trouvé une situation assez catastrophique : je disposais d'une soixantaine de musiciens, tous contrôlés syndicalement. Après avoir procédé à des auditions, il m'aurait fallu écarter quinze à vingt instrumentistes. Or j'ai été contraint de traîner, pendant des années, des gens que je n'aurais pas dû tolérer. Par ailleurs, je connaissais des difficultés pour trouver des “cordes” dignes de la formation que je voulais bâtir. Peu à peu, cependant, le niveau s'est amélioré ; j'ai pu remplacer les partants à la retraite par de jeunes musiciens talentueux, issus du Conservatoire. Quand je suis parti, après vingt années de travail intensif, jouant souvent dans de minuscules salles et de petites églises, devant cent spectateurs, nous avions huit mille abonnés contre mille à mon arrivée ; j'avais rempli ma mission, tout en sachant qu'il faut cinquante ans pour faire un grand orchestre. Je laissais une formation en devenir qui pouvait sensiblement progresser. J'avais respecté certains cas humains, en évitant de trancher dans le vif. Emmanuel Krivine, qui m'a remplacé, n'a pas toujours eu mes scrupules.

« Quand j'ai quitté Lyon en 1989, j'avais 62 ans. Je ne pouvais plus supporter une situation me contraignant à discuter en permanence avec des politiciens qui ne savaient rien de la musique. J'ai donc repris ma liberté et j'ai voyagé. Tout en exerçant à Lyon, j'avais été fréquemment invité à l'étranger : en Italie, en Allemagne, en Angleterre, où je dirigeais le London Symphony, le London et le Royal Philharmonic, en ne disposant que d'une répétition, tout juste suffisante pour obtenir une bonne mise en place ; avec les formations de la B.B.C., en revanche, on pouvait répéter normalement. Aux "Proms", j'ai joué *La Transfiguration de notre Seigneur Jésus-Christ* de Messiaen que j'avais créée à Lisbonne avec l'Orchestre de Paris. J'ai fait des saisons complètes au Japon et en Tchécoslovaquie. De France, rien n'est venu. Je me suis habitué à ce silence, qui m'a permis de diriger à Helsinki, Stockholm, Prague, Milan, Bruxelles, Tokyo. Aujourd'hui, je suis toujours oublié dans mon pays, mais je suis convié partout dans le monde.

« C'est ainsi que pour la saison 2002-2003[1], mon programme comporte des concerts à la Philharmonie de Prague, où l'on me demande la version intégrale du *Martyre de saint Sébastien* de Debussy, *Samson et Dalila* de Saint-Saëns en version de concert, du Roussel, du Chabrier, du Poulenc, du Ravel : les Tchèques ont un appétit féroce de musique française. Je suis également attendu à Catane qui possède un orchestre splendide, à Cagliari, véritable limousine où les plus grands chefs sont présents, au Festival des Canaries, très couru par les meilleurs maestros, où je donne du Berlioz, au Symphonique de Passau où on m'a déjà accueilli pour la *Résurrection* de Mahler, au Symphonique et au Radio Symphonique de Berlin. J'arrête là cette énumération, incomplète d'ailleurs, à laquelle je ne peux ajouter qu'un seul concert en France, à Nice...

1. Rappelons que cet entretien a été enregistré au domicile de Serge Baudo, le 29 juillet 2002.

« Je joue souvent des œuvres contemporaines ; j'en ai créé un grand nombre en plus de quarante ans de carrière : Dutilleux, Messiaen, Milhaud, Ohana, Nigg, Daniel-Lesur, Barraud, Tomasi, Menotti… Aujourd'hui, on consent relativement peu d'efforts en faveur des compositeurs français vivants. Or j'estime qu'il faut sortir du musée dans lequel on maintient le symphonique, en s'inspirant de ce que Nicoly faisait à l'époque des Jeunesses musicales. Le public vieillit de plus en plus ; il souhaite qu'on lui présente des concerts très classiques. Si l'on s'incline devant cette exigence, on a peu de chance de s'en sortir. À l'étranger, on hésite moins à innover ou à promouvoir des œuvres modernes : Prague m'a demandé *Turangalila Symphonie* ; j'ai donné à Turin les *Lieder* de Frank Martin, sur des textes de Rilke, qui ont obtenu un grand succès. Je me remets constamment en question. Je ne me sens pas vieux, même si je suis de plus en plus économe de mes efforts. Autrefois, à l'entracte, je sortais de scène en eau. Je disais à ma femme : “Cet orchestre me fait transpirer.” Aujourd'hui, c'est l'inverse : c'est moi qui fais suer les musiciens, en tout bien tout honneur. Je pense souvent à Charles Munch qui me disait : “Garde tes pieds serrés, sans quitter le sol, respecte le parallélisme de tes gestes.” C'était un tigre quand il conduisait ; il mettait en scène la musique. Nous sommes des sculpteurs de sons : les musiciens ont besoin de sentir que nous diffusons un message par notre visage, notre regard, et pas seulement par nos gestes.

« Mon père fut un grand hautboïste ; il a joué avec les plus célèbres chefs, participant notamment aux Ballets russes et aux nombreuses premières que donnaient les Concerts Lamoureux. Je lui dois beaucoup. Après que j'eus obtenu quatre premiers prix au Conservatoire (harmonie, musique de chambre, percussion, direction d'orchestre, avec Louis Fourestier), il m'a encouragé à suivre la voie que je souhaitais prendre ; j'ai d'abord débuté comme timbalier à la Société des Concerts du Conservatoire, puis à l'Opéra. La percussion m'a communiqué la pulsation intérieure de la musique et le rythme du phrasé. Mais je ne pensais qu'à la direction et j'étudiais sans cesse de nombreuses partitions. Après quelques essais concluants à l'O.R.T.F., à Pasdeloup et à Lamoureux, puis au T.N.P., à l'instigation de Jean Vilar, j'ai franchi le pas quand j'ai rencontré Joseph Kosma à la fin des années cinquante : l'auteur des *Feuilles mortes* était un musicien génial, doté d'une merveilleuse culture. J'ai travaillé avec lui pour le cinéma, à l'époque du *Déjeuner sur l'herbe* de Jean Renoir[1] ;

1. Film réalisé en 1958.

j'enregistrais ses partitions et je les orchestrais quand il était à court d'inspiration. Il me faisait entièrement confiance et lui-même m'a constamment soutenu. Un jour, il m'a dit qu'il avait parlé de moi à un ami tchèque : c'est ainsi que, grâce à Kosma, j'ai connu Vaclav Smetacek, directeur musical du Symphonique de Prague, qui m'a engagé pour plusieurs concerts. C'était la première fois que je sortais de France. Smetacek est venu ensuite lui-même à Paris conduire le Philharmonique de la Radio. Chaque année, je suis retourné en Tchécoslovaquie. En 1961, le Philharmonique de Prague, dont Karel Ancerl était le patron, m'a demandé, à ma grande surprise, d'enregistrer pour Supraphon les symphonies *Jeanne au bûcher* et *Le Roi David* d'Honegger, dont les œuvres, en France, étaient au purgatoire. Auparavant, en 1959, j'avais été nommé directeur musical de l'Orchestre de Radio-Nice et j'ai dirigé *La Flûte enchantée* au Festival d'Aix-en-Provence, en remplaçant, sans répétition, Alberto Erede. Ensuite, tout s'est enchaîné… »

Opéra de Paris, remplacement de Karajan dans *Pelléas et Mélisande* à la Scala, Orchestre de Paris avec Munch, puis sans lui, Metropolitan de New York, Staatsoper de Vienne, Orchestre de Lyon avec des tournées en Chine, en pleine Révolution culturelle, et en Corée, création en 1979 du Festival Berlioz de La Côte-Saint-André, auquel il a encore pris part en 2003, mais avec le Philharmonique de Prague : Serge Baudo a connu d'immenses joies et d'intenses déceptions. Il ne s'attarde pas à ces souvenirs, bons ou mauvais : il a tourné la page et pense à ce que sera demain.

S'il devait se retirer sur une île déserte, quelles partitions emporterait-il ? « Il me faudrait des malles pleines, sinon je ne partirais pas. Je ne peux supporter qu'on me mette des menottes. »

MICHEL PLASSON
LA BELLE AVENTURE

« Certes, je sortirai quant à moi satisfait
D'un monde où l'action n'est pas la sœur du rêve. »
Charles Baudelaire, *Les Fleurs du mal*

L'annonce, au mois de mai 2003, du départ de Michel Plasson, lié à l'Orchestre national du Capitole de Toulouse depuis trente-cinq ans, ne m'a pas étonné. J'avais rencontré le chef un an auparavant à Milan, où il donnait une série de concerts à la tête du Philharmonique de la Scala, avant de diriger un inoubliable *Roméo et Juliette* de Gounod, avec Roberto Alagna et Angela Gheorghiu, aux Chorégies d'Orange. Au cours du long entretien qu'il m'avait accordé dans les salons de l'hôtel du Duomo[1], il avait tenu, spontanément, des propos désabusés où perçait déjà un certain renoncement : « J'ai de grandes décisions à prendre, m'avait-il dit. Mon séjour à Toulouse constitue un record de durée, mais il ne me semble pas nécessaire de le prolonger indéfiniment. C'est désormais pour moi une question d'actualité. Je me suis également demandé si je devais prendre en main un autre orchestre. Or j'ai moins envie d'accepter des propositions extérieures, alors que, paradoxalement, on m'accorde aujourd'hui un crédit que je n'avais pas il y a trente, voire vingt ans. Il n'existe pas de gloire posthume pour les chefs d'orchestre, alors qu'il y en a une pour les compositeurs ; mais tant que l'on est physiquement en bon

1. Entretien enregistré à l'hôtel du Duomo de Milan, le 20 juin 2002.

état, tant qu'on a la passion et le désir de faire de la musique, on peut continuer, à condition, toutefois, de prendre le temps de vivre. Je crois que j'éviterai d'aller au-delà de ce qui est supportable. Les instrumentistes ont une limite d'âge précise, liée à l'agilité et aux réflexes. Pour les chefs, la sanction n'est pas claire. Tant que la tête et les gestes fonctionnent bien, on peut continuer. Or certains signes peuvent apparaître qui ne vous inquiètent pas, mais qui veulent dire : “Arrête-toi avant de ne plus pouvoir être à ton meilleur niveau.” Dès maintenant, je veux diriger moins souvent ; Mercedes, ma femme, est également de cet avis. Si on n'éprouve plus soi-même de plaisir, on ne peut plus en donner aux autres… »

Ces propos, lourds de sous-entendus, laissaient pressentir la décision d'un chef qui a consacré presque toute sa vie d'artiste à son orchestre. Chaleureux, cultivé, amoureux de poésie, peut-être a-t-il pensé, en me livrant cette confession que je n'avais pas sollicitée, à ces lignes tirées des *Paradis artificiels* de Baudelaire, si cher à son cœur : « Tous les échos de la mémoire, si l'on parvient à les réveiller simultanément, formeraient un concert agréable ou douloureux, mais logique et sans dissonances. »

Refusant d'accepter la prolongation d'un an de son contrat, proposée par M. Douste-Blazy, maire de Toulouse, Michel Plasson a préféré mettre un terme à ses fonctions le 31 août 2003 et prendre ses distances, plutôt que de se plier à des dispositions qu'il ne pouvait pas approuver : l'occupation partielle de sa salle, la Halle aux grains (ancien marché du négoce transformé en temple symphonique), en vue du transfert de certains spectacles du Théâtre du Capitole, fermé pour travaux pendant douze mois, ne lui permettait plus, affirmait-il, d'assurer correctement le déroulement de la saison symphonique ; de surcroît, elle amputait, voire supprimait le programme de concerts pour les jeunes auxquels il tenait essentiellement.

Figure emblématique d'une organisation qui lui devait tout son lustre, Michel Plasson a donc mis fin à l'une des plus passionnantes aventures de la musique française, ponctuée par de magnifiques succès, aussi bien à Toulouse qu'en tournées dans la région Midi-Pyrénées et à l'étranger, notamment en Allemagne, en Autriche, au Japon et aux États-Unis, ou dans les grands festivals nationaux, ainsi que par une remarquable discographie.

J'ai revu Michel Plasson à Paris, à la faveur des deux concerts qu'il donnait avec l'Orchestre de Paris, les 22 et 23 octobre 2003. Sa détermination n'avait pas changé ; mais de récents entretiens avec Philippe Douste-Blazy laissaient supposer que certains accommodements pouvaient intervenir :

« Je conduirai l'orchestre au cours de la tournée qui se déroulera en Allemagne au mois de novembre, m'a-t-il dit. Mon souhait est de pouvoir le faire également lors des prochaines tournées. J'aimerais également continuer à faire des disques avec EMI, dans l'espoir d'enregistrer des œuvres appartenant à notre patrimoine national que je n'ai pas encore gravées en vue de compléter une anthologie musicale de la France. Je suis dans l'attente d'une confirmation du maire qui s'est dit favorable à ces projets. Quant aux concerts d'abonnements, je n'en dirigerai aucun en 2003-2004 ; je ne ferai que quelques apparitions, bénévoles – je tiens à le préciser –, dans le cadre des concerts réservés aux membres d'A.I.D.A., association exemplaire regroupant les représentants de plus de cent entreprises toulousaines. En fait, j'aurais souhaité pouvoir m'éloigner progressivement de l'orchestre et susciter quelques candidatures à ma succession ; on aurait pris le temps qu'il fallait avec les musiciens d'éprouver le talent de ceux qui se seraient présentés. »

Né à Paris – à Montmartre, précise-t-il – en 1933, au sein d'une famille de musiciens, Michel Plasson se souvient : « Je suis une vendange tardive ; pendant la guerre, j'ai été élevé dans des conditions difficiles. Pourtant, un jour, un miracle s'est produit quand la musique m'a transpercé. » L'adolescent commence alors ses études avec le grand pianiste Lazare Lévy, puis il s'oriente vers la percussion, où il obtient un premier prix au Conservatoire national de Paris. Rapidement, il choisit la direction d'orchestre et remporte, en 1962, le concours international de Besançon. Cette réussite lui vaut de travailler aux États-Unis, auprès d'Erich Leinsdorf à Boston, de Leopold Stokowski à Philadelphie et de Pierre Monteux. Il occupe son premier poste à Metz, avant d'être nommé chef permanent au Capitole de Toulouse en 1968 et d'en devenir, en 1973, le directeur musical, et même général : « Ces trente-cinq années m'ont paru très courtes, reconnaît-il. Cette impression tient d'abord à mon obstination. J'ai des idées fixes, ce qui n'est pas toujours une qualité. Dès ma prise de fonction, je voulais bâtir un orchestre de haut niveau. Têtu et tenace, j'ai au moins réussi l'exploit de la durée. J'ai longtemps été heureux à Toulouse où, pendant dix ans, de 1973 à 1983, je fus responsable non seulement de l'orchestre, mais aussi de l'Opéra, double mission délirante que je n'aurais certes pas pu mener ailleurs.

« Nous avons commencé avec treize abonnés [*sic*] et un petit orchestre, très moyen, de soixante musiciens qui ne jouait que du lyrique. Nous en avons fait une formation de plus de cent instrumentistes, dont on a unanimement reconnu la qualité et qui a réalisé cent vingt enregistrements. En pleine crise du disque, E.M.I., avec la complicité d'Alain Lanceron, a continué à me faire confiance ; comme j'ai toujours fonctionné au sentiment, j'ai eu la curiosité de graver des œuvres qui ne l'avaient jamais été. J'ai souvent été choqué par le fait que les Français ne s'intéressaient pas à leur domaine musical : s'ils sont fiers de leur patrimoine artistique et littéraire, ils ne le sont pas du tout de leur musique ! Cette attitude est conforme à l'état de notre culture. Je souhaitais renouveler le répertoire en le sortant d'un univers à dominante germanique ; je savais que nous pouvions proposer de passionnantes découvertes. Ainsi, j'ai pu, entre autres, faire entendre, à Toulouse, puis enregistrer, les plus grands : Berlioz, Bizet, Gounod, Franck, Saint-Saëns, Dukas, Debussy, Ravel, Roussel, Fauré ; mais aussi des œuvres de Magnard, Lalo, Massenet, Offenbach, Duparc, Chausson, Lazzari, Ropartz, Sauguet, Duruflé, Jaubert, Poulenc, Honegger, Milhaud ; sans oublier celles de Dutilleux, avec sa *Deuxième Symphonie* dite « *Le Double* », *Métaboles*, *The Shadows of the Time*, résonances de tout ce qui a parcouru le XXe siècle français : c'est une musique raffinée qui échappe aux tendances du sérialisme, à ses castrations et à tout ce qui a détérioré le climat musical par des méthodes souvent discutables. J'ai également joué *Monségur* et *L'Enfant prodigue* de Marcel Landowski, qui sont des merveilles, très rarement interprétées. Il faut rappeler que Landowski fut à la fois un grand compositeur trop méconnu et un initiateur : n'oublions jamais que, si l'on a créé des orchestres régionaux, devenus nationaux par la suite (en 1980 pour Toulouse), on le lui doit entièrement. Il a eu certes la chance d'avoir un grand ministre de la Culture en la personne d'André Malraux, bien que ce dernier ne fût pas un mélomane : il faut rendre grâce à Landowski d'avoir su le convaincre du bien-fondé de la décentralisation musicale.

« On devrait d'ailleurs s'interroger sur le fait que, chez la plupart des intellectuels de haut vol, la musique ne se situe pas au premier plan de leurs préoccupations. C'est tout de même étonnant ! N'ont-ils pas besoin de musique ? Je pense parfois aux relations qui unissaient Romain Rolland et Richard Strauss, mais que séparaient aussi de profondes antinomies. Rolland invita un jour Strauss à venir écouter *Pelléas et Mélisande* de Debussy, peu après la création de l'œuvre à l'Opéra-Comique de Paris. Au bout de dix minutes, la puissante voix de Strauss s'éleva : "Est-ce que c'est comme ça jusqu'à la fin ?" Tout le public se tourna vers la loge où étaient assis les deux hommes. "Patience, Richard", glissa Rolland. Le compositeur s'impatientait ; il ajouta, en baissant le ton : "Mais il n'y a pas de musique là-dedans !" Comment un tel jugement a-t-il pu être prononcé par un grand musicien comme l'était Strauss ? Cette énorme bêtise absout en tout cas toutes celles que l'on a pu proférer en France à propos de Mahler. Cela prouve qu'il existe des barrières, même en musique, et même pour les grands esprits.

« Pour ma part, je ne voudrais pas mourir sans enregistrer *Pelléas* ; avant de rendre ma copie, comme disait François Mauriac, j'aimerais bien en faire autant avec *Le Dialogue des carmélites* de Poulenc. La musique française est toujours, hélas, dans une situation tragique : à l'intérieur de la peau de chagrin du disque, elle disparaît un peu plus chaque jour. Très fragile, très vulnérable, notre patrimoine s'affaiblit constamment. Personne ne pourra tuer Wagner, même pas les médiocres batteurs de mesure. Mais notre musique est une fleur en danger : si on la cueille avec de grosses mains, elle se fane instantanément. Je souhaitais, pour ma part, mettre en évidence un orchestre possédant des couleurs s'accordant aux œuvres nationales. Or je suis frappé par le fait que la plupart des formations symphoniques n'ont plus de véritable identité. Le son français s'est perdu ; on a tout abandonné. Il n'y a plus d'orchestres spécifiquement nationaux, comme c'était le cas autrefois de la Société des Concerts du Conservatoire avec Charles Munch et André Cluytens ; j'ai joué sous la direction de ces grands anciens, à une époque où nos compositeurs constituaient une base importante du répertoire. On se serait fait tuer pour Charles. J'avais une admiration sans bornes pour lui ; par son talent, sa magie, il nous entraînait vers les sommets, même quand on bafouillait un peu à l'orchestre. Prenant parfois des risques insensés, il avait des moments incomparables. Il incarnait l'harmonie de l'instant, avec une folle générosité.

« Depuis cette époque, je suis réfractaire à l'uniformité, à ce côté "Hilton", où l'on vous donne toujours la même chambre avec le même confort stéréotypé. Avant, on reconnaissait les orchestres. Mon père, qui fut violoniste chez Lamoureux, s'y produisait encore au temps de Markevitch. Il gagnait très peu d'argent, avec le seul partage des jetons de présence. Il y est resté trente ans par passion. J'ai vécu intensément, moi aussi, l'ambiance des associations parisiennes qui étaient composées de très bons musiciens et que dirigeaient de grands chefs comme Georges Sebastian ou Paul Paray. J'ai joué sous la direction de ce dernier, il y a quarante ans, au National. Il avait alors 77 ans. De mon poste de percussionniste, j'étais à l'affût du moindre de ses gestes, car il me terrorisait avec ses sourcils en broussaille et ses yeux de poule ; quand il mettait sa main gauche sur sa hanche, il avait l'allure autoritaire d'un officier de cavalerie ; ses manies ne l'empêchaient pas d'être reconnu, lui aussi, comme un grand.

« Aujourd'hui, rabaissée par la médiocrité acoustique des salles de la capitale et par le manque de moyens, la musique occupe la place que les Français veulent bien lui accorder. Ce n'est d'ailleurs pas uniquement un problème de subventions, car le budget de la Culture est important : reste à savoir quel usage on en fait et si sa répartition aide efficacement au développement de la musique. On le sait, seuls les décideurs, ceux qui tiennent les manettes, orientent les crédits à leur guise.

« À Toulouse, la situation est très particulière : nous disposons d'une salle rénovée de 2 500 places et d'un public enthousiaste. C'est un vrai bonheur, surtout quand nous ouvrons les portes aux étudiants et aux enfants : quand je leur explique le contenu d'une œuvre, je m'aperçois que ces jeunes, pourtant abreuvés de tonnes d'ordures sonores du matin au soir, demeurent culturellement intacts et sont fascinés par ce que je leur présente. Nous réalisons là une mission essentielle[1]. Elle nous permet d'être conscients de l'épouvantable réalité médiatique. La musique apprend tout ; elle sait parler de tout, et pas seulement de la mort, comme disait André Malraux. Elle permet aussi de partager : rien n'existe à côté d'elle. Il ne s'agit pas d'un jugement de valeur : elle résulte d'une émotion qui enflamme l'âme. Le passé, que n'occulte pas le présent, y vit toujours intensément. La musique française est celle du bonheur, ce qui n'empêche pas qu'elle soit profonde et moderne. »

On s'est souvent étonné que Michel Plasson demeure cantonné auprès d'un seul orchestre, en étant profondément marqué par sa réputation d'apôtre de la musique française : « Il y a trente ans, indique-t-il, j'ai eu le choix soit de prendre la direction d'un orchestre en Amérique du Nord, soit de rester en France. J'ai choisi mon pays. Par la suite, j'ai été directeur musical du Philharmonique de Dresde pendant sept ans ; il s'agit de la seule participation étrangère permanente à laquelle j'ai consenti. Je ne suis pourtant pas un chef infirme : je ne dirige pas que de la musique française, j'adore conduire Bruckner. Je l'aime infiniment, comme l'aimait aussi ce vieil homme qui portait un petit gilet sous son habit et qui est mort, il y a peu de temps, à 90 ans, après avoir connu une tardive notoriété internationale : Günter Wand. Jouant Bruckner à la perfection, il symbolise, à mes yeux, l'affinité qu'un chef peut éprouver pour un compositeur. J'aime aussi Beethoven, Schubert, Liszt, Borodine, Wagner, Verdi, Rachmaninov, Richard

1. Rappelons que cet entretien a eu lieu en juin 2002, un an avant l'annonce de la démission de Michel Plasson.

Strauss, Enesco et Mahler, dont j'ai souvent dirigé ses *Première, Deuxième, Quatrième, Cinquième Symphonies* ; j'admire aussi ses *Lieder* et *Le Chant de la Terre* ; c'est ce que l'on peut appeler une musique d'interprète ; et c'est pour cela que certains de mes collègues en abusent parfois, car le succès leur est assuré. En fait, on ne sait sans doute pas assez ce que je peux faire. D'où certaines méprises. Ainsi, à Dresde, je jouais parfois en *bis* l'*adagietto* de *L'Arlésienne* de Bizet. Au début, les musiciens ne connaissaient pas ce morceau, le public non plus. Des abonnés sont allés voir un contrebassiste de l'orchestre et lui ont demandé : "De qui est cette œuvre ? Ne serait-ce pas du Mahler ?" Le musicien a répondu : "C'est le bon Dieu." »

Contemplatif à ses heures, voire mystique, Michel Plasson aime l'absence de tout bruit : « Seuls m'importent deux silences, confie-t-il : celui d'une salle de concert qui écoute et celui de la mort ; ce dernier, je l'ai découvert en voyant mon père dans son "invraisemblable" sommeil. Une personne décédée, c'est une chose inouïe. Quant au silence de l'écoute, c'est une espèce de prière : d'ailleurs, la musique est au contact de l'Au-delà, car elle est d'essence divine.

« Je n'ai en tout cas aucun regret d'avoir creusé mon sillon à Toulouse.

Quant à l'attitude des institutions parisiennes, je suis le dernier à pouvoir formuler une opinion ; il s'agit en effet d'un problème très délicat. Seules compteront plus tard les estimations posthumes. »

Michel Plasson n'en est pas encore, loin s'en faut, à l'époque des bilans. Invité par de nombreuses institutions étrangères et françaises, il ne risque pas de demeurer inactif, ce qui ne l'empêche pas de songer à la pérennisation de son nom : « Emmanuel, mon fils, qui a beaucoup de talent, se fait peu à peu un prénom. Il est très difficile d'être l'héritier d'un chef qui jouit d'une notoriété. Il a d'abord beaucoup travaillé avec sa mère : Mercedes est la plus importante personne de la famille. Excellente violoniste, elle a formé la plupart des instrumentistes que j'ai engagés à Toulouse. Brillante élève du Conservatoire de Paris, elle a fait ma petite vendange. Les femmes font d'ailleurs les hommes plusieurs fois. Je souhaite que mon fils puisse recevoir une aide comparable à celle dont j'ai bénéficié auprès de Mercedes. Emmanuel a 37 ans. Il a d'abord été un très bon violoniste comme sa mère, avant de diriger. Il est précis, exigeant. Il a beaucoup retenu de nous deux. C'est un esprit pur. Il vit actuellement à New York ; il a conduit les Orchestres de Houston, Dallas, Sydney, de la N.H.K. de Tokyo, du Philharmonique de la B.B.C., des ballets à Covent Garden où je suis allé le voir jouer *Daphnis et*

Chloé. Des musiciens, que je connaissais bien, car j'y ai dirigé six ou sept fois, m'ont accueilli très amicalement. J'ai dit à Mercedes : "Il ne me manque que mon vestiaire." Emmanuel a longtemps séjourné à Londres où il a suivi une grande partie de ses études. Il aime travailler avec les instrumentistes anglo-saxons. C'est pourquoi il ne souhaite pas s'établir en France. »

L'opéra est le violon d'Ingres de Michel Plasson : son plus récent enregistrement, *Carmen*, avec Roberto Alagna, Angela Gheorghiu et Thomas Hampson, a recueilli de multiples éloges : « Je suis heureux d'avoir fait ces disques, alors qu'il existe déjà tellement de versions de cette œuvre si célèbre. Après l'avoir écoutée, je me suis dit : "Ce n'est si mal ce que tu as réalisé." Jusqu'à présent, la gravure très ancienne de Thomas Beecham était la seule qui me convenait. Il existe encore d'autres compositions lyriques et symphoniques que j'aimerais "léguer", notamment toutes celles de Berlioz, de Chabrier, de Messager, de Poulenc… Mais en aurai-je le temps ? »

Le maestro n'oublie pas les risques qu'il a pris en présentant de mémorables spectacles au Palais omnisports de Paris-Bercy : « Cette salle immense, que dirigeait le grand homme de sport qu'était Jacques Goddet, est l'un des rares monuments d'architecture moderne qui soit une réussite, indique-t-il. Certes, j'y ai rencontré d'insolubles problèmes acoustiques avec *Aïda*, qui a attiré deux cent mille spectateurs en seize représentations, puis, en donnant, avec le même succès, *Turandot*, *Nabucco*, ainsi que le *Requiem* de Berlioz. Nous avons eu la joie de jouer, tous les soirs, devant douze mille spectateurs enthousiastes, sur une scène de plus de cent mètres de largeur. J'avais le dos cassé ; après chaque représentation, j'étais exténué. Mais l'ambiance était telle que j'oubliais ma fatigue. Des parents, qui n'avaient jamais assisté à un opéra, étaient là avec leurs enfants. Certains médias, hélas, n'ont rien compris : en France, on continue à penser que la musique doit être élitiste. C'est stupide : je ne vois pas pourquoi on réserverait les grand-messes musicales à des théâtres à l'italienne, pour un peu plus de mille spectateurs en pratiquant des prix de places exorbitants. Certes, on ne peut pas présenter *Cosi fan tutte* à Bercy. En revanche, on peut réunir un très large public en utilisant des moyens modernes et du même coup donner un grand coup de jeune à l'éducation artistique qui est en panne d'innovations. »

JEAN-CLAUDE CASADESUS
LE DÉFI PERMANENT

« ... Car il sait que, dans cette conscience et cette révolte au jour le jour,
il témoigne de sa seule vérité qui est le défi. »
Albert Camus, *Le Mythe de Sisyphe*

Jean-Claude Casadesus a toujours rêvé d'impossible. De ses défis permanents, il a bâti sa propre réalité : celle d'un musicien qui conduit sa vie, non pas dans le lieu où il veut qu'elle soit, mais vers le but qu'il s'est assigné, au service exclusif de la musique.

Qui aurait pu imaginer que l'enfant qui grimpait sur les genoux de son grand-père, fondateur de la Société des Instruments anciens et compositeur de son état, et qui jouait de l'épinette ou de la viole de gambe comme toute la famille, s'illustrerait un jour à la tête d'un grand orchestre ? Qui aurait pu penser que le jeune chef, qui sortait de la fosse d'orchestre du Châtelet où il dirigeait Luis Mariano dans des opérettes à succès pour aller tenir les timbales aux Concerts Colonne du dimanche, deviendrait le pionnier de la décentralisation musicale, à l'instar de son aîné de deux ans, Michel Plasson ?

Cette mutation ne s'est pas faite sans longs efforts, ni sans fréquentes remises en cause. Pour savoir comment Jean-Claude Casadesus, membre d'une étonnante famille de musiciens et d'artistes – sa mère Gisèle est sociétaire de la Comédie-Française, l'une de ses sœurs est prix de Rome de sculpture, Anne, sa femme, a été danseuse à l'Opéra, sa fille Caroline, épouse de Didier Lockwood, est chanteuse –, a su provoquer le destin, en jouant parfois son existence à pile ou face, je n'avais qu'une heure de train à faire pour le rencontrer à Lille. Dans l'auditorium du Nouveau Siècle, j'ai pu assister à une répétition, consacrée au *Concerto pour clarinette* et à *La Création du monde* de Darius Milhaud, avant de dialoguer avec un musicien qui s'attribue, malgré ses quarante ans de carrière, le qualificatif de « débutant autorisé à continuer[1] ».

Cet homme, aux cheveux poivre et sel, légèrement dégarni au-dessus des tempes, à la silhouette athlétique, au visage souriant ou tourmenté, aux intonations de voix modulées comme un hautbois ou un basson, fait dix ans de moins que ses 68 ans (il est né en 1935). Il conduit son orchestre comme un chorégraphe. Sa vivacité est celle d'un écureuil. Il chante, en prenant des poses extatiques. Avec ses musiciens, il possède l'art de créer des rapports de courtoisie et de familiarité qui facilitent le dialogue. Son éloquence, son aisance, sa bienveillance s'imposent avec tant de naturel qu'elles transformeront l'interview qui va suivre en une conversation amicale.

Grand communicateur, non pas pour défendre sa propre cause, mais pour faire partager son idéal, il n'a cessé d'improviser tout au long d'un sinueux parcours, en s'adaptant constamment à l'imprévu : « Dès qu'on monte sur scène, notre seule légitimité est d'être au service de la musique, m'indique-t-il, en guise d'introduction. Il faut en effet se glisser dans les habits des compositeurs, car nous exerçons un métier de traducteur, d'enquêteur, d'analyste. La part de technique, qui est indispensable, ne doit pas être visible : il faut, d'abord, avoir tous les sons dans le crâne. Les instrumentistes, qui sont entrés dans l'orchestre sur des concours exigeants, n'attendent qu'une seule chose des chefs : qu'ils soient capables de faire passer auprès d'eux une conception perceptible de l'œuvre et de leur permettre de l'interpréter le mieux possible. D'où l'angoisse qui surgit avant une répétition, foyer de tension et de création face à quatre-vingts ou cent musiciens qui ne sont pas réunis pour vous aider au sens affectif du terme : ce sont des professionnels qui attendent que vous leur donniez le maximum de chances pour bien exercer leur art. Quant au chef, il doit mentalement se transformer en violon, en flûte, en trombone, grâce à sa pensée du son, qu'il faut pleinement maîtriser par le cœur, sinon on demeure primaire et instinctif, ou bien didactique si on n'est qu'analytique. La musique est en effet la transposition la plus poétique

1. Entretien enregistré à Lille, auditorium du Nouveau Siècle, le 12 septembre 2002.

de la vie dans ce qu'elle a de profond, de sacré, de joie, de douleur. La partition est toujours là mais, selon la manière dont on l'aborde, elle peut présenter de sensibles différences : c'est sous cet angle que la personnalité des chefs recèle les plus grandes richesses. Chaque interprète a un monde en lui, qu'il rend palpable par la magie de l'animation. »

Jean-Claude Casadesus a su parfaitement exprimer les caractéristiques de l'art de conduire dans son autobiographie, *Le Plus Court Chemin d'un cœur à un autre*[1], qui souligne une constante, sa volonté, au-delà du doute et du risque d'échec, de devenir chef : « J'avais 12 ans quand j'ai ressenti un choc à la vision d'un homme qui, par le seul pouvoir de ses gestes, de sa mimique, de ses vibrations, parvenait à créer un univers sonore. Trois ans plus tard, je dirigeais du piano un orchestre de jazz, sans savoir lire les partitions. » Il confiera plus tard au magazine *Musica* : « Au clavier, je donnais le change et l'illusion de savoir jouer, en improvisant sur des thèmes de Bach, Mozart, Beethoven ou Chopin[2]. »

« Mon cousin, le grand pianiste Robert Casadesus, et son fils Jean, dont j'étais très proche, m'ont dit : “Si tu veux être chef, il faut que tu entres dans la machine musicale. À ton âge, on ne peut plus espérer devenir concertiste. Mais comme tu as le sens du rythme, il existe un poste d'observation tout à fait indiqué pour toi : celui de la percussion.” J'ai tardé à franchir le pas parce que la discipline monotone et quasi mécanique de l'enseignement que j'avais subie en étudiant le solfège et le piano auprès de Samuel Rousseau m'avait rebuté. Après mon bac, j'ai failli m'orienter vers Sciences Po ; je voulais être journaliste, grand reporter. Mais j'ai été saisi à nouveau par la passion de la musique : j'étais possédé par elle. Je jouais de l'orgue dans la vieille église de Villiers-le-Bel ; en vacances à l'île de Ré, où je vais toujours, je passais des heures et des heures devant un piano, mon seul univers. Et puis, un jour, j'ai décidé de suivre les conseils de mes cousins ; ils m'ont présenté à Passerone, grand-maître de la percussion ; huit mois plus tard, je suis entré dans sa classe au Conservatoire national de Paris et, après quatre années d'études, j'ai obtenu un premier prix. Je jouais de tous les instruments : batterie, cymbales, xylophone, vibraphone, célesta. Mais c'était surtout le poste de timbalier qui me plaisait : il permettait en effet, face au chef, de voir et d'entendre tout ce qui se passait autour de lui ; il exigeait beaucoup d'oreille et une grande rapidité d'exécution pour changer

1. Éditions Stock, puis Livre de Poche.
2. Interview de Françoise Marie, parue en décembre 1967.

les accords ; il était en quelque sorte la conscience pendulaire de l'orchestre. Pendant dix ans, j'ai exercé ce métier avec une rare volupté. J'ai pu aborder tous les répertoires musicaux : je donnais des soirées dans les camps américains de l'O.T.A.N. ; j'étais batteur sous la direction de Raymond et de Michel Legrand ; je faisais du jazz avec Quincy Jones et Kenny Clarke et je jouais les samedis et dimanches dans des bals de campagne. J'étais également présent au Domaine musical de Pierre Boulez et aux Concerts Colonne où j'opérais comme timbalier solo ; j'étais supplémentaire à l'Opéra et à la Radio. Je participais aussi à des enregistrements de variétés qui m'ont permis de travailler avec de grandes vedettes du music-hall, Charles Trenet, Édith Piaf, Charles Aznavour, Jacques Brel ; je côtoyais des arrangeurs dont la particularité était d'exiger des musiciens une mise en place extrêmement rapide.

« Cet itinéraire, quelque peu chaloupé, ne fut pas de tout repos : la première fois que j'ai joué des timbales en concert, j'étais comme tétanisé : le timbalier titulaire du Philharmonique de la Radio était tombé malade, la veille de la générale de la *Neuvième Symphonie* de Beethoven, au Théâtre des Champs-Élysées. On m'a dit alors : “À toi de jouer !” La *Neuvième*, ce n'était pas une bluette ; c'était plutôt un morceau de bravoure. J'ai étudié la partition toute la nuit ; le lendemain, paralysé par le trac, j'ai effectué mes débuts de timbalier dans un grand orchestre. Tout s'est bien passé : Paul Paray qui dirigeait m'a salué de quelques mots encourageants : “Très bien, jeune homme, très bien.” Aux Concerts Colonne, j'ai passé de difficiles moments : je ne supportais pas d'être rudoyé par Pierre Dervaux. J'avais eu la faiblesse de croire que les répétitions étaient faites pour prendre tranquillement ses marques. Quand j'avais la moindre hésitation, Dervaux m'interpellait : “Timbale !” Je ne comprenais pas très bien ce qui m'arrivait. J'étais horriblement vexé chaque fois qu'il me rappelait à l'ordre, car tous les musiciens qui étaient devant moi se retournaient et ne manquaient pas d'amplifier mon désarroi. Contrairement aux apparences, je suis d'une nature extrêmement timide, hypersensible, vibratile ; je ne savais plus où me mettre. “Timbale, timbale, plus fort !” hurlait Dervaux, emporté par son tempérament fougueux. J'avais une furieuse envie de lui rentrer dedans, jusqu'au jour où je suis allé le trouver : “Maître, lui ai-je dit, je fais tout ce que je peux, mais ne me parlez plus comme cela : ça me fait perdre tous mes moyens.” Je l'admirais, je l'adorais, mais je le détestais quand il me brutalisait. Il y a quarante ans, c'était encore l'époque des chefs dictateurs. Plus tard, Pierre Dervaux est devenu mon professeur de direction à l'École normale ; il fut un mentor très sûr, très dévoué.

« Un jour, je devais avoir 28 ans, j'ai décidé de me remettre en question : je suis redevenu étudiant en me consacrant à la direction d'orchestre. J'étais marié, j'avais deux enfants ; pendant deux ans, j'ai pris un énorme risque qui me fit côtoyer le vide. J'ai obtenu ma licence de concert en 1965, mais j'avais perdu une grande partie de mes ressources : on m'oubliait, j'effectuais moins d'enregistrements ; on avait su que j'étudiais ; on faisait donc appel à d'autres musiciens. J'ai heureusement eu la chance d'être admis aux cours d'interprétation de Pierre Boulez à Bâle. J'y ai connu un véritable entraînement de marine : nous avions, chaque jour, trois heures d'enseignement théorique et six heures de séances d'analyse, de technique avec ou sans orchestre. Très franc, très direct, très professionnel, Pierre Boulez, qui me connaissait depuis que j'avais travaillé avec lui au Domaine musical, m'a beaucoup appris. Extrêmement rigoureux, il m'a enseigné la nécessité de l'exactitude ; nous avons eu des relations affables, voire conviviales, où l'affectif n'apparaissait pas sous son extrême courtoisie. Quand je suis revenu à Paris, j'étais gonflé à bloc.

« J'ai joué ensuite sous la direction d'Igor Markevitch, autre personnage autoritaire. Il y avait quelque chose de reptilien dans la manière qu'il avait de vous toiser de son œil aigu de cobra : il vous transperçait jusqu'au fond de

l'âme et l'on était incapable d'échapper à son emprise. J'ai connu également Rudolf Kempe, Carl Schuricht, Bruno Maderna, Charles Munch, Louis Fourestier, Manuel Rosenthal, Jean Fournet, ainsi que Roberto Benzi, tout jeune alors, qui réunissait des foules incroyables à Colonne et à Lamoureux. Il avait été un enfant prodige, sans rival ; à l'âge adulte, il a dû faire face à la concurrence ; il lui a été très difficile de se maintenir aux premiers rangs, bien qu'il fût un remarquable musicien.

« Pour ma part, j'étais le contraire d'un enfant prodige ; à 30 ans, j'étais toujours dans la salle d'attente quand, grâce à l'intervention de Richard Blareau, chef à l'Opéra-Comique, Maurice Lehmann, directeur du Châtelet et vieil ami de la famille, me confia la direction musicale de son théâtre. Cette "gigantesque" responsabilité m'a d'abord rempli de terreur. Mais j'ai surmonté ma peur et conduit des opérettes pendant trois ans. Ce fut une période extrêmement bénéfique. Je ne saurais jamais trop recommander ce genre d'expérience aux jeunes gens qui veulent apprendre ce métier. L'opérette n'est pas un art mineur : de grandes vedettes comme Elisabeth Schwarzkopf, Gundula Janowitz, Christa Ludwig ont commencé par chanter Franz Lehar ou Emmerich Kallmann. Toute musique mérite d'être bien interprétée. Mais il faut éviter de tomber dans la routine, reprendre constamment ce qui va mal sur le plateau, coordonner, donner le moindre départ, régler les décalages entre les voix et l'orchestre, contraindre les comédiens, qui ne sont pas des musiciens chevronnés, à rester dans la note et les rattraper s'ils s'égarent. Quand je descendais dans la fosse du Châtelet pour diriger *L'Auberge du Cheval blanc*, *Monsieur Carnaval* ou *Le Prince de Madrid*, avec Luis Mariano et Maurice Baquet, je rêvais que j'étais à la Scala de Milan ou à Berlin. J'ai joué *La Périchole* d'Offenbach près de trois cents fois.

« À la longue, je me suis rendu compte que je me fourvoyais et que je sombrais dans une monotonie qui devenait insupportable. J'ai démissionné, sans avoir la moindre perspective d'engagement, défiant ainsi une nouvelle fois le destin. Je plongeais dans l'inconnu quand Pierre Dervaux eut l'amitié de me confier quelques concerts à Colonne et d'intervenir auprès de l'Opéra-Comique où, à partir de 1969, j'ai été chef permanent pendant deux ans. J'y ai découvert des œuvres que je ne connaissais pas. Quand j'eus à conduire *L'Oiseau de feu*, j'ai feuilleté la partition en me demandant comment j'allais pouvoir la diriger. J'étais paniqué. Peu à peu, cependant, je me suis habitué aux contraintes du lyrique et du ballet : à cette époque, on jouait le répertoire sans répétition d'orchestre. Seules les nouvelles productions donnaient lieu à plusieurs sessions préparatoires. J'ai été invité à l'Opéra pour *Le Sacre du printemps*, autre challenge périlleux qui donna lieu à quelques démêlés syndicaux. Les musiciens connaissaient bien cette œuvre qu'ils avaient interprétée avec Pierre Boulez. J'avais, pour ma part, monté ce ballet avec le Symphonique de Prague et j'étais parfaitement rodé ; mais les délégués de l'orchestre ont estimé qu'ils ne pouvaient pas être dirigés par un jeune chef inexpérimenté : selon eux, j'allais certainement exiger de nombreuses répétitions. Je les ai rencontrés et je leur ai dit : "Je suis sûr que vous n'avez rien contre un jeune ; vous l'avez été vous-mêmes. Je vous propose une seule répétition, afin que nous fassions connaissance." "Vous n'y pensez pas", m'ont-ils répondu. "Essayons tout de même, ai-je ajouté, je connais l'œuvre par cœur." Dubitatifs, ils ont fini par accepter et tout s'est bien passé. Si j'avais échoué, j'aurais pris cinq années de purgatoire et je ne m'en serais jamais remis.

« La chance a continué à me sourire : Pierre Dervaux, encore lui, m'a appelé à ses côtés, en 1971, quand il fut nommé directeur de l'Orchestre des Pays de la Loire : il me confia la responsabilité de la formation qui opérait à Nantes, lui-même s'établissant à Angers. Je me suis entraîné d'arrache-pied : un chef d'orchestre, c'est comme un coureur cycliste sans vélo. Je sais aujourd'hui qu'il faut au moins vingt ans d'escalade de routes escarpées avant de pouvoir s'imposer. On acquiert rapidement l'enveloppe du métier, mais le contenu, c'est autre chose : toute une vie de doute, d'angoisse, d'humilité. Un orchestre, il faut le respecter, mais également s'affirmer auprès de lui, tout en étant au service de l'œuvre qu'on joue. La musique est la traduction d'une spiritualité, d'une transcendance, de tout ce que l'existence porte de bien, de mal, de cruel, de doux, d'amour, de violence. Les répétitions m'ont longtemps tracassé : ce n'est plus le cas aujourd'hui, mais ce fut pour moi une vraie douleur. J'ai vu de grands chefs, comme Mravinski, qui était un dictateur, un tyran infernal, défaillir avant la première répétition d'une œuvre qu'ils n'avaient jamais abordée. À ce moment-là, on passe de l'abstraction des notes écrites à la concrétisation de la musique. C'est très spécial : chaque geste, chaque mouvement des mains ou des doigts, chaque clignement du regard doit correspondre musicalement à une intention. Il faut être en permanence maître de son esquisse, de son coup de crayon, comme l'est un peintre à son chevalet : il faut savoir dessiner dans l'espace ce qu'on entend imposer. Le chef doit savoir jouer de son instrument, qui est l'orchestre, et justifier toutes ses indications. Le geste n'est que le véhicule de la pensée. Vous ne pouvez pas diriger sans avoir à transmettre une conception de l'œuvre, qui passe nécessairement par une image sonore intérieure. »

En 1975, à 40 ans, Jean-Claude Casadesus possède une grande maîtrise de l'art de conduire, quand il se lance dans une nouvelle aventure : Michel Guy, secrétaire d'État à la Culture, lui propose de prendre en main un orchestre en perdition, celui de la Radio de Lille : donnant sept concerts par an, dans des salles presque vides, cette modeste formation de trente-trois instrumentistes permanents, en semi-chômage technique, semble destinée à disparaître si on ne parvient pas à la ranimer rapidement.

« J'ai d'abord hésité, se souvient Jean-Claude Casadesus. S'agissait-il d'un cadeau empoisonné ou d'une porte ouverte sur l'avenir ? J'ai tenu le pari et j'ai quitté les Pays de la Loire. J'avais constaté que la région Nord-Pas-de-Calais n'avait pas de véritable orchestre symphonique. Pour une population de quatre millions d'habitants, me suis-je dit, il y a là un formidable défi à relever. En rencontrant Pierre Mauroy, président du conseil régional, j'ai dû forcer ma nature timide pour définir mes aspirations. Nous étions alors en plein troisième choc pétrolier ; le budget de la Culture était mutilé. Nous avons beaucoup discuté et j'ai réussi à le convaincre de soutenir mon projet qui consistait à porter la musique en tous lieux et à attirer vers un art jugé, à tort, élitiste, le plus large public possible. Quand j'ai initié ce vaste programme, nous étions deux ou trois à y croire vraiment, peut-être même seulement moi et mon double. Je me rappelle avoir téléphoné à tous les responsables culturels des communes pour tenter de leur "caser" un concert ; j'étais obsédé par l'idée de pouvoir être en mesure d'éduquer un grand nombre de jeunes et d'en faire de véritables mélomanes. Ma démarche initiale consistait en effet à aller vers les enfants et à faire venir du même coup leurs parents. "Appuyons-nous sur le peuple, pour qu'ensuite le peuple nous soutienne..." Hélas, au cours du premier concert, il y avait plus de monde sur la scène – les trente-trois titulaires et dix-sept supplémentaires – que dans la salle. L'ambiance était glaciale, un véritable Alaska musical. J'ai continué à y croire : j'avais été d'emblée séduit par l'accueil des gens, par leur authenticité, leur franchise, leur solidarité envers leurs frères d'infortune, dans un contexte économique désastreux où les industries – textile, acier, charbon – s'effondraient. Le chômage ne cessait de monter et, pourtant, la population gardait en elle la survivance de la fête. Je découvrais aussi une conscience musicale dans cette région où l'on compte un très grand nombre d'harmonies municipales et où persiste une vieille tradition chorale. Nous nous sommes mis à l'œuvre : tous les trois jours, nous étions sur les routes pour aller porter la musique à Aulnoye, à Hazebrouck, à Douai, à Calais, et dans de petits bourgs où nous étions accueillis avec curiosité, le plus souvent dans des salles improvisées. Nous avons donné jusqu'à cent trente concerts par an. Nous avons enregistré de beaux disques, la *Fantastique* de Berlioz, des *Symphonies* et des *Lieder* de Mahler, des œuvres de Bizet, Massenet, Wagner, Debussy, Ravel, Stravinsky, Prokofiev, Honegger, Milhaud, Poulenc... Nous avons été invités à Paris, au Concertgebouw d'Amsterdam. Nous avons visité trente pays étrangers, dont la Chine ; nous sommes allés en Afrique. Aujourd'hui encore, mon ambition est toujours la même : que la musique descende dans le quotidien des gens, en tant que nécessité de vie, comme c'est le cas pour des nations comme l'Allemagne, l'Autriche, la Russie, la Tchécoslovaquie, la Hollande. En France, nous vivons dans la république des lettres, pas dans celle des notes. J'ai donc voulu que la musique devienne un rouage essentiel de l'existence de la population, que tout le monde puisse prendre la mesure de ses effets prophylactiques, voire thérapeutiques. Les vaches produisent, paraît-il, sept fois plus de lait quand on leur fait écouter de la musique. A fortiori, elle peut apporter beaucoup aux femmes, aux hommes, aux enfants de notre pays.

« Il a fallu construire la machine musicale, l'outil, créer une formation qui puisse s'inscrire sur l'échiquier culturel européen. Le recrutement fut sélectif, attentif, exigeant. Le jury opérait à l'aveugle, derrière un paravent. Notre orchestre s'est étoffé. Mais nous manquions toujours de public : notre action ressemblait à la traversée de l'Atlantique à la rame. Puis, peu à peu, les abonnements se sont multipliés et la qualité de l'orchestre s'est affirmée : s'il faut vingt ans pour former un chef, il en faut autant pour construire un orchestre digne de ce nom, mais il ne faut que six mois pour le casser. D'où l'exigence permanente qui nous a guidés, sans jamais céder sur l'essentiel. J'ai aujourd'hui une équipe performante et j'en suis fier : d'abord des solistes qui sont capables de jouer dans n'importe quel ensemble. En France, on pense que l'herbe est plus verte ailleurs : une grande force de conviction est nécessaire pour changer cet état d'esprit. Le travail accompli a été notre seule réponse : nous avons mis en place des programmes attractifs et organisés pour les enfants, des activités musicales en les associant à certains spectacles. Les résultats sont là : nous avons près de sept mille abonnés et deux cent mille auditeurs, par saison, qui nous suivent dans la région Nord-Pas-de-Calais. Nous recevons vingt mille écoliers par an, principalement aux répétitions. Nous accueillons également à prix réduits de nombreux étudiants. Quand notre immense salle du Nouveau Siècle est pleine, ce qui nous arrive souvent, c'est un vrai bonheur. Le public y poursuit son éducation ; son exigence s'est développée en même temps que la nôtre. Mais nous n'avons pas encore atteint nos limites : nous sommes sous le signe du mythe de Sisyphe, qui pousse sans cesse un énorme rocher vers le sommet, en l'empêchant de retomber. »

Après vingt-sept années de présence, Jean-Claude Casadesus a-t-il atteint tous ses objectifs ? « Non, certes pas. Nous pouvons encore progresser, et mieux maîtriser la métaphysique de la musique, ce langage invisible. La seule légitimité d'un musicien est d'être meilleur le lendemain que la veille. Nous devons aller de l'avant dans le choix de notre répertoire : un trop grand confort engendre la routine, mère de toutes les médiocrités. Mais il ne faut pas pour autant abandonner la base : ainsi le National de France a eu raison de jouer, à l'arrivée de Kurt Masur, un cycle des symphonies de Beethoven. J'ai une admiration sans bornes pour ce compositeur qui laisse toujours ses interprètes insatisfaits. Beethoven a enfanté tant de successeurs qu'il est également passionnant d'interpréter tous ceux qu'il a marqués de son génie : Berlioz, Brahms, dont la *Première Symphonie* est la *Dixième* de Beethoven, Bizet, Mahler, tout se tient. Beethoven est la révolution incarnée. Il faut le jouer, mais pas tout le temps : c'est un pic à franchir au cours d'une escalade sans fin.

Mais il convient aussi de s'aventurer dans la musique moderne : nous avons la responsabilité de nourrir le patrimoine, sans pouvoir décider de ce qui est bon ou ne l'est pas. C'est l'Histoire qui le dira, pas nous. N'oublions pas que, si Beethoven a été moderne en son temps, c'est parce qu'il a reçu des commandes, comme ce peut être le cas d'un musicien contemporain.

« Nous sommes tous, depuis Bach, les tenants d'une gigantesque chaîne d'arpenteur, en attendant les nouveaux génies qui enfonceront le clou. Nous accomplissons de petits miracles, reposant sur la confiance et la fidélité : le public sait que nous lui donnons ce que nous avons de meilleur. Nous proposons des œuvres plus difficiles que d'autres : ainsi, Pierre Boulez m'avait remercié naguère d'avoir préparé sa venue dans un lieu un peu iconoclaste, l'Imprimerie nationale de Douai, où j'avais présenté des œuvres contemporaines avant qu'il y vienne avec l'Ensemble intercontemporain. Nous avions joué pour des employés et des ouvriers qui n'avaient pas de culture musicale : or ils ont très bien réagi aux partitions les plus modernes, comme le font d'ailleurs les enfants. Les plus réticents sont ceux qui ont une petite culture héritée d'habitudes anciennes : après Bach, Mozart, Beethoven, Brahms, ils n'acceptent rien. De nos jours, ce ne sont pas les compositeurs qui sont en avance, c'est le public qui est en retard. Il faut donc avoir l'audace de surmonter ses rejets. Les Français sont en effet très conservateurs au plan musical : ce sont les Anglais qui nous ont, en grande partie, initiés à Berlioz. Quant à Mahler, on ne l'a pratiquement pas joué chez nous avant 1960. Tout ce qui dérange peut être bénéfique. Depuis vingt ans, Mahler est accepté partout. J'ai beaucoup d'affinités avec sa musique : je crois qu'il faut la jouer sans pathos, avec la transparence que l'on trouve dans les œuvres françaises, pour atteindre les abysses de la profondeur. Quand il écrit *langsam* ou *sehr, sehr langsam* ("lentement, très, très lentement"), il ne faut pas trop forcer sur le très-très, car on produit alors une sorte de vieillissement prématuré. Le problème est l'équilibre dans la suggestion. Il faudrait des heures pour évoquer l'appréciation de l'écriture, des tempi, de la sensibilité. J'ai aussi une grande passion pour la musique française. Un jour, Karl Böhm m'a affirmé : "Vous ne mesurez pas, vous, français, à quel point votre musique est belle : elle permet d'atteindre la clarté, le chant de Mozart." Le philosophe Solon disait : "En trois mots, rien de trop." Le danger, c'est l'exagération. La musique impose de multiples réflexions. À commencer par celle qu'on a cessé de programmer et qu'on devrait rejouer : je songe à Milhaud, mais aussi à des compositeurs de la première moitié du XXe siècle comme Magnard, Ibert, Tournemire… »

Fidèle à son orchestre, Jean-Claude Casadesus ne s'est accordé jusqu'à présent que de courtes escapades auprès d'autres formations. Ce n'est pourtant pas faute d'invitations : « J'ai eu le privilège de choisir mes collaborateurs ; j'en suis très fier, car on n'est rien tout seul. J'ai une administration admirable, un directeur de communication performant, une régie exceptionnelle, des personnes qui se transcendent pour le bien de l'entreprise. Tous et toutes partagent mon idéal et pensent que nous sommes utiles à la communauté, dans un monde souvent déchiré. Notre mission est de service public. Je pourrais rester en permanence au même endroit, mais on serait peut-être tenté de dire à mon sujet : "Il n'est pas bon, puisqu'il ne va nulle part." J'ai refusé pendant plus de dix ans d'aller diriger ailleurs afin de participer pleinement à la "consécration de la maison", dixit Beethoven. Mais des amis, des assistants, comme Cyril Diederich, m'ont dit : "Tu ne peux continuer à dire non à toutes les invitations." Je les ai écoutés : j'ai eu la chance d'être appelé au Concertgebouw, à Philadelphie, Saint-Pétersbourg, Moscou, Berlin, Leipzig, Dresde, Montréal, Prague, Londres, Vienne, Monte-Carlo, Luxembourg, Paris, à l'Orchestre de Paris et au National. Le Symphonique de Philadelphie est un orchestre fabuleux, de très, très haut niveau technique. On y dispose de peu de temps pour les répétitions, comme dans la plupart des formations anglo-saxonnes. Il faut donc que votre pensée soit extrêmement forte et agile et votre modestie suffisamment grande pour accepter certaines contraintes. Ce qui sépare Lille de Philadelphie, c'est tout simplement cent ans d'expérience ; nous n'en avons qu'un peu plus d'un quart de siècle. J'ai aussi des relations privilégiées avec Saint-Pétersbourg, presque de sang, car ma grand-mère paternelle était russe. J'ai dirigé cet orchestre, pour la première fois, en 1972, quand je n'étais pas encore digne de lui, à l'époque où régnait Mravinski. J'ai beaucoup retenu de cette rencontre. Puis je suis retourné là-bas avec mon orchestre en 1988, et j'ai été à nouveau invité, seul, en 2000 et 2002. Les musiciens y travaillent dans des conditions difficiles ; ils sont mal payés, mais ils demeurent l'âme de la musique. J'ai eu aussi le plaisir de diriger le National de France, ce que je n'avais plus fait depuis vingt ans, dans le *Requiem* de Berlioz. J'ai été très touché par la grande disponibilité des instrumentistes. Comme ils ont été fragilisés, naguère, ils ont envie de prouver ce qu'ils sont réellement et de retrouver le niveau qui fut le leur. Il faut pouvoir jouer pour sa propre fierté et l'exalter le plus souvent possible.

« Quant à nous, à Lille, nous avons atteint un niveau très respectable. Le grand déclic a sans doute été la tournée que nous avons effectuée en Amérique du Sud en 1994. Nos concerts à Saint-Denis et à Amsterdam ont été également des étapes importantes de notre évolution. J'ai des enregistrements que j'aimerais faire entendre à des gens qui ne nous veulent pas que du bien. L'objectivité devrait permettre qu'on juge un orchestre dans les meilleures conditions possibles. La salle où l'on joue est son instrument. L'auditorium du Nouveau Siècle est bon, mais il n'a pas la qualité acoustique du Philharmonique de Berlin, du Gewandhaus de Leipzig ou du Concertgebouw d'Amsterdam. Sur notre plateau, nous avons des difficultés à nous entendre les uns les autres et notre plaisir de jouer est tempéré par le sentiment que l'analyse de la musique y est plus compliquée qu'ailleurs ; on n'a pas de retour, pas de résonance. Il y a certes un mieux depuis qu'on a posé une conque, au-dessus de la scène, il y a quelques années, mais ce n'est pas parfait. Si vous sortez le Concertgebouw de sa salle, il n'aura pas, loin s'en faut, la même sonorité. J'étais à un concert du Gewandhaus dirigé par Kurt Masur au Havre, dans une salle qui n'était pas faite pour la musique ; or, cette admirable formation y fut méconnaissable. »

Très sensible aux critiques qui égratignent parfois son orchestre, Jean-Claude Casadesus est souvent sévère avec lui-même. Comment se juge-t-il ? « On apprend très vite ce qu'il ne faut pas faire et il faut peu de temps pour savoir ce qu'on doit faire. En tout état de cause, on doit d'abord chanter. La musique, c'est le chant et le rythme. Je dirais même le rythme avant le chant, car il le soutient. J'ai la chance d'avoir la conscience de la pulsation rythmique, sans laquelle on ne peut pas faire sonner les grandes formations. Ma gestique est l'émanation de mon chant intérieur. Je chante vraiment tout, rythmiquement et mélodiquement, avec plus ou moins de borborygmes silencieux ou audibles. Ma gestique est dictée par la pensée du son que je m'efforce de transmettre. Si je ne chantais pas tout, mes gestes seraient vides de sens.

« La fréquentation des grands orchestres et des chefs m'a bien entendu influencé, à commencer par Pierre Boulez et Pierre Dervaux avec lesquels j'ai longtemps travaillé. Mais, sincèrement, je peux affirmer que je me sens en état de virginité face à une partition. Je ne pense qu'à traduire la musique par mes propres mouvements : l'interprétation des maestros me touche souvent, elle m'ouvre d'autres horizons, mais je ne les copie jamais. J'admirais infiniment Leonard Bernstein ; sur le podium, il dansait et sautait beaucoup. En ce qui me concerne, au concert, mes pieds sont immobiles ; je m'efforce de prendre toute ma force dans mon diaphragme, en tendant constamment à une certaine économie de moyens. Au cours des répétitions, je bouge beaucoup plus. Mais dès que mes indications ont été comprises, mes gestes deviennent sobres. Être chef, c'est une philosophie qui englobe sa propre intuition, la compréhension des instrumentistes et le message à leur transmettre. On ne doit jamais être satisfait de ce que l'on fait, tout en s'efforçant de se rapprocher de la perfection, cette inaccessible étoile. Pour y tendre, il est indispensable d'avoir une bonne forme physique. Je fais du sport, de la voile l'été, du tennis, régulièrement, et de la gymnastique tous les jours, ce qui me permet d'entretenir ma souplesse. La musique sans flexibilité, c'est comme un ruisseau qui serait presque à sec sur des cailloux. »

L'île de Ré est le refuge annuel de Jean-Claude Casadesus ; mais elle est loin d'être déserte. S'il devait s'isoler ailleurs, quelle partition choisirait-il ? « Question délicate. J'adore l'opéra. J'ai fait du lyrique pendant dix ans salle Favart et au Palais Garnier. Depuis que je suis à Lille, j'ai joué *Le Bal masqué* de Verdi, *Pelléas et Mélisande* de Debussy, *Werther* de Massenet, *Carmen, Les Contes d'Hoffmann.* La scène m'attire toujours, mais à certaines conditions : je tiens à être le maître de la distribution et à être en symbiose avec le metteur en scène. J'ai réellement la passion des voix. C'est un autre métier que le symphonique : tout repose sur le chef qui doit se faire invisible au profit des chanteurs. Il faut savoir aussi qu'une production nouvelle demande deux mois d'étude et six semaines de préparation avant la première représentation. On doit donc être longtemps disponible. Je n'ai pas renoncé à l'être pour plusieurs œuvres et notamment pour *Don Giovanni* de Mozart, qui m'accompagnerait sur l'île déserte. »

ROBERTO BENZI
LA GLOIRE ET LE SILENCE

« Dans tous les âges, l'exemple a un pouvoir étonnant sur nous ;
dans l'enfance, il peut tout. »
Fénelon, *De l'éducation*

Témoin, il y a plus d'un demi-siècle, des premières apparitions à l'orchestre de Roberto Benzi, j'ai voulu savoir ce qu'était devenu le petit prodige de *Prélude à la gloire*[1] : depuis son départ du Philharmonique de Bordeaux, en 1987, il n'avait pratiquement plus conduit en France. Grâce à quelques disques apparus discrètement sur le marché français, j'ai su qu'il s'était fixé, pour un temps, aux Pays-Bas où il avait dirigé l'Orchestre d'Arnhem pendant une décennie. Ensuite, c'était le trou noir, le point d'orgue qui n'est pas, quoi qu'on pense, un sommet, mais l'accentuation d'un silence. Après maintes recherches, j'ai pu retrouver la trace de Roberto Benzi. Sans cérémonie, rendez-vous fut pris à son domicile, dans l'une de ces belles allées privées qui jalonnent les avenues de Neuilly-sur-Seine, où il vit avec son épouse, la grande cantatrice Jeanne Rhodes.

Regard vif, illuminant un visage demeuré jeune, sous des cheveux poivre et sel, le chef semble apprécier ma visite. Deux heures de conversation détendue, que parsèment certains regrets et quelques virulentes critiques, me permettent de tracer un portrait du maestro oublié, où la sincérité le dispute à

1. Film de Georges Lacombe réalisé en 1949.

la modestie. Manifestement, je ne dialogue pas avec un monstre sacré qui se prendrait pour une victime de la société. Cet homme, qui a connu la célébrité à 10 ans, assume sans rancœur un destin qui l'a fait rentrer dans le rang à 50, alors qu'il allait sans doute connaître ses plus belles années d'artiste. D'emblée, il reconnaît que la popularité fut un fardeau lourd à porter : « J'ai le sentiment qu'une sorte de malédiction a pesé sur moi après mon parcours d'enfant prodige. Tout s'est passé comme si on avait voulu me faire payer ma précoce notoriété. Il me paraît évident qu'une sorte de défiance s'est développée à mon encontre ; nombreux sont ceux qui se sont demandé : "Quand va-t-il se casser la figure ?" On m'attendait sans cesse au tournant. Je suis maintenant dans ma 67e année et je crois avoir suffisamment fait mes preuves pour qu'on ne doute pas de mes possibilités ; j'ai su cependant que des gens malintentionnés affirmaient naguère : "Oh ! Benzi, il va s'écrouler un jour ou l'autre." Cette opinion est assez répandue en France, pays où j'ai été porté au pinacle grâce aux deux films que j'ai tournés. On se souvient encore de mes cheveux bouclés et de mes culottes courtes ; j'entends ça tous les jours.

« Il est difficile pour un musicien d'analyser les raisons pour lesquelles un pays vous adopte – je suis citoyen français depuis ma majorité – puis vous repousse un jour. Ces aléas mystérieux découlent notamment des rapports psychologiques qui s'établissent entre les orchestres et leur chef : certains vous adorent, d'autres vous jugent médiocre, d'où la réussite en certains endroits et le risque d'échouer ailleurs, sans savoir réellement pourquoi. »

Le succès est venu brusquement alors que Roberto Benzi n'avait pas encore 10 ans. Était-il préparé à une aussi rapide mise en lumière ? « Mon père était musicien : il enseignait le solfège. Je suis né à Marseille en 1937, mais j'ai grandi en Italie où ma famille s'était repliée en 1938, lorsque Mussolini décida que les Italiens installés en France devaient réintégrer leur pays d'origine. Nous vivions à Biella, non loin des vignobles d'Asti, où mes parents avaient fondé une école de musique. Je m'intéressais beaucoup à ce que faisait mon père : je devais avoir 3 ans et demi quand j'ai dit à l'un de ses élèves qu'il avait fait des fausses notes. Papa s'est rendu compte que j'avais une mémoire infaillible et même l'oreille absolue qui permet de reconnaître instantanément tous les sons. Comme le disait Fernandel dans *Le Spountz*[1], c'était un don de Dieu qui me permettait de très bien jouer de

1. Film de Marcel Pagnol, réalisé en 1937.

l'accordéon, avant de solfier n'importe quel morceau dès l'âge de 4 ans, puis de commencer des études de piano. Consciente de mes possibilités, ma famille décida, au cours de l'été 1947, de revenir en France. Nous nous sommes fixés à Paris ; c'est à ce moment-là que j'ai eu la révélation de l'orchestre en découvrant, au cinéma, *Fantasia*, le célèbre dessin animé de Walt Disney dans lequel Leopold Stokowski apparaissait aux côtés de Mickey. Ce célèbre maestro fut le catalyseur de ma passion naissante. J'ai demandé à mon père : "Comment devient-on chef d'orchestre ? Est-ce que je pourrais prendre des cours pour apprendre ce métier ?" Papa a fait jouer ses relations afin que je puisse assister à des répétitions de l'un des grands maîtres de l'époque, André Cluytens, patron de la Société des Concerts du Conservatoire. Ce dernier m'a reçu, testé au piano et a accepté de me donner des leçons. La première eut lieu dans sa loge de l'Opéra-Comique devant un phonographe sur lequel il a fait tourner l'ouverture du *Barbier de Séville* de Rossini, dirigée par Arturo Toscanini ; puis il m'a demandé de conduire cet orchestre invisible. Bien qu'il fût très occupé, il m'a ensuite accueilli une fois par semaine chez lui, à Enghien-les-Bains. Ses conseils ont été décisifs : pendant dix-huit mois, il m'a guidé, m'ouvrant constamment de nouvelles portes. C'était un homme profondément bon et un très grand musicien. Sur le podium, il réalisait une véritable chorégraphie du geste.

« Un imprésario italien a su que Cluytens s'occupait de moi. Il a voulu me faire débuter le plus rapidement possible ; papa ne s'est pas suffisamment méfié de ses promesses : ce "requin" de la musique allait organiser au cours de l'été 1948 – j'avais donc 10 ans et demi – une tournée d'opéras italiens en France, avec notamment au programme *Le Barbier de Séville*. Papa s'est enquis auprès d'André Cluytens de l'intérêt de cette expérience : "C'est une bonne occasion de tester ce que votre fils a appris avec moi", lui indiqua le chef. Le 2 juillet 1948, à Bayonne, j'ai donc effectué mes premiers pas avec l'orchestre local dans l'ouverture du *Barbier* que je connaissais par cœur ; le lendemain, nous étions à Bordeaux. Puis nous sommes allés en Alsace et dans le Sud-Est. Tout s'est écroulé à Cannes quand l'imprésario a disparu. Ni les chanteurs, ni le chef de la tournée, ni le metteur en scène, ni l'apprenti que j'étais n'ont été payés. Les membres de la troupe, dans l'impossibilité de régler leur note d'hôtel, ont été dépannés par mon père. Heureusement, ma carrière naissante a rebondi grâce au Festival du Lavandou où j'ai pu diriger l'Orchestre de Toulon. Désormais, j'étais suivi par des gens sérieux. Ma première apparition parisienne eut lieu, salle Pleyel, le 30 novembre 1948, à la tête de l'Orchestre des Concerts Colonne : j'ai joué l'ouverture d'*Oberon* de Weber et j'ai accompagné une jeune soliste de Roubaix dans un *Concerto pour piano* de Mozart. Quelques mois plus tard, c'était le 20 mars 1949, André Cluytens en personne m'a présenté au public du Théâtre des Champs-Élysées : au cours de cette soirée d'abonnement, il dirigeait son Orchestre de la Société des Concerts du Conservatoire dans *Les Biches*, ballet de Francis Poulenc, et dans la *Symphonie pastorale* de Beethoven. Il m'avait confié *Une nuit sur le mont Chauve* de Moussorgski et les *Préludes* de Liszt : un gamin, qui n'avait pas encore 11 ans, conduisait la plus prestigieuse formation française ! Cette apparition fut saluée comme un événement par la presse. L'article le plus dithyrambique fut celui de Bernard Gavoty, critique éminent du *Figaro*, qui m'est demeuré fidèle jusqu'au bout. »

J'ai retrouvé le texte de Bernard Gavoty, consacré à la révélation du jeune chef. J'en livre ici de larges extraits[1] : « Au Théâtre des Champs-Élysées, André Cluytens sortit des coulisses, tenant par la main un petit garçon d'une grâce charmante, bouclé tel un archange, vêtu de satin blanc, une épée de bois dans sa menotte. Cluytens le hissa sur l'estrade, lui donna une tape sur la joue, et, cérémonieusement, posa le plat de sa main sur l'une, puis sur l'autre épaule du gentil chevalier, qui demeura seul en présence du grand orchestre. L'auditoire était partagé. Certes, "l'enfant à croquer" réunissait bien des suffrages [...]. Les dames braquaient leur face-à-main : "Est-il assez mignon !" Mais il inquiétait les connaisseurs : "Assez de prodiges !" [...] Sur quoi, l'on vit l'enfant lever sa baguette et nous nous enfonçâmes dans les ténèbres de la *Nuit sur le mont Chauve*. Je fus conquis à la minute même. Le jeune Roberto Benzi avait reçu du ciel un don divin. Il n'avait rien de ces poupées gracieuses, dressées par leur famille à de profitables simulacres. Celui-là ne jouait pas la comédie du singe savant, déguisé en chef d'orchestre : il dirigeait tout de bon. Sa mémoire infaillible lui permettait déjà de conduire sans partition [...]. Il vivait la musique [...]. La disproportion entre la robustesse de l'œuvre et cette fragilité puérile aurait ému le cœur, si la maîtrise et la simplicité du petit garçon n'avaient pas rassuré [...]. À la fin de la séance, les musiciens placés sous sa direction étaient convaincus ; ces seigneurs difficiles, habitués aux plus célèbres baguettes, rendaient les armes – et les rênes – à leur chef miniature... »

1. Bernard Gavoty, *Anicroches*, Paris, Buchet-Chastel.

Josef Krips, de passage à Paris, était présent lui aussi ce soir-là. Son témoignage était riche de promesses pour le jeune musicien[1] : « Roberto Benzi n'est pas un enfant prodige ; il est la musique incarnée. Il ne dirige pas un orchestre, il ne fait pas de la musique, non, la musique, c'est lui [...]. Ce que cet enfant accomplit est ensorcelant et force notre admiration. Tout paraît naturel en lui. Ce petit garçon possède déjà le sens de la ligne musicale, que la plupart des musiciens n'acquièrent que dans leur maturité. »

Alertés, les producteurs de cinéma sont entrés en scène. Georges Lacombe, toulonnais de naissance, avait assisté au concert donné dans sa ville par le jeune Roberto. Il avait eu le coup de foudre et avait demandé à Jean-Bernard Luc d'écrire un scénario qui s'inspirait partiellement de la vie du jeune héros. *Prélude à la gloire*, primé au Festival de Cannes en 1950, fut une belle réussite qui, du jour au lendemain, rendit célèbre le musicien en herbe. « Un tour de force », titra *Franc-Tireur* ; « Spectacle unique, absolument bouleversant », commenta *France-Soir* ; « Un film qui élève l'âme », écrivit Claude Mauriac dans *Le Figaro littéraire* ; « Les larmes vous montent aux yeux », indiqua *La Croix* ; « C'est prodigieux », affirma *Aux écoutes*.

« Le choc fut incroyable, se rappelle Roberto Benzi. J'ai reçu un nombre incalculable de lettres, dont beaucoup venaient de l'étranger, notamment d'Union soviétique ; je n'ai jamais pu déchiffrer tous ces messages d'amitié qui s'entassaient dans des caisses. Je me suis bien amusé : je devais me conduire en gamin turbulent ; ce ne fut ni stressant ni difficile. Je ne m'étais pas rendu compte de l'importance du film ni de ses retombées. Bientôt, on me reconnut dans les rues ; j'ai signé des milliers d'autographes. Après la sortie du film, j'ai effectué de nombreuses tournées en France, mais aussi en Scandinavie et en Angleterre ; j'ai conduit le Philharmonia de Londres dans la *Pastorale*. Toute cette activité me paraissait naturelle. Je connaissais par cœur les partitions que je jouais. Je m'adressais sans complexes à des musiciens professionnels en leur disant simplement ce qu'ils devaient faire ; j'avais mes *tempi*, mon rythme. Je n'éprouvais aucun embarras à diriger des instrumentistes qui avaient l'âge de mon père. J'ai même pu nouer avec certains d'entre eux des contacts directs, souvent amicaux. J'ai ensuite tourné, toujours avec Georges Lacombe, *L'Appel du destin*, dont je partageais la vedette avec Jean Marais, grande star de l'époque, qui, pour la première fois, jouait un rôle de père. Jean

1. Josef Krips, Postface de *Prélude à la gloire*.

Marais était un homme généreux, un cœur d'or. Il accepta par la suite d'être pour moi le récitant du *Roi David* d'Honegger à Amsterdam. Il tint le même rôle au palais de Chaillot avec l'Orchestre Pasdeloup, dans *Pierre et le Loup* de Prokofiev, pour un cachet dérisoire.

« J'étais invité partout ; je suis même allé en Amérique du Sud, avant de faire mes débuts lyriques à l'Opéra de Marseille, en 1954, avec la grande Mado Robin, qui chantait Rosine dans l'inévitable *Barbier de Séville*. Je n'étais pas à l'aise en descendant dans la fosse : j'étais même terrorisé à l'idée d'avoir à appuyer sur un bouton placé devant moi pour faire descendre le rideau. Auparavant, mon père, inquiet pour mon avenir, avait estimé que mes études étaient trop souvent interrompues par mes voyages. J'avais 16 ans et je commençais à vouloir affirmer ma personnalité, quand il décida de structurer mon éducation en m'inscrivant comme pensionnaire dans un collège privé. Ce fut là une décision très positive ; en limitant le nombre de mes apparitions publiques à deux concerts par mois, j'ai connu l'existence d'un adolescent normal ; j'ai pu apprécier la camaraderie de mes copains de chambrée, penser à autre chose qu'à la musique. J'ai passé mon bac, grâce à une session spéciale de philo, tout en continuant à diriger au Châtelet, au Théâtre des Champs-Élysées, à Vichy, Besançon, Montreux, Genève, Zurich, Vienne, Hambourg, Dresde, Leipzig, Leningrad, Moscou, Prague, Londres, Philadelphie, Cleveland, Pittsburgh, Montréal, Bruxelles, Copenhague, Lisbonne, Madrid, Milan, Stockholm et j'en passe. »

Au fil des ans, Roberto Benzi élargit sans cesse son répertoire. Il enregistre, avec Lamoureux, les *Préludes* de Liszt et les ouvertures de Beethoven ; ce disque bat des records de vente, apportant une nouvelle fois la preuve indiscutable de son talent. En 1959, à 22 ans, il est appelé au Palais Garnier pour diriger Jeanne Rhodes, Albert Lance et Robert Massard, dans la première production de *Carmen*, mise en scène par Raymond Rouleau, sans les dialogues parlés de l'Opéra-Comique : « Selon l'avis de certains proches, ce fut le vrai commencement de ma vie d'homme. La responsabilité qu'on me confiait était grande. Nous avons eu deux mois et demi de préparation et de répétitions et trois mois de représentations. Le général de Gaulle assista à la première. Ce fut fabuleux. Je possédais déjà une bonne expérience du lyrique et je me suis impliqué à fond dans cette inoubliable série. Le retentissement de ce *Carmen*, premier spectacle lyrique national donné en direct par la télévision, fut immense aussi bien en France qu'à l'étranger : Gabriel Dussurget, fondateur du Festival d'Aix-en-Provence, organisa l'année suivante une tournée au Japon, au cours de laquelle nous avons présenté le chef-d'œuvre de Bizet en transportant les décors à Tokyo avec un petit noyau de choristes de l'Opéra de Paris. J'ai dirigé, en matinées et en soirées, des chanteuses et des chanteurs japonais. »

Peu après, Roberto Benzi épouse Jeanne Rhodes. La presse et le public s'enflamment pour le couple de l'année. Le chef et la diva font la une de tous les quotidiens, de tous les hebdomadaires ; la télévision s'en empare également. Ils se produisent ensemble, notamment dans *Werther* et dans des concerts, mais décident sagement de mener leur carrière séparément : « Jeanne m'a ouvert de nouveaux horizons à l'écoute des autres ; elle m'a fait comprendre qu'il fallait me confronter intérieurement aux plus grands, recevoir leur message, sans jamais tenter d'imiter qui que ce soit ; elle a analysé avec moi la manière dont les grands chefs dirigeaient ; elle a eu une influence extrêmement bénéfique sur mon comportement, car elle avait une maturité musicale que je ne possédais pas encore : grâce aux grands rôles qu'elle avait joués, elle m'a donné la clé d'un monde que je connaissais imparfaitement. Ainsi, j'ai été invité à plusieurs reprises par Herbert von Karajan ; j'ai rencontré Bernstein quand Jeanne a chanté sous sa direction à New York. J'ai beaucoup aimé Giulini, Mehta, Solti. J'ai étudié leur technique, leur manière de concevoir la musique ; je le dis sans honte : leur écoute fut d'une importance énorme. Elle m'a permis de compléter ma culture visuelle et auditive.

« Pendant une longue période, je me suis consacré au lyrique : je n'oublierai jamais l'accueil qui me fut réservé au Met de New York, dans *Faust* de Gounod, avec une distribution superbe comprenant Adriana Maliponte, Nicolaï Gedda et Nicolaï Ghiaurov. Ce passage demeure un des points culminants de ma carrière. Par la suite, je me suis orienté de plus en plus vers le symphonique. »

Vient le jour où Roberto Benzi, lassé d'une activité faite uniquement d'invitations, éprouve le besoin de se fixer. Orchestrateur de talent à ses heures de certaines œuvres de Haendel, Rossini, Schumann, Brahms, Satie, il opte pour Bordeaux, où le Philharmonique, qui obtiendra peu après le label national, vient d'être fondé, avec de hautes ambitions : « Quelque chose me manquait : l'empreinte que l'on peut donner en tant que chef permanent à un orchestre, par son répertoire, sa conception des œuvres, son style et le retour qu'on en reçoit. Marcel Landowski, à l'origine de la décentralisation musicale, avait voulu qu'un chef encore jeune – j'avais 36 ans – prenne en main cette nouvelle formation ; ce vœu était partagé par le maire de la ville, Jacques Chaban-Delmas. Compte tenu des conditions de travail qui me paraissaient assez précaires, j'ai hésité avant d'accepter : nous avons souvent en France une conception dérisoire de la musique ; on fait répéter un orchestre dans un lieu et jouer le concert dans un autre. C'est comme si on demandait à un violoniste de se préparer sur un instrument médiocre avant de disposer d'un Stradivarius. Landowski n'a sans doute pas su imposer une vision plus crédible de son action : un auditorium moderne, doté d'une acoustique irréprochable, est aussi indispensable que la mise en place d'un budget orchestral. Nous en sommes hélas toujours au même point en France.

« En dépit de nombreuses promesses non tenues de la municipalité au sujet d'une nouvelle salle, qui n'a pas vu le jour, je suis resté quatorze ans à Bordeaux. Ce fut une longue période faite de joies et de déceptions au cours de laquelle je me suis dévoué corps et âme à cet orchestre. Or c'était le moment où, de l'étranger, on faisait le plus souvent appel à moi ; j'ai refusé de nombreuses invitations pour remettre en état une formation squelettique de cinquante-cinq musiciens, qui ne faisaient pratiquement que du lyrique. J'ai fait monter l'effectif à cent instrumentistes ; nous avons effectué de prestigieuses tournées, enregistré d'excellents disques ; l'orchestre a changé d'envergure, de niveau. Le travail ne me faisait pas peur, mais je ne supportais pas l'idée d'être maltraité, car j'estimais être utile au développement de la musique dans la région. J'espérais toujours des lendemains meilleurs. Mais rien ne venait. Je crois qu'on a cherché à provoquer ma démission en fomentant, parmi les musiciens, une campagne de dénigrement. Certaines personnes ont voulu ma peau. Ce fut une période très pénible de ma vie. Je ne peux guère m'étendre sur ce sujet, en raison du grave différend qui m'oppose toujours à mon ancien employeur, la Ville de Bordeaux. La procédure administrative en cours dure depuis 1987, date de mon départ. Cette affaire a eu des conséquences très défavorables sur ma carrière. Je n'ai certes pas manqué de pain, mais ce conflit a eu un effet extrêmement négatif sur mon activité en France.

« Je suis parti pour les Pays-Bas où l'on me proposait le poste de directeur musical de l'Orchestre Gelders d'Arnhem, excellente formation plus que centenaire, disposant d'une belle et bonne salle ; nous avons enregistré de bons disques de musique française, ainsi que *Das Knaben Wunderhorn* de Mahler, et nous avons effectué de nombreuses tournées. Pendant cinq années, j'ai été également le chef de l'Orchestre des Jeunes de Hollande. J'ai été invité en Israël, en pleine Intifada, ainsi qu'en Chine. Je me suis creusé une petite niche à Milan, à Rome, à Vérone. »

À 67 ans, le redémarrage de Roberto Benzi est-il possible ? L'intéressé veut encore y croire quand il évoque les œuvres qu'il préfère, à propos de son « île déserte » : « J'aime *La Damnation de Faust*, que je monte à Toulon, au cours de l'été 2003[1]. La *Deuxième Symphonie* de Mahler, le *Requiem* de Verdi, *Le Sacre du printemps* me sont proches. Mon répertoire est assez vaste : mis à part le baroque, j'ai tout joué ou presque. J'ai défendu Dutilleux au Canada quand j'avais 25 ans ; j'ai imposé Messiaen dans des lieux où on ne le connaissait pas. Mes choix m'orienteraient plutôt vers la musique française, mais un grand Strauss, un grand Mahler, ça ne pourrait pas se refuser… »

1. Rappelons que cet entretien a été enregistré quelques mois avant la représentation toulonnaise de *La Damnation de Faust*.

EMMANUEL KRIVINE
LA CROISÉE DES CHEMINS

« La musique est le refuge des âmes ulcérées par le bonheur. »
Cioran, *Syllogismes de l'amertume*

Les musiciens que nous avons interrogés au National et au Philharmonique de Radio France sont unanimes. Pour Luc Héry, violon solo de l'O.N.F., « Emmanuel Krivine est un chef avec lequel il faut compter. Il n'est pas dictatorial, mais exigeant. Or vous ne pouvez pas empêcher un chef d'avoir des exigences. C'est en tout cas un musicien de grand talent : il fait partie des maestros, un des rares, qui doivent jouer un rôle parmi nous. Il est très apprécié à l'étranger où il est souvent invité. Cherchez cinq chefs français d'une pointure équivalente, vous ne les trouverez pas. »

Selon Nadine Pierre, premier violoncelle solo du Philharmonique, « il n'y a pas actuellement de très grands chefs français, sauf Emmanuel Krivine ; il est le seul, je n'en vois pas d'autre. C'est un véritable artiste ». Dominique Serri, contrebassiste, également au Philharmonique, estime qu'« il a beaucoup d'idées, une conception musicale précise, cohérente. Ce qu'il a fait à Varsovie, dans Mozart, est de grande qualité. »

Né en 1947 à Grenoble, Emmanuel Krivine a d'abord été un grand violoniste. Premier prix du Conservatoire national supérieur de Paris en 1963, il se consacre à partir des années soixante-dix à la direction d'orchestre, d'abord au Nouvel Orchestre Philharmonique de Radio

France, avant de devenir directeur musical de l'Orchestre national de Lyon où il reste jusqu'en 2000. Depuis cette date, il mène une carrière de chef invité ; il apparaît fréquemment au pupitre de l'Orchestre National et assure la direction de l'Orchestre français des Jeunes qu'il quittera en 2004.

– Pour vous qu'est-ce qu'un chef d'orchestre ?

– C'est un musicien sans instrument, donc dégagé des questions matérielles, pour être l'oreille témoin de l'orchestre afin de faire vivre une conception de l'œuvre à interpréter, dans le même esprit d'échange nécessaire entre deux musiciens lorsqu'ils doivent travailler une sonate en duo. À mesure que les orchestres augmentaient en taille, il fallait de façon très pragmatique organiser un peu plus l'élaboration collective, la convergence de l'interprétation ; c'est ainsi que le chef est devenu indispensable. Il l'était déjà à l'opéra où il fallait assurer par le geste une cohésion entre la scène et l'orchestre : à l'Académie royale de musique, sous Louis XIV, les chefs étaient recrutés parmi les musiciens et portaient le titre de « batteurs de mesure ». Face à une grande formation symphonique, le chef est aussi un batteur de mesure, mais la cohésion de l'ensemble repose d'abord et toujours sur l'écoute réciproque des musiciens. Son travail ne consiste pas à organiser la musique ou l'orchestre ; il s'agit d'échange et de partage. L'image du chef sculptant le son de l'orchestre est un cliché. Les musiciens ne sont pas passifs, mais actifs. Ce que j'appellerais la proposition sonore, qui vient de toutes parts et d'abord d'eux. Le chef est là pour suggérer, pour révéler. Il n'est ni sculpteur ni moteur.

– Mais un chef d'orchestre n'a-t-il pas néanmoins des compétences particulières ?

– Bien sûr, mais ce n'est pas forcément de l'ordre du savoir. À côté de sa capacité d'écoute et de sa connaissance des partitions, ce qui lui est nécessaire c'est une profondeur musicale qui, d'ailleurs, embrasse les répertoires. Une nature comme celle des Tsiganes ou des jazzmen, par exemple. Il faut pouvoir « vivre » des œuvres aussi différentes que celles de Mozart et de Varèse. Cette manière de vivre la musique, il faut ensuite savoir la suggérer, l'animer comme une sorte de vision auditive devant l'orchestre, et non pas la projeter sur l'orchestre : encore une fois, le chef n'est pas un fécondateur, mais plutôt un accoucheur. Dans ses conseils de direction d'orchestre, Richard Strauss écrivait : « Dirige avec l'oreille et pas avec le bras, tout le reste va de soi. » Le chef est un musicien qui incarne sa conception par le geste, le corps, le regard, l'esprit, par on ne sait quoi, en vérité. Chez les plus grands, ce don est transcendé non pas seulement par la culture, mais par un génie qui peut être prodigieux : chaque fois que j'ai vu diriger Carlos Kleiber, j'ai été saisi au point de m'interroger sur ce que je faisais dans ce métier. Tout cela est mystérieux. Si l'on avait percé le mystère, l'enseignement de la direction d'orchestre ne serait pas aussi contesté, aussi contestable. Les grosses têtes ne font pas les meilleurs chefs. La tradition française qui veut qu'un prix de Rome, musicien savant et compositeur distingué, soit aussi par nature une « fine baguette » n'a pas produit, en fait, beaucoup de chefs d'envergure. Cela dit, certains compositeurs, de Berlioz à Boulez, en passant par Messager ou Varèse, auront été des chefs passionnants. Sans oublier Mahler, Richard Strauss, Zemlinsky, Webern… et, en Amérique, Leonard Bernstein, ou aujourd'hui le Finlandais Salonen.

– *Vous semblez refuser au chef d'orchestre l'image d'autorité qui lui est généralement associée. Face à une grande formation, ne faut-il pas pourtant que le chef impose une autorité ?*

– Une autorité, oui, mais musicale. Quant au problème de la taille de l'orchestre, c'est un faux problème. Un orchestre de cent musiciens, s'il est bon, n'est rien d'autre qu'une formation de « grande chambre ». Face à

l'Orchestre symphonique de Boston, à celui du Concertgebouw d'Amsterdam ou au London Symphony, j'ai la même sensation que face à une formation de quinze ou trente musiciens. Dès lors que le problème de la distance entre les musiciens est résolu, que l'écoute réciproque est installée, intégrée, il n'y a plus aucune différence avec la musique de chambre. L'attitude est la même : « J'écoute en jouant ; je joue en écoutant. » Et contrairement à l'idée reçue, on peut être tout aussi subtil à cent qu'à trois ou à quatre. Quant à la nécessité d'une autorité, investie par le chef, parce que la formation est large, c'est une illusion totale. Les relations sont bien plus difficiles dans un petit groupe que dans un grand, n'est-ce pas ? En fait, nous touchons là au grand malentendu de la direction d'orchestre, cette idée complètement fausse qui veut que le chef dirige. Bien sûr, certains orchestres attendent du chef qu'il les « encadre » ; mais dans ce cas, ils lui demandent d'être autre chose qu'un chef d'orchestre. Moi-même, quand je travaille avec l'Orchestre français des Jeunes, je suis aussi professeur, et pas seulement en situation d'échange avec les musiciens encore novices qui le composent. Mais un orchestre parvenu à l'âge adulte n'attend pas d'être dominé. Il attend de pouvoir faire de la musique, et il n'a pas besoin pour cela d'un papa ou d'un pédagogue, encore moins d'un adjudant.

– Ce sont pourtant les dictateurs qui ont souvent marqué l'histoire de la direction d'orchestre…

– À partir de la seconde moitié du XIXe siècle seulement. Auparavant, le chef était le plus souvent un compositeur et c'est à ce seul titre qu'il avait une autorité sur les instrumentistes. Une autorité qui n'excluait pas la connivence. Songez à Haydn dans sa retraite d'Esterhazy, essayant les trouvailles de chaque nouvelle symphonie avec les instrumentistes de sa *Kapelle* ; à Berlioz qui met en scène si plaisamment ses « frères » musiciens dans *Les Soirées de l'orchestre* ; à Mendelssohn qui avait fait de Leipzig un lieu de confluence pour les instrumentistes les plus talentueux d'Europe. Et puis sont venus les premiers chefs de métier, Hans von Bülow, puis Arthur Nikisch, qui sont – ce n'est pas un hasard – les « stars » fondatrices de l'Orchestre philharmonique de Berlin ; et peu après, de l'autre côté des Alpes, l'irascible Toscanini. L'image du chef d'orchestre de droit divin est ainsi née à l'approche de ce XXe siècle qui allait voir bientôt l'effondrement des empires et des royautés de l'Europe continentale ; un siècle qui aura vu également ce que Fred Goldbeck a joliment appelé la « révolution copernicienne » de la musique, celle qui a déplacé le compositeur du centre vers la périphérie de la galaxie musicale. Depuis que Mendelssohn, dans les années 1840, avait commencé à exhumer les *Passions* de Bach et les symphonies inconnues de Schubert, le répertoire ancien avait pris de plus en plus d'importance dans les programmes de concerts. La prééminence des compositeurs disparus sur les vivants allait permettre aux chefs d'orchestre de prendre le pouvoir. Ainsi s'est imposé le Dirigeant démiurge, dont la conception de l'œuvre devient plus importante que l'œuvre elle-même. Nous avons tous en tête ces pochettes de disques sur lesquelles le nom du chef est écrit en caractères plus gros que celui de Beethoven…

Ce phénomène aura été stimulé par les analogies sociales et politiques qu'il suggère. Dans notre monde occidental démocratique, pouvoir diriger à la baguette des employés ou des administrés a quelque chose d'un fantasme inavoué pour un patron de l'industrie ou un responsable politique. Or le chef d'orchestre, lui, aurait le droit et le devoir de cultiver cette autorité absolue, dictatoriale ; c'est même devenu un lieu commun. Cette conception dévoyée du rôle du chef d'orchestre a eu, surtout, des effets infiniment pervers au plan musical. Car elle va de pair avec une recherche de la projection et de la puissance sonores, une conception sportive de la performance qui aura marqué un siècle d'interprétation symphonique. Cette affirmation de la force peut certes convenir pour certaines musiques extraverties qui, effectivement, sollicitent de telles performances mais elle est catastrophique lorsqu'il s'agit d'interpréter Schubert, Schumann, Berlioz, Tchaïkovski, Brahms, a fortiori Mozart ou encore Beethoven dont la pensée a été en grande partie « refabriquée ». Il y a toujours eu, fort heureusement, des antidotes à cette recherche de la pâte sonore avant tout. À côté des soi-disant bâtisseurs de cathédrales, il y a eu de véritables architectes, des chefs comme Furtwängler, Szell, Kempe, Ancerl, Mengelberg, Schmidt-Isserstedt, Sawallisch, Munch ou, pour prendre des exemples plus récents, Levine au Metropolitan Opera, Haitink au Concertgebouw et Barenboïm à l'Orchestre de Paris. Des artistes humbles et honnêtes face aux œuvres, soucieux de transparence, comme sut le faire dans son domaine Dietrich Fischer-Dieskau, un musicien pour lequel j'ai la plus grande admiration. Un modèle pour moi. Parce que la seule démarche possible consiste, surtout, à ne pas s'interposer entre l'œuvre et sa réalisation. Ne pas dresser un barrage, mais au contraire permettre au flot musical de couler librement, sans entrave.

– Mais dans la fonction de directeur musical, le chef n'est-il pas amené à assumer un pouvoir ?

– C'est avant tout un jeu de rôle. Il faut que le directeur musical corresponde à l'image qu'on s'en fait couramment. Croyez-vous que beaucoup de ceux qui ont à choisir le directeur musical d'un orchestre, qu'il s'agisse du maire d'une grande ville en France, d'un comité de sponsors en Amérique, du président d'un Land allemand, d'un haut fonctionnaire dans les anciens régimes communistes, soient capables d'apprécier un chef pour ses seules qualités artistiques ? Pour prendre leur décision, ils vont s'appuyer sur des considérations bien plus extérieures. Certaines, la notoriété, le profil de carrière, peuvent être probantes – encore que… D'autres, l'âge, le physique, le bagout et le *politically correct*, sont très prisées aujourd'hui. C'est vrai que le directeur musical a beaucoup d'autres tâches que celle de travailler avec l'orchestre qu'on lui confie. Et ce sont des fonctions très sérieuses. À ce poste, le chef doit incarner l'institution, politiquement et socialement, jouer un rôle actif dans sa gestion, veiller à son « développement » – un mot bien ambigu dans le vocabulaire d'aujourd'hui. Il est normal qu'on lui demande d'autres talents que celui qu'il peut démontrer au pupitre. Le problème, c'est quand ces autres qualités prennent le pas sur la fonction musicale dans le choix d'un directeur. Je dois reconnaître que les musiciens eux-mêmes, quand ils ont un rôle prépondérant dans ce choix, se laissent parfois impressionner par des considérations extramusicales, de crainte sans doute de ne pas les maîtriser. Le « système » les conditionne, et ils oublient que, au plan strictement musical, ils pourraient se passer d'un directeur. C'est en tout cas ma conviction : un jour, les grands orchestres n'auront plus besoin de directeurs musicaux. Si une formation est adulte, consciente, subtile, elle peut se nourrir, s'entretenir, avec ce que lui apporteront des chefs invités d'une qualité qui réponde à son exigence, au moins autant qu'avec un directeur musical qui aurait ses qualités, mais aussi, forcément, ses défauts ; un directeur qui, en outre, supporterait peut-être difficilement la présence, en invités, de chefs aux qualités égales, voire supérieures aux siennes. Je sais que je n'ai jamais eu ce genre de réflexe quand j'étais à la tête de l'Orchestre national de Lyon. Mais je n'aurai pas l'impudence de prétendre avoir été un bon directeur musical. Je n'oublie pas quel rôle je devais jouer à la tête de cette institution pour les élus, pour les musiciens, pour mes collaborateurs, sur des terrains qui n'avaient rien à voir avec la musique.

– *Vous ne souhaitez donc plus assumer la fonction de directeur musical ?*

– Je ne dirais pas cela. D'abord parce que je crois avoir réussi quelque chose avec mon équipe à l'Orchestre national de Lyon, en dépit de ces contraintes. Et puis parce qu'en me frottant au pouvoir, j'ai fini par en comprendre le mode d'emploi et, par là même, l'inanité. Mais, c'est vrai, je savoure le métier de chef invité tel que je le pratique aujourd'hui. Les conditions ne sont pas toujours idéales : parfois, le nombre de répétitions ne correspond pas à ce que j'aurais souhaité. Mais j'accepte ce désagrément pour me concentrer sur l'essentiel : la musique à interpréter ensemble. C'est une bonne chose de remettre ainsi sans cesse la musique au premier plan. Cela permet de goûter l'échange, un peu comme deux solistes qui ne travaillent, en sonate, qu'une ou deux fois par an, et qui n'ont pas besoin de beaucoup de temps pour se retrouver en totale complicité. La rencontre entre orchestre et chef est du même ordre, quand il s'agit d'une très bonne maison évidemment. Il y a de part et d'autre tant d'acquis, de métier, de culture commune, qu'on commence tout de suite le travail bien au-delà de ce que l'on aurait imaginé. C'est comme lorsque vous faites la connaissance, dans un dîner, d'un convive avec lequel vous vous découvrez des affinités, des lectures, une expérience, une culture communes. Aussitôt, le niveau de votre conversation sera d'une étendue, d'une profondeur, d'une subtilité qui vous étonneront vous-même. On voudrait peut-être aller plus loin, prolonger et renouveler l'échange, mais rien ne dit qu'il sera plus riche, si vous vous revoyez trop fréquemment. La vraie communication est une chose fragile, inscrite dans l'instant, réfractaire aux recettes. Faire de la musique ensemble est du même ordre. C'est pourquoi mon activité de chef invité me semble vivifiante. Je retrouve l'humilité qu'exige la soumission à l'instant – l'acceptation de l'éphémère et de l'imperfection qui vient équilibrer l'exigence et, en tout cas, vous préserve de cette propension à l'exercice du pouvoir que le « système » vous pousse à développer.

– L'image du chef tyrannique n'est plus vraiment la seule qui ait cours aujourd'hui. Qu'en pensez-vous ?

– C'est vrai. Les choses ont changé, petit à petit, ces vingt dernières années. Le parcours de l'Orchestre philharmonique de Berlin, de Karajan à Abbado, puis à Rattle, me semble très révélateur de cette évolution. Je trouve excellent, pour le répertoire romantique mais aussi pour d'autres répertoires dont certains, très longtemps, ont été injustement déconsidérés, que les chefs acceptent d'en exprimer, d'en vivre la part féminine. Platon l'a dit mieux que je ne le restitue : dans toute création, il y a la force d'Éros ; or Éros est androgyne, féminin et masculin à la fois. Il est donc salutaire qu'à côté des tyrans et des grands prêtres, il y ait aujourd'hui d'autres chefs qui n'ont que faire des attributs de la virilité ou du paternalisme. La redécouverte des répertoires anciens et baroques est sans doute pour beaucoup dans ce phénomène. Toujours est-il qu'on peut aujourd'hui concevoir de ne pas s'en tenir à l'alternative « lent et *piano* » ou « vite et fort » qui était trop souvent utilisée pour presque tout le répertoire symphonique ! Les clichés se dissolvent. On va peut-être en finir avec le petit jeu des épithètes, qui veut que Mozart soit galant, Schubert viennois, Tchaïkovski névrosé, Brahms teuton, Mahler hystérique, Debussy impressionniste, Richard Strauss bourgeois, Ravel inconsistant. Peut-être va-t-on aussi faire tomber ces frontières élevées entre musiques française, allemande, italienne, américaine, etc., frontières dont les vrais musiciens savent combien elles ont peu de sens. Mais tout n'est pas si simple. Peu de vrais « chefs » émergent dans ces nouvelles générations de musiciens plus ouverts, plus curieux, plus attentifs, qui se sont affirmés au cours des quinze dernières années. L'autre conséquence très ennuyeuse de cette recherche d'une plus grande vérité musicale, c'est qu'elle a donné naissance, à son tour, à une forme de dogmatisme : le culte de l'authenticité, entretenu plus pour les besoins du commerce que pour ceux de la musique. De nouveau, la vérité est récupérée et, à mon sens, entravée. On lui refuse de s'exprimer dans l'instant, dans cette spontanéité nourrie de culture, de savoir, d'une profonde expérience qui seule permet à l'interprétation d'épouser, imparfaitement certes, subjectivement sans doute, l'œuvre qu'elle est censée servir. Comme souvent en art, les pharisiens ont pris le pouvoir.

– Le disque, qui a pris tant d'importance dans le monde et dans l'économie de la musique classique, n'est-il pas pour beaucoup dans cette tendance à la figer ?

– Je n'oublie jamais le rôle merveilleux qu'a joué le disque depuis plus d'un demi-siècle, dès qu'il a pu donner de la musique une image sonore proche de ce que l'on pouvait entendre en concert. Auparavant, seule une petite minorité de mélomanes et de musiciens avait accès à des interprétations de qualité des œuvres du grand répertoire. Nous avons tous eu des révélations par le disque, n'est-ce pas ? Mais il est vrai également qu'il s'agit de musique figée, mise en boîte. Certains chefs s'en accommodent fort bien puisqu'ils se considèrent « sculpteurs de sons » : leur vrai travail commence en cabine de montage, pas au pupitre. Dès lors, on peut se poser la question : mais de quelle musique s'agit-il ? Le disque, c'est aussi un commerce soumis aux lois du marketing. Il faut créer des produits vendeurs qui doivent se renouveler suffisamment pour nourrir le marché. Les produits vendeurs, c'étaient naguère les stars de la baguette, dont le succès commercial était proportionnel à leur image, soigneusement fabriquée et entretenue. Ce sont maintenant des interprétations authentiques ou prétendues telles d'œuvres encore inédites qui, pour cette raison, trouveront des acheteurs. Et ce sont également, aujourd'hui comme hier, les solistes, de préférence athlétiques dans leur approche de la musique (comme l'exigent les marathons que sont les concours internationaux) et dotés de qualités – physique séduisant, originalité dans les vêtements, discours, genre de vie – qui permettront de les distinguer entre eux plus aisément que par leur interprétation d'une même œuvre. J'exagère, bien entendu. Quoi qu'il en soit, tout ce marketing ne me gênerait pas a priori, et j'ai su en profiter, dès lors qu'il n'envahit pas tout. Ce qui me préoccupe, c'est l'écoute qu'entraîne le disque, une écoute solitaire, éloignée du partage, de l'échange, de l'instantané. Je ressens parfois l'influence néfaste du disque quand je dirige devant des publics dont je ne perçois aucune vibration, aucun retour d'écoute, d'émotion. Mais là encore, il faut relativiser. Paradoxalement, les problèmes du disque, dont on parle beaucoup depuis quelques années, semblent nous entraîner dans la bonne direction : il y a une plus grande diversité, les « produits » ont une durée de vie plus courte, les enregistrements *live* se multiplient. En bref, j'ai l'impression que le foisonnement et l'instantané réinvestissent le disque et le rapprochent donc de la vie musicale, du concert.

– Craignez-vous pour l'avenir du concert symphonique ?

– Oui et non. Certes, le concert symphonique me semble a priori en moins bonne posture que l'opéra. L'art lyrique est un art extraverti, un art visuel en outre. Il est plus en harmonie avec l'évolution actuelle des sociétés occidentales parce qu'elles préfèrent les loisirs à la culture, le sport aux arts et les musiques avec paroles à toutes les autres. Mais le monde dans lequel nous vivons est complexe et paradoxal. Il cultive à la fois l'individualisme et la consommation de masse, ce qui provoque des tensions très intéressantes. J'ai l'impression que notre société a réussi à sécréter les antidotes à ces phénomènes qui pouvaient sembler inquiétants. Ce que je dis sur le disque est vrai plus généralement pour toute la musique : en vingt ans, les goûts ont évolué vers une diversité, une richesse beaucoup plus grandes, une relation plus étroite à la vie même de la musique. Le fait que tant de jeunes apprennent et pratiquent un instrument est vraiment réjouissant. Et la créativité qui s'est incarnée récemment dans le rap ou la techno, bousculant quarante ans de suprématie de l'esthétique « pop-rock », est tout aussi réjouissante, parce qu'elle est née en dehors des circuits commerciaux. On dirait que plus la musique est conditionnée, plus elle se réinvente autrement, ailleurs, en liberté. Je ne vois pas pourquoi le concert symphonique, s'il reste le lieu d'une approche vivante de la musique, ne profiterait pas de ce mouvement. Il lui faudra évoluer sans doute, faire tomber la barrière aujourd'hui trop élevée entre musiciens actifs et auditeurs passifs. C'est un enjeu de taille, un enjeu passionnant.

YAN-PASCAL TORTELIER
LE SECOND SOUFFLE

« La façon d'atterrir dans une époque compte moins que celle dont on sort ;
la vie est un travail lent, une opération à deux, le hasard en soi ;
c'est là ce qui donne le ton à l'ouvrage. »
Paul Morand, *Venises*

Bien qu'il porte un nom célèbre, Yan-Pascal Tortelier demeure dans son propre pays, la France, un grand chef méconnu. Pourtant, après dix années passées à la tête du prestigieux Philharmonique de la B.B.C., sa renommée internationale n'est plus à établir : elle dépasse même largement les limites du Royaume-Uni et se propage au continent américain, où il conduit avec succès les phalanges les plus huppées : Boston, Philadelphie, San Francisco, Pittsburgh, Detroit, Cincinnati, Saint Louis, Minneapolis, Baltimore, Montréal – excusez du peu –, et aussi au Japon, sans oublier Saint-Pétersbourg et l'Allemagne.

Quant aux institutions musicales françaises, bien qu'il ait été, de 1974 à 1982, au Capitole de Toulouse, premier violon solo, puis chef associé auprès de Michel Plasson, elles ne l'invitent que parcimonieusement : on l'a vu, rarement, au National et à l'Orchestre de Paris, où il fut brillantissime dans *La Symphonie fantastique*, et plus récemment à l'Ensemble orchestral de Paris dans un étincelant Bartok, puis à nouveau à Toulouse ; il a également dirigé à Lille, Strasbourg, Lyon. Que faut-il penser de cette situation paradoxale ? Yan-Pascal Tortelier semble vouloir simplement prendre son temps, en toute liberté. Il est des moments où un artiste choisit de demeurer sur place, en piétinant, comme sur du sable friable, jusqu'à ce que le sol devienne assez solide pour devenir rampe de lancement : le rêve compose avec la réalité et une osmose s'effectue entre le savoir et l'ambition[1] : « En France, reconnaît-il, je me contente de quelques escapades ; c'est une manière d'aimer mon pays, où j'ai eu une longue activité de violoniste : je n'ai abandonné mon instrument qu'à l'âge de 45 ans. Ma carrière de soliste, si modeste soit-elle, a précédé ma conversion à la direction. Depuis 1980, mes activités de chef se sont développées principalement en Angleterre où j'ai bénéficié du rapport privilégié que mon père y avait établi. Il a en effet effectué sa première apparition à Londres en 1947, l'année de ma naissance, sous la baguette de Sir Thomas Beecham, en jouant *Don Quichotte* de Richard Strauss, en présence du compositeur. Il m'a introduit aux "Proms" de l'Albert Hall, en 1962, quand j'avais 15 ans, pour interpréter le *Double Concerto pour violon et violoncelle* de Brahms. Depuis cette date, il ne s'est pas passé une saison sans que je me produise au moins une fois en Grande-Bretagne ou en Irlande du Nord. On me connaissait surtout en tant que fils de Paul Tortelier : j'ai porté en moi sa réputation pendant plusieurs décennies. À sa mort, en 1990, j'ai reçu de nombreuses lettres qui m'ont profondément touché ; la plupart concluaient de la même manière : "Yan, c'est à ton tour maintenant !" Depuis plus de quinze ans, mon activité, porteuse d'une lourde responsabilité, s'est développée outre-Manche grâce à l'héritage paternel qui m'a insufflé une prodigieuse passion musicale.

« Ainsi, sans la moindre frustration, j'ai trouvé ma terre d'élection hors de France. Si je n'avais rien eu sous la main, je me serais accroché désespérément à mes racines. Dieu sait si je suis français : les Anglais ne cessent de le dire ou de l'écrire ! Mais je suis aussi, territorialement, à moitié anglais, depuis plus de quarante ans. Quand on est adopté par un pays, on s'y attache encore plus fortement qu'à son lieu de naissance. Je dois tout à l'Angleterre, notamment dans le domaine de l'enregistrement : je donne en effet un grand coup de chapeau à la firme Chandos, qui m'a fait confiance quand, en 1988, j'ai été nommé directeur musical de l'Orchestre de l'Ulster à Belfast ; il n'y avait alors au catalogue aucun disque de musique française. J'ai tout gravé ou presque, à commencer par des intégrales de Ravel et Debussy, qui ont été favorablement comparées aux plus prestigieuses interprétations antérieures. Nommé chef principal au Philharmonique de la B.B.C., à Manchester, à partir de 1992,

1. Entretien enregistré au Conservatoire de Paris, le 4 février 2003.

j'ai fait, notamment, Berlioz, Lalo, Chausson, Dukas, Fauré, Lili Boulanger, Poulenc, tout Roussel, tout Dutilleux, Messiaen ; comme je ne voulais pas que mon nom demeure attaché aux seuls musiciens français, je me suis également consacré à Hindemith, Lutoslawski, Szymanowski, Stravinsky, Britten et plus récemment à un compositeur polonais oublié, Karlowicz, dont le disque a tardivement révélé le talent. »

La mutation de Yan-Pascal Tortelier, de soliste en chef, fut longue à se concrétiser. Comment a-t-il vécu cette période de transition et, avant elle, comment a-t-il découvert la musique ? « J'ai grandi dans un univers familial fabuleux : mon père, premier prix du Conservatoire en 1930, à 16 ans, était reconnu partout comme l'un des plus grands violoncellistes de son époque ; il a joué en trio avec Stern et Rubinstein ; il était également compositeur et chef d'orchestre. Ma mère, de son nom de jeune fille Maud Martin, était l'élève de Pierre Fournier et de Maurice Maréchal ; elle a obtenu, en 1945, les premiers prix de musique de chambre et de violoncelle en interprétant le morceau que papa, en tant que membre du jury, avait lui-même écrit : c'était la règle à l'époque. Ils se sont mariés l'année suivante et j'ai vu le jour en 1947[1]. J'ai passé neuf mois, comme fœtus, à ressentir les vibrations du violoncelle de maman ; ça m'a marqué et sûrement formé. Je me suis souvent demandé si ce n'était pas grâce à elle que j'avais l'oreille absolue : j'entends les notes instantanément, comme on voit les couleurs. Cette qualité est indispensable pour qui veut devenir chef.

« Mes études au Conservatoire de Paris se sont admirablement bien passées : j'ai été médaillé de solfège spécialisé à 11 ans, puis premier prix de violon à 14, dans la classe de René Benedetti. On ne pouvait aller plus vite. Mais ça ne suffisait pas à mon père qui aurait aimé que je compose comme lui : il estimait en effet qu'un véritable musicien devait écrire, même s'il était dépourvu de génie créateur, afin de mieux connaître les rouages des partitions. Il m'a fait suivre des cours d'harmonie, de contrepoint, de fugue auprès de Nadia Boulanger. J'ai travaillé pendant huit ans avec cette éminente professeur, en mettant les bouchées doubles. Je me suis hissé aussi haut que j'ai pu avec mon violon : j'ai obtenu de bons résultats, mais je sentais que j'avais des limites quand je comparais mon jeu avec celui de mon père ; il m'imposait des

1. Yan-Pascal Tortelier a également deux sœurs qui sont de grandes musiciennes : Maria, filleule de Pablo Casals, élève de Jeanne-Marie Darré, est pianiste ; elle a joué avec Jacqueline Du Pré et Jean-Pierre Rampal. Pomone, élève de Rampal, a obtenu un premier prix de flûte.

challenges permanents que je ne pouvais pas toujours tenir. Son phrasé était prodigieux ; virtuose dans toute l'acception du terme, il était capable de jouer au violoncelle des œuvres de violon de Paganini, notamment *Le Mouvement perpétuel*. Il a d'ailleurs été le premier à l'enregistrer. Moi aussi, j'avais acquis une certaine facilité instrumentale, mais c'était, si j'ose dire, à la force du poignet : j'avais une bonne technique, mais je n'étais pas un virtuose. D'ailleurs, depuis que j'ai renoncé à mon instrument, je n'ai jamais éprouvé le besoin de remettre les mains dessus ; c'est bien la preuve que je n'étais pas un violoniste-né. Je sentais d'ailleurs monter en moi la volonté de trouver une autre voie, de m'affirmer par mes propres moyens. Le déclic s'est produit grâce à certains disques que j'écoutais en suivant les partitions. Je ne pensais pas encore devenir chef, mais inconsciemment, je battais la mesure. À l'approche de ma 20e année, je participais toujours à de nombreux récitals, en soliste ou avec mon père ; il avait déjà compris que le violon limitait mon expression musicale. Je touchais le plafond : même s'il était haut, il ne l'était pas assez à mon goût.

« J'ai dit à Nadia Boulanger, qui me donnait des leçons gracieusement, que je voulais devenir chef. Elle était Dieu en personne aux États-Unis, où toutes les portes s'ouvraient devant elle ; elle m'a répondu : "Je ne peux pas dire à mes amis américains que tu es doué pour la direction, car je ne le sais pas ; en revanche, comme tu es un bon violoniste, je te soutiendrai dans ta spécialité." J'espérais alors m'inscrire aux cours de Léon Barzin, chef belge fixé aux États-Unis, que j'avais connu à Paris. Or Nadia écrivit une lettre merveilleuse à Leonard Bernstein qui m'accueillit cordialement à ses *masterclasses* de Tanglewood où j'ai passé deux mois passionnants au cours de l'été 1970. Un matin, à neuf heures, j'étais au pupitre des premiers violons pour répéter les *Métamorphoses symphoniques* d'Hindemith. Nous attendions le maestro qui ne s'était pas réveillé ; il fallut aller le chercher ; il est arrivé en pyjama, s'est excusé et, complètement métamorphosé, il s'est lancé corps et âme dans Hindemith. Au moment où la musique devient plus intense, il eut cette formule extraordinaire : "Alors, quand j'arrive à ce passage, je compte sur vous : *give it all you have got*[1] ! Et à partir de ce moment-là, *crescendo* !" Il pensait qu'on pouvait toujours faire plus : c'était comme ça qu'il vivait son art. De retour à Paris, j'ai basculé lentement du violon au podium de chef : à 30 ans, je n'étais plus qu'à moitié soliste ; à 40, j'étais chef à 90 %, après avoir appris

1. « Donnez-y tout ce que vous avez en vous ! »

tout le répertoire symphonique. Je participais encore à des tournées en compagnie de mon père ; un jour, alors que nous répétions le *Trio* de Ravel à Mexico, j'ai eu l'idée d'orchestrer cette œuvre. Si l'on parle d'harmonie, on évoque des couleurs ; or, au début du *Trio*, il y a une couleur bien spécifique, avec un accord au piano ; il s'agit d'une mélodie très jolie, pleine de grâce, presque antique. C'est par elle que j'ai commencé l'orchestration en la colorant avec trois flûtes et une harpe. Très vite, dès que se présente une modulation, j'ai pu donner le même accord à trois hautbois. On demeure dans la même tessiture, mais on change de couleurs. Ce travail m'a pris plus d'une année. J'ai dirigé le *Trio* de Ravel dans le monde entier. Le seul pays où je ne l'ai pas encore fait, c'est la France… »

Avant de m'entretenir avec Yan-Pascal Tortelier, j'ai suivi l'une de ses répétitions avec l'Ensemble orchestral de Paris et le grand violoniste américain, Joshua Bell, dans l'élégante salle Marcel-Landowski du Conservatoire de la rue de Madrid. Visage jeune sous l'épaisse crinière blanche de ses cheveux frisés, portant une ample chasuble le laissant libre de ses mouvements, le chef se lance avec fougue, après *Pelléas et Mélisande* de Fauré, dans le *Cinquième Concerto* de Vieuxtemps. Un étonnant charisme l'anime ; son engagement physique est constant, sa main gauche évoquant les assauts d'un escrimeur. Léger, alerte, parfois bondissant, son autorité s'exprime en douceur ou en force, souvent avec humour, parfois en chantant, toujours avec enthousiasme : « Je ne peux pas oublier que j'ai été violoniste, m'explique-t-il peu après. Dès les premières minutes, je sais que les musiciens comprennent que je suis un instrumentiste à cordes. C'est un atout. Quand la musique est mélodieuse, j'ai tendance à diriger comme si je jouais du violon. Quand j'étais adolescent, j'ai longtemps pratiqué le jazz. Cela m'a donné le sens du rythme. La musique est une pulsation, comme la vie. Mon père me rappelait souvent le mot de Pierre Monteux, résumant ses trois plus importantes recommandations pour la direction d'orchestre : “Tout d'abord le tempo, ensuite le tempo et finalement le tempo !” Je dirige, vous l'avez constaté, d'une façon très physique, parce que mon tempérament personnel me le commande. Cela n'exclut pas une approche musicale très pensée, très réfléchie ; mais le moment venu, je ressens la musique avec force : je joue de l'orchestre et avec l'orchestre. Je suis impulsif, comme l'était mon père ; je m'emporte facilement ; mais face aux instrumentistes, je suis presque toujours en mesure de me contenir ; j'ai appris à me maîtriser : si on n'y parvient pas, l'orchestre vous échappe.

« Battre la mesure est la chose la plus simple du monde, en comparaison de ce que doivent faire un pianiste, un violoniste, un chanteur. Il faut d'abord être capable de transmettre sa propre vision musicale, la faire passer clairement. Chaque formation a sa propre personnalité : c'est là qu'intervient l'expérience du chef, qui ne doit pas se comporter de la même manière à Saint-Pétersbourg, à San Francisco ou à Tokyo. J'ai appris cela au fil des années. Auparavant, où que je fusse, je voulais prouver que j'étais un bon musicien : j'imposais mes vues, sans faire preuve de psychologie, et j'ai connu quelques déboires. J'ai compris plus tard qu'il ne fallait pas, par exemple, bousculer les habitudes des Anglais. Soliste, on ne dépend que de soi ; quand on est face à l'orchestre, il faut convaincre cent personnes. Lorsque ça n'avait pas bien marché avec certaines formations, je ne m'en prenais qu'à moi-même. Un chef est toujours "le" responsable. Il doit avoir des antennes, un radar qui lui indique si ça va ou ça ne va pas. À mon âge, je commence à être plus précis que je ne l'étais naguère. Ma motivation musicale l'a longtemps emporté sur ma gestique, qui était excessive. Je me laissais entraîner, je ne contrôlais pas suffisamment mes mouvements. Mon père me l'a dit en me voyant diriger *Les Maîtres chanteurs* : "Tu es tout le temps en avance sur l'orchestre." Mes gestes anticipaient le flot musical, sans observer le temps de fixation qui permet aux instrumentistes de jouer parfaitement ensemble. Il faut tenir compte en effet d'une fraction de seconde d'inertie : si on ne laisse pas la possibilité à l'orchestre de comprendre qu'il s'agit d'un premier temps et qu'on enchaîne immédiatement avec le deuxième temps, les instrumentistes ne peuvent pas assimiler le premier. Il m'a fallu près de vingt ans pour comprendre cela. Aucun professeur du conservatoire ne m'avait signalé ce détail. Au service des musiciens, peu à peu, je me suis éduqué. Quand je me surprends à chanter, je me dis "arrête-toi", et j'entends beaucoup mieux l'orchestre. Mon vrai problème fut de n'avoir pas pris de leçon de direction : je me suis forgé seul. J'avais une base musicale très forte que m'avait conférée mon père ; le fait d'avoir longtemps travaillé avec Nadia Boulanger m'a laissé une seconde empreinte indélébile. Plus je vieillis, plus je me rends compte de son importance. Je la vénère encore davantage depuis qu'elle n'est plus là. Quant à Michel Plasson, il m'a certes influencé, il m'a beaucoup appris, mais pas autant qu'un maître aurait pu le faire. »

Défenseur d'un très large répertoire, Yan-Pascal Tortelier envisage-t-il d'aborder des œuvres qu'il n'aurait pas explorées ? « Pour la France, j'ai encore beaucoup à faire. J'aimerais me pencher sur les partitions de Koechlin, d'Indy, Magnard, Tournemire, Caplet, également sur certains opéras comme *Ariane et Barbe-Bleue* et *Pelléas*, dont je n'ai joué que des extraits symphoniques. À l'époque où j'étais au Capitole, j'ai dirigé de nombreux opéras français, italiens, allemands. En Irlande, j'ai donné *Le Jongleur de Notre-Dame* de Massenet, *Mignon* d'Ambroise Thomas, et même *La Veuve rusée* de Wolf-Ferrari, sorte de Puccini sophistiqué. À Bordeaux, j'ai conduit *Mireille*, *Werther*, *Les Pêcheurs de perles*, *Carmen*. L'opéra est très prenant, mais il faut du temps pour bien préparer les productions nouvelles.

« Au point où j'en suis aujourd'hui, dans ma 56e année, après avoir mené deux carrières différentes, et même trois avec la musique de chambre, je ne me plains pas ; mais je voudrais trouver un nouveau souffle et pouvoir explorer des partitions que je n'ai pas encore interprétées, notamment des symphonies de Bruckner, Mahler et Chostakovitch. »

Le retour en France de Yan-Pascal Tortelier s'est, semble-t-il, amorcé au cours de l'année 2003, avec l'acquisition d'une maison en Haute-Provence : « Malgré mon éloignement professionnel, je ne peux imaginer ma vie dans un autre pays que la France. Quand je voyage loin de l'Europe, ma terre me manque. Ma famille paternelle est originaire de Bretagne : Tortelier signifie “faiseur de tourtes”. Nous sommes des Celtes, ce qui ne m'a pas empêché d'opter pour le Midi. J'y ai trouvé un refuge où je terminerai ma vie : il est situé à huit cents mètres d'altitude, près de Forcalquier. J'y retrouve tous les éléments dont nous sommes privés en ville, les ruisseaux, les arbres, les fleurs, le silence. Un jour, en voiture, j'ai doublé des coureurs cyclistes qui montaient au col du Babaou, dans le massif des Maures. Au sommet, avec ma femme, nous nous sommes arrêtés pour admirer le coucher de soleil : nous sommes restés là immobiles, pendant de longues minutes, saisis par tant de beauté. Un quart d'heure plus tard, les cyclistes sont arrivés : à bout de souffle, ils se sont assis sur le parapet ; tournant le dos au soleil, ils ont discuté de braquets, de dérailleur, en ignorant le paysage. Comment peut-on oublier le spectacle de la nature ? J'ai hérité cette autre passion de mon père. J'ai beaucoup de mal à admettre que notre planète se trouve en un si triste état. La Terre ne nous appartient pas, c'est nous qui lui appartenons. Les aborigènes d'Australie l'ont bien compris : ils sont chez eux depuis cinquante mille ans et leur mode d'existence n'a pas changé. Si je le pouvais, je voudrais passer, dès maintenant, plusieurs mois par an en Provence. »

Le goût du risque, inhérent à la direction d'orchestre, accompagne le musicien : « J'aime beaucoup les émotions fortes ; je n'ai jamais fait d'escalade, l'un de mes grands regrets, mais j'ai constamment pratiqué le ski, le parapente ascensionnel, le saut en parachute, la plongée sous-marine, le windsurf, le ski nautique, tout ce qui peut procurer des sensations extraordinaires. J'ai même fait du saut à l'élastique en Nouvelle-Zélande. Mon épouse était angoissée à l'idée que j'allais m'élancer d'un pont ; en me rappelant mon âge – j'avais alors 50 ans –, elle m'a traité de fou. »

Six ans plus tard, Yan-Pascal Tortelier n'a rien perdu de son dynamisme, mais il lui arrive de rêver parfois à une île déserte. S'il devait y vivre, quelles partitions emporterait-il ? « J'opterais pour deux extrêmes musicaux : Bach et Ravel. Mais je prendrais aussi du Mozart, du Beethoven, du Schumann, du Brahms. Ma réponse est spontanée, car elle est dictée par l'émotion. Bach, c'est Dieu en musique. Mon père, qui était agnostique – je le suis encore plus que lui –, a vécu toute sa vie avec Bach : c'est l'héritage que lui a laissé Casals. Enfant, je l'ai vu jouer en compagnie d'Isaac Stern, de Rudolf Serkin, d'Arthur Rubinstein. Quant à Ravel, ma sensibilité de musicien français me porte irrésistiblement vers lui. À son approche, il se passe en moi quelque chose d'inexplicable. »

Soudain, sa gorge se noue, il refoule une sorte de sanglot avant de reprendre : « Tout se passe comme si je l'avais connu. Debussy est plus mystérieux, mais comme je ne suis pas mystique, le mystère me touche moins que la magie. Dans Ravel, je trouve même plus que de la magie, j'y puise l'émotion d'un classique. Son dieu était Mozart. Avant de composer le *Concerto en sol*, il a passé plus d'un mois à étudier les concertos de Mozart. Avec Ravel, j'ai une relation totalement subjective. J'espère qu'avant de mourir, j'aurai la chance de pouvoir enregistrer toutes ses œuvres une seconde fois. »

JACQUES MERCIER L'ÉCLECTIQUE

« La modestie est au mérite ce que les ombres sont aux figures dans un tableau : elle lui donne de la force et du relief. »
La Bruyère, *Les Caractères*

Avec Michel Plasson et Jean-Claude Casadesus, Jacques Mercier est l'un des trois grands chefs français qui accomplit la quasi-intégralité de son parcours dans l'Hexagone. Homme de fidélité et de durée, il a conduit pendant vingt ans l'Orchestre national d'Île-de-France, dont la renommée, quand il le prit en main en 1982, était celle d'une modeste formation de banlieue.

Dans son bureau, où trône un piano demi-queue, Jacques Mercier, abondante chevelure blanche encadrant un visage énergique demeuré étonnamment jeune, nous accueille avec une certaine curiosité[1]. Peu enclin aux confessions ou aux récits autobiographiques, ce fin musicien, lauréat de la Fondation de la Vocation, dont le parcours est jalonné par de nombreux premiers prix, s'est toujours calfeutré dans une discrétion qui l'écarte du vedettariat, en un mot du parisianisme. La rue tranquille, proche de l'animation du boulevard Saint-Germain, mais hors des sentiers battus de la rive gauche, et le vaste appartement aux pièces harmonieusement meublées correspondent bien au caractère de cet artiste qui s'est offert un refuge pour mieux assumer sa vie publique.

1. Entretien enregistré au domicile parisien du chef, le 7 mars 2002.

« Je m'étais fixé le terme de deux décennies, nous explique-t-il, pour mettre fin à la mission qui m'avait été confiée. En 1982, quand j'ai été nommé directeur musical, l'image de l'Orchestre d'Île-de-France, qui reçut plus tard le label national, était assez floue, pour ne pas dire faiblarde. Nous n'étions pas autorisés à jouer à Paris, car nous avions l'obligation de donner l'intégralité de nos concerts dans des localités le plus souvent démunies de salles de spectacle dignes de ce nom. Nous ne disposions pas non plus de lieu fixe de répétitions, hormis un sous-sol d'église, puis une sorte de grenier au plafond trop bas ! Bien entendu, je savais à quoi m'en tenir avant de me lancer dans cette aventure, sorte de croisade qui n'était pas sans risque. Nous étions un instrument de reconquête ; de ce fait, sans avoir la prétention de pallier les carences de l'Éducation nationale, nous devions aller au-devant d'un public qui n'avait pas une connaissance réelle de la musique. Or nous nous sommes heurtés à des pesanteurs de toute nature, notamment auprès des directions de certaines maisons de la culture, qui changeaient sans cesse d'orientation. Il a fallu s'armer de patience, revenir à la charge. Sans promotion, sans crédibilité auprès des pouvoirs locaux, notre image de banlieusards collait à notre peau. C'était décourageant. D'un côté, nous étions confrontés au snobisme parisien, de l'autre à l'absence d'intérêt généralisé pour la grande musique. Nous avons eu beaucoup de mal à imposer notre identité. Mais j'étais encore jeune et suffisamment tenace[1] pour avoir la volonté de ne pas bâtir sur du sable.

« Avec nos modestes moyens, qui se sont accrus au fil des années, grâce aux crédits régionaux représentant deux tiers de nos subventions (le troisième tiers provenant de l'État), nous avons accompli une percée progressive et réussi à mobilier un public tout neuf, enthousiaste et fidèle, qui découvrait avec bonheur les programmes que nous lui proposions. J'ai constamment veillé à ce que notre action soit perçue par le plus grand nombre. Ainsi, après trois années de lutte, j'ai pu obtenir la possibilité de présenter une série de concerts à la salle Pleyel ou en d'autres lieux de la capitale, tel le Cirque d'Hiver. Paris étant devenu en quelque sorte notre vitrine de prestige, on a commencé à nous prendre en considération et à parler de nous dans les médias. Les musiciens ont été sensibles à cette évolution qui allait d'autant plus dans le bon sens que certaines municipalités s'étaient engagées à construire des opéras ou des auditoriums dont les qualités acoustiques nous

1. Il avait 37 ans à ses débuts à l'O.N.I.F.

changeaient des halles de sport qui furent longtemps notre lot. Massy, où nous avons joué *Pelléas* dans des conditions supérieures à celles qu'offrent de nombreux théâtres lyriques, Saint-Quentin-en-Yvelines, où nous avons donné une saison Dutilleux en présence du compositeur, Meaux, Courbevoie, Villejuif, et d'autres cités furent ainsi en mesure de nous accueillir dignement. Le moral et la qualité de notre troupe s'en ressentirent favorablement. Au bout de dix ans d'efforts, nous avons également obtenu un lieu permanent de répétitions. Du même coup, nous avons pu modifier le concept général de nos programmations, en y incluant, de plus en plus souvent, des œuvres modernes ou contemporaines. Nous avons eu alors la joie de constater que nous faisions salle comble avec Chostakovitch et Messiaen. On a fini par nous citer en exemple par rapport à d'autres formations qui ne pensaient nullement au renouvellement du répertoire auquel nous étions fermement attachés.

« Après vingt années de travail, je n'avais pas la prétention de croire que nous avions conquis la région Île-de-France. Mais je savais que nous avancions dans le bon sens, même quand nous ne recevions pas les appuis espérés ni du pouvoir politique, ni des organismes chargés de développer la musique. Nous avons cependant atteint, à mon sens, un niveau plus qu'honorable, par un recrutement mené avec tout le sérieux qui convenait : de jeunes musiciens se sont présentés à nos concours d'entrée ; par leur qualité, nous avons pu renouveler nos effectifs. Détail probant : rares ont été ceux qui nous ont quittés par la suite, malgré la disparité des traitements avec les orchestres parisiens. Nous avons également cherché à sensibiliser les scolaires en nous rendant dans les écoles et en les invitant à nos représentations. »

Jacques Mercier a su constamment étoffer le répertoire de son orchestre, conforté, malgré la crise, par de nombreux enregistrements originaux : « Un de nos principaux objectifs était d'éduquer le public, en lui faisant connaître d'autres œuvres que les symphonies de Beethoven, qu'on nous demandait un peu partout ou celles de Tchaïkovski, qu'on nous réclamait souvent, et dont Julien Green a pu dire, méchamment, que si le diable jouait de la musique, il choisirait ce musicien séduisant et racoleur. Nous avons voulu mettre en valeur des partitions des XIXe et XXe siècles que l'on jouait trop rarement, voire jamais, telle celle de *Djamileh* de Georges Bizet, dont ce fut la première au disque ; nous avons mis également en valeur Paul Dukas, Alfred Bruneau, Camille Saint-Saëns, Albert Roussel, Florent Schmitt. De Roussel, nous avons publié en CD le ballet complet de *Bacchus et Ariane* ; de Bruneau, nous avons gravé *Lazare*, oratorio écrit à la mémoire d'Émile Zola et le *Requiem*, de Saint-Saëns *La Lyre et la Harpe* ; de Schmitt, nous avons ressorti les trois suites de *Salammbô*, destinées à accompagner, à l'origine, un film muet des années vingt. Ainsi, nous redonnions vie à une musique oubliée, digne de rivaliser avec les meilleures créations de la première moitié du siècle. *Le Martyre de saint Sébastien* de Claude Debussy, peu souvent joué dans son intégralité, fut une autre étape importante de notre activité, comme le furent les premières en France de *Kullervo* de Sibelius et des compositions de Daniel-Lesur, Schnittke, Dusapin, Revueltas, Xenakis. N'oublions pas non plus Bartok, Dutilleux et Messiaen. De ce dernier, nous avons pu donner en 2001 *Turangalila Symphonie* : ce concert nous a valu l'un de nos plus grands succès, avec deux *bis*, le public de Pleyel ne voulant plus nous laisser partir.

« Nous nous sommes toujours efforcés de trouver des filiations entre les musiciens de différentes générations : Philippe Manoury a ainsi voisiné avec Claude Debussy. Nous avons passé des commandes à Martin Matalon, à Guillaume Connesson, à Thierry Pécou, à Ton-That-Tiet. J'ai constaté que les jeunes auditeurs, même dépourvus de culture musicale, s'adaptaient aisément à ce nouveau langage musical, pour peu qu'on leur en délivrât les clés. »

C'est à la fin de la saison 2002, après avoir obtenu un triomphe à Pleyel avec *Amériques* de Varèse[1], que Jacques Mercier a quitté l'Orchestre national d'Île-de-France, devenu une phalange de premier plan dans notre panorama musical : en guise d'adieu, il donna un ultime reflet de son talent au Cirque d'Hiver avec des œuvres de Sauguet, Rota, Sarasate, Ravel et Enesco[2].

Quand le chef évoque son départ, on sent poindre un certain regret : « La politique musicale de l'orchestre va sensiblement changer ; il n'y aura plus de directeur artistique, comme je l'étais moi-même, dont la vocation était de tout diriger. En revanche, un directeur général chapeautera la programmation. Quant au chef désigné, il n'est pas français. On a le sens de l'accueil chez nous ; mais cette tendance est réellement inquiétante. »

La fin de cette longue période coïncide, pour Jacques Mercier, avec un retour aux sources : « Le destin d'un homme, a écrit François Mauriac, ressemble parfois à ces plantes qu'il est impossible d'arracher avec toutes leurs racines[3]. » C'est à Metz, en effet, où il est né en 1945, qu'il est revenu pour prendre la direction de l'Orchestre national de Lorraine, appellation

1. Concert du 25 mai 2002, à la salle Pleyel.
2. Concert du 21 juin 2002, au Cirque d'Hiver.
3. François Mauriac, *Thérèse Desqueyroux*.

toute fraîche qui succède à celle de Philharmonique de Lorraine, où il fut chef associé au début de sa carrière, de 1976 à 1982 : « J'avais envie de me retrouver dans un autre milieu ; de surcroît, il est probable que les musiciens que je quittais avaient eux-mêmes besoin de changement pour trouver leur second souffle et continuer de progresser. Je pensais demeurer indépendant pendant un certain temps. En démissionnant, je prenais le risque de me retrouver face au vide absolu ; mais j'ai eu la chance d'être sollicité par les responsables messins. Cette nouvelle aventure avec une formation de qualité, disposant de l'excellente salle de l'Arsenal, m'a immédiatement tenté. »

Jacques Mercier y déploie toute la palette de son éclectisme. Ainsi a-t-il mis à l'affiche, pour la saison 2003-2004, Sibelius, Chostakovitch, Britten, Stravinsky, Debussy, d'Indy, Canteloube, Milhaud, Matalon, Manoury, sans négliger le XIXe siècle avec Schumann, Brahms et Grieg. « Je sais, reconnaît-il, qu'on m'a choisi pour mon acquis. Je m'applique à imposer une “ligne” auprès de ce nouveau lien permanent, comme ce fut le cas en Île-de-France, et partiellement en Finlande avec le Philharmonique de Turku, où j'ai fait de mon mieux, de 1989 à 1997, compte tenu des quotas musicaux qui m'étaient imposés, principalement des œuvres allemandes, russes et finlandaises. J'en ai profité pour importer *Lemmikaïnen* et *Kullervo* de Sibelius, merveilleuses compositions au souffle épique, que j'ai créés en France. »

C'est à Metz, sa ville natale, que Jacques Mercier a découvert la musique : « Mon père était professeur de piano ; j'ai grandi dans un milieu sonore, au sein d'une famille nombreuse – nous étions sept enfants – où l'on ne roulait pas sur l'or. Mon père voulait que j'apprenne un métier. Quand je lui ai révélé que je voulais être musicien, il m'a dit : “Passe d'abord ton bac, on verra après...” À 16 ans, je suis entré au Conservatoire national où j'ai obtenu en 1970 le premier prix de percussion, puis en 1972, le premier prix de direction d'orchestre, dans la classe de Manuel Rosenthal que j'ai eu comme professeur pendant quatre ans. Sa mémoire était prodigieuse ; très directif, très possessif, sévère envers les autres et envers lui-même, *self made man* qui avait douté de son talent, il avait, au terme d'un long combat, surmonté ses propres faiblesses. C'était un accoucheur d'esprits. Il fut l'ultime jalon de la grande génération française de chefs de la première moitié du XXe siècle, avec Munch, Desormière, Cluytens, Paray, Martinon, qui ne s'est pas perpétuée.

« Dans le cadre du métier que j'avais choisi, je savais qu'il y avait de nombreux appelés et peu d'élus. Il fallait compter avec le facteur chance, répondre présent au bon moment. C'est ainsi qu'à ma sortie du Conservatoire, j'ai eu l'opportunité de remplacer Lorin Maazel à la tête du National, pour d'importants raccords d'enregistrement du *Sacre du printemps*. Des amis m'avaient dit : "Sois prudent, ils vont t'attendre avec un bazooka !" Dès les premières mesures, j'ai senti que les musiciens étaient rétifs. Puis l'ambiance s'est faite plus aimable. À la fin, les instrumentistes m'ont applaudi gentiment. Par la suite, je suis retourné plusieurs fois au National, sans connaître le moindre problème. »

Jacques Mercier a tracé son chemin en France, ce qui n'était pas inscrit dans son destin, en relevant un délicat défi. Que pense-t-il de son parcours ? « Certaines rencontres m'ont beaucoup apporté : j'ai infiniment apprécié l'aspect cérébral de l'art de Pierre Boulez, dont j'ai été l'assistant en 1980. J'ai admiré André Cluytens pour son naturel, son aisance, pour le son qu'il savait dégager de l'orchestre. Ce n'est pas l'effet du hasard s'il demeure le seul chef français qui ait enregistré, en Allemagne, toutes les *Symphonies* de Beethoven, de surcroît avec le Philharmonique de Berlin. Quant à moi, ne recherchant pas la célébrité, je ne serai jamais une star. J'espère simplement obtenir une certaine reconnaissance du milieu dans lequel j'évolue, car je suis tout entier au service de la musique, en préservant, du mieux que je le peux, ma vie de famille. J'aime voyager avec ma femme, me retrouver avec mes enfants, mon fils qui est architecte et ma fille qui est journaliste. »

Et l'île déserte, avec quelles partitions Jacques Mercier s'y verrait-il ? « Quand on lui avait posé une question similaire, Maurice Ravel avait fixé son choix sur le *Prélude à l'après-midi d'un faune*. "C'est, avait-il dit, le morceau parfait, mais on ne sait pas pourquoi." Cette boutade, je la ferais volontiers mienne en optant moi aussi pour une œuvre de Debussy. »

MARC SOUSTROT
LA LIBERTÉ SE PAIE CHER

« Vivre, avoir tant d'ambition, pleurer, combattre, souffrir et, avec au bout, l'oubli, l'oubli... comme si je n'avais jamais existé. »
Marie Bashkirtseff, *Journal*

Si la renommée d'un chef d'orchestre devait se mesurer à l'aune de son passé et à l'éclectisme de son répertoire, nul doute que Marc Soustrot se situerait dans le peloton de tête des maestros en activité. Ce musicien, né à Lyon en 1949, a obtenu, fait très rare, les premiers prix de solfège, de trombone basse, de musique de chambre et de direction au Conservatoire national supérieur de Paris. Il est également l'un des seuls artistes français qui ait été couronné, à deux reprises, de prix internationaux, d'abord au concours Rupert de Londres en 1974, puis l'année suivante à celui de Besançon. Ces réussites lui ont permis de se voir confier rapidement d'importantes responsabilités : « Au cours de mes études de troisième cycle, m'a-t-il expliqué dans une petite pièce incommode de la salle de répétitions du boulevard Berthier à Paris[1], je ne doutais de rien ; seules les obligations découlant de mon calendrier m'ont empêché de me présenter aux concours Mitropoulos et Cantelli. À Londres, j'avais dit à mon épouse – nous étions jeunes mariés à l'époque – que je m'accordais peu de chances ; je n'avais d'ailleurs emporté ni chemise blanche ni queue-de-pie, dont le port était obligatoire pour la finale. Or, j'y ai accédé et j'ai dû louer un habit pour

1. Entretiens enregistrés le 11 mai 2002, salle Berthier à Paris, et, par téléphone, le 8 octobre 2003.

décrocher la timbale. Ce succès était assorti d'une somme importante pour le musicien désargenté que j'étais, mais surtout d'un poste d'assistant pour deux saisons à l'Orchestre symphonique de Londres, où j'ai pu non seulement côtoyer le chef titulaire, André Previn, mais aussi de prestigieux maestros invités, tels Claudio Abbado et Colin Davis. J'ai observé leur comportement, leur manière de travailler. Claudio Abbado me paraissait timide, renfermé, peu sûr de lui ; s'il donnait l'impression de s'ennuyer au cours des répétitions, il se montrait en revanche brillantissime au concert. Il a suivi quelques-unes de mes séances de travail, mais il ne m'a jamais conseillé. Il est rare de rencontrer dans ce métier des gens qui vous aident. Plus superficiel qu'Abbado, dont il n'avait pas le charisme, André Previn fut plus coopératif, bien que, en tant que membre du jury, il n'ait pas voté pour moi. J'ai participé avec lui et le L.S.O. à une intéressante tournée au Japon et en Corée. J'ai également pris part à la mise au point d'une symphonie de Tippett en compagnie de Colin Davis. Puis, chance insigne, j'ai pu me rendre à Salzbourg pour préparer, pendant trois semaines, la *Symphonie des "Mille"* de Gustav Mahler, en compagnie de Leonard Bernstein. Cette rencontre demeure l'un des plus beaux souvenirs de ma carrière : Bernstein avait une présence inouïe et il répétait admirablement. Il avait d'étonnants moments de générosité et donnait souvent l'impression de s'intéresser à ceux qui l'entouraient. Je n'ai pourtant pas la prétention, comme certains, de laisser croire que j'ai été son élève : constamment autour de lui, une cour de jeunes gens monopolisaient son attention. Je ne suis donc pas entré dans ce genre de pseudo-filiation. En fait, je n'ai jamais sollicité le support de qui que ce fût. Je vivais dans une sorte de rêve éveillé, sans être tenté par les intrigues.

« L'année précédente, en 1973, alors que j'étais trombone au National, j'ai joué sous la direction d'un autre géant, Sergiu Celibidache, avec lequel nous avons donné d'inoubliables concerts. C'était un génie musical, mais il était humainement insupportable, voire détestable. Très imbu de lui-même, il se montrait exécrable quand on ne parvenait pas à accomplir exactement ce qu'il exigeait. J'ai préféré de beaucoup l'attitude d'autres maîtres, tels Eugen Jochum, personnage très équilibré, très pondéré, Karl Böhm, que j'ai remplacé une fois en répétition, Colin Davis, attentif et précis. Tous trois savaient cultiver la musique en se montrant humains.

« Je n'oublie pas Manuel Rosenthal, qui fut mon professeur au Conservatoire. Ce personnage étonnant savait nous insuffler sa passion ; il n'était pourtant ni un grand technicien, ni un véritable pédagogue, mais il parvenait à nous communiquer l'essentiel de ce qui était, pour lui, l'art de conduire. “La gestique de base s'apprend en peu de mots, nous disait-il ; mais ensuite, c'est votre corps, votre regard, votre sensibilité, votre oreille qui vous permettent de diriger.” J'ai également approché Jean Martinon, avec lequel j'ai préparé quelques morceaux que je devais jouer au concours Rupert ; hélas, il est mort peu de temps après mon succès. »

Ces prix et ces rencontres, pour aussi décisifs qu'ils furent, ne font pas oublier au chef ce qu'il doit à son environnement familial : « Mon père, qui était pharmacien, a dirigé l'harmonie municipale de Neuville-sur-Saône, près de Lyon, pendant trente ans. C'est lui qui m'a donné le goût de la direction et m'en a enseigné les rudiments. Ses gestes étaient d'une précision et d'une netteté étonnantes. Si j'ai pu disposer de la gestique claire qu'on me reconnaît, c'est à mon père que je le dois. Un jour, alors qu'il répétait l'ouverture de *Gwendoline* de Chabrier, il m'a tendu sa baguette en me disant : “Viens donc essayer...” Ce test a été concluant ; j'avais 14 ans et j'ai pu me lancer dans l'aventure de l'orchestre, tandis que mon frère Bernard, de cinq ans mon cadet, allait devenir un trompettiste célèbre. »

Après Londres et Besançon, Marc Soustrot ne demeure pas inactif : du statut de lauréat en devenir, il passe à celui de chef titulaire, puis de directeur musical : remarqué par Pierre Dervaux, il est nommé, en 1976, à 27 ans, second chef à l'Orchestre des Pays de la Loire (Angers-Nantes) : « Dervaux était un grand musicien, affirme-t-il, dans la lignée des Munch, Paray, Cluytens. Il était d'une fabuleuse pertinence et d'une rare précision. Grand spécialiste du lyrique, il était aussi un remarquable symphoniste ; il n'a pas fait la carrière internationale qu'il aurait mérité d'accomplir. J'ai eu, en 1978, le grand bonheur de lui succéder. À l'époque, j'étais le plus jeune directeur musical d'Europe. Je suis resté pendant seize ans à ce poste. Au cours de cette longue période, nous avons accompli un gros travail de décentralisation, en jouant souvent dans des localités dépourvues de salle : nous nous contentions de hangars ou, au mieux, de gymnases. Nous avons suscité une véritable prise de conscience en faveur de la musique. Quand j'ai mis fin à mes fonctions, nous avions huit mille abonnés. On nous avait pris au sérieux ; des auditoriums ou des centres culturels polyvalents ont vu le jour, notamment à Nantes, Laval, La Roche-sur-Yon. Nous avons ainsi évangélisé musicalement plusieurs départements où l'on n'avait jamais donné de concerts symphoniques. Nous avons enregistré et obtenu trois grands prix du disque. Peu à peu, le public est venu et nous avons réussi à surmonter les multiples difficultés financières auxquelles nous devions faire face. C'était souvent Clochemerle ! »

La lassitude envahit parfois l'esprit des plus convaincus. En 1994, Marc Soustrot quitte les bords de la Loire, en espérant demeurer en France. Mais, comme rien ne se présente, il accepte une intéressante proposition de la ville de Bonn et prend en charge, en tant que *Generalmusikdirektor*, l'Orchestre de la Beethovenhalle et l'Opéra de la cité natale de Beethoven : « Je me suis mis au répertoire allemand avec boulimie. Dès mes débuts, je m'étais promis d'être capable de tout diriger, de Bach à Boulez : baroque, classique, romantique, moderne, créations contemporaines. À Bonn, fort de mes connaissances personnelles, je me suis investi à fond dans la mission qui m'était confiée, avec des musiciens qui me semblaient capables d'aller au bout du monde avec moi. Je n'ai jamais eu de problèmes de communication. J'ai pu mener mon action selon l'éthique qui m'a toujours guidé : respecter la musique et marquer mon activité d'une estampille culturelle, comme je l'avais fait à Angers. J'ai tissé des liens très solides que je n'aurais pas crus possibles avec les Allemands ; je pense avoir répondu à leur attente en présentant aussi fréquemment que possible des œuvres françaises – Berlioz, Debussy, Ravel notamment – en alternance avec des intégrales de Beethoven, Schubert, Brahms et même Mahler, dont j'ai joué les dix symphonies en deux saisons. Je peux ainsi revendiquer le titre de seul chef français qui ait dirigé tout Mahler. J'ai de grandes affinités avec ce compositeur : la pertinence de ses timbres, de ses couleurs, sa vision orchestrale, sa démesure, la qualité de son écriture m'ont toujours passionné. À l'Opéra, j'ai joué Mozart, Beethoven, la *Tétralogie*, *Woyzeck* et une œuvre peu connue de Krenek, *Charles V*. Le lyrique est ma grande passion : j'ai un amour sans limites pour les voix. Je me suis également préoccupé de mettre en valeur la musique moderne : j'ai joué, à Bonn, *Eclairs de l'au-delà*, testament musical d'Olivier Messiaen, que le compositeur n'avait pu entendre avant sa mort. Avec mes cent vingt-sept musiciens, j'ai fait découvrir cette immense fresque religieuse d'une exceptionnelle beauté à un public enthousiaste. J'ai également dirigé Dutilleux dont j'ai enregistré, avec l'Orchestre de Bamberg, le *Concerto de violon* ; j'ai donné aussi en première mondiale *La Passion selon saint Luc* de Penderecki ; j'ai présenté *Notations* de Boulez, œuvre qui a beaucoup plu, après que les instrumentistes allemands, très professionnels, eurent su assimiler les énormes difficultés de cette partition. »

En 2003, après huit années de présence, Marc Soustrot a quitté Bonn, bien qu'on lui proposât une prolongation de quatre années de son contrat : « Les conditions de travail n'étaient plus les mêmes, regrette-t-il. Bonn n'étant plus la capitale de l'Allemagne, les crédits ont été amputés, l'orchestre a été réduit de quatorze unités. Je n'ai plus voulu assumer la direction d'une formation inéluctablement promise à la deuxième catégorie ; j'ai donc préféré partir. »

Marc Soustrot conserve une autre responsabilité, purement symphonique, aux Pays-Bas, à la tête de l'Orchestre du Brabant à Eindhoven, dont il est directeur musical depuis 1996 : « J'y donne environ trente concerts par saison ; les programmes sont souvent ambitieux : j'y ai dirigé en 2001 *Turangalila Symphonie* de Messiaen, puis en 2002 *Des canyons aux étoiles* du même compositeur ; j'ai donné également *La Passion selon saint Jean* de Bach. »

L'activité de Marc Soustrot demeure multiforme comme l'est son répertoire. Il s'est rendu naguère en Angleterre où il a conduit le Hallé, le L.S.O., le Symphonique de Birmingham. Il est également présent à Bruxelles, à Luxembourg, à Amsterdam, à Rotterdam, à Monaco, Genève, Hambourg, Bamberg, Dresde, Sarrebruck, Séville, au Japon, en Israël, en Australie, en Afrique du Sud, à Oslo où Mariss Jansons l'a convié chaque saison. En dépit de cette reconnaissance internationale, jalonnée par de nombreux enregistrements, Marc Soustrot ne dissimule pas la part de frustration qu'il porte en lui : après avoir connu de très belles heures avec l'Orchestre des Pays de la Loire, il ne sait pas pourquoi il est pratiquement oublié en France, hormis une apparition tous les quatre ans à Angers, trois participations à l'Orchestre de Paris depuis 1986, la plus récente étant celle qui eut lieu à l'Opéra-Comique en 2002 dans *Béatrice et Bénédict* de Berlioz, une à Toulouse en 2003, pour diriger la *Sixième Symphonie* de Mahler et une avec le National de Lille dans le cadre de Musique en liberté. Comme certains de ses collègues français, qui ne sont pas prophètes en leur pays, il s'interroge sur cette forme de rejet : « Depuis que j'ai volontairement quitté Angers, en 1994, j'ai fait, en tout et pour tout, sept concerts en France, alors que je donnais une centaine de représentations par an à l'étranger. J'ai tenté de réagir en présentant ma candidature à l'Ensemble orchestral de Paris, quand il était dépourvu de chef, à l'Opéra du Rhin à Strasbourg, au Symphonique et à l'Opéra de Lyon, à Bordeaux. Or, qu'ai-je constaté ? Que tous les postes de directeurs musicaux de ces formations sont occupés par des chefs étrangers, dont certains sont d'ailleurs en partance. Même mon ancien orchestre ignore les Français : le Hollandais Hubert Soudant m'y a succédé ; le Brésilien Karabtchevsky accédera à ce poste dix ans après mon départ. Quant aux Orchestres de la Radio, je n'ai jamais reçu la moindre proposition de leur part. Je ne suis ni prétentieux ni vaniteux ; mais quand on a atteint le niveau qui est le mien depuis vingt ans, je trouve cette situation inexplicable. Est-ce que les musiciens de l'Hexagone préfèrent être dirigés par des étrangers plutôt que par des Français ? Est-ce le snobisme latent des cercles musicaux de la capitale qui veut cela ? Je me perds en conjectures. Un exemple édifiant : tout le monde connaît mes affinités avec Berlioz. Or, mis à part *Béatrice et Bénédict* en 2002, c'est à Copenhague, à la tête de l'excellent Orchestre de la Radio danoise, et à Amsterdam que l'on m'a convié à diriger *L'Enfance du Christ* pour les galas célébrant le bicentenaire de la naissance du compositeur. En septembre 2003, j'ai dirigé l'orchestre de la N.R.D. d'Hambourg, le jour de la fête nationale allemande, quelques jours après le passage de Wolfgang Sawallisch. À Rotterdam, j'ai donné quatre concerts, après ceux de Valery Gergiev et avant celui de Simon Rattle. Si je n'étais pas un chef de bon niveau, je ne crois pas qu'on ferait appel à moi pour conduire des formations d'une telle qualité. Je suis bien placé pour savoir que le fait de ne pas diriger en France ne constitue pas une référence de capacité, bien au contraire.

« J'aurai 55 ans en 2004 ; je ne suis ni fatigué ni découragé ; je ne pratique ce métier ni par arrivisme ni pour faire fortune. Je me considère comme un bon artisan qui s'efforce de valoriser les œuvres qu'il aime jouer. Je n'accepte aucune compromission : la liberté se paie cher, mais elle n'a pas de prix pour moi. Je peux être très heureux chez moi, avec ma femme et ma fille. Cette intransigeance est mon choix ; je n'en démordrai pas. Je constate, hélas, avec tristesse que la musique en France n'est pas prise en compte comme elle devrait l'être : aucun plan nouveau n'est apparu, depuis la réforme de décentralisation mise en place par Landowski en… 1971 ! Le public est vieillissant ; l'éducation musicale est réduite à la portion congrue, même à la maternelle où l'on devrait apprendre le chant aux enfants, comme on le fait systématiquement en Allemagne. Telles sont les racines du mal français qu'il faut stigmatiser, dans le cadre d'une société aux mœurs stéréotypées. »

Dans ses heures de solitude morale, Marc Soustrot est-il enclin à penser à un éventuel exil sur une île déserte ? Avec quelles partitions partirait-il ? « On avait posé cette question à Messiaen quand j'étais élève au Conservatoire. Il avait répondu : *Don Giovanni*, *Boris Godounov*, *Pelléas et Mélisande*, les trois grands chefs-d'œuvre du lyrique. Pour ma part, je me contenterais de *Pelléas* qui m'émeut toujours aux larmes quand je l'écoute. »

MICHEL PIQUEMAL
LA VOIE DU CŒUR

« Souvent, en musique, il semble que l'inconscient soit chargé de parler pour l'intelligence : c'est qu'en musique, la parole est un chant. »
André Suarès, *Musiciens*

À trois reprises, en trente-six heures, j'ai été à l'écoute du *Requiem allemand* de Brahms, sous la direction de Michel Piquemal, à la tête de l'Orchestre des Concerts Lamoureux et du chœur régional Vittoria-Île-de-France, dont il est le fondateur : le samedi 3 février 2002, au cours de la dernière répétition dans la salle du boulevard Berthier, puis à la générale du dimanche matin au Théâtre des Champs-Élysées et enfin au concert dominical à dix-sept heures.

Depuis cette triple rencontre, je ne me pose plus de question à propos de Michel Piquemal : qu'on veuille l'admettre ou qu'on le conteste, il n'est pas seulement un remarquable soliste et un incontournable maître de chœur, mais il est aussi un authentique chef d'orchestre. En suivant ses efforts, parfois désespérés, comme les chants les plus beaux chers à Musset, face à un ensemble attentif et valeureux, constitué en majorité de jeunes instrumentistes subjugués par cet homme au visage expressif et au regard émouvant, j'ai acquis la conviction que ce musicien protée n'est pas uniquement ce que l'on croit qu'il est.

Une destinée n'est pas linéaire : les choix que l'on fait ne sont pas toujours aussi simples qu'on a imaginé. Au cours de la générale, quand les musiciens et les choristes sont réunis pour la première fois, je découvre un chef qui peut surprendre et déranger, car il parle beaucoup. Dès les premières mesures, Michel Piquemal donne de la voix à la manière de Celibidache : on l'entend distinctement chanter. Le chœur vibre comme un cœur qui palpite, au rythme d'une mélodie lancinante, sorte d'éternité qui n'a qu'un temps. Sans baguette, les mains du chef papillonnent, cueillant les notes comme une abeille butine les fleurs. Ses premières remarques fusent : « Il faut entrer dans cette œuvre comme on va à la messe, aller au-delà des notes pour diffuser un message et le faire comprendre. Ajoutez votre propre émotion. On s'adresse au Très-Haut en se demandant : “Que faisons-nous sur cette terre ?” Cette musique est destinée à panser les plaies de la vie ; ramenez cet espoir avec vous, si vous le pouvez. »

La marche funèbre, cadencée par la timbale, accentue le caractère angoissant et tragique du *Requiem*. Michel Piquemal explique : « Cet air accompagne un cortège qui passe au centre d'un village, où tout le monde se connaît et se rassemble pour accompagner un défunt à sa dernière demeure. Vous devez le jouer avec retenue et tension, avant d'aboutir au *crescendo* qui est un coup de poignard. L'âme doit sortir du chaos ; alors s'accomplissent les Écritures. »

Dans la salle, le public est cloué aux fauteuils. Quand le chef s'immobilise, l'absolu silence qui s'est établi, l'espace d'un instant, est rompu après quelques secondes : on sort à regret d'un tel état de grâce, auquel succèdent d'interminables acclamations. Le maestro salue, s'esquive, revient ; il est dans un autre monde.

Quelques jours plus tard, Michel Piquemal m'accueille dans son lumineux appartement du XVIIe arrondissement, non loin des entrepôts de l'Opéra et de la salle Berthier[1]. Aux cimaises du salon sont accrochées des toiles post-impressionnistes que le chef collectionne. Un piano à queue ajoute à l'équilibre de la vaste pièce : « Cet instrument est celui de mon ancien professeur, Denise Sternberg, qui m'a dit, avant de mourir : “Un jour, il sera à toi...” »

J'évoque le *Requiem* et l'extraordinaire tension qu'il a su créer au concert : « J'ai bien connu, raconte Michel Piquemal, cette ambiance funèbre dans les petits villages de l'Ariège d'où ma famille est originaire : la mort réunissait tous les habitants, au son des cloches. Je ressens toujours la même émo-

1. Entretien enregistré au domicile du chef, le 8 février 2002.

tion quand je dirige cette musique et que surgissent les souvenirs. Je connais la partition de Brahms par cœur, comme de nombreuses autres œuvres. J'y pénètre comme dans un livre que je pourrais lire sans avoir besoin de l'ouvrir. »

Qui est donc ce mystique laïc que les augures de notre temps semblent avoir tant de mal à classer ? « Je suis un musicien qui a envie de vivre la musique sur tous les tons et de la partager avec les autres. Mes parents, qui étaient instituteurs, ont très vite compris ce qu'était ma vocation. À 3 ans, j'ai voulu avoir un piano ; ils ont d'abord cru à un caprice de gamin ; mais j'ai persisté. Quand je suis entré au cours préparatoire, j'ai eu la chance d'être remarqué par un professeur de musique de la Ville de Paris, Françoise Deslogères, qui fut l'une des premières spécialistes des Ondes Martenot chères à Olivier Messiaen. Elle m'a entendu chanter au cours de la distribution des prix et dans un petit spectacle que les enfants donnaient à l'école : j'y tenais un rôle assez important. Elle a appelé mes parents et leur a dit : “Il faut absolument que votre fils fasse de la musique.” En dépit de réticences rapidement surmontées, j'ai pris mes premières leçons de piano, puis j'ai obtenu quelques prix : mon père et ma mère m'ont alors offert l'instrument tant désiré. Peu après, Françoise m'a fait entrer à la maîtrise de Radio France (encore O.R.T.F. à l'époque). C'était en 1957 ; j'allais avoir 10 ans. J'ai poursuivi dans la voie du chant et j'ai préparé le professorat, tout en prenant des cours de direction auprès de Jacques Jouineau, directeur de la maîtrise, dont je suis devenu l'assistant.

« Par la suite, après avoir effectué mon service militaire, j'ai chanté de nombreux oratorios, comme baryton, dans le chœur de la Radio et je suis allé au Mozarteum de Salzbourg prendre des cours d'interprétation de lied auprès de Susanne Anders et Paul Schilawski ; j'ai également bénéficié des précieux conseils que m'ont prodigués Elsa Ruhlmann, Denise Duval ainsi que le grand chanteur qu'était Pierre Bernac. Je l'avais rencontré en 1973, au cours d'un concert auquel je participais salle Gaveau, célébrant le 10e anniversaire de la mort de Francis Poulenc, dont Bernac était l'éminent spécialiste dans le domaine de la mélodie. Il m'a remarqué et invité à suivre les cours qu'il donnait à Saint-Jean-de-Luz, puis salle Cortot à Paris. Ce fut une passionnante période au cours de laquelle j'ai appris que les mots pouvaient avoir autant d'importance que la musique. »

La direction d'orchestre n'est pas encore au premier plan des préoccupations du chanteur et du créateur de la chorale Vittoria d'Argenteuil, devenue, peu après, l'un des plus importants ensembles vocaux de la région parisienne, quand une première chance se présente : « Pendant dix-sept années d'activité chorale – j'avais fondé de surcroît en 1978 l'ensemble vocal qui porte mon nom et j'étais professeur au Conservatoire national de Paris – je n'avais jamais dirigé d'orchestre. Des chefs invités passaient, comme le veut la tradition en France : le chef de chœur préparait les choristes et le maestro les conduisait avec les instrumentistes. Je ne me souciais pas de ce qui ressemblait à une relégation au second plan, car je me réalisais pleinement en chantant. Un jour, un ami, Olivier Desbordes, directeur du Festival de Saint-Céré, m'a demandé de monter, vocalement, la *Neuvième Symphonie* de Beethoven, avec un chef allemand. Nous avons obtenu un grand succès. De nombreux choristes ont alors exprimé le vœu de me voir, à mon tour, diriger l'orchestre l'année suivante. Desbordes a accepté et m'a confié le *Stabat Mater* de Poulenc, qui a été très bien accueilli. Desbordes a persisté et m'a demandé de revenir pour conduire le *Requiem* de Verdi. Pendant plusieurs mois, cette longue partition a peuplé mes nuits. J'ai dit à ma femme : "Je ne peux pas jouer cette œuvre ; elle est trop difficile, je renonce." Finalement, je me suis laissé convaincre. Le jour du concert, j'ai eu l'impression que j'allais imploser ; au cours des dix premières minutes, je fus comme sourd. Puis je me suis libéré et tout a très bien marché.

« Ce succès me confirmait dans l'idée qu'il n'y avait pas, comme on le dit trop souvent, une gestique particulière adaptée au chant choral. Pourtant, j'ai pu constater, par la suite combien il était difficile en France d'être un musicien polyvalent. Pour être pris au sérieux, il vaut mieux avoir une étiquette de spécialiste, que ce soit du baroque, du classique, du romantisme ou du moderne. Cependant, je remplissais bien ma vie de musicien, sans ambition médiatique. Je n'avais pas envie de courir le monde, de salle en salle. Quand je prépare un concert comme celui du *Requiem* de Brahms, j'ai l'esprit nourri par la musique pendant des semaines. Je suis comme je l'étais à mes débuts : rien ne me plaît plus que de partager ma passion avec ceux qui travaillent à mes côtés. Quand j'ai obtenu les Victoires de la Musique en 1996 et 1998, j'ai été heureux d'être plébiscité par les musiciens eux-mêmes. »

Le disque a permis à Michel Piquemal de toucher un large public, notamment avec les mélodies de Poulenc, classé en 2001 par Gramophone parmi les dix meilleurs CD de l'année. La crise a hélas décalé, voire supprimé de nombreux projets. Même Naxos, qui distribue ses CD à un prix très inférieur à celui du marché, n'a pas été épargné. « Pourtant, explique Michel Piquemal, le *Requiem* de Maurice Duruflé a été vendu à cent mille exemplaires et le *Requiem pour le temps de paix* d'Henri Tomasi, dédié, à sa création en 1946, aux martyrs de la Résistance, a dépassé les cinquante mille ; j'y vois la preuve qu'une place existe pour les compositeurs français trop rarement joués. Quand j'ai enregistré Poulenc, Honegger et Ropartz, j'ai connu certaines difficultés d'ordre administratif qui auraient dû être évitées : il m'a fallu en effet faire appel à des orchestres extérieurs, notamment ceux de Nancy avec Jérôme Kaltenbach et de la Cité que j'avais monté avec des étudiants du Conservatoire, faute de pouvoir disposer du National d'Île-de-France ; la Région a sorti de ce fait une enveloppe supplémentaire pour que ces disques puissent être gravés. Comprenne qui pourra… J'ai fait également *Le Roi David* d'Honegger, dans sa version originale sans orchestre, *Paris Tango* de Mosalini-Ferrer, les mélodies de Fauré, les *Chansons madécasses* de Ravel, du Schubert, du Liszt, du Berlioz, du Brahms, du Mendelssohn, du Rossini et de la musique baroque. »

Comment Michel Piquemal voit-il son avenir ? Espère-t-il encore, à l'approche de la soixantaine, être considéré, un jour, comme un chef à part entière ? « Il faudrait, confesse-t-il, que je sois plus ambitieux et que j'accepte de partir pour l'étranger, comme l'ont déjà fait de nombreux musiciens français. Je n'ai sans doute pas assez confiance en moi et j'ai du mal à me faire valoir auprès des institutions musicales. Je ne deviens moi-même qu'au cœur de la musique. J'aimerais faire de l'opéra. Des amis chanteurs m'ont encouragé à m'engager dans cette voie ; ils savent en effet ce que je suis capable de leur apporter. Mais, comme je ne me situe pas dans le circuit, on ne pense pas à moi et on n'imagine pas que je puisse descendre dans une fosse d'orchestre. Je n'aime pas le rôle de solliciteur et c'est pourquoi on a tendance à me qualifier de marginal. J'ai pourtant été fréquemment invité en Belgique, en Pologne, en Roumanie, en Russie, en Hongrie où j'ai fait de bons enregistrements orchestraux. J'ai conduit également à Marseille et à Nice où je dirige des stages de chant choral. J'ai aussi participé à de nombreux concerts en compagnie de Philippe Bender et l'Orchestre de Cannes-Côte d'Azur, avec le chœur régional dont je suis le directeur artistique.

« En fait, je prends la vie comme elle vient, sans ressentir de frustration. Je ne suis pas polarisé par mon métier. Je fais du sport : j'ai été nageur de compétition ; maintenant, je pratique le ski et le tennis pour me maintenir en forme. Je suis chineur ; j'aime me rendre à Drouot et dans les marchés d'antiquités, en quête de peintres méconnus. »

Quelles sont les œuvres que Michel Piquemal aimerait aborder ? Mahler, qui a beaucoup écrit pour les voix, l'intéresse-t-il ? « C'est une de mes grandes envies. J'ai chanté en concert les *Kindertotenlieder*. J'ai également participé, comme soliste, au pas de deux créé par Noureïev sur *Les Chants du compagnon errant*, avec l'Orchestre Lamoureux, dirigé par Manuel Rosenthal. Quelle soirée ! J'avais un trac inouï. J'étais arrivé très en avance au Palais des sports de la porte de Versailles où avait lieu le spectacle. La salle était plongée dans le noir ; les musiciens étaient déjà en place. À mes côtés, Rosenthal attendait que les projecteurs s'allument pour pénétrer sur le plateau. C'est alors que j'ai éprouvé le besoin de me moucher, comme tous les chanteurs le font avant d'entrer en scène. Horreur ! Je me suis mis à pisser le sang ! L'hémorragie était sans doute provoquée par l'extrême tension nerveuse à laquelle j'étais soumis depuis plusieurs heures. Je me suis précipité dans les toilettes et j'ai mis ma tête sous le robinet d'eau froide. Rien n'y a fait. On m'a allongé sur un tapis, tandis que l'orchestre s'accordait et que le public s'impatientait. Les trépignements des gens ont provoqué une forte réaction en moi ; j'ai été pris de frisson et je me suis relevé en disant à Rosenthal : "On y va." Comme par enchantement, tout s'est très bien passé. Ce spectacle fut donné une seconde fois au Théâtre des Champs-Élysées avec Marc Soustrot au pupitre. Il m'a valu de lire, dans *La Revue des Deux-Mondes*, une des meilleures critiques de ma carrière. »

Toujours en quête de novations, Michel Piquemal se consacre, avec les moyens dont il dispose, à la diffusion de la musique auprès des jeunes : « On n'a pas encore compris en haut lieu que, si l'on veut enseigner la musique dans les écoles, il faut d'abord former des maîtres. Il ne suffit pas d'inscrire une heure de cours dans l'emploi du temps des enfants pour qu'ils aient envie d'aimer la musique. Il faut pouvoir disposer de maîtres capables de faire passer un message, comme ce fut le cas, avec moi, de Françoise Deslogères, exception qui confirme la règle. Pour ma part, je consacre beaucoup de temps à l'Orchestre universitaire de la Sorbonne, qui regroupe soixante-dix instrumentistes et cent quatre-vingts choristes. J'ai donné avec eux en 2002 la *Cinquième Symphonie* de Schubert et la *Messe en ré* de Dvorak. Je continuerai, car je crois beaucoup à cette prospection musicale qui rencontre un indéniable succès auprès des étudiants. Mais, là aussi, il faudrait que les pouvoirs publics ou locaux nous soutiennent plus activement. »

Se réfugier sur une île déserte, Michel Piquemal n'y songe pas particulièrement : « Si je voulais m'isoler, comme je connais un grand nombre de partitions par cœur, je n'en aurais pas besoin, car elles seraient dans ma tête, à commencer par les œuvres de Bach qui ne cessent de me fasciner, car il a tout inventé. »

STÉPHANE DENÈVE EN QUÊTE D'IDÉAL

« Je me demande comment il faut vivre : patienter ou se hâter, marcher ou courir ? »
Paul Morand, *Paul Iribe*

Il est passionnant de suivre les étapes qui conduisent un jeune chef d'orchestre à la notoriété. À 32 ans, Stéphane Denève a déjà derrière lui un solide palmarès, aussi bien lyrique que symphonique. Enthousiaste, passionné, il rayonne de joie et de musique, mais ce n'est pas un homme pressé, bien que son emploi du temps puisse évoquer le héros impatient de Paul Morand, en quête de l'inaccessible étoile.

Le public parisien, alerté par d'excellentes critiques, a pu remarquer, à maintes reprises, sa haute taille, ses cheveux blonds en bataille et sa gestique énergique à l'Opéra Bastille, lieu privilégié où il a su se faire un nom. De Paris à Sydney, en passant par Amsterdam, Berlin, Turin, Taipei, Tokyo, Washington, Cincinnati, Salzbourg, Genève, Bâle, Liège, Toulouse, Strasbourg, Glasgow, pour ne citer que quelques-unes de ses escales au cours de l'année 2003, on peut le suivre à la trace sur Internet. Il va vite et il est partout. Pourtant, il déteste la précipitation et, s'il se penche sur son tout récent passé, ce n'est pas pour exprimer des regrets[1] : « J'ai déjà tant de beaux souvenirs, indique-t-il. Ces dernières années, les événements se sont en

1. Entretiens enregistrés à Paris, le 12 février 2002 et le 3 novembre 2003.

effet précipités. J'ai eu parfois beaucoup de chance grâce à des rencontres décisives. En fait, j'ai l'impression d'avoir connu plusieurs vies. Parfois, il m'arrive de dire à mes amis : "J'ai assez travaillé, assez étudié, j'ai envie de prendre ma retraite." N'en croyez surtout pas un mot ! »

Originaire de Roncq, près de Tourcoing, Stéphane Denève a découvert la musique grâce à son père qui jouait du tuba dans l'harmonie municipale : « Il m'installait parfois sur une chaise au sein de l'orchestre, lors des concerts du dimanche matin. Je n'avais que 5 ou 6 ans : me trouver ainsi au cœur du son m'a beaucoup marqué et je brûlais d'envie de pouvoir jouer un jour avec mon père. À 8 ans, j'ai commencé à étudier le solfège et la trompette avec André Tiberghien, un professeur amateur de l'harmonie de Roncq. Il n'est plus de ce monde, mais j'aimerais pouvoir lui exprimer ma gratitude, mon admiration, pour lui et pour tous ces passionnés qui permettent au Nord d'être depuis longtemps un formidable vivier de jeunes musiciens. Je me souviens aussi que Jean-Claude Casadesus était venu à Roncq au cours d'une de ses nombreuses missions de décentralisation ; pour la première fois, grâce à son orchestre, j'entendais le son des violons, des violoncelles et des contrebasses. C'était très ésotérique pour mes oreilles. À 10 ans, élève d'une école catholique, je fis la connaissance d'une vieille sœur qui jouait de l'orgue et que j'écoutais en cachette. Elle donnait aussi des cours de piano. Elle a trouvé que j'avais certains dons ; elle en a parlé à mes parents qui m'ont inscrit au Conservatoire de Tourcoing. Je n'avais pas encore la volonté de devenir musicien professionnel : je suivais en effet une scolarité normale ; à l'époque, j'étais autant captivé par l'informatique que par les leçons de musique. Au piano, instrument trop solitaire, je préférais la musique jouée en groupe. Or il y avait à Tourcoing une classe d'initiation à la direction d'orchestre qui me tentait terriblement ; mais je n'avais que 13 ans. Ma mère a beaucoup insisté, c'est peu dire, auprès du directeur en arguant de ma grande taille. Ce dernier a fini par m'accepter : je me souviens avoir dirigé une courte pièce orchestrale, deux mois plus tard, le jour anniversaire de mes 14 ans, lors de ces fameux concerts de la Sainte-Cécile, patronne des musiciens que le Nord célèbre avec ferveur. L'année suivante eut lieu une rencontre déterminante pour mon avenir musical : celle d'André Dumortier. Je venais d'obtenir une médaille d'or de piano et une autre de direction d'orchestre au Conservatoire de Tourcoing. Ce grand maître belge du piano, excellent pédagogue et de surcroît fin psychologue, m'a d'abord expliqué que je me trouvais au pied d'une haute montagne, dont l'ascension pourrait durer toute mon existence. J'étais bardé de prix régionaux et je bénéficiais d'une petite "starisation" très locale : or, il a su me désenfler quelque peu les chevilles. Quel choc ! "Mon doigt pointe vers la lune, me disait-il ; tant pis pour celui qui regarde le doigt." Nous avons passé ensemble quatre années merveilleuses. Ce vieil homme de 80 ans m'a permis de devenir son fervent disciple, en le voyant plusieurs fois par semaine et en étudiant avec lui les styles, les formes, la philosophie. Quelles leçons de vie ! Après que j'eus joué quelques préludes et fugues de Bach, il m'a dit un jour : "Tu as de la chance : tu as désormais accès au génie des grands compositeurs ; tu ne seras plus jamais seul."

« Pendant ces années d'adolescence, j'ai créé aussi un orchestre de "formation Mozart", composé de trente-six musiciens, regroupant de jeunes instrumentistes de la région. J'accompagnais également au piano La Lyre halluinoise, un valeureux chœur d'hommes qui m'a apporté beaucoup de joie et d'amitié ; j'ai poursuivi l'étude de la direction d'orchestre à Reims et j'ai suivi de surcroît deux stages à Saumur auprès de Pierre Dervaux, directeur de l'Orchestre national des Pays de la Loire ; ce maître s'est montré très positif à mon égard ; j'ai aimé son pragmatisme inspiré. »

Ainsi, Stéphane Denève demeure sous bonne escorte : après Dumortier, Casadesus, Dervaux… Mais le meilleur reste à venir : « Mon bac scientifique en poche, je suis parti pour Paris. Je fus reçu au Conservatoire national supérieur dans les classes de direction d'orchestre, de direction de chant, formant les "coaches-pianistes" de chanteurs d'opéra et d'histoire de la musique. Ce programme était trop lourd ; j'ai donc abandonné l'histoire pour me gorger de musique : j'ai découvert l'opéra grâce aux précieuses "six places par spectacle" offertes par l'Opéra de Paris aux élèves du Conservatoire. Je sortais quasiment chaque soir, notamment le mercredi, à l'Orchestre de Paris, et le jeudi, à l'Orchestre National ; j'étais impressionné de voir "en vrai" les grands chefs et solistes que je ne connaissais que par le disque. Tout en suivant mes cours, j'ai travaillé pour assurer "la matérielle" : je suis devenu pianiste du chœur de l'Orchestre de Paris, dirigé à ce moment-là par le charismatique et truculent Arthur Oldham. Je remplaçais l'orchestre au piano au cours des ultimes répétitions du chœur et des solistes vocaux. J'ai pu ainsi jouer pour d'immenses musiciens, comme Carlo Maria Giulini, Pierre Boulez, Sir Colin Davis, Yehudi Menuhin, Mstislav Rostropovitch… J'ai aussi chanté sous leur direction, car Arthur Oldham me permettait de rejoindre le pupitre des barytons lors des concerts. La voix me passionnait de plus en plus ; en toute logique, mon premier engagement professionnel fut donc un opéra : *Cosi fan tutte* à Saint-Céré, grâce à mon professeur de direction de chant, Serge Zapolsky, qui était le directeur artistique de ce festival d'été. Ce fut un rêve : une merveilleuse collaboration avec le jeune metteur en scène Patrick Abéjean et une distribution excellente ont été saluées comme un grand succès. Les critiques furent excellentes. Un splendide et flatteur article de Jacques Doucelin, dans *Le Figaro*, m'a permis d'obtenir d'autres engagements, notamment au Théâtre impérial de Compiègne pour *Céphale et Procris* de Grétry et *Mignon* d'Ambroise Thomas, qui révéla le ténor Yann Beuron.

« En même temps, j'ai pu mener un début d'activité symphonique en France avec les Orchestres de Mulhouse, Bordeaux, Strasbourg et d'Île-de-France, tout ceci en parallèle avec mes études au Conservatoire ; j'y ai obtenu, en 1994, le premier prix de direction à l'unanimité grâce notamment à l'enthousiasme d'un prestigieux membre du jury, Jean-Claude Casadesus, qui m'engagea immédiatement comme assistant à l'Orchestre national de Lille. Cet homme passionné et passionnant m'a beaucoup marqué par sa ferveur musicale, sa générosité et son incontestable talent de communication. »

C'est alors que Stéphane Denève rencontre un « géant » qui lui offre une nouvelle chance, encore plus décisive que les précédentes : « Toujours pianiste à l'Orchestre de Paris, j'étais terrorisé à l'idée de jouer pour l'immense Sir Georg Solti, en particulier une œuvre aussi difficile que la *Missa solemnis* de Beethoven. J'avais, croyez-moi, travaillé à fond cette œuvre redoutable. Solti semblait satisfait. J'avais les yeux rivés sur sa gestique que l'on pouvait qualifier de "compliquée" et j'ai réussi à le suivre. Quelques mois plus tard, il est revenu à l'O.P. pour diriger *Le Château de Barbe-Bleue* de Bartok. Pour l'anecdote, nous avons répété tout un après-midi avec les solistes au bar de nuit du Ritz, hôtel où le maestro résidait. Son grand âge et sa renommée lui permettaient quelques caprices ! Il m'a dit alors, de son accent rocailleux : "Mon jeune ami pianiste, êtes-vous chef d'orchestre aussi ? – Oui, ai-je répondu, aussi interloqué qu'intimidé, du moins j'essaie de le devenir." À ma grande surprise, il a ajouté : "Très bien ; demain matin, je voudrais écouter de la salle ce que donne l'équilibre entre les chanteurs et l'orchestre. Vous dirigerez à ma place. Voici ma partition, à demain." Quelle émotion ! Je suis parti en serrant précieusement sa partition contre moi, avant de passer la nuit à étudier avec soin ses annotations dans cette œuvre extrêmement complexe que je connaissais, certes au piano, mais que je n'avais pas prévu de diriger. Le lendemain matin, vers dix heures trente, j'étais dans la salle, lui au pupitre : "Stif – c'est ainsi qu'il m'appelait –, venez me remplacer !" Quel effroi : j'avais l'Orchestre de Paris en face de moi, Julia Varady à ma gauche, Laszlo Polgar à ma droite et surtout le maestro dans le dos. À l'issue de cet essai, les musiciens, indulgents, m'ont applaudi. Solti, quant à lui, m'a remercié gentiment, mais sans long commentaire. J'ai pensé que nous en resterions là. Or, deux mois plus tard, il s'est produit un événement merveilleux : sur la bande de mon répondeur téléphonique, j'ai entendu l'impressionnante voix d'Hugues Gall, directeur de l'Opéra de Paris : "Cher monsieur Denève, je ne vous connais pas, mais je viens de recevoir une lettre de mon ami Sir Georg qui me dit le plus grand bien de vous et qui me suggère de vous engager pour être son assistant dans *Don Giovanni*, spectacle de réouverture de l'Opéra Garnier. Rappelez-moi au plus vite."

« Je me suis assis dans un fauteuil, les jambes coupées. J'ai bien entendu accepté cette proposition et j'ai fait mon entrée au Palais Garnier, au côté de Solti, en 1996. J'avais 25 ans. Plus tard, il m'a demandé de le suivre à Londres, auprès du London Philharmonic pour l'enregistrement de *Don Giovanni*. Ce furent, vous l'imaginez, de prodigieux moments.

« Quand à Hugues Gall, il a été fantastique. Je lui avais laissé entendre que je ne voulais pas brûler les étapes, que je désirais penser à long terme et structurer mes "années d'apprentissage". Il m'a parfaitement compris : il m'a aidé à trouver un poste de *Kapellmeister* en Allemagne – j'y reviendrai – et m'a également engagé pour d'autres productions de l'Opéra en me confiant progressivement de nouvelles responsabilités. J'ai d'abord été l'assistant de Georges Prêtre dans *Turandot* de Puccini, de James Conlon dans *La Traviata* de Verdi, de Gary Bertini dans *Salammbô* de Fénelon, de Seiji Ozawa. Ensuite, il m'a testé en me lâchant dans la "fosse aux lions" des musiciens de l'orchestre, pour un ballet, *Le Parc* d'Angelin Preljocaj, que j'ai adoré. Cette épreuve passée, Hugues Gall m'a confié une représentation du *Dialogue des carmélites* de Poulenc, où je remplaçais Seiji Ozawa, sans répétition. Je m'en suis miraculeusement bien tiré, malgré mon énorme angoisse. Cette soirée correspondait à une date importante de ma vie amoureuse ; c'est trop compliqué à vous expliquer… Toujours est-il que, ce soir-là, j'ai tout gagné : ma place à l'Opéra, un engagement à l'Orchestre de Washington, dont le directeur, Leonard Slatkin, très enthousiasmé, était dans la salle, et surtout le cœur de quelqu'un que j'aimais.

« Gall m'a ensuite permis de diriger *Cosi fan tutte* au cours de la même saison, puis *La Flûte enchantée*. Comme tout se passait bien, il m'a engagé en

2001 pour *La Bohème*, puis en 2002 pour *Don Quichotte* de Massenet, en 2003 pour *Les Noces de Figaro*, dans la mythique mise en scène de Giorgio Strehler, en attendant *Peter Grimes* de Britten en 2004. Grâce soit rendue à sa fidélité.

« Dès 1998, j'avais dit au directeur de l'Opéra que je désirais m'expatrier en Allemagne pour apprendre mon métier "à l'ancienne" et devenir un *Kapellmeister*, terme que l'on pourrait traduire par "chef de maison à tout faire d'opéra germanique". Ces fameux théâtres, dits de répertoire, disposant d'une cinquantaine de productions, proposent un opéra différent chaque soir : on passe ainsi du *Chevalier à la rose* le lundi soir, à *Tosca* le mardi, *Tristan* le mercredi et ainsi de suite, chaque saison permettant de renouveler une dizaine de spectacles. Ce système est rendu possible par l'existence d'une troupe de chanteurs et de chefs à demeure. Toujours prompt à m'aider, Hugues Gall avait établi pour moi un contact avec l'intendant du Deutsche Oper am Rhein de Düsseldorf, qui m'a engagé pour diriger une *Probedirigante*, c'est-à-dire une représentation test en public, sans répétition préalable, de *La Flûte enchantée* ! Le jour de la représentation, j'ai rencontré pour la première fois les chanteurs à cinq heures de l'après-midi, sauf Kurt Moll, la célèbre basse, que je n'ai vu que lorsqu'il est entré en scène. C'était assez fou ! On m'avait envoyé, quelques semaines auparavant, une cassette vidéo qui m'avait permis de visionner la mise en scène. Malgré ma connaissance rudimentaire de l'allemand et ma nervosité excessive, qui me fit lâcher ma baguette pendant l'ouverture – mon agent et ma petite amie ont pris dix ans, tant ils ont craint une catastrophe –, j'ai gagné la confiance de l'orchestre et des chœurs. Le spectacle a eu du succès, les musiciens m'ont chaleureusement applaudi et j'ai été engagé comme chef permanent, *Kapellmeister* donc. Je ne pouvais rêver meilleure école pour apprendre mon métier. Les théâtres d'outre-Rhin constituent en effet un parfait terrain d'apprentissage pour qui veut se perfectionner et acquérir rapidement une précieuse expérience : on n'apprend à diriger qu'en dirigeant. J'ai appris et dirigé d'ailleurs dans cette maison sept ou huit opéras et ballets nouveaux, chaque année ! Je suis resté quatre saisons à Düsseldorf, puis j'ai pris la difficile décision de ne pas renouveler mon contrat, malgré les demandes pressantes de l'intendant, car je voyais ma carrière se développer au plan international : il me fallait plus de disponibilité pour accepter les nombreux engagements qui se profilaient à l'horizon. De plus, je voulais éviter l'étiquette "chef d'opéra", qui peut malheureusement nuire à long terme. »

Chef lyrique confirmé, Stéphane Denève se veut donc aussi symphoniste : « J'ai d'abord voulu prouver que j'étais capable de diriger Beethoven, Schumann, Brahms et d'autres grands compositeurs. Pour mon premier engagement aux États-Unis, j'ai obtenu de conduire la *Deuxième Symphonie* de Brahms ; pour mes débuts à l'Orchestre de Paris, j'ai souhaité donner la *Cinquième* de Mendelssohn, le *Concerto* de Schumann, l'*Ouverture tragique* de Brahms ; pour ma première apparition au National, j'ai voulu la *Troisième* de Schumann et le *Concerto pour violon* de Mendelssohn. Puis j'ai totalement inversé la tendance : j'ai fait un premier *Pelléas et Mélisande* de Debussy (mon opéra préféré) à Cincinnati, un *Faust* à Salzbourg ; je m'étais rendu compte que j'avais un véritable atavisme français et qu'il me plaisait de défendre notre répertoire dans un certain idiome. Je suis un grand admirateur de Charles Munch, j'adore les phrasés de Georges Prêtre, les couleurs de Plasson, notre "Bernstein" national ! Et, c'est très prétentieux de ma part, je me sens de plus en plus l'héritier de leur spécificité française : à l'étranger, j'ai dirigé *Bacchus et Ariane* de Roussel à Berlin, *Prélude à l'après-midi d'un faune* de Debussy à Sydney, la *Fantastique* de Berlioz à Tokyo, Washington, Stockholm, *La Mer* de Debussy à Saint-Pétersbourg, *L'Apprenti sorcier* de Dukas à Milan, la *Troisième Symphonie* d'Honegger à Leipzig. J'essaie partout de définir un style français, celui de mes aînés, fait de liberté rythmique, de colorisme passionné, de transparence transcendée, de douceur débridée, d'instantanéité étincelante, de folie, que sais-je encore… d'orgueil crâne, celui qui nous a fait perdre plus d'une Coupe du monde !

« J'éprouve maintenant le besoin de m'établir quelque part comme directeur musical. Ma vie sentimentale n'est toujours pas stabilisée, je n'ai malheureusement pas encore d'enfant. Je ressens donc de plus en plus fortement le besoin d'initier une relation musicale fixe et constructive avec un orchestre. Bien sûr, cela ne me prendra que quatre ou cinq mois par an et je pourrai toujours continuer à parcourir le monde comme chef invité, le reste du temps. Cependant, j'hésite beaucoup à prendre la responsabilité d'une formation française : on vient pourtant de me faire d'alléchantes propositions que, bien entendu, j'étudie. Mais lorsqu'on a goûté à l'incroyable qualité technique et au niveau de concentration extrême des orchestres américains, japonais, australiens, scandinaves ou anglais, je dois avouer qu'il est parfois décourageant de retrouver notre cher pays ! Nos musiciens sont pourtant d'un niveau individuel remarquable, souvent gâché, hélas, par un manque de joie, de bonne humeur. J'aimerais de tout mon cœur réussir, auprès d'un orchestre français si j'en suis le directeur musical, à inverser cette spirale négative qui, au fond, frustre beaucoup les instrumentistes. Il existe encore, je le crains, un malentendu franco-français qui fait du chef un authentique patron style XIXe siècle, omnipotent, aussi arrogant que distant, et des musiciens des fonctionnaires râleurs et suspicieux. Ce malentendu force les uns et les autres, souvent malgré eux, à jouer des rôles anachroniques et stériles. C'est étrange et triste. Hors de nos frontières, le climat social est, je l'ai constaté, beaucoup plus mature et la responsabilisation des musiciens face aux exigences d'un projet d'abord artistique bien plus profonde.

« Voilà pour moi un grand dessein pour ces prochaines années : affiner ma psychologie auprès des orchestres français, développer un projet collégial enthousiasmant, améliorer un éventuel charisme pour tenter de changer les mentalités qui me semblent erronées. J'ai eu la chance de rencontrer Sir Simon Rattle que j'admire. Son travail, particulièrement à Berlin, à l'intention des jeunes publics, est proprement extraordinaire. Voilà un vrai briseur de tabous, qui analyse avec modernité, clarté et humour la situation de la musique dite classique dans notre monde actuel. C'est un modèle d'ouverture, de générosité et de véritable gentillesse. »

Quel regard Stéphane Denève jette-t-il sur la musique contemporaine ? : « Sur ce sujet, les mentalités changent, surtout en France. Le public recommence à s'intéresser aux œuvres nouvelles ; mais le poncif "musique contemporaine égale bruits insupportables" a la peau dure. C'est un des paris des jeunes musiciens que de l'abolir. Il y a deux ans, l'Orchestre de Washington m'avait demandé de présenter, en ouverture de programme, un ouvrage d'un compositeur français vivant ; il m'avait suggéré les noms de Pierre Boulez et d'Henri Dutilleux. J'ai rétorqué que ces deux-là n'avaient pas besoin de moi pour promouvoir leur musique et que je préférais être plus audacieux dans mon choix. J'ai donc appelé plusieurs éditeurs parisiens en leur faisant miroiter l'éventualité de trois concerts prestigieux au Kennedy Center de Washington afin qu'ils m'adressent leurs meilleures partitions symphoniques. J'ai reçu, notamment, des choses intéressantes de Dusapin, Florentz, Dalbavie, Escaich, Di Tucci, Lemeland, mais aussi beaucoup de musiques décevantes, pour ne pas dire plus, impossibles à exporter aux États-Unis. Et puis, un jour, j'ai découvert *Supernova*, une œuvre de Guillaume Connesson, compositeur dont je ne connaissais même pas le nom. Son orchestration m'a paru si merveilleuse, son talent si sûr, que j'ai immédiatement appelé son éditeur ; j'ai appris ainsi que Connesson n'avait que 30 ans. On s'est rencontrés, le courant est passé. Son écriture est brillantissime ; elle se situe sur la lancée de *Daphnis et Chloé*, de *Bacchus et Ariane* : elle contient de riches harmonies au service d'un discours coloré et varié. J'ai présenté ce morceau à Leonard Slatkin, directeur de l'orchestre, qui a agréé ma proposition. Ce fut un énorme succès ! Les musiciens, le public, et même les critiques ont adoré cette œuvre. Et, consécration immédiate, l'orchestre lui a passé commande d'une pièce d'orchestre pour le Festival du Kennedy Center. Je n'en suis pas peu fier… pour lui. »

Et l'île déserte ? Comment l'aborderait-il ? « Cette question n'est valable qu'à la minute même où on la pose. Je choisis donc, en ce jour, à ce moment précis, *Pelléas et Mélisande.* »

OÙ SONT LES CHEFS FRANÇAIS ?

« La vie ne va pas sans de grands oublis. »
Honoré de Balzac, *La Cousine Bette*

On a tendance à affirmer qu'il y a peu de chefs d'orchestre de talent en France. Je m'inscris en faux contre cette allégation : il suffit en effet de se pencher sur la vie musicale à l'étranger pour constater que de nombreux orchestres ont su offrir une place de choix à des maîtres qui ne se produisent que très rarement dans l'Hexagone, ou que l'on ne voit même jamais. La liste que j'établis ci-après, trop succinctement sans doute, en apporte la preuve.

Alain Lombard, né à Paris en 1940, a été considéré naguère comme l'un des plus prestigieux musiciens français. Élève de Gaston Poulet, il donne son premier récital de violon à la salle Gaveau, à l'âge de 11 ans, peu après la révélation de Roberto Benzi. Il s'oriente bientôt vers la direction qu'il étudie auprès de Ferenc Fricsay à Berlin. Il occupe son premier poste permanent à l'Opéra de Lyon à l'âge de 21 ans. Invité aux États-Unis, il remporte en 1966 le premier prix du concours Mitropoulos, qui lui vaut de devenir l'assistant de Leonard Bernstein au Philharmonique de New York, puis celui d'Herbert von Karajan à Salzbourg. Il est nommé chef permanent au Met en 1967, tout en devenant directeur musical de l'Orchestre de Miami. Il revient en France en 1972 pour diriger le Philharmonique de Strasbourg, puis l'Opéra du Rhin. Directeur de la musique à l'Opéra de Paris, de 1981 à 1983, il se fixe à Bordeaux en 1988 où il devient directeur musical du National de Bordeaux-

Aquitaine, avant de prendre la direction artistique du Grand Théâtre. Un désaccord avec la municipalité aboutit à son départ en 1995. Il se produit alors comme chef invité à New York, Philadelphie, Chicago, Boston, Los Angeles, Berlin, Hambourg, Munich… Après un court passage à la tête de l'Orchestre symphonique de la Suisse italienne, il est devenu en septembre 2002 directeur du Symphonique de Séville.

Sylvain Cambreling, né en 1948 à Amiens, a obtenu le premier prix de trombone au Conservatoire national de Paris en 1970 ; élève de Pierre Dervaux à l'École normale, il obtient une mention au concours de Besançon en 1974. Serge Baudo l'engage alors comme adjoint à Lyon, où il reste en poste jusqu'en 1981. Chef invité à l'Opéra de Paris, il est remarqué par Pierre Boulez qui le prend comme premier chef à l'Intercontemporain. Sa carrière se développe ensuite hors de France, dès 1981, d'abord à Glyndebourne, puis à Bruxelles, où il devient directeur musical du Théâtre de la Monnaie en 1987. Entre-temps, il a débuté à la Scala. Appelé à Francfort en 1991, il est *Generalmusikdirektor* de l'Opéra en 1993, qu'il quitte en 1997 à la suite d'un désaccord avec le metteur en scène de *Fidelio*. Invité dans les plus grands théâtres lyriques, Met, Vienne, Salzbourg – où la vidéo de *La Damnation de Faust* a mis son talent en pleine lumière –, il s'oriente de plus en plus souvent vers la musique contemporaine. Chef principal de l'Orchestre symphonique de S.W.R. de Baden-Baden depuis 1999, il s'est produit à l'Orchestre de Paris et pourrait prendre certaines responsabilités à l'Opéra de Paris après le départ de James Conlon. Son frère Philippe, premier prix du concours de Besançon en 1981, mène lui aussi une carrière de chef.

Jean-Bernard Pommier, né en 1944 à Béziers, s'impose très jeune comme un pianiste de grande classe. Élève d'Yves Nat et d'Eugen Istomin, il est lauréat du concours Tchaïkovski en 1962. Apprécié pour ses intégrales discographiques, en particulier celle des *Sonates* de Mozart, il bifurque à partir de 1980 vers la direction, notamment auprès de l'English Chamber Orchestra et de l'Orchestre de Paris, où il se produit également comme soliste dans les *Concertos* de Beethoven sous la direction de Daniel Barenboïm. Grand voyageur, il est invité fréquemment à Tokyo et en Australie, où il devient à partir de 1990 directeur du Festival d'été. Ces dernières années, on l'a revu plus fréquemment en Europe : il est notamment très présent aux Pays-Bas.

Louis Langrée est né en 1961 à Mulhouse. Après de brillantes études à Strasbourg où il remporte cinq premiers prix, il se fait remarquer à Salzbourg et à Bayreuth, avant de devenir l'adjoint de Semyon Bychkov à l'Orchestre de Paris. Invité à Glyndebourne, à Covent Garden, à Dresde, ainsi qu'à la Bastille, il brille également dans le répertoire symphonique auprès des Orchestres de l'Âge des Lumières, du Philharmonique de Londres, de la B.B.C., de la Suisse romande, de l'Orchestre de Paris. Après un court passage à l'Opéra national de Lyon (1998-2000), il a pris la direction du Philharmonique de Liège en 2001 et celle du Mostly Mozart Festival de New York en 2003.

Philippe Bender, né à Besançon en 1942, obtient trois premiers prix au Conservatoire national de Paris. Flûtiste à l'Opéra de Monte-Carlo, il remporte le premier prix du concours Mitropoulos en 1970 et devient l'assistant de Leonard Bernstein, puis de Pierre Boulez. Nommé en 1975 directeur artistique de l'Orchestre régional de Cannes-Provence-Côte d'Azur, il est demeuré fidèle à cette formation.

Bertrand de Billy, né en 1965, est d'abord assistant de Pierre Dervaux à l'Orchestre des Concerts Colonne. Chef principal à Dessau (ex-R.D.A.) à 28 ans, il est chef invité à Londres, Berlin, Vienne, Hambourg, Munich, Paris. Principal chef du Symphonique de la Radio de Vienne et directeur du Liceu de Barcelone, il quittera ces deux postes en 2004. Grand spécialiste du lyrique, il a donné plus de cinquante opéras au cours des dix dernières années.

Patrick Fournillier, né en 1954, deuxième prix du concours de Besançon en 1984, a été l'assistant de Jean-Claude Casadesus à Lille, avant d'être directeur musical du Sinfionetta d'Amiens. Il a dirigé le Philharmonique de Berlin, ainsi qu'au Met et il a donné *Faust* à la Scala.

Philippe Auguin, né en 1962, élève de Karajan et de Solti, s'est imposé en Allemagne, d'abord à l'Opéra de Stuttgart, dans Wagner et Strauss ; il a été ensuite directeur musical de l'Opéra de Nuremberg de 1998 à 2004, où il a donné la *Tétralogie*. Invité à Covent Garden, au Met, à la Scala, il est s'également produit au National de France.

Frédéric Chaslin, d'abord pianiste à l'Orchestre de Paris, a été l'assistant de Daniel Barenboïm à Bayreuth, puis de Pierre Boulez à l'Intercontemporain. Il a dirigé, dès l'âge de 26 ans, l'Opéra de Rouen et se produit fréquemment à la tête du Symphonique de Jérusalem, avec lequel il a enregistré une importante anthologie de musique juive.

Emmanuel Villaume, né en 1964, a été découvert par les Américains en 1994 à l'Opéra de Saint Louis et de Washington, où il a brillamment dirigé *Les Noces de Figaro*, *Faust*, *Le Prince de Hombourg* de Henze. Il a remplacé Ozawa au pied levé à Boston, en 1998, et a immédiatement été réinvité. Il s'est produit à l'Opéra Bastille en 1999 dans *Rigoletto*, à l'Orchestre de Paris et au National.

Jean-Yves Ossonce commence sa carrière à Tours en 1982, où il devient en 1995 directeur musical de l'Opéra et de l'Orchestre symphonique. Il se produit également en Grande-Bretagne, avec les Orchestres de la B.B.C. à Londres, Manchester et Édimbourg. Il a été salué par la presse anglaise pour la qualité de ses enregistrements des *Symphonies* de Magnard en 1999.

Pascal Rophé a déjà donné de nombreux concerts avec le Philharmonique de Radio France, notamment dans Mahler. Il possède un vaste répertoire, qui englobe les œuvres contemporaines, notamment de Schoenberg, Ligeti, Boulez. Fréquemment invité aux Pays-Bas, il a assuré de nombreuses créations.

Jean-Luc Tingaud, né en 1970, émule de Manuel Rosenthal, a créé l'Orchestre Ostinato, formé de jeunes instrumentistes du Conservatoire. Il couvre toutes les périodes du baroque à Boulez. Il a dirigé l'Orchestre National au cours de la cérémonie funèbre consacrée à Manuel Rosenthal, son maître.

François-Xavier Roth, né en 1971, a remporté en 2000 le premier prix du concours Donatella-Flick, organisé en association avec le London Symphony Orchestra, avec lequel il a effectué une tournée riche de promesses. Il a été l'assistant de John Eliot Gardiner, dans le cadre de la préparation et des représentations des *Troyens* au Châtelet et il a brillamment remplacé le maestro anglais à la tête de l'Orchestre révolutionnaire et romantique dans *Lélio* de Berlioz.

Emmanuel Leducq-Barôme, né en 1971, s'est fait connaître à Saint-Pétersbourg, où il a été invité en 1993 par Mariss Jansons. Après avoir dirigé l'Orchestre de Kaliningrad, il a créé l'Orchestre de chambre de la Baltique. Il a été récemment invité à Toulouse.

Pacal Verrot, nommé directeur musical de l'Orchestre de Picardie à Amiens, mène une activité de chef lyrique et symphonique, qui se développe aussi bien en France qu'à l'étranger : c'est ainsi qu'il se produit, au cours de la saison 2003-2004, à Amiens, notamment dans Mozart, Bernstein, Copland et Puccini, à Lille dans *Don Giovanni* et *Madame Butterfly*, au Théâtre impérial de Compiègne dans *L'Éducation manquée* de Chabrier et *La Voix humaine* de Poulenc, à Nancy dans Debussy, Poulenc et Roussel ; il dirige également Chabrier et Poulenc au Covent Garden de Londres, et à Tokyo, *Don Giovanni*.

Laurent Campellone, né en 1972, s'est fait connaître en devenant, à 23 ans, le directeur musical de l'Opéra de Toulon ; assistant de Christoph Eschenbach, il a obtenu le premier prix du concours des jeunes chefs Franco-Capuana, à Spolète, sous l'égide de la Communauté européenne. En 2003, il a été nommé directeur de l'Orchestre de Saint-Étienne, où il conduit la saison symphonique et lyrique. Sa première saison a été marquée par la biennale Massenet. Journaliste à ses heures, on trouvait fréquemment sa signature dans la revue *Répertoire* où il écrit d'intéressants portraits consacrés à des maîtres du passé.

L'ART DU BAROQUE

Christopher Hogwood en répétition
avec l'Orchestre philharmonique
de Radio France.

LES JARDINS SECRETS DE WILLIAM CHRISTIE

« C'est dans l'isolement que s'apprennent le mieux les secrets de l'Art et de la Beauté, comme la sagesse aime l'adoration solitaire. »
Oscar Wilde, *Le Jeune Roi*

Boulevard Blanqui, le long du métro aérien, sous les derniers rayons du soleil d'été, William Christie et ses musiciens dégustent un expresso à la terrasse d'un café. Sous ses cheveux blancs et clairsemés, le regard du chef, abrité par de fines lunettes métalliques dorées, semble jovial. Après la pause du déjeuner, il bat le rappel de ses instrumentistes pour une répétition des œuvres de Campra, qu'il doit diriger et enregistrer quelques jours plus tard à la Cité de la musique.

Dans une salle triste, à l'acoustique incertaine et au confort primaire, le chef conduit sans baguette : sa main gauche est souple et aérienne ; elle volette comme un papillon qui ne se poserait jamais, tandis que la droite bouge à peine pour battre la mesure. Il accompagne la musique en chantant et dialogue souvent avec l'orchestre, les solistes et les choristes. Courtois, parfois acerbe, jamais agressif, il est constamment d'une exquise politesse. Quand la musique devient majestueuse ou alerte, un enthousiasme juvénile l'anime. J'ai retenu quelques exemples de ses apostrophes musicales :

Exigeant (aux chanteurs) : « Plus élégant, s'il vous plaît, c'était un peu rude. *Gentlemen*, vous serez obligés de donner un *bis.* » Ses bras s'arrondissent comme pour exprimer une prière.

Caustique (au chœur) : « Mesdames, nous ne sommes pas dans une salle de conversation. »

Remontrant (au baryton) : « Vous semblez trop sérieux pour une musique qui n'est pas trop sérieuse, du moins dans ce passage. Restez transparent. »

Réservé (aux deux hautes-contre) : « C'est très beau, très élégant. Les deux voix se confondent : pouvez-vous y ajouter un petit élément lié ? »

Prudent (aux chanteurs) : « Ne donnez pas tout ce que vous avez. Gardez quelque réserve pour plus tard. »

Incitatif (aux vents) : « Viril, jeune, masculin ! »

Malicieux (à la trompette) : « Toi, tu es Louis XIV. »

Enthousiaste (à tous) : « Ça va être superbe, les enfants ! » (à la trompette et à la timbale) : « Ça va être un tube ! »

Soucieux (à l'ensemble) : « Nous avons un concert public avec un enregistrement. On ne peut pas se payer le luxe de refaire une prise. Attention aux départs et à la précision. »

Au terme de la répétition, William Christie ne prend que quelques minutes de repos avant de m'accorder l'entretien qu'il a prévu dans son emploi du temps extrêmement chargé[1]. Modeste, il n'entend pas passer indûment pour un pionnier du baroque[2]. Il rappelle qu'avant lui ou en même temps, d'autres grands musiciens ont abordé ces terres longtemps abandonnées qu'ils ont su défricher pour en faire surgir de prodigieuses récoltes. Gustav Leonhardt, les frères Kuijken, Frans Brüggen, Nikolaus Harnoncourt, John Eliot Gardiner, Christopher Hogwood, Ton Koopman, Jean-Claude Malgoire, Jordi Savall, René Jacobs, Scott Ross et beaucoup d'autres sont passés par-là, selon des méthodes différentes, pour remettre en valeur le patrimoine musical de Monteverdi à la seconde moitié du XVIIIe siècle.

1. Entretien enregistré à Paris, le 18 septembre 2002.

2. « On regroupe sous l'appellation de musique baroque des musiciens allant de l'extrême fin du XVIIe siècle au milieu du XVIIIe, de Monteverdi à Bach. La musique baroque peut se définir par rapport à celle de la Renaissance. Cette dernière, issue de la structure de la musique grégorienne, suit les règles d'un contrepoint modal et respecte l'équivalence des voix dans le tissu polyphonique. Le baroque, au contraire, privilégie les voix extrêmes, organisant le contrepoint autour du principe tonal [...]. L'épanouissement du style instrumental s'accompagne de nouvelles techniques de composition, comme la fugue, et aboutit à l'apparition du concerto. Le baroque trouve surtout son apogée dans l'opéra qui constitue le point de rencontre de toutes les expressions artistiques de l'époque » (*Le Petit Robert des noms propres*).

« J'étais simplement au bon endroit au bon moment, concède William Christie, pour rencontrer des personnes qui partageaient ma vision de la musique. La suite fut le résultat d'une orientation mûrement réfléchie. Tout s'est enchaîné au long d'un parcours sinueux, en compagnie de jeunes artistes qui m'ont accordé leur confiance. »

Chevalier de la Légion d'honneur en 1993, devenu citoyen français en 1995, William Christie a-t-il trouvé dans son pays d'adoption tout ce qu'il attendait ? « J'ai opté pour la France tout simplement parce que je suis francophile et que je me sens profondément lié à sa culture. J'ai participé à l'émergence du baroque sur votre sol, sans que, malheureusement, elle ait été confortée par une complicité active des pouvoirs publics. C'est un phénomène qui s'est développé en dépit d'eux, comme ce fut le cas à Rome à l'apparition des premiers chrétiens. Nous recevons une aide de la Région Basse-Normandie et de la Ville de Caen, notre lieu théorique de résidence, ainsi qu'une subvention du ministère de la Culture. Mais le soutien que la totalité des ensembles baroques obtient du gouvernement constitue une infime partie de l'enveloppe globale attribuée aux grandes formations symphoniques. Il faut savoir que toutes nos subventions ou dotations réunies – ministère, région, ville, mécènes – couvrent de 27 à 30 % de nos besoins. Pour le reste, nous devons faire face aux dépenses avec nos seules recettes. Ces réserves exprimées, et même s'il y a en France des choses que je n'apprécie pas, je dois reconnaître que je suis heureux d'être devenu citoyen français. Je ne songe pas à me plaindre de ce pays qui m'a accueilli si amicalement et auquel je dois les véritables débuts de ma carrière.

« Compte tenu de nos difficultés budgétaires, nous ne pouvons pas, bien entendu, nous payer le luxe d'avoir un orchestre permanent. Chaque concert et chaque série lyrique donnent lieu à la signature de contrats particuliers : je suis très attaché à l'idée que nos musiciens, qui sont des intermittents, puissent avoir une vie indépendante en dehors de ce qu'ils font avec nous. Notre recrutement est, pour ainsi dire, permanent. Je fais passer très fréquemment des auditions : quand j'entends parler d'un merveilleux trompettiste, je le fais venir, je l'écoute, et, le cas échéant, je l'engage pour tel ou tel spectacle. Je suis fier d'avoir formé de nombreux musiciens et chanteurs – je pense à Christophe Coin, Christophe Rousset, Marc Minkowski, Véronique Gens, Patricia Petibon, Sandrine Piau, Jean-Paul Fouchécourt –, dans un domaine où la concurrence est devenue permanente, ce qui d'ailleurs rend la vie musicale française stimulante et passionnante. J'aime travailler avec les jeunes, suivre leur évolution professionnelle. Ainsi, Véronique Gens, à sa sortie du Conservatoire, a d'abord chanté dans les chœurs de petits ensembles ; puis elle nous a rejoints aux Arts florissants et elle a "décollé" ; ça, j'adore ! »

La réputation et la notoriété des Arts florissants doivent beaucoup à la résurrection des œuvres de compositeurs longtemps délaissés, comme Haendel et Rameau. Comment William Christie a-t-il déterminé ses choix ? « J'étais captivé par la beauté des opéras de Haendel qu'on ne jouait plus. L'extrême théâtralité de sa musique, l'intérêt dramatique qui la porte m'ont fasciné. Aujourd'hui, Haendel est, avec Monteverdi, le plus joué des compositeurs anciens dans le domaine du lyrique. Il n'existe pas une seule maison d'opéra digne de ce nom qui ait échappé à son attrait. Quant à Rameau, dont on ne connaissait guère que *Les Indes galantes*, c'est l'un de nos trésors ; il appartient au patrimoine français au même titre que Debussy. Quand on évoque les plus grands, il faut se garder d'oublier Rameau. Il s'est d'ailleurs imposé ces dernières années : d'après l'Opéra de Paris, la plus demandée de toutes les œuvres de la saison 2002 a été *Les Boréades*.

« J'ai également une grande affection pour Purcell : il figure en bonne

place parmi mes préférés. Mais, contrairement à ce que l'on a parfois affirmé, ses œuvres ne sont pas liées à celles de Shakespeare. Purcell n'a pas ignoré son existence, mais on ne trouve pas réellement d'éléments shakespeariens chez lui, même dans *Fairy Queen*. Si l'on devait évoquer la musique à propos de Shakespeare, c'est plutôt le nom de Monteverdi qui me viendrait à l'esprit.

« Il n'y a pas d'inédit dans l'œuvre de Purcell. Il est mort très jeune et il a beaucoup moins écrit que ses contemporains français. En France, on a récemment retrouvé quelques belles musiques. Mais il n'existe aucun chef-d'œuvre dormant dans les bibliothèques des châteaux. Les *Grands Motets* et un fragment du *Requiem* de Louis Campra, que j'ai répétés devant vous, n'étaient pas inconnus. Les documents, qui se trouvaient à la Bibliothèque nationale, dans le fonds dit de La Chapelle du roi, notamment le *De Profundis*, ont été transcrits par notre équipe des Arts florissants et par notre présidente, Catherine Massip, qui est également conservatrice en chef de la B.N. L'un de ces motets, *Exaudiat te Dominus*, était faussement attribué à différents auteurs, dont Blanchard. Une chercheuse américaine, qui connaissait bien le graphisme de Campra, a pu, grâce aux partitions autographes, l'authentifier sans discussion. »

Les Arts florissants ont été popularisés par le disque. La crise actuelle risque-t-elle d'avoir des conséquences graves et durables ? « Les enregistrements ont en effet largement contribué au développement de mon orchestre. Nos disques se sont très bien vendus. Nous avons un public très fidèle et nous avons bénéficié de critiques presque toujours favorables. J'en suis ravi. Ce mouvement est-il stoppé ? Je ne le crois pas. Le fait que Time-Warner se soit débarrassé de ses artistes classiques prouve bien que cette firme arrogante ne méritait pas que nous travaillions pour elle. Il y aura tôt ou tard un retour à la logique, plus sain, plus intelligent. Nous avons d'ailleurs été sollicités par d'autres sociétés et non des moindres [Virgin, chez E.M.I.] et je ne me sens pas trop démuni[1]. »

Il est fréquent de rencontrer, à notre époque, de grands chefs qui demeurent des détracteurs invétérés du baroque : « C'est leur affaire, rétorque William Christie. Nul ne peut contester le fait, quoi qu'ils disent, que le mouvement issu de la musique ancienne est le plus important de tous les phénomènes de ces cinquante dernières années. Le baroque se manifeste en effet en tous lieux à travers le monde ; il concerne autant les chanteurs que les instrumentistes : on ne chante plus Haendel ou Mozart, comme on le faisait encore il y a trente ou quarante ans. L'ascension d'une artiste comme Cecilia Bartoli est directement liée à l'esthétique nouvelle que nous avons créée. Les grands pianistes n'interprètent plus Beethoven de la même manière qu'il y a un quart de siècle. Nous avons notre part dans ce changement. Pierre Boulez ne connaît pas bien ce répertoire qu'il critique. Je voudrais savoir ce qu'il ferait avec son Ensemble intercontemporain s'il interprétait des œuvres du XVIIIe siècle. Je ne pense pas que le résultat serait acceptable.

« Nous vivons une période de terrible confusion : quand je fais le bilan d'un passé récent, je constate que certains musiciens, que l'on prenait pour des purs, des savants, des musicologues, qui avaient le souci d'être fidèles à la pensée du baroque, ont changé de parcours. On se sent trahi par eux. J'en ai même rencontré qui se lamentaient d'être restés si longtemps dans le ghetto des XVIIe et XVIIIe siècles. C'est absurde. J'ai entendu dire par un autre qu'à partir du jour où il avait découvert les instruments modernes, il s'était senti heureux, parce que tout ce qu'il jouait était plus spectaculaire et donc plus

1. Les *Grands Motets* de Campra qu'évoque William Christie ont été gravés en CD en octobre 2003.

accessible au public. Un autre encore dirige des orchestres mixtes avec des cordes modernes et un saupoudrage de cuivres anciens. C'est ridicule d'avoir si longtemps défendu une esthétique ancienne et de l'abandonner ainsi.

« Simon Rattle me paraît beaucoup plus cohérent dans sa démarche. En effet, il entend démontrer qu'un orchestre comme le Philharmonique de Berlin peut jouer de merveilleuses musiques des XVIIe et XVIIIe, en respectant certaines limites qui touchent, non pas à la musique symphonique, mais plutôt à l'opéra : l'équilibre et les couleurs entre voix et instruments sont si différents, quand il y a un mélange de récitatifs et d'accompagnement, que Rattle a conduit *Fidelio*, aussi bien à Salzbourg, Glyndebourne que Paris, avec l'Orchestre de l'Âge des Lumières, utilisant uniquement des instruments anciens. Le mélange des genres n'existe pas pour lui, pas plus que pour moi. »

William Christie a lui-même souvent conduit l'Âge des Lumières, cher à Simon Rattle, dont il a été le premier chef invité au Philharmonique de Berlin. Que pensait-il de cette « première », au moment où il préparait le programme qu'il allait présenter le 19 octobre 2002 dans la capitale allemande ? « Ce défi, car c'en est un, m'a beaucoup angoissé. J'ai disposé d'un temps limité pour préparer ce concert, avec la suite de *Fairy Queen* de Purcell et *"Les Sauvages"*, tiré des *Indes galantes* de Rameau. Je n'ai jamais songé à transformer cette magnifique phalange en formation baroque. Mon but est d'apporter mon savoir-faire en présentant des partitions que je connais bien et de modifier quelques pratiques habituelles aux instrumentistes : révéler, notamment aux cordes, quelques subtilités dans les coups d'archet, dans l'articulation, dans le phrasé, de manière à rendre cette musique la plus convaincante possible sur instruments modernes. Je compte aussi sur une grande curiosité intellectuelle des instrumentistes. Je constate, en effet, avec plaisir que c'est en Allemagne et en Autriche que l'on se pose le plus de questions à propos de l'orthodoxie musicale. Il s'agit là d'un phénomène très sain qu'on rencontre également en France : n'oublions pas en effet que Frans Brüggen a été sollicité depuis longtemps par l'Orchestre de Paris. Je compte d'ailleurs sur la volonté des directeurs d'orchestre pour qu'un jour certains d'entre eux n'hésitent pas à donner une suite des *Indes galantes* ou quelque *Concerto grosso* de Haendel, interprétés avec le souci de respecter le style, c'est-à-dire avec une formation fournie, mais qui ne serait pas pléthorique. »

L'expérience berlinoise, qui sera renouvelée, donne-t-elle envie à William Christie d'explorer les œuvres romantiques ? Franchira-t-il un jour le Rubicon ? « J'ai ma tradition, mon monde personnel, qui m'a conduit jusqu'à

Mozart, Beethoven, Méhul. Pour moi, le travail le plus passionnant consiste à étudier et à jouer les chefs-d'œuvre de Mozart à la lumière de ceux de ses prédécesseurs, en tant que phénomène évolutif. Je ne me sens pas capable de suivre l'exemple de Herreweghe et de Minkowski. Chacun trouve son bonheur où il veut. Pour ma part, je fais essentiellement ce qui me plaît.

« N'allez pas croire cependant que les œuvres du XIXᵉ et du XXᵉ siècle ne m'intéressent pas, bien au contraire. Il m'arrive encore de me mettre au piano et d'interpréter le répertoire que je jouais autrefois : je retrouve ainsi avec bonheur Schumann et Brahms que j'ai adorés quand j'étais accompagnateur à Harvard, puis à Boston auprès d'Erich Leinsdorf. C'est une musique que je n'ai jamais abandonnée ; j'y demeure très sensible. Peut-être y viendrais-je un jour comme chef... » Il rit de bon cœur et ajoute : « ... quand j'aurai 80 ans. Pour le moment, je suis un musicien qui est content de ce qu'il a fait et de ce qu'il continue de faire. Je suis encore loin d'avoir achevé la tâche que je me suis assignée : rendre plus éloquentes des musiques très variées, très contrastées. L'immense différence que l'on peut noter entre Monteverdi et Rameau est plus nette que celle qui sépare Berlioz de Boulez ! La mentalité et la gestique pour diriger les œuvres de ces différentes époques sont spécifiques ; ainsi, pour conduire le vérisme de Puccini, il faut des années de travail. J'admire également Chostakovitch, Prokofiev, mais je sais que ce n'est pas à moi de les jouer.

« Si Simon Rattle me demandait de revenir à Berlin avec un répertoire élargi, je lui dirais : "Mon cher Simon, c'est très flatteur, mais il me faut beaucoup de temps. Si tu veux que je dirige Schumann, j'ai besoin de quatre années de préparation." Cette hypothèse ne se pose donc pas. En revanche, je me sens d'attaque dans Haydn, Mozart, Beethoven. J'ai déjà donné *Les Saisons*, *La Flûte enchantée* et la *Missa solemnis*. Je serais extrêmement tenté de jouer la *Messe en ut* de Mozart avec les Berlinois. Quant à la réussite ou l'échec, il faut savoir que tout se joue en quelques minutes : c'est une question subtile de chimie entre soi et le collectif de l'orchestre. Le dialogue, la capacité de communication des idées sont des éléments indispensables dont on ne peut se passer. Or, avec les Arts florissants, je ressens constamment ce sentiment de connivence. Qu'en serait-il avec de grandes formations symphoniques ? Je ne le sais pas. »

La carrière d'un chef d'orchestre peut-elle rebondir à plus de 60 ans, comme me l'a affirmé Manuel Rosenthal[1], parrain de ce livre ? « J'espère que

1. Rappelons que Manuel Rosenthal est décédé en juin 2003, donc après cet entretien.

j'aurai autant d'énergie que celle déployée par Manuel à plus de 95 ans ! Manuel est un conteur prodigieux. J'ai dîné avec lui il y a quelques mois et il a épuisé tous les convives. À deux heures du matin, lui et sa femme, ainsi que Madeleine Milhaud, voulaient que la soirée continue…

« Oui, c'est vrai : un chef peut durer longtemps : en effet, il ne connaît pas les problèmes qui assaillent les chanteurs et les instrumentistes, qui peuvent avoir des soucis vocaux ou articulaires liés à l'âge. Il arrive que des maestros de 70 ou 75 ans aient davantage de choses à exprimer que lorsqu'ils avaient trente ans de moins. Pour ma part, j'ai vécu une période au cours de laquelle j'ai côtoyé de vieux chefs. Josef Krips fut de ceux-là : à la fin de la guerre, dont il avait énormément souffert, il était déjà très fatigué. Cela ne l'a pas empêché de se consacrer à la restructuration musicale de l'Autriche et de diriger, en même temps, le Philharmonique de Buffalo, ma ville natale. Ce gros bonhomme était doté d'une éternelle jeunesse d'esprit, principalement dans le répertoire de Haydn, Mozart et Beethoven. Il fut ma première référence artistique. »

Comme on m'avait indiqué que William Christie était un fervent lecteur de Proust, je lui ai proposé un élément du fameux questionnaire : quel est le

trait dominant de votre caractère ? « Je ne peux que répéter ce que les gens disent : ils estiment que je suis généreux. En effet, faire un geste en faveur d'un autre, dans le sens musical, m'importe plus que l'exigence de la perfection. J'aime partager ce que je ressens. »

Je rappelle au chef ce qu'il a dit, sur Internet, à *Têtuarchives* : « Nous nous mettons à nu devant notre public ; par moments, on entretient une relation intime et l'on devient vulnérables. » Quelle est la signification de cette mini-confession ? « C'est clair : au moment où l'on commence à exprimer de grandes émotions, on pénètre dans l'intimité du public. Un lien se crée entre lui et moi. C'est merveilleux : ce sont des instants qu'attend le mélomane sérieux. La musique possède en effet cet extraordinaire pouvoir de produire les plus fortes émotions, et nous, les musiciens, nous en sommes la cause. »

Dans la même interview, William Christie ajoutait : « La solitude, ça existe cruellement. » Se sent-il seul, à la manière de Jean-Jacques Rousseau qui affirmait que « toutes les plus grandes passions se forment dans la solitude » ? « Oui, je vis une solitude : c'est ma personnalité qui veut ça, c'est mon état essentiel. Je passe évidemment d'agréables moments de camaraderie et je connais des instants délicieux avec un orchestre que j'ai formé. Mais je traverse aussi des périodes de grand solitaire. Ce sentiment m'est indispensable. J'ai mes doutes ; souvent, le découragement m'accompagne et pèse sur mes épaules. Y céder, c'est autre chose : je lui résiste. Il ne faut pas croire cependant que la solitude est un état déprimant qu'il faut éviter. Je suis convaincu en effet qu'il existe une bonne solitude : on est là, à penser, et on attend la réponse. Notre monde contemporain a oublié les vertus de la mélancolie, et du même coup de la solitude. Or la musique est leur meilleur accompagnement. »

Ne serait-ce pas là, justement, ce que Rainer Maria Rilke expliquait dans ses *Lettres à un jeune poète* : « Une seule chose est nécessaire : la grande solitude intérieure. Aller en soi-même et ne rencontrer pendant des heures personne, c'est à cela qu'il faut parvenir. Être seul, comme l'enfant est seul. »

L'enfance, William Christie y pense souvent. La belle aventure du futur chef commence à Buffalo, où il est né en 1944 ; sous les voûtes de l'église, sa mère chante des cantates de Bach avec le chœur qu'elle a formé. C'est elle qui donne à son fils ses premières leçons de piano, avant qu'il ne s'oriente vers l'orgue, puis le clavecin. Étudiant en histoire de l'art à Harvard, il est au continuo de l'orchestre de l'université pour jouer Mozart ; il dirige également un chœur d'hommes qui effectue quelques tournées avec le Symphonique de Boston, dont le chef est alors Erich Leinsdorf. En 1967, il entre à Yale où il devient l'élève du grand claveciniste Ralph Kirkpatrick, qui lui apporte la révélation du baroque. « Il pouvait être tyrannique, a-t-il confié à France Musiques ; il avait une conception romantique du musicien, nécessairement, selon lui, solitaire et torturé. » William Christie poursuit en même temps ses études de musicologie, en se consacrant en priorité à l'exhumation de partitions françaises des XVIIe et XVIIIe siècles. Devenu professeur à l'université de Dartmouth, dans le New Hampshire, il fonde le Collegium Musicum, ensemble instrumental et vocal avec lequel il se produit dans plusieurs États des États-Unis. L'intense curiosité qui l'anime le conduit à New York et le pousse à s'intéresser à la musique contemporaine ; il est au contact de Bruno Maderna. Il fondera plus tard une formation, appelée Five Centuries, avec laquelle il interprétera aussi bien Monteverdi que Berio. Cette approche du moderne lui permet d'acquérir un esprit d'indépendance qui ne le quittera plus. Il trouve bientôt sa voie en assistant à un colloque consacré à Josquin des Prés ; il y rencontre Geneviève Thibault de Chambure, créatrice au Conservatoire de Paris d'un mouvement baroque qui n'est encore qu'une minuscule chapelle ignorée du public. En 1971, à 27 ans, il débarque à Paris et enregistre pour l'O.R.T.F., avec cet éminent professeur, des inédits de Balbastre et de Siret.

Puis il collabore au clavecin et à l'orgue à la formation de René Jacobs, le Concerto vocal d'Amsterdam. Naît bientôt en lui la volonté de voler de ses propres ailes : en 1978, il fonde les Arts florissants, appellation inspirée du titre d'un opéra de Marc-Antoine Charpentier, que lui a proposée le ténor Michel Laplénie. Autour de lui gravitent de jeunes musiciens, qui deviennent ses disciples, avant de prendre eux-mêmes leur envol : Christophe Coin, Hugo Reyne, Christophe Rousset, Marc Minkowski, Dominique Lisse, Gérard Lesne, Philippe Cantor, Agnès Mellon. « Au sein de ce laboratoire permanent, ils m'ont accordé le temps nécessaire qu'il fallait, rappelle William Christie, pour effectuer de longues répétitions grâce auxquelles nous avons pu parfaire notre unité, copier des partitions à la B.N., avec l'aide de Catherine Massip, découvrir des compositeurs qui n'étaient plus joués et recréer du même coup un langage musical, une tradition d'interprétation que les siècles avaient effacés. »

Professeur de musique ancienne au Conservatoire à partir de 1982, le chef poursuit sa route à la tête des Arts florissants : la percée vers la notoriété se produit en 1983 avec *Médée* de Charpentier, puis, plus vigoureusement encore, en 1987 quand la critique et le public applaudissent aux splendeurs d'*Atys*, opéra oublié de Lully, dans la production de Jean-Marie Villégier, dont le programme, à l'Opéra-Comique, est pour beaucoup une révélation. Vient ensuite un florilège de succès ininterrompus, souvent à l'Opéra Garnier, à Aix, au Théâtre des Champs-Élysées ou à Glyndebourne, tous confirmés par le disque : citons, parmi les plus grandes réussites, *Le Combat de Tancrède et de Clorinde*, *Le Retour d'Ulysse dans sa patrie* de Monteverdi, *Didon et Énée*, *The Fairy Queen*, *Le Roi Arthur* de Purcell, *Castor et Pollux*, *Les Indes galantes*, *Anacréon*, *Les Boréades*, *Les Fêtes d'Hébé*, *Hippolyte et Aricie* de Rameau, *Actéon*, le *Te Deum* de Charpentier, *L'Apothéose de Lully* de Couperin, le *Te Deum* de Delalande, *Le Messie*, *Alcina*, avec Renée Fleming, Susan Graham, Natalie Dessay, Laurent Naouri, *Saül*, *Sémélé*, *Théodora*, *Rodelinda*, *Jules César* de Haendel, les *Cantates françaises* de Campra, les *Grands Motets* de Mondonville, les *Madrigaux* de Gesualdo, le *Requiem*, *La Flûte enchantée* de Mozart avec Natalie Dessay…

À la fin des années quatre-vingt, William Christie découvre le Bocage vendéen : « Depuis mon plus jeune âge, je suis profondément attaché à l'art du jardinage. Mes parents adoraient la campagne ; je suis comme eux, car j'ai connu la vie rurale à leurs côtés. Mon contact avec la nature s'organise autour de mon jardin en Vendée. Les séjours que j'y effectue sont très irréguliers : cela peut être, le plus souvent, quarante-huit heures ; j'y suis resté trois semaines, sans interruption au cours de l'été, mais c'est une période presque unique. J'accepte cette situation : je donne quatre-vingts à cent concerts par an, plus les répétitions et les nombreux déplacements qui en découlent. Les heures que je passe dans ma maison et dans ce jardin me sont de ce fait infiniment précieuses. La cuisine fait également partie de mon art de vivre. Je suis attaché à l'idée d'utiliser de très bonnes matières premières. Je me trouve à proximité de merveilleux marchés qui me fournissent les aliments les plus sublimes. Cela ne signifie pas que je mange des truffes chaque matin et du foie gras à chaque déjeuner ou dîner. Je suis plutôt un maniaque de la fraîcheur et de la provenance. J'aime les primeurs. Être présent à l'époque où les petits pois arrivent à terme, c'est un délice. Déterrer les premières pommes de terre nouvelles, c'est une joie extraordinaire ; je fais pousser, dans mon potager dont la dimension est relativement modeste, environ vingt-cinq ares, une vingtaine de variétés de tomates. Le parc qui l'entoure, taillé à la française avec des buis, des ifs et des taillis, couvre environ un hectare. »

Le jardin de William Christie est en quelque sorte son île déserte. Quelles partitions emporterait-il s'il partait pour un isolement au long cours ? « J'ai répondu plusieurs fois, naguère, à cette question en modifiant mon choix, en fonction des œuvres que je jouais. Ainsi, récemment, j'ai opté pour *Le Retour d'Ulysse dans sa patrie* de Monteverdi ; auparavant, j'avais retenu des œuvres de Purcell et de Beethoven. Cela dépendait de mon humeur. Au moment où je vous parle, ce serait plutôt Haydn[1] que je dirige assez rarement ; mais il se trouve que je viens de donner *Les Saisons*, expérience qui m'a passionné. Cependant, je ne suis ni volage ni capricieux : je n'oublie donc pas mon amour premier pour Bach, ni pour la *Missa solemnis*, ni pour *Cosi fan tutte*. Il serait inconcevable que je m'en passe. C'est pourquoi toutes ces œuvres et quelques autres m'accompagneraient. »

1. *Cf.* le chapitre consacré à Simon Rattle qui a également choisi *Les Saisons* pour son « île déserte. »

CHRISTOPHER HOGWOOD
UN ACTE DE FOI

« La foi n'est pas seulement un acte de l'intelligence,
ni un acte de sensibilité et de volonté,
c'est un sentiment de confiance, de soumission. »
Roger Martin du Gard, *Jean Barois*

Salle Olivier-Messiaen de la Maison de Radio France, Christopher Hogwood répète, dans l'intimité, le concert qu'il doit donner le lendemain à la tête de l'Orchestre philharmonique. Portant, sous un pull gris sans manches, une chemise blanche à col ouvert et un pantalon de velours côtelé vert, il incarne l'élégance dans la simplicité. Dès les premières mesures de la *Sérénade pour ténor, cor et cordes* de Benjamin Britten, avec le ténor Paul Agnew, le corniste solo Antoine Dreyfus et une formation chambriste de vingt-quatre instrumentistes, il produit un petit miracle de ciselure musicale. Très calme, usant d'une gestique épurée, faite de gestes brefs et précis des épaules, des bras et des mains, tout en chantant parfois, il met constamment les musiciens en confiance, réservant ses remarques avant d'effectuer une seconde lecture. Tout se passe en douceur avec ce chef perfectionniste, attentif aux plus infimes détails.

Que cherche donc à prouver le baroqueux dans cette partition, à laquelle succédera la *Sérénade opus 14* de Max Reger, ces deux œuvres néo-classiques étant encadrées par la *Sérénade* dite « *Posthorn* » (Cor de postillon) de Mozart ? Christopher Hogwood me fournit la réponse, dans sa loge, au terme de son travail préparatoire[1] : « Le principe de la "musique sandwich" me convient parfaitement : sur le thème de la sérénade, j'ai intercalé deux œuvres néo-classiques, entre les premiers et les derniers mouvements du *Posthorn*. Cette œuvre de Mozart appartient à la catégorie des musiques d'ambiance épisodiques qu'on jouait à la cour de Vienne. Comme elle est très longue, on pouvait sortir de la salle et y revenir à loisir : on le faisait fréquemment à l'époque. C'est la raison pour laquelle j'ai pris la liberté de la donner en deux parties séparées. »

Christopher Hogwood avait déjà utilisé la même méthode un an plus tôt, avec le Philharmonique, en présentant la *Centième Symphonie* de Haydn, dite « *Militaire* », en deux épisodes, et intercalant entre ces deux parties la *Rhapsodie pour contralto et chœur d'hommes* de Brahms et le *Berliner Requiem* de Kurt Weill[2] : « Il y avait évidemment une logique dans ce programme, explique le chef : à l'aspect guerrier du Haydn succédaient l'apaisement du Brahms et le caractère antimilitariste du Weill. »

On l'a compris : le chef anglais se plaît dans l'anticonformisme. Cette attitude, nullement provocatrice, lui fait escorte au long d'une carrière où le baroque, le classique et le XXe siècle cheminent ensemble. Mais qui est donc ce musicien pas comme les autres, né en 1941 à Nottingham, que l'on sait aussi écrivain prolifique, pédagogue reconnu et grand claveciniste ? « Longtemps, dans ma jeunesse, je n'ai presque rien su de la musique. J'avais pris des leçons de piano, sans être attiré par cet instrument. Heureusement, mes parents ont eu l'intelligence de ne pas m'imposer ce que je n'avais pas envie de faire. Puis, à 14 ans, j'ai voulu me remettre au clavier, sans réellement savoir pourquoi. J'ai eu la chance d'avoir un excellent professeur de piano qui était également spécialiste d'harmonie et d'histoire de la musique. Elle débordait d'enthousiasme ; pour me stimuler, elle m'a appris à poser des questions. Grâce à elle, j'ai su qu'il ne fallait pas méconnaître la culture et que je devais m'intéresser au contenu et à la signification des œuvres qu'elle me faisait jouer : fine psychologue, elle participa activement à l'éveil de ma curiosité artistique. »

Peu après, Christopher Hogwood décide d'abandonner le piano au profit du clavecin : « Je ne me sentais pas capable de jouer Schumann et Brahms que, pourtant, j'aimais beaucoup : j'avais débuté trop tardivement pour m'y sentir à l'aise ; de plus, j'avais des mains assez courtes avec de petits pouces :

1. Entretien enregistré à la Maison de Radio France, le 21 février 2003.
2. Concert du 14 juin 2002 à la salle Pleyel.

le clavier me paraissait trop grand. Le son du clavecin, que j'ai entendu au cours d'un récital, m'a plu instantanément, ainsi que les morceaux que l'on pouvait y interpréter. C'est ainsi que j'ai découvert le baroque, alors que mes deux passions étaient l'archéologie et l'architecture : or l'exploration de la musique ancienne correspondait parfaitement à la curiosité qui me poussait à percer les secrets du passé.

« À l'université de Cambridge, j'ai rencontré le merveilleux flûtiste qu'était David Munrow[1] : il m'a présenté à Raymond Leppard, jeune professeur qui allait devenir un grand chef baroque. Leur influence fut grande comme le fut celle du claveciniste colombien Rafael Puyana, auprès duquel j'ai pris de merveilleuses leçons. J'ai exploré la période médiévale chère à Munrow ; il fallait faire preuve d'imagination pour aborder cette époque, car nous manquions de sources. Comme je voulais m'appuyer sur des faits scientifiquement prouvés, je me suis spécialisé dans les XVIIe et XVIIIe siècles. J'ai reçu alors les conseils de Gustav Leonhardt, dont je connaissais les enregistrements des cantates de Bach et de clavecin. »

Après avoir bénéficié d'une bourse d'études à Prague, Christopher Hogwood cherche à faire revivre l'ancien répertoire musical anglais. Sans penser à la direction d'orchestre, il figure, aux côtés de David Munrow, parmi les fondateurs de l'Early Music Consort of London, avant de voler de ses propres ailes, à partir de 1973, en créant The Academy of Ancient Music, qui met sa carrière de chef sur orbite. Réunissant autour de lui des musiciens confirmés, utilisant des instruments anciens, il convainc la firme Decca d'éditer un premier disque consacré à Purcell : « Tout s'est rapidement enchaîné. L'Oiseau lyre a diffusé d'autres enregistrements d'œuvres anciennes, notamment de Gibbons et Byrd : il n'y avait que peu de chose dans les catalogues anglais. Nous avons été constamment soutenus et nous avons pu élargir notre répertoire avec Bach, Couperin, Locatelli, Vivaldi, Geminiani, Telemann… Ce fut une passionnante décennie d'expérimentations, couronnée en 1980 par *Le Messie* de Haendel. Nous savions que nous n'étions pas des initiateurs, que d'autres nous avaient précédés, mais nous progressions rapidement. Ma plus grande surprise vint encore de Decca qui non seulement accepta de produire un disque des premières symphonies de Mozart, mais encore nous proposa d'enregistrer la totalité de ses quarante symphonies. Ce fut pour moi un

1. Flûtiste et musicologue anglais, mort en 1976 dans un accident d'automobile, à l'âge de 34 ans.

immense bonheur. Pour la première fois, une grande firme discographique publiait un cycle complet de Mozart sur instruments anciens. Nous avons fait ensuite ses concertos pour piano avec Robert Levin, des cantates et des oratorios de Bach, toutes les symphonies de Beethoven, puis nous avons abordé les cent quatre symphonies de Haydn, avec le constant souci de respecter l'esprit des compositions, telles que les avait conçues le compositeur. Déjà, pour Mozart, qui avait exprimé des idées très précises sur l'interprétation, nous avions tenu compte de la localisation des créations, à Salzbourg, Prague, en Italie, à Paris, en retrouvant l'effectif des orchestres de l'époque ; nous les avons jouées comme elles l'avaient été la toute première fois. Deux exemples : à Prague, il s'agissait d'une petite formation de musique de chambre avec quatre premiers violons, trois altos, les bois et les vents, tandis qu'à Paris, Mozart utilisait douze premiers violons et douze seconds.

« Nous avons procédé de la même manière pour jouer Haydn, avec ce souci constant d'authenticité et de fidélité au texte et au lieu où s'était déroulée la première. L'université de Cornell nous a transmis des informations inédites, prouvant que Haydn n'avait jamais utilisé de continuo et que, chez le prince Esterhazy, protecteur du compositeur, l'orchestre était de dimension réduite avec, pour les premières symphonies, trois premiers violons, deux seconds, un alto, un violoncelle, une contrebasse, bois et vents. La publication de ce cycle, sur instruments anciens, comportant toutes les reprises voulues par Haydn, commencée en 1991, a hélas été interrompue en 2003 à la suite de la crise qui a frappé les grandes compagnies. Nous avions enregistré soixante-quinze symphonies. Nous espérons encore pouvoir aller jusqu'au bout de ce fantastique projet. »

Parallèlement à cette dévotion au baroque, qui ne s'est pas démentie après plus de trente ans d'activité de l'Académie de musique ancienne, Christopher Hogwood s'est intéressé en permanence aux œuvres classiques et modernes : « Quand j'avais 18 ans, à Cambridge, je me passionnais déjà pour Stravinsky et Hindemith, que je jouais à la tête d'un petit orchestre d'étudiants. J'aimais également Richard Strauss, principalement ses dernières œuvres, où le vieux maître se penche sur ses jeunes années. Pour moi, le classique et le néo-classique ont toujours été liés. De nos jours, le baroque est solidement installé ; il bénéficie d'un public fidèle. Sa vogue grandissante a conduit à la création de nombreux orchestres de chambre, qui ne sont pas tellement éloignés de son esprit. C'est le cas du Mahler Chamber et de l'European Chamber. Quelquefois, on y utilise des instruments anciens avec les modernes, ce qui peut choquer certains puristes. Pour ma part, depuis pas mal d'années, j'ai suivi une voie dédoublée, entre baroque et contemporain, entre classique et néo-classique. J'ai conçu des concerts qui réunissaient Corelli et Hindemith, Haydn et Stravinsky, Mozart et Tippett, Haendel et Schoenberg, Bach et Webern, choix qui peuvent paraître contradictoires, mais qui sont pourtant cohérents au plan didactique et philosophique ; ils nous permettent également de respecter une certaine unité : c'est ainsi qu'avec *Pulcinella* de Stravinsky, on se doit de jouer une symphonie de Haydn sur instruments modernes. J'aime cette double exploration qui permet de mettre en valeur notre époque sans oublier le passé. Pourquoi faudrait-il être monoculturel en musique ? Aimer les œuvres du XVIIIe siècle ne doit pas empêcher d'apprécier celles du XXe. »

En diversifiant son activité tous azimuts, Christopher Hogwood demeure fidèle à son premier orchestre : « Nous poursuivons une sorte de croisade, non sans difficultés financières. Nous avons la chance d'avoir un excellent manager qui gère sainement nos affaires ; nous avons également une association d'amis qui nous soutiennent et qui sont abonnés à nos séries de concerts donnés à Londres et Cambridge ; nous allons étendre nos programmes à deux ou trois autres villes d'Angleterre. Cependant, la majeure partie de notre travail est effectuée hors de notre pays. Nous voyageons beaucoup ; c'est ainsi que nous sommes venus deux fois à Paris où nous avons donné *Rinaldo* de Haendel et *Orphée* de Haydn avec Cecilia Bartoli. Par ailleurs, depuis trois ans, j'ai supprimé toutes mes représentations aux États-Unis : on y parlait plus d'argent que de musique. Je me contente désormais de donner des cours à Harvard. J'ai pu par ailleurs établir une collaboration permanente avec l'Orchestre de chambre de Bâle avec lequel j'ai enregistré des œuvres de Britten, de Tippett, de Bartok, de Stravinsky. Je suis également chef invité au Philharmonique de Prague où j'interprète notamment Dvorak, Suk, Fibich, Martinu, ainsi que les compositeurs tchèques contemporains. Je poursuis également, avec l'Orchestre de la Radio danoise, la publication d'un cycle des symphonies de Niels Gade, musicien très estimable qui connut son heure de gloire au XIXe siècle[1]. Je conduis d'autres orchestres pour lesquels j'ai une réelle sympathie, comme ceux de la Cité de Grenade, Barcelone, Lisbonne, La Haye, Florence, le

1. À la fin de l'année 2003, Christopher Hogwood avait enregistré plus de deux cents disques.

Symphonique de Milan, sans oublier le Philharmonique de Radio France et certaines maisons d'opéra, en Australie, à Berlin, Stockholm, Londres.

« À propos d'opéra, je me dois d'exprimer quelques réserves personnelles : mes expériences récentes ont été décevantes ; j'y ai senti l'influence grandissante des directeurs de théâtre et des metteurs en scène, au détriment des chefs et donc des œuvres. Certains producteurs ne connaissent pas la musique qu'ils sont chargés de mettre en valeur ; ils n'hésitent pourtant pas à modifier le concept des ouvrages lyriques, par conviction personnelle, en coupant par exemple un opéra de Haendel ou en transposant une pièce ancienne dans des décors et des costumes contemporains. Quand je vais à l'Opéra, j'écoute le plus souvent la musique et les voix en fermant les yeux… »

Christopher Hogwood continue d'aller à la découverte : « Il y a une dizaine d'années, j'ai travaillé, à la Bibliothèque nationale de Paris, sur la partition originale de *L'Arlésienne* de Georges Bizet : à la création, il avait utilisé un petit orchestre de théâtre, avec sept violons, trois altos, cinq violoncelles, deux contrebasses, une flûte, un piccolo, un hautbois, un cor anglais, deux cors, une trompette, un saxophone, une timbale, au total vingt-six interprètes. Je l'ai enregistrée telle quelle. Debussy, Poulenc, Satie, Koechlin m'intéressent également beaucoup. Actuellement, je m'investis dans Mendelssohn, dont j'adore la sonorité. Je me penche aussi sur la musique anglaise, notamment sur Elgar, dont de nombreuses œuvres ne sont jamais jouées, Frank Bridge qui fut le maître de Britten, Maxwell Davis, Russell et, le benjamin de tous, Thomas Adès. »

Chercheur, conférencier, écrivain de talent – il est l'auteur de biographies consacrées à Haendel, Haydn, d'études sur la musique à la cour d'Angleterre, sur la *Sonate en trio* –, Christopher Hogwood s'efforce d'échapper à tout système : « Je n'entends pas faire des choses qui ne me conviennent pas. Je ne suis pas un acteur : l'agitation sur le podium ne me concerne pas. On juge trop souvent la musique en fonction de son impact sur les gens ou à travers la critique. J'aime au contraire partager mes émotions avec peu de personnes. Quel bonheur aussi de pouvoir jouer pour soi, sans public, sans contrainte ! Une sonate de Scarlatti, de Haydn, un impromptu de Schubert, de petites pièces de Schumann, de Satie, *Prélude et fugue* de Chostakovitch, tout cela me passionne encore plus quand je suis seul ou en très petit comité. Je voudrais que cet aspect personnel de la musique soit mieux connu. C'est d'ailleurs le thème d'une conférence que j'ai récemment donnée, sous le titre de “*A private music*”, en tant que professeur à la faculté de musique de Cambridge. J'éprouve aussi le besoin d'écrire ; je dois en effet terminer certains ouvrages inachevés. À l'avenir, je veux voyager moins souvent et rester davantage à ma table de travail. »

Christopher Hogwood, qui ne répugne pas à la solitude, n'envisage pourtant pas de s'isoler sur une île déserte avec les partitions de son choix : « Je n'y emporterais aucun document, car j'ai tout dans la tête : ma mémoire est pleine de musique. En revanche, j'ai encore beaucoup à faire dans le domaine de la littérature : je prendrais donc des livres, notamment la correspondance d'Hofmannsthal[1] et les *Pensées* de Pascal, probablement en français ; ce serait un bon exercice, à la condition d'avoir également un dictionnaire sous la main. »

1. Poète et dramaturge autrichien ; il est l'auteur de plusieurs livrets d'opéra composés par Richard Strauss, dont *Le Chevalier à la rose*, *Ariane à Naxos* et *La Femme sans ombre*.

JEAN-CLAUDE MALGOIRE UN ESPRIT EN RÉVOLUTION

« Il semble que l'histoire de l'esprit se puisse résumer en ces termes : il est absurde par ce qu'il cherche, il est grand par ce qu'il trouve. »
Paul Valéry, *Variété*

Jean-Claude Malgoire est l'un de ces rares artistes qui, au-delà des époques, des écoles et des modes, a su se remettre en question, sans jamais s'éloigner de l'idéal auquel il était attaché depuis ses débuts : exhumer des œuvres anciennes enfouies sous la poussière du temps, sans renoncer pour autant à sa passion pour toute forme de musique. Venu de sa Provence natale (il est né en Avignon en 1940), il entre au Conservatoire national de Paris où il obtient à 19 ans le premier prix de hautbois, puis l'année suivante celui de musique de chambre.

Immédiatement engagé comme soliste à la Société des Concerts du Conservatoire, il joue sous la direction des plus grands maestros, dont André Cluytens et Charles Munch, qu'il retrouve quand ce dernier crée l'Orchestre de Paris, en 1967. En tant que cor anglais solo, il participe, aux États-Unis, à l'ultime tournée du « patron » : il est présent à Raleigh, capitale de la Caroline du Nord, au cours des deux derniers concerts du maître, qui interprète *La Symphonie fantastique* dans un immense hall de basket-ball, devant quinze mille spectateurs. Il demeure pendant sept saisons symphoniques à son pupitre, sous le regard de Karajan, Solti, Bernstein, Kubelik, Krips, Paray, Klemperer, Barchaï, et de bien d'autres chefs, tout en se plaçant sur l'orbite d'une étonnante aventure qui va le propulser en pleine lumière. Par une sorte d'instinct qui prend le pas sur toute raison, par un coup de dés hasardeux, il choisit le changement, et sa compagne la liberté, pour fonder son propre orchestre, La Grande Ecurie et la Chambre du Roy, dont l'intitulé, inspiré de celui d'une formation qui accompagnait la vie publique et privée de Louis XIV, annonce l'ambitieux programme.

Jean-Claude Malgoire, que je rencontre dans un café de la place de l'Opéra[1], est le premier chef français qui ait enregistré des œuvres baroques. Le musicien, dont le visage, encadré par une barbe fleurie de pâtre grec, reflète une infinie sérénité, se considère-t-il pour autant comme un pionnier qui, selon Aristophane, « cherche un sentier quand la route est là » ? « Oui et non, explique-t-il avec une modestie qui ne semble pas feinte. Une préhistoire existe, qu'il ne faut pas oublier : des musiciens ont travaillé dans ce domaine bien avant nous, en France et ailleurs. Ne nous approprions donc pas les recherches effectuées par nos devanciers, sans lesquels nous n'aurions rien pu faire. Ainsi Mendelssohn et Fétis[2] ont-ils eu le courage, au XIXe siècle, de défricher des terres oubliées ; Nadia Boulanger a poursuivi leurs recherches, auxquelles Debussy, d'Indy, Saint-Saëns, Busser, puis Desormière ne sont pas demeurés étrangers. Il serait donc trop facile d'affirmer que nous sommes des découvreurs. Le mouvement baroque, qui s'est développé en France, est important dans la mesure où il a provoqué une réflexion approfondie sur une grande partie du répertoire qui n'était plus jouée. L'information et la communication induisent souvent des tendances perverses : si l'on s'y fiait, on pourrait penser que personne, avant Zidane, n'aurait su jouer au football et qu'avant nous, nul n'aurait su interpréter la musique des XVIIe et XVIIIe siècles. Une telle affirmation est très irrévérencieuse pour ceux qui ont œuvré dans ce domaine avec beaucoup moins de moyens que nous. Ils n'avaient pas de système de reproduction, pas de disques non plus ; ils ne pouvaient communiquer que par lettres. Moi-même, quand j'ai commencé mes recherches, il y a quarante ans, il me fallait copier à la main les partitions de la Bibliothèque nationale, en écrivant autant de fois la partie de violon qu'il y avait de violonistes.

« Quand on laisse entendre que je suis un pionnier, j'admets que cela peut être le cas pour les enregistrements. Ma discographie baroque, dont le

1. Entretien enregistré à Paris, le 29 mai 2002.
2. Musicologue et compositeur belge (1784-1871), il fut l'un des précurseurs de l'ethnomusicologie.

point de départ se situe en 1966, a sans doute été la première en France, mais elle venait après celle d'Harnoncourt. Dans l'entourage de la comtesse de Chambure, j'ai eu la chance de connaître Geoffroy de Chaumes, puis Charles Ravier, avec lequel j'ai joué des partitions anciennes : il était directeur de l'Ensemble polyphonique de l'O.R.T.F., formation à géométrie variable dont le noyau était formé de cinq chanteurs solistes, détachés du chœur de la Radio. Cette formation a réalisé, pour Valois, une cinquantaine de disques consacrés aux œuvres du Moyen Âge et de la Renaissance. Charles Ravier a enregistré lui-même des chansons d'Anthoine de Bertrand datant du XVIe siècle sur des vers de Ronsard, et exploré et fait revivre Gesualdo, Guillaume de Machaut, Pierre de La Rue. Sous son influence, j'ai créé, en 1970, le Florilegium Musicus de Paris, ensemble polyphonique vocal consacré au Moyen Âge, qui fonctionna pendant une dizaine d'années. Peu après, le hasard a voulu que je rencontre le directeur artistique de C.B.S., société américaine qui venait d'ouvrir une succursale en France et qui était demandeuse de musique française de toutes les époques. Je leur ai proposé de faire un disque de Louis Campra, qu'ils ont édité et qui a eu du succès. J'ai gravé ensuite une *Messe* de Marc-Antoine Charpentier qui nous a valu un Grand Prix du disque. Cette récompense a été remarquée à l'étranger, grâce à la diffusion de cette filiale du géant Columbia ; c'est en grande partie par elle que j'ai reçu mes premières propositions d'engagement. Mes déplacements, de plus en plus fréquents, coïncidant avec le calendrier de l'Orchestre de Paris, ne me laissaient plus le choix : j'ai d'abord pris un congé d'un an, puis j'ai démissionné en 1974. Cette décision était très aventureuse, un véritable coup de folie ; peu de personnes croyaient à notre réussite ; nous avons même attendu près de quinze ans avant de recevoir nos premières subventions officielles, d'ailleurs modestes. Aujourd'hui, je ne regrette rien. »

Après avoir quitté l'O.P., Jean-Claude Malgoire et son orchestre sont pris dans le tourbillon des invitations : Stockholm, Copenhague, Londres, Mexico, Rio de Janeiro, Buenos Aires… Les portes s'ouvrent largement, même en France, devant ce novateur inspiré, qu'on avait traité d'illuminé quelques années auparavant : « Nous connaissions alors l'âge d'or du disque : je faisais une dizaine d'enregistrements par an. Rien que pour C.B.S., j'ai gravé une centaine d'œuvres, sur 33 tours, dont un certain nombre a reparu en CD. J'ai été le premier à donner un opéra complet de Lully, *Alceste*, en 1974, le premier également à faire intégralement, en 1977, un opéra de Haendel, *Rinaldo*, dont on n'avait publié jusque-là que des airs séparés, suivi de *Serse*, puis de *Jules*

César. Aujourd'hui, on compte plus de trente œuvres lyriques du même compositeur dans les catalogues. Ces disques furent très bien accueillis par la critique et par le public. »

Dès lors, La Grande Écurie et la Chambre du Roy peut vivre plus librement qu'à ses débuts : « Tous ceux et celles qui m'ont suivi ont pris des risques considérables ; mais, j'ai toujours trouvé le moyen de les payer normalement ; je n'ai jamais dû d'argent, quitte à ne rien toucher moi-même, quand je ne pouvais faire autrement. La situation a beaucoup évolué depuis nos débuts : la plupart des musiciens que j'ai engagés étaient des symphonistes qui souhaitaient jouer sur des instruments anciens ; peu à peu, cette participation est devenue incompatible avec le planning de leur orchestre. Sont venus ensuite de jeunes instrumentistes qui avaient pu suivre l'enseignement des conservatoires sur instruments d'époque, ce qui m'a permis de recruter de nouveaux spécialistes.

« Par ailleurs, j'ai eu la chance, en dehors de mon orchestre, d'avoir un grand nombre d'engagements, souvent à la tête de formations symphoniques ou de maisons d'opéra, Lille, le National et la plupart des orchestres français, ainsi qu'en Allemagne. Depuis 1981, je suis directeur de l'Atelier lyrique de Tourcoing, nomination qui a considérablement amélioré mon statut : elle m'a permis de développer mon répertoire, aussi bien dans le baroque que dans les œuvres contemporaines auxquelles j'étais très attaché et d'innover constamment. En collaboration avec l'Opéra du Nord, la Région, et la Ville, je me suis efforcé de proposer des habitudes d'écoute auprès d'un public de connaisseurs et d'attirer en même temps des gens qui n'étaient encore jamais allés à l'opéra. Ce fut pour moi le moyen de produire des programmes ambitieux, en présentant des spectacles significatifs, tels que la trilogie de Monteverdi – *Orfeo*, *Le Retour d'Ulysse dans sa patrie*, *Le Couronnement de Poppée* –, la trilogie de Da Ponte – *Les Noces de Figaro*, *Don Giovanni* et *Cosi fan tutte* – que j'ai présentés par la suite au Théâtre des Champs-Élysées et en région Île-de-France, avec le concours de Janine Roze. J'en suis maintenant à cent cinquante créations, dans notre jargon productions lyriques, notamment des œuvres de Monteverdi, Lully, Campra, Rameau, Haendel, Mozart et Salieri, dont j'ai promené le *Falstaff* dans de nombreuses villes. Je n'ai jamais voulu marquer de préférences : quand je joue Bach, c'est Bach que je préfère ; il en va de même pour Mozart. Comme le côté aventureux de ma carrière est derrière moi, je peux entreprendre ce que j'ai envie de faire. Si on m'appelait pour créer autre chose, je ne suis pas certain que j'aurais envie d'accepter. J'ai en effet de nombreux projets que je souhaite réaliser en toute priorité : c'est ainsi qu'en 2004, Lille étant capitale européenne de la Communauté, je vais, dans le cadre de l'Atelier lyrique, monter des opéras de Mozart, *Les Noces*, ainsi qu'*Idoménée* que je couplerai avec l'*Idoménée* de Campra. Le programme comprendra aussi de la musique contemporaine que j'ai abordée depuis longtemps : je présenterai *L'Opéra de quat' sous* de Kurt Weill, deux ans après avoir présenté *Mère Courage* à Dessau, en ex-R.D.A. Je m'intéresse beaucoup à Brecht. Je vais aussi conduire *Le Barbier de Séville* de Rossini, ainsi qu'un opéra peu connu de Puccini, *Gianni Schicchi*, et des œuvres de l'Argentin Maurizio Kagel, initiateur de recherches musicales modernes. »

Précurseur, bien qu'il s'en défende, Jean-Claude Malgoire a-t-il le sentiment d'avoir été sinon imité, du moins suivi dans son propre pays, où les ensembles baroques ont proliféré depuis une vingtaine d'années ? « Dans tous les métiers, la concurrence existe. Il y a aussi le savoir-faire et le faire-savoir. On dit cela à propos des chefs de cuisine, mais c'est également valable pour la musique. Mon métier m'apporte de grandes satisfactions artistiques. La médiatisation ne me soucie guère ; si elle fonctionne, tant mieux, je ne la rejette pas, car je pratique une profession publique. Mais je repousse l'idée de sacrifier quoi que ce soit à la notoriété. Si l'on pense davantage à sa propre image qu'à la mise en valeur de la musique que l'on interprète, ça peut être catastrophique. Je suis un enfant de la République, fils d'ouvrier ; je ne suis pas né tout habillé, si vous voyez ce que je veux dire ; j'ai le droit d'estimer que le bilan de ma carrière est positif. Certains ont suivi d'autres voies, plus faciles d'accès : s'ils ont du talent, ce n'est pas grave. Cela le devient quand ils n'en ont pas : le phénomène dépasse alors la capacité artistique. Le même phénomène existe dans le symphonique que je connais bien également : j'ai parfois été dirigé par des chefs d'orchestre dont la réputation était totalement surfaite ; ces gens-là étaient fabriqués commercialement. Il n'est pas utile de les identifier, car ils sont morts pour la plupart. N'attendez donc pas que je vous livre un seul nom. Pour ma part, j'ai tracé un sillon et je crois avoir contribué à créer une dynamique dans mon propre pays. Le baroque, et ce qui le suit, se porte bien. J'ai pourtant été étonné de lire, il y a quelques années, une enquête du *Monde* sur les goûts musicaux des Français : dans le classement des cinquante disques préférés de nos compatriotes, n'apparaissait aucune œuvre baroque. C'est d'autant plus paradoxal que, lorsque j'ai enregistré *Water Music* de Haendel pour la première fois, en 1970, j'ai été en tête de ce que l'on appelle le "hit-parade" des disquaires, devant Karajan et Solti.

« Aujourd'hui, le disque a moins d'influence : le marché ne pouvait pas absorber tout ce que les firmes diffusaient, d'où la crise que l'on connaît depuis un certain temps. »

Chercheur et musicologue, Jean-Claude Malgoire s'est souvent appliqué à révéler des œuvres inconnues. Quelles sont celles qui l'ont le plus marqué ? Y a-t-il encore des inédits à découvrir ? « J'ai procédé à la reconstitution d'un opéra de Vivaldi, à l'Opéra-Comique, il y a une dizaine d'années : il s'agissait de *Montemuza*, dont il ne restait que l'intégralité du livret, sur une partition hélas incomplète. Je me suis livré à un long travail de musicologie appliquée pour aboutir à un résultat qui fut jugé intéressant, puisqu'on nous a attribué une Victoire de la Musique. J'ai étudié la musique des XVIIe et XVIIIe siècles au Mexique et au Brésil ; j'ai découvert en Indonésie des œuvres de la même époque. Ce fut plus passionnant pour moi que pour les autochtones, qui préféraient Haendel et Mozart.

« En ce qui concerne les possibles découvertes en France, je note qu'un demi-siècle sépare Lully de Rameau : entre eux sont apparus de nombreux compositeurs relativement peu explorés : je pense à Marin Marais, Colasse, Rebel, Destouches, Desmarets, Delalande, qui ont tous connu leur heure de gloire à leur époque. Les spécialistes les ont étudiés, mais il se peut que l'on puisse encore trouver des trésors inexploités, comme j'ai eu le bonheur de le faire avec Campra pour *Idoménée.*

« Il existe aussi un autre domaine musical quasiment abandonné, celui de la période révolutionnaire et de l'Empire : on peut citer Gossec, Méhul, Grétry, Lesueur, voire Dalayrac, et même au-delà, Meyerbeer, Halévy, Félicien David... On pourrait souvent puiser dans ce répertoire. Mais qui s'en chargera faute de pouvoir compter sur une édition discographique ? La gravure des CD ne coûte presque rien, mais comment payer les interprètes ? »

Président, depuis 1987, du Centre de musique baroque de Versailles, Jean-Claude Malgoire n'a cependant pas manqué de promouvoir l'un de ces « oubliés » : c'est ainsi qu'il a donné, fin 2002, lors des Journées François-Joseph Gossec, le *Grand Motet dixit Dominus* et la *Missa pro defunctis*, qui ont fait sensation par leur puissance et leur beauté.

La traditionnelle question de l'île déserte prend d'abord Jean-Claude Malgoire au dépourvu : « Oh, là, là... Il me faudrait de nombreuses partitions ; je ne pourrais pas partir en pirogue, ni en canot pneumatique comme Bombard, qui aimait par-dessus tout les quatuors de Beethoven. Personnellement, je n'éprouve pas une réelle délectation à lire de la musique qui, pour moi, est un art concret. » Après quelques instants de réflexion, il ajoute : « Je regrette de ne pas savoir jouer du piano : j'aurais tant aimé pouvoir interpréter Chopin. À défaut, je prendrais des disques de Rubinstein que j'ai bien connu. Mahler figure également parmi mes favoris. Ce musicien me passionne ; sa musique est une synthèse du XIXe siècle, qui l'a rapproché, jusqu'à sa mort, de notre sensibilité. Si je le pouvais, j'emporterais volontiers les *Deuxième*, *Troisième*, *Quatrième* et les *Kindertotenlieder* que je jouerai prochainement au Théâtre des Champs-Élysées[1]. J'ai été subjugué par les disques que nous a laissés le chef tchèque Karel Ancerl : aucun autre maestro n'approche ce qu'il a fait dans la *Neuvième*. Quant à Leonard Bernstein, j'ai joué la *Troisième* sous sa direction en 1970 avec l'Orchestre de Paris : je n'ai pas oublié les coups de marteau qui l'ont interrompu, un samedi matin au Théâtre des Champs-Élysées... » Moi non plus.

1. Jean-Claude Malgoire a interprété les *Kindertotenlieder* au Théâtre des Champs-Élysées au cours de la saison 2003.

CHRISTOPHE ROUSSET
L'ARBRE DU TALENT

« Dieu a mis les talents différents de l'homme, comme il a planté des arbres différents dans la nature, en sorte que chaque talent ainsi que chaque arbre a sa propriété et son effet qui lui sont pertinents. »
La Rochefoucauld, *Maximes posthumes*

« La musique baroque, c'est la joie de vivre ; c'est aussi une philosophie de l'existence à travers une expression fervente de la croyance et de la confiance en Dieu ; c'est également une vision de l'univers qui annonce celle de notre époque. Au XVIIIe siècle, le baroque prodiguait l'insouciance aux hommes, en s'appuyant sur la foi. De nos jours, la foi se perd de plus en plus, mais nous avons toujours besoin d'insouciance : dans le baroque, forme d'art fondée sur la force de la religion, nous retrouvons les sources que le siècle des Lumières nous a léguées. Les messages du baroque étaient clairs ; ils étaient d'ordre politique, induisant que le roi devait être clément ; des événements tragiques, parfois monstrueux, parsèment les opéras du temps qui n'ont jamais de *happy end.* Le théâtre lyrique, en mettant en scène des personnages de légende, tend constamment à une exaltation du rôle de l'homme par rapport à sa condition misérable et à la nature. La monarchie fait, sans le savoir, les frais de cette démonstration humaniste, avant que la Révolution ne renverse les idoles. Ainsi, *Le Mariage secret* de Cimarosa, bien qu'il ait été composé en 1792 par un Italien en quête de succès et créé à Vienne en présence de l'empereur d'Autriche, stigmatise les perversions d'un monde en décomposition : la vanité de la noblesse et la bêtise de la bourgeoisie y sont ridiculisées. D'autres valeurs vont naître. »

Posément, mais avec une étonnante force de conviction, Christophe Rousset, que je rencontre dans un célèbre établissement du boulevard Saint-Germain[1], m'offre, sur un plateau, une étonnante définition du baroque, qui n'a rien d'iconoclaste. Son visage aux traits fins et juvéniles, que durcit à peine un soupçon de barbe, reflète l'intensité de ses certitudes. Lancé sur ce sujet, il semble intarissable : « On a pu s'étonner naguère, reprend-il, de voir la musique baroque emplir les salles. C'était sans compter avec la nouvelle tonalité qu'elle confère à la fonction de l'art, au plan de l'authenticité et de l'originalité. Qu'est-ce qui a fait le succès du *Fabuleux Destin d'Amélie Poulain* au cinéma, sinon la prééminence des vertus du merveilleux ? Or, ce sens du magique, on le retrouve constamment dans le baroque : nous éprouvons tous le besoin d'être plongés dans le monde féerique de l'improbable. Nous-mêmes, musiciens, lorsque nous sommes au cœur du spectacle, quand, par exemple, je dirige l'histoire de Didon abandonnée par Énée [référence à *Didon et Énée* de Purcell] ou de Persée qui parvient à couper la tête de la Méduse [référence à *Persée* de Lully], nous sommes sublimés par une œuvre qui transcende nos sens et notre esprit : quand nous quittons le théâtre et que nous nous retrouvons dans la rue, nous constatons hélas combien la vie de tous les jours est grise. C'est bien pour échapper à cette noirceur que le public vient chercher un dépaysement total auprès de nous.

« Le succès de cette musique relève également d'autres facteurs : qu'est-ce qui fait danser les gens aujourd'hui, sinon le rythme ? Or le baroque s'appuie justement sur la rythmique incisive et percussive de la basse continue, ainsi que sur celle des instruments d'époque : de nombreuses chansons actuelles sont fondées sur cette basse obstinée. C'est l'une des particularités de la musique ancienne qui lui permet d'être aisément comprise par un grand nombre de personnes. »

Héritier d'un jaillissement artistique qui est, selon lui, l'un des plus importants phénomènes de notre époque, Christophe Rousset, acteur et témoin, peut se permettre de porter certains jugements qui rendent aux nouveaux Césars de la musique ce qui leur appartient : « Le mouvement baroque,

1. Entretien enregistré à Paris, le 14 mars 2002.

explique-t-il, a pris naissance dans trois lieux différents : aux Pays-Bas, avec Gustav Leonhardt, à Vienne avec Nikolaus Harnoncourt et à Bâle avec la Schola Cantorum Basiliensis, étonnante pépinière dont l'activité perdure aujourd'hui. En Angleterre, où l'on a toujours aimé la musique ancienne, Christopher Hogwood a joué un rôle non négligeable avec The Academy of Ancient Music, formation qui existait déjà au XVIIIe siècle, et John Eliot Gardiner a fait nettement avancer les choses avec le Monteverdi Choir et les English Baroque Soloists. En France, le baroque doit beaucoup à Jean-Claude Malgoire que je tiens pour un véritable pionnier, car il a réalisé des prouesses incroyables en donnant et en enregistrant des opéras complets de Monteverdi, Lully, Haendel et Rameau avant tout le monde. Ces audaces sont restées parfois confidentielles, mais elles ont réellement marqué le début d'une percée que rien n'a pu freiner par la suite. William Christie n'est pas à l'origine de ce renouveau : il a eu cependant, entre autres mérites, celui d'ouvrir au baroque les portes de l'Opéra de Paris et d'autres grandes maisons internationales, révélant ainsi à la critique et au public la qualité des œuvres qui affrontaient les feux de la rampe. »

Le parcours personnel de Christophe Rousset, né en 1961 à Aix-en-Provence, ne relève pas d'une prédestination familiale ; sa vocation semble plutôt liée aux effets du hasard : « Je passais mes étés chez ma grand-mère : dans son salon, trônait un modeste piano droit, sur le clavier duquel je prenais un malin plaisir à taper sans mesure. J'éprouvais une profonde fascination pour cet instrument au point de dire un jour à mes parents que je voulais "apprendre la musique". J'avais déjà 10 ans quand ils ont fait donner ses premières leçons de piano au gamin turbulent que j'étais, sans se douter que cette découverte allait déclencher un irrésistible appel. J'étonnais mon entourage parce que je m'intéressais à des compositeurs peu connus : par exemple, je préférais Clementi à Mozart. Ma vraie passion était alors l'archéologie. Il est probable que mon intérêt et ma curiosité envers le passé m'ont inconsciemment dirigé vers la musique ancienne. Je suis entré, au conservatoire local, dans la classe de clavecin sur les conseils de mon professeur de piano ; je lui avais en effet indiqué que je ne me sentais pas capable d'aborder les œuvres romantiques de Schubert, Chopin, Schumann qui représentaient une forme d'expression trop adulte pour moi. En revanche, je me suis rapidement adapté à Scarlatti, Couperin, voire Mozart sur le clavier plus réduit du clavecin. Puis est venue la révélation de Bach : elle m'a permis de comprendre que pour bien jouer de cet instrument souvent jugé inexpressif, il fallait un imaginaire très développé et une grande obstination. Fort de mes convictions, je suis parvenu à obtenir des *crescendo* que je croyais impossibles. J'avais 12 ans et demi quand j'ai opéré cette conversion, tout en suivant les fastes d'un festival dont les représentations lyriques m'attiraient irrésistiblement : j'ignorais qui était Campra, mais je fus ébloui par son opéra-ballet, *Les Fêtes vénitiennes*, dans lequel des voix merveilleuses, notamment celle de la mezzo-soprano Martine Dupuy, me parurent d'une irréelle beauté. »

Inscrit à la Schola Cantorum de Paris et au Conservatoire national, en classe de clavecin et de chant, Christophe Rousset reçoit l'enseignement d'André Raynaud, d'Huguette Dreyfus, puis de Kenneth Gilbert. Mais il supporte mal les contraintes de l'école qu'il quitte pour se rendre à La Haye où il suit les cours de Robert Van Asperen, des frères Kuijken et de Gustav Leonhardt. En 1983, il obtient son diplôme de soliste et remporte le premier prix au concours international de clavecin de Bruges. Christophe Rousset n'a rien oublié de ce premier succès ni des difficultés qui ont suivi : « L'activité artistique de l'instrument que j'avais choisi n'est pas très développée : malgré mon prix, les débouchés manquaient et les portes demeuraient fermées. Il me fallait gagner ma vie et continuer à apprendre. Grâce aux recommandations d'un ami parisien, j'ai pu être engagé comme basse continue à La Grande Écurie et la Chambre du Roy par Jean-Claude Malgoire et j'ai travaillé également avec Philippe Herreweghe, en me perfectionnant sans cesse dans l'accompagnement des voix. Peu après, en 1986, j'ai rencontré William Christie et je suis entré aux Arts florissants pour préparer la première mondiale d'*Atys* à l'Opéra-Comique, qui allait remettre en lumière la musique de Lully. Cette période fut déterminante. J'ai connu Hervé Niquet, qui était choriste, Marc Minkowski et Hugo Reyne qui, dès cette époque, dirigeaient leur propre formation. J'ai adhéré pleinement aux orientations de William Christie, dont je suis devenu une sorte d'assistant, tout en continuant d'être le claveciniste attitré de l'orchestre. Être le bras droit de quelqu'un, c'est s'efforcer d'épouser la pensée de l'autre, de la comprendre et de la transmettre au groupe. Mais, en même temps, j'éprouvais certaines sensations qui me donnaient des certitudes : si j'avais été le patron, je n'aurais pas opté pour telle ou telle solution. Parfois, j'ai pu introduire certains éléments personnels au cours de la préparation d'une œuvre, la saupoudrant de mes propres idées, ce qui a pu faire évoluer notre ensemble dans une direction légèrement différente de celle voulue par William Christie. Cependant, je n'avais aucune envie de devenir chef d'orchestre. Le poste que j'occupais me convenait : j'étais instrumentiste soliste et je voulais le rester. Christopher Hogwood, qui m'aurait bien vu accéder au podium, n'a pas réussi à me convaincre. Auparavant, Philippe Herreweghe m'avait déjà sondé : "Si je monte mon propre groupe, est-ce que ça t'intéresserait de devenir chef associé ?" Je lui ai répondu : "Ce n'est pas pour moi ; je ne suis pas la bonne adresse." J'étais assez satisfait d'être une sorte d'éminence grise auprès de Christie et de demeurer au plan instrumental un élément utile, voire prépondérant. Je ne demandais rien de plus.

« Or, William Christie allait être lui-même le déclencheur d'une orientation à laquelle je n'avais jamais songé. "Je suis de plus en plus occupé : il faut que tu m'aides et que tu me soulages en dirigeant certaines répétitions", m'avait-il dit, peu avant la soirée organisée salle Favart pour les dix ans des Arts florissants. J'ai accepté, d'autant plus facilement qu'il m'avait déjà confié un travail équivalent, un an auparavant, en 1988, en me proposant la préparation de *David et Jonathas*, tragédie de Marc-Antoine Charpentier, puis celle des *Indes galantes* de Rameau. Mais de direction d'orchestre, à mon propre compte, je ne voulais toujours pas entendre parler. William Christie me faisait entièrement confiance et me laissait toute liberté pour préparer les chanteurs comme je l'entendais. Comme il était submergé de propositions, il est revenu à la charge en 1991 en me demandant de le remplacer, en son absence, dans *La Fée Urgèle* de l'Italien Duni, sur un livret de Favart, dans une mise en scène de Jean-Marie Villégier. Ainsi, à mon corps défendant, je me suis retrouvé dans la fosse de l'Opéra-Comique pour diriger une œuvre dont Christie avait défini la structure et choisi la distribution. Cette situation ambiguë m'a donné à réfléchir : "Puisque tu es capable de tout faire, me suis-je dit – répéter avec les chanteurs, être au continuo, diriger –, pourquoi tu ne déterminerais pas toi-même le répertoire qui te plaît, la mise en scène qui te convient et le choix des interprètes ?"

« J'avais tissé des liens d'amitié avec certains artistes et j'étais encouragé à prendre toutes mes responsabilités : j'ai donc décidé de quitter les Arts florissants, après sept années de présence, pour fonder mon propre ensemble. Les premiers temps ont relevé de l'artisanat. Il fallait créer une logistique en partant de zéro. Je venais d'être nommé professeur au Conservatoire et je donnais des récitals en tant que soliste, ce qui me permettait de ne pas demeurer sans ressources. J'ai d'abord opté pour un répertoire peu exploré en France, le fonds napolitain, qui couvrait une grande partie du XVIIIe siècle, représenté notamment par Leonardo Leo, Traetta et Jommelli. Les partitions de ces compositeurs étaient répertoriées, annotées, collationnées ; elles ont été fréquemment consultées ; elles sont mentionnées dans de nombreux ouvrages. Mais elles demeuraient mal connues en raison du manque de curiosité des programmateurs et des chefs.

« À partir du moment où l'on trouve des pistes intéressantes, on est libre de ses choix et de sa sélection. C'est ainsi que j'ai découvert des musiques géniales qui méritaient d'être exhumées : dans une forme très différente de celle de Bach ou de Rameau, Leonardo Leo vers 1730-1740 écrivait des œuvres qui annoncent déjà la *Messe en ré* de Mozart. Je ne suis pas le seul à m'être intéressé à cette période ; d'autres, notamment des Italiens, l'ont fait avant moi. Encore fallait-il oser les produire, ce que j'ai pu réaliser à plusieurs reprises. J'ai trouvé de nombreux documents passionnants à Pistoia, qui ne sont pas encore exploités. D'autres l'ont été, notamment un opéra de Cimarosa, sur un livret de Goldoni, *Le Marché de Malmantile* que j'ai créé à l'Opéra du Rhin, six ans avant de présenter *Le Mariage secret* au Théâtre des Champs-Élysées. Sur un texte d'une bonne valeur littéraire, Cimarosa a composé une musique d'une créativité géniale. Quand on écoute *Le Mariage secret*, qui date de 1792, on se dit que cette pièce doit beaucoup à Mozart. Or Cimarosa avait écrit des ouvrages de la même veine dans les années 1770-1780, dont *Le Marché* qui précède la trilogie de Da Ponte, et qui contiennent des pages très comparables. Dans l'*Armida* de Jommelli, que j'ai enregistré, on peut trouver des passages annonçant *Mithridate* d'un très jeune Mozart, qui sont très proches de l'inspiration de ce Napolitain. Il n'est pas certain que Cimarosa ait connu Mozart ; en revanche, on sait avec certitude que Mozart a connu l'œuvre de Cimarosa. À cette époque, les musiciens italiens exerçaient en effet une véritable hégémonie en Europe. Ils étaient partout, à Londres, à Madrid, à Saint-Pétersbourg, à Berlin, à Vienne, à Paris ; ils avaient la mainmise sur la plupart des productions musicales. Moins connu, même en Autriche, que ne l'étaient Cimarosa ou son compatriote Salieri, Mozart, de son vivant, obtint certains succès ; mais ils furent loin d'être à la mesure de ce que l'on sait de son œuvre aujourd'hui. On peut d'ailleurs dire la même chose des Français dans leur propre pays, alors qu'on s'extasiait devant toutes les œuvres présentées par les étrangers fréquentant les scènes de la capitale. C'est ainsi que Rameau eut beaucoup de mal à s'imposer alors que, dès son arrivée à Paris, Gluck fut considéré comme un génie. »

Christophe Rousset s'est frayé un chemin dans le maquis du baroque. L'intitulé de son orchestre, Les Talens (sans *t*) lyriques, est inspiré d'un opéra de Rameau. Le mot « talent », qui a eu plusieurs sens au fil des siècles, a d'abord représenté une monnaie d'or ou d'argent (le *talenton* grec), avant de désigner le don, voire le génie. Le chef malgré lui a su, pour sa part, faire preuve d'une très grande aptitude artistique : longtemps privé de subventions officielles, il a bénéficié à partir de 1994 de l'appui de France Télécom, ce qui lui a permis de développer de nombreux projets. Les subventions de l'État sont venues plus tard. Les Talens ont élu domicile à Montpellier où la municipalité et la Région leur permettent de concevoir des objectifs ambitieux dans le domaine lyrique. Le succès de la musique du film *Farinelli*, basé sur la carrière du célèbre castrat du XVIIIe siècle, jouée et enregistrée par les Talens lyriques, a fait connaître Christophe Rousset et sa formation dans tous les pays du monde : « Le disque que l'on en a tiré a été vendu à un million d'exemplaires, ce qui dans le classique est un résultat exemplaire. Seuls *Les Trois Ténors* et la musique d'un autre film, *Tous les matins du monde*, ont obtenu un score comparable. Je n'ai cependant pas voulu exploiter comme on me le demandait cet étonnant succès ; d'autres l'ont fait pour nous, je ne vous dirai pas qui… En revanche,

nous avons présenté de nombreux spectacles originaux et enregistré des disques qui ont eu la faveur de la critique et du public, aussi bien en France qu'en Grande-Bretagne, en Allemagne, aux États-Unis, où nous nous sommes produits plusieurs fois. Notre répertoire s'est constamment élargi de Monteverdi, avec *Le Couronnement de Poppée*, à Mozart, en passant par Lully, Haendel (avec *Scipion*, *Riccardo Primo*, *Rinaldo*), Mondonville, Desmarets, Traetta, Jommelli, Cimarosa, les cantates de Clérambault, Brossard, Montéclair. »

De nouvelles productions ont surgi en 2003 : *The Fairy Queen* de Purcell, en Espagne, *Toinon et Toinette* de Gossec, la *Capricciosa corretta* de Martin y Soler à Montpellier, *Roland* de Lully à Lausanne, *L'Empio punito* de Melani à Leipzig, la *Betulia liberata* de Mozart, oratorio composé à 14 ans, au Théâtre des Champs-Élysées, sans oublier de nombreux concerts à Paris, Saint-Denis, Montpellier, Lyon… On ne laisse pas d'être impressionné également par les intégrales en CD au clavecin de François Couperin, d'Anglebert, de Scarlatti, de Rameau. Quant aux distributions de certains enregistrements, elles font rêver : Paul Agnew, Maria Panzarella dans *Persée* de Lully, Cecilia Bartoli, Natalie Dessay, Sandrine Piau, Giuseppe Sabbatini dans *Mithridate*, Sandrine Piau, encore, Véronique Gens, Agnès Mellon, Jean-Paul Fouchécourt, le chœur Accentus de Laurence Equilbey, dans Mondonville…

La passion de Christophe Rousset pour le baroque est loin d'être tarie. Est-il tenté cependant de s'inspirer de l'évolution suivie par Harnoncourt, Herreweghe, Minkowski, en abordant d'autres formes de répertoire ? « Je ne peux pas préjuger de ce que sera l'avenir. J'ai pris naguère des positions très radicales, en indiquant que j'arrêtais mon exploration musicale à l'année 1800. Je ne suis jamais allé plus loin : c'est en effet une date charnière entre deux musiques fondamentalement différentes. Aujourd'hui, je me sens moins sûr de moi, moins ancré dans ces limites. Certaines œuvres postérieures à 1800 m'intéressent. En dirigeant Cimarosa, j'ai ouvert une porte qui peut conduire à Rossini et sur une partie du XIXe siècle. J'ai déjà interprété des symphonies de Mozart et je continuerai à le faire. Le symphonique est une source de bonheur, mais je me sens toujours très concerné par l'opéra : je veux continuer à travailler avec des chanteurs que j'aime. Nous verrons plus tard ; après tout, j'ai encore du temps devant moi. »

Et l'île déserte, Christophe Rousset y pense-t-il ? Il réfléchit longuement avant de répondre : « Ma première sélection comprendrait la *Messe en si* de Bach, *Don Giovanni* et *Le Couronnement de Poppée* de Monteverdi. Si je ne devais prendre qu'une seule partition, ce serait celle de Bach qui aurait mes faveurs. Ce matin, chez moi, avant de vous rencontrer, j'ai joué Bach sur mon clavecin. Il incarne l'humanité, le divin, la foi dont je vous parlais à propos du baroque. Je ne peux m'en passer. »

MARC MINKOWSKI
VERS DE NOUVEAUX RIVAGES

« Tout est en cours de transformation. Toi-même tu es en état de transformation continue et, à certains égards, de dissolution. »
Marc Aurèle, *Pensées*

J'ai longtemps hésité avant de situer dans ce livre les deux entretiens que Marc Minkowski m'a accordés en vue cet ouvrage[1]. J'avais le choix entre deux solutions : soit le compter parmi les baroqueux, ce qu'il fut d'abord et qu'il demeure encore en certaines circonstances, soit parmi les classiques et romantiques, ce qu'il tend à devenir depuis quelques années. J'ai finalement opté pour la partie consacrée aux maîtres du baroque, en raison même des origines de la vocation de ce musicien, autodidacte de la direction d'orchestre.

En moins de vingt-cinq ans de carrière, ce jeune chef (il est né en 1962 à Paris) a beaucoup évolué ; il ne renie pas ses antécédents musicaux, bien au contraire, car il leur doit sa notoriété, mais il reconnaît qu'il s'est écarté de la musique ancienne et qu'il a changé de parcours, comme tant d'autres d'ailleurs. Pourquoi ? Explications de l'intéressé : « La musique dite ancienne fait partie intégrante de ma vie. Mais une modification importante de ma sensibilité et de mon goût personnel m'a amené à reconsidérer mon activité, sans cependant oublier mes premières amours. Cette situation conflictuelle me

1. Entretiens enregistrés au Palais Garnier, le 20 février 2002, et au domicile du chef à Paris, le 2 novembre 2002.

préoccupe constamment : j'aime infiniment les œuvres des XVIIe et XVIIIe siècles, auxquelles je dois tout, mais je suis en même temps irrésistiblement attiré par la modernité. J'ai commencé à diriger, en dilettante, en 1982, quand j'ai créé mon ensemble des Musiciens du Louvre. Cette entrée en matière est devenue rapidement une fin en soi : je me suis consacré entièrement à la direction de ma formation, fondée de mes propres mains. Implantée à Grenoble, son existence a été pérennisée grâce à de nombreuses productions où l'opéra tenait une large place. J'ai progressé, mais je ne me repose jamais sur mes lauriers. Je suis de surcroît entouré d'amis qui me suivent depuis longtemps et qui se montrent toujours très critiques envers moi ; ces proches suivent mon travail ; ils m'aident à y voir clair, à ne pas être bercé par un narcissisme permanent, à ne pas être figé. Ma réputation dans le baroque a grandi, alors qu'en même temps, depuis plusieurs années, des orchestres symphoniques étrangers, hollandais, allemands et britanniques ont commencé à m'inviter, comme ils l'ont fait avec d'autres chefs, dans le but de changer certaines habitudes de leur formation. En France, ce fut beaucoup plus lent, puisque je n'ai accédé au Philharmonique de Radio France qu'en 2001 et au National en 2002.

« Simon Rattle, qui est le chef que j'admire le plus, m'a convié à Berlin en 2003 pour y jouer la *Symphonie en ut* de Bizet, le *Requiem* de Fauré dans sa version originale et une œuvre baroque, en guise de carte de visite, *Les Éléments* de Rebel, sorte de symphonie chorégraphique de l'époque de Rameau, réellement fabuleuse, comportant une grande suite de danses, sur le thème de la lutte des éléments, l'air, le feu, l'eau. »

Pour bien comprendre l'évolution de Marc Minkowski, un retour en arrière s'impose. Comment a-t-il découvert la musique ? Comment sa vocation s'est-elle cristallisée ? « J'ai grandi dans un milieu familial où la musique tenait une large place. Mon père, professeur de médecine, était flûtiste et violoniste amateur ; ma mère, également très mélomane, était la fille d'une grande violoniste américaine, Edith Wade, disciple de Kreisler et d'Enesco, très liée à Nadia Boulanger. Sa brillante carrière fut interrompue prématurément par un accident. Mes parents ne m'ont jamais poussé vers la musique ; j'avais plutôt des aspirations littéraires et théâtrales ; on pensait même que j'allais devenir comédien. J'ai abordé le violon, mais je n'ai guère aimé cet instrument, bien que j'eusse Régis Pasquier pour maître. Je suis entré à l'École alsacienne où j'ai rencontré un professeur de musique, M. Rothenmuller, ex-enfant prodige du piano, qui dirigeait les deux orchestres de l'école, dont celui des débutants.

J'ai commencé à jouer de la flûte à bec et je suis entré dans sa formation. Un jour, un bassoniste nous a rejoints. Cet instrument au son grave, mélodieux et chaud, qui peut faire des basses et des chants de ténor, m'a subjugué. J'ai écouté des disques à la maison, notamment le *Concerto* de *Vivaldi* et mes parents m'ont offert un basson, dont seul l'apprentissage compta désormais pour moi. Mes études en ont sérieusement pâti, alors que je montais dans l'orchestre des "confirmés", aux côtés de professeurs de l'école dont je devenais les partenaires. Puis, au grand regret de mes parents, j'ai abandonné mes études pour me lancer dans la carrière musicale.

« Il n'y avait guère de débouchés pour le bassoniste que j'étais ; j'ai cachetonné tant bien que mal dans des concerts mal rémunérés. Le hasard m'a permis de repartir de zéro : une infirmière du service hospitalier de mon père était la voisine de palier de Charles Bruck, grand pédagogue et chef français, d'origine roumaine, souvent contesté en raison de son caractère difficile. Il avait été l'élève de Nadia Boulanger, de Vlado Perlemuter et de Pierre Monteux ; il avait repris le flambeau des mains de ce dernier pour diriger l'école de direction que le créateur du *Sacre du printemps* avait créée à Hancock, dans l'État du Maine, aux États-Unis. Je n'avais qu'une vague idée de ce qu'avait pu être Monteux et je ne savais rien de la grande réputation dont jouissait Bruck aux États-Unis. Toujours est-il que ce chef accepta de me recevoir. J'avais 18 ans et j'étais tétanisé à l'idée de rencontrer ce mystérieux personnage. De son fort accent roumano-hongrois, il m'a demandé quelles étaient mes références. J'ai évoqué mes débuts et ma volonté de devenir chef d'orchestre. Il m'a invité à Hancock où j'ai passé tout un été. J'étais sans doute un peu trop jeune pour profiter pleinement de cette expérience, qui m'a pourtant beaucoup apporté. Je jouais du basson dans l'orchestre qui était constitué d'apprentis chefs ; nous avions deux répétitions par jour et j'étais dans la catégorie des "auditeurs" actifs qui n'avaient pas le droit d'accéder au podium de chef. Charles Bruck, comprenant ma frustration, m'a permis de diriger pour la première fois un véritable orchestre : j'ai joué l'ouverture du *Carnaval romain* de Berlioz ; mon interprétation ne lui a pas déplu. Je n'ai pas oublié ce qu'il m'a dit peu après : "Cessez d'être un enfant ; devenez un adulte, soyez plus précis, travaillez !" Je l'ai revu quelques années plus tard à Paris : "C'est très bien la musique baroque, m'a-t-il indiqué, mais vous devriez faire autre chose." J'ai fini par suivre son conseil.

« Une autre rencontre, à mon retour en France, a également beaucoup compté pour moi : Jean-Claude Casadesus était un ami de ma famille : mon père avait soigné ses enfants. Quand j'étais gamin, j'allais l'écouter au Châtelet dans des opérettes à succès. Il a parrainé mon parcours en me donnant l'occasion de jouer du basson sous sa direction, d'abord dans la formation des Jeunes de l'Orchestre de Paris, qui a été trop rapidement dissoute, puis à Lille, comme supplémentaire, où j'ai participé à l'enregistrement de *La Symphonie fantastique*. Décidément, Berlioz me poursuivait. J'ai pris ensuite des cours de perfectionnement au Conservatoire de La Haye, où j'ai obtenu un diplôme de basson. C'est alors qu'en 1982 j'ai fondé mon propre orchestre. J'avais 20 ans ; je n'avais nulle envie de passer par le Conservatoire national et de suivre un cursus d'études long et contraignant. J'ai donc "fabriqué" un ensemble baroque de mes propres mains, grâce à de nouvelles rencontres providentielles, dont celle de Françoise Herr, qui dirigeait un ensemble vocal auquel j'avais pris part comme bassoniste. Elle a souhaité que nous fassions *Didon et Énée* de Purcell : "Pourquoi ne conduirais-tu pas toi-même ?" m'a-t-elle dit. À l'époque, je connaissais mal l'opéra et encore moins la musique de Purcell. Je m'y suis immergé ; j'ai trouvé la partition magnifique : nous l'avons donnée en l'église Saint-Étienne-du-Mont, sans le moindre cachet ni pour les musiciens ni pour moi-même.

« Ce fut une étape décisive qui m'a encouragé à poursuivre dans cette voie : passionné de théâtre, j'avais pris un plaisir extrême à diriger un texte en musique. *Didon et Énée* est un ouvrage de haute qualité, court, dense, intense, qui comporte des scènes de danse, d'amour et de violence. Par la suite, j'ai monté presque chaque année un opéra de Purcell, notamment *The Fairy Queen* et *King Arthur*. Puis est venue ma passion pour Haendel, que j'avais découvert aux Pays-Bas. Nous avons souvent joué ses œuvres, à l'exception du *Messie* que je n'ai abordé qu'en 1998 : j'ai toujours su résister à la facilité ; la popularité de ce chef-d'œuvre me gênait ; je l'ai donc occulté pendant plus de quinze ans. Maintenant, je l'aime et je le possède pleinement. Pour gagner un peu d'argent, je continuais à jouer du basson dans d'autres orchestres baroques : nous recevions nos premières subventions de la Région Île-de-France, mais nous avions du mal, avec mon trésorier Jean Deletrez, à respecter notre cahier des charges. Je faisais ainsi des apparitions chez Jean-Claude Malgoire, chez William Christie, dont les Arts florissants étaient en plein essor, chez Hervé Niquet. Christie, Bill pour les intimes, m'a beaucoup aidé. Pour le troisième centenaire de la mort de Lully, j'ai joué, sous sa direction, *Atys*, qu'Erato a enregistré. Michel Garcin, qui avait fait débuter Jean-Pierre Rampal, Teresa Berganza, Armin Jordan, Maurice André, Jean-François

Paillard, m'a alors donné ma chance : il est venu écouter mes concerts et il a édité mes premiers disques. C'est à partir de là, vers 1988, que mon orchestre a pris son envol. Contrairement à ce qu'on a pu écrire, je n'ai pas été le disciple de Christie. En fait, les chefs qui m'inspiraient le plus étaient Harnoncourt et Gardiner : je ne manquais aucun des concerts qu'ils dirigeaient à Paris. Leur parcours ultérieur m'a indiscutablement influencé ; il est évident que le mien ressemble au leur.

« J'ai beaucoup enregistré, ce qui m'a permis de monter de nouveaux projets et d'évoluer vers d'autres répertoires, bien que l'étiquette de baroqueux forcené m'ait longtemps collé à la peau. N'imaginez pas cependant que cette période fut, pour moi, un simple intermède. À la tête des Musiciens du Louvre, j'étais un chef très engagé, fermement attaché à la défense des œuvres françaises des XVIIe et XVIIIe siècles de Lully à Rameau, en passant par Marais, Mondonville, Charpentier et bien d'autres, sans négliger, par ailleurs, Haendel, Gluck, Purcell. »

Cette montée progressive de Minkowski et de son orchestre est jalonnée par des dates importantes et par des disques remarquables : *Armide* de Gluck à l'Opéra royal de Versailles en 1992, *Phaëton* de Lully

en 1993 à Lyon, *Hyppolite et Aricie*, *Anacréon*, *Dardanus* de Rameau, *Ariodante*, *Agrippine*, à Dresde en 1994, et la *Résurrection* de Haendel, *Acis et Galatée* de Lully, les *Sonates en symphonies* de Mondonville, *Didon et Énée* de Purcell en 1995 à Houston, sont les principaux repères, unanimement applaudis, d'une réussite qui le propulse au Palais Garnier, dans *Platée* de Rameau, puis, en 1996, à l'Opéra Bastille dans *Idoménée* de Mozart, à Toronto dans *Don Giovanni*, à Salzbourg en 1997 dans *L'Enlèvement au sérail* et à Aix-en-Provence dans *Le Couronnement de Poppée* de Monteverdi. Mais déjà, son incessante activité l'oriente vers d'autres voies : il dirige *Le Vaisseau fantôme* à Rotterdam, puis *La Belle Hélène* et *Orphée aux Enfers* d'Offenbach à Genève et à Lyon, *Carmen* à Grenoble. Pendant deux ans, il officie à l'Opéra des Flandres, où il donne notamment *Les Saisons* de Haydn, *Oberon* de Weber, *Cendrillon* de Massenet. La mutation du chef est en cours quand il s'associe au Mahler Chamber Orchestra : « J'ai écouté cette formation, conduite par Claudio Abbado et Daniel Harding, et j'ai eu le coup de foudre. Daniel Harding m'a proposé de faire *Les Noces de Figaro* au Festival d'Aix et de donner la *Septième Symphonie* de Beethoven. Il m'a demandé de revenir conduire sa formation le plus souvent possible, ce que j'ai fait avec beaucoup de plaisir. »

Mahler est-il un des prochains points de passage obligés de Marc Minkowski ? « Probablement, mais il n'y a pas urgence. J'aime sa musique, mais elle n'est pas encore une priorité pour moi. Schubert, Schumann, Brahms sont mes étapes actuelles, alors que je termine l'étude approfondie des symphonies de Beethoven. Je suis à un tournant passionnant et difficile de ma vie. J'ai toujours eu envie d'affronter différents types de répertoires. Récemment, j'ai écouté des trésors discographiques de Scherchen, Leibowitz, Reiner qui m'ont ébloui. Ils m'ont aidé à me déterminer. J'ai pu mener avec enthousiasme mon parcours d'interprète presque exclusivement baroque pendant quinze à vingt ans. Ayant acquis une telle expérience, j'ai souhaité la mettre à l'épreuve dans des œuvres classiques et romantiques. Ainsi, j'ai pu présenter à Birmingham la *Neuvième* de Beethoven, à Berlin des œuvres de Lili Boulanger et d'Ernest Chausson que les Allemands ne connaissaient pas ; j'ai joué *La Symphonie fantastique* à Los Angeles, avant de la donner à la Cité de la musique et de l'enregistrer avec les Musiciens du Louvre et le Mahler Chamber. Au cours de l'été 2002, j'ai pris un risque énorme à Montpellier et à La Roque-d'Anthéron : j'aurais sans doute dû refuser d'y diriger les symphonies et les concertos de piano de Brahms, avec Hélène Grimaud et l'Orchestre National. Mais c'était tellement tentant que je suis tombé dans le piège. Je me suis imprégné des interprétations des plus grands maestros, à commencer par Furtwängler, que je n'aurais pas dû écouter. J'ai voulu faire une synthèse de toutes ces influences et je suis allé me roder à Tenerife, avec le remarquable Orchestre des Canaries, fondé il y a une dizaine d'années par des musiciens de multiples nationalités. Je n'ai eu que deux jours de répétitions, mais tout a bien marché. Avec le National, nous avons eu une excellente préparation. Seulement, nous étions en France, j'étais un jeune chef, j'avais des défauts et j'étais assez contracté. Le premier concert s'est assez bien passé. Ce fut une autre affaire le lendemain, au cours de l'ouverture du Festival de piano de La Roque-d'Anthéron, en plein air et en plein vent. Depuis cette soirée, j'ai relu le *Traité d'instrumentation* de Berlioz, qui écrivait, en substance, que la musique en plein air n'existe pas et qu'elle a besoin de murs pour s'imposer. Quand je suis arrivé, l'acoustique était nulle, il n'y avait aucun fondu perceptible. J'étais pris de panique ; je me serais enfui si je l'avais pu. Finalement, j'y suis allé : j'étais très nerveux, mon péché mignon habituel, et j'ai conduit animé d'une sorte de frénésie. J'avais toute la France médiatique derrière moi et je savais que cela n'allait pas. La critique a été féroce, on ne m'a rien pardonné. Tous mes collègues français que j'ai interrogés m'ont dit qu'il ne fallait pas diriger à

La Roque : on sait que le piano fabrique sa propre sonorité, alors que l'orchestre, lui, ne peut rien faire. N'importe quelle formation aurait eu le même problème dans les mêmes conditions. Les musiciens l'avaient compris : pour le dernier concert à Montpellier, ils se sont surpassés et nous avons connu le succès qui s'était dérobé la veille.

« J'en ai conclu qu'ayant bénéficié du courant baroque, la monnaie de la pièce fonctionnait dans les deux sens : on me faisait confiance, mais le moindre faux pas me valait une volée de bois vert. Je me suis rattrapé peu après avec Offenbach, qu'on a classé compositeur léger, alors que je le situe parmi les romantiques. Il y a en effet chez lui un côté profond, mélancolique, que l'on trouve particulièrement dans *Les Contes d'Hoffmann.* »

Les événements se sont effectivement précipités pour Marc Minkowski depuis trois ou quatre ans. Mais a-t-il pris toutes les précautions nécessaires pour éviter les dérapages ? « J'ai toujours agi avec promptitude et cela m'a souvent porté chance. Les mauvaises critiques, c'est aussi parfois la rançon de la gloire. Mon espoir est de pouvoir, dans quelque temps, redonner d'autres Brahms et montrer ainsi ce que je peux faire dans cette musique. »

Un des plus gros défis lancés par Marc Minkowski, au cours de sa reconversion, fut, sans nul doute, son approche de *Pelléas et Mélisande* : « J'ai pris le risque de créer l'œuvre de Debussy en 2000 à Leipzig, avec le prestigieux Gewandhaus, qui n'avait jamais joué *Pelléas.* Les instrumentistes semblaient partagés entre l'admiration et la crainte. L'ennui, avec les grands orchestres allemands qui se produisent dans le lyrique, provient des "tours" : comme le Gewandhaus a plus de deux cents titulaires, on répète parfois avec deux, sinon trois effectifs assez différents. J'ai attiré l'attention des responsables sur ce problème, en raison de la difficulté de la partition, mais je n'ai pas obtenu que la majorité des titulaires soit maintenue. J'ai dû répéter deux fois plus que dans n'importe quel autre théâtre, car j'avais affaire à deux formations. Ces péripéties m'ont heureusement mis la partition dans le sang. Quand on a évoqué le centenaire de la première à Paris, alors que rien n'était prévu, j'ai souhaité servir Debussy dans mon propre pays. Ce fut passionnant et éprouvant. Le Mahler Chamber, qui était dans la fosse de l'Opéra-Comique, est un orchestre extraordinaire avec lequel je joue Mozart en parfaite osmose, mais il ne connaissait pas *Pelléas.* Nous avons donné une avant-première à Ferrare. Puis, à Paris, nous avons travaillé de manière très artisanale, ce qui empêchait toute comparaison valable avec les grandes productions antérieures. Néanmoins, j'ai connu une profonde émotion en présentant *Pelléas* au public parisien, sur les lieux mêmes où il avait été créé exactement cent ans plus tôt, le 30 avril 1902. Cette musique m'avait survolté au point que j'aurais aimé pouvoir la rejouer tout de suite, dans d'autres conditions. Il y a toujours quelque chose à découvrir et à mettre en valeur dans Debussy. »

Partagé entre le lyrique et le symphonique, Marc Minkowski a souvent bénéficié de la présence de grands chanteurs et chanteuses telles Natalie Dessay et Anne Sofie von Otter. Que pense-t-il de cette marque de fidélité ? « Au cours du concert dédié à Rameau, célébrant les vingt années d'existence des Musiciens du Louvre, j'ai pu réunir de nombreux amis, dont certains n'avaient encore jamais interprété ce compositeur. Anne Sofie von Otter était dans ce cas. Ce furent des moments délicieux et forts. J'aime découvrir de nouveaux talents ; mais, souvent, quand j'ai trouvé un ou une partenaire dont la voix m'enchante, dont l'intelligence musicale permet de jouer plusieurs sortes de répertoires, j'ai envie de continuer avec eux. Les chanteurs semblent également apprécier la manière dont je les accompagne. En revanche, quand je dois innover, une fois sur deux, il se passe des catastrophes. C'est ainsi que *Jules César* de Haendel au Palais Garnier fut pour moi une vraie torture. J'ai toujours voulu établir moi-même la distribution d'un opéra. Si j'ai atteint le niveau que l'on me reconnaît dans Haendel, c'est que j'ai réussi à établir une osmose entre chanteurs, orchestre et chef, sorte d'alchimie musicale qui donne de merveilleux résultats. Or, à Garnier, les chanteurs avaient déjà été engagés. Peu convaincu par le choix effectué sans mon avis, j'ai suggéré quelques essais. J'étais inquiet à propos du contre-ténor désigné pour le rôle de Jules César. La voix des contre-ténors est généralement fragile ; leur phonation vocale peut par instants produire des sons magiques qui sont éphémères et ne sont pas ceux que produisent les castrats, voix naturelles haut placées. J'ai finalement accepté, pour le rôle-titre, la présence de David Daniels, compte tenu de sa grande réputation. Mais il s'est très vite fatigué et n'a pu assurer que la première représentation. Il savait que je n'étais pas d'accord au sujet de l'adéquation entre la nature de sa voix et le rôle qui lui était dévolu. Bien que Garnier ne soit pas une salle propice aux contre-ténors, nous avons pu avoir quelques moments magiques. Mais, après son renoncement, ce fut terrible : on a trouvé un autre chanteur, sans mon accord. Hélas, il chantait avec un manque de goût évident, découlant d'un romantisme italien déliquescent, qui n'avait rien à faire dans cette musique ; il effectuait de surcroît des prises de souffle en plein milieu des vocalises. Je me suis incliné pour sauver le spectacle et mon orchestre. »

Le départ de James Conlon, chef principal permanent de l'Opéra de Paris, est programmé pour la fin de la saison 2003-2004. Quel rôle pourrait avoir Marc Minkowski, sous l'ère Mortier qui succédera, en tant que directeur, à Hughes Gall ? « On sait qu'il n'y aura pas de chef principal. Il y aura des chefs invités régulièrement, au nombre de deux ou trois[1]. J'espère pouvoir donner plusieurs productions par an, ce qui me mobiliserait pendant quelques mois. »

Marc Minkowski semble avoir de grandes affinités avec Berlioz, qui fut le compositeur de ses débuts à l'École Pierre-Monteux. Que représente cette musique pour le chef ? « Je n'oublierai jamais le jour où j'ai joué le *Carnaval romain* devant Charles Bruck. Cette musique m'a propulsé à des hauteurs insoupçonnées. Berlioz est pour moi le musicien carrefour du XIXe siècle : il se situe au centre de multiples influences ; j'ai tendance à penser que je suis un peu dans sa situation aujourd'hui, à ceci près que je me contente d'interpréter. J'adore Gluck, je l'ai joué ; or Berlioz le vénérait aussi. Beethoven est un géant, dont je ne saurais me passer ; Berlioz pensait de même. Meyerbeer, que j'ai abordé dans *Robert le Diable* au Staatsoper de Berlin, dans sa version originale, il l'a côtoyé lui aussi. En un mot : Berlioz me fascine. Il y a chez lui une obsession du théâtral. *La Symphonie fantastique*, que j'ai enregistrée, avec sa cantate *Herminie*, écrite pour le prix de Rome deux ans auparavant, reflète déjà tout le génie du musicien. Gardiner l'a dirigée avec des instruments anciens. J'ai essayé d'aller autre part. »

Quels sont les orchestres qui inspirent le plus Marc Minkowski ? « Je n'en suis encore qu'à mes débuts et je ne connais pas toutes les meilleures formations. Cependant, je travaille deux fois par saison avec Birmingham, l'ancien orchestre de Simon Rattle : j'y trouve une discipline parfaite qui permet d'entrer sans retenue dans la musique, sans le moindre problème technique. Le Mahler Chamber est un mini-symphonique avec lequel j'ai une grande complicité. Le Philharmonique de Berlin, je l'idolâtre ; je suis en état d'extase quand je l'écoute. Mais jusqu'à ce jour, je n'ai jamais connu ailleurs la connivence absolue que j'ai avec les Musiciens du Louvre. »

Que sera l'avenir de Marc Minkowski ? Le chef répond sans hésiter : « Le plus important pour moi est d'être mon propre maître, d'avoir ma propre "maison", ma propre structure, comme je l'ai eue et l'ai encore avec le

1. Outre Minkowski, les noms de Sylvain Cambreling et de Christoph von Dohnanyi sont parfois cités.

baroque. Je voudrais continuer à m'exprimer dans le lyrique et le symphonique. J'aimerais être à la tête d'une grande institution, d'un opéra, d'un festival, où je pourrais réaliser mes rêves, plutôt que ceux des autres devenant occasionnellement les miens ; j'aimerais également diriger un orchestre de jeunes. Je me vois aussi dans le rôle du metteur en scène, comme le fut Karajan : c'est une ambition qui m'habite, avec la conviction intime de pouvoir m'imposer dans ce domaine. C'est comme cela que je me vois plus tard, avec l'espoir que cela se passera de préférence en France. »

Quelles seraient ses partitions sur « l'île déserte » ? « Si je devais me contenter d'une seule œuvre, j'emmènerais *Pelléas*. Si je peux en emporter quelques-unes, je prendrais *Les Noces de Figaro*, *Jules César*, *Carmen* et un Verdi, au choix. »

Pionniers et Adeptes

« Les vrais hommes de progrès sont ceux qui ont pour point de départ un respect profond du passé. Tout ce que nous faisons, tout ce que nous sommes, est l'aboutissant d'un travail séculaire. »
Ernest Renan, *Souvenirs d'enfance*

Pour bien mesurer l'importance du mouvement baroque, dont la naissance, en musique, remonte à Monteverdi, donc à l'extrême fin du XVIIe siècle, et dont le renouveau se développe à partir de 1950, il convient de rendre justice à ceux qui ont été les pionniers de ce fabuleux bourgeonnement artistique et d'évoquer le rôle de quelques épigones, voire de suiveurs qui ont pérennisé leur action.

Dans cet ouvrage, nous avons déjà mentionné l'influence décisive qu'eurent certains interprètes, dont l'évolution s'est prolongée jusqu'au classique, au romantisme, voire aux œuvres contemporaines. Sans négliger les recherches menées par Nadia Boulanger en faveur de Monteverdi, par Arnold Dolmetsch, créateur, dès 1925, d'un festival de musique ancienne, par Alfred Deller, ressuscitant certains compositeurs anglais, tels Byrd et Tallis vers 1950, travail qui influencera, plus tard, Andrew Parrott, Trevor Pinnock, Christopher Hogwood et John Eliot Gardiner, c'est bien Nikolaus Harnoncourt, fondateur en 1953 du Concentus Musicus, qui marque le premier jalon important de cette résurrection.

Harnoncourt ouvre la porte à Gustav Leonhardt (né en 1928), claveciniste et organiste néerlandais, formé à la Schola Cantorum Basiliensis, initiateur en 1955 du Leonhardt Consort, utilisant d'abord des instruments modernes, tout en valorisant au clavier un nombre impressionnant de compositeurs, jusqu'à Jean-Sébastien Bach. Il rejoint ensuite la Petite Bande, orchestre baroque portant le nom de la formation que Lully dirigeait à Versailles, dont il est codirecteur à partir de 1972 avec Sigiswald Kuijken. Il travaille également avec Harnoncourt en compagnie duquel il enregistre la totalité des *Cantates* de Bach. Son abondante discographie comprend des enregistrements qui ont fait date, de Purcell, l'un de ses musiciens favoris, à Bach. Demeuré, dans l'esprit, avant tout un instrumentiste soliste, Gustav Leonhardt n'a jamais été tenté de franchir le pas qui mène au XIXe siècle.

Bien oublié aujourd'hui, August Wenzinger, violoniste et gambiste suisse, directeur dès 1934 de la Schola Cantorum Basiliensis, institue vingt-cinq ans plus tard la Capella Coloniensis sur instruments anciens, à la Radio de Cologne, avant de conduire l'Orchestre de chambre de Hambourg et de nombreux opéras baroques. Un autre Suisse, Michel Piguet, hautboïste de formation, crée en 1962 l'ensemble Ricercare de Zurich et mène une longue activité auprès de la Schola Cantorum de Bâle, tandis que le violoniste allemand Reinhard Goebel accélère le mouvement dans son pays grâce à son ensemble Musica Antica de Cologne. Le rôle tenu par Karl Ristenpart (1900-1967) ne doit pas être tenu pour négligeable, même
si ce chef d'orchestre allemand a joué et enregistré une grande partie de l'œuvre de Bach sur instruments modernes, assurant ainsi, à partir de 1946, au R.I.A.S. de Berlin, puis à l'Orchestre de la Sarre, un renouveau de la musique du cantor. Son compatriote Karl Richter (1926-1981), organiste et claveciniste, suivit la même voie : il fonda l'Orchestre Bach de Munich en 1953, mais il demeura étranger au mouvement baroque, en se montrant fidèle à la grande tradition allemande sur instruments modernes. Karl Münchinger participe aussi à ce mouvement, également avec des instruments modernes, et nous laisse de magnifiques interprétations des *Concertos brandebourgeois* de Bach et des *Saisons* de Vivaldi.

Sigiswald Kuijken (né en 1944), violoniste et gambiste belge, a mis son empreinte sur la Petite Bande, ensemble d'une trentaine de musiciens qu'il a voulu comparable à celui dont Haydn disposait, auprès du prince Esterhazy, pour interpréter ses symphonies. Auparavant, Sigiswald Kuijken a été le partenaire de son frère Wieland et de Frans Brüggen au sein d'un premier groupe baroque, Alanius, mis en place en 1959.

Frans Brüggen (1934), flûtiste néerlandais, demeure longtemps proche de l'activité de Leonhardt, avant de fonder en 1981 l'Orchestre du XVIIIe, formé de musiciens venus de tous horizons jouant sur instruments anciens. Dans le même temps, il est invité par de grandes formations symphoniques, telles que Chicago, Vienne, Concertgebouw d'Amsterdam, Birmingham, l'Orchestre de Paris, pour diriger Bach, Haendel, Rameau, Haydn, Mozart, Beethoven sur instruments modernes.

Ton Koopman (1944), organiste et claveciniste hollandais, élève de Leonhardt, met en place, en 1966, un petit ensemble de musique de chambre, Musica da Camera, avant de fonder en 1970 un premier orchestre baroque auquel succède en 1979 l'Amsterdam Baroque Orchestra. Chef autodidacte, il enregistre abondamment notamment l'intégrale des *Cantates* de Bach, dont l'achèvement est prévu pour 2004, les *Passions*, les *Suites d'orchestre* ainsi que les *Symphonies* salzbourgeoises et le *Requiem* de Mozart. En 1994, il prend la direction de l'Orchestre de chambre de la Radio néerlandaise, avec lequel il effectue des incursions dans le XIXe siècle, en jouant Schubert et Mendelssohn sur instruments modernes.

Jos Van Immersel (né en 1945), claveciniste belge, crée en 1985 la formation baroque Anima Eterna, d'abord spécialisée dans Bach, avant de se tourner vers des œuvres classiques, notamment celles de Beethoven.

René Jacobs (né en 1946), haute-contre belge, chante dans les ensembles d'Harnoncourt, de Kuijken, de Gardiner, avant de fonder, en 1977, son propre ensemble vocal, le Concerto vocal, à Cologne. Élève de Leonhardt, autodidacte de la direction d'orchestre, il s'intéresse à l'opéra vénitien, notamment aux œuvres de Cavalli et Cesti. Directeur du Théâtre royal de Versailles à partir de 1991, il aborde un large répertoire, souvent lyrique, de Monteverdi à Haydn, en passant par Purcell, Haendel, Gluck, Mozart, sans franchir les limites du XVIIIe siècle.

Philippe Herreweghe (né en 1947), belge lui aussi, dirige, dès l'âge de 14 ans, le chœur de l'école des Jésuites de Gand. Influencé par Harnoncourt, élève de Kuijken, il effectue des études de médecine, en psychiatrie, avant d'opter définitivement en faveur de la musique. Il forme en 1969 le Collegium Vocale de Gand, rencontre Koopman et Leonhardt et collabore avec eux. En 1977, il crée, avec Philippe Beaussant, l'Ensemble vocal de la Chapelle royale, et dirige en même temps des œuvres contemporaines avec le chœur philharmonique de Liège. Associé aux enregistrements des cantates de Bach effectués par Harnoncourt et Leonhardt, il fonde en 1988 l'Ensemble vocal européen, puis en 1991 l'Orchestre des Champs-Élysées. Soutenu par la Région Poitou-Charentes, il développe une activité baroque tous azimuts, de

Monteverdi à Beethoven, en passant par Lully, Bach, Purcell, Campra, Delalande, Charpentier, Mozart, et même Fauré et Franck, enregistrant, de ces derniers, le *Requiem* et la *Symphonie en ré* sur instruments anciens. Il n'est pas étonnant de voir, sur sa lancée à la manière d'Harnoncourt, cet adepte de Debussy, dont il a étudié les œuvres au conservatoire, franchir le Rubicon pour pénétrer dans le romantisme et aborder Mendelssohn, Brahms, après avoir joué, avec la Chapelle royale et Musique oblige, *Le Chant de la Terre* de Mahler (version Schoenberg), *Pierrot lunaire* et la *Kammer Symphonie* de Schoenberg. Transfuge, sans doute, mais toujours fidèle à Bach, il assume sa double vie musicale en abordant Bruckner en 2002, qu'il a découvert près d'un demi-siècle auparavant sous la baguette de Bernard Haitink.

Paul Van Nevel (né en 1946), bassoniste, flûtiste et chanteur belge, contrairement à son compatriote, se concentre sur la musique de la Renaissance. Ce passionné de Bartok fonde en 1970 l'ensemble Huelgas, en marge du baroque.

Jordi Savall (né en 1941), gambiste espagnol, après avoir été violoncelliste, travaille auprès de Wieland Kuijken et August Wenzinger, avant de fonder en 1974 l'ensemble Hesperion qui se consacre à l'exhumation de la musique baroque espagnole. En 1989, il crée le Concert des Nations, avec lequel il obtient un retentissant succès en enregistrant la bande originale du film d'Alain Corneau, *Tous les matins du monde*, révélant les œuvres de Sainte-Colombe : plus d'un million d'exemplaires sont vendus. Cet admirateur d'Harnoncourt évolue peu à peu vers de nouveaux horizons, enregistre le *Requiem* de Mozart, la *Troisième Symphonie* de Beethoven, sans pour autant s'éloigner de Monteverdi, de Purcell, de Bach, ni des musiciens espagnols, tels que Meruda et Ortiz, auxquels il a redonné vie.

Pablo Casals (1876-1943), illustre violoncelliste et chef d'orchestre espagnol, ne s'inscrit pas dans le mouvement baroque. Cependant sa fabuleuse carrière – il a joué pour la reine Victoria en 1899 et pour le président Kennedy en 1961 – justifie pourtant qu'il soit mentionné dans ce chapitre. Célèbre dès la fin du XIXe siècle, il forme avec Alfred Cortot et Jacques Thibaud un trio qui connaît une gloire universelle pendant trente ans. En 1919, il crée l'Orchestre Pau Casals de Barcelone ; en 1939, fuyant le franquisme, il se réfugie en France, à Prades, ville des Pyrénées-Atlantiques qui devient un lieu de pèlerinage musical. En 1950, il fonde le Festival de Prades, lors des célébrations du deuxième centenaire de la mort de Jean-Sébastien Bach, dont il est l'un des chantres les plus dévoués. Il enregistre de nombreux disques dont les *Concertos brandebourgeois*, ainsi que des œuvres concertantes de Mozart, sur instruments modernes.

Fabio Biondi (né en 1961), violoniste et chef d'orchestre italien, élève de Sigiswald Kuijken, a d'abord été un musicien prodige, donnant son premier concert à 12 ans. Il est ensuite premier solo de la Chapelle royale sous la direction d'Herreweghe, puis des Musiciens du Louvre avec Marc Minkowski. En 1989, il fonde l'Europe galante, formation qu'il dirige du violon, participant activement au renouveau du baroque italien. Il effectue une lecture neuve des *Quatre Saisons* de Vivaldi, qui lui assure un fabuleux succès discographique. Mettant au goût du jour l'opéra de Vivaldi (*Bajazet* est prévu en 2004), il interprète également Monteverdi, Pergolèse, Tartini, Scarlatti, Corelli, Bach, et procède à des incursions de plus en plus fréquentes dans les XIXe et XXe siècles, consacrées à Schubert, Schumann, Malipiero, Casella, Respighi. La réussite de l'Europe galante est accompagnée par celle de nombreuses autres formations baroques italiennes, dont le Giardino armonico, le Baroque de Venise, Aurora et d'autres.

La percée du baroque en France, symbolisée par Jean-Claude Malgoire, qui, dès le début des années soixante-dix, joue sur des instruments anciens, puis de Marc Minkowski, Christophe Rousset, sans oublier la rapide ascension d'Emmanuelle Haïm, n'occulte pas l'importance prise par d'autres ensembles de grande qualité. Hervé Niquet, d'abord chanteur, puis chef de chant à l'Opéra de Paris, participe à l'explosion des Arts florissants dans *Atys* de Lully en 1987 ; il crée la même année le Concert spirituel, nom que portait en 1725 l'Orchestre de Philidor, qui donnait des concerts publics de musique spirituelle à Paris, sans avoir le droit de concurrencer l'opéra. Hervé Niquet se spécialise en premier lieu dans les grands motets des XVIIe et XVIIIe siècles, puis élargit constamment son répertoire. Il joue et enregistre abondamment Purcell, Lully, Marc Antoine Charpentier, Campra, Boismortier, Clérambault, Rameau. Il s'intéresse également à Rossini et grave un disque des œuvres de Chabrier avec l'Orchestre philharmonique de Monte-Carlo.

Hugo Reyne (né en 1961), flûtiste et hautboïste, est lui aussi de l'équipe Christie lors de la création d'*Atys* ; il travaille également avec Philippe Herreweghe, avant de monter la Symphonie du Marais. Il s'illustre avec cette formation d'instruments anciens dans Lully, gravant cinq volumes dont les *Plaisirs de l'île enchantée*, dans Francœur, Desmarets et Delalande, dont il donne, en 1990, la première intégrale des *Symphonies pour les soupers du Roy* dans un disque qui a fait date.

Gérard Lesne (né en 1956), haute-contre de grande réputation, s'est engagé sur une autre voie, celle du répertoire italien avec son Il Seminario Musicale, ensemble vocal et instrumental qui a vu le jour en 1985. N'omettons pas enfin Vincent Dumestre, guitariste classique et joueur de luth, même s'il se situe en amont du déferlement baroque du XVIIe siècle avec le Poème harmonique qui s'illustre dans les œuvres italiennes de Castaldi, Belli, Cavalieri, ainsi que dans celles du Français Moulinié, mort en 1670, qui a composé des ballets, des messes et des airs de cour pour le luth.

Le Britannique Paul McCreesh s'est fait remarquer en créant le Gabrielli Consort and Players, formation jouant sur instruments anciens, avec lequel il a enregistré de nombreux disques consacrés à Monteverdi, Bach, Purcell, Haendel, Schütz et Gabrielli. Il a ces dernières années largement dépassé le cadre du baroque en dirigeant le répertoire classique et contemporain, à la tête de nombreux orchestres du Royaume-Uni, des États-Unis d'Allemagne et de France.

Finale

Au terme de ce périple, qui nous a permis de rencontrer les plus fameux maestros, leurs éventuels successeurs, des solistes chevronnés et maintes personnalités du monde musical, paroles et musiques s'entrelacent pour nous transmettre une sensation de plénitude. Grâce à la centaine d'entretiens et de témoignages qui jalonnent notre parcours, une certitude s'impose : le rôle du chef d'orchestre et son influence dépendent autant de ses dons, de sa maîtrise technique que de sa sensibilité. Cette évidence est l'un des secrets de cet art qui exige culture, intelligence, mémoire, mais avant tout l'amour sans limite d'une âme en passion.

André Suarès, poète et musicien, a traduit à sa manière ces sentiments. Je lui laisse le soin de battre la mesure au terme de cette longue symphonie[1] : « La musique, langage universel parce qu'elle est le langage de tout l'homme. Langue universelle, mais il y a toutes sortes d'accents ; et l'accent qui rebute, ou celui qui n'est pas compris, nous éloigne de cet esprit ou de ce cœur universels dont le musicien est l'interprète. À tout instant, la grande musique nous rend le tout de l'homme, pensée et sentiment, art et nature. De l'espace, elle fait du temps ; et du temps, elle fait de la conscience. La grande musique est l'art du total vivant. La musique parfaite serait une parfaite transmutation de la matière en esprit, et non pas dans l'abstrait. Par où nous en voulons tant

1. André Suarès, « Pensées sur la musique », in *Revue musicale*, mai 1930.

à la mauvaise musique et à la moindre [...]. Nous allons tenir l'objet d'un désir où toute la vie semble incluse, et il s'évanouit en flocons de poussière et de vaine durée. La déception musicale est pareille à la déception amoureuse. On est déçu par la musique comme par l'amour, si l'on n'est pas comblé. »

À ces propos écrits il y a trois quarts de siècle s'ajoutent ceux plus récents de Nikolaus Harnoncourt[1] : « Nous rejetons l'intensité de la vie par la séduction factice du confort. Ce que nous avons perdu, nous ne le retrouverons jamais [...]. La musique n'est plus au centre de notre vie. »

A-t-elle été jamais au cœur de l'éducation que reçoivent les enfants ? Jean-Michel Molkhou, médecin, musicien accompli, chroniqueur à la revue *Diapason*, est bien placé pour exprimer un jugement à ce sujet[2] : « La France est un pays où l'enseignement de la musique classique a toujours été considéré socialement et culturellement comme réservé à une élite. De surcroît, on a estimé qu'il s'agissait d'un apprentissage “en plus”. Or, je ne cesse d'expliquer à mes quatre enfants que cette acquisition n'est pas “en plus”, mais qu'elle est aussi importante que d'apprendre une langue étrangère, les mathématiques, l'histoire ou la géographie. Hélas, dans notre pays, l'enseignement musical, dans le cadre de l'enseignement général, est nullissime, honteux, éprouvant de bêtise, d'inconsistance. De ce fait, la première chose que les adolescents abandonnent, s'ils connaissent des difficultés scolaires, c'est la musique, afin de se consacrer à ce que l'on qualifie comme essentiel. À la base, ce raisonnement est stupide.

« J'ai la conviction que l'État devrait intervenir en permanence en favorisant le mécénat afin d'aider efficacement ceux qui se préoccupent de l'éducation des jeunes. Les initiatives prises par certains orchestres, au niveau local ou régional, sont souvent magnifiques, mais elles sont insuffisantes, car elles ne sont pas relayées par les ministères de tutelle. Tant qu'on ne conférera pas aux écoliers les moyens d'apprendre les notes, comme on apprend à lire ou à écrire, rien de durable ne se fera. Pour donner le goût de la musique aux enfants, il faut d'abord le livrer aux maîtres. Il faut imposer des valeurs culturelles et les considérer comme une urgence absolue. Je ne crois pas aux expériences suscitant la seule curiosité ; il faut imposer l'étude comme on le fait pour les autres matières et non pas dire seulement “si tu le veux, tu pourras

1. Nikolaus Harnoncourt, *Le Discours musical*, Paris, Gallimard, 1982.
2. Entretien enregistré à Paris, le 19 mai 2002.

faire aussi de la musique". C'est une erreur dramatique que de proposer sans jamais obliger.

« La France, pendant très longtemps, a été un pays de rayonnement culturel dans tous les domaines. Mais, en matière musicale, nous avons reculé de façon considérable. Au début du siècle, il était inconcevable de ne pas suivre un cursus musical sans passer par une classe du Conservatoire national supérieur de Paris. Or, nous avons perdu cette prééminence au profit, notamment, de la Juilliard School ou des institutions allemandes. Nous sommes de surcroît incapables de donner à nos propres artistes les moyens de s'exprimer valablement. C'est un phénomène extrêmement français que de ne pas accorder une dimension sociale à nos musiciens et d'aller chercher ailleurs ce que nous avons chez nous. Ce que nous constatons à propos de l'exil des jeunes chefs d'orchestre est également valable pour les solistes, la musique de chambre, un peu moins peut-être pour les chanteurs. Ceux qui échappent le mieux à cette mise à l'écart sont les violoncellistes, grâce à la tradition d'une école qui demeure particulièrement brillante chez nous.

« L'intérêt artistique est hélas un épiphénomène par rapport à la puissance du "marketing". On ne cesse de fabriquer des événements qui n'en sont pas, en propulsant sur le devant de la scène n'importe quel soliste et en criant au génie. Il faut se méfier des conséquences de cette promotion à outrance, qui fausse toutes les données artistiques. »

George Schneider, directeur général de l'Ensemble orchestral de Paris, se préoccupe lui aussi, depuis longtemps, d'associer les jeunes à la vie musicale[1] : « Comme la plupart des orchestres, nous avons une politique de sensibilisation qui se développe de plus en plus. Il n'y a rien de plus émouvant que de voir des visages d'enfants autour d'un orchestre. Hélas, les efforts consentis ne sont ni fédérés ni impulsés ; nous n'avons pas de relais médiatique. Il est urgent que ce désintérêt cesse autour d'une activité transculturelle où tout le monde devrait être capable d'entendre et d'aimer la même chose. Seul le sport possède un pouvoir équivalent ; or, il bénéficie d'un soutien spectaculaire de la part de toutes les formes de presse, ce qui n'est malheureusement pas le cas de la musique. »

René Koering, directeur de la musique à Radio France[2], fait écho à ces deux opinions : « La musique n'est toujours pas considérée comme une voca-

1. Entretien enregistré à Paris, le 17 mai 2002.
2. Entretien enregistré à la Maison de Radio France, le 11 avril 2002.

tion noble en France. Je me souviens de ce que mon père me disait quand j'avais 10 ans : "Si tu deviens musicien, ne compte pas sur moi pour t'aider à vivre." Rien n'a changé. Cet état d'esprit procède d'une méconnaissance totale de la musique, qui touche non seulement à l'éducation, mais qui concerne également la manière dont on mésestime l'importance culturelle de cet art. Ainsi, nous n'avons pas de véritable auditorium à Paris. Et cela fait des décennies que ça dure. On aurait pourtant pu prévoir des emplacements magnifiques, notamment celui du Grand Palais, en cours de rénovation : son hall immense ferait une prodigieuse salle de concert. Mais tout le monde s'en moque. Cette indifférence ne date pas d'hier : la France a été un pays musical aux XVIIe et XVIIIe siècles ; puis la musique a été engloutie par la Révolution. Les Français ont détesté Berlioz, l'un de leurs rares compositeurs de génie. Nous adorons pratiquer l'autoflagellation dans notre pays, sans nous rendre compte que notre patrimoine est présent sous nos yeux. On préfère célébrer des talents venus d'ailleurs : ainsi, sans le succès qu'il a connu à Paris, Richard Wagner n'aurait sans doute pas pu s'imposer en Allemagne. Aujourd'hui, quand on veut jouer une œuvre française, les soi-disant experts haussent les épaules. D'ailleurs, le public est trop ignorant pour s'intéresser à autre chose qu'à ce qu'il a l'habitude d'entendre. »

Pour Dominique Meyer, directeur du Théâtre des Champs-Élysées, le mal dont souffre l'art musical en France est également d'ordre économique[1] : « La machine s'est emballée : les coûts des grands concerts sont devenus gigantesques. Les cachets des chefs sont très élevés ; pour certains que je ne nommerai pas, ils atteignent un niveau inacceptable. Si l'on veut équilibrer le prix de revient de certains concerts, avec un maestro célèbre et un grand orchestre de niveau mondial, en intégrant, outre la rémunération du "maître", les frais de voyage et de séjour, il faut prévoir une tarification dépassant, pour les meilleures places, 130 euros. Ce tarif a forcément un effet sur le public. L'économie globale du système est donc à revoir, car on est en train de scier la branche sur laquelle les grands orchestres et les grands solistes ont pris place. »

Les maestros célèbres sont, selon les responsables de salles et de théâtres, hors de prix. Mais leur talent est également hors normes. Luc Héry, premier violon solo de l'Orchestre National de France, nous le confirme[2] :

1. Entretien enregistré au Théâtre des Champs-Élysées, le 21 mars 2002.
2. Entretien enregistré à la Maison de Radio France, le 25 mars 2003.

« Les concerts qui laissent un immense souvenir sont dirigés par de très grands chefs. Ce sont des artistes qui nous élèvent à leur niveau ; leur art participe de l'indicible ; cela ne peut se décrire facilement. Solti, Muti, Haitink : il n'y a rien de commun entre ces trois personnalités qui m'ont le plus marqué, sinon leur immense maîtrise. J'ai le sentiment d'avoir vécu d'ineffables moments de grâce avec eux et d'avoir accompli, sous leur direction, de réels progrès techniques et humains. Il s'agit là d'une sensation très forte et très rare. Malheureusement, les "très grands" sont, à mon sens, en voie de disparition : il y a peu de maîtres de 50 à 60 ans, à part Muti, que l'on puisse citer en exemple : Simon Rattle, probablement ; mais je ne me permets pas de porter un jugement sur lui, ne le connaissant que par le disque.

« Pour qu'un orchestre atteigne un haut niveau, il lui faut un "patron" de grande envergure. Le chef et les instrumentistes travaillent ensemble ; ils ont un objectif commun, mais nous ne sommes pas sur la même planète : le chef est là pour fédérer une collectivité : c'est aussi basique que cela. Il lui faut un ego surdimensionné, qui ne serait pas suffisant sans le talent. Certains sont autoritaires : tout doit se plier à leur volonté. En revanche, d'autres, dont la qualité n'est pas moindre, ont, eux aussi, des mouvements d'humeur, mais ils les formulent d'une autre façon. Ainsi, l'ascendant du chef peut s'imposer de différentes manières : ce qui fait la beauté de ce métier, c'est que les grands sont tous uniques en leur genre.

« Il nous arrive hélas de jouer sous la direction de musiciens moyens, pour ne pas dire plus. Nous avons tout vu à l'O.N.F., du meilleur au médiocre. Cette confrontation est ce qu'il y a de plus difficile dans la vie d'un musicien d'orchestre : le contraste est très grand entre un vrai maître et un batteur de mesure. Je ne citerai personne… »

Pour clore ce finale, je n'ai pas résisté à l'envie de présenter une statistique découlant de la question de « l'île déserte », que j'ai posée à tous les chefs. Je ne surprendrai sans doute personne en indiquant que Jean-Sébastien Bach remporte la palme avec dix-sept citations, qui concernent notamment la *Passion selon saint Matthieu*, la *Messe en si*, les *Cantates*, l'*Offrande musicale*, *Le Clavier bien tempéré*, *L'Art de la fugue* et les *Variations Goldberg*.

Mozart vient tout près, avec quinze citations, principalement autour de *Don Giovanni*, *Cosi fan tutte* et *La Flûte enchantée*.

Gustav Mahler est classé troisième avec neuf voix, dues au *Chant de la Terre*, aux *Kindertotenlieder* et aux *Troisième* et *Neuvième Symphonies.*

Debussy, six citations, Beethoven, Verdi, Brahms, Ravel, quatre citations, viennent ensuite, devant Monteverdi, Schubert, Berlioz, Bruckner, Tchaïkovski, Chostakovitch deux voix.

POSTFACE

QUEL AVENIR POUR LA MUSIQUE ?

« Rien de plus beau, de plus nostalgique que de s'en aller, le soir, par les champs et d'entendre de la musique d'une maison isolée ; on sent s'éveiller dans son âme un pressentiment de tout ce qui existe de bon, d'agréable : foyer à la lueur de la lampe, solennité du soir dans des espaces tranquilles, mains de femmes et ancienne culture domestique. »

Hermann Hesse, *Musique ancienne*

ENTRETIEN AVEC FRÉDÉRIC LODÉON

En quelques lignes empreintes de nostalgie, cette citation de l'écrivain allemand Hermann Hesse évoque l'émotion que de nombreux amoureux de la musique ressentent à l'écoute d'un air familier, saisi au détour d'un chemin. Ils y retrouvent la survivance d'un passé qui s'éloigne et résistent à l'attraction d'un présent sans harmonie, annonçant un avenir dépouillé de toute beauté artistique. Cependant, en dépit des dérives de notre société, il est encore permis d'espérer que tout n'est pas définitivement perdu et que la musique, sous ses formes les plus accomplies, continuera d'illuminer les voies du futur.

Souvent, sans que nous y prêtions suffisamment attention, les petites causes produisent de grands effets. Il faut s'armer de patience et croire en des lendemains qui chanteront encore. Frédéric Lodéon est de ces trop rares personnalités qui surmontent le découragement et s'emploient quotidiennement à porter la bonne musique, avec un minimum de paroles, auprès du plus grand nombre. Violoncelliste de grand talent, premier prix du Conservatoire national de Paris – où il fut également primé en musique de chambre –, premier lauréat en 1977 du concours Rostropovitch, maître qui le tient en haute estime, et chef d'orchestre respecté, il est aussi celui qui s'exprime le plus simplement et le plus éloquemment sur un art que trop de verbiage encombre, au point de le rendre rébarbatif, voire inintelligible aux oreilles d'un public non averti. Grâce à *Carrefour de Lodéon*, son émission quotidienne sur France Inter, cet enthousiaste allègre et persuasif a le bon ton de communiquer sans fausse note et de faire constamment de nouveaux adeptes.

« Chaque jour, nous a-t-il confié[1], je reçois des lettres ou des messages électroniques encourageants, tels que : "Avant de vous écouter, je détestais la musique classique", ou : "Vous nous avez ouvert des portes que nous ne songions pas à pousser..." Je concocte des programmes qui sont autant de menus dégustations, composés de courts extraits, audibles par tous. Il ne s'agit pas de faire le travail de l'I.R.C.A.M. ; je laisse ce soin à d'autres. Mais je n'entends pas pour autant tomber dans la facilité. Ainsi, quand j'ai reçu Charlotte Rampling, qui était la récitante, au théâtre Édouard VII, du *Masque de la mort rouge* d'Edgar Allan Poe, mis en musique par André Caplet, proche ami de Debussy, j'ai passé un fragment de l'œuvre de ce compositeur trop méconnu, comme j'ai donné, en d'autres circonstances, du Bruckner, du Stravinsky, voire du Dutilleux, du Thierry Escaich... On peut le faire à doses homéopathiques, sans imposer aux auditeurs ce qu'ils ne peuvent avaler d'un seul trait ; il faut en effet éviter de gaver ceux qui nous écoutent ; on doit leur adresser des messages condensés, agréables, sinon faciles. J'ai trop souffert moi-même, quand j'étais enfant, d'épouvantables cours de solfège, ponctués de coups de règle sur les doigts, pour ne pas savoir jusqu'où je peux aller. Le langage musical ne doit pas être présenté comme une obligation, mais plutôt comme une invitation.

« Les chiffres parlent d'eux-mêmes : en France, cinq cent mille personnes écoutent mon *Carrefour* qui, naguère, pour la plupart, ignoraient la musique ou la détestaient. Quant à mon émission hebdomadaire sur France Musiques, *Le Pavé dans la mare*, consacrée à la critique des disques, j'essaie d'y introduire un maximum de simplicité dans un domaine où l'on pinaille généralement beaucoup. Quand je dirige, je présente moi-même les programmes et je cite de nombreuses anecdotes, de façon à mettre en situation les morceaux que nous allons interpréter. Il faut en effet faire vivre les œuvres, montrer

1. Entretien enregistré à la Maison de Radio France, le 23 mai 2003.

qu'elles ont été conçues par des êtres humains, qu'elles ne sont pas des icônes intouchables, mais qu'elles sont, au contraire, accessibles à tous. C'est sans doute la raison pour laquelle je ne suis pas bien perçu par certains critiques parisiens, que j'appelle, sans être méchant, les "petits marquis" : ces gens-là veulent garder la musique pour eux, de peur qu'elle ne leur échappe. En revanche, d'autres, qui m'ont d'abord attaqué, me citent aujourd'hui en exemple. Jacques Chancel a connu le même sort quand il produisait *Le Grand Échiquier* : il était de bon ton de faire la fine bouche à propos de son émission, dans la presse dite intellectuelle. Aujourd'hui, tout le monde regrette ce grand rendez-vous télévisuel. Je crois, comme Chancel, à la notion de "gai savoir", car on apprend mal dans la douleur. On peut pourtant raconter des choses précises avec des mots clairs et intelligibles et en même temps toucher la sensibilité des auditeurs. Ainsi, dans *Le Pavé dans la mare*, émission que je qualifie de pointue, je récuse les termes savants ou étrangers ; je les traduis en français : par exemple, pour *stringendo*, j'annonce "en pressant" ; au lieu de *pizzicato*, j'indique "note pincée" ; à la place de *durchkomponiert*, je dis "composé d'une seule traite". Je suis toujours aux aguets pour éviter ce genre de débordement. »

En une dizaine d'années, Frédéric Lodéon est passé, sur France Inter, de 0,3 point à 1 point d'audience, soit l'équivalent d'un demi-million d'auditeurs. « Pour France Musiques, ajoute-t-il, je n'ai pas les sondages pour le dimanche. Mais je sais que, depuis que Pierre Bouteiller a été nommé directeur de la chaîne, et que je fais cette émission, l'audience, qui se situait entre 0,8 et 1 point, a plus que doublé. Les orientations prises ont porté leurs fruits : plus de concerts, moins de bavardages, notamment le matin. On peut converser certes, mais la musique doit rester dominante. »

L'évolution de la perception musicale est en progression à la radio nationale. Mais on constate en même temps que la moyenne d'âge demeure très élevée dans les salles de concerts. Comment pourrait-on amener les jeunes à la musique et susciter un intérêt réel auprès de ceux qui n'en ont jamais entendu ? « Cela dépend avant tout d'un travail éducatif qui reste à faire. Je constate d'abord que la techno et le disco ont tendance à mollir. Des artistes comme Julien Clerc sont déjà revenus aux instruments acoustiques : ils commençaient à souffrir d'un bruit artificiel, sans signification. Nous sommes, selon moi, au début d'un retour vers une civilisation du bruit plus intelligente ; elle pourrait aboutir à une conception plus naturelle de la sonorité et réduire les sources écrasantes de décibels qui nous accablent. Je note avec plaisir cette prise de conscience des méfaits du matraquage de nos tympans. Mon attitude m'a valu naguère des ennuis et des ennemis ; mais je maintiendrai mon point de vue, même sous la torture. Il s'agit en effet de bruits que les ouvriers ne pourraient pas supporter dans une usine : pour y résister, ils seraient contraints de porter un casque. On commence à comprendre, et c'est heureux, qu'"il ne faut pas crétiniser le peuple" comme aurait pu dire Salvador Dali. J'ai bon espoir. »

Que faut-il penser de la réussite de ce phénomène que les Anglo-Saxons appellent le « *cross-over*[1] », sorte d'apparence de la grande musique adaptée à des fins commerciales, illustrée entre autres par André Rieu ? « Rieu est un entrepreneur de spectacles qui a su occuper un espace laissé libre par les musiciens dits classiques. Tout ce qu'il présente, mis en valeur par la publicité, à la tête d'une troupe de techniciens et d'interprètes soigneusement rodés, procède d'une habile mise en scène et de la volonté de sortir d'un carcan rébarbatif. Il a su profiter des circonstances. Je ne lui reproche pas d'avoir réussi et de gagner beaucoup d'argent : il fait preuve d'une rare efficacité et emploie plus de cent personnes. Pour quel résultat ?

« À l'issue des représentations spectaculaires, à grand renfort d'effets lumineux et présentées avec gentillesse, voire avec un certain humour par le maître de cérémonie, les spectateurs, toujours nombreux, sont comblés. Ils ont l'impression d'avoir entendu de la "Grande Musique" dans une atmosphère détendue et bon enfant. En fait, André Rieu et ses troupes ont joué des adaptations "modernes" des œuvres du passé, sans lésiner sur les sourires de circonstance décochés par de charmantes instrumentistes luxueusement vêtues à l'ancienne. Si l'on s'en tient à l'intégrité des partitions, il faut éviter d'assister à ce genre de spectacle. Rieu est un malin[2]. Il ne joue pas en solo, mais s'incorpore au tutti avec les autres violonistes, ce qui fait qu'on ne l'entend pas. Si cet ersatz plaît à un certain public, c'est que celui-ci se sent rejeté par le milieu dit "classique", souvent ressenti comme intimidant et élitiste. »

Comment remédier à cette situation ? « Une éducation musicale bien comprise me paraît être la meilleure solution. Les institutions se préoccupent

1. Littéralement : « passer en transversale, par-dessus ».

2. À noter que le père d'André Rieu, qui portait le même prénom que son fils, fut chef permanent de l'Orchestre de chambre d'Amsterdam de 1946 à 1949. André Rieu, né en 1949 à Amsterdam, a obtenu un premier prix de violon à l'Académie de Bruxelles ; il fut instrumentiste à l'Orchestre du Limbourg, avant de fonder un orchestre de salon.

de plus en plus de ce problème. À Radio France, nos orchestres, avec à leur tête Kurt Masur et Myung-Whun Chung, ouvrent leurs portes aux jeunes. Avec le patron du Philharmonique, j'ai présenté la *Cinquième Symphonie* de Beethoven ; le succès fut très grand auprès de la jeunesse parisienne. Je suis également présent à La Villette et partout où je peux promouvoir des programmes populaires. L'Orchestre de Paris agit de même ; au Châtelet, Janine Roze organise des séries très accessibles. Le National de Lille, avec Jean-Claude Casadesus, le National du Capitole de Toulouse, de Bordeaux Aquitaine, ainsi que d'autres formations offrent des matinées ou des soirées aux jeunes et vont porter la bonne parole dans leur région. Ces actions sont parfois appuyées par l'Éducation nationale. Mais les habitudes d'immobilisme sont fortement ancrées dans les esprits. Quand j'étais adolescent, j'entendais dire que la musique "ça n'était pas sérieux". Mon professeur de grec, qui n'était pas satisfait de mon travail, ayant appris que je jouais du violoncelle, me lança un jour cette apostrophe qui est demeurée gravée dans ma mémoire : "Vous croyez que c'est avec votre crincrin que vous allez gagner votre vie ?" Je ne suis pas mort de faim, contrairement à ce que mon professeur craignait.

« On connaît parfois des situations très positives. À l'occasion de concerts que j'ai dirigés et présentés à la tête de l'Orchestre national de Bordeaux Aquitaine, l'Éducation nationale m'a demandé de créer un lien entre les programmes de Radio France et le travail d'initiation effectué par les professeurs auprès des élèves présents à ces spectacles. J'ai donc programmé un *Carrefour de Lodéon* sur France Inter et un *Pavé dans la mare* sur France Musiques, spécialement dédiés aux œuvres interprétées à Bordeaux et Agen. L'enthousiasme des jeunes et de leur famille a été considérable. Je suis fier en tout cas que France Inter consacre six heures par semaine à la musique et devance des radios où il n'y a jamais de classique. »

Serait-il possible d'imaginer, en France, un succès médiatique, à la télévision, comparable à celui qu'obtenait autrefois Leonard Bernstein avec ses *Young people's Concerts*, diffusés en direct ? « Oui, ce pourrait être possible si les décideurs publics étaient conscients de l'importance d'un tel projet et de son enjeu. Ils ont hélas les yeux rivés sur l'audimat, sachant que les régies publicitaires exigent un taux maximum d'audience. Comme l'a laissé entendre Jean-Jacques Aillagon, notre ministre de tutelle, le service public doit à la fois communiquer toute forme de culture et présenter des productions viables financièrement. Je me sens le devoir de souligner qu'il ne faut pas seulement exiger la rentabilité, mais aussi proposer aux téléspectateurs de tous âges, en plus de ce qu'ils aiment, ce qu'ils pourraient aimer, pour reprendre les mots de Jacques Chancel.

« Je constate personnellement que la télévision a pris, dans ma vie, une part de temps que je consacrais naguère à autre chose. Pour les jeunes, c'est pire et c'est dévastateur. Jean-Sébastien Bach et ses fils ne gaspillaient pas leurs journées en restant assis devant un écran. Ils écoutaient de la musique, ils jouaient ensemble, ils écrivaient et composaient. »

Comment le passionné de musique qu'est Frédéric Lodéon voit-il l'avenir ? « Il m'est arrivé de dire à des amis très proches, tel Michel Plasson, que, dans vingt ans, il n'y aura peut-être plus d'espace pour la belle musique. Il m'a rétorqué que la musique existerait toujours. Je crois que, ce jour-là, j'étais trop pessimiste. Pourtant, l'abrutissement généralisé de notre société, sous le déferlement des décibels, demeure une réalité ; je crains que la pente sur laquelle nous sommes engagés ne nous conduise à la raréfaction des manifestations artistiques de haut niveau. Puis je retrouve l'espoir, par exemple après un beau concert, au contact de gens passionnés, quand je constate que les chefs-d'œuvre peuvent encore susciter de l'enthousiasme. Je me dis alors que tout est encore possible. J'opte pour l'issue la plus favorable, tout en sachant qu'on ne peut savoir ce que sera l'humanité dans un quart de siècle. Mais tant que je vivrai, j'aimerais faire partager la foi qui m'anime. On me dit souvent : "Tenez bon, n'abandonnez jamais." Les gens qui nous écoutent ont confiance ; ils comprennent que la situation est difficile, que nous livrons un combat, non seulement pour la musique, mais aussi pour toute forme d'art, de culture, en fait pour tout ce qui est beau et bon. La cuisine, le vin font partie de cet environnement : j'ai bu récemment un chassagne-montrachet qui m'a donné une plus grande émotion artistique que celle que m'apporterait un petit maître du XVIIIe siècle joué sur des instruments approximatifs. »

Entretien avec Jacques Chancel

Qui n'a pas assisté, au cours des décennies passées, au *Grand Échiquier* de Jacques Chancel, qui fut correspondant de guerre en Indochine avant de devenir un grand spécialiste de communication télévisuelle, puis directeur général de France 3 et délégué général d'Antenne 2, ne peut imaginer l'impact que la musique a pu avoir sur le public grâce à cette émission majeure. « Lorsque j'ai pris l'initiative de présenter *Le Grand Échiquier*, raconte Jacques Chancel[1], je tentais un pari auquel personne ne voulait croire. J'avais la volonté d'occuper en direct la meilleure tranche horaire en m'assurant la plus forte écoute possible, à partir de 20 h 30. J'avais un leitmotiv : ne pas donner aux téléspectateurs ce qu'ils aiment, mais ce qu'ils pourraient aimer, donc leur faire un cadeau culturel, sans les rebuter. Dans ma région natale des Pyrénées, j'ai souvent côtoyé, en pleine montagne, des bergers qui ne savaient rien de la grande musique, mais qui l'écoutaient et l'appréciaient. *Köschel 422* de Mozart n'avait pas de signification pour eux, mais ils savaient reconnaître ce qu'ils étaient capables d'aimer. À partir de cette découverte, j'ai voulu bâtir un vrai spectacle artistique, avec de grands interprètes, dans un large espace, et sur une longue durée, de trois à cinq heures. Je n'ai pas connu trop de difficultés pour concrétiser ce projet : en effet, j'avais déjà établi, avec les meilleurs professionnels, une familiarité de bon aloi qui s'était forgée dans *Radioscopie* sur France Inter, à partir de 1968.

« Deux ans plus tard, *Le Grand Échiquier*, intitulé d'abord *Le Grand Amphi*, s'imposait. J'y ai fait venir les plus célèbres musiciens, chefs d'orchestre, solistes ténors et divas, de renommée internationale. J'ai invité Herbert von Karajan auquel j'ai rendu visite dans son pavillon de chasse en Bavière afin de lui expliquer ce que je souhaitais faire. Il m'a dit : "C'est magnifique de vouloir rapprocher la musique du grand public." J'ai pu présenter ainsi le Philharmonique de Berlin, avec à sa tête son maestro, un dimanche soir, seul instant libre dont disposait cette formation. Au même moment, la deuxième chaîne, seule autre station existant alors, diffusait, également en direct, un match de la Coupe du monde de football. Or nous n'avons pas été étouffés par cette concurrence. Nous avons donné un spectacle merveilleux, plein d'imprévus pour les musiciens, notamment en raison de l'utilisation, pour la première fois, de la "luma", caméra fixée au bout d'une perche géante, qui volait au-dessus des instrumentistes et du chef ; Karajan, sidéré, ébloui, était tout de même quelque peu effrayé quand l'engin passait trop près de son crâne. Le grand pianiste Alexis Weissenberg a interprété un concerto de Mozart en me réservant une surprise : à la fin du premier mouvement, il se leva et disparut dans

1. Entretien enregistré à Paris, le 17 juin 2003.

les coulisses, laissant sa place à Karajan qui interpréta l'adagio. Autre première de taille, l'apparition d'une jeune violoniste de 14 ans que Karajan avait révélée au public berlinois : Anne-Sophie Mutter fut éblouissante. L'après-midi, au cours de la répétition, Slava Rostropovitch avait essuyé une larme en l'écoutant : "C'est trop beau", m'avait-il dit.

« À l'époque, le budget de cette émission s'élevait à 1,4 million de francs. Comme le Philharmonique de Berlin était venu donner un concert au Théâtre des Champs-Élysées, j'avais profité de cette occasion pour avoir le minimum de frais. Tout le monde a été payé. Mais Karajan n'a rien voulu toucher, alors qu'aux États-Unis on lui aurait donné un million de dollars. Symboliquement, nous avons voulu honorer les droits d'auteur.

« Par la suite, nous avons accueilli d'autres stars musicales : Lorin Maazel, patron du National, a accompagné Serge Lama qui chantait *Les Petites Femmes de Pigalle*. Le maître a même pris son violon pour accompagner le chanteur. Jean-Claude Casadesus et Michel Plasson ont participé eux aussi au *Grand Échiquier*, qui s'est déplacé à Leningrad pour mettre en scène Youri Temirkanov et son Philharmonique. Nous avions avec nous le pianiste Mikhaïl Rudy qui avait quitté l'U.R.S.S. en 1977 et qui revenait pour la première fois dans son

pays, à la faveur de la perestroïka. Ce fut un immense moment d'émotion comme nous en avons connu d'autres grâce à Seiji Ozawa, Jessye Norman, Barbara Hendricks, Isaac Stern, Yehudi Menuhin, Placido Domingo, Luciano Pavarotti, José Carreras. Tous nos invités, auxquels Yves Montand, Jacques Brel, Léo Ferré, Barbara et tant d'artistes venaient se joindre, savaient qu'ils participaient à une fête de la musique ouverte à un très large public.

« J'estime que, pendant ces années-là – *Le Grand Échiquier* a tenu jusqu'en 1989 –, j'ai fait œuvre culturelle, en m'inspirant du précepte du philosophe chinois Lao Tseu : "La façade d'une maison n'appartient pas à ceux qui la possèdent, mais à ceux qui la regardent." Il était évident pour moi que l'Éducation nationale n'apprenait pas aux jeunes ce que pourrait être leur bonheur de demain. »

Ne pourrait-on pas, aujourd'hui, programmer à nouveau *Le Grand Échiquier* ? « On ne peut pas ralentir la marche du temps. Nous continuons de lutter avec nos propres moyens, qui ne peuvent rien contre les règles commerciales. Une fois par an, on présente les *Victoires de la Musique*, coup ponctuel que l'on oublie immédiatement, en critiquant son faible audimat – un million de téléspectateurs –, alors que, sur une autre chaîne, une émission banale, besogneuse, voire vulgaire, fait huit fois plus d'audience. Aujourd'hui, je constate qu'il n'y a plus de véritables directeurs de programmes, décidés à prendre des risques. Ils seraient d'ailleurs désarmés par les exigences publicitaires. Si les chaînes dites publiques étaient véritablement des chaînes d'État, sans publicité, avec les seules ressources de la redevance, les choses seraient différentes. Mais le pli est pris. On ne reviendra pas en arrière, d'autant plus que la dissémination de l'écoute est énorme. Quand je réalisais *Le Grand Échiquier*, il n'y avait que deux chaînes ! Aujourd'hui, avec le câble ou le satellite, il y en a près de deux cents. Chaque chaîne a sa spécialité, souvent intéressante, si infime que soit sa part d'audience. Dès lors, le service public ne peut plus miser uniquement sur la qualité qui était la norme autrefois. »

ANNEXES

SOURCES

MES 100 COUPS DE CŒUR POUR UNE DISCOTHÈQUE

INDEX

BIBLIOGRAPHIE

SOURCES

Entretiens enregistrés par l'auteur

Claudio Abbado, 27 mai 2002, Paris
Philippe Aïche, 15 mars 2002, Paris
Frédéric Aladjem, 24 mars 2002, Paris
Marin Alsop, 8 mars 2003, au téléphone de Denver
Élisabeth Balmas, 11 avril 2002, Paris
Serge Baudo, 29 juillet 2002, La Ciotat
Jiri Belohlavek, 24 mai 2002, Paris
Didier Benetti, 22 mars 2002, Paris
Maurizio Benini, 30 mai 2002, Paris
Roberto Benzi, 14 décembre 2002, Neuilly
Pierre Boulez, 6 novembre 2002, Paris
Bruno Campanella, 12 mars 2002, Paris
Jean-Claude Casadesus, 12 septembre 2002, Lille
Jean-Marie Cavada, 7 juin 2002, Paris
Serge Ioan Celibidachi, 22 octobre 2002, Paris
Riccardo Chailly, 29 octobre 2002, Amsterdam
Jacques Chancel, 11 juin 2003, Paris
William Christie, 18 septembre 2002
Myung-Whun Chung, 14 janvier et 30 octobre 2002, Paris
Thérèse Cochet, 13 février 2002, Paris
Jean-Philippe Collard, 5 avril 2002, Paris
James Conlon, 14 juin 2002, Paris
Françoise Courcel, 30 mai 2002, Paris
Roland Daugareil, 24 mai 2002, Paris
Sir Colin Davis, 20 septembre 2002, Londres
Stéphane Denève, 12 février 2002, Paris
Christoph von Dohnanyi, 11 avril 2002, Paris
Henri Dutilleux, 14 mai 2002, Paris
Laurence Equilbey, 16 mai 2002, Paris
Christoph Eschenbach, 20 février et 21 mai 2002, Paris
Roland Faure, 7 juillet 2002, Cannes
Ivan Fischer, 5 novembre 2002, Lyon
Lawrence Foster, 25 mai 2002, Paris
Jean Fournet, 26 mars 2002, Paris
Mikko Franck, 23 novembre 2002, Bruxelles
John Eliot Gardiner, 28 novembre 2002, Zurich
Valery Gergiev, 1 et 3 février 2003, Paris
Michael Gielen, 23 octobre 2002, Paris
Carlo Maria Giulini, 20 juin 2002, Milan
Sami Habra, 14 octobre 2002, Versailles
Emmanuelle Haïm, 28 mars 2003, Paris
Bernard Haitink, 7 février 2003, Paris
Lydia Harambourg, 21 novembre 2002, Paris
Nikolaus Harnoncourt, 3 décembre 2002, Amsterdam
Luc Héry, 25 mars 2002, Paris
Christopher Hogwood, 21 février 2002, Paris
Eliahu Inbal, 18 janvier 2002, Paris
Marek Janowski, 6 juin 2002, Paris
Mariss Jansons, 21 décembre 2002, Berlin
Paavo Järvi, 12 juin 2002, Paris
Armin Jordan, 7 juin 2002, Paris
René Koering, 11 avril 2002, Paris
Emmanuel Krivine, 26 février 2002, Paris
Henry-Louis de La Grange, 8 octobre et 16 décembre 2002, Paris
Frédéric Lodéon, 23 mai 2003, Paris
Jesus Lopez Cobos, 28 mai 2002, Paris
Jean-Claude Malgoire, 29 mai 2002, Paris
Kurt Masur, 11 novembre 2002, Paris
Jacques Mercier, 7 mars 2002, Paris
Dominique Meyer, 21 mars 2002, Paris
Marc Minkowski, 20 février et 2 novembre 2002, Paris
Jean-Michel Molkhou, 19 mai 2002, Paris
Riccardo Muti, 15 juillet 2002, Milan
Kent Nagano, 23 décembre 2002, Paris
John Nelson, 21 mai 2002, Paris

Arthur Oldham, 7 mai 2002, Paris
Seiji Ozawa, 18 décembre 2002, Genève
Nadine Pierre, 22 octobre 2002, Paris
Michel Piquemal, 8 février 2002, Paris
Michel Plasson, 20 juin 2002, Milan, 21 octobre 2003, Paris
Georges Prêtre, 6 septembre 2002, Naves
Sir Simon Rattle, 26 mars 2002, Salzbourg
Manuel Rosenthal, 17 février, 25 février, 19 mars 2002, Paris
Mstislav Rostropovitch, 1 décembre 2002, Paris
Christophe Rousset, 14 mars 2002, Paris
Yutaka Sado, 26 juin 2001, mars 2002, novembre 2003, Paris
Kurt Sanderling, 20 décembre 2002, Berlin
Stefan Sanderling, 9 novembre 2002, Rennes
George Schneider, 17 mai 2002
Michael Schönwandt, 24 mars 2002, Paris
Dominique Serri, 5 avril 2002, Paris
Marc Soustrot, 11 mai 2002, Paris
Evgeny Svetlanov, 6 mars 2002, Paris
Youri Temirkanov, 28 juillet 2002, Monaco
Yan-Pascal Tortelier, 4 février 2003, Paris
Osmo Vänskä, 25 septembre 2002, Paris

Journaux et revues consultés

La République (1899-1903)
Opéra
La Revue musicale
Revue S.I.M.
L'Occident
Les Nouvelles littéraires
Comoedia
Journal musical français
Musica disques
L'Équipe (pages loisirs, 1964-1965)
Le Figaro
Le Monde
Le Monde de la musique
Libération
Cadences
Gramophone
Classical Music
BBC Music
Orchester
Diapason
Classica
Répertoire

Programmes consultés

Orchestre des Concerts Colonne
Orchestre des Concerts Lamoureux
Orchestre des Concerts Pasdeloup
Orchestre de la Société des Concerts du Conservatoire
Orchestre National de France
Orchestre national du Capitole de Toulouse
Orchestre philharmonique de Radio-France
Orchestre national de Lille
Ensemble orchestral de Paris
Orchestre philharmonique de Berlin
Orchestre symphonique de Berlin
Orchestre du Gewandhaus de Leipzig
Orchestre philharmonique de Vienne
Orchestre du Concertgebouw d'Amsterdam
Orchestre symphonique de Londres
Orchestre symphonique de la Cité de Birmingham
Orchestre philharmonique de Monte-Carlo
Orchestre philharmonique de New York
Documentation de la médiathèque Gustav-Mahler, Paris

MES 100 COUPS DE CŒUR POUR UNE DISCOTHÈQUE

Le disque a constamment accompagné ma quête musicale. J'ai traversé ainsi, sans lassitude, l'ère de la mono, puis de la stéréo, de l'analogique au numérique, des 78 tours aux CD en passant par les 33 tours. Au fil des années, j'ai accumulé un imposant ensemble d'enregistrements (plus d'un millier) qui se sont superposés comme autant de strates sonores dans mon milieu ambiant. Je n'écoute plus guère ces reliques d'un temps révolu où une ouverture de Beethoven s'étendait sur deux faces de vinyle ; mais je les respecte, comme de précieux témoignages du passé. Je revois toujours, avec le même plaisir, les magnifiques enveloppes illustrées des œuvres que j'ai eu la joie de « critiquer » dans *L'Équipe*, il y a quarante ans. Des CD, « remasterisés », leur ont succédé dans les rayons de ma discothèque, au fur et à mesure que s'imposait le format réduit. Au moment de terminer cet ouvrage, j'ai pensé que mon expérience personnelle pourrait intéresser les mélo-manes. Je leur propose donc mes cents coups de cœur. Je reconnais que cette sélection restrictive est arbitraire : il m'aurait en effet fallu aligner une liste quatre ou cinq fois plus longue pour rendre justice aux chefs et à leurs orchestres, tant la diversité et la qualité des réalisations fut constante depuis un demi-siècle. Je n'ai d'ailleurs pas craint de retenir plusieurs interprétations de la même composition quand il m'était impossible de trancher entre les maestros disparus, de plus en plus présents grâce aux multiples rééditions, et les contemporains, que la crise du disque prive d'un moyen d'expression désormais très réduit. Certaines de mes préférences pourront surprendre : elles découlent de passionnantes découvertes de musiciens méconnus ou des rappels de talents de chefs oubliés qui, selon mon goût, méritaient de figurer dans ce gotha.

Les millésimes figurant entre parenthèses marquent les dates des gravures 78 ou 33 tours.

CLAUDIO ABBADO

SCHUBERT, *Lieder*, orchestrations de Berlioz, Brahms, Britten, Liszt, Offenbach, Reger, Webern (Anne Sofie von Otter, Thomas Quasthoff), Orchestre de chambre d'Europe, Deutsche Grammophon, 2003.

MAHLER, *Septième Symphonie*, Orchestre philharmonique de Berlin (enregistrement public), Deutsche Grammophon, 2002.

Marin Alsop

Bernstein, *On the Waterfront, Chichester Psalms. On the Town*, Bournemouth Symphony Orchestra, Naxos, 2003.

Karel Ancerl

Dvorak, *Neuvième Symphonie*, dite *du Nouveau Monde*, Orchestre philharmonique tchèque, Supraphon, 2002 (1961).

Ernest Ansermet

Chabrier, *Espana, Suite pastorale, Joyeuse Marche, Fête polonaise* ; Lalo, *Le Roi dYs* (ouverture), *Rhapsodie*, Orchestre de la Suisse romande, Decca, 1992 (1960-1969).

Sir John Barbirolli

Elgar, *Introduction et Allegro, Sérénade, Sospiri, Elegy.*
Vaughan-Williams, *Tallis fantasia, Fantasia sur Greenleaves*, New Philharmonic Orchestra, EMI, 2002 (1961-1966).

Rudolf Barchaï

Chostakovitch, *Intégrale des quinze symphonies*, Westdeutsche Rundfunk Cologne, Brilliant, 1994-1998 (11 CD).

Daniel Barenboïm

Elgar, *Concerto pour violoncelle* (Jacqueline Du Pré), *Variations Enigma*, London Philharmonic Orchestra, CBS, 1984 (1969).

Serge Baudo

Debussy, *Pelléas et Mélisande* (Gabriel Bacquier, Claude Dormay), Orchestre de Lyon, RCA (2 CD), 1992 (1978).

Sir Thomas Beecham

Delius, *Brigg Fair, Summer Night on the River, Danse rhapsody n° 2, Intermezzo, Sleighride*..., Royal Philharmonic Orchestra, EMI, 2001 (1956-57).

Jiri Belohlavek

Janacek, *Tarass Boulba, La Petite Renarde rusée* (suites), *L'Enfant du violoneux*... Orchestre philharmonique tchèque, Chandos, 1993.

Roberto Benzi

Franck, *Symphonie, Le Chasseur maudit, Les Éolides*, Arnhem Philharmonic Orchestra, Naxos, 1997.

Leonard Bernstein

Mahler, *Neuvième Symphonie*, Orchestre philharmonique de Berlin, Deutsche Grammophon, 1980.
Bernstein, *Candide* (ouverture), *On the Town, Sérénade pour violon* (G. Kremer), *West Side Story* (extraits), *On the Waterfront* (suite), London Symphony Orchestra, Orchestre philharmonique de Vienne, Orchestre philharmonique d'Israël, Deutsche Grammophon (2 CD), 2000 (1978-1985)

FABIO BIONDI

VIVALDI, *Les Quatre Saisons* ; *Concerto pour violon RV 71* ; *Concerto pour cordes RV 163, L'Europe galante*, Harmonia Mundi, 1990.

PIERRE BOULEZ

BOULEZ, *Répons* (suivi du *Dialogue de l'ombre double*) Ensemble intercontemporain (Alain Damiens, clarinette), Deutsche Grammophon, 1998.
MAHLER, *Troisième Symphonie* (Anne Sofie von Otter), Orchestre philharmonique de Vienne, Deutsche Grammophon (2 CD), 2003.

SIR ADRIAN BOULT

ELGAR et WALTON, *Marches*, London Philharmonic Orchestra, EMI, 1995 (1975-1977).

BENJAMIN BRITTEN

BRITTEN, *Les Illuminations* ; *Sérénade* ; *Nocturne*, London Symphony Orchestra, English Chamber Orchestra, Decca, 1993 (1960-67)

JEAN-CLAUDE CASADESUS

BERLIOZ, *L'Enfance du Christ* (Michèle Lagrange, Jean-Luc Viala, Michel Piquemal), Chœur régional Vittoria, Maîtrise de Radio-France, Orchestre national de Lille, Naxos (2 CD), 2001.

SERGIU CELIBIDACHE

BRUCKNER, *Symphonies n° 3 à 9*, Orchestre philharmonique de Munich, EMI (7 CD), 1998.

RICCARDO CHAILLY

VARÈSE, *Intégrale pour orchestre* (dont *Amériques*, *Arcana*, *Octandre*, *Ionisation*), Royal Concertgebouw Orchestra et ASKO Ensemble, Decca, 1999.

WILLIAM CHRISTIE

CAMPRA, *Grands Motets* (Paul Agnew), Les Arts florissants. Virgin, 2003.

MYUNG-WHUN CHUNG

MESSIAEN, *La Transfiguration de Notre Seigneur Jésus-Christ*, Orchestre philharmonique de Radio France, Deutsche Grammophon, 2002.
DUTILLEUX, *Tout un monde lointain* ; *L'Arbre des songes* ; *Trois Strophes sur le nom de Sacher* (Truls Mork, Renaud Capuçon), Orchestre philharmonique de Radio France, Virgin, 2002.

ANDRÉ CLUYTENS

GOUNOD, Faust (Victoria de Los Angeles, Nicolai Gedda, Rita Gorr, Boris Christoff, Ernest Blanc), Orchestre et chœur du Théâtre national de l'Opéra de Paris, EMI (3 CD), 1989 (1959).

JAMES CONLON

ZEMLINSKY, *Symphonies n° 1 et 2*, Gürzenich Philharmonique de Cologne, EMI, 1998.

Sir Colin Davis

Berlioz, *Les Troyens* (Ben Heppner, Michele DeYoung, Petra Lang), London Symphony Orchestra, LSO Live (4 CD), 2002.

Pierre Dervaux

Poulenc, *Dialogue des carmélites* (Denise Duval, Régine Crespin, Denise Sharley, Rita Gorr), Orchestre et chœur du Théâtre national de l'Opéra de Paris, EMI (2 CD), 1992 (1963).

Christoph von Dohnanyi

Webern, *Pasacaille N° 1, Symphonie opus 21, Variations opus 30, Six pièces opus 6, Cinq pièces opus 30,* The Cleveland Orchestra, Decca, 1993.

Laurence Equilbey

Transcriptions d'œuvres de Barber, Mahler, Bach, Chopin, Ravel, Berg, Wolf, Debussy, Chœur de chambre Accentus, Naïve, 2003.

Christoph Eschenbach

John Adams et Philip Glass, *Concertos pour violon* (Robert McDuffie), Houston Symphony Orchestra, Telarc, 1999.

Ivan Fischer

Liszt, *Faust Symphonie,* Orchestre du Festival de Budapest, Philips, 1997.

Lawrence Foster

Enesco, *Œdipe* (José Van Dam, Gabriel Bacquier, Nicolaï Gedda, Barbara Hendrickx), Orchestre philharmonique de Monte-Carlo EMI (2 CD), 1989.

Jean Fournet

Debussy, *Nocturnes, La Mer, Iberia,* Orchestre philharmonique tchèque, Supraphon, 1999 (1964).

Mikko Franck

Tchaïkovski, *Symphonie n° 6 « Pathétique »* ; Rautavaara, *Apotheosis,* Swedish Radio Symphony Orchestra, Ondine, 2003.

Wilhelm Furtwängler

Légendaires concerts d'après-guerre.

Beethoven, *Symphonies n° 3, 5, 6, 9* ; Brahms, *Symphonie n° 1, Variations sur un thème de Haydn,* Orchestre philharmonique de Berlin, Philharmonia Orchestra, Sinfonieorchester des Norddeutschen Rundfunks, Hambourg (5 CD), Tahra, 2000 (1951-1954).

John Eliot Gardiner

Beethoven, *Intégrale des Symphonies* (1 à 9), Orchestre révolutionnaire et romantique (instruments anciens), Philips (5 CD), 1994.

Valery Gergiev

Tchaïkovski, *La Dame de pique,* Chœur et Orchestre du Théâtre Mariinski de Saint-Pétersbourg, Philips (3 CD), 1994.

MICHAEL GIELEN

BEETHOVEN, *Symphonies n° 4* et 7, Sudwestfunk Sinfonieorchester, EMI, 1993.

CARLO MARIA GIULINI

MOZART, *Don Giovanni* (Elisabeth Schwartzkopf, Joan Sutherland, Eberhard Waechter), Philharmonia Orchestra, EMI, 2000 (1959).

EMMANUELLE HAÏM

PURCELL, *Didon et Énée* (Susan Graham, Ian Bostridge, David Daniels, Paul Agnew, Felicity Palmer), Le Concert d'Astrée, Virgin, 2003.

BERNARD HAITINK

BRAHMS, *Intégrale des Symphonies* (n° 1 à 4), *Ouverture tragique, Ouverture pour une fête académique, Variations sur un thème de Brahms*... Royal Concertgebouw Orchestra, Philips (4 CD), 1984 (1970-1980).

DANIEL HARDING

BEETHOVEN, *Ouvertures, Coriolan, Léonore I, II, III, Fidelio, Egmont, Prométhée, Les Ruines d'Athènes,* Deutsche Kammerphilharmonik Brême, Virgin, 1999.

NIKOLAUS HARNONCOURT

HAYDN, *Symphonies londoniennes* (93 à 104), Royal Concertgebouw Orchestra, Teldec (5 CD), 1992.

BACH, *Oratorio de Noël,* Concentus Musicus de Vienne, Teldec (2 CD), 1984.

CHRISTOPHER HOGWOOD

VIVALDI, *L'Estro armonico,* Academy of Ancient Music, Decca (2 CD), 1987.

JASHA HORENSTEIN

MAHLER, *Symphonie n° 4* (Margaret Price), London Philharmonic Orchestra, EMI, 1983 (1971).

ELIAHU INBAL

MAHLER, *Symphonie n° 5,* Frankfurt Radio Symphony Orchestra, Denon, 1986.

MAREK JANOWSKI

ROUSSEL, *Les Quatre Symphonies,* Orchestre philharmonique de Radio France, RCA (2 CD), 1996.

MARISS JANSONS

MAHLER, *Symphonie n° 6,* Orchestre symphonique de Londres, LSO live, 2002.

PAAVO JÄRVI

PROKOFIEV, *Roméo et Juliette, Suites 1, 2, 3,* Cincinnati Symphony Orchestra, Telarc, 2003.

EUGEN JOCHUM

BRUCKNER, *Intégrale des symphonies,* Orchestre symphonique de la Radio bavaroise, Orchestre philharmonique de Berlin, Deutsche Grammophon (9 CD), 1984 (1958-1967).

Armin Jordan
Dukas, *L'Apprenti sorcier*, *La Péri*, *Symphonie en ut*, Orchestre de la Suisse romande, Erato, 1995.

Herbert von Karajan
Schoenberg, *La Nuit transfigurée*, *Pelléas et Mélisande*, Orchestre philharmonique de Berlin, Deutsche Grammophon, 1998 (1974).

Carlos Kleiber
Beethoven, *Symphonies n° 5 et 7*, Orchestre philharmonique de Vienne, Deutsche Grammophon, 1995 (1975-76).

Otto Klemperer
Brahms, *Un Requiem allemand* (Elisabeth Schwartzkopf, Dietrich Fischer-Dieskau), Philharmonia Orchestra, EMI, 2000 (1962)

Kiril Kondrachine
Rachmaninov, *Danses symphoniques*, *Les Cloches*, Orchestre philharmonique de Moscou, Melodya, 1996 (1963).

Emmanuel Krivine
Ferroud, *Œuvres symphoniques complètes* (dont *Symphonie en la*, *Foules*, *Jeunesse*, *Sérénade*, *Au parc Monceau*), Orchestre national de Lyon, Valois-Audivis (2 CD), 1998.

Rafael Kubelik
Smetana, *Ma patrie*, Orchestre philharmonique tchèque, Supraphon, 1991.

Gustav Leonhardt
Bach, *La Passion selon saint Matthieu*, *La Petite Bande*, DHM-BMG (2 CD), 1990.

Lorin Maazel
Ravel, *L'Enfant et les sortilèges* (Michel Sénéchal, Camille Maurane, Françoise Ogéas, Janine Collard, Heinz Rehfuss), *L'Heure espagnole* (Jane Berbié, Jean Giraudeau, Gabriel Bacquier, José Van Dam), Orchestre national de la RTF, Deutsche Grammophon, 1984 (1960, 1964)

Jean-Claude Malgoire
Haendel, *Water Music*, *Royal Fireworks*, La Grande Écurie et la Chambre du Roy (instruments anciens), Sony, 1982.

Igor Markevitch
Berlioz, *La Damnation de Faust*, Orchestre Lamoureux, Deutsche Grammophon (2 CD), 1996 (1963).

Kurt Masur
Bruch, Mendelssohn, *Concertos n° 1 et 2 pour violon* (Maxim Vengerov), Orchestre du Gewandhaus de Leipzig, Teldec, 1993.

JACQUES MERCIER
BRUNEAU, *Requiem, Lazare*, Orchestre national d'Île-de-France, 1994.

MARC MINKOWSKI
HAENDEL, *Jules César* (Magdalena Kozena, Marjana Mijanovic, Anne Sofie von Otter), Les Musiciens du Louvre, Archiv (3 CD), 2003.

PIERRE MONTEUX
STRAVINSKY, *Le Sacre du printemps, Petrouchka*, Orchestre symphonique de Boston, RCA, 1990 (1963).

EVGENY MRAVINSKI
TCHAÏKOVSKI, *Symphonies n° 5*, Orchestre philharmonique de Leningrad, Erato, 1992 (1983).

CHARLES MUNCH
BERLIOZ, *Symphonie fantastique, Roméo et Juliette*, Orchestre symphonique de Boston, RCA-BMG (2 CD), 2001 (1961-62).

RICCARDO MUTI
VERDI, *Aïda* (Montserrat Caballé, Placido Domingo), Orchestre et chœur du Covent Garden de Londres, EMI, 2000 (1974).

KENT NAGANO
CANTELOUBE, *Chants d'Auvergne* (Dawn Upshaw), Orchestre de l'Opéra de Lyon, Erato, 1994.

JOHN NELSON
BACH, extraits de *La Passion saint Matthieu* ; HAENDEL, extraits de *Serse, Hercule, Jules César* (Stéphanie Blythe, David Daniels, Emmanuelle Haïm au continuo), Ensemble orchestral de Paris, Virgin, 2001.

SEIJI OZAWA
BARTOK, *Concerto pour alto et orchestre, Musique pour cordes, percussion et celesta*, Orchestre philharmonique de Berlin, Deutsche Grammophon, 1993.

MICHEL PIQUEMAL
TOMASI, *Requiem pour la paix*, Orchestre philharmonique de Marseille, Naxos, 1996.

MICHEL PLASSON
BIZET, *Carmen* (Angela Gheorghiu, Roberto Alagna, Inva Mula, Thomas Hampson, Ludovic Tézier), Orchestre national et chœur du Capitole de Toulouse, EMI (3 CD), 2003.

GEORGES PRÊTRE
POULENC, *La Voix humaine* (Denise Duval) ; *Le Bel Indifférent* (Édith Piaf), Orchestre de la Société des Concerts du Conservatoire, EMI, 1999 (1959).

SIR SIMON RATTLE
BEETHOVEN, *Les Cinq Concertos pour piano* (Alfred Brendel), Orchestre philharmonique de Vienne, Philips (3 CD), 2001.

MAHLER, *Symphonie n° 2, « Résurrection »,* City of Birmingham Symphony Orchestra (Janet Baker, Arleen Auger), EMI, 1987.

FRITZ REINER

RICHARD STRAUSS, *Ainsi parla Zarathoustra, Une vie de Héros,* Orchestre symphonique de Chicago, RCA-BMG, 1992 (1962).

HUGO REYNE

DELALANDE, *Symphonie pour les Soupers du Roy, La Symphonie du Marais,* Harmonia Mundi, 1990.

MANUEL ROSENTHAL

RAVEL, *Daphnis et Chloé, Intégral, Boléro, La Valse, Valses nobles et sentimentales, Le Tombeau de Couperin, Rhapsodie espagnole, Pavane pour une infante défunte, Alborada del graciozo…* Orchestre national du Théâtre de l'Opéra de Paris, ADES-Universal (3 CD), 1997 (1958-1959).

MSTISLAV ROSTROPOVITCH

HAYDN, *Concertos pour violoncelle n° 1 et 2* (Mstislav Rostropovitch), Academy of Saint-Martin-in-the-Fields, EMI, 1998 (1975).

CHRISTOPHE ROUSSET

MOZART, *Mithridate, roi du Pont* (Cecilia Bartoli, Natalie Dessay, Sandrine Piau, Juan Diego Florez), Les Talens lyriques, Decca (2 CD), 1999.

VICTOR DE SABATA

PUCCINI, *Tosca* (Maria Callas, Giuseppe di Stefano, Tito Gobbi), Chœur et Orchestre du Théâtre de la Scala de Milan, EMI (2 CD), 1998 (1954).

YUTAKA SADO

IBERT, *Escales, Bacchanale, Ouverture de fête, Divertissement, Symphonie marine,* Orchestre Lamoureux. Naxos, 1996.

ESA-PEKKA SALONEN

HERRMANN, *Musiques de films d'Hitchcock,* dont *L'Homme qui en savait trop, Psychose, Sueurs froides, La Mort aux trousses…* Orchestre philharmonique de Los Angeles, Sony, 1999.

KURT SANDERLING

SIBELIUS, *Intégrale des symphonies 1 à 7, Finlandia, En Saga, Chevauchée nocturne,* Orchestre symphonique de Berlin, Berlin Classics (4 CD), 1996 (1971-79).

CHOSTAKOVITCH, *Symphonie n° 5,* Orchestre symphonique de Berlin, Berlin Classics, 1992 (1984).

STEFAN SANDERLING

LADMIRAULT, *En forêt, Valse triste, Brocéliande, La Brière,* Orchestre de Bretagne, Pierre Vérany-Arion, 2001.

WOLFGANG SAWALLISCH
SCHUMANN, *Les Quatre Symphonies, Ouverture, Scherzo et Final,* Staatskapelle de Dresde, EMI, 1998 (1973).

MICHAEL SCHÖNWANDT
BIZET, *Ivan IV* (Inva Mula, Julian Gavin, Ludovic Tézier), Chœur et Orchestre National de France, Naïve (2 CD), 2002.

GEORG SOLTI
WAGNER, *Tétralogie* (Birgit Nilsson, Christa Ludwig, Régine Crespin, Kirsten Flagstad, Hans Hotter, Wolfgang Windgeissen), Chœur de l'Opéra de Vienne, Orchestre philharmonique de Vienne, Decca (14 CD), 1986 (1958-1966).

EVGENY SVETLANOV
TCHAÏKOVSKI, *Intégrale des symphonies, 1 à 6, et Symphonie Manfred,* Orchestre symphonique d'État de la Fédération de Russie, Canyon (5 CD), 1993.

YOURI TEMIRKANOV
TCHAÏKOVSKI, *Symphonies n° 4 à 6,* Saint-Pétersbourg Philharmonic Orchestra, RCA-BMG (2 CD), 1992.

YAN-PASCAL TORTELIER
CHAUSSON, *Symphonie opus 20, Viviane, Ouverture, Soir de fête, La Tempête,* BBC Philharmonic Orchestra, Chandos, 1999.

ARTURO TOSCANINI
BEETHOVEN, *Symphonies n° 5 et 7,* Philharmonic Symphonic Orchestra of New York, Naxos, 2002 (1933, 1936).

OSMO VÄNSKÄ
SIBELIUS, *Symphonie n° 5,* Orchestre symphonique de Lahti, Bis, 2001.

BRUNO WALTER
MOZART, *Les Six Dernières Symphonies,* Orchestre symphonique Columbia, CBS (3 CD), 1989 (1959, 1963).

GÜNTER WAND
SCHUBERT, *Symphonie n° 8, « Inachevée », Symphonie n° 9, « La Grande »,* Orchestre philharmonique de Berlin (enregistrement public), RCA-BMG, 1995.

Au plan historique, nous conseillons vivement aux mélomanes deux vidéos VHS (qui existent également en DVD) des chefs d'orchestre disparus sous le titre *The Art of Conducting* (« L'Art de diriger ») : dans la première vidéo, *Great Conductors of the Past*, figurent Barbirolli, Beecham, Bernstein, Busch, Furtwängler, Karajan, Klemperer, Koussevitzky, Nikisch, Reiner, Stokowski, R. Strauss, Szell, Toscanini, Walter, Weingartner ; dans la seconde, *La légende continue*, on trouve Celibidache, Furtwängler, Kleiber, Mengelberg, Mravinski, Munch (Teldec Video, 1993 et 1997).

INDEX

Bibliographie

Theodor W. Adorno, *Mahler, une physionomie musicale*, Paris, Éditions de Minuit, 1946.

Ernest Ansermet, *Les Fondements de la musique*, Paris, Robert Laffont, collection « Bouquins », 1989.

Daniel Barenboïm, *A Life in Music*, Londres, Weidenfeld et Nicolson, 2002.

Nathalie Bauer-Lechner, *Souvenirs de Gustav Mahler*, Paris, L'Harmattan, 1999.

Camille Bellaigue, *Les Époques de la musique*, Paris, Delagrave, 1920.

Hector Berlioz, *Lettres intimes*, Paris, Calmann-Lévy, 1882.

Pierre Bertrand, *Le Monde de la musique*, Genève, La Palatine, 1947.

Kurt Blaukopf, *Gustav Mahler*, Paris, Robert Laffont, 1979.

Karl Böhm, *Ma Vie*, Paris, J.-C. Lattès, 1980.

Lidia Bramani, *Conversazione con Claudio Abbado*, Milan, Tascabili-Bompiani, 1997.

Pierre Boulez, *Relevé d'apprenti*, Paris, Seuil, 1966.

Pierre Boulez, *Pensées sur la musique d'aujourd'hui*, Paris, Denoël-Gonthier, 1999.

Pierre Boulez, Claude Samuel, *Éclats*, Paris, Mémoire du livre, 2002.

Pierre Brunel, *Basso continuo*, Paris, PUF, 2001.

Paul Budry, Romain Goldron, *Ernest Ansermet*, Lausanne, Delachaux et Niestlé, 1965.

Humphrey Burton, *Leonard Bernstein*, Londres, Faber et Faber, 1994.

Jonathan Carr, *Mahler*, New York, The Overlook Press.

Jean-Claude Casadesus, *Le Plus Court Chemin d'un cœur à un autre*, Livre de Poche/Stock, 1998.

Ivano Cavallini, *Il dirretore d'orchestra*, Venise, Marsilio, 1998.

René Chalupt, *Ravel au miroir de ses lettres*, Paris, Robert Laffont, 1956.

Laetitia Chassin-Dolliou, *Le Conservatoire de Paris*, Paris, Découvertes/Gallimard, 1995.

Robert Chesterman, *Grandi direttore si racontano*, Naples, Pagano, 2002.

Myriam Chimènes (et collectif), *La Vie musicale sous Vichy*, Bruxelles, Complexe, 2001.

Collectif, *Gustav Mahler, un homme, une œuvre, une époque*, Paris, Musée d'Art moderne de la Ville de Paris, 1985.

Collectif, *Intégrale Gustav Mahler*, Paris, Fondation générale pour la musique, Châtelet, 1989.

Collectif, *Gustav Mahler et l'Ironie* (colloque 1996), Montpellier, Climats, 2001.

Collectif, *Salzbourg, ville de la musique*, Salzbourg, Paul Becker, 1961.

Collectif, *Das Berliner Sinfonie Orchester*, Berlin, Nicolai, 2002.

Collectif, *Le Capitole de Toulouse et Michel Plasson*, Toulouse, Gilvia, 1977.

Roland de Condé, *Dictionnaire des musiciens*, Paris, Seuil, 1964.

Piero Coppola, *Dix-sept ans de musique à Paris*, Lausanne, F. Rouge, 1944.

A. Dandelot, *La Société des Concerts du Conservatoire*, Paris, Delagrave, 1923.

Claude Debussy, *Monsieur Croche et autres écrits*, Paris, Gallimard, 1971.

Jacques Di Vanni, *Trente ans de musique soviétique*, Arles, Actes Sud, 1987.

Marcel Dietschy, *La Passion de Claude Debussy*, Neuchâtel, La Baconnière, 1962.

Paul Dukas, *Écrits sur la musique*, Paris, SEFI, 1948.

René Dumesnil, *La Musique en France entre les deux guerres*, Genève, Milieu du monde, 1945.

Henri Dutilleux, *Mystère et mémoire des sons*, Paris, Belfond, 1993.

Michel Fleury, *L'Impressionnisme et la Musique*, Paris, Fayard, 1996.

Wilhelm Furtwängler, *Entretiens sur la musique*, Paris, Albin Michel, 1953.

Wilhelm Furtwängler, *Musique et Verbe*, Paris, Albin Michel, 1963.

Bernard Gavoty, *Igor Markevitch, Rafael Kubelik, André Cluytens, Roberto Benzi, Ataulfo Argenta, Carl Schuricht, Bruno Walter*, Genève, René Kister, 1953-1956.

Bernard Gavoty, *Vingt Grands Interprètes*, Lausanne, Rencontre, 1966.

Bernard Gavoty, *Lettre à Mozart sur la musique*, Paris, Émile-Paul, 1973.

Gérard Gefen, *Furtwängler*, Paris, Belfond, 1986.

Françoise Giroud, *Alma Mahler*, Paris, Robert Laffont, 1988.

Michel Glotz, *La Note bleue*, Paris, J.-C. Lattès, 2002.

Frédéric Goldbeck, *Le Parfait Chef d'orchestre*, Paris, PUF, 1952.

Charles Gounod, Michel Carré, *Mireille*, partition chant et musique, Paris, Choudens.

Charles Gounod, Michel Carré, *Faust*, partition chant et musique, Paris, Choudens.

Nikolaus Harnoncourt, *Le Discours musical*, Paris, Gallimard, 1984.

Clemens Hellsberg, *Les Grandes Heures du Philharmonique de Vienne*, Paris, Du May, 1993.

Fritz Henneberg, *L'Orchestre du Gewandhaus de Leipzig*, Leipzig, VEB, 1962.

Hermann Hesse, *Musique*, Paris, José Corti, 1997.

Michel Hurd, *Le Grand Livre de l'orchestre*, Paris, Bordas, 1981.

Francis Huster, *Gustav Mahler, la Symphonie de Vienne*, Paris, Somogy, 1999.

D.E. Inghelbrecht, *Le Chef d'orchestre et son équipe*, Paris, Gallimard, 1949.

Germaine et D.E. Inghelbrecht, *Debussy*, Paris, Costard, 1953.

Dominique Jameux, *Richard Strauss*, Paris, Solfèges/Seuil, 1971.

Hélène Jourdan-Morhange, *Ravel et nous*, Genève, Milieu du Monde, 1945.

Gilbert Kaplan, *The Mahler Album*, New York, The Kaplan Foundation, 1995.

Nicholas Kenyon, *Simon Rattle*, Londres, Faber and Faber, 2002.

Charles Koechlin, *Debussy*, Paris, Henri Laurens, 1927.

Henri-Louis de La Grange, *Gustav Mahler* (3 tomes), Paris, Fayard, 1979-1984.

Paul Landormy, *Histoire de la musique*, Paris, Mellotrée, 1947.

Paul Landormy, *Bizet*, Paris, Gallimard, 1956.

Norman Lebrecht, *Maestro*, Paris, J.-C. Lattès, 1996.

Bernard Lehmann, *L'Orchestre dans tous ses états*, Paris, La Découverte, 2002.

François Lesure, *Claude Debussy avant Pelléas*, Paris, Klincsieck, 1992.

Georges Liébert, *Chef d'orchestre*, Paris, Découvertes/Gallimard, 1990.

Edward Lockspeiser et Harry Halbreich, *Claude Debussy*, Paris, Fayard, 1980.

Armand Lunel, *Mon Ami Darius Milhaud*, Aix, Edisud, 1992.
Alma Mahler-Werfel, *Ma Vie*, Paris, Julliard, 1969.
Roland Manuel, *Plaisir de la musique*, Paris, Seuil, 1947.
Marcel Marnat, *Maurice Ravel*, Paris, Fayard, 1995.
Gilles Massacar et Bernard Mérigaud, *Claude Debussy, le plaisir et la passion*, Découvertes/Gallimard-Télérama, 1992.
Jean et Brigitte Massin, *Ludwig van Beethoven*, Paris, Fayard, 1997.
Jean Matter, *Mahler le démoniaque*, Lausanne, Foma, 1959.
Donald Mitchell, *Gustav Mahler, the World Listens*, Amsterdam, Festival Mahler, 1995.
David Mitchell et Andrew Nicholson, *The Mahler Companion*, Oxford University Press, 1999.
Doris Monteux, *The Life and Work of Pierre Monteux*, New York, Farrar, Strauss et Giroux, 1965.
Jean-Philippe Mousnier, *Paul Paray*, Paris, L'Harmattan, 1998.
Mozart Jahr, almanach du Festival de Salzbourg, 1956.
Stéphane Muller et Patrick Lang (textes réunis par), *Celibidache*, Paris, K. Films, 1997.
Philippe Olivier, *Charles Munch*, Paris, Belfond, 1987.
Brigitte Ouvry-Vial et Georges Zeisel, *L'Orchestre*, Paris, Autrement, 1988.
Alain Pâris, *Dictionnaire des interprètes*, Paris, Robert Laffont, collection « Bouquins », 1995.
Alain Périer, *Messiaen*, Paris, Solfèges/Seuil, 1979.
Robert Pitrou, *De Gounod à Debussy*, Paris, Albin Michel, 1957.

Henry Prunières, *Seize Attitudes de Toscanini*, illustrations de Lilly Steiner, Paris, P. de Montaignac, 1935.
Theodor Reik, *Variations psychanalitiques sur un thème de Gustav Mahler*, Paris, Denoël, 1972.
Evelyne Resnik, *Leonard Bernstein, un chef inspiré*, Paris, Josette Lyon, 1996.
Paul Robinson, *Stokowski*, Londres, MacDonald and Jane's, 1977.
Paul Robinson, *Solti*, Londres, MacDonald and Jane's, 1979.
Romain Rolland, *Vie de Beethoven*, Paris, Cahiers de la Quinzaine, 1903.
Romain Rolland, *Musiciens d'autrefois, musiciens d'aujourd'hui*, Paris, Hachette, 1908.
Romain Rolland, *Les Grandes Époques créatrices*, Paris, Le Sablier, 1927-1933.
Manuel Rosenthal, *Souvenirs de Ravel* (recueillis par Marcel Marnat), Paris, Hazan, 1985.
Manuel Rosenthal, *Musique adorable*, Colombes, Hexacorde, 1994.
Elena Rostropovitch et Stefano Tarliti, *Joyeux Anniversaire, Slava*, Paris, 1997.
Jean Rousselot, *La Vie passionnée de Berlioz*, Paris, Seghers, 1962.
François Sabatier, *Miroirs de la musique*, Paris, Fayard, 1995.
Filippo Sacchi, *Toscanini*, Milan, Longanesi, 1988.
Harvey Sachs, *Toscanini*, Paris, Van de Velde, 1980.
Dominique Saudinos, *Manuel Rosenthal, une vie*, Paris, Mercure de France, 1992.
Hermann Scherchen, *La Direction d'orchestre*, Arles, Actes Sud, 1986.
Elisabeth Schwartzkopf, *Walter Legge, la voix de son maître*, Paris, Belfond, 1983.

Thomas Seiler, *Leonard Bernstein, the Last Ten Years*, Zurich, New York, Stemmle, 1999.
Marcel Sénéchaud, *Concerts symphoniques*, Lausanne, Gérard Billaudot, 1947.
Staccato/OCL, *L'Orchestre des Concerts Lamoureux, 120 ans de musique*, Paris, Madeleine Zang, 2002.
Stendhal, *Haydn et Mozart*, Paris, Discophile, 1960.
Gérard Streletski, *Pierre Dervaux*, Paris, L'Archipel, 2002.
Heinrich Strobel, *Claude Debussy*, Paris, Balzac, 1943.
André Suarès, *Wagner*, Paris, Revue d'art dramatique, 1899.
André Suarès, *Musique et Poésie*, Paris, Claude Aveline, 1928.
André Suarès, *Claude Debussy*, Paris, Émile-Paul, 1936.
André Suarès, *Musiciens*, Paris, Pavois, 1945, Granit, 1986.
André Suarès, *Œuvres en partie inédites* (vues sur Debussy, Ravel, Schubert, Wagner, Bach, Mozart, Beethoven, Chabrier, Gluck, Mendelssohn), Paris, Robert Laffont, collection « Bouquins », 2002.
Théodore-Valensi, *Louis XIV et Lully*, Nice, Les E.L.F., 1951.
François-René Tranchefort, *Guide de la musique symphonique*, Paris, Fayard, 1986.
Marc Vignal, *Mahler*, Paris, Solfèges/Seuil, 1968.
Émile Vuillermoz, *Les Instruments de l'orchestre*, Paris, JMF, 1948.
Bruno Walter, *Gustav Mahler*, Londres, Quartet Encounters, 1956.
Charles-Marie Widor, *Initiation musicale*, Paris, Hachette, 1923.
Michelangelo Zurletti, *Grandi direttore di ieri et di oggi*, Giunte Riccordi, 1985.

Remerciements

Ce livre n'aurait pu être envisagé sans le concours des chefs d'orchestre qui ont accepté de participer aux entretiens que je leur proposais. Qu'ils soient tous chaleureusement remerciés pour leur contribution active et leur disponibilité, en dépit de leur emploi du temps extrêmement chargé.

Cet ouvrage n'aurait pas pu être réalisé sans le soutien de nombreuses personnalités du monde musical et des médias. Ma reconnaissance va particulièrement au maître Henri Dutilleux qui m'a longuement parlé des chefs avec lesquels il a travaillé, à Jean-Marie Cavada, président de Radio France, et à Roland Faure, ancien président de cette maison et du CSA, qui m'ont encouragé et m'ont utilement conseillé.

Je dois également beaucoup à René Koering, directeur de la musique à Radio France, à Éric Montalbetti, délégué artistique de l'Orchestre philharmonique, à Dominique Meyer, directeur général du Théâtre des Champs-Élysées, à George Schneider, directeur de l'Ensemble orchestral de Paris, à Jean-Marc Bador, directeur de l'Orchestre de Bretagne, à Laurence Marchand, délégué général de production du Théâtre du Châtelet, à Pierre Bergé, ancien directeur général des Opéras de Paris, à Christian Schirm, directeur délégué des Opéras de Paris, à Sjoerd Vandenberg, responsable des relations publiques du Royal Concertgebouw d'Amsterdam, à June Megennis, manager général de l'Orchestre de chambre d'Europe, à Jacques Chancel, à Frédéric Lodéon et à Jean-Michel Molkhou qui m'ont ouvert la voie.

Le temps qui passe m'oblige hélas à donner un caractère posthume à l'apport personnel d'Arthur Oldham, longtemps chef des chœurs et mémoire de l'Orchestre de Paris, de Thérèse Cochet qui m'a permis de rencontrer Manuel Rosenthal, à qui je dois le prélude de ce livre.

Ma gratitude est acquise également à Annick Nogues, responsable des relations publiques et des projets audiovisuels de l'Orchestre philharmonique, qui a su me ménager d'importantes rencontres, notamment avec Claudio Abbado, John Eliot Gardiner, Myung-Whun Chung, Paavo Järvi.

Mes remerciements s'adressent aussi à Helène Montussac, responsable des relations avec la presse et du mécénat auprès de l'Orchestre National de France, qui, entre autres chefs, m'a mis en contact avec Kurt Masur, à Pierrette Chastel, chef des relations presse de l'Opéra national de Paris, qui m'a permis d'approcher James Conlon et plusieurs autres maestros, à Didier Soinard, directeur de la communication de l'Orchestre national de Lille, grâce à qui j'ai pu rencontrer Jean-Claude Casadesus, à Maryse Durand, assistante de Michel Plasson, à Clément

Ledoux, à Valérie Samuel à propos de Marc Minkowski, à Élisabeth Cobergh, assistante de Christoph von Dohnanyi, à Milena Borromeo, assistante de Riccardo Muti, à Alison Glaister, assistante de Sir Colin Davis, à David Lehodey, assistant de Christoph Eschenbach, à Véronique Pleintel, assistante d'Emmanuel Krivine, à Francine Delavigne et Annik Boccon-Gibod de l'Orchestre de Paris, à Lila Forcade de l'EOP, à Véronique Jourdain.

Je tiens aussi à rendre hommage à Henry-Louis de La Grange, le grand spécialiste de Gustav Mahler, qui m'a tracé un pénétrant portrait du compositeur-chef d'orchestre, à Samy Habra, prodigieux connaisseur de la carrière de Wilhelm Furtwängler, à Sergiu Ioan Celibidachi qui m'a longuement parlé de son père Sergiu Celibidache.

Je dois également beaucoup à Lisa Battersby (Ashkonas Holt), qui s'est employée à obtenir une interview de Sir Simon Rattle et de Bernard Haitink, à Jonathan Brill (CAMI), à Dominique Tonnesman, Charlotte Rusby, Korda Roll (Harrison Parrott), à Véronique Le Guyader, à Amy Dye (Christopher Hogwood), à Judith Taoussig (Kent Nagano), à Sophie Mizchka (Ivan Fischer), à Isabelle Gabolde (William Christie), à Laurent Worms (Eliahu Inbal), à Annie-kaisa Vainio (Marin Alsop), à Jessica Ford (Mariss Jansons), à Patricia Faulon (Emmanuelle Haïm), à Lorraine Villermaux (Christophe Rousset), à Bettina Porpaczy (Seiji Ozawa), à Claus-Peter Altekruse, qui fut mon intercesseur auprès de Pierre Boulez, à Jacques et Marc Lasry qui m'ont permis de retrouver Roberto Benzi, à Philippe Roy, assistant au directeur de l'aéroport de Genève, à André Macchia.

La longue enquête que j'ai menée depuis janvier 2002 aurait été imparfaite sans les témoignages de solistes, instrumentistes et choristes tels que Jean-Philippe Collard, Philippe Aïche, Roland Daugareil, Luc Héry, Didier Benetti, Élisabeth Balmas, Dominique Serri, Françoise Courcel, Edwige Chibaudel, Lydia Harambourg, que je remercie chaleureusement.

Qu'aurais-je pu faire pour résoudre de délicats problèmes de traduction sans l'érudition et l'aide bienveillante de Gaby Wenewer (Kurt Sanderling), de Marina Bower (Evgeny Svetlanov), de Nathalie Maximov (Mstislav Rostropovitch) ? Je leur dois beaucoup.

Je suis particulièrement redevable à Patricia Doukan-Escudier, qui m'a mis en contact avec Thérèse Cochet, citée plus haut, qui fut l'épouse de Pierre Doukan, à Jean-Charles Artaud, qui m'a permis de rencontrer Christoph Eschenbach, à Jacques Hébert, qui m'a utilement conseillé.

J'ai une pensée particulière pour Serge Laget et Jean-Paul Mazot qui ont retrouvé les critiques de disques que j'avais écrites dans *L'Équipe* en 1964 et 1965, et pour André Halphen qui a partagé ma passion pour Malher. J'ai une dette envers Frédéric et Isabelle Pfeffer, qui m'ont permis de découvrir leur fabuleuse collection de baguettes de chefs ainsi qu'envers François Darcq qui m'a donné l'occasion de voir Leonard Bernstein à la tête de l'Orchestre de Paris.

Je n'oublie pas Louis Monier, photographe, que j'ai entraîné dans cette belle aventure et qui m'a accompagné dans la plupart de mes déplacements. J'ai beaucoup apprécié l'aide active et les conseils de Jean-Pierre Guéno, directeur des éditions de Radio France.

Je dois à Brigitte Pagani-Skalli d'avoir pu disposer d'un bureau pour travailler dans la tranquillité.

Enfin, ma reconnaissance est acquise à Hervé de La Martinière, qui n'a pas hésité à me faire confiance dès que je lui ai présenté mon projet.

CRÉDITS PHOTOGRAPHIQUES

Toutes les photographies de ce livre sont signées Louis Monier, à l'exception des photographies suivantes :

Ouvertures des chapitres :

D.R. : pages 37, 42, 59, 63, 89, 104, 115, 124, 126, 133, 249, 312, 322, 342, 362, 406, 463, 510, 529, 581, 683, 689 et 746.
© Agence PR2 Classic, Cologne : page 550.
© Henriette Parienté : pages 268 et 574.

Premier cahier hors texte

D.R. : pages 1 à 11.

Deuxième cahier hors texte

D.R. : pages 17 (Claudio Abbado), 18, 22 et 27.
© Henriette Parienté : page 21.

Troisième cahier hors texte

D.R : page 44.
© Agence PR2 Classic, Cologne : page 38.
© Henriette Parienté : page 39 (Mikko Franck).

Nous tenons à remercier particulièrement Sami-Alexander Habra qui nous a prêté une photographie issue de sa collection particulière, celle de Wilhelm Furtwängler en concert, qui figure dans le premier cahier.
Serge Ioan Celibidachi a également mis à notre disposition une photographie de son père, Sergiu Celibidache.
Mariss Jansons nous a prêté trois photographies issues de sa collection particulière, que nous avons reproduites dans la double page qui lui est consacrée.
Enfin Roberto Benzi nous a, lui aussi, prêté une photographie qui figure dans le dernier cahier et qui représente le chef à 11 ans, sur le tournage de *Prélude à la gloire* de Georges Lacombe.

Composition réalisée par NORD COMPO à Villeneuve-d'Ascq

Achevé d'imprimé en février 2004,
sur les presses de l'imprimerie France Quercy à Cahors
Dépôt légal : mars 2004
ISBN : 2-84675-110-2
N° d'impression : 40101/
Imprimé en France